ANNETTE KOSSOW

REISEHANDBUCH

IRLAND

AUSFÜHRLICHE, FUNDIERTE ROUTENBESCHREIBUNGEN · SEHENSWÜRDIGKEITEN
RESTAURANTS · HOTELS · ALTERNATIVE UNTERKÜNFTE · MUSEEN
STADTRUNDGÄNGE · WANDERUNGEN · HINTERGRUND-INFORMATIONEN
HISTORIE · NATUR · GEOGRAPHIE

1. Auflage 1996/97
2. aktualisierte Auflage 1997/98
3. aktualisierte Auflage 1999/2000

© Vertrieb und Service, Reisebuchverlag, Reisevermittlung,
Im- und Export Iwanowski GmbH
Büchnerstraße 11 · D 41540 Dormagen
Telefon 0 21 33 / 2 60 30 · Fax 0 21 33 / 26 03 33
e-mail: iwanowski@afrika.de
Internet: http://www.afrika.de

Alle Informationen und Hinweise ohne Gewähr und Haftung

Titelfoto: Bavaria Bildagentur
Alle Schwarzweiß- und Farbbilder: Annette Kossow

Karten: Palsa Graphik

Konzeption, redaktionelles Copyright und chefredaktionelle Betreuung
der Gesamtreihe: Michael Iwanowski

Gesamtherstellung: F. X. Stückle, 77955 Ettenheim

Printed in Germany

ISBN 3-923975-57-0

Inhaltsverzeichnis

Weiterführende Informationen

Kartenverzeichnis

Iwanowski's

Highlights
Supertips
Warnungen

HIGHLIGHTS

- Irlands Metropole: Dublin (S. 142ff)
- der vorzeitliche Grabhügel in Newgrange (S. 209ff)
- die Hochkreuze von Monasterboice (S. 203ff)
- die Wicklow Mountains (S. 220ff)
- die Klostersiedlung Glendalough (S. 226ff)
- Jerpoint Abbey (S. 259ff)
- der Fels der Könige: Rock of Cashel (S. 276ff)
- Mizen Head (S. 319)
- Ring of Beara (S. 326ff)
- Garinish Island bei Glengarriff (S. 325f)
- Killarney National Park (S. 340ff)
- Ring of Kerry (S. 329ff)
- Bootstour zum Skellig Michael (S. 345ff)
- Dingle Peninsula (S. 350ff)
- Cliffs of Moher (S. 389f)
- der Burren (S. 395ff)
- Fahrradfahren oder Wandern in Connemara (S. 425ff)
- die Aran Islands (S. 404)
- Sleave League (S. 493)
- Glenveagh National Park (S. 500f)
- Belfast, Londonderry und Armagh (S. 529ff, 557ff, 582ff)
- Giant's Causeway (S. 547ff)
- die Antrim Glens (S. 550ff)
- die Marble Arch Caves (S. 591f)
- Bootsfahrt auf dem Shannon (S. 607ff)
- das romanische Portal von Clonfert (S. 622)
- die Klosteranlage Clonmacnoise (S. 616ff)
- Teilnahme an einem Hunderennen (S. 136)
- der Literay Pub Crawl in Dublin (S. 151)
- Teilnahme an einem Pferderennen oder an einem Hurling-Spiel (S. 134f)
- der Pferdemarkt in Ballinasloe (S. 606)

SUPERTIPS

- **Stadthotels**

Shelbourne Hotel, Dublin (S. 147), Waterford Castle Hotel, Waterford (S. 264), Arbutus Lodge Hotel, Cork (S. 292), Park Hotel Kenmare (S. 333), Ardowen House, Londonderry (S. 529), Camera House in Belfast (S. 560) (die beiden letztgenannten sind Gästehäuser).

- **Country Hotels**
- Ballinkeele House bei Enniscorthy, Co. Wexford (S. 246)
- Lorum Old Rectory, Bagenalstown, Co. Carlow (S. 236)

- Lismacue House in Bansha, Co. Tipperary (S. 280)
- Great Southern Hotel in Parknasilla, Co. Kerry (S. 331)
- Glendalough House am Caragh Lake, Co. Kerry (S. 331)
- Moycullen House, Moycullen, Co. Galway (S. 418)
- Ashford Castle, Cong, Co. Mayo (S. 443)
- Enniscoe, Castlehill, Ballina, Co. Mayo (S. 468)
- Temple House, Ballymote, Co. Sligo (S. 446)
- Gortfad, Castlefinn, Co. Donegal (S. 505)
- Ardnamona, Lough Eske, Co. Donegal (S. 489)
- Streeve House, Co. Londonderry (S. 529)
- Tyrella House, Downpatrick, Co. Down (S. 575)
- Blessingbourne, Fivemiletown, Co. Tyrone (S. 587)
- Killyreagh, Tormlaght, Co. Fermanagh (S. 587)
- Hilton Park, Clones, Co. Monaghan (S. 598)
- Clonalis House, Castlerea, Co. Roscommon (S. 601)
- Carrigglas Manor, Longford, Co. Longford (S. 602)
- Gurthalougha House, Ballinderry, Co. Tipperary (S. 628)
- Tullanisk, Birr, Co. Offaly (S. 630)

● **Restaurants**
- Number 10, 10 Lower Fitzwilliam Street, Dublin (S. 147)
- Aherny's, Youghal (S. 285)
- Blue Haven Hotel & Restaurant, Kinsale (S. 311)
- Sea View House Hotel, Ballylickey, Bantry (S. 321)
- Blair's Cove Restaurant, Durrus, Co. Cork (S. 322)
- Gaby's Seafood Restaurant, Killarney (S. 336)
- Agadoe Heights, Killarney (S. 336)
- Doyles Seafood Bar & Townhouse, Dingle (S. 353)
- Roscoff's, Belfast (S. 560)

● **Landschaften**
- Crookhaven und Mizen Head im äußersten Südwesten (S. 319)
- der Ring of Beara, Ring of Kerry (Skellig Michael) und die Dingle Peninsula (S. 323ff)
- Garinish Island bei Glengarriff (S. 325f)
- Killarney National Park (S. 340ff)
- die Cliffs of Moher (S. 389f)
- der Burren (S. 395ff)
- die Aran Islands (S. 404)
- Connemara (S. 425ff)
- der Silver Strand bei Louisburgh (S. 445)
- die Achill Island (S. 457ff)
- Lough Gill (S. 481ff)
- Slieve League (S. 493)
- der äußerste Nordwesten (S. 491ff)
- die Antrim Coast und Antrim Glens (S. 541ff)

● **Tierwelt**
Ganzjährig lohnen sich Vogelbeobachtungen, beispielsweise auf der Saltee Island vor Kilmore Quay (S. 242), auf Clear Island (S. 317), den Skellig Islands (S. 345ff), den Cliffs of Moher (S. 389f), auf Clare Island (S. 447) und am Horn Head Kap (S. 502). Beliebte Fotoobjekte sind für den kontinentalen Touristen vor allem die Papageientaucher (puffins) und die sich gerne auf den sonnengewärmten Felsen räkelnden atlantischen Seehunde. Sie sind vornehmlich an den klippenreichen Küsten des Südwestens und Westens zu finden.

● **Städte**
Dublin (S. 142ff)
Galyway (S. 415ff)
Belfast (S. 557ff)
Londonderry (S. 528ff)

● **Archäologie / Kunstgeschichte**
- das Book of Kells in Dublin (S. 169ff)
- der vorzeitliche Grabhügel in Newgrange (S. 209ff)
- die Hochkreuze von Monasterboice (S. 203ff)
- die Klostersiedlung Glendalough (S. 226ff)
- der Fels der Könige: Rock of Cashel (S. 276ff)
- Jerpoint Abbey (S. 259ff)
- die archäologischen Stätten von Dysert O'Dea (S. 392ff)
- die Céide Fields (S. 460ff)
- der megalithische Friedhof in Carrowmore (S. 483)
- das Hochkreuz von Carndonagh (S. 510)
- Boa Island, White Island und Devenish Island (S. 589f, 593f)
- das romanische Portal von Clonfert (S. 622f)
- die Klosteranlage Clonmacnoise (S. 616)
- die wichtigsten vorgeschichtlichen Forts: Dun Aengus (S. 412), Staigue Fort (S. 349) und (mit Einschränkungen) Grianan of Aileach (S. 509)

● **Wanderungen**
- in den Wicklow Mountains (S. 223)
- auf Beara oder Iveragh (S. 327, 331)
- zum Gap of Dunloe (S. 337)
- Wandern oder (Fahrradfahren) in Connemara (S. 427)
- Besteigung des Croagh Patrick (S. 448f)
- am Slieve League (S. 493f)
- Spaziergang zum Mussenden Temple (S. 543)
- Teilstrecken des Ulster Way (S. 520)

● **Besichtigungen**
Ca. 60 Sehenswürdigkeiten (Nationaldenkmäler, Binnenwasserstraßen, Parkanlagen, Gärten und Naturschutzgebiete) stehen unter dem Schutz des OPW (Office of Public Work = Behörde für öffentliche Bauten). Falls Sie vorhaben, mehrere unter dem Schutz des OPW stehende Sehenswürdigkeiten zu besichtigen, lohnt sich die Anschaffung einer "Heritage Card" (S. 97). Damit hat man ein Jahr lang freien Zutritt zu allen vom OPW unterhaltenen Kulturdenkmälern.

● **Sport**
- Besuch eines Greyhound- oder Pferderennens (S. 134f)
- Reiten oder Fahrradfahren in Connemara oder im County Donegal (S. 427ff, 490ff)
- eine Bootstour auf dem Shannon, dem Shannon-Erne Kanal, dem Grand Canal oder auf dem Barrow machen (S. 607ff)
- Angeln in einem der unzähligen Binnenseen und Flüssen oder Hochseeangeln

● **Mietwagen**
Es lohnt sich, bei den einheimischen und örtlichen Firmen nachzufragen. (Adressen über die örtlichen Tourist Offices). Sie sind häufig erheblich günstiger als die Leihwagen der großen internationalen Firmen.

WARNUNGEN

- **Autofahren**: Die Straßen in Irland sind eng, die Kurven häufig scharf. Hinzu kommen etliche Schlaglöcher, so daß das Autofahren selbst am Tage nicht so leicht ist wie zuhause. Vor allem muß man sehr vorsichtig bei Abend- oder Nachtfahrten sein. Für ausreichend Benzin im Tank (oder für einen Ersatzkanister) sollte gesorgt sein.

- **Orts- und Straßenschilder** sind im nordwestlichen Teil des Landes häufig ausschließlich auf Gaelisch gegeben. Die Anschaffung einer vernünftigen Straßenkarte, am besten im Maßstab 1 : 200.000, lohnt sich. Gut sind auch die "Holiday Maps" (North, East, West, South) im Maßstab 1 : 250.000, die man in Irland in jedem Tourist Office erhält.

- **Wetter**: In Irland muß man ständig mit Regen rechnen. Ein Regenschirm und eine Regenjacke, am besten auch Gummistiefel, gehören ins Reisegepäck.

- **Kinsale**: Nur wegen der Restaurants und des Essens nach Kinsale zu reisen, lohnt sich im Grunde nicht. Zweifellos ist Kinsale ein hübscher Hafenort, aber seinem Ruf als "Culinary Capitel" entsprechend sind die Preise hoch.

Vorsicht auf Irlands Straßen

- **Kutschenfahrten in Killarney**: Im Killarney Nationalpark werden für teures Geld Kutschfahrten angeboten. Die Kutschen fahren meist recht schnell durch die Landschaft, so daß zum genießerischem Verweilen keine Pause bleibt. Außerdem sind die Preise recht gewaltig.

- **Zigeunerwagen**: Urlaub per Pferdewagen – das hört sich romantisch an. Oft führen die vorgeschlagenen Routen jedoch an belebten Verkehrsstraßen entlang, was sicherlich alles andere als erholsam ist. Ein Wagen kostet ca. 400 Pfund pro Woche und weitere 6 Pfund pro Stellplatz auf einer Farmwiese.

- **Adare**
Der Ort wird als schönstes Fleckchen im Lande gepriesen, und in der Tat sind die kleinen Cottages entlang der Hauptstraße recht nett anzuschauen. Der Ort ist jedoch völlig kommerzialisiert, und hübsche Häuser gibt es auch andernorts.

- **Juli und August in Irland**: Im Juli und im August herrscht in Irland Trubel. Im August gehen die Iren für 3 Wochen in Urlaub, und wenn das Wetter schön ist, bleiben sie auch gerne in ihrem eigenen Land. In den übrigen Monaten des Jahres verteilen sich die Besucher einigermaßen gleichmäßig, zur Hauptsaison jedoch sind die Hotels voll, und man sollte dann auf jeden Fall im voraus buchen, was eine flexible Reisegestaltung erheblich behindern kann. Museen, Nationalparks und andere Sehenswürdigkeiten sind ebenfalls überfüllt, und auch die Preise gehen in den Sommermonaten in die Höhe. Ideale Reisezeiten sind Frühling und Herbst, aber auch der Winter ist in Irland milde und die Insel noch immer grün.

1. EINLEITUNG

Irland – der Name erweckt Erwartungen an grüne Hügel, klares Wasser, an reine Luft und einsame Buchten, an keltische Hochkreuze und an urige Pubs. Warum es gerade stadtmüde Menschen nach Irland zieht, liegt auf der Hand:

Irland gehört zu den seltenen Urlaubszielen, die nach wie vor eher Individualisten als Massen anziehen. Die "Grüne Insel" läßt zwar dank der Wärme des Golfstroms viele mediterrane und subtropische Gewächse gedeihen, sie ist aber kein Land mit Schönwettergarantie. "Between the showers ... " – sagen jedoch die Iren, ist das Wetter gut.

Mit ihren unverfälschten und weitgehend noch intakten Naturlandschaften stellt die Insel einen der letzten Ruhepunkte im industrialisierten Europa dar. Die Weite des dünnbesiedelten Landes und seine Stille wirken wohltuend auf den von Streß und Anspannung Geplagten. In Irland gehen die Uhren anders. Heinrich Böll schreibt in seinem "Irischen Tagebuch": "Als Gott die Zeit machte, hat er genug davon gemacht" – der Urlauber soll sich Zeit nehmen, er soll nicht ungeduldig sein, seine Hektik ablegen und die Dinge treiben lassen.

Irland – die grüne Insel: Irland ist tatsächlich grün, und wenn nach einem der häufigen Regengüsse die Sonne durchbricht, leuchtet es in einer unendlichen Vielfalt – in den "forty shades of green". Das feuchtmilde, ausgeglichene Klima schuf eine einzigartige Landschaft. Riesige wildwachsende Rhododendren, Azaleen sowie Farne und Gräser und ausgedehnte leuchtend rote Fuchsienhecken gedeihen hier. Die kargen Berghänge und Torfmoore werden von Ginster und Heide mit einem gelb-violetten Teppich überzogen. Im Südwesten wachsen mediterrane und subtropische Pflanzen Seite an Seite.

Der Reisende ist neben der Naturschönheit in Irland auch von den unzähligen prähistorischen und mittelalterlichen Stätten fasziniert: Gräber aus der Bronzezeit, Steinkreise, Ruinen mächtiger Burgen, Wehr- und Wachtürme, Kirchen, Hochkreuze, Rundtürme sowie gepflegte Landhäuser und Schlösser des Adels. Sie alle geben Zeugnis ab von der wechselvollen Geschichte des Landes, die von Kämpfen der irischen Fürsten untereinander ebenso wie vom Kampf gegen Eindringlinge – von den Wikingern bis zu den Engländern – gekennzeichnet ist. Vor allem in westlichen Landesteilen machen auch die gaelischen Straßenschilder und fremdartig klingenden Dialoge in den vielen gemütlichen Pubs die irische Geschichte transparent.

Ferien in Irland sind oft mit sportlichen Aktivitäten verbunden. Wo sonst findet man solch ideale Möglichkeiten an erholsamen Sportarten: Golf ist der beliebteste Sport auf der Insel – immerhin gibt es über 400 Golfclubs auf der Insel. Daneben kann man wandern, reiten und fahrradfahren oder in einem der unzähligen Binnenseen oder Flüsse angeln.

Die Iren sind offen, fröhlich und stets hilfbereit, in einer lebensbejahenden Art. Sie sind zweifellos ein Volk der Individualisten. Die herzliche Freundlichkeit, mit der sie dem Besucher begegnen, ist wohltuend. Wer Berührungspunkte mit Iren sucht, hat es nicht allzu schwer. Für ein Gespräch, in dem man häufig viel mehr über Land und Leute erfahren kann als in dem besten Reiseführer, ist immer Zeit.

Das Reisehandbuch wendet sich vor allem an Individualreisende, die Irland auf eigene Faust mit dem Mietwagen, per Fahrrad oder auf Wanderungen erkunden möchten.

Aufgebaut ist das Buch in drei Hauptteile. Im ersten finden sich allgemeine Bemerkungen zur Geschichte, Kunst- und Kulturgeschichte, Landschaft, Wirtschaft und Gesellschaft Irlands. Der 2. Hauptteil enthält reisepraktische Informationen, die dazu beitragen, sich vor Ort in den Dingen des Alltags besser zurechtzufinden und die vor der Reise eine sinnvolle Vorbereitung ermöglichen sollen. Der dritte Teil stellt die Insel mit ihren wichtigsten natürlichen und kulturellen Sehenswürdigkeiten sowie interessante Abstecher jenseits der ausgetretenen touristischen Pfade vor. Nordirland ist mit in die Reiseroute integriert, die im Uhrzeigersinn einmal um die Insel mit verschiedenen Abstechern ins Landesinnere führt.

Die in jedem Kapitel enthaltenen Hinweise zu Unterkünften und Restaurants erheben keinen Anspruch auf Vollständigkeit, die Preisangaben und die Recherchen spiegeln den Stand von Anfang 1998 wider.

Für freundliche Unterstützung danke ich Judith von Rauchhaupt von der Irischen Fremdenverkehrszentrale und Caroline Ledosquet von der Nordirischen Zentrale für Fremdenverkehr in Frankfurt, den Damen und Herren von CIE-Tours in Düsseldorf, Marie Keogh vom Bord Fáilte und den Damen und Herren vom OPW in Dublin. Mein besonderer Dank gilt Herrn Winfried Kuhn und Frau Sibylle Geier.

London, im November 1998

Die Republik Irland auf einen Blick

Fläche	Die Republik Irland ist mit 70.283 qkm so groß wie Bayern und nimmt den größten Teil der Insel Irland ein (insgesamt 84.431 qkm)
Bevölkerung	Die Bevölkerung umfaßt 5,2 Mio. (3,62 Mio. in der Republik Irland) und besteht zum größten Teil aus den keltischen Iren.
Bevölkerungsdichte	Die durchschnittliche Bevölkerungsdichte liegt bei 51 - 54 Einwohnern je qkm, dies ist die dünnste innerhalb der EU. Allerdings divergiert die Einwohnerdichte stark nach der jeweiligen Region.
Lebenserwartung	Das durchschnittliche Todesalter der Männer liegt bei 72 Jahren, der Frauen bei 78 Jahren.
Religionen	94 % sind römisch-katholisch, 4 % Anglikaner, 2 % andere
Sprache	Die erste Amtssprache ist Irisch, die zweite wie die Umgangssprache Englisch.
Hauptstadt	Dublin (Baile Atha Cliath): 915.516 Einwohner
Anteil der städtischen Bevölkerung	knapp 60 %
Arbeitslosenquote	11,7 % in der Republik Irland, 9,6 % in Nordirland
Wichtigste Handelspartner	Großbritannien, BRD, USA
Flagge	Die Nationalfahne ist grün-weiß-orange (von links nach rechts) gestreift.

2. LAND UND LEUTE

2.1 GESCHICHTLICHER ÜBERBLICK

2.1.1 ZEITTAFEL: SCHNELL-ÜBERBLICK

um 7000 - 6000 v. Chr.:	Mesolithische Sammler und Jäger wandern aus Nordengland kommend ein.
4. Jt. v. Chr.:	Neolithische Einwanderer bringen Ackerbau und die Megalithbauweise nach Irland.
2500 v. Chr.:	Weitere Einwanderer kommen vom Kontinent. Die sogenannten Glockenbecherleute bringen die Kunst des Kupfergießens ins Land.
1200- 600 v. Chr.	Späte Bronzezeit. Verfeinerung der Herstellungsweisen von Bronzewaffen und -werkzeugen sowie des Goldschmucks.
um 300 v. Chr.:	Kelten bringen Eisen und die La Tène-Kultur ins Land. Irland ist in ca. 150 Königreiche (Túath) unterteilt. Über dem Kleinkönig (Rí) steht der König einer Provinz (Rí Ruireg), dem wiederum der "Hochkönig" (ArdRí) übersteht. Die Römer erobern das Land nie.

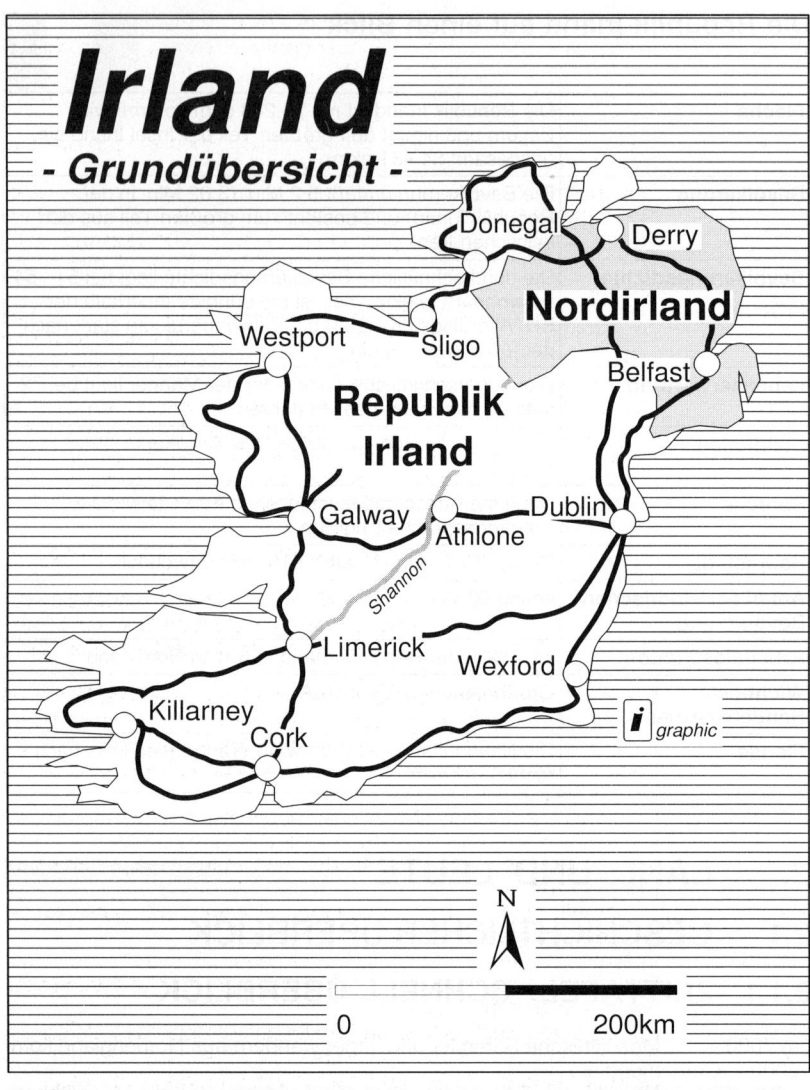

Ab 300 n. Chr.:	Irische Einfälle nach Wales und nach Argyll in Schottland. Diese bilden den Grundstein für den bis ins 8./10. Jahrhundert andauernden irischen Einfluß. Das mächtigste Adelsgeschlecht sind die O'Neills von Tara.
Um 450:	Der hl. Patrick, der heute als Nationalheiliger verehrt wird, christianisiert das Land.
Ab 6. Jh.:	Blüte der irischen Mönchskirche. Die Sippenstruktur der irischen Gesellschaft wird in der Klostergemeinschaft fortgesetzt. Die meist aus dem Adel stammenden Äbte sind oft auch Bischöfe. Sie gründen zahlreiche Töchterklöster, wodurch sie eine dem Rí Ruireg

16

vergleichbare Stellung im geistlichen Bereich erlangen.

Ab 800: Wikingereinfälle. Auf die Wikinger geht die Gründung verschiedener Städte, z.B. Dublin, Waterford und Wexford, zurück. Sie führen außerdem die Geldwirtschaft ein, werden schließlich christianisiert und assimiliert.

1014: Bei der Schlacht von Clontarf besiegt der Hochkönig Brian Boru die Wikinger. Er selbst fällt in der Schlacht.

1152: Höhepunkt der irischen Kirchenreform in der Synode von Kells/Mellifont. Es kommt zur territorialen Neuorganisation der irischen Kirche. Bistümer werden gegründet. Henry II. von England erhält vom Papst die Erlaubnis, in Irland zur Reform der Kirche einzugreifen.

1169: Der irische König Dermot MacMurrough sucht bei Henry II. von England Hilfe. Als Folge besetzen im Auftrag Henrys anglowalisische Normannen Irland. Ihr Anführer ist Richard de Clare, der auch Strongbow genannt wird.

1210: Henrys Sohn Johann (Ohneland) versucht, Irland für England zu unterwerfen. Bis 1250 geraten ungefähr zwei Drittel des Landes in Besitz der anglowalisischen Barone. Der übrige Teil wird weiterhin von den irischen Rís beherrscht. In der Folgezeit werden die neuen anglowalisischen Herren weitgehend von der irischen Kultur assimiliert (sog. Anglo-Iren).

1315-18: Edward Bruce (der Bruder des schottischen Königs) überfällt Irland und wird Hochkönig.

1366: Auf die Statuten von Kilkenny folgen vielfältige Unterdrückungsmaßnahmen, wie das Verbot der irischen Sprache und von Mischehen. Der Versuch, die Gaelisierung der anglo-irischen Oberschicht dadurch zu stoppen, scheitert.

15. Jh.: Die englischen Rosenkriege finden in Irland ihr Ebenbild in den Auseinandersetzungen zwischen den Butlers von Ormond (pro Lancaster) gegen die Geraldines von Kildare (pro York). An der Wende zum 16. Jahrhundert bestimmt Garret More, der achte Earl of Kildare, die irische Politik.

Ab 1534: Henry VIII. dehnt seine Macht über die ganze Insel aus. Sturz des Hauses Kildare. Die desolate irische Kirche wird von der Reformation überrollt. An die 400 Klöster werden im Zuge der Säkularisierung zerstört.

1541: Henry VIII. nennt sich nun auch King of Ireland. Bis dahin war er nur Lord of Ireland.

1569-83: In Munster kommt es zum Aufstand gegen Elizabeth I. von England. Trotz Unterstützung durch den Papst und die spanische Krone scheitert er jedoch.

1595: Aufstand von Hugh O'Neill und Red Hugh O'Donnell in Ulster.

1601: Eine 4.000 Mann starke spanische Truppe kommt zur Unterstützung der Iren, doch die Verbündeten verlieren die Schlacht.

1603: James I. von England unterwirft die Iren. Die politische und soziale Struktur des gaelischen Irland wird vernichtet, die alten Kulturen, die Stammesführer und das Brehonenrecht werden ausgelöscht. Statt dessen ziehen die englische Zentralgewalt und das "Common Law" in Dublin ein.

1607: "Flucht der Grafen" und Plantations in Ulster.

1649/50: Cromwell in Irland

1690: In der Schlacht am River Boyne am 1. Juni 1690 unterliegt der katholische James II. (der in der sogenannten Glorious Revolution, 1688, durch den Protestanten William of Orange entthront

	wurde) bei einem Versuch, mit französischer Hilfe, von seinem ihm treu ergebenen Irland aus, den Thron zurückzuerobern. Das Datum stellt einen entscheidenden Wendepunkt in der irischen Geschichte dar. Die "Protestant Ascendency" ist damit begründet.
1691:	Nach dem gebrochenen Vertrag von Limerick schließen die Penal Laws (Strafgesetze) die Katholiken vom Recht auf Landbesitz aus. Die englischen Protestanten reißen den überwiegenden Teil des Landes und die politische Macht an sich. Die Führung der nicht emigrierten Iren´übernimmt die katholische Kirche. Irland entwickelt sich durch eine restriktive Handelspolitik (z.B. das Ausfuhrverbot für Wollerzeugnisse) zum rückständigsten Teil Großbritanniens und wird wie eine Kolonie gehalten.
1782-1800:	Gestützt von einer Freiwilligenbewegung (Volunteer's Movement) mit protestantisch-patriotischer Ausrichtung, erzwingt Henry Grattan handelspolitische und verfassungsrechtliche Verbesserungen.
1798:	Aufstände der United Irishmen, einer von Wolfe Tone gegründeten national-revolutionären Bewegung. Tone entzieht sich der Hinrichtung durch Selbstmord. Der Mythos von den tapferen, aber scheiternden Revolutionären ist geboren.
1801:	Act of Union: Auflösung des irischen Parlaments. Irland entsendet 100 Abgeordnete ins Parlament von Westminster.
1823:	Gründung der Catholic Association durch Daniel O'Connell. Der Liberator O'Connell bringt erstmalig in der irischen Geschichte eine funktionsfähige Massenbewegung auf die Beine (1828: 3 Millionen Mitglieder)
1829:	Das antikatholische Strafgesetz wird aufgehoben.
1846-1851:	Während der Großen Hungersnot verliert Irland über zwei Millionen Menschen durch Tod oder Emigration. In dem geschwächten Land scheitert die nationale Erhebung des jungen Irland. Thomas David und andere Angehörige der protestantischen Oberschicht versuchen, die revolutionären Ideen Wolfe Tones wiederzubeleben.
1858:	Die Irish Republican Brotherhood will die Unabhängigkeit Irlands durchsetzen.
1870:	Forderung nach irischer Selbstverwaltung. Charles Stewart Parnell wird Präsident der "Irish Home Rule League".
1875	Parnell, aus einer alten mächtigen und anglo-irischen protestantischen Gutsbesitzerfamilie stammend, wird ins Unterhaus gewählt.
1879:	Gründung der "Land League" durch Michael Davitt, um die Pachtbauern vor Wucherzinsen und Kündigung zu schützen.
1885:	Parnells politische Karriere nimmt ein Ende, als seine Affäre mit der Frau eines Parteimitglieds bekannt wird. Er stirbt 1891.
1916:	Osteraufstand. Am 24. April, dem Ostermontag des Jahres 1916, erheben sich die Gewerkschaftler James Connollys und "Sinn Féin " ("wir selbst") gegen die Briten. Patrick Pearse verliest die Unabhängigkeitserklärung. Bereits nach fünf Tagen ist der Aufstand militärisch niedergeschlagen. 15 Aufständische werden hingerichtet, aber die Öffentlichkeit stellt sich vehement gegen Großbritannien.
1918:	Sinn Féin verbucht einen sagenhaften Wahlerfolg.
1919-1921:	Der Unabhängigkeitskrieg gegen Großbritannien endet mit der Aufnahme eines Freistaates Irlands als selbständiges Mitglied in das Commonwealth. Nordirland bleibt auf eigenen Wunsch bei Großbritannien und erhält ein eigenes Parlament, den Stormont.
1921-1923:	Ein bitter geführter Bürgerkrieg zwischen der Freistaatregierung

	und den Rebellen um Eamon de Valera entzündet sich. 4.000 Tote.
1932-1948:	Die Fianna Fáil lockert die Bindung zu Großbritannien.
1937:	Der "souveräne, unabhängige demokratische Staat" Eire unter Präsident Douglas Hyde wird proklamiert. Irland erhält eine neue Verfassung. Nach dem Zweiten Weltkrieg (Irland bleibt neutral) erklärt es sich zur Republik und scheidet aus dem Verband des Commonwealth aus.
1950er/ 60er Jahre:	Wiederholte Bombenanschläge seitens der IRA.
30.1.1972:	Beim "Blutsonntag" werden durch eine IRA-Bombe zehn Menschen getötet, als Reaktion darauf wird die Britische Botschaft in Dublin angezündet.
1973:	Irland wird zusammen mit Großbritannien Mitglied in der EG, 83% befürworten dies.
1985:	Das anglo-irische Abkommen sieht die Gleichstellung der Katholiken in Nordirland, ein Mitspracherecht Dublins in Nordirland und eine stärkere polizeiliche Zusammenarbeit bei der Verfolgung der IRA-Terroristen vor.
1988:	"Tausendjahrfeier" der Stadt Dublin
1990:	Irland übernimmt Präsidentschaft in der EG. Außenministertreffen auf der Dubliner Burg. Verhandelt wird u.a. über die deutsche Einheit. Mary Robinson setzt sich bei der Präsidentenwahl durch. Sie ist damit die erste Frau an der Spitze Irlands.
1991:	Dublin – "Europäische Kulturhauptstadt"
1992:	Nachfolger von Premierminister Haughey, der in eine Abhöraffäre verwickelt war, wird Albert Reynolds.
1994:	Die IRA ruft einen Waffenstillstand aus.
1995:	Bill Clinton besucht als erster amerikanischer Präsident Nordirland.

2.1.2 VOR- UND FRÜHGESCHICHTE

Nach dem Ende der letzten Eiszeit (um 6000 v. Chr.) kamen die ersten Menschen von Schottland nach Irland. Zu jener Zeit bestand dort noch eine Landbrücke. Dieses Jäger- und Sammlervolk beeinflußte seine Umgebung nur gering, sie bearbeiteten keine Felder, hüteten keine Viehherden und lebten jeweils nur für kurze Zeit an einem Ort. Um 3000 v. Chr. folgte eine zweite Einwandererwelle, die den Ackerbau nach Irland brachte. Aus jener Zeit haben sich als Relikte die gewaltigen Megalithgräber erhalten.

Um 600 v. Chr. erreichten die ersten Kelten die Insel. In Stammesverbänden organisiert und mit der Verarbeitung von hartem Eisen bestens vertraut, waren sie den damaligen Bewohnern überlegen. Allmählich vermischten sie sich mit der ansässigen Bevölkerung. Kein anderes Land in Europa sollte eine gleichermaßen kontinuierliche Tradition des Keltentums erreichen.

Die Kelten unterteilten die Insel in ca. 150 Territorien (Kleinkönigreiche), wählten Könige oder Stammesfürsten und bildeten Befestigungen, um sich voreinander zu schützen. Die politische Ordnung war demnach monarchisch. Ein Rí (König) herrschte über seine Túath (Volk), ein Hochkönig (Árd Rí) hatte Vorrang vor den anderen Provinzkönigen. Begünstigt wurde diese Zersplitterung in Teilkönigreiche durch ein fehlendes geographisches Zentrum.

Viele Jahrhunderte lang blieb Irland von der Strömungen der europäischen Entwicklung isoliert. Selbst die Römer unternahmen keinen Eroberungsversuch. Die Folge war, daß sich Gesellschaftsformen erhielten, die im Vergleich zum restlichen Europa, wo die lateinisch-christliche Kultur das Keltentum überlagerte, archaisch anmuten. Andererseits wurde dadurch ermöglicht, daß sich hier das keltische Erbe, zumindest in den schriftlichen Quellen, unverändert erhalten konnte.

2.1.3 DIE CHRISTIANISIERUNG

Nach einer knapp 1.000jährigen Kulturdominanz der Kelten begann ab dem 5. Jahrhundert eine neue Epoche. Der Legende nach nimmt das christliche Irland seinen Beginn mit der Verschleppung des 16-jährigen Patrick, einem romanisierten Briten, von England nach Irland durch irische Piraten. Wieder geflohen, ging er nach Gallien, um zu studieren und weiter nach Rom, wo er die Bischofsweihe erhielt. Nach Jahren der Reise kehrte Patrick im Jahre 432 auf die Insel seiner Gefangenschaft zurück, um die Heiden zu bekehren. Bis zu seinem Tode im Jahr 465 durchquerte er fast das ganze Land, gründete Kirchen und Klöster und berief Bischöfe und Priester.

Soweit die Legende. Als Tatsache scheint gesichert, daß es vor Patricks Missionierung nur wenige, nicht organisierte Christen in Irland gab, nach ihm die christliche Kirche jedoch fest etabliert war. Trotz energischem Widerstand der keltischen Druiden scheint die Christianisierung ohne Kampf und Blutvergießen vor sich gegangen zu sein. Kein einziger irischer Märtyrer ist dokumentiert.

Auch war das junge irische Christentum im Vergleich zur römischen Kirche anders organisiert. Religiöses Zentrum war immer das Kloster und nicht der Bischofssitz. Deshalb konnte die irische Kirche lange nicht so eine Macht gewinnen wie die an Rom orientierte Kirche auf dem Kontinent. In rascher Geschwindigkeit entwickelte sich Irland zum geistlichen Gelehrtenzentrum der westlichen Welt. Schon bald breiteten sich Klostersiedlungen über die Insel aus, und bereits im 6.-8. Jahrhundert zogen irische Missionare aus, um Britannien und die mitteleuropäischen Heiden zu bekehren.

563 gründete St. Columba d.Ä. (Colum Cille, 521-97), ein irischer Prinz, auf der schottischen Hebrideninsel Iona ein Kloster, von dem aus im 7. Jahrhundert Schottland und Nordengland (Kloster Lindisfarne) christianisiert wurden. Die Bewahrung des Christentums auf den Britischen Inseln ist eine der großen Leistungen der irischen Kirche. Irische Mönche missionierten aber auch auf dem Kontinent. Zahlreiche Klostergründungen im heutigen Deutschland, in Österreich, Oberitalien und der Schweiz datieren zurück aus dieser Zeit. Berühmte irische Geistliche waren der hl. Kilian von Würzburg, der das Martyrium erleiden mußte, und der hl. Gall, nach dem St. Gallen in der Schweiz benannt wurde.

In ganz Europa waren irische Mönche als Lehrer und Schreiber geschätzt, umgekehrt kamen aber auch viele Gelehrte in die berühmten irischen Klöster.

2.1.4 WIKINGER UND NORMANNEN

Im späten 8. Jahrhundert begannen die Einfälle der Wikinger. Irland, zerrissen und geschwächt von Rivalitätskämpfen seiner Könige, war nicht in der Lage, den Angriffen Widerstand zu leisten.

Die Wikinger segelten in ihren wendigen Langschiffen entlang den irischen Küsten und die Flüsse hinauf.

Vornehmlich waren sie an den Schätzen der Klöster interessiert. Nach Jahren brandschatzender Stippvisiten siedelten sie sich schließlich im Süden der Insel an. Städte wie Cork, Limerick, Waterford und Wexford gehen auf Gründungen der Wikinger zurück. Rasch entwickelten sich diese zu wichtigen Handelsstädten. Im Laufe der Zeit vermischten sich die skandinavischen Einwanderer mit der irischen Urbevölkerung. Sie führten die Geldwirtschaft ein, lebten vom Handel und von der Landwirtschaft.

1014 gelang es dem irischen Hochkönig **Brian Boru** in der Schlacht von Clontarf, ein riesiges Wikingerheer zu besiegen. Zwar überlebten Brian Boru und seine Söhne die Schlacht nicht, die Macht der Wikinger jedoch war damit für alle Zeit gebrochen.

Nach dem Tod des Hochkönigs Brian Boru begann in Irland eine Zeit endloser Machtkämpfe und Kleinkriege zwischen rivalisierenden Herrscherfamilien. Im Zuge dieser Auseinandersetzungen hatte Dermot, König von Leinster, sein Königreich verloren und war nach

Rekonstruktion eines wikingischen Langschiffs

England geflohen. Nach einem Hilfegesuch an Henry II. erhielt er die Unterstützung von anglo-walisischen Normannen, die 1169 unter Richard de Clare, genannt **Strongbow**, die irische Ostküste besetzten. Dermot konnte sein Königreich zurückerobern und ernannte als Dank Strongbow zum Thronfolger. Er gab ihm seine Tochter Eva zur Frau.

Schon bald waren drei Viertel der Insel in Strongbows Hand. Viele normannische Adlige fühlten sich durch Strongbows Erfolge angezogen und folgten ihm nach Irland, wo sie aufgrund des irischen Machtvakuums schon bald große Gebiete besetzen konnten. Im Gegensatz zu den Wikingern siedelten sie auch im Landesinneren, wo sie zahlreiche Burgen, Klöster und Städte gründeten.

Die folgenden Jahrhunderte waren von Schlachten, Eroberungen und Rückeroberungen geprägt. Trotz vereinzelter militärischer Hilfestellungen durch die katholischen Länder Spanien und Frankreich gelang es den Iren nicht, sich der englischen Eindringlinge zu erwehren.

Die normannische Landnahme verlief im Gegensatz zur Eroberung in England (1066) uneinheitlich und nur schrittweise. Dieses war dadurch bedingt, daß die normannischen Adligen nicht die Interessen des Königs, sondern persönlichen Zielen folgten. Außerdem war Irland kein geeintes Land mit zentraler Macht und funktionierender Verwaltung, sondern innerlich zerrissen. Schon bald begannen die belehnten normannischen Ritter und Siedler, sich mit den irischen Bewohnern zu assimilieren und paßten sich im Laufe der Zeit ihrer Lebensweise an.

Die Bindungen an England wurden allmählich lockerer, und der Einfluß der Iren nahm wieder zu. Anfang des 14. Jahrhunderts war der Herrschaftsbereich des englischen Königs auf ein durch Palisaden begrenztes Gebiet um Dublin, den **Pale**, zusammengeschrumpft. Nur die normannischen Großadligen im Süden und Osten – die Fitzgeralds von Kildare und Desmond sowie die Butlers von Ormond – widerstanden den irischen Angriffen. Und auch diese waren durch Mischehen und die Übernahme der irischen Sprache annähernd "gaelisiert", insbesondere die Fitzgeralds von Desmond.

Die kulturelle Durchdringung der normannischen Kolonie durch die Gaelen führte 1366 zu der Verabschiedung der "**Statuten von Kilkenny**", die die Sicherheit der anglo-normannischen Siedler und damit die Anwesenheit der englischen Krone garantieren sollten. Damit sollte gesetzlich unterbunden werden, daß die Anglo-Normannen gaelische Tracht trugen, Irisch sprachen oder andere unerwünschte gaelische Attribute annahmen. Da jedoch aus den Anglo-Normannen mittlerweile Anglo-Iren geworden waren, die mehr an ihrer eigenen Macht im Lande denn an der Loyalität gegenüber England interessiert waren, wurden die "Statuten" weitgehend ignoriert.

Irland blieb, zumal England im 15. Jahrhundert mit dem Hundertjährigen Krieg und den Rosenkriegen beschäftigt war, lange Zeit den rivalisierenden Häusern der Fitzgeralds, Grafen von Kildare und der Butlers, Grafen von Ormond, überlassen. 1478 wurde Gearoid Mor Fitzgerald, 8. Earl of Kildare, Generalstatthalter von Irland. Die Fitzgeralds von Kildare verfügten über ungeheure Reichtümer und ausgezeichnete Beziehungen, da sie durch Einheirat mit einem weitgespannten Netz anglo-normannischer und gaelischer Familien verwandt waren. Der Zentralregierung in London fehlten die finanziellen und militärischen Mittel sowie der politische Wille, ihren Direktherrschaftsanspruch durchzusetzen.

Erst in den 90er Jahren des 15. Jahrhunderts unternahm der englische König einen neuerlichen Vorstoß, indem er Kildare als Statthalter absetzte und ihn durch den Engländer Sir Edward Poynings ersetzte, den Verfasser der berühmten "**Poynings Laws**" von 1494. Diese bestimmten, daß nur dann ein irisches Parlament zusammenkommen dürfte, wenn der englische König vorher über den Grund der Einberufung und die Gesetzesvorschläge informiert war und seine Zustimmung gegeben hatte. Fast 300 Jahre lang sollte dieses Gesetz irische parlamentarische Initiativen in Schranken halten.

2.1.5 DIE ZEIT DER REBELLIONEN IM 16. UND 17. JAHRHUNDERT

Auch Irland war im 16. Jahrhundert von den Wirren der Reformation betroffen. Ausgelöst wurde dies durch den Entschluß Henry VIII., Irland dem neuen englischen Staat einzuverleiben. So wie er das Unabhängigkeit Wales zunichte gemacht hatte, tat er alles, seinen Erlassen im ganze Reich Geltung zu verschaffen. Irland sollte nicht von übermächtigen Untertanen verwaltet werden, sondern von einer neuen, ihm ergebenen englischen Verwaltung, Gerichtsbarkeit und Geistlichkeit. 1541 rief er sich offiziell zum König über Irland aus. Seine Vorgänger hatten sich mit dem Titel "Herr über Irland " begnügt.

Obwohl sich die irische Kirche in einem desolaten Zustand befand, gelang es der englischen Krone nicht, die von Henry VIII. eingeführte anglikanische Staatskirche und damit die Loslösung vom Papst einzuführen. Irland blieb weitgehend katholisch. Lediglich im Pale wurde die Reformation durchgesetzt, die Klöster nach 1539 aufgelöst. Im restlichen Irland dagegen wurde die katholische Kirche zur Hüterin der nationalen, gaelischen Tradition. Zunehmend entwickelte sich der konfessionelle Gegensatz zur Basis politischer Auseinandersetzungen.

Die erste hartnäckige Widersacherin in diesem Streit wurde Königin Elizabeth I. Ihr gelang es, den englischen Herrschaftsbereich in Irland erneut und weiter als jemals zuvor auszudehnen und mit militärischen und diplomatischen Mitteln ihre Macht zu festigen. Die ersten 30 Jahre ihrer Herrschaft bescherten den gaelischen und anglo-irischen Gebieten einen ständigen Zustrom neuer englischer Siedler.

Gegen Ende des 16. Jahrhunderts versuchten die Iren unter **Hugh O'Neill** und **Hugh O'Donnell**, den Grafen von Ulster, eine Rebellion gegen die Königin. 1598 besiegte O'Neill den englischen Befehlshaber Sir Henry Bagenal und verschaffte dem irischen Aufstand damit einen großen Aufschwung. Da die Iren jedoch für eine offensive, reguläre Kriegsführung nicht gerüstet waren, traf O'Neill eine verhängnisvolle Entscheidung. Er wandte sich an Englands Todfeind Spanien. Damit wurde Irland in die europäischen Religionskriege hineingezogen. König Philip III. von Spanien entsandte eine 40.000 Mann starke Flotte, die 1601 am entgegengesetzten Ende der Insel bei Kinsale eintraf. O'Neill marschierte nach Süden, um sich mit den Spaniern zu vereinigen. Elizabeth fürchtete, die Spanier könnten sich diese Situation zunutze machen, entsandte daraufhin 20.000 Mann nach Irland. Aufgrund mangelnder Kooperation schlug das spanisch-irische Unternehmen fehl. Ihre Truppen wurden von den Engländern unter Führung von Lord Mountjoy vernichtend geschlagen. Dies bedeutete den Beginn der systematischen Zerstörung des gaelischen Irland.

Im März 1603 mußte O'Neill sich endgültig ergeben. 1607 verließ er mit O'Donnell und vielen verbündeten Familien heimlich von Ulster aus die Insel. Diese Flucht der Grafen ("**Flight of the Earls**") lieferte Ulster in die Hände einer unnachgiebigen und skrupellosen Dubliner Verwaltung, die zur endgültigen Zerstörung der "gaelischen Barbarei" und ihren Ersatz durch "englische Kultur" entschlossen war. König James I., Elizabeths Nachfolger, verteilte das Land an protestantische Siedler aus Südschottland und Nordengland – eine radikale Umverteilung der Besitzverhältnisse.

Auch andere Gegenden Irlands wurden Anfang des 17. Jahrhunderts gleichfalls besiedelt, allerdings keine so gründlich und erfolgreich wie Ulster. Nur hier wurde eine zusammenhängende protestantische Bevölkerung angesiedelt. Die restliche Insel blieb weiterhin überwiegend katholisch. Diese planmäßigen Ansiedlungen, bekannt als Ulster-Plantations, schufen die Grundlage für die religiösen und politischen Konflikte, die Nordirland auch heute noch bewegen. Das Überlegenheitsgefühl der Kolonisten gegenüber den enteigneten Einheimischen sorgte dafür, daß sich die beiden Gruppen nicht assimilieren konnten.

Die englischen und schottischen Siedler veränderten Ulster von Grund auf. Sie bauten Städte, entwickelten den Handel, verbesserten die Anbaumethoden, rodeten Tausende von Morgen Land und führten moderne Bauweisen ein. Die Ulster-Protestanten waren selbstbewußte, an Modernisierung interessierte Mitglieder einer Gesellschaft, die technisch viel entwickelter war als die Welt der Gaelen.

Thomas Wentworth

Vor allem hatten sie ganz andere politische Auffassungen. Sie waren treue Untertanen eines protestantischen Königreiches, des damals am höchsten entwickelten Nationalstaates in Europa.

1633 sandte der englische König Sir Thomas Wentworth nach Irland. Kurz bevor dieser im Jahre 1640 das Amt des Vizekönigs antrat, schrieb er folgendes: "Politische Klugheit gebietet, das Königreich Irland in einer möglichst abhängigen und untergeordneten Stellung gegenüber England zu halten. Und wenn wir die Iren an der Herstellung von Wolle hindern und sie auf diese Weise dazu zwingen, ihre Kleidung aus England zu beziehen, wie könnten sie sich dann von uns trennen, ohne dabei zu nackten Bettlern zu werden?"

Es verwundert nicht sonderlich, daß sich gegen eine derartige Kolonialpolitik ein starker irischer Widerstand formierte: 1641 begann in Ulster ein Aufstand gegen die allzu mächtige Präsenz der englischen Krone und ihre Siedler. Anschließend griff die Rebellion auch auf die Altengländer, die Anglo-Iren über, die gemeinsam mit ihren irischen Verbündeten nun das königstreue Drogheda belagerten. Auf Betreiben der katholischen Bischöfe wurde der Bund von Kilkenny geschlossen. In der Stadt richtete man eine Generalversammlung für das Königreich Irland ein, eine Art von Parlament mit einer Regierung. Die verlustreichen und unter verschiedenen Leitern geführten Kämpfe wurden zusätzlich durch den Ausbruch des englischen Bürgerkrieges im August 1642 kompliziert. Englische wie irische Verbände versuchten, Krone und Parlament zum eigenen Vorteil gegeneinander auszuspielen, feste Bündnisse kamen hingegen nicht zustande.

Diese unsichere Situation lag vor, als **Oliver Cromwell**, vom englischen Parlament ernannter Lord Lieutenant, im August 1649 mit 12.000 Soldaten im englisch beherrschten Dublin landete. Cromwell sah sich als Rächer für das Massaker von Ulster und Vollstrecker von Gottes Willen an den "Papisten". So schrieb

er nach der blutigen Einnahme von Drogheda und der Hinrichtung von 200 Katholiken: "Ich bin davon überzeugt, daß dies ein gerechter Urteilsspruch Gottes für jene barbarische Lumpen ist, die ihre Hände mit dem Blut so vieler Unschuldiger befleckt haben". Mit äußerst grausam geführten Feldzügen gelang es ihm in neun Monaten, die Rebellion weitgehend niederzuschlagen. 1652 hatten Cromwells Truppen sogar Inishbofin vor der Küste in der Grafschaft Galway eingenommen. Sie waren nun Herrscher über ganz Irland.

Oliver Cromwell

Eine Folge des verlorenen Aufstandes war, daß sämtliche katholischen Landbesitzer enteignet wurden. Dabei machte Cromwell keinen Unterschied zwischen gaelischen Grundeigentümern und Anglo-Iren. Für ihn waren dies alles Katholiken. Ein englisches Gesetz wurde verabschiedet, das von jedem irischen Landbesitzer forderte, seine Ergebenheit für den englischen Staat während des Krieges nachzuweisen. War dies nicht der Fall, wurde er gezwungen, mit seinen ebenfalls katholischen Pächtern auf die armen und sauren Böden von Connaught oder Clare überzusiedeln. Somit wurde die gesamte, bis dahin überwiegend katholische Grundbesitzerschicht enteignet. Die freigewordenen Güter gingen in die Hände puritanischer Offiziere und protestantischer, englischer Republikaner über.

Ihre Hoffnung auf Befreiung vom englischen Joch veranlaßte die Iren dazu, den vom englischen Parlament abgesetzten katholischen Stuart-König **James II.** in seinem Kampf um die englische Krone gegen seinen Widersacher, den protestantischen **William III. of Orange** zu unterstützen. Unterstützt von französischen Truppen, erreichte James im März 1689 die Südküste von Irland. Der einzige ernsthafte Widerstand begegnete ihm lediglich in dem protestantischen Londonderry (siehe Kap. 4.6.3). Im Juni 1690 landete William of Orange mit 36.000 Mann in Carrickfergus und traf am Fluß Boyne mit James zusammen. Hier trug sich die wohl bedeutendste Schlacht in der irischen Geschichte zu. James II. unterlag. Wieder einmal waren die irischen Hoffnungen auf Freiheit zunichte.

2.1.6 DAS 18. JAHRHUNDERT: UNTER ENGLISCHER HERRSCHAFT

Das 18. Jahrhundert war von dem Reichtum der protestantischen Oberschicht einerseits und der Armut der katholischen Unterschicht andererseits geprägt.

Die "**Protestant Ascendancy**", die protestantische Oberschicht des 18. Jahrhunderts, setzte sich aus Großgrundbesitzern zusammen, die der Church of Ireland angehörten, einer anglikanischen Kirche mit stark calvinistischen Zügen. (Die wirklichen Calvinisten waren die nonkonformistischen Presbyterianer Ulsters, die für die Ascendancy nur wenig Sympathien hatten).

Besonders die zweite Hälfte des 18. Jahrhunderts bedeutete für die "Ascendancy" das Goldene Zeitalter. Der ungeheure Wohlstand der protestantischen Besitzer äußerte sich zum einen in der großen Anzahl stattlicher Herrenhäuser und Landsitze sowie in der Umgestaltung der Städte. Während im turbulenten 17. Jahrhundert nur ein öffentliches Gebäude von Bedeutung errichtet wurde, das Royal Hospital in Dublin (1684), wurden im 18. Jahrhundert unzählige Prachtbauten im klassizistischen Stil gebaut. Das georgianische Dublin (siehe Kap. 4.1.3.5) mit seiner aufklärerischen, auf Symmetrie und stilistische Einheit gerichtete Stadtarchitektur, deren Kennzeichen breite Hauptstraßen, großzügige Plätze und harmonisch gegliederte Fassaden sind, war das Meisterwerk der Ascendancy.

Diese Pracht und die relative politische Ruhe täuschen jedoch nicht darüber hinweg, daß für die Iren das 18. Jahrhundert eine Zeit von durchgreifenden englischen Repressionen war. Durch eine Reihe von strafrechtlichen Bestimmungen, den **Penal Laws**, wurden die Iren systematisch unterdrückt. Die Gesetze wandten sich vor allem gegen die noch verbliebenen katholischen Landbesitzer, deren Besitz bereits auf kaum 10 % der Insel geschrumpft war. Ihr Land mußte gleichmäßig unter allen Söhnen aufgeteilt werden, wenn nicht der älteste Sohn zum Protestantismus konvertierte. Auch durfte kein Katholik Land von einem Protestanten erwerben, kaufen oder als Geschenk annehmen. Auf diese Weise wurde es Katholiken unmöglich gemacht, ihren Landbesitz zu vermehren. Unrentable Kleinwirtschaft auf minimalsten Flächen war die Folge. Ferner durften Katholiken nicht lehren und Kinder von Katholiken durften weder Schulen noch Universitäten besuchen. Katholiken war es untersagt, als Anwalt zu praktizieren, öffentliche Ämter zu bekleiden, Waffen zu tragen und als Offiziere zu dienen.

Auch die katholische Kirche, die einzige einflußreiche Institution neben der Staatsmacht, wurde durch die Penal Laws unterdrückt. Trotz offizieller Verbote gegen die Ausübung des katholischen Glaubens – Gottesdienste mußten heimlich abgehalten werden – gab es aber kaum strafrechtliche Verfolgungen. Die Kirche hatte sich gewandelt. Unter dem Eindruck der Notlage begriffen die Katholiken sich jetzt als eine einzige einheitliche Gruppe und gewannen als Widerstand leistende Institution dominierenden Einfluß. Die Unterscheidung zwischen "Gaelen" und "Anglo-Normannen" gab es nicht mehr. Katholik zu sein, bedeutete, besitzlos zu sein. Von nun an war das Gefühl der Besitzlosigkeit Bestandteil katholischen Selbstempfindens. Sie alle waren sich einig, daß das Land seinen rechtmäßigen Besitzern gestohlen und widerrechtlich Fremden übertragen worden war.

Das kultivierte fruchtbare Land gelangte so in den Besitz der protestantischen Oberschicht, und auch die Erträge kamen nicht Irland selbst zugute. Das erwirtschaftete Kapital floß auf direktem Wege zu den Besitzern nach England. Die ließen den Pachtzins durch Agenten eintreiben, um damit ihren aufwendigen Lebensstil zu finanzieren.

Zu diesem steten Kapitalabfluß durch die "Absente Landlords" kam die oktroyierte restriktive englische Handelspolitik, die Irland keinen Absatz von Waren auf dem kontinentalen Markt erlaubte (u.a. gab es ein Ausfuhrverbot für Wollprodukte) und die Abhängigkeit der Bevölkerung von einer Landwirtschaft verstärkte, in die die Besitzer nicht investierten und die aufgrund veralteter Anbaumethoden immer weniger ertragreich war.

Bedingt durch die wirtschaftlichen Verhältnisse, wuchs die Unzufriedenheit. Eine Reihe an Geheimbünden entstand, es kam zu Unruhen. In Ulster hatten diese konfessionellen Charakter angenommen. Katholische und protestantische Angehörige der niederen Klassen kämpften gegeneinander um Arbeit und Land. Aus diesen Kämpfen gingen zwei populistische Volksbewegungen hervor, der der protestantischen Vorherrschaft verpflichtete "Orange Order", den es ja heute immer noch gibt, und auf katholischer Seite die "Defenders".

Der amerikanische Unabhängigkeitskrieg (1775-1783) und die Französische Revolution brachen wie Feuerwerkskörper in das von agrarischer Armut und konfessionellen Unruhen gebeutelte Irland.

Die Opposition gegen die englische Bevormundung wurde von patriotischen, aus der Ascendancy stammenden Mitgliedern verstärkt. Zu nennen ist hier insbesondere **Henry Grattan** (1746-1820). Mit Hilfe eines bewaffneten, protestantischen Freiwilligenheers setzte Grattan 1782 das Recht der Gesetzgebung für das irische Parlament durch, das ja seit Poynings Law beschnitten war.

Henry Grattan

Eine wichtige Rolle spielte auch der junge Dubliner Anwalt **Theobald Wolf Tone** (1763-98), der 1791 in Dublin und Belfast die Gesellschaft der "**United Irishmen**" gründete. Die Maßnahmen von Grattans Parlament lehnte er ab, da sie für die Mehrheit der Bevölkerung keine Verbesserung bedeuteten. Die United Irishmen wurden zu der einzigen überkonfessionellen Kraft von Bedeutung in Irland. Sie versuchte, sich an die Spitze der katholischen Volksmassen zu stellen, um deren Kräfte für revolutionäre Energien zu nutzen. Von hohem Sozialethos und dem Gedankengut der Französischen Revolution erfüllt, forderte Tone die Aufhebung der bestehenden Verfassung, die Umwandlung Irlands in eine Republik und die Gleichstellung der Katholiken. Im Glauben, sich der Unterstützung der französischen Armee sicher zu sein, beschloß Tone den bewaffneten Aufstand. 1796 lief eine französische Flotte aus Brest aus und hätte ihr Ziel fast erreicht, wenn sie nicht von Gegenwinden aufgehalten worden wäre. Da sie nicht landen konnten, drehten die Franzosen um.

Im Mai 1798 brach die Rebellion der "United Irishmen" ohne französische Hilfe aus und endete mit einem Disaster. Planlos und oft nur mit Spießen bewaffnet, zogen die Bauern in die Schlacht. Sie waren den gut ausgerüsteten Regierungstruppen bei weitem unterlegen. Etwa 30.000 Menschen ließen ihr Leben. Zudem waren die geplanten Unternehmungen an die Regierung verraten und die Führer der Aufständischen verhaftet worden. Wolf Tone beging im Gefängnis Selbstmord.

2.1.7 DAS 19. JAHRHUNDERT: UNION, HUNGER UND AUSWANDERUNG

Wolfe Tones Aufstand gab den Ausschlag für den legislativen Anschluß Irlands an England. Für das im Kampf mit Frankreich beschäftigte England bedeuteten Unruhen in Irland ein gefährliches Risiko, und so wurde das irische Parlament überredet, für die eigene Auflösung zu stimmen. Mit dem **Act of Union** am 1.

Januar 1801 wurde die Unabhängigkeit des irischen Parlaments aufgehoben. Das **United Kingdom of Great Britain and Ireland** entstand. Fortan wurden England und Irland durch ein gemeinsames Parlament vertreten. Irland entsandte 100 Abgeordnete nach London.

Ein Vorschlag, die Union mit der Emanzipation der Katholiken zu verknüpfen, die den Katholiken das Recht auf Parlamentsvertretung gewährt hätte, wurde vom König mit der Begründung abgelehnt, daß eine derartige Maßnahme seinen Krönungseid brechen würde, mit dem er gelobt hatte, den protestantischen Charakter des Staates zu wahren.

Zwanzig Jahre später sollte sich das Blatt wandeln. Durch die Gründung der "Catholic Association" wurde eine volkstümliche, nationale politische Bewegung geschaffen, die das ganz Land erfaßte. Die überragende Persönlichkeit war der katholische Anwalt **Daniel O'Connell** (1775-1847), der unbeirrbar, jedoch nie mit Gewalt für die Belange der Katholiken kämpfte. Lebenslang verachtete er jegliche politische Gewalt, nicht aus moralischen Gründen, sondern weil er von ihrer Vergeblichkeit überzeugt war.

Daniel O'Connell

O'Connell stammte aus einer in die Grafschaft Kerry abgedrängten katholischen Kleinadelsfamilie, die sich durch List ihren Wohlstand hatte bewahren können. Früh zog O'Connell Nutzen aus dem Gesetz zur Entlastung der Katholiken, das diesen mittlerweile gestattete, Anwalt zu werden.

Als solcher berühmt geworden, war O'Connell aufgrund seiner Religionszugehörigkeit vom Parlament ausgeschlossen. Da er dies als Haupthindernis für das Fortkommen der Katholiken ansah, gründete er 1823 die "Catholic Association". Durch die Einführung der außerordentlichen Mitgliedschaft (der Mitgliedsbeitrag war ein Penny, der monatlich eingesammelt wurde), gelang es O'Connell, eine Bevölkerung, die zu den ärmsten Europas zählte, politisch zu motivieren. Dies war eine in Europa einzigartige Leistung – die Mobilisierung einer massendemokratischen Mehrheit für ein friedliches politisches Ziel.

Im Jahre 1828 wurde O'Connell mit 2.057 gegen 982 Stimmen als Abgeordneter von Clare ins britische Parlament gewählt. Da er jedoch als Katholik keinen Sitz im Parlament innehaben konnte, war die Wahl zunächst ungültig. Bald mußte die Regierung jedoch dem enormen Druck der Bevölkerung nachgeben und mit dem **Emancipation Act** von 1829 Katholiken zum Parlament zulassen. Von nun an durften diese als Abgeordnete in Westminster sitzen. Ebenso wurde ihnen der Zugang zu einer ganzen Reihe von lokalen Ämtern eröffnet. Daneben wurde ein nationales Volksschulsystem eingerichtet, ein neues Armengesetz garantierte ein Minimum an Sozialfürsorge. Dieser Sieg für die Katholiken wurde nach jahrhundertelangen Niederlagen als großer symbolischer Triumph gefeiert. Der Masse der landlosen Tagelöhner und Kätner, die vom Wahlrecht ausgeschlossen waren, galt O'Connell als der "Befreier" und Held. Noch heute begegnet man O'Connell auf Schritt und Tritt: Es gibt unzählige Statuen, und etliche Straßen sind nach ihm benannt.

Nach der Emanzipation der Katholiken bestand O'Connells nächstes Ziel in der Aufhebung der Union. Der unerbittliche Widerstand der Regierung ließ ihn dieses Ziel nicht erreichen. Zeitgleich mit den vergeblichen Anstrengungen um die Loslösung von Großbritannien versank das Land unter der Großen Hungersnot. Über zwei Millionen Menschen starben an Hunger oder wanderten nach Übersee aus. Epidemien, wie Cholera und Typhus, überzogen das gebeutelte Land.

INFO

The Great Famine

In den Jahren 1845 bis 1849 ereignete sich die größte Katastrophe in der irischen Geschichte. Die Wurzeln lagen in der englischen Mißwirtschaft, die eine entsetzliche Armut zur Folge hatte. Die koloniale Politik der Engländer hatte zahllose Pächter aus dem Osten in den unfruchtbaren Westen getrieben. Das fruchtbare Land war zum größten Teil im Besitz von englischen Großgrundbesitzern. Diese betrachteten Irland als ihre Rinderfarm und erzwangen die Umwandlung von Ackerflächen in Weideland. Getreide und Vieh wurden massenhaft nach England ausgeführt. Um Konkurrenz auszuschalten, wurde der irische Handel mit dem Ausland eingeschränkt. Die irischen Bauern waren sehr arm, ihre einzige Nahrung bestand aus Kartoffeln. Diese wuchsen überall, selbst auf nassen, steinigen und schlechten Böden. Gedüngt mit Seetang, brachten sie ausreichend Erträge und erlaubten mehr Bewohner pro Hektar.

Zwischen 1816 und 1842 hatte es schon verschiedene Kartoffelkrankheiten gegeben, aber im Herbst 1845 wurde die Kartoffel erneut von einer Pilzkrankheit befallen. In diesem und in den darauffolgenden Jahren wurden durch die Kartoffelfäule die Ernten vollständig vernichtet. Die Lebensgrundlage der Menschen war zerstört.

Die Landlords, die abgeschirmt in ihren Herrenhäusern lebten, interessierten sich nicht für das, was um sie herum geschah. Objektiv gesehen, gab es noch nicht einmal einen Lebensmittelmangel. Die Engländer exportierten während der Hungersnot massenhaft Fleisch und Getreide von Irland ins Mutterland. Die englische Regierung unter Lord John Russell hielt sich engstirnig an ihre Wirtschaftsauffassung vom "laissez faire" und war der Auffassung, daß der Staat in die Wirtschaft nicht eingreifen dürfte. Irland sollte selbst mit dieser Situation fertigwerden, was dem Land jedoch selbst mit der Einrichtung von Volksküchen und durch Arbeitsbeschaffungsmaßnahmen (Straßenbau) nicht gelang.

In diesen Jahren starben 1 Million Menschen, 1 Million wanderte nach Übersee aus. Die sogenannten "Sargschiffe" Richtung Amerika waren meistens völlig heruntergekommene Segler. Viele starben noch während der Überfahrt. Die Bevölkerung sank von 8,2 Millionen (1841) auf 5,8 Millionen.

Während der größte Teil Irlands in den vierziger Jahren des vorigen Jahrhunderts hungerte, kam es im protestantischen Ulster zur **Industriellen Revolution**. Mit unglaublicher Geschwindigkeit expandierten im Norden die Leinenwebereien, Schiffswerften und der Maschinenbau. Belfast entwickelte sich vom Provinzstädtchen zu einer prosperierenden Großstadt, in die die arme Landbevölkerung auf der Suche nach Arbeit strömte. Ulsters Industrielle Revolution verhalf dem Norden Irlands nicht nur zum Wohlstand, sondern auch zu dem Bewußtsein seiner Zugehörigkeit zu Großbritannien. In Belfast entstand eine städtische Arbeiterklasse, die sich aus Protestanten wie aus Katholiken zusammensetzte. Die gelernten Berufe wurden allerdings von den Protestanten ausgeübt.

2.1.8 KAMPF UM UNABHÄNGIGKEIT

Nach dem traumatischen Erlebnis der Großen Hungersnot lag das nationalistische Irland zunächst am Boden, doch schon bald begannen politische Gruppen erneut, sich zu bilden: 1850 wurde in Ulster die "Irish Tenant Right League" gegründet, 1858 die als "Fenier" bekannte Irisch Republikanische Bruderschaft und 1879 die "Land League".

Allmählich setzte sich die von O'Connell initiierte nationalistische Volksbewegung von neuem durch, vor allem im katholischen Mittelstand. Unter Führung eines – protestantischen – Anwalts namens Isaac Butt begann 1870 die Kampagne zur Wiedererrichtung eines irischen Parlaments, das die Kontrolle über die inneren Angelegenheiten Irlands ausüben sollte. Ihr Ziel war die Selbstregierung – **Home Rule** –, innerhalb des Vereinigten Königreiches. Mitte der 70er Jahre hatten die Home Rulers bereits 56 Abgeordnete in Westminster. Mit ihrem neuen Präsidenten, **Charles Stewart Parnell** (ab 1870), fand die Irish Home Rule League breiten Anklang beim Volk, und Parnell stieg zum mächtigsten Mann in der Politik auf.

Charles Stewart Parnell stammte aus einer alteingesessenen protestantischen Gutsherrenfamilie in der Grafschaft Wicklow. 1875 wurde er ins Unterhaus gewählt, doch scheiterten seine Bemühungen, die Selbstbestimmung für Irland durchzusetzen, am Widerstand des Oberhauses.

Mitte der achtziger Jahre hatte er aus den "Home Rulern" die "**Irish Parliamentary Party**" (IPP) entwickelt, die in ganz Irland landesweite Wahlorganisationen aufbaute. Parnell engagierte sich auch in der irischen Landliga ("**Irish National Land League**"), die er 1879 gemeinsam mit **Michael Davitt** gründete. Davitt war das genaue Gegenteil von Parnell: Sohn eines Pachtbauern aus der Grafschaft Mayo, der 1850 zwangsgeräumt worden war.

Die Ziele der Landliga waren u.a. ein gerechter Pachtzins und ein dauerhafter Pachtbesitz. Im Gegensatz zu den verschiedenen Geheimbünden, die vereinzelt und militant zuschlugen, entwickelte sich die Landliga zu einer Massenbewegung, die sich erfolgreich und gewaltfrei den Grundbesitzern gegenüberstellte (siehe Info-Kasten Kap. 4.4.8). Durch die Zusammenarbeit Parnells mit Michael Davitt kam die Diskussion der irische Landfrage in das britische Unterhaus. Bereits zwei Jahre nach Gründung der Land League wurde der Pachtzins den Gegebenheiten angepaßt.

Die Agrarreformen waren vor allem von zwei Fragen bestimmt: Wem soll das Land gehören, und wer soll das Land regieren? Im Zuge mehrerer Reformen wurde der alte Landadel durch freie Kleinbauern ersetzt. Die Landnahme Cromwells wurde rückgängig gemacht. Natürlich waren die neuen Eigentümer nicht die Nachfahren derer, denen das Land im 17. Jahrhundert gehört hatte, aber dennoch wurden die Landreformen als Wiedergutmachung für ein großes historisches Unrecht begriffen.

Nach den Parlamentswahlen von 1885 wurde die Forderung nach "Home Rule" im politischen Leben Großbritanniens zur dringenden Frage. Mit den 85 Abgeordneten der IPP waren die irischen Nationalisten das Zünglein an der Waage. Parnell machte sich das Gleichgewicht der politischen Kräfte zunutze und erzwang 1886 von Gladstone einen Gesetzesentwuf zur irischen Selbstregierung (Home Rule Bill). Dies hatte allerdings die Spaltung und später den Fall der damaligen Regierung zur Folge. Dennoch war die Diskussion um die irische Selbstregierung nicht mehr auszulöschen. In Irland war Parnell nahezu allmächtig. Er hatte eine straffe politische Organisation aufgebaut, war im Begriff, die Landfrage zu lösen und hatte außerdem die katholische Kirche auf seiner Seite. Vom Volk wurde er als "ungekrönter König Irlands" verehrt. Als jedoch sein Verhältnis mit Mrs. O'Shea, der Frau eines seiner Parteimitglieder, bekannt wurde, war seine politische Karriere beendet. Noch nie von robuster Gesundheit, starb Parnell im Oktober 1891.

Das Parnell Monument in Dublin

Nicht nur die Verfassungs- und Agrarpolitik hatte sich in den 80er Jahren des 19. Jahrhunderts verändert, sondern gleichzeitig waren Kräfte entstanden, die später wesentlich zur Formung des modernen irischen Staatswesens beitragen sollten. Von großer Bedeutung war, daß es mittlerweile eine nationalistisch geprägte Mittelschicht gab.

1893 wurde eine Bewegung zur Wiederbelebung der alten irischen (gaelischen) Sprache ins Leben gerufen. Es gab eine Literaturbewegung, die in jener Zeit eine erstaunliche Blüte hervorbrachte (siehe Kap. 2.2.4), und das Studium der irischen Geschichte wurde mit Eifer betrieben. Der stark nationalistisch geprägte Gaelische Sportverband ("Gaelic Athletic Association") förderte die einheimischen Sportarten, insbesondere den gaelischen Fußball und das uralte Hurling-Spiel (siehe Kap. 3.2.3). Die GAA erfreute sich erstaunlicher Beliebtheit und war bald in jeder Gemeinde des "nationalistischen Irlands" etabliert.

Mit zunehmender Tendenz wurden nach Parnells Tod die nationalistischen Bewegungen militanter. Aber auch der inner-irische Konflikt verschärfte sich. Zunehmend an Einfluß gewann die "Irish Parliamentary Party", die sich unter Führung von John Redmond wiedervereinigt hatte. Niemand schenkte einer nationalistischen Gruppe, namens **Sinn Féin** ("Wir selbst"), die der Dubliner Journalist Arthur Griffin 1905 gegründet hatte, viel Beachtung. Ihre Forderung war, daß die irischen Abgeordneten ihre Mandate in Westminster nicht wahrnähmen, sondern statt dessen in Dublin zu einer verfassungsgebenden Versammlung zusammenträten.

1912 schließlich wurde die von Redmond ausgearbeitete Home Rule Bill im britischen Unterhaus vorgelegt. Die protestantischen Ulsteraner wehrten sich mit allen Mitteln gegen diese Entscheidung. Im Januar 1913 wurde ein Freiwilligenheer von 200.000 Mann, von den illegalen **Ulster Volunteers** aufgestellt, die sich für die Union mit Waffengewalt einsetzen wollten. Im Gegenzug folgte die **Irish Volunteers**, eine irische Bürgerarmee. Für die irische Autonomie kämpften weiterhin Sinn Féin, die sozialistische Gewerkschaftsbewegung unter Führung von James Connolly, die Irisch Republikanische Bruderschaft (eine Abspaltung der "Irish Volunteers") sowie die 1892 von Douglas Hyde gegründete Gaelische Liga, die zunächst keine politischen, sondern nur kulturelle Ziele verfolgte.

Im September 1914, als Europa sich bereits im Kriegszustand befand, wurde die "Home Rule Bill" verabschiedet, ihre Durchführung allerdings für die Dauer der Unruhen ausgesetzt. Im Ersten Weltkrieg gelobte Redmond – als Dank für die Erlangung der "Home Rule" – Großbritannien die Unterstützung des nationalistischen Irlands. 40.000 Soldaten fielen. Wer überlebte, sollte in ein völlig umgekrempeltes Irland zurückkehren.

Mittlerweile hatte die Irisch Republikanische Bruderschaft eine Erhebung vorbereitet. In den Wirren des Ersten Weltkrieges glaubten die irischen Widerstandskämpfer, England sei zu schwach oder unwillig zum Widerstand und riefen für den Ostermontag 1916 zum großen Nationalaufstand auf. Unterstützt wurden sie von den Nationalisten unter **Patrick Pearse** und den Sozialisten unter Connolly. Auf der Suche nach Waffenhilfe gegen den gemeinsamen Feind wandten sie sich an Deutschland.

Am Ostermontag 1916 besetzten die Revolutionäre eine Reihe von öffentlichen Gebäude im Zentrum Dublins. Auf dem Dach des Hauptpostamtes in der O'Connell Street hißten sie die Trikolore der irischen Republik, während Patrick Pearse sich vor dem Hauptportal hinstellte und die Proklamation der Republik verlas. Die Revolution war, da mangelhaft organisiert, ein einziges Disaster. Die Erhebung war ursprünglich für Ostersonntag geplant worden, dann aber in letzter Minute auf Ostermontag verschoben worden. Die Zahl der verfügbaren Männer, die strategische Punkte der Stadt halten sollten, umfaßte statt der erwarteten 3.000 nur 1.500. Auch die Schiffsladung mit 20.000 deutschen Gewehren zur Unterstützung des Aufstandes landete zur falschen Zeit am falschen Ort und endete auf dem Hafengrund von Tralee. Bereits nach einer Woche war der Aufstand niedergeschlagen. Die Briten hatten ein Kanonenboot die Liffey hochfahren lassen und Teile der Innenstadt zerschossen. Die Führer des Aufstandes mußten sich ergeben. Sie wurden im Kilmainham Gefängnis (heute ein Museum) eingekerkert, 16 von ihnen hingerichtet. Diese Hinrichtungen waren unklug, weil sie

dem irischen Nationalismus Märtyrer bescherten, die überall im Land gefeiert und besungen wurden. Mit einem Schlag wurde das republikanische Ideengut, zuvor politisches Bekenntnis von nur wenigen, zur Volksmeinung. Mindestens noch zwei Generationen nach dem Aufstand hing Pearses Portrait in Tausenden von irischen Haushalten.

Patrick Pearse

Der Osteraufstand, wenn auch als Niederlage geendet, schwächte die verfallende Legitimität britischer Herrschaft im nationalistischen Irland weiter und verstärkte gleichzeig den irischen Widerstandsdrang.

Als der Erste Weltkrieg im November 1918 endete, wurden allgemeine Wahlen ausgerufen. Im Herzen des protestantischen Ulster fiel die Wahl für die Unionisten einstimmig aus. Außerhalb Ulsters verbuchte die Nationalpartei Sinn Féin einen sagenhaften Wahlerfolg. Sie gewann 73 Sitze, folgte aber der alten Politik der Nichtwahrnehmung der Mandate. Statt den Parlamentssitzungen in Westminster beizuwohnen, konstituierten die gewählten Parteimitglieder ein eigenes Parlament in Dublin, den "Dáil Éireann" (Versammlung von Irland), wo sie am 21. Januar 1919 zum ersten Mal zusammentraten. Dabei beriefen sie sich auf die 1916 von den Aufständischen ausgerufene Republik und erhoben Anspruch auf eine legitime Regierung von ganz Irland. Eamon De Valera, der ranghöchste überlebende Kommandant von 1916, wurde als Präsident eingesetzt.

Diese eigenmächtige Entscheidung wollte Großbritannien nicht hinnehmen, der anglo-irische Krieg entbrannte. Während der folgenden 2 ½ Jahre fochten die "Irish Volunteers" (inzwischen **Irisch Republikanische Armee = IRA** genannt) gegen die Streitkräfte der britischen Krone. 1921 endete der Krieg auf diplomatischer Ebene. Die Insel wurde geteilt. Die Briten hatten den hartnäckigen Widerstand der Ulster-Protestanten gegen jeden Ausgleich mit dem nationalistischen Irland anerkannt. Die sechs protestantischen Grafschaften des Nord-

Eamon De Valera

ostens wurden (nach einem Volksentscheid, der aufgrund der protestantischen Siedlermehrheit für Großbritannien ausfiel) der Krone zugeschlagen. Die heutigen 26 irischen Grafschaften (counties) hingegen wurden zum Freistaat erklärt und als selbständiges Mitglied in den Commonwealth aufgenommen. Irland war ein autonomes Land geworden, zwar innerhalb des British Empire, jedoch gleichberechtigt gegenüber dem Mutterland. Nordirland erhielt ein eigenes Parlament in Belfast, den Stormont.

Mit dem Vertrag vom Winter 1921 endete die seit 120 Jahren bestehende Union mit England. Doch schon während der Unterzeichnung der Verträge kam es zu erheblichen Interessenskonflikten, denn mit der Teilung des Landes waren viele Iren nicht einverstanden. Ein regelrechter Bürgerkrieg brach 1921 zwischen "Republikanern" und den Kämpfern für den Freistaat Irland aus. Sinn Féin und die IRA spalteten sich. Erst 1923 konnten die Regierungstruppen (nun die irischen) den Streit beenden. Die Vertragsbefürworter siegten. Der neue Staat wurde gegründet.

2.1.9 ZWEI STAATEN IN IRLAND

Die Teilung des Landes entsprach historischen Tatsachen. Nur in Ulster gab es eine Bevölkerung, die sich aufgrund von Blutsbanden, Geschichte, Religion und Loyalität britisch fühlte. Als Teil des Vereinten Königreichs stand Nordirland materiell besser da als der Süden. Wenn man die Grenze von Norden nach Süden überquerte, begab man sich von einem Land, das besiedelt, in ein Land, das lediglich kolonisiert worden war, von einer sorgfältig bebauten in eine relativ vernachlässigte Landschaft. Aus dem übrigen Irland war der Irische Freistaat entstanden, der jenem Territorium entsprach, das zur Zeit der Reformation katholisch geblieben war. Aus dem Irischen Freistaat entwickelte sich allmählich die Republik Irland. 1937 wurde der "souveräne, unabhängige demokratische Staat" **Eire** unter Präsident **Douglas Hyde** proklamiert. Irland erhielt eine neue Verfassung. Gleichzeit war Eire jeglicher Verpflichtungen gegenüber der britischen Krone entbunden.

Während der ersten vierzig Jahre seines Bestehens war der neue Staat vor allem daran interessiert, sich von Großbritannien abzugrenzen. Während des 2. Weltkrieges verhielt sich die Republik Irland neutral. Nordirland kämpfte unter britischer Flagge. Das unabhängige Eire war konformistisch und genoß gleichwohl seine politische Legitimität, etwas, was es jahrhundertelang in Irland nicht gegeben hatte. In wirtschaftlicher Hinsicht verhielt man sich zunächst protektionistisch, eine Strategie, die zwar kurzfristig Erfolg hatte, aber schon Ende der 50er Jahre zu Übersubventionierung, Ineffizienz und beinahe zum wirtschaftlichen Zusammenbruch führte. Schließlich gab man die Schutzzollpolitik auf, optierte für den Freihandel, suchte, der Europäischen Gemeinschaft beizutreten (1973), und versuchte, die Wirtschaft zu modernisieren. 1955 trat Irland den Vereinten Nationen bei. Durch die Hilfe ausländischer Investitionen nahm die irische Wirtschaft großen Aufschwung. Der Beitritt zur EU brachte ebenfalls finanzielle Vorteile, von denen Landwirtschaft und Straßenbau profitierten, wenngleich auch die hohe Arbeitslosigkeit immer noch eines der größten Probleme der irischen Wirtschaft darstellt.

Überschattet wurde diese positive Entwicklung von Ereignissen, die den Norden und den Süden gleichermaßen erschütterten und die bis vor kurzem andauerten: die "troubles" in Nordirland.

Während in Südirland der historische Streit ein für allemal begraben wurde und die Assimilation der kleinen protestantischen Minderheit relativ schmerzlos verlief, war die Entwicklung in Nordirland weniger friedlich. Während die Nationalisten davon träumten, die Teilung des Landes eines Tages aufheben zu können, reagierten die Unionisten, indem sie die nordirischen Nationalisten zu Bürgern zweiter Klasse degradierten, u.a. mit offener Diskriminierung am Arbeitsplatz und in der Wohnungspolitik. Fast 50 Jahre lang genoß die protestantische Provinz zwar relative Ruhe – aber es war nur die Ruhe vor dem Sturm?

Verschiedene Bürgerrechtsbewegungen hatten Reformen (z.B. die Zuteilung von Sozialbauwohnungen nach Bedarf statt nach Konfession, eine Beendigung der Diskriminierung im Wahl- und Sozialrecht und die Auflösung des repressiven staatlichen Sicherheitsapparats) angestrebt, denen sich die Protestanten energisch widersetzten. Die Unruhen begannen in Londonderry und in Belfast und arteten schon bald von beiden Seiten in Gewalt aus. Gekämpft wurde untereinander, gegen die Polizei und gegen den Staat selbst. Großbritannien setzte die britische Armee ein, um die beiden Parteien auseinanderzuhalten. Die IRA, jahrelang untätig, lebte als Miliz zur Verteidigung der Katholiken wieder auf. Bald ging sie jedoch aus der Verteidigungshaltung zu einer Terrorkampagne über, die auch auf England übergriff und darauf ausgerichtet war, einen vollständigen Abzug der Briten aus Nordirland zu erzwingen.

1973 scheiterte der Versuch einer politischen Machtteilung zwischen der katholischen Minderheit und der protestantischen Mehrheit. Auch ein 1985 unterzeichnetes Abkommen (Mitspracherecht der Republik in Nordirland und Einflußnahme auf nordirische Belange) konnte nicht zu einer Lösung der Probleme führen.

Es ist die protestantische Siedlermehrheit in Nordirland, die sich mit allen Mitteln dagegen wehrt, den Gesetzen und Normen eines katholischen Staates unterworfen zu werden. Das letzte Vierteljahrhundert hat einschneidende Veränderungen erbracht. Die meisten Bürgerrechtsforderungen sind längst erfüllt. Der Stormont, das Parlament in Belfast, wurde von den Briten aufgelöst, Nordirland statt dessen direkt von London aus regiert. Die sinnlosen IRA-Kampagnen hingegen gingen weiter, bis im August 1994, zur Überraschung vieler und völlig unerwartet, ein Waffenstillstand ausgerufen wurde. Eineinhalb Jahre war es relativ ruhig auf der Grünen Insel, bis im Februar 1996 erneut Bombenanschläge seitens der IRA die Hoffnung auf einen dauerhaften Frieden erschütterten (s. Kap. 4.6.3).

In der südirischen Gesellschaft haben sich in den letzten Jahren ebenfalls zunehmende Veränderungen abgezeichnet. Die katholische Kirche, die seit der Staatsgründung die Politik in erheblichem Maße mitbestimmt hatte, verlor zunehmend an Einfluß (siehe Kap. 2.5.4). Eine fortschreitende Liberalisierung bei Fragen der Gleichberechtigung, der Abtreibung und Ehescheidung war die Folge. Seit 1995 sind per Volksentscheid Ehescheidungen zulässig.

Mary Robinson

Eine herausragende Figur in diesem neuen europäisch geprägten Irland ist **Mary Robinson**, seit 1990 Staatspräsidentin und damit erste Frau an der Spitze Irlands.

2.2 KUNST- UND KULTUR- GESCHICHTLICHER ÜBERBLICK

2.2.1 VOR- UND FRÜHGESCHICHTE

Aus der Ur- und Frühgeschichte Irlands sind viele Steinmonumente, vor allem aus der Jungsteinzeit erhalten. Man unterscheidet dabei:

❶ **Menhire** (Menhir = langer Stein) oder Stehende Steine, einzeln stehende Steine, die wahrscheinlich als Grenz- oder Totengedenksteine dienten.

❷ **Megalithgräber**, wörtlich "Großsteingräber". Megalithgräber stellen die bedeutendsten Relikte der Jungsteinzeit in Nordeuropa (ca. 4000-2500 v.Chr.) dar. Sie geben eindrucksvoll Zeugnis von dem hochentwickelten Totenkult jener Zeit. Die frühesten Gräber sind Kammergräber (3000-2500 v.Chr) die hauptsächlich im nördlichen Teil der Insel verbreitet sind. Aufrecht stehende Steine bilden eine – teils in Nischen unterteilte – Kammer, davor befindet sich ein runder Vorhof, in dem die Begräbnisriten abgehalten wurden. Über dem Grab wurde aus Erde oder Steinen ein Hügel aufgeschüttet.

Ein späterer Typus sind die besonders eindrucksvollen Ganggräber ("passage graves"), wie zum Beispiel bei Newgrange. Ein langer, schmaler, von Menhiren begrenzter Gang führt zu einer zentralen Grabkammer, von der einzelne Nischen abgehen. Auch die Ganggräber wurden mit einem Erdhügel bedeckt und rundum von Steinen umgeben, die teilsweise reich mit Ornamenten (Kreisen, Spiralen, Rhomben und Zickzacklinien) verziert sind. Die Gräber wurden über einen längeren Zeitraum für die Toten einer Familie oder Dorfgemeinschaft benutzt, in manchen fand man Knochen von über 200 Menschen.

Kleinere Megalithgräber sind die **Dolmen** (= Steintisch). Sie bestehen aus mehreren Orthostaten, d.h. senkrecht stehenden Steinen, auf denen ein großer Deckstein liegt. Dieser Deckel ist bis zu 100 Tonnen schwer und wurde mit Hilfe von Erdrampen auf die Monolithen aufgelegt. Die irischen Legenden geben eine etwas poetischere Version. Der Sagenheld Diarmuid war mit Graínne, der angehenden Frau des Rekken Finn MacCool, geflohen und suchte mit ihr auf der Flucht vor dem eifersüchtigen Finn ein Jahr lang jede Nacht ein anderes Lager. Allnächtlich baute er eine dieser steinernen Schutzhütten, die deshalb im Volksmund auch "Beds of Diarmuid und Grainne" heißen.

❸ Die dritte Gruppe bilden **Steinsetzungen**, d.h. aus mehreren Steinen gebildete Anlagen, wie Steinkreise oder -reihen, die in der Bronzezeit, ca. 2500-300 v.Chr. entstanden (z.B. Drombeg). Diese ovalen oder runden Formationen von Monolithen unterschiedlicher Größe, Form und Anzahl dienten kultischen Zwecken oder als Versammlungsstätten der Sippe. Teilweise waren es auch astrologische Markierungen, wahrscheinlich zur Beobachtung der Sterne.

Proleek Dolmen im Co. Louth

Zu jener Zeit entwickelte sich in Irland eine hohe Kunst der Metallverarbeitung, insbesondere von **Bronze- und Goldarbeiten**. Neben Waffen und Gebrauchsgegenständen wurden vor allem Goldschmiedearbeiten von hohem Niveau hergestellt. Aus fein zisseliertem Goldblech entstanden Sonnenscheiben und korbförmige Ohrringe. Vor allem jedoch sogenannte Lunulae, mondsichelförmige Halskragen aus Gold, die 500 Jahre lang das Hauptprodukt der bronzezeitlichen Goldschmiede bildeten. Von den 100 bisher entdeckten Exemplaren wurden allein 81 in Irlands gefunden. Die meisten werden heute im Nationalmuseum in Dublin aufbewahrt.

Aus der Eisenzeit (ca. 300 v.Chr. bis 450 n.Chr.) sind eindrucksvolle Wohn- und Verteidigungsanlagen erhalten. Eingewanderte Kelten bauten die beeindruckenden Hügel- oder Steinforts. Aus Erde oder Lehm wurden Wälle errichtet, sogenannte **Raths**, innerhalb derer sich die einfachen, in Trockensteinbauweise, d.h. ohne Mörtel, errichteten Behausungen befanden (z.B. Staigue Fort, Dun Aengus, Grianán of Aileach). Innerhalb der breiten Mauern, auf die von innen Treppen führen, befinden sich meist mehrere Kammern und Gänge.

Einen anderen Befestigungstyp bilden die **Crannógs**, künstliche, mit Pallisaden befestigte Inseln in Ufernähe eines Sees.

2.2.2 DIE KUNST DER MÖNCHE

Das besondere Verdienst des heiligen Patrick bestand darin, daß er auf friedlichem Wege Irland vom Heidentum zum **Christentum** bekehrt hat. Die hochentwickelten, bis in die Steinzeit zurückreichenden künstlerischen Traditionen wurden nicht zerstört, sondern dem Christentum dienstbar gemacht. Für die nun an religiöse Inhalte gebundene Kunst eröffneten sich durch die rasche Etablierung des Christentums neue Wege.

Auf Patricks Betreiben hin wurde die irische Kirche bis zum Jahre 500 in Diözesen eingeteilt, ab dem 6. Jahrhundert wurde die kirchliche Arbeit mehr in Klöstern verrichtet, die nach und nach im ganzen Land errichtet wurden. Sie stellten die Zentren des literarischen, künstlerischen und architektonischen Schaffens dar und waren von großer Bedeutung. Aus dem 6. Jahrhundert sind bemerkenswerte Schriften erhalten geblieben, die davon zeugen, wie ernst und ausführlich sich die Gelehrten mit der Bibel und anderen religiösen Texten auseinandersetzten. Bereits im 7. und 8. Jahrhundert erreichte Irland eine künstlerische Blüte. Im übrigen Europa, das vom Verfall des Römischen Reiches und den Wirren der Völkerwanderung geschüttelt war, setzte diese erst viel später ein.

Ogham-Stein

Rund 270 **Ogham-Steine** wurden in Irland gefunden. Die Ogham-Schrift, benannt nach Ogmios, dem keltischen Gott der Schrift, ist die älteste irische Schrift. Sie entstand etwa um 300 n.Chr nach dem Vorbild des lateinischen Alphabetes. Somit ist Gaelisch nach Griechisch und Latein die dritte schriftlich überlieferte europäische Sprache, die allerdings fast ausschließlich für Inschriften auf Grab- und Gedenksteinen verwendet wurde. Die Schrift war bis zum 7./8. Jahrhundert in Gebrauch.

Das Alphabet umfaßt 20 aus Linien bestehende Zeichen, die aus vier Gruppen von je einem bis fünf parallelen Strichen gebildet werden. Sie verlaufen rechts und links, quer oder schräg über eine horizontale Grundlinie – meist die Kante eines aufrecht stehenden Steines. Bis zu fünf Striche bildeten einen Buchstaben, gelesen wurde von oben nach unten.

Der Kirchenbau

Mit der Einführung des Christentums entwickelten sich die Klöster nicht nur zu Zentren der Bildung, der Gelehrsamkeit und des Kunstschaffens, sondern waren gleichzeitig auch Handwerksstandort, Markt- und Münzstätte sowie Pilgerziel. Diese verschiedenen Funktionen lassen die Bezeichnung "**Klösterstädte**" zu. (Die heute erhaltenen Klosteranlagen, wie Monasterboice, Glendalough oder Clonmacnoise, datieren allerdings aus einer späteren Zeit.)

Die Kirchenarchitektur Irlands begann mit kleinen unscheinbaren Holzbauten und erreichte ihren Höhepunkt in der irischen Romanik des 12. Jahrhunderts. Da die ersten Klöster fast alle aus Holz gebaut worden waren, ist von ihnen heute nichts mehr übrig geblieben.

Unter Einfluß der **Wikinger** entstanden die frühen irischen Steinkirchen wohl um das 9./10. Jahrhundert. Es handelt sich um einräumige Oratorien, die in Trockenbauweise, d.h. ohne Mörtel, zusammengefügt sind. Die ersten Klöster bestanden aus einer Kirche, um die sich mehrere kleine Bienenkorbzellen (clochán) scharten, die Wohnstätten der Mönche. Eine Steinmauer umgab den Klosterbezirk und schirmte ihn von der Außenwelt ab. Ogham-Steine und mit Kreuzen versehene Grabplatten markierten die Gräber der Verstorbenen.

Bienenkorbzellen auf Skellig Michael

Das perfekte Beispiel einer frühen Steinkirche ist das Gallarus Oratorium auf der Dingle Halbinsel, dessen Form meist mit einem umgekippten Boot verglichen wird. Eine genaue Datierung ist nicht möglich. Man weiß lediglich, daß es zwischen 800 und 1200 entstand. Die Wände sind aus nach innen geneigten Lagen massiver flacher Steine gebildet.

Wahrscheinlich unterscheidet sich die Form der ersten Steinkirchen nicht von denen der früheren Holzkirchen. Kennzeichen sind die häufig anzutreffenden Antenpfeiler (steinerne Mauervorsprünge an den Nord- und Südmauern über die Ost- und Westgiebel hinaus). Typisch sind auch die nach oben hin abnehmende Größe der Steine und die rechteckigen, mit einem flachem Türsturz versehenen Eingänge, die sich nach oben hin leicht verjüngen. Die kleinen, stroh- oder schindelgedeckten Kirchen besaßen gewöhnlich einen rechteckigen Grundriß und bestanden aus einem einzigen Raum mit westlichem Eingang und einem Ostfenster.

Die steilen Steindächer sind in der europäischen Kirchenbauweise einzigartig. Um die Last dieser Steindächer abzustützen und den Druck abzuleiten, wurde über dem Hauptraum ein zweiter Raum mit einem starken Gewölbe gebaut.

Später fügte man an einigen der alten Kirchen einen rechteckigen Chor an, wie bei der St. Kevin's Church in Glendalough.

Im 12. Jahrhundert erlebte Irland einen großen Aufschwung im Kirchenbau. Auf den Synoden von Rath Breasil (1110) und Kells (1152) wurde die irische Kirche in 12 neue Bistümer mit entsprechenden Pfarrstellen eingeteilt. Bislang waren die Kirchen Klosterkirchen ge-

Beispiel einer frühen irischen Steinkirche

wesen, nun enstand eine große Anzahl an Pfarrkirchen, kleinen romanischen Kirchen mit rundbogigen Fenstern, Eingängen und Chörbogen, die mit abstrakten geometrischen oder zoomorphen Motiven verziert sind.

In begrenztem Umfang hatte die Romanik des Kontinents Einfluß auf die irische Bauweise. Eine Übernahme aus der normannischen Romanik Englands stellen beispielsweise die Zickzackfriese dar.

In den Grundrissen der Kirchen schlug sich der kontinentale Einfluß allerdings kaum nieder – immer noch bevorzugt wurde die kleine Rechteckform. Kirchenbauten von monumentaler Größe und Erhabenheit nach kontinentaler oder englischer Art wird man in Irland vergebens suchen; für die relativ kleinen Gemeinden reichten kleine Kirchen aus. Durch die einfachen Grundrisse waren die Möglichkeiten für Skulpturenschmuck begrenzt und beschränkten sich auf die Ausstattung von Portalen, Bögen, Fenstern und Fassaden. Die Darstellungen sind im Vergleich mit der romanischer Plastik des Kontinents recht kleinformatig und vereinfachend, zum Teil gar archaisch. Dennoch besitzen sie oftmals eine geradezu erstaunliche Schönheit und Vielfalt im Detail und ein aus verschiedenen, d.h. keltischen, skandinavischen, anglo-normannischen und französischen Quellen geschöpftes Motivrepertoire. Typisch für die romanischen Kirchen Irlands ist das spitzwinkelige Giebelfeld über dem Eingangsportal, das mit mehreren Reihen menschlicher Köpfe ausgeschmückt ist, wie in der Kathedrale von Clonfert.

Mit der Ankunft der **Normannen** im 12. Jahrhundert und der Einführung einer neuen klösterlichen Ordnung begann der Zerfall der alten irischen Klöster. In ganz Europa erlebte das Christentum im 12. Jahrhundert eine grundlegende Erneuerung (Kreuzzüge, Gründung neuer Mönchsorden etc.). Die Mönche machten die Klöster wieder zum Mittelpunkt des kirchlichen Lebens. Außerdem brachten sie den gotischen Baustil mit, der in der Kirchenarchitektur bestimmend wurde. Fortan blieb die irische Architektur in engem Kontakt mit dem restlichen Europa und verlor an künstlerischer Eigenständigkeit. Die wegen ihrer Kutte "Weiße Mönche" genannten **Zisterzienser** waren (unter Führung des hl. Malachies aus Armagh) fast drei Jahrzehnte vor der Invasion der Normannen 1142 nach Irland gekommen. Dies war der erste Orden, der in Irland Fuß faßte.

1257 gab es bereits 38 irische Zisterzienserklöster. Sie alle sind streng nach den Regeln des Ordens angelegt. Ein gutes Beispiel ist Mellifont Abbey. Zentrum der Kirche und des monastischen Lebens war der quadratische Kreuzgang. Um ihn herum gruppieren sich im Norden die Kirche als höchstes Gebäude, im Osten Sakristei und Kapitelhaus, im Süden Refektorium (Speisesaal) und Küche, im Westen die Wirtschafts- und Lagerräume und im ersten Stock die Dormitorien. Auf alles überflüssige Dekor wurde, dem Ideal der Schlichtheit gemäß, verzichtet. Die höchst funktionale Baukonzeption geht auf den peinlichst genau geregelten Tagesablauf der dort lebenden Mönche zurück. Der hier gepflegte Lebensstil beeindruckte die irischen Mönche sehr, so daß sie zahlreich ihre alten und unbequemen Klöster verließen und zu den Zisterzienser übertraten.

Gegen Ende des 12. Jahrhunderts folgten auf die Zisterzienser Augustiner, Benediktiner, Dominikaner, Franziskaner und Karmeliter. Sie überzogen die Insel mit einem dichten Netz an mächtigen Klöstern im gotischen Stil. Auch Kathedralen – beispielsweise die beiden Kathedralen in Dublin – sowie Dorfkirchen wurden in gotischer Bauweise gebaut. Hohe Lanzettenfenster mit filigranem Abschluß und Spitzbögen sind die typischen Kennzeichen.

Im 14. Jahrhundert war durch die englisch-irischen Auseinandersetzungen und durch die Pest das Bauen stark eingeschränkt. Im relativ friedlichen frühen 15. Jahrhundert erlebte die Bautätigkeit wieder einen starken Aufschwung. Viele Klöster wurden im spätgotischen Stil des Flamboyant entweder wiederaufgebaut oder neu gestaltet – man ersetzte alte schmale durch größere breitere Fenster mit herrlichem Maßwerk. In der Zeit zwischen 1400 und 1535 erfolgte unter der Schirmherrschaft der mächtigen Butler von Ormond und der Geraldine von Kildare eine neue Blüte der Kirchenbaukunst, die meist vom Franziskanerorden getragen wurde. Die überwiegende Anzahl aller erhaltenen irischen Kirchen stammt aus dieser Zeit.

Im Jahre 1540 löste der englische König Henry VIII. die Klostergemeinden auf und eignete sich deren Besitztümer und Ländereien an. Die **Auflösung der Klöster** und die **Reformation** bedeutete nicht nur ein Ende des irischen Kirchenbaus, sondern für die katholische Mehrheit der Gläubigen in Irland war dies der Beginn einer dunklen Zeit der Unterdrückung. Im 17. und 18. Jahrhundert entstanden nur wenige, meist protestantische Kirchen nach kontinentalem Vorbild. Im 19. Jahrhundert konnten sich die Christen wieder frei zu ihrem Glauben bekennen. Nach der Gleichstellung der Katholiken 1829 entstanden zahlreiche Kathedralen überall im Lande. Sie wurden vor allem im neogotischen Stil gebaut, wie in Cork.

Erst in jüngster Zeit begann sich wieder eine eigenständige irische Kirchenarchitektur zu entwickeln. Ein herausragendes Beispiel stellt das Werk des Architekten Liam McCormick dar, dessen Werke sich harmonisch in die sie umgebende Landschaft einfügen. Die Burt Church (1967) nimmt die Rundung des nahe gelegenen Steinforts Grianán of Aileach auf, und die Kirche von Creeslough (1971) folgt in ihren Konturen den dahinterliegenden Bergen.

Grabmalkunst

Vom 15. bis 17. Jahrhundert erreichte die Grabmalkunst ein besonders hohes Niveau. Vor allem die Steinmetzschule von Callan ist hier zu nennen, aus der auch die berühmte Steinmetzfamilie O'Tunney hervorging. Besonders schön sind die prachtvollen Sarkophage Rory O'Tunneys in der Umgebung von Kilkenny, wie in Jerpoint Abbey. Von seiner Biographie ist nichts überliefert. Man kennt lediglich die Signatur "Roricus O Tuyne scripsit" an seinen in der ersten Hälfte des 16. Jahrhunderts entstandenen Werken. Auf den Deckeln der Sarkophage liegen die Abbilder der Verstorbenen mit unverwechselbarem eigenen Gesichtsausdruck. Die Seiten der Sarkophage werden durch nebeneinandergereihte Heiligen- und Apostelfiguren geschmückt, meist befinden sie sich in mit feinem Maßwerk geschmückten Nischen.

Hochkreuze

Die berühmten irischen Hochkreuze sind einzigartig in der Entwicklung der Sakralkunst. Noch ca. 100 Exemplare existieren auf der Insel. Außerhalb Irlands gibt es nur noch in Schottland und in England Hochkreuze, wobei die englischen allerdings keinen Kreuzring besitzen. Die irischen Hochkreuze waren immer streng geostet, und ihre Höhe variiert meist zwischen 3,50 und 4 Metern. Sie sind keine Grabkreuze, sondern Orte der Predigt, der Versammlung und des Gebetes. Als Bibelkreuze hatten sie auch didaktische Funktion.

Bei den frühesten Hochkreuzen handelt es sich um schlichte Steine, die entweder in Form eines primitiven Kreuzes gehauen waren oder ein Kreuz in die Oberfläche gemeißelt hatten. Oftmals waren dies aus vorchristlicher Zeit stammende Menhire, die mit wenigen primitiven Figuren geschmückt waren. Die Stelen von Cardonagh und Fahan, beide aus dem 7. Jahrhundert, zeigen jedoch

bereits reiche Verzierungen mit komplizierten Mustern. Meist standen sie an exponierter Stelle innerhalb eines Klosters. Liegend zeigten sie den Platz eines Grabes an, stehend dienten sie auch als Altar.

Im 8. Jahrhundert entstand die erste bekannte Form der Hochkreuze aus Sandstein, wie in Ahenny. Der Schaft ist noch relativ kurz und wird durch einen Kreuzring mit den Armen verbunden. Der Ring, der um das Kreuz gelegt wurde, diente zum einen als Stütze für die schweren steinernen Auslager der Kreuze und symbolisierte auch gleichzeitig den Kosmos. Die Verzierungen bestehen aus Flechtwerk, Spiralen, abstrakten sowie zoomorphen Ornamenten. Nur auf dem Sockel finden sich figurale Darstellungen. Möglicherweise handelt es sich bei diesen Kreuzen um Nachbildungen der prachtvoll verzierten Vortragekreuze, denn die markant hervorspringenden Bossen haben auffallende Ähnlichkeit mit den Halbedelstein-Cabochons der Prozessionskreuze.

Im 9. Jahrhundert erschienen die ersten Darstellungen alttestamentarischer Szenen auf den Hochkreuzen, die die keltischen Bandornamente allmählich auf die Schmalseiten und den Kreuzring verdrängten. Anstelle der bisherigen rein repräsentativen Funktion der Kreuze trat nun die didaktische immer mehr in den Vordergrund. Durch die zahlreichen Bildfelder und Figuren sollten die Schriftunkundigen mit der biblischen Geschichte und der Lehre Jesu vertraut werden. Gute Beispiele dafür sind das St. Patricks Kreuz in Kells und das Südkreuz von Clonmacnoise. Eine Reihe von biblischen Themen wurde immer wieder dargestellt: u.a. der Sündenfall, Brudermord an Abel, Daniel in der Löwengrube und die Opferung Isaacs. Häufige neutestamentarische Themen sind das Wunder der Brotvermehrung, die Anbetung der Könige und im Zentrum der Kreuze entweder die Kreuzigung oder der glorifizierte Christus.

Um die Mitte des 10. Jahrhunderts waren die Bibelkreuze voll entwickelt. Ihre Fläche ist beinahe ganz mit alt- und neutestamentarischen Szenen ausgefüllt. Der keltische "horror vacui" sah keine leeren Flächen vor, sondern füllt auch noch den letzten Winkel mit Ornamenten und geometrischen Mustern, Tier- und Jagdszenen aus. Durch den verlängerten Schaft gewann die Form der Kreuze erheblich an Eleganz. Schöne Beispiele dafür sind das Muiredach-Kreuz in Monasterboice und das Inschriftenkreuz in Clonmacnoise.

Vom späten 10. bis späten 11. Jahrhundert scheinen, vermutlich wegen der zweiten und bedeutend heftigeren Invasionswelle der Wikinger, keine weiteren Kreuze mehr aufgestellt worden zu sein. Zwischen den Kreuzen des 12. Jahrhunderts und den früheren Kreuzen entsteht ein deutlicher Bruch. Im 12. Jahrhundert löste sich das Relief immer mehr vom Hintergrund. Gleichzeitig reduzierte sich die Anzahl der plastischer gewordenen Figuren und der Darstellung biblischer Szenen auf eine Darstellung Christi, eines einzelnen Abts oder Bischofs. Eine Einteilung in Felder ist aufgegeben. Auch die reine Ornamentdekoration tritt vollkommen in den Hintergrund. Eine Art Übergangsgruppe bilden die Kreuze von Drumcliff und Durrow.

Die Form der neuen Hochkreuze ist unterschiedlich, einige haben einen Kreuzring, andere lediglich eine Art massiver zentraler Scheibe. Bei diesen späten Kreuzen ist der Schaft im Vergleich zu den sehr kurzen Armen sehr viel länger geworden, und die Figurendarstellung nimmt große Flächen in Anspruch. Die Figuren werden nun im Hochrelief ausgeführt. Das Kreuz und manchmal auch Teile der Figuren bestehen aus Einzelteilen, die mit Hilfe von Nut und Zapfen zusammengefügt wurden, wie der Kopf Christ und der, heute fehlende, Arm des Bischofs auf dem Kreuz von Dysert O'Dea.

Mit der irischen Romanik findet die Entwicklung der Hochkreuze ein Ende. Zwar wurden auch später noch Hochkreuze errichtet, jedoch stehen sie alle in der Tradition der mittelalterlichen Kreuze. Im 19. Jahrhundert erlebten die Hochkreuze einen neuen Aufschwung als Grabkreuze.

Rundtürme

Neben den Hochkreuzen gelten die Rundtürme als Wahrzeichen der christlichen irischen Architektur, denn außerhalb Irlands sind nur noch zwei Türme in Schottland bekannt. Ca. 70 Rundtürme sind erhalten, ein Dutzend davon in – zumindest außen – sehr gutem Erhaltungszustand. In der Form erinnern sie an riesige Bleistifte: sie sind schmal und hoch und verjüngen sich nach oben hin.

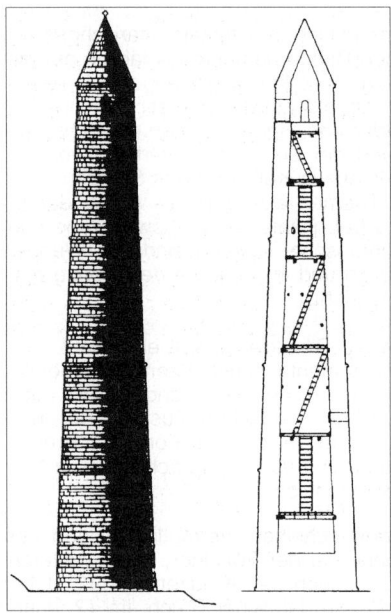

Rundturm in Ardmore

Die Rundtürme fungierten – wie der Campanile in Italien und das Minarett in der islamischen Welt – als Glockentürme (Cloigtheachs), die den sich nähernden Pilgern das Ziel ihrer Wanderung zeigten und von denen aus die Mönche zum Gebet gerufen wurden. Darüber hinaus dienten Rundtürme dem Schutz der Mönche und ihrer Kirchenschätze in Gefahrenzeiten. Der Eingang lag fast überall mindestens drei Meter über dem Boden. Auch die wenigen Fenster, in jedem Stockwerk höchstens eins, unter dem konischen Dach vier oder fünf, und die fluchtburgenartige Bauweise zeigen ebenfalls deutlich diese Funktion. Idealen Schutz boten sie jedoch nicht. Zwar waren sie wegen der erhöhten Eingänge schwer zugänglich, aber gegen Feuer waren sie mit ihren hölzernen Böden und Treppen im Inneren nicht geschützt.

Die ersten Rundtürme entstanden um 900, als im Zuge der Wikingereinfälle die ersten Steinbauten in Irland entstanden. Die frühen Rundtürme waren noch unverziert und relativ klobig. Später kamen dekorative Elemente, wie umlaufende Friese und romanische Torbögen und Fenster, hinzu. Die Höhe der Türme variiert zwischen 25-34 Meter, ihr Durchmesser beträgt an der Basis ca. 4,50 Meter. Die Mauern selbst sind bis zu 1,40 Meter dick. Im Inneren befanden sich 5 bis 7 Stockwerke mit Holzfußböden, die durch Holztreppen miteinander verbunden waren.

Da die Türme auch noch bis ins 12. Jahrhundert, also nach den Wikingerinvasionen, errichtet wurden, hatten sie vermutlich neben ihrer defensiven auch eine repräsentative Funktion, um die Macht und das Ansehen der Klöster zu zeigen.

Während des 18. und 19. Jahrhunderts wurden viele Rundtürme oft unsachgemäß restauriert und verändert. Manche erhielten einen Zinnenkranz anstelle des originalen Kegeldachs.

Das Metallhandwerk

Im Zusammenarbeit mit den Mönchen entstanden auch die Meisterwerke der Gold- und Bronzeschmiede. Das Metallhandwerk konnte beim Einzug des Christentums bereits auf eine lange keltische Tradition bis in die Bronzezeit mit ihren meisterhaften Goldblecharbeiten und hochentwickelten Gebrauchsgegenständen zurückblicken. Die sich rasch ausbreitenden Klöster gaben dem Metallhandwerk neue Aufträge: Benötigt wurden Meßgeschirr, Reliquienschreine, liturgische Geräte, Gefäße und Vortragekreuze. Viele wunderbare Stücke können heute im Nationalmuseum in Dublin bestaunt werden.

Als eine der schönsten irischen Metallarbeiten gilt der Silberkelch von Ardagh – mit seinen Filigran- und Glasfußarbeiten sowie Kerbschnittornamenten geradezu ein Musterbuch der damaligen Handwerkskunst und hinsichtlich Dekor und meisterhafter Ausführung durchaus vergleichbar mit dem "Book of Kells". Eine präzise Datierung ist nicht möglich, man nimmt jedoch an, daß der Silberkelch aus einer bereits hoch entwickelten Phase der Metallarbeit, wahrscheinlich aus dem späten 8. Jahrhundert, stammt. Ebenfall aus der Blütezeit des 8. Jahrhunderts stammt die sogenannte Tara-Fibel. Die prachtvolle Ringfibel ist aus Silber gegossen, vergoldet und gänzlich mit Ornamenten aus Filigran, Bernstein und buntem Glas verziert.

Die häufigsten Objekte aus dem 11. und 12. Jahrhundert sind Reliquiare für persönliche Gegenstände der Heiligen, beispielsweise Krummstäbe, Bücher und Glocken. Körperreliquiare sind seltener. Mehr als 40 hölzerne Krummstäbe sind erhalten. Besonders beeindruckend ist der Krummstab von Lismore (um 1100), der eine Kombination irischer und skandinavischer Stilelemente zeigt und somit ein weiteres Beispiel der typischen Eigenart irischer Kunst darstellt, fremde Stile mit dem eigenen zu einer kunstvollen Symbiose zu verschmelzen.

Handschriftenherstellung

Die wichtigste Kunst im 7. und 8. Jahrhundert war neben dem Metallhandwerk die Buchmalerei. Beide Künste sind hinsichtlich ihrer ornamentalen Gestaltung recht ähnlich. Man bediente sich dabei eines recht begrenzten Motivinventars, das in unzähligen Variationen immer neu gestaltet wurde.

Zwischen dem späten 7. und dem frühen 9. Jahrhundert entstanden in den Klöstern wahre Meisterwerke an illustrierten Schriftstücken von unvergleichlicher künstlerischer Qualität. Man unterscheidet die dem Missionsgebrauch vorbehaltenen, handlicheren "Taschenevangeliare", die in Minuskeln (Kleinbuchstaben) geschrieben sind (z.B. das "Book of Dimma") und die in Majuskeln (Großbuchstaben) verfaßten luxuriösen Prachtexemplare, die bei religiösen Feiern am Altar benutzt wurden.

Die zwei berühmtesten Exemplare werden heute in der Bücherei des Trinity College in Dublin aufbewahrt. Es ist das Buch von Durrow aus dem 7. Jahrhundert und das Buch von Kells aus dem 9. Jahrhundert. Für eine Bibel, einen Psalter oder ein Evangeliar wurden die Häute von 150 Kälbern benötigt. Außerdem war die Beschaffung der Farben für den Illuminator sehr schwierig und kostspielig. Rot gewann man beispielsweise aus einer im Mittelmeergebiet beheimateten Schildlausart, Gelb aus Auripigment, gelbem Ocker und Rindergalle, Purpur, Lila und Kastanienbraun aus einer Mittelmeerpflanze, Hellgrün aus Grünspan und einige Blautöne aus der fernöstlichen Indigopflanze sowie aus dem damals gleich Gold kostbaren Lapislazuli, das aus Afghanistan herbeigeschafft werden mußte. Die kostbaren Manuskripte waren mit prachtvollen Einbänden versehen. Die Ankunft der Wikinger beendete die große Zeit der irischen Buchmalerei. Einen vergleichbaren Höhepunkt konnte diese Kunst in späterer Zeit nicht mehr erreichen.

Das **Book of Durrow** ist ein um 675 in Majuskeln geschriebenes Evangeliar und das älteste reich verzierte Evangeliar Irlands. Da der Stil jedoch hochentwickelt und verfeinert ist, nimmt man an, daß es bereits vorher vergleichbare Werke gab. Verziert ist das Buch mit Flechtmustern in abstrakten und zoomorphen Formen und keltischen Ornamenten, mit den Symbolen der Evangelisten, Teppichseiten und illuminierten Eingangsworten der Evangelien.

Das **Book of Kells** ist das meistdekorierte Schriftstück aus dem ersten Jahrtausend nach Christi, das bis heute erhalten geblieben ist. Die Prunkhandschrift wurde um das Jahr 800 in Majuskeln mit Gallensud auf Kalbsleder geschrieben und enthält eine lateinische Version der vier Evangelien mit einem Vorspann von Vorworten, Zusammenfassungen der biblischen Geschichte und kanonischen Tafeln oder Konkordanzen zu den Evangelien.

Wunderschöne Verzierungen im Book of Kells

Der Name "Book of Kells" nimmt Bezug auf das Kloster von Kells in der Grafschaft Meath, ungefähr 70 km nordwestlich Dublins. Kells wurde zum Zufluchtsort für die Anhänger des hl. Columba, die vor den Angriffen der Wikinger im Jahre 806 von der Insel Iona flohen. Wissenschaftler sind sich mittlerweile darüber einig, daß das Buch ein Werk der Iona-Gemeinschaft ist, das entweder in Kells oder auf Iona oder teilweise an beiden Orten angefertigt worden ist. In den Annalen von Ulster wird das Buch erstmalig im Jahr 1007 erwähnt. Es soll sich in der Kirche von Kells befunden haben, von wo es gestohlen, wenig später jedoch wiederentdeckt wurde (siehe Kap. 4.1.4).

Das Buch blieb bis 1654 in Kells, wurde dann aber während der Unruhen zur Zeit Oliver Cromwells aus Sicherheitsgründen nach Dublin gebracht. Henry Jones schenkte es 1661 dem Trinity College, nachdem er zum Bischof von Meath ernannt worden war.

Das Buch enthält in seinem jetzigen Zustand 340 Doppelseiten, d.h. 680 Seiten auf Vellum (Kalbshaut) im Ausmaß von 330 x 250 mm. Ungefähr 30 Doppelseiten sind im Laufe der Zeit abhanden gekommen. Seit 1953 ist das Buch aus Restaurierungsgründen vierbändig eingebunden, ursprünglich war es ein einziger Band. Von den vier Bänden werden jeweils zwei Bände unter höchsten Sicherheitsvorkehrungen ausgestellt.

Durch die überaus reichen und prachtvollen Verzierungen und Illustrationen ist das Buch von Kells das herausragendste Beispiel der irischen Buchmalerei. Besonders eindrucksvoll sind die leuchtenden Farben, das Flechtwerk der Ornamente, die Initialien und die humorvollen Randzeichnungen. Vor jedem Evangeliar steht eine mit Bild und Symbol des Evangelisten verzierte Seite sowie die Initialseite, auf der der Anfangsbuchstabe die ganze Seite einnimmt. Am schönsten ist die CHI-RO Seite (nach den Initialen Christi im griechischen Alphabet benannt). Zwischen der Pracht der Verzierungen sind versteckte Hinweise auf den eucharistischen Leib Christi gegeben: Fisch und Hostie werden von Katzen, Mäusen, Schmetterlingen und einem Otter verzehrt.

Book of Kells

Im Book of Kells finden sich die frühesten erhaltenen Darstellungen der Jungfrau mit dem Kinde, der Versuchung und der Gefangennahme Christi in der westlichen Kunst.

2.2.3 DER PROFANBAU

Burgenbau

Der Burgenbau war – wie auch die Gotik und die Romanik – eine von außen nach Irland importierte Entwicklung. Zur Kontrolle des unterworfenen Landes bauten sich die normannischen Eroberer ab etwa 1200 mächtige Festungen. Die sogenannte "Motte-and-Bailey"-Burg war der normannische Burgenbautyp. Auf der "motte", einem künstlichen Erdhügel, stand ein meist hölzerner Turm, der von eine Palisade umgeben war. In dem "bailey", dem Innenhof, der von einem Wall umgeben war, befanden sich weitere Gebäude.

Ab dem 13. Jahrhundert wurde im Burgenbau anstelle von Holz nur noch Stein verwendet. Die normannischen Burgen sind damit die ersten großen profanen Steinbauten Irlands; bis dahin wurde Stein als Baumaterial nur für Kirchen verwendet. Wie in Trim, hatten die normannischen Burgen meist einen quadratischen Bergfried (keep), der von starken Mauern umgeben war.

Im 15. Jahrhundert kam die vor allem in Schottland bekannte Form des Tower Houses nach Irland, wo sie rasch von dem niederen irischen Adel und reichen Kaufleute übernommen wurde. Diese Gebäude stellen eine Mischung aus Haus und befestigter Burg dar und dienten beiden Zwecken gleichermaßen. Entweder lagen sie an einer Ecke des befestigten Burghofes oder auch allein. Meist haben sie einen quadratischen Grundriß, der im Vergleich zur Gesamtquadratmeterfläche sehr klein ist.

Meist sind drei bis sechs Stockwerke übereinander gebaut, während eine Etage oft nur aus einem Raum besteht. Die defensive Funktion der Tower Houses wird an den Zinnen, Wehrgängen, Schießscharten und wenigen kleinen Fenstern deutlich. Bei einer Fahrt durch das Land wird man unzählige Ruinen solcher Tower Houses entdecken können.

Renaissance

Der Stil der Renaissance konnte sich in Irland nie durchsetzen. Das einzige Beispiel ist das Schloß der Butler von Ormond in Carrick-on-Suir.

Mansion Houses

Mit der Vorherrschaft der Engländer gelangte der Klassizismus nach Irland. Das Selbstverständniss und den enormen Wohlstand der britischen protestantischen Großgrundbesitzer dokumentiert die stattliche Anzahl an Herrenhäusern, die ab ca. 1720 entstanden. Eines der ersten und zugleich eines der schönsten ist Castletown House, das 1722 von dem Architekten **Sir Edward Lovett Pearce** erbaut wurde und den ersten irischen Bau im palladianischen Stil darstellt. Nach dem Tod von Pearce wurde der aus Kassel stammende Architekt **Richard Cassels** (Castle) Irlands führender Architekt, der den Baustil Palladios weiter verbreitete. Die "Mansion Houses" sind meist von parkähnlichen Gärten umgeben. Auch diese Mode kam aus England. Heute ist Irland für seine wunderschönen Gärten berühmt. Kunstvolle Anlagen mit Rosenarrangements, exotischen Pflanzen, Steingärten und Wasserspielen wurden harmonisch in die sie umgebende Landschaft integriert. In den großzügig angelegten Gärten findet man eine große Vielfalt an seltenen Bäumen, Büschen, Sträuchern und Blumen, denn in dem milden und feuchten Klima wächst (fast) alles. Die Herrenhäuser, meist an den schönsten Stellen des Landes gelegen, stehen heute zum Teil der Öffentlichkeit zur Besichtigung zur Verfügung, zum Teil sind sie als Hotel oder Restaurant umgestaltet.

Buchtip

● Howley, James: The Follies and Garden Buildings of Ireland, 1993. Das großformatige Buch enthält neben erläuterndem Text wunderschöne Abbildungen über Gartengebäude.

● Malius, Edward und Patrick Bowe: Irish Gardens and Demesnes from 1830, London 1980.

● Malius, Edward und The Knight of the Glin: Lost Demesnes. Irish Landscape Gardening 1660-1845, London 1976

Informativ und anschaulich stellen die beiden letztgenannten Werke die Entwicklung des irischen Landschaftsgartens dar.

2.2.4 LITERATUR

In der Literatur können die Iren auf eine kontinuierliche Tradition zurückgreifen, die bei den vorchristlichen Mythen ihren Anfang nimmt. Die Lust am Fabulieren, am aus- und abschweifenden Erzählen, die Lust am Ornament, wie sie auch in der keltischen Kunst zu finden ist, der Hang zum Übernatürlichen und Anti-Rationalen, kennzeichnen die irische Literatur von den Anfängen bis heute.

INFO

Irische Märchen und Mythen: die irische Geister- und Feenwelt

*"Ein Lied der menschlichen Stimme erhält
sich länger als das Lied der Vögel;
Wort überdauert allen Reichtum und allen
Glanz dieser Erde."*
(Spruch der irischen Märchenerzähler)

In keinem Land Europas ist das mündliche Erzählen von Märchen und Geschichten so lange lebendig geblieben wie in Irland. Ebenso beispielhaft ist die Sicherung dieses folkloristischen Gutes. Die **Irische Folklore Kommission** *hat eineinhalb Millionen Manuskriptseiten mit Aufzeichnungen und Notizen zu Märchen und märchenhaften Stoffen sowie zahllose Tonbänder gesammelt. Diese Erzähl- und Sammelleidenschaft erscheint wie ein existenzielles Bedürfnis der Iren.*

Die Gründe für das reiche Erbe an Geschichten und Sagen sind vielfältig:
◆ *Die geographische Insellage am Rande Europas, die von den Römern nie erobert wurde und in der sich keltische Tradition und Christentum friedlich verbanden.*
◆ *Die keltische Kulturtradition mit ihrer Vorliebe für labyrinthisch verschlungenes Ornament.*
◆ *Die eigenständige gaelische Sprache, das über Jahrhunderte hinweg von den britischen Besatzern unterdrückt wurde. Die Sprachkultur der Barden ging in den Untergrund, sie fand in den Hütten der verarmten und von ihren englischen Landesherren ausgeplünderten Bauern eine Zufluchtsstätte.*
◆ *Der Rückgriff auf die alten keltischen Sagen- ud Märchenstoffe durch die literarische Schule der "*Irish Revival*" um die Jahrhundertwende spielte eine nicht zu unterschätzende Rolle bei der Propagierung und Mobilisierung des Unabhängigkeitskampfes. Es ist nicht verwunderlich, daß nach der Erringung der Unabhängigkeit in den 20er Jahren unseres Jahrhunderts die republikanische Regierung alle Bemühung um die Sammlung irischer Folklore tatkräftig unterstützte und die bäuerlichen Märchenerzähler überall im Lande gerne bereit waren, Sammlern ihr Märchenrepertoire zu erzählen, was fast einer nationalen Tat gleichkam. Der ausgeprägte Nationalismus und die Glorifizierung der gaelischen Tradition waren wohl eine unvermeidliche Reaktion auf jahrhundertelang während Unterdrückung.*

▨ *Zur Geschichte der Sammlertätigkeit irischer Folklore*

1953 wurde die Irische Folklore Kommission ins Leben gerufen, mit der Absicht, das beste von dem, was sich bis zu diesem Zeitpunkt noch von der Tradition des mündlichen Erzählens erhalten hat, zu sammeln, zu katalogisieren und so für die Nachwelt zu bewahren. Auch heute erhält die Kommission noch immer neues Material über bislang unbekannte Märchen, vor allem aus dem Westen des Landes, den Gaeltacht Gebieten um Galway, Connemara und Donegal.

Als die systematische Sammlertätigkeit der Irischen Folklore Kommission begann, war allerdings schon über ein Jahrhundert hin von Amateuren und enthusiastischen Literaten Pionierarbeit geleistet worden. 1825 gab der Londoner Buchhändler Thomas Crofton Crocker die "Fairy Legends and Traditions of the South of Ireland" heraus, Geschichten, die er auf ausgedehnten Wanderungen durch das südliche Irland gehört hatte.

Dies war die erste Sammlung und schriftliche Fixierung mündlich tradierter Märchen und Sagen. Seitdem haben sich etliche Sammler die irischen Märchen und Mythen erzählen lassen und für die Nachwelt aufgeschrieben, u.a. die Gebrüder Grimm, die bereits ein Jahr nach Erscheinen Crokkers "Fairy Tales" unter dem Titel "Irische Elfenmärchen" ins Deutsche übersetzten.

Durch die Bedrohung der gaelisch-irischen Kultur seitens Englands fühlten sich in den letzten beiden Jahrzehnten des 19. Jahrhunderts zahlreiche englische und irische Schriftsteller zu einer Sammlung irischer Folklore aufgerufen. Bereits der Engländer William Makepeace Thackerey hatte in seinem vergnüglich zu lesenden "Irish Sketch Book" Märchen eingestreut, die er unterwegs gehört hatte. In der anglo-irischen High-Society ist der berühmte und skandalumwitterte Arzt Sir William Wilde (der Vater von Oscar Wilde) mit seinem schon 1853 erschienenen Bändchen "Irish Popular Superstitions" zu nennen. Mehr zum Ende des Jahrhunderts hin folgten **Lady Gregory** und **William Butler Yeats** (siehe Kap. 4.4.4 und 4.5.4). 1888 hatte Yeats einen Band "Fairy and Folk Tales of the Irish Peasantry" veröffentlicht, dem 1892 die "Irish Fairy Tales" folgten. Lady Gregory gab unter dem Titel "Visions and Beliefs in the West of Ireland" eine zweibändige Anthologie der irischen Feenwelt heraus, in der sie die Arten und Gewohnheiten der irischen Feen darstellt. Auch John Millington Synge, den Yeats aus Paris zurück nach Irland gelockt hatte, hat sich um das irische Märchengut verdient gemacht. 1898 besuchte er die Aran Inseln und schmolz die Märchenstoffe, die er dort hörte, in die Handlung von Stücken eines teils phantastisch-poetischen, teils kritisch-realistischen Volkstheaters ein.

Die überragende Gestalt, die zur Epoche der modernen sorgfältig organisierten Sammlertätigkeit und der Irischen Folklore Kommission überleitet, ist **Douglas Hyde**, von 1938-1945 der Präsident der Republik Irland, der sich mit dem Sammeln und Bewahren der irischen Märchen und Mythen beschäftigt hat. Der Freund von Lady Gregory und W.B.Yeats veröffentlichte 1890 die Sammlung "Beside the Fire, A Collection of Irish Gaelic Folk Stories", von denen er einige in Gaelisch und Englisch wiedergab. Als Gründer und Präsident der **Gaelic League**, die ursprünglich eine unpolitische Körperschaft war und sich die Erneuerung der gaelischen Sprache zur Aufgabe gesetzt hatte, träumte Hyde wie Yeats von einer neuen nationalen Literatur, die höchsten aesthetischen Ansprüchen genügen sollte, und förderte die Verbreitung der alten Märchen und Sagen. 1938 wurde Hyde der erste Präsident der Republik Irland. Damit hatten die Märchensammler im höchsten Würdenträger des Staates einen einflußreichen Gönner. Hyde ist es in seiner Eigenschaft als Professor für irische Sprache und Literatur an der Nationalen Universität Dublin zu verdanken, daß sich Folklore von einer Passion einiger Liebhaber zu einem beachteten und beachtenswerten Wissenschaftsgebiet entwickeln konnte.

■ **Wie ist dieser reiche Sagenschatz zu erklären? Wie kam es zu diesem festen Glauben an die Feen?**

Bezeichnend für die irische Märchenwelt ist die Kombination von keltischer Tradition, Christentum, gaelischer Sprachkultur, Mythologie und Folkore. Die Feen waren für die Iren unserer Vorfahren Wirklichkeit. Der Glaube an die Existenz der Feen half, eine Erklärung für Vorgänge zu finden, die sich auf rationalem Wege nicht erklären ließen. Die Menschen suchen stets für alles nach Gründen, und wenn irgendein unerklärliches Ereignis den Feen zugeschrieben werden konnte, fühlten sie sich erleichtert und beruhigt. Sicherlich bedeutete das Vertrauen in eine phantastische "andere Welt" auch eine Flucht aus der harten und entbehrungsreichen Welt in eine andere, bessere – die der Phantasie.

■ Was zeichnet die irischen Feen aus?

Im Irischen haben die Feen, die Sidhe, verschiedene Namen: "Good People", "Little People", "Noble People", "The People of the Hills" oder auch einfach "Other People". Sie sind überall, wohnen in verlassenen Gehöften, von denen es im ganzen Land Tausende gab und gibt, in alten Steinforts oder auch in Weißdornbüschen, weshalb kein feengläubiger Bauer je einen Weißdornbusch aus seinem Acker entfernen würde. Auch Hügelkuppen und Berge wurden als ihre Wohnsitze angesehen. Eine Version über ihre Entstehung lautet folgendermaßen: Als die keltischen Invasoren die vorkeltische Bevölkerung (in der Sage Tuatha Dé Danann) besiegten, gingen diese in den Untergrund, und zwar im wahrsten Sinn des Wortes. Fortan war ihr Wohnsitz der Hügel, das Hügelgrab, beispielsweise Brú na Boinne, eines der zahlreichen Ganggräber am Boyne. So wurde in den Legenden das Volk, das die Megalithgräber errichtet hatte, zu den Wesen der Unterwelt, den Feen. Eine andere Theorie besagt, daß ihr Ursprung auf den Sturz der Engel aus dem Himmel zurückgeht, nach der Rebellion Luzifers gegen Gott. Als St. Michael Gott bat, nicht alle Wesen in die Hölle zu stürzen, erlaubte Gottvater einem jedem Engel, gefallen oder nicht, zu bleiben, wo er gerade war. Jene, die sich zu diesem Zeitpunkt auf der Erde befanden, sind die Feen, während die noch Fallenden in der Luft leben.

Die Bewohner der irischen "Anderswelt" zeichnen sich durch eine große Vielfalt aus. Sie können ihr Aussehen beliebig wechseln und als Menschen, Tiere oder auch nur als Staubwolke erscheinen.

Der Sterbliche, der mit der Feenwelt in Berührung kommt, mag Glück, Reichtum, sexuelle Befriedigung, aber auch Tod oder Verderben davontragen. Den Menschen gegenüber sind die Feen meist hilfsbereit und freundlich und zeigen auch recht menschliches Gebaren. Sie können krank werden und sterben, die Frauen spinnen oder kochen, männliche Feen neigen zur Trunksucht. Die Feen lieben Gesang, Tanz, Tabak und Whiskey. Wer den Feen immer etwas Eßbares und Trinkbares bereitstellt, kann gut mit ihnen auskommen.

■ Hier die wichtigsten Charaktere

*Der **Leprechaun** (ausgespochen: leprikon) ist ein kleiner, häßlicher, grüner Gnom, der Menschen an der Nase herum führt, den Feen die Schuhe repariert und alle in Irland verborgenen Schätze kennt. Er verrät sie aber nicht jedem. Nur wem der Leprechaun dreimal im Traum den Fundort eines Schatzes gezeigt hat, darf danach graben.*
*Der **Clurican** zeichnet sich durch verstärkten Alkoholkonsum aus.*
*Der **Pooka** ist ein Feenwesen in Tiergestalt, welches in Ruinen und verlassenen Gehöften haust. Er hilft den Menschen, das Haus in Ordnung zu halten, und tritt als Hund, Esel oder in anderer Tiergestalt auf. In Gestalt eines Ziegenbockes ist er der Puck in Killorglin, in Gestalt einer Stute verkündete er einst Orakel, bis der hl. Patrick seinen heidnischen Umtrieben ein Ende bereitete.*
***Cernunnos**, der Gehörnte, war der keltische Gott der Anderswelt und der Tiere, besonders der Schlangen.*
*Die **Meerows** leben im Meer. Es sind nackte, grüne Flossenmänner, die man an ihrer roten Nase und an ihrem roten Hut erkennen kann.*

Silkies sind bei Tag Seehunde, bei Nacht zu Depressionen neigende Ehefrauen der einsamen Fischer.
Banshee sind durchsichtig-dünne, vom vielen Weinen rotäugige und zudem in weiße Spinnenkleider gekleidete Feenfrauen, die den Tod eines Menschen ankündigen. Vor dem Haus einer Familie, in der bald jemand sterben wird, stimmen sie ihre Totenklage, das "keening", an.

Buchtip
Frederik Hetmann: Irische Märchen, Frankfurt/M. 1971 (7) 1976
Wer sich näher mit der irischen Feenwelt beschäftigen möchte, dem sei dieses Taschenbuch empfohlen. Hetmann gibt eine gute Einführung in das Thema und hat 23 charakteristische Märchen und Feengeschichten ausgewählt. Ausführliche Literaturangaben und Quellenverzeichnis.

Gaelischsprachige Literatur

Irland besitzt eine sehr lange Traditon des mündlichen Erzählens. Erst in unserem Jahrhundert starb die **Gilde der Shanachies oder Seanchai** aus, die Vereinigung der Geschichtenerzähler, die früher ihr reiches Wissen von Generation zu Generation weiterzugeben pflegten. In den Jahren der englischen Unterdrückung waren sie es vor allem, die wie die katholische Kirche, das altirische Erbe bewahrten. Das Ansehen der Shanachies war sehr hoch. Auch hier zeigt sich eine lange Tradition, denn schon in vorchristlicher Zeit standen die Dichter und Sänger, die **Filidh**, ebenso wie die Druiden und die Rechtsgelehrten an der Spitze der gesellschaftlichen Hierarchie.

Mit der Christianisierung durch den hl. Patrick kam die lateinische Schrift nach Irland, und eine bisher rein mündliche Erzählkultur wurde nun durch die Mönche schriftlich fixiert. Neben den religiösen gilt dieses auch für die historischen Texte, die die irische Tradition bewahren, so beispielsweise das große irische Epos vom "Rinderraub von Cooley". Im 12. und 13. Jahrhundert wurden die **gaelischen Epen** von christlichen Mönchen, die diesem alten heidnischen Stoff erstaunlich unvoreingenommen begegneten, aufgeschrieben.

In der irischen Literatur gibt es vier große Sagenkreise. Diese sind: der Ulster-Zyklus (hierunter die Táin), der Mythologische Zyklus (der von den keltischen Göttern und ihrem Kampf mit den bösen Dämonen, den Fomoriern handelt), der Historische oder Königszyklus und schließlich der Fenische oder Ossianische Zyklus mit den Geschichten um Finn und Fiann, z.B. "Die Verfolgung von Gráinne und Diarmuid". Diese älteste keltische Literatur besteht hauptsächlich aus Prosa mit kleineren lyrischen Einschüben und bevorzugt die Kleinform von episodenhaften, oft nur durch die Figur des Helden verbundenen Geschichten. Eine besondere Vorliebe für Übertreibungen, rege Phantasie, ein ungewöhnlich differenzierter Farbsinn, die große Nähe zur Natur und zum Unheimlichen, Übernatürlichen lassen sich durchgängig in allen großen keltischen Epen feststellen.

Im gesamten irischen Mittelalter hindurch gab es dann eine große Fülle an religiöser Literatur. Überwiegend handelt es sich dabei um mit unglaublichen Wundern ausgeschmückte Heiligenlegenden.

Mit den Normannen erreichte die Tradition der höfischen Troubadourlyrik Irland und wurde von den gelehrten irischen Barden bereitwillig übernommen. Diese normannisch-gaelische Liebeslyrik steht am Anfang eines Prozesses, in dem fremde Einflüsse die irische Sprache immer mehr unterdrückten und der schließlich zum endgültigen Ende des Gaelischen in der Literatursprache führte.

Vom 13. bis 16. Jahrhundert blühte die **bardische Dichtung**. In Form von Preisliedern auf ihre adligen Gönner brachten die Barden die früheste, nur mündlich überlieferte Form der keltischen Dichtkunst hervor. Sie ist mit ihren starren, in Lehrbüchern festgeschriebenen und in Bardenschulen weitergegebenen, überaus komplizierten und kunstvollen Strophen- und Reimschemata den deutschen Meistersingern nicht unähnlich.

Im 16. und 17. Jahrhundert waren Märchen, abenteuerliche Reiseromane, Lyrik und vor allem volkstümliche Variationen der Finn-Sage populär. In den Klöstern entstanden aber auch Chroniken, so im 17. Jahrhundert die berühmten "Annals of the Four Masters". Unter der englischen Unterdrückung (17. bis 19. Jahrhundert) entwickelte sich eine rege patriotische Volksdichtung in Form von Ballade und Heldenlied.

Als **Douglas Hyde** 1893 im Zuge des **Gaelic Revival** die **Gaelic League** gründete, schenkte dieser nationale Reflex auf die eigene Sprache dem vom Aussterben bedrohten keltischen Sprachzweig neue Kraft. Den "klassischen" zeitgenössischen Schriftstellern, wie Sean O'Ríordán oder Martin O'Laoire, gesellen sich heute eine wachsende Zahl von jüngeren Autoren und Autorinnen, wie Nuala Ní Dhomhnaill, hinzu, die traditionelle irische Formen und Inhalte mit feministischen und psychologischen Fragestellungen im Medium Lyrik zu verbinden wissen.

INFO

Ein frühirisches Versepos:
"Táin Bó Cúailnge" oder "Der Rinderraub von Cooley"

Das berühmteste frühirische Prosaepos über die vorchristliche Zeit ist in seiner frühesten Version in einer von christlichen Mönchen aufgeschriebenen Fassung des frühen 11. Jahrhunderts erhalten. Man nimmt jedoch an, daß ältere, bis ins 7. Jahrhundert reichende Fassungen gegeben haben muß. Davor ist noch eine ungefähr 300jährige mündliche Überlieferung zu vermuten. Oberflächlich christianisierende Tendenzen, die die Mönche bei ihrer Abschrift einfügten, sind klar als solche zu erkennen und verändern den heidnischen Tenor des Epos nicht. Beispielsweise soll König Conchobar bei der Nachricht vom Kreuzestod Christi vor Gram gestorben sein.

Konkrete geschichtliche Figuren lassen sich an den Personen des Heldenepos nicht festmachen, obwohl die in der Sage geschilderten Ereignisse, wie die Auseinandersetzung zwischen Ulster und Connaught, historischen Tatsachen entsprechen, nämlich dem Kampf der gaelischen Eroberer gegen die vorkeltische Bevölkerung, die sich vor allem in Ulster gehalten hatte.

Das Thema der "Táin" ist der Raub des Stiers Donn Cúailnge (Der Braune von Cooley, Cuailnge = heute Cooley im Co. Louth), den die Connaughter unter ihrer Königin Medbh (die sagenhafte Queen Maeve, die angeblich in Sligo begraben liegt) aus Ulster entführen. Das sogenannte "Kopfkissengespräch" zwischen der Königin und ihrem Mann Ailill hat ihr gezeigt, daß sie kein gleichwertiges Prestigeobjekt zu Finnbennach, dem Weißhörnigen, dem Stier ihres Mannes, besitzt. Dieser weiße Stier hatte einst Maeve gehört, war aber zu den Herden ihres Mannes gelaufen. Der Sage nach soll Maeve den Leuten von Ulster deren schwarzen Stier von Cooley geraubt haben, um mit Ailill wieder gleichzustehen. Daraufhin kam es zum Kampf zwischen Ulster und Connaught, bei dem die Verteidigung allein in den Händen des siebzehnjährige Cú Chulainn (Jagdhund von Ulster) lag. Seinen ausführlich beschriebenen Heldentaten folgt am Ende der Kampf der beiden Stiere und der beiden Heere, bei dem sich Cú Chulainn zwar heldenhaft gegen die Armee Maeves verteidigte, aber getötet wurde.

Wenn auch die Einzelheiten dieses Kampfes der Sage angehören, stellt die Táin eine zwar idealisierte, jedoch verläßliche Darstellung des Lebens der keltischen Oberschicht im Zeitraum vom 2. Jahrhundert vor Christi bis ins 4. Jahrhundert n. Chr. dar. Die hier beschriebene Gesellschaft ist eine durch und durch kriegerische. In immerwährenden Auseinandersetzungen bestätigt sich der Wert des Kriegers und der Rang des Königs, der möglichst viele Helden an seiner Tafel versammelt. Ruhm zu erlangen, ist das höchste Ziel. Als Zeichen ihrer Stärke schlagen die Helden den besiegten Gegnern die Köpfe ab und bringen sie als Trophäen dem König als Geschenk. Auf den Gelagen in den großen Festhallen (z.B. in der Festhalle auf dem Hügel von Tara) wird fürstlich getafelt, und Barden künden vom Ruhm des jeweiligen Königs und seiner Túath (Stamm, Gefolgschaft).

Die Lobreden der Barden auf "ihren" König und ihre Schmähreden auf dessen Gegner haben eine soziale Funktion und dienen zur Erhöhung des Prestiges. Die Filidh (Dichter, Seher), die sich im 12. Jahrhundert dann zu Bardenschulen zusammenschließen, besaßen großes Ansehen in der gaelischen Gesellschaft: 120 Stück Großvieh, für die damalige Zeit ein königliches Vermögen, kostete die Tötung eines Sängers. Die hohe Wertschätzung der Beredsamkeit, ja des Wortes an sich, kann man als Kennzeichen einer "keltischen" Mentalität bezeichnen, auch heute noch wird den Iren ja ein Hang zur Beredsamkeit nachgesagt.

Ebenso wie seine Rinderherden, Helden und Barden, vermehrt eine möglichst große Zahl schöner Frauen den Ruhm eines Königs: Schwarze Haare, blaue Augen, rote Wangen und weiße Zähne entsprachen dem keltischen Frauenideal. Ein König hatte in dieser Hinsicht freie Auswahl, denn das gaelische Recht gestattete ihm drei Ehepartnerinnen: eine Hauptfrau, eine Konkubine und eine Geliebte. Zwischen ehelichen und unehelichen Kindern wurde in der Erbfolge kein Unterschied gemacht.

Englischsprachige Literatur

Eine ganze Reihe irischer Schriftsteller hat Weltberühmtheit erlangt.
Vergleichbar mit der Baukunst, hatte die **anglo-irische Literatur** einen ersten Höhepunkt im 18. Jahrhundert, wobei die bedeutendsten Schriftsteller jener Zeit aus protestantischen Familien der anglo-irischen "Ascendancy", der protestantischen Oberschicht, stammen. Der wichtigste Vertreter dieser Epoche ist Jonathan Swift. Als weitere bedeutende Vertreter dieser klassischen Epoche der irischen Literatur sind Edmund Burke (1729-1797), Staatstheoretiker, Historiker und Politiker, zu nennen sowie Laurence Sterne (1713-68) und Oliver Goldsmith.

Nachdem Daniel O'Connell 1829 die Aufhebung der letzten Strafgesetze erwirkt hatte (siehe Kap. 2.1.7), konnte der vor allem von den Katholiken getragene irische Nationalismus wiedererstarken. Die politische Forderung nach "Home Rule" bedeutete in kultureller Hinsicht die Wiederbelebung der gaelischen Sprache und die Rückbesinnung auf die alte keltische Mythologie und Tradition. Die Gründung der Gaelic League 1893 durch Douglas Hyde führte zu einer Erneuerung der irischen Sprache und Förderung der irischen Kultur. Die Bewegung der Irischen Renaissance regte die bedeutendsten irischen Dichter und Dramatiker an, sich dem gaelischen Erbe zu verpflichten und es in ihren in englischer Sprache geschriebenen Werken weiterleben zu lassen. Die alles überragende Figur der Irischen Renaissance war William Butler Yeats.

Das 20. Jahrhundert sah mit Shaw, Wilde und Beckett einige der bedeutendsten Dramatiker unserer Zeit überhaupt, aber auch auf dem Sektor des Romans brachte Irland Geniales hervor. Während Becketts "Warten auf Godot" (1953) mit seiner sprachlichen, psychologischen und handlungsmäßigen Reduktion einen Endpunkt für das moderne Drama setzt, stellt Joyces "Finnegans Wake" (1939) in seiner freudvoll verschlüsselten und polyvalenten, mit mythischen, historischen und ganz privaten Assoziationen gespickten Sprache eine scheinbar nicht zu durchbrechende Schallmauer in der Romankunst des 20. Jahrhunderts dar. Erstaunlicherweise scheinen die Modernen damit zu einem Merkmal der frühen gaelischen Literatur zurückgekehrt zu sein: zur Liebe für die Form, für die Sprache an sich, zur puren Fabulierlust.

In Anbetracht der Fülle an Genies verwundert es um so mehr, daß etliche der literarischen Helden Irland verließen, um im Exil zu leben und zu sterben. Unter dem "Free State Government" waren mehr als 10.000 Autoren verboten, so auch George Bernhard Shaw, Samuel Beckett, William Butler Yeats, Sean O'Casey und Oscar Wilde. Sie alle entflohen dem katholischen Muff, der verklemmten Sexualmoral, der bornierten Zensur der jungen Republik.

Hier ein Überblick über die bekanntesten Dichter und Dramatiker in chronologischer Reihenfolge (siehe auch die Info-Kästen über Shaw, Joyce, Synge und Yeats):

▨ Jonathan Swift (1667-1745)

"Satire is a sort of glass wherein beholders do generally discover everybody's face but their own"
(Vorwort, Battle of the Books)

Swift war Theologe, Politiker, Misanthrop und Großmeister der Satire. Durch klassische Universitätsausbildung am Trinity College in Dublin und die Laufbahn als Geistlicher der anglikanischen Staatskirche (er war Dekan der Dubliner St. Patrick's Cathedral) hatte sich Swift den Zugang zur oberen englischen Gesellschaftsschicht erworben. Viel beachtet als brillanter und geistvoller Autor, enthüllte er in

*Jonathan Swift
(1667-1745)*

seinen polemischen und satirischen kirchen-, partei- und gesellschaftspolitischen Schriften menschliche Fehler und Schwächen schonungslos. Außerdem beschäftigte er sich mit der Situation des armen und ausgebeuteten Irland und schilderte in einer Reihe von Schriften, den "Irish Tracts", die erbarmungswürdige Lage des Landes. Zwischen 1721 und 1727 schrieb Swift eines der am häufigsten gelesenen Bücher der abendländischen Literatur, den satirisch-utopischen Roman "Gullivers Reisen". In diesem Roman griff Swift auf die antike Tradition der imaginären Reisebeschreibung zurück. Es ist amüsant geschrieben, jedoch voll beißendem Spott und offenbart den tiefen Zivilisationspessimismus und die bittere Menschenverachtung seines Autors. Später verharmloste "Gullivers Reisen" zum Kinderbuch.

Zu zwei Frauen, der ihr Leben lang in ihn verliebten Vanessa Esther Vanhomrigh und seiner Vertrauten Hester Johnson, die in dem nach seinem Tod herausgegebenen "Journal to Stella" (1784) verewigt wird, unterhielt Swift beständige, aber nie eindeutig geklärte Beziehungen.

Mit zunehmendem Alter wurde Swift immer menschenscheuer und menschenverachtender. Der ironische Spott seiner Schriften wandelt sich zu einem kaum mehr nachvollziehbaren Zynismus und morbiden Phantasien. Wenige Jahre vor seinem Tod 1749 versank er in geistige Umnachtung.

▨ Oliver Goldsmith (1728-1774)

"On the stage he was natural, simple, affecting.
'Twas only when he was off he was acting"　　　　　　　　　　　　(Realisation)

Goldsmith war Sohn eines anglikanischen Pfarrers in Dublin. Seine Universitätsausbildung erhielt er am Trinity College in Dublin, danach führte er ein Wanderleben auf dem Kontinent. Bekannt wurde vor allem seine populäre, in der Tradition des sentimentalen Roman stehende Idylle "The Vicar of Wakefield" (1776).

▨ Oscar Wilde (1854-1900)

"Yet each man kills the thing he loves,
By each let this be heard,
Some do it with a bitter look,
some with a flattering word,
The coward does it with a kiss,
The brave man with a sword!"　　　　　　　　　　　(The Ballad of Reading)

Oscar Wilde wurde als Sohn eines bekannten Augenarztes und der patriotischen Dichterin "Speranza" Wilde in Dublin geboren und studierte am Trinity College in Dublin und in Oxford. Mit seinem einzigen Roman "The Picture of Dorian Grey" (1891) vermittelt er treffend die dekadente Fin de Siècle-Atmosphäre. Stets skandalumwittert, befand sich der Individualist und Ästhetizist auf einer Gratwanderung zwischen Anpassung und Ablehnung der Londoner Oberschicht. Seine spritzigen Konversationskomödien ("An Ideal Husband", "Lady Wintermere's Fan", "A Woman of No Importance", "The Importance of Being Ernest") zeigen eine distanziert ironische Pose.

Aufgrund seiner homosexuellen Beziehungen zu Lord Alfred Douglas wurde Wilde zu zwei Jahren Zuchthaus mit Schwerarbeit verurteilt und kam im Gefängnis zum ersten Mal mit Menschen der Arbeiterklasse in Berührung. Ausgelöst durch diese Erfahrung setzte er sich später vehement für die Unterprivilegierten ein.

▨ Bernhard Shaw (1856-1950)

Shaw schrieb vornehmlich Theaterstücke. Er emigrierte nach England und galt als radikaler Sozialist (siehe Info-Kasten im Kap. 4.1.3.5).

▓ **William Butler Yeats** (1865-1939)

Yeats hat sich mit romantischen Gedichten einen Namen gemacht und gehört zu den meistpublizierten Lyrikern der Moderne (siehe Info-Kasten im Kap. 4.5.3).

▓ **J.M. Synge** (1871-1909)

In seinem Werk "The Playboy of the Western World" beschreibt Synge das irische bäuerliche Leben aus englischer Sicht. Bei der Uraufführung in Dublin Abbey Theatre wurde es mit Unruhen aufgenommen (siehe Info-Kasten im Kap. 4.4.5).

▓ **Sean O'Casey** (1880-1964)

"An' as it blowed an' blowed
I often looked up at the sky
an' assed meself the question,
what is the stars, what is the stars?"   (Juno and the Paycock)

O'Casey stammte aus dem protestantischen Arbeitermilieu Dublins, das oft Gegenstand und Hintergrund seiner Dramen ist. Auch O'Caseys Dramen wurden am Abbey Theatre uraufgeführt, u.a. "The Plough and the Stars" und "The Silver Tassie" und "Juno and the Paycock" ("Juno und der Pfau", 1924), eine deftigbittere Komödie, die im Dubliner Arbeitermilieu angesiedelt ist. Eindringlich werden die Wirren des irischen Bürgerkrieges und die Auswirkungen des bigotten katholischen Sittenkanons auf das Leben der Frauen geschildert. O'Caseys 6-bändige Autobiographie erstreckt sich über sieben Jahrzehnte seines Lebens und zeichnet nicht nur ein deutliches Bild der Stadt Dublin und ihrer Menschen, sondern stellt gleichzeitig ein bewegendes Dokument der Zeitgeschichte dar. Mit seiner Trilogie "Shadow of a Gunman", "Juno and the Paycock", "The Plough and the Stars" beschreibt O'Casey das Dubliner Arbeiterviertel, in dem er geboren wurde und aufwuchs.

▓ **James Joyce** (1882-1941)

ist einer der größten Romanciers des 20. Jahrhunderts. Vor allem durch seinen Roman "Ulysses" erlangte er Weltberühmtheit (siehe Info-Kasten im Kap. 4.1.3.6).

▓ **Liam O'Flaherty** (geb. 1897)

Liam O'Flaherty verbrachte seine Kindheit auf den Aran Inseln und erhielt in einem Dubliner Jesuiteninternat eine Ausbildung in den Priesterstand. Im 1. Weltkrieg kämpfte er in der britischen Armee und war danach in verschiedenen Berufen tätig. Auch Liam O'Flaherty ging im Zuge des Bürgerkrieges ins französische und englische Exil, wo sein Werk entstand ("The Informer", 1925, "The Assassin", 1928, "Famine", 1937). Kennzeichnend für seine Schriften ist vor allem die fast fotografische Genauigkeit, mit der O'Flaherty irisches Schicksal und irische Charaktere darstellt.

▓ **Frank O'Connor** (1903-1966)

Frank O'Connor stammt aus Cork. Aus seinem umfangreichen Werk ragen besonders die über hundert Erzählungen hervor, in denen es ihm meisterhaft gelingt, in undramatischer Weise Personen und Situationen darzustellen.

■ **Samuel Beckett** (1906-1990)

"Perhaps my best years are gone ... but I wouldn't want them back. Not with the fire in me now." (Krapp's Last Tape)

Beckett ist unbestritten der größte Dramatiker des 20. Jahrhunderts. Als zweiter Sohn einer wohlhabenden protestantischen Familie wurde er in Foxrock, einem Dubliner Vorort, geboren, in protestantischen Privatschulen erzogen und studierte Romanistik und Neue Literatur am Trinity College. Mit 22 Jahren ging er nach Paris und begegnete dort James Joyce, der auf seine ersten literarischen Werke großen Einfluß ausübte. Beckett ist mehr als ein internationaler, sowohl aus dem englischen wie französischen Sprachraum schöpfender Schriftsteller, denn ausschließlich als ein anglo-irischer Dramatiker zu bezeichnen. Ab 1945 schrieb Beckett seine Stücke erst auf französisch und erstellte danach englische Zweitfassungen. In tief pessimistischen Werken stellt Beckett das menschliche Dasein als absurd, als Leerlauf und sinnloses Warten dar. Das Ich ist völlig isoliert, seine Identität erscheint als fragwürdig. Die Handlungen der Personen scheinen sich z.T. nur im Bewußtsein der Figuren abzuspielen. Symbolische Verschlüsselungen mit Neigungen zum Grotesken machen die Charaktere wie auch die zum absurden Theater gehörenden Stücke Becketts vielfältig deutbar. Mit dem Stück "Warten auf Godot" (1953) hat er seinen Ruhm als Urvater des Absurden Theaters begründet. 1969 erhielt Beckett den Nobelpreis für Literatur.

■ **Flann O'Brian = Brian O'Nolan** (1911-1966)

"When money's tight and is hard to get
And your horse has also ran,
When all you have is a heap of debt
A Pint of Plain is your only Man" (At Swim-two-Birds)

Flann O'Brian kam als Brian O'Nolan (ir.:Brian O'Nualláin) als 3. von 12 Kindern 1911 in Strabane, Co. Tyrone, zur Welt. In seinem Elternhaus wurde nur Gaelisch gesprochen. O'Brian promovierte in Moderner Irischer Dichtung und schrieb unter dem Pseudonym Myles na gCopaleen (oder na Gopaleen) eine beliebte satirische Kolumne in der Irish Times. Sein Hauptwerk, der turbulente bohèmehafte Roman "At Swim-two-Birds" (1939, deutsch 1966 in der Übersetzung von Lore Fiedler unter dem Titel "Zwei Vögel beim Schwimmen"), ist nach einer winzigen Insel im Shannon benannt. Oft wurde es mit dem "Ulysses" verglichen. Neben verschiedenen anderen Werken, die auf dem Kontinent weitgehend unbekannt sind, erschien 1961 "The Hard Life", 1979 von Annemarie und Heinrich Böll unter dem Titel "Das harte Leben" ins Deutsche übersetzt. Wie sein Schriftstellerkollege Brendan Behan neigte auch Flann O'Brian zum übermäßigen Alkoholkonsum. Beiden gemeinsam war ebenso ihre illusionslose Sicht der irischen Gesellschaft.

■ **Brendan Behan** (1923-1964)

"A hungry feeling come o'er me stealing,
And the mice were squealing in my prison cell
And that old triangle went jingle jangle,
Along the banks of the Royal Canal" (The Quare Fellow)

Brendan Behan stammte aus einer katholischen Dubliner Arbeiterfamilie und wurde einer der bedeutendsten irischen Dramatiker der jüngeren Generation. Als aktives Mitglied der IRA verbrachte Behan fast sechs Jahre im Gefängnis. Seine genaue Kenntnis der Gefangenenwelt und die dort gemachten Erfahrungen verarbeitete er in faktisch-realistischem Stil in seinem Schauspiel "The Quare Fellow" 1955 sowie in seinem autobiographischen Bericht "Borstal Boy" 1958.

Offenbar dem literarischen Erfolg nicht gewachsen, verhinderten seine immer häufigeren alkoholischen Exzesse weitere ernsthafte literarische Produktionen. Mit 41 Jahren starb er in Dublin.

▧ Edna O'Brian (geb. 1932)

Edna O'Brian, 1932 als Tochter einer bäuerlichen Familie in Galway geboren, erhielt ihre Ausbildung in einem von Nonnen geführten Internat. Sie studierte Pharmazie in Dublin und lebt seit langem in London. Fast sämtliche ihrer Romane und Erzählungen waren oder sind in Irland verboten: In ihnen schildert sie bewegend und eindrucksvoll ihre Liebe zu Irland und ihr Gefühl für irisches Erbe und Traditionen, gleichzeitig jedoch ihr Unvermögen, in Irland zu leben.

▧ William Trevor (geb. 1928)

William Trevor stammt aus Mitchelstown, Co. Cork, und wuchs im ländlichen Irland auf. Seine Ausbildung erhielt er am Trinity College in Dublin. Trevor ist Autor vieler Romane und etlicher Kurzgeschichten, u.a. auch der Herausgeber von "The Oxford Book of Irish Short Stories" 1989. Seine Themen sind in Irland angesiedelt, und seine Bücher lesen sich leicht und unterhaltsam.

▧ Roddy Doyle (geb.1958)

Roddy Doyle stammt aus Dublin und ist ein viel gelesener Schriftsteller der jüngeren Generation. Bekannt sind vor allem seine Romane "The Commitments" 1987 und "The Snapper" 1990, die von Alan Parker und Stephen Frears mit großem Erfolg verfilmt wurden. Mit dem Roman "Paddy Clarke HaHaHa", einer ironisch-melancholischen Beschreibung eine Kindheit in Irland, gewann Doyle 1993 den begehrten Booker Prize.

▧ Seamus Heaney

wurde 1939 als ältestes von neun Kindern im Co. Derry/Londonderry geboren. Er studierte Englische Literatur an der Queen's Universität Belfast. 1963 wurde er Dozent für Englische Philologie in Belfast. 1965 veröffentlichte er seinen ersten Gedichtband "Eleven Poems". Damit fand sein dichterisches Schaffen zum ersten Mal öffentliche Anerkennung. 1966 folgte die größere Gedichtsammlung "Death of a Naturalist".

Als in Nordirland gebürtiger Katholik nahm Heaney regen Anteil an den dortigen Ereignissen und beteiligte sich an den Bürgerrechtsdemonstrationen in den 60er Jahren. In "Preoccupations and Wintering Out" findet sich Heaneys Beschäftigung mit dem Nordirland-Konflikt wieder. Um sich mehr dem Schreiben widmen zu können, gab er seinen Posten in Belfast auf und zog nach Ashford, Co. Wicklow. 1989 folgte der Ruf an die Universität Oxford als Professor of Poetry.

Heaney ist einer der führenden zeitgenössischen Dichter der englischen Sprache. 1995 erhielt er den Nobelpreis für sein lyrisches Schaffen.

2.2.5 MALEREI

Über eine herausragende Maltradition verfügt Irland nicht. Sie beginnt erst mit den Genre-, Historien- und Landschaftsmalern der romantischen und historistischen Schule. Ein bekannter Vertreter ist William Mulready (1786-1863). Um die Jahrhundertwende wurde diese Stilrichtung, wie im übrigen Europa, von naturalistisch oder impressionistisch beeinflußten Malern abgelöst. Zu nennen sind Walter Osborne (1859-1903), William Orpen (1878-1931) und John Butler Yeats (1839-1922). Irlands bester Maler ist sicherlich Jack B. Yeats (1871-1957), der Sohn des letzteren und Bruder des Literaturnobelpreisträgers. Das Werk von Jack B. Yeats wendet sich mit zunehmendem Alter immer weiter der Abstraktion und der reinen Farbenwirkung zu. Seine Werke sind vor allem in der Nationalgalerie in Dublin zu bewundern. Verallgemeinernd kann man sagen, daß die Entwicklung der irischen Malerei jeweils, wenn auch stets mit einiger Verspätung, den auf dem Kontinent herrschenden Kunstströmungen folgte. Erst in den letzten Jahren ist eine vermehrte Rückbesinnung auf "Irisches" festzustellen. Als Beispiel können Anne Madden's "Megalith Series" genannt werden oder Louis Le Brocquy, den international wohl anerkanntesten Künstler, der vor allem durch seine Illustrationen zu "Táin" bekannt geworden ist. Weitere Themen der jungen irischen Künstler sind die Rolle der Kirche, die wirtschaftlichen Nöte und vor allem die Teilung des Landes.

2.2.6 MUSIK

Irland hat eine reiche Tradition an Volksmusik aufzuweisen. Es war üblich, daß die irischen Familien abends zusammensaßen, um gemeinsam zu musizieren. Oder aber sie gingen während ihrer knappen Freizeit, vor allem in den ländlichen Regionen des Landes, in das Scoraíocht oder **Céilí-Haus**, dem Treffpunkt für Jung und Alt. Dort wurden Karten gespielt, gesungen und musiziert. Viele der Lieder – hauptsächlich Tänze, wie Polkas, Jigs, Märsche und langsame Vokalstücke, stammen aus dem 18./19. Jahrhundert. Die Planxies, alte irische Harfenstücke, haben ihre Wurzeln sogar im 17. Jahrhundert.

Im Gegensatz zu heute war die traditionelle irische Musik nicht nur zum Zuhören, sondern zum Tanzen da. Auf den unbedarften Nur-Zuhörer wirken die sich immer wiederholenden Taktfolgen auf die Dauer eintönig. Traditionell irisch ist ein Gemeinschaftstanz, der in Gruppen zu vier Paaren aufgeführt wird. Dabei kommt es vor allem auf die richtige Fußarbeit, das "battering", an. Vergleichbar ist diese Bewegung dem Steppen, denn es handelt sich auch um ein sehr schnelles und rhythmisches Aufstapfen.

Zu den häufigsten Musik- und beliebtesten Begleitinstrumenten gehören das zweireihige Akkordeon, die Blechflöte (Tin Whistle), die Geige (Fiedel) und die Querflöte. Für den Grundrhythmus sorgt mit seinem tiefen Klang der Bodhrán, eine mit Ziegenfell bespannte Handtrommel. Der Bodhrán ist eines der ältesten irischen Instrumente. Wichtig ist weiterhin die Uilleann Pipe, die irische Version des Dudelsackes. Im Gegensatz zu den schottischen Dudelsäcken wird die Uilleann Pipe nicht mit der Lunge, sondern mit dem Ellenbogen betrieben (uille = Ellbogen).

Anders als die Uilleann Pipes hat die Fiedel keinen irischen Ursprung, sie kam vermutlich im 18. Jahrhundert mit Kesselflickern über Wales und Schottland nach Irland. Es handelt sich dabei um eine ganz normale Violine, die allerdings nicht auf klassische Art gespielt wird. Es gibt keine vorgeschriebene Haltung, einige klemmen sich die Geige unters Kinn, andere pressen sie gegen die Brust, den Oberarm oder gar die Hüfte. Der Hals der Geige wird nur leicht mit der linken Hand unterstützt und gibt den Fingern viel Spielraum. Im 18. Jahrhundert war die Geige schon so beliebt, daß sich Spieler damit ihren Lebensunterhalt verdienen konnten.

Durch die Große Hungersnot geriet die Volksmusik ins Abseits. Wandermusikanten verkamen zu Bettlern, oft waren die Fiedler blind.

Mit wachsendem Nationalbewußtsein erwachte die traditionelle Musik wieder zu neuem Leben und brachte legendäre Musiker, wie Denis Murphy und Michael Coleman, hervor. Letzterer ging 1916 in die USA und produzierte dort Schellack-Schallplatten. Die Tradition des gemeinsamen Musizierens jedoch verebbte allmählich, und vor 50 Jahren galt die irische Musik als ausgestorben. "Singing Pubs" waren so gut wie unbekannt, und noch vor 25 Jahren waren Singen und Musizieren in den meisten Pubs sogar untersagt.

Seit den 60er Jahren gibt es eine starke Wiederbelebung irischer Folk-Musik. Die 1951 gegründete Vereinigung der Irischen Musiker, Comhaltas Ceoltoiri (andere Bezeichnung: Ceoltítí) Éireann organisiert zahlreiche Musik- und Liederfestivals, darunter auch das **All-Ireland Fleadh**, ein dreitägiges Festival, das alljährlich an

Irische Folklore

wechselnden Orten im August stattfindet. Im Mai beginnen die Musikwettbewerbe auf County-Ebene. Die Gewinner der Provinz-Fleadhs treten auf dem Ende August in wechselnden Städten stattfindenden "Fleadh Cheoil na Éireann" gegeneinander an.

Daneben locken Kneipenwirte gerne mit "Music tonight" zusätzliche Gäste in ihre Lokale. In einigen "Singing Pubs" spielen und singen während der Saison fast allabendlich örtliche Musiker. Mitsingen ist erlaubt. Bei den "sessions" stehen meist Geigen im Vordergrund. Ansonsten dominieren Konzertflöten und natürlich Tin Whistles, häufig auch die Bodhrán-Trommel. Dudelsäcke sind wegen des schwierigen Spiels seltener. In den kleinen Dorfpubs herrscht oft die bessere Stimmung und nicht in den bekannten Zentren, wie Dublin oder Doolin, wo es mehr Rucksacktouristen als Einheimische gibt. In Anbetracht der Fülle der "Singing Pubs" (in Touristenorten, wie beispielsweise Killarney, gibt es über 10) stellt sich die Frage, ob der "Singing Pub" nicht mittlerweile zu einer reinen Touristenfalle degradiert wurde.

Im internationalen Musikgeschäft nahm die irische Folk-Musik, durch Einbeziehung moderner Rockelemente, in den 70er Jahren ihren Höhepunkt: Die Dubliners, die Fureys oder die Chieftains, um nur einige zu nennen, spielten vor ausverkauften Hallen, so auch in Deutschland. Diese Popularität hat sich zwar wieder abgebaut, aber dennoch gilt die irische Volksmusik als die populärste Folk-Richtung in Deutschland. Aber auch in der Rockmusik haben irische und amerikanische Künstler die amerikanischen und europäischen Charts gestürmt.

Irische Interpreten, wie Van Morrison und Them, Chris de Burgh, Rory Gallagher und die Boomtown Rats, sind längst eine Legion. Der Rock'n'Roll Stroll führt auf den Spuren von U 2 oder Sinead O'Connor durch Dublins Pubs und Music Halls. Sie alle zehren von den Traditionen der Irischen Folk-Musik, wobei sie jetzt aber auch irische Themen behandeln, beispielsweise die Große Hungersnot, Arbeitslosigkeit, den Bürgerkrieg in Nordirland. U 2 wurde übrigens von dem Musikkanal MTV als beste Rockgruppe des Jahres 1995 ausgewählt.

Im Bereich der klassischen Musik hat Irland nur wenig große Komponisten hervorgebracht. Zu nennen sind Charles Stanford (1852-1924) und der auf dem Kontinent relativ unbekannte E.J. Moeran (1844-1950). Während sich Standford vornehmlich der Chormusik widmete und einen Höhepunkte in seiner Irish Symphony schuf, widmete sich Moeran in seiner Symphonie in G-Moll der musikalischen Landschaftsbeschreibung der Grafschaft Kerry.

2.3 LANDSCHAFTLICHER ÜBERBLICK

Mit einer Gesamtfläche von 84.405 qkm (Republik 70.283 qkm) erstreckt sich die Insel Irland über eine maximale Nord-Südwest-Länge von 486 km (Malin Head - Mizen Head), während die maximale Ost-West Ausdehnung 285 km beträgt.

Die Republik Irland ist so groß wie Bayern und nimmt den größten Teil der Insel Irland ein.

Mit der Tearaght Island vor Dingle Peninsula bildet Irland den **westlichsten Punkt Europas**. Die stellenweise nur 200 Meter tiefe und maximal 220 km breite Irische See trennt Irland im Osten von den Britischen Inseln. Im Norden läßt sie die Ausläufer Schottlands auf knapp 20 km herankommen, was bereits in vorgeschichtlicher Zeit zu einer engen Bindung zwischen den Menschen auf beiden Seiten führte. Den Süd-, West- und Nordteil der mehr als **3.200 km langen Küstenlinie** umspült der hier ebenfalls recht lange flache Atlantik. Ungefähr 50 km westlich der Mullet Peninsula und der Kaps der Grafschaften Cork und Kerry aber verliert er schnell an Boden und erreicht bald eine Tiefe über 2.000 Metern.

2.3.1 GEOLOGIE UND GEOGRAPHIE

Geologisch gesehen, gehört Irland zum europäischen Festlandsockel, der vor der irischen Westküste steil zum Tiefseeboden abfällt.

An den felsigen Küsten bilden die praekarbonen Gesteinsschichten die heutige Oberfläche. Im Südwesten bestehen Irlands Gebirge meist aus parallel aufgefaltetem roten Sandstein, in Mayo und in Donegal und in der Gegend um Galway aus Granit. In der irischen Zentralebene liegen diese Gesteine weiter unter Meeresniveau und sind von dicken Schichten jüngerer Sedimente bedeckt (Karbonkalke, Moränen). Aufgrund einstiger Vulkantätigkeit sind im Norden Formationen aus Basalt vorherrschend.

Die heutige Verteilung von Berg-, Hügel- und Tiefland entstand erst in der Erdneuzeit (Neolithikum) – geologisch gesehen, reichen die Gesteinsformationen jedoch bis in das Mittelalter der Erde oder gar in das Erdaltertum zurück. Geologische Theorien erklären, daß nahezu ganz Irland bis in die Kreidezeit hinein (vor 60-130 Mio. Jahren) vom Meer bedeckt war. Im Tertiär (1-60 Mio. Jahren) hob sich der irische Gebirgsrand – in etwa bis zu den gegenwärtigen Höhen. Gleichzeitig senkte sich die zentrale Tiefebene und schuf damit die heutige, ungewöhnliche Oberflächenverteilung.

Die Gletscher der Eiszeit schufen die ausgeschürften Täler (z.B. in Glendalough), die Geröll- und Sandablagerungen der zentralen Tiefebene, die Bergseen sowie die vom Eis abgeschliffenen Felsen. Am Ende der Eiszeit wurde Irland gegen 6000 v. Chr. durch den ansteigenden Meeresspiegel von den Britischen Inseln getrennt.

Die geographische Oberflächenstruktur Irlands gliedert sich in zwei Großbereiche und wird gerne mit der einer flachen Schüssel verglichen:
❶ die fruchtbare zentrale Kalksteintiefebene, die von Seen, Flüssen und Moorgebieten durchzogen ist. Sie reicht nur im Osten, um Dublin herum, an das Meer heran. Der Karbonkalk wird von einer fruchtbaren Geschiebelehm-Decke überzogen, die nach Westen hin dünner wird.
❷ der an der Ostküste offene Felskranz der Küsten. Die Berge sind nur bis zu 1.000 Meter hoch, erscheinen im optischen Vergleich zum verflachten Tiefland (meist unter 100 Meter) und ihrer felsigen, bizarren Struktur jedoch höher, als sie tatsächlich sind. Obwohl nur etwa 5 % der Oberfläche Irlands über 300 Höhenmetern liegt, wird das Panorama vor allem im Westen der Republik durchweg von alpin anmutenden Horizontlinien bestimmt.

2.3.2 GEWÄSSER

Die Gewässer nehmen 1390 qkm der Staatsfläche ein. Der größte See der Insel ist der Lough Neagh (396 km), gleichzeitig der größte der Britischen Inseln. Die größten Seen der Republik Irland sind der Lough Derg und der Lough Corrib in Connemara. Auch die Mündungsdeltas der Flüsse bilden ausgedehnte Seenlandschaften. Der **Shannon**, mit 370 km der längste Fluß der Britischen Inseln, mäandert durch verschiedene Seen, bis er bei Limerick in den Atlantik fließt. Der Fluß ist mit zahlreichen Schleusen ausgestattet und auf 220 km schiffbar. Weitere wichtige Flüsse sind der Boyne, der bei Drogheda mündet, die Liffey in Dublin, der Blackwater in Youghal, die sogenannten "drei Schwestern" Nore, Barrow und Suir in Waterford und der Lee in Cork. Von Dublin aus führen der Royal Canal nach Mullingar und der Grand Canal nach Athy. Flußschiffahrt ist auf dem Shannon, dem Shannon-Erne-Waterway, dem Grand Canal und dem River Barrow möglich.

2.3.3 KLIMA

Das in Irland vorherrschende kühl-gemäßigte Klima wird durch den ozeanischen Einfluß und den wärmenden **Golfstrom** abgemildert. Bei von Westen nach Osten abnehmenden Niederschlägen ist es sehr feucht. Diesem Klima verdankt Irland seine immergrüne Vegetation.

Das Wetter – obwohl stetig wechselnd – kann als ausgeglichen charakterisiert werden. Selten gibt es Schnee oder Frost, meist steigt das Thermometer nicht über 25 Grad. Geschlossene Schneedecken sind an der Westküste Irlands nur an etwa 3-7 Tagen pro Jahr zu erleben. Dagegen kann im Jahresmittel an etwa 11 bis 24 Tagen Schneeregen beobachtet werden. Die Wassertemperaturen belaufen sich, auch im Sommer, selten auf mehr als 14 Grad.

Als sonnigste Monate gelten Mai und Juni, als wärmste Monate Juli und August, als kälteste Januar und Februar. Im Südosten liegen die sonnigsten Gebiete. Meist weht eine kräftige Brise aus Südwest. Von Oktober bis Dezember bringen von Westen stürmende Winde viel Niederschlag, der von West (bis zu 2.500 mm) nach Ost (800 mm und weniger) abnimmt.

"Between the showers", sagen die Iren, ist das Wetter in Irland schön. Regenschauer sind an der Tagesordnung, meist kurze Schauer oder weiche Sprühregen, der "Irish Mist" genannt wird. Dieser unaufdringliche, farbenbelebende Nieselregen fällt das ganze Jahr hindurch und dem Reisenden kaum zur Last. Manchmal regnet es bis zu 10 Mal am Tag, aber jeweils nur für ein paar Minuten.

Monatliche Durchschnittswerte (Dublin)											
Jan.	*Feb.*	*März*	*Apr.*	*Mai*	*Juni*	*Juli*	*Aug.*	*Sep.*	*Okt.*	*Nov.*	*Dez.*
Tagestemperaturen in °C											
8	8	10	12	15	18	20	19	17	14	10	8
Nachttemperaturen in °C											
2	2	2	3	6	9	11	10	9	6	3	2
Sonnenscheinstunden/Tag											
2	3	4	6	7	7	6	5	4	3	2	2
Niederschlag Tage/Monat											
13	11	10	11	11	11	13	13	12	12	12	13
Wassertemperaturen in °C											
9	8	7	8	9	11	13	14	14	13	12	10

2.3.4 FLORA UND FAUNA

In Irland gibt es aufgrund der Trennung des Landes vom europäischen Festland noch weniger Tier- und Pflanzenarten als in Großbritannien. Ein anderer Grund ist einwanderungsgeschichtlicher Art: die menschliche Besiedlung über Jahrtausende hinweg. Einige Tier- oder Pflanzenarten wurden erst von den Engländern eingeführt, beispielsweise das Kaninchen im 13. Jahrhundert und der Rhododendron im 18. Jahrhundert.

Flora

Irland zählt zum atlantischen Florengebiet, jedoch kommen auch arktisch-alpine Pflanzen vor, im Südwesten sogar mittelmeerische Arten.

Aufgrund des milden, ausgeglichenen Klimas können vor allem im Westen des Landes in ihren Ansprüchen grundverschiedene Arten nebeneinanderleben. Insbesondere der Burren in der Grafschaft Clare stellt ein botanisch höchst interessantes Gebiet dar. Auf dem karbonhaltigen Kalkstein wachsen sowohl alpine, arktische als auch mediterrane Pflanzen und seltene Orchideen. Es gibt elf Arten an fleischfressenden Pflanzen. Bei Killarney und Glengarriff in Kerry wachsen subtropische Pflanzen und Bäume.

Typisch für Irland sind die Hecken aus Rhododendron, Fuchsien, Schlehen, Johannisbeeren, Holunder, Weißdorn und Ginster, die im Frühsommer und Sommer das Bild bestimmen. Allerdings gehören diese Arten nicht zur natürlichen Flora der Insel, sondern wurden von englischen Grundbesitzern zur Verschönerung ihrer Landsitze importiert. Die rosa und weiß blühenden Rhododendren sind nur bei Touristen beliebt, für Farmer sind sie eine Plage, denn mittlerweile wuchern sie überall.

Einzigartig in Irland sind die Irische Weide (Salix hibernica), der Irische Ampfer (Rumex hibernica) und die Irische Mehlbeere.

Fauna

Auch die Säuge-Tierwelt Irlands besitzt eine der Flora vergleichbare Artenarmut. Nur 28 Säugerarten sind hier beheimatet. Ebenso wie in anderen europäischen Ländern ist das heimische Großwild (Braunbär, Wolf) längst ausgerottet. Wölfe wurden 1786 zum letzten Mal gesehen. Wild leben heute noch Dachs, Fuchs und Otter sowie Frettchen und Nerz. Aufgrund der isolierten insularen Lage konnte sich hier eine besondere Art des kämpferischen Irischen Hermelins (Mustela erminea hibernica) entwickeln, ein braunes Tier mit weißem Bauch. Auch der Irische Hase (Lepus timtidus hibernicus) unterscheidet sich durch sein schokoladenbraunes Fell und die kurzen Löffel von seinen kontinentalen Gattungsgenossen.

Es gibt in Irland keine Maulwürfe und außer der Bergeidechse kein einheimisches Reptil. Auch Schlangen, die, der Legende nach, der hl. Patrick von der Insel vertrieben hatte, sind in Irland nicht zu finden. Ein großer Schädling ist die im 18. Jahrhundert auf die Insel gekommene braune Ratte, die mit schärfsten Mitteln bekämpft wird. Unter den gezüchteten Tierrassen sind der Irische Wolfshund und das irische Pferd besonders beliebt.

Im Ausgleich zu den nur artenarm vertretenen Säugetieren ist die Tierwelt im Wasser und in der Luft besonders zahlreich. Seit Jahrzehnten gilt das wasserreiche Irland als ein Anglerparadies – allerdings verdanken die begehrten Regenbogenforellen, Karpfen und Schleien ihr heutiges Vorkommen der gezielten Einbürgerung aus dem Ausland.

▨ Vögel

In Irland gibt es knapp 400 Vogelarten, davon sind ungefähr 135 seßhaft, während weitere 250 kurzfristig im Frühling oder Winter Station machen oder dort überwintern. Die in großer Anzahl vorhandenen Feuchtbiotope der Flüsse, Seen und Mündungsgebiete und Felsküsten bieten hervorragende Brutparadiese. Die lange Küstenlinie mit ihren Klippen an der West- und Südküste sowie die vielen Inseln sind die Heimat riesiger Vogelkolonien. Hier leben hauptsächlich Möwen und Turmfalken. In den mittleren Landesteilen mit ihren vielen kleine Seen und Marschgebieten nisten Wasservögel, wie Moorhühner, Schwäne (nach einer irischen Sage die "Children of Lir", verzauberte Königskinder), Wildgänse, Wildenten, Brachvögel und Seeschwalben.

Alle jagdbaren Vögel, wie Enten, Fasane oder Schnepfen, sind durch Jäger bedroht. Pro Jahr werden 300.000 Vögel geschossen, was den Artenbestand auf Dauer gefährdet.

Liebenswerte Puffins

Krähen sind weitverbreitet. In den Wäldern hört man Amseln, Drosseln, Dompfaff, Zeisig und Buchfink. Im Winter finden sich neben den heimischen Vertretern die gefiederten Gäste aus Grönland, Island und Skandinavien ein: Bläßgänse, Enten und europäische Schwäne.

Immer mehr Gewässer werden für den internationalen Artenschutz als wichtig eingestuft. Little Skellig, die Shannon-Mündung und der Fluß Shannon, Lough Corrib ud Clare Island sind nur einige der über 60 Vogelschutzgebiete.

Vogelbeobachtungen lohnen sich das ganze Jahr hindurch, auf Saltee Island vor Kilmore Quay, auf der Clear Island, den Skellig Islands, auf Clare Island, den Cliffs of Moher, am Lough Corrib und am Horn Head. Mai und Juni sind die beste Zeit, um brütende Seevögel zu beobachten. Bei den kontinentalen Besuchern sind vor allem der putzig anzuschauende Papageientaucher (puffins) und die sich gerne auf den sonnengewärmten Felsen räkelnden atlantischen Seehunde beliebt. Sie sind vornehmlich an den klippenreichen Küsten des Südwestens und Westens zu finden.

 Auskünfte
zum Thema Vogelschutz erteilt: Irish Wildbird Conservancy, Rutledge House, 8 Longford Place, Monkstown, Co. Dublin, Tel.: 01 2804322

INFO

Wo ist Irlands Wald?

Wie wenig Bäume es in Irland gibt, fällt einem vielleicht erst auf, wenn man sich an einem heißem Sommertag unter einen schattigen Baum legen möchte. Vor allem der Westen des Landes ist fast erschreckend baumlos.

Die nahezu vollständige Vernichtung der gewaltigen, irischen Urwälder aus Eichen, Birken, Eiben, Eschen und Stechpalmen ist der fortschreitenden Ausdehnung der Menschen zuzuschreiben (Beweidung, Ackerbau und später wirtschaftliche Ausbeutung). Aufgrund staatlicher Aufforstungsmaßnahmen beträgt die Gesamtfläche des heutigen Waldbestandes Irlands ca. 5 % des Landes. Überwiegend handelt es sich dabei um profitables Nutzholz, also schnellwachsende anspruchslose Kiefernarten (Sitka- und Lodgepole-Kiefern) sowie Fichten, Lärchen und Tannen. Nur wenige Reliktwälder haben sich bis in die Gegenwart erhalten. So wachsen ein paar alte Eichenwälder in der Gegend um Glendalough und Killarney.

Es fällt heute schwer, sich vorzustellen, daß Irland einst von jenen dichten Laubwäldern bedeckt war, von denen heute nur noch die Namen zeugen.

Etliche Ortsbezeichnungen lehnen sich in irgendeiner Form an das Wort Eiche, dair, an oder beeinhalten es. Angeblich beginnen über 1.300 altirische Ortsnamen mit dem Wort doire. Noch im 16. Jahrhundert waren weite Flächen der Insel bewaldet. Viele Wälder fielen den großflächigen Brandrodungen der normannischen und englischen Grundbesitzer zum Opfer, die damit Weideflächen schufen. Später lieferten die irischen Wälder über Jahrhunderte das Material für den Schiffbau nach England und Schottland und befeuerten die Schmelzöfen der Metallhütten. Die saftigen, grünen Wiesen, die das Bild Irlands prägen, sind alles andere als ursprünglich: Sie sind Resultat der Monokultur und des Raubbaus an der Natur.

Seit einiger Zeit bemüht sich die irische Regierung um einen intensiven Landschaftsschutz und um die Aufforstung einiger Gebiete. Es gibt an die 70 Naturschutzgebiete und 12 der Erholung dienenden sogenannten "Forest Parks". Die Broschüre "The Open Forest" ist bei den Touristenämtern erhältlich, Auskunft und Informationen auch von Coillte Teoranta, The Irish Forestry Board, Leeson Lane, Dublin 2, Tel.: 01 6615666

2.4 WIRTSCHAFTLICHER ÜBERBLICK

Irland ist ein Agrar-Industrie-Staat und seit 1973 Mitglied in der EG. Das Land gilt als eines der ärmsten und wirtschaftlich rückständigsten Länder Europas. Die Löhne betragen nur etwas 60 % des europäischen Durchschnitts, und die Statistiken zeigen, daß es noch lange dauern wird, ehe Irland den wirtschaftlichen Standard der übrigen EG-Staaten erreicht hat. Irland gehört zu den pro Kopf am höchsten verschuldeten Ländern der Welt.

Das vorrangige Problem der irischen Wirtschaft ist die hohe Arbeitslosenquote von bis zu 18 %, deren Ursache vor allem in der nur in Grundzügen entwickelten Industrie des Landes liegt. Der chronische Arbeitsplatzmangel zwingt nach wie vor zahlose Iren zur **Emigration**. Dies betrifft vor allem junge Akademiker, die meist direkt nach der Ausbildung das Land verlassen.

Ca. 16 % der Beschäftigten arbeiten in der Landwirtschaft. Weit über die Hälfte des Landes wird als Weidefläche für Rinder, Schafe und Pferde sowie Schweine genutzt.

Die überwiegende Anzahl der Iren ist im Dienstleistungsgewerbe beschäftigt. Durch den öffentlichen Dienst und die etwa 100 staatlichen Unternehmen fungiert der Staat selbst als größter Arbeitgeber des Landes. Die wichtigsten Staatsbetriebe sind das Nationale Verkehrsunternehmen Córas Iompair Éireann (CIE) sowie das Torfamt Bord na Móna.

Zu den wichtigsten Exportartikeln gehören Mastvieh, Fleisch, Maschinen und Transportmittel, Textilien, Metallerze, chemische Erzeugnisse, Bier. Die wichtigsten Haupthandelspartner sind Großbritannien, in weitem Abstand gefolgt von den USA, Deutschland und Belgien.

An Bodenschätzen werden besonders Steinkohle, daneben auch Blei, Kupfer, Silber, Quecksilber sowie Torf abgebaut.

2.4.1 INDUSTRIE

Noch bis 1921 war Irland ausschließlich ein Agrarland. Die Irish Industrial Development Authority (IDA) wurde 1949 mit dem Ziel gegründet, die industrielle Entwicklung voranzutreiben. Aber erst in den 50er Jahren begann seitens der irischen Regierung eine Industrialisierungskampagne vor allem für ausländische Investoren. Geworben wurde mit dem "weltweit gewinnträchtigsten Industriestandort", mit Investitionszuschüssen und Steuererleichterungen. Ca. 8,5 Mia. Ir. Pfund flossen durch diese Maßnahme ins Land, und 80.000 Arbeitsplätze wurden geschaffen. Nach den USA lag die BRD dabei an zweiter Stelle. Rund 130 der 900 angesiedelten Unternehmen stammen aus deutschen Landen. Irlands Lage ist für die Verbindung nach Übersee äußerst günstig.

Neben den ansässigen Textil- (Leinen), Leder-, Nahrungsmittel- und Getränkeproduktionsbetrieben sind die wichtigsten Industriezweige die Metallverarbeitung und der Maschinenbau, die Textilindustrie, die chemische und pharmazeutische Industrie sowie die Computerbranche. Die Industrie konzentriert sich im Großraum Dublin, daneben konnten aber auch Cork und das Gebiet um den zollfreien Shannon-Flughafen zunehmend an Bedeutung gewinnen.

Derzeit bestreitet die irische Industrie rund 30 % des Bruttoinlandsproduktes sowie etwa ¾ des Güterexports.

2.4.2 AGRARWIRTSCHAFT

Trotz der in den letzten Jahrzehnten stark zunehmenden Industrialisierung ist Irland nach wie vor ein Agrarland.

Schon immer war der politische Kampf mit dem Kampf um Landbesitz verbunden. 1603 befanden sich 90% des Landes in katholischer Hand, 1778 nur noch 5 %. Nach der Großen Hungerkatastrophe 1846-1851 kam es zu einem grundlegenden strukturellen Wandel in der Landwirtschaft. Die Betriebe vergrößerten sich, und mehr und mehr Pächter erwarben das von ihnen bearbeitete Land. 1861 waren bereits 42 % der Landbesitzer Katholiken. Heute gehört der Großteil der Höfe den Bauern, die sie bewirtschaften. Wie auch auf dem Kontinent zeichnet sich die Entwicklung zu groß organisierten Farmbetrieben deutlich ab – vornehmlich im Osten der Republik entstanden zunehmend Betriebe von mehr als 75 ha. Ein Beispiel ist die 6.000 Mitglieder zählende Golden-Vale-Milchabsatzgenossenschaft, "Kerry Gold".
Die kleineren traditionellen Farmbetriebe finden sich nur noch im kargen Westen des Landes.

INFO

Das traditionelle Farmsystem

Das traditionelle irische Farmsystem, vor allem im Westen des Landes, ist ein Resultat der Erfahrungen nach der Großen Hungersnot. Bis zu diesem Zeitpunkt hatten die Bauern ihr Land an alle Kinder aufgeteilt, es wurde früh geheiratet und in Monokultur Kartoffeln angebaut. Nach der Katastrophe änderte sich dieses System: Nun erbte nur noch ein Sohn, meist der älteste, ein weiteres Kind konnte als unbezahlte Arbeitskraft auf dem Hof bleiben, eine Tochter auf einen anderen Hof heiraten, die anderen Geschwister mußten auswandern.

Erst wenn sich die Farmbesitzer zurückzogen, vollzog sich der Generationswechsel. Die Folge war ein extrem hohes Heiratsalter. Noch 1945 lag es bei Männern durchschnittlich bei 39, bei Frauen bei 30 Jahren. Die Auswahl des richtigen Ehepartners war verantwortlich für das Überleben einer ganzen Familie. Daher wurde die Hochzeit, was gleichbedeutend mit der Übergabe der Farm war, sorgfältig arrangiert (made-match). Trotzdem gab es durchschnittlich pro Familie 8 bis 12 Kinder, eine Folge der katholischen Morallehre ebenso wie der Bedarf der Familienfarm an unbezahlten Arbeitskräften.

Anstelle von Monokultur wurde nach der Hungersnot das sogenannte "mixed farming" betrieben (Mischkultur) – eine Vorbeugungsmaßnahme gegen einen erneuten Schädlingsbefall und die beste Möglichkeit, die nur mit einer dünnen Schicht sauren Bodens bedeckten Steinlandschaften zu nutzen. Die Hauptbestandteile des bäuerlichen Selbstversorgungsbetriebes waren: Tierhaltung (neben Schafen, Schweinen und Kleinvieh vor allem die Kerry-Cow, eine kleine, schwarze, besonders anspruchslose Rasse), Kälberaufzucht sowie Butterherstellung, Torfstechen und Ackerbau. Der Pflug war in Westirland unbekannt, der Spaten das wichtigste Gerät. Angebaut wurden Hafer, Kartoffeln und Erdrüben.

Mixed farming ist ein im höchstem Maße ökologisches System. Es erschöpft die Böden nicht, sondern nutzt die Ressourcen sinnvoll. Der Tiermist düngt die Böden, Schweine leben von den Hausabfällen, Sand und Tang vom Meer dient als Dünger oder Tierstreu. Für das wenige Geld, das die Butter oder die angemästeten Kälber erbrachte, wurde im Laden eingekauft, wenn das Geld nicht mehr reichte, ungefähr ab Weihnachten, auch auf Kredit: ein System wechselseitiger Abhängigkeit, ein durch die Kargheit der Umwelt bedingtes enges Zusammenrücken.

Durch den ständigen Kapitalmangel wurden Investitionen verhindert, was auch heute noch vielfach der Fall ist. Eine Intensivierung der Landwirtschaft war daher nicht möglich. Diese selbstgenügsame Agrarwirtschaft im Westen Irlands blieb noch bis in die 50er Jahre unseres Jahrhunderts erhalten und wird auch weiterhin mancherorts praktiziert.

Argrarwirtschaftlich genutzt werden rund 69 % der Landfläche. Trotzdem sichern sich nur 12 bis 16 % der Erwerbstätigen ihr Ein- und Auskommen durch Land- und Forstwirtschaft (zum Vergleich: Dienstleistungen: ca. 60%).

Vorherrschend ist die Viehzucht (vor allem Rinder, Schafe, ferner Pferde und Schweine) und Geflügelzucht. Milchviehwirtschaft und Molkereiwirtschaft werden im Süden des Landes betrieben. Von hier stammt die berühmte irische Butter. Am fruchtbarsten sind die Böden des Golden Vale im Co. Tipperary mit ihren fruchtbaren sattgrünen Weiden.

Angebaut werden hauptsächlich Braugerste, Weizen, Hafer sowie Kartoffeln und Zucker- und Futterrüben. Von der Braugerste nimmt die Guinness-Brauerei rund die Hälfte der Ernte ab. Über 50 % der landwirtschaftlichen Erträge werden exportiert und zwar überwiegend in Form verarbeiteter Produkte (Molkereiprodukte, alkoholische Produkte, Dosenfisch, Tiefkühlkost, Gesundheitskost), ebenso aber auch Lebendvieh.

Mittlerweile macht sich durch die Ausdehnung der landwirtschaftlich genutzten Flächen sowie den Anstieg des Düngemittelverbrauches eine Tendenz zu größerer Intensivierung der Landwirtschaft bemerkbar. Im Vergleich zu agrar-industriellen Ländern wie der BRD ist diese jedoch noch immer gering.

Irland ist eines der Netto-Empfänger von EU-Geldern. Durch die Zuschüsse der EU werden höhere Erzeugerpreise garantiert und Fonds zur Intensivierung der Landwirtschaft durch strukturelle Umgestaltung verfügbar. Durch die **Land Commission** bemüht sich der Staat, vor allem die rückständigen Gebiete im Westen des Landes zu entwickeln.

2.4.3 FISCHEREI

Noch bis in die 50er Jahre hinein wurde die Fischerei saisonal (also nach Ende des landwirtschaftlichen Jahres von November bis April) von Kleinbauern betrieben. Erst in jüngster Zeit hat das staatliche Seefischereiamt Bord Lascaigh Mhara durch den Ausbau moderner Fischereihäfen, z.B. Killybegs, Rossaveal, Castletownbere, Dunmore East und Galway, der Einführung moderner Fangmethoden und den Einsatz besserer Schiffe die Hochseefischerei gefördert. Gefischt werden Makrelen, Schellfisch, Heringe, Scholle und Kabeljau, zunehmend auch Seezunge, Seeteufel, Schalen- und Krustentiere. Der gute Ruf irischer Fangprodukte geht auf den Umstand zurück, daß die Atlantikküste noch weitgehend von Umweltverschmutzung verschont worden ist. In der Binnenfischerei wird vor allem auf Lachs und Forelle geangelt. Sie ist jedoch nicht so bedeutsam wie die Hochseeangelei, die Sportfischerei ist hier vorherrschend. Leider hat eine allzu starke Befischung, z.B. mit Treibnetzen, vor allem beim Lachs zu einem starken Populationsrückgang geführt.

2.4.4 ENERGIEVERSORGUNG

Die Energiewirtschaft des Landes ist stark von dem Import fossiler Energieträger abhängig – die Republik selbst besitzt lediglich ein Erdgasfeld vor Kinsale im County Cork, das eine Reserve bis etwa in das Jahr 2000 darstellt, sowie die bedrohlich schwindenden Torfvorkommen. Nur 21 % des heimischen Energiebedarfs können durch eigenes Erdgas und durch Torf gedeckt werden. Erst in den 70er Jahren wurden alle Haushalte an das Stromnetz angeschlossen. Wegen des Kapitalmangels gibt es noch keine Kernkraftwerke in Irland. Als alternative Energiequelle scheint am zukunftsträchtigsten die Windenergie zu sein. So werden die Bewohner von Cape Clear Island durch (von deutschen Firmen gebaute) Windräder mit Energie versorgt. Großes Gewicht wird weiterhin auf die Ausnutzung der Wasserkräfte gelegt (Shannon Kraftwerk).

2.4.5 TOURISMUS

Wer nach Irland reist, der ist Individualist, sagen die irischen Werbestrategen. Wegen des unbeständigen Wetters ist Irland nicht unbedingt ein Sommerreiseziel. Es ist auch kein billiges Reiseland. Wer nach Irland reist, kommt vor allem wegen der Schönheit der Natur, er will sich an der irischen Kultur erfreuen, wandern oder ausgiebig Sport betreiben. In kaum einem anderen Land sind die Angelmöglichkeiten besser, läßt sich schöner reiten, sind die Golfplätze günstiger.

Das halbstaatliche Fremdenverkehrsamt **Bord Fáilte Éireann** betreibt die Informationsbüros in den Städten und Ortschaften (Tourist Offices), wirbt in den wichtigsten Herkunftsländern der Touristen und kümmert sich um die Klassifizierung und um den Standard der Restaurants und der Unterkünfte sowie um den weiteren Ausbau der touristischen Infrastruktur. 1990 wurde eine Einteilung in sieben Tourismuszonen vorgenommen. Statistisch gesehen, zieht es 70 % der Reisenden in die Küstenregion. Von den Einnahmen aus dem Fremdenverkehr entfallen etwa ein Viertel auf Dublin und Umgebung, das zweite Viertel auf die Region Südwest, die Grafschaften Cork und Kerry. Die Einnahmen aus dem Nordwesten betragen nur ca. 10 %. Die "National Co-Operative for Rural Tourism" hat sich vorgenommen, durch günstige Ferienhäuser und County Holidays auch abgelegene Regionen, wie Inishowen, Roscommon oder Carlow, für Besucher attraktiv zu machen. 1993 brachte der Tourismus rund 1 Mio. ausländische Gäste und über 1 Mia. Ir Pfund ins Land. Somit stellt der Tourismus einen der wichtigsten Wirtschaftsfaktoren dar und ist, gemessen an den Exporterlösen, wichtiger als jede einzelne Branche der Fertigungsindustrie.

Unter den ausländischen Besuchern kommen jährlich rund 230.000 deutschsprachige Gäste mit steigender Tendenz.

Die Kehrseite ist jedoch, daß die negativen Auswirkungen des Tourismus bereits jetzt deutlich zu spüren sind. Wer möchte in einer unbeschreiblich schönen Landschaft in einem Verkehrsstau stehen? Welcher Reisende fühlt sich nicht seltsam unbehaglich, wenn kunsthistorisch bedeutsame Stätten die Gestalt eines Hollywoodparks annehmen, um dadurch noch mehr Besucher anzulocken? Zu hoffen ist, daß die Entwicklung in Irland in Richtung "sanfter Tourismus" geht.

1995 erhielt Irland für Kinsale den ersten "Europäischen Preis für Tourismus und Umwelt". Dieser Preis ist erstmals im März 1995 in den 15 EU Ländern und in Norwegen und Island ausgeschrieben worden. Mit dem "Europäischen Preis für Tourismus und Umwelt" werden die Bemühungen um einen "grünen" Tourismus anerkannt, der die Landschaft schont.

2.4.6 UMWELTSCHUTZ

Als Urlaubsziel verdankt Irland seine Attraktivität einer weitgehend intakten und unverfälschten Natur. Dies ist allerdings eher die Folge der mangelnden Industrie, denn eines besonders gesunden Umweltbewußtseins. Laut EU-Umfragen sind nämlich die Iren am wenigsten am Umweltschutz interessiert, auch wenn sich allmählich ein "grünes" Bewußtsein durchzusetzen scheint.

Die Ursachen des irischen Desinteresses liegen in der Geschichte des Landes begründet. Für lange Zeit stand die Sorge der Regierung um das wirtschaftliche Überleben der Menschen vor der Sorge um die Natur. Durch bewußt lasche Umweltbestimmungen versuchte man, den chronischen Arbeitsplatzmangel abzumildern, um damit Industrie-Investoren anzulocken. So kam es in den vergangenen Jahren zu einer verstärkten Ansiedlung ausländischer Betriebe, insbesondere der pharmazeutischen und chemischen Industrie. Der irische Staat gewährte Steuervergünstigungen, außerdem hofften die Unternehmen, von den geringeren Stundenlöhnen zu profitieren. Trotz regen Protestes der Umweltschützer, die eine Verunreinigung der Flüsse und Seen und eine Schädigung Irlands als saubere Insel fürchteten, stellte der Umweltschutz für ein Land wie Irland, das noch längst nicht den Lebensstandard mancher Industrieländer erreicht hat, einen Luxus dar. Nach wie vor sehen viele Iren ihre Zukunft in einer forcierten Industrialisierung.

Die Hochleistungs-Landwirtschaft zählt durch den Einsatz von Kunstdünger, Insektiziden und Herbiziden zu den großen Umweltschädigern. Außerdem führte die Konzentrierung großer Agrarbetriebe auf ihr jeweiliges spezielles Anbauprodukt zu einem bedenklichen Ungleichgewicht der Flora und Fauna. Besonders deutlich wird der mangelnde Landschafts- und Umweltschutz an der Überweidung der Berghänge durch die Schafzucht und an der Zerstörung der Moore. Der industrielle Abbau von Torf, vor allem in den mittleren Landesteilen, macht den Zwiespalt zwischen Umweltschutz und Industrieansiedlung besonders deutlich (siehe Info-Kasten im Kapitel 4.7.6.).

In Dublin kam es immer wieder zu schweren Problemen mit dem Smog. Dieser entstand vor allem dadurch, daß die meisten Haushalte mit billiger schwefelhaltiger Kohle aus Polen heizten. Im Dezember 1989 versank während der bislang längsten Smogperiode die Stadt für zwei Wochen unter einer Giftglocke.

Gerechterweise muß jedoch gesagt werden, daß sich in den letzten Jahren eine Kehrtwende im Umweltbewußtsein der Iren bemerkbar macht. Es scheint, als ob sich mit dem wirtschaftlichen Aufschwung – im Gegensatz zu anderen, zum Beispiel südeuropäischen Staaten – in Irland ein spürbares Umdenken entwickelt. Umweltgesetze wurden erlassen oder erheblich verschärft. In Zukunft sollen nur noch dann Industrieansiedlungen genehmigt werden, wenn Abfallbeseitigung und Gewässerschutz gesichert sind. 1990 wurde ein Umweltprogramm verabschiedet (1 Mia. Pfund), das beispielsweise ein Verbot schwefelhaltiger Kohle in Dublin, die Subventionierung bleifreien Benzins und verstärkten Gewässerschutz vorsieht. 1993 wurde eine eigene Umweltschutzbehörde, die EPA, gegründet. Projekte zum Recyceln von Papier, Glas und Batterien sind angelaufen.

Einen großen Vorteil hat die irische Natur durch die frischen und reinigenden Winde des Atlantik. Die sich vornehmlich nach Osten bewegenden Luftmassen verteilen die irischen Emissionen vorzüglich und schützen die Insel zudem vor den Absonderungen der mittelenglischen Industriezentren. Noch bleibt Irland vom sauren Regen fast verschont, die Flüsse sind die saubersten in Europa. Es bleibt zu hoffen, daß die Iren in Zukunft mit ihrer Umwelt nicht leichtfertig umgehen werden.

Die Strand- und Badewasserqualität in Irland ist die beste aller Staaten der Europäischen Union. Nach dem 1995 veröffentlichten 12. Umweltbericht der EU haben sämtliche der untersuchten Inselstrände die Sauberkeitskriterien erfüllt. Auf Platz zwei kam Spanien, wo 96,1 % aller Strände die Prüfung bestanden. Am schlechtesten schnitten Deutschland (80,2 %) und Holland ab, wo nur 63,5 % aller Strände die Kriterien erfüllen.

2.5 GESELLSCHAFTLICHER ÜBERBLICK

2.5.1 BEVÖLKERUNG UND BILDUNGSWESEN

INFO

Travellers – die "fahrenden" Iren

Etwa 20.000 Nicht-Seßhafte, sogenannte Travellers oder auch abwertend Tinkers genannt, gibt es in Irland, was ca. 0,5% der Gesamtbevölkerung entspricht. Obwohl sie Englisch sprechen, verwenden sie eine eigene Sprache, das sogenannte Gammon, oder Shelta oder auch Cant genannt. Etwa ein Zehntel ihres Sprachschatzes ist der Sprache der Roma entlehnt. Dennoch gilt als sicher, daß sie nicht zur europäischen Roma-Familie zählen, sondern sich nur gelegentlich mit ihren Gefährten vom Kontinent gemischt haben.

Über ihre Herkunft gibt es unterschiedliche Theorien: Vermutlich stammen die Travellers von Bevölkerungsgruppen ab, die irgendwann einmal von ihrem Besitz vertrieben wurden, also von im Zuge der englischen Umsiedlungspolitik enteigneten Bauern oder Clan-Angehörigen. Andere Thesen gehen davon aus, daß es sich um Nachkommen der altirischen Barden handelt, die einst durch das Land zogen, bis sie von den Engländern in den Untergrund getrieben wurden. Belege über ihre Existenz gibt es schon seit dem späten 12. Jahrhundert. 1175 sind sie als "tynkere", als Besitzlose, als Kesselflicker, erstmals urkundlich erwähnt. Vermutlich waren sie Angehörige einer mittelalterlichen Unterschicht, wandernde Kesselflicker und Schmiede, denen mangelnde Nachfrage eine Seßhaftigkeit unmöglich machte. Der traditionellen Erwerbsquelle des Kesselflickens wurde in unserem Plastikzeitalter ein jähes Ende gesetzt. Seitdem sind sie, vor allem diejenigen, die sich der Seßhaftigkeit widersetzen, auf die Sozialhilfe angewiesen.

Mit den "Zigeunern" sind sie zwar ethnisch nicht verwandt, jedoch in bezug auf soziale Stellung und ihre Ablehnung in der Gesellschaft in etwa zu vergleichen. Bis in die 60er Jahre hinein fuhren die Travellers noch in den Pferdewagen durch das Land. Heute werden diese an Touristen vermietet.

*Bemühungen seitens der Regierung, die Travellers seßhaft zu machen und das Analphabetentum zu bekämpfen – **die Analphabetenrate liegt bei 20 %** – waren bislang nicht sehr erfolgreich. Die Hälfte der Travellers ist mittlerweile seßhaft geworden und lebt in Sozialwohnungen, regelrechten Ghettos. Die übrigen haben, wie in Europa, motorisierte Wohnwagen oder Kleinbusse. Meist kampieren sie, unübersehbar und ohne Wasser und Strom auf Parkstreifen und an Straßen vor den Städten, dem Niemandsland zwischen Asphalt und Weidezäunen.*

Das Leben ist hart, es gibt nicht den geringsten Hygienestandard und keinerlei Privatsphäre. Frauen und Kinder sieht man häufig bettelnd in den größeren Städten. Außerdem sind sie auf Jahrmärkten und Festen, wo sie Schrott und Trödel verkaufen, anzutreffen. Soziale Höhepunkte ihres Wanderlebens sind die großen Pferdemärkte in Ballinasloe und Killorglin, aber sonst haben sie ihre Wanderbezirke untereinander genau abgesteckt. Travellers sollen stark abergläubisch sein. Die Farbe Rot dient als Abschrekkung gegen den bösen Blick. Kleine Kinder tragen deshalb rote Schleifchen im Haar. Farben spielen eine große Rolle bei der Nachrichtenübertragung: An Campierplätzen hinterlassene rote und weiße Tücher verweisen auf einen guten Platz, schwarze Tücher hingegen bedeuten Ärger.

Obwohl sich die Travellers nicht durch Hautfarbe, Nationalität oder Religion von den übrigen Iren unterscheiden, gelten sie wegen ihres Nomadenlebens als die Aussätzigen der Gesellschaft. Ihre Familienverbände sind streng patriarchalisch organisiert. Die Lebenserwartung der Travellers ist ca. 20 % geringer als die von Seßhaften und beträgt weniger als 50 Jahre – nur 1 % der Menschen ist über 65 Jahre im Vergleich zu 13 % der seßhaften Bevölkerung. Die Kindersterblichkeit ist 3mal so hoch wie die der Seßhaften. Sie leben monogam, allerdings gebären die Frauen ihr ganzes Leben Kinder, durchschnittlich mehr als 10 Kinder, weshalb die Travellers noch immer einen Zuwachs ihrer Sippen haben. 1986 gab es noch 3.000 Traveller-Familien mit insgesamt 20.000 Menschen. In Nordirland wurden laut einer Untersuchung im März 1993 ca. 1.115 Travellers gezählt.

Seit einiger Zeit bemüht sich die Selbsthilfeorganisation "Minceir Misli" um bessere Lebensbedingungen.

Rothaarige sind die Ausnahme

In der Vorstellung des Auslands wird Irland von Leuten bewohnt, die rothaarig sind und Sommersprossen haben. Diesen Typ gibt es zwar, aber er kommt nicht häufiger vor als blonde Deutsche mit blauen Augen. Iren sind überwiegend braunhaarig, nur wenige haben rote Haare.

Knapp 30 % aller Einwohner sind jünger als 30 Jahre – im Vergleich mit Deutschland fällt dieser extrem hohe Anteil junger Menschen an der Bevölkerung auf. In Irland sind Familien mit sechs oder sieben Kindern keine Seltenheit. Bedenkt man den Kinderreichtum der Iren, erscheint es verwunderlich, daß die Bevölkerungsstruktur eine Zunahme der über 65jährigen erkennen läßt.

Die Republik Irland zählt derzeit rund 3,7 Millionen Einwohner. Die Einwohnerdichte differiert stark nach der jeweiligen Region. In Mayo liegt sie bei 20 pro qkm, in Dublin hingegen bei 1.111 pro qkm. Im industriellen Osten der Insel lebt über die Hälfte der Bevölkerung. Mehr als eine Million Menschen leben in Dublin und näherer Umgebung. In diesem Teil des Landes befinden sich auch zwei Drittel aller Büroplätze. An die 36% Menschen leben allein in den Städten Dublin, Limerick, Cork, Waterford und Galway. Die Tendenz zur Landflucht geht weiter.

Im weltweiten Vergleich verbrauchen die Iren mit die meisten Kalorien. Zwei Drittel aller Häuser sind das Eigentum der darin lebenden Menschen. Irland ist zwar innerhalb der EU eines der ärmsten Länder, innerhalb der UNO jedoch einer der 30 reichsten Staaten. Das durchschnittliche Heiratsalter liegt bei Männern bei 27 Jahren, bei Frauen bei 24,7 Jahren. 94 % der Iren gehören dem römisch-katholischen Glauben an.

Es besteht allgemeine Schulpflicht vom 6. bis zum 15. Lebensjahr. Während die Grundschulen, die hier als Ganztagsschulen funktionieren, staatlich sind, werden die weiterführenden Schulen vorwiegend von religiösen Orden oder privaten Institutionen unterhalten, meist jedoch mit finanzieller Unterstützung durch den Staat. An einer Anzahl Primarschulen und einigen höheren Schulen wird in irischer Sprache unterrichtet. Es gibt die Universität von Dublin (1592 gegründet) sowie die Nationaluniversitäten mit Teilhochschulen in Dublin, Cork und Galway.

INFO

Über das Irenbild der anderen

Im Bericht über die Iren eines Überlebenden der spanischen Armada hört man einen skeptischen Unterton: "(Die Iren) leben in strohgedeckten Hütten. Die Männer sind alle groß und hübsch und so aktiv wie Rotwild. Sie essen nicht öfter als einmal am Tag und das bei Nacht, ihre gewöhnliche Mahlzeit besteht aus Hafer, Brot und Butter. Sie trinken Sauermilch ... an Festtagen essen sie halbgares Fleisch ohne Brot und Salz. Sie kleiden sich in engen Hosen und kurzen Jacken aus Ziegenhaaren, darüber tragen sie eine Decke, und ihre Haare fallen bis tief unterhalb ihrer Augen ... sie schlafen auf dem Fußboden auf frisch geschnittenem Schilf, voller Eis und Wasser."

Das Bild der Iren und ihres Charakters wurde im Laufe der Geschichte immer recht unterschiedlich gezeichnet. Schon der griechische Geschichtsschreiber Diodorus Siculus betonte das "furchteinflößende Äußere". In seiner "History and Topography of Ireland" beschrieb Bischof Gerald von Wales, der 1183 im Gefolge der Normannen auf die Insel gekommen war, aus Sicht der Briten ein recht barbarisches Irenbild, wohl um damit die normannische Invasion zu rechtfertigen. Erst ab der Mitte des 17. Jahrhunderts wandelte sich der Eindruck der Briten ins Positive: Die Iren wären zwar trunksüchtig, rebellisch und sentimental, aber, so Shakespeare, ebenso auch tapfer, stolz und patriotisch. Im 19. Jahrhundert hingegen wurden die Iren erneut in den Schmutz gezogen. Sie wurden in der englischen Karikatur nach 1830 immer weniger menschlich und mehr affenartig dargestellt, mit gigantischen Unterkiefern als Beweis der niedrigen Entwicklungsstufe. Die Engländer zogen die Armut, den Schmutz und den Alkoholismus zur Rechtfertigung ihrer Überlegenheit und Herrschaftsansprüche heran.

Gleichzeitig entstand auf dem Kontinent, so auch in Deutschland, ein ganz anderer Eindruck. Angeregt durch eine Neudichtung der Heldengestalt des Ossian, den der schottische Dichter James MacPherson (1736-95) angeblich als Originalübersetzung aus dem Gaelischen ausgegeben hatte. Später stellte sich heraus, daß es eine gaelische Originalfassung nie gegeben hatte. Trotz des Schwindels war die Wirkung groß und löste eine regelrechte "Ossian"-Begeisterung aus. Mit dem Klischee des musischen, sen-

siblen, literarischen Kelten, der trotz Armut seine Würde behält, gelang es MacPherson, die europäischen Dichter und Denker für Schottland und Irland zu begeistern. Herder begründete mit Ossian seine Geschichtsphilosophie, Goethes melancholischer Werther und ebenso Rousseaus edler Wilder und seine von keinen Normen gebundene Lebensart finden hier ihre Bestätigung. Keltische Schwermut und Mystik, Einfühlsamkeit in die Natur, dichterische Begabung und Verträumtheit waren die wichtigsten Bestandteile, aus denen sich für lange Zeit ein romantisches Bild der Iren zusammensetzte.

In seinem Reisebericht vergleicht Fürst Pückler (1785-1871) die Iren mit den Franzosen: "Die Iren seien durchaus mit den Franzosen vergleichbar, zeigten aber bei ebensoviel Lustigkeit mehr Humor und Gutmütigkeit, welche beides Nationalzüge der Iren sind, die durch Potheen stets verdoppelt werden."

Im 20. Jahrhundert wurde zweifellos Heinrich Bölls "Irisches Tagebuch" (1952) zur Leitlinie für Irlandbesucher. Er stellt die Iren als liebenswerte Schwerenöter, verträumte Geschichtenerzähler und vor allem als Individualisten dar. Böll begann seine Irlandreisen zu Beginn der 50er Jahre unter Schockwirkung des kriegszerstörten, zerbombten Deutschlands und des "Deutschtums". Angesichts eines beginnenden Wirtschaftswunders der BRD schien Böll vor allem von dem Charakter der Iren, die sich weder Norm noch Zeit unterordnen und denen Stress ein Fremdwort ist, besonders angetan gewesen zu sein.

Buchtip

Haefs, Gabriele: Das Irenbild der Deutschen, Frankfurt 1983

INFO

Ein irisches Phänomen: die Emigration

Heinrich Böll: "Manchmal möchte man glauben, dieses Auswandern sei etwas wie eine Angewohnheit, wie eine selbstverständliche Pflicht, die man einfach erfüllt – die ökonomischen Gegebenheiten machen es wirklich notwendig."

Schon seit frühester Zeit stellen Reisen und Auswandern einen wesentlichen und oft für die weitere Entwicklung des Landes entscheidenden Bestandteil der irischen Geschichte dar. Während anfänglich aufgrund der isolierten Insellage oder aus religiösen Gründen ausgewandert wurde, führten später vor allem politische Verfolgung und wirtschaftliche Not dazu. Die erste Migrationswelle fand im Zuge der "**Irischen Mission**" statt. Tausende von Mönchen zogen ins heutige Schottland und nach Wales und Nordengland, wo sie bedeutende Klöster, wie Lindisfarne und Iona, gründeten. Im Zuge einer zweiten Wanderbewegung kamen Iren auf den Kontinent, wo sie in Gallien, Burgund und Italien mächtige Klöster, wie Bobbio und St. Gallen, gründeten. Irland zählte zu jener Zeit in kultureller Hinsicht zu den führenden Nationen. An den bekannten Klosteruniversitäten Irlands studierten unzählige Gelehrte, die selbst vom Kontinent nach dorthin kamen.

1607 fand die berühmte **"Flucht der Grafen"** statt. Die Führer der beiden mächtigsten Clans von Ulster, Red Hugh O'Donnell und Hugh O'Neill, flohen bei Nacht und Nebel ins katholische Spanien. Das dadurch entstandene Machtvakuum schuf Raum für die sogenannte "Plantations", die Ansiedlung englischer Landbesitzer. Nach der Schlacht am Boyne und dem Sieg William of Oranges (1690) trieben die anti-katholischen Strafgesetze viele junge Iren in die Armeen der kontinentalen Herrscher. Auch im Siebenjährigen Krieg (1756-1763) verdingten sich viele als Söldner. Ebenso in anderen dynastischen Kriegen des 18. Jahrhunderts für die katholischen Länder Frankreich, Spanien und Österreich. Gegen das protestantische Großbritannien kämpften zahllose Iren in den amerikanischen Unabhängigkeitskriegen (1775-1783).

Die **Great Famines**, die großen Hungersnöte, führten zur bekanntesten und wohl tragischsten Auswanderwelle im vorigen Jahrhundert, im Zuge derer Hunderttausende nach Amerika auswanderten. Aufgrund von Pilz- und Schädlingsbefall (Kartoffelfäule) wurden die Kartoffelernten mehrerer aufeinanderfolgender Jahre (1846-1851) vernichtet. Die Mißernten hatten katastrophale Folgen. Etwa eine Million Menschen starben. Die irische Bevölkerung war in der 1. Hälfte des 19. Jahrhunderts stetig angestiegen und hatte sich fast ausschließlich von der genügsamen, billigen und sättigenden Kartoffel ernährt. Auf die Hungersnot folgten Typhus, Ruhr- und Choleraepidemien.

Noch bis in die 60er Jahre unseres Jahrhunderts wanderten 4 von 5 Kindern einer bäuerlichen Familie aus. Irland blieb so das einzige europäische Land, das im 19. Jahrhundert rückläufige Bevölkerungszahlen aufwies. 1901 war mit 3,5 Millionen der Tiefpunkt erreicht. Vor dem "großen Hunger" hatten 8 Millionen Menschen Irland zu einem bevölkerungsreichen Land gemacht. Erst zu Beginn der 60er Jahre gelang durch die Verbesserung von sozialen und wirtschaftlichen Verhältnissen eine Wende. Durch die Bemühungen der Regierung gelang es, ausländische Industrien ins Land zu rufen. Spürbar mehr Arbeitsplätze konnten geschaffen werden, so daß sich die Beschäftigungslage entspannte. Zahlreiche Emigranten kehrten zurück, und die Bevölkerung wuchs wieder an. Allerdings gab es danach wieder erneute Auswanderungstendenzen. 1989 wanderten 46.000-50.000 Iren aus, wovon ein großer Anteil junge Akademiker waren. Derzeit hat Irland rund 3,7 Millionen Einwohner. Bei einem derzeitigen Bevölkerungswachstum von 0,7 % werden die Iren zur Jahrtausendwende die 4-Millionen-Marke überschritten haben.

Ahnenforschung

Jedes Jahr kommen Hunderte von Amerikanern, Neuseeländern und Australiern auf der Spurensuche nach ihren Ahnen nach Irland. Wer etwas über seine Familie mit möglichen Wurzeln in Irland erfahren möchte, wende sich an eine der vielen Ahnenforschungsagenturen. Irlands älteste Firma, die auch Agenturen in England, Schottland und Wales unterhält, ist: Hibernian Research Company, PO

Box 3097, Dublin 6, Tel.: 01 4966522, Fax: 01 4973011. Die Mitglieder dieser Firma sind alle professionelle Genealogen. Die Nachforschungen dauern 1-4 Monate, abhängig von dem zur Verfügung stehenden Material, wie Geburtsdaten oder Heiratsurkunden.

2.5.2 VERWALTUNG

Die Gliederung der Insel in vier Provinzen stammt noch aus der Zeit der keltischen Besiedlung: Leinster im Osten, Munster im Südwesten, Connaught (auch Connacht genannt) im Westen, Ulster im Norden. Diese historisch gewachsene Aufteilung der Insel hat aber für die heutige Verwaltung kaum Bedeutung.

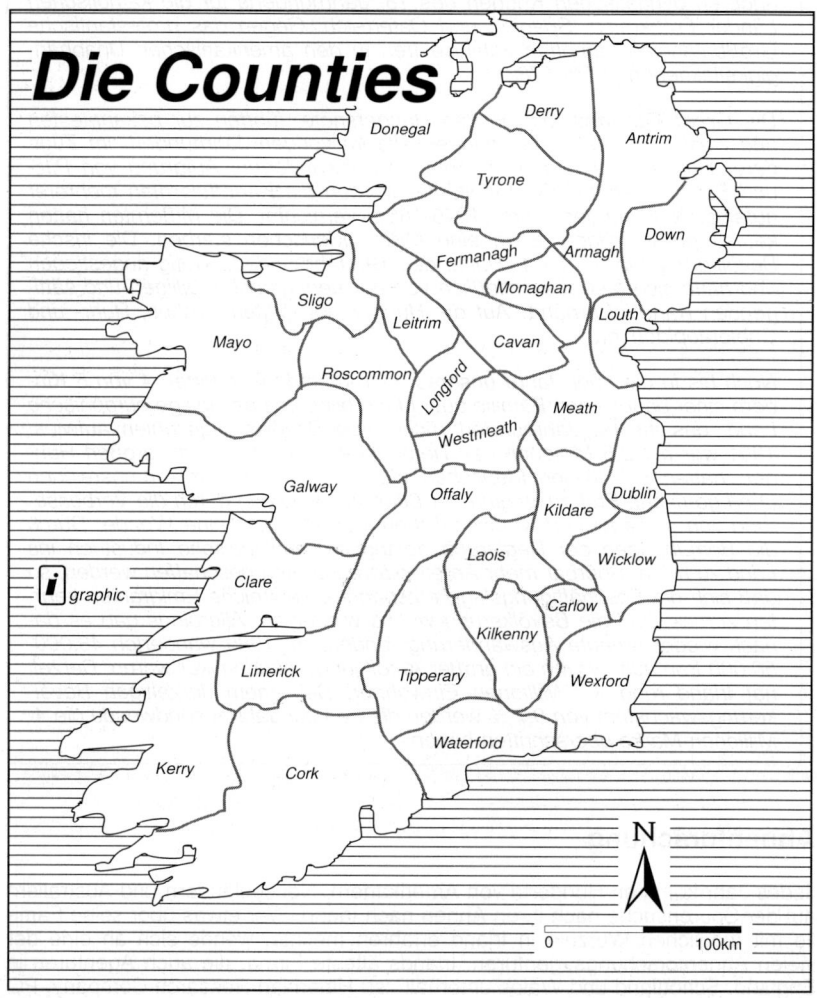

Die heutige Verwaltungsgliederung basiert auf der späteren Einteilung des Landes in Grafschaften, die sogenannten **Counties**, die etwa den deutschen Landkreisen entsprechen. Es gibt 26 in der Republik. Dazu kommen die fünf grafschaftsfreien **County Boroughs** Dublin, Cork, Limerick, Waterford und Galway, die mit kreisfreien deutschen Städten vergleichbar sind. Im Gegensatz zu den historisch gewachsenen Provinzen wurden die Counties durch elizabethanische Gouverneure eingerichtet, die dadurch das Land besser kontrollieren konnten.

Die **Nationalhymne** wurde 1907 von Peadar Kearney verfaßt und hat einen stark kriegerisch-patriotischen Unterton: "Soldaten sind wir. Mit unserem Leben treten wir für Irland ein". Die 10.000 Mann starke Polizei (Garda Síochána) leistet dennoch ihren Dienst ohne Waffe. Auch gibt es in Irland keine allgemeine Wehrpflicht. Die Freiwilligenarmee ist 33.000 Mann stark. Irland hat 1953 bei den UNO-Friedenstruppen mitgewirkt, gehört aber nicht zur NATO.

Die **Nationalfarben** der Iren sind Grün, Weiß, Orange – die Farben der Versöhnung. Bis zum Osteraufstand von 1916 war das Symbol des Landes die Harfe auf grünem Grund. 1922 erhob die neugegründete Republik die grün-weiß-orange Staatsflagge zum Symbol der Versöhnung: Grün als Farbe der katholischen Kelten, Orange als Farbe der protestantischen Orangisten des Nordens (benannt nach William of Orange), und das Weiß zwischen den beiden Farben symbolisiert die Friedensfahne zwischen den beiden Glaubensgemeinschaften.

2.5.3 POLITIK

Die **demokratisch-parlamentarische Republik** Irland hat sich 1949 konstituiert, als die letzten staatsrechtlichen Bindungen an Großbritannien gelöst wurden. Das Parlament (Oireachtas) besteht (vergleichbar mit dem britischen Ober- und Unterhaus) aus zwei Kammern, dem Abgeordnetenhaus (Dáil Éireann, 166 Mitglieder, die auf fünf Jahre gewählt werden, den sogenannten Teachtaí Dála, abgekürzt TD) sowie dem Senat (60 Mitglieder). Den Senat bilden 60 Senatoren, von denen 11 vom Regierungschef ernannt und 6 von den Universitäten entsandt werden. Die verbleibenden 43 Senatoren sind Vertreter verschiedener Berufsstände sowie kultureller Gruppen.

Die Wahlen der Abgeordneten finden alle fünf Jahre statt, während der Staatspräsident (seit 1937) alle sieben Jahre gewählt wird. Der Staatspräsident (Tuachterán na Éireann) wird für höchstens zwei Amtsperioden direkt vom Volk aus gewählt, was bislang jedoch erst fünfmal vorkam. In den anderen Fällen hat man, da nur ein Kanditat nominiert war, im Einklang mit der Verfassung, auf eine Wahl durch das Volk verzichtet. 1990 gewann die Präsidentschaftswahlen zur Überraschung vieler die parteilose, von der Labour Party aufgestellte Mary Robinson. Von Hause aus Rechtsanwältin, gilt die liberale Katholikin und engagierte Frauenrechtlerin als Vertreterin eines neuen pluralistischen Irland. Ein politischer Skandal, das sogenannte "Dublin-gate", in den Brian Lenihan, ihr Gegenkandidat von der Fianna Fáil verwickelt war, sowie die Stimmen der Frauen Irlands mögen ihr zum Sieg verholfen haben.

Der Regierungschef (gaelisch = **Taoiseach** = Führer, Befehlshaber, Oberhaupt) muß im Abgeordnetenhaus eine Mehrheit haben, dann kann er seine Minister ernennen. Die Macht der Exekutive ist nur von der Verfassung beschränkt. Parlament und Opposition haben nicht viel zu sagen, beispielsweise gibt es keine parlamentarischen Ausschüsse.

Die starke Position der Regierung, das sogenannte **Westminster-Modell**, Zwei-kammer und Wahlsystem, erinnern an das britische System. Im 17. Jahrhundert wurde das gaelische Brehonenrecht, das von der Kaste der Rechtsgelehrten, den Brehonen, mündlich tradierte Gewohnheitsrecht, durch das englische Common Law abgelöst. Daraufhin entwickelte sich eine in allen Bereichen an das britische Beispiel angelehnte Rechtsform.

Die heute gültige irische Verfassung stammt aus dem Jahre 1937 – sie regelt auch die Befugnisse der Legislative, Exekutive und Jurisdiktion. In ihr verankert finden sich zum Beispiel die katholischen Gesetzesansichten zu Scheidung und Abtreibung (siehe 2.5.4.) wie auch eine "Wiedervereinigungsklausel", die eine Zusammenführung der Republik mit den sechs Ulster Grafschaften in Nordirland vorsieht und in der die gesamte Insel, einschließlich der sechs Ulster-Grafschaf-ten, als nationales Territorium bezeichnet wird.

Das liberal-demokratische politische System kann als stabil bezeichnet werden. Es ist leicht rechtslastig und relativ funktionsfähig. Die jahrhundertelange Unter-drückung durch die englische Fremdherrschaft manifestiert sich in der Herausbil-dung einer defensiven Haltung. Alle politischen Parteien zeigen ein ausgepräg-tes nationalistisches Geschichts- und Vergangenheitsbewußtsein. Seit 1950 be-stimmt ein fast unverändertes Dreiparteiensystem die Politik. Es gibt zwei große Parteien. Die Fine Gael (Familie der Gaelen), 1933 aus der 1923 von William Cosgrave gegründeten Treaty Party hervorgegangen, ist Befürworter des Frei-staatvertrages und somit für die vorläufige Teilung Irlands. Die Fianna Fáil ("Sol-daten des Schicksals") hingegen lehnen diesen Vertrag ab. Sie sind 1926 aus einer Gruppe um **Éamon de Valera** entstanden. Éamon de Valera war ein chari-smatischer Führer: Unter seiner Führung wandelte sich die Fianna Fáil von einer Anti-System-Partei zu einer für lange Zeit staatstragenden Kraft. Heute lassen sich zwischen beiden Parteien kaum Unterschiede in ihrem politischen Programm ausmachen. Beide kommen einer konservativen Volkspartei nahe.

Die dritte politische Kraft ist die Labour Party. Als linke und Arbeiterpartei hat sie es schwer, stellte jedoch bereits oft ein "Zünglein an der Waage" dar. So gelang es 1973, 1981 und 1982 einer Regierungskoalition aus Fine Gael und Labour Party, die durch lange Perioden der neueren irischen Geschichte dominierende Fianna Fáil abzulösen. Die bedenklichen Arbeitslosenzahlen, die Skandalaffären der Regierung und der durch das Sparprogramm der Fianna Fáil von 1987 eingeleitete sozialpolitische Kahlschlag bescherten den beiden großen Parteien bei den Wahlen 1992 je 5 % Einbußen. Labour hingegen konnte seine Parla-mentssitze zwar verdoppeln, ging jedoch eine Koalition mit der konservativen Fianna Fáil ein.

Das **Gewerkschaftssystem** ist im Vergleich mit dem übrigen Europa relativ stark ausgeprägt. Zwei Drittel der Lohnabhängigen sind in immerhin über 80 Einzelgewerkschaften organisiert. Die beiden größten von ihnen haben sich 1990 zusammengeschlossen und vertreten nun ca. ein Drittel der Organisierten.

Seit 1973 ist die Republik Irland Mitglied der Europäischen Gemeinschaft.

2.5.4 RELIGION

Die Insel wurde seit dem 5. Jahrhundert christianisiert. Da es keine Belege für irische Märtyrer gibt, nimmt man an, daß die Christianisierung relativ friedlich vonstatten gegangen ist. Die neue Religion wurde dem Volk und seinen Herrschern nahegebracht, indem alte heidnische Kulte mit christlichen Inhalten gefüllt wurden. Beispiele für diesen religiösen **Synkretismus** sind, daß beispielsweise Christus als eine Verkörperung des Heros Cuchullainn eingeführt und die hl. Brigid Nachfolgerin einer gleichnamigen heidnischen Fruchtbarkeitsgöttin wurde. Das irische Urchristentum überdauerte die Eroberungen der Wikinger und der Normannen sowie die Unterdrückung durch Cromwell.

Seit den Zeiten der Verfolgung durch die Engländer ist der römische **Katholizismus** tief im Bewußtsein der irischen Bevölkerung verankert. Zwar wurden etliche Kirchen zerstört oder der Episkopalkirche zugeschlagen (siehe Dublin), aber im Untergrund lebte dieser Katholizismus als Mischung aus keltischen Mythen, mittelalterlicher Gelehrsamkeit und Befreiungstheologie weiter.

Der heute dominierende Katholizismus hat seine Wurzeln hingegen im vorigen Jahrhundert. Irland war ein mit Schottland, Wales und England gleichgestelltes Mitglied im Vereinigten Königreich mit irischen Abgeordneten im Parlament von Westminster. Eine wichtige Rolle spielte der Kardinal Cullen, erzkonservativer Gegenreformator und Vertreter des modernen irisch-katholischen Nationalismus. Cullen war fast 30 Jahr lang 1849 bis 1887 Erzbischof, zuerst von Armagh dann von Dublin. Unter ihm begann die totale Katholisierung des irischen Lebens. Etliche Kirchen und Klöster, meist große funktionale Bauten, wurden während und nach seiner Amtszeit errichtet. Nach der Trennung des Irish Free State vom Vereinigten Königreich 1921 wuchs die Macht der Bischöfe ins Unermeßliche. Die protestantische Minderheit des Landes schrumpfte unter der irischen Klerikalherrschaft um zwei Drittel von neun auf drei Prozent der Bevölkerung. Fast der gesamte Rest ist katholisch. Bis vor wenigen Jahren war der Kirchenbesuch für ca. 86 % der Bevölkerung selbstverständlich.

Volksfrömmigkeit

Die Macht der katholischen Kirche war bis vor kurzem weitgehend ungebrochen und das öffentliche Leben von der Kirche geprägt. 1983 wurde ein absolutes Verbot jeder Abtreibung durch ein Referendum in der Verfassung verankert. Abtreibung erscheint vielen der gottesfürchtigen Katholiken (da Tötung ungeborenen Lebens) als verdammungswürdig. 1992 sprachen sich bei einem Referendum 65,4 % gegen eine Liberalisierung des Abtreibungsparagraphen aus. Immerhin dürfen schwangere Frauen nun zur Abtreibung ins Ausland reisen, und die Weitergabe von Informationsmaterial, die bis dahin verboten war, ist nunmehr erlaubt. Seit 1992 ist es auch möglich, Kondome zu kaufen, was bis dahin nur in der Apotheke unter großen Peinlichkeiten möglich war. 1993 wurde ein Gesetz von 1861 (!) aufgehoben, das Homosexualität unter Strafe stellt. Ehescheidungen sind erst seit Herbst 1995 erlaubt und auch das nur mit knapper Mehrheit per Volksentscheid. 1989 war bereits ein Gesetzesentwurf zugelassen worden, der die rechtliche Trennung zerrütteter Ehen gestattet. Eine erneute Heirat war jedoch nicht zulässig.

Ein weiteres Beispiel der Kontrolle des öffentlichen Lebens durch die Kirche ist der Bildungssektor. In Irland hat der Klerus eine Drittelvertretung in jeder örtlichen Schulaufsicht. Die Rolle der Kirche als "Wächter des Glaubens" war bis 1972 sogar noch in der Verfassung verankert. Vor allem in den ländlichen Gebieten sind die Menschen noch fest in ihrem Glauben verankert. Hier bestimmt der Klerus nach wie vor das Leben. Auffällig sind die vielen Zeugnisse von **Volksfrömmigkeit**, wie die vielen Marienstatuen an Straßenkreuzungen.

Auch **Wallfahrten** werden gut besucht. Eine der wichtigsten ist die zum Marienheiligtum in Knock. 1879 hatten hier gleich 15 Gläubige eine Marienerscheinung (siehe Kap. 4.4.10). 1987 pilgerten Tausende zur Madonna von Ballinskelligs, nachdem mehrere Dorfbewohner beobachtet hatten, wie sie sich bewegte. Im ganzen Land brach eine wahre Wanderwelle zu den Marienstatuen aus. Auf den Croagh Patrick, den heiligen Berg, pilgern jährlich rund 80.000 Menschen.

In jüngster Zeit wurde, vor allem in den größeren Städten, eine an Europa orientierte Liberalisierung zunehmend deutlich, verbunden mit einem Abnehmen der Vormachtsstellung der katholischen Kirche. Verschiedene Skandale brachten das Ansehen der Kirche in argen Mißkredit. In vielen Kirchen fiel die Anwesenheit bei den Messen bis auf 20 Prozent. Der Priesterstand ist aufgrund von Nachwuchsmangel überaltet. Zwischen 1981 und 1990 fiel die Zahl der Mönche unter 30 Jahren von 139 auf 61. Pro Jahr treten nur noch fünf neue Männer in die Orden ein. Zwar kontrolliert der Klerus nach wie vor den Sozialstaat und die Schulen, doch in der öffentlichen Diskussion zählt der Kirchenstandpunkt immer weniger.

Lesetip
Interessant ist der Artikel in der Beilage der ZEIT vom 27.10.95 über Irland im "postkatholischen Zeitalter".

2.5.5 SPRACHE

In Irland gibt es zwei Amtssprachen: Die erste ist **Gaelisch** und die zweite **Englisch**. Der Verfassung nach ist die irische Sprache die erste Sprache des Landes. Das Irische gehört zur keltischen Sprachgruppe der indoeuropäischen Sprachfamilie. Zusammen mit dem schottischen Gaelisch und Manx, der Sprache der Isle of Man, bildet es die Untergruppe des Q-Keltischen (goidelischer Zweig), das Walisische, Cornische und Bretonische gehören dagegen zur Untergruppe des P-Keltischen (brythonischer Zweig). Das gaelische Irisch ist eine sehr wort- und nuancenreiche Sprache. Das Alphabet besitzt nur 18 im Vergleich zu unseren 26 Buchstaben. Unbekannt sind j, k, q, v, w, x, y und z. Der Akzent "´" verlängert Vokale, läßt dagegen Konsonanten nur gehaucht erscheinen. Weiterhin existieren 60 Phoneme gegenüber unseren 30 Lauteinheiten. Die Aussprache ist sehr schwierig und variiert erheblich von Region zu Region.

Von allen keltischen Sprachen ist das irische Gaelisch am weitesten verbreitet, denn als offizielle Landessprache ist es nicht nur das Idiom einer nationalen Minderheit. Die Oberherrschaft des Englischen steht dabei allerdings nicht in Frage, es wird von nahezu 90 % der Bevölkerung gesprochen.

Seit dem 16. Jahrhundert wurde das Gaelische immer mehr durch das Englische zurückgedrängt. Wer "Karriere" machen wollte, mußte Englisch sprechen. Hinzu kamen zum Teil äußerst brutale Verbote. Kindern wurde ein sogenannter "Tally Stick" um den Hals gehängt, und die Eltern mußten Kerben hineinritzen, wenn ihr Kind Gaelisch gesprochen hatte. In der Schule wurde es daraufhin verprügelt. Dies geschah noch bis 1870. 1851 sprach nur noch ein Drittel der Bevölkerung Gaelisch, 1911 nur noch ein Achtel der Bevölkerung. Am Ende des vorigen Jahrhunderts begann eine Wiederbelebung. 1893 wurde die **Gaelic League** gegründet mit dem Ziel der Förderung der Gaelischen Sprache. Die Agitatoren, u.a. Douglas Hyde und Patrick Pearse (siehe Kap. 2.2.4), verfolgten allerdings eher politische Ziele, durchaus vergleichbar mit der Situation, als die Briten die englische Sprache zwangseinführten. Die Erhaltung des Gaelischen war eines der Ziele der jungen irischen Republik, und daher wurden die sogenannten **Gaeltacht** Gebiete besonders gefördert.

Gaeltacht Gebiete sind jene Regionen, in denen vorwiegend Gaelisch gesprochen wird und in denen besondere traditionelle Sitten und Gebräuche noch erhalten sind. Bis auf winzige Areale um Waterford und im Co. Meath liegen diese Gaeltacht Gebiete vor allem im Westen des Landes, in Kerry und Dingle, um Galway und an der Küste von Donegal. Ortsschilder sind in diesen Gebieten einsprachig, nur in Gaelisch gegeben. Die genannten Gebiete gehören trotz Subventionen für Industrieansiedlungen zu den wirtschaftlich ärmsten und rückständigsten der Insel.

Wie politisch die Sprache auch heute noch ist, zeigt sich darin, daß Gerry Adams die Forderung an John Major stellte, das Gaelische dem Englischen in Nordirland gleichzustellen. Seitens des Staates sind die Bemühungen zur Erhaltung der Sprache auch heute noch oft nationalistisch angehaucht: Gaelisch ist Pflichtfach in der Schule, es gibt ein Gaeltacht-Ministerium und ein Amt für irische Sprache. Allerdings verwendeten 1995 – laut "Die Zeit" – nur ca. 30.000 Menschen in ihrem täglichen Leben die gaelische Sprache, 10.000 davon können gar kein Englisch. Ca. 1 Mio. sogenannter Bilingualer, die das Gaelische wie eine Fremdsprache in der Schule gelernt haben, verstehen es mehr oder weniger gut. Man schätzt, daß heute 5 bis 10 % der Iren Gaelisch sprechen.

Gaelisch wird auch in Sommerkursen gelehrt. Auskunft erteilt: University College Galway, Summer School Office, Galway, Co. Galway, Tel.: 091 24411, Fax: 091 25051

Weitaus durchsetzungsfähiger ist die gaelische Sprache auf dem Gebiet der Ortsnamen. 86 % von diesen haben gaelischen Ursprung. Die meisten beziehen sich direkt auf die geographischen Gegebenheiten, beispielsweise die Vor- und Nachsilben "Bally" (anglisiert von gael. "Baile" = Stadt, Hof, Dorf), "Rath" (Erdbefestigung), "Dun" (Fort) und "Cill" (anglisiert "Kill" = Kirche). "Min" kommt von gael. Meen = flaches Gebiet. Meencarrick bedeutet felsige Ebene (carrick = rock = Felsen).

Gaelisches Glossar

Abha	*Fluß*	Ben	*Berg*
Ard	*Erhebung, Hügel*	Caher	*Steinfort*
Ath	*Furt*	Carn	*Steinhaufen*
Bal, Baile, Bally	*Stadt, Siedlung*	Carrick	*Felsen*

81

Cill	Wald	Glen	Tal
Cloch	Stein	Kill, cill	Kirche
Cluain	Wiese	Knock	Hügel
Droghed	Brücke	Liss	Feenhügel, Ringfort
Dun	Fort, Festung	Mac, Mc	Sohn des ...
Ennis, Inis	Insel	Slieve	Berg
Failte	Willkommen	Thór	(Rund-)turm
Farran	Land		

Hier ein paar Begriffe:

Dia Dhuit (dingidsch)	Hello	Hallo
Más é do thoil é (moschedohalee)	please	bitte
Go ra maith agat (goremohagötz)	thank you	danke
Slán leat (slonhatt)	Goodbye	Auf Wiedersehen

Persönliche Notizen

Die Seele einmal
baumeln zu lassen:
Irland lädt mit der
Stille und Weite sei-
ner **unberührten
Natur** dazu ein.

Wexford, eine Gründung der Wikinger, ist eine gemütliche Kleinstadt mit vielen bunt angemalten Häusern, kleinen Läden und einer langen Hafenpromenade.

Fischfang stellt, gefolgt vom Tourismus, die wichtigste Einnahmequelle der **Aran-Inseln** dar. Im Hafen von **Kilronan**, dem Hauptort von Inishmore, liegt die Fangflotte.

In Irland gehen die Uhren anders. Der **Fremdenführer auf Inishmore** wird des Wartens auf Kundschaft sicherlich nicht müde.

Wie wohltuend eine **Bootspartie** auf Irlands romantischen Gewässern ist, weiß man erst, wenn man es selber probiert hat.

Das **Gallerus-Oratorium**, ein kleines, unscheinbares Kirchlein, ist ein perfekt erhaltenes Zeugnis frühchristlicher irischer Kultur. Bemerkenswert ist das fugenlose Trockenmauerwerk, das immer noch wasserdicht ist.

Die Klostersiedlung **Glendalough** gehört zu den berühmtesten irischen Sehenswürdigkeiten. Idyllisch in einem wunderschönen Tal gelegen, finden sich hier einzigartige Baudenkmäler einer frühchristlichen Gemeinschaft.

Die im 6. Jahrhun-
dert gegründete
Klosteranlage
Clonmacnoise
verteilt sich male-
risch über den sanft
zum Shannon abfal-
lenden Uferhang.

Der mächtige **Poulnabrone-Dolmen** gibt Zeugnis ab von einem frühen megalithischen Volk, das einst hier lebte. Die Grabstätte wird auf 2500 v. Chr. datiert.

Steinkreise dienten kultischen Zwecken, als Versammlungsort der Sippe oder als astrologische Markierungen, beispielsweise zur Beobachtung der Sterne.

Die beiden einzig-
artigen **Kultsteine**
stehen auf dem
unscheinbaren Cald-
ragh Cemetry auf
Boa Island. Vermut-
lich stammen sie aus
dem 5./6. Jahrhun-
dert.

Obwohl auch in
Irland die Macht der
katholischen Kirche
nicht mehr ungebro-
chen ist, zeugen etli-
che Marienstatuen
an Wegesrändern
und Straßenkreu-
zungen von einer tief
verankerten **Volks-
frömmigkeit**.

Für Urlauber, die sich die Wanderung zum **Gap of Dunloe** nicht zutrauen, stehen Pferdedroschken zur Verfügung. Ob zu Fuß oder per Rappen, eine Tour durch die 10 km lange Schlucht verspricht unvergeßliche Natureindrücke.

Wie aus einem Bilderbuch. Wer träumt beim Anblick eines **irischen Cottage** nicht vom glücklichen Leben auf dem Lande?

Nur für Mutige! Wer sich so nah an die bis zu 200 Meter hohen **Cliffs of Moher** heranwagt, muß schon schwindelfrei sein.

Ein Pub unter Denkmalschutz? Der **Crown Liquor Salon** in Belfast kann mit einer fast komplett erhaltenen viktorianischen Inneneinrichtung aufwarten.

Seit den 60er Jahren gibt es eine starke Wiederbelebung **irischer Folk-Musik**. Neben zahlreichen Musik- und Liederfesten finden in vielen Pubs oft spontane „sessions" statt. Mitsingen ist erlaubt.

Geräucherter **Lachs** ist eine ganz besondere Delikatesse und folienverpackt sicherlich ein willkommenes Mitbringsel für daheim.

Gespanntes Warten und heißes Diskutieren: Beim **Pferderennen** wird die **Wettleidenschaft der Iren** besonders deutlich.

Die Jameson's **Whiskey-Brennerei** stammt aus dem 18. Jahrhundert. Bei einer Besichtigungstour durch das Heritage Centre kann man sich über die Herstellungsweisen des **„Wasser des Lebens"** informieren.

Unzählige kleine Lädchen laden zum **Stöbern** ein. Bei ML. Dore erhält man (fast) alles.

Irische Pubs sind
viel mehr als nur
eine Kneipe.
Urgemütlich geht
es dort zu. Die
Getränke muß man
sich allerdings direkt
an der Theke holen
und dort auch gleich
bezahlen.

An Irlands einsamen und verträumten **Buchten** muß man einfach innehalten und die Stille auf sich wirken lassen.

1993 wurde der Betrieb auf der **Mizen Head Fog Signal Station** eingestellt. Der letzte Leuchtturmwärter betätigt sich heute als Museumsführer in dem mittlerweile dort eingerichteten Museum.

Im County Donegal,
hoch im Norden,
bietet die Küstenlinie
grandiose Anblicke.
Besonders spekta-
kulär präsentieren
sich die Klippen von
Slieve League,
westlich von Killybegs.

Giant's Causeway
- ein Werk des Riesen
Finn Mac Cool? Um
trockenen Fußes zu
seiner Geliebten zu
gelangen, die auf
einer einsamen Insel
lebte, schuf der Riese
diesen steinernen
Pfad ...

*Begünstigt durch die Wärme des Golfstroms wachsen auf **Garinish Island** in der Bantry Bay viele mediterrane und subtropische Gewächse.*

3. IRLAND ALS REISELAND

3.1 PRAKTISCHE REISETIPS VON A-Z

A Ärzte

EG-Bürger können von ihrer gesetzlichen Krankenkasse das Formular E 111 anfordern. Bei Vorlage wird man in Krankenhäusern und bei niedergelassenen Ärzten kostenlos behandelt. Möchte man den Arzt frei wählen können, sollte eine Auslandskrankenversicherung abgeschlossen werden. Privatversicherte können ihren Versicherungsschutz gegen eine Beitragserhöhung auf das Ausland erweitern. Österreicher und Schweizer müssen die Behandlungskosten vorstrecken oder sollten für die Reisezeit eine Zusatzversicherung abschließen.

⇨ Angeln

Irland hat viel Platz für diese mußevolle Betätigung: Es gibt an die 4.000 Seen, die Flüsse würden aneinandergereiht eine Länge von 14.000 Kilometern ergeben. Angeln ist eine der großen touristischen Attraktionen des Landes. Es ist zudem erheblich preisgünstiger als anderswo. Aufgrund des Golfstroms ist die Angelsaison länger als im übrigen Europa. Die beste Angelgegend ist die irische Seenplatte. Dort reiht sich See an See und alle sind durch Flüsse oder Kanäle untereinander verbunden. Zwischen Herbst und Frühling finden dort regelmäßig Angelwettbewerbe statt. Die Seenplatte der Grafschaft Clare ist zwar kleiner, aber für den Angler genauso ergiebig wie die mittleren Landesteile. An den besten Stellen gibt es Stege und Parkplätze. Auch Boote stehen zur Verfügung.

Die Angelausrüstung sollte etwas schwerere Ruten und Schnüre als gewohnt enthalten, da die irischen Fische durchweg größer und als gute Kämpfer bekannt sind. Auch die Blinker sind größer zu wählen. Das Angeln mit Lebendködern (live bait) und mit mehr als zwei Angelruten gleichzeitig in einem Gewässer ist verboten. Überall gibt es Anglerfachgeschäfte. Für Urlauber, die gezielt einen Angelurlaub machen wollen, gibt es spezielle Anglerhotels, die sich auf die Bedürfnisse von Anglern eingestellt haben. Entsprechende Angebote kann man über die Irische Fremdenverkehrszentrale in Frankfurt beziehen.

■ Angeln von Nichtsalmoniden (Coarse Fishing)

Da die Iren selbst vor allem auf Salmoniden aus sind, ist das Angeln auf Nichtsalmoniden weniger verbreitet und bietet ideale Bedingungen für den kontinentalen Angler. Fast überall kann man "Coarse Fishing" ohne Lizenz betreiben. Spezielle Lizenzen werden in den Gewässern des nördlichen Shannon verlangt.

Die häufigsten Nichtsalmoniden in irischen Gewässern sind:
Brachse (Bream): beste Zeit April bis August, Rekord ca. 5 kg
Schleie (Tench): beste Zeit Mai bis September, Rekord ca. 5 kg
Hechte (Pike): ganzjähriger Fang, Rekord ca. 19 kg (Fluß), 17 kg (See)
Rotfeder (Rudd): beste Zeit April bis September, Rekord, ca. 4 kg
Rotauge (Roach): beste Zeit April bis September, Rekord ca. 1 $\frac{1}{4}$ kg
Barsch (Perch): ganzjährig, Rekord ca. 2 $\frac{1}{2}$ kg
Aal (Eel): ganzjährig, Rekord 1 $\frac{1}{2}$ kg

■ Forellen- und Lachsfang (Game Fishing)

Irische Angler angeln vor allem auf Lachs und Forelle. Salmonidengewässer gibt es praktisch überall in Irland. Der Lachs lebt in fast allen zum Meer strebenden Flüssen. Am häufigsten ist die Braun- oder Bachforelle (Brown Trout) sowie die

Regenbogenforelle. Für das Angeln von Regenbogenforellen ist keine Lizenz erforderlich (Ausnahmen: Für das Angeln auf Bach- oder Regenbogenforellen sowie auf Nichtsalmoniden im oberen Shannon ist eine Genehmigung erforderlich. Dies gilt auch für alle Flüsse, die nördlich von Banagher in den oberen Shannon münden). Die besten Bestände sind in den Kalksteinseen im Westen zu finden, beispielsweise im Lough Corrib und Lough Mask.

Für das Angeln auf Meer- oder Lachsforelle (Salmoniden) benötigt man eine Lizenz. Diese ist in Anglergeschäften sowie in einigen Hotels oder direkt bei den Geschäftsstellen der Fischereidistrikte erhältlich.

Hier einige Preise für die Anglerlizenz von Lachs- oder Meerforellen:
Alle Distrikte und ganze Saison: 25 Pfund
Ein Distrikt und ganze Saison: 12 Pfund
Alle Distrikte für 21 Tage: 10 Pfund
Alle Distrikte für 1 Tag: 3 Pfund

Irland – ein Anglerparadies

Die meisten Salmonidengewässer befinden sich in Privatbesitz, so daß es saisonbedingte oder örtliche Zusatzgebühren geben kann.
Bei Angler-Pauschalreisen sind die Gebühren mit im Preis inbegriffen. Beachten muß man die Schonzeit von Ende Januar bis Anfang August.

■ **Hochseeangeln (Deep Sea Angling)**

Irland hat fast 5.600 km Küstenlinie mit hervorragenden Fanggründen für den Hochseeangelsport. Besonders geeignet sind die Küsten im Westen und Süden. Fischen kann man von der Hafenmole aus, von Brandungsfelsen oder vom Strand. Von Frühjahr bis Herbst fahren besonders ausgerüstete Boote zum Hochseeangeln aus. Zu den wichtigsten Hochseeangel-Zentren gehören Dungarvan, Youghal, Kinsale, Baltimore, Schull, Valentia, Cahersiveen, Galway, Westport, Killala, Killybegs und Rosses Point. Geangelt werden Hering, Dorsch, Meeräsche, Seebarsch und Seekarpfen, Makrele und Seehecht.

■ **Nützliche Adressen**

◆ Department of the Marine Fisheries Administration, Leeson Lane, Dublin 2, Tel.: 01 6615666
◆ Central Fisheries Board, Balnagowan House, Dublin 9, Tel.: 01 8379206, Fax: 01 8360060
◆ Eastern Regional Fisheries Board, Mobhi Boreen, Glasnevin, Dublin 9, Tel.: 01 8379209
◆ South Western Regional Fisheries Board, 1 Neville's Terrace, Masseytown, Macroom, Co. Cork, Tel.: 026 41221/2
◆ Northern Regional Fisheries Board, Station Road, Ballyshannon, Co. Donegal, Tel.: 072 51435
◆ Shannon Regional Fisheries Board, Thomond Weir, Limerick, Tel.: 061 455171
◆ Western Regional Fisheries Board, Weir Lodge, Earl's Island, Galway, Tel.: 091 63118

◆ North Western Regional Fisheries Board, Ardnaree House, Abbey Street, Ballina, Co. Mayo
◆ Southern Regional Fisheries Board, Anglesa Street, Clonmel, Co. Tipperary, Tel.: 052 23624

■ **Nützliche Begriffe rund ums Angeln**

Angel	rod	Köder	bait
Anglerausrüstung	tackle	Maden	maggots
Anglerbedarfsladen	tackle shop	Rolle	reel
Blinker	lure, spinner	Schwimmer	float
Fliegenfischen	fly-fishing	Schnur	line
Haken	hook	Würmer	worms
Kescher	landing net		
Aal	Eel	Karpfen	Karp
Barsch	Perch	Lachs	Salmon
Forelle	Trout	Rotfeder	Rudd
Hecht	Pike	Schleie	Tench

⇨ **Apotheke**

Apotheken (chemist shops, pharmacies) sind meist einer Drogerie angeschlossen. In den Städten gibt es einen wechselnden Apotheken-Notdienst, die diensthabende Apotheke ist auf Tafeln in den Schaufenstern von Drogerien ausgehängt. Die üblichen Öffnungszeiten sind werktags von 9 oder 9.30 Uhr bis 17.30 oder 18.00 Uhr und So von 11-13 Uhr.

⇨ **Anreise und Weiterreise**

Genaue Daten zur An- und Weiterreise enthalten ausführlich die Broschüren "Irland Grüne Zeiten – Milde Preise" und "Irland Autofähren", die man über die Irische Fremdenverkehrszentrale, Untermainanlage 7, 60329 Frankfurt/M., Tel.: 069 9231850, Fax: 069 92318588, erhalten kann.

■ **Anreise mit dem Flugzeug**

Aer Lingus-Irish Airlines, die Deutsche Lufthansa und Hamburg Airlines fliegen nonstop nach Irland. Es gibt Verbindungen von den wichtigsten deutschen, österreichischen und Schweizer Flughäfen nach Dublin, Shannon, Cork und Kerry. Charterflüge werden von April bis Oktober von deutschen, österreichischen und Schweizer Veranstaltern angeboten: Abflughäfen sind Hamburg, Düsseldorf, Köln, Berlin, Frankfurt, München, Leipzig, Dresden, Wien oder Zürich nach Dublin, Shannon oder nach Kerry. Außerdem gibt es Charterflüge von Hamburg, Düsseldorf, Frankfurt, München und Berlin nach Knock im Co. Mayo.

Alle Reiseanbieter locken mit Spartarifen, z.B. für Senioren oder Jugendliche oder zu bestimmten Zeiten (Air Lingus bietet Wochenendtarife zu 399 DM von Düssel-

dorf und Frankfurt nach Dublin und den Super Flieg & Spar-Preis von Frankfurt, Düsseldorf und Zürich für knapp 500 DM).
Auskunft: Air Lingus, 60313 Frankfurt/M., An der Hauptwache 7, Tel.: 069 292054 oder 40212 Düsseldorf, Berliner Allee 38, Tel.: 0211 3230231, und 8001 Zürich, Luthergasse 17, Tel.: 01 2112850. Aer Lingus ist neben Delta Airlines, Air Canada und Canadian Airlines die einzige Fluggesellschaft, die weltweit ausschließlich Nichtraucherflüge anbietet.

■ Anreise mit der Bahn

Selbstverständlich kann man auch mit der Bahn nach Irland reisen, doch ist dies recht anstrengend, nicht sonderlich billig und daher kaum empfehlenswert. Am frühen Morgen gibt es von fast 50 deutschen Bahnhöfen Zugverbindungen nach London (Victoria Station). Von dort fährt jeden Abend der Zug nach Holyhead in Wales ab. Hier setzt man mit der Fähre nach Dublin über, wo man am anderen Morgen ankommt. Ermäßigungen für Jugendliche.

Die einfache Fahrt Frankfurt - Dublin kostet inkl. Fähren rund 400 DM.

■ Anreise mit dem Bus

Verschiedene Veranstalter (Deutsche Touring, Transline, Continentbus) bieten eine Anreise per Bus an. Das kostet zwar weniger Geld, aber viel Zeit und ist recht anstrengend. Bei "Velomobil" (Allgemeiner Deutscher Fahrrad-Club), Holler-allee 23, 28209 Bremen, Tel.: 0421 3463916, werden auch Fahrräder im Bus mitgenommen.

■ Anreise mit dem Auto und der Fähre

❶ Direktfähren
Mit Irish Ferries von Le Havre/Cherbourg nach Rosslare/Cork: Während der Saison täglich, Oktober bis April dreimal pro Woche, ca. 22 Stunden.
Britanny Ferries bietet Fähren von Roscoff nach Cork und St. Malo (13 Stunden).
Tip: Irish Ferries bietet in Zusammenarbeit mit P&O Ferries den günstigen Kombinationstarif "Seabridge": Ein Weg direkt von Frankreich nach Irland und ein Weg über Großbritannien.
❷ Landbrücke über Großbritannien (Festland - Großbritannien-Irland):
Die "Landbrücke" ist nicht unbedingt günstiger als die Direktverbindungen nach Irland und auch anstrengender, es sei denn, man nimmt sich Zeit für Zwischenstops in Großbritannien.
Günstige Durchbuchungsraten bei Buchungen der Routen Festland - Großbritannien-Irland und zurück bieten z.B.:
◆   North Sea Ferries (Rotterdam/Zeebrücke - Hull) und P&O Ferries (Zeebrücke - Felixstowe, Calais - Dover, Oostende - Dover, Le Havre/Cherbourg - Portsmouth) in Zusammenarbeit mit Irish Ferries (Pembroke - Rosslare, Holyhead - Dublin).
◆   Swansea-Cork Ferries (Swansea - Cork) in Zusammenarbeit mit Sally Line (Dünkirchen - Ramsgate)
◆   Hoverspeed Sea Cat: Stranraer - Belfast
◆   Stena Sealink Line (Hoek van Holland - Harwich, Calais - Dover, Dieppe - Newhaven, Cherbourg - Southampton, Fishguard - Rosslare, Holyhead - Dun Laoghaire mit Hochgeschwindigkeitsfähre, Stanraer - Larne)
◆   Scandinavian Seaways bietet die Verbindung Hamburg - Newcastle in Zusammenarbeit mit P&O Ferries (Cairnryan-Larne) oder die Verbindung Hamburg - Harwich in Zusammenarbeit mit Irish Ferries (Fishguard/Pembroke - Rosslare).

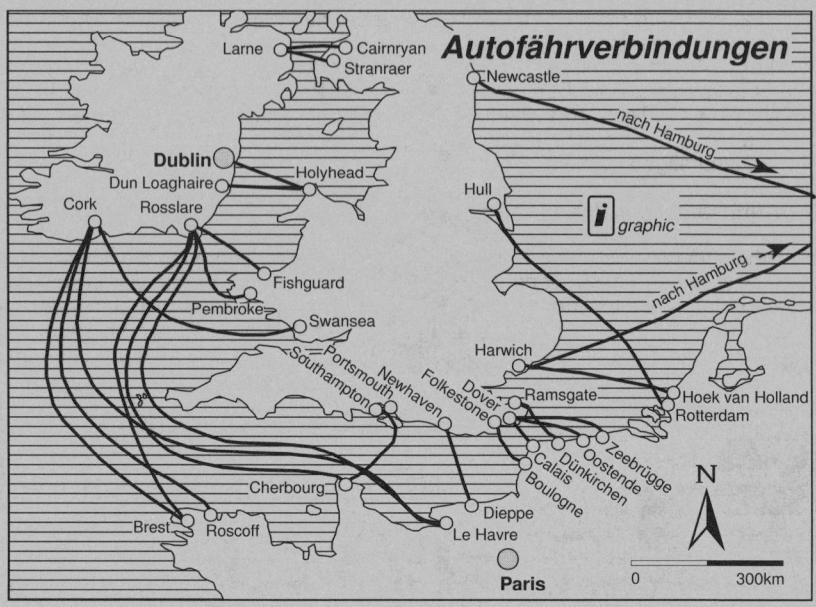

Achtung: Für Reisende aus dem Norden Deutschlands kommt die Fährverbindung Hamburg - Harwich in Frage. Der Nachteil ist allerdings, daß man die ganze Fahrt durch England vor sich hat. Macht man in London Zwischenstop und fährt am nächsten Morgen weiter, um die Fähre am frühen Nachmittag von Pembroke zu erreichen, sollte man möglichst um 6 Uhr in London aufbrechen. Um aus dem Stadtzentrum Londons herauszukommen, sind zwei Stunden Fahrt einzuplanen, bis Bristol sind es weitere zwei Stunden, und kurz hinter Swansea in Wales endet die Autobahn. (Die Severn Bridge zu überqueren, um nach Wales zu gelangen, kostet für Pkw 3,70 Pfund).

Insgesamt muß man für die Fahrt von London zu den Fährhäfen in Wales 6-7 Stunden einplanen. Die Überfahrt erfolgt von Fishguard oder Pembroke nach Rosslare Harbour (im Sommer auch von Swansea nach Cork) und von Holyhead in Nordwales nach Dublin.

▪ Eurotunnel

Der Eurotunnel verbindet den Kontinent mit Großbritannien. Es gibt den Eisenbahnservice "Le Shuttle", der Autos und Passagiere transportiert, 24 Stunden am Tag, 365 Tage im Jahr. "Le Shuttle" verkehrt zwischen Calais und Folkstone, und zwar alle 20 Minuten. Die Fahrzeit beträgt 35 Minuten.

Adressen
◆ Stena Line, Hildebrandstraße 4, 40215 Düsseldorf, Tel.: 0211 90550 oder Schwedenkai 1, 24103 Kiel, Tel.: 0431 9099, Fax: 0431 909200 oder Servicenummer 0180 5333600
◆ Irish Ferries, Martinistraße 58, 28195 Bremen, Tel.: 0421 14970 und 14981, Fax: 0421 18057
◆ North Sea Ferries, Beneluxhaven, Havennummer 5805, Luxemburgweg 2, Rotterdam/Europoort, Tel.: 0031 181 255555

◆ Swansea - Cork Ferries, Generalagent: Gaeltacht Irland Reisen, Schwarzer Weg 25, 47447 Moers, Tel.: 02841 930111, Fax: 02841 30665
◆ P&O European Ferries, Graf-Adolf-Straße 41, 40210 Düsseldorf, Tel.: 0211 387060, Fax: 0211 3870630. Wien, Tel.: 0222 711990, Zürich, Tel.: 01 8220388.
◆ Hoverspeed Ltd., Oststraße 122, 40210 Düsseldorf, Tel.: 0211 3613021, Fax: 0211 351398
◆ Brittany Ferries, Seetours International, Seilerstraße 23, 60313 Frankfurt/M., Tel.: 069 1333219, Fax: 069 1333254 (Roscoff - Cork)

■ **Weiterreise im Land**

◆ **Busse und Bahnen**

CIE, die staatliche Transportgesellschaft, betreibt das öffentliche Verkehrswesen. An den Hauptrouten gibt es 3 bis 6 Busabfahrtszeiten pro Tag, und von Dublin aus verbindet ein Zugnetz alle großen Städte miteinander. Kleinere Ortschaften werden von Bussen bedient.
Hier einige Preisbeispiele (**Bus**, hin und zurück, Stand 1998)

Dublin-Cork: 16 Pfund	Dublin-Rosslare Harbour: 11 Pfund
Dublin-Galway: 10 Pfund	Dublin-Sligo: 11 Pfund
Dublin-Limerick: 13 Pfund	Dublin-Killarney: 14 Pfund
Dublin-Waterford: 8 Pfund	Dublin-Belfast: 14 Pfund

Bahnfahrten sind teurer, allerdings gibt es verschiedene Ermäßigungen, wenn man an bestimmten Tagen fährt.

Weiterhin gibt es eine Reihe von **Sondertickets**, mit denen man nach Belieben Bahn- oder Buslinien (mit Ausnahme innerhalb von Dublin) benutzen kann.
① Der "Irish Explorer" (Bahn) gilt nur in der Republik und kostet für 5 von 15 zusammenhängenden Tagen für Erwachsene 60, für Kinder 30 Pfund.
② Der "Irish Rover" (Bahn) gilt in ganz Irland und kostet für 5 von 15 Tagen für Erwachsene 75 Pfund, für Kinder 37 Pfund.
③ Der "Irish Rambler" (Bus) ist nur in der Republik gültig und kostet für 3 (von 8) Tagen 28 Pfund, für 8 (von 15) Tagen 68 Pfund, für 15 (von 30) Tagen 98 Pfund.
④ Der "Irish Explorer" (Bahn und Bus) gilt nur in der Republik und kostet für 8 (von 15) Tagen für Erwachsene 90 Pfund, für Kinder 45 Pfund.
⑤ Die "Emerald Card" (Bahn und Bus) ist für ganz Irland zuständig und kostet für 15 (von 30) Tagen für Erwachsene 180 Pfund, für Kinder 90 Pfund, für 8 (von 15) Tagen für Erwachsene 105 Pfund, für Kinder 53 Pfund. (Preise Stand 1998) (Kinder = Jugendliche unter 16 Jahren)

Auskünfte (und Tickets) erhält man von: CIE Tours International GmbH, Unternehmen der Staatlichen Irischen Transportgesellschaft, Worringer Str. 5, 40211 Düsseldorf, Tel.: 0211 84386/7/8, Fax: 0211 324426, sowie in allen weiteren CIE-Büros und auf den größeren Bahnhöfen in Irland. Emerald und Irish Rover sind nur an Bahn- und Busbahnhöfen in Irland erhältlich. Fahrplanauskunft (Irish Rail): Tel. 01 8366222.

Die **Mitnahme von Fahrrädern** in Zügen kostet ¼ des Normalpreises für einfache Fahrt, aber maximal 6 Pfund (einfache Fahrt). Auf Bus-Eireann-Bussen kostet die Mitnahme von Fahrrädern auf allen Strecken 5 Pfund (einfach).

Einige Hauptstellen von Bus Eireann
- Dublin, Central Bus Station, Store Street, Tel.: 01 8366111

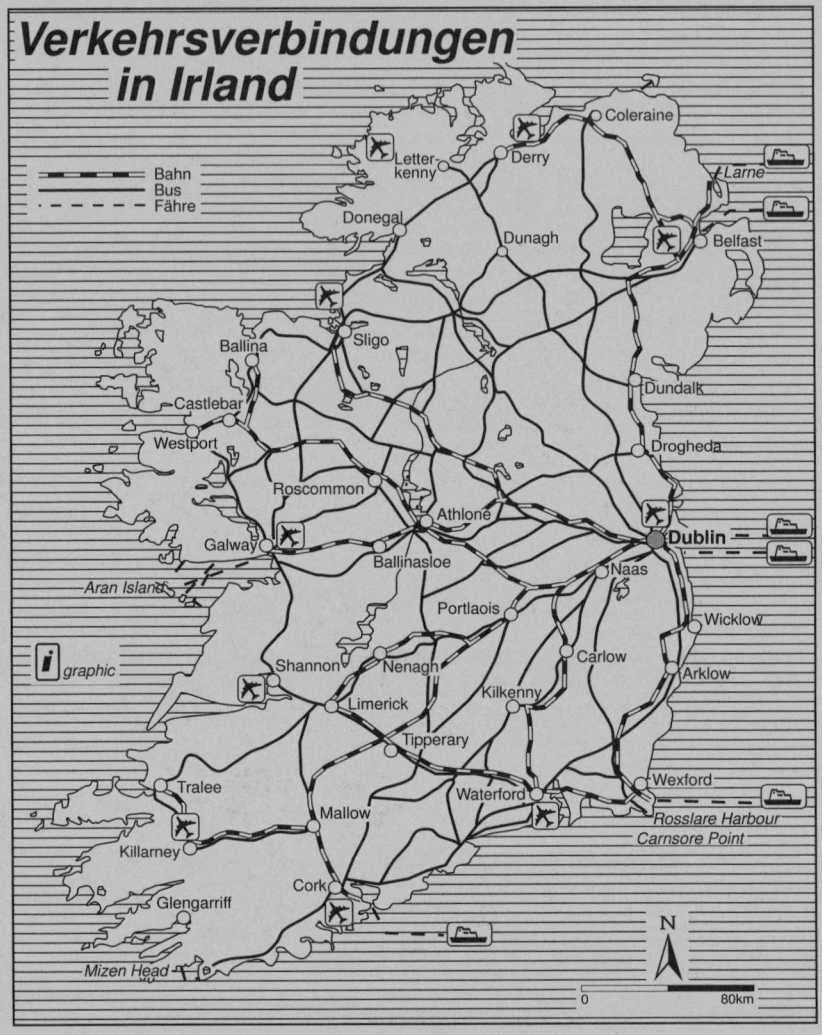

Verkehrsverbindungen in Irland

- Cork, Parnell Place Bus Station, Tel.: 021 508188
- Limerick, Colbert Station, Tel.: 061 313333
- Galway, Ceannt Station, Tel.: 091 62000
- Waterford, Plunkett Station, Tel.: 051 79000
- Tralee, Casement Station, Tel.: 066 23566

In Dublin verkehrt die S-Bahn DART um die gesamte Bucht von Howth nach Bray. Mit dem vier (aufeinanderfolgende) Tage gültigen Ticket **"Dublin Explorer"** (10 Pfund) können alle Busse und Bahnen der Stadt ab 9.45 Uhr, einschließlich Sa/So, benutzt werden. Der "Dublin Explorer" ist beim Dublin Bus Ticket Office in der O'Connell Street, Tel. 01 8734222, erhältlich.

◆ Per Anhalter

Offensichtlich scheint das Reisen per Daumen ganz gut zu klappen, denn überall in Irland sieht man Tramper jeglichen Alters. Dank der Gastfreundschaft der Iren zählt Irland als eines der angenehmen Tramperländer Europas. In den besonders einsamen Gegenden lassen sich Wartezeiten allerdings kaum vermeiden. Generell gilt Irland als sicheres Reiseland. In den Randgebieten der großen Städte (Dublin, Cork, Limerick) muß mehr Vorsicht als üblich geübt werden.

◆ Inlandsflüge

Zwischen den internationalen Flughäfen Dublin, Shannon, Cork und Knock (Co. Mayo) gibt es Verbindungsflüge.
Von Dublin gibt es mehrfach täglich Flüge nach Cork (5x), nach Galway (2x), nach Farronfore, Co.Kerry (2x), nach Knock (1x), nach Shannon (3x), nach Sligo (3x), nach Waterford (1x) sowie nach Derry und Belfast in Nordirland. Neben den internationalen Flughäfen gibt es 5 regionale Flughäfen in Irland sowie über 25 kleinere und private Flughäfen für Verkehrsmaschinen im Inlanddienst und Sportflugzeuge.

◆ Innerirische Fähren
Passagierfähren:
- Baltimore - Clear Island: täglich, ganzjährig, Fahrzeit: 45 Minuten
- Schull - Clear Island: Juni - August, Fahrzeit: 45 Minuten
- Baltimore - Sherkin Island: April-September täglich, Fahrzeit: 20 Minuten
- Glengarriff - Garinish Island: März -Oktober, täglich, Fahrzeit: 20 Minuten
- Castletownbere - Bere Island: täglich, ganzjährig, Fahrzeit: 20 Minuten
- Galway - Aran Islands: Juni-September, täglich, Fahrzeit: 1 ½ Stunden
- Rossaveal-Aran Islands: ganzjährig, täglich, Fahrzeit: ca. 1 Stunde
- Doolin - Aran Islands: Mai-August, 1 ½ Stunden
- Cleggan - Inishbofin: ganzjährig, Fahrzeit: 45 Minuten
- Arranmore Island - Burtonport: ganzjährig, täglich
  (minimale Kapazität für Pkw)

Autofähren:
- Killimer - Tarbert: ganzjährig, täglich außer 25.12.
- Passage East - Ballyhack: ganzjährig, täglich außer 25. und 26.12.

⇨ Auskunft

in Deutschland: Irische Fremdenverkehrszentrale, Untermainanlage 7, 60329 Frankfurt, Tel.: 069 9231850, Fax: 069 92318588
in Österreich: Botschaft der Republik Irland, Hilton Center, Landstrasser Hauptsraße 2, 1030 Wien, Tel.: 0222 7154246/47
in der Schweiz: Irland Informationsbüro, Neumühlestraße 42, 8406 Winterthur, Tel.: 052 2026906/7
via Internet: http://www.ireland.travel.ie liefert sämtliche Informationen über den Bildschirm

Irish Tourist Information
in Irland: 1850 230330
in Großbritannien: 0171 4933201
von außerhalb: 00353 6661258

Siehe auch Stichwörter Fremdenverkehrsämter, Diplomatische Vertretungen

⇨ **Autofahren**

In Irland herrscht Linksverkehr. Trotzdem hat immer der von rechts kommende Vorfahrt, wenn eine Kreuzung nicht anders beschildert ist. Kreisverkehr (roundabouts) hat stets Vorfahrt. Die Höchstgeschwindigkeit beträgt in Ortschaften 30 Meilen (48 km/h), auf Landstraßen 55 Meilen (89 km/h) und auf den autobahnähnlichen Straßen 70 Meilen (112 km/h). Bis auf ein kleines Stück um Dublin gibt es keine Autobahnen in Irland, jedoch sind die Straßen (N für große, nationale und R für regionale Straßen) im allgemeinen recht gut. Kleinere Straßen sind meist sehr schmal und durch Hecken und Mauern oft uneinsehbar. Außerdem

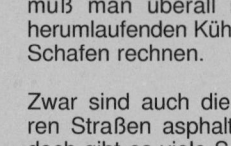

muß man überall mit frei herumlaufenden Kühen oder Schafen rechnen.

Zwar sind auch die kleineren Straßen asphaltiert, jedoch gibt es viele Schlaglöcher. Vor allem bei Fahrten in der Dunkelheit sollte man besonders vorsichtig sein. Die Iren fahren allerdings selbst auf den kleinen Straßen relativ zügig.

Achtung: Kühe

Es besteht Anschnallpflicht auf den vorderen Plätzen, Kinder unter 12 Jahre müssen nach hinten. Motorradfahrer müssen einen Helm tragen. Die Blutalkoholgrenze liegt bei 0,8 Promille.

Die Entfernungsangaben auf den Straßenschildern wechseln in irritierender Weise zwischen den alten Meilen- und Kilometerbezeichnungen. Im Südosten sind die Angaben meistens in Kilometern.

Bei Pannen mit Personenschäden muß sofort die Polizei verständigt werden. Die in ganz Irland einheitliche Notrufnummer ist 999.

Nützliche Begriffe rund ums Auto

abschleppen	*to tow*	Bremslicht	*brake light*
Abschleppseil	*tow rope*	Dichtung	*gasket*
Ampel	*traffic light*	Ersatzrad	*spare wheel*
Anhänger	*trailer*	Ersatzteile	*spare parts*
Anlasser	*starter*	Fernlicht	*main beam*
Auspuff	*exhaust pipe*	Gas	*accelerator*
Batterie	*battery*	Getriebe	*gear box*
Benzin	*petrol*	Handbremse	*handbrake*
Benzinpumpe	*fuel pump*	Hupe	*horn*
bleifrei	*unleaded*	Kanister	*can*
Bremse	*brake*	Katalysator	*catalytic converter*

Keilriemen	*fan belt*	Scheinwerfer	*headlight*
Kühler	*radiator*	Schraube	*screw*
Kupplung	*clutch*	Schraubenzieher	*screwdriver*
Lenkung	*steering*	Sicherheitsgurt	*safety belt*
Motor	*motor*	Standlicht	*parking lights*
Öl	*oil*	Tank	*tank*
Ölwechsel	*oil change*	Tankstelle	*petrol station*
Panne	*breakdown*	Türgriff	*door handle*
Rad	*wheel*	Unfall	*accident*
Radarkontrolle	*speed control*	Vergaser	*carburetor*
Reifendruck	*tyre pressure*	Wagenheber	*jack*
Reifenpanne	*puncture*	Werkstatt	*garage*
Rückleuchte	*rear lights*	Zündkerze	*sparking plug*
Schaltung	*gear shift*	Zylinder	*cylinder*

Einige nützliche Begiffe im Verkehr

abbremsen	*to reduce speed*	Kreisverkehr	*roundabout*
Ampel	*traffic lights*	Kühe	*cattle*
Ausweichbucht	*passing place*	Kurve	*bend*
Bauarbeiten	*road work*	langsam	*slow*
Einfahrt freihalten	*keep access free*	links halten	*keep left*
Eisenbahn- übergang	*level crossing*	Parkplatz	*car park*
Fähre	*ferry*	rechts halten	*keep right*
Geschwindigkeits- begrenzung	*speed limit*	Rollsplitt	*loose chippings*
keine Durchfahrt	*no through road*	Schaf	*sheep*
keine Einfahrt	*no entry*	Schleudergefahr	*slippery*

⇨ **Automobilclub** (AA = Automobile Association)

Hauptstelle: AA Headquarters, 23 Rock Hill, Blackrock, Co. Dublin, Tel.: 01 2833555, Fax: 01 2833660

Vertretungen des AA, der mit dem deutschen ADAC verbunden ist, gibt es u.a. in:
- 23 Suffolk Street, Dublin 2, Tel.: 01 6779481, Fax: 01 6778834
- 12 Emmet Place, Cork, Tel.: 021 276922, Fax: 021 276087
- Headford Road, Galway, Tel.: 091 564433, Fax: 091 565786
- 11 The Quay, Waterford, Tel.: 051 73765, Fax: 051 50393
- Patrick Street, Limerick, Tel.: 061 418241, Fax: 061 411985

◆ O'Connell Street, Arcade, Sligo, Tel.: 071 62065, Fax: 071 62253
◆ Shopping Centre, Dublin Road, Dundalk, Tel.: 042 32955, Fax: 042 31373
Für Fragen bezüglich grüner Versicherungskarte wende man sich an: Motor Insurers Bureau of Ireland, 39 Molesworth Street, Dublin 2, Tel.: 01 6769944, Fax: 01 6761108

⇨ **Autoreparatur**

Im Falle einer Panne findet man fast überall in Autowerkstätten fachgerechte Hilfe. Die AA (Automobile Association) kann man Tag und Nacht unter Tel.: 1800 667788 erreichen.

⇨ **Autoverleih**

Alle internationalen Firmen sind in Irland vertreten. Daneben gibt es aber auch gute irische Firmen, die oft wesentlich günstigere Angebote haben. Ein Preisvergleich lohnt sich. An allen Flughäfen sowie an den meisten Fährhäfen gibt es Niederlassungen von Autovermietern. Das Mindestalter, um einen Wagen zu mieten, liegt je nach Firma zwischen 21 bis 25 Jahren, das Höchstalter bei 70 Jahren. Bei vielen Pauschalreisenden ist der Mietwagen (oft ohne Kilometerbegrenzung) bereits im Reisepreis eingeschlossen, was durchaus eine Überlegung wert sein könnte. Motorräder und Mopeds können in Irland nicht gemietet werden. Eine Auflistung der Adressen von Autoverleihern finden Sie in der Broschüre "Irland – Grüne Ferieninsel", die man über die Irische Fremdenverkehrszentrale anfordern kann.

Hier eine kleine Auswahl von Autoverleihern:
◆ Argus Rent-a-Car, Argus House, 59 Terenure Road East, Dublin 6, Tel.: 01 4904444, Fax: 4906328. Dublin Airport, Pre-Booked Desk 3, Arrival Hall, Tel.: 01 8444257.
◆ Avis, Emmet Place, Cork, Tel.: 021 273295, Fax: 021 272202
◆ Budget-Rent-a-Car, Ballygar, Co. Galway, Tel.: 0903 24668/24678/24777, Fax: 0903 24759
◆ Hertz Rent-a-Car, Ferrybank, Wexford P.O. Box 23, Tel.: 053 23511, Fax: 053 22405
◆ Murrays Europcar, Baggot Bridge Street, Dublin 4, Tel.: 01 6681777, Fax: 01 6602958 und Dublin Flughafen, Tel.: 01 378179

B Baden

Irland ist nicht als klassisches Reiseland für Badeurlaub zu bezeichnen. Dennoch gibt es einige sehr angenehme Seebäder, vor allem an der Ost- und Südküste, die klimatisch mit Orten an der Nord- und Ostsee zu vergleichen sind. Südlich von Wicklow bis nach Rosslare erstreckt sich ein fast durchgängiger Sandstrand, weitere sehr schöne Strände befinden sich bei Dungarvon, Youghal, Balleycotton, an der Nordküste der Dingle-Halbinsel, bei Louisburgh, südlich von Donegal und auf der Achill Island. Das Waterford City Council hat einen Antrag von Nudisten abgelehnt, einen Teil des Tramore-Strandes zum Nacktbaden freizugeben. Damit ist FKK nach wie vor in ganz Irland nicht erlaubt. Die Strand- und Badewasserqualität in Irland ist die beste aller Staaten der Europäischen Union. Nach dem 1995 veröffentlichten 12. Umweltbericht der EU haben sämtliche der untersuchten Inselstrände die Sauberkeitskriterien erfüllt.

⇨ Banken

Die Banken haben folgende Öffnungszeiten: Montag bis Freitag von 10-12.30 Uhr und von 13.30 bis 15 bzw. 17 Uhr in Dublin. Die Banken an den Flughäfen: Dublin täglich 7-21.30 Uhr, Shannon täglich März bis Oktober 6.30-17.30 Uhr, November bis Februar 7.30-17.30 Uhr, Cork montags bis freitags 10-15 Uhr.

⇨ Bed & Breakfast

siehe Stichwort Unterkunft

⇨ Behinderte

Die Broschüre "Carefree Journeys and Holidays" informiert über behindertenge-rechte Unterkünfte und gibt außerdem Informationen für Flug- und Fährhäfen, Bus- und Zugstationen, Parkplätze, Tankstellen und Blindenhunde. Zu beziehen von der Irischen Fremdenverkehrszentrale in Frankfurt. Reiterferien für Behinderte vermittelt: Hon. Secretary, Mrs. N.Kingston, RDAI, 28 Castlepark Road, Sandycove, Co. Dublin, Tel.: 01 2857428. Mit Ausweis können Behinderte an allen Parkuhren frei parken.

⇨ Bekleidung

siehe Stichwort Reisegepäck

⇨ Benzin

siehe Stichwort Tankstellen

⇨ Bootsverleih

Die Fahrt per Kabinenkreuzer ist eine sehr gemütliche Art, das Land kennenzuler-nen. Jeder, der über 21 Jahre alt ist, kann als Freizeitkapitän auf dem 220 km schiffbaren Shannon und seinen Seen sowie auf dem Shannon-Erne-Waterway, dem River Barrow und dem Grand Canal ohne Vorkenntnisse einen Kabinenkreu-zer mieten. Berufsschiffahrt gibt es dort nicht. Meist haben diese Boote Schlafplät-ze für 2-8 Personen, eine Küche und sanitäre Einrichtungen. Für Einkäufe und Landausflüge empfehlen sich Klappfahrräder, die zusätzlich gemietet und mit an Bord genommen werden können. Die Fahrgeschwindigkeit der Boote beträgt 10 km/h. In den "Marinas" am Shannon, Erne und Grand Canal stehen knapp 500 Kabinenkreuzer zur Verfügung. Bei einer Kaution von ca. 300 IR Pfund sind die Boote voll versichert (Selbstkostenbeteiligung). Eine Rückerstattung des Geldes erfolgt bei unbeschädigter Ablieferung. Mitglieder der IBRA (Irish Boat Rental As-sociation) werden staatlich kontrolliert. Vom 31.10. bis Ostern liegen fast alle Boote still – wegen des zu hohen Wasserstandes und notwendiger Wartungsar-beiten. Nur die Boote in Belturbet werden auch im Winter vermietet, und dann besonders preiswert. Etliche deutsche Reiseveranstalter bieten Urlaub mit Kabi-nenkreuzern auf dem River Shannon und seinen Seen an. Das Irische Fremden-verkehrsamt in Frankfurt versendet eine Liste der Anbieter. Ein Boot mit vier Schlafplätzen kostet in der Hauptsaison ca. 1.500 DM (s. Kap. 4.7.4).

⇨ **Busse**

siehe Stichwort An- und Weiterreise

C Camping/Caravan

In Irland gibt es rund 130 offiziell anerkannte Campingplätze, die regelmäßig vom Irischen Fremdenverkehrsamt überprüft und mit 1 bis 4 Sternen klassifiziert werden. Die Kriterien für die Klassifizierung sind: Toiletteneinrichtungen, Wasserhähne, Abfallkübel, eine festgesetzte Parzellendichte, Pflege und Bewachung, verbindliche Gebührenordnung, Freizeiteinrichtungen, wie Minigolf- und Tennisplätze oder Kinderplantschbecken, Restaurants, Läden, Waschsalons etc. Auf vielen Plätzen können auch Wohnwagen, einfache Hütten und Zelte gemietet werden.

Eine Auflistung der Plätze enthält die Broschüre "Caravan & Camping Parks", die bei der Irischen Fremdenverkehrszentrale sowie allen Tourist Offices in Irland erhältlich ist.

Wildes Zelten ist offiziell nicht verboten, jedoch sollte man den Grundstückbesitzer vorher um Erlaubnis fragen. In der Nähe von Wäldern ist allerdings das Zelten und Feuermachen untersagt.

Wer Urlaub auf dem Campingplatz machen und die Fährkosten für das eigene Campingmobil sparen möchte, kann in vielen Teilen des Landes "Mobile Homes" (Mobilheime) mieten, die komplett eingerichtet sind. Der Mietpreis für ein Mobile Home beginnt ab 110 Pfund pro Woche.
Auskunft erteilt: Irish Caravan Council Ltd., Shannon Cottage Caravan Ltd., O'Briens Bridge, Co. Clare, Tel.: 061 377118

D Diplomatische Vertretungen

In Irland:
◆ Deutsche Botschaft, 31 Trimleston Avenue, Booterstown, Co. Dublin, Tel.: 01 2693011, Fax: 01 2693946
◆ Österreichische Botschaft, 15 Ailesbury Apartments, 93 Ailesbury Road, Dublin 4, Tel.: 01 2694577, Fax: 01 2830860
◆ Schweizer Botschaft, 6 Ailesbury Road, Dublin 4, Tel.: 01 2692515, Fax: 01 2830344

In Deutschland:
Irische Botschaft, Godesberger Allee 119, 53175 Bonn, Tel.: 0228 959290
In Österreich:
Irische Botschaft, Hilton Centre, 16. Etage, Landstraßer Hauptstraße 2, 1030 Wien, Tel.: 01 7158317
In der Schweiz:
Irische Botschaft, Kirchenfeldstraße 68, 3005 Bern, Tel.: 031 3521442

E Einkaufen

siehe Stichwort Souvenirs

Für die Einreise und für Aufenthalte unter drei Monaten reicht ein gültiger Perso-
nalausweis oder Reisepaß. Ein Visum ist für Besucher aus Deutschland, der
Schweiz und Österreich für die Länge von 3 Monaten nicht erforderlich.

Für Fahrzeuge, auch für Wohnwagen, genügt der nationale Führerschein, die
Mitnahme der grünen Versicherungskarte ist nicht erforderlich. Autotelefon kann
man zwar problemlos mitnehmen, aus technischen Gründen aber nicht verwenden. Auch für die Mitnahme von Booten sind keine besonderen Formalitäten erforderlich. Haustiere dürfen nur dann mitgenommen werden, wenn sie vorher eine
sechsmonatige Quarantäne mitmachen. Die Einführung frischer und konservier-
ter Fleisch-, Geflügel- und Molkereiprodukte ist verboten. Die Einfuhr von Milch-
oder Fleischprodukten in Dosen ist gestattet. Die Einfuhr von Waffen ist nicht
erlaubt.

Siehe auch Stichwort Zoll- und Devisenbestimmungen

⇨ Eisenbahn

siehe Stichwort An- und Weiterreise

⇨ Ermäßigungen

▨ Fahrtkosten:
Ermäßigungen für Jugendliche, Studenten oder Senioren bieten viele Flug- und
Fährgesellschaften und die Bahn.
Siehe auch Stichwort An- und Weiterreise

▨ Besichtigungen:
◆ Studenten erhalten unter Vorlage eines Internationalen Studentenausweises
für die Besichtigung vieler Sehenswürdigkeiten sowie beispielsweise im Abbey
Theatre und im Peacock Theatre (Dublin) Rabatte.
◆ Die "Heritage Card" vom OPW: Das Office of Public Work (Behörde für öffentliche Bauten), abgekürzt OPW, ist für die Erhaltung zahlreicher Nationaldenkmäler
(allerdings fast ausschließlich nur bis zum 18. Jahrhundert), Binnenwasserstraßen, Parkanlagen, Gärten und Naturschutzgebiete verantwortlich. Rund 60 Sehenswürdigkeiten stehen unter der Obhut des OPW. Mit der Heritage Card hat
man ein ganzes Jahr lang unbegrenzten Zutritt zu allen vom OPW unterhaltenen
Kulturdenkmälern.
Die Heritage Card wird bei allen eintrittspflichtigen Sehenswürdigkeiten zu folgenden Preisen angeboten: Erwachsene 15 Pfund, Senioren 10 Pfund, Kinder und
Studenten 6 Pfund. Da die Einzeltickets zum Teil 2 bis 3 Pfund kosten, lohnt sich
die Anschaffung bereits, wenn man nur 3 bis 4 Sehenswürdigkeiten aufsuchen
möchte.
Für weitere Auskünfte wende man sich an: OPW (Office of Public Works), Visitors Service, 51 St. Stephen's Green, Dublin 2, Tel.: 01 6613111

⇨ Essen

siehe Stichwort Restaurants und Kap. 3.2.1.

F Fähren

siehe Stichwort An- und Weiterreise

⇨ Fahrradfahren

Irland ist ein beliebtes Reiseziel für Fahrradtouristen, denn Radeln ist sicherlich eine der schönsten Arten, das Land kennenzulernen. Es gibt 5.127 km gut ausgeschilderte Fahrradrouten, und Radeln ist sicherlich eine der schönsten Arten, das Land kennenzulernen. Die ganze Insel abzufahren, ist in einem Urlaub wohl kaum zu schaffen, so daß man sich auf eine bestimmte Region (z.B. Connemara, Donegal oder Wicklow) festlegen sollte. Die Strecken in Irland sind bis auf das flache Landesinnere zwar nicht alpin, gehen jedoch ständig bergauf und bergab. Es gibt allerdings kaum Extreme: Der höchste Berg, der im Südwesten gelegene Carrantuohill, ist 1.000 Meter hoch. Ungeübten Radlern sind der flache Westen und die Mitte zu empfehlen, hügelig hingegen sind der Osten (südlich Dublins), der Südwesten (Beara, Iveragh und Dingle) und der Nordwesten. Auch das Wetter ist nie ein Dauerzustand, Regen und Sonnenschein wechseln sich oft mehrfach am Tag ab. Regenkleidung ist daher ein "Muß".

▓ Die **Fluggesellschaften** transportieren Fahrräder normalerweise im Rahmen der 20-Kilo-Regelung. Aer Lingus nimmt einen Aufpreis von DM 50. Am Zielort bekimmt man sein Fahrrad fahrbereit ausgehändigt. Bei der irischen Eisenbahn kostet die Mitnahme eines Fahrrades ein Viertel des Fahrpreises, bei den Bussen der Bus Éireann 5 Pfund.

▓ **Ersatzteile**: Wenn Sie Ihr eigenes Fahrrad mitnehmen und auf Nummer Sicher gehen wollen, empfiehlt es sich, einen Ersatzreifen und -schlauch mitzunehmen, denn die handelsüblichen Größen sind in Irland anders als in Deutschland.

▓ Für die **Planung von Radtouren** gibt es verschiedene Spezialveranstalter, sowohl in Deutschland als auch in Irland, die verschiedene Arten von Unterkünften, den Transport von einer Unterkunft zur nächsten oder Radtouren in Begleitung eines Führers organisieren. Auch kann man sich speziell nach persönlichen Wünschen zusammengestellte Touren ausarbeiten lassen. Informationen und Adressen der Fahrrad-Spezialanbieter erhält man von der Irischen Fremdenverkehrszentrale in Frankfurt.

▓ **Fahrradverleih**: Es gibt etliche Fahrradvermieter, und auch in Jugendherbergen und Hostels kann man sich Drahtesel leihen. Vorbestellungen sind im Juli und im August ratsam. Adressen von Fahrradverleihern und regionale Routen gibt es bei den örtlichen Fremdenverkehrsämtern. Walking Cycling Ireland, 40 Ashe Street, Tralee, Tel. 066 28733, Fax 066 28762, gibt eine Liste mit sämtlichen Fahrradverleihern im Lande heraus. Die zwei bekanntesten, landesweit vertretenen Firmen sind Raleigh-Rent-A-Bike und Irish-Cycle-Hire. Bei beiden muß man eine Kaution (von 40-50 Pfund) für ein Leihrad hinterlegen. Satteltaschen und anderes Zubehör können ebenfalls gemietet werden.

① **Raleigh-Rent-a-Bike**, (Head Office) Kylemore Road, Dublin 10, Tel.: 01 6261333, Fax: 01 6261770.

Preisbeispiele: pro Woche 30 Pfund, pro Tag 7 Pfund. Für "One-Way"-Mieten (Fahrrad ausleihen, radeln und an einem anderem Depot wieder abgeben) wird eine zusätzliche Gebühr erhoben.

② **Irish Cycle Hire**, Mayoralty Street, Drogheda, Co. Louth, Tel.: 041 41067, 42448, 35369, Fax: 041 35369. Irish Cycle Hire bietet neben normalem Fahrradverleih und "One-Way"-Mieten auch komplette Arrangements an, die die Unterkunft (entweder auf "Go-As-You-Please-Basis" oder vorgebucht) enthalten. Dabei kann man zwischen verschiedenen Übernachtungsarten wählen: Hostel, B&B,

Camping oder Hotel. Auch Gepäcktransfer und Transfer vom und zum Flughafen sind möglich.

Buchtips

- Kettler, Wolfgang: Irland per Rad, Berlin 1989, 19,80 DM
- Walsh, Brendan: Irish Cycling Guide
- Hannig, Christian E.: Irisches Reisetagebuch, Rad-Abenteuer auf der grünen Insel, München 1994.

● Die irische Fremdenverkehrszentrale Bord Fáilte hat 23 Radtouren zusammengestellt, die durch die schönsten Regionen des Landes führen. Sie sind in der Broschüre "Cycling Ireland" (deutsche Ausgabe: "Radfahren in Irland") zusammengefaßt und werden dort kurz beschrieben.

⇨ **Ferien/Feiertage**

Gesetzliche Feiertage	
1. Januar	Neujahr
17. März	St. Patrick's Day
Karfreitag	
Ostermontag	
1. Montag im Mai	May Day, Gewerkschaftsgedenktag
1. Montag im Juni, 1. Montag im August und letzter Montag im Oktober	Bank Holiday
25. Dezember	Weihnachten
26. Dezember	St. Stephen's Day
Ferien	
Es gibt je zwei Wochen Schulferien um Ostern und Weihnachten sowie sechs Wochen Sommerferien Mitte Juni bis Anfang September.	

⇨ **Flugverbindungen**

siehe Stichwort An- und Weiterreise

⇨ **Fotografieren**

Fotomaterial ist problemlos zu erhalten, allerdings sind Filme in Irland teurer als in Deutschland. Die Entwicklung von Filmen ist in Irland günstiger als in Deutschland. Wegen des ständig wechselnden Wetters ist es schwierig, eine Empfehlung für die Auswahl der Filme zu geben. Ich persönlich bin mit ganz normalen 100 ASA Dia-Filmen sehr zufrieden gewesen.

⇨ **Fremdenverkehrsämter**

Tourist Informations finden sich in jedem größeren Ort, über die ganze Insel verteilt gibt es über 80. Während der Saison werden zusätzliche Büros geöffnet. Die Informationsbüros bieten Stadtpläne, Unterkunftsverzeichnisse, beraten über örtliche Sehenswürdigkeiten und Einkaufsmöglichkeiten und nehmen Buchungen für Veranstaltungen vor. Viele Touristeninformationen bieten Souvenirs und Bücher an, oft verfügen sie über eine Wechselstube. Über die meisten Touristenämter kann man auch Unterkünfte buchen. Meist muß man eine Anzahlung von 10% des Gesamtpreises leisten; den Rest zahlt man dann im Quartier. Für eine Vermittlung einer Unterkunft am gleichen Ort werden 1 Pfund Vermittlungsgebühr verlangt, für die Vermittlung in einen anderen Ort 2 Pfund.

Die üblichen Öffnungszeiten sind Mo-Fr 9 bis 18 Uhr, Sa 9-13 Uhr, mit saisonalen und regionalen Unterschieden. Während der Hauptsaison haben die Tourist Offices in den größeren Städten auch oft sonntags oder abends länger geöffnet.

Hier einige **Adressen von Touristenämtern**:
- Carlow, College Street, Tel.: 0503 31554
- Cork, Tourist House, Grand Parade, Tel.: 021 273251, Fax: 021 273504
- Dublin: Auskunft: Tel. (in Irland) 1850230330, von außerhalb 00353 6661258; Zimmerreservierung: Tel. 1800 668668 (in Irland) bzw. 00353 6692082
- Dundalk, Jocelyn Street, Tel.: 042 35484, Fax: 042 38070
- Ennis, Clare Road, Tel.: 065 28366
- Galway, Aras Fáilte, Victoria Place, Eyre Sq., Tel.: 091 563081, Fax: 091 565201
- Kilkenny, Shee Alms House, Rose Inn Street, Tel.: 056 51500, Fax: 056 63955
- Killarney, Town Hall, Tel.: 064 31633, Fax: 064 34506
- Knock Airport, Tel.: 094 67247
- Letterkenny, Derry Road, Tel.: 074 21160, Fax: 074 25180
- Limerick, Arthur's Quay, Tel.: 061 317522, Fax: .061 317939
- Mullingar, Dublin Road, Tel.: 044 48650, Fax: 044 40413
- Portlaoise, James Fintan Lawlor Ave, Tel.: 0502 21178
- Shannon Airport, Tel.: 061 471664/471565
- Skibbereen, Town Hall, Tel.: 028 21766, Fax: 028 21353
- Sligo, Aras Reddan, Temple Street, Tel.: 071 61201, Fax: 071 60360
- Tralee, Ashe Memorial Hall, Denny Street, Tel.: 066 21288
- Waterford, 41 The Quay, Tel.: 875788, Fax: 877388
- Westport, The Mall, Tel.: 098 25711, Fax: 098 26709
- Wexford, Crescent Quay, Tel.: 053 23111, Fax: 053 41743
- Wicklow, Fitzwilliam Square, Tel.: 0404 69117, Fax: 0404 69118

Nordirland:
- Northern Ireland Tourist Board, 59 North Street, Belfast BT1 1ND, Northern Ireland, Tel.: 0044 1232 246609, Fax: 0044 1232 240960
- Derry, Bishop Street, Tel./Fax: 0044 1504 369501 + Tel. 267284
- Derry/Londonderry, Tel./Fax: 0044 1504 369501, Tel.: 0044 1504 267284

Informationsbüros auf Flug- und Fährhäfen:
- Dublin Airport (Hochsaison geöffnet von 8-23.30 Uhr), Tel.: 00353 1 8144222
- Rosslare Ferry Terminal, Tel.: 053 33622, Fax: 053 33421 (April bis September täglich zu allen Abfahrten/Ankünften geöffnet. Oktober bis März täglich 14-17 und 18-20.30 Uhr)
- Shannon Airport, Tel.: 061 471664/471565/471604. Ganzjährig Mo-Fr 6-19 Uhr Sa 9-19 Uhr
- Knock Airport, Tel.: 094 67247. Ganzjähriger Service zu allen Flügen.

Bus & Bahn-Informationen
- Bus Bureau (Überlandbusse): Tel.: 01 836111
- Dublin Bus: Tel.: 01 8734222
- Irish Rail (Bahn): Tel.: 01 8366222

▨ **Fremdenverkehrsämter in Deutschland, Österreich und der Schweiz**
◆ **In Deutschland:** Irische Fremdenverkehrszentrale, Untermainanlage 7, 60329 Frankfurt, Tel.: 069 9231850, Fax: 069 92318588
◆ **In Österreich:** Botschaft der Republik Irland, Hilton Center, Landstrasser Hauptstraße 2, 1030 Wien, Tel.: 0222 7154246/47
◆ **In der Schweiz:** Irland Informationsbüro, Neumühlestraße 42, 8406 Winterthur, Tel.: 052 2026906/7, Fax: 052 2026908

G Geld/Geldwechsel

siehe Stichwort Währung/Devisen

⇨ Getränke

siehe Kap. 3.1.2.

⇨ Golf

Neben dem Angeln fahren viele Aktivurlauber wegen der ausgezeichneten Golfmöglichkeiten nach Irland. Golf ist dort ein echter "Volkssport". Die Gebühren liegen zwischen 5 und 30 Pfund pro Runde. Es gibt mittlerweile über 400 Plätze (80 % davon mit 18 Loch), auf denen auch Nicht-Mitglieder spielen können, selbst auf solch traditionsreichen Plätzen wie dem Royal Dublin oder dem mondänen Mount Juliet bei Kilkenny. Für bekanntere Plätze, auf denen die Gebühren allerdings wesentlich höher sind (z.T. bis 100 Pfund), sollte man sich frühzeitig anmelden. An vielen Orten kann man Ausrüstungen und Golflehrer mieten (ab ca. 10 Pfund pro 45 Minuten).

Für die Auswahl der Plätze spielt jedoch nicht nur der Preis, sondern auch die Lage eine Rolle: Liegt die Anlage im Landesinneren, ist es ein Heideland- oder Parklandkurs, liegt sie direkt am Meer oder ist es ein "Links", ein Platz, der durch hohe Sanddünen und die fast ständig vorherrschende Seebrise spürbar anspruchsvoller ist.

"Pitch and Putt", eine irische Erfindung, ist weniger aufwendig und kostspielig. Diese Plätze haben zwar auch 9 oder 18 Löcher, doch sind die einzelnen "Fairways" nie länger als 70 m, im Gegensatz zu den 150-520 m auf den großen Plätzen.

Informationen:
◆ Das Fremdenverkehrsamt in Frankfurt gibt eine Broschüre heraus, in der man nützliche Informationen und Adressen

Golf ist "Volkssport" in Irland

101

(Kennzeichnung der Plätze nach Schwierigkeitsgrad) rund um den Golfsport findet.

◆ Pitch and Putt Union of Ireland, Long Mile Road, Dublin 12, Tel.: 01 4509299, versendet eine Liste mit allen Pitch and Putt-Plätzen.

Tip
Von "Golfing Ireland" kann man sich von überall im Lande unter Tel.: 1850423423 (Ortstarif) einen Termin (entweder für sofort oder für innerhalb einer Stunde) auf einem von 35 Plätzen im ganzen Land buchen lassen. Keine Buchungsgebühren, keine Formalitäten, Bürozeiten: Mai-August Mo-Fr 9-21 Uhr, Sa und So 9-12 Uhr und 18-21 Uhr. September - April: Mo-Fr 9-17 Uhr. Golfing Ireland, 18 Parnell Square, Dublin 1, Tel.: 01 8726711, Fax: 01 8726632

H Hotels

siehe Stichwort Unterkunft

J Jagd (Game Shooting)

Teilnahmemöglichkeiten an einer Jagd bestehen in über 20 Jagdrevieren. Man benötigt eine Jagdwaffenlizenz und die Einfuhrgenehmigung für Jagdwaffen (nur auf dem Postweg) unter Nachweis eines bereits fest gebuchten Jagdpauschalarrangements. Deshalb sollte man frühzeitig bei einem Jagdreiseveranstalter buchen – die Genehmigungen dauern ihre Zeit. Eigene Hunde können wegen der Quarantänebestimmungen nicht mitgenommen werden. Jagdbares Wild sind u.a. Fasan, Birkhuhn, Rebhuhn, Schnepfe und verschiedene Wildentenarten. Jagd auf Rotwild ist für Besucher nur begrenzt möglich.

Die Saisonzeiten werden alljährlich vom Landwirtschaftsministerium festgelegt, in der Regel von September bis Ende Januar. Einige Zugvogelarten kommen erst Mitte November nach Irland. Füchse, Kaninchen und einige andere Tiere können ganzjährig gejagt werden. Eine Reihe von Hotels hat sich auf Jagdgesellschaften eingerichtet. Adressen von Jagdclubs und Veranstaltern können von der Irischen Fremdenverkehrszentrale angefordert werden.

⇨ Jobs und Praktika

Jobsuche:
◆ FAS Training and Employment Authority, Head Office, 27-33 Upper Baggot Street, Dublin 4
◆ EG Young Workers Exchange Program, Carl-Duisburg Gesellschaft, Hohenstaufenring 30-32, 50674 Köln, Tel.: 0221 2098225
◆ Zentrale für Arbeitsvermittlung, Feuerbachstraße 42-44, 60325 Frankfurt/M., Tel.: 069 71110.
◆ Auslandsvermittlung des Arbeitsamtes, Barckhausstraße 12, 60325 Frankfurt/M., Tel.: 069 21710

Für Auszubildende, Studenten und Studentinnen gibt es spezielle europaweite Programme. Informationen erhält man beim:
◆ Youth Exchange Bureau, 1. Floor, Avoca House, 189-193 Parnell Street, Dublin

In Irland selbst werden Jobs in fast allen Sonntagszeitungen der regionalen und nationalen Presse abgedruckt. Ausnahme: Irish Times (freitags) und Irish Independent (donnerstags).

Weiterhin besteht für junge Leute zwischen 18 und 25 Jahren die Möglichkeit, an **Workshops** teilzunehmen, die sich beispielsweise um den Erhalt von Kulturdenkmälern kümmern. Auskunft erteilt der Voluntary Service International, 37 30 Mountjoy Square, Dublin 1, Tel.: 01 855 1011, Fax: 01 855 1012.

⇨ **Jugendherbergen**

siehe Stichwort Unterkunft

K Kabinenkreuzer

siehe Stichwort Bootsverleih

⇨ **Klima**

siehe Stichwort Reisezeit und Kap. 2.3.3.

L Landkarten

Für eine Autotour durch Irland sollte man am besten eine Karte im Maßstab 1:250.000 haben. Für die Vorabplanung reicht sicherlich eine Karte im Maßstab 1:300.000 oder 1:500.000 aus. Das Angebot an Kartenmaterial ist in gutsortierten Reisebuchhandlungen groß, bei der Auswahl sollte man sorgfältig vorgehen. Bewährt haben sich die vier Karten des Ordnance Survey, die sogenannten "Holiday Maps" (West, East, South, North) im Maßstab 1:250.000. In Irland kosten diese je 4,10 Pfund. Sie sind auch in Deutschland erhältlich.
Die "General Map of Ireland" im Maßstab 1:575.000 (ebenfalls Ordnance Survey) bietet sich zur Tourenplanung an. Sie kostet 3,50 Pfund.
Für Naturfreunde, Wanderer und Fahrradfahrer sind die 25 Karten des Ordnance Survey im Maßstab 1:126.720 (½ inch = 1 mile) geeignet. Diese werden nach und nach von der neuen "Discovery Series" (1:50.000) abgelöst. Dieses Kartenwerk soll insgesamt 89 Blätter umfassen und das Hauptkartenwerk Irlands werden.

Tip
Eine "Analyse" irischer Landkarten – für alle, die es ganz genau wissen wollen – findet man im "irland journal" (Christian Ludwig Verlag, irland journal, Dorfstraße 70, 47447 Moers) Ausgabe VI, 1/95, S. 13-22.

M Maße und Gewichte

Auch in Irland erfolgte in den letzten Jahren im Zuge des Europäischen Binnenmarktes die Umstellung auf das Dezimalsystem. (Nur das Pint blieb erhalten: 1 Pint = 0,5694 Liter) Trotzdem hält man noch gerne an den alten Maßeinheiten fest.

Eine kleine Hilfestellung

1 mile (m) = 1,609 km
1 inch (in) = 2,54 cm
1 foot (ft) = 12 inches = 30,48 cm
1 yard (yd) = 3 feet = 91,4 cm
1 acre = 0,405 ha
1 square mile = 2,59 qkm

1 pint (pt) = 0,568 l
1 gallon (gal) = 4,55 l
1 ounce (oz) = 28,35 g
1 pound (lb) = 16 ounces = 453,6 g
1 stone (st) = 14 pounds = 6,35 kg

Die **Temperatur** wird meist in Fahrenheit angegeben: 0 °C = 32 °F. Für die Umrechnung muß man von der jeweiligen Fahrenheit Temperatur die Zahl 32 abziehen, mit 5 multiplizieren und durch 9 dividieren – ganz einfach!
0 °C = 32 °F, 25 °C = 77 °F, 100 °C = 212 °F

Gewichte			
Pounds	**Kilogramm**	**Kilogramm**	**Pounds**
1	0,45	1	2,20
2	0,91	2	4,41
3	1,36	3	6,61
4	1,81	4	8,82
5	2,27	5	11,02
6	2,72	6	13,23
7	3,18	7	15,43
8	3,63	8	17,64
9	4,08	9	19,84
10	4,54	10	22,05
11	4,99	11	24,25
12	5,44	12	26,46
13	5,90	13	28,66
14	6,35	14	30,86
15	6,80	15	33,07
20	9,07	20	44,09
30	13,61	30	66,14
40	18,14	40	88,18
50	22,68	50	110,23
112	50,80	100	220,46

Hohlmaße			
Pints	**Liter**	**Gallons**	**Liter**
0,5	0,28	1	4,5
1	0,57	2	9,1
2	1,14	3	13,6
4	2,27	4	18,2
		5	22,7

Gallons	Liter	Liter	Gallons
6	27,3	4	0,88
7	31,8	5	1,10
8	36,4	6	1,32
9	40,9	7	1,54
10	45,5	8	1,76
20	90,9	9	1,98
30	136,4	10	2,20
40	181,8	20	4,40
50	227,3	30	6,60
20	90,9	40	8,80
30	136,4	50	11,00
40	181,8	60	13,20
50	227,3	70	15,40
Liter	**Gallons**	80	17,60
1	0,22	90	19,80
2	0,44	100	22,00
3	0,66		

Fahrenheit/Celsius					
Fahrenheit	*Celsius*	**Fahrenheit**	*Celsius*	**Fahrenheit**	*Celsius*
23,0	-5	51,8	11	80,6	27
24,8	-4	53,6	12	82,4	28
26,6	-3	55,4	13	84,2	29
28,4	-2	57,2	14	86,0	30
30,2	-1	59,0	15	87,8	31
32,0	0	60,8	16	89,6	32
33,8	1	62,6	17	91,4	33
35,6	2	64,4	18	93,2	34
37,4	3	66,2	19	95,0	35
39,2	4	68,0	20	96,8	36
41,0	5	69,8	21	98,6	37
42,8	6	71,6	22	100,4	38
44,6	7	73,5	23	102,2	39
46,4	8	75,2	24	104,0	40
48,2	9	77,0	25	105,8	41
50,0	10	78,8	26	107,6	42

Entfernung und Geschwindigkeit			
miles/mph	Kilometer/kmh	Kilometer/kmh	miles/mph
1	1,60	1	0,62
2	3,21	2	1,24
3	4,82	3	1,86
4	6,43	4	2,48
5	8,04	5	3,10
6	9,65	6	3,72
7	11,26	7	4,34
8	12,87	8	4,97
9	14,48	9	5,59
10	16,09	10	6,21
15	24,13	15	9,32
20	32,18	20	12,42
25	40,23	25	15,53
30	48,27	30	18,64
35	56,32	35	21,74
40	64,37	40	24,85
45	72,41	45	27,96
50	80,46	50	31,07
55	88,51	55	34,17
60	96,55	60	37,28
65	104,6	65	40,39
70	112,7	70	43,49
75	120,7	75	46,60
80	128,7	80	49,71
85	136,8	85	52,81
90	144,8	90	55,92
95	152,9	95	59,03
100	160,9	100	62,14
200	321,9	200	124,3
300	482,8	300	186,4
400	634,7	400	248,6
500	804,7	500	310,7
1000	1609,3	1000	621,4

Entfernung und Geschwindigkeit			
Feet	**Meter**	**Meter**	**Feet**
1	0,3	1	3,2
2	0,6	2	6,5
3	0,9	3	9,8
4	1,2	4	13,1
5	1,5	5	16,4
6	1,8	6	19,6
7	2,1	7	22,9
8	2,4	8	26,2
9	2,7	9	29,5
10	3,0	10	32,8
15	4,5	15	49,2
20	6,0	20	65,8
50	15,2	50	164,0
100	30,4	100	328,1

Kleidergrößen								
Damen:								
Kontinental		38	40	42	44	46	48	50
Irisch		10	12	14	16	18	20	22
Herren (Jacken und Mäntel):								
Kontinental		94-97		99-102		104-107		109-112
Irisch		37-38		39-40		41-42		43-44
Herren (Hemden):								
Kontinental		36	37	38	39/40	41	42	43	44
Irisch		14	14,5	15	15,5	16	16,5	17	17,5

Schuhe (Damen und Herren):															
UK	3	3½	4	4½	5	5½	6	6½	7	7½	8	8½	9
Euro	36		37		38		39		40		41		42

⇨ **Mehrwertsteuer-Rückerstattung**

Für Reisende aus Deutschland entfiel 1993 mit Einführung des EU-Binnenmarktes die Mehrwertsteuer-Rückerstattung. Österreicher und Schweizer bekommen in ca. 2.000 irischen Geschäften, die dem sogenannten "Cashback-System" angeschlossen sind, einen Gutschein, den sie in den Flughäfen Dublin oder Shannon oder am irischen Zoll des Fährhafens in Bargeld einlösen können. Wenn die Rückreise per Fähre erfolgt, muß der Gutschein vom irischen Zoll im Fährhafen abgestempelt und an "Cashback" zur Rückerstattung geschickt werden. Einzelheiten können in den Geschäften erfragt werden.

Irische Geschäfte, die nicht das "Cashback", sondern ihr eigenes System verwenden, stellen dem Käufer eine Rechnung aus, die bei der Abreise vom irischen Zoll abgestempelt und an das Geschäft zurückgeschickt werden muß. Die Rückerstattung erfolgt per Post abzüglich einer Bearbeitungsgebühr.

 Tip
Waren wie z.B. das begehrte Kristallglas verschiedener Manufakturen, bei denen die Mehrwertsteuer hoch ist (ca. 25 %), werden von vielen Geschäften auch gerne an die Heimatadresse versandt. Dabei spart man die Mehrwertsteuer und zahlt lediglich die Versandkosten. Die Ersparnis liegt bei bis zu 20 % des ursprünglichen Preises. Dies gilt nicht für Besucher aus Nicht-EU-Ländern.

⇨ **Mietwagen**

siehe Stichwort Autoverleih

N Netzspannung

Die Stromspannung beträgt 220 Volt. Überwiegend werden britische (Dreipol-) Stecker verwendet, man sollte daher für die Reise Adapter mitnehmen, die man auch in Deutschland erwerben kann.

⇨ **Notfall**

Die Rufnummer für Polizei, Feuerwehr und Krankenwagen lautet landesweit ohne Münzeinwurf **999**.

O Öffentliche Verkehrsmittel

siehe Stichwort An- und Weiterreise

⇨ **Öffnungszeiten**

Normalerweise sind die Geschäfte von 9.00 oder 9.30 Uhr bis 17.30 oder 18 Uhr geöffnet. An Sonntagen haben einzelne Supermärkte in den größeren Orten oder in ausgesprochen touristischen Gegenden geöffnet.
Banken: Mo-Fr 10-12.30 Uhr und 13.30-15 Uhr. In Dublin Do bis 17 Uhr. Sa, So und an Feiertagen nur auf den Flughäfen in Dublin und Shannon.
Postämter: Mo-Fr 9-17.30 Uhr und Sa 9-12 Uhr.
"Als Gott die Zeit schuf, hat er genug davon gemacht" – ist ein vielzitiertes Sprichwort in Irland. Auch wenn per Schild die Öffnungszeiten an einem Gebäude angeschlagen sind, sollte man sehr tolerant sein und keine übertriebenen Pünktlichkeitsansprüche walten lassen.

⇨ **Organisationen/Verbände**

◆ The Hidden Ireland, P.O.Box 2281, Dublin 4, Tel.: 01 2686463. Siehe Stichwort Unterkunft.

◆ Ireland's Blue Book, Ardbraccan Glebe, Navan, Co. Meath, Tel.: 046 23416, Fax: 04623292. Siehe Stichwort Unterkunft.

◆ Irish Youth Hostel Association, Mountjoy Square, Dublin 1, Tel.: 01 8304555, Fax: 01 8305808

◆ OPW (Office of Public Works), Visitors Service, 51 St. Stephen's Green, Dublin 2, Tel.: 01 6613111 ext. 2386. Siehe Stichwort Ermäßigungen.

◆ Restaurant Association of Ireland, 11 Bridge Court, City Gate, St. Augustine St., Dublin 8, Tel.: 01 6779901, Fax: 01 671814

◆ Heritage Towns of Ireland, Unit 2, Sandymount Village Centre, Sandymount, Dublin 4, Tel.: 01 6689688, Fax: 01 6689727. Der Verband kümmert sich (gesponsert von Waterford Crystal) um die Erhaltung und Pflege von 28 historischen Orten in der Republik.

◆ The Irish Forestry Board, Coillte Teoranta, Head Office, Leeson Lane, Dublin 2, Tel.: 01 6615666, Fax: 01 6789527

◆ Irish Wildbird Conservancy, Ruttledge House, 8 Longford Place, Monkstown, Co. Dublin, Tel.: 01 2804322, Fax: 01 2844407. Diese Organisation (auf Freiwilligenbasis) beschäftigt sich mit dem Schutz der Wildvögel. Forschung und Lehre sind ihre Anliegen, außerdem vermittelt sie Begegnungen mit irischen Vogelkennern, organisiert Kurse und ornithologische Exkursionen.

◆ Golfing Ireland, 18 Parnell Square, Dublin 1, Tel.: 01 8726711, Fax: 01 8726632

◆ Bord na Mona, Main Street, Newbridge, Co. Kildare, Tel.: 045 439000, Fax: 045 439001

◆ Irish Peatland Conservation Council, 3 Lower Mount Street, Dublin 2, Tel.: 01 6616645

◆ Comhaltas Ceoltóirí Éirean, 32 Belgrave Square, Monkstown, Co. Dublin, Tel.: 01 2800295. Der Dachverband der traditionellen irischen Musiker informiert über die während des ganzen Jahres stattfindenden Fleadhs (Wettbewerbe für traditionelle irische Musik) und Seisiúns (Folkabende).

◆ An Taisce, The Tailor's Hall, Back Lane, Dublin 8, Tel.: 01 454 1786. Die nationale Umweltstiftung setzt sich für den Schutz des natürlichen und kulturellen Erbes ein.

⇨ Organisierte Reisen

Es gibt in Deutschland über 100 Reiseveranstalter, die organisierte Urlaube in Irland anbieten. Die Palette der Angebote ist vielfältig: Studien- und Sprachreisen, Angel-, Golf-, Segel-, Wander-, Fahrrad- oder Reiterurlaub, kreative Wochen oder Ferien mit dem Wohnmobil. Vielfach besteht die Möglichkeit, Übernachtungsschecks in Kombination mit der Anfahrt zu erwerben, die dann eine individuelle Routenplanung ermöglichen. Immer beliebter werden Fly & Drive Angebote, bei denen ein Leihwagen ohne Kilometerbegrenzung am Flughafen zur Verfügung gestellt wird.

Das Irische Fremdenverkehrsamt gibt alljährlich eine Broschüre heraus, die sämtliche Ferienangebote deutscher Reiseveranstalter auflistet und auf Spartarife außerhalb der Saison aufmerksam macht.

Ein bekannter Anbieter ist **CIE**: Seit über 50 Jahren organisiert die Touristikabteilung der staatlich irischen Transportgesellschaft auch Reisen nach und in Irland. Sie bietet ein breites Spektrum der Reisemöglichkeiten: Preiswerte bis exklusive Angebote, von individuell ausgearbeiteten Touren bis hin zur Gruppen-Pauschalreise sowie zu Aktivurlauben, Fahrradtouren, Flugreisen, Fly & Drive Angebote, Städtereisen, Golf- oder Bootsferien etc. Auskunft erhält man bei: CIE TOURS International, Worringer Straße 5, 40211 Düsseldorf, Tel.: 0211 84386/7/8, Fax: 0211 324426, oder 35 Lower Abbey Street, Dublin 1, Tel.: 01 6771871, Fax: 01 8747324

Auch in Irland selbst gibt es etliche Angebote an organisierten Urlauben: Archäologische, kunsthandwerkliche oder geologische Kurse, Umweltstudien, Seminare für Folkmusik oder Folktanz und vieles andere mehr. Das **Bord Fáilte** gibt eine Broschüre heraus, die eine komplette Adressensammlung enthält.

Weiterhin besteht für junge Leute zwischen 18 und 25 Jahren die Gelegenheit, an **Workshops** teilzunehmen. Siehe Stichwort "Jobs"

Abenteuerferien: Es gibt einige "Abenteuerzentren", die in landschaftlich besonders reizvollen Gegenden liegen. Dort kann man unter Aufsicht und Anleitung wandern, klettern, kajak- oder kanufahren oder andere Wassersportarten betreiben. Hier zwei bewährte Adressen:

◆ Achill Adventure and Leisure Island Holidays, Achill Island, Co. Mayo, Tel.: 0902 04801 oder

◆ Burren Outdoor Education Centre, Turlough, Bellharbour, Co. Clare, Tel.: 065 78034.

Weitere Auskünfte erteilt: AFAS, Association for Adventure Sports, House of Sports, Long Mile Road, Dublin 12, Tel.: 01 4509845 oder 4501633, Fax: 01 4502805

P Post/Porto

Eine Postkarte innerhalb der Republik Irland und in die EU-Staaten kostet 28 Pence, ins übrige Ausland 37 Pence. Ein (bis zu 20 g schwerer) Brief kostet innerhalb Irlands und in die EU-Staaten 32 Pence, ins übrige Europa 44 Pence. Für Nordirland gelten folgende Preise: 26 pence für die Beförderung 1. Klasse zu allen Zielen in GB (oder mit weniger als 20 g innerhalb der EU), 20 pence für die Beförderung 2. Klasse. Briefkästen sind in der Republik Irland grün, in Nordirland rot. Die Postämter haben in der Regel folgende Öffnungszeiten: Mo-Fr 9-18 Uhr, Sa 9-12 Uhr, in ländlichen Gebieten sind sie über Mittag geschlossen.

⇨ Pub

Weltberühmt sind die irischen Pubs (siehe Kap. 3.2.2). Natürlich werden in Pubs auch Schnäpse und Whiskeys ausgeschenkt,

Ein Relikt aus vergangener Zeit

ebenso alkoholfreie Getränke, am meisten jedoch Bier. Die Getränke muß man sich direkt an der Theke holen und dort auch gleich bezahlen. Es gibt, im Gegensatz zu kontinentalen Kneipen, keinen Tischservice. Ein kleines Bier ist "half a pint", ein normales Bier ein "Pint", was etwas mehr als ein halber Liter ist. Die Pubs haben in der Regel folgende Öffnungszeiten: wochentags 10.30-23.30 Uhr, So 12.30-14 und 16-22.30 Uhr. Der Barkeeper oder das Barmaid kündigt laut "Last order" an, dann hat der Gast – per Gesetz – noch eine halbe Stunde zum Austrinken.

R Reisen im Lande

siehe Stichwort Anreise und Weiterreise

⇨ Reisegepäck

Selbst im Sommer empfiehlt sich die Mitnahme eines geeigneten Regenschutzes sowie wärmerer Bekleidung. Im Frühling und Herbst sind sie unerläßlich. Für Radtouren ist Regenkleidung zu jeder Jahreszeit ein Muß. Festes Schuhwerk und/oder Gummistiefel sollte man ebenfalls einpacken. Für historisch Interessierte ist die Mitnahme einer Taschenlampe zu empfehlen, die z.B. bei der Besichtigung megalithischer Gräber nützlich sein kann. Ornithologen werden ein Fernglas benützen wollen.

⇨ Reisezeit

Die Reisesaison geht von Mai bis September. Im Frühling und Herbst kann es sehr schön sein, aber meist gibt es auch Regen und Stürme. Die besten Reisemonate sind die in Irland trockensten Monate Mai, Juni und September. Mit Regen muß man aber auch im Sommer täglich rechnen. Mai und Juni haben durchschnittlich am meisten Sonnenschein. Juli und August sind die betriebsamsten Monate. Im August gehen auch die Irländer in Urlaub, und wenn das Wetter gut ist, verbringen sie diesen gerne in ihrem eigenen schönen Land. Unterkünfte sollten während der Hauptreisezeit vorgebucht werden, vor allem, wenn man länger an einem Ort verweilen möchte.

Regen und Sonnenschein wechseln einander ab

Im Winter fällt das Thermometer selten unter 0 Grad, im Sommer übersteigt es kaum 25 Grad – Ausnahmen bestätigen die Regel.

⇨ Reiten

Reiturlauber haben in Irland verschiedene Möglichkeiten: Für den Gelegenheitsreiter gibt es an vielen Orten oder Hotels die Möglichkeit, Pferde stundenweise auszuleihen. Gute Reiter können auf eigene Faust losziehen. Mietpferde sind meist brave Tiere und an den Umgang mit Fremden gewöhnt. Eine Stunde kostet etwa 7 bis 10 Pfund.

◆ Informationen rund um den Reitsport
- AIRE (Association of Irish Riding Establishment) The Secretary, 11 Moore Park, Newbridge, Co. Kildare, Tel.: 045 31584, Fax: 045 35103).
Reiterferienhöfe, Ställe, Reiterhotels, die der AIRE angeschlossen sind, unterliegen ständiger staatlicher Kontrolle.
- Das vom Bord Fáilte herausgegebene Heft "Equestrian Ireland. Only the Best" (auch in deutscher Sprache erhältlich) gibt ausführliche Informationen über Reiterzentren mit oder ohne Unterkunft, Trail-Reiten sowie Kontaktadressen rund ums Reiten. Zu beziehen ist die Broschüre über die Irische Fremdenverkehrszentrale in Frankfurt.

- Eine andere Broschüre, in der über 20 Reiterzentren mit Unterkunft aufgelistet sind, erhält man von "Equestrian Holidays Ireland", Central Reservation Office, 1 Sandyford Office Park, Foxroock, Dublin 18, Tel.: 01 2958928, Fax: 01 2958922.
- Riding for the Disabled Association of Ireland, Mrs. N.Kingston, 28 Castlepark Road, Sandycove, Co. Dublin, Tel.: 01 2857428

◆ **Reiterzentren** bieten Reitunterricht für Anfänger und Fortgeschrittene. Für erfahrene Reiter gibt es Unterricht im Springen und in der Dressur. Viele Reiterzentren bieten Reiterferien mit unterschiedlichen Unterkunftsarten an: vom Schloßhotel über Herrenhäuser bis hin zum Bauernhof. Einige Zentren sind auf Jagd spezialisiert, manche bieten die Möglichkeit, Reit- und Englischunterricht zu kombinieren, andere wiederum nehmen auch Kinder ohne Begleitung auf.

◆ **Trail-Reiten** wird in verschiedenen Formen angeboten. Es gibt sogenannte "Post to Post Trails" mit täglich wechselnden Quartieren und "Based Trails" mit einem festen Standquartier. Bei den "Post to Post Trails" handelt es sich um 1-wöchige Reittouren, auf denen täglich ca. 4 Stunden geritten wird. Das Gepäck wird vom Vermieter zur nächsten Etappe gebracht. Man wohnt in traditionellen Farmhäusern, komfortablen Landhäusern oder in Luxushotels. Die schönsten Trekking-Touren gibt es in Connemara, auf der Dingle Halbinsel, in Sligo und bei Killarney.

◆ **Meutejagden** sind nur für gute und erfahrene Reiter geeignet. Sie finden während der Saison Mitte Oktober bis Ende März praktisch

Ein Spaß für die ganze Familie

täglich statt. Rund 36 Jagdgesellschaften bieten Gästen die Teilnahme an. Die Teilnehmergebühr pro Jagd beträgt ca. 60-70 Pfund, die Miete für ein Jagdpferd pro Tag ca. 65-80 Pfund. Wenn von Jagd die Rede ist, meint man meist die Fuchsjagd. Daneben gibt es aber wohl noch ein Dutzend anderer Jagdarten. Vorausbuchungen für die Teilnahme können bei Reitställen vorgenommen werden. Dort kann auch gleich eine Jagdausrüstung mitgemietet werden, denn bei Meutejagden ist ein klassischer Reiterdress gefragt.

◆ **Für "passive" Reiter**
Wenn man selber nicht aktiv reiten möchte, gibt es ebenfalls verschiedene Möglichkeiten. Spaß macht der Besuch eines traditionellen Pferdemarktes (z.B. in Ballinasloe), einer Pferde-Show (am bekanntesten ist die Connemara-Ponyschau Ende August in Clifden), der renommierten Dublin Horse Show alljährlich im August oder auch die Teilnahme an einem Pferderennen. Das bekannteste Galopprennen ist das Irish Derby auf der Curragh-Rennbahn in Kildare am letzten Juni-Wochenende. Auch in Leopardstown, Co. Dublin (ganzjährig) und in Listowel, Co. Limerick (Ende September) finden größere Rennen statt.

Die irischen Pferderennen sind von internationaler Bedeutung und, falls man die Gelegenheit dazu hat, auf jeden Fall einen Besuch wert. Die Eintrittspreise belaufen sich für Erwachsene auf 5-8 Pfund, Kinder erhalten meist freien Einlaß.

Tip
An Wettagen gibt es von Dublin einen Busservice zum Leopardstown Racecourse, nach Bellewstown, Curragh, Fairyhouse, Naas, Navan und zum Punchestown Racecourse (Bus Eireann, Tel.: 01 8366111). Auskunft erteilt:

● Irish Horseracing Authority, (Nancy Crisp, Administrator) Leopardstown Racecourse, Foxrock Dublin 18, Tel.: 01 2892888, Fax: 01 2897297

● All Ireland Polo Club, Phoenix Park, Dublin 8, Tel.: 01 6776248

Equestrian Federation of Ireland, Ashton House, Castleknock, Dublin 15, Tel.: 01 8387611, Fax: 01 8382051

⇨ **Restaurants**

Die Auswahl an irischen Restaurants reicht vom Feinschmeckerlokal über Pub-Essen, Cafés bis zum schlichten Schnellrestaurant.

◆ Restaurants sind in Irland häufig erst zum Abendessen geöffnet. Die Preise sind im allgemeinen recht hoch. Für ein Gericht muß man mindestens mit 10 Pfund rechnen. In den besseren Lokalen wird man vor dem Essen gerne an die Bar gebeten, wo man einen Aperitif zu sich nimmt und von der Speisekarte (Speisekarte = menu, in diesem Fall nicht Menü) auswählt. Die Bedienung ist zum Teil im Preis inbegriffen (service included), zum Teil wird sie extra berechnet. Sonntags bleiben viele Restaurants geschlossen.

◆ In den Touristenzentren gibt es viele Restaurants, die sogenannte "Tourist Menus" (dreigängiges Touristenmenü) zum festen Preis (ca. 7-12 Pfund) anbieten. Die Lokale erkennt man an einem kleinen grünen Schild (Kochgesicht mit -mütze und der Aufschrift "Special Value, Touristmenu").

◆ Viele B&B-Unterkünfte bieten ebenfalls Dinner an, allerdings muß man meistens bis Mittag Bescheid sagen. Die Qualität ist in diesen Privatrestaurants außerordentlich gut. Da viele keine Lizenz zum Ausschank von Alkoholika besitzen, kann man sich Bier oder Wein selber mitbringen.

◆ In den meisten Pubs werden Snacks (sogenannte Bar Menus, auch Pub-Grub genannt) serviert. Dies ist eine gute Möglichkeit, wenn man zwar etwas essen, aber nicht großartig ausgehen möchte. Meist ist das Essen in Pubs (z.B. Pasteten, Kurzgebratenes, Suppen) gut und preiswert.

◆ Eine weitere Möglichkeit ist es, abends in Hotels in der Lounge oder Bar ein Tellergericht zu sich zu nehmen. Dies geht meistens auch, wenn man nicht im Hotel wohnt.

◆ In fast jedem Ort gibt es mindestens ein Take-Away-Restaurant (vor allem chinesisch und Fish & Chips). In den größeren Städten findet man natürlich auch die bekannten weltweit vertretenen MacDonalds und Burger Kings.

◆ Coffee-Shops sind eine Mischung aus Grill-Restaurant und Café. Die englische Sitte des "Afternoon Tea" hat sich erst zögernd in Irland durchgesetzt, aber mittlerweile gibt es an touristischen Plätzen immer mehr Tea- und Coffee Houses.

Folgende **Publikation** mag bei der Suche oder Auswahl des geeigneten Lokals weiterhelfen:
Dining in Ireland, 24 Sandymount Green, Dublin 4, Tel.: 01 6604805, Fax: 01 6604165. Man erhält das über 100 Seiten starke Heft in allen Touristenämtern, manchmal auch in größeren Buchhandlungen.

In den letzten Jahren hat sich eine neue "irische" Küche entwickelt – der sogenannten **Country House Style**, an deren Entwicklung die Köchinnen des Ballymaloe House maßgeblich beteiligt waren (siehe Kap. 4.3.3.5). Die Basis dieser
neuen Kochkunst bilden frische Rohstoffe aus Irland: Fleisch von freilaufenden
Rindern, (filet of beef, sirloin steak), Schafen (lam chops, rack of lamm), Hirsch
(vension), Ente (duck), Hühnchen (chicken), selten hingegen Schwein (pork)
sowie frische Meeresfrüchte und Fisch: Garnelen (prawn), Krabben (crabs), Austern (oysters), Miesmuscheln (mussels), Abalones (fleischreiche Muscheln),
Venusmuscheln (clams), Hummer (lobster), Forelle (trout), Seezunge (sole), Seehecht (hake), Scholle (plaid) und selbstverständlich Lachs (salmon), der auch in
geräucherter Form (smoked salmon) angeboten wird.

S Segeln

siehe Stichwort Wassersport

⇨ Sport

siehe Stichwort Angeln, Baden, Golf, Jagd, Reiten, Wassersport und Kapitel
3.2.3.

⇨ Sprachkurse

Sprachferien für Jugendliche und Erwachsene – Anfänger wie auch Fortgeschrittene – kann man das ganze Jahr über z.B. in Dublin, Cork, Donegal und Waterford buchen. Kulturelle und sportliche Rahmenprogramme sind meist inbegriffen.
Die Unterkunft erfolgt in irischen Gastfamilien, auf Wunsch aber auch in Pensionen oder Hotels. Neben Sprachferien gibt es die Möglichkeit, an Intensivkursen
oder berufsbezogenen Spezialkursen (z.B. für Manager, Geschäftsleute, Ärzte,
Bankfachleute, Techniker und Wissenschaftler) teilzunehmen. Vom "Department
of Education", dem irischen Kultusministerium, werden die Sprachschulen regelmäßig kontolliert. Die Irische Fremdenverkehrszentrale veschickt die Broschüre
"Englisch Lernen in Irland".

Auch **Gaelisch** wird in Sommerkursen gelehrt. Auskunft erteilt: University College Galway, Summer School Office, Galway, Co. Galway, Tel.: 091 524411, Fax:
091 525051

⇨ Souvenirs

Begehrte Souvenirs sind Whiskey, Kristall, Kunsthandwerk, Strick- und Webar-
beiten, handgewebter Tweed, feine Spitzen, Räucherlachs und Keramik.
Irisches Kunsthandwerk bedient sich gerne alter keltischer Formen als Vorlage.
Das keltische Claddagh-Design (Zwei Hände halten ein gekröntes Herz) wird
gerne bei Ringen und anderem Schmuck verwendet. Das in Waterford hergestellte Kristall ist weltberühmt. Das Unternehmen wurde 1783 gegründet. Es wird
sowohl nach alten Formen als auch modernem Design gearbeitet. Irische Spitze
(z.B. in Tischdecken und Taschentüchern) stammt traditionell aus der Gegend
um Limerick. Marmor aus Connemara wird zu Buchstützen, kleinen Skulpturen
und Briefbeschwerern verarbeitet. Seit Jahrhunderten werden in Irland die berühmten Aran Sweaters gestrickt. Die Pullover aus ungefärbter beiger Wolle

kosten um 200 Mark. Handgewebte Tweedsachen, wie Decken, Schals und Jacken, stammen vor allem aus der Gegend um Donegal und sind von hoher Qualität. Wollwaren bekommt man mittlerweile nicht nur an ihrem Entstehungsort, sondern im ganzen Land.

Die Preise variieren in Irland erheblich. Man sollte seine Mitbringsel nicht in touristischen Hochburgen kaufen, da die Preise dort erheblich höher als anderswo sind.

INFO

Wer oder was ist ein Claddagh?

Am Ufer (oder "Claddagh") der Bucht von Galway lag einst ein kleines Fischerdorf, welches ausschließlich vom Fischfang lebte.

Das heute noch bekannte "Claddagh-Motiv" – zwei Hände, die ein Herz halten – geht angeblich auf dieses Dorf zurück. Die Hände bedeuten Freundschaft, das Herz Liebe und die Krone Loyalität. Der Ring wurde als Freundschafts-, Verlobungs- und Hochzeitsring verwendet. Wenn er von einer verheirateten Person getragen wurde, mußte die Krone zum Nagel zeigen, bei einer unverheirateten Person umgekehrt, als Zeichen, daß das Herz noch frei sei. Mit der Zeit ist der Ursprung des Ringes verloren gegangen, aber die Geschichte rankt sich um einen gewissen Richard Joyce aus Claddagh, der von Piraten gefangen genommen und von diesen als

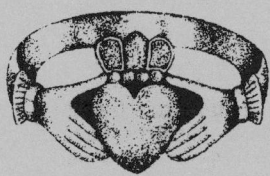

Das Claddagh-Motiv

Goldschmied ausgebildet wurde. Als er auf Veranlassung des Königs freigelassen wurde, hat er ihm aus Dankbarkeit einen Ring mit diesem Motiv gemacht. Angeblich soll Königin Victoria eben jenen Ring getragen haben, als sie Irland besuchte.

⇨ Studieren

Studenten, die in Irland Auslandssemester belegen wollen, sollten sich die Broschüre "Study in Ireland", herausgegeben vom Bord Fáilte, bestellen. Auskunft erhält man auch unter folgenden Adressen:
- ◆ Trinity College, College Green, Dublin 2, Tel.: 01 6772941
- ◆ University College, Belfield Dublin 4, Tel.: 01 2693244
- ◆ Dublin City University, Glasnevin, Dublin 9, Tel.: 01 7045000
- ◆ The Institute of Irish Studies, 6 Holyrood Park, Dublin 4, Tel.: 01 2692491, Fax: 01 2695459 (bietet 1- oder 2-wöchige Kurse über "irische Themen", Unterbringung im Trinity College, Dublin)

T Tankstellen

Das Netz an Tankstellen entspricht dem normalen Bedarf. In Dublin und Cork gibt es Tankstellen mit 24-Stunden-Service. Ansonsten sind die üblichen Öffnungszeiten von 9-18 Uhr, in den größeren Städten manchmal auch länger. Sonntags sind die Öffnungszeiten eingeschränkt.

Zu tanken gibt es:
◆ Super verbleit (Super leaded): 97 Oktan
◆ Super Plus bleifrei (Super Plus unleaded): 98 Oktan
◆ Benzin bleifrei (unleaded): 95 Oktan
◆ Diesel (Derv)
Der Kraftstoff kostet durchschnittlich DM 1,60, Diesel ca. 1,40 DM.

Der **Reifendruck** wird in "pounds per square inch" (psi) gemessen:

Tanken in alten Gemäuern

atü	1	1,2	1,4	1,6	1,8	2,0	2,2	2,4
psi	14	17	20	23	26	28,5	31,5	34,5

⇨ Taxi

Taxis gibt es in den größeren Städten. Der Mindestfahrpreis beträgt ca. 1,80 Pfund, jede Meile oder 9 Minuten kosten 75 pence. Zusätzliche Passagiere kosten 40 Pence, pro Gepäckstück werden ebenfalls 40 Pence berechnet.

Preisbeispiele: Dublin Flughafen - Innenstadt: ca. 12 Pfund
Flughafen Shannon - Limerick: ca. 18 Pfund
Flughafen Cork - Innenstadt: ca. 9 Pfund

⇨ Telefonieren

Von fast allen Telefonzellen sowie von der Post und von Hotels lassen sich Ferngespräche führen. Kartentelefone sind weit verbreitet. Es gibt Telefonkarten für 2 bis 16 Pfund. Man kann sich in den Telefonzellen auch anrufen lassen.

Die Durchwahl **nach Deutschland** lautet: 0049 + deutsche Ortsnetzkennzahl ohne 0 + gewünschte Nummer. Die Vorwahl nach Österreich lautet 0043, die Vorwahl in die Schweiz 0041.

Der Mindesteinwurf für Auslandsgespräche ist 50 Pence, ein Ortsgespräch kostet 30 Pence.

Von Deutschland, Österreich und der Schweiz nach Irland muß man 00353 wählen und dann die 0 der irischen Ortsnetzkennzahl weglassen. (**Nach Nordirland** gilt die britische Vorwahl 0044!)

Auskunft: für Rufnummern in Irland: 1190
für Rufnummern in Großbritannien (also Nordirland): 1197
Notruf: Krankenwagen, Notfall, Feuer: 999

Gebühren: Irland - Deutschland, Österreich, Schweiz: ca. 1 Pfund pro Minute

⇨ Trinkgeld

Üblicherweise werden zwischen 5 und 15 % Trinkgeld gegeben. In Hotels und vielen Restaurants wird der Bedienungszuschlag automatisch auf die Rechnung gesetzt (10, 12, 15 %). Aber auch Reiseleiter, Zimmermädchen oder Friseure freuen sich über eine finanzielle Anerkennung.

U Unterkunft

▨ Hotels

Irland bietet vom Luxushotel bis zum schlichten Dorfgasthof ein vielfältiges Angebot an Hotelübernachtungen. Besonders schön sind die ehemaligen Schlösser, Burgen oder großherrschaftlichen Landsitze, die oft Jagd-, Angel- oder Reitmöglichkeiten mit einschließen.

▨ Bed & Breakfast

Bed & Breakfast ist die klassische Übernachtungsart in Irland und eine gute Möglichkeit, die Bewohner des Landes zu Hause kennenzulernen. Man wohnt in einem Privathaus, in dem je nach Größe einige Zimmer für Besucher zur Verfügung stehen. Morgens wird in einem familieneigenen Eßzimmer das Frühstück serviert.
Die Bettenkapazität und der Grad der Professionalität variieren erheblich. Vor der Buchung sollte man sich das Zimmer ansehen, auch bei Privatleuten darf man dankend ablehnen.

B&Bs zu finden, stößt auf keinerlei Schwierigkeiten. Große Schilder machen den Vorüberfahrenden auf diese Übernachtungsstätten aufmerksam. Häufig zeigt ein Schild, ob das Haus belegt ist oder noch freie Zimmer hat: Vacancies = Zimmer frei oder No Vacancies = Zimmer belegt. Viele "landladies" offerieren auch ein Dinner, man muß dann jedoch vorher Bescheid sagen. Die meisten B&B-Unterkünfte haben keine Lizenz zum Ausschenken von Alkoholika, aber es ist üblich, eine Flasche Wein oder Bier selber mitzubringen. In jeder Touristinformation erhält man ein Verzeichnis über die B&B-Anbieter des Ortes und kann dort auch gegen eine geringe Gebühr Reservierungen vornehmen lassen (siehe Stichwort Fremdenverkehrsämter).

Übernachtungstip
The Hidden Ireland ("das verborgene Irland") ist ein Zusammenschluß der Eigentümer historischer Häuser. Man wohnt in den alten Herrenhäusern und wird von den Besitzern persönlich betreut. Meist bietet die Aufnahme von Gästen für die Besitzer die einzige Möglichkeit, ihre Gebäude, die in vielen Fällen seit Jahrhunderten in Familienbesitz sind, zu erhalten. Denn von staatlicher Seite gibt es für Renovierungsarbeiten keine Unterstützung.
In diesen Häusern hat der Besucher die Möglichkeit, das – vornehme – irische Landleben kennenzulernen. Im Grunde reicht dafür eine Übernachtung nicht aus. Wenn es zeitlich einzurichten ist, sollte man versuchen, mindestens zwei Tage an einem dieser schönen Orte zu verweilen, um die Ruhe auf sich wirken zu lassen. Die Gebäude sind durchweg von besonderem architektonischen Wert und Charme. Einige liegen im Mittelpunkt großer Ländereien. Sie wurden von bedeutenden Persönlichkeiten bewohnt, und auch heute kommen noch "erlauchte" Gäste hierher. Andere Häuser sind vielleicht kleiner, aber nicht weniger hübsch oder von

Stilvolle Unterkunft

weniger Charme. Über den Häusern liegt eine Atmosphäre von Exklusivität und Ruhe. Alle liegen in Parkanlagen oder Gärten. Für den Ruhesuchenden ist das "Hidden Ireland" geradezu ideal. In den meisten Fällen hat man Möglichkeiten zum Reiten, Angeln, Golfen oder zur Jagd. Meist sprechen die Besitzer zumindest eine kontinentaleuropäische Sprache. Trotz aller Vornehmheit ist die Atmosphäre warm und persönlich. Da die Mahlzeiten oftmals gemeinsam an der langen Tafel (oft mit familieneigenem Silber gedeckt) eingenommen werden, entwickeln sich leicht Gespräche unter den Gästen. Nicht selten kommt es zu spontanen Schachpartien oder zu einer Runde Billard im Billard-Room, während sich die Damen nebenan bei Tea und Sherry im Gespräch austauschen. **Auskunft**: The Hidden Ireland, PO Box 5451, Dublin 2, Tel.: 01 6627166, Fax: 01 6627144

Eine weitere interessante Vereinigung von irischen Landhäusern und Restaurants ist in dem sogenannten "**Blue Book**" zusammengefaßt. Meist handelt es sich um erstklassige Unterkunft für den eher anspruchsvollen Reisenden, in der stilvolles Ambiente sowie ausgezeichnete Küche geboten werden. Wie beim Hidden Ireland gleicht auch hier kein Haus dem anderen. Jedes wird vom Besitzer selbst geführt. Meist liegen die Häuser inmitten schöner Landschaft und bieten sich daher als Ruhepol zur Erholung oder für sportliche Aktivitäten, wie Golf, Jagd, Reiten o.ä. an. **Auskunft** erhält man von Hilary Finlay, Ireland's Blue Book, Ardbraccan Glebe, Navan, Co. Meath, Tel.: 046 23416, Fax: 046 23292

Zimmerreservierung für ganz Irland: Tel. 00800 66866866, Fax: 00353 6692035

▪ Jugendherbergen/Hostels

Es gibt drei Organisationen, die preiswerte Übernachtungsmöglichkeiten in Schlafsälen oder Familienzimmern anbieten. Hinsichtlich Alter und Aufenthaltsdauer gibt es keine Beschränkung. Besonders zur Hauptsaison empfiehlt es sich, ein Bett im voraus zu buchen. Die Übernachtungspreise liegen je nach Saison und Lage und Ausstattung der Herberge/Hostel zwischen 5 und 12 Pfund.

❶ Es gibt 47 staatlich betriebene Jugendherbergen in Irland, die in der "**Irish Youth Hostel Association – An Oige**" zusammengeschlossen sind. Von diesen sind 35 ganzjährig geöffnet. Es gibt keine Altersbegrenzung, allerdings ist es vor allem in der Hauptsaison (Juli, August) ratsam, vorzubestellen. Es muß ein internationaler Jugendherbergsausweis vorgelegt werden. Ein Verzeichnis der Jugendherbergen kann bestellt werden bei der: Irish Youth Hostel Association, Mountjoy Square, Dublin 1, Tel.: 01 8304555, Fax: 01 8305808

❷ Die **Independent Holiday Hostels Ireland** (IHH Office, 57 Lower Gardiner Street, Dublin 1, Tel.: 01 8364700, Fax: 01 8364710, sind ein Zusammenschluß privater Hostels, die auch über das Bord Fáilte vermittelt werden. Das Bord Fáilte gibt auch ein Faltblatt mit allen Adressen heraus. Als Co-Operative betreibt diese Vereinigung über 125 Hostels in ganz Irland. Sie sind (im Gegensatz zur IYHA) ganztägig geöffnet, eine Mitgliedskarte ist nicht erforderlich. Sie sind in Größe und

Standard sehr unterschiedlich gestaltet. In vielen dieser Hostels werden Workshops (z.B. Musik-Sessions, Reiten, Kanufahren usw.) organisiert. Die Holiday Hostels sind überwiegend mit Küche, Gemeinschaftsraum, warmen Duschen und Waschmaschinen ausgestattet. Viele bieten auch Doppelzimmer sowie Familienzimmer und auf Vorbestellung auch warme Mahlzeiten an. Man kann Bettwäsche ausleihen oder selbst mitbringen.

❸ Es gibt die **unabhängigen Hostels**, die nicht vom Touristenamt vermittelt oder überprüft werden. Diese Herbergen sind meist mit Doppelzimmern oder Familienzimmern ausgestattet, bieten Frühstück an und sind die ganze Nacht geöffnet. Das Verzeichnis "Guide to Independent Hostels" kann man bestellen bei: Patrick O'Donnell, Dooey Hostel, Glencolumbkille, Co.Donegal, Tel.: 073 30130. Die Übernachtung in diesen Herbergen ist meist etwas günstiger als bei den anderen.

■ **Urlaub auf dem Bauernhof**

Farmhäuser eignen sich nicht nur für einen längeren Aufenthalt, beispielsweise als Reiterferien, sondern auch für einen kurzen Zwischenstop, wenn sie zentral genug liegen. Die Farmhouse Accommodation werden ebenfalls von der Irischen Fremdenverkehrszentrale registriert und sind in einem amtlichen Katalog verzeichnet. Viele Farmen haben sich auf Familien spezialisiert. Auf Wunsch wird meistens auch ein Abendessen gereicht. In der Regel haben sie aber keine Ausschanklizenz für Alkohol. **Auskunft**: Irish Farm Holidays, 2 Michael Street, Limerick, Tel.: 061 400700, Fax: 061 400771.

Einige Farmhäuser, deren Farmbetrieb biologisch-dynamisch arbeitet, haben sich als "Irish Organic Farm Guesthouses" zusammengeschlossen. Ein Verzeichnis erhält man von Irish Organic Farmers and Growers Association, Cranagh Castle, Templemore, Co. Tipperary, Tel.: 0504 53104

■ **Ferienhäuser**

Die Preise für ein Ferienhaus liegen zwischen 80 und 300 Pfund pro Woche, je nach Saison, Größe und Lage. Für einen längeren Aufenthalt an einem landschaftlich reizvollen Ort sind Ferienhäuser für Selbstversorger bei den hohen irischen Restaurantpreisen eine gute Alternative. Sie sind sehr unterschiedlich gestaltet: Vom reetgedeckten Cottage über moderner Feriensiedlung bis hin zum romantischen Landschlößchen oder mittelalterlicher Burg. Irische Ferienhäuser werden ebenfalls vom Bord Fáilte nach einem Sternesystem kategorisiert.

Auskunft und Verzeichnisse erhält man vom Fremdenverkehrsamt, von Reiseveranstaltern oder von der Irish Cottages and Holiday Homes Association, 3 Whitefriars, Aungier Street, Dublin 2, Tel.: 01 4757017, Fax: 01 4750222

 Folgende **Unterkunftsführer** sind bei der Irischen Fremdenverkehrszentrale erhältlich:
● Bord Fáilte Guest Accommodation Guide: 5 Pfund
● Bord Fáilte Self Catering Guide: 4 Pfund
● Be Our Guest (Hotels and Guesthouses): 2 Pfund. Das Buch ist nach Regionen geordnet und listet rund 1.000 Übernachtungsmöglichkeiten auf. Im hinteren Teil sind Unterkünfte für Angler, Golfer und für Geschäftsleute tabellarisch zur schnellen Orientierung aufgeführt.
● Town and Country Homes Association Guide (Bed & Breakfast): 2,50 Pfund (oder direkt bei: Town and Country Homes Association, Donagal Road, Ballyshannon, Co. Donegal, Tel.: 072 51377, Fax: 072 51207)

- Farmhouse Guide: 2 Pfund
- Blue Book (Charming Country Houses and Restaurants): frei
- Hidden Ireland: 1 Pfund
- Friendly Homes of Ireland (private Country Houses): 1 Pfund
- Caravan and Camping in Ireland: 1,50 Pfund

Das Irische Fremdenverkehrsamt nimmt eine jährliche Klassifizierung mittels eines 5-Sterne-Systems für Hotels und eines 4-Sterne-Systems für B&B-Unterkünfte vor. Die im Reiseteil erwähnte Einteilung der Unterkünfte in Sterne basiert auf dieser Einteilung.

V Veranstaltungen

Im alljährlich aktualisierten "Calender of Events", herausgegeben vom Bord Fáilte, sind alle Veranstaltungen in chronologischer Reihenfolge aufgelistet. Das Angebot ist sehr vielfältig und reicht vom Pferderennen über Sommerschulen, Hurling-Wettbewerben, Kunstausstellungen, Folklorefestivals zu Antiquitätenmessen. Über die in der Broschüre angegebenen Adressen und über die Tourist Offices können Buchungen vorgenommen werden. Siehe auch Kap. 3.2.2.

⇨ **Verkehrsregeln**

siehe Stichwort Autofahren

⇨ **Versicherung**

siehe Stichwort Arzt

W Währung/Devisen

Das Irische Pfund ist in 100 pence (= p) unterteilt. Es gibt Münzen zu 1 p, 2 p, 5 p, 10 p, 20 p, 50 p und 1 Pfund. Geldscheine gibt es zu 5, 10, 20, 50 und 100 Pfund.

Es wird empfohlen, eine ausreichende Menge Pfund schon im Heimatland zu kaufen, weiteren Umtausch jedoch im Land vorzunehmen. An EC-Geldautomaten können Sie mit Ihrer Eurocheque-Karte rund um die Uhr Geld abheben. Banken und größere Postämter, Hotels und Restaurants sowie Geschäfte nehmen Eurocheques und internationale Kreditkarten an. Es ist außerdem möglich, in Irland Geld vom Postsparbuch abzuheben, was immer eine günstige Möglichkeit darstellt, da nach dem aktuellen Tagessatz getauscht wird. Bei Irland-Reisen hat sich eine Kombination von EC-Karte, Travellers-Cheques und Postsparbuch bewährt.

Geldwechseln kann man bei den Banken, in Postämtern, American Express- und Thomas Cook-Büros sowie in großen Hotels. Auch in einigen größeren Geschenkeläden, Reisebüros und Tourist Information Offices ist es möglich, Geld einzutauschen.

Der Umtauschkurs beträgt derzeit (Oktober 1998): 2,76 DM = 1 IR Pfund bzw. Pfund Sterling.

⇨ Wandern

Wandern ist sicherlich eine der schönsten und gleichzeitig erholsamsten Arten, die "grüne Insel" kennenzulernen.

Hier einige Hinweise:
◆ Das bekannte irische Wetter (siehe Stichwort Klima) macht es erforderlich, warme Pullover, rutschfeste und wasserabweisende Wanderschuhe oder in sehr feuchte Gebiete sogar Gummistiefel mitzunehmen.
◆ Auf keinen Fall sollten Sie die Gefahren der irischen Bergwelt unterschätzen, auch wenn die Berggipfel nicht höher als 1.000 Meter sind. Oft trifft man stundenlang keine Menschenseele, es gibt häufig Wetterumschwünge, und bis auf die Weitwanderrouten gibt es meist keine Markierungen. Vor längeren Wanderungen sollte man in der Unterkunft Bescheid geben.
◆ Sogenannte "Forest Parks" (es gibt derzeit 11) bieten sich für kürzere und leichtere Wanderungen an. Sie sind ausreichend gekennzeichnet und mit Park- und Picknickplätzen versehen. Parken: 1 Pfund/Person, max. 3 Pfund/Auto.
◆ Entlang den Routen gibt es unzählige Gatter und Tore, die die eingezäunten Felder und Weiden begehbar machen. Man sollte diese stets hinter sich schließen, sich in landwirtschaftlich genutzten Gebieten auf den Wegen halten und mit Rücksicht auf das Vieh keine Hunde mitnehmen.
◆ Selbstverständlich ist, daß man Feuerrisiken vermeidet, seinen Abfall wieder mitnimmt, Hecken und Mauern nicht beschädigt und Tiere und Pflanzen schützt.
◆ Es gibt 13 gut ausgeschilderte "Weitwanderrouten", die durch die schönsten Gegenden der Insel führen, ein weiteres Dutzend ist in Planung. Hier einige Beispiele: Der knapp 70 km lange "Aran Island Way" beginnt am Hafen von Kilronan auf Inishmore und führt über die drei Aran-Inseln, der "Wicklow Way" führt 132 km von Marlay Park bei Dublin durch die Wicklow Mountains nach Clonegal im Co. Carlow, der "Munster Way", 65 km lang, führt von Carrick-on-Suir über die Panoramastraße "The Vee". Der 215 km lange "Kerry Way" umrundet von Killarney aus einmal die Halbinsel Inveragh. Der 135 km lange "Dingle Way" beginnt in Tralee und führt einmal um Dingle-Peninsula. Der nur 23 km kurze "Burren Way" führt von Ballyvaughan nach Ballinalacken.

■ Klettern
Alpines Bergsteigen ist auch in Irland möglich. Die besten Gebiete sind dafür im Co. Wicklow: Glendalough, im Co. Donegal: Derryveagh Mountains, Lough Barra, die Klippen von Malinbeg nahe Glencolumbcille, im Co. Clare: die Kalksteinklippen bei Doolin, im Co. Galway: Ben Corr in den Twelve Bens, im Co. Kerry: Sneem, Brandon, Gap of Dunloe und im Co. Sligo: Tormoore (Glencar) und Mullaghmore.

Weitere Auskunft erhält man
◆ vom Dachverband der Bergwanderer und -steiger: Mountaineering Council of Ireland, House of Sports, Long Mile Road, Dublin 12, Tel.: 01 4501633 oder 4509845, Fax: 01 4502805; rund 40 Clubs haben sich hier zusammengeschlossen.
◆ COSPOIR, National Sports Council, Hawkins House, Hawkins Street, Dublin 2, Tel.: 01 734700
◆ Die vom Bord Fáilte herausgegebene Broschüre "Walking" bietet Übersichtskarten, Informationen zu den Weitwanderwegen und eine Liste von Wanderferienveranstaltern, die sowohl Guppenwanderungen als auch "maßgeschneiderte" Routen anbieten.

⇨ **Wassersport**

■ **Segeln**

Irland ist ein ideales (allerdings nicht unbedingt für den Anfänger geeignetes) Segelland. Am begehrtesten ist die Südwestküste zwischen Cork und Dingle, aber auch am Lough Derg, in Rinvyle bei Galway, Clifden, Westport und Sligo wird gesegelt.
Der Segelsport hat in Irland Tradition. Der Royal Yacht Club von Crosshaven/ Cork wurde 1720 gegründet und ist der älteste der Welt.

Die eigene Jacht darf für den Urlaub zollfrei eingeführt werden. Man kann aber auch Jachten, mit oder ohne Besatzung, vor allem an der Südwestküste und rund um den Lough Derg chartern. Auskunft erteilt die Irish Yacht Chartering Association, c/o Confederation House, Kildare Street, Dublin 2, Tel.: 01 6779801

Segeltörns entlang der Westküste auf den traditionellen Galway Hookers, alten Frachtschiffen, kann man mit Kapitän und Crew chartern bei: Coolowen, Pottery Road, Dublin, Tel.: 01 2805232.

Bekannte Segelwettbewerbe sind die Cork-Woche (Mitte Juli in Jahren mit gerader Zahl) und das Cork Dry Gin Round Ireland (Juni in Jahren mit ungeraden Zahlen).

Entlang der Küste gibt es zahlreiche Segelschulen und Segelzentren für Anfänger und Fortgeschrittene, beispielsweise in Dublin, Cobh, Baltimore und Galway. Kontrolliert werden sie vom Landesverband Irish Association for Sail Training (IF-MI), c/o Confederation House, Kildare Street, Dublin 2, Tel.: 01 6779801. Ein Segelkurs in Irland wird vom Deutschen Seglerverband anerkannt.

Weitere **Auskünfte** rund ums Segeln erhält man vom Dachverband "Irish Yachting Association", 3 Park Road, Dun Laoghaire, Co. Dublin, Tel.: 01 2800239. Über die Irische Fremdenverkehrszentrale kann man die Broschüre "Sailing" beziehen, die sämtliche Adressen und wichtigen Informationen enthält.

■ **Surfen**

An vielen Küstenabschnitten bieten sich für das Wellenreiten hervorragende Brandungsverhältnisse:
◆ **Ostküste**: z.B. in Bray, Britta's Bay, Maghramor oder Jack's Hole. Nur bei stärkerem Südwind gibt es eine Wellenhöhe von über 1 Meter.
◆ **Südküste**: z.B. Tramore Strand, Annestown, Bunmahon Bay, Garrettstown, Barley Cove oder Inchadoney. Ganzjährige Wellenhöhe ca. 1 - 2,5 Meter.
◆ **Südwestküste**: z.B. Derrynane, Waterville Bay, Inch, Slea Had, Brandon Bay, Ballyheigue oder Ballybunion. Ganzjährige Wellenhöhe 1 - 3,5 Meter.
◆ **Mittlere Westküste**: z.B. Doughmore, Spanish Point, Silver Strand, Lahinch, Cornish Point oder Fanore Strand. Ganzjährige Wellenhöhe ca. 1 - 4 Meter.
◆ **Nordwestküste**: z.B. Achill Island, Enniscrone, Easkey, Strandhill, Bundoran, Bloody Forland, Loughros, Rosbeg oder Marble Strand. Ganzjährige Wellenhöhe 1 - 4 Meter.

Weitere **Auskunft** erteilt:
Irish Windsurfing Association, 48 Marlfield Gardens, Cabinteely, Co. Dublin, Tel.: 01 285103

▓ Wasserski

Auf einigen Flüssen und Seen und vor allem an den flachen Küstenstrichen bestehen Wasserskimöglichkeiten. Die beste Zeit ist von April bis Oktober. Ausrüstung und Boote können gemietet werden. Weitere **Auskunft** erteilt: Irish Water-Ski Federation, Knocknaree Road, Dalkey, Co. Dublin, Tel.: 01 4502122, Fax: 01 4502138

▓ Tauchen (Scubadiving)

Die irischen Küstengewässer bieten eine vielfältige Unterwasserfauna und -flora und sind zum Tauchen ideal. Die Sichtweiten betragen bis zu 30 Meter. Der warme Golfstrom begünstigt die Wassertemperaturen: Bis 20 Meter Tiefe herrschen ca. 17 Grad, zwischen 20 und 30 Meter ca. 14 Grad, ab 30 Meter um 10 Grad. Die beste Zeit zum Tauchen ist von April bis Oktober. An einigen Stellen fällt die Küste steil 30 bis 40 Meter ab. Auf dem Grund befinden sich zahlreiche Wracks. Einige stammen sogar noch von der spanischen Armada. Tauchzentren gibt es z.B. in Westport, Glencolumbcill (Co. Donegal), Kilkee (Co. Clare), auf Valentia Island und Tralee (Co. Kerry), Renvyle (Co. Galway), Schull, Skibbereen, Kinsale und Bantry (Co. Cork) und in Dun Laoghaire (Co. Dublin).

Weitere **Informationen** über Tauchsportveranstaltungen erteilt: Irish Underwater Council, Honorary Secretary, 7 a Patrick Street, Dun Laoghair, Co. Dublin, Tel.: 01 2844601, Fax: 01 2844602

▓ Rudern/Kanufahren

Auf den zahlreichen Seen und Flüssen ist Wanderrudern und Faltbootfahren eine beliebte Sportart. Die dafür am besten geeigneten Flüsse sind: Liffey, Barrow, Nore, Boyne, Slaney, Lee, Shannon, Suir und Blackwater. Geeignete Seegebiete sind: Dublin Bay, Achill Island, Glenbeigh (Co. Kerry), Tramore (Co. Waterford). Weitere **Auskunft**: Irish Amateur Rowing Union, House of Sport, Long Milee Road, Walkinstown, Dublin 12, Tel.: 01 4501633/4509831, Fax: 01 4502805, oder Irish Canoe Union, gleiche Anschrift, Tel.: 01 45098, 4501633, Fax: 01 4502805

⇨ Wetter

siehe Stichworte Klima, Reisezeit

Z Zeit

Irland gehört zur Zeitzone der Greenwich Zeit oder westeuropäische Zeit (WEZ). Deshalb ist es in Irland fast das gesamte Jahr über eine Stunde früher als in Deutschland. Irlands Sommerzeit reicht bis zum 20. Oktober. Daher entspricht in der Zeit vom 20. September bis ca. 20. Oktober die irische Zeit der mitteleuropäischen.

⇨ Zeitungen

Die Irish Times, Irish Press und der Irish Independent sind die großen irischen Tageszeitungen. Daneben gibt es eine Anzahl lokaler Zeitungen. Deutschsprachige Zeitungen und Zeitschriften kann man in einer Reihe größerer Orte Irlands und an den Flughäfen kaufen.

⇨ Zigeunerwagen

In Tralee, Portlaoise und Wicklow besteht die Möglichkeit, einen pferdegezogenen Zigeunerwagen zu mieten. Vorkenntnisse sind nicht erforderlich. Der Vermieter erläutert am Anfang der Fahrt alles Notwendige. Die Zigeunerwagen sind meist 4 Meter lang und 2,50 Meter breit. Der tonnenförmige Wohnaufbau ist aus Sperrholz oder Kunststoff und oft lustig bemalt. Die meisten Wagen sind für bis zu 4 Personen eingerichtet. Die Betten werden tagsüber zu Sitzbänken. Es gibt Gaskocher, Küchenzubehör und Bettwäsche "an Bord". Mit dem Zigeunerwagen ist man in seiner Reiseroute relativ ungebunden, jedoch bieten alle Vermieter ausgearbeitete Fahrtouren an, die man nach Möglichkeit einhalten sollte. Es gibt eigens eingerichtee Übernachtungsplätze, die manchmal auch Dusche und WC haben. Die durchschnittlichen Tagesetappen sollten 10-15 km nicht übersteigen. Bei der Übergabe erheben alle Veranstalter eine Kaution, die nach ordnungsgemäßer Rückgabe des Gespannes zurückerstattet wird.

Broschüre
Die "Irish Horsedrawn Caravans Federation" gibt eine Broschüre für Urlaub im Zigeunerwagen heraus. Zu beziehen über die Irische Fremdenverkehrszentrale in Frankfurt.

Hier einige Adressen von Verleihern:
◆ Clissman Horse-Drawn Caravans, Carrigmore Farm, Wicklow, Tel.: 0404 48188, Fax: 0404 48288
◆ "Into the West", Tinagh, Loughrea, Co. Galway, Tel. + Fax: 0509 45147
◆ Kilrahan Horse-Drawn Caravans, Yellow House, Kilrahan, Co. Laois, Tel.: 0502 27048, Fax: 0502 27225
◆ Slattery's Horse Drawn Caravans, Farmer's Bridge, Tralee, Co. Kerry, Tel.: 066 22364, Fax: 066 25981

⇨ Zoll und Devisenbestimmungen

Seit dem 1.1.1993 gibt es für den Privatreisenden innerhalb der Europäischen Gemeinschaft keine Zollgrenzen mehr. Alle Waren, die der Tourist für seinen persönlichen Gebrauch kauft, darf er ohne weiteres mit in sein Heimatland nehmen. Auch dürfen beliebige Mengen von im Heimatland gekauften Waren eingeführt werden, sofern sie für den persönlichen Bedarf bestimmt sind, z.B. 800 Zigaretten, 400 Zigarillos, 200 Zigarren, 1 Kilo Tabak, 10 Liter Spirituosen, 55 Liter Bier).

Für Österreicher und Schweizer sowie für im Duty Free Shop gekaufte Waren gelten folgende Begrenzungen: 200 Zigaretten oder 100 Zigarillos oder 50 Zigarren oder 250 Gramm Tabak. 1 l Spirituosen oder 2 l Sherry u.ä. und 2 l Wein, 50 g Parfum oder 0,25 l Eau de Cologne.

Reisende unter 17 Jahren dürfen keine Tabakprodukte oder alkoholische Getränke ein- oder ausführen.

Siehe auch Stichwort Einreise

3.2 DAS LEBEN IN IRLAND

3.2.1 IRLAND KULINARISCH

Die irische Küche zeichnet sich nicht durch eine große Vielfalt aus. Vorwiegend handelt es sich um Fleischgerichte, die mit Pommes frites und Gemüse gereicht werden.

Das Nationalgericht ist **Irish Stew**, ein kräftiger Hammeleintopf. Weitere traditionelle Gerichte sind **Coddle**, ein Eintopf aus Kartoffeln, Wurst und Speck und **Drisheen**, eine nach traditionellem Rezept hergestellte Blutwurst.

Die **Kartoffel** gehört seit Jahrhunderten zum irischen Essen. Sir Walter Raleigh, der 1585 in Virginia Englands erste amerikanische Kolonie gründete, hat angeblich 1586 die ersten Kartoffeln in Irland gepflanzt. Das Nachtschattengewächs aus Südamerika entwickelte sich zum Grundnahrungsmittel der Iren und erscheint heute in zahlreichen Gerichten: gekocht, als Püree, Pommes frites, als Pellkartoffel (jacket potatoe) oder in der Suppe. Im statistischen Jahresdurchschnitt verzehren die Iren 126 Kilo Kartoffeln, die Deutschen 78 Kilo und die Amerikaner nur 22 Kilo.

Fisch- und Meeresspezialitäten sind in recht großer Vielfalt vertreten und relativ preiswert. Allerdings gehört Fisch erstaunlicherweise nicht zur traditionellen Kost der Inselbewohner. Die Iren waren nie ein Volk der Fischer. Zwar wurden schon immer Forelle oder Lachs gereicht, aber Seefisch oder Meeresfrüchte waren nicht sehr begehrt.

Wiederbelebt wird derzeit die Kunst der **Käseherstellung**. Ausgezeichnet schmecken der Cashel Blue aus der Grafschaft Tipperary und Burren Gold aus der Grafschaft Clare. Köstlich ist die irische **Butter**, die es auch in Deutschland zu kaufen gibt, allerdings ist sie 1 bis 1,50 DM teurer als Deutsche Markenbutter.

So essen die Iren

Der Eßrhythmus der Iren unterscheidet sich etwas von dem des Kontinentaleuropäers. Das irische Frühstück ist recht gehaltvoll: Orangen-

Irisches Frühstück ist reichhaltig

saft, Porridge (Haferflockenbrei) oder "Cereals" (Cornflakes o.ä.), Eier und Würstchen sowie gebratener Speck. Dazu gereicht wird **Soda Brown Bread**, eine irische Brotspezialität, und Toast.

Um die Mittagszeit – zum **Lunch** – gibt es meist nur einen kleinen Snack. Eine aus England stammende Angewohnheit ist der sogenannte **High Tea** gegen 18 Uhr, eine Mischung aus Kuchen oder Tellergerichten, wie Steaks und Pommes frites. Manchmal ersetzt der High Tea die Hauptmahlzeit – das **Dinner**, das gewöhnlich später am Abend stattfindet.

▨ Fast-Food

Das traditionelle Fast-Food sind "Fish & Chips", eine hinsichtlich Qualität und Wohlgeschmack stark variierende Speise. Die chips (Pommes frites) werden mit einem Schuß Essig (vinegar) beträufelt. Bei dem Fisch handelt es sich entweder um Kabeljau (Cod) oder um Schellfisch (Haddock).

Eine irische Spezialität – Braunes Sodabrot

Das braune runde Brot, das man unter dem Namen "Sodabrot" (oder einfach braunes Brot) bei jedem irischen Bäcker kaufen kann, ist mit seinem fein säuerlichen Geschmack etwas ganz Besonderes.

Das Brot wird traditionell aus raffiniertem Weißmehl oder Vollkornmehl gebacken. Meist mischt man beide Mehlsorten, weil es sich dann besser schneiden läßt.

Folgende Zutaten werden benötigt:

450 g Mehl (1/3 Vollkornmehl)
1 gestrichener Teelöffel Salz
1 gestrichener Teelöffel Zucker
1 leicht gehäufter Teelöffel Natrium
Saure Milch oder Buttermilch zum Binden
(Wer mag, kann dem Teig auch Rosinen oder Sultaninen zugeben)

Und so wird's gemacht:

Zunächst werden die trockenen Zutaten – Mehl, Salz, Zucker und Natrium – mehrmals gesiebt und auf einer trockenen Unterlage (Brett oder Küchentisch) aufgehäufelt. In der Mitte macht man mit der Hand eine kleine Mulde, in die nach und nach die Milch gegeben wird. Vom Mehlrand her vermengt man dann die Milch mit dem Mehl. Dabei muß man Geduld haben, denn sonst gibt es Klumpen. Die richtige Schwere des Teigs zu erreichen, ist nicht ganz einfach. Am besten knetet man so lange Buttermilch ein, bis der Teig zusammenhält und leicht klebrig wird. Wenn der Teig zu naß ist, wird das Brot nicht locker werden. Es gehört etwas Übung dazu, die richtige Mischung zu finden.

Der Teig wird anschließend gut durchgeknetet und zu einem Brotlaib geformt, der auf ein mit Mehl bestäubtes Blech gelegt wird. Damit das Brot beim Backen nicht auseinanderfällt, schneidet man ein Kreuz hinein. Den Laib mit Milch bepinseln und in den auf 200 Grad Celsius vorgewärmten Backofen schieben. Auf der mittleren Schiene etwa 45 Minuten ausbacken. Um zu prüfen, ob das Brot gut durchgebacken ist, umdrehen und klopfen. Wenn es hohl klingt, ist es durch.

Am besten schmeckt das Brot ganz einfach mit gesalzener Butter. Aber auch zu Räucherlachs mit Zitronensaft und schwarzem Pfeffer oder Muscheln mit Knoblauchsoße paßt es ausgezeichnet.

▨ Eine kleine Sprachhilfe:

Apple pie with cream	*Apfelkuchen mit Sahne*	Cereals	*Getreideflocken*
Bacon	*Schinkenspeck*	Chicken	*Huhn*
Beef	*Rind*	Chips	*Pommes frites*
Black pudding	*Blutwurst*	Chops	*Kotelett*
Boiled	*gekocht*	Cider	*Apfelwein*
Cabbage	*Kohl*	Cream	*Sahne*
Carrots	*Karotten*	Cutlet	*Schnitzel*
Cauliflower	*Blumenkohl*	Duck	*Ente*

126

Fruit juice	*Fruchtsaft*	Pastry	*Pastete*
Gammon steak	*Schinkensteak*	Pancake	*Pfannkuchen*
Goose	*Gans*	Peas	*Erbsen*
Gravey	*Bratensoße*	Pie	*mit Fleisch oder Gemüse gefüllte Pastete*
Grouse	*Moorhuhn*	Pork	*Schweinefleisch*
Herbs	*Kräuter*	Poultry	*Geflügel*
Irish Stew	*Hammeleintopf*	Rabbit	*Kaninchen*
Jam	*Marmelade*	Roll	*Brötchen*
Kidneys	*Nieren*	Sausage	*Würstchen*
Leek	*Lauch*	Scone	*Küchlein*
Lettuce	*Kopfsalat*	Scrambled eggs	*Rühreier*
Mashed potatoes	*Kartoffelbrei*	Slice	*Scheibe*
Mint sauce	*Pfefferminzsauce*	Smoked	*geräuchert*
Mushrooms	*Pilze*	Soda brown bread	*dunkles Brot*
Mussels	*Miesmuscheln*	Stew	*Ragout*
Mutton	*Hammelfleisch*	Tart	*Torte*
Onion	*Zwiebel*	Turkey	*Truthahn*
Oxtail soup	*Ochsenschwanz- suppe*	Vinegar	*Essig*

Fisch und Meeresfrüchte			
Brill	*Glattbutt*	Plaice	*Scholle*
Cod	*Kabeljau*	Pollock	*Pollack*
Crab	*Krebs*	Ray	*Rochen*
Crawfish	*Languste*	Salmon	*Lachs*
Eel	*Aal*	Scallops	*Jakobsmuscheln*
Gunard	*Knurrhahn*	Sea Bream	*Seebrassen*
Haddock	*Schellfisch*	Shrimp	*Garnele*
Halibut	*Heilbutt*	Smoked salmon	*geräucherter Lachs*
Hake	*Seehecht*	Sole	*Seezunge*
Herring	*Hering*	Squid	*Calamaris*
Lobster	*Hummer*	Swordfish	*Schwertfisch*
Mackarel	*Makrele*	Trout	*Forelle*
Monkfish	*Seeteufel*	Tuna	*Thunfisch*
Mussels	*Miesmuscheln*	Turbot	*Steinbutt*
Oysters	*Austern*	Whiting	*Wittling*

127

Buchtip
Mike Bunn: Irland – eine kulinarische Liebeserklärung, München 1992

INFO

Der Pub

Der Pub – abgeleitet von "public place" – ist weit mehr als eine Kneipe, in der man Alkohol trinken kann – es ist eine Institution. Menschen kommen an diesem Ort zusammen, um zu reden, zu musizieren, zu tratschen, um über Politik zu streiten. Es treffen sich im Pub Leute aller sozialer Schichten und aller Altersgruppen. In früheren Zeiten waren Pubs eine Domäne der Männer. Deshalb sind viele Lokale auch heute noch zweigeteilt: Es gibt die Bar (Ausschankraum) und die Lounge, wo die Dame mit ihrem Ehemann sitzt. Die Getränke werden direkt am Tresen bestellt, wo man auch gleich bezahlt. Tischservice gibt es nicht. Wenn man mit mehreren zusammensitzt, ist es üblich, sich gegenseitig Runden auszugeben. Die Pubs sind im allgemeinen von 10-23.30 Uhr geöffnet, an Sonntagen von 12.30-14 und 16-22

Gemütliche Pubs gibt es überall

Uhr. Jugendliche unter 18 Jahren finden nur selten Einlaß. Die Angaben, wie viele Pubs es im Lande gibt, sind ungeklärt. Pubs gibt es überall, selbst in den kleinsten Dörfern. In Dublin sollen es angeblich 800 bis 1.000 sein.

■ Getränke

Die Iren sind **Teetrinker**. Mit sieben Pfund Tee pro Kopf und pro Jahr und der weltweit besten Qualität haben sie die Engländer mit fünf Pfund auf Rang zwei im Guinness-Buch der Rekorde verwiesen. Getrunken wird er vor allem als "Cream Tea" mit Milch und Zucker. Kaffee hatte in Irland nie Tradition, und oft wird Nescafé an Stelle von Bohnenkaffee serviert. Der weltbekannte "**Irish Coffee**" (starker Kaffee, brauner Zucker, Whiskey und Sahnehaube) ist eine touristische Erfindung neueren Datums.

Da Irland kein Weinanbaugebiet ist, muß man für **Wein** durchschnittlich mehr bezahlen als auf dem Kontinent. Der Geschmack der Iren geht in die liebliche Richtung. Vor allem schätzen sie französische, australische, neuseeländische und kalifornische Sorten.

Das irische **Bier** besitzt im Vergleich mit deutschem Bier zwar weniger Kohlensäure, weniger Alkohol und weniger Geschmack, trinkt sich aber außerordentlich angenehm. Guinness ist ein Markenname für dunkles Bier (Stout), weitere dunkle Biersorten sind Murphys und Beamish. Ein Lager (vergleichbar dem deutschen Exportbier) ist ein helles Bier, von dem es zahlreiche Sorten gibt. Weiterhin gibt es das Ale, ein sehr dünnes, helles Bier, und das Bitter, das mit deutschem Altbier vergleichbar ist. Bis auf das Guinness werden alle Biersorten randvoll ins Glas gefüllt. Eine "Blume" ist nicht üblich.

Sehr lecker sind "**Baileys**", ein Sahnelikör, und "**Irish Mist**", ein aus Heidekräutern gebrauter Likör, der an kühlen Abenden so richtig gut durchwärmt.
Cider ist ein moussierendes Apfelweingetränk, das jedoch in seinem Alkoholgehalt (mehr als Bier) nicht unterschätzt werden sollte.

Irischer Whiskey ist wegen der hohen Alkoholsteuer recht teuer. Im Gegensatz zum schottischen Whisky wird irischer Whiskey mit "e" geschrieben. Die bekanntesten Sorten sind Paddy's und Jameson's. Die einzigen beiden noch existierenden Brennereien (Bushmills in Nordirland und Jameson's in Midleton bei Cork) produzieren neben billigeren Verschnittsorten auch reinen Malt Whiskey, der einen leichten Torfgeschmack aufweist.

Besichtigungen rund um Whiskey (Öffnungszeiten siehe einzelne Kapitel)
◆ Dublin, The Irish Whiskey Corner, Bow Street, Dublin 7, Tel.: 01 8725566. Das Museum ist in einem alten Lagerhaus untergebracht und erklärt die Geschichte des irischen Whiskey. Es gibt eine Führung durch das Museum, einen 15-minütigen Film und einen kleinen Probeschluck zum Abschluß der Tour.
◆ Midleton, Jameson Heritage Centre, Midleton, Co. Cork, Tel.: 021 613594/6. Hier kann man die sehr schön renovierte Destillerie aus dem 18. Jahrhundert besichtigen. Es gibt eine Audiovisionsshow und eine Führung durch die alte Destillerie. Die Tour endet in der Bar, wo jeder Besucher eine Kostprobe erhält.
◆ Bushmills, Co. Antrim, Northern Ireland BT57 8XH, Tel.: 012657 311521. Bushmills ist die älteste lizensierte Destillerie in der Welt (1608). Die Besucher werden während der Tour durch die Produktionsräume geführt (Achtung: im Juli Sommerpause) und erhalten einen Einblick in die riesigen Lagerhäuser. Am Ende der Tour gibt es einen Gratistrunk in der Bar.

INFO

Irlands Nationalgetränk: Guinness

1759 hatte der Firmengründer Arthur Guinness (1725-1803) die kleine Brauerei in Dublin am St. James Gate gepachtet. 1770 entschloß er sich zu einer Raubkopie des in London hergestellten Porter Bieres. Er konnte nicht ahnen, daß er damit das Fundament zu einer der größten Brauerei-Imperien in der Geschichte des Bieres gelegt hatte. Seit jener Zeit wird "Guinness" geliebt und verehrt. Der englische Premierminister Benjamin Disraeli und Robert Louis Stevenson, der Autor der "Schatzinsel", tranken es. Der Australier Douglas Mawson, der Entdecker des südlichen Magnetpoles, bewahrte es in gefrorenem Zustand in seinem arktischen Basislager auf. In über 140 Länder wird Guinness heute exportiert, selbst in Staaten wie Ghana, Malaysia und Jamaica. Angeblich werden weltweit täglich 9 Millionen Gläser Guinness ausgeschenkt.

1982 wurde die traditionsreiche Brauerei für 120 Mio. IR Pfund auf den neuesten Stand der Brautechnik gebracht. Trotzdem werden nach wie vor die alten, seit 1770 üblichen Hauptingredienzien verwendet. Diese sind Malz, Wasser, Hopfen und Hefe.

Zur Herstellung:
Zunächst wird Gerste gemälzt, d.h. mit Wasser übergossen, zum Keimen gebracht und dann wieder getrocknet. In das so entstandene Malz (Malt) wird ein wenig ungemalzene, geröstete Gerste gegeben, wodurch das Getränk seine braune Farbe erhält. Nun wandert das Produkt ins Brauhaus. Dort wird es gemahlen, anschließend in große Behälter (Kieves) gefüllt und mit heißem Wasser aufgefüllt. Aus dieser breiartigen Maische filtert man die Flüssigkeit und die Würze (Wort) heraus, die dann mit Hopfen versetzt und einige Stunden gekocht wird, wobei der Hopfen dem Gemisch seinen angenehmen bitteren Geschmack verleiht. Erst nach diesem Prozeß gibt man Hefe in die abgeschöpfte Flüssigkeit. Diese leitet die Gärung ein: die Hefebakterien wandeln den Zucker der Hopfen-Malz-Mischung in Alkohol um. Es entsteht ein dunkles, kräftiges Starkbier von fast zähflüssiger Konsistenz.

Während eines Irland-Besuches kommt man auch als Nicht-Biertrinker am Guinness und an seinen Produzenten nicht vorbei. Etliche Mitglieder der Guinness-Familie wurden geadelt und haben ihr Heimatland mit manch guter Tat beschenkt. So hat beispielsweise Lord Ardilaum (alias Arthur Guinness II.) 1880 den St. Stephen's Park in Dublin errichten lassen, und sein Bruder Edward Cecil, Lord Iveagh, gründete 1890 eine gleichnamige Stiftung, die für die damalige Zeit vorbildliche Wohnungen für unbemittelte Arbeiter schuf.
In den "Liberties" hinter dem Park der St. Patrick's Cathedral kann man die noch heute bewohnten Backsteinmiethäuser des Iveagh Trust sehen. Vor allem Sir Benjamin Lee Guinness verstand es, die Ausdehnung seiner Firma mit politischem Einsatz und großzügigem Mäzenatentum in Einklang zu bringen. 1851 wurde er Bürgermeister von Dublin. Auf ihn geht die Restaurierung der St. Patrick's Cathedral zurück.

3.2.2 VERANSTALTUNGSKALENDER – IRLANDS FESTE UND FEIERN

Hier eine Zusammenstellung der wichtigsten Feste während des Jahres. Darüber hinaus gibt es noch etliche weitere Feiern. Über sämtliche Veranstaltungen informieren die Tourist Offices sowie die Broschüre "Calender of Events", die man über die Irische Fremdenverkehrszentrale in Frankfurt anfordern kann. Hinweise gibt es auch in Lokalzeitungen.

■ März
◆ 17. März: St. Patrick's Day (siehe Info-Kasten)
◆ Limerick: Theatre and Music Festival
◆ Dublin Film Festival, Auskunft erteilt David McLoughlin, Tel.: 01 6792937

■ Mai
◆ Dublin Spring Show: eine landwirtschaftliche Messe

■ Juni
◆ Music Festival in Great Irish Houses: Klassische und traditionelle Konzerte, die in schönen historischen Häusern rund um Dublin abgehalten werden. Auskunft erteilt Mrs. Judith Woodworth, 4 Highfield Grove, Dublin 6, Tel. 01 2781528.

◆ 16. Juni: Bloom's Day – der Tag im Leben des Leopold Bloom, Protagonist aus James Joyces "Ulysses", wird alljährlich von Hunderten seiner Anhänger festlich mit Lesungen und szenischen Aufführungen in den Straßen Dublins begangen.

◆ Seafood Festival in Cahersiveen, Co. Kerry

Juli

◆ Ballyshannon International Folk Festival: bekanntes Folkmusik-Festival mit zahlreichen Begleitveranstaltungen.

◆ Galway Arts Festival: Das Arts Festival findet alljährlich zwei Wochen im Juli/August statt. Zahlreiche Veranstaltungen mit Musik, Theater, Tanz und Folklore werden geboten, wobei Künstler aus aller Herren Länder zum Gelingen des Festivals beitragen. Während des Festivals finden neben den offiziellen Konzerten und Veranstaltungen auch traditionelle irische Sessions und Konzerte statt. Tickets sind erhältlich im Box Office, The Cornstore, Middle Street, Galway, Tel.: 091 565656

◆ Galway Races: berühmte Renn- und Gesellschaftsveranstaltung, jeweils sechs Tage lang im Juli/August.

◆ Milltown Malbay: Jeweils in der ersten Woche im Juli findet hier ein Musikfestival statt, zu welchem Musiker aus aller Welt pilgern. Während der Festtage sind die Straßen überfüllt, und die Pubs vergessen ihre Sperrstunden. Auskunft erhält man unter Tel.: 065 84148.

August

◆ All Ireland Fleadh ("Fleadh Cheoil na Éireann"): Jeweils an einem anderen Ort findet am letzten Wochenende im August ein 3-tägiges Musikfestival, das Nationale Irische Volksmusik-Festival, statt.

◆ Dublin Horse Show: In ganz Irland bekanntes Pferde- und soziales Ereignis, das seit 1926 von der Royal Dublin Society veranstaltet wird. Weitere Auskunft erteilt: RDS Marketing Department, Ballsbridge, Dublin 4, Tel.: 01 6680866

◆ Puck Fair in Killorglin, Co. Kerry. Die Puck Fair ist Irlands ältestes und größtes Volksfest, zu dem alljährlich Tausende an Gästen kommen. Das Spektakel dauert drei Tage. Ein Ziegenbock, der Puck, wird unter Musikbegleitung durch die festlich geschmückten Straßen geführt und schließlich auf dem Dorfplatz zum "König" der Messe gekrönt.

◆ Rose of Tralee International Festival. Mit viel Musik und Tanz findet die Wahl der "Rose of Tralee" statt.

◆ Connemara Pony Show, Connemara: Die Connemara Pony Show, jeweils am dritten Donnerstag im August, bietet Anlaß für einen großen Jahrmarkt – ein fröhliches Volksfest mit viel Tanz, Musik und buntem Treiben. Die Pony Show lockt die Bewohner Connemaras wie auch Touristen zuhauf in den Ort.

◆ Yeats International Summer School in Sligo: Die seit 1959 stattfindende Sommerschule bietet in zahlreichen Seminaren, Lesungen und Workshops die Möglichkeit, das Werk des großen Dichters intensiver kennenzulernen. Information erteilt die Yeats Society, Hyde Bridge, Sligo, Tel.: 071 42693, Fax: 071 42780

September

◆ Waterford International Festival of Light Opera: Geboten werden Operetten und Musicals

◆ All Ireland Hurling Finals, Dublin

◆ Galway Oyster Festival: Eine Woche lang findet das Austernfest statt, wobei der Bürgermeister die ersten Austern der Saison öffnen muß. Seit 1954 wird das Fest veranstaltet. Auskunft erhält man unter Tel.: 091 796766. Festival Office: Tel.: 091 96342, Fax: 091 96001.

■ **Oktober**

◆ Guinness International Jazz Festival in Cork: Musiker aus der ganzen Welt kommen zu diesem Ereignis.

◆ Cork Film Festival. Das Film Festival gibt es seit 1956; es ist somit das älteste der Welt.

◆ Theatre Festival in Dublin, Auskunft erteilt Tony O'Dalaigh, Tel.: 01 6778439

◆ Kinsale Gourmet Festivale, Kinsale

◆ Opernfestival, Wexford. Seit über 40 Jahren findet das international bekannte Opernfestival statt. Vor allem selten gespielte Opern kommen zur Aufführung. Während des Festivals gibt es insgesamt 18 Aufführungen von drei Opern. Jede Oper wird also insgesamt sechsmal geboten. Zusätzlich zum eigentlichen Festival gibt es zahlreiche Begleitveranstaltungen, wie z.B. Lunchtime-Konzerte oder Mini-Opernaufführungen, bei denen nur der Hauptdarsteller singt. Auskunft erteilt das Festival Office, Theatre Royal, High Street, Tel.: 053 22240, Fax: 053 47438.

INFO

Der heilige Patrick und der St. Patrick's Day

Der Legende nach verschleppten um das Jahr 400 irische Piraten den ungefähr 16 Jahre alten Padraig aus dem römischen Britannien als Sklave nach Irland. Sechs Jahre später gelang ihm von dort die Flucht. Nach Jahren der Reise und nachdem er eine geistliche Ausbildung erhalten hatte, kehrte er wieder auf die Insel seiner Gefangenschaft zurück: 432 kam Padraig als Bischof nach Irland, um dort die Heiden zu bekehren. Aus dem keltischen Padraig wurde später der englische Patrick.

Patrick konzentrierte seine Tätigkeit zunächst im Norden und Westen des Landes. Bis zu seinem Tode im Jahr 465 durchquerte er fast das ganze Land, gründete Kirchen und Klöster und berief Bischöfe und Priester. Gezielt setzte er seine Mission bei Stammesfürsten und Königen ein, die er von den Vorteilen der neuen Religion zu überzeugen verstand. Trotz energischen Widerstandes der keltischen Druiden, scheint die Christianisierung in Irland ohne Kampf und Blutvergießen vor sich gegangen zu sein.

Seit dem 7. Jahrhundert ranken sich zahlreiche Legenden um den erfolgreichen Missionar. Spätestens ab dem 17. Jahrhundert hatte sich der 17. März als St. Patricks Tag in Irland durchgesetzt. An diesem Tag versammelt sich in Dublin die St. Patricks Parade traditionell gegen 11 Uhr nach dem Gottesdienst am St. Stephen's Green. Von dort aus beginnt der Umzug. Ähnlich wie bei unseren Karnevalsumzügen werden auf den Umzugswagen historische Szenen dargestellt. Musik- und Tanzgruppen aus der ganzen irischen Welt sind vertreten, und fast jeder Dubliner nimmt daran teil. Die Parade führt durch die Grafton Street und College Green zur O'Connell Street, wo um die Brunnenstatue der Anna Livia Plurabelle grünes Wasser fließt. Grün ist die Nationalfarbe des keltischen Irlands. Am Nachmittag werden Sportveranstaltungen abgehalten: Pferderennen, Kanurennen auf dem Grand Canal, Greyhound-Rennen im Shelbourne Park, Hurlingspiele im Croke Park Stadium und die berühmte Hundeschau in Ballsbridge. Abends wird entweder in der Familie, mit Freunden oder im Pub gefeiert.

Zehntausende von Amerikanern – Nachfahren irischer Auswanderer – kommen extra für diesen Tag nach Irland und füllen die Straßen und Festsäle.

Der hl. Patrick bekehrte Irland

Von 234 Millionen protestantischer und katholischer US-Amerikaner haben 40 Millionen irische Vorfahren. Auch einige amerikanische Präsidenten – Reagan, Nixon und Kennedy – sind Enkel und Urenkel irischer Auswanderer. Neben den amerikanischen "Expatriates" prägen vor allem Schulkinder das Bild. Junge Leute färben sich die Haare in den Nationalfarben, das Gesicht wird als Nationalflagge bemalt. Man trägt grüne oder grünweiß-orange Kleidungsstücke oder runde, grüne Plastiknasen. Fähnchen werden geschwenkt, und selbst die Pizzen sind grün gefärbt.

Das Symbol des Tages und irisches Nationalzeichen ist das Kleeblatt (Shamrock = Trifolium minus), eine langstielige, dreiblättrige Kleepflanze. Das ganze Jahr über begegnet dem Besucher auf Schritt und Tritt das grüne Zeichen, und am St. Patrick's Day heften sich die Iren ein Kleeblatt an die Brust. Der Legende nach hat der heilige Patrick in Cashel einst anhand des Kleeblattes dem Hochkönig das Mysterium der heiligen Dreifaltigkeit visuell verdeutlicht. Angeblich wächst diese Pflanze auch nur in Irland. Vor dem 17. März wird sie in alle Welt exportiert, denn wo immer mehr als drei Iren zusammenkommen, begehen sie den St. Patrick's Day, beispielsweise in New York auf der 5th Avenue, in Boston oder Chicago.

Am Ende des Tages findet in den Pubs das "Drowning of the Shamrock" statt: Auf dem festen Schaum eines Guinness ist das Kleeblatt gezeichnet. Man muß das Bier so geschickt trinken, daß am Schluß immer noch etwas Schaum mit dem Kleeblatt darauf im Glas ist.

3.2.3 IRLAND SPORTLICH

In Irland werden fast sämtliche Sportarten betrieben.

Eine ganz eigene irische Erfindung stellen die alten gaelischen Ballspiele **Gaelic Football** und **Hurling** dar. Auf dem Kontinent fast unbekannt, in Irland jedoch sehr populär, ist auch das **Greyhound-Rennen**. Meist handelt es sich dabei um Abendveranstaltungen mit Wettbetrieb. Man sagt, daß die Iren überhaupt vom Wetteifer besessen sind. Jedes noch so kleine irische Dorf hat eine Kirche, einen Pub und meist auch ein Wettbüro. Der **Reitsport** ist ebenfalls in Irland sehr beliebt und wird keineswegs nur für Touristen in Form von Reiterurlauben prakti- ziert. Die großen Pferderennen auf dem Curragh im Co. Kildare oder die alljähr-

lich im Sommer stattfinden- de Dublin Horse Show zie- hen ein internationales (zah- lungskräftiges) Publikum an. Ideale Bedingungen bietet Irland für mußevollen Sport, wie das **Angeln**. Zwischen Herbst und Frühling finden regelmäßig Angelwettbewer- be statt. Siehe A-Z Stichwör- ter "Angeln" und "Reiten".

Termine und Veranstal- tungsorte sportlicher Ereig- nisse erfährt man in den Tourist-Informationsbüros

Irischer Wetteifer

oder entnimmt sie den örtlichen Tageszeitungen. Auch im "Calender of Events", der kostenlos von der Irischen Fremdenverkehrszentrale zugeschickt wird, wer- den die wichtigsten Veranstaltungen aufgelistet.

■ **Hurling**

Hurling ist in Irland seit frühester Zeit bekannt und wird angeblich sogar in den alten Sagenzyklen erwähnt.

Beim Hurling treiben zwei Mannschaften à 15 Mann einen Ball mit einem flachen Stab voran. Die etwa tennisballgroße Kugel muß über oder besser noch unter

ein Tor geschlagen werden. Die Kugel besteht aus einem Korkkern und ist außen mit grob zusammengenähtem Le- der bezogen. Das Tor besteht aus zwei 7 Meter auseinan- derstehenden Stangen mit ei- ner Querlatte in 2 m Höhe. Zielt der Ball über die Quer- latte, gibt es einen Punkt, zielt sie darunter, drei Punkte. Der Ball wird mit dem Hurley (nur in Ausnahmefällen mit der Hand) durch die Luft oder am Boden vorangetrieben. Der

Hurling

Hurley besteht aus Ebenholz, ist ca. 1 m lang und läuft am Schlagende in eine Verdickung aus. Das schnelle und harte Ballspiel – nach Eishockey der schnellste Teamsport – erfordert viel Geschicklichkeit. Es wird vor allem in den Grafschaften Cork und Kilkenny gespielt.

■ Gaelischer Fußball

Auch die Mannschaften des Gaelic Football haben 15 Spieler. Die Spielregeln sind recht kompliziert. Der Ball darf entweder mit dem Fuß oder mit der Hand bewegt werden, wobei er grundsätzlich nach sechs Schritten weitergekickt oder weitergeschlagen werden muß oder aber im vollen Lauf auf den eigenen Fuß gespielt und sofort wieder aufgefangen werden muß. Gespielt werden vier mal 20 Minuten. Die Ausscheidungswettkämpfe finden auf Grafschafts- und Provinzebene statt, die Finalkämpfe im September im Croke Park-Stadion in Dublin. Die Karten sind regelmäßig schon frühzeitig ausgebucht.

■ Fußball (soccer)

Der europäische Fußball gewann in den letzten Jahren zunehmend an Beliebtheit, besonders seit die irische Nationalmannschaft sich mit Hilfe des englischen Trainers Sir Jack Charlton 1990 erstmals für das Hauptfeld der Weltmeisterschaften qualifizieren und dort sogar bis ins Viertelfinale vordringen konnte. Allerdings besteht die irische Fußballmannschaft zum größten Teil aus "importierten" Spielern aus England, aber einen irischen Großvater oder Urgroßvater haben ja viele ...

■ Reitsport

Die Normannen brachten im 13. Jahrhundert Pferde mit nach Irland. Das milde Klima und das üppige Weideland auf einem Kalkstein-Untergrund ermöglichten die Zucht robuster und hübscher Pferde. Man unterscheidet in Irland zwischen dem Vollblut, dem Zugpferd und dem Connemara Pony. Das Jagdpferd ist als Halbblut eine Kreuzung aus einem Vollblut-Pferd und einem Zugpferd. Die Nachkommen aus der Kreuzung zwischen einem Halbblut, wie etwa dem Jagdpferd, und einem Vollblut werden besonders gerne beim Springen eingesetzt. Das **Connemara Pony** ist bis zu 1,48 Meter groß und stammt aus Connemara im Westen Irlands. Es ist robust, temperamentvoll und gutmütig.

Reitsport hat in Irland viele Formen: als Reiterurlaub für Touristen, Show-Springen, internationale Wettrennen, Derby, den derben Pferdemärkten oder zur exklusiven Jagd. Letzteres ist sehr populär in Irland. Damit ist meistens die Fuchsjagd gemeint, daneben gibt es aber noch rund ein Dutzend weiterer Jagdarten, beispielsweise Hirsch- und Hundejagden. Die Jagdsaison beginnt im Oktober und endet im März.

Show-Springen gehört zu den wichtigsten Wochenendvergnügungen der Iren. Über 500 Schauspringen finden pro Jahr auf der Insel statt.
Von internationaler Bedeutung sind die irischen Pferderennen. Falls man die Gelegenheit dazu hat, sind sie auf jeden Fall einen Besuch wert. Die Eintrittspreise belaufen sich für Erwachsene auf 5 bis 8 Pfund, Kinder erhalten meist freien Einlaß.

Weitere **Auskunft** erteilt:
Irish Horseracing Authority, (Nancy Crisp, Administrator) Leopardstown Racecourse, Foxrock Dublin 18, Tel.: 01 2892888, Fax: 01 2897297

INFO

Greyhound Races

Nach einem anstrengenden Besichtigungstag ist der Besuch eines Hunderennens auf einer Windhundrennbahn sicherlich ein besonderes Ereignis. Das ganze Jahr über finden fast täglich auf 18 "tracks" (davon sind neun staatseigene Plätze) Greyhound-Rennen statt. Meist handelt es sich um Abendveranstaltungen, das erste Rennen beginnt um 20 Uhr. Der Eintritt ins Stadium kostet in der Regel ungefähr 3 Pfund.

Bei den Hunderennen wirft sich niemand besonders in Schale. An dem nicht einmal zu einem Viertel gefüllten Stadium wird deutlich, daß dieser Sport schon einmal bessere Zeiten gesehen hat. Alte Männer, einige jüngere Leute (vielleicht die Besitzer der Hunde) und ein paar Touristen sitzen auf den Bänken, von denen die Farbe schon längst abgebröckelt ist – spannend ist es aber trotzdem und die Stimmung gut.

Zunächst werden die spindeldürren Hunde von blaubemäntelten Betreuern vorbeigeführt.

Vorführung der Hunde

Ihr bestes Alter erreichen die Greyhounds mit 3 Jahren, und ihre längste Renndistanz liegt bei 1.105 Metern. Sechs Hunde sind im Rennen, wobei jeder mit einer anderen Farbe markiert ist. In einer für ein paar Pence käuflichen Broschüre kann man sich über Namen und Herkunft der Tiere informieren. Man trifft seine Auswahl, und ab geht es zu den Wettboxen. Der Mindesteinsatz ist 50 Pence. Beim Wetten gibt es verschiedene Möglichkeiten: Entweder setzt man auf den Gewinn eines Hundes oder aber auf eine Plazierung (z.b. "Disco Nelly" gewinnt den 3. Platz). Schnell geht es zurück an die Rennbahn. Auf los geht's los: Aus einer Klappe springt ein Plüschtierhase hervor, der automatisch in Windesgeschwindigkeit über die Rennstrecke gezogen wird. Die Hunde – in dem Glauben, es sei ein lebendiges Tier – sprinten hinterher. Ehe man sich's versieht, ist der Spaß schon vorbei. Aufregung herrscht im Stadion. Dann ertönt über Lautsprecher die Bekanntgabe der Gewinner. Hat man gewonnen, muß man sich beeilen, um an den Wettboxen seinen Gewinn in Empfang zu nehmen. Und schon geht es wieder weiter mit einem neuen Einsatz. 5 oder 6 Rennen finden pro Veranstaltung statt. Hat man am Ende des Abends immer noch ein paar Pfunde in der Tasche und sein Eintrittsgeld wieder raus, schmeckt das wohlverdiente Bier sicherlich besonders gut.

Weitere Auskunft erteilt: Irish Greyhound Racing Board, 104 Henry Street, Limerick, Tel.: 061 316788, Fax: 061 316739

Persönliche Notizen

Persönliche Notizen

Das kostet Sie
Irland

- Stand November 1998 -

Auf den grünen Seiten geben wir Ihnen Preisbeispiele für Ihren Urlaub in Irland, damit Sie sich ein realistisches Bild über die Kosten einer Reise und eines Aufenthaltes machen können. Natürlich sollten Sie die Preise nur als **Richtschnur** auffassen.
Achtung: Die Preisangaben im Reiseteil Kap. 4.1 bis 4.5 und 4.7 beziehen sich auf das irische Pfund. In Nordirland gilt das britische Pfund Sterling.

Währung: 1 Irisches Pfund bzw. 1 Pfund Sterling = 2,76 DM

BEFÖRDERUNGSKOSTEN

● **Internationale Flüge**
Aer Lingus bietet zu bestimmten Zeiten Wochenendtarife zu 399 DM von Düsseldorf und Frankfurt nach Dublin. Mit dem Super Flieg & Spar Preis kann man ab Frankfurt, Düsseldorf und Zürich für 500 DM fliegen. Für einen Linienflug Hamburg - Dublin muß man mit ca. 700 DM rechnen.

● **Fähren**
- Direktverbindung: **Cherbourgh/Le Havre nach Rosslare/Cork** je nach Kabinenwahl (hin und zurück):
1 Person plus Pkw:
Nebensaison: ab 720 DM, Hauptsaison: ab 1.120 DM
4 Personen plus Pkw:
Nebensaison: ab 720 DM, Hauptsaison: ab 1.300 DM
Reisende ohne Fahrzeug: Nebensaison: ab 180 DM, Hauptsaison: ab 210 DM
- **Roscoff - Cork** je nach Kabinenwahl (hin und zurück):
1 Person plus Pkw:
Nebensaison: ab ca. 700 DM, Hauptsaison: ab ca. 1.100 DM
4 Personen plus Pkw:
Nebensaison: ab ca. 1.000 DM, Hauptsaison: ab ca. 1.500 DM

● **Landbridge**: Hamburg - Harwich und Pembroke - Rosslare (einfache Fahrt):
Nebensaison: ab 103 DM, pro Person in 4-Bett-Liegeabteil, Pkw: 113 DM, Fahrrad 10 DM
Hauptsaison: ab 188 DM, pro Person in 4-Bett-Liegeabteil, Pkw: 239 DM, Fahrrad: 36 DM

● **Mietwagen**
Die Preise der verschiedenen Anbieter variieren erheblich. Bei lokalen Anbietern kann man einen Kleinwagen bereits für 25 Pfund pro Tag mieten. Bei bekannteren Firmen liegen die Preise in etwa folgendermaßen: für 1-2 Tage (pro Tag) 48 (Ford Fiesta) bis 84 Pfund (Toyota Corolla), bei 3-6 Tagen (pro Tag) 32 bis 61 Pfund, bei 14 Tagen (pro Tag) 27 bis 52 Pfund.

- **Busfahren** (hin und zurück)
Dublin - Cork: 16 Pfund
Dublin - Galway: 10 Pfund
Dublin - Limerick: 13 Pfund
Dublin - Waterford: 8 Pfund
Dublin - Rosslare Harbour: 11 Pfund
Dublin - Sligo: 11 Pfund
Dublin - Killarney: 14 Pfund
Dublin - Belfast: 14 Pfund

- Fahrten mit der **Eisenbahn** sind im allgemeinen teurer, es gibt aber verschiedene Sondertarife und Sondertickets.

- **Taxi**
Die folgenden Preisbeispiele gelten für die größeren Städte:
Mindestfahrpreis 1,80 Pfund. Für jede zusätzliche Meile oder 9 Minuten 75 Pence.
Zusätzlicher Passagier: 40 Pence oder pro Gepäckstück 40 Pence.
Dublin Flughafen - Innenstadt: ca. 12 Pfund
Flughafen Shannon - Limerick: ca. 18 Pfund
Flughafen Cork - Innenstadt: ca. 9 Pfund

Aufenthaltskosten

- **Übernachten**
Jugendherbergen/Hostels: 5-10 Pfund
B&B/Farmhaus: 12-22 Pfund
Gästehaus: 20-50 Pfund
Hotel: 50-120 Pfund
Ferienhaus: 80-300 Pfund/Woche

Die Preise für Unterkünfte variieren je nach Lage und Saison erheblich. Viele Hotels bieten am Wochenende Angebote zu "Special Rates" sowie zum Teil erhebliche Vergünstigungen in der Nebensaison an. Erkundigen lohnt sich.
Die im vorliegenden Reise-Handbuch angegebenen Preise (preiswert/günstig - moderat/mittlere Preisklasse - gehobene Preisklasse - obere Preisklasse/Luxusklasse) beziehen sich auf die Kosten pro Person in einem Doppelzimmer pro Nacht.
Preiswert/günstig: unter 20 Pfund
Mittlere Preisklasse/moderat: 20-40 Pfund
Gehobene Preisklasse: ab 40/45 Pfund
Obere Preisklasse/Luxusklasse: 80-120 Pfund

- **Lebensmittelpreise**
1 Liter frische Milch: 0,65 Pfund
1 Brot: 0,75 Pfund
1 Pfund Butter: 1,60 Pfund
12 Eier: 1,60 Pfund
1 Pfund irischer Käse: 2,80 Pfund
5 kg Kartoffeln: 2,70 Pfund
1 Pfund frischer Lachs: 4 Pfund
80 Teebeutel: 1,70 Pfund
1 Pfund Kaffee: 3,80 Pfund
1 Flasche Wein: 4 Pfund
1 Dose Bier: 1,20 Pfund
Zigaretten 20 Stück: 3,20 Pfund

● **Restaurant**
Die Preise für Essen und Trinken in Lokalen variieren erheblich. Die irische Restaurantszene wechselt rapide, und eine Empfehlung vor Ort oder in den Tourist Informations kann nützlich sein. Folgende Angaben beziehen sich auf ein Gericht ohne Getränk:
- Obere Preisklasse: 25-30 Pfund
- Gehobene Preisklasse ab 20 Pfund
- Mittlere Preisklasse: bis 20 Pfund
- Günstig/Preiswert: unter 10 Pfund

Imbiß/Lunch
Pub-Grub (kleine warme Mahlzeit im Pub): ca. 5-8 Pfund
Fish: 0,80-1,20 Pfund
Fish & Chips: 3-4 Pfund

● **Drinks** (in Pubs) kosten
1 Pint Bier (Lager): ca. 1,90-2,50 Pfund
1 Pint Guinness: ca. 2,20 Pfund
4 cl Spirituosen (z.B. Whiskey): ca. 1,90 Pfund

● **Benzin**
1 Liter bleifreies Benzin kostet ca. 51 pence.

● **Telefonieren**
Der Mindesteinwurf für Auslandsgespräche ist 50 Pence, ein Ortsgespräch kostet 30 Pence.

● **Kostenkalkulation** für einen dreiwöchigen Aufenthalt mit Übernachtung und Verpflegung in der Republik Irland. Die Transportkosten sind dabei nicht berücksichtigt, da die Art des Reisens in Irland selbst sowie die Kosten der Anreise preislich erheblich variieren. Auch beinhaltet die Rechnung keine Eintrittspreise sowie Pub-Besuche.
- Günstig: ca. 800-1.000 DM: Übernachtung in Jugendherbergen/Hostels, überwiegend Selbstversorgung
- Mittelklasse: ca. 2.000-2.500 DM: Übernachtung in B&Bs oder Gästehäusern, Pub-Lunch und Dinner im Mittelklasse-Restaurants
- Hochwertig: ca. 3.500-4.000 DM: Übernachtung in Hotels, Lunch und Dinner in Restaurants

From the Farm

No service charge added to bills.
However gratuities at your
own discretion.

**All of our main courses are served
with a choice of French fries or
potatoes of the day and
a coleslaw garnish.**

19.	SUPREME OF CHICKEN KIEV *(Fillet of Chicken stuffed with garlic butter, breaded and deep-fried).*	£8.50
20.	ROAST STUFFED CHICKEN & HAM	£7.95
21.	CHICKEN MARYLAND *(Breaded fillet of chicken, served with pineapple and banana fritters).*	£8.50
22.	8oz SIRLOIN STEAK	£8.95
23.	10oz SIRLOIN STEAK	£10.50
24.	14oz SIRLOIN STEAK	£12.50
25.	7oz FILLET STEAK	£9.95
26.	10oz FILLET STEAK	£12.50
27.	SURF & TURF *(8oz Sirloin steak and monkfish scampi).*	£11.50
28.	ROAST RIB OF BEEF, HOUSE STYLE	£7.95

*Pepper or Diane Sauce
available with steaks - £1 extra*

Side Orders

29. FRENCH FRIED ONION RINGS	£1.65
30. SAUTÈE MUSHROOMS	£1.50
31. SAUTÈE ONIONS	£1.50
32. DEEP FRIED BREADED MUSHROOMS	£1.65
33. FRESH VEG. OF THE DAY	£1.65
34. SIDE SALAD	£1.65

Salads

35. SALAD OF YOUR CHOICE   £6.95

Desserts

All Desserts £1.95

36. HOMEMADE CHEESE CAKE *Olde Stand Style*	39. HOMEMADE APPLE TART
	40. FRESH FRUIT SALAD
37. PROFITEROLES *(with hot chocolate sauce)*	41. BANANA BOAT
38. CHOCOLATE FUDGE CAKE	42. WATERFORD CHEESE & CRACKERS

All of our desserts are homemade here on the premises.

Tea or Coffee   65p

Irland-Neuigkeiten
– Stand: November 1998 –

Inhalt

1. Allgemeines

● **Bier**: Mit 141 Litern Bier pro Jahr und Kopf sind die Iren hinter den Tschechen (160 Liter) und vor den Deutschen (138 Liter) die zweitgrößte Biertrinker-Nation der Welt.

● **St. Patrick's Parade in Wien**: 1998 fand erstmalig – organisiert vom Pub "Paddy O'Brian" am Passauer Platz – ein Umzug zu Ehren des hl. Patrick statt.

● **Neuer Nationalpark** im Co. Mayo: Irlands neuer Nationalpark ist ein 20.000 Hektar großes Gebiet rund um das Owenduff-Nephin Beg. Neben Killarney, Glenveagh, Connemara, Burren und Wicklow ist dies Irlands sechster Nationalpark.

● **Letterkenny, Co. Donegal**: Auf Straßen und öffentlichen Plätzen darf kein Alkohol mehr getrunken werden. Verstöße gegen dieses neue Gestz werden mit bis zu 500 Pfund Strafe geahndet.

● **Berg mit unanständigem Namen**: Der in der Provinz Connacht gelegene Berg "Devil's Testicles", Hoden des Teufels, der wegen seines unanständigen Namens von Kartographen im 19. Jahrhundert in "Devil's Mother" umbenannt wurde, hat jetzt seinen Originalnamen wiedererhalten.

● **Böll-Akademie**: 1997 wurde die "Heinrich-Böll-Academy" ins Leben gerufen. Träger sind das irische "Heinrich-Böll-Committee Achill" und die neugegründete deutsche Gesellschaft "Netzwerk Irland e.V.". Das Ziel des Vereins ist die Verstärkung des Kulturaustausches zwischen den beiden Ländern. Seit mehreren Jahren wird Bölls Cottage in Dugort, wo der Literaturnobelpreisträger bis 1983 lebte, als ein Ort genutzt, in dem sich Künstler zurückziehen können. Weitere Informationen von John McHugh, Tel. und Fax: 098 47306, und Dagmar Kolata, Tel.: 094 81697, Fax: 00353 94 81074.

● **Aran-Inseln**: Seit Mitte Dezember 1997 erhalten die Aran-Inseln durch ein 40 Kilometer langes Unterwasserkabel Strom vom Festland. Etliche Dieselge-

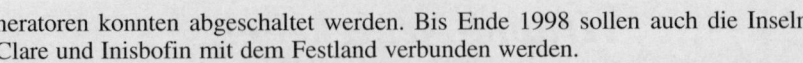

neratoren konnten abgeschaltet werden. Bis Ende 1998 sollen auch die Inseln Clare und Inisbofin mit dem Festland verbunden werden.

● In **Shinrone, Co. Offaly**, wurden die Überreste eines tonnengewölbten Schmelzofens aus dem 17. Jahrhundert entdeckt, in dem mit Holzfeuer Glas geschmolzen wurde. Obwohl die Engländer 1638 den Iren verboten hatten, Glas herzustellen, wurden in Offaly bis 1666 Glasbrennöfen gebaut.

● **Einige Statistiken**

- Fast 3 Millionen irische Bürger leben außerhalb Irlands, davon 2 Millionen in Großbritannien, 500.000 in den USA, 213.000 in Australien und 74.000 in Kanada.
- Fast 70 Millionen Menschen weltweit können irischen Ursprung behaupten. Mit dem Argument, daß die Vorfahren aus ökonomischen Gründen emigrieren mußten, sind die Iren recht großzügig, was die Verleihung von Bürgerschaft anbelangt. Der irische Ursprung kann bis zu den Urgroßeltern zurückreichen.
- Galway ist mit rund 60.000 Einwohnern und einer jährlichen Wachstumsrate von 2,5% nach Dublin und Cork die drittgrößte Stadt Irlands.
- 1958 landete der erste Jet auf dem Shannon Airport. Damals wurden 90.000 Passagiere abgefertigt. 1997 waren es 1.343.421. Im gleichen Zeitraum stieg die Frachtabfertigung von 1.300 auf 39.500 Tonnen.

● **Tourismus**

- 1997 kamen rund 5 Millionen Urlauber nach Irland und brachten knapp 2 Milliarden Pfund ins Land. In der zweiten Hälfte 1997 gab es einen Zuwachs von 13% an Hotelbetten – das sind 4.100 neue Betten – über 50% davon in Dublin. Für 1998 belaufen sich die Hochrechnungen auf gut sechs Millionen Touristen, davon 380.000 Irland-Urlauber aus Deutschland, Österreich und der Schweiz.
- Die größte Zuwachsrate liegt im Golftourismus. 1997 kamen 106.000 Golf-Urlauber nach Irland und brachten rund 132 Millionen Mark ins Land. (Auf dem zweiten Platz folgten mit rund 97.000 Urlauber die Angler.) So betrugen beispielsweise die Einnahmen der beiden Anlagen Waterford und Tramore 1992 rund 102.000 Pfund. Zusammen mit den beiden neuen Plätzen in der Region, Waterford Castle und Faithlegg, konnten 1997 rund 550.000 Pfund eingenommen werden, und für 1998 erwartet man 700.000 Pfund. Die Bedeutung des Golfsportes in Irland läßt sich auch gut anhand der Mitgliederzahlen belegen: In Deutschland gibt es bei 82 Millionen Einwohnern 118.000 aktive Golfer, also rund 0,22%. Irland hat bei 3,5 Millionen Einwohnern knapp 39.000 Golfclub-Mitglieder, im Verhältnis zu Deutschland also fünfmal mehr. Europaweit gesehen gibt es in Irland für 14.000 Einwohner einen Golfplatz, in Österreich sind es 95.000, in der Schweiz 155.000 und in Deutschland müssen sich, statistisch gesehen, sogar 186.000 Menschen einen Platz teilen.
- Ab dem Jahre 2002 wird Tourismus Irlands wichtigster Wirtschaftszweig sein, so eine Studie des irischen Verbandes der Tourismusindustrie (ITIC). Landesweit müssen dafür innerhalb der nächsten sechs Jahre 753 Millionen Pfund in die touristische Infrasruktur investiert werden. Neben Dublin sollen

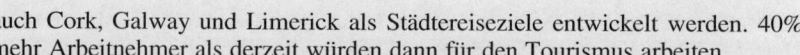

auch Cork, Galway und Limerick als Städtereiseziele entwickelt werden. 40% mehr Arbeitnehmer als derzeit würden dann für den Tourismus arbeiten.

- Die Zahl der im Tourismus Beschäftigten stieg von 1992 bis 1997 um 20% auf rund 115.000 (die rund 80.000 Menschen, die in den Pubs arbeiten, wurden dabei nicht mitgezählt). 1997 wurden durch den Tourismus 6.000 neue Arbeitsplätze geschaffen.

- Das staatliche Tourismus- und Wirtschaftsförderungsunternehmen Shannon Development hat 1996 im Westen und Südwesten umgerechnet 200 Millionen Mark in die touristische Infrastruktur investiert. 1.767 neue Arbeitsplätze wurden dadurch geschaffen, und bis zum Jahr 2000 soll sich die Zahl auf 23.000 erhöhen.

- An dem 190 km langen Ring of Kerry wohnen 41.500 Menschen, von denen 50% vom Tourismus leben. Zur Hauptsaison wird der berühmte Ring of Kerry von 5.000 Fahrzeugen pro Tag befahren.

- Co. Kerry und Co. Cork investieren für die Promotion ihrer Region 400.000 Pfund (zwei Drittel mehr als 1997), um die Schwelle von drei Millionen Besuchern zu überschreiten. Das Ziel ist es, mindestens eine halbe Milliarde Pfund von den Touristen einzunehmen.

● **Wirtschaft: weiter im Aufschwung**
Laut einer Studie der Europäischen Kommission zur Entwicklung des Bruttosozialproduktes hatte Irland bereits Ende 1995 England überholt. 1996 war der EU-Schnitt erreicht, im vergangenen Jahr Frankreich eingeholt, und bis Ende des nächsten Jahres soll das Bruttosozialprodukt von Deutschland erreicht sein. Erstmals in der Geschichte wandern mehr Leute nach Irland ein als aus. Etliche ausländische Unternehmen haben sich in Irland angesiedelt. Die Wachstumsraten des Landes liegen seit 1994 bei 7%. Die Maastricht-Kriterien erfüllt Irland fast problemlos.

2. Veränderte Eintrittspreise und Öffnungszeiten

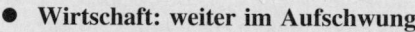

● Das **Granuaile Interpretive Centre**, Co. Mayo, ist nur bis 18.00 Uhr geöffnet. Siehe S. 446
● **Ashford Castle, Co. Mayo**: Das Gelände ist nur am Wochenende mit dem Auto nicht befahrbar und mit einer Schranke abgesperrt. Siehe S. 443
● **Tuam, Co. Mayo**: Die St. Mary's Cathedral ist zwischen 13.00 und 14.00 Uhr geschlossen. Siehe S. 442

● **Belfast**: Das Northern Ireland Tourist Board, St. Anne's Court, 59 North Street, hat neue Öffnungszeiten: September-Juni Mo-Sa 9.30-17.15 Uhr, Juli und August Mo-Fr 9-18.30 Uhr, Sa 9-17.15 Uhr, So 12-16 Uhr. Tel.: 246609, Freitelefon für Reservierungen: 0800 404050.
● **Belfast**: Belfast Castle, Antrim Road, Öffnungszeiten: täglich 9-22.30 Uhr, Eintritt frei. Führungen sind möglich. Das Restaurant ist von 11-22 Uhr geöffnet. Tel.: 776925
● **Belfast**: Linen Hall Library, Donegall Square North, Öffnungszeiten: Mo-Fr 9.30-17.30 Uhr, Do 9.30-20.30 Uhr, Sa 9.30-16.30 Uhr, Tel.: 321707

- **Belfast**: City Hall, Donegall Square, Führungen Oktober-Mai: Mo-Fr 14.30 Uhr, Mi 10.30 Uhr, Juni-September Mo-Fr 10.30 Uhr, 11.30 Uhr und 14.30 Uhr, Sa 14.30 Uhr, Gruppentouren sind (auch in verschiedenen Sprachen) nach vorheriger Anmeldung möglich, Eintritt frei. Tel.: 320202 ext. 2346
- **Belfast** – Stadtführungen (Auskunft unter Tel.: 246609 / 491469):
- "The Old Town of 1660-1685": Dauer 1 ½ Stunden, Ostern bis Oktober, Sa 14 Uhr. Treffpunkt: Tourist Information Centre, North Street.
- Pub Walking Tour. Juni-September, Sa 16 Uhr. Treffpunkt: Tourist Information Centre, North Street.
- City Centre & Laganside Walk, Dauer 2 Stunden, Juni-September, Fr 14 Uhr, Juli und August auch Mi 10.30 Uhr. Treffpunkt: City Hall, Haupteingang.

3. Veränderte Telefonnummern

- **Neptune's Budget Accommodation in Killarney**: New Street, Killarney, Co. Kerry, Tel.: 064 35255, Fax: 064 36399, e-mail: neptune@tinet.ie
- **Belfast: Waterfront Hall & Conference Centre**, Lanyon Place. Reservierungen, Tel.: 334455, allgemeine Information, Tel.: 334400. Die Konzerthalle und Unterhaltungszentrum wurde im Januar 1997 eröffnet. Das Haupt-Auditorium hat 2.235 Sitzplätze. Daneben gibt es eine kleinere Halle mit 500 Plätzen.
- **Belfast, Civic Arts Centre**, Botanic Avenue, Tickets, Tel.: 316900
- **Carrickfergus**, **Carrickfergus Castle**, Tel.: 01960 365190

4. Transport

- Leser haben mich auf folgende Änderung hingewiesen: Die letzten **Stadtbusse in Dublin** fahren nicht um 22.30 Uhr, sondern um 23.30 Uhr. Donnerstag, Freitag und Samstag werden Nachtbusse eingesetzt, die um 24 Uhr, 1 Uhr und 2 Uhr von der Innenstadt in verschiedene Stadtteile fahren.
- **Irland per Bus**: Fahrpläne für alle lokalen und regionalen Busverbindungen sind in Bahnhöfen, Bushaltestellen, Touristen- und Informationsbüros sowie einigen Buchhandlungen erhältlich (1 Pfund).
- **Belfast: Citybus** bietet in alle Stadtteile einen regelmäßigen Linienservice. Einzelfahrkarten können bei den Fahrern gelöst werden, günstige Mehrfahrt-Karten sind in lokalen Geschäften oder im Citybus-Kiosk am Donegall Square West erhältlich.
- **Nordirland: Ulsterbus** fährt Orte in ganz Nordirland an. Abfahrt in Belfast vom Europa-Bus-Zentrum, Glangall Street, und vom Laganside Bus-Centre, Oxford Street.
- Der **Expressbus Belfast - Dublin** fährt vom Europa-Bus-Zentrum aus Mo-Sa 7 x pro Tag und So 3 x.
- **Ulsterbus Cross Channel Services**: Abfahrt vom Europa-Bus-Zentrum nach London, Manchester, Glasgow, Edinburgh, Birmingam, Carlisle, Blackpool, Leicester und Newcastle.
- **Nordirland – Businformationen**: Ulsterbus, das Europa-Bus-Zentrum und Laganside-Bus-Zentrum sind unter Tel.: 333000 erreichbar.

- **Parken in Dublin**: Leser haben mich auf darauf aufmerksam gemacht, daß man seinen Wagen recht günstig an der Heuston Station parken kann.
- **Verkehrsentlastung in Dublin**: In der Hauptstadt werden bis zum Jahre 2000 in Richtung Tallaght, Swords, Rathfarnham, Nord- und Süd-Clondalkin sowie Ranelagh sechs insgesamt 60 Kilometer lange Fahrspuren eingerichtet, auf denen ausschließlich Busse und Fahrräder fahren dürfen.
- **Dublin** soll für den Nahverkehr eine **Straßenbahn** bekommen. Die "Light Rail Transit" (LUAS) soll im Jahre 2005 fertig sein, die Baukosten werden auf 600 Millionen Pfund geschätzt. Abgesehen von der 2,5 km langen Strecke von St. Stephen's Green unter dem Fluß Liffey nach Broadstone, verläuft LUAS überirdisch.
- **Luxuszug von Dublin nach Belfast**: Mit EU-Geldern in Höhe von 350 Millionen Mark wurde die Strecke Dublin und Belfast restauriert. Die "Enterprise" befährt die Strecke täglich achtmal. Auskunft: Iarnród Eireann, Tel.: 01 8388222. (Studenten erhalten Ermäßigung.)
- **Tunnel durch die Irische See**: Um die Autofahrt von Dublin nach London um 3 ½ Stunden zu verkürzen, gibt es Pläne für eine Untertunnelung der Irischen See. Die bisherigen Kostenkalkulationen für einen 56 Meilen langen Eisenbahntunnel zwischen Holyhead und Dublin belaufen sich auf 14 Mrd. Pfund. Der früheste Baubeginn ist 2010, die Bauzeit soll 6 Jahre betragen.
- **Dublins Prachtstraße, die O'Connell Street**, soll innerhalb der nächsten vier Jahre komplett umgestaltet werden. Statt sechsspurig soll sie nur noch vierspurig befahren werden. Vor dem General Post Office ensteht eine Fußgängerzone mit Bäumen und Skulpturen. Weiterhin ist eine direkte Verbindung zwischen der Hugh Lane Gallery und dem Garden of Remembrance geplant. Auch die Seitenstraßen Marlborough Street, Hawkins Street, Moore Street und Westmoreland Street sollen durch offene Verkehrsflächen und Fußgängerbrükken verschönert werden.
- **Neuer Riesenkreuzer auf dem Shannon**: die MS Goldsmith, 35 Meter lang, sechs Meter breit und 100 Tonnen schwer, ist das bisher größte Flußkreuzfahrtschiff Irlands und wird zwischen Killaloe und Carrick-on-Shannon kreuzen.
- **Dublin**: Westlich der Halfpenny Bridge entsteht eine zweite Fußgängerbrücke. Die **Millenium Footbridge** wird den Ormond Quay mit dem Wellington Quay verbinden.
- **Dublins Flughafen** soll eine **Bahnverbindung** zur Connolly Station bekommen. Der Flughafen von Dublin ist derzeit der einzige in Europa mit mehr als zehn Millionen Passagieren pro Jahr ohne einen Gleisanschluß. 1998 werden 11 Millionen Passagiere erwartet – eine Verdoppelung der Zahlen gegenüber 1992.
- **Cork** plant (nach dem Vorbild der Dubliner DART) den Bau einer Schnellbahn, wodurch die Vororte Blarney, Blackpool, Kilbarry und Cobh mit Cork-City verbunden werden sollen.
- Die **M 50**, Irlands einzige Autobahn, die vom Dubliner Flughafen im Halbkreis in den Westen der Stadt führt, wird von Ahankill, südlich von Dun Laoghaire, weitergeführt. Das erste Teilstück soll im Jahr 2000 fertig sein, die ganze Autobahn im Jahre 2003.

- **Irish Ferries auch im Winter**: Das neue Fährschiff, die MS Normandy (1.600 Passagiere und 450 Fahrzeuge), wird auch von September bis Dezember die Route Cherbourg-Rosslare befahren. Eine weitere Neuerung von Irish Ferries sind die **neuen Nebensaisontarife**, die bereits ab Mitte August gelten. Ein Wohnmobil oder ein maximal 6,50 Meter langes Auto wird, zusammen mit vier Passagieren, ab 360 DM pro Strecke befördert.

5. Shopping

- **Killarney** erhält einen neuen Einkaufskomplex – Irlands ersten "Direkt-ab-Fabrik-Verkauf". Die Eröffnung soll im März 1999 sein.
- In Limerick entsteht am Cornmarket Square ein Wohn-, Freizeit- und Einkaufszentrum. Durch eine georgianische Fassadengestaltung soll der Komplex dem architektonischen Stadtbild angepaßt werden.

6. Unterkunft

- Der **Autofahrerclub Automobile Association (AA)**, Irlands älteste Vereinigung, die Hotels auszeichnet, hat die Gewinner ihrer drei großen Hotelpreise für 1998 bekanntgegeben:
- Das AA-Hotel des Jahres ist das **Killarney Park Hotel**, Kenmare Place, Killarney, Co. Kerry, Tel.: 064 35555, Fax: 064 35266. Das 4-Sterne Deluxe Hotel überzeugt vor allem durch seine elegante Einrichtung und die offenen Kaminfeuer. Das Restaurant wurde kürzlich renoviert. Die Übernachtungspreise (mit Frühstück) rangieren zwischen 60 und 80 Pfund. Zu dem Hotel gehört ein Freizeitzentrum.
- Das Bed & Breakfast des Jahres ist das **Ballyvolane House**, Castlelyons, Co. Cork, Tel.: 025 36349, Fax: 025 36781, e-mail:ballyvol@iol.ie. Ballyvolane House ist von einem großen Anwesen umgeben. 1728 erbaut, wurde das Haus 120 Jahre später klassizistisch verändert. Alle 6 Zimmer sind en-suite, und die Übernachtungspreise (mit Frühstück) liegen zwischen 35 und 45 Pfund. Angelmöglichkeiten bestehen in den privaten Lachsgewässern im River Blackwater.
- Der AA-Preis für "Courtesy and Care" ging an das **Portmarnock Hotel and Golf Links**, Strand Road, Portmarnock, Co. Dublin, Tel.: 01 8460611, Fax: 01 846 2442. Das 4-Sterne Luxushotel liegt direkt an der Küste, 6 km vom Flughafen in Dublin entfernt. Der 18-Loch Golfplatz wurde von Bernhard Langer gestaltet. Übernachten und frühstücken kann man hier ab 95 Pfund.

- **Neue Hotels in Dublin**
- **The Clarence**, Wellington Quay, Dublin 2, Tel.: 01 6709000. Das Clarence, mitten im Temple-Bar Viertel gelegen, bietet Luxus pur und besticht vor allem durch seine minimalistische Inneneinrichtung.
- **The Merrion**, Upper Merrion Street, Dublin 2, Tel.: 01 6030600, Fax: 01 6030700. Gleich gegenüber dem Regierungsgebäude wurde ein kompletter Zug

georgianischer Häuser von Grund auf renoviert. Die 146 Zimmer und 6 Suiten bieten höchsten Komfort und sind mit Fax, ISDN und Sat-TV ausgestattet.

- **Ferien im Leuchtturm** bietet der Hagener Veranstalter Shamrock Irlandreisen an. Der 1804 erbaute, mehrfach modernisierte Leuchtturm steht auf Clare Island im Co. Mayo. 1965, als die Schiffahrt nach Westport eingestellt wurde, hatte der Turm ausgedient und wurde verkauft. Die neuen Besitzer eröffneten hier eine extravagante, aber wunderschöne und familiäre Privatpension. Auskunft von Shamrock Irlandreisen unter Tel.: 02331 86682.

Für **gesundheitsbewußte Urlauber** gibt es eine neue Broschüre, in der "Health Farms" des Landes aufgeführt sind. Die acht aufgeführten **Gesundsheitsfarmen** unterliegen der strengen Kontrolle der "Health Farm Association". Zu beziehen ist die Broschüre über die Irische Fremdenverkehrszentrale in Frankfurt.

● **Neue Übernachtungspreise haben:**
- Rolf's Holiday Hostel & Restaurant, Baltimore: Schlafsaal ab 7 Pfund, Doppelzimmer ab 11.50 Pfund, Familienzimmer ab 32 Pfund, Camping ab 3.50 Pfund. Siehe S. 316
- Schull Backpackers' Lodge, Schull: Schlafsaal ab 7 Pfund, Doppelzimmer ab 10 Pfund, Familienzimmer ab 25 Pfund, Camping ab 4 Pfund. Siehe S. 319
- Bantry Independent Hostel, Bantry: Schlafsaal ab 6.50 Pfund, Doppelzimmer ab 9 Pfund, Familienzimmer ab 25 Pfund. Siehe S. 321

● **Zusätzlich** zu den im Buch angegebenen Übernachtungsmöglichkeiten wurden der Autorin folgende Adressen empfohlen:
- das **Sycamore View**, Cathedral Close, Ballina, Co. Mayo, Tel.: 96 21495. Die Besitzer, Dom and Ber Price, sind sehr nett. Um sich besser mit seinen Gästen unterhalten zu können, lernt der Hausherr sogar Deutsch. Abendbrot nach vorheriger Anmeldung möglich. B&B kostet 18 Pfund.
- In **Ballyconnell, Co. Cavan**, einer touristisch weitgehend unbekannten Region, wurde das **Sandville House Hostel** empfohlen. Der Besitzer John bastelt seit Jahren an dem Hostel und hat sich die Verschönerung des Hauses zu seiner Lebensaufgabe gemacht.
- Aufgrund der Fürsorge für die Gäste wurde weiterhin empfohlen: "**The Heron's Cove**", Mrs. Sue Hill, The Harbour, Goleen, West Cork, Co. Cork, Tel.: 028 35225, Fax: 028 35422, e-mail:suehill@tinet.ie. The Heron's Cove, in der Nähe von Barleycove gelegen, kostet für B&B pro Person zwischen 20 und 30 Pfund. Alle 5 Zimmer sind en-suite ausgestattet. Das Restaurant wurde von Egon Ronay empfohlen, besonders lecker sind Fisch- und Lammgerichte (siehe S. 319). Morgens gibt es ein deftiges irisches Frühstück. Das Haus ist ganzjährig geöffnet, außer Weihnachten.
- Empfohlen wurde der im letzten Jahr eröffnete **Gateway Caravan und Camping Park** in **Ballinode**, Co. Sligo, Tel. und Fax: 00353 7145618. Es gibt Platz für 40 Wohnwagen und 10 Zelte. Der Platz ist ganzjährig geöffnet.

7. Restaurants

● **Geschmacklos?** Die Hafenstadt **Cobh** hat eine neue Touristenattraktion zu bieten, das **Restaurant "Titanic"**. Keine Kosten wurden gescheut, um den Gästen ein möglichst authentisches Ambiente zu bieten. Die Designer und Ausstatter von David Camerons gleichnamigem Film zeichnen auch für die Innenausstattung des neuen Restaurants verantwortlich. So sind die drei Räume, der First Class Smoke Room, der Second Class Dining Room und das Cafe Parisienne, auf der 1914 untergegangenen "Titanic" detailgetreu wiederaufgebaut worden. Selbst die Küche hält sich mit einigen Gerichten an die damalige Speisenkarte. Damit die Gäste das Restaurant direkt an der Hafenmauer auch finden, hat der Besitzer vor dem Lokal einen 9 m hohen Eisberg errichten lassen.

● Im Dezember 1997 wurde am St. Stephen's Green in Dublin das weltweit 61. **"Planet Hollywood"** eröffnet. Mit derzeit 160 Angestellten ist es das größte Restaurant Dublins. Zur Eröffnungsfeier waren Arnold Schwarzenegger, Sylvester Stallone und Bob Geldorf geladen.

● Für Urlauber, die im Flughafen Shannon landen und Appetit auf ein gepflegtes Abendbrot haben, gibt es jetzt die Broschüre **"Dining in the Ennis / Shannon Area"** mit Empfehlungen für 16 gute und sehr gute Restaurant. Erhältlich ist die Broschüre am Informationsschalter des Flughafens Shannon und in Touristeninformationen.

● Neuer Pub-Führer: Die Broschüre **"Irish Pubs of Distinction 1998"** listet jene Pubs unter den insgesamt 1.900 Pubs im Lande auf, die mit der meisten Kultur und Tradition aufwarten können. Erhältlich bei: Vintners Research and Development Company Ltd., 52 Upper Mount St., Dublin 2, Tel.: 01 662 5050

8. Touristische Attraktionen

● **Belfast**: In der **St. Anne's Cathedral** finden Mo-Sa zwischen 10-16 Uhr kostenlose Führungen statt. Auskunft am Informationstisch in der Kirche.

● **Abbeyleix, Co. Louth**: Der Erfolg des Titanic-Films bescherte dem Museum im Heritage House Besucherrekorde. Gezeigt werden dort originale Einrichtungsgegenstände der in Belfast gebauten Titanic, unter anderem Teppiche, die in der Fabrik in Abbeyleix hergestellt wurden.

● **Loughrea, Turoe Farm**: Ein Besuch lohnt nicht nur wegen des Turoe Stone bei Bullaun, sondern – besonders für Familien mit Kindern – auch wegen des schönen Parks mit Picknickplatz, Kinderspielplatz und kleinem Zoo. Siehe S. 403.

● Der **AIB Nationwide Better Ireland Award** ging 1997 in der Kategorie "Kultur und Umwelt" an das Locke's Distillery Museum in Kilbeggan, Co. Westmeath. Der Sieg in der Kategorie "Kunst und Kommunikation" ging an die "Blue Raincoat Theater Company" in Sligo, die eine ehemalige Fabrik in einen Ort für Theateraufführungen und Workshops umwandelte. 1998 ist der begehrte Preis, der von Irlands größter Bank AIB (Allied Irish Bank) gesponsert wird, mit insgesamt 279.000 Pfund dotiert.

telex 8

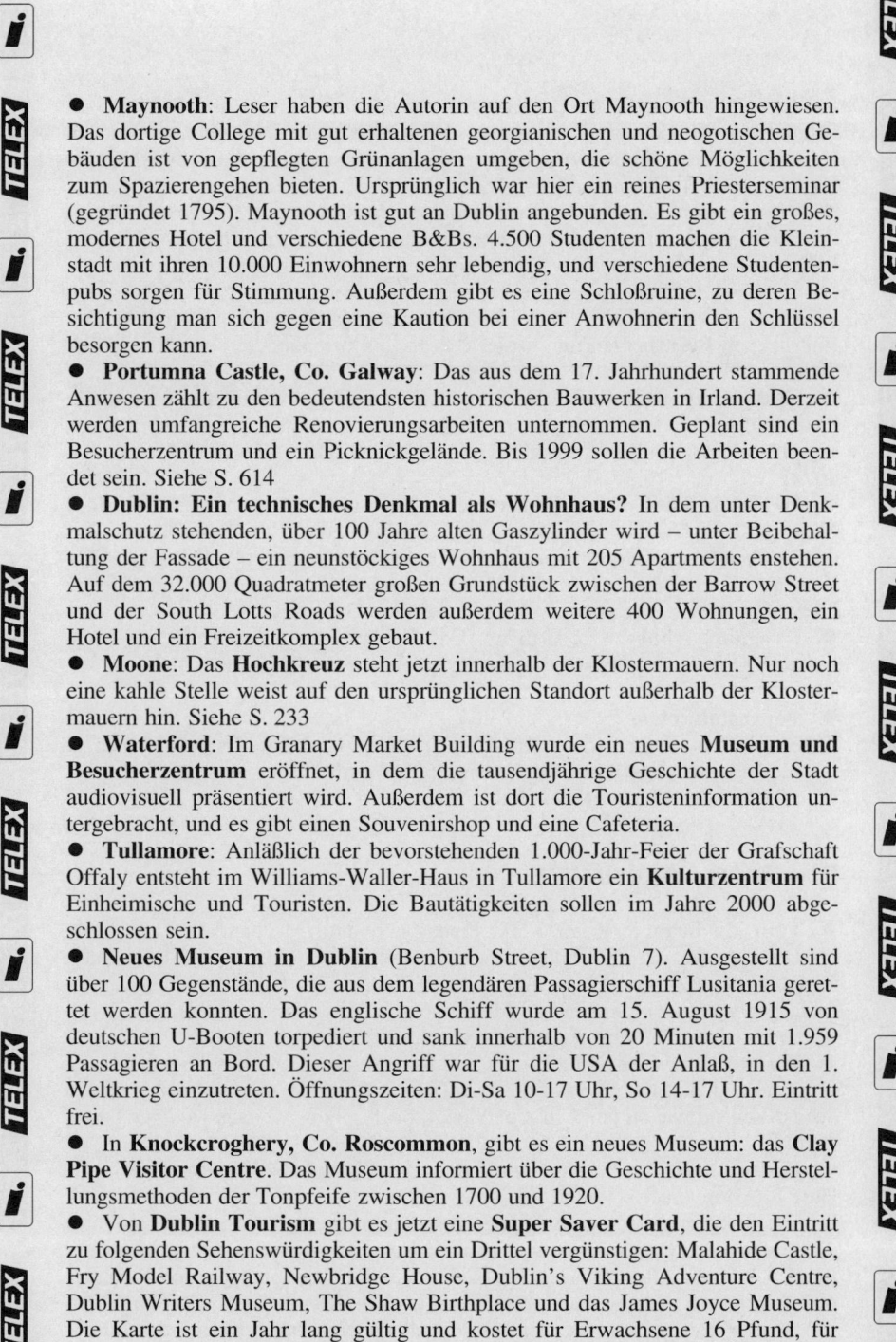

- **Maynooth**: Leser haben die Autorin auf den Ort Maynooth hingewiesen. Das dortige College mit gut erhaltenen georgianischen und neogotischen Gebäuden ist von gepflegten Grünanlagen umgeben, die schöne Möglichkeiten zum Spazierengehen bieten. Ursprünglich war hier ein reines Priesterseminar (gegründet 1795). Maynooth ist gut an Dublin angebunden. Es gibt ein großes, modernes Hotel und verschiedene B&Bs. 4.500 Studenten machen die Kleinstadt mit ihren 10.000 Einwohnern sehr lebendig, und verschiedene Studentenpubs sorgen für Stimmung. Außerdem gibt es eine Schloßruine, zu deren Besichtigung man sich gegen eine Kaution bei einer Anwohnerin den Schlüssel besorgen kann.

- **Portumna Castle, Co. Galway**: Das aus dem 17. Jahrhundert stammende Anwesen zählt zu den bedeutendsten historischen Bauwerken in Irland. Derzeit werden umfangreiche Renovierungsarbeiten unternommen. Geplant sind ein Besucherzentrum und ein Picknickgelände. Bis 1999 sollen die Arbeiten beendet sein. Siehe S. 614

- **Dublin: Ein technisches Denkmal als Wohnhaus?** In dem unter Denkmalschutz stehenden, über 100 Jahre alten Gaszylinder wird – unter Beibehaltung der Fassade – ein neunstöckiges Wohnhaus mit 205 Apartments enstehen. Auf dem 32.000 Quadratmeter großen Grundstück zwischen der Barrow Street und der South Lotts Roads werden außerdem weitere 400 Wohnungen, ein Hotel und ein Freizeitkomplex gebaut.

- **Moone**: Das **Hochkreuz** steht jetzt innerhalb der Klostermauern. Nur noch eine kahle Stelle weist auf den ursprünglichen Standort außerhalb der Klostermauern hin. Siehe S. 233

- **Waterford**: Im Granary Market Building wurde ein neues **Museum und Besucherzentrum** eröffnet, in dem die tausendjährige Geschichte der Stadt audiovisuell präsentiert wird. Außerdem ist dort die Touristeninformation untergebracht, und es gibt einen Souvenirshop und eine Cafeteria.

- **Tullamore**: Anläßlich der bevorstehenden 1.000-Jahr-Feier der Grafschaft Offaly entsteht im Williams-Waller-Haus in Tullamore ein **Kulturzentrum** für Einheimische und Touristen. Die Bautätigkeiten sollen im Jahre 2000 abgeschlossen sein.

- **Neues Museum in Dublin** (Benburb Street, Dublin 7). Ausgestellt sind über 100 Gegenstände, die aus dem legendären Passagierschiff Lusitania gerettet werden konnten. Das englische Schiff wurde am 15. August 1915 von deutschen U-Booten torpediert und sank innerhalb von 20 Minuten mit 1.959 Passagieren an Bord. Dieser Angriff war für die USA der Anlaß, in den 1. Weltkrieg einzutreten. Öffnungszeiten: Di-Sa 10-17 Uhr, So 14-17 Uhr. Eintritt frei.

- In **Knockcroghery, Co. Roscommon**, gibt es ein neues Museum: das **Clay Pipe Visitor Centre**. Das Museum informiert über die Geschichte und Herstellungsmethoden der Tonpfeife zwischen 1700 und 1920.

- Von **Dublin Tourism** gibt es jetzt eine **Super Saver Card**, die den Eintritt zu folgenden Sehenswürdigkeiten um ein Drittel vergünstigen: Malahide Castle, Fry Model Railway, Newbridge House, Dublin's Viking Adventure Centre, Dublin Writers Museum, The Shaw Birthplace und das James Joyce Museum. Die Karte ist ein Jahr lang gültig und kostet für Erwachsene 16 Pfund, für

Kinder 8.50 Pfund, für bis zu 6köpfige Familien 37 Pfund und für Rentner, Schüler oder Studenten 12.50 Pfund. Mit der Sparkarte kann man auch einen Katalog für alle Sehenswürdigkeiten kaufen. Erhältlich ist die Super Saver Card beim Dublin Tourism Centre, Suffolk Street.

● Direkt neben dem **Burren Smokehouse** (Co. Clare), das wegen der Hygienebestimmungen nicht besichtigt werden kann, gibt es jetzt ein **Besucherzentrum**, in dem in einem Kiln (Räucherofen) Lachs zur Demonstration und zum anschließenden Probieren geräuchert wird. Ein 10minütiges Video erläutert den Räuchervorgang. Es gibt einen kleinen Verkaufsladen sowie einen Pub. Der Eintritt zum Besucherzentrum kostet 2 Pfund. Informationen: Tel.: 065 74432. Siehe S. 392

● **Gartenführungen durch Wicklow**: Richard Bury bietet Führungen durch die schönsten Gärten Wicklows an. Weitere Informationen von Richard Bury, Simply Ireland, Ballylusk, Ashford, Co. Wicklow, Tel.: 404 40397, Fax: 404 40747.

● **Wexfords Gärten**: Die Besitzer der sieben größten Gärten in Co. Wexford (dazu gehören beispielsweise der 7.500 Quadratmeter große Ram House Garden in Coolgreany (Gorey) und der 29.000 Quadratmeter große Kilmokea Gardens auf Great Island) haben sich zusammengeschlossen und einen eigenen Gartenführer herausgebracht. Weitere Infos unter Tel.: 53 58836.

● **Kylemore Abbey, Co. Galway**: Das Gebäude kann nun auch von innen besichtigt werden, ebenso die renovierte gotische Kapelle. Siehe S. 438

● **Veranstaltungen**
- Es gibt eine neue Vorverkaufskasse für Festivals und Veranstaltungen in Irland: **Ireland's Festivals and Events**, 6-8 Garville Lane, Rathgar, Dublin 6, Tel.: 01 4974031, Fax: 01 4974601. E-mail: irishevents@tinet.ie.

9. Sport / Aktivitäten

● **Tour de France:** Rund 3.500 Funktionäre und Mechaniker, über 1.000 Medienvertreter, darunter 500 Fernseh- und Radiostationen, 1.200 Rennräder, 13 Hubschrauber, vier Flugzeuge und eine knapp fünf Kilometer lange Autoschlange begleiteten die rund 180 Radrennfahrer auf ihrer dreiwöchigen Reise, die am 11. Juli in Dublin begann und am 2. August in Paris endete.

● **Wandern:** Leser berichteten der Autorin von einer wunderschönen Wanderung entlang der Klipppen von Loop Head. Die Küstenszenerie ist genauso beeindruckend wie an den Cliffs of Moher, doch gibt es weitaus weniger Touristen.

● **Radwandern im Norden der Insel:** Der "**Kingfisher Cycle Trail**" verläuft in Form einer 8 durch die Grafschaften Fermanagh, Leitrim, Donegal, Cavan und Monaghan. An einigen Stellen führen auch zusätzliche Schleifen in die Umgebung. Der Weg ist komplett ausgeschildert und eignet sich sowohl für den Freizeitradler als auch für Radfahrer, die Tagesetappen von mehr als 100 Kilometern nicht scheuen. Radferien für den "Kingfisher Cycle Trail" können auch vorausgebucht werden, einschließlich Unterkunft. Weitere Informa-

tionen beim Tourist Information Centre, Wellington Road, Enniskillen, Co. Fermanagh, Tel.: 0044 8 1365 320121
● **Radtour für Historiker**: Die Tour der "**1798 Commemorative Cycle Route**" beginnt in Killala in Co. Mayo, wo 1798 drei französische Schiffe zur Unterstützung des Befreiungskampfes anlegten. Über 264 Kilometer folgt die Route dem Weg der Truppen von General Humbert durch die Grafschaften Mayo, Sligo, Leitrim und Longford. Ein Radführer erläutert die historisch wichtigen Stätten und gibt praktische Informationen über den Streckenverlauf. Erhältlich in allen Touristeninformationen oder bei "Mayo Naturally" unter Tel.: 94 25006.
● **Enniscrone, Co. Sligo**: Das neue Wasser-Freizeitzentrum "Waterpoint" bietet neben einem Hallenbad mit Rutschbahn und Kinderplanschbecken auch ein Gesundheitszentrum.
● **Neuer Yachthafen in Dun Laoghaire**: Die neue, zwölf Millionen Pfund teure Marina wird 680 Segelbooten Platz bieten können.
● **Angeln**: Das **Central Fisheries Board** investiert in den kommenden fünf Jahren 900.000 Pfund für den Aufbau einer touristischen Infrastruktur der beiden in der Mitte der Insel gelegenen Anglerseen Ennel und Sheelin.
● **Golf:** Neu ist der "**Ring of Kerry Golf and County Club**" in Kenmare. Von fast jeder Stelle der anspruchsvollen Par 72-Anlage hat man einen herrlichen Blick auf die Bucht von Kenmare.
● **Golf:** In den Sanddünen von Doonbeg, Co. Clare, entsteht eines der größten touristischen Projekte Irlands, das "**Doonbeg Golf Resort**": zwei 18- und ein 9-Loch-Golfplatz, Wohnungen für Einheimische, mehrere Cottages für Urlauber sowie ein 90-Betten-Hotel. Das Projekt wird finanziell durch die EU und von Shannon Development unterstützt, und rund 100 neue Arbeitsplätze sollen dadurch geschaffen werden.

10. Medien

● "**Movie Park Ireland**: In den Ardmore Studios in Bray, Co. Wicklow, entstand der erste Filmpark Irlands.
● **Guinness-Deutschland** bietet eine Internet-Homepage, durch die man in Kürze unter www.Irish-Shop.de typisch irische Artikel bestellen kann.

11. Literaturtips

Zusätzlich zu den im Literaturverzeichnis angegebenen Publikationen können folgende Bücher empfohlen werden:
● **Irish Almanach & Yearbook of Facts 1998**, Burt 1997 (6.95 Pfund). Das umfassende Nachschlagewerk gibt es nun bereits schon im 2. Jahr. Auf rund 500 Seiten enthält es Informationen sowohl über die Republik Irland als auch über Nordirland, beispielsweise eine Chronologie des vergangenen Jahres, Zitate des Jahres, Nachrufe, Informationen über Politik, Handel und Industrie sowie über Kunst und Kultur. Weiterhin gibt es Veranstaltungskalender, Infor-

mationen über Sportereignisse, Biographien irischer Künstler und Schriftsteller, Statistiken verschiedenster Art und einen kruzen Abriß über die einzelnen Grafschaften.

● **Mary Kenny: Goodbye to Catholic Ireland, London 1997** (11.99 Pfund). Mary Keene beschreibt eine lebendige Sozialgeschichte des 20. Jahrhunderts im katholischen Irland unter verschiedenen Aspekten: Die Rolle der Frauen, die Verlagerung des katholischen Irlands von einer britischen zu einer irischen Identität, die Gemeinsamkeiten zwischen katholischen und protestantischen Iren, trotz der doktrinären und historischen Unterschiede, die Prägung, die Irland durch den internationalen Katholizismus erfahren hat (und vice versa) und schließlich, warum Irland ohne Katholizismus kaum vorstellbar ist.

● **Archaeological Survey of Mid-Cork** (Government Publications, 116 Schwarzweiß- und 19 Farbfotos, 25 Pfund). Nach East-Cork (Band 1) und West-Cork (Band 2) gibt es jetzt einen dritten Band, der sich dem mittleren Teil der Grafschaft Cork widmet. Knapp 3.500 kulturhistorisch wichtige Bauten und Funde werden in dem umfangreichen Nachschlagewerk aufgelistet: von Gräbern aus der Bronzezeit, Kochstellen, Steinkreisen, heiligen Hügeln, mittelalterlichen Burgen bis hin zu industriellen Mühlen.

● Bei **Dublin Tourism** sind folgende aktualisierte Führer erhältlich:
- Dublins Accommodation Guide: 3 Pfund
- Dublins Top Visitor Attraction: 2.50 Pfund
- Dublin Touring Guide: 2.50 Pfund
- Heritage Trail: 2.50 Pfund
- Rock n' Stroll: 2.50 Pfund
- The Dublin Map: 0.50 Pfund
- Einzelbestellungen: Tel.: 01 6057792

● Das **GOLFmagazin** hat 1998 ein Sonderheft Irland herausgegeben. 150 Golfplätze in allen Regionen der Republik und Nordirland werden vorgestellt und auf einer Landkarte eingezeichnet. Außerdem gibt es viele gute Tips, wo man essen und wohnen kann. Das Golf-Special kostet 18,60 DM und ist zwei Jahre gültig.

● **McCabe, Patrick: The Butcher's Boy** (zu deutsch: Schlächterburschen, Hamburg 1995, seit 1997 auch als Taschenbuch) wurde von Neil Jordon verfilmt. Gedreht wurde in McCabes Geburtsort Clones, wobei der Autor selbst eine Rolle als Säufer übernahm. McCabe: "Daß jüngere irische Schriftsteller wie er und Roddy Doyle weltweit derart Erfolg haben, sei weniger Beckett als den Rockstars wie U2, Sinead O'Connor und den Cranberries zu verdanken..."

12. Berichtigungen zur 1. und 2. Auflage

● S. 384 **Quin Abbey**: ca. 10 km östlich – nicht westlich – von Ennis.
● S. 404: **Athenry**: Die Angabe "20 km westlich von Galway" ist falsch. Athenry liegt östlich von Galway.
● S. 520: **Telefonieren von der Republik Irland nach Nordirland**: Man wählt die Vorwahl 080, dann die Ortsnetzskennzahl (ohne die 0) und anschließend die Nummer des Teilnehmers.

4. REISEN IN IRLAND

Entfernungen
Dublin-Belfast 165 km
Dublin-Cork 256 km
Dublin-Donegal 220 km
Dublin-Galway 217 km
Dublin-Killarney 307 km
Dublin-Shannon Flughafen 220 km
Dublin-Rosslare 160 km
Dublin-Waterrford 159 km
Dublin-Limerick 197 km

Die im vorliegenden Reisehandbuch vorgestellte Route geht von einer Ankunft in Dublin per Flugzeug oder per Fähre in Dun Laoghaire aus. Von hier aus wird die Insel im Uhrzeigersinn umrundet, wobei immer wieder Abstecher ins Landesinnere gemacht werden.

Grundlage der folgenden Routenvorschläge ist die von der Autorin abgefahrene Gesamtstrecke von rund 10.000 Kilometern, die im Großkapitel 4 beschrieben wird.

Um die **große Rundtour**, wie sie in vorliegendem Reisehandbuch beschrieben wird, zu erkunden, sollte man mindestens 5 - 6 Wochen einplanen. Darin enthalten sind die Besichtigung Nordirlands, Dublins sowie Spielraum für Mußetage, Wanderungen, Fahrradtouren oder eine Bootstour auf den Seen oder Flüssen der mittleren Landesteile.

Vorschlag für eine **2- bis 3-wöchige Rundreise**: rund um die Republik mit Besichtigung Dublins (ca. 1.650 km): Dublin - Wicklow Mountains (Wandern) - Waterford - Cork - Blarney - Lee Valley (Angeln) - Kenmare - Killarney - Ring of Kerry - Limerick (alternativ Fähre Killimer - Tarbert) - Ennis - Cliffs of Moher - Burren - Galway - (evt. Besuch auf den Aran-Inseln) Connemara - Westport - Castlebar - Ballina -Sligo - Donegal - Ardara - Dungloe - Bloody Foreland - Dunfanaghy - Letterkenny - Inishowen - Donegal - Leitrim - Carrick-on-Shannon (Bootfahren) - Cavan - Drogheda - Newgrange - Knowth - Hill of Tara - Trim - Dublin.

Wenn man **weniger als 14 Tage** im Land zur Verfügung hat, sollte man sich vorher genau überlegen, was man möchte: Wandern, radfahren, besichtigen, angeln oder einfach nur "relaxen". Wenn man nicht über allzu viel Zeit verfügt, ist es wichtig, selektiv vorzugehen und sich wenige Dinge vorzunehmen, anstatt alles sehen zu wollen. Das "klassische" Ziel ist seit jeher die landschaftlich besonders attraktive irische West- und Südwestküste. Aber auch andere Gegenden "lohnen" sich allemal und sind im Sommer nicht gar so stark frequentiert wie eben genannte. Vielleicht geben die "Highlights" zu Beginn des Buches eine Hilfestellung bei der Auswahl. Aber auch das "Unspektakuläre" ist in Irland besonders liebenswert.

Zeiteinteilung und touristische Interessen

Gebiet	Kap.	Unternehmungen/Ausflugsziele	Tage	ca. km	Touristische Interessen
Osten	4.1	Dublin, Newgrange, Monasterboice, Wicklow, Glendalough	4-6	400	Stadt, Kunst- und Kulturgeschichte, Wandern
Südosten	4.2	Wexford, Kilkenny, Waterford, Jerpoint Abbey, Rock of Cashel	3	300	Stadt, Kunstgeschichte
Südwesten	4.3	Cork, Mizen Head, die drei Halbinseln: Beara, Iveragh und Dingle, Killarney National Park, Skellig Michael	4-6	500	Natur- und Stadterlebnis, Wandern
Westen	4.4	Limerick, der Burren, Cliffs of Moher, Galway, die Aran-Inseln, Connemara, Westport, Achill Island, Mayo, Céide Fields	6	500	Stadt- und Naturerlebnis, Kulturgeschichte, Wandern
Nordwesten	4.5	Sligo, Donegal, Slieve League, Glencolumbcille, Glenveagh National Park	3	400	Naturerlebnis, Kunstgeschichte
Nordirland	4.6	Derry/Londonderry, Giant's Causeway, Antrim Küste, Belfast, Lough Erne	4-6	400	Kunst- und Kulturgeschichte, Stadt- und Naturerlebnis
Mitte	4.7	Shannon, Clonmacnoise, Clonfert	2	300	Naturerlebnis, Kunst- und Kulturgeschichte, Bootstouren

4.1 DUBLIN UND DIE OSTKÜSTE

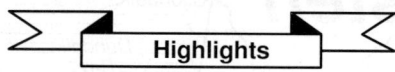

Highlights

- Irlands Metropole: Dublin
- der vorzeitliche Grabhügel in Newgrange
- die Hochkreuze von Monasterboice
- die Wicklow Mountains
- die Klostersiedlung Glendalough

4.1.1 ALLGEMEINER ÜBERBLICK

Irland-Reisende treffen meist im Osten der Insel ein, entweder mit dem Flugzeug in Dublin oder aber mit der Fähre in Rosslare Harbour (siehe Kap. 4.2) oder in Dun Laoghaire, dem Fährhafen südlich von Dublin. Für die meisten Besucher aber ist der Osten lediglich Durchgangsstation auf dem Weg nach dem landschaftlich attraktiveren Westen. Sicherlich zu Unrecht, denn auch der Osten hat viel Schönes zu bieten, und natürlich ist eine Besichtigung Dublins ein Höhepunkt einer jeden Irlandreise.

Die Grafschaft Dublin ist ein kleines Gebiet mit der Hauptstadt der Republik und einer Reihe freundlicher Küstenorte. Das Land ist hier flach mit Ausläufern der großen Kalkebenen im Landesinneren. Nur im Süden steigen die Höhen der Wicklow Mountains langsam an. Die Bucht von Dublin wird im Norden vom felsigen Vorland bei Howth und im Süden von den Vorbergen bei Dalkey und Bray eingerahmt. Das frühere Fischerdorf Dun Laoghaire hat sich zu einem beliebten Ort für Ruheständler entwickelt. Mit der DART-Bahn, einer modernen Schnellbahn, die regelmäßig zwischen Howth im Norden, Dublin und Bray im Süden pendelt, kann man die Küste besuchen.

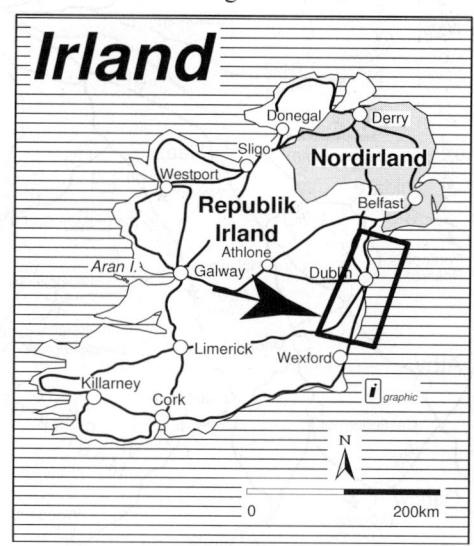

Von Dublin aus ist es nicht mehr als eine Autostunde, um in die Wicklow Mountains zu gelangen. Die Berge und Täler der gleichnamigen Grafschaft kann man gut erwandern. Die einzigartige Landschaft mit steilen Granitkegeln, wie beispielsweise dem Great Sugar Loaf, sanften Hügeln, Seen und Flüssen sowie romantischen Schluchten geht auf die Gletscher der Eiszeit zurück. In der Grafschaft Wicklow liegen auch die berühmten Gärten von Powerscourt und die alte Klostersiedlung Glendalough. Die Kü-

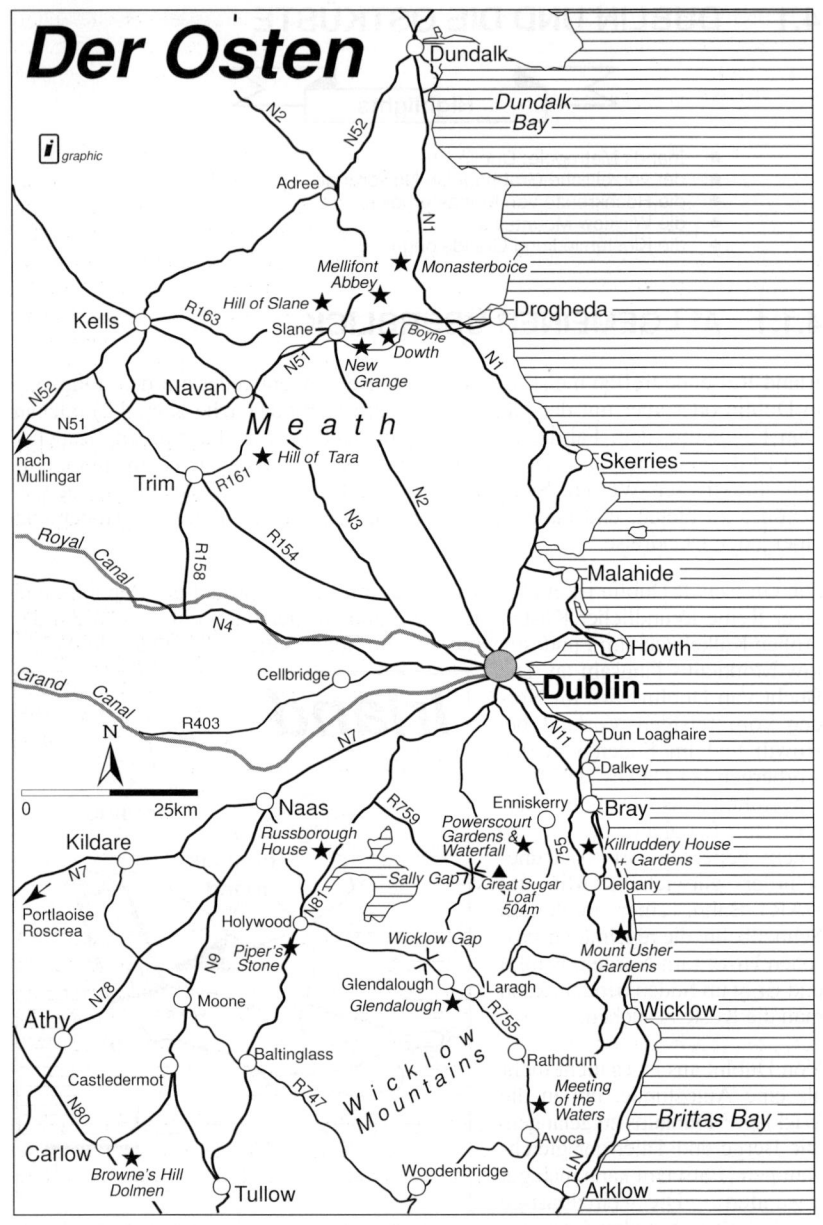

Der Osten

sten sind flach, oft sandig und zum Baden geeignet. Der Hauptort der Grafschaft ist Wicklow. Südlich davon schließt sich Carlow, die zweitkleinste der irischen Grafschaften, an, von Wexford durch einen der typischen schmalen Gebirgszüge Inner-Irlands, den Blackstairs Mountains, getrennt.

Nördlich von Dublin liegt die Grafschaft Meath. "Königliches Meath" hieß es früher, als auf dem Hügel von Tara Irlands Hochkönige residierten. Dieser Landstrich ist reich an historischen Erinnerungen und Monumenten, besonders im Tal des Flusses Boyne. Die Überreste der gewaltigen Normannenburg von Trim geben ein eindrucksvolles Zeugnis von der Macht der anglo-normannischen Eroberer. Die vorchristliche Grabstätte Newgrange ist eine der bedeutendsten bronzezeitlichen Nekropolen ganz Europas. In Kells stößt man auf Zeugnisse des frühen irischen Christentums mit Hochkreuzen, Rundturm und St. Columbas Haus. Entlang des heute recht idyllisch wirkenden Boyne finden sich Hinweistafeln zu Schauplätzen der berühmten Schlacht am Boyne, bei der der protestantische William of Orange über den katholischen Stuartkönig James II. siegte und damit die Hoffnung auf eine Restauration des katholischen Königshauses endgültig zunichte machte. Bei Oldbridge trafen am 1. Juli 1690 die beiden Truppen – 25.000 Mann unter der Führung von James II., 36.000 Mann unter William of Orange – zusammen. Sie kämpften um die strategisch wichtige Furt im Boyne, die den Weg nach Dublin sicherte. James II. mußte schließlich dem überlegenen Gegner weichen.

Louth, die kleinste der irischen Grafschaften, schließt sich der Grafschaft Meath im Norden an und umfaßt nur die 317 Quadratmeilen zwischen dem Gebiet von Meath, der Grenze nach Nordirland und dem Meer. Die Klosterstätten von Monasterboice und Mellifont beeindrucken durch ihre Abgeschiedenheit. In Drogheda ist das letzte von ursprünglich 10 Stadttoren, das St. Lawrence Gate, sehenswert. Die Stadt hat unter Kriegswirren und Verwüstungen, besonders zur Zeit Cromwells, schwer gelitten. Dundalk ist die Hauptstadt der Grafschaft.

4.1.2 STRECKENFÜHRUNG UND ZEITEINTEILUNG

Sowohl das Gebiet nördlich von Dublin mit seinen einzigartigen Kulturgütern als auch das landschaftlich besonders schöne Gebiet südlich der Metropole sind auf jeden Fall einen Besuch wert. Für beide Regionen sollten jeweils mindestens ein, besser jedoch zwei Tage eingeplant werden. Da man schon allein für die Besichtigung der Stadt Dublin sicherlich 3-4 Tage braucht, kann man für die gesamte Ostküste durchaus mit einer Woche rechnen.

Eine Möglichkeit bietet sich an, Dublin als Standquartier zu nehmen und von dort aus Touren in den Norden und Süden zu unternehmen. Alternativ könnte man – je nachdem, ob man die Insel links oder rechts herum bereist, den Norden bzw. den Süden in die Rundreise einbeziehen.

4.1.3 DUBLIN

Highlights

● Das berühmte "Book of Kells" im Trinity College
● Die eleganten georgianischen Straßenzüge und Plätze
● Das Hafenviertel Temple Bar
● Literarische Spaziergänge auf den Spuren irischer Dichter
● Das National Museum

4.1.3.1 Allgemeiner Überblick

Die irische Haupstadt Dublin erstreckt sich über 20 km entlang der gleichnamigen Bucht, die sich in einem weiten Bogen von der Halbinsel Howth im Norden bis nach Dalkey im Süden spannt. Die hufeisenförmige Fläche Dublins wird im Osten durch das Meer, im Süden durch die Wicklow Mountains, im Westen und Norden durch die fruchtbaren Ebenen von Meath begrenzt. Die Stadt selbst teilt der Fluß Liffey in zwei Hälften. Beide haben ihr eigenes Zentrum. Die Unterteilung der Stadt in Nord und Süd ist nicht nur geographischer, sondern auch sozialer Art. In der südlichen Hälfte befinden sich die Regierungs- und Universitätsviertel sowie die besten Geschäfte. Die repräsentative Seite der Stadt liegt im Südosten der Liffey. Viele Viertel im Norden, vor allem an den westlichen Quays, aber auch um die beiden großen Kathedralen sind zum Sanierungsgebiet geworden. Im engeren Stadtgebiet Dublins leben rund 600.000 Einwohner, im gesamten County sind es mehr als eine Million (1.025.300). Damit ist die Grafschaft Dublin das am dichtesten besiedelte Gebiet der Republik Irland, in der insgesamt etwas mehr als 3,5 Millionen Menschen leben.

Dublin ist politisches, wirtschaftliches und kulturelles Zentrum der Republik Irland. Hier trifft alles zusammen: der größte Flugplatz, der größte Seehafen des Landes und die größte Dichte des Eisenbahn- und Straßennetzes. In Dublin gibt es sowohl einen protestantischen als auch einen katholischen Erzbischof, zwei Universitäten sowie die Regierungsbehörden, die höchsten Gerichte, ein reiches Kulturleben und Industrien der Verbrauchsgüter-, Nahrungs- und Genußmittelbranche. Die Hauptstadt ist auch die Schatzkammer des Landes für die wichtigsten Funde aus frühchristlicher Zeit: das "Book of Durrow" und das "Book of Kells" im Trinity College und die Edelsteinarbeiten der frühen irischen Metallverarbeitungskunst im National Museum.

Dublin besitzt, das ist ganz außergewöhnlich, zwei Kathedralen, die beide der Minderheitenkirche von Irland gehören. Der katholischen Mehrheit der Einwohner steht dagegen die im Jahre 1814 erbaute Pro-Cathedral zur Verfügung. Die Touristen treffen sich vorwiegend in Dublins Innenstadt, die vom Royal Canal im Norden und dem Grand Canal im Süden begrenzt wird. Bei der Beurteilung der Stadt gibt es konträre Meinungen: Man sagt: "dirty town" oder "fair city", äußert sich verachtend oder schwärmerisch. Etwas überstrapaziert wurden die in fast jedem Reiseführer zu findenden Worte vom "schönen Dublin" aus der Ballade von Molly Malone, deren Denkmal am Anfang der Grafton Street steht: "In

Dublins fair city where girls are so pretty, I first set my eyes on Molly Malone". James Joyce hingegen beklagte sich: "Wie satt, satt, satt habe ich Dublin. Es ist die Stadt des Versagens, der Verbitterung, des Unglücks. Ich sehne mich danach, von hier wegzukommen." Von all ihren bekannten Söhnen hat sich nur einer positiv über die Stadt geäußert. Es war ausgerechnet der eher provokante Dramatiker Brendan Behan (1923-1964). Er meinte, daß Dublin "die Stadt der Städte" sei.

Dublin hat, wie jede Großstadt, ihre Schattenseiten. Es macht sich die jahrelang andauernde Abwanderung bemerkbar: verlassene Häuser mit zugenagelten oder zugemauerten Türen, Schmutz, Armut und bettelnde Kinder, vor allem, wenn man sich außerhalb des Stadtzentrums bewegt. So wird auch der Tourist Dublin als eine Stadt mit zwei Seiten erleben: Prachtboulevards neben abbröckelnden Ziegelfassaden, georgianische Eleganz neben trostlosen, tristen Häuserzeilen, fröhlicher Lebenscharme neben schmutziger Armut. Die meisten Hoffnungen der Stadt verbinden sich mit einem geeinten Europa. Diese für manchen britischen Nachbarn verblüffende Euphorie hängt mit der Tatsache zusammen, daß die "Grüne Insel" wie sonst nur wenige Länder von ihrer EG-Mitgliedschaft profitiert. Das offizielle Dublin möchte zudem mit der europäischen Integration den alten Ruf von Provinzialität loswerden, der Irland anhaftet: Modern, weltoffen und mobil soll es in Zukunft zugehen.

4.1.3.2 Reisepraktische Hinweise

Information
- Tourist Information Centre, 14 Upper O'Connell Street, Tel.: 01 8747733
- Tourist Information am Flughafen: Tel.: 01 8445387

Notfall
Polizei, Feuerwehr, Krankenwagen: Tel.: 999

Stadtrundgänge
Die Tourist Information vermittelt Führungen durch Dublin, die von Einheimischen geleitet werden. Für Stadtführungen in Deutsch oder anderen Sprachen erkundige man sich ebenfalls bei der Tourist Information.

Die Besucher können unter verschiedenen Themen wählen, beispielsweise historische, literarische oder sogar musikalische Stadtrundgänge. Eine Auswahl:

● **Der historische Stadtrundgang:**
Die Tour führt zu den historischen Plätzen (z.B. Trinity College, Old Parliament House, Dublin Castle, Old City Walls, Christ Church Cathedral) und gibt vielfältige Informationen über Dublins Geschichte. Die Tour ist vom Tourist Board geprüft und wird nur von Geschichtsstudenten durchgeführt. Auskunft erhält man unter Tel.: 8450241. Treff-

Im Hof von Trinity College

punkt ist der Haupteingang vom Trinity College, Dauer: 2 Stunden, montags bis sonntags um 11, 12, 15 Uhr, sonntags zusätzlich um 14 Uhr. Für Erwachsene kostet die Tour 4 Pfund, ermäßigt 3 Pfund.

● **Der Musical Pub Crawl:**
Dieser Stadtrundgang wird von einem professionellen Musiker geführt, der während der Tour Lieder und Musik zum besten gibt und dabei die Geschichte der irischen Musik und ihren Einfluß auf die zeitgenössische Musik erklärt. Treffpunkt: vor der Temple Bar um 19.30 Uhr, täglich außer Freitag (nur von Mai bis Oktober), Dauer: 2 ½ Stunden. Zum Abschluß des Stadtrundgangs gibt es eine traditionelle Musiksession im Pub O'Donoghue's. Erwachsene zahlen 5 Pfund, Ermäßigungen 4,50 Pfund. Auskunft und Gruppenbuchungen: Tel.: 01 4780191, Fax: 01 4780191.

● **Auf den Spuren von James Joyce:**
Die Tour führt zu Stationen im Leben von James Joyce und gibt dabei eine Einführung in sein Leben und Schaffen. Treffpunkt ist das James Joyce Centre (35 North Great George Street, Dublin 1, Tel.: 8731984/8788547, Fax: 8788488), das in einem gut restaurierten georgianischen Stadthaus aus dem 18. Jahrhundert untergebracht ist. Das Centre beschäftigt sich mit Leben und Werk des Autors. Hier ist auch eine Referenzbibliothek untergebracht für all diejenigen, die sich besonders für Joyce interessieren. Die Führung durch das Haus dauert 45 Minuten, der Stadtgang etwas mehr als 1 Stunde. Mo-Fr um 14.30 Uhr, am Wochenende nach Vereinbarung. Eintritt für das Haus: Erwachsene 2 Pfund, Studenten 1,50 Pfund, Kinder 70 Pence, Familien 5 Pfund. Unkostenbeitrag für die Besichtigung des Hauses und Stadtgang: Erwachsene 5 Pfund, Studenten 3,50 Pfund, Kinder 2,50 Pfund, Familie 8 Pfund. Gruppenermäßigung möglich.

● **Dublin Footsteps Walking Tours:**
Dieser Veranstalter bietet zwei verschiedene Themen, den Georgian/Literary Walk (jeweils um 11 Uhr) und den Medieval Walk (jeweils um 14.30 Uhr). Nur Juni bis September, Treffpunkt: über dem Bewley's Cafe in der Grafton Street. Beide Touren dauern jeweils 2 Stunden. Gruppenbuchungen unter Tel.: 01 4960641 oder 01 2851813. Kosten: 4 Pfund pro Person.

Stadtrundfahrten
● Old Dublin Tours & Gray Line bietet Stadtrundfahrten im historischen Doppeldeckerbus mit offenem Verdeck. Abfahrt (vom Tourist Office in der Connolly Street) täglich jeweils um die volle Stunde von 9 bis 18 Uhr. Dauer: 1 ½ Stunden. Auskünfte unter: Tel.: 8787981/4580808/6619666/088575673. Erwachsene zahlen 7 Pfund, Kinder 4 Pfund. Der gleiche Veranstalter bietet auch Nachmittagstouren mit Besichtigungen an. Erwachsene 14 Pfund, Kinder 7 Pfund, Abfahrt: 14.30, Rückkehr ca. 17.15 Uhr.
● Ein anderer Anbieter ist Dublin Bus, 59 O'Connell Street, von wo die Busse auch abfahren. Dublin Bus veranstaltet ebenfalls Stadttouren in Bussen mit offenem Verdeck oder auch Ausflugstouren in die nähere Umgebung Dublins. Zu buchen unter Tel.: 01 8734222 oder über die Tourist Information. Zwei Abfahrten täglich, jeweils um 10.15 Uhr und um 14.15 Uhr (keine Abfahrt am 17.3, 31.10, 25.12), Erwachsene zahlen 8 Pfund, Kinder unter 16 Jahren 4 Pfund, Familien (2 Erwachsene, 2 Kinder) 20 Pfund. Dauer: 2 Stunden 45 Minuten.

Sightseeing außerhalb von Dublin
● Bus Eireann veranstaltet ganztägige Besichtigungsfahrten nach verschiedenen Ausflugszielen, z.B. in die Wicklow Mountains, nach Newgrange und ins Boyne Valley, nach Kilkenny, Waterford und sogar nach Nordirland. Auskunft erteilt das Travel Centre, Bus Aras, Tel.: 01 8366111.
● Gray Line, O'Connell Street, Tel.: 01 8744466/8787981/6619666, Fax: 01 6619652, bietet ein großes Programm an Tagestouren und Halbtagestouren an. Die Busse fahren dabei nach Fahrplan unabhängig von der Teilnehmerzahl. Beispiel: Halbtagestour nach Glendalough. Abfahrt 14.30, Rückkehr 18 Uhr, Preis 14 Pfund, incl. Eintrittsgeld.

Verkehrsverbindungen
Von Dublin gehen Zug- und Busverbindungen in alle Landesteile.
Travel Information (= Reiseauskunft): Tel.: 01 8366111

 Bahnhöfe
● Connolly Station, Amiens Street (Abfahrt nach Wexford, Rosslare, Sligo, Nordirland), Auskunft: Tel.: 01 874 2941
● Heuston Station (Abfahrt Richtung Süden und Südwesten: Waterford, Cork, Kerry, Limerick, Galway, Mayo), Kingsbridge, Auskunft: Tel.: 01 6771871

 Busbahnhof
● Hauptbusbahnhof, Store Street (hinter dem Custom House), Auskunft: Tel.: 01 8787777
● Bus Aras, Store Street (Busservice zu allen ländlichen Richtungen), Tel.: 01 8302222

 Flughafen
Dublin Airport liegt 9 km nördlich des Stadtzentrums. Tel.: 01 8746301. Von dort aus verkehren regelmäßig Busse nach Dublin. Der Flughafenbus (Airlink) fährt vom Flughafen nach Connolly Station, Bus Aras, ins City Centre und zur Heuston Station. Auskunft unter Tel.: 01 8734222. Die Fahrt vom Flughafen in die Innenstadt kostet 2,50 Pfund für Erwachsene, für Kinder 1,25 Pfund, bis zur Heuston Station 3 Pfund bzw. 1,50 Pfund für Kinder. Die Taxifahrt vom Flughafen in die Stadt kostet ca. 10 Pfund.

 Fluglinien
Hier die Rufnummern der wichtigsten Fluglinien:
● Aer Lingus Reservierung: Tel.: 01 8444747
● Aer Lingus Flugauskunft: Tel.: 01 7056705

● Air France: Tel.: 01 6778899
● British Airways: Tel.: 1 800 626 747
● British Midland: Tel.: 01 2838833
● City Yet: Tel.: 01 8445577
● Delta: Tel.: 01 6768080

● Lufthansa: Tel.: 01 7044756
● Ryanair: Tel.: 01 6774422
● Swissair: Tel.: 01 6778173
● Virgin Atlantic: Tel.: 01 8733388

 Fährverbindungen
Für die Fähren von Liverpool befindet sich die Anlegestation bei Clontarf, für die Fähren von Holyhead in Dun Laoghaire. Hier die Rufnummern der Fährlinien:
● B&I: Tel.: 01 6797977
● Irish Ferries: Tel.: 01 6610714

● Sealink: Tel.: 01 2808844
● Brittany Ferries: Tel.: 021 277801

 Fahrten innerhalb der Stadt
● Dublin Bus, 59 Upper O'Connell Street, verkehrt werktags von 6.30 Uhr und sonntags von 9.30-22.30 Uhr. Die Busse sind relativ preiswert und fahren häufig. Tickets sind beim Busfahrer zu lösen.
● DART (Dublin Rapid Transit System) ist eine Schnellbahn, die durch das City Centre führt. Sie verbindet von 7-24 Uhr alle 5 bis 15 Minuten die Vororte entlang der Dubliner Bucht von Howth im Norden bis Bray im Süden. Der Mindestfahrpreis beträgt 60 Pence. Es gibt aber auch verschiedene Saison- und Sondertickets. Auskunft erteilt Iarnrod Eireann (Irish Rail) Tel.: 01 836622
● "Hop off tour"-Tickets: Man kauft ein Ticket, das den ganzen Tag gültig ist (Erwachsene 5 Pfund, Kinder unter 16 Jahren 2,50 Pfund, Familien 12,50 Pfund) und kann an 8 als "Heritage Tours" gekennzeichneten Haltestellen ein- oder aussteigen. Sie befinden sich beispielsweise an

der Tourist Information, am Trinity College, am St. Stephen's Green und am Dublin Castle. Die Busse fahren regelmäßig alle halbe Stunde, die Tickets kann man beim Fahrer oder vorher bei der Tourist Information kaufen.

Tip
Mit dem vier (aufeinanderfolgende) Tage gültigen Ticket **"Dublin Explorer"** (10 Pfund) können alle Busse und Bahnen der Stadt benutzt werden. Der "Dublin Explorer" ist beim Dublin Bus Ticket Office in der O'Connell Street erhältlich.

Fahrradverleih
● Joe Daly Cycles, Lower Main Street, Dundrum, Dublin 14, Tel.: 01 2981485, vermietet auch Tandems.
● Little Sport Ltd., 3 Merville Avenue, Fairview, Dublin 3, Tel.: 01 8332405, Fax: 01 8330044. Mietfahrräder werden auf Wunsch auch zum Flughafen gebracht.
● C. Harding for Bikes, 30 Bachelor's Walk, Dublin 1, Tel.: 01 8732455/8733622, Fax: 01 8733622. Auf Wunsch werden die Fahrräder auch zum Flughafen gebracht oder von dort wieder abgeholt. Auch "One Way Hire" möglich.

Autoverleih
● Hertz: 19/20 Hogan Place, Lower Grand Canal Street
● Argus rent-a-car, Argus House, 59 Terenure Road East, Dublin 6, Fax: 4906328. Dublin Airport, Pre-Booked Desk 3, Arrival Hall, Tel.: 01 8444257. Reservierungen unter Tel.: 01 4904444. Ab 38 Pfund pro Tag.
● Murrays Europcar Car Rental, Reservierung, Tel.: 6681777, Baggot Street Bridge, Dublin 4. Mo-Fr 8-18.30 Uhr, Sa 8-16.30, So 9.30-13.30. Eine Zweigstelle gibt es auch am Flughafen in Dublin, 7 Tage geöffnet 7-23 Uhr, Tel.: 01 8444179 und in 12 Upper O'Connell Street, Dublin, 01 8745844.
● Malone, 26 Lombard Street, Dublin 2, Tel.: 01 6707888, Fax: 01 6707844

Autoreparatur
Die AA (Automobile Association) kann man Tag und Nacht unter Tel.: 1800 667788 erreichen. Hauptbüro: 23 Rock Hill, Blackrock, Co. Dublin, Tel.: 01 2833555

Parken
● Parkautomaten an Straßen benötigen 20- und 50-Pence-Stücke, normalerweise kostet 1 Stunde Parken 90 Pence. Parkhäuser sind teurer, 1 Stunde kostet hier ca. 1,20 Pfund. Parkhäuser gibt es u.a. in der Drury Street, im ILAC Centre, in der Parnell Street, der Lower Abbey Street, am St. Stepen's Green Centre, in der Werburgh Street und der Andrew Street. Manche Parkplätze funktionieren mit Parkscheiben, die man in Zeitschriftenläden und Kiosken erwerben kann. Sie kosten 80 Pence und werden, mit Zeiteinstellung, im Auto angebracht.
● Square Wheel Cycleworks, Temple Lane: Hier kann man seinen Drahtesel für 60 Pence pro Tag in einer bewachten Garage parken.

Taxi
Taxis stehen zum Beispiel vor dem Trinity College am Foster Place.
Hier einige Taxi-Rufnummern: Tel.: 4783333/668333/6772222/6761111.

Restaurants
Dublin hat sich in den letzten Jahren zu einem kulinarischen Zentrum entwickelt. Es gibt sowohl einheimische als auch internationale Spezialitätenküche.
Hier eine kleine Auswahl empfehlenswerter Restaurants:

● Longfields Number 10, 10 Lower Fitzwilliam Street, Dublin 2, Tel.: 01 6761367, Fax: 01 6761542. Populäres Restaurant in der Innenstadt mit guter irischer Küche in stilvoller Umgebung. Mo-Do 12.30-14.30 Uhr und 18.30-22 Uhr, Fr 12.30-14.30 Uhr, Fr und Sa 19-23 Uhr, So 19-21 Uhr, mittlere bis gehobene Preisklasse.

● Le Coq Hardi Restaurant, 35 Pembroke Road, Ballsbridge, Dublin 4, Tel.: 01 6689070, Fax: 01 6689887. Mehrfach preisgekröntes, an französischer Küche orientiertes Restaurant im eleganten Stadtteil Ballsbridge. Mo-Fr 12.30-14.30 Uhr und 19-23 Uhr, Sa und So abends geschlossen. Lunch 18 Pfund, Dinner 30 Pfund.

● Ernie's, Mulberry Gardens, Donnybrook, Dublin 4, Tel.: 01 2693300, Fax: 01 2693260. Ausgezeichnete Küche in ansprechendem Ambiente: Das Restaurant ist U-förmig um einen Innenhof mit Blumenschmuck angelegt, an den Wänden hängt zeitgenössische irische Kunst. Di bis Fr Lunch, Di bis Sa Dinner, 25.12.-2.1. geschlossen, mittlere bis gehobene Preisklasse.

● 101 Talbot, 101 Talbot Street, Dublin 1, Tel.: 01 8745011, Fax: 01 8745011. Mediterraner Stil, viel Fisch und vegetarische Küche. Mo 10.30-15.00 Uhr, Di bis Sa 10.30-23 Uhr, So und Mo abends geschlossen, mittlere Preisklasse

● Chapter One Restaurant, 18/19 Parenell Square, Dublin 1, Tel.: 01 8732266/81, Fax: 01 8732330. Im Erdgeschoß des Writer's Museum gelegen, bietet das Restaurant ausgezeichnete Küche mit skandinavischem Einfluß, Mo-Fr 12.30 - 14.30 Uhr, 18.30-23 Uhr, sonntags geschlossen, mittlere Preisklasse

● Locks, 1 Windsor Terrace, Portobello, Dublin 8, Tel.: 01 4543391. Das Bootshaus stammt aus der Zeit um die Jahrhundertwende und wurde kürzlich zu einem netten Lokal umgestaltet.

● Indian Tandoori, 14 Dame Street, Dublin 2, Mo-Sa 12-15 Uhr, So -Do 17 Uhr bis 0 Uhr, Fr 16-1 Uhr, Tel.: 6719488 6719497. Gutes indisches Restaurant, zentral gelegen, moderate Preise.

● Irish Film Centre, 6 Eustace Street, Temple Bar, Tel.: 01 6778788. Hier kann man in freundlichem Ambiente Kleinigkeiten zu sich nehmen und in Ruhe sitzen.

● Elephant & Castle, 18 Temple Bar, Tel.: 01 6793121, günstig, im Stil einer amerikanischen Brasserie

● Bewley's Café: drei Niederlassungen in der 78 Grafton Street, 13 South Great George Street sowie 11/12 Westmoreland Street. Das beliebte Café, in Dublin geradezu eine Institution, bietet Frühstück und Lunch, z.T. mit Selbstbedienung in interessanten wartesaalähnlichen Räumen im Fin de Siècle-Stil.

● Gallagher's Boxty House, 20/21 Temple Bar, Tel.: 01 6772762. Hervorragende Kartoffelpfannkuchen in rustikaler altirischer Atmosphäre, günstig.

Fast Food
In der O'Connell Street gibt es ein Fast Food-Lokal nach dem anderen. Burdock's, 2 Werburgh Street, bietet angeblich die besten Fish n'Chips in der Stadt.

Hotels und Guesthouses
● Shelbourne, 27 St. Stephen's Green, Dublin 2, Tel.: 01 6766471, Fax: 01 6616006. Elegant, luxuriös – alles was man sich vom traditionsreichsten 5 Sterne-Hotel Irlands wünschen kann. Obere Preisklsase

● Davenport, Merrion Square, Dublin 2, Tel.: 01 6616800, Fax: 01 6615663. Das luxuriöse Hotel ist in einer Kirche von 1863 untergebracht. Die georgianische Kirchenfassade ist noch erhalten. Gehobene Preisklasse.

● Gresham Hotel, 23 Upper O'Connell Street, Dublin 1, Tel.: 01 8746881 01 8787175. Das 4-Sterne-Hotel ist eines der ältesten Hotels in Dublin und liegt an der belebten O'Connell Street mitten im Zentrum. 200 Zimmer. Gehobene Preisklasse.

● Longfield's Hotel, 9/10 Lower Fitzwilliam Street, Dublin 2, Tel.: 01 6761367, Fax: 01 6761542. Das Hotel ist in einem ruhigen und gediegenen georgianischen Stadthaus untergebracht. Hier befindet sich auch das ausgezeichnete Restaurant Longfield's Number 10. Mittlere bis gehobene Preisklasse.

● Georgian House Hotel, 20/21 Baggot Street Lower, Dublin 2, Tel.: 01 6618832 01 6618834. Georgianisches Stadthaus unweit St. Stephens Green und der Sehenswürdigkeiten der Innenstadt gelegen. Ruhig gelegen. Mittlere Preisklasse.

● Regency Hotel, Swords Road, Whitehall, Dublin 9, Tel.: 01 837 3557, Fax: 01 8379167. Das Flughafenhotel (falls alle anderen Hotels ausgebucht sind) liegt 2,5 km nördlich vom City Centre, hat aber gute Busverbindungen in die Stadt (Die Busse Nr. 3 und 16 fahren alle 10 Minuten in die Stadt. Von der Stadt, O'Connell Street, ins Hotel Richtung Flughafen mit der Linie 16, 16a, 3, 41) Das Hotel ist gut für Konferenzen ausgestattet und verfügt über ein angenehmes Restaurant. Mittlere bis gehobene Preisklasse

● Maple Hotel, 75 Lower Gardiner Street, Tel.: 01 8740225, Fax: 01 8745239. Das Maple Hotel ist seit über 30 Jahren im Familienbesitz, hat nur 10 Zimmer und daher eine recht persönliche Atmosphäre. Mittlere Preisklasse,

● Avondale House, Scribblestown, Castleknock, Co. Dublin Tel.: 01 8386545, Fax: 01 4539099. Am Ufer des Flusses Tolka gelegenes Gebäude aus dem 18. Jahrhundert. 15 Minuten vom City Centre, die Ashtown Station ist in Gehentfernung. Sehr komfortabel und angenehm. (Hidden Ireland)

● Simmonstown House, Sydenham Road, Ballsbridge, Dublin 4, Tel.: 01 660760, Fax: 01 6607341. Sehr angenehmes, komfortables und elegantes Guesthouse, sehr ruhig gelegen. Bushaltestelle 100 Meter, DART Station 500 Meter entfernt. Mittlere bis gehobene Preisklasse.

● Anglesa Town House, 63 Anglesa Road, Ballsbridge, Dublin 4, Tel.: 01 6683877, Fax: 01 6683461. Das Gästehaus (4-Sterne) liegt im eleganten Stadtteil Ballsbridge und hat sieben komfortabel und luxuriös eingerichtete Zimmer mit allen Annehmlichkeiten. Mittlere bis gehobene Preisklasse.

● Fitzwilliam, 41 Upper Fitzwilliam Street, Dublin 2, Tel.: 01 6600448, Fax: 01 6767488. Angenehmes Gästehaus mit 12 komfortablen Zimmern, unweit St. Stephens Green gelegen, mittlere Preisklasse.

● Ariel House, 52 Lansdowne Road, Ballsbridge, Dublin 4, Tel.: 01 6685512, Fax: 01 6685845. Denkmalgeschütztes viktorianisches Stadthaus, sehr komfortabel, ruhig und angenehm. Mittlere bis gehobene Preisklasse

● Kilronan House, 70 Adelaide Road, Dublin 2, Tel.: 01 4755266, Fax: 01 4782841. 3-Sterne-Gästehaus unweit St. Stephens Green. Komfortabel und angenehm, mittlere Preisklasse.

Bed & Breakfast

Es gibt ungefähr 200 private Unterkünfte in Dublin, die in Gehentfernung zur Stadt liegen, besonders zwischen Connolly Station and O'Connell Street. Am einfachsten ist es, wenn man sich über die Tourist Information gegen eine geringe Vermittlungsgebühr ein B&B vermitteln läßt. Man nennt seine Wünsche, und per Computer wird festgestellt, wo noch "vacancies" (freie Zimmer) vorhanden sind.

Jugendherbergen/Hostels

● Dublin International Youth Hostel, 61 Mountjoy Street, Tel.: 01 8301766
● Cardijn House, 15 Talbot Street, Tel.: 01 8788484
● ISAAC's, 2-5 Frenchman's Lane, Tel.: 01 8749321

● Kinlay House Christchurch, 2-12 Lord Edward Street, Dublin 2, Tel.: 01 6796644, Fax: 01 8745172, ganzjährig, B&B ab 9 Pfund in der Hochsaison, ab 7,50 Pfund in der Nebensaison in Mehrbett-, Doppel- und Familienräumen, insgesamt 150 Betten, Fahrradverleih. Das Hostel ist auch für Rollstuhlfahrer geeignet und liegt unweit vom Temple Bar District.

Universitätsunterkünfte

● Trinity College, Accomodation Office, Tel.: 01 6082358, Fax: 01 6711267. Es gibt 600 Zimmer, Einzel- oder Doppelräume, die zwischen Juni und September vermietet werden, Buchungen können täglich zwischen 8 Uhr und Mitternacht vor-

genommen werden. Einzelzimmer ab 25 Pfund. Für 1996 sind 250 weitere Räume in Apartments für Familien und Gruppen geplant.
● UCD Village, University College, Belfield, Tel.: 01 2697111

Einkaufen

Die Haupteinkaufsstraße Dublins ist die Grafton Street, die in den 80er Jahren zur Fußgängerzone umgestaltet wurde. Das vornehmste Kaufhaus in der Grafton Street ist Brown Thomas. Preiswerter sind die Geschäfte in der O'Connell Street und Henry Street.

Es gibt mehrere Einkaufszentren, die viele verschiedene Läden unter einem Dach vereinen: z.B. das Powerscourt Townhouse Centre und die Westbury Shopping Mall, beide in der Nähe der Grafton Street.

Die üblichen Einkaufszeiten sind: Mo-Sa 9-17.30 Uhr oder 18 Uhr, Do bis 20 Uhr
● Claddagh Records, 2 Cecilia Street, größtes Fachgeschäft für Folkmusik.
● Dublin Woolen Mills, 41 Lower Ormond Quay, Dublin 1, an der Halfpenny Bridge, Tel.: 01 775014/01 770301. 1888 gegründet und seit 4 Generationen im Familienbesitz. Hier gibt es alles aus Wolle: Pullover, Schals, Jacken ...
● Fred Hanna, 27/29 Nassau Street. Traditionsreiches irisches Buchgeschäft mit Werken fast aller irischer Autoren.
● Kilkenny Shop, 23 Nassau Street. Bietet alles für den Touristen "typisch" Irische: Keramik, Regenjacken, Tweed, Schals, Sakkos, Leinen, Spitze, Pullover ...
● The Sweater Shop, 9 Wicklow Street, Dublin 2, Tel.: 01

Für einen Plausch ist immer Zeit

6713270: Großes Sortiment an Strickwaren: Pullover, Jacken, Schals ...
● Einen 24-Stunden-Lebensmittelshop gibt es zum Beispiel in der Dame Street.

Antiquitäten

Etliche Antiquitätenläden befinden sich südlich der Nassau Street zwischen Grafton Stret, Dawson Street und Kildare Street.

Die Dublin Antiques Fair findet Anfang August im Round Room des Mansion House in der Dawson Street, Dublin 1, Tel.: 01 676 2852 statt. Gute Quelle für irische Mahagoni-Möbel aus dem 18. und 19. Jahrhundert und altes Waterford Kristall.
● Anthony Antiques, 7/9 Molesworth Street, Dublin 2, Tel./Fax: 01 6777222. Kunst, Möbel, Bilder etc.
● Alexander Antiques, 16 Molesworth Street, Dublin 2, Tel.: 01 6791548, Fax: 01 6796667. Möbel aus dem 18. und 19. Jahrhundert, Gemälde, Uhren, Kunstobjekte
● H. Danker Antique Dealers, 10 South Anne Street, Dublin 2, Tel.: 01 6774009, Fax: 01 6774544. Irisches und englisches Silber und Schmuck
● Weitere Antiquitäten- und vor allem Trödelläden finden sich in der Francis Street.

Märkte
● Grafton Flea Market, Mercer Street (hinter St. Stephen's Green), Do-So 11-18 Uhr
● Dublin Bazaar, Thomas Street, Mo-Fr 10-17 Uhr, Sa 10-18 Uhr, So 12-18 Uhr, Dublins größter Innenbazar

- Mother Redcaps Market, Back Lane, Christchurch, Fr-So 10-17.30 Uhr
- Blackrock Market, 19 Main Street, Blackrock, Co. Dublin, Sa 11-17.30 und So 12-17.30
- Dun Laoghaire Market, Sa und So 11-17.30

Windhundrennen
finden 3- bis 4mal wöchentlich statt. Das erste Rennen beginnt meist um 20 Uhr. Der Eintritt zum Stadium beträgt in der Regel 3 Pfund, die Wetteinsätze beginnen bei 50 Pence. Ihr bestes Alter erreichen die Windhunde mit 3 Jahren, ihre längste Renndistanz liegt bei 1.105 Metern.

- Herald's Cross Stadium, Dublin 6, Tel.: 01 4971081, Fax: 01 4977110
- Shelbourne Raceground, Ringsend, Tel.: 2683502, Bus Nr.2, andere Info: 6683502, Mo, Mi, Sa

Feste/Feiern
- **März**:
  - Anfang des Monats findet ein Filmfestival statt. Auskunft erteilt: David McLoughlin, Tel.: 01 6792937
- Der 17. März, der St. Patrick's Day, ist ein Fest für das ganze Volk: Straßenumzüge, Musik, viel Essen und Trinken (siehe Info-Kasten im Kap. 3.2.2).

- **August**:
Die Dublin Horse Show in Ballsbridge ist nach dem St. Patrick's Day wohl das zweitwichtigste Ereignis des Jahres. Allerdings läßt sich im Gegensatz zum fast weltweit gefeierten St. Patrick's Day, die Dublin Horse Show nicht von Dublin trennen: Es ist das gesellschaftliche Ereignis auf dem Gelände der Royal Dublin Society: sehen und gesehen werden. Die Show bietet vor allem das, was in ihrem Namen vorkommt, nämlich Show. Es gibt fliegende Händler, Musikkapellen, Preisausschreiben, schöne Kleider, aber natürlich auch schöne Pferde. Der Abschluß und Höhepunkt des Ereignisses ist das Springreiten um die hochdotierte Aga Khan Trophy. Seit 120 Jahren existiert die Dublin Horse Show. Ursprünglich diente sie dem Zweck, irische Pferdezüchter zu fördern, doch im Laufe der Zeit ist daraus mehr ein großes Volksfest geworden.

- **Oktober**:
In den ersten beiden Oktoberwochen findet ein Theaterfestival statt, Auskunft erteilt Tony O'Dalaigh, Tel.: 01 6778439

(Abend-)Unterhaltung
Dublin verfügt über ein stark kulturell geprägtes Abendprogramm, das sich durchaus sehen lassen kann. Das 14-tägig erscheinende Magazin "In Dublin" informiert über das Unterhaltungsangebot der Stadt.

- **Diskotheken/Nightclubs**
Diskotheken und Nachtclubs gibt es in einigen Hotels (z.B. Annabel's im Burlington Hotel), vor allem aber im Temple Bar District. Der Eintritt kostet zwischen 5 und 8 Pfund. Üblicherweise geht das irische Nachtleben gegen 22.30 Uhr los. Faustregel: "Smart dress only".

- **Kino**
Mehrere große Kinos gibt es an der O'Connell und an der Mid Abbey Street:
- Adelphi, Middle Abbey Street, Tel.: 01 8724140
- Ambassador, O'Connell Street, Tel.: 01 8727000
- Lighthouse, Middle Abbey Street, Tel.: 01 8730438
- Savoy, O'Connell Street, Tel.: 01 8746000
- Empfehlenswert ist das Irish Film Centre (IFC) im Temple Bar District, 6 Eustace Street, Tel.: 01 6793477/6795744
- Das IFC, untergebracht in einem ehemaligen Versammlungshaus der Quäker, beherbergt zwei Kinos, das Irische Film-Archiv, ein Restaurant, eine Bar sowie Konferenzmöglichkeiten. Der cineastische Schwerpunkt liegt auf zeitgenössischen Filmen, Dokumentationen, Kurzfilmen sowie experimentellen Filmen.

● **Konzerthallen**
The National Concert Hall, Earlsford Terrace, St. Stephens Green, Tel.: 01 6711888 (Information), 01 6711533 (Tickets)
● **Theater**
- Abbey Theatre, Lower Abbey Street, Tel.: 8787222. Das heutige Nationaltheater wurde 1904 von W.B.Yeats gegründet und spielt regelmäßig Werke irischer Dramatiker.
- Peacock Theatre, im gleichen Haus wie das Nationaltheater, bietet experimentelle Stücke, ebenso das Project Arts Centre, 39 Essex Street, Tel.: 01 712321
- Gate Theatre, Cavendish Row, Tel.: 01 8744045. Das Gate Theatre wurde 1928 von Michael Mac Liammoir gegründet. Internationale Klassiker stehen auf dem Spielplan
- Olympia Theatre, Dame Street, Tel.: 01 6777744. Die restaurierte Musikhalle (errichtet 1879) ist Dublins größtes Theater, vorwiegend werden hier Musicals und Varieté gezeigt. Manchmal gibt es auch Late Night Shows.
- Player's Theatre, Trinity College, Tel.: 01 6774673. Auf der Bühne des Trinity College werden neuere irische Stücke geboten.
- Gaiety Theatre, South King Street, Tel.: 01 6771717. Operetten, Pantomine, Shows stehen auf dem Programm.

 Pubs
In Dublin gibt es über 800 Pubs, andere Informationsquellen sprechen von über 1.000. Bereits James Joyce fragte sich in seinem Roman "Ulysses", ob es möglich sei, Dublin zu durchwandern, ohne an einer Kneipe vorbeizukommen. Was wäre also eine Besichtigung Dublins ohne einen Pub-Besuch? Die Auswahl ist groß, und natürlich ist es unmöglich, sie alle kennenzulernen. Aber beim Pub-Besuch geht es ja nicht um die Anzahl der Pubs, die man aufsucht, sondern um die Atmosphäre, die in ihnen herrscht. Ein Pub ist mehr als nur eine Stätte, wo Bier getrunken wird. Man kann sich entspannen, reden, trinken, einen kleinen Imbiß zu sich nehmen, die Zeitung lesen oder Livemusik hören. Machen Sie einen Pub-Bummel – entweder auf eigene Faust oder im Rahmen des Literary Pub Crawl!
Tip: Dublin Literary Pub Crawl
"... a humourous and irreverent look at the works of Dublin's finest scribes, from their first crawl to their first scrawl."
Der Dublin Literary Pub Crawl bietet einen literarisch-feucht-fröhlichen Abend. Auf den Spuren irischer Dichter werden verschiedene ihrer Wirkungsstätten besucht. Information und Tikkets gibt es bei der Tourist Information.
Zwei Schauspieler vom Abbey Theatre führen Sie während der Saison in verschiedene Pubs und an andere literarisch assoziierte Plätze im Freien, wo dann beispielsweise Becketts "Warten auf Godot" gespielt, Oscar Wilde rezitiert oder ein Gassenhauer gesungen wird.
Ganzjährig So um 12 Uhr sowie Ostern-31. Oktober täglich um 19.30 Uhr, Mai-August Mo-Sa zusätzlich um 15 Uhr, November-Ostern: Do, Fr, Sa um 19.30 Uhr. Der Unkostenbeitrag beträgt 5 Pfund, die entweder beim Tourist Office oder direkt an der Tür des "Duke", Duke Street (dort beginnt die Tour) zu entrichten sind. Die Tour dauert 2 ½ Stunden, und man kann kleine Preise gewinnen. Gruppenbuchungen unter Tel.: 4540228, ansonsten einfach hingehen!
Leider sind viele Pubs heute völlig neu durchgestylt, in denen nur junge Leute und Touristen sitzen. Es stellt sich die Frage, ob es den "echten" Dubliner Pub überhaupt noch gibt, in denen die "ganz normalen Leute", aber auch große Trinker-Dichter wie einst James Joyce, ein rebellischer Brendan Behan oder der große Satiriker Brian O'Nolan zu weilen pflegten. Berühmte Pubs mit literarischen Assoziationen sind z.B. das Davy Byrne's und das Bailey's in der Duke Street und MacDaid's in der Harry Street.
Einige der bekanntesten Pubs sind, neben den eben genannten:
● Brazen Head, 20 Lower Bridge Street, Bus 78. Der älteste Pub der Stadt (vermutlich seit 1198), allabendlich Live-Musik. Versinkt alljährlich jedes Jahr ein wenig tiefer in den weichen Liffey-Boden.

- Doheny & Nesbitt, viktorianisch, gemütlich, familiär, und Henry Grattan und Toner's, angeblich der einzige Pub, den W. Yeats jemals betreten hat. Diese Pubs sind schön ausgestattet und liegen in der Lower Bridge Street. Die Straße wird aufgrund ihrer Pub-Dichte auch die "Goldene Meile" genannt und entsprechend vermarktet.
- Stag's Head, 1 Dame Court, ähnlich wie die oben erwähnten, im viktorianischen Stil.
- The Long Hall, 51 South Great George's Street, angeblich ist die Long Hall Dublins Pub mit der längsten Theke.
- O'Donoghue's, 15 Merrion Row: hier stimmten die Dubliners 1962 erstmalig ihre traditionellen Sauf-, Rauf- und Heldenballaden an und begründeten die Legende von Dublins wohl berühmtesten Singing Pub. Bei der allabendlichen Livemusik hört man leider oft mehr amerikanische als irische Stimmen. Meist recht voll.
- Mulligan's, Poolbeg Street Nr. 8, sehr beliebter Pub auch schon, als er im vorigen Jahrhundert noch Burke's hieß.
- Palace Bar, 21 Fleet Street, auch hier herrscht drangvolle Enge. Am Eingang kann man einen "Snug" sehen, ein geschlossenes Trinkerabteil für Frauen, Priester und andere Menschen, die einst in der Öffentlichkeit nicht beim Trinken gesehen werden wollten oder durften.
- Ryan's, Parkgate Street, Pub des Jahres 1990, gemütlich und angenehm.
- Slattery's, 129 Chapel Street, traditioneller Musikpub.

Golf
Es gibt über 20 Golfplätze im Großraum Dublin. Die Gebühren betragen zwischen 7 und 50 Pfund, wobei die meisten zwischen 15 und 25 Pfund liegen. Hier einige der bekanntesten:
- Castle Golf Club, Woodside Drive, Rathfarmham, Tel.: 01 4920272
- Dun Laoghaire Golf Club, Eglinton Park, Tivoli Road, Tel.: 01 2803916
- Royal Dublin Golf Club, Bull Island, Dollymount, Tel.: 01 8336346

4.1.3.3 Geschichtlicher Überblick

Schon vor 5.000 Jahren siedelten neolithische Völker im geschützten Mündungsgebiet des Flusses Liffey und zwar dort, wo ein "Linn Dubh", ein "schwarzer Teich" oder "schwarzes Loch" entstanden war. Die ursprüngliche Ansiedlung hieß Ath Cliath (= eine mit Zäunen aus Weidengeflecht geschützte Furt). Beide Namen lassen sich im heutigen "Dublin" und in der gaelischen Entsprechung Baile Atha Cliath wiedererkennen. Bereits Ptolemäus, der makedonische Geograph, erwähnt einen Ort namens "Eblana", in Höhe des heutigen Howth (um 140 n. Chr.). Der gaelische Name der Stadt "Baile Atha Cliath" (Stadt an der Hürdenfurt) weist auf ihre strategische Bedeutung hin. Auf dem alten Weg vom irischen Süden zum Sitz der Hochkönige in Tara war hier der günstigste Übergang über die Liffey.

Nach der Christianisierung durch den hl. Patrick wurden kleine Kirchen an der Mündung des Poddle in die Liffey gebaut. In der ersten Hälfte des 9. Jahrhundert erreichten von den Orkney-Inseln kommende Wikinger die Gegend und erkannten sofort deren Bedeutung. Auf dem Areal um die heutige Christ Church Cathedral gründeten sie eine Siedlung, unternahmen von hier aus Beutezüge in die Umgebung und trieben schwungvollen Handel mit den Nachbarländern.

988 feierte die Stadt ihr 1.000jähriges Bestehen. 988 ist das Jahr, in dem Máel Sechnaill II., ein irischer König, Dublin in dem zähen Ringen zwischen Wikin-

gern und Iren wieder einmal erobert hatte (siehe dazu auch Kap. 4.1.3.5 unter "Dublinia"). Obwohl die Iren mehrfach versuchten, "Dubh Linn" den Wikingern zu entreißen, gelang erst Brian Boru in der Schlacht von Clontarf (1040) der entscheidende Sieg. Am Karfreitag, dem 23. April 1014, erlitten in Clonfert, heute ein Vorort von Dublin, die Wikinger ihre legendäre Niederlage gegen den Hochkönig Brian Boru.

Gut 1 ½ Jahrhunderte später war Dublin jedoch wieder in fremder Hand. 1170-1172 eroberten die Normannen die Stadt und errichteten ein Feudalsystem. Henry II. (1154-1189) beanspruchte Dublin und Umgebung für die englische Krone. Dieses Gebiet von 60 Kilometern war von einer Palisade geschützt und wurde mitsamt der Stadt "The Pale", der Pfahl (im Fleisch Irlands), genannt.

In den folgenden vier Jahrhunderten änderte sich das Stadtbild kaum. Während der häufigen irisch-englischen Auseinandersetzungen verschoben sich zwar oft die Grenzen des Pale, die Stadt selbst konnte aber nie von den Iren zurückerobert werden.

Seit den Regierungszeiten von Henry VIII. (1509-1547) und Elizabeth I. (1558-1603) diente Dublin der englischen Krone als Stützpunkt für die Reformation und für die Niederwerfung des gaelisch-irischen Widerstandes. Mit der Festigung der englischen Macht begann die städtebauliche Expansion Dublins und ihr Aufstieg zu einer britischen Metropole. Die Bevölkerung vermehrte sich rasch. Zwischen 1700 und 1750 wuchs sie von 65.000 Einwohnern auf mehr als das Doppelte an. Die breite Oberschicht der protestantische "Ascendancy" dokumentierte ihr protestantisches Nationalgefühl nicht zuletzt in den prächtigen klassizistischen Bauten des "Georgian Style" (siehe Info-Kasten im Kap. 4.1.3.5 "Dublin und das georgianische Zeitalter").

Das 17. und vor allem das 18. Jahrhundert waren Dublins Goldenes Zeitalter. Der Ort stieg nach London zur zweitwichtigsten Stadt des britischen Weltreiches auf. Baukunst und Kultur standen in hoher Blüte. 1757 gründete die protestantische Oberschicht die erste Stadtplanungsbehörde Europas mit dem Ziel, Dublin völlig neu zu entwerfen. Die gewaltige städtebauliche Expansion erfolgte also nicht planlos, sondern nach einem systematisch entworfenen Gesamtschema. Unter Aufsicht der "Wide Street Commissioners" wurden breite Straßen, der "Grand Canal" (1765) mit vielen Brücken sowie elegante Straßenzüge und Plätze im sogenannten "Georgian Style" angelegt, die auch heute noch das gegenwärtige Stadtbild prägen. Es entstand eine der großzügigsten und prächtigsten Städte Europas.

Im 19. Jahrhundert war die Stadt das politische Zentrum Irlands um Charles Stewart Parnell und Daniel O'Connell. Mit der "Union der Parlamente" 1801 ging nicht nur Irlands parlamentarische Unabhängigkeit zu Ende, mit ihr begann auch Dublins wirtschaftlicher und kultureller Niedergang. Der Verlegung des politischen Zentrums nach London folgten auch die meisten Familien der Dubliner Oberschicht. Ihre gepflegten Stadtpalais verwahrlosten innerhalb kurzer Zeit und wurden später in Mietwohnungen unterteilt. Die im 19. Jahrhundert immer stärker wachsende Rebellion der Iren gegen die englische Unterdrückung läßt sich auch an der Dubliner Stadtgeschichte ablesen. Mit der von Daniel O'Connell 1829 durchgesetzten Katholikenemanzipation erhielten auch die Dubliner Katholiken endlich Wahl- und Bürgerrecht.

Ende des 19. Jahrhunderts wurde Dublin Zentrum zweier bedeutender Bewegungen, die im Zuge der "Home-Rule"-Bemühungen für die kulturelle Eigenständigkeit Irlands eintraten: die 1883 von Douglas Hyde gegründete "Gaelische Liga" und die irisch-literarische Renaissance unter der Ägide von William Butler Yeats.

1913 legte ein Generalstreik der neu gegründeten Gewerkschaften unter Führung von James Larkin halb Dublin lahm.

1916 fand in Dublin der Osteraufstand statt. Im Laufe des darauffolgenden Bürgerkrieges wurden im Stadtbild große Verwüstungen angerichtet. Erstaunlich rasch erfolgte der Wiederaufbau. 1931 waren die meisten öffentlichen Gebäude wieder in ihrem ursprünglichen Zustand. Imposante Denkmäler der britischen Vergangenheit, u.a. für Queen Victoria, William of Orange und Lord Nelson, wurden jedoch für immer verbannt. Der junge irische Freistaat entledigte sich ihrer so schnell wie möglich. Bisher nach bekannten Engländern benannte Straßen wurden mit dem Namen berühmter Iren umgerüstet.

Redaktions-Tips

- im Shelbourne Hotel oder in einem der Guesthouses im Viertel Ballsbridge (z.B. im Simmonstown House) oder im Trinity College übernachten.
- den Tee im gediegenen Ambiente des Shelbourne Hotels, St. Stephen's Green, genießen
- Dinner im Number 10, 10 Lower Fitzwilliam Street, einnehmen
- das Book of Kells im Trinity College bewundern
- den Literary Pub Crawl erleben
- ein Greyhound-Rennen besuchen
- das Writer's Museum anschauen
- das Temple Bar Viertel kennenlernen
- eine Theatervorstellung im traditionellen Abbey Theater besuchen
- das National Museum besichtigen

Bis zum Wirtschaftsboom in den 60er Jahren blieb Dublin relativ unverändert. In den 60er und 70er Jahren fiel ein großer Teil georgianischer Bausubstanz der Bauwut zum Opfer. Wertvolle Gebäude wurden mit wenig Stilempfinden durch gesichtslose Bauten ersetzt. Trotzdem findet man in Dublin noch die dichteste Konzentration georgianischer Architektur von ganz Europa. Heutzutage wird versucht, mit sehr viel mehr Sensibilität die Bedürfnisse einer modernen Haupt- und Universitätsstadt mit der Achtung vor der historischen Bausubstanz zu verbinden. Entscheidende Impulse zur Renovierung vieler Gebäude gab sicherlich die Wahl Dublins zur Europäischen Kulturhauptstadt 1991.

Diese umfassende Schönheitskur hat das Image der Stadt erheblich verändert. Heute ist Dublin eine junge lebendige Stadt, die jedoch die Bewahrung ihres kulturellen Erbes sehr ernst nimmt. Es gibt Fußgängerzonen, ein blühendes Geschäftsleben und Einkaufsmeilen. Sorgfältige Restaurierungen georgianischer Bauten oder sogar ganzer Stadtteile, wie zum Beispiel des Temple District, machen Dublin zu einer liebenswerten Stadt. Ihre bedeutende zeitgenössische Rockmusik, ihre Galerien und Kleinkunstbühnen, ihre vielen Pubs ergänzen das Bild einer kreativen und fröhlichen Stadt.

4.1.3.4 Empfehlungen für die Stadtbesichtigung

Die auf den folgenden Seiten beschriebenen Sehenswürdigkeiten sind in vier Kapitel eingeteilt:
- ❶ Nördlich der Liffey
- ❷ Das Museumsviertel und die georgianischen Plätze
- ❸ Dublin Castle, die großen Kathedralen und das Temple Bar Viertel
- ❹ Außerhalb des Stadtzentrums

Die Tourist Information hat drei verschiedene Routen (sogenannte "Heritage Trails") ausgearbeitet, die so angelegt sind, daß man von Sehenswürdigkeit zu Sehenswürdigkeit geführt wird und auf diese Weise einen sehr guten Gesamteindruck von der Stadt gewinnt.

Der "Georgian Trail" führt in die georgianischen Straßen südlich der Liffey. Der "Old City Trail" deckt das Gebiet zwischen College Green und der Temple Bar Area ab. Der "Cultural Trail" schließlich führt den Besucher durch das Dublin nördlich der Liffey. Pro Trail sollte man mindestens einen halben Tag, bei längeren Museumsbesuchen natürlich entsprechend mehr, einplanen. Ausführliche Broschüren mit Stadtplänen gibt es für 1 Pfund pro Tour vom Tourist Office.

Für Eilige, die nur einen Tag zur Verfügung haben, bietet sich folgender Schnelldurchgang an:

Die Besichtigung beginnt in der Nordhälfte der Stadt, in der O'Connell Street. Das stattliche Gebäude des legendäre General Post Office war der Schauplatz der Irischen Revolution von 1916. Von hier aus kann man gemütlich entlang der Kaufhäuser und Läden Richtung Süden bis zum O'Connell Monument schlendern und weiter über die O'Connell Bridge in die Westmoreland Street. Bald erreicht man das Trinity College, das im 16. Jahrhundert von Queen Elizabeth I. gegründet wurde. Ernsthaft an mittelalterlicher Buchmalerei interessierte Besucher sollten nicht versäumen, in der Old Library des College einen Blick auf das "Book of Kells" zu werfen, das aus dem 8./9. Jahrhundert stammt. (Allerdings ist es in der Hauptsaison sehr voll, so daß man mit einer gewissen Wartezeit rechnen muß.)

Vom Trinity College aus bietet sich ein kleiner Abstecher durch die Einkaufsmeile Grafton Street an bis zum Stadtpark St. Stephen's Green und weiter zum National Museum of Ireland, in dem kulturhistorische Objekte ausgestellt sind. Im Südosten entfaltet sich der georgianische Charme der Stadt. Vor allem der Merrion Square und die Fitzwilliam Street bestechen durch ihre prächtigen georgianischen Bürgerhäuser. Zurück geht es zum Trinity College über die Nassau Street. Schräg gegenüber wird die ganze rechte Straßenseite von der Bank of Ireland eingenommen, dem einstigen Parlamentsgebäude. Von hier aus führt die Dame Street zum Dublin Castle und zur Christ Church Cathedral. Die Ausstellung "Dublinia" informiert über die Geschichte der Stadt. Auch die zweite Kathedrale Dublins, die St. Patrick's Cathedral, ist von hier aus leicht zu erreichen. Auf dem Rückweg zur O'Connell Street empfiehlt sich ein Gang durch den lebendigen Temple Bar District. Über die Halfpenny Bridge, dem Wahrzeichen Dublins, erreicht man schließlich wieder, ganz in der Nähe des O'Connell Monument, den Nordteil der Stadt.

Museen und Sehenswürdigkeiten in Dublin

Name	Adresse	Besichtigungsobjekt	Öffnungszeiten
Bank of Ireland	College Green	In dem klassizistischen Gebäude tagte bis 1801 das irische Parlament	Mo-Fr 10-16 Uhr, Führungen dienstags 10.30, 11.30, 13.45 Uhr. Geschlossen im August, September und Ferien
Casino Marino	Stadtteil Marino, westlich der Malahide Road, Nähe Fairview Park, Tel.: 01 6613111 ext.2386 oder 01 8831618	Das Renaissanceschlößchen gilt als eines der schönsten Gebäude der Stadt	Mitte Juni-September täglich 9.30 bis 18.30 Uhr. Letzter Einlaß 17.45. Besichtigungen sind nur mit Führung möglich. Öffnungszeiten im Winter telefonisch erfragen
Chester Beatty Library and Gallery of Oriental Art	Shrewsbury Road, Ballsbridge	Wertvolle Sammlungen von orientalischer und fernöstlicher Kunst	Di-Fr 10-17 Uhr, Sa 24-17 Uhr, So und Mo geschlossen, Führungen Mi und Sa um 14.30 Uhr.
Christ Church Cathedral	Christ Church Place	Die heutige protestantische Kathedrale ist die einzige von den Wikingern gegründete Kathedrale	täglich 10-17 Uhr
Custom House	Custom House Quay	Schönes klassizistisches Gebäude von 1781-1791	Besichtigungen nur von außen möglich
Dublinia	Gegenüber von Christ Church Cathedral	Die multimediale Ausstellung zeigt die mittelalterliche Geschichte Dublins	täglich von 10-17 Uhr
Dublin Castle	Dame Street, Cork Hill, Tel.: 01 6777129, Fax: 01 6797831	Dublins mittelalterliche Burg dient heute Repräsentationszwecken	Oktober-Juni (außer 24.-26.12. und Karfreitag) Mo-Fr 10-17 Uhr (12.15-14 Uhr geschlossen), Juli-September Mo-Fr 10-17 Uhr, ganzjährig Sa, So und Feiertagen 14-17 Uhr. Besichtigung sind nur mit Führungen möglich (bei Staatsbesuchen und Konferenzen geschlossen)
Dublin Civic Museum	South William Street Nr. 58	Das Dubliner Stadtmuseum zeigt u.a. Andenken an berühmte, teilweise auch kuriose Dubliner Persönlichkeiten	Di bis Sa 10-18 Uhr, So 11-14 Uhr
Dublin Writer's Museum	Parnell Square North Nr. 18, Tel.: 01 8722077, Fax: 01 8722231	Das Dichtermuseum zeigt u.a. kostbare Erstausgaben und Erinnerungsstücke an berühmte irische Schriftsteller	Mo-Sa 10-17 Uhr, So und Bank Holidays 11.30-18 Uhr, Juni bis August 10-19 Uhr

Name	Adresse	Besichtigungsobjekt	Öffnungszeiten
Guinness Museum	Crane Street, Tel.: 01 4536700	Im Besucherzentrum von Europas größter Brauerei erhält man einen umfassenden Überblick über das berühmte Bier	Filmvorführung ab 10 Uhr alle 20 Minuten, letzte Vorführung um 15.30 Uhr
Irish Whiskey Corner	Bow Street	Eine Ausstellung rund um den Whiskey	Mai-Oktober, Führungen täglich Mo-Fr um 11, 14.30 und um 15.30 Uhr, Sa um 15.30, November-April: Mo-Fr um 15.30 Uhr
Kilmainham Jail Historical Museum		Im ehemaligen Gefängnis ist ein interessantes Museum zur Geschichte des Strafprozesses eingerichtet	täglich 10-18 Uhr
Lower Fitzwilliam Street Nr. 29	Fitzwilliam Street, Tel. 01 7026165	Das bürgerliche Stadthaus aus dem späten 18. Jahrhundert gibt einen guten Einblick in das Alltagsleben einer gutbürgerlichen Familie des 18. Jahrhunderts	Di-Sa 10-17 Uhr, So 14-17 Uhr, Mo und zwei Wochen vor Weihnachten geschlossen. Eintritt: Erwachsene 2,50 Pfund, Kinder unter 16 J. frei, Studenten/Senioren 1 Pfund
Marsh's Library	St. Patrick's Close 1701/1702	öffentliche Bibliothek des Landes gegründet mit ca. 25.000 Werken des 16.-18. Jahrhunderts	Mo, Mi, Do, Fr 10-12.45 und 14-17 Uhr, Sa 10.30-12.45, Di geschlossen.
Municipal Gallery of Modern Art	Parnell Square, Tel.: 018741903	Irische Malerei und Skulpturen des 20. Jahrhunderts sowie französische Impressionisten	Di bis Fr 9.30-18 Uhr, Sa 9.30-17 Uhr und So 11-17 Uhr
National Botanic Gardens	Eingang Botanic Road, Tel.: 01 8374388, Fax: 01 8360080	Der Park im Norden Dublins ist ein beliebtes Dubliner Erholungsgebiet und beherbergt mehr als 20.000 verschiedene Pflanzenarten und schöne viktorianische Glashäuser	Garten: Sommer Mo-Sa 9-18 Uhr, So 11-18 Uhr, Winter Mo-Sa 10-16.30 Uhr, So 11-16.30 Uhr, Weihnachten geschlossen. Gewächshäuser: Sommer: Mo-Fr 9-17.15 Uhr, Do bis 15.15 Uhr, Sa 9-17.45 Uhr, So 14-17.45 Uhr. Winter: Mo-Sa 10-16.15 Uhr, Do bis 15.15 Uhr, So 14-16.15 Uhr. Die Gewächshäuser sind Mo-Sa von 12.45 bis 14 Uhr geschlossen, ganzjährig. Auf Wunsch werden Führungen veranstaltet,
National Gallery	Merrion Square West, neben Leinster House, Tel. 01 6615133	Europäische Meister des 14.-20. Jahrhunderts sowie die "Irische Schule"	Mo-Sa 10-17.30 Uhr, Do 10-20.30 Uhr, So 14-17 Uhr

Name	Adresse	Besichtigungsobjekt	Öffnungszeiten
Natural History Museum	Merrion Street	Das Naturkundemuseum erläutert die irische Tierwelt	Di bis Sa 10-17 Uhr, So 14-17, Mo geschlossen
National Library	Kildare Street	In der Nationalbibliothek befinden sich bedeutende Erstausgaben irischer Autoren sowie eine bemerkenswerte Sammlung irischer Landkarten und topographischer Stiche und Zeichnungen	Mo 10-21 Uhr, Di und Mi 14-21 Uhr, Do und Fr 10-17 Uhr, Sa 10-13 Uhr
National Museum	Kildare Street, Tel.: 6618811	Irische Kulturgeschichte von der Frühzeit bis heute	Di bis Sa 10-17 Uhr, So 14-17 Uhr, Mo geschlossen
National Wax Museum	Granby Row, Tel.: 01 8726340	Wachsfigurenkabinett	Mo-Sa 10-18 Uhr, Sonntag 12-18 Uhr, letzter Einlaß 17.15 Uhr
Royal Hospital/Irish Museum of Modern Art	Royal Hospital Kilmainham, Dublin 8, Tel.: 01 6718666, Fax: 01 6718695, Eingang von der Military Road aus, neben der Heuston Station	Das ehemalige Krankenhaus beherbergt das Irish Museum of Modern Art und dient gleichsam als Kulturzentrum	Di-Sa 10-17.30 Uhr, So und Bank Holidays: 12-17.30 Uhr, Mo geschlossen. Führungen (kostenlos): Mi und Fr um 14.30 Uhr, Sa um 11.30 Uhr, in irischer Sprache an jedem 3. Sa des Monats um 11.30 Uhr
Royal Irish Academy	Dawson Street Nr. 19	Die Bibliothek umfaßt ca. 2.500 wertvolle irische Handschriften	Mo-Fr 10.30-17.30
The Shaw Birthplace	33 Synge Street, Dublin 8, Bus Nr. 16, 19, 22, Tel.: 01 4750854 (Mai bis Oktober) oder 01 8722077, Fax: 01 8722231	Im Geburtshaus George Bernhard Shaws kann man viele Erinnerungsstücke an den berühmten Schriftsteller bewundern	Mo-Sa 10-17 Uhr, So und Bank Holidays 11.30-18 Uhr, 13-14 Uhr geschlossen
St. Michan's Church	Church Street	Im Inneren der Kirche gibt es eine schön geschnitzte Empore und eine Orgel zu bewundern	Mo-Fr 10-12.45 Uhr, 14-17 Uhr, Sa 10-12.45 Uhr

Name	Adresse	Besichtigungsobjekt	Öffnungszeiten
St. Patrick's Cathedral	Patrick Street	Die St. Patrick's Cathedral ist die Staatskirche der protestantischen Church of Ireland	Mo-Fr 9-18 Uhr, Sa 17 Uhr
Trinity College	College Green	Das College wurde als erste irische Universität 1592 gegründet. In der Bibliothek befindet sich das berühmte Book of Kells	Mo-Sa 9.30-17.30 Uhr, letzter Einlaß 17 Uhr, Sonntag 12-17 Uhr, letzter Einlaß 16.30 Uhr
Waterways Visitors Centre	am Grand Canal, Tel.: 01 6777510	das schwimmende Museum informiert über die Geschichte von Irlands Wasserwegen	Mittwoch bis Sonntag 12.30-17 Uhr
Zoo	im Phoenix Park Parkgate, Bus Nr.25	Einer der ältesten Zoos Europas und vor allem wegen seiner Raubkatzen berühmt	Mo-Sa 9.30-18 Uhr, So 10.30-18 Uhr

4.1.3.5 Sehenswertes in der Innenstadt

❶ Nördlich der Liffey: rund um die O'Connell Street

▓ **Die Liffey**

Die Liffey fließt nicht nur mitten durch die Stadt, sondern sie trennt sie auch in zwei sehr unterschiedliche Hälften. Die nördlichen Gegenden, wie Finglas oder Ballymun, sind von einer ärmeren, kleinbürgerlichen Einwohnerschaft geprägt. Die Südstadt hingegen wirkt reicher, grüner und hat die schöneren Häuser.

◆ Die **O'Connell Street** ₁ ursprünglich als elegante Wohnstraße konzipiert, ist heute die breiteste und geschäftigste Einkaufsstraße mit Kinos, Warenhäusern, Fast-Food-Läden und sehr viel Verkehr – ein Boulevard, eine repräsentative Flaniermeile. Die O'Connell Bridge wurde 1794 errichtet. Früher Sackville Street genannt, wurde sie nach dem "Befreier" Daniel O'Connell umbenannt. Kurz vor Beginn der Einkaufsmeile steht vor der gleichnamigen Brücke das Denkmal für Daniel O'Connell, das 1854 von John Foley geschaffen wurde. Vier große historische Figuren mit Flügeln am Sockel der Säule stellen Mut, Beredsamkeit, Treue und Patriotismus dar.

◆ Das **General Post Office** ₄ , das Hauptpostamt, ist ein bedeutsamer Schauplatz irischer Geschichte. Es wurde 1815-1817 von Francis Johnston an der O'Connell Street erbaut. Statuen von John Smyth bekrönen die neoklassizistische Fassade mit ihren stattlichen Säulen. Mit der Besetzung des Gebäudes begann 1916 der Osteraufstand. Unter Führung von James Connolly und Patrick Pearse verschanzten sich hier die Rebellen, bis Pearse die Unabhängigkeitserklärung ausrief. Englische Truppen antworteten mit heftigem Bombardement, dem fast die ganze Ostseite an der O'Connell Street zum Opfer fiel. Pearse, Connolly und andere Führer des Aufstandes wurden im Kilmainham Jail (s.u.) hingerichtet. 1929 wurde das wiederhergestellte Gebäude neu eröffnet. Bis zur Renovierung 1960 waren noch Schießspuren dieser Kämpfe zu sehen. In der Schalterhalle erinnert eine kleine Bronzestatue von Oliver Sheppard (1934) an den Tod des irischen Sagenhelden Cuchullain und an die Opferbereitschaft der Aufständischen des Osteraufstandes.

Anna Livia Plurabelle

In der Mitte der O'Connell Street befinden sich weitere Denkmäler: Eins stellt James Larkin dar, den berühmten Arbeiterführer und Organisator des großen, antibritischen Streiks von 1913, und das andere von William Smith O'Brian, einen Führer des "Jungen Irland". Für manchen Wirbel sorgte die Brunnenanlage, in deren Wasser sich die nackte Nixengestalt von Anna Livia räkelt. Die Anlage symbolisiert den Fluß Liffey als eine von Wassern umspülte Dame. Brunnen und Statue der Flußgöttin Anna Livia Plurabelle sind aus Joyces "Finnegans Wake". "Floozy in the Jacuzzi" nennen die Dubliner den Brunnen abschätzig, was ungefähr so viel heißt wie "Flittchen im Whirlpool". Die figurale Darstellung wurde 1988 anläßlich der 1.000-Jahr-Feier enthüllt.

I N F O

Anna Livia Plurabelle

> *O*
> *tell me all about*
> *Anna Livia! I want to hear all*

Dies der Anfang des "Anna Livia Plurabelle"-Kapitels aus Joyce berühmten "Finnegans Wake". Anna Livia ist eine Doppelexistenz, sie ist sowohl der Fluß, der durch Dublin fließt, als auch die Frau des Antagonisten H.C. Earwicker. Es handelt sich bei ihr um ein ziemlich loses Weib, das allerlei wüste Reden führt und nicht viel auf Äußerlichkeiten gibt, die eigenen eingeschlossen.

Joyce setzte mit diesem Kapitel der Liffey, dem Fluß seiner Heimatstadt ein Denkmal, indem er ihn zum Prinzip des Lebens selbst erhob. Der Text ist sprachlich von Weichheit, klanglicher Schönheit und fließendem Rhythmus gekennzeichnet, der dem Wesen des Flusses entspricht.

◆ **Abbey Theatre** 3 , unweit des O'Connell Denkmals in der Marlborough Street: Das moderne funktionale Gebäude (Achitekt: Michael Scott) ersetzte 1966 das alte, 1951 durch einen Brand zerstörte Theatergebäude. Im Abbey Theatre feierten die Dramatiker der "Irish Renaissance" ihre Triumphe. 1898 hatten Augusta Lady Gregory, William Butler Yeats und Edward Martyn die Abbey Theatre Company gegründet, die ab 1904 im Abbey Theatre die Stücke von Yeats selbst (Yeats war bis zu seinem Tod Direktor des Abbey Theatre), und von Autoren wie beispielsweise John Millington Synge und Sean O'Casey (ur-) aufführte. Bei Uraufführungen kam es nicht selten zum Protest seitens der nationalistisch gestimmten Dubliner. Sie fühlten sich angesichts der ungeschminkten, satirisch-pessimistischen Darstellung des irischen Patriotismus, wie er sich zum Beispiel in Stücken wie "Der Pflug und die Sterne" von O'Casey ausdrückte, gekränkt. Das heutige Abbey Theatre beherbergt zwei Bühnen: das eigentliche Abbey Theatre mit 638 Sitzen und das kleinere Peacock Theatre mit 157 Sitzen. Wie damals fühlt sich das Abbey vor allem den inzwischen klassischen irischen Dramatikern verpflichtet und hat vornehmlich irische Dramen auf dem Spielplan, während das Peacock eine eher avantgardistische Experimentierbühne ist.

◆ **Custom House** 2 , Custom House Quay
Das Hauptzollamt wurde 1781-1791 von James Gandon im klassizistischen Stil erbaut. Am Nordufer, unschön zwischen Eisenbahngleisen und Hafenanlagen, der Liffey gelegen, stellt es eines der prachtvollsten Gebäude dar und beherbergt

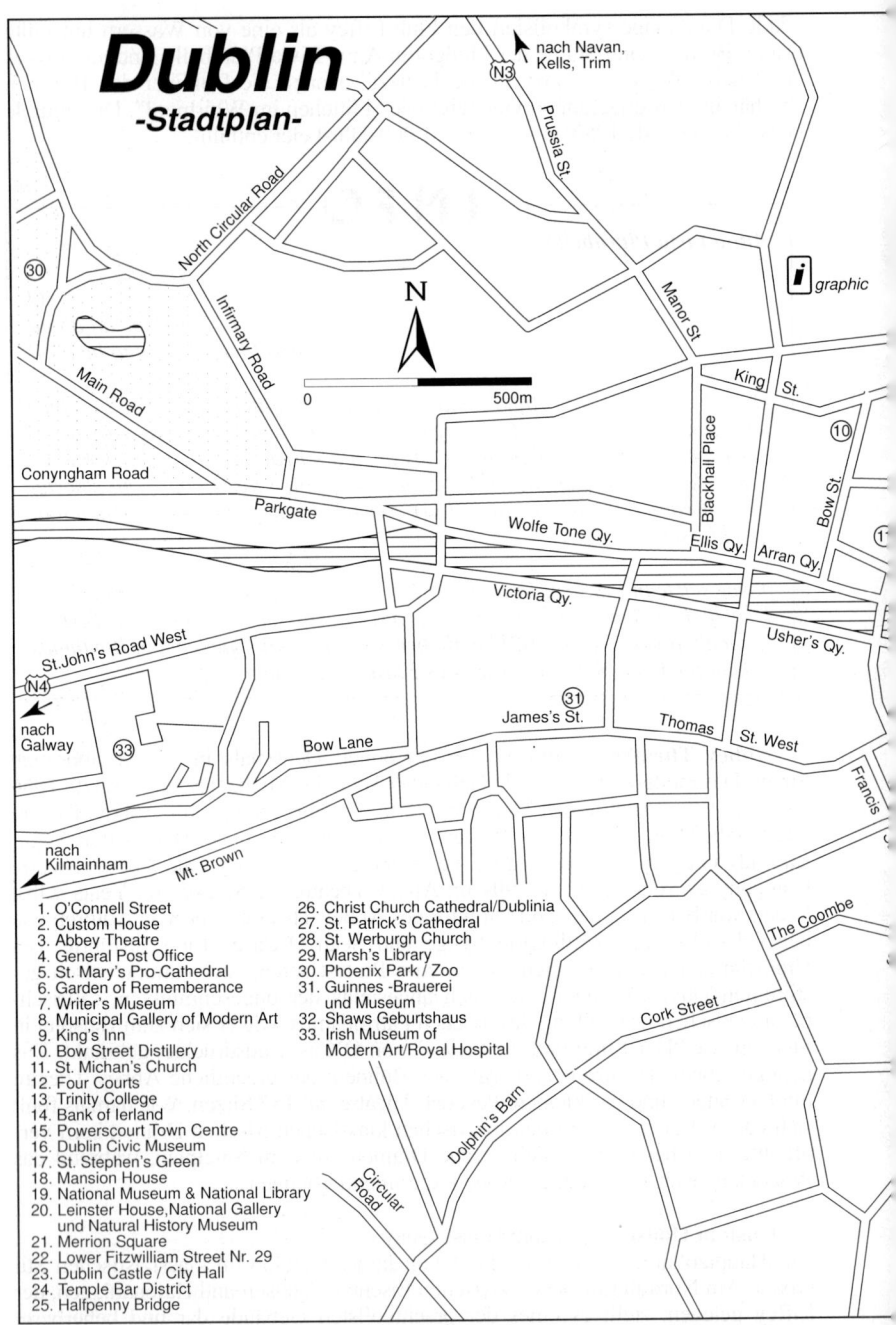

1. O'Connell Street
2. Custom House
3. Abbey Theatre
4. General Post Office
5. St. Mary's Pro-Cathedral
6. Garden of Rememberance
7. Writer's Museum
8. Municipal Gallery of Modern Art
9. King's Inn
10. Bow Street Distillery
11. St. Michan's Church
12. Four Courts
13. Trinity College
14. Bank of Ierland
15. Powerscourt Town Centre
16. Dublin Civic Museum
17. St. Stephen's Green
18. Mansion House
19. National Museum & National Library
20. Leinster House,National Gallery
    und Natural History Museum
21. Merrion Square
22. Lower Fitzwilliam Street Nr. 29
23. Dublin Castle / City Hall
24. Temple Bar District
25. Halfpenny Bridge

26. Christ Church Cathedral/Dublinia
27. St. Patrick's Cathedral
28. St. Werburgh Church
29. Marsh's Library
30. Phoenix Park / Zoo
31. Guinnes -Brauerei
    und Museum
32. Shaws Geburtshaus
33. Irish Museum of
    Modern Art/Royal Hospital

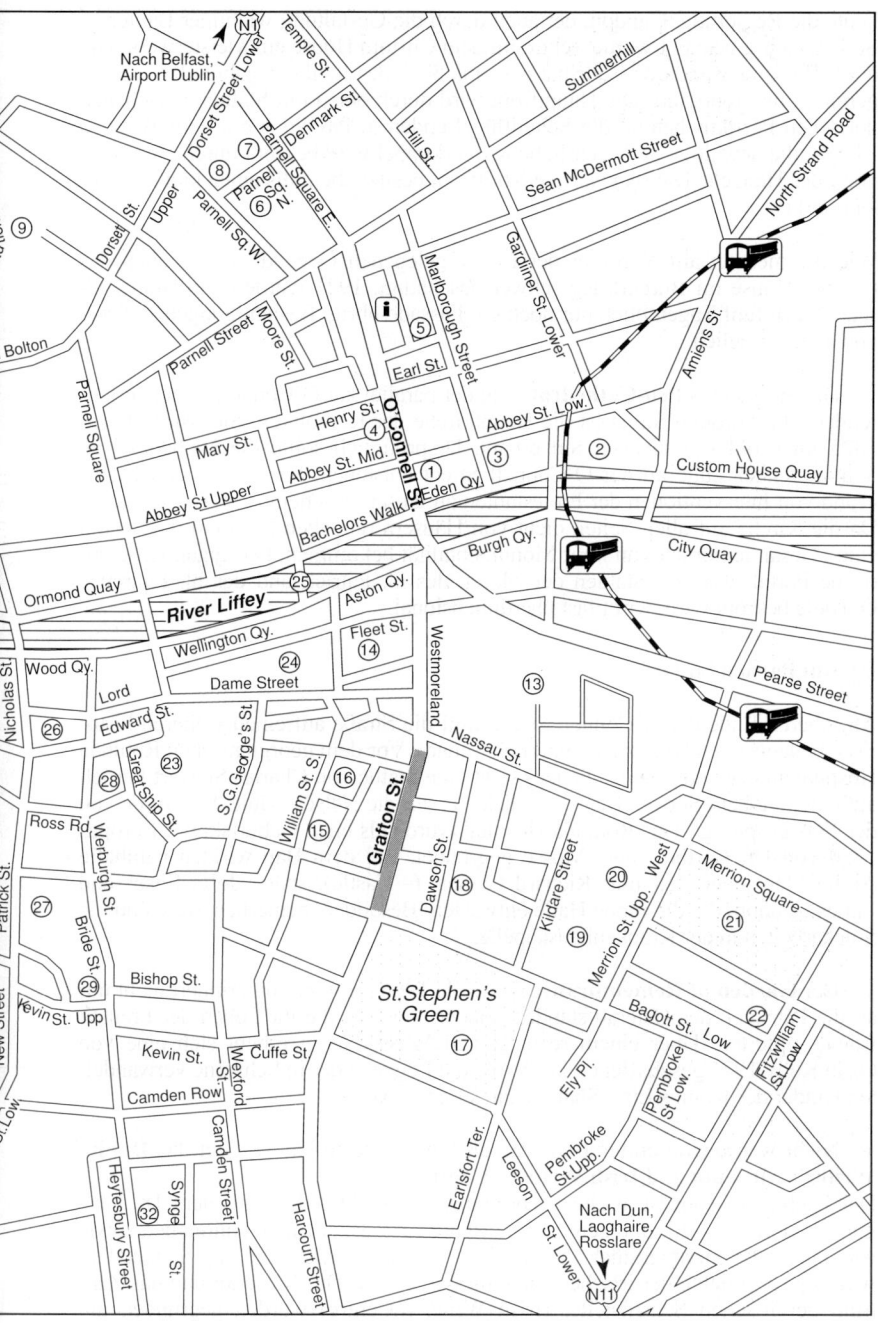

Nach Belfast, Airport Dublin

N1

Temple St.
Dorset Street Lower
Denmark St.
Hill St.
Summerhill
Sean McDermott Street
North Strand Road

Parnell Square E.
Parnell Sq. N.
⑦
⑧
Parnell Sq. W.
⑥
Upper
Dorset St.
⑨
Bolton
Parnell Street
Moore St.
Parnell Square
Abbey St Upper
Mary St.
Henry St.
Abbey St. Mid.
Marlborough Street
Earl St.
Gardiner St. Lower
Amiens St.

ℹ
⑤
④
Henry St.
O'Connell St.
① Eden Qy.
③
Abbey St. Low.
②
Custom House Quay

Bachelors Walk
River Liffey
㉕
Aston Qy.
Burgh Qy.
City Quay

Ormond Quay
Wellington Qy.
Fleet St.
⑭
Westmoreland

Wood Qy.
Lord
㉔
Dame Street
⑬
Pearse Street

Nicholas St.
㉖
Edward St.
Nassau St.

S. G. George's St.
㉓
Great Ship St.
William St. S.
⑯
Grafton St.
Dawson St.
⑱
Kildare Street
⑳
Merrion St. Upp. West
Merrion Square
㉑

Ross Rd
㉘
⑮
⑲
Merrion St. Upp.

Patrick St.
㉗
Werburgh St.
Bride St.
Bishop St.
St.Stephen's Green
⑰
Bagott St. Low
㉒
Fitzwilliam St. Low

New Street
㉙
Kevin St. Upp
Kevin St.
Cuffe St.
Ely Pl.
Pembroke St. Low.

Camden Row
Wexford St.
Pembroke St.Upp.
Leeson St. Lower
Earlsfort Ter.

Heytesbury Street
㉜
Synge St.
Camden Street
Harcourt Street

Nach Dun, Laoghaire, Rosslare
N11

heute die Regierung. Gandon, der auch durch die Gestaltung wichtiger Bauten in St. Petersburg bekannt wurde, schuf mit dem Custom House ein Meisterwerk. Die der Liffey zugewandte Fassade hat man anläßlich des Jubiläumsjahres 1991 frisch gereinigt und renoviert. Die Hauptfront wird durch einen mit Statuen versehenen dorischen Portikus betont, die Seitenflügel enden in Pavillons mit dem Wappen Irlands, die gewaltige 38 Meter hohe Kupferkuppel wird bekrönt durch eine Allegorie des Handels. Die rückwärtige Nordfront besitzt ebenfalls einen kleinen Säulenportikus.

Wie die meisten am Nordufer der Liffey gelegenen Gebäude wurde auch das Custom House im Bürgerkrieg schwer beschädigt. 1921 wurde es in Brand gesetzt. Nach fünf Tagen blieb nur noch die Fassade übrig. Besichtigungen sind nur von außen möglich.

◆ Die **St. Mary's Pro-Cathedral** 5 in der parallel zur O'Connell Street verlaufenden Marlborough Street ist die Hauptkirche der Katholiken. Sie wurde 1815-1825 im neoklassizistischen Stil erbaut. Ursprünglich sollte die Kathedrale an dominierender Lage an der O'Connell Street entstehen. Sie wurde jedoch aufgrund von Interventionen der Protestanten an diesen unscheinbaren Ort verbannt. Da die Kirche auf allen Seiten dicht von Häusern umgeben ist, kann man kaum einen Gesamteindruck von ihrer Monumentalität bekommen. Das gigantische dorische Portal, das von Statuen der Maria, des hl. Patrick und des hl. Laurence O'Toole bekrönt wird, wirkt fast überdimensional.

■ **Am Parnell Square**

Am oberen Ende der O'Connell Street läuft die Straße auf einen weiteren historisch bedeutsamen Platz zu, den Parnell Square. Vor dem georgianischen Rotunda Hospital an der Südseite des Platzes steht eine Statue von Charles Stewart Parnell auf einem hohem Sockel. Bis 1966 blickte er auf die Nelson Säule. Sie wurde von der IRA gesprengt. Das Rotunda Hospital wurde als erste Geburtsklinik Europas 1750 von Dr. Bartholomew Mosse gegründet. Bei dem Bau wirkten namhafte Architekten jener Zeit mit: Richard Cassels (= Castle), später John Ensor und James Gandon, die die runde Halle entwarfen. Besonders bemerkenswert sind die Stuckarbeiten in der Krankenhauskapelle.

◆ Der **Garden of Remembrance** 6 wurde 1966 eröffnet und erinnert nicht nur an die Patrioten des Osteraufstandes, sondern an alle, die ihr Leben der Freiheit Irlands opferten. Über einem rechteckigen Wasserbassin erhebt sich eine von Oisin Kelly 1971 geschaffene Plastik, die die Legende der in Schwäne verwandelten Kinder des Königs Lir – Shakespeares Lear – darstellt.

◆ Nicht weit davon entfernt am Parnell Square North Nr. 18 liegt das **Dublin Writer's Museum and Irish Writer's Centre** 7
Das Dichtermuseum ist in einer georgianischen Stadtresidenz aus dem 18. Jahrhundert untergebracht und zeigt u.a. kostbare Erstausgaben, Devotionalien sowie persönliche Erinnerungsstücke an berühmte irische Schriftsteller. Auf Schautafeln wird die Geschichte der irischen Literatur dargestellt. Das Museum und das Zentrum der irischen Schriftsteller (Irish Writer's Centre) wurden gegründet, um

durch die Sammlungen, Ausstellungen und Veranstaltungen das Interesse an iri-scher Literatur und am Leben und Werk irischer Schriftsteller zu fördern.

Das Haus:
Das Gebäude wurde im 18. Jahrhundert gebaut und im späten 19. Jahrhundert renoviert und leicht verändert. Bis 1914 befand es sich in Privatbesitz und wurde dann von der Berufsschule der Stadt Dublin übernommen. Im Jahre 1985 (auf Initiative von Dublin Tourism), entschieden die Stadtväter, hier das Dublin Writer's Museum und das Dublin Writer's Centre unterzubringen, einen Treffpunkt für Literaten. 1989 begannen die Restaurierungsarbeiten. Das Museum wurde offizi-ell am 18. November 1991 durch An Taoiseach Charles J. Haughey eröffnet.

Das Museum:
Raum 1 führt durch die Geschichte der irischen Literatur von den frühesten Anfängen bis zum großen literarischen Aufblühen am Ende des 19. Jahrhunderts unter Führung von Lady Gregory und W.B. Yeats. Bedeutende Schriftsteller, wie Swift, Congreve, Stoker, Shaw und Wilde, haben diese Jahrhunderte beeinflußt. Fotografien und Briefe vermitteln einen Eindruck vom Leben dieser ungewöhnli-chen Menschen.
Raum 2 verfolgt die Geschichte weiter ins 20. Jahrhundert, beginnend mit der Entwicklung des Abbey-Theatre. Synge, der den berühmten "Playboy of the We-stern World" geschrieben hat, O'Casey und James Joyce, jener Mann, der behaup-tete, daß die Stadt Dublin auf Grund seiner ausführlichen Beschreibung im "Ulys-ses" vollständig wieder aufgebaut werden könnte, werden ebenso vorgestellt wie die Autoren Frank O'Connor, Liam O'Flaherty, Patrick Kavanagh und Austin Clarke. Von Brendan Behan sind einige seiner persönlichen Gegenstände, bei-spielsweise seine Schreibmaschine, zu sehen. Angeblich soll er sie in einem Wut-anfall aus dem Fenster eines bekannten Pubs geworfen haben. Im Anbau, rechts unten an der Treppe, gibt es im Gang eine Ausstellung zu Samuel Beckett, die Beckett Country Exhibition.

Zu dem Museum gehören ein gut sortierter Buchladen und eine sehr nette Caféte-ria, in der man kleine Snacks zu sich nehmen kann. Im Untergeschoß befindet sich das ebenfalls empfehlenswerte "Chapter One" Restaurant.
Öffnungszeiten: Mo-Sa 10-17 Uhr, So und Bank Holidays 11.30-18 Uhr, Juni bis August 10-19 Uhr. Eintritt: Erwachsene 2,60 Pfund, ermäßigt 2 Pfund, Kinder 1,10 Pfund, Familienticket 7 Pfund. Es gibt Gruppenermäßigungen. Man kann auch ein kombiniertes Ticket für den Besuch des James Joyce Tower und des George Bernhard Shaw-Geburtshauses kaufen. Der Eintritt kostet für Erwachsene 5,50 Pfund, ermäßigt 4,50 und für Kinder 2,20 Pfund. Auskunft erhält man unter Tel.: 01 8722077, Fax: 01 8722231

◆ **Municipal Gallery of Modern Ar**t (Parnell Square North), auch Hugh Lane Gallery genannt 8
In eleganten georgianischen Ausstellungsräumen – es handelt sich um die ehema-lige Stadtresidenz des Earl of Charlemont (1762) – werden neben französischen Impressionisten irische Malerei und Skulpturen des 20. Jahrhunderts gezeigt. Den Kern der Ausstellung bildet die Privatsammlung von Sir Hugh Lane (1875-1915), einem Neffen von Lady Gregory. Er gründete das Museum 1908 und stellte dafür

Teile seiner Sammlung französischer Impressionisten zur Verfügung. Unglücklicherweise kam Lane beim Untergang der Lusitania 1915 ums Leben, ohne ein eindeutiges Testament in bezug auf seine Gemälde hinterlassen zu haben. Da ein Teil der Sammlung zum Zeitpunkt seines Todes nach London ausgeliehen war, stritten sich Dublin und London jahrelang um den Besitz der Bilder. Erst 1959 konnte eine etwas seltsame Einigung erzielt werden: Die Hälfte der Sammlung wechselt alle fünf Jahre jeweils von Dublin nach London und umgekehrt. Neben der Lane Collection mit Meisterwerken von Vuillard, Boudin, Corot, Daumier, Renoir und Manet rühmt sich das Museum auch eines repräsentativen Querschnitts durch die irische Kunst des 20. Jahrhunderts, beispielsweise mit Werken von Jack B. Yeats, William Orpen und Louis Le Brocquy.
Öffnungszeiten: Di bis Fr 9.30-18 Uhr, Sa 9.30-17 Uhr und So 11-17 Uhr, Tel.: 018741903

◆   Ebenfalls am Parnell Square, in der Granby Row, befindet sich das **National Wax Museum**.
Drakula, Frankenstein, verschiedene Politiker, sogar die Simpson Family etc. können hier als lebensecht wirkende Wachspuppen bewundert werden.
Öffnungszeiten: Mo-Sa 10-18 Uhr, Sonntag 12-18 Uhr, letzter Einlaß 17.15 Uhr, Tel.: 01 8726340

◆   **King's Inn** (Henrietta Street) ꝯ , westlich des Parnell Square, jenseits der Bolton Street, ist das dritte Meisterwerk des Architekten James Gandon, von außen zu bewundern. Das Gerichtsgebäude wurde 1795-1817 im klassizistischen Stil erbaut, Gandon entwarf den Bau 1795, vollendet hat ihn allerdings sein Schüler Henry Aaron Abker. Mitte des 19. Jahrhunderts wurden die Seitenflügel angefügt. In dem Gebäude tagt auch heute noch das Gericht. Lustig anzuschauen sind die Anwälte in ihren schwarzen Roben und den gelockten Perücken. Das Fotografieren ist allerdings verboten.

◆   **Irish Whiskey Corner**/Bow Street Distillery 10, an der Stelle der alten Jameson Whiskey Distillery in der Bow Street.
Auch wenn heute hier kein Whiskey mehr produziert wird – die Destille wurde 1972 geschlossen –, so lohnt sich doch ein Besuch der renovierten und geschmackvoll umgebauten Gebäude. Neben der Zentrale irischer Whiskeyhersteller ist hier auch "The Irish Whiskey Corner" untergebracht. Nach einer interessanten Ausstellung rund um den Whiskey und einem Film, der die Geschichte der irischen Whiskeyproduktion erläutert, kann man an der Bar, die im Stil der 20er Jahre eingerichtet ist, einen Schluck zu sich nehmen und im Souvenirshop ein Mitbringsel erwerben.
Öffnungszeiten: Mai-Oktober, Führungen täglich Mo-Fr um 11, 14.30 und um 15.30 Uhr, Sa um 15.30, November-April: Mo-Fr um 15.30 Uhr

◆   **St. Michan's Church** 11, Church Street
geht auf eine erste Kirche aus dem Jahre 1095 zurück. Der jetzige Bau ist eine im 19. Jahrhundert entstandene Rekonstruktion einer Kirche aus dem 17. Jahrhundert (1686), der einzigen Dubliner Pfarrkirche nördlich der Liffey. Im Inneren gibt es eine schön geschnitzte Empore und eine Orgel zu bewundern. Auf der damals noch intakten Orgel in der Eingangshalle soll Händel anläßlich der Uraufführung

des Messias 1742 gespielt haben. In den Gewölben der Krypta aus dem 17. Jahrhundert kann man Mumien – vermutlich Kreuzfahrer – besichtigen, die durch die dort herrschende säurehaltige Atmosphäre konserviert wurden.
Öffnungszeiten: Mo-Fr 10-12.45 Uhr, 14-17 Uhr, Sa 10-12.45 Uhr, Eintritt für Erwachsene 1,50 Pfund, für Kinder 50 Pence, ermäßigt 1 Pfund.

◆ **Four Courts** 12
Der stattliche Bau liegt am Inns Quay, dem Nordufer der Liffey. Er wurde im ausgehenden 18. Jahrhundert (1786-1802) von James Gandon als Gerichtsgebäude errichtet und beherbergt heute den Obersten Gerichtshof. Der klassizistische Kuppelbau hat eine knapp 140 Meter lange Fassade. Die Front wird durch einen gewaltigen Mittelblock mit einem von sechs korinthischen Säulen getragenen Portikus bestimmt. Korinthische Säulen umgeben auch den mächtigen, von einer Kupferkuppel bekrönten Tambour über der runden zentralen Halle und nehmen ihm etwas von seiner massiven Wucht. Von der Haupthalle aus öffnen sich die ursprünglichen vier Gerichtshöfe: das Finanzgericht, der Zivilgerichtshof, schließlich Oberhof- und Kanzleigericht. Das Gebäude der Four Courts stellt ein Pendant zum Custom House an den unteren Quays des Hafens dar. In der Nacht vom 13. auf den 14. April 1916 wurde das Gebäude von IRA Truppen besetzt. Im Bürgerkrieg 1922 von den Engländern schwer beschädigt, blieb nur die Fassade stehen. Sie ist jedoch vollständig wieder hergerichtet.

❷ **Südlich der Liffey: das Museumsviertel und die georgianischen Plätze**

◆ **Trinity College** (zwischen Pearse Street und Nassau, Eingang von der College Street bzw. College Green) 13

Das berühmte College wurde als erste irische Universität 1592 durch Elizabeth I. als Bollwerk des englischen Protestantismus gegründet. Ihr Ziel war, den protestantischen Untertanen im fernen Irland Bildung und Wissen zu vermitteln. Erst im Jahre 1793 wurde auch katholischen Studenten der Zugang zum College gestattet, allerdings verbot nun die katholische Kirche ihren Gläubigen das Studium in der "verderblichen" protestantischen Atmosphäre von Trinity. Erst ab 1873 war jedermann ein von religiösen Restriktionen freies Studium möglich. Frauen wurden ab 1903 zugelassen.

Das ehrwürdige Trinity College

Offiziell verbot die katholische Kirche ihren Mitgliedern noch bis in die 60er Jahre unseres Jahrhunderts hinein den Besuch der als sehr liberal bekannten Universität, woran sich allerdings viele Katholiken aufgrund des hohen Bildungsniveaus des Trinity College nicht hielten. Heute sind die meisten Studenten katholisch.

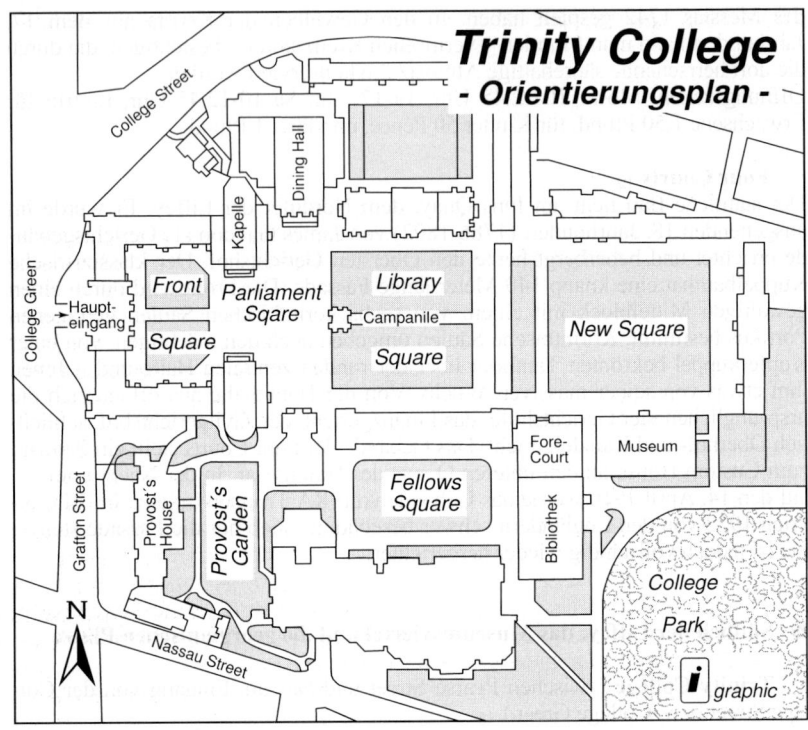

Zu den berühmten Absolventen des College zählen Oliver Goldsmith, Jonathan Swift, Robert Emmet, Henry Grattan sowie Samuel Beckett. James Joyce, der hier nicht studierte, beschrieb das Trinity als "ein langweiliges Gemäuer in einem Land der Ignoranz".

Von den ersten und ältesten Gebäuden des Colleges ist nichts mehr erhalten. Die heutigen Gebäude stammen größtenteils aus georgianischer Zeit oder aus dem 19. Jahrhundert.

Der Gebäudekomplex mit seinen schönen Grünanlagen stellt inmitten der hektischen Stadt eine Oase der Ruhe dar. Viele Dubliner verbringen hier ihre Mittagspause oder erholen sich während des Einkaufsbummels. Täglich wird in einem der Gebäude (ausgeschildert) eine audiovisuelle Show "Dublin Experience" gezeigt. Der Film (der alternierend in Deutsch, Englisch, Französisch und Italienisch gezeigt wird, jeweils zur vollen Stunde von 10-17 Uhr) bietet eine gute Einführung in die Geschichte der Stadt und ihres berühmten College.

Ein absolutes "Muß" ist der Besuch der Bibliothek, der **Trinity College Library**: Die alte Universität verfügt über den größten Buchbestand des Landes und ist eine der ältesten Forschungsbibliotheken. Zudem besitzt sie die größte Handschriften- und Büchersammlung in Irland. Es gibt acht Bibliotheksgebäude, von denen die

1712-1732 gebaute Old Library die berühmteste ist. Seit 1801 hat sie als Pflichtbibliothek das Recht, ein Freiexemplar aller britischen und irischen Veröffentlichungen einzufordern. Sie hat derzeit einen Bestand von fast 3 Millionen Büchern in acht Bibliotheksgebäuden.

In der Old Library sind vier Bereiche dem Besucher zugänglich, durch die er in einem Rundgang geführt wird:

1. Die Tour beginnt und endet in der wohlsortierten, aber leider recht vollen Bibliotheksbuchhandlung, führt dann in den 2. Ausstellungsraum in den Kolonnaden: Hier finden jährlich wechselnde Ausstellungen statt, die dem Besucher einen Einblick in die umfangreichen Sammlungen der Bibliothek und der Universität geben sollen, danach 3. in die "Schatzkammer", dem heutigen Ausstellungsbereich für das "Book of Kells" und schließlich 4. im Obergeschoß zum Long Room, dem Hauptraum der alten Bibliothek.

Die Kolonnaden waren ursprünglich der Länge nach durch eine Wand getrennt. 1892 wurden die offenen Arkaden zugemauert. Sie dienten jetzt als Bücherlager der Bibliothek. Hundert Jahre später, 1992, veränderte man sie erneut, um so eine erweiterte Bibliotheksbuchhandlung und eine Ausstellungshalle zu schaffen. Gleichzeitig wurde der Ostpavillon in eine "Schatzkammer" zur Ausstellung mittelalterlicher Evangelienhandschriften umgebaut – hauptsächlich zur sachgerechten Aufbewahrung des "Book of Kells" und des "Book of Durrow" sowie einiger anderer kostbaren Handschriften.

Die größte Sehenswürdigkeit der Bibliothek ist das wohl schönste Buch der Welt, das **Book of Kells**: Der Name "Book of Kells" nimmt Bezug auf das Kloster von Kells in der Grafschaft Meath, ungefähr 70 km nordwestlich Dublins. Kells wurde Zufluchtsort für die Anhänger des hl. Columba, die vor den Angriffen der Wikinger im Jahre 806 von der Insel Iona geflohen waren. Wissenschaftler sind sich mittlerweile darüber einig, daß das Buch ein Werk der Iona-Gemeinschaft ist, das entweder in Kells oder auf Iona oder teilweise an beiden Orten angefertigt worden ist. Die Handschrift befand sich jedenfalls im Jahre 1007 in der Kirche von Kells. Von dort wurde sie zu diesem Zeitpunkt gestohlen, später jedoch wiederentdeckt (siehe Kap. 4.1.4). Das Buch blieb bis 1654 in Kells, wurde dann aber während der Unruhen zur Zeit Oliver Cromwells aus Sicherheitsgründen nach Dublin gebracht. Henry Jones schenkte es 1661 dem Trinity College, nachdem er zum Bischof von Meath ernannt worden war. Das Buch enthält in seinem jetzigen Zustand 340 Doppelseiten, d.h. 680 Seiten auf Vellum (Kalbshaut) im Ausmaß von 330 x 250 mm. Ungefähr 30 Doppelseiten sind im Laufe der Zeit abhanden gekommen. Seit 1953 ist das Buch aus Restaurierungsgründen vierbändig eingebunden, ursprünglich war es ein einziger Band. Von den vier Bänden werden jeweils zwei Bände unter höchsten Sicherheitsvorkehrungen ausgestellt.

Die Prunkhandschrift wurde in Majuskeln (Großbuchstaben) mit Gallensud auf Kalbsleder geschrieben und enthält eine lateinische Version der vier Evangelien mit einem Vorspann von Vorworten, Zusammenfassungen der biblischen Geschichte und kanonischen Tafeln oder Konkordanzen zu den Evangelien. Mit seinen Illustrationen ist das Buch von Kells das hervorragendste Beispiel für die

Blüte der irischen Buchmalerei zwischen dem 7. und dem 9. Jahrhundert. Besonders eindrucksvoll sind die leuchtenden Farben, das Flechtwerk der Ornamente, die Initialien und die schalkhaften Randzeichnungen.

Weitere faszinierende Bücher sind das "Book of Dimma", das die vier Evangelisten in Minuskelschrift sowie einige Gebete für Krankenbesuche enthält. Es stammt aus dem späten 8. Jahrhundert und zeigt ein weit schlichteres Dekor als das "Book of Kells". Das "Book of Durrow" wird auf ca. 675 datiert und stellt somit das älteste Exemplar dieser Sammlung dar. Das Dekor ist künstlerisch erstaunlich ausgereift. Das "Book of Armagh", im Jahre 807 in Minuskelhandschrift geschrieben, ist das einzige erhaltene früh-irische Manuskript mit einem vollständigen Text des neuen Testaments. Es enthält weiterhin Glaubensbekenntnisse sowie die Vita des hl. Patrick und die Vita des hl. Martin von Tours. Aufgrund einer Eintragung konnte das "Book of Armagh" genaustens datiert werden.

Bis zu 2.000 Besucher kommen täglich, um "The Book" zu sehen und drängeln sich durch die ehrwürdigen, eichenholzgetäfelten Bibliothekshallen. Wenn man endlich das Buch, in einem gläsernen Kasten untergebracht, erreicht hat, bleibt kaum Zeit, sich diese ornamentale Welt von keltischen Spiralen genauer anzuschauen.

Die Hauptkammer der Old Library ist der Long Room. Er ist 64 Meter lang und beherbergt rund 200.000 der ältesten, meist schweinsledergebundenen Bände der Bibliothek. Zur Zeit seiner Erbauung besaß er eine Flachdecke, Bücherregale gab es nur auf der unteren Ebene mit einer offenen Empore darüber. Zu Beginn der 50er Jahre des vorigen Jahrhunderts waren diese Regale so voll, daß 1859 das Bibliotheksdach gehoben werden mußte. Die Architekten Deane und Woodward entwarfen die derzeitige hölzerne Tonnengewölbedecke, die es erlaubte, Regale auch auf der Empore aufzustellen.

Die wichtigsten Sehenswürdigkeiten des Long Rooms sind die Marmorbüsten von Jonathan Swift und Universitätsangehörigen an beiden Seiten der Halle. Die Sammlung begann 1743 mit 14 Büsten des Bildhauers Peter Scheemakers. Die Büste von Jonathan Swift von Louis Francois Roubiliac gehört zu den schönsten der Sammlung. Am Ende des Saales hängt die am Ostersonntag 1916 verlesene Proklamation der Irischen Republik. Es handelt sich dabei um eine von ungefähr zwölf noch erhaltenen Kopien. Mit ihrer Verlesung durch Patrick Pearse begann der Osteraufstand am Hauptpostamt von Dublin am 24.4.1916. In einem Schaukasten ist eine der ältesten (wenn nicht gar die älteste) irischen Harfen ausgestellt. Sie stammt höchstwahrscheinlich aus dem Anfang des 15. Jahrhundert. Das Instrument ist aus Eichen- und Weidenholz gefertigt und mit Messingsaiten bespannt. Die Verbindung mit dem Hochkönig von Irland, Brian Boru (1002-1014), ist allerdings nur Legende. Trotzdem ist sie vielleicht das älteste und schönste Instrument dieser Art. Als Ausdruck der langen keltischen Bardentradition ist die Harfe zum irischen Nationalinstrument geworden.

Öffnungszeiten: Mo-Sa 9.30-17.30 Uhr, letzter Einlaß 17 Uhr, Sonntag 12-17 Uhr, letzter Einlaß 16.30 Uhr. Eintritt: The Dublin Experience: Erwachsene 2,75 Pfund, Senioren/Studenten 2,25 Pfund, Kinder 1,50 Pfund, Familien 5 Pfund. The Old Library: Erwachsene 3 Pfund, Senioren/Studenten 2,25, Kinder: frei (unter 12

Jahren), Familien 6 Pfund. Kombiniertes Ticket für Dublin Experience und Old Library: Erwachsene 5,50 Pfund, Senioren/Studenten 4,25 Pfund, Kinder unter 12 Jahre frei, Familien 10 Pfund.

Tip
Im Trinity College kann man gut übernachten. Ein Einzelzimmer (mit WC und Dusche) kostet beispielsweise 25 Pfund, was für die Lage mitten in der Stadt durchaus angemessen ist.

Auskunft erteilt das Accommodation Office, University of Dublin, Trinity College, Dublin 2, Tel.: 01 6081177, Fax: 01 6711267. Das Accommodation Office hat täglich von 8 Uhr bis Mitternacht auf.

◆ In der heutigen **Bank of Ireland** (= Old Parliament), College Green ₁₄ gegenüber von Trinity College, tagte bis 1801 das irische Parlament. Das klassizistische Gebäude mit prachtvoll geschwungenen Säulengängen und drei Portalen entstand 1729-1939 unter Edward Lovett Pearce mit späteren Ergänzungen von James Gordon. Mit der Union des britischen und irischen Parlaments 1800 verlor der prachtvolle Bau jedoch seine Funktion und wurde im darauffolgendem Jahr von der Bank of Ireland Company erworben. Die drei Statuen über dem Mittelgiebel stellen Hibernia (dies ist der alte Name für Irland), die Treue und den Handel dar. Die Ostfront wurde 1785 von James Gandon hinzugefügt. Die drei Statuen über der Ostfront sind allegorische Darstellungen der Weisheit, der Gerechtigkeit und der Freiheit.
Öffnungszeiten: Mo-Fr 10-16 Uhr, Führungen dienstags 10.30, 11.30, 13.45 Uhr. Eintritt frei. Geschlossen August, September und während der Ferien

◆ **Grafton Street**
Die Grafton Street, einst die erste Wohnadresse am Platz, ist heute Dublins noble und lebendige Einkaufsmeile. Im traditionsreichen Bewley's Café, einem imposanten Jugendstilgebäude, kann man – im 1. Stock – angenehm Kaffee trinken.

Molly Malone

Am oberen Ende der Grafton Street, schräg gegenüber dem Eingang zum Trinity College, steht das Bronzedenkmal der resoluten Fischhändlerin Molly Malone, die von den Dublinern auch "The Tart with the Cart" (Nutte mit Wagen) genannt wird.

◆ Das **Powerscourt Town Centre** ₁₅ in der South William Street, die westlich parallel zur Grafton Street verläuft, wurde 1771-1774 als Powerscourt House von Robert Mack für Lord Powerscourt errichtet, dem auch der gleichnamige Landsitz in der Grafschaft Wicklow gehörte. Nur 60 Jahre war das prächtige Stadtpalais aus Backstein, das innen von dem Meisterstukkateur Stapleton ausgestattet worden war, im Besitz der Familie, dann wurde es an einen Stoffgroßhändler verkauft, der es als Warenlager und

Büro nutzte. Seit 1983 beherbergt das elegante Gebäude, dessen Innenhof man mit einem Glasdach versehen sowie im Inneren mit Galerien ausgestattet hat, ein beliebtes Einkaufszentrum mit zahlreichen Geschäften, Restaurants, Antiquitätenläden, Galerien und Boutiquen.

◆ In der South William Street Nr. 58 ist seit 1953 das Dubliner Stadtmuseum, das **Dublin Civic Museum**, untergebracht. 16 Verschiedenste Andenken erinnern an berühmte, teilweis auch kuriose Dubliner Persönlichkeiten. Unter anderem sind dort die gigantischen Schuhe des irischen Riesen Patrick O'Brian (1761-1806) ausgestellt, der 2,61 Meter gemessen haben soll.
Öffnungszeiten: Di bis Sa 10-18 Uhr, So 11-14 Uhr

◆ Das **Mansion House** 18 in der Dawson Street wurde 1710 im schlichten Queen Anne Stil erbaut und in viktorianischer Zeit mit vielfältigen Ergänzungen im Zuckerbäckerstil, wie zum Beispiel gußeisernen Balustraden, versehen. Seit 1715 ist es Wohnsitz des für ein Jahr gewählten Bürgermeisters, des Lord Mayors. Die Dawson Street wird gesäumt von kleinen Buchhandlungen, Cafés und Galerien. Im Gebäude Nr. 19 befindet sich die **Royal Irish Academy**, in deren Bibliothek ca. 2.500 wertvolle irische Handschriften untergebracht sind. Zu den wertvollsten Manuskripten gehören der Cathach (Psalter) des hl. Columba, die älteste erhaltene irische Handschrift und der einzige Codex, der von dem Heiligen selbst stammen könnte. Kennzeichen des Manuskriptes und typisch für den späteren irischen Stil sind die mit kleiner werdenden Buchstaben verzierter Anfangswörter und die vergrößerten ornamentalen Initialen.
Öffnungszeiten: Mo-Fr 10.30-17.30 Uhr

◆ **St. Stephen's Green** 17 ist ein im Süden der Stadt gelegener, bei Einheimischen und Touristen gleichermaßen beliebter Park. Im späten 18. Jahrhundert wurde die Grünfläche von Gebäuden umgeben, und 1880 legte hier Lord Ardilaun (Sir Arthur Edward Guinness) einen öffentlichen Park an. Neben einem künstlichen Teich und ausgedehnten Blumenbeeten kann man etliche Denkmäler und Statuen berühmter irischer Persönlichkeiten entdecken, u.a. W.B. Yeats von Henry Moore. Der Park wird begrenzt von vielen schönen alten Häusern, die jedoch nicht – wie etwa beim Fitzwilliam Square – nach einem einheitlichen Bauplan entstanden sind und daher keinen architektonisch geschlossenen Eindruck vermitteln.

◆ Nicht unumstritten ist das große Einkaufszentrum an der Ecke zur Grafton Street. Der im Volksmund spöttisch als "Mississippi-Dampfer" bezeichnete Einkaufstempel wurde 1986 erbaut und lehnt mit seiner Glas- und Metallkonstruktion an die gußeisernen Hallenbauten der Jahrhundertwende an. Er ist architektonisch zwar ein gelungener

Einkaufspalast aus Glas und Stahl

Komplex, aber es ist sehr bedauerlich, daß ihm fast 70 georgianische Häuser weichen mußten.

◆ An der Nordseite des Platzes befindet sich das **Shelbourne Hotel**. Es ist das älteste und traditionsreichste Hotel der Stadt. Der jetzige Bau, der das frühere Hotel ersetzt, stammt aus den Jahren 1865 bis 1867. Hier wurde 1867 in Raum 112 die Verfassung des irischen Freistaates ausgearbeitet. Man sollte nicht versäumen, hier seinen Tee einzunehmen.

◆ **National Museum**, Kildare Street ₁₉
Der interessante viktorianische Museumsbau enthält eine große Abteilung für irische Kulturgeschichte von der Frühzeit bis heute: Zu sehen sind neben kostbaren Funden aus megalithischer Zeit keltische Hochkreuze, historische Musikinstrumente, irisches, aber auch englisches Kunsthandwerk (Glas, Möbel, Porzellan, Silber und Textilien) sowie Waffen, Uniformen, Münzen und Dokumente zum Osteraufstand. Besonders sehenswert ist der prachtvolle Goldschmuck aus der Bronzezeit, u.a. Lunulae, Torques, große Goldblechkrägen und Armreife. In Schaukästen wird die Entwicklung der irischen Fibeln vom 6. bis zum 10. Jahrhundert sowie anderer bronzezeitlicher Gebrauchsgegenstände dargestellt. Bei den größten Kostbarkeiten der frühchristlichen Kunst, meist recht kleinformatige Objekte, erkennt man erst bei genauerem Hinsehen ihren enormen Dekorreichtum (s. Kap. 2.2.2).

Die meisten Reliquien der frühen irischen Kirche enthielten Krummstäbe, von denen mehr als 40 erhalten sind. Als schönstes Exemplar gelten die Krummstäbe von Clomnacoise (spätes 11. und 15. Jahrhundert) und Lismore (um 1100). Aus den liturgischen Gefäßen ragt der "Silberkelch von Ardagh" (vermutlich spätes 8. Jahrhundert) hervor. Schale und Fuß bestehen aus gehämmerten, die Henkel aus gegossenem Silber. Der Schaft und die Basisringe von Schale und Fuß sind aus vergoldetem Bronzeguß. Die künstlerisch bedeutendsten Details des Kelches sind vor allem die Filigranarbeiten. Der Goldschmied verwendete Perldrähte, gedrehte Drähte, Goldkügelchen, einfache Schnörkelverzierungen und Schlingenwerk mit Vögeln, Schlangen und anderen Tieren. Er variierte Sorte und Typ des Drahtes so

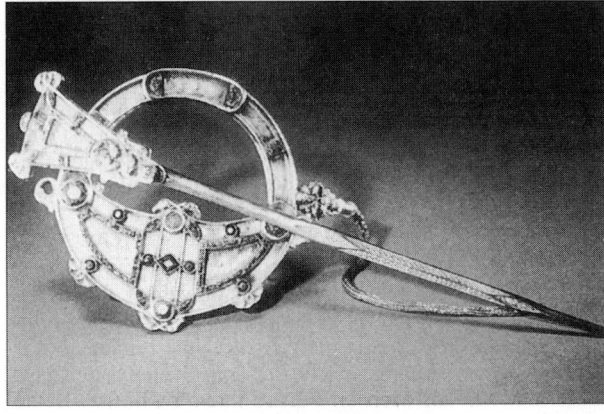

geschickt, daß er auch in den winzigsten Feldern Tiefenwirkung erzielen und den Motiven Leben verleihen konnte.

Bei der bemerkenswerten Sammlung von Vortragekreuzen und Kruzifixen, die hauptsächlich aus dem 13.-15. Jahrhundert stammen, ist auf das

Brosche aus Tara

173

wunderbare "Cross of Cong" (1123) zu achten, das einst einen Splitter des Kreuzes Christi
enthalten haben soll. Es besteht aus einem
Eichenkern, der mit Silber und Feldern von
vergoldeter Bronze verziert und reich mit
Halbedelsteincabochons und Schnörkelwerk
geschmückt ist.

Ganz besonders eindrucksvoll ist die sogenannte "Tara-Fibel", eine silbervergoldete
Ringfibel aus dem 8. Jahrhundert. Reich verziert mit verschiedenen Tier- und Flechtornamenten aus Filigran, Bernstein und buntem
Glas, kann sie an Wert mit den kunstvollsten
Manuskripten verglichen werden. Beide Seiten, der Außen- und Innenrand, sind bearbeitet, obwohl beim Tragen die Rückseite nicht
zu sehen war. Öffnungszeiten: Di bis Sa 10-
17 Uhr, So 14-17 Uhr, montags geschlossen,
Tel.: 6618811.

Die berühmten ...

◆ Neben dem National Museum befindet sich die **National Library** – die Natio-
nalbibliothek, deren alter Lesesaal im 1. Stock 1890 eröffnet wurde und den man
besichtigen kann. Hier befinden sich bedeutende Erstausgaben irischer Autoren,
wie zum Beispiel von Swift, Goldsmith, Yeats und Joyce. Weiterhin verfügt die
Bibliothek über eine bemerkenswerte Sammlung irischer Landkarten und topogra-
phischer Stiche und Zeichnungen. Öffnungszeiten: Mo 10-21 Uhr, Di und Mi 14-
21 Uhr, Do und Fr 10-17 Uhr, Sa 10-13 Uhr

... Dublin Doors

◆ **Der Merrion Square** 21
Der längliche Platz gilt als Meisterwerk georgianischer Stadtarchitektur. Man hat ihn
kürzlich hervorragend renoviert. Der Merrion Square wurde in den 60er Jahren des 18.
Jahrhunderts größtenteils von John Ensor angelegt. Im ausgehenden 18. und frühen 19.
Jahrhundert war er eine der vornehmsten
Adressen der Stadt. Der Charakter ist von
schlichter Eleganz. Die verschieden gestalteten, bunten Haustüren verleihen den schlichten Backsteinbauten Individualität.

Durch diese sogenannten "Dublin Doors"
konnten die einstigen Bewohner in die ansonsten vorgeschriebene backsteinerne Architektur eine individuelle Note bringen. Viele
berühmte irische Persönlichkeiten hatten einst
am Merrion Square ihren Wohnsitz. Heute
sind hier hauptsächlich Büros untergebracht.

◆ **National Gallery** [20], Merrion Square West, neben Leinster House
Die Sammlung wurde 1864 von dem irischen "Eisenbahnkönig" Dargan gestiftet und zeigt neben rund 2.000 Gemälden europäischer Meister des 14.-20. Jahrhunderts (u.a. Goya, Rembrandt, Rubens, Reynolds und Gainsborough) vor allem die berühmte "Irische Schule" mit Werken von William Mulready, Walter F. Osborne, John B. Yeats und dem auch mit kühnen expressionistischen Bildern aus seiner Spätphase vertretenen Jack B. Yeats.
Die Abteilung mit den bedeutenden irischen Malern ist für den ausländischen Besucher natürlich besonders interessant. Irische Maler sind außerhalb des Landes so gut wie nie zu sehen. Der Betrachter gewinnt so einen guten Eindruck von der Entwicklung der irischen Malerei von den späten Anfängen im 18. Jahrhundert bis zum 20. Jahrhundert.
Öffnungszeiten: Mo-Sa 10-17.30 Uhr, Do 10-20.30 Uhr, So 14-17 Uhr

◆ Das **Leinster House** [20], neben der National Gallery an der Westseite des Platzes in der Kildare Street gelegen, ist seit 1922 der Sitz des Dáil Éireann, des irischen Parlaments. Das Gebäude war ursprünglich ein für den Grafen Kildare erbautes Stadtpalais (1745-1748 von Richard Cassels). Das irische Parlament besteht aus dem Seannad Éireann (Senat oder Oberhaus), das durch 60 Mitglieder vertreten wird, und dem Dáil Éireann, dem Haus der gewählten Abgeordneten mit 148 Mitgliedern. Premierminister ist der Taoiseach, Präsident der An Tuachtarán. Seit 1990 bekleidet Mary Robinson dieses Amt.

◆ Entlang den für das Jubiläumsjahr 1991 gereinigten Regierungsgebäuden gelangt man zum Naturkundemuseum [20], dem **Natural History Museum** in der Merrion Street. In dem Museumsgebäude des 19. Jahrhunderts kann man in riesigen Hallen die irische Tierwelt kennenlernen und unter anderem ein Skelett des berühmten Irischen Riesenhirsches (um 8000 v.Chr. ausgestorben) bewundern. Das Naturkundemuseum ist ein Museum alten Stils, wie man es nur noch selten antrifft.
Öffnungszeiten: Di bis Sa 10-17 Uhr, So 14-17 Uhr, Mo geschlossen

◆ Der **Fitzwilliam Square**
Der Fitzwilliam Square ist nicht so berühmt wie der Merrion Square, aber auf Grund seiner ruhigen Lage sehr eindrucksvoll. Er wurde 1825 angelegt und ist sehr gut erhalten. Das Haus in der **Lower Fitzwilliam Street Nr. 29** [22] kann besichtigt werden. Das Stadthaus aus dem späten 18. Jahrhundert wurde vorbildlich restauriert, so daß man einen guten Einblick in das Alltagsleben einer gutbürgerlichen Familie dieser Zeit bekommen kann. Vom Dienstbotenkeller über die Repräsentationsräume bis hin zu den Dachkammern für die Kinder ist alles originalgetreu eingerichtet.
Öffnungszeiten: Di-Sa 10-17 Uhr, So 14-17 Uhr, Mo und zwei Wochen vor Weihnachten geschlossen. Eintritt: Erwachsene 2,50 Pfund, Kinder unter 16 J. frei, Studenten/Senioren 1 Pfund

INFO

Dublin und das georgianische Zeitalter

*Das 18. Jahrhundert war die Zeit der protestantisch-englischen Vorherrschaft, auch "Protestant Ascendancy" genannt. Zu jener Zeit entwickelte sich Dublin zu einer der elegantesten europäischen Hauptstädte, planvoll angelegt – vergleichbar mit dem späteren Paris unter Napoleon III. 1757 wurde ein Gesetz von dem noch eigenständigen irischen Parlament in der heutigen Bank of Ireland erlassen. Dieses Gesetz rief die "**Wilde Street Commissioners**" dazu auf, alte Gebäude abzureißen, breite neue Durchfahrtsstraßen und einheitliche Straßenzüge und Plätze zu schaffen. Diese sogenannte "georgianische" Epoche war nach den drei Georges auf dem englischen Königsthron (1714-1820) benannt. Ihre architektonischen Ideale waren Eleganz, Harmonie, Regelmäßigkeit und Symmetrie. Ihre Lebensweise war von Vernunft und einem verfeinerten Lebensstil geprägt.*

Deutlich zeigt sich dies in den Stadthäusern jener Zeit, in den Wohnhäusern des Adels und des damals sehr reichen Bürgertums. Die drei- bis vierstöckigen Bürgerhäuser wirken von außen einheitlich: Souterrains, ein mit Schiefer gedecktes Spitzdach mit den typischen Kaminschloten, Treppen aus Granit, eine nicht zentrale Eingangstür und hohe, durch Sprossen unterteilte Fenster. Erst wenn man genauer hinschaut, sieht man die feinen Unterschiede, mit denen die Besitzer die von der Städtebaukommission vorgeschriebenen Grundbauformen zu variieren verstanden: die Messingtürklopfer, die fächerförmigen Oberlichter an den Türen, Eisengeländer über dem Souterrain oder vor den Fenstern, Fußabtreter oder selbst die Deckplatten für die Kohleöffnungen. Jedes fünfte Haus war verpflichtet, für die Straßenbeleuchtung zu sorgen. So kann man an manchen Geländern noch die Eisenhalterungen für die Fackeln sehen.

Ca. 200.000 Menschen lebten im 18. Jahrhundert innerhalb der Zone zwischen dem Grand Canal im Süden und dem Royal Canal im Norden. Am besten kann man dieses recht kompakte georgianische Gebiet zu Fuß erkunden. Besonders sehenswert ist das Gebiet südöstlich der berühmten Plätze St. Stephen's Green und Merrion Square, insbesondere der Fitzwilliam Square, die Lower Fitzwilliam Street und die Lower Baggot Street. Südlich der eigentlichen Kernzone liegt einer der schönsten Straßenzüge: der Wellington Place, ein von seinen Bewohnern vortrefflich gepflegter, kompletter georgianischer Straßenzug mit weiten Vorgärten.

Am Herbert Place säumen zweistöckige Bürgerbauten den Grand Canal. Je geringer der gesellschaftliche Rang, um so weniger Stockwerke hatten die Häuser. Einige Häuser, die sich im Privatbesitz befinden, wurden liebevoll restauriert. Sie stehen im Kontrast zu anderen, die stark heruntergekommen und mit Brettern vernagelt sind. Manche Häuser gehören zahlungskräftigen Firmen und werden recht gut in Schuß gehalten, während andere Häuser, selbst in den besseren Wohngegenden, bedenklich verrotten.

> Nach der Union von 1801 vertauschten die anglo-irischen Aristokraten ihre Dubliner Stadtsitze mit solchen in und um London. Die gesellschaftliche Stellung der neuen Mieter sank dementsprechend. Schließlich wurden die einst herrschaftlichen Stadtpalais in viele kleine Mietwohnungen aufgeteilt. Auch der Mittelstand verließ die City und zog in die Vororte. Während des 1. Weltkrieges wurden die Mieten per Gesetz für diese Altbauten eingefroren, kein Besitzer steckte noch Geld in Reparaturen, die Bauten verfielen.
>
> In den 60er Jahre entstanden häßliche, in ihrer Umgebung wie Fremdkörper wirkende Büro- und Hotelkomplexe, aber auch staatliche Bauten.

❸ Dublin Castle, die großen Kathedralen und das Temple Bar Viertel

◆ **Dublin Castle** 23, Dame Street, Cork Hill

Dublins mittelalterliche Burg liegt hinter anderen Gebäuden versteckt. Über einen Fußweg erreicht man den rechteckigen Upper Yard (Oberen Hof), den die Hauptbauten umschließen. Der heutige Grundriß entspricht ungefähr dem der gewaltigen Normannenfestung, die der englische König John zwischen 1208 und 1220 zum Schutz gegen die fortwährenden Angriffe an Stelle einer ehemaligen Wikingerfestung bauen ließ. Seit jener Zeit war Dublin Castle für die Iren das gefürchtete und verhaßte Symbol der englischen Fremdherrschaft. Hier befanden sich jahrhundertelang Verwaltung und Residenz der Repräsentanten der englischen Krone. Von dem normannischen Bau sind lediglich ein kleiner Teil der umgebenden Ringmauer sowie der Record Tower erhalten. Die heutigen um zwei Höfe gruppierten Gebäude stammen aus dem 18. und 19. Jahrhundert.

Alle sieben Jahre findet im Dublin Castle die Amtseinführung des Staatspräsidenten in der St. Patrick's Hall statt. Zuletzt wurde am 3. Dezember 1990 Mary Robinson als erste Frau in dieses Amt eingeführt. Für die EG-Präsidentschaft Irlands 1990 wurde Dublin Castle grundlegend renoviert.

Mit einer Führung kann man in 30 Minuten die Staatsgemächer (State Apartments) besichtigen. Ein besonderer Glanzpunkt ist die St. Patrick's Hall. Der 27 Meter lange und 13 Meter breite Raum diente früher als Ballsaal der Stadt.

Öffnungszeiten: Oktober-Juni (außer 24.-26.12. und Karfreitag) Mo-Fr 10-17 Uhr (12.15-14 Uhr geschlossen), Juli-September Mo-Fr 10-17 Uhr, ganzjährig Sa, So und Feiertagen 14-17 Uhr. Besichtigungen sind nur mit Führungen möglich, Tel.: 01 6777129, Fax: 01 6797831. OPW (bei Staatsbesuchen und Konferenzen geschlossen)

◆ Die **City Hall**, das Rathaus am Cork Hill, diente ursprünglich als Börse. Es wurde zwischen 1769 und 1779 im klassizistischen Stil mit korinthischem Portikus und überkuppelter Halle angelegt. Vorher diente das Gebäude im 19. Jahrhundert zeitweilig als Kaserne der Regierungstruppen. Während der Geschäftszeiten Mo-Fr 9-17 Uhr geöffnet.

◆ Die **Dame Street** geht in die **Lord Edward Street** über, dem ersten der von der Wide Street Commissioners angelegten Straßenzüge.

Zwischen dem heutigen Christ Church Place und der Liffey befand sich die ursprüngliche Wikinger-Siedlung, aus der Dublin hervorging.

◆ **Christ Church Cathedral** 26, Christ Church Place
Die heutige protestantische Kathedrale der vereinigten Diözesen von Dublin und Glendalough nimmt als einzige Wikinger-Kathedrale in ganz Irland und Großbritannien eine Sonderstellung ein.
Sie wurde 1038 auf einem Grundstück über der Liffey, das der Wikinger-König Sitric Seidenbart, auch Silberbart genannt, gestiftet hatte, gegründet. Dunan war ihr erster Bischof.

1173 wurde die Kirche von den Normannen unter Strongbow verändert und erhielt ihre gegenwärtige Struktur. Der später heiliggesprochene Erzbischof Lorenz (Laurence) O'Toole und der normannische Ritter Richard de Clare (Strongbow) ließen die neue Kathedrale bauen. Mit seiner Amtsübernahme im Jahre 1162 begann Erzbischof Lorenz, gegen die keltische Tradition die Kathedrale nach europäischen Maßstäben zu reformieren. Kanoniker wurden Mönche, die dem Orden des hl. Augustinus beitraten. Die Liturgie glich sich der Tradition von Sarum (Salisbury) in England an.

In den 30er Jahren des 16. Jahrhunderts kam eine neue Reformationswelle aus England. Als sich Henry VIII. von Rom lossagte, folgte ihm die protestantische Kirche Irlands mit der Mehrzahl ihrer Bischöfe, widerwillig zwar, doch im Einklang mit dem restlichen Europa. In der Christ Church wurde der letzte augustinische Prior der erste Dekan. Die Liturgie in englischer Sprache folgte dem englischen Brauch. Da sie sich trotz der Reformation den Glauben und die Kontinuität

Christ Church Cathedral

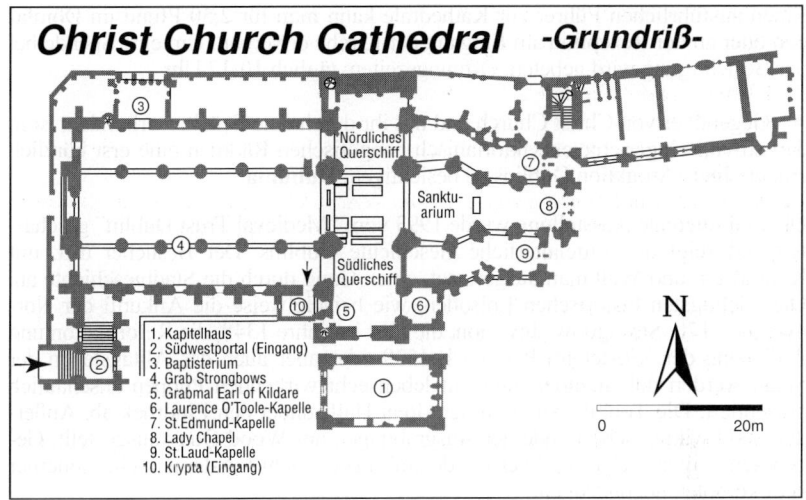

Christf Church Cathedral *-Grundriß-*

Nördliches Querschiff

Sanktu-arium

Südliches Querschiff

1. Kapitelhaus
2. Südwestportal (Eingang)
3. Baptisterium
4. Grab Strongbows
5. Grabmal Earl of Kildare
6. Laurence O'Toole-Kapelle
7. St.Edmund-Kapelle
8. Lady Chapel
9. St.Laud-Kapelle
10. Krypta (Eingang)

N

0   20m

bewahrte, sieht sich die protestantische Kirche in Irland in der direkten Nachfolge des keltischen und des mittelalterlichen Christentums und als Fortführung der einen heiligen, katholischen und apostolischen Kirche. 1526 brach die Südmauer des Hauptschiffs, die auf morastigem Grund stand, zusammen und wurde nur unvollkommen wiederaufgebaut. 1871-78 wurde die Kathedrale von Grund auf renoviert. Die Rettungsaktion bedurfte einer finanziellen Unterstützung von 230.000 Pfund, das entspricht heutzutage einer Summe von 23 Millionen Pfund. Die heutige Gestalt geht auf das 19. Jahrhundert zurück, wobei man allerdings den alten Bauplänen in großen Teilen folgte.

Von der alten normannischen Kathedrale blieb nur die Krypta erhalten. Sie ist in Großbritannien und Irland die einzige aus dem Mittelalter, die die volle Länge der Kathedrale besitzt und sich sowohl über dem Mittelschiff als auch unter dem Chor entlang zieht. Die in ihrer Rohheit und Klobigkeit beeindruckende Krypta steht in Kontrast zum Zuckerbäckerstil der restaurierten Teile der Kathedrale. Im südlichen Querschiff findet man ebenfalls noch Reste des romanischen Baus.

Strongbow wurde in der Kathedrale bestattet. Die Grabfigur eines Ritters in Rüstung stellt jedoch entgegen der lokalen Tradition nicht ihn dar. Sein ursprüngliches Grab wurde zerstört. Das Geschäftsleben Dublins hatte lange um das alte Monument gekreist, da hier traditionell Verträge abgeschlossen und Mietzinsen erhoben wurden. Die Stadt benötigte also einen "neuen" Strongbow. Die Nachbildung zeigt einige schöne Merkmale einer mittelalterlichen Rüstung, wie zum Beispiel die Sporen an den Knöcheln. Die kleine Figur an der Seite ist vermutlich ein Fragment des ursprünglichen Grabes. Die schon stark nach innen eingewölbte Nordwand des Mittelschiffes ist noch das Original aus dem 13. Jahrhundert, der überwiegende Rest jedoch Ergebnis der Restaurierung in den 70er Jahren des 19. Jahrhunderts. Besonders eindrucksvoll ist der aus Bildkacheln gestaltete Fußboden mit 63 verschiedenen Motiven. Sie wurden im 19. Jahrhundert nach gefundenen Originalen des 13. Jahrhunderts angefertigt.

Einen ausführlichen Führer zur Kathedrale kann man für 2,50 Pfund im Domladen oder an der Rezeption am Eingang der Kirche erwerben. Um eine Spende bei der Besichtigung wird gebeten. Öffnungszeiten: täglich 10-17 Uhr

◆ Gegenüber von Christ Church und mit ihr durch eine Brücke verbunden, ist in den stilvoll eingerichteten viktorianisch-neogotischen Räumen eine erst kürzlich eingerichtete Attraktion Dublins zu besichtigen: **Dublinia.**

Die multimediale Ausstellung wurde 1993 vom "Medieval Trust Dublin" geschaffen und zeigt die mittelalterliche Geschichte Dublins. Der Besucher tritt, mit Kopfhörern und Walkman ausgerüstet, einen Gang durch die Stadtgeschichte an. Die wichtigsten historischen Episoden, wie beispielsweise die Ankunft der Normannen 1170, Strongbows Invasion, die Pest im Jahre 1348, die Reformation und Auflösung der Klöster im Pale nach 1539 oder aber auch das Alltagsleben der Stadt, werden dokumentiert und mit lebensecht wirkenden Puppen anschaulich präsentiert. Die Tonbild-Show in der Great Hall rundet den Eindruck ab. Außerdem sind wikingische Funde der Ausgrabungen am Wood Quay ausgestellt. Gegen den Willen vieler Dubliner wurde auf historischem Fundament ein moderner Bürokomplex hochgezogen.
Öffnungszeiten: täglich von 10-17 Uhr. Eintritt: Erwachsene 3,95 Pfund, Kinder 2,90, Senioren und Studenten 2,90, Familien 10 Pfund, Kinder unter 5 Jahren frei.

INFO

Wann wurde Dublin gegründet?

An der Straße Wood Quay mitten im Zentrum entdeckte man vor wenigen Jahren bei Ausschachtungsarbeiten die Überreste jener alten Wikingerfestung, die etwa im Jahr 900 den Ausgangspunkt der Stadtgründung markierte. Die Grube war für Neubauten ausgehoben worden. Dabei handelte es sich um ein großes Bauvorhaben und eine nicht minder große Summe bereits investierten Geldes. Deshalb schüttete man die historischen Funde zu und baute weiter. Heute ruhen die Grundsteine mehrerer Bürogebäude genau auf den alten Fundamenten Dublins. Vielleicht riefen deshalb die Stadtväter 1988 etwas übereilt die Jahrtausendfeier aus. Für das Datum fanden sich zwar keine richtigen Belege, aber eine Ausgrabungsstelle, wo man hätte nachsehen können, gab es ja nun nicht mehr.

◆ **St. Audeon's Church**, Cook Street
Vorbei an den Resten der Stadtbefestigung mit dem einzig erhaltenen Stadttor Dublins geht es zur St. Audeon's Church. Einige Teile stammen wohl noch vom Ende des 12. Jahrhunderts, möglicherweise sind sogar Partien einer frühmittelalterlichen Kirche eingearbeitet. Im Turm hängt Irlands älteste Glocke. Öffnungszeiten: Die Kirche ist nur Sonntag zum Gottesdienst um 12.45 Uhr geöffnet.

Um zur St. Patrick's Cathedral zu gelangen, geht man am besten an der **St. Werburgh Church** 28 entlang, einer Kirche normannischen Ursprungs, die aber 1715 grundlegend erneuert und nach einem Brand 1795 wieder aufgebaut wurde.

◆ **St. Patrick's Cathedral** ₂₇, Patrick Street

Die St. Patrick's Cathedral ist die Staatskirche der protestantischen Church of Ireland. An dieser Stelle soll der hl. Patrick gerade bekehrte Heiden getauft haben. Später wurde hier eine Holzkirche errichtet. 1192 baute John Comyn, der 1181 vom englischen König zum Erzbischof ernannt worden war, an gleicher Stelle eine große Steinkirche. Er hatte vom König den Auftrag erhalten, die irische Kirche zu reformieren und den Einfluß der englischen Krone zu stärken. Da Comyn auf die unabhängige und monastisch organisierte Christ Church keinen Einfluß hatte, ließ er diese neue Kirche errichten.
Nachdem St. Patrick's zur Kathedrale erhoben worden war, konkurrierten die beiden Gotteshäuser miteinander.

Im 13. Jahrhundert erfolgte die Umgestaltung der Kathedrale im Early English Style. Eine bewegte Geschichte mit mehrfacher Zerstörung folgte. Unter Cromwell diente die Kirche den Truppen als Pferdestall. Nach mehreren Umbauten stellte schließlich Sir Benjamin Guinness (1864-1869) Mittel zur Restaurierung zur Verfügung. Vor der südlichen Außenwand der Kathedrale steht sein Denkmal, ein Werk von John Foley. 1866/69 wurde unter Sir Thomas Drew der gesamte Bau renoviert, 1900 noch einmal der Chor und die Seitenschiffe. Die heutige Gestalt als dreischiffige Basilika mit Querschiff und rechteckigem Chorabschluß erhielt das Gotteshaus also erst 1860. Die fast verfallene normannische Kathedrale blieb damit wenigstens dem originalen Plan nach erhalten, auch wenn von der ursprünglichen Bausubstanz kaum noch etwas übrig ist. Von 1713-1745 war Jonathan Swift Dekan der Kirche. Seine Totenmaske, eine Kanzel und Reliquien befinden sich in der Swift-Ecke. Im Südwesteingang ist sein Grab, daneben das von Hester Johnson, seiner geliebten Lebensgefährtin Stella. Neben vielen anderen Grabmälern sieht man hier auch die Gedenkplatte für Irlands letzten Barden Turlough O'Carolan.
Öffnungszeiten: Mo-Fr 9-18 Uhr, Sa 17 Uhr.

◆ 1701/1702 wurde auf Veranlassung von Erzbischof Marsh die erste öffentliche Bibliothek des Landes, die **Marsh's Library** ₂₉, am St. Patrick's Close in der Nähe der Kathedrale, nach Plänen von Sir William Robinsons errichtet. Ein Besuch lohnt sich. Das schöne Interieur aus dunkler Eiche hat sich praktisch seit der Gründung nicht mehr verändert. Es sind sogar noch drei der merkwürdigen Käfige erhalten, in die die Leser eingesperrt wurden, um den Diebstahl von Büchern zu verhindern. Die Bibliothek umfaßt ca. 25.000 Werke des 16.-18. Jahrhunderts aus den Bereichen Theologie, Medizin, Alte Geschichte, griechische, lateinische und französische Literatur sowie Landkarten. Auch James Joyce zählte zu den Lesern der Marsh's Library.
Öffnungszeiten: Mo, Mi, Do, Fr 10-12.45 Uhr und 14-17 Uhr, Sa 10.30-12.45 Uhr, Di geschlossen

◆ Zwischen Dame Street, der Liffey, zwischen Westmoreland Street und Fishamble Street liegt das **Temple Bar**-Viertel ₂₄, ein ehemaliges Handwerkerviertel. In den 50er Jahren hatten Massenproduktion, Import und Industrialisierung das Verlangen nach den alten handwerklichen Produkten getötet und den sozialen Niedergang des Viertels herbeigeführt. Die Gegend war heruntergekommen und schmutzig, als in den 1970er Jahren CIE ein Schema entwickelte, um das Gebiet

Die Temple Bar

als Busdepot für sich zu nutzen. Einige Grundstücke hatten sie schon gekauft, vermieteten sie jedoch übergangsweise an junge Leute. Während der 80er Jahre entwickelte sich langsam eine künstlerische Atmosphäre. 1985 entschlossen sich verschiedene Gruppen, das Gebiet zu erhalten. Sie konnten die Regierung für ihren Plan gewinnen. Die Idee eines Busdepots wurde fallengelassen. Statt dessen wurde ein Architekturwettbewerb für einen Lageplan ausgeschrieben, der den einzigartigen historischen Charakter des Gebietes und das Ambiente bewahren würde, gleichzeitig jedoch die kulturelle und kommerzielle Entwicklung fördern könnte. "Group 91", ein Team von 8 Architekten, gewann den Preis. Ein 5-jähriger Entwicklungsplan wurde angesetzt. Mittlerweile gibt es neue Pläne, um das Gebiet noch ein Stückchen weiter auszudehnen.

Das ehemalige Sanierungsgebiet ist Dublins jüngste Attraktion. In-Lokale, Haute Cuisine, bunte Graffitis, alternative Läden und Restaurants, Pubs, Nachtleben, Straßenkunst, Rock-Musik und flippige Boutiquen finden sich in diesem jungen, alternativen und multikulturell orientierten Stadtteil. In dem bunten, individuellen und sehr lebendigen Viertel ist auch das Irish Film Centre, 6 Eustace Street, Tel.: 6793477/6795744. Im Sommer gibt es Freilichtkino im Filmzentrum. Weitere Auskünfte erteilt das "Temple Bar Information Centre", 18 Eustace Street, Tel.: 6715717. Hier kann man Informationen über aktuelle Veranstaltungen im Temple Bar District erhalten. Auch gibt es dort ein interessantes Modell des gesamten Gebiets. September-Mai: Mo-Fr 9.30-18 Uhr, Sa 12-18 Uhr, Juni-August Mo-Fr 9-18.30 Uhr, Sa 11-18 Uhr, So 12-18 Uhr.

Parken
Es gibt einige Parkplätze entlang dem Ufer. Besser ist es, man parkt sein Auto außerhalb des Stadtzentrums und lernt die das Temple Bar-Viertel zu Fuß kennen. Für Fahrräder gibt es einen speziellen Parkplatz: Square Wheel Cycleworks, 21 Temple Lane. Die Unterbringung kostet 60 Pence pro Tag.

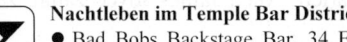

Nachtleben im Temple Bar District
● Bad Bobs Backstage Bar, 34 East Essex, Tel.: 775482. Dublins bekanntester Nachtclub ist am Wochenende sehr voll. Täglich geöffnet.
● Club M, Blooms Hotel, Anglesa Street, Tel.: 6790272. Ein großer Nachtclub auf verschiedenen Etagen mit 5 Bars, Lazer Show und einem Whirlpool. Dienstagnacht gibt es Musik aus den 50er und 60er Jahren, sonntags werden Hits aus den 70er und 80er Jahren gespielt. Manchmal gibt es Live Music. Montags geschlossen.
● Rock Garden, 3 A Crown Alley, Tel.: 6799114. Drei Bands spielen täglich Live Musik von 20 Uhr bis 2.30 Uhr morgens. Montags und dienstags werden sogenannte "Breakthrough nights" geboten, wo junge, unbekannte Bands spielen. Im oberen Geschoß kann man sich im Restaurant stärken.

● Project Arts Centre, Essex St. East, Tel.: 712321. Verschiedene nächtliche Aktivitäten, wie Revues, Gigs oder Theater, finden hier statt.

● Midnight at the Olympia, Olympia Theatre, Dame Street, Tel.: 777744. Freitag und Samstag findet im Olympia Theatre das normale Theaterprogramm statt, aber danach ist die Bühne für einen Gig entweder einer lokalen Größe oder für einen internationalen Star geöffnet. Der Eintritt kostet zwischen 5 und 8 Pfund.

Die Halfpenny Bridge

Vor dem Merchant's Arch, dem Eingangstor zu dem Temple Bar-Viertel, verbindet die **Halfpenny Bridge** 25, westlich der O'Connell Bridge gelegen, die beiden Ufer. Die Fußgängerbrücke (offiziell heißt sie Liffey Bridge), wurde 1816 errichtet und stellt ein Pionierstück britischer Ingenieurkunst dar. Sie wurde mit einer Wegegebühr von einem halben Penny (daher der Name) finanziert.

❹ Außerhalb des Stadtzentrums

Während man die Sehenswürdigkeiten im Stadtzentrum leicht zu Fuß erreicht, besucht man die etwas außerhalb gelegenen Sehenswürdigkeiten am besten mit öffentlichen Verkehrsmitteln oder mit dem eigenen Wagen.

◆ **Guinness Museum** 31, Crane Street, Busse 78, 21 A
Seit mehr als 200 Jahren stellt Europas größte Brauerei das dunkle, bittere Bier mit wenig Kohlensäure und dem dicken weißlich-cremigen Schaum her. Sie wurde damit bis in alle Welt bekannt. Der Aufstieg der Familie Guinness, heute eine der mächtigsten und einflußreichsten Familien Irlands, begann im Jahre 1759, als der aus Kildare stammende protestantische Arthur Guinness (1725-1803) eine kleine Dubliner Brauerei kaufte. Er führte das bisher in Irland unbekannte dunkle Porter ein und hatte damit großen Erfolg. Schon Anfang des 19. Jahrhunderts war die Guinness Brauerei die größte in Irland. Heute werden auf einem riesigen Gelände von über 25 ha 60% des gesamten irischen Biers hergestellt. Der hier entweichende Malzgeruch breitet sich bei entsprechendem Wind über ganz Dublin aus. Der Name Guinness ist auch mit allerlei Wohltaten für die Stadt Dublin verbunden: So finanzierte Sir Benjamin Guinness (1798-1868) die Restaurierung der St. Patrick's Cathedral, und Sir Arthur Edward Guinness (1840-1915) stiftete den St. Stephen's Green Park. Daß jedem Patienten eines Dubliner Krankenhauses pro Tag eine Flasche Guinness zusteht – gesponsert vom Guinness-Imperium –, ist allerdings wohl nur Gerücht.

Im **Hop Store**, dem ehemaligen Hopfenspeicher, ist ein Besucherzentrum eingerichtet worden. Hier kann man sich in einer Ausstellung und einer Audiovisionsshow sowohl über die historischen als auch über die modernen Methoden des

Brauprozesses, der Lagerung, des Transports und des Vertriebs informieren. Nach dem Rundgang kann man an der Bar eine Kostprobe zu sich nehmen.
Öffnungszeiten: Filmvorführung ab 10 Uhr alle 20 Minuten, letzte Vorführung um 15.30 Uhr. Eintritt: Erwachsene 2 Pfund, Kinder 50 Pence, Gruppen (mit mehr als 20 Teilnehmern) 1,50 Pfund pro Person. Tel.: 01 4536700

◆ **The Shaw Birthplace** 32, 33 Synge Street, Dublin 8, Bus Nr. 16, 19, 22
In diesem viktorianischen Gebäude wurde am 26. Juli 1856 George Bernhard Shaw geboren. Hier verbrachte er seine frühe Kindheit, hier lernte er seine Liebe zur Musik kennen, hier begegnete er erstmals den Charakteren, die er später in seinen Werken verewigen sollte. 1990 erwarb der "Shaw Birthplace Museum Trust" das Haus und richtete ein kleines Museum mit Dokumenten zum Leben und Werk G.B. Shaws ein.
Öffnungszeiten: Mo-Sa 10-17 Uhr, So und Bank Holidays 11.30-18 Uhr, 13-14 Uhr geschlossen. Eintritt: Erwachsene 2 Pfund, ermäßigt 1,60 Pfund, Kinder 1,10 Pfund, Familienticket 5,80 Pfund. Ein kombiniertes Ticket mit dem Dublin Writer's Museum kostet: Erwachsene 3,95 Pfund, ermäßigt 3,20 Pfund, Kinder 1,60 Pfund, Familien 9,50 Pfund. Tel.: 01 4750854 (Mai bis Oktober) der 01 8722077, Fax: 01 8722231.

INFO

George Bernhard Shaw (1856-1950)

"An Irishman's heart is nothing but his imagination"
(John Bull's Other Island)

Der Nobelpreisträger George Bernhard Shaw wurde in Dublin am 26. Juli 1856 geboren. Bevor er sich zu einem der erfolgreichen Dramatiker des 20. Jahrhunderts avancierte, war er als Musik- und Theaterkritiker tätig. Seine Mutter war eine große Musikliebhaberin und veranstaltete in ihrem Drawing Room musikalische Soireen. Auch wenn Shaw zumindest zeitlich mit der Bewegung der Irish Renaissance assoziiert werden kann, die mit der Gründung des Abbey Theatre die Tradition des modernen irischen Dramas ins Leben rief, so unterschied er sich doch im

George Bernhard Shaw

Ansatz seiner Stücke ganz wesentlich vom dichterischen Programm von Lady Gregory, Yeats, Synge oder O'Casey. Anders als diesen, ging es Shaw in seinen Dramen weniger um die Darstellung irischer Geschichte und irischer Volkseigenschaften und sein Ziel war auch nicht die Stiftung einer nationalen irischen Identität. Shaw war als Mitglied der sozialistischen "Fabian Society" kosmopolitisch ausgerichtet, die Unterdrückung des irischen Volkes durch die Engländer unterschied sich seiner Meinung nach keineswegs von der Unterdrückung anderer britischer Kolonien. Er setzte sich für die internationale Verbreitung sozialistischer Ideen ein und konnte den kompromißlosen Nationalismus, der die Anfänge des Abbey Theatre auszeichnete, nicht teilen. Auch wenn er sich mit der irischen Frage in mehreren politischen Artikeln auseinandersetzte und beispielsweise in seinem Stück "John Bulls Other Island" die irische Frage auf komplexe Art behandelt, blieb er doch eher ein Beobachter der Dubliner Literaturszene.

Auch dem jungen Shaw wurde, wie den meisten Künstlerkollegen vor und nach ihm, die irische Provinzialität zu eng. 20jährig ging er nach London, wo er zum überzeugten Sozialreformer wurde, der die gesellschaftlichen Wertmaßstäbe der viktorianischen Zeit radikal in Frage stellte. Seine Ansichten über Religion, Wirtschaft und Politik legte er in Abhandlungen nieder.

Weltberühmtheit erlangte Shaw jedoch weniger auf Grund seine Kunstkritiken und philosophischen Abhandlungen, sondern durch seine Dramen. Die bissige Gesellschaftskritik seiner Werke zeigen Shaws zutiefst moralische, fast naiv-puritanische Überzeugung. In meisterhafter Weise gelang es ihm, in satirischen und zeitkritischen Dramen, wie "Major Barbara" oder "Saint John" (1923), eine ernste gesellschaftskritische Thematik in brillant beherrschtem, leichten Komödienton darzustellen. In "Caesar und Kleopatra" (1901) ist Caesar trotz aller Schwächen durch seinen scharfen Verstand und durch seine Vorurteilslosigkeit als richtiger Held gezeichnet, einer der letzen des Welttheaters. Am berühmtesten wurde wohl seine zeitlose, in unzähligen Film- und Musicalvarianten immer wieder adaptierte Komödie "Pygmalion".

Mit Oscar Wilde verbinden Shaw der treffsichere, geistreiche Witz und der untrügliche Blick für die Schwächen der Gesellschaft. Anders als Wilde sah jedoch Shaw im Theater die Möglichkeit, auf das Publikum pädagogischen Einfluß ausüben zu können. Shaw stellte den meisten seiner Stücke ein ausführliches Vorwort voran. Beeinflußt von Henrik Ibsen, Friedrich Nietzsche und Henri Bergson, benutzte er die Bühne als "moralische Anstalt". 1925 erhielt er den Nobelpreis für Literatur.

◆ **Phoenix Park** 30, Parkgate, Bus Nr.25
Der riesige Park liegt im Westen der Stadt, nördlich des Stadtteils Kilmainham. Dublins "grüne Lunge" ist 4 km lang, 2 km breit und umfaßt über 800 Hektar. Die Anlage des Parks ist vor allem Lord Chesterfield zu verdanken, Statthalter der englischen Krone. Rechts vom Eingang liegt der "People's Garden", ein terrassen-

förmig angelegter farbenprächtiger Blumengarten mit einem See. Auf der linken Seite, schon von weitem sichtbar, steht ein 60 Meter hoher Wellington-Obelisk. Er wurde 1817 hier aufgestellt.

Im Phoenix Park befindet sich auch der **Dubliner Zoo**, einer der ältesten Europas. Er wurde 1830 eröffnet. Berühmt ist er vor allem wegen seiner Raubkatzen. Aufgrund von Geldmangel ist er jedoch stets von der Schließung bedroht. Öffnungszeiten: Mo-Sa 9.30-18 Uhr, So 10.30-18 Uhr

Im Park gibt es Sporteinrichtungen, eine Rennbahn und Wanderwege. Hier befindet sich auch die Residenz der Präsidentin der Irischen Republik. Der ursprüngliche Bau wurde 1751 als Hauptblock mit zwei anschließenden Pavillons errichtet. Die übrigen Gebäude wurden im frühen 19. Jahrhunderts hinzugefügt. Weitere georgianische Gebäude sieht man inmitten des alten Baumbestandes. Im Ashtown Castle, einem restaurierten Tower House aus dem 17. Jahrhundert, ist ein Besucherzentrum mit Ausstellungen und einer Audiovisionsshow zur Geschichte des Parks eingerichtet worden.
Öffnungszeiten: täglich: März 9.30-17 Uhr, April-Mai 9.30-17.30 Uhr, Juni-September 9.30-18.30 Uhr, Oktober-November 9.30-17 Uhr, Dezember-Februar 9.30-16.30 Uhr, Eintritt: Erwachsene 2 Pfund, Senioren 1,50 Pfund, Kinder und Studenten 1 Pfund, Familien 5 Pfund, Gruppen 1,50 Pfund pro Person. Tel.: 01 6770095 OPW

◆ **Royal Hospital** ₃₃ Kilmainham
Das Royal Hospital wurde 1684 von Charles II. als Krankenhaus für Kriegsveteranen und als Altersheim für Militärangehörige errichtet. Dem "Hôtel des Invalides" in Paris nachempfunden, ist es das älteste und größte klassizistische Gebäude Irlands. Der Architekt war Sir William Robertson. Im Norden befindet sich die getäfelte Große Halle und die sehenswerte Kapelle mit Holzschnitzereien von James Tabary.

Nach vorbildlicher Restaurierung – nur wenige architektonische Veränderungen waren nötig – beherbergt das ehemalige Krankenhaus seit 1991 das **Irish Museum of Modern Art** und dient gleichsam als **"National Centre for Culture and the Arts"**. Neben Malerei und bildender Kunst des 20. Jahrhunderts (u.a. Joseph Beuys, Jack B. Yeats und Louis Le Brocquy) werden auch darstellende und visuelle Künste, wie Performance, Theater, Klanginstallationen, Video und Musik, sowohl in Sammlungen als auch in wechselnden Ausstellungen präsentiert. Regelmäßig finden auch Konzerte und andere kulturelle Veranstaltungen statt.
Öffnungszeiten: Dienstag-Samstag 10-17.30 Uhr, sonntags und Bank Holidays: 12-17.30 Uhr, montags geschlossen. Cafeteria Mo-Sa 10-17 Uhr, So und Bank Holidays 12-17 Uhr. Führungen (kostenlos): Mi und Fr um 14.30 Uhr, Sa um 11.30 Uhr, in irischer Sprache an jedem 3. Samstag des Monats um 11.30 Uhr. Der Eingang ist von der Military Road aus, neben der Heuston Station. Busse: 24, 51, 68, 68A, 78A, 79, 123, 90 (DART Feeder Bus von Connolly und Tara Street Stations to Heuston) Weitere Auskünfte erteilt The Irish Museum of Modern Art. Royal Hospital Kilmainham, Dublin 8, Tel.: 01 6718666, Fax: 01 6718695

◆ Der **Kilmainham Jail** in der Inchicore Road diente von 1796-1924 als Inhaftierungsort für politische Häftlinge. Es war das berüchtigste Gefängnis in Irland, und Tausende von Rebellen und Oppositionellen saßen hier ein. Zum Beispiel war hier der spätere Minister- und Staatspräsident Éamon de Valera inhaftiert, der seiner Hinrichtung nur aufgrund seiner amerikanischen Staatsbürgerschaft entging. 1924 wurde das Gefängnis aufgegeben. 1960 begann die Restaurierung und Einrichtung als **Kilmainham Jail Historical Museum**. Das Museum versteht sich sowohl als Mahnmal für politische Unterdrückung und irischen Freiheitsgeist als auch als historisches Zeitdokument. In der großen Gefängnishalle befindet sich eine Ausstellung zu Irlands zahlreichen gescheiterten Aufständen.

Während einer Führung durch die beklemmenden Räumlichkeiten können die Gedenkstätte im Gefängnishof, wo die 15 Führer des Osteraufstandes am 3.5.1916 hingerichtet wurden, die Zelle, in der Robert Emmet die letzte Nacht vor seiner Hinrichtung verbrachte, und eine Zelle für Geisteskranke besichtigt werden.
Öffnungszeiten: täglich 10-18 Uhr, Eintritt: Erwachsene 2 Pfund, Kinder 1 Pfund.

◆   In Kilmainham beginnt der die Stadt südlich im Halbkreis umschließende **Grand Canal**. Der Grand Canal wurde im 18. Jahrhundert gebaut, um Dublin mit dem Shannon und dem Westen Irlands zu verbinden. Zu jener Zeit war diese Transportverbindung für den irischen Handel sehr wichtig. Auf Lastkähnen beförderte man Torf und Ziegel sowie die Rohprodukte für die Guinness-Brauerei an der St. James's Street und schließlich auch das fertige Bier, das in alle Welt exportiert wurde. 1960 wurde der Kanal geschlossen. Er ist jedoch zum größten

Teil noch für den Freizeitverkehr befahrbar. Viele Schleusen, die als industrietechnische Denkmäler schützenswert sind, funktionieren noch.

In Dublin sind die an den Kanal grenzenden Grundstücke sehr beliebt. Man sieht es an den postmodernen Apartmenthäuser am Portobello Harbour.

Päuschen am Grand Canal

Der Grand Canal im Süden und der Royal Canal im Norden werden heute als "Grenze" der Innenstadt betrachtet und markieren in etwa die Stadtgrenzen des 19. Jahrhunderts. Beide Kanäle stehen unter Landschaftsschutz.

◆   Im **Waterways Visitors Centre**, einem schwimmenden Museum am Grand Canal Basin, kann man sich über die 200jährige Geschichte von Irlands Binnenwasserwegen informieren.
Öffnungszeiten: Mi bis So 12.30-17 Uhr, Tel.: 01 6777510

   Bootsfahrten auf dem Kanal
Lowtown Cruisers Ltd., The Boatyard, Robertstown, Naas, Co. Kildare, Tel.: 045 860532 bieten Bootstouren auf dem Grand Canal.

◆ Die **Chester Beatty Library and Gallery of Oriental Art**, Shrewsbury Road, Ballsbridge, ist ein Museum, das mit seiner Galerie eine der wertvollsten Sammlungen orientalischer und fernöstlicher Kunst besitzt. Sir Alfred Chester Beatty (18754-1968), ein amerikanischer Millionär, übersiedelte 1953 nach Dublin und schenkte dem irischen Staat seine unvergleichbare, im Laufe von 60 Jahren zusammengetragene Sammlung an Kunstschätzen. Zu den Ausstellungsobjekten gehören europäische Handschriften, u.a. ein Text des angelsächsischen Mönches Beda aus dem 9. Jahrhundert, eine reich illustrierte Bibel aus dem 12. Jahrhundert sowie ein Gebetbuch König Philipps II. von Spanien mit feiner Miniaturmalerei.

Die fernöstliche Abteilung beherbergt an die 800 chinesische, zum Teil sehr kunstvoll bemalte Schnupftabakdosen, Pergamentrollen, zwei kaiserliche Gewänder sowie eine Sammlung Nashornbecher aus dem 11. Jahrhundert. Sie besitzen ebenso wie die einzigartigen Jadebücher vom chinesischen Kaiserhof großen Seltenheitswert.

In der islamischen Abteilung sind eine stattliche Anzahl Handschriften in arabischer, syrischer, hebräischer, koptischer, türkischer, armenischer, persischer und äthiopischer Sprache zu sehen sowie Sanskrit Handschriften auf Palmblättern aus dem 12. und 13. Jahrhundert, tibetanische und indische Miniaturen. Die ältesten Exponate sind babylonische Tontafeln, die auf 2500-2300 v. Chr. datiert werden. Öffnungszeiten: Di-Fr 10-17 Uhr, Sa 24-17 Uhr, So und Mo geschlossen, Führungen Mi und Sa um 14.30 Uhr.

◆ Im Stadtteil Marino, im Norden Dublins Richtung Howth, befindet sich das kleine **Casino Marino** (westlich der Malahide Road, Nähe Fairview Park). Das ehemalige Gartenschlößchen ist zweifellos eines der schönsten georgianischen Bauten der Hauptstadt. Er steht auf einer erhöhten Terrasse, deren Eckpunkte vier liegende Steinlöwen markieren. Mit glühender Verehrung italienischer Kunst und Architektur von seinen Italienaufenthalten zurückgekehrt, wollte sich der 1. Earl of Charlemont auf seinem Besitz in Marino ein eigenes Arkadien schaffen. Die Pläne (1758/1759) entwarf der schottische Architekt Sir William Chambers (1723-1796), der u.a. den Buckingham Palace umbaute und in Dublin das Stadthaus für Charlemont, die heutige "Gallery of Modern Art", schuf. Charlemonts Bau- und Sammelleidenschaft hatten ihn jedoch in solch einen finanziellen Ruin gestürzt, daß nach seinem Tod bis auf das Casino Stadthaus und Marino Haus alles verkauft werden mußte. Ende des 19. Jahrhunderts wurde auch dieser Besitz verkauft, Marino House wurde 1921 abgerissen, und das kleine

Casino Marino

Casino verfiel allmählich. Erst in den 70er Jahren wurde mit der Restaurierung begonnen, und seit 1984 ist das Schlößchen der Öffentlichkeit zugänglich. Der vollkommene Renaissancebau über kreuzförmigem Grundriß ist mit vier Portiken und prachtvollem georgianischen Dekor versehen. Das Innere überrascht durch seine Geräumigkeit, sehr elegant ist die halbkreisförmige Apsis der Eingangshalle mit drei geschwungenen Mahagonitüren. Öffnungszeiten: Mitte Juni-September täglich 9.30 bis 18.30 Uhr. Letzter Einlaß 17.45 Uhr. Besichtigung sind nur mit Führung möglich, Tel.: 01 8831618. Die Öffnungszeiten im Winter sind unter Tel.: 01 6613111 ext.2386 zu erfragen. Eintritt: Erwachsene 2 Pfund, Senioren 1,50 Pfund, Kinder und Studenten 1 Pfund, Familien 5 Pfund, Gruppen 1,50 Pfund pro Person. Busse: 20A, 20B, 27, 27A, 27B, 42, 42C. OPW

◆ Etwas südlich von Marino beginnt der **Royal Canal**, der als Gegenstück zum Grand Canal nördlich um Dublin herumführt. Er wurde 1789 von Long John Binns als Konkurrenzunternehmen zum Grand Canal begonnen und verband ebenfalls die Stadt mit dem Shannon. Entlang des Ufers vom Royal Canal kann man schön spazierengehen.

◆ **Glasnevin oder Prospect Cemetry**, Eingang Fingals Road
Der Friedhof ist die letzte Ruhestätte zahlreicher berühmter Persönlichkeiten. Unter einem nachgebauten Rundturm ist hier Daniel O'Connell, der "Liberator", begraben, und unter einem neomegalithischen Granitstein liegt Charles Stewart Parnell. Auch die Gräber der Eltern von James Joyce befinden sich hier. Unzählige Grabkreuze aus dem 19. Jahrhundert zeugen vom patriotischen Bürgerstolz jener Zeit. Interessant ist die große Rotunda mit den Grüften der reicheren Familien im Souterrain. Am Eingang des Friedhofes steht noch einer der Wachtürme, von denen aus man nach Leichenräubern Ausschau hielt.

In nördlicher Richtung geht der Friedhof in den Botanischen Garten über.

◆ **National Botanic Gardens**, Eingang Botanic Road
Dieser Park im Norden Dublins ist ein beliebtes Erholungsgebiet. Er wurde 1795 von der Royal Dublin Society zunächst zu Studienzwecken gegründet und steht seit 1878 unter staatlicher Leitung. Als Irlands erster Garten für Botanik und Gartenbau, ist der National Botanic Garden mittlerweile nicht nur ein wissenschaftliches Institut, sondern auch für viele eine Oase der Ruhe und der Erholung. Vorbei an Felsen, Rosenbeeten, Kräutergärten und interessanten Pflanzen, wie z.B. der "Crinum moorei", einer blaßrosa Lilie, und die "Trachycarpus fortunei", einer außerhalb der Gewächshäuser gedeihenden Palme, kann man wunderschön spazierengehen. Mehr als 20.000 verschiedene Pflanzenarten gibt es im Park zu bewundern. Über einige Brücken gelangt man zu den Gewächshäusern. Die zwischen 1843 und 1869 von Richard Turner erbauten viktorianischen Glashäuser sind sehenswert, leider nagt aber auch an ihnen der Zahn der Zeit. Öffnungszeiten: Garten: Sommer Mo-Sa 9-18 Uhr, So 11-18 Uhr, Winter Mo-Sa 10-16.30 Uhr, So 11-16.30 Uhr, Weihnachten geschlossen. Gewächshäuser: Sommer: Mo-Fr 9-17.15 Uhr, Do nur bis 15.15 Uhr, Sa 9-17.45 Uhr, So 14-17.45 Uhr. Winter: Mo-Sa 10-16.15 Uhr, Do nur bis 15.15 Uhr, So 14-16.15 Uhr. Die Gewächshäuser sind Mo-Sa von 12.45 bis 14 Uhr geschlossen, ganzjährig. Auf

Wunsch werden Führungen veranstaltet, Auskunft: 01 8374388, Fax: 01 8360080, OPW

◆ In **Clontarf**, an der nördlichen Küstenstraße, 4 km vom Zentrum, fand am Karfreitag 1014 die entscheidende Schlacht gegen die Dänen statt, wobei **Brian Boru**, der irische Hochkönig, die Wikinger vernichtend schlug. Obwohl er und sein Sohn tödlich ver-

Viktorianische Glashäuser

wundet wurden, hatten die Gegner keine Kraft mehr, einen neuen Angriff zu wagen. Der Höhepunkt der Macht der Wikinger war mit der Schlacht bei Clontarf überschritten.

4.1.3.6 Sehenswertes in der Umgebung

Ausflugsvorschläge in die Umgebung
❶ Tagesausflug oder 2-Tagestour: Boyne Valley, Monasterboice und Mellifont Abbey (siehe Kap. 4.1.4)
❷ Tagesausflug oder 2-Tagestour: Wicklow Mountains, Powerscourt Gardens und Glendalough (siehe Kap. 4.1.5)
❸ Dun Laoghaire, Bray (siehe Kap. 4.1.3.6 und 4.1.5)
❹ Howth, Malahide (Kap. 4.1.3.6)

IM NORDEN

▨ **Howth**, 15 km nordöstlich von Dublin; von Dublin Airport fährt man in ca. 20 Minuten hierher. Auf der gleichnamigen, leicht gebirgigen, vorgelagerten Halbinsel gelegen, ist Howth ein netter Hafenort und ein beliebtes Ausflugsziel der Dubliner. Auf der langen Mole kann man schön spazierengehen. Der Hafen wird von der in ihren Ursprüngen mittelalterlichen **Saint Mary's Church** überragt.

Howth Castle, unweit des Hafens, wurde 1464 errichtet (heutige Bausubstanz wesentlich aus dem 16. und 18. Jahrhundert) stammt aus dem 16. Jahrhundert und liegt inmitten eines weitläufigen Parks, der für seine prachtvollen Rhododendronhaine und den Barockgarten aus dem frühen 18. Jahrhundert bekannt ist. Man kann herrlich durch bis zu neun Meter hohe Buchsbaumhecken wandern. Zur Rhododendron-Blüte im Mai/Juni ist der Park ein einziges Farbenmeer. Über Howth Castle erzählt man sich verschiedene Geschichten: Angeblich soll in der Burg von Howth auch heute noch ein Gedeck für den "unbekannten Gast" aufgetragen werden. Der Legende zufolge soll Grace O'Malley nach erfolgreicher Belagerung dem Burgvogt diese Vertragsbedingung auferlegt haben. Eine andere

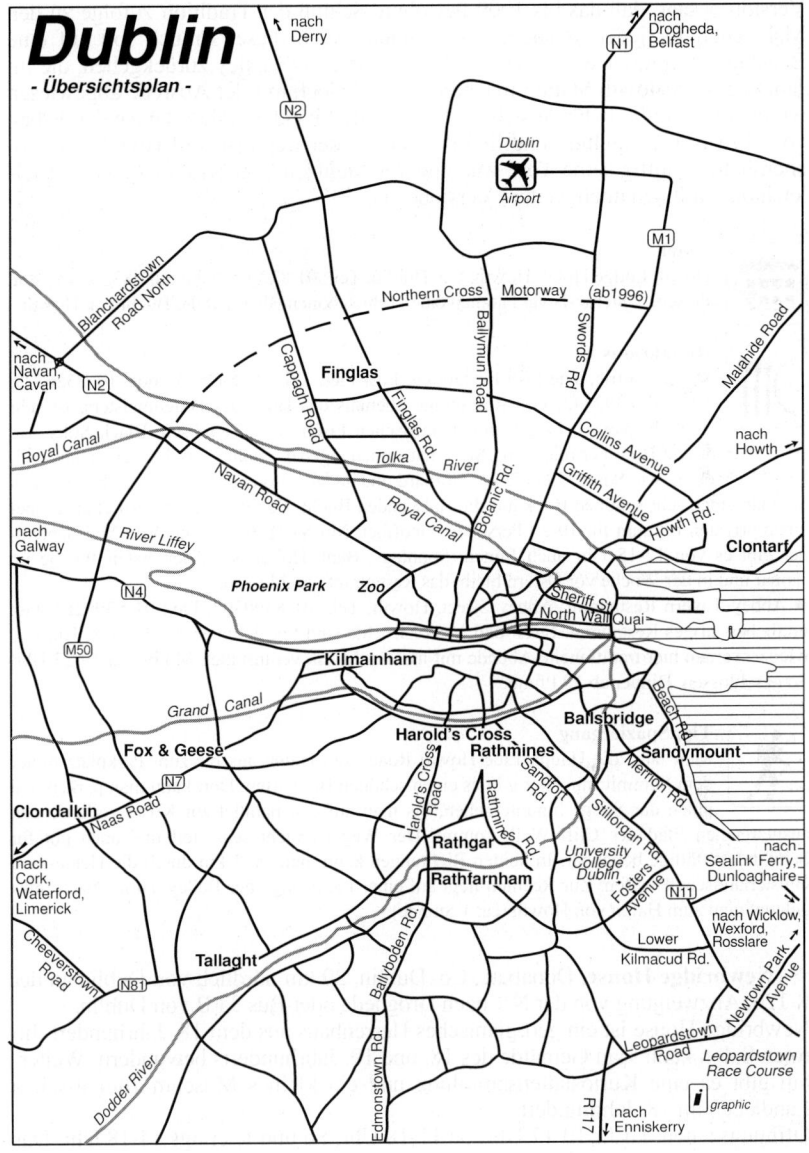

Dublin
- Übersichtsplan -

nach Derry

nach Drogheda, Belfast

Dublin Airport

Northern Cross Motorway (ab1996)

Blanchardstown Road North

nach Navan, Cavan

Finglas

Royal Canal

Tolka River

Navan Road

Royal Canal

nach Galway

River Liffey

Phoenix Park

Zoo

Sheriff St

North Wall Quai

Clontarf

Kilmainham

Grand Canal

Fox & Geese

Harold's Cross

Rathmines

Ballsbridge

Sandymount

Clondalkin

Naas Road

nach Cork, Waterford, Limerick

Cheeverstown Road

Tallaght

Rathgar

Rathfarnham

University College Dublin

nach Sealink Ferry, Dunloaghaire

nach Wicklow, Wexford, Rosslare

Lower Kilmacud Rd.

Leopardstown Road

Leopardstown Race Course

nach Enniskerry

graphic

Version besagt, daß das bis 1909 bewohnte Schloß der Tradition zufolge zu den Mahlzeiten für jeden Besucher offen stand. Auch dieser Brauch soll auf eine Begebenheit mit der westirischen "Piratin" Grace O'Malley zurückgehen, die im Jahre 1575 in Howth Station machen wollte, jedoch mit der Ausrede abgewiesen wurde, die Familie befände sich zu Tisch. Kurzerhand entführte Grace den Erben von Howth in ihr Schloß und ließ ihn erst wieder frei, als Lord Howth versprochen hatte, künftig seine Tore während der Mahlzeiten geöffnet zu halten. Vielleicht fallen Ihnen noch weitere Versionen ein!?

Hotel

Howth Lodge Hotel, Howth, Co. Dublin, Tel.: 01 832 1010, Fax: 01 832 2268. Von diesem 3-Sterne-Hotel hat man einen sehr schönen Blick auf die Bucht von Howth.

Restaurants

● King Sitric, The Fish Restaurant, East Pier, Tel.: 01 8325235 oder 01 8326729, Fax: 01 8392442. Das Restaurant, ehemals das Haus des Hafenmeisters, ist sehr empfehlenswert. Es gibt nur fangfrischen Fisch, neben Krebsen, Black Sole, Austern, Turbot und Hummer (das King Sitric hat seinen eigenen Hummerfischer) auch ausgefallene Fischsorten, wie Squid, John Dory, Gurnard und andere. Von der Lounge im oberen Stock hat man einen sehr schönen Blick auf die Balscadden Bucht. Das Restaurant verfügt auch über einen privaten Eßraum für 10-20 Personen. Geöffnet: Mo-Sa 18.30-23 Uhr, Von Mai-September gibt es von 12-15 Uhr auch Lunch. Sonntags, Bank Holidays, in der ersten Woche im Januar und in der Woche vor Ostern bleibt das Restaurant geschlossen.

● Abbey Tavern Restaurant, Abbey Street, Howth, Tel.: 01 8390307, Fax: 01 8390284. Gemütliches, uriges Restaurant. Fisch und Meeresfrüchte sind Spezialitäten des Hauses. Hin und wieder werden hier traditionelle Abende mit irischer Musik veranstaltet, Mo bis Sa 19-23 Uhr, So geschlossen. Dinner ab 19 Pfund.

Tip: Spaziergang

Man fährt die Hauptstraße Howth Road vom Hafen aus bis zum Parkplatz hinter dem Summit Inn. Hier gibt es einen schönen Biergarten. Dort kann man parken und einen der Stiege hinuntergehen, bis man auf den parallel zur Küste verlaufenden ausgetretenen Pfad des Cliff Walk kommt. Der Weg ist nicht sehr steil und auch gut für Schwindelanfällige begehbar. In beiden Richtungen kann man ca. 3 km durch die Heide- und Ginsterlandschaft laufen. Zur Rechten liegt auf einer Landzunge der Bailey Turm. Nach links gelangt man zum Hafen von Howth (ca. 1 Stunde).

◆ **Newbridge House**, Donabate, Co. Dublin, 20 km nördlich von Dublin an der R 126, Abzweigung von der N 1 nach Drogheda oder Bus 33 B von Dublin.
Newbridge House ist ein georgianisches Herrenhaus aus dem 18. Jahrhundert. Im roten Salon kann man Gemälde des 18. und 19. Jahrhunderts bewundern. Weiterhin gibt es eine Kuriositätensammlung und ein kleines Museum zum irischen Landleben im 18. Jahrhundert.
Öffnungszeiten: Di-Fr 10-17 Uhr, Sa 11-18 Uhr, So und feiertags 14-18 Uhr. Das Museum ist zwischen 13 und 14 Uhr geschlossen, die Cafeteria geöffnet. Oktober-März nur Sa, So und feiertags 14-17 Uhr. Eintritt: Erwachsene 2,50 Pfund, ermäßigt 2,15 Pfund, Kinder 1,35 Pfund, Gruppenermäßigung, Familien 6,95 Pfund. Der Erwerb eines kombinierten Tickets für den Besuch von Malahide Castle ist möglich. Erwachsene 4,50 Pfund, ermäßigt 3,50 Pfund, Kinder 2,20 Pfund, Gruppenermäßigung, Tel.: 01 8436534/5, Fax: 01 8462537

▓ **Malahide**, 10 km nördlich von Howth, von Dublin mit der Bahn erreichbar, ist ein netter Badeort. Die belebten Straßen laufen strahlenförmig auf den hübschen Ortskern zu und fallen dann sanft zum Meer hin ab.

◆ Inmitten eines großen Parks liegt das einzige Schloß Irlands, das seit dem 12. Jahrhundert durchgängig bis 1976 von einer Familie, den Talbots, bewohnt wurde: **Malahide Castle**. Lediglich zu Cromwells Zeiten gab es eine kurze Unterbrechung. Das Schloß wurde 1185 erbaut. Heute ist hier ein Kunstmuseum untergebracht mit einer einzigartigen Gemäldesammlung, die durch Leihgaben der National Portrait Galerie ergänzt wird. Besondere Beachtung verdienen neben den frühen Portraits aus dem 17. und 18. Jahrhundert die Portraits von Jonathan Swift und den beiden Frauen, die sein Leben so entscheidend beeinflußt haben, Stella und Vanessa. Auch die Portraits von Henry Grattan und Daniel O'Connell sind vertreten. Die Innenausstattung ist beeindruckend. Der große Saal ist der einzige aus dem Mittelalter, der in Irland erhalten ist. Hier sollen angeblich 14 männliche Talbots ihre Henkersmahlzeit eingenommen haben, bevor sie in die Schlacht am Boyne gezogen sind. Ein Gemälde von Jan Wyck stellt die Schlacht dar, bei der diese 14 Mitglieder der Familie den Tod fanden. Der sogenannte Eichensaal ist das Prunkstück des Schlosses. Die einzigartigen Holzschnitzarbeiten und originalen Wandvertäfelungen des 16. Jahrhunderts sind sehenswert. Der Talisman der Familie ist die spätgotische Madonna über dem Kamin. Während der Vertreibung der Talbots durch Cromwell soll sie verschwunden und erst nach der Rückkehr der Familie wieder aufgetaucht sein.

Das Gebäude umgibt ein kunstvoll angelegter Garten. Diese acht Hektar große Anlage, die mittlerweile ein öffentlicher Park geworden ist, wurde von Lord Talbot zwischen 1948 und 1973 angelegt und beherbergt über 1.000 verschiedene Pflanzenarten, vor allem aus Asien und Australien. So wie in geschützten alpinen Gegenden wachsen auch hier Akazien und Schirmakazien. Bemerkenswert sind die verschiedenen Arten von Magnolien, die normalerweise sauren Boden lieben. Sie gedeihen gut, obwohl die Erde des Gartens sehr kalkhaltig ist. Neben verschiedenen Rosenzüchtungen und Euphorbien gibt es Strandpflanzen, unter anderem auch die "E.pandanifolium", die mit ihren 2 ½ Meter großen Blättern wohl zu den interessantesten in ganz Irland gehört. Im Park gibt es die Möglichkeit zum Mittagessen.

Öffnungszeiten: Januar-Dezember Mo-Fr 10-17 Uhr, November-März: Sa, So und feiertags 14-17 Uhr, April-Oktober Sa, So und feiertags 11.30 Uhr bis 18 Uhr. Keine Führungen zwischen 12.45 und 14 Uhr, das Restaurant ist allerdings geöffnet. Eintritt: Erwachsene 2,75 Pfund, ermäßigt 2,15 Pfund, Kinder 1,40 Pfund, Familien 7,50 Pfund, Gruppenermäßigung. Der Erwerb eines kombinierten Tikkets für den Besuch von Newbridge House und des Museums für Modelleisenbahnen ist möglich. Weitere Auskünfte erhält man unter Tel.: 01 8462184/8462516, Fax: 01 8462537

◆ **Museum für Modelleisenbahnen**
Hierbei handelt es sich um eine liebevoll angelegte Miniaturlandschaft auf 240 qm im Parkgelände des Malahider Castles. Sie wurde 1920 von dem Eisenbahningenieur Cyril Fry begonnen und wird immer noch erweitert. Zu sehen sind neben Miniaturausgaben der Bahnhöfe von Dublin und Cork auch handgearbeitete Mo-

delle irischer Züge von ihren Anfängen bis heute. Schiffe, Busse und Straßenbahnen vervollständigen die Sammlung.
Öffnungszeiten: Mo-Do 10-18 Uhr, Sa 11-18 Uhr, So und feiertags 14-18 Uhr, freitags im Juni, Juli und August von 10-18 Uhr geöffnet. Zwischen 13 und 14 Uhr geschlossen. Oktober-März: Sa, So und feiertags: 14-17 Uhr, Eintritt: Erwachsene 2,35 Pfund, ermäßigt 1,75 Pfund, Kinder 1,30 Pfund, Familien 6,75 Pfund, Gruppenermäßigung
Kombinierte Tickets mit Malahide Castle möglich: Erwachsene 4,35 Pfund, ermäßigt 3,35 Pfund, Kinder 2,25 Pfund, Familien: 10,95 Pfund. Weitere Auskünfte unter Tel.: 01 8463779, Fax: 01 8462537

Hotel
Grand Hotel, Malahide, Co. Dublin, Tel.: 01 8450000, Fax: 018450987. Das stattliche 4-Sterne-Hotel liegt direkt an der See. Die meisten Zimmer haben Seeblick. Mittlere bis gehobene Preisklasse

IM SÜDEN

■ **Dun Laoghaire**, ca. 15 km südlich Dublins, erreichbar mit den Bussen Nr. 7 und 8 und mit der DART-Schnellbahn
Die Hafenstadt Dun Laoghaire (ausgesprochen: Dan Li:ri) hat 55.000 Einwohner. Die Stadt, die bis zur Gründung des Freistaates "Kingstown" hieß, wird vor allem durch den Hafen geprägt. Er wurde 1817-59 von John Rennie angelegt und war lange Zeit die Hauptanlegestelle für Schiffe aus England. Noch immer legen hier die Fährschiffe aus Holyhead an. 1934 entstand die erste Eisenbahnverbindung zwischen Dublin und Dun Laoghaire, die der kleinen Stadt einen raschen wirtschaftlichen Aufschwung brachte. Allmählich hat sich das Städtchen zu einem beliebten Alterssitz für den Ruhestand entwickelt: mit wohlerhaltenen Bürgerhäusern aus georgianischer und viktorianischer Zeit und zwei langen Piers ist Dun Laoghaire auch ein beliebtes Wochenendausflugsziel der Dubliner. Von den östlichen Hafenmauern hat man eine wundervolle Sicht auf die Bucht von Dublin. Der Ort ist außerdem der wichtigste Jachthafen Irlands. In prunkvollen viktorianischen Gebäuden residieren hier renommierte Jachtclubs. Ein kleines maritimes Museum in der ehemaligen Mariner's Church enthält u.a. eine Anzahl von Modellen berühmter historischer Schiffe und dokumentiert die Seefahrtgeschichte des Landes. Öffnungszeiten: 14.30-18 Uhr, So im August

Tourist Information
St. Michael's Wharf, Tel.: 01 2806984

Hotel
Entlang der Uferpromenade befinden sich mehrere Hotels und Bed & Breakfast-Unterkünfte, vor allem am Rosmeen Gardens, Lower Mountown Road und der Tivoli Road.
Royal Marine, Marine Road, Dun Laoghaire, Co. Dublin, Tel.: 01 2801911, Fax: 01 2801089. Komfortables 3-Sterne-Hotel unweit des Fähranlegers und 5 Minuten zur DART Bahn gelegen. Mittlere bis gehobene Preisklasse. Im angeschlossenen Powerscourt Restaurant kann man sehr gut speisen.

Jugendherberge/Hostel
The Old School House, Eblana Avenue, Dun Laoghaire, Tel.: 01 2808777, Fax: 01 2842266. Das Hostel bietet Mehrbettzimmer ab 8 Pfund pro Person, Familien- und Doppelzimmer sind aber auch vorhanden. Rollstuhlfreundlich.

INFO

James Joyce (1882-1941)

"I will not serve that in which I no longer believe,
whether it call itself my home, my fatherland, or my church:
and I will try to express myself in some mode of life or art as freely as I can
and as wholly as I can,
using for my defence the only arms I allow myself to use – silence, exile, and
cunning"
(Portrait of an Artist as a young Man)

James Joyce wurde 1882 in Rathgar, einem Stadtteil von Dublin, als ältestes von zehn Kindern geboren und war einer der meistbewunderten, aber auch am heftigsten umstrittenen Schriftsteller unseres Jahrhunderts.

Die Erfahrungen seiner Schulzeit in einem von Jesuiten geführten College verarbeitete er in dem autobiographischsten seiner Romane "A Portrait of an Artist as a young Man" (1915). 1898-1902 studierte Joyce am University College Dublin Sprachen und Philosophie. Joyce war ein glühender Verehrer Charles Stewart Parnells. 1904 verließ er jedoch Irland, um nur noch sporadisch wiederzukehren. Auf dem Kontinent führte der junge Autor

mit seiner Frau Nora und seinen zwei Kindern ein unstetes Wanderleben, das ihn nach Triest, Zürich und Paris führte.

1922 veröffentlichte er in Paris seinen "Ulysses", in jenem Jahr also, als in Irland der Freistaat ausgerufen wurde. Politik und Zeitgeschichte haben ihn jedoch nie sonderlich interessiert. Ein Biograph behauptet sogar, er habe nie ein einziges Wort von Joyce über die Welt, in der sie lebten, vernommen.

Neben der irischen Geschichte und Mythologie bestimmte die Topographie Dublins maßgeblich seine Werke, wobei "Ulysses" am meisten die Dubliner Stadtgeographie aufgreift. An seinem "Ulysses" hat Joyce 7 Jahre gearbeitet, bis daraus ein Romanwerk ent-

Das Denkmal des Schriftstellers
vor dem Kylemore Café

195

> *stand, das an Vielschichtigkeit der Bedeutung, an Differenziertheit der Er-*
> *zähltechniken, an Motiv- und Symbolfülle in der Literatur des 20. Jahrhun-*
> *derts eine singuläre Erscheinung ist: Epos, Chronik und Drama, Reportage,*
> *Essay und Entwicklungsroman zugleich. Aufgrund der freizügigen Darstel-*
> *lungen und sexuellen Anspielungen fiel "Ulysses" jedoch unter die Zensur*
> *und darf erst seit einigen Jahren in Irland verkauft werden.*
>
> *Im Gegensatz zu seinem großen literarischen Erfolg war sein Privatleben*
> *von Unheil verfolgt. Ein Augenleiden ließ ihn beinahe erblinden, die Toch-*
> *ter wurde wahnsinnig und der Sohn Alkoholiker. Joyce starb am 31. Januar*
> *1941 in Zürich.*
>
> *Mit seinen beiden monumentalen Romanen "Ulysses" und seinem Spätwerk*
> *"Finnegan's Wake" setzte Joyce, wie Proust und Musil neben ihm, für die*
> *europäische Romankunst Maßstäbe, der nur wenige Romane des 20. Jahr-*
> *hunderts gerecht werden.*

Wer sich für irische Literatur interessiert, sollte nicht versäumen, dem **James Joyce Tower** in Sandycove, ca. 1 km südlich von Dun Laoghaire, einen Besuch abzustatten (siehe auch Kap. 2.2.7).

Gegen die drohende Invasion durch Napoleon errichteten die Briten an der Küste eine Verteidigungslinie aus **Martello Towers**. In einem davon, im sogenannten "James Joyce Tower", wurde 1962 ein Museum für den Dichter eingerichtet. Dieser 1804 errichtete Turm, der eine Wandstärke von 8 Fuß aufweist, konnte ursprünglich nur über eine Leiter erreicht werden. Die schwere Tür lag 12 Fuß über dem Boden, und oben auf dem Turm befand sich eine Kanonenplattform.

Bis 1904 wurde der Turm vom Militär benutzt, bis Oliver St. John Gogarty, ein Medizinstudent und Dichter, der erste zivile Bewohner des Turms wurde. Joyce verbrachte hier im September 1904 sechs Tage mit zwei Freunden und lebte hier im lässig-ärmlichen Bohème-Stil seiner jugendlichen Helden.

Hier setzt die enge Verbindung mit James Joyce's "Ulysses" ein. Die Anfangsszene ("Telemachus", so genannt, weil Stephen wie Telemachos, Odysseus' Sohn, auf der Suche nach einem Vater ist) beschreibt den "Round Room", in dem Buck Mulligan (Medizinstudent), der 21-jährige Stephen Dedalus (Dichter und Lehrer für Knaben) und der Oxfordstudent Haines (Trench) miteinander frühstücken.

Diese Beschreibungen und die Erinnerungen von Gogarty und seinen häufigen Besuchern gaben Hilfestellung, das Museum so zu rekonstruieren, wie es in "Ulysses" beschrieben wird. In der Halle sind eine Gipsbüste des Dichters von Milton Hebald und eine Originalseite aus "Finnegan's Wake" ausgestellt, dazu viele Erstausgaben seiner Werke, z.B. die Originalausgabe des "Ulysses" vom Verleger Shakespeare & Co aus dem Jahre 1922 sowie eine Luxusausabe vom Ulysses mit Illustrationen von Matisse. Weiterhin gibt es einige persönliche Erinnerungsstük-ke, wie zum Beispiel seine Gitarre. Öffnungszeiten: Mo-Sa 10-17 Uhr, So und Bank Holidays 14-18 Uhr, in der Woche 13-14 Uhr geschlossen. Eintritt: Erwachsene 2 Pfund, Ermäßigungen 1,60 Pfund, Kinder unter 11 Jahren 1,10 Pfund, Familien 5,80 Pfund, Gruppenermäßigung. Man kann auch eine kombinierte Karte für den James Tower und das Dublin Writer's Museum erwerben. Diese kostet dann für Erwachsene 3,95 Pfund, Ermäßigungen 3,20 Pfund, Kinder 1,60 Pfund. Es werden Führungen in verschiedenen Sprachen

Frauen sind hier verboten – Forty-Foot-Badestelle

angeboten. Weitere Auskunft unter Tel.: 01 2809265 (Tower), 01 8722077 (Office), Fax: 01 8722231.

Zu Füßen des Joyce-Turms befindet sich die sogenannte **Forty-Foot-Badestelle**, wo bei Wind und Wetter nackte, meist ältere Herren – Damen ist es verboten – in die Fluten steigen.

INFO

Was ist der Bloom's Day?

In seinem im Schweizer Exil entstandenen und 1922 veröffentlichten Roman "Ulysses" hatte James Joyce so detailgetreu Dubliner Gebäude, Geschäfte, Ereignisse und lebende Personen beschrieben, daß man auch nach über 90 Jahren mit etwas Phantasie das Dublin des "Bloom's Day" in der heutigen Stadt wiederfinden kann. Alljährlich am 16. Juni wird dieser Tag feierlich von Hunderten seiner Anhänger ehrwürdig mit Lesungen und szenischen Aufführungen in den Straßen begangen. Dabei sind die Schauspieler natürlich nach den Beschreibungen des Romans kostümiert.

"Bloom's Day" ist jener 16. Juni 1904, an dem im "Ulysses" die beiden Odyssee-Routen des jungen Stephen Dedalus und des etwas älteren Anzeigenverkäufers Leopold Bloom nebeneinander laufen, sich kreuzen und sich schließlich wieder trennen. Dabei schreitet Leopold Bloom zwischen 8 Uhr früh und 2 Uhr am nächsten Morgen eine Entfernung von 18 Meilen ab, davon 8 Meilen zu Fuß. Während einige Teile seiner Route im "Ulysseus" nicht beschrieben werden, kann man anderen sehr genau folgen. Die Anhänger von Joyce pilgern zu Fuß die Kreuzigungsstationen ihrer Helden nach. Der Weg beginnt am Martello Tower in Sandycove, wo das erste Kapitel des Romans spielt.

Wer nicht die ganze Tour laufen möchte, der sieht sich gezielt einige Stationen an, beispielsweise die Eccles-Street.

Die berühmte Nr. 7, das Wohnhaus Blooms und seiner Gattin Molly, das in den 70er Jahren einem Neubau weichen mußte, steht leider nicht mehr. Die georgianischen Häuser auf der gegenüberliegenden Straßenseite haben ihr ursprüngliches Aussehen bewahrt. Die Originaltür von Nr. 7 steht heute im Pub "The Bailey" in der Duke Street.

Interessant ist auch ein Besuch auf dem Glasnevin-Friedhof, auf dem Joyces Eltern ihre letzte Ruhestätte gefunden haben. Für den heutigen Besucher verlieren sich die Spuren von Bloom und Dedalus im Circe-Kapitel, denn das berühmte Rotlichtviertel Dublins um den Busbahnhof gibt es nicht mehr, ebenso wenig wie Bella Cohens Bordell in der Lower Tyrone Street, der jetzigen Railway Street. Nach Joycens Vorlage kann man seinen Hunger im Davy Byrne's Pub in der Duke Street stillen und am Bloomsday sogar das von Bloom bevorzugte Gorgonzola-Sandwich bestellen.

Im Zentrum Dublins fallen immer wieder die kleinen Messingplatten im Pflaster auf. Sie wurden 1988 im Zuge der 1.000-Jahr-Feier eingelegt. Insgesamt sind es 14 Stück, die mit Zitaten aus dem "Ulysses" Stationen des Anzeigenagenten Leopold Bloom zeigen.

Tip
Eine Karte, in der die im Roman beschriebenen Stationen eingezeichnet sind, kann man beim Tourist Amt für 60 Pence erwerben.

Lesetip
Im Vergleich zum "Ulysses" viel weniger umfangreich, jedoch ebenso gut das alte Dublin schildernd, sind Joyce's frühe Erzählungen die "Dubliners": Sie geben ein desolates Portrait des Dubliner Bürgertums und beschreiben nuancenreich die katholische Enge, Einsamkeit, Trostlosigkeit und die alltäglichen Grausamkeiten der Menschen. In der deutschen Ausgabe liegen "Dubliners" bei Suhrkamp vor.

Filmtip
"The Dead", basierend auf einer Geschichte von James Joyce, war die letzte Produktion von John Huston (1987). Der Film gibt ein realistisches Bild von Dublin um die Jahrhundertwende.

■ **Dalkey** ist eine am Südrand von Dun Laoghaire gelegene mittelalterliche Kleinstadt und ebenfalls ein begehrter Wohnvorort Dublins. Mit den engen steilen Küstensträßchen und den sehr individuell gestalteten Häusern macht der Ort einen freundlichen, vornehmen Eindruck. Die Bezeichnung "Historic Town" verdient sich der Ort durch die Überreste von Archibold's Castle in der Castle Street sowie dem Bulloch Castle aus dem 12. Jahrhundert.

Restaurant
La Romana, The Queens, 12 Castle Street, Dalkey, Tel.: 01 2854569, Fax: 01 2858345. Nettes Restaurant mit lebendiger Atmosphäre und guter italienisch geprägter Küche zu angemessenen Preisen. Mo-Sa 17.30-23.30 Uhr, So 12.30-22 Uhr, Karfreitag, Weihnachten und 31.12. geschlossen

Hotel/B&B
- Tudor Manor House Accomodation, Katie und Peter Haydon, Dalkey, Co. Dublin, Tel.: 01 2851528, Fax: 01 2848133. Denkmalgeschützes viktorianisches Herrenhaus, das ca. 1848 im Stil des Gothic Revival erbaut wurde. Der Auftraggeber war William E. Porter, ein reicher Londoner Kaufmann. Das Haus wurde aus den Steinen eines der ehemals sieben Schlösser von Dalkey erbaut. Das wunderschöne Gebäude mit eleganter Innenausstattung ist im Familienbetrieb und bietet sehr angenehme Unterkunft.

- The Court Hotel, Killiney Bay, Co. Dublin, Tel.: 01 2851622, Fax: 012852085. Wenige Kilometer südlich Dalkeys und 20 Minuten mit der DART von Dublin entfernt liegt das Court Hotel wunderschön in der Killiney Bay. Das viktorianische Gebäude wurde in den letzten Jahren grundlegend renoviert (1972 wurden an das Hauptgebäude die Seitenflügel angebaut) und bietet

Das Court Hotel

sehr angenehme und komfortable Unterkunft. Die meisten Zimmer haben Meeresblick. Dem Hotel sind eine schöne Sonnenterrasse, zwei Bars und ein empfehlenswertes Restaurant angeschlossen. Außerdem verfügt das Hotel über moderne Konferenzräumlichkeiten.

Restaurant
Odells of Sandycove, 49 Sandycove Road, Dun Laoghaire, Tel.: 01 2842188, Fax: 01 284013. Ein behagliches Restaurant und Wein-Bar mit ungezwungener Atmosphäre und guter internationaler Küche. Mittlere Preisklasse. Di-So 18-22.30 Mo geschlossen.

▓ **Fernhill Gardens**, Co. Dublin, 11 km südlich von Dublin an der R 117 nach Enniskerry.
Fernhill ist ein Garten im Privatbesitz, auf dessen saurem Boden Magnolien, Kamelien und Rhododendron, die aus allen Winkeln der Erde zusammengetragen worden sind, wachsen. In dieser riesigen Gartenanlage befinden sich eine Baumlandschaft, ein Stein- und ein Wassergarten und ein uralter Lorbeerbaum, ein seltenes Relikt aus dem vorigen Jahrhundert. In dem von einer Mauer umgebenen Küchengarten gibt es viele alte Rosensträucher und einige der ältesten Teerosenzüchtungen, wie zum Beispiel die lachsfarben blühende Irish Elegance, die seit 1903 in Irland gedeiht.
Öffnungszeiten: März-November Di-Sa und Ferien 11-17 Uhr, Sa 14-18 Uhr

IM WESTEN

▓ **Castletown House**
In dem Vorort Cellbridge liegt das Herrenhaus Castletown House (1772-32), das neben Russborough House (siehe Kap. 4.1.5) eines der schönsten Beispiele der palladianischen Bauweise in Irland darstellt.

Die prachtvollen Herrenhäuser mit ihren oft großzügig angelegten Landschaftsparks im ehemaligen "Pale" (siehe Kap. 4.1.3.3) demonstrieren den Reichtum und die Macht der anglo-irischen Oberschicht. Die Häuser haben keine Ähnlichkeit mehr mit der festungsartigen Bauweise der vorangegangenen Jahrhunderte, ein Zeichen dafür, daß sich die englischen Herren in dem unterworfenen Land sehr sicher fühlten. Der Bauherr von Castletown House war William Connolly (1660-1729), der, aus einfachsten Verhältnissen stammend, sich zu einem der reichsten und einflußreichsten Männern hochgearbeitet hatte. Als Baumeister für sein Traumhaus wählte er den italienischen Architekten Alessandro Galilei.

Das wohlproportionierte Gebäude mit der streng gegliederten Fassade besteht aus einem stattlichen massiven Mittelbau, der durch elegant geschwungene Kolonnaden mit zwei kleineren Anbauten verbunden wird. Flügel und Kolonnaden, hinter denen sich Stallungen und Verwaltungsräume verbergen, sind eine Zutat des irischen Architekten Sir Edward Lovatt Pearce. Klar wie die Fassade ist auch der Grundriß: Ein Korridor teilt das Haus in gleich große vordere und hintere Räume.

Die Innenausstattung entwarf ebenfalls Pearce. Das Treppenhaus ist mit seiner 1760 erbauten freitragenden Treppe und den reichen, barockbeschwingten Stukkaturen der Brüder Francini beeindruckend. Der große Saal im 1. Stock, die Long Gallery, wurde 1767 von Thomas Riley

Castletown House

ausgestattet. Die bunten venezianischen Kandelaber wurden eigens für diesen Raum in Murano angefertigt. Eine schöne Sammlung irischer Gemälde und Möbel aus dem 18. Jahrhundert runden den prachtvollen Eindruck ab.

Bis 1965 blieb Castletown im Besitz der Familie Conolly, heute dient das Gebäude als Hauptsitz der "Irish Georgian Society", einer Vereinigung, die sich um die Erhaltung und Restaurierung von Irlands architektonischem Erbe bemüht. In der Long Gallery finden manchmal Konzerte statt.
Öffnungszeiten: April-September Mo-Fr 10-18 Uhr, Sa 11-18 Uhr, So und Bank Holidays 14-18 Uhr, Oktober Mo-Fr 10-17 Uhr, So und Bank Holidays 14-17 Uhr, November-März So und Bank Holidays 14-17 Uhr (Mo bis Fr während dieser Monate nur für im voraus gebuchte Gruppen). Eintritt: Erwachsene 2,50 Pfund, Senioren 1,75 Pfund, Kinder und Studenten 1 Pfund, Familien 6 Pfund, Gruppen 1,75 Pfund pro Person. OPW, Tel.: 01 6288252, Fax: 01 6271811

◆ 3 km nördlich von Castletown House an der N 4 liegt **Leixlip Castle**. Die Burg geht auf eine Burg von 1172 zurück. Seit 1958 lebt hier Desmond Guinness, Autor grundlegender Werke über die irische Architektur.

▦ **Pearse Museum**, Rathfarnham
Das Museum ist dem Andenken an Patrick Pearse (1879-1916) gewidmet. Der Pädagoge und Kämpfer für die irische Nation unterhielt hier von 1910 bis 1916 eine Schule, bis er wegen seiner Teilnahme am Osteraufstand exekutiert wurde. Öffnungszeiten: täglich, November-Januar 10-16 Uhr, Februar-März und April 10-17 Uhr, Mai-August 10-17.30 Uhr, September und Oktober 10-17 Uhr, ganzjährig von 13 bis 14 Uhr geschlossen, Eintritt frei, OPW, Tel.: 01 4934208, Fax: 01 4936120, Bus Nr. 16 von der Innenstadt

4.1.4 NÖRDLICH VON DUBLIN

Nördlich von Dublin erwartet den Besucher eine Fülle kunsthistorischer Schätze und Sehenswürdigkeiten. Auf relativ gedrängtem Raum lassen sich hier die wichtigsten Stationen irischer Geschichte bereisen. In dieser Gegend bauten die Menschen der Steinzeit vor rund 5.000 Jahren Grabpaläste für ihre Herrscher.

Von Tara aus regierten die Hochkönige, in Monasterboice und Kells wirkten die Mönche. In der berühmten Schlacht am Boyne 1690 trachtete der abgesetzte englische König James II., mit Hilfe seiner französischen Verbündeten und der katholischen Iren die Krone zurückzuerlangen. Als aber der Sieg des protestantischen William of Orange deutlich wurde, floh James übereilt und überließ seinen Gegnern den Sieg, ein für die Geschichte Irlands wie auch für England einschneidendes Ereignis.

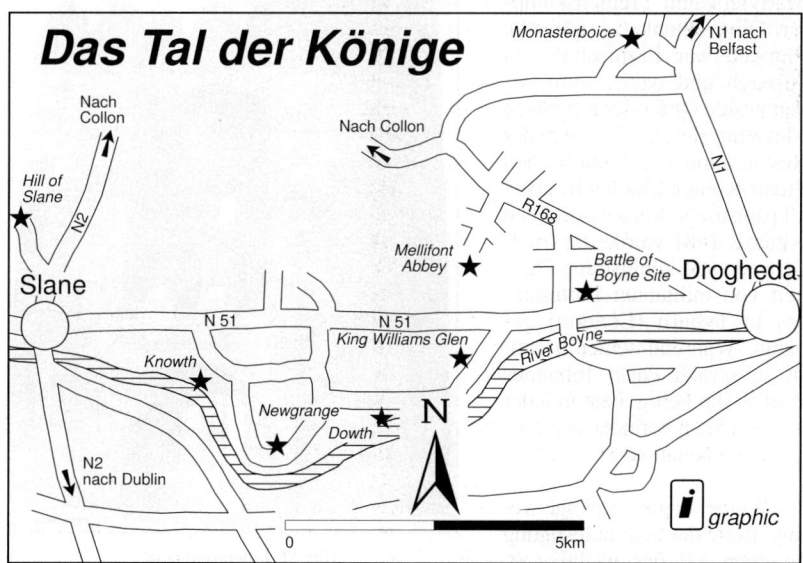

Es ist interessant, die Spuren und Ruinen der Vergangenheit in dieser einem Freilichtmuseum gleichenden Gegend mit sanften, grünen Hügeln und fruchtbarem Weideland aufzustöbern. Manchmal ist es allerdings nicht ganz einfach, die Sehenswürdigkeiten auf Anhieb zu finden. Man sollte sich nicht scheuen, Einheimische nach der Richtung zu fragen.

Tip: Fahrradtour
Die vom Tourist Office ausgearbeitete Tour "Valley of the Kings" ist nicht ohne Anstrengung, führt dafür aber durch einige der historisch interessantesten Gebiete Irlands. Die Strecke umfaßt 45 Kilometer und geht von Drogheda über Oldbridge, Newgrange, Slane, Collon, Ardee, Monasterboice zurück nach Drogheda.
Ausführliche Beschreibung und Kartenmaterial zu der Tour erhält man in der Tourist Information in Drogheda.

▓ **Drogheda**, 50 km nördlich von Dublin an der N 1 und N 51
Drogheda (gael. Brücke oder Furt, ausgesprochen: Drocheda), direkt am Boyne gelegen, ist eine recht geschäftige Stadt, die durch Verkehr stark belastet ist. Über besondere Sehenwürdigkeiten verfügt die Stadt nicht, dafür aber über eine reiche Geschichte, die von Belagerungen und Zerstörungen geprägt ist.

Drogheda (heute 23.000 Einwohner) wurde 911 von den Wikingern gegründet und war im Mittelalter ein strategisch wichtiger Eckpunkt des "Pale" für die anglo-normannischen Besatzer. Oft tagte hier das irische Parlament. 1649 nahm Oliver Cromwell die Stadt ein. Sie wurde Schauplatz grausamer Verfolgungen, bei denen 2.000 Menschen getötet wurden. In der katholischen St. Peter's Church, West Street, befindet sich in einem Schrein der einbalsamierte Kopf des einzigen irischen Märtyrers und Freiheitskämpfer, Oliver Plunkett (1628-81). Plunkett war Erzbischof von Armagh und wurde zum bekanntesten Opfer der religiösen Massenhysterie, die nach der Restauration des katholischen Stuart-Königs Charles II. überall papistische Verschwörungen witterte. 1681 wurde der friedliebende und königstreue Plunkett von militanten Protestanten in Tyburn (London) gehängt. Während seiner Irland-Reise sprach Papst Johannes Paul II. ihn heilig. Fast in jeder irischen Stadt befindet sich eine nach ihm benannte Straße.

◆ Weiterhin gibt es einige wenige Reste der Stadtbefestigung zu sehen, z.B. das mächtige **St.**

Das St. Lawrence Gate

Lawrence Gate aus dem 13. Jahrhundert am östlichen Ende des Stadtzentrums, eine mächtige, mit zwei miteinander verbundenen Rundtürmen versehene Anlage. Sie gilt als die schönste dieser Art in Irland. Von dem Augustinerkloster (Abbey Lane) ist nur noch ein Turm aus dem 13. Jahrhundert erhalten.

◆ Das **Millmount Museum** ist in der Offiziersmesse eines ehemaligen Militärgebäudes untergebracht, das 1808 an der Stelle einer normannischen Burg errichtet wurde. Im Museum kann man sowohl Erinnerungsstücke an die Zeit 1912-22, lokalgeschichtliche und volkskundliche Exponate sowie Dokumente zum Drogheda des Mittelalters besichtigen.
Öffnungszeiten: April-Oktober Di-Sa 10-18 Uhr, So 14-18 Uhr, November-März Mi, Sa und So 14-17 Uhr. Eintritt: Erwachsene 1 Pfund, Kinder 50 Pence, Auskunft: Tel.: 041 33097

Information
Tourist Information: Tel.: 041 37070, Mitte Juni bis Mitte September geöffnet.

Busbahnhof
Tel.: 041 35123

Hotel/B&B
● Annesbrook, Duleek, Tel.: 041 23293, Fax: 041 23024, 9 km von Drogheda, 35 km von Dublin. In dem stattlichen Gebäude mit imposantem Portikus, der – ebenso wie der Ballsaal – anläßlich eines Besuches George IV. hinzugefügt wurde, läßt es sich herrschaftlich übernachten. Annesbrook bietet sich auch als idealer Ausgangspunkt für Ausflüge ins Boyne Tal an. Es gibt ausgezeichnete Speisen. Hidden Ireland.
● Boyne Valley Hotel, Drogheda, Co. Louth, Tel.: 041 37737 Fax.041 39188. Das Country House, das ein kleines im Familienbetrieb geführtes Hotel beherbergt, wird von einem schönen Garten umgeben und bietet angenehme Unterkunftsmöglichkeiten.

Restaurant
Buttergate Restaurant, Millmount, Tel.: 041 34759, Fax: 041 34759. Freundlicher Service, gute Speisen, insbesonders die Krabbengerichte sind zu empfehlen, Lunch: 12.30-14.30 Uhr (8-12 Pfund), Dinner: 18-22 Uhr (15-20 Pfund).

Pub
Ein netter, lang etablierter Pub mit gutem Bar Lunch (Mo-Fr 12.30-14.30 Uhr) ist T.Hanratty's, 62/65 Scarlet Street, Tel.: 041 37122

Fahrradverleih
Irish Cycle Hire Ltd., Mayorality Street, Drogheda, Tel.: 041 41067/42338, Fax: 041 35369 (Suzanne oder Caoimhe). Fahrradverleih (auch Ein-Weg), Zubehör, Tourenplanung, Fahrradferien (verschiedene Unterkünfte können organisiert werden), Gepäckbeförderung.

▓ **Monasterboice**, 6 km nördlich von Drogheda
Das Kloster, dessen Überreste man hier (erfreulicherweise ohne Besucherzentrum und Touristenrummel) sehen kann, ist eines der frühesten in Irland. Seinen Namen

erhielt es von einem nur wenig bekannten Heiligen namens Buite, der hier im Jahre 521 starb (von lat. monasterium Boecii = Kloster des Boecius, d.h. Búithe). Über die Eroberungen durch die Wikinger hinaus existierte das Kloster bis 1122. Danach wurde es aufgegeben und verfiel. Die Ruinen umfassen zwei Kirchen, einen Rundturm, drei Hochkreuze und zwei frühchristliche Grabsteine, davon einen mit Inschrift.

Die Hauptattraktionen der Klosteranlage sind zweifellos die beiden Hochkreuze, von denen das sogenannte **Muirdach-Kreuz** am besten erhalten ist. Da der weiche Sandstein der beiden Kreuze von Monasterboice wesentlich einfacher zu bearbeiten war als beispielsweise der harte Granit des Hochkreuzes von Moone (siehe Kap. 4.1.5), erschienen die Figuren hier wesentlich detaillierter und zum Teil naturalistischer ausgeführt.

◆ Das **Muirdach Cross**

Das Muirdach-Kreuz ist eines der schönsten dieser Art in ganz Irland. Eine Weihschrift am Schaftsockel der Westseite gibt Hinweis auf die Datierung. Sie besagt, daß ein gewisser Muiredach das Kreuz errichten ließ, der möglicherweise mit dem zweiten Abt dieses Namens, der das Kloster von 887-923 leitete und der 922 starb, identisch ist: "Or Do Muirdach Las Ndernad Chrossa". Mit diesem 5,40 Meter hohen, massiven Kreuz entwickelte sich ein neuer Typ des irischen Hochkreuzes: das in Bildern sprechende Bibelkreuz, mit dessen Hilfe die Leseunkundigen mit dem Alten Testament und der Lehre Christi vertraut gemacht werden sollten. Der Betrachter des Mittelalters sah in faßbaren Bildern die christliche Deutung der Welt und des menschlichen Lebens dargestellt. Es zeigt auf seiner Westseite die Kreuzigung und auf seiner Ostseite das Jüngste Gericht. Darüber hinaus sind zahlreiche Szenen aus dem Alten und Neuen Testament zu sehen. Die hier beschriebenen Szenen finden sich auf vielen irischen Kreuzen wieder, allerdings muß man meist recht genau hinschauen, um die Szenen identifizieren zu können.

◆ Das **Bildprogramm**

Die Ostseite zeichnet sich durch eine lebendige Darstellung und eine Fülle an kleinformatigeren Figuren aus. Die fünf Relieffelder zeigen von unten nach oben: 1. eine seltene Zusammenstellung zweier Szenen: den Sündenfall (Adam und Eva) und Kains Brudermord,

Muirdach Cross, Detail

2. David und Goliath, 3. Moses schlägt für die staunenden Israeliten Wasser aus dem Fels, 4. die Anbetung der heiligen drei Könige, 5. das Treffen der Eremiten (hl. Paulus und hl. Antonius) in der Wüste. Im Zentrum des Kreuzringes befindet sich eine Darstellung des Jüngsten Gerichts, zur Rechten des Weltrichters die Seligen, zur Linken die Ver-

dammten. Neben Christus ist der harfespielende David dargestellt, links von ihm erkennt man die Sibylle von Erithrea, zu seinen Füßen den Erzengel Michael mit der Waagschale.

Die in der Darstellung ruhigere Westseite zeigt im Zentrum die Kreuzigung in der für Irland typischen Form: Christus ist nicht als Leidender dargestellt, sondern als siegreicher Überwinder. Er hängt nicht am Kreuz, sondern steht aufrecht und mit ausgebreiteten Armen selbst das Kreuz bildend. Zu seinen Seiten befinden sich nicht identifizierbare Heilige. Vier Reliefs zeigen von unten nach oben: 1. die Gefangennahme Christi, 2. den un-gläubigen Thomas, 3. "Traditio Le-gis" (Christus übergibt die Macht in Kirche und Lehre an Petrus und Paulus), 4. Moses bestürmt, von Aa-ron und Hur unterstützt, den Him-mel im Gebet. An der Nord- und Südseite sind noch einige Bibeldar-stellungen erkennbar, daneben aber auch geometrische Ornamentflächen mit Ranken und Flechtwerk. Auf dem sehr verwitterten Sockel, der den heilsgeschichtlich "niedrigsten" Symbolbereich des Kreuzes dar-stellt, sind Jäger, Tiere und Arabes-ken zu erkennen. Den oberen Ab-schluß des Kreuzes hingegen bildet die Darstellung einer Kirche in Form eines spitzgiebeligen Oratoriums.

Das Muirdach Cross

◆ Das zweite Kreuz, das West-kreuz, auch **Tall Cross** genannt, ist 6,45 Meter hoch und damit das größte erhaltene Hochkreuz in Ir-land. Es wird auf das späte 10. Jahr-hundert datiert, ist allerdings schon recht verwittert, so daß nur wenige der dargestellten Szenen zu deuten sind. Das Westkreuz besteht aus drei Steinen, die mit über 50 Relieffeldern geschmückt sind. Auch dieses Kreuz enthält Darstellungen biblischer Motive.

Auf der Ostseite ist im Zentrum die Himmelfahrt Christi dargestellt, auf dem linken Kreuzarm seine Gefangennahme, rechts der Kampf des Erzengels Michael mit dem Satan. Weitere Szenen zeigen David mit dem Kopf des Goliath, der Tanz ums Goldene Kalb, die Opferung Isaaks und Daniel in der Löwengrube. Auf dem Schaft erkennt man die drei Jünglinge im Feuerofen. Auf der Westseite erkennt man im Zentrum die Kreuzigung, auf dem linken Arm die Verspottung Christi, rechts den Judaskuß. Die Felder des Schafts sind kaum mehr zu erkennen, im 2. Feld von unten kann man die Soldaten am Grab Christi sehen. Nord- und Südseite zeigen neben einigen nicht mehr genau erkennbaren biblischen Szenen verschie-dene Tier- und Flechtmuster.

◆ Das **Nordkreuz** war ursprünglich 4,80 m hoch. Ein Teil des bereits recht zerstörten Schafts mußte ersetzt werden. Das schlichte Kreuz zeigt als wichtigstes Detail die Kreuzigung auf der Westseite und ein aus 16 Spiralen gebildetes Muster auf der Ostseite. Neben dem Kreuz befindet sich eine granitene, mit zwei Kreuzen verzierte Sonnenuhr.

◆ Die **Südkirche** ist die ältere und mit einer Länge von fast 14 Metern auch die größere der beiden Kirchenruinen. Man betritt sie durch ein klobiges Westportal, hinter dem sich innen ein "Bullaun", ein ausgehöhlter Stein, befindet.

◆ Die **Nordkirche** stammt aus dem 13. Jahrhundert. Vor ihrer Westseite erhebt sich ein 33,5 Meter hoher Rundturm, der im 9. Jahrhundert errichtet wurde. Sein Eingang befindet sich 2 Meter über dem Erdbodenniveau. Auch ohne sein Kegeldach ist der Rundturm von Monasterboice zweifellos einer der schönsten in Irland. Hier bewahrten die Mönche ihre Bibliothek und kostbare liturgische Geräte auf. Im Jahre 1097 wurde der Turm gebrandschatzt, so daß er mitsamt der Klosterbibliothek ausbrannte.

■ **Mellifont Abbey**
In einer malerischen Landschaft stehen die Ruinen des Klosters von Mellifont. Das Kloster wurde 1142 vom hl. Malachy als erstes irisches Zisterzienserkloster gegründet. Den Bemühungen des Erzbischofs Malachy aus Armagh ist es zu verdanken, daß sich im 12. Jahrhundert die Zisterzienser-Mönche hier ansiedelten. Seine Gründung war ein Meilenstein in der Entwicklung der irischen Klöster, denn nun hielt auch dort der Lebensstil europäischer Klöster Einzug. Der im Jahre 1098 in Citeaux gegründete Zisterzienserorden ("Weiße Mönche") führte ein Leben in Armut, das mit harter Arbeit und Gebet ausgefüllt war. Der Orden bot aber nicht nur eine neue klösterliche Ordnung, sondern auch eine neue Art der Kirchenarchitektur. Der hl. Bernhard von Clairvaux, Initiator der zisterziensischen Reformbewegung, sandte der irischen Tochtergründung den vom Kontinent stammenden Architekten Robert zum Bau der Kirche, die 1157 fertiggestellt wurde. Der Baustil ist von der nordfranzösischen Gotik geprägt und somit für Irland völlig untypisch. Wie alle späteren irischen Zisterzienserklöster, folgte sie demselben Plan, nach dem auch das Mutterhaus des Ordens Citeaux ausgerichtet war: Nördlich des Kreuzganges, um den alle Gebäude herumgruppiert sind, lag die Kirche. Bei der Ausstattung strebte man nach Einfachheit und Funktionalität und vermied überflüssige Dekoration.

"Fons mellis" = Honigquelle – ein Hinweis darauf, wie schön das Kloster einst gewesen war? Durch Umgestaltung und nachfolgende Plünderung des Klosters blieb nur weniges von der ursprünglichen Anlage erhalten: beispielsweise das Ka-

Das Lavabo ist am besten erhalten

pitelhaus mit dem gut erhaltenen Kreuzrippengewölbe. Von dem einst prachtvollen Portal existieren nur noch die Pfeiler. Am besten erhalten ist das achteckige Brunnenhaus (um 1200 oder 1210), das Lavabo. Zahlreiche Tochtergründungen irischer Zisterzienserklöster gingen von Mellifont Abbey aus, doch bald gab der moralische Verfall der Mönche von Mellifont Anlaß zu wiederholten päpstlichen Inspektionen. Es ist anzunehmen, daß 1494 örtliche Adlige die Anlage geplündert haben. Die Abtei existierte jedoch noch bis 1743 weiter. Dann starb der letzte Abt.

Die Ruinenanlage ist jederzeit betretbar. Pro Saison kommmen ca. 24.000 Besucher. 1996 eröffnet ein Besucherzentrum, das auch ein kleines Museum zur Geschichte der Abtei beherbergen wird.
Öffnungszeiten: Mai-Mitte Juni 10-17 Uhr, Mitte Juni-Mitte September 9.30-18.30 Uhr, Mitte September-Ende Oktober 10-17 Uhr. Eintritt: Erwachsene 1,50 Pfund, Senioren 1 Pfund, Kinder oder Studenten 60 Pence, Familien 4 Pfund, Gruppen pro Person 1 Pfund. Weitere Auskünfte unter Tel.: 041 26459.

Achtung
Das Mellifont Hostel, eine Jugendherberge in einem alten Bauernhaus, das noch in vielen Reiseführern erwähnt wird, gibt es nicht mehr!

▓ **Dundalk**, 35 km nördlich von Drogheda,
ist ein netter belebter Ort mit 24.000 Einwohnern, zwar eher arm an Sehenswürdigkeiten, jedoch mit freundlicher Atmosphäre. Die Geschichte des Grenzortes ist von Belagerungen und Zerstörungen geprägt. Von der mittelalterlichen Befestigungsanlage ist allerdings nichts mehr erhalten.

Tourist Information
Jocelyn Street, Tel.: 042 35484, Fax: 042 38070, ganzjährig

Busbahnhof
Tel.: 042 34075

Restaurant
Jade Garden Restaurant, 24 Park Street, Tel.: 042 30379/30378. Freundliche Atmosphäre und behagliches Ambiente mit kantonesicher Küche. Mo-Do 18-0.30 Uhr, Fr-Sa 18-1 Uhr, So 12.30-14.30 Uhr, 18-0.30 Uhr, geschlossen Karfreitag und Weihnachten, mittlere Preisklasse

▓ Die **Cooley-Halbinsel**, landschaftlich reizvoll gelegen, erstreckt sich zwischen Dundalk Bay und Carlingford Lough, wo die Grenze zu Nordirland verläuft. Umrundet man die Halbinsel von Dundalk aus auf der R 173, sollte man es nicht versäumen, einen Blick auf den **Proleek-Dolmen** zu werfen, ein mächtiges neolithisches Grab, das aus drei Orthostaten und einem über 40 Tonnen schweren Deckstein gebildet wird.

▓ Der nett gelegene Ort **Carlingford**, Co. Louth, liegt am Ufer des Carlingford Lough zwischen den Cooley Mountains und den Mountains of Mourne. Die Ortschaft hat einiges an historischer Bausubstanz aufzuweisen. Am Ortseingang liegen die Ruinen einer 1305 gegründeten Dominikanerabtei. Von deren Kirche sind der quadratische Vierungsturm und zwei Westtürme erhalten geblieben. In einer kleinen, vom Hauptplatz abzweigenden Straße ist ein befestigtes Stadthaus aus dem 15. Jahrhundert, die sogenannte Münze, sehenswert. Interessant sind hier vor allem die Fenster des quadratischen Turms, die mit typisch keltischen Motiven, beispielsweise Flechtornamenten, umrahmt sind.

In der gleichen Straße befindet sich ein altes Stadttor, das als Tholsel (Rathaus) diente. Über der Carlingford Bay erheben sich die imposanten Ruinen des normannischen **King Johns Castle**, das um 1210 von Hugh de Lacy erbaut wurde. Der Westteil besteht aus einer hufeisenförmigen Mauer, die einen Hof umschließt und an ihrer Innenseite einst zweistöckige Gebäude hatte. Der Ostteil entstand 1261, dort befand sich auch die große Halle.

Im **Heritage Centre** in der mittelalterlichen Holy Trinity Church (Tel.: 042 73454, Fax: 042 73240, täglich geöffnet) kann man sich über die Geschichte des Ortes informieren.

Restaurant und Unterkunft
Jordan's, Carlingford, Co. Louth, Tel.: 042 73223, Fax: 042 73827. Ursprünglich ein Cottage aus dem 17. Jahrhundert, später eine Lagerhalle für Kohlen und Mineralwasser, bietet das Haus heute eine schöne Unterkunft und seit 1980 ein gutes Restaurant. Von allen Zimmern aus hat man einen Blick auf den Hafen von Carlingford.

Camping/Caravan
Gyles Quay Caravan & Camping Park, Riverstown, Co. Louth, zu Füßen der Slieve Foy Mountains mit Blick auf Dundalk Bay gelegen. Guter Zugang zum Strand, Tel.: 042 76262

Tip: Fahrradfahren
Die "Cooley Cycle Tour" – die Touristenämter in Dundalk und Drogheda halten ausführliche Routenvorschläge und -karten bereit – ist nicht ganz ohne Anstrengung. Vor allem bei der ersten Etappe steigt die Strecke oftmals an. Insgesamt umfaßt die Tour 80 km, so daß man durchaus eine Zwischenübernachtung einplanen sollte.
Etappe 1 führt von Dundalk über Faughart, Dromad, Ravensdale nach Omeath, wo es vielfältige Übernachtungsmöglichkeiten gibt. Entlang der Strecke hat man wunderschöne Ausblicke auf das Land, die Berge und die See. Etappe 2 führt von Omeath über Carlingford, Greenore, Gyles Quay, Ballymascanlon zurück nach Dundalk. Diese Etappe ist leicht zu bewältigen.

INFO

Megalithische Gräber

Die irischen Megalithgräber sind durch zwei ganz spezielle und einzigartige Merkmale gekennzeichnet: Zum einen sind sie in der Trockenbauweise errichtet, d.h. ganz ohne Mörtel zusammengefügt und verblüffenderweise immer wasserdicht. Das zweite Merkmal sind ihre einzigartigen, in flachem Relief herausgearbeiteten Schmuckmuster. Im Boyne-Tal gibt es die größte

Der Eingangsstein von Newgrange

Ansammlung megalithischer Reliefsteine von ganz Europa: Doppel- und Dreifachspiralen, Rauten, napfförmige Vertiefungen, Dreiecke, Zickzack- und Wellenlinien, sogar Farnkrautmotive sind zu erkennen. Der sogenannte "Schwellenstein" vor dem Eingang (beispielsweise in Newgrange) ist besonders schön mit seiner Dreifachspirale. Dieses Motiv lebt in der keltischen Kunst, so auch im Dekor des "Book of Kells", weiter. Bei archäologischen Untersuchungen fand man heraus, daß sogar die nicht sichtbaren Einfassungsplatten dekoriert wurden, ein Hinweis auf die magische Funktion der Zeichen. Der Tote soll durch sie am Überschreiten der Schwelle, an einer Rückkehr in die Welt der Lebenden, gehindert werden.

Newgrange, 13 km westlich von Drogheda an der N51

Der Besuch von Newgrange, der größten prähistorischen Kult- und Begräbnisstätte Irlands, gehört zu den eindrucksvollsten Erlebnissen einer Irlandreise. Das ca. 3000 oder 3200 v.Chr. errichtete Ganggrab zählt zu den schönsten Exemplaren dieser Art in ganz Europa. Es ist älter als Stonehenge und die Pyramiden.

Die Erbauer des Denkmals

Es gibt etliche Sagen und Legenden über die Erbauer von Newgrange. Zu der Zeit, als die Könige von Tara herrschten, war Newgrange schon einige Tausend Jahre alt. Man kennt weder die Erbauer noch diejenigen, für die die Gräber bestimmt waren. Ausgrabungen haben aber bewiesen, daß zu jener Zeit im Boyne Tal Getreide angebaut wurde und daß die Wälder schon gerodet waren. Man vermutet, daß sich die fruchtbare, leicht hügelige Landschaft gut als Weideland für Viehherden sowie zum Weizenanbau eignete und die Lebensgrundlagen der Erbauer darstellte. Die damaligen Bewohner der Newgrange-Gegend waren also vermutlich eine Bauern- und Viehzüchtergemeinschaft. Ihr hohes technisches Können und ihr feiner Kunstsinn, den die Steinverzierungen im Inneren des Grabhügels verraten, zeugen von einer hochentwickelten Kultur. Deshalb überrascht es nicht, daß Newgrange mit dem keltischen Hauptgott, dem großen Dagda, und seinen Söhnen in Verbindung gebracht wird.

Beschreibung

Der eiförmig aus Steinen aufgeschichtete Hügel (Cairn) hat eine Höhe von 11-13 Metern, eine Breite von 79-85 Metern und umschließt einen Raum von nicht ganz einem halben Hektar. Sein heutiges Aussehen verdankt er einer in den 70er Jahren abgeschlossenen Restaurierung, denn bis 1962 lag das megalithische Grab unter einem Erdhügel versteckt. Von außen beeindruckt zunächst die 3 m hohe Verkleidung aus glitzernd weißen Quarzsteinen und beinahe fußballgroßen Granitkugeln, die wohl nicht nur eine dekorative, sondern auch eine symbolische Funktion im Totenkult jener Menschen einnahmen. Der Hügel ist von 97 massiven, zwischen 1,7 und 4,7 Meter langen Randsteinen eingefaßt. Die Steine in der Nähe des Eingangs sind zwischen 3 und 4 Meter lang und ragen im Durchschnitt 1,2 Meter über die alte Bodenfläche empor. Viele der Randsteine sind verziert, besonders schön ist der Eingangsstein und der ihm diametral gegenüberliegende Stein.

Der Hügel wird in etwa 11 bis 14 Metern Entfernung von einem Kranz von einzelnen, grossen, vertikal gesetzten Steinen umgeben. Dieser Kranz hat einen Durchmesser von 103,6 Meter und schließt eine Fläche von nicht ganz einem Hektar ein. Die vier Steine, die dem Eingang gegenüberstehen, gehören zu den

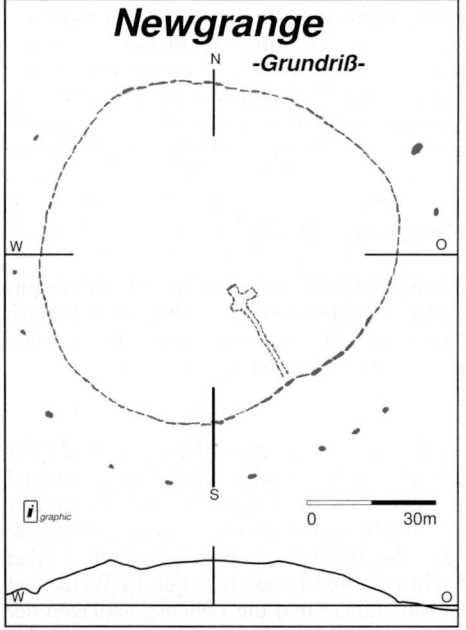

größten noch vorhandenen. Sie ragen 1,8 Meter bis 2,5 Meter über die alte Grundfläche empor. Die restlichen Steine sind fast alle nahe dem Boden abgebrochen. Keiner der Kranzsteine ist verziert. Das Grabmal im Inneren des Hügels besteht aus einem Gang und einer Kammer mit drei Apsiden.

Eine besondere Entdeckung der Ausgrabungen von 1963 war die **Roof-Box**, eine sonst nirgends vorkommende Struktur. Es handelt sich um eine Art Steinbox mit schlitzartiger Öffnung, die auf den vorderen Decksteinen des Gangs ruht. Der vordere Rand seines Dachsteins ist schön verziert. Während der Wintersonnenwende zwischen dem 14. und 28. Dezember, also in der dunkelsten Zeit des Jahres, dringen die Strahlen der Sonne durch den Schlitz der Roof-Box bis in die Kammer und erhellen für eine Viertelstunde die ansonsten dunkle Grabkammer. Während der Führung wird dieses beeindruckende Schauspiel mit Hilfe einer künstlichen Lichtquelle nachgestellt.

Den ca. 1,5 Meter hohen, 1 Meter breiten, dafür aber 18,9 Meter langen **Gang** begrenzen 43 aufrecht gestellte Steine: 22 auf der linken und 21 auf der rechten Seite, die eine durchschnittliche Höhe von 1,5 Meter haben. Viele dieser **Orthostaten** sind verziert und behauen. Die große Steinplatte, die jetzt auf der rechten Seite des Eingangs steht, diente ursprünglich dazu, den Eingang zu schließen.

Gang und Kammer sind zusammen 24,1 Meter lang, das ganze Grab mißt also nur ein Drittel vom Durchmesser des Hügels. Der Gang steigt zur kleeblattförmigen Grabkammer 2 Meter hoch an, so daß durch ihn kein Licht in die Kammer fällt – diese hat exakt dieselbe Höhe wie eine Landmarke auf dem gegenüberliegenden Boyne-Ufer, über die die Sonne am Tag der Wintersonnenwende aufsteigt.

Viele Orthostaten sind verziert

Von der Hauptkammer führen drei Seitenkammern (eher Absiden) ab, so daß das ganze Grab einen kreuzförmigen Grundriß mit einem verlängerten Stiel besitzt. Die Kammer ist vom Eingang bis zum hinteren Stein der Endkammer 5,2 Meter lang und 6,5 Meter breit. Ihre Scheitelhöhe über der zentralen Kammer beträgt 5 Meter. Es ist eines der schönsten Beispiele eines Kuppelgewölbes dieses Typs in Westeuropa und noch ganz in seinem ursprünglichen Zustand erhalten. Die in Trockenmauerweise sorgsam gefügte Kuppel bedarf auch heute keiner Reparatur: Gang und Kammer blieben 5.000 Jahre lang trocken. Diese Bautechnik setzt erstaunliche Kenntnisse, eine straffe Organisation und eine arbeitsteilige und hierarchisierte Gesellschaft voraus. Auf dem Boden der Seitenkammern und der Endkammer befinden sich vier große **Beckensteine**, einer in der linken Seitenkammer, einer in der Endkammer und zwei – der eine im anderen liegend – in der rechten Seitenkammer. Der obere ist aus Granit und sehr schön geformt. Er hat zwei kreisförmige, nahe beieinander liegende Einbuchtungen, deren Zweck unbekannt ist.

Die Becken enthielten die Knochen der Toten, teils ganz, teils verbrannt. Opfergaben, wie Stein- und Knochenperlen, Gehänge, Knochennadeln und Steinkügelchen, wurden zu den Knochen gelegt. Sowohl diese typischen Grabwaren als auch einige Knochenreste, die auf eine kleine Anzahl von Toten schließen lassen, wurden während der Ausgrabungen entdeckt.

Öffnungszeiten: täglich 1. Juni - 30. September 9.30-19 Uhr, 1. Oktober - 31. Oktober 10-17 Uhr, 1. November - 31. Dezember 10-16.30 Uhr. Besichtigungen sind nur mit Führungen möglich.

 Tourist Information
auf der gegenüberliegenden Straßenseite beim Parkplatz gelegen, Tel.: 041 24274, April bis Oktober

Unweit kann man sich im Newgrange Farm Coffee Shop (Nichtraucher), Tel.: 041 24119, bei einer Tasse Tee oder Kaffee stärken oder die Wartedauer überbrücken. Zur Hauptsaison können die Besucher von Newgrange oft nur in Schüben abgefertigt werden.

▓ Knowth und Dowth

Knowth (ausgesprochen: Naut) und Dowth (ausgesprochen: daut), gehören ebenfalls zur Nekropole am Boyne. Sie sind die beiden größten Grabhügel neben
Newgrange. Die Besichtigung von Dowth ist derzeit nicht möglich (Stand Herbst
1995). Das Ganggrab Knowth wird auf ca. 3000 v.Chr datiert. Es ist von großen
Steinblöcken und 15 Satellitengräbern umgeben. Archäologische Ausgrabungen
konnten beweisen, daß der Ort von der Steinzeit bis zur Normannenzeit bewohnt
wurde. Rund um den pilzförmigen zentralen Grabhügel fand man die Reste bronzezeitlicher, eisenzeitlicher, frühchristlicher und normannischer Behausungen sowie Verteidigungswälle.

Seit 1963 wurde am Hügel von Knowth gegraben. Zusammen mit den im Laufe
der Jahrtausende fast völlig eingeebneten Satellitengräbern konnte der Hügel zumindest teilweise rekonstruiert werden. Wie in Newgrange gibt es auch hier einige mit geometrischen Ritzmustern, Zickzackbändern, Rauten und Spiralen verzierte Steine. Ähnlich wie Newgrange hatte auch Knowth die Funktion eines
Kalenders: Hier erhellen die Sonnenstrahlen an den Tagen der Tag- und Nacht-
gleiche die Kammer. In den Grabkammern der Satellitenhügel wurden etliche
Menschenknochen gefunden, was auf eine relativ große Bevölkerungsdichte schließen läßt. Im Haupthügel waren die wenigsten Toten bestattet, vermutlich handelte
es sich nur um die Sippe des Häuptlings.

Seit einiger Zeit wird heftig darüber diskutiert, ob man auch die restlichen zwei
Drittel der Grabhügel rekonstruieren und für Besucher zugänglich machen soll.
Das geplante Besucherzentrum ist sehr umstritten, wobei immer wieder der Be-
griff vom "Disney-Land" im Boyne Tal fällt, ein durchaus berechtigtes Bedenken.
Öffnungszeiten: Mai-Mitte Juni 10-17 Uhr, Mitte Juni-Mitte September 9.30-
18.30 Uhr, Mitte September-Mitte Oktober 10-17 Uhr. Der Zugang ist nur mit
Führungen möglich, weitere Auskünfte unter Tel.: 041 24824. Eintritt: Erwachse-
ne 2 Pfund, Senioren 1,50 Pfund, Kinder und Studenten 1 Pfund, Familien 5 Pfund,
Gruppen: 1,50 pro Person. OPW

▓ **Slane**, am Nordufer des Boyne, 14 km westlich von Drogheda an der N 51
und N 2 gelegen
Der hübsche Ort wurde im 18. Jahrhundert von einem englischen Lord planmäßig
angelegt und konnte sich einiges an georgianischer Bausubstanz bewahren. Besonders der Hauptplatz mit den vier identischen georgianischen Häusern an allen
seinen Ecken lohnt einen Blick. Slane Castle (1785), eine im historisierend gotischen Stil etwas außerhalb des Dorfes errichtete Burg (heute ein Restaurant),
besitzt eine runde Bibliothek, die mit einer prächtigen Decke versehen ist. Auf
einem kleinen Hügel nördlich des Dorfes liegen die Ruinen eines Franziskanerklosters, das Sir Christopher Flemmyng 1512 gründete. Ein kleiner Spaziergang
führt auf den grünen Hügel hinauf. Mehr als tausend Jahre vorher, im Jahre 433,
soll der hl. Patrick hier das erste Osterfeuer entzündet haben – ein Symbol für den
Triumph der Christen über die Heiden, der neuen über die alte Religion. Angeblich sollen der Hochkönig und seine Druiden von Tara aus diese christliche Her-
ausforderung erschrocken beobachtet haben, denn der alte heidnische Brauch verlangt das Löschen aller Feuer in dieser Nacht. Erst am Tag darauf feierten die
Heiden durch ein großes Feuer den Sieg des Frühlings über den Winter.

▨ **Tara**, 10 km südwestlich von Newgrange, N 3, 10 km südöstlich von Navan

Hier kommen wir zu einem der geschichtsträchtigsten Orte in Irland. Heute allerdings ist es eine der wenigen Stätten, die auf dem Foto besser aussehen als in natura, denn der flache, unauffällige, grasbewachsene Hügel wirkt von der Straße aus eher enttäuschend. Erst auf Luftbildern erkennt man deutlich die Strukturen der beiden konzentrischen Erdwälle und Gräben, die einen der größten Komplexe keltischer Denkmäler in Europa darstellen.

Die religiöse Bedeutung von Tara datiert bereits aus prähistorischer Zeit. Später befanden sich hier die Paläste der keltischen Hochkönige, von denen aus sie die Insel regierten. Die meisten der Monumente datie-

Der Hill of Tara

ren jedoch auf die Jahre vor und nach Christi Geburt. Ins Licht der Geschichte trat der Ort erst im 3. Jahrhundert mit dem legendären König Cormac Mac Airt. Im 5. Jahrhundert wurde der Ort zum administrativen Zentrum der Hochkönige. Im 10. Jahrhundert sank die Bedeutung Taras, und ab dem 11. Jahrhundert wurde Tara aufgegeben. Die aus Holz und mit Lehm beworfenem Flechtwerk errichteten Gebäude zerfielen.

Die Namen und Überlieferungen der Stätte aber wurden von einem Geschichtsschreiber um das Jahr 1000 festgehalten und in zwei mittelalterlichen Schriften, dem "Book of Leinster" und dem "Yellow Book of Lecan", bis heute erhalten. Zu dieser Zeit war der Hügel schon verlassen.

1843 wurde Tara erneut Schauplatz des Interesses, als Daniel O'Connell hier eine Massenkundgebung der katholischen Emanzipationsbewegung abhielt. Dies zeigt, wie sehr Tara im Bewußtsein der irischen Patrioten verankert ist. Nicht umsonst wählte O'Connell diese grandiose Kulisse, um den Mut der irischen Katholiken und ihren Willen zur Emanzipation zu stärken.

Wenn auch heute nur noch Spuren im Erdboden erkennbar sind, sollte man sich nicht davon abhalten lassen, die Phantasie spielen zu lassen. Mit Hilfe eines an der archäologischen Stätte aufgestellten Planes läßt es sich erkennen, welche Formen und Ausmaße der Ort einmal hatte.

Der Name Tara bedeutet "Stätte mit dem weiten Blick", und tatsächlich kann man bei gutem Wetter von dem Hügel aus weit ins Boyne Tal sehen und sogar Berge aller vier irischen Provinzen erkennen. Strategisch war dies natürlich von großer Bedeutung.

Beschreibung

Auf dem höchsten Punkt des Hügels, 150 Meter über dem Meeresspiegel, befindet sich eine Gruppe von Denkmälern, die von der großen Einfriedung **Ráth na Rí = Fort der Könige** (auch Royal Enclosure) umkreist ist, ein etwa 270 x 350 m messendes Oval. Die Gruppe besteht aus einem Paar verbundener kreisförmiger Wälle, die als **An Forradh = Der Königssitz** und **Teach Cormaic = Cormacs Haus** bekannt sind. König Cormac regierte hier von 277-266 n. Chr. und zählt zu den bedeutendsten Königen von Tara. Wo früher der Holzpalast des Königs stand, erhebt sich heute der Schicksalsstein oder Krönungsstein, auf dem der König bei seiner Krönung zu stehen hatte. Dieser Königsstein Lia Fáil soll angeblich ge-brüllt haben, wenn der "rechte" König sich auf ihn setzte. Auf An Forradh steht ein phallischer Kultstein aus der heidnischen Eisenzeit 5 , der im 19. Jahrhundert hierher gebracht wurde, um das Grab der Wexford Rebellen zu bezeichnen, die auf Tara während des Aufstandes 1798 getötet wurden.

Nördlich von hier, am inneren Rand des Fort der Könige steht **Dumha na nGiall = Hügel der Geiseln** 6 , ein einfaches Ganggrab derselben Familie von Newgran-ge, in dem eine reichhaltige Ansammlung sekundärer Grabstätten der frühen Bron-zezeit, in denen sich exotische Perlen aus dem östlichen Mittelmeerraum befan-den, entdeckt wurden. Es wurde bei Ausgrabungen 1956 - 1959 entdeckt und datiert von ca. 1400 v. Chr. Man fand hier die Überreste von 40 verbrannten Toten sowie Schmuck, Waffen und Tongefäße in einer solch stattlichen Anzahl, wie sie noch bei keiner anderen Grabung in Irland zutage gefördert wurde. Der in Tara gefundene Goldschmuck (heute National Museum in Dublin) wiegt zusam-men über 1.000 Gramm und stammt aus der Zeit um 1000 v.Chr.

Der Name des Grabes rührt von einem Brauch der Könige von Tara her, bei ihrem Amtsantritt von hochgestellten Familien ihres Reiches Geiseln zu nehmen, um sich so ihrer Loyalität zu versichern. Diese Geiseln, die unter einer Art offenem Arrest standen, wurden nach ihrem Ableben im "Mount of the Hostags" bestattet.

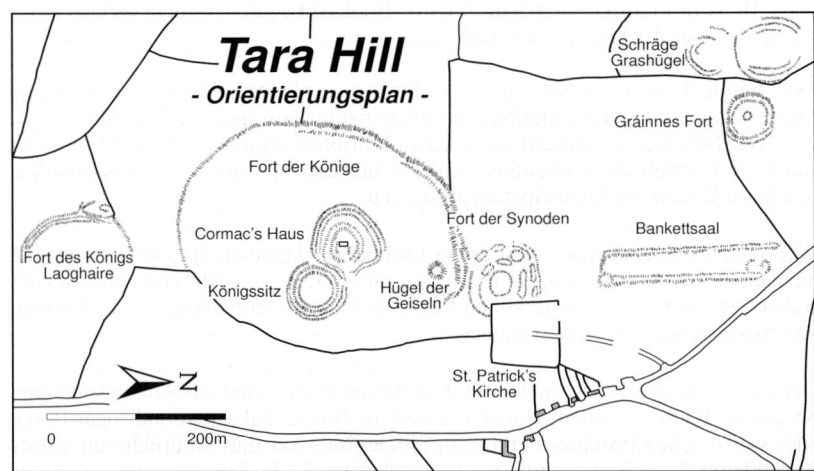

Tara Hill
- Orientierungsplan -

Schräge Grashügel

Gráinnes Fort

Fort der Könige

Cormac's Haus

Fort der Synoden

Bankettsaal

Fort des Königs Laoghaire

Königssitz

Hügel der Geiseln

N

St. Patrick's Kirche

0   200m

Südlich vom Fort der Könige befinden sich die flachgepflügten Überreste von **Ráth Laoghaire = Laoghaires Fort** ₁ , eine kreisförmige Ritualeinfriedung innerhalb eines Grabens und eines Walls mit einem Durchmesser von ca. 90 Meter. Dieses Fort ist nach dem König benannt, der zur Zeit des hl. Patrick regierte und den der Heilige erfolglos versuchte, zum Christentum zu bekehren. Die größte kreisförmige Einfriedung von **Ráth na Méadhbha** liegt etwa 500 m weiter südlich.

Nördlich vom Fort der Könige stehen die sich unter dem westlichen Rand des Friedhofs erstreckenden, kreisförmigen Wälle von **Ráth na Seanad = Fort der Synoden** ₇ , die vom ersten bis zum dritten Jahrhundert nach Christus benutzt wurde. Dies ist die einzige Stätte Taras, die religiösen Zwecken diente, denn hier hielten der hl. Patrick, Ruadhan und Adamnan zwischen dem 5. und dem 7. Jahrhundert drei große Synoden ab, mit denen sie den weltlichen Herrschern die kirchliche Macht dokumentieren wollten. Aus dieser Zeit stammendes Glas, Keramik und ein römisches Bleisiegel, wahrscheinlich aus Britannien, wurden gefunden. Die beiden parallelen Wälle des Denkmals, die **An Teach Míodhchuarta = Der Saal des Met-Kreises,** prosaisch auch der "**Bankettsaal**" genannt werden, wurden im 3. Jahrhundert errichtet. Sie laufen auf der Ostseite des Grats über 200 Meter weiter nach Norden. Es handelt sich wohl um eine Zeremoniestraße. Im "Book of Leinster" wird allerdings eher von einem Festsaal berichtet, der ca. 200 Meter lang und 30 Meter breit gewesen sein soll und in dem man grandiose Feste gefeiert hätte. Die Meinungen der Gelehrten scheiden sich.

Gegenüber auf den westlichen und nördlichen Rändern des Grats befindet sich eine Gruppe keltischer Grabdenkmäler, die mit Hilfe von Luftaufnahmen und geophysikalischen Methoden entdeckt wurden. Aus der Zeit um 1000 v.Chr. stammen auch die kleineren Grabhügel westlich des Bankettsaales, die als **Dall = Taub** und **Dorcha = Blind** ₁₀, ₁₁ bekannt sind. In deren Nähe sind die drei größten, zentralen Grabhügel bzw. Ringforts zu sehen, von denen zwei **Na Claonfhearta = Die schrägen Grabhügel** und der dritte **Ráth Gráinne = Gráinnes Fort** genannt werden. ₉ Gráinne spielt auf die tragische Liebesgeschichte von Cormacs Tochter Gráinne und ihrem Diarmuid an, um die sich viele Legenden ranken.

Im Friedhof der St. Patrick's Church, einem unbedeutenden Bau aus dem frühen 19. Jahrhundert, befinden sich die Überreste von "Adamhnán's Cross", benannt nach einem Schüler und Biographen des hl. Columba. Die auf der Ostseite eingravierte Figur wird als Darstellung Cernunnos angesehen, der keltisch gehörnten Gottheit. Ob der aus rotem Sandstein gehauene Monolith ein vorchristlicher Kultstein oder aber Teil eines Kreuzes ist, kann heute nicht mehr eindeutig geklärt werden.

Im **Informationszentrum** in der Kirche kann man einen Film (Englisch, Französisch, Deutsch und Italienisch) anschauen, der über die Bedeutung Taras informiert.

Öffnungszeiten: Anfang Mai-Mitte Juni: 9.30-17 Uhr, Mitte Juni-Mitte September: 9.30-18.30, Mitte September-Ende Oktober 10-17 Uhr. Letzter Einlaß 45

Minuten vor Schließung. Auf Wunsch werden Führungen veranstaltet, Auskunft erhält man unter Tel.: 046 25903. Eintritt: Erwachsene 1 Pfund, Senioren 70 Pence, Studenten und Kinder 40 Pence, Familien 3 Pfund, Gruppen pro Person 70 Pence. OPW

INFO

Gráinne und Diarmuid

Cormac Mac Airt, Hochkönig von Irland auf Tara, hatte dem großen Helden Finn seine Tochter Gráinne, die Goldene, versprochen. Daraufhin kam Finn nach Tara gereist, in Begleitung seiner sechs Gefolgsleute, darunter waren auch Oisín, der Barde, und der Recke Diarmuid. In diesen Zeiten mußte man vor der Vermählung die Zustimmung der Frau erlangen. Beim Gastmahl schenkte Gráinne allen ein außer Oisín und Diarmuid. Als alle eingeschlafen waren, setzte sie sich zwischen die beiden jungen Männer und sagte, sie wolle Finn nicht heiraten, denn er sei zu alt. Oisín oder Diarmuid hingegen würde sie gerne heiraten. Da Oisín Finn, seinen Vater, nicht kränken wollte, belegte Gráinne Diarmuid mit einem magischen Zauber, der bei Nichtbeachtung den Tod nach sich zieht, und rief: "Ich zwinge dich unter uralte Fesseln, bringe mich fort von diesem schalen Fest. Ich wähle. Ich rufe dich unter Liebesbande, in Gefahr und in Dunkelheit mich zu lieben, mich zu verteidigen, Diarmuid O'Duibhne."

Damit beginnt die "Verfolgung von Diarmuid und Gráinne", denn der erboste Finn und seine Leute jagen die Flüchtenden durch das ganze Land. Zahlreiche gefahrvolle Situationen mußten Diarmuid und Grainne überstehen, bis schließlich Diarmuid unwissentlich den Zauber bricht. Er tötet den wilden Eber von Beann Ghulban, der einst Menschengestalt besaß, und kommt selbst dabei um.

▓ Trim

Trim ist ein hübsches, geruhsames Landstädtchen mit 2.000 Einwohnern. Einige imposante Sehenswürdigkeiten gibt es hier.

Tourist Information
● Mill Street, Tel.: 046 37111, Mitte Juni-Ende September geöffnet, Mitarbeiter der Tourist Information veranstalten auch Führungen durch den Ort.
● **Trim Visitor Centre**, Mill Street (Tel.: 046 37227/31238 in der Nachsaison). Hier kann man sich die Multivisionsausstellung "The Power and The Glory. Medieval Trim" anschauen, die über die Geschichte der Region informiert. Für einen Besuch sollte man ca. 45 Minuten einplanen. Öffnungszeiten: April-Mitte Oktober 11-18 Uhr. Eintritt: Erwachsene 2 Pfund, Senioren und Studenten 1,25 Pfund, Kinder 1 Pfund, Familien 5 Pfund.

Restaurant
● Die Dunderry Lodge in Dunderry, 6 km nördlich von Trim, Tel.: 046 31671, bietet ausgezeichnete Speisen.
● Im Salad Bowl, Market Street, Tel.: 046 36204, kann man in angenehmer Umgebung kleine Speisen und Getränke zu sich nehmen.

Golf
- Glebe Golf Club, Kildalkey Road, Tel.: 046 31926
- South Meath Golf Course, Longwood Road, Tel.: 046 31471
- Trim Golf Club, Longwood Road, Tel.: 046 31463

◆ **Trim Castle** ist Irlands größte Normannenburg, die im Laufe der Zeit am wenigsten verändert wurde. 1172 wurde sie von Hugh de Lacy als ein erster Schritt zur Eroberung des alten Königreiches Meath in Form einer Motte-and Bailey-Anlage mit Holzturm errichtet. In unmittelbarer Nähe zu Tara müssen die Iren diesen Bau als unglaubliche Provokation empfunden haben: Als Lacy nach England zurückkehrte und die Burg seinem Gefolgsmann Hugh Tyrell überließ, sammelte Roderick O'Connor, König von Connacht, ein Heer und marschierte gegen Trim. Bevor der jedoch die Burg belagern konnte, setzte sie Tyrell selbst in Brand und flüchtete. Kurze Zeit später baute Tyrell die Burg wieder auf, Roger de Pippard erweiterte sie 1220 zu einem mächtigen quadratischen Zentralturm, an den vier quadratische Türme angebaut sind (drei blieben erhalten). Die heutige Steinburg mit dreistöckigem Bergfried geht also auf das Jahr 1220 zurück. Der runde Turm am südlichen Ende entstand zuletzt, aus ihm ragt noch ein Außenwerk hervor, das ursprünglich den mit Wasser gefüllten Burggraben überspannte. Hier gab es auch eine Zugbrücke, die von oben bedient werden konnte.

◆ Reste des **Sheep Gate** auf der gegenüberliegenden Seite des Flusses zeugen davon, daß die Stadt mit in die Festung einbezogen war.

◆ Der **Yellow Steeple** (Gelber Turm) ist das Wahrzeichen der Stadt und das einzige Überbleibsel der Augustinerabtei St. Mary aus dem 14. Jahrhundert. Nach einem Feuer 1368 wurde sie wieder neu aufgebaut. Das vielfach restaurierte **Talbot Castle** in der Nähe des Yellow Steeple wurde 1415 von Sir John Talbot erbaut. Im Jahre 1717 wurde das Gebäude von Hester Johnson, der Freundin von Jonathan Swift erworben. Im folgenden Jahr bereits verkaufte sie es an Swift, der es aber auch nur 5 Monate behielt. Das Erdgeschoß des Castle, so nimmt man an, gehörte zum Kloster St. Mary.

◆ Etwas weiter stadtauswärts in Newton Trim, ca. 2 km flußabwärts, liegen die ausgedehnten Ruinen der **St. Peter und Paul Cathedral** aus dem 13. Jahrhundert. Die heute sehr verfallene Kirche muß einst eine der größten in ganz Irland gewesen sein. Als im Spätmittelalter Haupt- und Querschiff verfielen, kürzte man die Gesamtlänge. Südlich der Kirche befanden sich die Wirtschaftsgebäude des Klosters. Einige schöne Fenster des 13. Jahrhunderts sind im Refektorium erhalten. Im Osten des Klosters steht die kleine Pfarrkirche aus dem 13. Jahrhundert, in der das Grabmal von Sir Lucas Dillon und seiner Frau Beachtung verdient, auch wenn der Sandsteinsarkophag (1593) bereits stark verwittert ist. Gegenüber liegt das Hospital of St. John the Baptist. Diese Gründung des "Crusader Order of Crutched Friars" wurde im frühen 13. Jahrhundert gegründet.

◆ Am westlichen Stadtrand, an der Straße von Trim nach Kildalkey, lohnt der Besuch des **Butterstream Garden**. Von Gartenkennern wird er als einer der phantasievollsten Gärten Irlands bezeichnet. Die Anfänge liegen mehr als 20 Jahre zurück, als der Archäologe Jim Rynolds verschiedene Gärten in Irland und in England besuchte und feststellte, daß auch ein ungeübter Gärtner sich mit den

Prinzipien von Gestaltung und Ausführung vertraut machen könnte. Er teilte das Grundstück in mehrere kleine Parzellen ab. Inspiriert von Vita Sackville Wests Gärten in Sissinghurst/Kent, schuf Reynolds mehrere miteinander verbundene, unterschiedliche kleine Gärten: einen Rosengarten, einen klassischen Garten, einen Herbstlaubgarten, einen weißen Garten und einen Obelisk Garten. Obwohl die einzelnen Gärten einen eigenen Charakter haben und in sich abgeschlossen sind, bilden sie doch zusammen eine schöne Einheit.

Öffnungszeiten: April bis September 11-18 Uhr, täglich, Tel.: 046 36017

Auf dem Weg von Trim nach Tara (20 km nordöstlich) kommt man an der **Bective Abbey** vorbei, die 1150 gegründet wurde. Es ist eine stattliche zweistök-kige Klosterruine mit zwei Ecktürmen, die zu Verteidigungszwecken im 12. Jahrhundert gebaut wurden. Bis auf die Dächer und einige Zwischenwände ist die Abtei gut erhalten. Die Mönche kamen aus Mellifont und unterstanden der Kontrolle des Mutterklosters Clairvaux in Burgund. Hugh de Lacy wurde hier begraben, später jedoch nach Dublin überführt. Im 15. Jahrhundert wurde die Abtei befestigt und teilweise auf anderem Grundriß erneuert. Man schloß die Südarkade des Hauptschiffes und errichtete den Kreuzgang mit den umliegenden Gebäuden. Im 16. Jahrhundert entstand auch der mächtige, mit Zinnen bewehrte Turm an der Südwestecke. Die Auflösung der Klöster im Zuge der Reformation bedeutete für Bective Abbey das Ende. Die Mönche wurden verjagt oder getötet.

Kells, 16 km nordwestlich von Trim, liegt an der Kreuzung der N 52 mit der N 3. Das Provinzstädtchen hat heute 2.500 Einwohner, war einst jedoch eines der großen Zentren frühchristlicher irischer Kultur. Bedeutendes Zeugnis dieser Epoche ist das heute im Trinity College aufbewahrte "Book of Kells" (siehe Kap. 4.1.3.5). Aber auch in der Stadt selbst finden sich noch viele mittelalterliche Denkmäler.

Um 550 erhielt der hl. Colum Cille (= Columba d.Ä.) von König Diarmuid ein Stück Land zur Gründung eines Klosters. Im Jahre 806 zog ein Großteil der Mönche von Iona (Schottland) nach Kells und gründeten dort eine Niederlassung. Ihr Kloster in Schottland war durch die Wikinger verwüstet worden. Aber auch in Kells fielen im 10. Jahrhundert dreimal die Wikinger ein, zerstörten die Klostergebäude und raubten wertvolle Schätze. Ihr kostbarster Besitz, das "Book of Kells", das entweder in Kells selbst oder in Iona entstanden war, wurde 1007 aus der Sakristei der Kirche von Kells gestohlen und wenige Monate später ohne seinen prachtvollen Einband im Erdboden wiedergefunden. Auch noch im 11. Jahrhundert war Kells Opfer vieler Beutezüge. Während der Reform der irischen Kirche im 12. Jahrhundert wurde das Kloster Columbas aufgelöst und die Kirche der Aufsicht des Bischofs von Meath unterstellt.

Von den einst mächtigen Befestigungsanlagen aus normannischer Zeit ist nichts mehr erhalten. Von den Klosteranlagen dagegen stehen noch der Rundturm, drei Hochkreuze und St. Columbas House, das in Wirklichkeit ein Kirchengebäude war und auch zu der ursprünglichen Klosteranlage gehörte.

◆ An einer Straßenkreuzung mitten in der Stadt steht das 2,40 Meter hohe **Market Cross**, das einer Inschrift auf der Westseite zufolge Robert Balfe im

Jahre 1688 errichten ließ. Mit den Darstellungen biblischer Szenen steht es in der Tradition der mittelalterlichen Hochkreuze. Bemerkenswert ist die Basis mit einem Fries von Reitern, Fußsoldaten und verschiedenen Tieren.

◆ Die Straße aufwärts gelangt man zum Friedhof, auf dem der Rundturm und die Hochkreuze stehen. Der **Rundturm** entstand vor 1076 und ist auch ohne sein Kegeldach noch über 30 Meter hoch. Die Köpfe über dem rundbogigen Eingang sind fast völlig verwittert. Darüber befinden sich rechteckige und ganz oben fünf – im Gegensatz zu den sonst üblichen vier – spitzwinklige Fenster.

Neben dem Rundturm steht das aus dem 9. Jahrhundert stammende **Südkreuz**, mit über 3 Metern das größte Hochkreuz von Kells. Seine Darstellungen bilden eine relativ geschlossene kompositorische Einheit. Die Südseite zeigt Adam und Eva, Kain und Abel, die drei Jünglinge im Feuerofen, Daniel in der Löwengrube, oben David mit der Harfe und das Wunder der Brotvermehrung. Auf dem linken Arm erkennt man die Opferung Isaaks, auf dem rechten Arm Paulus und Antonius in der Wüste. Die Westseite zeigt in der Mitte die Kreuzigung Christi, darüber Christus als Weltenrichter. Am Südarm tötet David einen Löwen und am Nordarm einen Bären. Neben den figuralen Darstellungen ist das Kreuz auch mit vielen ornamentalen Feldern versehen. An der Basis kann man Flechtwerk, Tiere und eine Wagenprozession erkennen. Ungewöhnlich für ein irisches Kreuz ist eine lateinische Inschrift.

Nordwestlich des Südkreuzes befindet sich der Stumpf eines ehemals sicher großen und prachtvollen Kreuzes mit fein ausgeführten Bibelszenen. Südlich der Kirche steht ein unvollendetes Kreuz, auf dessen einer Seite man eine Kreuzigungsdarstellung erkennen kann. Beachtung verdient auch eine alte Sonnenuhr an der Südwestecke der Kirche.

◆ Geht man am Haupteingang des Friedhofs vorbei und die kleine Straße hinauf, gelangt man zum **St. Columba's House**, einem Oratorium mit dem typisch steil gewölbten Steindach, das an St. Kevin's Kitchen in Glendalough (siehe Kap. 4.1.5) erinnert. Über die genaue Datierung herrscht Ungewißheit, wahrscheinlich entstand es jedoch im 9. Jahrhundert. Der Eingang zu dem von einem Tonnengewölbe überspannten Raum ist neueren Datums. Ursprünglich war dieser Raum in zwei Ebenen unterteilt. Die obere diente als eigentliche Kirche und war durch einen – jetzt nicht mehr vorhandenen – Eingang in der Westmauer zu erreichen. Über dem Gewölbe befindet sich eine durch eine Leiter zu ersteigende, dreigeteilte Dachkammer, die zur statischen Stütze des schweren Steindaches diente.

B&B
Linda Connolly, Red House, Ardee, Co. Louth, Tel.: 041 53523, Fax: 041 53523. Ein charmantes georgianisches Haus (Hidden Ireland) mit drei elegant und individuell eingerichteten Zimmern, eines davon en suite. Das Haus wird besonders gerne von Jägern und Anglern (Angeln im Fluß Boyne) aufgesucht.

Hostel
Kells Hostel, Kells, Co. Meath, Tel.: 046 40100, Fax: 046 40680 ganzjährig geöffnet, 50 Betten in Mehrbett-, Doppel- und Familienzimmern, Camping ist auf dem Grundstück möglich.

■ Auf der kleinen Straße abseits der R 154 nach Oldcastle beschließt der **Sliabh na Caillighe** (gael. Berg der Hexe) ca. 18 Kilometer nordwestlich von Kells die kulturell reiche Landschaft von Meath. Über 30 zum Teil unausgegrabene Ganggräber von der gleichen Art wie die Boyne Tal Gräber befinden sich hier. Die Gräber von Loughcrew, wie der Ort auch genannt wird, verteilen sich auf zwei Hügeln westlich und östlich des Parkplatzes. Sie werden auf die 2. Hälfte des 3. Jt. v.Chr. datiert. Ein Gang lohnt sich, nicht nur wegen des Aufstiegs mit wunderschönen Blick bis Nordirland, sondern weil einem Teil der Gräber die Kuppen fehlen und man so die freigelegten Gänge und Kammern gut sehen kann. Das Land rund um die Gräber dient als Pferde- und Schafweiden.

■ In Mullagh, Co. Cavan, 12 km nördlich von Kells, kann man das **St. Kilian's Heritage Centre** besichtigen. Der hl. Kilian wurde in Mullagh um 640 geboren. Er war einer der ersten irischen Märtyrer, die in Europa für ihren Glauben starben. Das Zentrum bietet dem Besucher neben einer Ausstellung ein 13-minütiges Video, das das Leben und die Zeit des Heiligen schildert und seine Bedeutung erklärt. Der hl. Kilian wurde später Schutzpatron des Bistums Würzburg. Öffnungszeiten: Ostern-Oktober 10-18 Uhr, Mo-Sa 12.30-18 Uhr; Eintritt: Erwachsene 2 Pfund, Studenten/Senioren 1 Pfund, Kinder 50 Pence, Tel.: 046 42433.

4.1.5 SÜDLICH VON DUBLIN

Die Wicklow Mountains

Die Wicklow-Mountains sind nicht hoch und stellen, vor allem an den Wochenenden, ein beliebtes Ausflugsziel der Dubliner dar. Die Gegend ist mit ihren bewaldeten, tief eingeschnittenen Tälern, Wasserfällen, Hochmooren, einsamen Höhenzügen und Wäldern wunderschön. In den Wicklow-Mountains gibt es für Irland seltenen Wald mit Eichen, Buchen und Stechpalmen. Hier liegt der zweithöchste Berg des Landes, der 926 Meter hohen Granitgipfel des Lugnaquillia. Die Gegend ist sehr erzreich. Seit prähistorischer Zeit wurde hier Gold abgebaut. Heute entstehen immer mehr Industrieanlagen und Steinbrüche. Im Westen der Wicklow Mountains wird die Liffey zu einem riesigen Wasserreservoir, dem Blessington Lake, aufgestaut. Ein Elektrizitätswerk versorgt die Hauptstadt mit Strom. Seit 1992 ist ein Teil der Wicklow Mountains, ein Areal von 3.700 Hektar um Glendalough herum, zum vierten Nationalpark Irlands erklärt worden.

Reisepraktische Hinweise für die Wicklow Mountains

Tourist Information
● Wicklow, Fitzwilliam Street, Tel.: 0404 69117
● Arklow, Tel.: 0402 32484
● Bray, Old Courthouse, Main Street, Tel.: 2867128

Bahnverbindungen
● Die Bahnlinie Dublin - Wexford - Rosslare führt durch die Grafschaft Wicklow mit Bahnhöfen in Bray, Greystones, Wicklow, Rathrum, Arklow und Gorey. Vorher erkundigen, welche Züge wo halten!

• Die DART fährt alle 10 Minuten von Dublin nach Bray. Für weitere Informationen kann man sich an folgende Telefonnummern wenden: Dublin: 01 8366222, Arklow: 0402 32519 oder Wicklow: 0404 67329.

Busverbindungen
• Dublin Bus bedient den Norden der Region, Auskunft erhält man unter Tel.: 01 8734222. Nach Bray fahren die Busse Nr. 45 und 84, nach Greystones Nr. 84, nach Enniskerry die Nr.44 von Dublin und von Bray die Nr.85, nach Blessington und Ballyknockan Nr. 65 und nach Delgany Bus Nr. 84.
• Bus Eireann bedient u.a. die Orte Arklow, Ashford, Avoca, Baltiglass, Blessington, Bray, Jack White's Cross (hier aussteigen für Britta's Bay), Kilmacanogue, Newtownmountkennedy, Rathdrum, Rathnew, Wicklow Town, Auskunft unter Tel.: 01 8366111
• St. Kevin's Bus Company fährt täglich von Dublin St. Stephen's Green (in der Nähe des College of Surgeons) nach Glendalough via Bray, Kilmacanogue, Roundwood, Annamoe, Laragh. Auskunft unter Tel.: 01 2818119

Unterkunft
(weitere Unterkunftsempfehlungen bei den einzelnen Orten)
• **Hotel/B&B**
- Tinakilly Country House Hotel & Restaurant, Rathnew, Tel.: 0404 69274, Fax: 0404 67806. Sehr luxuriöses, viktorianisches Herrrenhaus in einem Waldgebiet an der Küste gelegen. Es wurde 1870 für Captain Halpin errichtet, der das erste Telegrafenkabel zwischen Europa und Amerika legte. 26 elegante Zimmer sowie 3 Suiten der gehobenen bis Luxusklasse stehen dem Gast zur Verfügung. Ausgezeichnete Küche. Ganzjährig außer Weihnachten geöffnet.
- The Manor, Charles und Margaret Cully, Manor Kilbride, Blessington, Co. Wicklow, Tel.: 01 4582105, Fax: 01 4582607. Das wunderschön gelegene Country House wurde 1835 um ein sehr viel älteres Anwesen herum gebaut und bietet heute angenehme Unterkunft. Auf dem Grundstück gibt es einen beheizten Pool.
- Hunter's Hotel, Rathnew, Co. Wicklow, Tel.: 0404 40106, Fax: 0404 40338. Dies ist eine der ältesten Kutschenstationen in Irland und nun bereits seit der 5. Generation als Hotel im Familienbesitz. Der schöne Garten führt direkt zum Fluß Vatry herunter. Das Hotel verfügt über 17 Zimmer (die meisten mit Bad) und über ein ausgezeichnetes Restaurant. Gehobene Preisklasse. Blue Book.
- Rathsallagh House, Country House and Restaurant, Dunlavin,Co. Wicklow, Tel.: 045 53112, Fax: 045 53343. Das stattliche Landhaus (ehemalige Reitställe Queen Anne's) aus dem späten 18. Jahrhundert liegt in einem großen Park mit eigenem Golfplatz. Sehr komfortable Zimmer, alle en suite, das Frühstück ist ausgezeichnet und hat schon zweimal den National Breakfast Award gewonnen. Gehobene bis Luxusklasse. Das Restaurant ist nicht für Kinder unter 12 Jahren geeignet. Ganzjährig außer Weihnachten geöffnet. Blue Book.
- Lawless's Hotel, Aughrim, Arklow, Co. Wicklow, Tel.: 0402 36146, Fax: 0402 36384. Freundliches, schlichtes Hotel im Familienbetrieb, 12 Betten, mittlere Preisklasse.
• Daneben gibt es zahlreiche **B&B**-Unterkünfte, auch auf vielen Farmen:
- Avonbra Guesthouse, Rathdrum, Co. Wicklow, Tel.: 0404 46198, Fax: 0404 46198. Seit langem etabliertes Gästehaus im Familienbetrieb mit gutem Essen, angenehmer Atmosphäre und moderaten Preisen.
- Tynte House, Dunlavin, Co. Wicklow, Tel.: 045 401561, Fax: 045 401586, freundliches, komfortables B&B zu erschwinglichem Preis. Es gibt auch zwei Ferienwohnungen mit 2 bzw. 3 Schlafzimmern. Eine Ferienwohnung mit 2 Schlafzimmern kostet 160 Pfund/Woche in der Hauptsaison.
• **Jugendherbergen/Hostels**
- Glencree Hostel, Enniskerry, Tel.: 01 2864037
- Glendalough Hostel, Glendalough, Tel.: 0404 45342
- Tiglin Hostel, Ashford, Tel.: 0404 40259

- Wicklow Bay Hostel, Marine House, The Murrough, Wicklow Town, Tel.: 0404 69213. Angenehme Herberge mit 60 Betten. Kaffee und Snacks sind den ganzen Tag erhältlich.
- Rathcoran House, Independent Hostel, Baltinglass, Co. Wicklow, Tel.: 0508 81073, Fax: 01 4532183. Schönes viktorianisches Gebäude mit Einzel-, Doppel- und Familienzimmer, insgesamt 47 Betten, ab 7 Pfund pro Nacht, Bushaltestelle 5 Minuten entfernt, Camping ist auf dem Grundstück möglich, Mai-Mitte September geöffnet.

Einkaufen

● Avoca Handweavers: Kilmacanogue, Bray, Tel.: 01 2867466/2867482 und im Avoca Village, Tel.: 0402 35105/35284, Fax: :0402 35446. Der Betrieb Avoca Handweavers wurde 1723 gegründet. Seitdem stellen sie besonders schöne Webstoffe her. Es gibt Zweigstellen in Bunratty, Letterfrack im Co. Galway und am Molly's Gap am Ring of Kerry. In dem Dorf Avoca kann man die Weberei besichtigen und den Vorgang der Stoffherstellung kennenlernen. Ganzjährig und ganztägig geöffnet.

● Handgemachte Töpferwaren kann man in den verschiedenen Workshops der Region bewundern und dort vielleicht auch ein schönes Stück erwerben. In einigen der Studios ist es möglich, den Töpfern und Töpferinnen bei der Arbeit zusehen. Hier einige Adressen: Carraig Pottery, Lacken, Blessington, Tel.: 045 65078; Nicholas Mosse Pottery, Bennettsbridge, Co. Kilkenny, Tel.: 056 27105; Geoffrey Healy Pottery Ltd., The Rocky Valley, Kilmacnanogue, Tel. und, Fax: 01 2829270; Ballinastoe Studio Pottery and Gallery, Bat & Ita Corcoran, Ballinastoe, Roundwood, Tel.: 01 2818151; Glendarragh Pottery, Newtownmountkennedy, Tel.: 01 2819691.

Wicklow Waterbus Cruises

Auf dem Blessington Lake kann man einstündige Bootsfahrten unternehmen. Abfahrt vom Lakeside Leisure Blessington, Tel.: 045 65092, Fax: 045 65024

Reiten

Reitunterricht für Anfänger und Fortgeschrittene und Reittouren bietet das Lakeside Pony Trekking, Blessington Adventure Centre, Tel.: 045 65092 oder 045 91079. Eine Stunde Reiten kostet 10 Pfund.

Golf

Die Region verfügt über verschiedene Golfplätze. Informationen erhält man in den Büros der Tourist Information sowie unter folgenden Telefonnummern:
Arklow: Tel. 0402 32492, Blainroe Golf Club: Tel. 0404 68168/68246, Charlesland, Delgany: Tel. 01 2876764, Grystones Golf Club: 012874136, Wicklow Golf Club: Tel. 0404 67379, Druid's Glen: Tel. 01 8640400

Tip: Fahrradtour

Eine Fahrradtour durch den "Garten Irlands" umfaßt ca. 190 km. Die Tour ist relativ bergig: am Sally Gap steigt sie auf 518 Meter und am Wicklow Gap auf 457 Meter. Sehenswürdigkeiten entlang der Strecke sind Powerscourt Garden und die Klostersiedlung in Glendalough. Auf der Westseite des Bergrückens liegt der 12 km lange Blessington See und Russborough House. Es bestehen gute Übernachtungsmöglichkeiten entlang der Tour.

Fahrradverleih

● in der Glendalough Hostel, s.o.
● Bray: E.R.Harris & Sons, 87c Greenpark Road, Tel.: 01 2863357
● Bray Sports Centre, 8 Main Street, Tel.: 01 2863046/2828394, Fax: 01 2828387
● Wicklow: Wicklow Hire Service, Tel.: 0404 68149
● Arklow: Pat Kelly, Cycledom, 13 Upper Main Street, Tel.: 0404 39989
● Rathdrum: T.McGrath, Main Street, Tel.: 0404 46172

Tip: Streckenführung für eine Autotour
Ein schöner Ausflug verläuft folgendermaßen: Von Dublin die N11 nehmen, Besichtigung von Powerscourt Gardens und dem Kloster Glendalough. Von Glendalough entweder über Avoca nach Arklow auf die N11 und über Wicklow und Bray zurück nach Dublin oder durch die Wicklow Mountains über Wicklow Gap zum Russborough House. Von dort je nach individueller Routenplanung weiter in Richtung Carlow und Kilkenny (mit Besichtigung der Hochkreuze von Castledermot und Moone) oder zurück nach Dublin.

Tip: Wanderroute
Die Wicklow Mountains sind ein Wander- und Naturparadies und bieten vielfältige Wander- und Spaziermöglichkeiten. Der Wicklow Way, der 1981 als erster Langstreckenweg der irischen Republik eingerichtet wurde, ist 132 km lang und führt in Nord-Süd-Richtung von Marlay Park, Co. Dublin über die Ostflanke Dublins und durch die Wicklow Berge nach Clonegal, Co. Carlow. Geübte Wanderer schaffen ca. 30 km/Tag, aber die meisten beschränken sich auf 12-15 Tageskilomter. Der Weg beginnt auf einer Höhe von 100 m. Die höchste Erhebung ist mit 657 m bei Mullacor. Während der gesamten Tour ist der Weg ausreichend markiert, und es bestehen zahlreiche Übernachtungsmöglichkeiten in Hostels oder B&Bs.
Zugang: Um nach Marlay Park zu gelangen, nimmt man von Dublin den Bus Nr. 47 B oder auch 48 A und 48 B, die in der Nähe halten. Der Bus Nr. 44 B trifft auf den Weg bei Glencullen. Alternativ kann man auch mit der DART Bahn nach Bray fahren und dort den Bus Nr. 85 nehmen. Der St. Kevin's Bus folgt dem Wanderweg parallel von Calary nach Glendalough, biegt in Laragh ab. Die Langstreckenbusse von Bus Eireann bedienen den südlichen Abschnitt des Weges, wobei die in Frage kommenden Haltestellen Aughrim, Tinahely, Shillelagh und Hacketstown sind. Die nächste Bahnstation für den Wicklow Way ist Rathdrum Station, Auskunft erhält man unter Tel.: 01 366111
Hostels befinden sich in Knockree, Glencree, Glendalough, Glenmalure und Aghavannagh.
Informationen und Wanderkarten erhält man in den Tourist Offices der Region. An Karten ist die Ordnance Survey Map des Wicklow Ways (Maßstab 1:50.000) zu empfehlen, die den ganzen Weg umfaßt und auf der Rückseite Beschreibungen in 4 Sprachen gibt. Weiterhin gibt es eine ganze Reihe an Publikationen, zum Beispiel:
- J.B. Malone, The Complete Wicklow Way – A Step by Step Guide, 1988
- New Irish Walk Guides – East and South East, 1991

■ **Bray**: Das alte Seebad im Süden Dublins hat 23.000 Einwohner. Es gehört zu einer Reihe von Badeorten entlang der Küste der Wicklow Mountains. Man kann den Ort mit der Dart-Schnellbahn erreichen. Die etwa 20 Kilometer lange Stecke entlang der Bucht ist sehr schön. Der beliebte Badeort, der im Westen an die Vorgebirge der Wicklow Mountains angrenzt, hat eine lange Uferpromenade. Er wird auch das "Irische Brighton" genannt. Am Bray Head, steil aus dem Meer herausragend, gibt es einen Aussichtspunkt. Von hier hat man einen weiten Blick auf die Küste und die Berge im Landsinneren. Ein schöner Spazierweg verläuft entlang der Klippen bis nach Greystones (ca. 7 km).

Tourist Office
and Heritage Centre, Old Courthouse, Main Street, Tel.: 2867128

Hotel
Esplanade Hotel, Strand Road, Bray, Co. Wicklow, Tel.: 01 2862056, Fax: 01 2867373. An der Strandpromenade gelegenes stattliches Hotel der mittleren Preisklasse.

Restaurant
Tree of Idleness, Sea Front, Bray, Tel.: 01 2863498. Seit langem etabliertes Restaurant mit internationaler Küche. Di-Sa 19.30-23 Uhr, So 19.30-22 Uhr, Mo geschlossen, mittlere bis gehobene Preisklasse.

Pubs
● The Porterhouse, Esplanade, Bray, Tel.: 01 2860668, an der Seefront gelegener Pub mit großer Bierauswahl.
● Jim Doyles, Esplanade, Tel.: 01 2861115, ebenfalls netter Pub an der Uferpromenade mit Biergarten.

Verkehrsverbindungen
Von Dublin erreicht man Bray mit dem Bus Nr. 45 oder Nr. 84. Von Dun Laoghaire fährt der Bus Nr. 45 A. Ein Nachtbus (Finnegans) fährt freitags und samstags von der O'Connell Street, Dublin um 1 Uhr und um 3 Uhr früh ab. Außerdem regelmäßige Verbindungen mit der DART-Bahn.

Taxi
Main Street, Tel.: 2862444 oder 2828888

◆ **Kilruddery House**, Bray, Co. Wicklow, 2,5 km südlich von Bray, etwas abseits der R 761 nach Greystones.
Der Sitz der Earls of Meath wurde um 1820 im Stil des Tudor Revivals erbaut. Das Herrenhaus ist voll möbliert und besitzt vor allem Kunstgegenstände aus dem 19. Jahrhundert. Interessante Stukkaturen befinden sich im Speisezimmer und im Salon. Wichtiger als das Haus ist jedoch der Garten. Es handelt sich dabei um den einzigen originalen irischen Garten aus dem 17. Jahrhundert. Es ist hervorragend gelungen, den Charakter des Gartens durch die Jahrhunderte zu erhalten. Zur Gartenfront des Hauses schlängelt sich ein Zwillingskanal. Wunderschön sind auch die Buchenhekken, die den Teich mit Brunnen umsäumen. Aus viktorianischer Zeit stammen außerdem Plastiken und ein Wintergarten.
Öffnungszeiten: April-September 13-17 Uhr

Powerscourt Gardens

◆ **Powerscourt Gardens**, 3 km westlich von Bray via Enniskerry an der R 760, 12 südlich Dublin, von der N11 (Dublin-Wexford ab), Busse Nr. 44 von Hawkins Street, Dublin oder Nr. 85 von Bray Dart Station. Powerscourt Gardens, gelegen in einem Tal in den Wicklow-Bergen, ist einer der schönsten Schloßparks von Europa. Er wurde um die Mitte des 18. Jahrhunderts angelegt und zwischen 1843 und 1875 umgestaltet. Das dazugehörige Powerscourt House ist ein imposantes Granitgebäude, das Lord Powerscourt 1731-41 im georgianischen Stil errichten ließ. Eine Buchenallee führt zu dem Bau, dessen Mittelblock 1974 bis auf die Fassade niederbrannte. Diesen zentralen Block verbinden zwei Arkaden mit zweistöckigen Pavillons. Heute steht das Gebäude leer, doch gibt es noch immer eine hervorragende Kulisse für den Garten ab. Ihn betritt man durch ein imposantes schmiedeeisernes Tor. Bestimmend für die Anlage sind die groß angelegten Terrassen, die antiken Standbilder, die schmiedeeisernen Geländer und ein Teich mit Fontäne. Besonders reizvoll ist der Gegensatz zwischen der Symmetrie des im italienischen Stil angelegten Gartens (der Architekt war Daniel Robertson) und der Naturkulisse des Great Sugar Loaf-Berges (504 m) im Hintergrund. Den schönsten Blick über den Garten und

auf die Berge hat man von der oberen Terrasse aus.

Die Pegasi-Statuen am See, Wappentiere des Schloßherren, wurden 1869 von dem Berliner Professor Hugo Hagen in Zink gefertigt. Im sogenannten "viktorianischen" Garten kann der Besucher Raritäten, wie etwa eine Allee aus Andentannen "Araucaria araucana", farbenprächtige Sommerblumen und portugiesischen Lorbeer, be-

Friedhof für Haustiere

staunen. In einem anderen Teil des Gartens wachsen Stauden, Fackel- und Schmucklilien, Schafgarbe und Geranien. Schön sind auch der Japanische Garten, der "Pepperpot"-Turm sowie die alten Nadelbäume, Zedern, Pinien, Zypressen und Lärchen.

Eine besondere Attraktion und einzigartig in Irland ist der Friedhof für Haustiere.

Man kann den Park in einer ca. 1-stündigen Tour und in einer ca. 40-minütigen Tour durchschreiten. Faltblätter mit Wegebeschreibung gibt es an der Kasse. Öffnungszeiten: März-Oktober täglich 9.30-17.30 Uhr, Tel.: 01 2867676

Wenige Kilometer weiter in südlicher Richtung kann man den höchsten Wasserfall Irlands bestaunen. Er ist 121 Meter hoch.

Wandertip

Der Wanderweg auf den 501 m hohen **Great Sugar Loaf** dauert ungefähr 1 Stunde (hin und zurück). Ausgangspunkt ist ein Parkplatz im Süden des Berges, der über eine von der R 755 abzweigenden Teerstraße zu erreichen ist. Den größten Teil des Weges geht es durch grüne Weidelandschaft, nur das obere Ende ist steil und steinig. Von oben hat man einen herrlichen Blick.

▩ Wicklow

Der Ort ist eine Wikingergründung aus dem 9. Jahrhundert und hat heute rund 4.000 Einwohner. Der Strand ist hier nicht besonders schön, aber der freundliche Ort ist als Standquartier für Ausflüge in die Wicklow Mountains gut geeignet.

225

Tourist Information
Tel.: 0404 69117, Fax: 0404 69117, ganzjährig geöffnet

Hotel & B&B
Old Rectory Country House & Restaurant, Wicklow, Co. Wicklow, Tel.: 0404 67048, Fax: 0404 69181. Das Gästehaus (Blue Book), am Rande Wicklows gelegen, hat Platz für maximal 10 Gäste und ist daher sehr gemütlich und persönlich. Es gibt ein hervorragendes Frühstück. Die Küche in dem preisgekrönten Restaurant (gehobene Preisklasse) ist ausgezeichnet, manchmal gibt es sogenannte 10-Gänge "Floral Dinners" (Green Cuisine). Buchung notwendig.

■ **Mount Usher Gardens**, Ashford, Co. Wicklow, 40 km südlich von Dublin an der N 11 nach Wexford.
Die wunderschöne Parkanlage wurde 1868 von der Familie Walpole begonnen und seitdem ständig erweitert. Heute kann man auf 8 Hektar eine beeindruckende Pflanzensammlung mit über 4.000 Bäumen, Sträuchern und Büschen sehen, die aus aller Welt zusammengetragen worden ist und als romantischer Garten in der Tradition von William Robinson hier angelegt wurde. In seinem Buch "Irish Gardens" beschreibt E. Hyams den Garten von Mount Usher als "the most nearly perfect example of the romantic paradise Robinsonian garden. It is entirely successful in combining plantmanship with layout which idealises to perfection a possible natural world".

Spazierwege führen entlang dem Variety River durch Magnolienhaine und Eukalyptus. Eine besondere Attraktion des Gartens ist die spät im Jahr blühende Eucryphia. Ein Abkömmling dieser Pflanzenart ist die "Eucryphis nymansensis", die als Sämling nach Mount Usher kam. Von der Teestube hat man einen schönen Blick über Garten und Fluß. Verschiedene kleine Kunstgewerbe-Läden auf dem Innenhof laden zum Bummeln ein.
Öffnungszeiten: Mitte März-Ende Oktober Mo-Fr 10.30-18 Uhr, So 11-18 Uhr. Eintritt: Erwachsene 3 Pfund, Ermäßigungen 2 Pfund, Gruppen 2,50 Pfund pro Person, Auskunft: Tel.: 0404 40116 oder 0404 40205

■ **Glendalough**, bei Laragh, 50 km südlich von Dublin, 17 km westlich von Wicklow, 30 km nördlich von Arklow oder von Westen kommend über den Sally Gap-Paß.

Die Klostersiedlung Glendalough gehört zu den berühmtesten irischen Sehenswürdigkeiten. In einem wunderschönen Tal gelegen, finden sich hier hervorragend erhaltene Baudenkmäler einer frühchristlichen Gemeinschaft. Im 12. Jahrhundert fügte ein Brand dem Kloster großen Schaden zu. Im 13. Jahrhundert nahmen es die Normannen ein und vereinigten es mit dem Dubliner Bischofssitz (1214). Danach verfiel das Kloster. Bis zur Unterdrückung 1862 war Glendalough eines der größten Wallfahrtszentren in Irland. Erstmals im 19. Jahrhundert, ein weiteres Mal 1911/12 wurde die Anlage grundlegend renoviert.

In dem engen, abgeschiedenen Tal liegen zwei Seen, die von hohen Bergen eingerahmt sind. Sie gaben der Siedlung ihren Namen: gael. Gleann da locha = Tal der zwei Seen.

Glendalough liegt in einem schönen Tal

Am oberen der beiden Seen errichtete der hl. Kevin ein Kloster, eine kleine Kirche und eine Einsiedelei. Nachdem er großen Zulauf von Schülern bekommen hatte, siedelte er zum Eingang des Tales um, wo er 618 starb. Wahrscheinlich liegt er dort auch begraben. Im 8. Jahrhundert erfolgte dann weiter talwärts am unteren See auf einer geschützten Terrasse, wo der Glendasan mit dem Glenealo zusammenfließt, eine Neugründung. Sie wurde von einem Zeitgenossen auch als "Rom des Westens" bezeichnet. Rasch entwickelte sich die neue Anlage zu einem geistigen Zentrum des Landes, das bis zum 11. Jahrhundert in hoher kultureller Blüte stand. Ironischerweise wurde das Tal, das der hl. Kevin wegen seiner Abgeschiedenheit ausgewählt hatte, zu einer der größten kirchlichen Siedlungen des irischen Frühmittelalters. Bis zu 3.000 Mönche, Gelehrte, Studenten sollen hier gebetet, gelehrt und gelernt haben.

Die Häuser am oberen See sind einfacher und spartanischer gebaut. Die Klosteranlagen am unteren See sind mit herrlichen Baudenkmälern, darunter dem am besten erhaltenen Rundturm des Landes, einer Kathedrale ohne Dach, einer Kirche mit Steindach und einem kleineren Rundturm ausgestattet.

Nach dem hl. Kevin ragt aus der Geschichte des Klosters besonders der Name von Laurence O'Toole heraus, eines Abtes von Glendalough, der 1163 Erzbischof von Dublin und später der erste offiziell von Rom kanonisierte irische Heilige wurde. Laurence O'Toole ist einer der wenigen irischen Heiligen, deren Heiligkeit vom Papst offiziell bestätigt wurde. Bevor er Erzbischof in Dublin wurde, ließ Laurence O'Toole als Abt im 12. Jahrhundert mehrere Kirchen errichten. Kevin, der ältere der beiden, wird jedoch stärker mit der Geschichte und Gründung von Glendalough in Verbindung gebracht. Der Legende nach soll er das biblische Alter von 120 Jahren erreicht haben.

Die steilen Felsen des Tales, die grünen Ruinen, die Hochkreuze und der Rundturm aus schwarzem Schiefer, lieferten den Stoff für eine tragische Liebesgeschichte: der hl. Kevin floh, um seine Liebe zur schönen Kathleen zu unterdrükken, in eine Felsenhöhle. Die hübsche Kathleen folgte ihm, fand den schlafenden Mönch dort und beugte sich liebevoll über ihn. Er erwachte und stieß unwissentlich seine Geliebte hinterrücks den Felsen hinab in den See. Er glaubte, sie sei der Teufel, der ihn versuchen wolle.

◆ **Upper Lake, der obere See**
Vom Besucherzentrum führt ein schöner Fußweg durch den Eichenwald zum Upper Lake. Auf dem schmalen Streifen zwischen See und Berg befinden sich die Ruinen des **Teampull na Skellig** 1 . Die ältesten Teile des Tempels werden auf das späte 7. Jahrhundert datiert. Über einige steile, in den Felsen gehauene Stufen gelangt man zu einer kleinen Höhle, die als **St. Kevin's Bed**, Kevins Schlafstätte 2 , bezeichnet wird. Man nimmt an, daß der Platz bereits seit der Bronzezeit als Lager genützt wurde. **St. Kevin's Cell** 3 ist der spärliche Rest einer Bienenkorbzelle, die ebenfalls dem hl. Kevin zugeschrieben wurde. Auf einem Friedhof mit mehreren Kreuzfragmenten steht die Ruine der **Reefert Church** 4 , ein schlichter aus Schiff und Chor bestehender Bau, der wahrscheinlich aus dem 11. Jahrhundert stammt. Überreste eines **Steinforts** 5 nahe am Ostende des Oberen Sees lassen vermuten, daß der Platz schon in der späten Bronze- und frühen Eisenzeit bewohnt war.

◆ **Lower Lake, der untere See**
Am Lower Lake konzentrieren sich die interessantesten Denkmäler. Alle Ruinen und Kirchen stehen inmitten eines pittoresken Friedhofs mit Grabsteinen vom 18. Jahrhundert bis heute. Durch die beiden Bogen eines **Torgebäudes** 6 betritt man den unteren Klosterbezirk. Dieses Torgebäude, das einst noch ein oberes Stockwerk besaß, ist einzigartig in Irland, denn bei keiner anderen Klosteranlage blieb ein solcher Bau erhalten. Die **Kathedrale** 7 , die größte Kirche in Glendalough, wurde im 9. Jahrhundert errichtet, Chor und Sakristei stammen jedoch aus dem 11./12. Jahrhundert. Mit ihrem 15 x 9 m messenden Schiff ist sie eine der größten frühchristlichen Kirchen. Sie war den Aposteln Petrus und Paulus gewidmet und besaß bis 1214 den Status einer Kathedrale. Ca. 10 m südlich des Hauptschiffes steht **St. Kevins Cross** 8 , ein um 1150 errichteter 3,30 m hoher Granitmonolith mit einem undurchbrochenen Kreuzring. Das **Priest's House** (Priesterhaus) 9 , ein kleines Oratorium, stammt aus dem 12. Jahrhundert und wurde 1875-80 teilweise restauriert. Über dem Tor befindet sich ein etwas verwittertes interessantes Relief, auf dem zwei knieende Figuren mit Glocke und Krummstab eine sitzende Figur einrahmen. Möglicherweise stellt diese den hl. Kevin dar.

Das interessanteste Gebäude am unteren See ist sicherlich die **St. Kevin's Church** 10, auch **St. Kevin's Kitchen** genannt, wegen einem kaminähnlichen Turmaufbau über dem Eingang im Westen, einem Glockentürmchen. Der Bau stammt aus dem 11./12. Jahrhundert. Der konservative Charakter der irischen Architektur wird hieran besonders deutlich, denn der Bau ist in derselben Weise errichtet wie die frühen Oratorien des 6. Jahrhunderts. Die Kapelle ist 7 x 4,50 m groß und wird von einem steilen Schieferdach gedeckt. Innen hat sie ein massives Tonnengewölbe, eine tiefer gelegene Kammer sowie eine Dachkammer. In der kleinen Kirche werden Fragmente von skulptierten Steinen und Kreuzen des 12. Jahrhunderts

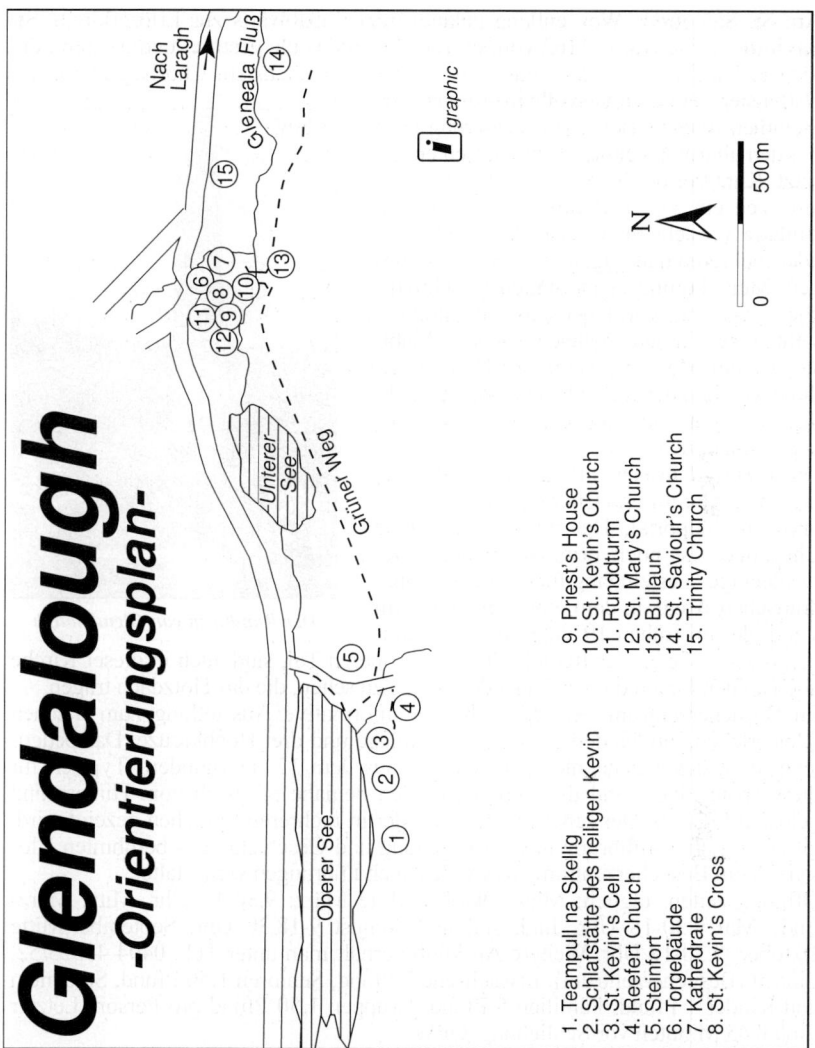

Glendalough
-Orientierungsplan-

1. Teampull na Skellig
2. Schlafstätte des heiligen Kevin
3. St. Kevin's Cell
4. Reefert Church
5. Steinfort
6. Torgebäude
7. Kathedrale
8. St. Kevin's Cross

9. Priest's House
10. St. Kevin's Church
11. Rundturm
12. St. Mary's Church
13. Bullaun
14. St. Saviour's Church
15. Trinity Church

aufbewahrt. Ein – zerstörter – Chor wurde später im Osten an die Kirche angefügt. Der ehemalige Chorbogen dient heute als Eingang. Der **Rundturm** 11 entstand zwischen 900 und 1200 und diente als Zufluchtsort der Mönche in Gefahrenzeiten. Das Kegeldach wurde mit Originalsteinen rekonstruiert. Der schlichte
Eingang liegt 3 m über dem Boden.

Im Westen der Anlage liegen die Ruinen der **St. Mary's Church** 12. Sie soll das
erste Gebäude am Unteren See gewesen sein. In ihr befindet sich das Grab des hl.
Kevin.

Am St. Saviours's Way entlang gelangt man flußabwärts zur Erlöserkirche **St. Saviour** 14. Sie wurde 1162 vom hl. Laurence O'Toole gestiftet und ist somit die jüngste Kirche von Glendalough. Sie besitzt, vor allem am Chorbogen und am Ostfenster, sehr qualitätsvolle iro-romanische Steinmetzarbeiten. Bei der Restaurierung 1875 wurden allerdings einige Steine falsch eingesetzt. Kurz vor der St. Saviour's Kirche steht am Weg ein sog. **Bullaun** 13. Unter einem Bullaun versteht man einen Stein mit einer oder mehreren halbkugelförmigen Vertiefungen. Meist kommt er an Stätten frühchristlichen Ursprungs vor. Über seine Funktion besteht keine Klarheit, vielleicht waren es Mahlsteine zum Mahlen bestimmter Heilkräuter, die in vorchristlicher Zeit bereits rituelle Funktionen hatten und dann christliche Funktionen übernahmen.

Die **Trinity Church** (11./12. Jahrhundert) 15 besteht aus Schiff und Chor und hat ein West- und ein Südportal. Der massive granitene Chorbogen ist noch original erhalten. Der rechteckige Westeingang führt zu einem quadratischen Areal, in dem einst ein Rundturm stand, der im frühen 19. Jahrhundert zusammen-

Der Rundturm von Glendalough

menbrach. Wie an der Reefert Church im oberen Tal, sind auch in dieser Kirche noch an den Ecken die vorkragenden Steine zu sehen, die das Holzdach trugen.

Im Besucherzentrum befindet sich eine informative Ausstellung zum irischen Klosterleben, ein Modell der einstigen Anlage und drei Hochkreuze. Das bedeutendste ist das sogenannte Market Cross aus dem 12. Jahrhundert. Typisch für diese späte Phase sind die wenigen großen beinahe plastisch vom Hintergrund gelösten Figuren. Der sehenswerte Film, der in mehreren Sprachen gezeigt wird, gibt eine gute Einführung in die Entstehung und Geschichte des berühmten Klosters. Vom Besucherzentrum aus werden auch Führungen veranstaltet.

Öffnungszeiten: täglich: Mitte Oktober-Mitte März: 9.30-17 Uhr, Mitte März-Ende Mai 9.30-18 Uhr, Juni, Juli und August 9-18.30 Uhr, September-Mitte Oktober: 9.30-18 Uhr. Weitere Auskünfte erhält man unter Tel.: 0404 45325/52.

Eintritt (Besucherzentrum): Erwachsene 2 Pfund, Senioren 1,50 Pfund, Studenten und Kinder 1 Pfund, Familien 5 Pfund, Gruppen 1,50 Pfund pro Person. Letzter Einlaß 45 Minuten vor Schließung. OPW.

Tip
Um die Stimmung genießen zu können, sollte man früh am Morgen aufbrechen. Später rauben die Besuchermassen jede Besinnlichkeit.

Wandern
Vom Parkplatz am Upper Lake (Parkgebühren: Autos 1,50 Pfund, Motorräder 50 Pence, Busse 3 Pfund) führt ein 2- bis 3stündiger Rundweg durch das schöne Tal. Das Informationsbüro des Wicklower Mountains National Parks bietet vielfältige Informationen und Wandervorschläge sowie Kartenmaterial. Tel.: 0404 45338 (Rangers Office) oder 0404 45425.

Hotel
Glendalough Hotel, Glendalough, Co. Wicklow, Tel.: 0404 45135, Fax: 0404 45142. Inmitten des Glendalough National Park gelegenes Hotel im Familienbetrieb. Mittlere Preisklasse.

Restaurant
Mitchells of Laragh, Laragh, Glendalough, Tel.: 0404 453302, Fax: 0404 45302. Im Glendalough Tal gelegenes gemütliches Lokal mit empfehlenswerter Küche. Öffnungszeiten: 9-21 Uhr, Weihnachten und Karfreitag geschlossen.

Streckenplanung
In Glendalough muß man sich anhand seiner persönlichen Routenplanung überlegen, ob man nach Osten in Richtung Arklow oder über den Wicklow Gap weiter nach Westen fahren möchte. Beide Strecken sind landschaftlich schön.

▓ Der **Avondale Forest Park**
Der Avondale Forest Park ist ebenfalls ein Naherholungsgebiet der Dubliner.

◆ Im **Parnell Museum** (Forest Park und Arboretum, Conference und Training Centre) 2 km von Rathdrum, kann man das Geburtshaus von Charles Stewart Parnell besuchen, das 1779 errichtet wurde. Es ist von über 200 Hektar Wald- und Parkland umgeben. 1795 erwarb die Parnell Familie das Grundstück, und am 27.6.1846 wurde hier einer der größten Vorkämpfer der irischen Freiheit und der politische Führer des modernen Irlands geboren: Charles Stewart Parnell. Bis zu seinem Tode im Oktober 1891 verbrachte Parnell viel Zeit in Avondale. 1904 wurde Avondale vom Staat übernommen, und das Irish Forestry Board begann mit der Arbeit an dem Waldpark. 1991, zum 100jährigen Todestag des Politikers, wurde das Avondale House auf Veranlassung der Irish Forestry Board in seinen ursprünglichen Zustand von 1850 zurückgeführt. Es beherbergt nun das Charles Stewart Parnell Museum, in dem man vielfältige Erinnerungsstücke sehen kann. Es gibt eine Audiovisionsshow und Führungen durch das Haus. In einem Anbau bieten Konferenzräume Platz für 100 Teilnehmer. Es bestehen auch Übernachtungsmöglichkeiten. Im Park kann man wunderschön spazierengehen.
Öffnungszeiten: täglich, außer Weihnachten, 11-18 Uhr. Eintritt zum Park: Auto: 1 Pfund, Minibus: 2 Pfund, Eintritt zum Haus: Erwachsene 2 Pfund, Ermäßigungen 1 Pfund, Familien 5 Pfund, Tel. und Fax: 0404 46111

▓ Vom Avondale Forest Park ist es nicht weit zum sogenannten "**Meeting of the Waters**", dem Zusammenfluß von Avonmore und Avonbeg zum Avoca (R 752). Das Tal, seit jeher beliebtes Ausflugsziel wird allerdings durch Industrieanlagen (Kupfer-, Gold- und Schwefelpyrit-Abbau) stark beeinträchtigt. In dem malerischen Tal wird bereits seit vorchristlicher Zeit nach Gold gegraben. In der alten Kornmühle des Dorfes Avoca ist heute eine Weberei untergebracht. Man kann dort den Produktionsprozeß der handgewebten irischen Wollstoffe verfolgen und schöne Stoffe und Kleidungsstücke erwerben.
Avoca Handweavers, Avoca Village, Tel.: 0402 35105/35284, Fax: :0402 35446

▓ **Russborough House**, Blessington, Co. Wicklow, ca. 30 km südwestlich von Dublin auf N 81, 3 km südlich von Blessington, 7 km nördlich von Hollywood, beim Poulaphouca-Stausee gelegen.

Russborough House wurde 1741 bis 1751 für den Kunstmäzen Joseph Leeson, den späteren 1. Earl of Milltown, errichtet. Der Architekt war der Deutsche Richard Cassels. Cassels kam Anfang des 18. Jahrhunderts nach Irland und heiratete eine Irin hugenottischer Abstam-

Russborough House

mung. Nach dem Tod von Sir Edward Lovett Pearce wurde Cassels einer der bekanntesten und erfolgreichsten Architekten Irlands. Mit Russborough führte er den palladianischen Stil in Irland ein. Das stattliche Granitgebäude hat einen zentralen klar gegliederten Mittelblock, an den sich beidseitig zwei halbrunde Loggien mit dorischen Säulen anschließen. In den ovalen Nischen stehen Statuen antiker Gottheiten. Hinter diesen Bogengängen befinden sich die Wirtschaftsgebäude. Zu dem leicht vortretenden Mittelblock, der von vier korinthischen Pilastern und einem darüberliegenden Tympanon beherrscht wird, führt eine von einer Balustrade mit zwei Löwen begrenzte Treppe hinauf. Die Auffahrt befindet sich allerdings nicht auf der Mittelachse, sondern führt von der Seite her zum Schloß heran.

Im Inneren sind die beschwingten Rokoko-Stuckdecken im Großen Salon bemerkenswert. Die Kaminsimse, die Einlegearbeiten der Böden sowie die großzügige Verwendung von Mahagoni für Türen, Paneele und Geländer und kostbare Möbelstücke zeugen von Kunstsinn und Reichtum. Einzigartig ist die erlesene Sammlung von Bronzen, darunter Meisterwerke der Renaissance von Riccio, Giambologna, Bernini und Roccatagliata, die in zwei Nischen in der Front Hall stehen. Nach dem Tod des Earl of Milltown wurde seine reichhaltige Kunstsammlung der National Gallery of Ireland übergeben. 1952 erwarb **Alfred Beit** das Haus, um seiner Kunstsammlung aus dem Besitz der Familien Alfred und Otto Beit einen würdigen Rahmen zu geben. 1976 wurde die Alfred Beit-Stiftung gegründet und das Haus der Öffentlichkeit zugänglich gemacht. Zu der Beit-Sammlung gehören herausragende Gemälde holländischer, flämischer, spanischer, britischer, italienischer und französischer Meister, weiterhin erlesenes Porzellan, Silber und andere Kunstgegenstände. Im Speisezimmer hängt eine Serie von sechs Gemälden von Bartolomé Esteban Murillo (1617-1682), die die Geschichte des verlorenen Sohnes zeigen. Im Großen Salon ist "Der Brief" von Jan Vermeer zu sehen, eines der vier heute noch in Privatbesitz befindlichen Gemälde Vermeers. Zwei weitere berühmte Gemälde hängen in der Bibliothek: Goyas "Dona Antonia Zarate " und Reynolds "Squire Conolly of Castletown". Goya malte Dona Zarate zweimal, das frühe Portrait hängt in der Eremitage in St.Petersburg. Im Laufe der Jahre wurden viele Gemälde der Beit-Kollektion in der National Gallery of Ireland ausgestellt und umgekehrt. Besichtigungen des Hauses sind nur mit Führung möglich. Achten Sie im Musikzimmer einmal darauf, daß man, wenn man mitten im Raum steht, die eigene Stimme als Echo hören kann.

Einige Male im Jahr werden sogenannte "Candlelight Evenings" veranstaltet (Voranmeldung erforderlich). Von 20-22 Uhr kann man sich in den nur mit Kerzen erleuchteten Räume ergehen. Ein Bestandteil der Candlelight Evening ist ein Dinner (19 Pfund), das im Old Kitchen Restaurant um 9 Uhr abends serviert wird.

Öffnungszeiten: Ab Ostern sowie Mai, September und Oktober nur So und Bank Holidays 10.30 bis 17.30 Uhr. Juni-August täglich. Eintritt für die Führung (Dauer: ¾ Stunde): Erwachsene 3 Pfund, Senioren/Studenten 2 Pfund, Kinder 1 Pfund. Auskunft erteilt: The Administrator, Mrs. Deirdre Rowsome, Russborough, Blessington, Co. Wicklow, Tel.: 045 65239, Fax: 045 65054

■ **Piper's Stone**, Athgreany, Co. Wicklow, ca. 40 km südwestlich von Dublin an der N 81, südlich Hollywoods (ein aus einer Sackgasse bestehender Ort). Bei dem kleinen Hinweisschild an der Straße parken, dann einen kurzen Fußmarsch durch Schafweiden machen, bis man den gewaltigen Steinkreis mit 13 Monolithen rechts liegen sieht. Sie stammen vermutlich aus der Bronzezeit. Angeblich sollen hier Feen musiziert haben, daher der Name des Ortes.

Streckenführung

Setzt man nun seine Reise nach Süden Richtung Carlow fort, sollte man in Baltinglass gen Westen auf die R 747 abbiegen, die die N81 mit der N9 verbindet.

■ **Baltinglass**
liegt am Fluß Slaney. Die Gegend war schon in prähistorischer Zeit besiedelt – ein unweit gelegenes Ganggrab zeugt davon.
1148 wurde in Baltinglass eine Zisterzienserabtei gegründet, die der Mutterabtei von Mellifont unterstand. Die Klosterkirche besteht aus Hauptschiff mit Seitenschiffen, Chor und Querschiffen. Schön sind die Kapitelle der Säulen. Die Steinmetzarbeiten stellen eine interessante Mischung aus der traditionellen iro-romanischen und der "modernen" Bauweise der Zisterzienser dar. Aus dem 12. Jahrhundert sind drei Westfenster und ein Torbogen erhalten. Die übrigen Gebäudeteile stammen weitgehend aus dem 19. Jahrhundert.

■ In **Moone** (von Norden kommend im Ort rechts ab, ca 1 km) gibt es ein sehenswertes Kreuz. Es steht in dem dortigen Schloßfriedhof, der zum nahegelegenen georgianischen Herrenhaus mit normannischen Burgresten gehört. Das Kreuz stammt aus dem 9. Jahrhundert. Auffällig sind seine sehr ungewöhnlichen Proportionen: Es ist über 7 Meter hoch. Der pyramidenförmige Sockel geht ohne merklichen Übergang in einen langen Schaft über. Dadurch wirkt das Kreuz mit seinen kurzen Armen und dem engen Kreuzring sehr klein.

Bei der Dekoration der einzelnen Felder gibt es nur wenig Ornament, die figurale Darstellung überwiegt. Die Sparsamkeit der Details und eine gewisse Stilisierung der Figuren, die mit ihren quadratischen Körpern, kurzen Köpfen und manchmal fehlenden Armen sehr archaisch, statisch und beinahe geometrisch wirken, haben einen besonderen Grund. Sie resultieren daher, daß das Kreuz von Moone aus hellem Granit gearbeitet ist, der im Gegensatz zum weichen Sandstein der Kreuze von Monasterboice nur sehr schwer zu bearbeiten ist.

Das Bildprogramm:
Die einzelnen Bilder des Kreuzes stehen in einem programmatischen Zusammenhang, der sich im Gegensatz zu vielen anderen Kreuzen hier gut entschlüsseln läßt: Sie zeigen Szenen aus dem Alten und Neuen Testament, den Sündenfall, erklären die Menschwerdung Christi, die Verkündung seiner Lehren, den Erlösertod sowie die Bewährung des jungen Christentums in der Welt.

An der Ostseite steht im Zentrum Christus in der Glorie mit ausgebreiteten Armen und langem Gewand. Auf dem Sockel führen Adam und Eva den Sündenfall vor Augen, die Opferung Isaaks und Daniel in der Löwengrube verheißen den Gottesfürchtigen Rettung.
Die Südseite enthält Szenen aus dem Alten und Neuen Testament: Die

Das Hochkreuz von Moone

drei Jünglinge im Feuerofen ganz oben, darunter die Flucht nach Ägypten sowie die Speisung der Fünftausend. Die Westseite zeigt den Erlösertod Christi als das zentrale christliche Thema sowie die zwölf Apostel. An der Nordseite zeigen die beiden Reliefs zwei zentrale Szenen aus dem Leben des Antonius Eremitus: die Versuchung und den Besuch des Einsiedlers Paulus. Das Kreuz wird derzeit restauriert, leider sind im Zuge der Restaurierungsarbeiten zwei Details beschädigt worden.

Unweit des Kreuzes befinden sich die Ruinen einer ehemaligen Franziskanerabtei aus dem 13. Jahrhundert, die auf eine frühchristliche Gründung zurückgeht.

■ Ein weiterer Zwischenstop lohnt sich in **Castledermot** (im Ort von Norden kommend links ab). Einst gab es hier ein Kloster, das 812 gegründet und im 9. Jahrhundert mehrfach von den Wikingern geplündert wurde. Das geschah ein weiteres Mal im 11. Jahrhundert von den Iren, woraufhin es verlassen wurde. Zwischen dem Eingang zum St. James Friedhof und der Kirche hat sich ein romanisches Portal erhalten, das zu einer nicht mehr vorhandenen Kirche gehört.

Der 20 Meter hohe Rundturm aus grob behauenen Granitblöcken wurde im frühen 10. Jahrhundert errichtet, sein oberer Teil stammt aus dem Mittelalter. Interessanter sind hier jedoch zwei weitere aus Granit gehauene Kreuze, die wie in Moone recht vereinfachte Darstellungen aufweisen. Die beiden Kreuze in Castledermot stellen gute Beispiele für den Mischtypus zwischen Ornament- und Bibelkreuz des 9. Jahrhunderts dar. Auffallend sind die an den Enden verbreiterten ornamentierten Arme, die den Kreuzring schlanker wirken lassen.

Das Nordkreuz zeigt an der Ostseite im Zentrum den Gekreuzigten, der in den Kreuzarmen von den Aposteln umgeben ist, auf der Westseite ist in der Mitte der Sündenfall dargestellt, daneben der harfespielende David und die Opferung Isaaks, auf dem Schaft die Versuchung des hl. Antonius und auf dem Sockel die wunderbare Brotvermehrung. Das Südkreuz zeigt im Zentrum der Westseite die Kreuzigung. Zur Rechten Christi ist der harfespielende David dargestellt, zur Linken die Opferung Isaaks. Auf dem Schaft kann man die Eremiten Antonius und Paulus, den Sündenfall und Daniel in der Löwengrube erkennen. Die Ostseite ist mit geometrischen Ornamenten und nicht mehr identifizierbaren Figuren geschmückt.

Hotel/B&B

● Kilkea Castle, Castledermot, Co. Kildare, Tel.: 0503 45156, Fax: 0503 45187. Kilkea Castle ist das älteste bewohnte Schloß in Irland, es wurde 1180 gebaut. Heute ist hier ein 4-Sterne-Hotel untergebracht. 1995 wurde der (zum Hotel gehörende) Meisterschaftsgolfplatz eröffnet.

● Kilkea Lodge Farm, Godfrey & Marion Green, Castledermot, Co. Kildare Tel.: 0503 45112. Kilkea Lodge Farm bietet sich ausgezeichnet zum Entspannen und für Ausflüge in die Umgebung an. Das Anwesen wird von einem großen Park umgeben und befindet sich seit 150 Jahren im Familienbesitz. Hidden Ireland.

▨ Wenige Kilometer südlich von hier beginnt die **Grafschaft Carlow**, die zweitkleinste Grafschaft in Irland. Carlow ist grün und leicht hügelig, und in den Blackstairs Mountains hat man gute Wandermöglichkeiten. Neben verschiedenen Sehenswürdigkeiten ist dieser Landstrich besonders für seine hervorragende Angelgewässer im Fluß Slaney und Barrow bekannt.

Angeln

Die Gegend um Carlow ist bei Anglern sehr beliebt. Es gibt zwei gute Anglerflüsse, den Barrow und den Slaney. Der Barrow ist besonders bei Weißfischanglern (Brassen, Schleie, Rotfeder, Barsch u.a.) beliebt. Der Barrow hält außerdem den irischen Rekord für das Fangen von Hecht mit 42 Pfund. Dafür ist im Slaney der Forellenfang ausgezeichnet. Auskunft über Angelscheine und -Lizenzen erteilt: Carlow Rural Tourism Ltd., c/o The Stream, Dublin Road, Carlow, Tel.: 0503 43780, Fax: 0503 40240

▨ **Carlow**, 37 km nordöstlich von Kilkenny, an der N 9, hat 13.000 Einwohner und ist das Zentrum des Rinderhandels. In der Town Hall kann man das County Carlow Museum aufsuchen. Öffnungszeiten: Mai bis September 11-17.30 Uhr, sonntags 14.30-17.30 Uhr.

Tourist Information

Tel.: 0503 31554, ganzjährig geöffnet

Hotel/B&B

● Lisnavagh, Ben und Jessica Rathdonnell, Lisnavagh, Rathvilly, Co. Carlow, Tel.: 0503 61104. In der Nähe des Flußes Slaney auf großem Anwesen gelegenes viktorianisches Gebäude im neogotischen Stil mit eigenen Jagdgründen. Hidden Ireland.

● Lorum Old Rectory, Don und Bobbie Smith, Begenalstown, Co. Carlow, Tel.: 0503 75282, Fax: 0503 75455. Unweit der Blackstairs Mountains sehr romantisch gelegen und als Ausgangspunkt für Besichtigungen oder Wanderungen in der Umgebung ideal. Die Küche ist ausgezeichnet und bietet ein hervorragendes Frühstück. Hidden Ireland.

● Barrowville Town House, Kilkenny Road, Carlow, Co. Carlow, Tel.: 0503 43324, Fax: 0503 41953. Das angenehme Gästehaus, kürzlich renoviert, hat alle Annehmlichkeiten einer 3-Sterne Unterkunft und sehr moderate Preise.

Jugendherberge/Hostel

Otterholt Riverside Lodge, Kilenny Road, Carlow, Tel.: 0503 30404, Fax: 0503 41318. Die nette am Ufer des Barrow gelegene Herberge wird von Suzanne Clarke und Trevor Gillespie geführt und ist von 1.6.-Mitte September geöffnet. Es gibt Mehrbett-, Doppelzimmer und Familienräume.

Restaurant

The Beams Restaurant, 59 Dublin Street, Carlow, Tel.: 0503 31824, In einer alten Kutschenstation beherbergtes Restaurant im Familienbetrieb mit französischem Koch, Spezialität des Hauses ist Fisch.

Fahrradverleih

A.E.Coleman, 19 Dublin Street, Tel.: 0503 31273

Golf

Carlow Golf Club, Deerpark, Carlow, Tel.: 0503 31695, Fax: 0503 40065

Tip: Souvenirs

In der Dolmen Pottery, 113 Green Road, Carlow, Tel.: 0503 42693 kann man gute Keramiken erstehen. Jim Behan betreibt diesen Workshop seit 1970 und ist Mitglied der "Crafts Pottery Society of Ireland". Aufgrund der Verwendung ungewöhnlicher Designs und Techniken wurden seine Arbeiten mehrfach preisgekrönt.

▨ 4 km westlich von Carlow an der R 430 lohnt die Ruine der romanischen Kirche von **Killeshin** einen Abstecher. Von hier aus hat man einen weiten Blick über das Barrow-Tal und die dahinterliegenden Wicklow Mountains. Die Kirche wurde an der Stelle eines im 5. Jahrhunderts vom hl. Comgan gegründeten Klosters errichtet, das im 11. Jahrhundert zerstört wurde, im 12. Jahrhundert jedoch wieder aufgebaut wurde. Die Inschrift auf dem Tor "A Prayer for Diarmait, King of Leinster" läßt eine ziemlich genaue Datierung zu, denn Diarmait starb im Jahre 1171. Der Altar sowie das Ost- und das Nordfenster der Kirche stammen aus jüngerer Zeit. Ein alter Brunnen neben dem Tor und ein Rundturm im Nordwesten der Kirche ergänzen die Anlage.

Sehenswert ist das Portal, das aus vier zurückgesetzten Rundbögen besteht. Der äußere Bogen ist mit Blättern und Tiermotiven verziert, und sein Zentralstein zeigt einen bärtigen Kopf, darüber ein spitzwinkliges Giebelfeld ohne Verzierungen. Die anderen Bögen sind mit Tierdarstellungen und einfachen und doppelten Zickzackbändern verziert. Das markanteste Detail des Portals ist die Reihe von Köpfen, die die Kapitelle der Säulen zieren. Die Ausdruckskraft dieser schlichten, aber kunstvollen Skulpturen ist trotz starker Verwitterung noch erkennbar. Die Zweifarbigkeit des Portals ist ungewöhnlich, denn ohne erkennbares System wurden weiße und braune Steine verwendet.

Das Portal von Killeshin

■ In der Nähe von Carlow, 3 km östlich an der R 726, liegt der **Browne's Hill Dolmen**. Der Portaldolmen wird auf ca. 2000 v.Chr. datiert. Auf drei Orthostaten (ein vierter steht noch davor) trägt er einen enormen, an die 100 Tonnen wiegenden Deckstein, der mit der einen Seite auf der Erde steht. Angeblich ist dieser Deckstein der schwerste in ganz Europa. In keltischer Zeit wurde die Grabstätte als Kultstätte genutzt. (OPW)

4.2   DER SÜDOSTEN

Highlights

- Die steinernen Ritter von Jerpoint Abbey
- Der Fels der Könige: Rock of Cashel
- Die historischen Städte Wexford, Kilkenny, Waterford und Youghal

4.2.1   ALLGEMEINER ÜBERBLICK

Die Südostküste ist von einer sanften, freundlichen Landschaft geprägt, die zu Fahrradtouren, Wassersport und zum Wandern einlädt. Reisende, die mit der Fähre in Rosslare ankommen, gewinnen ihren ersten Eindruck von der fruchtbaren Weidenlandschaft und den langen Sandstränden an der ausgedehnten Küste der irischen See. Die Grafschaft Wexford ist überwiegend flach und fruchtbar. Die gleichnamige Hauptstadt Wexford ist hübsch und hat eine gemütliche Atmosphäre.

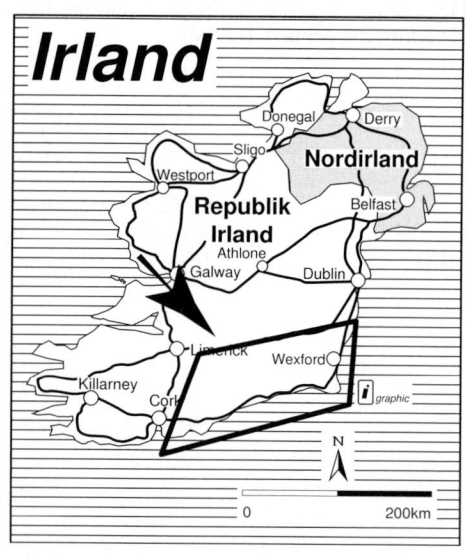

Die Grafschaft Kilkenny, die auch eine Reihe von landschaftlichen Reizen bietet, wird von einer lieblichen Landschaft geprägt, die von dem Fluß Nore durchzogen wird. In der Umgebung der interessanten alten Hauptstadt Kilkenny gibt es zahlreiche Sehenswürdigkeiten.

Die Grafschaft Waterford im Süden ist im nördlichen Teil bergig, zum Meer hin läuft sie in Hügelland aus. Der Suir mündet bei der Hauptstadt Waterford ins Meer. Um 850 ließen sich hier bereits die Dänen nieder, und dreihundert Jahre später war Waterford Ausgangspunkt der normannischen Invasion. Zahlreiche Badeorte an der Küste, wie z.B. Tranmore, werden vor allem von Iren und Engländern aufgesucht.

Wie Wexford, so gehört auch Waterford zu den überdurchschnittlich prosperierenden Zentren des ohnehin im gesamtirischen Vergleich recht gut abschneidenden Südosten. Auffällig ist eine rege Bautätigkeit, denn jeder Ire, der es sich leisten kann, baut sich einen Bungalow. Die in Irland typische Streusiedlung sorgt dafür, daß außer manchen Regionen im Westen und Norden kein Landstrich unbewohnt oder unkultiviert ist.

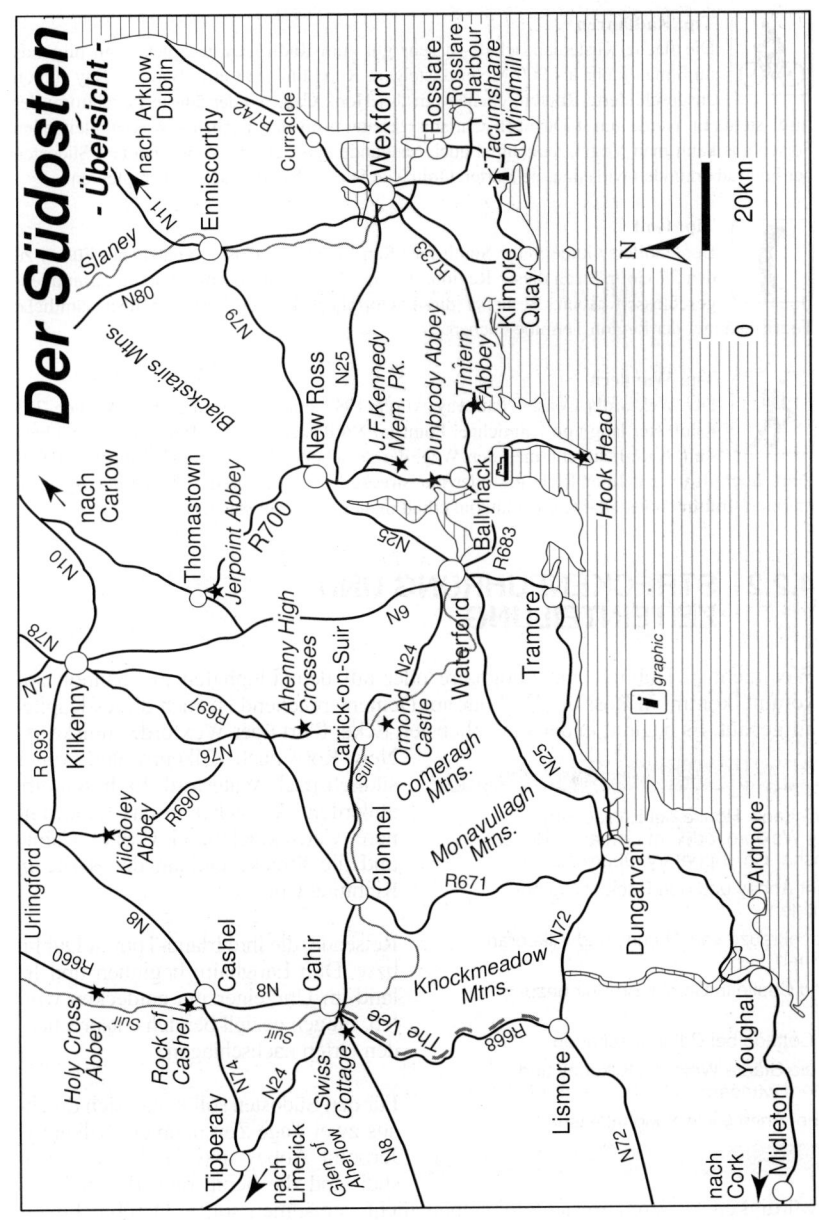

Der Südosten
- Übersicht -

Tip: Radfahren
Die flache Küstenlandschaft ist sehr gut zum Radfahren geeignet, denn nirgends muß man mehr als 900 Meter ansteigen. Rund um die sanfte Bannow Bay führen ausgeschilderte Routen, ebenso um das Hook-Cap, wo der älteste Leuchtturm der Insel steht. Er wurde um 1200 nach Christus gebaut. Von den flach ins Wasser gleitenden Felsen aus kann man Vögel, manchmal auch Seehunde beobachten. Wenn man den Südosten per Fahrrad erkunden will, sind die Karten Ordnance Survey Nr. 19 und 23 zu empfehlen.

Tip: Golf
Der "Golfers Guide to the South East Sunshine Circuit" ist ein nützlicher Führer zu den 27 Golfplätzen dieser Region, die sich 1991 zum Sunshine Circuit zusammengeschlossen haben. Besucher dieser Golfplätze können kostenlos über sämtliche Touristenämter der Region Termine buchen.

Tip: Wandern
Der Wexford's Coastal Pathway wurde 1993 eingerichtet und erstreckt sich 221 Kilometer lang von Kilmichael Point im Nordosten bis nach Ballyhack im Südwesten. Natürlich kann man den Weg, der an schönen Stränden und Klippen entlangführt, auch in umgekehrter Richtung oder nur streckenweise beschreiten. Er ist durchgehend markiert. Informations- und Kartenmaterial erhält man in den Touristenbüros.

4.2.2 STRECKENFÜHRUNG UND ZEITEINTEILUNG

Wer nicht in Dublin, Dun Laoghaire oder auf dem Flughafen in Shannon ankommt, kommt in Rosslare Harbour an. Dementsprechend ist auch dieses Kapitel aufgebaut. Es beginnt in der südöstlichsten Ecke, führt über Wexford, Enniskerry, New Ross nach Kilkenny und weiter südlich nach Waterford. Es beschreibt außerdem Abstecher in das Landesinnere (Carrick, Clonmel, Cashel, Cahir) und die Strecke entlang der Küste in Richtung Cork.

Reisende, die ihre Irland-Tour in Dublin bzw. Dun Laoghaire beginnen und Irland im Uhrzeigersinn entdecken wollen, mögen gezielt bei den entsprechenden Orten nachschlagen.

Für den Südosten sollte man sich durchaus zwei Tage Zeit nehmen. Kilkenny, Jerpoint Abbey und der Rock of Cashel sind die herausragenden Sehenswürdigkeiten, deren Besichtigung man nicht versäumen sollte. Darüber hinaus sind aber auch die Städte Wexford oder Waterford und die Küstenregionen sehr interessant, weil sie gerade in ihrer Bescheidenheit ein typisch irisches Bild vermitteln. Vor allem ist der Südosten bestens geeignet, um die grüne Landschaft zu genießen.

Redaktions-Tips

- im Ballinkeele House bei Enniscorthy, County Wexford, oder im Lismacue House in Bansha, Co. Tipperary, überrnachten
- Jerpoint Abbey und den Rock of Cashel besichtigen
- Die Hochkreuze von Ahenny und Kilkeeran betrachten
- Ormond Castle in Carrick-on-Suir besuchen
- Swiss Cottage bei Cahir anschauen
- durch die Städte Wexford, Kilkenny und Waterford wandern
- Fisch bei Aherny's in Youghal essen

Auch wenn die Küstenstrecke schön ist, sollte man es nicht versäumen, Abstecher ins Landesinnere zu machen. Einige der wichtigsten Baudenkmäler Irlands, die in diesem Kapitel beschrieben werden, liegen in der Grafschaft Tipperary, einer hügeligen, von den Galtee und Knockmealdown Mountains, dem Lough Derg und dem River Suir geprägten Landschaft.

4.2.3 ROSSLARE, WEXFORD UND NEW ROSS

Rosslare, Rosslare Harbour und Umgebung

▨ In Rosslare Harbour legen die Autofähren vom Kontinent und von Wales an. Es gibt eine Vielzahl an Übernachtungsmöglichkeiten.

Tourist Information
● Rosslare Kilrane, Tel.: 053 33232, April bis September täglich zu allen Abfahrten/Ankünften geöffnet
● Rosslare Terminal, Tel.: 053 33622, Fax: 053 33421 April bis September täglich zu allen Abfahrten/Ankünften geöffnet. Oktober bis März täglich 14-17 und 18-20.30 Uhr
● **Travel Information** (= Reiseauskunft)
- Rosslare Ferry Terminal, Tel.: 053 33114
- Stena Sealink, Tel.: 053 33115
- Irish Ferries, Tel.: 053 33311

Eisenbahn
Wer mit der Bahn weiterfahren will, kann dies direkt ab Rosslare Harbour in alle Landesteile tun. Auskunft über die Travel Information im Rosslare Ferry Terminal.

Unterkunft
Dicht an dicht liegen Hotels und B&Bs über dem Hafen und an den Ausfallstraßen. Hier zwei empfehlenswerte Adressen:
● Churchtown House, Tagoat, Rosslare, Co. Wexford, Tel.: 053 32555, Fax: 053 32555. Das Gebäude wurde ca. 1703 errichtet und ist von alten Bäumen und Parkland umgeben. Es liegt 4 km vom Fähranleger entfernt und bietet daher für den Ankunfts- oder Abreisetag eine gute Unterkunft zu mittleren Preisen.
● Ailsa Lodge, Rosslare Harbour, Co. Wexford, Tel.: 053 33230. Mit Blick auf die Wexford Bay gelegenes Gästehaus im Ortszentrum von Rosslare Harbour. Ailsa Lodge hat 10 Zimmer, alle en suite und es ist recht preisgünstig.

Restaurant
Oyster Restaurant, Strand Road, Rosslare, Tel.: 053 32439. Kleines gemütliches Restaurant, das sich auf Fischspezialitäten spezialisiert hat. Täglich von 17-22 Uhr geöffnet. Mittlere Preisklasse.

Golf
● Rosslare Golf Club, Auskunft J.F. Hall, Tel.: 053 32203, Fax: 053 32203. Der Golfplatz (18 Loch) liegt direkt bei der See.
● St. Helen's Bay Golf & Country Club, 18 Loch, Kilrane, Rosslare Harbour, Co. Wexford, Tel.: 053 33234/33669, Fax: 053 33803

Jugendherbergen/Hostel
- Rosslare Harbour Hostel, Goulding Street, Tel.: 053 33399
- Kilturk Hostel, Kilmore Quay, Tel.: 053 29883, Fax: 29883, Mai-Anfang Oktober geöffnet, 25 Betten in Mehrbett-, Doppel- und Familienzimmern, ab 5,50 Pfund, Mahlzeiten auf Wunsch, Camping auf dem Grundstück möglich, Fahrradverleih.

Um den Badeort Rosslare, 8 km nördlich von Rosslare Harbour, erstrecken sich weite, dünengesäumte Sandstrände. Dieser Küstenabschnitt ist auch bei Surfern sehr begehrt.

Entlang der Küste in südlicher Richtung passiert man die **Windmühle von Tacumshane**, eine der letzten Windmühlen Irlands.

■ **Kilmore Quay**, ca. 20 km südwestlich von Rosslare Harbour, ist ein hübscher kleiner Hafenort mit der dichtesten Ansammlung reetgedeckter weißgekalkter Cottages in Irland.

Tacumshane Windmill

Auf dem ehemaligen Leuchtschiff Guillemot ist ein maritimes Museum eingerichtet worden. Im Schiffsinneren gibt es vielfältige Exponate zur Geschichte der hiesigen Lebensrettungsstationen und einige Schiffsmodelle zu sehen. Öffnungszeiten: Juni-September 12-18 Uhr und im Mai an den Wochenenden. Eintritt: Erwachsene 1 Pfund, ermäßigt 50 Pence, Familien 2,50 Pfund.

Von Kilmore Quay aus werden Bootstouren zur vorgelagerten unbewohnten **Saltee Island** veranstaltet, eines der wichtigsten Vogelreservate Irlands.

Wexford und Umgebung

■ Wexford ist mit 15.000 Einwohnern der Hauptort der gleichnamigen Grafschaft. Die Stadt gilt als die sonnigste in ganz Irland.

Im 9. Jahrhundert wurde Wexford von den Wikingern an dieser strategisch günstigen Mündung des Slaney gegründet. Nachdem die Normannen 1169 die Stadt als erste irische Stadt erobert hatten, befestigten sie sie mit vier Burgen, von denen heute jedoch nur noch spärliche Reste zu entdecken sind. In der Nähe der St. Selskar's Abbey stehen Teile der mächtigen Stadtmauer. Erhalten ist außerdem das Westtor als einziges mittelalterliches Stadttor.

Im Laufe des Mittelalters entwickelte sich Wexford zu einem florierenden Hafen- und Handelszentrum. 1649 eroberte Oliver Cromwell die Stadt, massakrierte die damals 5.000 Einwohner zählende Bevölkerung und zerstörte die Stadt gründlich. Heute ist Wexford eine gemütliche, typisch irische Kleinstadt mit vielen buntangemalten Häusern, kleinen Läden und einer langen Hafenpromenade. Vielleicht ist es in der Hauptsaison etwas hektisch.

Reisepraktische Hinweise

Schön gelegen: Wexford

Tourist Information
Crescent Quay, Tel.: 053 23111, Fax: 053 41743, ganzjährig. Die Tourist Information organisiert auch Stadtrundgänge.

Unterkunft
● The Faythe House, Damian Lynch, Swan View, Wexford, Tel.: 053 22249. Das älteste Gästehaus Wexfords ist ruhig gelegen und hat 10 Zimmer, die alle mit (privatem) Badezimmer ausgestattet sind.
● Clonard House, Clonard Great, Wexford, Tel.: /, Fax: 053 43141. Das Farmhaus wurde 1783 gebaut und hat 9 Zimmer, vier davon mit Himmelbett. John und Kathleen Hayes betreiben die Farm und das Gästehaus im Familienbetrieb.

Restaurant/Pub
● Granary, Westgate, Tel.: 053 23935. Ungezwungene und behagliche Atmosphäre sowie schmackhafte Mahlzeiten in der mittleren Preisklasse. 18-22 Uhr geöffnet.
● Tim's Tavern, 51 South Main Street, Tel.: 053 23861. Ab 12 Uhr geöffnet, bietet Tim's Tavern irische und internationale Küche und Bar-Food in gemütlicher Umgebung.
● Eine stattliche Anzahl an Pubs gibt es entlang der Main Street. Die Crown Bar in der Monck Street, untergebracht in der ehemaligen Postkutschenstation, ist der älteste Pub der Stadt.

Travel Information (= Verkehrsverbindungen)
Railway und Bus Station, Redmond Place, Tel.: 053 22522

Fahrradverleih
● The Bike Shop, 9 Selskar Street, Tel.: 053 22514, Fax: 053 22514
● Hayes Cycles, 108 South Main Street, Tel.: 053 22462

Reiten
Shelmalier Riding Stables, Forth Mountain, Tel.: 053 39251, ca. 6 km von Wexford, von der Duncannon Road ab. Von der Association of Irish Riding Establishments geprüfter Reiterhof, der für Anfänger und Fortgeschrittene geeignet ist. Der Betrieb verfügt über langjährige Erfahrung und ist ganzjährig geöffnet.

Feste/Feiern
Im Oktober findet in Wexford seit über 40 Jahren das international bekannte Opernfestival statt. Vor allem wenig gespielte Opern kommen dabei zur Aufführung. Während des Festivals gibt es insgesamt 18 Aufführungen von drei Opern. Jede Oper wird also sechsmal geboten. Auskunft erteilt das Festival Office, Theatre Royal, High Street, Tel.: 053 22240, Fax: 053 47438. Hier kann man ab 1. Juni auch Karten buchen, wobei

die Kartenpreise sich auf ca. 100 DM belaufen. In Deutschland kann man sich bei Keith Prowse, Mainzer Landstraße 120, 60327 Frankfurt/M., Tel.: 069 740574, Fax: 069 230491 über das Opernfestival erkundigen.
Zusätzlich zum eigentlichen Festival gibt es zahlreiche Begleitveranstaltungen, wie z.B. Lunchtime-Konzerte oder Mini-Opernaufführungen, bei denen nur der Hauptdarsteller singt.

Autoverleih
● Hertz Rent-a-Car, Head Office, Ferrybank, Wexford, Tel.: 053 23511, Fax: 053 22405
● Murrays Europcar, Wellington Place, Tel.: Wexford, Tel.: 053 22122

Golf
Wexford Golf Club, Mulgannon, Auskunft unter Tel.: 053 42238 (18-Loch)

Tip
Im Sommer werden jeden Mittwoch um 13 Uhr sogenannte Lunchtime Concerts in der **St. Iberius Kirche**, North Main Street, veranstaltet. Unkostenbeitrag: Erwachsene 3 Pfund, ermäßigt 2 Pfund, Auskunft unter Tel.: Tel.: 053 22936
Die Kirche wurde 1660 errichtet. Sie ist täglich von 10-17 Uhr geöffnet, außer sonntags und im Winter an Montagen. Sonntäglicher Gottesdienst um 10 Uhr, am 1. Sonntag im Monat um 11 Uhr.

Sehenswertes

Schön ist ein Bummel durch den alten Stadtkern. Im vorbildlich restaurierten Westtor mit angrenzenden Resten der Stadtmauer ist ein Besucherzentrum mit Ausstellungen und einer Audiovisionsshow eingerichtet worden. Die Filmvorführung dauert eine halbe Stunde.
Öffnungszeiten: Mo-Sa 9.30-17.30 Uhr, So (im Juli und August) 14-18 Uhr, ganzjährig ist das Besucherzentrum von 13-14 Uhr geschlossen. Eintritt: Erwachsene 1,30 Pfund, ermäßigt 80 Pence, Familien 4 Pfund. Führungen finden alle halbe Stunde statt. Tel.: 053 46506. Im Juli und August werden hier jeden Dienstag und Donnerstag, jeweils von 19-21 Uhr, traditionelle Musik-Sessions abgehalten. Eintritt 3 Pfund für Erwachsene, Studenten und Senioren 2 Pfund.

▨ St. Selskar's Abbey
Unweit des Westtores liegen die Ruinen von St. Selskar's Abbey, die auf ein Augustinerkloster aus dem 12./13. Jahrhundert zurückgeht. Der massige quadratische zinnenbewehrte Turm stammt aus dem 14. Jahrhundert, das Schiff zum Teil erst aus dem 15. Jahrhundert.

▨ Johnstown Castle Demesne, Co. Wexford, 5 km südwestlich von Wexford
Ein wunderschöner Garten umgibt das aus dem 19. Jahrhundert stammende neogotische Schloß. Hier kann man drei Seen, die Ruine eines mittelalterlichen Turmhauses, von Mauern umgebene Gärten und Gewächshäuser sowie zahlreiche Rhododendren, Azaleen, Kamelien und riesige Bäume betrachten. Von besonderem Interesse ist der gewaltige "Rhododendron arboreum" in der Nähe des Schlosses und einige der ältesten und größten Exemplare der Monterey-Zypresse "Cypressus macrocarpa". In einem alten Farmhaus mitten auf dem Gelände befindet sich

das irische Landwirtschaftsmuseum, in dem es einige altertümliche Gartengeräte zu sehen gibt. Öffnungszeiten: Castle Gardens: täglich 9-17.30 Uhr. Eintritt: Erwachsene 1,50 Pfund, ermäßigt 50 Pence. Landwirtschaftsmuseum: Juni-August Mo-Fr 9-17 Uhr, Sa und So 14-17 Uhr, April, Mai und September-Mitte November Mo-Fr 9-12.30 Uhr, 13.30-17 Uhr, Sa und So 14-17 Uhr, Mitte November-Ende März Mo-Fr 9-12.30 Uhr, 13.30-17 Uhr. Eintritt: Erwachsene 1,75 Pfund, ermäßigt 1 Pfund. Auskunft: Tel.: 053 42888, Fax: 053 42004

■ **Irish National Heritage Park**, Ferrycarrig, 4 km nördlich von Wexford an der N11 nach Dublin
Inmitten der sumpfigen Landschaft am Ufer des Slaney entstand der Irish National Heritage Park, in dem man einen historischen Spaziergang durch das kulturelle Erbe Irlands machen kann: In originalgetreuen Rekonstruktionen sieht man hier Fellzelte der ersten Jäger und Sammler, neolithische "Häuser", eine Wikinger-Siedlung samt Langschiff, ein frühmittelalterliches Kloster und eine normannische Burg. Für die Besichtigung der Anlage sollte man 1 ½ Stunden einplanen. Öffnungszeiten: täglich März-November 10-19 Uhr, letzter Einlaß 17 Uhr. Eintritt: Erwachsene 3,50 Pfund, Familien 9 Pfund, ermäßigt 3 Pfund. Tel.: 053 41733/41911, Fax: 053 41911

Nach der Besichtigung kann man in der unweit gelegenen Oak Tavern einkehren.

■ **Wexford Wildfowl Reserve**
Eingang von Ardcavan Lane, 23 km nördlich von Wexford an der Wexford/Castlebridge/Gorey Straße (R741), gut ausgeschildert. Dieses Naturschutzgebiet, das zum Teil der Irish Wildbird Conservancy gehört, ist aufgrund der dort überwinternden Wildvögel berühmt. Grönländische Bläßgänse, Meergänse, Bewick-Schwäne und Pfeifenten können hier beobachtet werden.
Öffnungszeiten: Täglich Mitte April-Ende September 9.00-18 Uhr, Oktober-Mitte April 9-17 Uhr. Auf Wunsch werden Führungen veranstaltet, Auskunft erhält man unter Tel.: 053 23129, Fax: 053 24785. Der Eintritt ist frei. Kürzlich ist ein Besucherzentrum eingerichtet worden. OPW

■ In **Curracloe**, 12 km nördlich von Wexford, erstrecken sich weite, dünengesäumte Sandstrände gen Norden. Die Strände sind sehr sauber und gepflegt.

■ **Enniscorthy**, 21 km nördlich von Wexford, ist eine gemütliche, am Fluß Slaney gelegene Kleinstadt mit einer Burg, in der ein Heimatmuseum eingerichtet ist. Die erste Burg an dieser Stelle war ein von 1232-40 entstandener

Der Strand von Curracloe

normannischer Bau. Das heutige Aussehen mit runden, zinnenbewehrten Ecktürmen erhielt Enniscorthy Castle unter Sir Henry Wallop in den Jahren 1586-95. Cromwell eroberte die Burg 1649, die Schäden wurden im Zuge der Restaurierung im 19. Jahrhundert beseitigt. 1961 wurde hier das Wexford County Museum eingerichtet, das die militärische, landwirtschaftliche, maritime, industrielle und religiöse Geschichte der Stadt erklärt.

Öffnungszeiten: Juni-September Mo-Sa 10-13 Uhr und 14-18 Uhr, Sonntag 14-17.30 Uhr, Oktober-November, Februar-Mai: täglich 14-17 Uhr, Dezember-Januar 14-17 Uhr, nur sonntags. Weitere Auskunft unter Tel.: 054 35926. Eintritt: Erwachsene 2 Pfund, ermäßigt 0,50 bis 1 Pfund.

Tourist Information
Tel.: 054 34699, Mitte Juni bis August

Unterkunft
Ballinkeele House, Ballymurn, Enniscorthy, Co. Wexford, Tel.: 053 38105, Fax: 053 38468. Das Haus wurde 1840 von Daniel Robertson errichtet und ist der Familiensitz der Familie Maher. Bis auf Heizung und moderne Badezimmer wurden keine Veränderungen an dem Haus vorgenommen. Die Räume sind kostbar mit originalen Gemälden, etlichen Familienportraits, Werken der Hausherrin Margaret Maher und anderen Kunstgegenständen ausgestattet. Das Gebäude ist von 142 Hektar Land umgeben, die von John Maher selbst bearbeitet werden. Seine Frau Margaret, eine ausgezeichnete Köchin, kümmert sich um die Küche und Bewirtung der Gäste. Die Mahlzeiten werden im großen Speisesaal an einer langen Tafel serviert. Im Billardzimmer nebenan kann man abends bei einer Runde Billard entspannen. 5 große Zimmer, eines davon, der Master Room, mit altem Himmelbett, stehen den Gästen zur Verfügung. Von allen Zimmern aus hat man einen herrlichen Ausblick auf das Grundstück. Das Besondere an Ballinkeele House ist neben der vornehmen Eleganz des

Liebenswerte Iren

Gebäudes die herzliche Natürlichkeit und die warme und liebevolle Art ihrer Bewohner. Eine Übernachtung im Ballinkeele House bietet sich aufgrund seiner Nähe zum Fährhafen (40 Minuten) besonders für An- oder Abreisetage an, zur Einstimmung oder zum Ausklang eines Irland-Urlaubes. Vielleicht weckt es auch den Wunsch, länger zu verweilen. Man kann Tennis oder Golf spielen, reiten, Tagesausflüge in die Umgebung machen oder, falls man im Herbst reist, das Wexford Opera Festival besuchen.

Ballinkeele House

Reiterferien
Boro Hill House, Equestrian Holiday Centre, Clonroche, Enniscorthy, Co. Wexford, Tel.: 054 44117, Fax: 054 44266. Die Reitschule gehört Peter and Betty Maher-Caulfield und ist von der Association of Irish Riding Establishments geprüft. Das besondere Angebot des Hauses sind einwöchige Reiterferien für Kinder zwischen 9 und 16 Jahren, bei denen die Kinder für die ganze Woche "ihr" Pferd rundum betreuen. Füttern, Reiten und Satteln gehören ebenso dazu wie das Ausmisten des Stalles.

Hunderennen
In Enniscorthy finden von März-Mitte Dezember jeweils montags und donnerstags ab 20 Uhr Hunderennen statt, Auskunft unter Tel.: 054 33172

Golf
Enniscorthy Golf Platz, Knockmarschall, Auskunft erteilt Jim Winters, Tel.: 054 33191, Fax: 054 33191

Einkaufstip: Töpferei
Charley's Bridge Potteries Ltd., 2 km außerhalb Enniscorthy gelegen (ausgeschildert) wurde 1654 gegründet und ist somit nicht nur Irlands älteste Töpferei, sondern auch einer der ältesten Betriebe des Landes. Das landwirtschaftliche Museum in Johnston Castle und das Heimatmuseum in Enniscorthy haben noch Stücke aus diesen frühen Anfängen. Der in der Töpferei verwendete Ton kommt aus der Umgebung. Öffnungszeiten: Mo-Fr 8.30-17.45 Uhr, im Sommer auch Sa 10-16 Uhr, Tel.: 054 33512, Fax: 054 34360

New Ross und Umgebung

Die Kleinstadt New Ross (5.200 Einwohner) liegt nett am Barrow und bildet die Grenze der Grafschaften Wexford, Waterford und Kilkenny. Der Ort wurde 1200 von den Normannen als Handelsumschlagplatz gegründet. Die Lage am Barrow und dessen Nebenflüssen war in wirtschaftlicher Hinsicht ideal. Heute ist New Ross ein guter touristischer Standort. Sehenswert sind das Rathaus (Tholsel), ein klassizistischer Bau von 1749 mit oktogonaler Kuppel und Uhrenturm. Die Überreste der St. Mary's Church, die zwischen 1207 und 1220 von William the Marshall und seiner Frau Isabella von Leinster gegründet wurde, sind heute in eine Kirche aus dem vorigen Jahrhundert integriert.

Tourist Information
Kennedy Centre, Tel.: 051 21857, Mitte Juni bis Ende August

Hotel/B&B
● Five Counties Hotel, Tel.: 051 21703 Fax: 051 21567. Das viktorianische Haus ist von einem großen Park umgeben. Alle 35 Zimmer sind mit privatem Badezimmer ausgestattet. Das Hotel verfügt über ein sehr gutes Restaurant. Mittlere Preisklasse

● Cullintra House, The Rower, Inistioge, Co. Kilkenny, Tel.: 051 23614, 10 km westlich von New Ross. In dem 200 Jahre alten georgianischen Landhaus, am Fuße des Mount Brandon gelegen und von rund 90 Hektar Farmland umgeben, läßt es sich gemütlich übernachten. Die Küche ist ausgezeichnet, und das Dinner wird beim Kerzenschein eingenommen. Von hier aus sind herrliche Spaziergänge möglich. Hidden Ireland.

Jugendherberge /Hostel
MacMurrough Farm-Hostel, MacMurrough, New Ross, Tel.: 051 21383, ganzjährig geöffnet, 17 Betten in Mehrbett-, Doppel- und Familienzimmern, ab 5,50 Pfund pro Person, auch für Rollstuhlfahrer geeignet. Fahrradverleih.

Streckenführung
Wer über viel Zeit verfügt, sollte von New Ross aus einen Abstecher nach Süden zum Hooks Head entlang der R733 Richtung Arthurstown machen und dann weiter die landschaftlich schöne Küstenstraße entlang fahren.
Reisende, die gleich nach Kilkenny weiterreisen wollen, nehmen am besten die R 700 von New Ross über Thomastown, eine schön geschlungene hügelige Straße, die durch Weide- und Wiesenlandschaft führt.

◾ **Kilkomea** (von New Ross Richtung Campile und John F. Kennedy-Arboretum fahren) ist ein in Privatbesitz befindliches georgianisches Pfarrhaus. Schon auf den ersten Blick merkt der Besucher, daß der Eigentümer sehr viel Liebe in den Garten gesteckt hat. Rund um das Haus stolzieren Pfauen. Es gibt einen steinernen Taubenschlag, einen geschützen Felsengarten, einen italienischen Garten mit einem Teich, einen Irisgarten, einen Zierkräutergarten und großflächige Wiesen. Jeder einzelne dieser Gärten hat über die Jahre einen eigenen Charakter entwickelt. Kilkomea liegt auf einer Halbinsel und steht unter dem ständigen Einfluß des milden Seeklimas. Nur deshalb können so anspruchsvolle Pflanzen wie der Feuerbusch in dieser Region wachsen, die sonst nur an der Westküste gedeihen können.

Hinter dem Hauptgarten führt ein Pfad zu einem weiteren Garten, der mit seinem See, einem Fluß und kleinen Teichen eine andere Stimmung verbreitet. Wege schlängeln sich durch den

Landschaft im Südosten

Wald, vorbei an seltenen und zierlichen Pflanzen, Rhododendren, Hortensien, Kamelien und Primeln.
Nach Anmeldung kann der Garten 10.30-12.30 und 14-18 Uhr besichtigt werden. Tel.: 051 388109, Mrs. Joan Price. Eintritt: Erwachsene 3 Pfund, Kinder 2 Pfund

Dunmain House

■ **Dunmain House**, an der R 734, 11 km südlich von New Ross gelegen.
Ein ungewöhnliches, mit zwei Ecktürmen und einer Schindelfassade versehenes Haus aus dem 17. Jahrhundert, in dem es – wie man während der Führung erfährt – spuken soll. Bei den Führungen wird man in die Kapelle, den Keller, die alte Küche und den Kerker geführt.
Öffnungszeiten: Mai-September täglich 10-12.30 Uhr und 14-17.30 Uhr, Eintritt: Erwachsene 2 Pfund, Kinder frei, Tel.: 051 62122,

■ **Tintern Abbey und Dunbrody Abbey**
Beide Zisterzienser-Abteien datieren vom letzten Viertel des 12. Jahrhunderts und zeigen eine vom Kontinent beeinflußte Gotik. (Tintern Abbey liegt unweit der Kreuzung R 733 und R 734).

■ **Dunbrody Abbey**, von der R733 südlich von New Ross zur Hook Halbinsel ab. Das Kloster geht auf einen Onkel Strongbows zurück, der im letzten Viertel des 12. Jahrhunderts hier eine Zisterzienserabtei gründete und ihr erster Abt wurde. Dunbrody Abbey war eines der größten irischen Zisterzienserklöster. Das Hauptschiff hatte immerhin fast 60 Meter

Dunbrody Abbey

Höhe. Der Kirche, bestehend aus Schiff, Chor und Querschiff über kreuzförmigem Grundriß, wurde im 16. Jahrhundert gebaut. Später wurden ein gewaltiger Vierungsturm und verschiedene Gebäude, wie Kapitelsaal, Wirtschaftsräume und Bibliothek, hinzugefügt. Dem Ideal des Ordens gemäß, waren die Gebäude karg in der Dekoration, düster und streng. Von den Klostergebäuden sind lediglich das Kapitelhaus im Osten sowie Refektorium und Küche im Süden erhalten. Im Kreuzgang kann man die Grundmauern eines Lavabos sehen. In der Kirche verdienen besonders die Kapellen der Querschiffe und die Ostfenster, die im Stil der englischen Frühgotik gehalten sind, Beachtung.

Neben Dunbrody Abbey liegen die Ruinen von Dunbrody Castle mit einem Besucherzentrum, in dem man sich über die Geschichte des Klosters informieren kann. Öffnungszeiten: April-September Mo-Fr 10-18 Uhr, Sa und So 10-20 Uhr, Tel.: 051 88603. Eintritt: 1 Pfund.

John F. Kennedy-Arboretum, 13 km südlich New Ross
Das Arboretum ist dem amerikanischen Präsidenten gewidmet, der Irland kurz vor seiner Ermordung einen Besuch abstattete. (In Dungastown, ca. 15 km nördlich von Waterford, kann man das Cottage seiner Vorfahren besichtigen.) Dieser Botanische Garten ist eine wissenschaftliche Sammlung von Pflanzen, die sich auf einer 252 Hektar großen Fläche verteilen. Über 4.500
verschiedene Baum- und
Straucharten sind systematisch angeordnet, ausführlich
beschrieben und auf gepflegten Wegen zu erwandern.

Es gibt zwei Hauptrundwe-
ge: Einer ist von Laubbäu-
men, der andere von Nadel-
bäumen gesäumt. Die Pflanzen sind ihrer Gattung nach
geordnet, so daß sich der interessierte Betrachter leicht

Im John F. Kennedy Memorial Park

zurechtfindet. Im Heidegarten gibt es nicht weniger als 500 verschiedene Rhododendron-Büsche und 150 Azaleen-Arten. Von besonderem Interesse für den Gartenfreund sind auch die Zwergbäume und die kleingewachsenen Koniferen. Die vielen Eucalyptus Bäume erfüllen einen besonderen Zweck. Sie dienen den Koala-Bären im Dubliner Zoo als Futter. Ein künstlicher See, der Ende der 60er Jahre angelegt wurde, hat sich hervorragend in die Landschaft eingepaßt und ist heute die Heimat zahlreicher Wildenten.

Im Park gibt es einen Picknickplatz, eine Cafeteria, einen Souvenirladen und ein Besucherzentrum mit audiovisueller Vorführung.
Öffnungszeiten: Mai-August: täglich 10-20 Uhr, April-September: täglich 10-18.30 Uhr, Oktober-März: täglich 10-17 Uhr. Auf Wunsch werden Führungen veranstaltet. Man kann sich auch mit Pferd und Wagen durch den Park fahren lassen. Auskunft erhält man unter Tel.: 051 388171, Fax: 051 388172. Eintritt: Erwachsene 2 Pfund, Senioren: 1,5 Pfund, Kinder und Schüler/Studenten: 1 Pfund, Familien 5 Pfund, Gruppen über 20 Teilnehmer: 1,50 Pfund (OPW)

Ballyhack, 25 Meilen westlich von Wexford, an der landschaftlich schönen R 733, oder von Waterford via "Passage East Car Ferry", ist ein hübscher, kleiner Hafenort.

■ **Ballyhack Castle** (Tel.: 051 89468, Fax: 051 89284) wurde ca. 1450 von den Knights Hospitalers of St. John gebaut. Heute ist es als Heritage Centre der Öffentlichkeit zugänglich und beherbergt Ausstellungsobjekte über die Geschichte der Region. Öffnungszeiten: April-Juni und September: Mi-So 12-18 Uhr, Juli und August: täglich 10-18 Uhr. Eintritt: Erwachsene 1 Pfund, Kinder 50 Pence, Familien 3 Pfund.

Fähre

Zwischen Ballyhack und Passage East besteht ein Fährbetrieb, The Passage East Car Ferry, so daß man sich die Fahrt über New Ross Richtung Waterford ersparen kann. Die Überfahrt dauert 7 Minuten, und die Fähre verkehrt zwischen April und September von 7.20 Uhr bis 22 Uhr, sonntags ab 9.30 Uhr. Zwischen Oktober und März ab 7.20 Uhr bis 20 Uhr, sonntags ab 9.30 Uhr bis 20 Uhr. Die Überfahrt kostet für Pkw, einschließlich der Passagiere, 5,50 Pfund hin und zurück und 3,50 Pfund für die einfache Fahrt. Fußgänger zahlen 1 Pfund hin und zurück, für die einfache Fahrt 80 Pence. Fahrradfahrer zahlen 1,50 Pfund hin und zurück und 1 Pfund für die einfache Fahrt. Auskunft: Tel.: 051 382480/382488

Restaurant

Neptune Restaurant, Ballyhack, Tel. und, Fax: 051 389284. Besonders die Fischgerichte sind hier zu empfehlen. Vom Restaurant aus hat man einen schönen Blick auf den kleinen Hafen. April-Oktober Lunch und Dinner Di-Sa, So Lunch und Brunch. Ein Touristenmenü kostet 11,90 Pfund. Im Juni, Juli und August gibt es an manchen Abenden traditionelle irische Musik.

In Ballyhack beginnt die ausgeschilderte Straße entlang der Halbinsel Hook (R 733/734). Entlang der landschaftlich schönen Strecke gelangt man zum **Slade Castle**. Es wurde in zwei Bauetappen errichtet. Im späten 15. oder frühen 16. Jahrhundert entstand zunächst der 17 Meter hohe mit Zinnen versehene Nordturm, an den im 16. oder 17. Jahrhundert ein ebenfalls mit Zinnen versehenes, aber nicht ganz so hohes Haus angefügt wurde. Am **Hook Head** steht ein normannischer Leuchtturm, angeblich einer der ältesten in Europa.

4.2.4 KILKENNY UND UMGEBUNG

Nördlich des River Suir beginnt die Grafschaft Kilkenny. Sanfte Hügel und die lieblichen Niederungen des **River Nore**, an dem auch die gleichnamige Grafschaftshauptstadt liegt, prägen das romantische Bild der Landschaft.

Die 15.000 Einwohner, mit Vororten 17.000, zählende Stadt rühmt sich, die am besten erhaltene mittelalterliche Stadt Irlands zu sein. Sie ist zweifellos eine der attraktivsten Städte des Landes. Da sie weitgehend von Krieg und Zerstörung verschont geblieben ist, hat sich viel vom mittelalterlichen Charakter der Straßen und Gebäude erhalten. Der hl. Cainnech hatte hier bereits im 7. Jahrhundert ein Kloster gegründet. 1172 errichtete Strongbow als erste Befestigung eine Motte-and-Bailey Burg. Am gleichen Ort baute William the Marshall, Strongbows Schwiegersohn, 1204 eine Steinburg, eine mächtige quadratische Festung mit runden Ecktürmen. 1202 wurde der Bischofssitz von Aghaboe nach Kilkenny verlegt. Im 14. Jahrhundert erlebte Kilkenny einen schwunghaften Aufstieg. Zeitweise war es

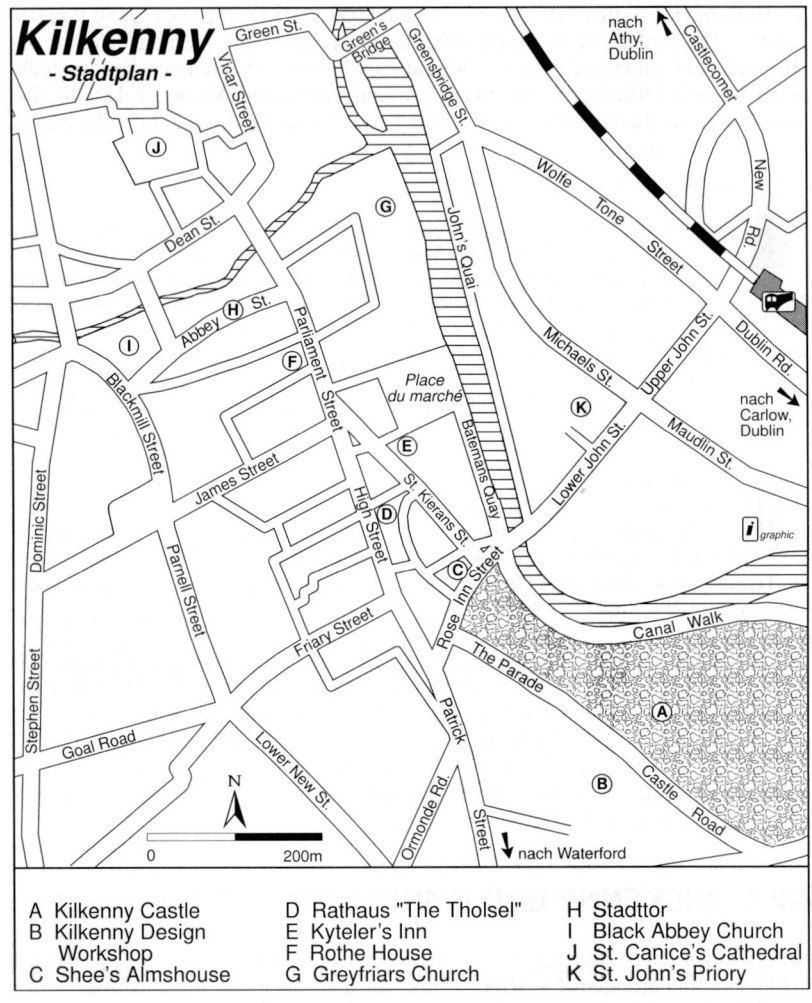

A Kilkenny Castle	D Rathaus "The Tholsel"	H Stadttor
B Kilkenny Design	E Kyteler's Inn	I Black Abbey Church
Workshop	F Rothe House	J St. Canice's Cathedral
C Shee's Almshouse	G Greyfriars Church	K St. John's Priory

sogar bedeutender als Dublin. Die Stadt wurde Schauplatz vieler Zusammenkünfte des Parlaments. 1366/67 wurden hier die "Statutes of Kilkenny" verabschiedet, die die Vermischung der irischen mit der anglo-normannischen Bevölkerung zu verhindern suchten. 1391 kauft James Butler, der 3. Earl of Ormond, die Burg, und unter diesem anglo-irischen Adelsgeschlecht erlebte das englischtreue Kilkenny seine große Zeit. 1650 wurde die Stadt von Cromwell erobert. Den oft zu lesenden Beinamen "Marble City" erhielt Kilkenny von dem schwarzen Marmor, der in der Nähe gebrochen wird.

Viele kleine gewundene Gäßchen sind erhalten und legen Zeugnis von einer umsichtigen Stadtpflege ab.

252

Kilkenny ist über Irlands Grenzen hinaus als Zentrum für Handwerks- und Kunsthandwerkserzeugnisse berühmt, die sich in Qualität, Design und Ausführung sehen lassen können. Der sogenannte "Craft Trail" (Broschüren in der Tourist Information) führt durch die in den umliegenden Dörfern ansässigen Handwerksbetriebe. In Kilkenny selbst sollte man dem Kilkenny Design Centre einen Besuch abstatten.

Reisepraktische Hinweise

Telefonnummern
Notruf: Tel.: 999
Polizei: Garda Station, Dominic Street Tel.: 056 22222

Tourist Information
Shee Alms House, Rose Inn Street, Tel.: 056 51500, Fax: 056 63955, ganzjährig geöffnet. Die Tourist Information hält vielfältige Informationen über die Region bereit und vermittelt auch Stadtrundgänge. Im gleichen Gebäude ist die Ausstellung "Cityscope", eine "miniature sound-and-light recreation of the city in 1642" untergebracht. Siehe auch unter "Sehenswertes".

Stadtrundgänge
Die unterhaltsamen und informativen Stadtrundgänge werden von Mitarbeitern der Tourist Information organisiert und dauern ca. 1 Stunde, Treffpunkt ist vor dem Tourist Office. März-Oktober: Mo-Sa 9.15 Uhr, 10.30 Uhr, 12.15 Uhr, 13.30 Uhr, 15 Uhr und 16.30 Uhr, So 11 Uhr, 12.15 Uhr, 15 Uhr, 16.30 Uhr, November-Februar: Di-Sa 10.30 Uhr, 12.15 Uhr, 15.30 Uhr, Unkostenbeitrag: Erwachsene 2,50 Pfund, Studenten und Senioren: 2 Pfund, Gruppen: 1,50 Pfund pro Teilnehmer. Für weitere Information kontaktiere man Pat Tynan, Tel.: 056 65929.

Hotel/B&B
● Kilkenny Hotel, College Road, Tel.: 056 62000, Fax: 056 65984. Stilvolles, traditionelles Haus mit viel Stammpublikum. Das Haus ist von einem schönen Garten umgeben, hat ein Fitnesscentre mit Swimmingpool und bietet Konferenzmöglichkeiten für bis zu 400 Personen. Mittlere bis gehobene Preisklasse.
● Blanchville House, Dunbell, Tel.: 056 27197, Fax: 056 27636, 8 km südöstlich. Elegantes georgianisches Herrenhaus mit sehr komfortabel eingerichteten Zimmern und ausgezeichneter Küche. Blanchville House ist ein idealer Ort, um zu entspannen oder als Ausgangspunkt für Besichtigungen in der Umgebung. Hidden Ireland.
● Lacken Guest House, Dublin Road, Tel.: 056 61085, Fax: 056 62435. Komfortables 4-Sterne-Gästehaus im Familienbetrieb, mittlere Preisklasse. Gutes Restaurant.
● Butler House, Patrick Street, Kilkenny, Tel.: 056 65707, Fax: 056 65626. Das elegante Haus der Butlers stammt von ca. 1770 und liegt im Stadtzentrum von Kilkenny. Das Gästehaus hat 13 Zimmer und bietet ein sehr gutes Frühstück. Mittlere Preisklasse.
● Newpark Hotel, Comer Road, Kilkenny, Tel.: 056 22122, Fax: 056 61111. Modernes, freundliches Hotel mit Fitnessstudio und Swimmingpool, einem guten Restaurant und behaglichen Zimmern. Mittlere bis gehobene Preisklase.
● B&Bs sind vor allem an der Castlecomer und Dublin Road zu finden.

Jugendherberge/Hostel
Kilkenny Tourist Hostel, 35 Parliament Street, Tel.: 056 63541, ganzjährig, 50 Betten im Mehrbett-, Doppel- oder Familienzimmer, ab 6 Pfund, auf Wunsch werden Mahlzeiten bereitet.

Restaurants

● Kyteler's Inn, Kieran Street. Das Gasthaus stammt angeblich schon aus dem 14. Jahrhundert und hat einen schönen Innenhof mit zwei Brunnen sowie einem eindrucksvollen Gewölbekeller. Gängige Gerichte. Siehe auch unter "Sehenswertes".

● Lacken House, Dublin Road, bietet in stilvollem Ambiente irische und europäische Küche

● Langtons, John Street, hier steht traditionelle irische Küche auf der Speisekarte. Ein netter Pub ist angegliedert.

Pubs

● Edward Langton Bar & Restaurant, John Street. Der rustikale Pub wurde mehrfach als "Pub des Jahres" ausgezeichnet. Siehe auch Restaurant.

● The Kilford Arms, John Street, am Wochenende gibt es hier Live Musik.

● Nett ist auch Maggie's in der Parliament Street.

Verkehrsverbindungen

Bahnhof und Busbahnhof befinden sich in der John Street, Auskunft erhält man unter Tel.: 056 22024. Der lokale Busservice fährt von The Parade ab.

Taxis

Tel.: 056 63017/27497/65874/51777

Fahrradverleih

J.J. Wall, 88 Maudlin Street, Tel.: 056 21236

Einkaufen

● Kilkenny Design Workshop, Castle Yard, Castle Street. In den ehemaligen Ställen von Kilkenny Castle ist ein Kunsthandwerkszentrum eingerichtet worden, wo man den Künstlern bei der Arbeit zusehen kann. Alle Workshops – seien es Keramik-, Gold und Silber-, Glas-, Holz- oder Wollarbeiten – zeichnen sich durch besonders innovatives Design und gute, solide Qualität aus. Angeschlossen ist ein nettes Selbstbedienungsrestaurant mit Snacks, Kuchen und kleineren Gerichten.

● Kilkenny Shoes Ltd. Factory Shop, Padmore & Barnes Ltd., Wolfe Tone Street, Tel.: 056 21037. Das seit langen Jahren etablierte Unternehmen stellt Schuhe für den weltweiten Export her, die unter den Markennamen "Wallabees" und "Erlandia" verkauft werden. Verwendet werden vielfach exotische Ledersorten, z.B. Elchleder. Da man hier direkt ab Fabrik kauft, sind die Preise für gute Qualitätsarbeit recht günstig. Außerdem gibt es hier "Outdoor"-Bekleidung und Reiterbedarf. Öffnungszeiten: Mo-Fr 9-13 Uhr und 14-18 Uhr, Sa 10-18 Uhr

● The Sweater Shop, High Street, Tel.: 056 63405. Hier kann man Wollwaren erstehen: Pullover, Jacken, Tücher und vieles mehr.

Unterhaltung

Ein wöchentlich erscheinendes Magazin, Kilkenny People, weist auf aktuelle Veranstaltungen hin. In der William Street befindet sich das Regent Cinema und in der Parliament Street das Watergate Theatre. Das Programm kann man über die Tourist Information erfragen.

Hunderennen

finden im James' Park, jeden Mittwoch und Freitag um 20 Uhr, statt.

254

Golf
Kilkenny Golf Club, Glendine, Kilkenny, Tel.: 056 65400

Sehenswertes

░ **Kilkenny Castle** A

Von der ursprünglichen Normannenburg sind noch die drei mächtigen Rundtürme erhalten. Im wesentlichen stammt der heutige Bau aus dem 19. Jahrhundert. Den Haupteingang im Westteil bildet ein klassizistischer Torbogen mit vier korinthischen Pilastern von 1685. Im Ostteil ist eine Bildergalerie zu besichtigen mit einer Ahnengalerie der Butlers und Werken von Rubens und Lely. Beachtung verdient eine prachtvolle Tapisserie in der Long Gallery. Der Ost- und Mittelflügel wurden erst kürzlich aufwendig restauriert und sind nun bei einer Führung, der ein Film über die Geschichte des Schlosses vorangeht, zu besichtigen. Unten befinden sich die Repäsentationsräume. Über eine Treppe im maurischen Stil gelangt man in die Schlafzimmer. Die chinesische Reispapiertapete im Morning Room wurde anhand weniger übrig gebliebener Stückchen rekonstruiert. Im Südturm des Castles ist die "Butler Society" untergebracht, eine weltweite Organisation von Mitgliedern der Butler Familie, die in der irischen Geschichte eine bedeutende Rolle spielte. Das königstreue Geschlecht, dem die Stuarts die Herzogswürde verliehen hatten, verlor Land und Vermögen, als die katholischen Stuarts in der Glorious Revolution von 1688 abgesetzt wurden. Der zweite Herzog verlor 1715 sogar die bürgerlichen Ehrenrechte. 1791 erhielt John Butler den Grafentitel zurück, der bis 1935 im Besitz der Familie blieb. Die Butlers von Ormond übergaben 1967 das Schloß der Stadt Kilkenny, die es ihrerseits dem Staat übergab.

Kilkenny Castle

Öffnungszeiten: April-Mai: täglich 10.30-17 Uhr, Juni-September täglich 10-19 Uhr, Oktober-März Di-Sa 10.30-17 Uhr, sonntags 11-17 Uhr, von 12.45 bis 14 Uhr und montags geschlossen. Letzter Einlaß 1 Stunde vor Schließung. Eintritt: Erwachsene 3 Pfund, Senioren 2 Pfund, Studenten und Kinder 1,25 Pfund, Familien 7,50 Pfund, Gruppen 2 Pfund pro Teilnehmer. OPW

Gegenüber befinden sich in den ehemaligen Ställen der Burg die **Kilkenny Design Workshops** B . Hier kann man den Kunsthandwerkern bei ihrer Arbeit zuschauen und schöne Dinge erwerben. Verschiedene kunstgewerbliche Gegenstände aus Wolle, Glas, Stoff, Holz, Keramik und Edelmetall werden hier angefertigt. Siehe auch Stichwort "Einkaufen"

▨ **Shee's Almshouse** C
Dieses 1584 von Sir Richard Shee erbaute Tudor-Haus wurde den Armen der Stadt gestiftet. In dem sehenswerten Stadthaus ist die Tourist Information sowie die audiovisuelle Ausstellung "Cityscope" (mit 22-minütiger Filmvorführung) untergebracht. Siehe auch unter "Reisepraktische Hinweise" Stichwort "Information".

▨ Das **Rathaus** D auch The Tholsel genannt, wurde 1761 von Alderman William Colles, einem Amateurarchitekten, erbaut. Nach einem Brand in den 80er Jahren wurde es komplett restauriert.

▨ Einige Steinstufen führen zur St. Kieran Street hinunter. Hier befindet sich **Kyteler's Inn** E , ein Gebäude aus dem 14. Jahrhundert, angeblich Kilkennys ältester Gasthof. Er hat einen schönen Innenhof mit zwei Brunnen sowie einen eindrucksvollen Gewölbekeller. Hier soll angeblich der Wirkungsort der 1280 geborenen "Hexe" Alice Kyteler gewesen sein. Man sagt, die Wirtin habe im 14. Jahrhundert vier Ehemänner umgebracht. Sie wurde daher für eine Hexe gehalten. Als man ihr den Prozess machen wollte, konnte sie auf den Kontinent fliehen.

Rothe House

▨ **Rothe House** F , Parliament Street, ist ein typisches Kaufmannshaus im elisabethanischen Stil des 16. Jahrhunderts. Es beherbergt heute ein sehenswertes Stadt- und Heimatmuseum und die "Kilkenny Archaeological Society". Allein das Gebäude lohnt einen Besuch. Es besteht aus drei hintereinanderliegenden Tudor-Häusern und wurde in der Zeit von 1594-1610 gebaut. An der Außenfront sieht man die typischen Tudorfenster: durch Mittelpfosten geteilte Fenster. 1966 wurde das Gebäude sehr schön restauriert. Es gilt nun als eines der besterhaltenen Beispiele wohlhabender irischer Kaufmannsarchitektur aus dem 16. Jahrhundert.

Öffnungszeiten: April-Oktober: Mo-Sa 10.30-17 Uhr, So 15-17 Uhr, Januar-März Sa und So 15-17 Uhr, November-Dezember: Mo-Sa 13-17 Uhr, So 15-17 Uhr, Tel.: 056 22893

▨ Unweit Rothe House liegt die **Greyfriars Church** ɢ, eine 1232 von Richard the Marshall errichtete Franziskanerkirche. Aus dem 13. Jahrhundert blieb lediglich der 1321 erweiterte Chor übrig. Dieser Erweiterung ist auch das schöne, in sieben schlanke Lanzettbögen unterteilte Ostfenster zu verdanken.

▨ Geht man von der Parliament Street links die Abbey Street hoch und durch das einzige mittelalterliche **Stadttor** ʜ hindurch, kommt man zur **Black Abbey Church** ɪ. Die sogenannte "Schwarze Abtei" wurde 1225 von William the Marshall gegründet und wird auch heute noch für Gottesdienste genutzt.

Unweit davon, jenseits des Flüßchens Bregagh, gelangt man zu einer weiteren Sehenswürdigkeit:

▨ Die **St. Canice's Cathedral** ᴊ, Church Lane, wurde 1251 im "Early English" Stil von Bishof Hugh de Mapilton begonnen und wahrscheinlich um 1280 von Bischof Geoffrey St. Leger vollendet. Der 69 Meter lange und 37, 5 Meter breite Bau steht am Ort zweier früherer Kathedralen, die 1086 bzw. 1114 niederbrann-

St. Canice's Cathedral

257

ten. Der zentrale Vierungsturm fiel 1332 in sich zusammen, wurde jedoch noch im 14. Jahrhundert neu aufgebaut. Trotz der durch Cromwells Truppen erlittenen Schäden ist St. Canice eine der schönsten und besterhaltenen mittelalterlichen Kathedralen Irlands. Bis auf den Turm und einigen Restaurierungsarbeiten aus dem 19. Jahrhundert stammt der gesamte Bau, also Hauptschiff, Chor und zwei Querschiffe, noch aus dem 13. Jahrhundert. Von außen fallen der schwer gedrungene Turm und die typisch irischen Zinnen der Brustwehr auf. Am Lichtgaden achte man auf die hübschen Kleeblattfenster, die sich auch an der Westseite wiederholen.

An der Südseite der Kathedrale reckt sich einer der wenigen frühen Rundtürme (700-1000) in die Höhe, das Relikt einer älteren Klostergründung. Bis auf das fehlende Kegeldach ist der 30,5 Meter hohe Turm gut erhalten. Man kann ihn heute noch bis oben ersteigen. An der Südseite befindet sich auch ein schlichtes Portal, durch das man das Innere der Kathedrale betritt. Zwischen dem großen Westfenster und dem Westportal verläuft eine ungewöhnliche Galerie. Wahrscheinlich wurden hier früher Reliquien ausgestellt. Die Kirche beherbergt einige der schönsten Grabmäler Irlands. Sie sind alle aus dem schwarzen Marmor gearbeitet, der in der Umgebung gebrochen wird. Das älteste Grabmal stammt von 1285, andere aus dem 16. Jahrhundert, darunter auch die der Butler Familie. Der größte Schatz der Kathedrale ist das Grab für James Schorthals, das Rory O'Tunney 1508 geschaffen hat. Es befindet sich im zweiten Arkadenbogen des nördlichen Seitenschiffes. Der Sarkophag zeigt in seiner vollendeten Ausführung deutlich die Handschrift des großen Meisters O'Tunney.

Das schöne Fächergewölbe über der Vierung wurde 1465 angebracht.

Öffnungszeiten: Ostern-Oktober Mo-Sa 9-18 Uhr, So 14-18 Uhr, Oktober-April Mo-Sa 10-13, 14-16 Uhr, So 14-16 Uhr, Auskunft unter Tel.: 056 21516

Auf dem Ostufer des Nore steht die **St. John's Priory**  κ, die 1225 von William the Marschall für Augustinermönche gegründet wurde.

Tip: Fahrradfahren

Die Gegend um den Fluß Nore und das malerische Umland eignen sich bestens für Radausflüge. Eine besonders schöne Strecke umfaßt ca. 80 km und führt durch die sanfte, hügelige Landschaft um das Anglerparadies des Nore Rivers zwischen Kilkenny und Jerpoint. Die Tour führt von Kilkenny über Gowran (Kirchenruine), Tullaherin (Rundturm auf malerischem Friedhof), Jerpoint Abbey, Kilree (Rundturm und Hochkreuz auf pittoreskem Friedhof), Kells (Abteiruinen), Stoneyford (Jerpoint Glass Studio), Bennettsbridge (Kunsthandwerk) zurück nach Kilkenny. Informationen und Broschüren erhält man dazu in der Tourist Information.

Sehenswertes in der Umgebung

■ **Dunmore Cave**, 12 km nördlich von Kilkenny an der N 78

Dunmore Cave ist eine gewaltige Tropfsteinhöhle, deren zahlreiche Kammern den Iren schon zur Zeit der Wikinger Unterschlupf und Schutz boten. Im Jahre 928 wurde Dunmore Cave Schauplatz einer Tragödie, als mehr als 40 hierher geflohene Menschen von den Wikingern umgebracht wurden. 1976 wurde Dunmore Cave der Öffentlichkeit zur Besichtigung freigestellt.

Öffnungszeiten: Mitte März-Mitte Juni Di-Sa 10-17 Uhr, So 14-17 Uhr, Mo geschlossen, außer Bank Holidays, Mitte Juni-Mitte September täglich 10-19 Uhr, Mitte September-Oktober täglich 10-18 Uhr, Winter: Sa, So und Bank Holidays 10-17 Uhr. Zutritt ist nur mit Führungen möglich. Letzter Einlaß 45 Minuten vor Schließung. Eintritt: Erwachsene 1,50 Pfund, Senioren 1 Pfund, Kinder oder Studenten 60 Pence, Familien 4 Pfund, Gruppen 1 Pfund pro Teilnehmer. Tel.: 056 67726, OPW

Tip: "Lustwandeln"
Kilfane Glen and Waterfall, 3 km nördlich von Thomastown
Der Garten bzw. Park mit Wasserfall, Grotte, romantischen Wegen und einem reizenden Gartenpavillon aus dem 18. Jahrhundert wurde kürzlich restauriert und ist nun der Öffentlichkeit zugänglich.
Öffnungszeiten: Mai-September: Di-So 14-18 Uhr oder nach Anmeldung. Eintritt: 3 Pfund, für Kleinkinder ungeeignet. Hunde verboten. Sonntags (oder nach Verabredung) kann man im Gartenpavillon sehr stilvoll seinen Tee trinken. Für weitere Auskünfte kontaktiere man Susan Mosse unter Tel.: 056 24558

■ **Jerpoint Abbey**, an der N 9 gelegen, 8 km nordöstlich von Knocktopher, 2 km südlich von Thomastown. Ein Besuch von Jerpoint Abbey darf auf dem Weg von Waterford oder von Wexford nach Kilkenny oder als Ausflug von Kilkenny aus nicht fehlen. Jerpoint Abbey ist eine der schönsten, interessantesten und vollständigsten Zisterzienser-Abteien Irlands. Sie liegt am Ufer des Flusses Little Arrigle. Im Mittelalter gab es eine Stadt Jerpoint, die aber im 17. Jahrhundert zerfiel.

Vermutlich wurde Jerpoint Abbey 1158 von Donal Mac Gillapatrick, dem Lord von Ossory, für Benediktinermönche gegründet. Im Jahre 1180 kamen jedoch Zisterziensermönche der Baltinglass Abbey (Co. Wicklow) hierher. Baltinglass war ein Tochterhaus des ersten irischen Zisterzienserhauses in Mellifont, Co. Louth. Jerpoint wurde das Mutterhaus von Kilkenny (losgelöst 1362) und von Kilcooly. Aufgrund von Streitigkeiten innerhalb des Zisterzienserordens wurde Jerpoint Abbey von Baltinglass losgelöst und Fountain Abbey in Yorkshire, England, unterstellt.

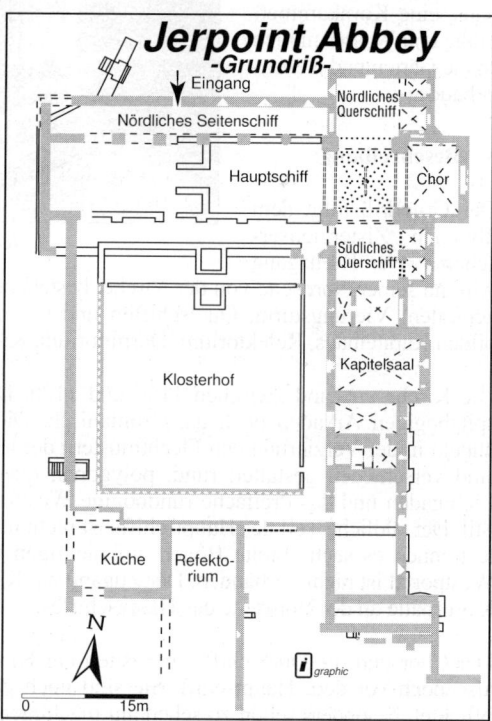

Jerpoint Abbey
-Grundriß-
Eingang
Nördliches Seitenschiff
Nördliches Querschiff
Hauptschiff
Chor
Südliches Querschiff
Klosterhof
Kapitelsaal
Küche
Refektorium
N
i graphic
0   15m

Im Jahre 1540 wurde das Kloster aufgelöst, wahrscheinlich gab es zu dieser Zeit nur noch wenig Mönche. Die an James, den Grafen von Ormond, verpachteten Besitztümer der Abtei umfaßten 1541 eine Reihe von Pfarrhäusern, Ackerland, Weideland und Wälder sowie Fischerein – insgesamt ca. 5870 Hektar, die sich noch bis in die Mitte des 17. Jahrhunderts im Besitz der Butlers befanden. Im Mittelalter gehörten zur Abtei mehr Gebäude und Anlagen, als heute zu sehen sind. Das Kloster umfaßte noch einen Friedhof, ein Krankenhaus, eine Kornkammer, Ställe und Wassermühlen sowie Gärten und Nebengebäude.

◆ **Beschreibung**:

Der Grundriß folgt dem üblichen Zisterzienserschema: Der Kreuzgang

Jerpoint Abbey

wird an seiner Nordseite von der Kirche, bestehend aus Hauptschiff, Seitenschiff, zentralem Vierungsturm, Querschiffen und Chor, begrenzt, die anderen Seiten bilden Kapitelhaus, Refektorium, Dormitorium, Küche und Wirtschaftsgebäude.

Die Kirche entstand zwischen 1160 und 1180. Das Hauptschiff wirkt trotz der spitzbogigen Arkaden noch ganz romanisch. Die Kapitelle der Arkadenpfeiler ähneln in der Verzierung den Flechtmustern der irischen Hochkreuze. Die Pfeiler sind verschieden gestaltet: rund, polygonal, quadratisch. Auch die Fenster im Lichtgaden und das dreifache rundbogige Westfenster zeigen noch romanischen Stil. Der südliche Teil des Hauptschiffs ist nicht mehr erhalten, an seiner Nordseite trennen es sechs breite Bögen auf niedrigen Pfeilern vom Seitenschiff. Ein Westportal ist nicht vorhanden. Der Zugang zur Kirche führte durch eine befestigte Vorhalle an der Nordseite des Hauptschiffes.

Der Chor und die Querschiffe im Ostteil der Kirche wurden um 1160 errichtet, also noch vor dem Hauptschiff. Sie sind noch ganz der irischen Romanik verpflichtet, besonders schön zu sehen am mächtigen Tonnengewölbe im Chor. Das jetzige Ostfenster mit seinem kunstvollen Filigranmuster stammt jedoch aus dem 14. Jahrhundert. Es ersetzte drei Lanzettfensteröffnungen aus dem 12. Jahrhundert, von denen in der Außenwand noch Überreste zu sehen sind. In der Mitte des Schiffs trennte ein steinerner Lettner die Mönche im Ostteil von den Laienbrüdern im Westteil. Im 15. Jahrhundert wurde die Nordmauer des Schiffs erneuert und der große quadratische Vierungsturm gebaut.

Die strenge Regel der frühen Zisterzienser verbot den Bau eines Steinturms. Daher stammt der Turm erst aus dem 15. Jahrhundert. Er ruht auf vier massiven Pfeilern und hat ein feines Fächergewölbe. Die Wände des Turms weisen kleinere Schäden auf oder sind nach innen geneigt, und das obere Ende hat schmale Zinnen. Als der Turm im 15. Jahrhundert gebaut wurde, schien Jerpoint Abbey – zu diesem Zeitpunkt unter dem Schutz der Butlers von Kilkenny – zu erblühen. Die Anzahl der Denkmäler für Laien und die Wappenwandmalereien im Chor weisen auf eine leichte Loslösung von der ursprünglichen Ordensstrenge der Zisterzienser hin.

Im 15. Jahrhundert wurde das südliche Seitenschiff verbreitert, das zwei gewölbte Seitenkapellen aus frühester Zeit hat. Eine ungewöhnliche Bodenplatte ist in den Boden der südlichen Kapelle eingelassen. In den Stein sind zwei gepanzerte Ritter

eingraviert, die gemeinhin als "die Brüder" bekannt sind. Gegenüber steht die Figur eines Abtes mit zum Himmel erhobenen Händen und einem geblümten Krummstab. Der kurze rechtwinklige Chor bzw. das Presbyterium, wie er von den Zisterziensern genannt wird, besitzt ein unebenes Tonnengewölbe, über dem sich ein Raum befindet. An der Nordseite des Chores sind

Einzigartiger Bauschmuck

über drei Grabnischen die Spuren von Wandmalereien zu sehen, die aus dem 15. bzw. 16. Jahrhundert stammen und Wappenschilder unbekannter Herkunft darstellen. Das liegende Bildnis eines Bischofs soll angeblich Felix O'Dullany darstellen, den ersten Abt von Jerpoint Abbey und Bischof von Ossory (1178-1202). Das nördliche Querschiff hat ebenfalls zwei gewölbte Seitenkapellen, in denen sich Gräber befinden, die ungefähr bis auf das Jahr 1500 zurückgehen.

Zu den Schätzen der Kirche gehören einige der schönsten und handwerklich perfektesten spätmittelalterlichen Grabdenkmäler Irlands. Viele von diesen stammen aus der berühmten Steinmetzwerkstatt von Callan.

Im Laufe der Restaurierungsarbeiten fand man mittelalterliche Fliesen, die aus dem 14. und 15. Jahrhundert stammen. Die Steingutfliesen mit Bleiglasur benutzte man in Kirchen und manchmal in Klöstern und Kapitelsälen als Fußbodenbelag.

In Jerpoint fand man zweifarbige Intarsienfliesen. Sie zeigen das Gesicht eines Löwen mit einem gepunkteten runden Band. Andere Fliesen haben vier verschiedene aufgeprägte Muster: einen aufgerichteten Löwen, die bourbonische Lilie, ein naturalistisches Muster auf einem Rahmen mit Spitzen und eine Fliese mit dem Motiv eines Rebstockschnörkels.

◆ Das Kloster

Das Kloster liegt auf der Südseite der Kirche. Um drei Seiten des eigentlichen Klostergebäudes standen ursprünglich Wohngebäude. Gegenwärtig befindet sich der Haupteingang der Abtei an der Nordseite des Hauptschiffes. Eines der außergewöhnlichsten Charakteristika von Jerpoint ist die Klosterarkade, die im Jahre 1953 teilweise rekonstruiert wurde. Der Kreuzgang stammt aus dem 15. Jahrhundert. Viele der Pfeiler sind mit äußerst interessanter Bauornamentik verziert, die eine beeindruckende Vielfalt an figuralen Skulpturen zeigen. Die hohen schlanken Figuren zwischen den grazilen Zwillingssäulen reichen von menschlichen Figuren, z.B. einem Ritter und seiner Dame, einem Bischof, bis zu Grotesken und kleinen Figuren, die überraschend in Ecken und auf Sockeln auftauchen. Die Skulpturen stammen von Rory O'Tunney und anderen Steinmetzen aus Callan.

Öffnungszeiten: Mitte April-Mitte Juni: Di-So 10-13 Uhr und 14-17 Uhr, Montag geschlossen außer Bank Holidays, Mitte Juni-Ende September: täglich 9.30-18.30 Uhr, Ende September-Mitte Oktober: täglich 10-17 Uhr. Auf Wunsch werden auch Führungen veranstaltet, Auskunft erhält man unter folgender Nummer: Tel.: 056 24623. Eintritt: Erwachsene 2 Pfund, Senioren: 1,50 Pfund, Kinder und Studenten: 1 Pfund, Familien 5 Pfund, Gruppen über 20 Teilnehmer 1,50 Pfund pro Person (OPW)

Hotel
Mount Juliet Estate, Thomastown, Co. Kilkenny, Tel.: 056 24455, Fax: 056 24522. Das 4-Sterne-Hotel ist das Mekka der Golffreunde. Der berühmte und außerordent-

Mount Juliet House

lich schön gelegene Golfplatz wurde von Jack Nichlaus gestaltet und 1991 eröffnet. Das Hotel liegt auf einem Grundstück von 607 Hektar, durch das der Nore und der Kings River fließen. Das Mount Juliet bietet Luxus-Unterkünfte verschiedener Art, entweder im Mount Juliet House, einem Bau des 18. Jahrhunderts oder in dem mehr sportlicheren Ambiente des Hunters Yard und Rose Garden Lodges. Oberste Preisklasse.

 Streckenführung
Wer von Kilkenny aus nicht nach Waterford fahren möchte, dem sei die R 693 Richtung Freshford und ab Urlingford die N 8 nach Cashel empfohlen.

■ Südlich von Urlingford, 12 km westlich von Freshford an der R 690, liegt in einem Waldstück, am Rande der nördlichen Ausläufer der Slieveardagh Hills, **Kilcooly Abbey**. Sie birgt weitere Werke des Steinmetzmeisters Rory O'Tunney. Kilcooly Abbey wurde 1182 von Donal Mór O'Brian für Mönche aus dem Mutterkloster Jerpoint gegründet. Die Kirche hatte ein Haupt- und zwei Seitenschiffe, wurde jedoch wie auch die übrigen Klostergebäude 1444 fast völlig zerstört. Dies ermöglichte, sie großzügig neu zu errichten. Man baute sie etwas verkleinert, d.h. ohne Seitenschiffe, wieder auf, fügte aber ein nördliches Querschiff und einen Turm hinzu.

Man betritt die Kirche durch dieses nördliche Querschiff, in dem das schöne Kreuzrippengewölbe aus dem 15. Jahrhundert erhalten ist. An der Verbindungsstelle zwischen Hauptschiff und Chor sieht man zwei besonders fein gemeißelte, von einem Kielbogen überspannte Steinsitze für den Abt und seine Assistenten.

Im Chor steht ein Grabmal von Rory O'Tunney, das er für den Abt Philip (gest. 1463) geschaffen hatte, und das Grab des Piers Fitz Oge Butler (gest. 1526) mit der Inschrift "Roricus O Tuyne scripsit". Auf dem Sarkophagdeckel liegt der Ritter mit seinem Schwert an der Seite und einem Löwen als Symbol seiner Tapferkeit. Zehn würdige Figuren mit langen Gewändern sind an der Seite des Sarkophag dargestellt. Jeder der Heiligen und Kirchenväter hält einen symbolischen Gegenstand in den Händen: Bücher, Beile, Kelche etc. als Zeichen der Gelehrsamkeit und der Würde. Weiterhin sind die Hochreliefs bemerkenswert, u.a. die Kreuzigung des hl. Christopherus, einen Bischof und neben dem Wappen der Butlers die ungewöhnliche Darstellung einer zarten kleinen Meerjungfrau, die sich einen Spiegel vorhält und von zwei Fischen bewundert wird.

Die Klostergebäude sind teilweise noch in recht gutem Zustand und haben auch Decken und Kamine. Von der Arkade des Kreuzganges ist allerdings fast nichts mehr erhalten.

4.2.5 WATERFORD UND UMGEBUNG

26 km östlich von Carrick-on-Suir, 105 km östlich von Cork an der N25.

Waterford wurde von den Wikingern gegründet. Die erste Kirche baute 1050 der Dänenkönig Reginald, und zwar an der Stelle, an der heute die Christ Church steht. 1170 besiegte der Normanne Strongbow die Dänen, besetzte die Stadt und heiratete die Tochter von Dermot, dem König von Leinster. Henry II. erklärte den Ort zur Königsstadt. 1493 wurde ihr wegen der stets königstreuen Haltung vom englischen König der Wahlspruch "Intacta manet Waterfordia" verliehen. 1649 konnte sie als eine der wenigen irischen Städte Cromwell zwar standhalten und ihn zwingen, die Belagerung abzubrechen, im darauffolgenden Jahr wurde sie aber von seinem Schwiegersohn erobert. Im späten 18. und 19. Jahrhundert war Waterford Zentrum einer blühenden Glasindustrie. Die kostbarsten Gläser stammen aus den Jahren 1780-1810. 1825 wurde die Produktion durch Steuerabgaben stark beschränkt und kam 1851 völlig zum Erliegen. Erst 1947 wurde die alte Tradition der berühmten Glasmanufaktur wieder aufgenommen. Heute ist das schwere Kristall ein Hauptfaktor der irischen Souvenirindustrie.

An die Blütezeit des vorigen Jahrhunderts erinnern heute in der lebendigen 41.000 Einwohner zählenden Stadt die klassizistischen Häuserzüge von The Mall, The Quay und Merchants Quay, ebenso wie das Rathaus und die Christ Church Cathedral. Die katholische und die protestantische Kirche wurden beide von einem Architekten, nämlich John Roberts, erbaut.

Waterford (der gaelische Name lautet Port Láirge) läßt sich, wie alle irischen Städte, am besten zu Fuß erkunden. Reste der alten Stadtmauer finden sich am oberen Ende der Castle Street. Bei einem Spaziergang entlang der Uferpromenade am Suir hat man interessante Ausblicke auf den Hochseehafen mit seinen Containerschiffen. Leider verläuft hier die Hauptverkehrsstraße der Stadt mit heftigem Verkehrsaufkommen.

Reisepraktische Hinweise

Telefonnummern
Notfall: Tel.: 999
Polizei: Tel.: 051 74888
Krankenhaus: Tel.: 051 73321

Tourist Information
41 The Quay, Tel.: 051 75788, Fax: 051 77388, ganzjährig geöffnet. Die Tourist Information vermittelt auch Stadtrundgänge.

Hotels
● Waterford Castle Hotel, The Island, Ballinakill, Tel.: 051 78203, Fax: 051 79316. 3 km von Waterford entfernt, auf einer kleinen Insel im Suir gelegenes, luxuriöses Hotel mit 19 Zimmern in einem ehemaligen Schloß. Ein Feinschmeckerrestaurant ist angeschlossen. Obere Preisklasse.
● Coach House Guest House, Butlerstown Castle, Butlerstown, Co. Waterford, Tel.: 051 384656, Fax: 051 70166. Das umgestaltete Kutschenhaus des Butlerstown Castle ist 5 km außerhalb im Grünen gelegen, hat nur 8 Zimmer und bietet nette Unterkunft.

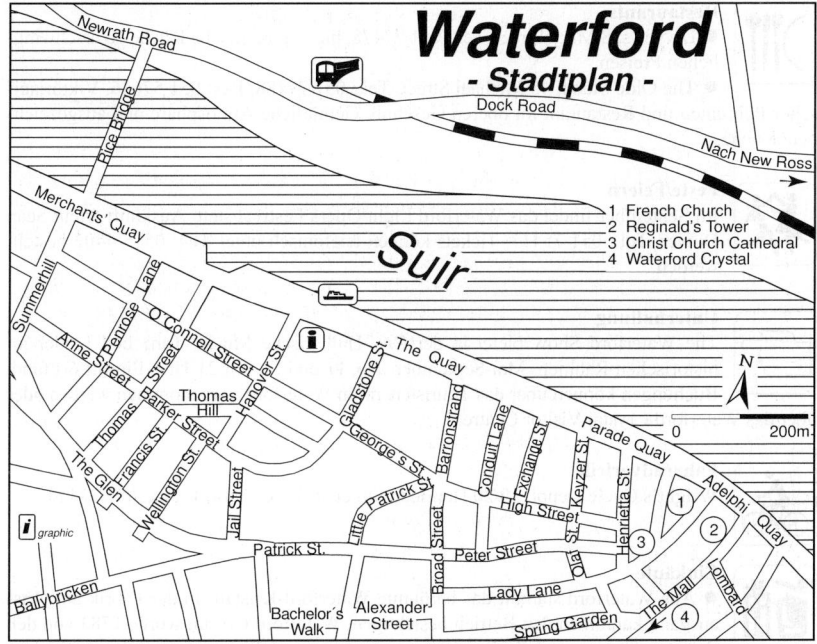

Waterford
- Stadtplan -
Dock Road

Nach New Ross

1 French Church
2 Reginald's Tower
3 Christ Church Cathedral
4 Waterford Crystal

0   200m

● The Bridge Hotel, The Quay, Waterford, Tel.: 051 77222, Fax: 051 77229. Direkt an der Hauptstraße gegenüber der Brücke über die Suir gelegenes großes Hotel der mittleren Preisklasse mit Bistro, Restaurant, zwei Bars und Konferenzraum. Das Hotel, das alten Charme mit modernem Komfort zu kombinieren versucht, ist für Bustouren und größere Veranstaltungen geeignet.

B&B
Bed & Breakfast-Unterkünfte finden sich vor allem an Parnell Square, The Mall und an der O'Connell Street

Jugendherberge/ Hostel
● Dunmore Harbour House, Dunmore East, Tel.: 051 383218, Fax: 383728, ganzjährig geöffnet, 20 Betten in Mehrbett-, Doppel- und Familienzimmern ab 6 Pfund, Doppelzimmer mit Bad in der Hauptsaison 14 Pfund. Die Herberge bietet auch Mahlzeiten an, und es gibt einen Fahrradverleih.
● Viking House, Coffee House Lane, The Quay, Waterford City, Tel.: 051 53827, Fax: 71730, ganzjährig geöffnet, insgesamt 108 Betten in Mehrbett-, Doppel- und Familienzimmern, B&B ab 7,50 Pfund im Schlafraum mit 12 Betten, ab 10 Pfund pro Person im Doppelzimmmer, Fahrradverleih, rollstuhlfreundlich.

Pubs
● The Granary, 73 O'Connell Street, Tel.: 051 75043. Hier finden jeden Dienstag, Mittwoch und Donnerstag sowie Samstag und Sonntag von Juni bis August traditionelle irische Abende mit viel Musik statt. Eintritt 3 Pfund.
● The Reginald, The Mall, Tel.: 051 55087, Fax: 051 71026. Bar/Restaurant in historischer Umgebung. Geöffnet täglich 11-22.30 Uhr, Weihnachten und Karfreitag geschlossen.

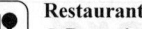

Restaurants
● Dwyer's, 8 Mary Street, Tel.: 051 77478, bietet gute irische Küche zu erschwinglichen Preisen.
● The Olde Stand, 45 Michael Street, Tel.: 051 79488, Fax: 051 57646. Viktorianischer Pub unten und Restaurant im oberen Geschoß. Gemütliche Atmosphäre und ausgezeichnete Küche.

Feste/Feiern
Im September findet das Waterford Light Opera Festival statt. Auskunft erteilt Sean Dower, Tel.: 051 75437. Tickets können telefonisch unter Tel.: 051 74402 bestellt werden.

Unterhaltung
The Waterford Show bietet in der City Hall irische Musik, Tanz und Lieder im historischen Rahmen. Mai-September: Do, Fr und So um 21 Uhr, Eintritt 6 Pfund. Buchungen können über das Touristenamt in Waterford vorgenommen werden oder über das Waterford Crystal Visitor Centre.

Fahrradverleih
Wright's Cycle Depot, 19/20 Henrietta Street, Tel.: 051 74411, Fax: 051 73440

Einkäufe
● Aus Waterford stammt das berühmte Waterford-Kristall. In der Fabrik am Ortsausgang kann man den Betrieb besichtigen. Waterford Crystal wurde 1783 von den Brüdern George und William Penrose gegründet. Öffnungszeiten: April-Oktober: Führungen Mo-So 8.30-16 Uhr, Ausstellungsräume: 8.30-18 Uhr. In den übrigen Monaten finden Führungen Mo-Fr zwischen 9-15.15 Uhr statt, die Ausstellungsräume sind zwischen 9-17 Uhr geöffnet, März-November auch Sa. Eintritt: 2,50 Pfund, Tel.: 051 73311, Fax: 051 78539
● Das City Square Shopping Centre (zwischen High Street und Peter Street) wurde 1993 eingeweiht und vereint unter einem Dach viele Geschäfte, Parkplätze, 2 Supermärkte, einige Cafes und Restaurants.

Verkehrsverbindungen
● **Bahnhof**: Tel.: 051 73401
● **Busbahnhof**: Tel.: 051 79000
● **Flughafen**: Killowen, Tel.: 051 75589, 8 Kilometer von Waterford City entfernt.

Autoverleih
● Car Rental, Cove Service Station, Dunmore Road, 24 Stunden geöffnet, Tel.: 051 76127
● Murrays Europcar, Cork Road, Waterford, Tel.: 051 73144

Historischer Stadtrundgang
Treffpunkt Granville Hotel, täglich um 12 und 14 Uhr, 3 Pfund pro Teilnehmer, Auskunft unter: Tel.: 051 73711, 051 51043, Fax: 051 50645

Sehenswertes

▪ In der O'Connell Street steht die 1795 von John Roberts errichtete **Chamber of Commerce**, ein klassizistischer Bau mit einem eindrucksvollen ovalen freitragenden Treppenhaus, der auch heute noch die Handelskammer beherbergt. Ein weiterer Bau von Roberts ist die 1793/96 entstandene **Holy Trinity Church** am Quay. Die Fassade stammt allerdings aus dem 19. Jahrhundert. Am Quay liegen auch die Ruinen des 1240 von Hugh Purcell gegründeten **Franziskanerklosters**. Von der Anlage sind noch Hauptschiff, Chor und nördliches Seitenschiff erhalten. Im 17. Jahrhundert wurde die Kirche geteilt. Das Hauptschiff diente als Gotteshaus für ein Krankenhaus, der Chor als Kapelle für eine hugenottische Kolonie. Auf sie ist auch der Name **French Church** 1 zurückzuführen. Im Chor verdient das große Ostfenster Beachtung.

▪ **Reginald's Tower** 2 , am Ende der Mall gelegen, ist die interessanteste Sehenswürdigkeit der Stadt. Angeblich wurde der gedrungene Turm 1003 von dem Dänen Reginald errichtet, vermutlich stammt er jedoch aus dem 12. oder 13. Jahrhundert und ist somit normannisch. 1463 wurde in dem Turm eine Münze eingerichtet, im 19. Jahrhundert benützte man ihn als Stadtgefängnis. Heute beherbergt Reginald's Tower das Stadtmuseum mit einer kleinen Sammlung bedeutender Gegenstände aus der Geschichte Waterfords, darunter die städtischen Insignien und das Schwert King Johns.

▪ Auf dem Hügel steht die **Christ Church Cathedral** 3 , die 1773 auf den Grundmauern einer mittelalterlichen Kirche errichtet, 1815 jedoch durch einen Brand erheblich beschädigt wurde. 1891 erhielt sie eine andere Fassade. Der Bischofspalast südlich der Kathedrale stammt aus dem 18. Jahrhundert. Er wurde 1975 restauriert.

Reginald's Tower

▪ Unweit davon, in der Greyfriars Street, lädt das **Heritage Centre** zur Besichtigung der wikingischen und normannischen Ausgrabungsfunde ein.
Öffnungszeiten über die Tourist Information oder unter Tel.: 051 73501 erfragen.

▪ **Tramore**
Tramore ist ein bescheidenes Seebad ein paar Kilometer südlich von Waterford, das selbst in der Hauptsaison – trotz der vielen "Amusements-Halls" – etwas niedergeschlagen wirkt. Allerdings ist Tramore von weiten Stränden umgeben.

Tourist Information
Railway Square, Tel.: 051 381572, Mitte Juni bis August geöffnet

In "Celtworld" kann man mit Hilfe audiovisueller Mittel eine Reise in die mythische Vergangenheit Irlands unternehmen, eine Touristenattraktion, die möglicherweise nicht jedermanns "Cup of Tea" ist.
Öffnungszeiten: Mitte April-Ende Mai: Mo-Fr 10-17 Uhr, Sa und So 11-18 Uhr, Juni 10-20 Uhr, Juli und August 10-22 Uhr, restliches Jahr 10-18 Uhr, letzter Einlaß eine Stunde vor Schließung. Eintritt: Erwachsene: 3,95 Pfund, Kinder unter 16 Jahren 2,95 Pfund, Studenten 3,25 Pfund, Familie und Gruppenermäßigung, Tel.: 051 386166, Fax: 051 390146.

Falls das Wetter das Baden in der See nicht gestattet, kann man sich in der sogenannten "Splash World" gleich nebenan im kühlen Naß erfreuen.
Öffnungszeiten: Juni-September: täglich 10-22 Uhr, Mi-Fr 21-22 Uhr nur Erwachsene. In der Nebensaison Öffnungszeiten vorher erfragen. Eintritt: Erwachsene 3,95 Pfund, Kinder 2,95, Babys 1 Pfund, Studenten und Senioren 3,25 Pfund. Familienkarten möglich. Tel.: 051 390176, Fax: 051 390214

Unterkunft
Belair Guest House, Racecourse Road, Tramore, Tel.: 051 381605, Fax: 051 386688
Mit Efeu überwachsenes Gebäude mit 6 Zimmern, alle mit Badezimmer. Mittlere Preisklasse.

Jugendherberge/Hostel
The Monkey Puzzle, Upper Branch Road, Tramore, Tel.: 051 386754, ganzjährig geöffnet, 25 Betten in Mehrbett-, Doppel- und Familienzimmern, ab 5 Pfund, Fahrradverleih

■ **Dungarvan,** ca. 30 km südwestlich von Waterford
Lebendiger Küstenort, wird von den Comeragh und Knockmealdown Mountains eingerahmt und hat schöne Sandstrände sowie vielfältige Übernachtungsmöglichkeiten.

Tourist Information
Tel.: 058 41741, Juni-Anfang September geöffnet

B&B
● Abbey House, Kathleen Phelan, Friars Walk, Abbeyside, Dungarvan, Tel.: 058 41669, 3 Zimmer, 2 davon mit Bad.
● Ashley, Mary Dwane, Waterford Road, Dungarvan, Tel.: 058 42064, moderner Bungalow, ca. 1 km außerhalb Dungarvans an der N235 gelegen, bietet angenehme Unterkunft.

Jugendherberge/Hostel
Dungarvan Holiday Hostel, Youghal Road, Dungarvan, Tel.: 058 44340, Fax: 052 36141, ganzjährig geöffnet, ab 6 Pfund, 18 Betten in Mehrbett-, Doppel- und Familienzimmern. Fahrradverleih, rollstuhlfreundlich

Caravan/Camping
Caseys Caravan & Camping Park, Dan Casey, Clonea, Dungarvan, Tel.: 058 41919, am Strand gelegen. Mitte Mai-bis Mitte September geöffnet.

Ferienwohnung

Whitechurch House, Kathleen Barron, luxuriöse Ferienwohnungen, Cappagh, Dungarvan, Tel.: 058 68306, Fax: 058 68260. Das unweit von Knockmealdown und den Comeragh Mountains gelegene georgianische Herrenhaus – umgeben von einem schönen Park – wurde hervorragend restauriert und in eine Anzahl individueller Ferienapartments (4 Sterne) aufgeteilt. Preis je nach Saison für Apartment mit 2 Schlafzimmern (5 Schlafplätzen) zwischen 190 und 430 Pfund pro Woche. Hier kann man Golf oder Tennis spielen sowie im Fluß Finisk und Blackwater angeln.

▧ Mount Congreve

Mount Congreve Garden, 8 km westlich von Waterford, hat eine große Pflanzenvielfalt aufzuweisen, u.a. Magnolien, Pinien, Rhododendren und Azaleen. Allein von der "Magnolia campbelli" gibt es zwei schöne Allen. Die "Magnolia sargentiana var robusta" blüht hier in einer ganz seltenen Form, in Weiß und mit 28 Blütenblättern. Man kann mehr als 500 verschiedene Kamelienarten sehen, 30 Bitterkrautarten und Hortensien, die aneinandergereiht eine 1,6 km lange Kette bilden würden. Einer der Höhepunkte ist die "Emmenopterys henryi", die als schönster Baum des chinesischen Waldes gilt. Im Frühjahr blühen Unmengen von Schneeglöckchen, Traubenhyazinthen, Krokussen und Schneestolz, die den harmonischen Eindruck des Gartens abrunden. Nach vorheriger Anmeldung (Tel.: 051 84115) kann der Garten Mo-Fr 9-17 Uhr besichtigt werden.

4.2.6 "4 MAL C": CARRICK-ON-SUIR, CLONMEL, CAHIR, CASHEL

▧ **Carrick-on-Suir**, 21 km östlich von Clonmel, 25 km westlich von Waterford

Sehenswert in dem 5.500 Einwohner zählenden Ort ist neben der mittelalterlichen Brücke über den Suir vor allem Ormond Castle, ein elisabethanisches Herrenhaus.

Ormond Castle

Camping/Caravan
Caravan & Camping Park, Ballyrichard, Kilkenny Road, Carrick-on-Suir, Tel.: 051 640461, geöffnet 8.30 bis 23 Uhr. Netter Campingplatz im Familienbetrieb, mit Küche und anderen Annehmlichkeiten, es gibt auch Unterkünfte für Selbstversorger zu mieten.

◆ **Ormond Castle** ist das einzige Renaissanceschloß Irlands und liegt nicht nur malerisch inmitten von Uferwiesen des Suir, sondern auch an einer strategisch günstigen Stelle mit Zugang zu Clonmel im Westen und zum geschäftigen Hafen Waterford im Südosten. Die beträchtliche architektonische Bedeutung von Ormond Castle entspricht seiner damaligen gesellschaftlichen Rolle. Neben einem

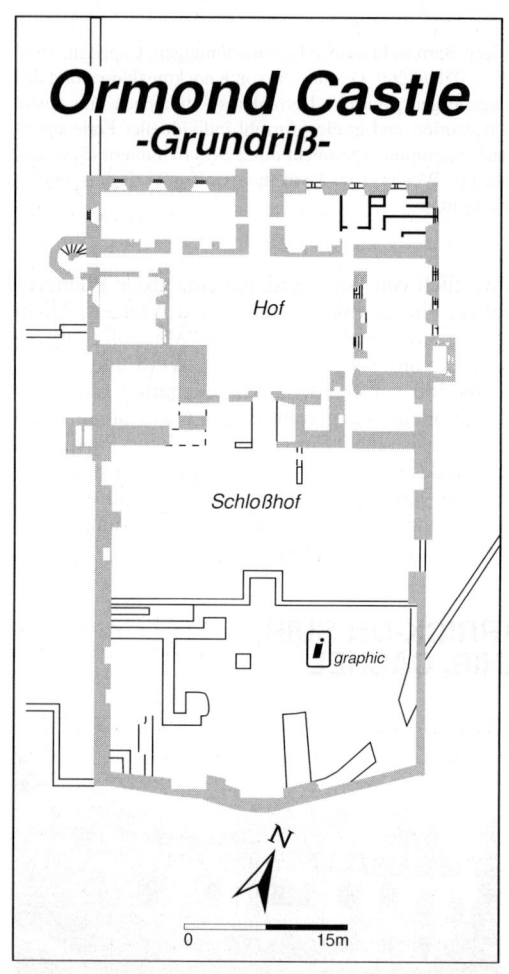

Ormond Castle
-Grundriß-

Hof

Schloßhof

i graphic

N

0   15m

befestigten Wohnsitz aus dem 15. Jahrhundert wurde 1568 ein Herrenhaus errichtet, das heute das einzige erhaltene nicht befestigte Wohnhaus in Irland aus dieser Zeit ist. Mit dem elizabethanischen Anbau wollte Thomas Butler von Ormond seine England- und vor allem Elizabeth-Treue beweisen. Allerdings kam die Königin nie zu Besuch, um den Stuckschmuck, für den Ormond Castle berühmt ist, zu besichtigen. In der besonders schönen langen Halle sind die Abbilder der Königin mit der Überschrift ER (Elisabeth Regina) zu sehen.

Das Schloß kann einschließlich des sehenswerten und erhaltenen Speichergeschosses besichtigt werden.

Geschichte

Die noch bestehenden Gebäude des von den Butlers erbauten Schlosses stammen aus zwei verschiedenen Epochen und wurden von der Familie erstmals im Jahre 1309 bewohnt. Die Zinnentürme und einige Ruinen, über die das Schloß mit dem Fluß auf der Südseite des Landes verbunden war, sind die einzigen Überreste des Gebäudes aus der Mitte des 15. Jahrhunderts. Die großen Gebäude, die sich an die Türme anschließen und das Schloß zur Nordseite hin verlängern, wurden von Black Tom Butler, dem 10. Graf von Ormond, mehr als ein Jahrhundert später erbaut. Das Schloß erlebte seine Blütezeit, als es von Black Tom bewohnt wurde. Er führte den Renaissance-Stil ein und hatte engen Kontakt mit dem Hof der Elizabeth Tudor. Nach Black Toms Tod im Jahre 1614 bezogen seine Nachfolger das Kilkenny Castle, und Carricks Blütezeit war vorbei. Im 18. Jahrhundert wurde das Schloß an einen wohlhabenden Weinhändler verpachtet. Allmählich verfiel das Gebäude, teilweise war es nur noch von einem Hausmeister bewohnt. 1947 erarbeitete OPW einen umfangreichen Plan zur Erhaltung des Schlosses, 1982 wurde das Schloß ganz dem OPW unterstellt.

INFO

Wer war Black Tom?

Tomás Dubh oder Black Tom Butler (gestorben 1614) wurde im Alter von 14 Jahren der 10. Graf von Ormond. Um seine Loyalität zur Krone zu fördern, mußte er bis zum Alter von 22 Jahren am englischen Hof leben. Er und der junge König Edward VI. hatten denselben Lehrer. Bei seiner Krönung wurde Black Tom Butler zum Ritter des Ordens vom Bande geschlagen. Er hatte eine enge Beziehung zu Elizabeth I. und bewies ihr seine Loyalität, als er die im Jahre 1659 von seinen drei Brüdern und James Fitzmaurice angeführte Rebellion vereitelte und weder gemeinsam mit den Geraldines von Kildare noch mit Hugh O'Neill (siehe Kap. 2.1.5) gegen die Königin Partei ergriff. Elizabeth nannte ihn ihren "schwarzen Gatten" und belohnte ihn verschiedene Male, indem sie ihn zum Schatzmeister Irlands und zu ihrem Privatberater ernannte und ihm alle Schulden erließ. Doch Black Tom schien dennoch weiterhin die Sympathien der Iren zu haben. Obwohl er selbst ein loyaler Protestant war, verhalf er dem katholischen Erzbischof von Cashel, Dermot O'Hurley, 1582 zur Flucht vor den Regierungstruppen.

Nahezu alle Überreste des Carrick-on-Suir Castle sind von der Zeit geprägt, als es sich in Black Toms Besitz befand. Er ließ die mittelalterlichen Türme renovieren und neue Fenster einsetzen.

Dieses ist Black Toms wichtigster Beitrag zur irischen Architektur. Im unruhigen sozialpolitischen Klima, das im Irland des Mittelalters vorherrschte und bis in das späte 17. Jahrhundert andauerte, wurden Häuser immer auch für Verteidigungszwecke gebaut – Komfort war kein entscheidener Gesichtspunkt. Nicht so das Herrenhaus, das die Nordseite des Carrick Castles bildet: Es besteht aus einem langen niedrigen und hufeisenförmigen Anbau des früheren Schlosses, das einen kleinen Hof umschließt. Die Fassade hat eine Veranda in der Mitte und ein beeindruckendes achtteiliges Erkerfenster. Die großen Fenster reichen fast bis zum Boden. Nur einige kleine Schießscharten dienen der Verteidigung. Die breiteren Fenster im Obergeschoß stellen die Lange Galerie in den Vordergrund, die sich über die gesamte Länge der Fassade auf dieser Ebene erstreckt. Mit seinen zahllosen Fenstern zeigt Ormond Castle den Reichtum des Erbauers, denn Glasscheiben waren sehr teuer und bis zu dieser Zeit in Irland weitgehend unbekannt. Die Dachlinie wird in regelmäßigem Abstand von einer Reihe von Giebeln mit Blumenornamenten geprägt, die die horizontale Betonung des Gebäudes unterbrechen.

Das Haupttor auf der Nordseite führt durch einen kurzen Durchgang zum Innenhof. Weit oben auf jeder Seite befinden sich zwei inzwischen weitgehend verblichene Fresken, auf denen noch immer die Köpfe von Black Tom und Elizabeth I. mit ihren Initialen und der Jahreszahl 1565 zu erkennen sind. Eine Tür führt vom Innenhof zum rekonstruierten Treppenaufgang. Ein Teil der ursprünglichen Stuckverzierung ist noch immer im Raum am Fuß dieser Treppe zu sehen – ein Wappenfries mit einem Adler, einem Greif und dem "Carrick-Knoten", Motive, die sich im gesamten Herrenhaus wiederholen. Das Ormond Wappen und Familienwappen mit der Jahreszahl 1565 befinden sich über dem offenen Kamin.

Das **Obergeschoß** besteht aus drei großen Räumen, die sich jeweils im Ost- und Westflügel sowie in der Langen Galerie, die sich über die gesamte Nordseite erstreckt, befinden. Da das Herrenhaus nur einen Raum tief ist, also nicht mehrere Räume hintereinanderliegen, sind alle Zimmer auf dieser Etage sehr hell.

Im elizabethanischen England häufig anzutreffen, in Irland jedoch einzigartig, ist die **Lange Galerie** mit einer Länge von ca. 30 Metern. Sie ist großzügig beleuchtet und mit prunkvoller Stuckarbeit versehen. Die Lange Galerie wurde sorgfältig restauriert und die Stuckarbeiten in ihrer ursprünglichen Pracht wiederhergestellt. In diesem Saal befinden sich zwei beeindruckende Kaminsimse. Einer davon wird von dem Ormond Wappen bekrönt, das vermutlich von ortsansässigen Steinmetzen gefertigt und mit einer lateinischen Inschrift versehen wurde. Der zweite Kamin zeigt ein Portrait von Königin Elizabeth mit dem Tudorwappen. Die Decke ist kunstvoll verputzt und zeigt das königliche Wappen und verschiedene Tudor-Wappensymbole, wie z.B. das Fallgitter und die Rose der Tudors. Stucktropfen an den Schnittpunkten bereichern den Gesamteindruck.

Die Holzarbeiten im **Dachboden** sind ein ausgezeichnetes Beispiel elizabethanischer Zimmermannsarbeiten – das gesamte Dach wird ohne Schrauben irgendwelcher Art zusammengehalten. Die Kratzer und Rillen in den Balken sollen noch aus den Tagen stammen, in denen Soldaten im Schloß einquartiert waren, die ihre Messer in das Holz steckten.
Öffnungszeiten: Mitte Juni-Mitte September: täglich 9.30-18.30 Uhr. Auf Wunsch werden Führungen veranstaltet. Eintritt: Erwachsene 2 Pfund, Senioren 1,50 Pfund, Kinder oder Studenten 1 Pfund, Familien 5 Pfund, Gruppen (über 20 Teilnehmer) 1,50 Pfund pro Person. Tel.: 051 640787 (OPW)

▨ Bei einer Fahrt durch friedvolle Weidelandschaft wenige Kilometer nördlich von Carrick-on-Suir lohnen die Hochkreuze von **Kilkeeran**, **Ahenny** und **Killamery** einen Besuch.

Im Friedhof von **Kilkeeran**, ca. 6 km nördlich von Carrick-on-Suir, einer frühen Klosteranlage, über deren Geschichte nichts mehr bekannt ist, stehen drei Hochkreuze aus dem 9. Jahrhundert. Am schönsten ist das sogenannte Westkreuz, auf dessen Ostseite 8 Reiter dargestellt sind, auf der anderen Seite sieht man geometrisch ineinanderverschlungene Motive.

2 km nördlich (von der R 697 abfahren) stehen auf einem Dorffriedhof an der Straße die berühmten Hochkreuze von **Ahenny**, zwei der frühesten auf irischem Boden überhaupt. Sie stammen aus dem 8. Jahrhundert. Ihre fein verschlungenen geometrischen Motive (Spiralen, Gitter) lassen starke Ähnlichkeit mit den großen Handschriften der Zeit, wie beispielsweise dem "Book of Kells", erkennen. Die figurale Darstellung ist auf den Sockel beschränkt. Das nicht mehr vollständige Nordkreuz zeigt eine Prozession und sieben Bischöfe mit Krummstäben, Pferden und Wagen. Das etwas besser erhaltene Südkreuz zeigt Jagdszenen.

Beide Kreuze bestehen aus weichem, leicht zu bearbeitendem Sandstein und haben einen verhältnismäßig kurzen gedrungenen Schaft. Am Schnittpunkt von Armen und Schaft sind sie halbkreisförmig eingekerbt, der Kreuzring ist durchbrochen und recht grazil. Aus der Mitte und auf den Schnittpunkten von Armen und Kreuzring springen fünf Bossen hervor, die den verzierten Cabochons nachempfunden sind und zum Repertoire des Metallhandwerks im 9. Jahrhundert gehörten. Durch die zur Mitte verschobenen Arme wirkt das Hochkreuz recht stuckig. Das Nordkreuz hat eine Art Hut auf, der wie ein Blumentopf aussieht. Vermutlich hatte das Südkreuz einen ähnlichen Aufsatz, von dem jedoch nur noch ein flacher Rest erhalten ist.

Beispiel für ein frühes Hochkreuz

▨ Auch im **Killamery**, 10 km nordwestlich von Ahenny, gibt es ein gut erhaltenes Hochkreuz aus dem 9. Jahrhundert mit einer Vielzahl geometrischer Motive. Auf der Westseite ist eine Kreuzigung zu erkennen. Ursprünglich befand sich auch auf diesem Kreuz eine Kappe wie auf den Ahenny Kreuzen.

▨ **Clonmel**, 35 km westlich von Waterford an der N 24
Das nett am Suir gelegene Städtchen Clonmel wurde unter König Edward I. (1272-1307) befestigt. Zwei Stadttore stehen an beiden Enden der Hauptstraße. Das Westtor ist von 1831, das andere jedoch stammt aus dem 17. Jahrhundert und wurde als Gerichtshof für den Earl of Ormond erbaut. Die gotische Kirche St. Mary wurde im 13. Jahrhundert gebaut und hat wunderschönes Maßwerk im Ostfenster. Leider wurde sie durch die umfassenden Restaurierungsarbeiten im 15. und vor allem später im 19. Jahrhundert stark beeinträchtigt. Ihr Friedhof wird teilweise von der alten Stadtmauer aus dem 14. Jahrhundert umgeben. Im Jahre 1713 kam der Dichter Lawrence Sterne hier in Clonmel zur Welt.

▨ **Holy Cross Abbey**, R 660, ca. 5 km südwestlich von Thurles,
wurde 1180 von Donald Mór O'Brian für Zisterziensermönche erbaut. Anlaß hierfür war ein Splitter vom Kreuz Christi, den der König als Geschenk erhalten hatte und für den er einen Schrein errichten wollte. Diese Reliquie gab der Abtei den Namen und machte sie zu einem beliebten Wallfahrtsort zahlreicher Pilger im Mittelalter. Reliquien dieser Art waren im Mittelalter Garanten wirtschaftlichen Wohlstandes. In den 70er Jahren unseres Jahrhunderts begann man, die Kirche grundlegend zu renovieren und in ihrer einstigen Pracht wiederherzustellen. Von der ersten spätromanischen Kirche aus dem 12. Jahrhundert ist lediglich ein kleines Portal erhalten. Dem 13. Jahrhundert gehören der Westgiebel, das südliche Seitenschiff und der Laienchor an. Die schönsten und beeindruckendsten Bauteile sind jedoch erst in den Jahren 1450-75 enstanden. Hier erreichte die Popularität der Abtei als Pilgerstätte ihren Höhepunkt. Nach der Auflösung der Abtei im

Jahre 1538 wurde der Kreuzessplitter an anderer Stelle aufbewahrt. Heute steht er wieder in der Holycross Abtei neben einer zweiten ähnliche Reliquie und zieht immer noch Katholiken aus aller Welt an.

Holy Cross Abbey

Der Chor mit seinem prachtvollen Fischblasenmaßwerk und dem beeindruckenden Kreuzrippengewölbe gilt als Meisterwerk spätgotischer irischer Baukunst. Die Sedilia (spätes 14. Jahrhundert) im Chor hat drei von Kielbögen überspannte Nischen mit floraler Verzierung. Über den Sitznischen sind unter anderem die Wappen der Butlers zu erkennen. Im nördlichen Querschiff ist eine der in Irland so raren Wandmalereien erhalten. Vermutlich stammt sie aus dem 15. Jahrhundert. Das in Rot, Grün und Braun gehaltene Fresko zeigt eine lebhafte Jagdszene. Das südliche, ebenfalls von einem kunstvollen Kreuzrippengewölbe überdachte, Querschiff hat zwei Ostkapellen, die durch eine etwas erhöhte Plattform verbunden werden, auf der gedrehte Säulen ein Gewölbe tragen. Diese als "Monks Waking Place" bekannte Stelle diente einst wahrscheinlich als architektonisches Behältnis für den kostbaren Kreuzsplitter. Bemerkenswert ist auch das Gewölbe unter dem gedrungenen Vierungsturm mit dem fast verspielt wirkenden Bauschmuck. In der Nordwestecke sitzt unter einem der Kragsteine eine steinerne Eule, unter dem Südostpfeiler knien zwei Engel.

■ **Cashel**, 50 km südwestlich von Kilkenny an der N8
Die wichtigste Sehenswürdigkeit und das Wahrzeichen in dem ca. 3.000 Einwohner zählenden gemütlichen Städtchen ist der berühmte Rock of Cashel, der weithin sichtbar über die Ebene ragt.

Cashel war die alte Hauptstadt der Könige von Munster und lange Zeit politisches und religiöses Zentrum der Region. Der Ort hat eine gut ausgebaute touristische Infrastruktur.

Abgesehen vom Rock of Cashel gibt es im Ort weitere Besucherattraktionen, beispielsweise das Folk Village in der Dominic Street. Für Liebhaber von Folklore mag ein Besuch in den Musikveranstaltungen des Brú Ború lohnen.

Information
Town Hall Cashel, Tel.: 062 61333, Mai-September geöffnet

Stadtrundgang
Treffpunkt ist vor dem Tourist Office, Mo-Sa um 11.30 und 15 Uhr, Unkostenbeitrag: Erwachsene 1 Pfund, Studenten/Senioren 50 Pence. Dauer: 1 Stunde und 15 Minuten.

Busauskunft
Rafferty Travel, Tel.: 06262121

Heritage Centre
(Cashel of the Kings): Tel.: 062 62511/61133/61166, Fax: 062 61789. Für den Besuch des Heritage Centre sollte man, incl. der audiovisuellen Vorstellung, ca. 2 ½ Stunden einplanen.

Spaziergang
Ein schöner Spaziergang führt zu den grauen, hohen Ruinen der Hore Abbey, die in den grünen Wiesen, die den Burgberg einbetten, liegt. Sie wurde im Jahre 1272 gegründet.

Hotel/B&B
● Bailey's of Cashel, Main Street, Tel.: 062 61937, Fax: 062 62038. Preiswertes, schlichtes Gästehaus mit acht Zimmern und gutem Restaurant.
● Rectory House Hotel, Dundrum, Cashel, Co. Tipperary, Tel.: 062 71266 Fax :062 71115. Von einem schönen Garten umgebenes, ruhiges Hotel im Familienbetrieb mit 10 behaglichen Zimmern. Mittlere Preisklasse.
● Cashel Palace Hotel, Main Street, Tel.: 062 61411, Fax: 062 61521. Das elegante Herrenhaus wurde in den 30er Jahren des 17. Jahrhunderts gebaut und ist von einem schönen Garten umgeben. Gehobene Preisklasse.
● Dundrum House Hotel, Dundrum, Cashel, Tel.: 062 71116, Fax: 062 713666, Elegantes, stattliches georgianisches Herrenhaus, sehr ruhig gelegen. Das Hotel verfügt über einen eigenen 18-Loch-Golfplatz, den "County Tipperary Golf and Country Club". Das Rodemore Restaurant ist täglich 19-21.30 Uhr, So 12.30 bis 14.30 Uhr geöffnet. Gehobene Preisklasse

Jugendherberge/Hostel
● Cashel Holiday Hostel, 6 John Street, Tel.: 062 62330, Fax: 62445, Inh.: P.J. Quinlan, ganzjährig, ab 5,50 Pfund, 42 Betten, Mahlzeiten, Familienzimmer, Waschmaschine, Fahrradverleih
● O'Brians Farm Hostel, St. Patrick's Rock, Dundrum Road, Cashel, Tel.: 062 61003, ganzjährig, ab 6 Pfund, 15 Betten, Familienzimmer, Camping, Fahrradverleih, rollstuhlfreundlich

Restaurant/Pub

● Chez Hans, am Fuß des Burghügels, Tel.: 062 61177. Das von Deutschen geführte Gourmetlokal ist in einer ehemaligen Kirche untergebracht.

● Alices Bistro, 105 Main Street, Tel.: 062 62170. Das Bistro bietet gute Qualität und freundlichen Service zu angenehmen Preisen. Unter anderem gibt es Steaks, Lasagne und frische Salate. Mo-Sa 10-22 Uhr, So 12-22 Uhr

● Dowling's Pub ist ein gemütlicher Pub im Familienbetrieb, wo man auch Bar-Food zu sich nehmen kann.

◆ **Der Rock of Cashel**

Geschichte

Im 4. oder 5. Jahrhundert errichtete der König von Munster hier ein Steinfort. Im Gegensatz zu anderen Königssitzen ist der Kalksteinfelsen nicht als prähistorische Kultstätte bezeugt. Die Legende sagt, daß der hl. Patrick am Cashel Rock ein Kleeblatt gepflückt und damit die Dreifaltigkeit erklärt haben soll.

Dies gilt als die Geburtsstunde des irischen Emblems. König Aenghus empfing hier (um 450) die Taufe aus der Hand des hl. Patrick. Der Sockel des St. Patrick Kreuzes (11./12. Jahrhundert) soll der Taufstein gewesen sein. Allerdings steht lediglich fest, daß er in späteren Jahren als Krönungsstein genutzt wurde und so den Hegemonialanspruch der Munster-Könige durch die Patrick-Tradition stützen half. Die mächtigen Fürsten besaßen alle geistliche und weltliche Macht: Der bekannteste unter ihnen, Cormac I. (um 900), war König, Bischof und Dichter.

Hochkönig Brian Boru residierte ebenfalls hier. Es gilt als gesichert, daß er im Jahre 977 hier gekrönt wurde. Im Jahre 1101 schenkte der um die Reform der irischen Kirche bemühte Muirchertach den Bergkegel der Kirche und hielt in der Burg eine Reformsynode ab.

Rock of Cashel

Im 12. und 13. Jahrhundert entstanden eine Kathedrale, eine Kapelle und ein Rundturm, der noch heute am nördlichen Querschiff der Kathedrale steht. Die Gebäude zeugen von kontinentalem Einfluß, aber der irische Süden hatte sich gegenüber fremden Einflüssen schon immer offener erwiesen als beispielsweise der hartnäckig am gaelischen Erbe hängende und die englische Herrschaft bekämpfende Westen und Nordwesten der Insel.

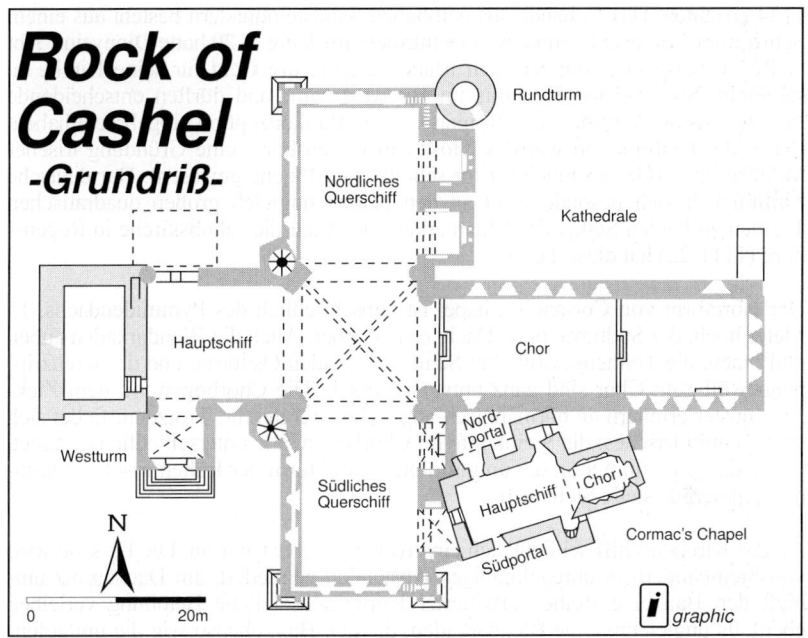

Rock of Cashel
-Grundriß-

Rundturm

Nördliches Querschiff

Kathedrale

Hauptschiff

Chor

Westturm

Nord-portal

Südliches Querschiff

Hauptschiff

Chor

Cormac's Chapel

Südportal

N

0   20m

i graphic

Beschreibung

Man betritt das Gelände durch die "Hall of Vicar's Choral" (Saal der Chorvikare), ein aus dem 15. Jahrhundert stammendes Gebäude. Man hat sie samt der bemalten Holzdecke rekonstruiert und ein kleines Museum eingerichtet. Zu sehen sind Funde aus der Bronzezeit, liturgische Geräte und verschiedene skulptierte Steinfragmente. Darunter ist auch das Fragment eines Hochkreuzes aus dem 12. Jahrhundert, das leider stark verwittert ist. Auf der einen Seite zeigt es ein Hochrelief des hl. Patrick, auf der anderen die Kreuzigung. Auf dem Sockel sind kaum noch erkennbare ineinanderverwobene Tiere und geometrische Motive dargestellt. Eine Kopie dieses Kreuzfragments befindet sich jetzt auf dessen ursprünglichem Standort vor der Kathedrale. In einem Nebenraum kann man sich einen Film anschauen, der – in verschiedenen Sprachen – über die Geschichte des Rock of Cashel anschaulich informiert.

Die St. Cormac's Chapel

Zwischen dem südlichen Querschiff und der Südseite des Chors lehnt sich Cormac's Chapel an die Kathedrale – ein Kleinod der iro-romanischen Baukunst, nicht nur wegen seiner überaus reichen Ornamentik, sondern auch als richtungsweisender Bau für den Stil späterer irischer Kirchen.

Dieses bedeutendste Bauwerk der irischen Romanik ließ Fürstbischof Cormac II. Mac Carthy, König von Desmond und Bischof von Cashel, zwischen 1127 und

277

1134 errichten. Das Gebäude aus gelblichen Sandsteinquadern besteht aus einem Schiff mit Chorabschluß und zwei Osttürmen. Im Jahre 1120 hatte Dionysius, Abt in Regensburg, vier Männer nach Irland gesandt, um Geld für seine Kirche zu sammeln. Sie brachten Kenntnis im Bauwesen mit und dürften entscheidende Impulse aus der kontinentalen Romanik in die Baukonzeption eingebracht haben. (Nach der Reformation war das Kloster in Regensburg, eine Gründung irischer Mönche um 1100, ein Fluchtort für schottische Mönche gewesen). Der deutsche Einfluß läßt sich besonders gut an den beiden ungleich großen quadratischen Türmen zu beiden Seiten des Chors erkennen. Auch die Jakobskirche in Regensburg (1111-22) hat diese Türme.

Der Nordturm von Cormac's Chapel ist, einschließlich des Pyramidendachs, 15 Meter hoch, der Südturm, ohne Dach, etwas höher. Auch die Blendarkaden außen und innen, die Tonnengewölbe im Schiff, die beiden Osttürme und das Kreuzrippengewölbe im Chor sind ganz untypisch irisch. Die Chorbögen mit dem Zickzackmuster erinnern an normannisch-englische Architektur. Trotzdem findet sich auch genuin Irisches: die Steinköpfe im Chorbogen, alle unterschiedlich gestaltet, sowie das noch immer an die umgestülpte Schiffsform der frühen irischen Oratorien erinnernde steile Steindach.

An das Kirchenschiff schließt sich ein etwas kleinerer Chor an. Die Fassade wird von Steinbändern in unregelmäßigen Abständen gegliedert, am Dachansatz umläuft den Bau eine Reihe verwitterter Köpfe. Zusätzliche Betonung verleihen ebenfalls ungleichmäßige Blendarkaden, die den Bau, ebenso wie die umlaufenden Steinbänder, optisch in die Länge ziehen, um so den Eindruck einer unproportionierten Höhe, den vor allem das steile Dach schafft, etwas zu reduzieren. Wunderschön muß die kleine Kirche gewirkt haben, als sie noch nicht von der Kathedrale erdrückt wurde. Von den beiden Portalen in der Süd- bzw. Nordmauer ist das Nordportal das kunst- und ausdrucksvollere. Es besteht aus sechs Bögen, die mit tief eingeschnittenen Zickzackbändern verziert sind. Auch der darüberliegende Giebel ist mit senkrecht und waagerecht verlaufenden Zickzackmustern sowie hübschen Rosetten ornamentiert. Das Tympanon zeigt die ausdrucksstarke Skulptur eines kleinen Kentauren, der mit seinem Pfeil auf einen großen, liegenden Löwen zielt. Das Südportal bilden zwei zurückgesetzte Bögen mit Zickzackornamenten.

Der Innenraum

Den Innenraum der Cormac's Chapel bilden Hauptschiff und Chor. Letzterer wird lediglich durch kleine Fenster in der Süd- und Nordmauer erhellt. Die Kirche hat keine Seitenschiffe, dafür sind Süd- und Nordmauer des Hauptschiffs durch je zwei Blendarkaden gegliedert. Um das schwere, steile Steindach zu tragen, hätten die Gewölbe allein nicht ausgereicht, deshalb wurde über dem Tonnengewölbe des Hauptschiffs eine Kammer eingesetzt, deren Wände das Dach stützen helfen. Ob diese Methode des "Doppeldachs" bereits in den frühen irischen Steinbauten Anwendung fand oder ob Cormac's Chapel der Prototyp dieser Konstruktion war, der viele Nachahmer fand, ist nicht eindeutig geklärt. Keinen Zweifel gibt es darüber, daß die Perfektion der Bauweise von Cormac's Chapel von keinem anderen irischen Bau dieser Art erreicht wurde. Den Übergang vom Hauptschiff zum Chor bildet ein etwas asymmetrischer Chorbogen über vier Säulen. Im äußersten Bogen sind über 30 Köpfe angeordnet, meist realistisch ausgeführt, mit hohen Backenknochen und scharfgeschnittenen, langen Nasen. Freskenreste im Chor lassen darauf schließen, daß die kleine Kirche reich bemalt gewesen sein muß. Die Altarnische ist mit einer dreibogigen Blendarkade mit gedrehten Säulen ausgefüllt. An beiden Seiten ist jeweils ein weiterer Blendbogen. Auch über dem Bogen am Ostende des Chors befindet sich ein Halbkreis mit menschlichen Köpfen, ebenso an den Rippen des Chorgewölbes und an den Fenstern. Am Westende der Kirche steht ein Sarkophag (12. Jahrhundert), der mit ineinander verschlungenen dicken und dünnen Schlangen verziert ist.

Die Kathedrale

Sie ist das größte Gebäude auf dem Felsen. Sie wurde im 13. Jahrhundert errichtet und besteht aus Hauptschiff, Chor, zwei Querschiffen, Vierungsturm und Wohnturm des Bischofs im Westen. 1230 wurde mit dem Chor begonnen. Querschiffe, Hauptschiff und Vierung folgten innerhalb von 30 Jahren. Die Kürze des Haupt-

schiffs läßt darauf schließen, daß der Bau nie in seiner ganzen Länge fertiggestellt wurde. Im 14. Jahrhundert entstanden der Vierungsturm und der befestigte, mit Zinnen versehene Westturm als Wohnsitz für Erzbischof O'Hedigan. Den Vierungsturm tragen vier mächtige Bündelpfeiler, deren Kapitelle mit Köpfen

Bauschmuck an der Kathedrale

und Blattwerk geschmückt sind. Im nördlichen Querschiff befinden sich einige sehenswerte Gräber aus dem 15. und 16. Jahrhundert sowie eine Reihe fein gearbeiteter Skulpturen, die verschiedene Heilige, Apostel und apokalyptische Tiere darstellen. Die Nordostecke des nördlichen Querschiffs überragt ein fast 28 Meter hoher Rundturm aus dem 11. Jahrhundert mit Kegeldach und teils rechteckigen, teils spitzbogigen Fenstern.

Öffnungszeiten: täglich: Mitte März-Mitte Juni 9.30-17.30 Uhr, Mitte Juni-Mitte September 9-19.30 Uhr, Mitte September-Mitte März 9.30-16.30 Uhr. Eintritt: Erwachsene 2,50 Pfund, Kinder/Studenten 1 Pfund, Senioren 1,75 Pfund, Familien 6 Pfund. Weitere Auskunft erhält man unter Tel.: 062 61437

▓ **Brú Ború** ist "A great night of Irish music, song & dance, a magical evening and pure tradition. A real Irish experience!"
Die Show wurde anläßlich der Weltausstellung in Japan 1990 und 1992 in Spanien dargeboten. Während der Sommermonate Di-Sa um 21 Uhr, Eintritt: 5 Pfund.

Im Brú Ború-Restaurant kann man sich vor der Show ab 19.30 Uhr stärken. Reservierungen werden erbeten unter: Tel.: 062 61122 oder, Fax: 062 62700.

▨ **Cashel Folk Village** ist ein volkskundliches Freilichtmuseum in einem rekonstruierten Dorf mit Häusern aus dem 18., 19. und 20. Jahrhundert sowie vielfältigen Dokumenten zur Unabhängigkeitsbewegung und zum Bürgerkrieg 1916. Öffnungszeiten: täglich März und April 10-18 Uhr, Mai-Oktoberr 9.30-19.30, Eintritt: Erwachsene 2 Pfund, Kinder 50 Pence, Tel.: 062 62525, Fax: 062 62322

▨ Sehenswert ist auch die **Bolton Library** in der John Street, eine Sammlung alter Handschriften aus dem 12. Jahrhundert und wertvoller Bücher aus den frühen Jahren des Buchdrucks, die der 1730-44 amtierende Erzbischof von Cashel, Theophilus Bolton, zusammentrug. Die Bibliothek beherbergt wertvolle Ausgaben u.a. von Dante, Swift, Calvin und Newton. Besichtigung nach Anmeldung unter Tel.: 062 61232/71332. Eintritt 2 Pfund.

Tip: Wandern

Von Cashel lohnt sich in östlicher Richtung ein Ausflug über **Bansha** in die schöne und in letzter Zeit an den Hängen wiederaufgeforstete Landschaft des **Glen of Aherlow**. Nördlich des Tals dehnt sich die fruchtbare Ebene bis Tipperary aus, im Süden erreichen die Galtee Mountains, deren Gipfel meist Deckenmoore einnehmen, zum Wandern geeignete Höhen bis zu 900 Meter. Hier kann man die unberührte irische Natur genießen. Unterkunftsmöglichkeiten sind vorhanden. Auskunft und Wanderkarten in der Tourist Information in Tipperary oder Cashel.

Unterkunft

Lismacue House, Katherine & Jim Nicholson, Bansha, Co. Tipperary, Tel.: 062 54106, Fax: 062 54126. Das Herrenhaus (seit seiner Entstehung 1813 war das Anwesen das Familienhaus von Kate) liegt am Fuße der Galtee Mountains, und eine wunderschöne Baumallee führt zu dem Gebäude. Lismacue House bietet wunderbare Übernachtungsmöglichkeiten in fünf wunderschönen Zimmern. Hidden Ireland.

JH **Jugendherberge/Hostel**

Ballydavid Wood Youth Hostel, Glen of Aherlow, Tel.: 062 54148

Das Gebiet zwischen Cashel und Limerick, das sogenannte **"Goldene Vein"** ist besonders fruchtbar, die Weiden am fettesten, die Böden am schwersten und die Ernten am besten. Darüber hinaus ist die Gegend wie die gesamte Grafschaft Tipperary landschaftlich besonders eindrucksvoll.

▨ **Tipperary**, 22 km nordwestlich von Cahir, 19 km westlich von Cashel an N24 und N74. Die Stadt mit 5.000 Einwohnern, Hauptstadt der gleichnamigen Grafschaft, gibt einen authentischen Eindruck von einer irischen Kleinstadt aus dem 19. Jahrhundert. Typisch sind auch hier wieder die bunt bemalten Häuserfassaden.

i **Tourist Information**
● James Street, Tel.: 062 51457, ganzjährig geöffnet.
● **Travel Information**, Rafferty Travel, Tel.: 062 51555

▓ **Cahir**, 18 südlich von Cashel, 16 km westlich von Clonmel
Cahir (von Cathair = befestigte Stadt) ist ein hübscher 800 Einwohner zählender Ort, der sich malerisch um einen hübschen Marktplatz gruppiert.

Hotel
Kilcoran Lodge Hotel, Kilcoran, Cahir, Co. Tipperary, Tel.: 052 41288, Fax: 052 41994. Das Hotel ist von einem schönen Garten umgeben und bietet angenehme Unterkunft und gute Speisen. Es gibt einen Fitnessraum und einen Swimmingpool. Mittlere Preisklasse

Jugendherberge/Hostel
● Lisakyle Hostel, Lisakyle, Cahir, Tel.: 052 41963, ganzjährig geöffnet, 17 Betten, ab 6 Pfund, Familienzimmer vorhanden, Camping ist auf dem Gelände möglich. Rollstuhlfreundlich.
● Kilcoran Farm Hostel, Kilcoran, Cahir, Tel.052 41906, Fax: 42630 ganzjährig geöffnet, nur 11 Betten, Mahlzeiten möglich, Familienzimmer, rollstuhlfreundlich.

Tourist Information
Castle Street, Tel.: 052 41453, Mai bis September geöffnet

Die besondere Anziehungskraft des Ortes ist das auf einer kleinen Felsinsel im Fluß Suir liegende trutzige **Cahir Castle**. Es wurde 1142 von Conor O'Brian errichtet und ist eine der weitläufigsten Anlagen in Südirland. Im Laufe der Zeit wurde es mehrfach umgebaut. Die Festung galt als uneinnehmbar, bis sie 1599 nach nur zehntägiger Belagerung vom Earl of Essex, dem Günstling Elizabeths I., eingenommen wurde. In den Wirren des 17. Jahrhunderts wechselte sie mehrfach den Besitzer, 1650 gehörte sie Cromwell, fiel später jedoch wieder an die Butlers zurück. 1840 und 1964 wurde sie restauriert. Heute zeigt sich die Burg in fast perfektem Erhaltungszustand. Die massiven Außenmauern sind mit runden und quadratischen Türmen verstärkt. Innen erhebt sich der eindrucksvolle dreistöckige Bergfried, in dem die große Halle mit Kamin und die Einrichtung des 17. Jahrhunderts besichtigt werden können.
Öffnungszeiten: täglich: April-Mitte Juni 10-18 Uhr, Mitte Juni-Mitte September 9-19.30 Uhr, Mitte September-Mitte Oktober 10-18 Uhr, Mitte Oktober-März 10-16.30 Uhr. Oktober-März 13-14 Uhr geschlossen. Letzter Einlaß 45 Minuten vor Schluß. Führungen auf Wunsch, Auskunft erhält man unter Tel.: 052 41011.
Eintritt: Erwachsene 2 Pfund, Senioren 1,50 Pfund, Kinder/Studenten 1 Pfund, Familien 5 Pfund, Gruppen 1,50 Pfund pro Teilnehmer. Regelmäßige Filmvorführungen in englisch, französisch, deutsch und italienisch, die die Geschichte der Burg erläutern.

▓ **Swiss Cottage**, ca. 2 km südlich von der Straße nach Ardfinnan ab
Swiss Cottage liegt in einem kleinen Waldstück malerisch auf einer Anhöhe mit herrlichen Ausblicken auf den River Suir. Das Landhaus ist ein sehr schönes Beispiel für ein "cottage orné" des frühen 19. Jahrhunderts. Der dekorative Übermut und die anscheinend beiläufigen architektonischen Details machen das Haus vielleicht zu einem der romantischsten Landhäuschen der Welt. Im frühen 19. Jahrhundert war es in Irland bei den gebildeten und wohlhabenden Menschen Mode, die Freizeit in extra dafür gebauten, meist rohrgedeckten Cottages zu ver-

Swiss Cottage

bringen und dort das "einfache" Leben zu genießen. Es wurde 1810 von Richard Butler, dem 12. Baron of Cahir und späteren Earl of Glengall, und seiner Frau in Auftrag gegeben. Der ausführende Architekt war der königliche Hofarchitekt John Nash. Richard Butler war ein Abkömmling der Butlers of Ormond, die seit dem 15. Jahrhundert in dieser Gegend ansässig waren. Das Haus wurde als Jagdhütte und für Angelausflüge genutzt. 1853 wurde es verkauft, 1877 allerdings von den Enkelkindern des einstigen Besitzers erneut erworben. Von 1895 bis 1980 befand sich Swiss Cottage in der Hand der Heavey-Familie. Danach stand es einige Zeit leer, bis es schließich unter die Obhut des OPW gestellt und sorgfältig renoviert wurde.

Hauptkennzeichen des Hauses ist das lang heruntergezogene Reetdach, unter der sich eine breite, rustikale Veranda verbirgt. Im Erdgeschoß gibt es drei Zimmer: die Halle mit einer schönen Treppe, links der Salon, rechts der Ballsaal, wo man noch die original verzierten Fenster sehen kann. Im Kellergeschoß befanden sich einst der Weinkeller und die ehemalige Küche. Von hier aus kann man durch eine unterirdische Passage, die zu den Treppen am Flußufer führt, das Cottage verlassen. Im oberen Geschoß befinden sich die Schlafzimmer. Eines davon hat wertvolle Tapeten, die 1770 von Robinsons of Ballsbridge, Dublin, gefertigt wurden. Die originale Inneneinrichtung ist nicht mehr vorhanden. Heute ist das Haus mit ausgewählten Stücken im gleichen Stil eingerichtet. Der umgebende Garten ist ebenfalls im Sinne des rustikalen Landlebens gestaltet. Eine Besichtigung des Hauses ist nur mit Führung (Dauer 20 Minuten) möglich.
Öffnungszeiten: Mitte März, Oktober und November: Di-So 10-16.30 Uhr, April: Di-So 10-17 Uhr. Montags außer an Bank Holidays und im März, April, Oktober und November zwischen 13 und 14 Uhr geschlossen. Mai-September: täglich 10-18 Uhr. Letzter Einlaß 45 Minuten vor Schluß. Eintritt: Erwachsene 2 Pfund, Senioren 1,50 Pfund, Kinder/Studenten 1 Pfund, Familien 5 Pfund, Gruppen 1,50 Pfund pro Teilnehmer. Weitere Auskünfte unter Tel.: 052 41144. OPW.

Tip: Spaziergang
Vom Cottage kann man wunderschön am Flußufer entlang einen "Riverside Walk" machen und bis zum Castle spazieren.

■ **Mitchelstown Cave**, zwischen Cahir und Mitchelstown bei Burncourt (N 8) gelegen.
Hier können drei Kalksteinhöhlen besichtigt werden, von denen eine 60,8 x 48,6 Meter groß ist. Die beeindruckenden Gestaltformationen wurden mit poetischen Namen, wie "Turm zu Babel", "Adlerflügel" oder "Säulen des Herakles", belegt.

In der riesigen mittleren Höhle, dem "Haus of Lords", wurde 1972, als das elektrische Licht installiert wurde, ein Dinner für 150 Gäste abgehalten. Öffnungszeiten: ganzjährig, täglich 10-18 Uhr. Eintritt: Erwachsene 2,50 Pfund, Studenten 1 Pfund, Kinder 50 Pence, weitere Auskunft unter Tel.: 052 67246.

Angeln

1992 wurde mit 40.000 Pfund ein Programm gestartet, das die Angelmöglichkeiten im Fluß Suir verbessern und die Flußläufe für Angler besser zugänglich machen sollte. "A Trout Angler's Guide to the River Suir", eine Publikation des Southern Regional Fisheries Board, kann man in den lokalen Tourist Information erhalten. Telefonische Auskunft unter Tel.: 052 23624.

■ 1 km südlich von **Clogheen** an der Straße "The Vee", befindet sich **Glenleigh**, eine wunderschöne Gartenanlage.

Der Garten von Glenleigh liegt an den Ausläufern des Knockmealdown Gebirges und umfaßt ein Areal von 20.000 Quadratmetern. Der enorme Bestand an riesigen Eichen, Birken, Lärchen und schottischen Fichten ist beeindruckend. Daneben gibt es eine sanfte Graslandschaft und einen kleinen Bach, an dessen Ufern sich wasserliebende Primeln, Schwertlilien und die riesigen regenschirmartigen Gunneras besonders wohlfühlen. In den niedrigen Wäldern wachsen Kamelien, Azaleen, Hundezahn-Veilchen ("Erythronium dens-canis") und Fingerhut. Pflanzen aus Südafrika und aus Südamerika wachsen hier ebenso wie Hortensien, Rhododendren und Stauden.

Öffnungszeiten: April-Oktober täglich von 10 Uhr bis zum Sonnenuntergang, Eintritt: Erwachsene 3 Pfund, weitere Auskunft erteilt Edgar Calder-Potts, Tel.: 052 65251

Camping/Caravan

Caravan & Camping Park, Parsons Green, Clogheen, Tel.: 052 65290. Preise betragen für einen Caravan oder Campervan 8 Pund pro Nacht sowie 1 Pfund für Elektrizität. Zelte kosten 5 Pfund pro Nacht. In dem Park kann man auch Ferienwohnungen mit 2 oder 3 Betten mieten, die im April-September 150 Pfund pro Woche kosten, im Oktober-Ende März 120 Pfund pro Woche.

■ Hinter Clogheen führt **The Vee**, eine kurvenreiche, schmale Straße durch die an die 800 Meter heranreichenden Knockmealdown Berge nach **Lismore**. Entlang der Strecke verläuft die Grenze zwischen Tipperary und Waterford. Man hat herrliche Ausblicke auf die sanft ansteigenden Hänge mit Nadelhölzern und Akazienbüschen zur einen und auf die fruchtbare Suir-Tiefebene zur anderen Seite.

4.2.7 ENTLANG DEM RIVER BLACKWATER: LISMORE, YOUGHAL UND ARDMORE

■ **Lismore** wurde im Jahre 636 von St. Carthage gegründet und entwickelte sich bis zum 8. Jahrhundert hin zu einer großen Klosterschule. Der heute im Grunde relativ unbedeutende Ort hat sich einiges der ursprünglichen Bausubstanz aus dem 18. und 19. Jahrhundert bewahrt. Am Fluß Blackwater kann man entlang dem "Lady Louisa's Walk" schön spazierengehen.

Als sogenannte Heritage Town verfügt Lismor natürlich auch über ein **Heritage Centre**, das im Old Courthouse eingerichtet worden ist. Hier kann man sich mittels einer Multivisionsshow und einer Ausstellung über die belebte Vergangenheit Lismores von der keltischen Vergangenheit bis heute informieren. Öffnungszeiten: April-Mai: Mo-Fr 10-17.30 Uhr, So 14-17.30 Uhr, Juni-August: Mo-Sa 9.30-17.30 Uhr, So 12-17.30 Uhr, September: Mo-Sa 10-17.30 Uhr, So 12-17.30 Uhr, Oktober: So 14-17.30 Uhr. Tel.: 058 54975, Fax: 058 53009

◆ **Lismore Castle** befindet sich heute in Privatbesitz, aber die herrlichen Schloßgärten sind zu besichtigen. Der Haupteingang zum Garten liegt direkt in Lismore. Die ehemalige Burg des 12. Jahrhunderts wurde im 19. Jahrhundert in ein neogotisches Schloß umgebaut. In dem bezaubernden Garten, der in einer Waldlandschaft liegt, wachsen Magnolien, Kamelien und seltene Sträucher. Bemerkenswert ist ein von Eiben gesäumter Weg. Es wird erzählt, daß der Dichter Edmund Spenser (um 1520-1599) hier einen Teil der "Fairie Queen" geschrieben habe. Die Mauern und Türme an der westlichen Grenze des Gartens wurden 1526 und 1527 vom ersten Herzog von Cork gebaut. Während der Besetzung des Schlosses 1642 spielten sie eine wichtige Rolle. Der Reitstall, der den oberen und unteren Teil des Hauses verbindet, wurde 1631 errichtet, ein Jahr später dann die Mauer zwischen dem Reitstall und dem Schloß. 1814 fand man in einem zugemauerten Eingang ein Holzkistchen mit einer Handschrift aus dem 15. Jahrhundert und dem berühmten Krummstab, der heute in Dublin im Nationalmuseum ausgestellt ist (siehe Kap. 4.1.3.5)

▩ **Youghal**, 30 km östlich von Cork an der N25

An der Mündung des Blackwater River gelegene, kleine Stadt mit 6.000 Einwohnern. Die alte Hafenstadt und Festung war nacheinander dänisch und normannisch. Der Ort ist vor allem für seine Spitzenherstellung bekannt und für seinen 8 km langen Sandstrand. Der Name "Youghal" stammt von dem Eibenwald ab, der hier einst existierte (Eibe = Yew), und wird "Yawl" ausgesprochen.

Der Ort blickt auf eine reiche Geschichte zurück. Sir Walter Raleigh (1552-1608) war kurze Zeit Gouverneur der Stadt. Hier in Youghal soll der Überlieferung zufolge der spätere Freibeuter erstmalig gepflanzt haben: die Kartoffel. Im 19. Jahrhundert wurde sie das Hauptnahrungsmittel der Iren. Angeblich hat Sir Raleigh im elizabethanischen Myrtle Grove, unterhalb der Kirche, gelebt. Dieses ist neben Ormond Castle das einzige in Irland erhaltene Gebäude aus dieser Zeit.

Heute ist Youghal ein moderner, lebendiger Ort und besonders bei Familienurlaubern beliebt. Durch den Ort zieht sich, wie in so vielen Kleinstädten Irlands, eine lange geschäftige Hauptstraße mit kleinen Geschäften, Pubs und Cafés, die zum Bummeln und Verweilen einladen.

Die Hauptstraße wird von einem vierstöckigen **Uhrenturm** aus dem Jahre 1776 überspannt. Man kann über steile Treppen auf die Stadtmauer hinaufklettern, deren Fundamente zum Teil aus dem 13. Jahrhundert, zum größten Teil jedoch aus späterer Zeit stammen.

Von dort aus hat man einen schönen Blick auf den Ort mit vielen Häusern aus dem 18. und 19. Jahrhundert.

Unweit lohnt die wohlerhaltene **St. Mary's Church** aus Naturstein einen Blick. Sie stammt aus dem 13. Jahrhundert und ersetzte eine ältere Kirche aus dem 11. Jahrhundert. 1498 wurde das östliche Fenster eingesetzt. Im Inneren sind einige interessante Grabsteine und viele Exponate zur irischen Geschichte ausgestellt.

Der Memorial Park an der Promenade ist dem Gedenken irischer Freiheitskämpfer gewidmet.

Youghals Uhrenturm

Hinweis
Der Film Moby Dick von John Huston mit Gregory Peck in der Hauptrolle wurde zum Teil in Youghal gedreht (1956).

Tourist Information
Heritage Centre, Market Square, Tel.: 024 92390/92447, Fax: 024/92447, Juni bis Mitte September geöffnet

Tip: Unterkunft & Restaurant
Aherny's Seafood Bar, 163 North Main Street, Youghal, Co. Cork, Tel.: 024 92424, Fax: 024 93633, ein sehr empfehlenswertes Restaurant mit Unterkunftsmöglichkeiten (10 Zimmer, alle mit Bad) Aherny's ist in der 3. Generation im Familienbesitz, ganzjährig geöffnet, mittlere Preisklasse. Aherny's wird im "Blue Book" empfohlen.

Pub
Gemütlich gehts im "Buttimer's", Market Dock, und in "The Nook" in der Main Street zu. Im letzteren wird häufig irische Folklore gespielt.

Feste/Feiern
Ende Juni/Anfang Juli findet in Youghal das "Walter Raleigh Potatoe Festival" statt.

Caravan- und Campingplatz
● Clayside Caravan Park, Tel.: 024 92227 und Summerfield Caravan Park, Tel.: 024 93537.
● Sonas Caravan and Camping Park, Ballymacoda, 10 km von Youghal entfernt, Tel.: 024 98132
Beide Plätze liegen direkt am Strand.

Hunderennen
Jeden Dienstag und Freitag finden um 20 Uhr Greyhoundrennen statt, Auskunft unter Tel.: 024 92305

Golf
Der Golfplatz wurde 1898 gegründet und ist sehr schön gelegen. Auskunft unter Tel.: 024 92787, Fax: 024 92641

Tennis
Die Tennisplätze liegen hinter der Strand Church. Gäste sind willkommen. Täglich von 9-23 Uhr, eine Stunde kostet 1 Pfund. Ausrüstung kann man leihen, Tel.: 024 93810

Stadtrundgänge
Juni, Juli und August Mo-Sa um 11 Uhr und um 15 Uhr. Die Führungen beginnen bei der Tourist Information und dauern ca. 90 Minuten. Weitere Auskunft erhält man unter Tel.: 024 92390/92447. Erwachsene 2,50 Pfund, Senioren und Kinder 1 Pfund.

Bootstour
Täglich um 15 Uhr vom Bootsableger am Market Square. Die Tour dauert ca. 90 Minuten und führt vom Hafen bis zum Blackwater River. Erwachsene zahlen 3 Pfund, Kinder 2 Pfund. Eine kürzere Tour beginnt um 16.30 Uhr und kostet 2 Pfund. Weitere Auskunft unter Tel.: 024 92820

■ **Ardmore,** 5 km östlich von Youghal

Der kleine Badeort mit schönem sauberen Strand erstreckt sich recht malerisch vom Meeresufer den Hügel hinauf. Zahlreiche Ferienhäuser, die meist von kontinentalen Urlaubern erworben wurden, stehen hier.

◆ Im Ort befindet sich einer der besterhaltenen **Rundtürme** Irlands. Er ist 29 Meter hoch, stammt aus dem späten 12. Jahrhundert und ist somit einer der jüngsten in Irland. Die sechs Stockwerke des schlanken Turms sind durch Leitern miteinander verbunden. Unter dem konischen Abschluß befinden sich zwei Lanzettfenster.

◆ In dem sogenannten **St. Declan's Oratory** befindet sich angeblich das Grab des hl. Declan, der hier Irlands erste christliche Siedlung im Jahre 416 A.D. begründete, also noch vor dem Eintreffen von St. Patrick. Das klei-

Der Rundturm stammt aus dem 12. Jahrhundert

ne Gebäude stammt vermutlich aus dem 8. Jahrhundert, obwohl die Außenwände und das Dach im 18. Jahrhundert erneuert wurden.

◆ **Die Kathedrale** wurde Ende des 12./Anfang des 13. Jahrhunderts errichtet und hat ein ungeteiltes Schiff mit einem später angebauten gotischen Chor. Die Eingangsportale befanden sich in der Süd- und Nordmauer, die mit Blendarkaden geschmückt sind. Am interessantesten ist die Westfassade. Die figuralen romanischen Reliefs an der Außenseite der Westwand stammen vermutlich von einem Vorgängerbau des 11. Jahrhunderts und stellen eine Seltenheit in der iro-romanischen Kunst dar. Unter einem teilweise mit Skulpturen ausgefüllten Fries aus 13 Bögen befinden sich zwei breite Blendbögen, die ihrerseits wieder kleinere mit Skulpturen gefüllte Blendarkaden aufweisen. Im rechten großen Blendbogen ist eine Darstellung des Urteils Salomons gegeben. Auch Adam und Eva, die Anbetung der hl. Drei Könige sowie verschiedene Heilige und Bischöfe lassen sich noch erkennen, das übrige ist bereits stark verwittert.

Spaziergang

Der **Cliff Walk** führt als Rundweg vom Friedhof durch Ginster und Baumheide zu den Klippen, von wo aus man eine atemberaubende Aussicht auf die Bucht von Ardmore genießen kann. Man kommt an Father O'Donnell's Well vorbei, einem Brunnen, den Father O'Donnell nach der erstaunlichen Heilung seines Augenleidens hier errichtet hat. Er hatte die Hoffnung, daß der Ort ein zweites Lourdes werden könne. Der Weg führt weiter entlang der kleinen Ruine eines Beobachtungsturms aus dem vorigen Jahrhundert und der Küstenwache, die 1867 errichtet wurde. Über den Saint Declan's Stone – der Legende zufolge soll der Stein nach St. Declans Besuch mit den Wellen ans Land gespült worden sein – gelangt man wieder ins Dorf. Der Weg ist 5 km lang und dauert ca. 1 bis 1 ½ Stunden. Im örtlichen Touristenbüro gibt es ein Faltblatt mit einer Karte und Erläuterungen zum Weg.

Tourist Information

Ardmore Tourist Office, Tel.: 024 94444

B&B

Byron Lodge, Mary Byron-Casey, Ardmore, Tel.: 024 94157. Im Ortszentrum gelegene, angenehme Unterkunft mit 6 Zimmern, davon drei mit privatem Badezimmer. Günstig.

Cafés, Pubs, Restaurants

Entlang der Hauptstraße gibt es zwei, drei Cafés und Kneipen, von denen "The Cup and Saucer" zu empfehlen ist. Es gibt kleinere Gerichte, Kaffee und Tee und im Sommer kann man hinten in einem wunderschön blühenden Garten sitzen.

Angeln

Der Weststrand von Ardmore ist bei Anglern sehr beliebt.

Einkaufen

Im Pottery & Craft Shop kann man schöne kunstgewerbliche Dinge erstehen. Öffnungszeiten: Mo-Sa 10-18 Uhr, So 15-18 Uhr, Tel.: 024 94152

4.3   DER SÜDWESTEN

Highlights

- Killarney National Park und Muckross House
- Ring of Kerry
- Skellig Michael
- Ring of Beara
- Dingle Peninsula

4.3.1   ALLGEMEINER ÜBERBLICK

Die Regionen West Cork und Kerry sind bei Touristen sehr begehrt. Viele Ausländer haben sich ein Häuschen gekauft und verbringen hier ihre Ferien oder ihren Ruhestand. Die Landschaft wird von kleinen Fischerdörfern mit buntangestrichenen Häusern und von den von Steinwällen und Hecken umgrenzten Weiden geprägt. Oft sind sie so hoch, daß man nicht hinübersehen kann.

Die Grafschaft Cork, im Süden der Insel gelegen, ist mit 2.880 Quadratmeilen die größte von Irland. Schmale Gebirgszüge ziehen sich von Osten nach Westen und ragen oft unvermittelt aus der Ebene auf. Nach Westen zu werden diese Bergketten breiter und höher, bis sie an der Grenze zur Grafschaft Kerry in hohen Gipfeln enden. Die Küste ist vielfältig geformt. Buchten ziehen sich weit ins Land und sind von kleinen Ortschaften gesäumt. Cork ist die gleichnamige Hauptstadt der Grafschaft.

Zur Grafschaft Kerry gehören drei Halbinseln, die mit ihren Vorgebirgen weit in den Atlantik reichen: Beara, Iveragh und Dingle Peninsula. Beara ist touristisch am wenigsten erschlossen, dennoch oder gerade deshalb ein lohnendes Ziel. Um die Iveragh-Halbinsel führt der berühmte Ring of Kerry. Vor der Küste liegen, deutlich zu erkennen, aber schwer zu erreichen, die Felstürme der Skellig Islands mit ihrer Klostersiedlung.

Aber auch das Landesinnere von Iveragh lockt mit seinen Gebirgszügen Besucher an. Hier liegt das Seengebiet von Killarney, das einst in poetischem Überschwang als "Spiegelbild des Himmels" bezeichnet wurde. Die dritte Halbinsel, Dingle, ist ungewöhnlich reich an Altertümern aus vorgeschichtlicher und frühchristlicher Zeit.

Die Hauptstadt der Grafschaft Kerry ist Tralee, die vor allem durch ihren jährlichen Wettbewerb der "Rose of Tralee" bekannt geworden ist.

Redaktions-Tips

- den Cork City Market besuchen
- die "Queenstown Story" in Cobh besichtigen
- das Kerry Museum in Tralee aufsuchen
- eine Wanderung zum Gap of Dunloe unternehmen
- auf die Garinish Island bei Glengarriff fahren
- den Ring of Beara umrunden
- Crookhaven und Mizen Head aufsuchen
- eine Fahrt zum Skellig Michael machen
- den Killarney National Park besuchen
- im Park Hotel Kenmare, im Great Southeren Hotel in Parknasilla oder im Glendalough House am Caragh Lake übernachten.

Golf
Die Cork/Kerry-Region ist bei Golfspielern sehr beliebt. Immerhin gibt es hier fast 50 Golfplätze. Auskunft erteilen die Touristenämter.

4.3.2 STRECKENFÜHRUNG UND ZEITEINTEILUNG

Der Südwesten ist eine ausgesprochen touristische Region. Das ist nicht verwunderlich, da das Klima – begünstigt durch den warmen Golfstrom – hier besonders mild ist und eine üppige Vegetation hervorgerufen hat. Die Schönheit der Natur ist beeindruckend. Auch bei der Durchfahrt mit dem Wagen sollte man sich Zeit lassen, weil sich sonst die wahre Schönheit der Landschaft nicht offenbart.

Für den Südwesten benötigt man mindestens eine Woche, wenn man wandern oder radfahren möchte, entsprechend länger.

4.3.3 CORK

Cork hat 283.000 Einwohner und ist somit die zweitgrößte Stadt Irlands sowie eine der Wirtschaftsmetropolen des Landes.

4.3.3.1 Allgemeiner Überblick

Der Name Cork ist abgeleitet vom gaelischen Corcaigh, was so viel wie Marsch oder sumpfiges Gebiet heißt. Die Stadt ist auf einer Insel im Fluß Lee gebaut, der sich in zwei Arme teilt. Die Lage am Fluß und der Hafen prägen das Bild der Stadt. Es gibt in Cork 25 Brücken. Viele der heutigen Straßen, so auch die Haupteinkaufsstraße St. Patrick's Street, waren einst Wasserwege, auf denen früher die Schiffe mit ihren Waren durch die Stadt fuhren. Die Lee-Mündung "Cork-Harbour" stellt einen der größten Naturhäfen Europas dar. Hier entstand eine Industriezone, die mit ihren Hauptstandorten Ringaskiddy und Little Island sogar eigene Tiefwasserhäfen für Schiffe bis 60.000 dwt besitzt. Neben Irlands größtem Stahlwerk, der "Irish Steel Company", gibt es hier eine Firma für Gentechnologie und internationale Konzerne der chemi-

Lebhaftes Cork

schen und pharmazeutischen Industrie. Diese Gegend wird daher – wenig überraschend – immer wieder durch Umweltschützer stark kritisiert.
Seit 1845 ist Cork Universitätsstadt und außerdem Sitz sowohl eines protestantischen als auch eines katholischen Bischofs.

Cork

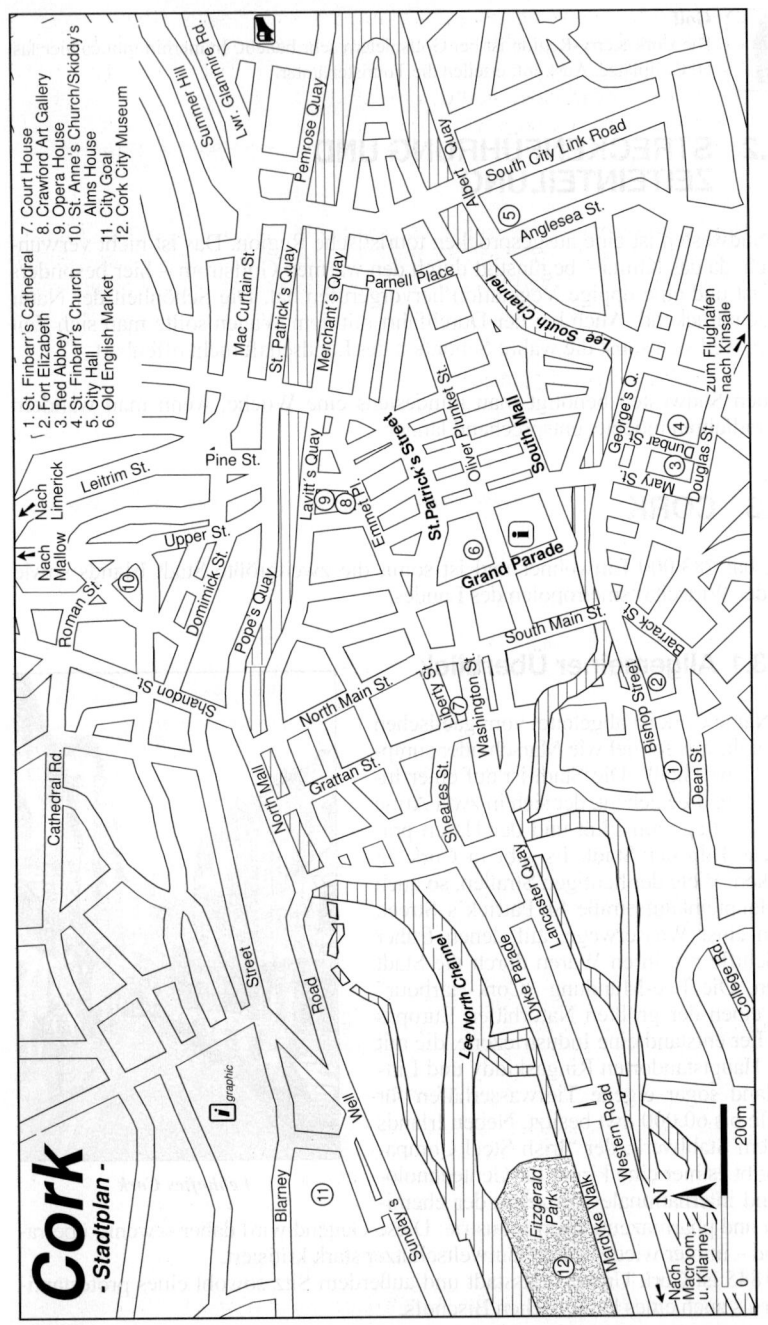

Cork
- Stadtplan -

1. St. Finbarr's Cathedral
2. Fort Elizabeth
3. Red Abbey
4. St. Finbarr's Church
5. City Hall
6. Old English Market
7. Court House
8. Crawford Art Gallery
9. Opera House
10. St. Anne's Church/Skiddy's Alms House
11. City Goal
12. Cork City Museum

Nach Limerick
Nach Mallow

Summer Hill
Lwr. Glanmire Rd.
Penrose Quay
Albert Quay
South City Link Road
Anglesea St.
Mac Curtain St.
St. Patrick's Quay
Merchant's Quay
Parnell Place
Lee South Channel
zum Flughafen nach Kinsale
George's Q.
Mary St.
Dunbar St.
Douglas St.
Pine St.
Leitrim St.
Lavitt's Quay
Emmet Pl.
St. Patrick's Street
Oliver Plunket St.
South Mall
Upper St.
Roman St.
Dominick St.
Pope's Quay
Grand Parade
South Main St.
Barrack St.
Bishop Street
Dean St.
Shandon St.
North Main St.
Liberty St.
Washington St.
Grattan St.
Sheares St.
North Mall
Cathedral Rd.
Lancaster Quay
Dyke Parade
Lee North Channel
College Rd.
Cathedral Street
Well Road
Blarney
Sunday's
Western Road
Mardyke Walk
Fitzgerald Park
Nach Macroom, u. Kilarney
graphic
N
0   200m

290

Am Pier sieht man verlassene Docks und ein paar Getreidesilos. Hinter den Silos liegen die Werkhallen der Ford Werke, die Henry Ford 1934 auf dem Gelände der alten Rennbahn errichten ließ. Seit 1983 stehen sie wieder leer, die Arbeiter sind entlassen. Manche Arbeitslose sind dem Alkohol verfallen, vor dem der Kapuzinerpater Father Matthew eindringlich gewarnt hatte. Die Statue des Mannes steht in der Patrick Street und erinnert an seinen schier hoffnungslosen Kampf gegen irische Trinkgewohnheiten.

Cork ist heute trotzdem eine prosperierende Handels- und Geschäftsstadt. Elegante georgianische Fassaden zeugen von einstiger Pracht, moderne Einkaufszentren und Kaufhäuser, Industrie und Verkehr von einer modernen Stadt. Die Atmosphäre ist heiter und gelassen.

4.3.3.2 Reisepraktische Hinweise

Tourist Information
Grand Parade, Tel.: 273251, Fax: 021 273504, ganzjährig

Telefonnummern
● **Notfall** Tel.: 999
● **Polizei** Tel.: 313031

Verkehrsverbindungen
Gute Bahn- und Busverbindungen in alle Landesteile

Travel Information
Parnell Place., Tel.: 021 508188

Flughafen
International, 5 km südlich an der Kinsale Road, Tel.: 021 313131
Flughafenbus fährt zwischen Cork Airport und Cork City alle 45 Min. in beide Richtungen: 2,50 Pfund einfach, 3,50 Pfund hin und zurück, 7 Pfund für eine ganze Familie.

Fähren
von März-Oktober fast täglich ab Ringaskiddy (ca. 15 Kilometer südöstlich der Stadt) nach Swansea in Wales. Zum Hafen gibt es Busverbindungen von der Stadt. Die Preise rangieren zwischen 80 und 190 Pfund pro Auto mit 4 Insassen.

Tagestouren
Bus Eireann veranstaltet Tagestouren zu verschiedenen Zielen. Beispiel: nach Killarney: einfache Fahrt 12 Pfund, hin und zurück 16 Pfund oder nach Limerick: einfache Fahrt 9 Pfund, hin und zurück 12 Pfund. Es gibt auch Fahrten an die Küstenorte, beispielsweise nach Crosshaven für 3 Pfund hin und zurück. Weiterhin gibt es sogenannte Bargain Travel, mit denen man an bestimmten Tagen eine Rückfahrkarte für den Preis einer einfachen Fahrt erwerben kann. Auskunft: Bus Eireann, Travel Centre, Parnell Place, Tel.: 021 508188.
Das Busfahren in der Stadt selbst kostet pro Tour 70 Pence für Erwachsene, für Kinder 30 Pence.

Hotels

● Arbutus Lodge Hotel, Montenotte, Cork, Tel.: 021 501237, Fax: 021 502893. Das Hotel ist in einem eleganten Herrenhaus von 1802 untergebracht und hat einen herrlichen Garten, von dem man einen schönen Blick auf den Lee und auf Cork City genießen kann. Die 20 Zimmer sind sehr behaglich und komfortabel ausgestattet. Zum Hotel, das eine Sammlung moderner irischer Kunst beherbergt, gehört ein ausgezeichnetes, mehrfach preisgekröntes Restaurant (Mo-Sa 13-14.30 Uhr und 19-21.30 Uhr geöffnet). Mittlere bis gehobene Preisklasse.

● Fitzgerald Silver Springs Hotel, Tivoli, Co. Cork, Ireland, Tel.: 021 507533, Fax: 021 507641. Der große, moderne Hotelkomplex liegt am östlichen Stadtrand. Das 4-Sterne-Hotel verfügt über alle Annehmlichkeiten, wie Swimmingpool, Fitness-Studio, zwei empfehlenswerte Restaurants, Bars und Konferenzräume ergänzen das Angebot. Gehobene Preisklasse.

● Imperial Hotel, South Mall, Cork, Tel.: 021 274040, Fax: 021 274040. Ehemaliges irisches Grandhotel im Stadtzentrum mit altehrwürdiger Atmosphäre im Foyer. Nach umfangreichen Renovierungsarbeiten eher Businesscharakter. Gehobene Preisklasse.

● Lotamore House, Tivoli, Cork, Tel.: 021 822344, Fax: 021 822219. Luxuriöses 4-Sterne Gästehaus im Familienbetrieb. Jedes der 20 Zimmer des georgianischen Herrenhauses ist komfortabel und individuell ausgestattet. Mittlere Preisklasse.

● Innishannon House Hotel, Innishannon, Co. Cork, Tel.: 021 775121, Fax: 021 775609. Romantisches Hotel in einem Gebäude von 1720, unweit des Flusses Bandon gelegen, alle 13 Zimmer sind komfortabel ausgestattet. Es gibt ein vorzügliches Restaurant. Mittlere Preisklasse.

Jugendherbergen

● Cork International Youth Hostel, 1 & 2 Redclyffe, Western Road, Tel.: 021 543289. Das viktorianische Gebäude aus rotem Backstein liegt 2 km außerhalb des Stadtzentrums in einem großen Garten. Regelmäßiger Busservice in die Stadt. Man kann aber auch Fahrräder ausleihen. 110 Betten, ganzjährig geöffnet.

● ISAAC's Cork, 48 MacCurtain Street, Tel.: 021 500011, Fax: 506355, ganzjährig geöffnet, 196 Betten in Mehrbett-, Doppel- und Familienzimmern ab 5,75 Pfund, Mahlzeiten, Fahrradverleih. Zentral etwa 5 Minuten zum Bahnhof gelegen.

● Kinlay House, Shandon, Tel.: 021 508966, Fax: 506927, ganzjährig geöffnet, Mahlzeiten, Fahrradverleih, Doppel- oder Vier-Bett-Zimmer, B&B ab 7 Pfund. Kinlay House liegt ca. 15 Minuten vom Bahnhof.

● Sheila's Budget Accommodation Centre, Belgrave Place, Wellington Road, Tel.: 021 505562, Fax: 500940, ganzjährig, ab 6 Pfund, 108 Betten, Mahlzeiten, Familienzimmer, Fahrradverleih.

● Campus House Hostel, 3 Woodland View, Western Road, Tel.: 021 343531, ganzjährig, 18 Betten, auch einige Familienzimmer, ab 5,50 Pfund.

Restaurants

● Arbutus Lodge, siehe unter Hotels

● Crawford Gallery Cafe, Crawford Gallery, Emmet Place, Tel.: 021 274415. Hier kann man nett sitzen und kleine Snacks, einfach und gut zubereitet, zu sich nehmen, Mo-Fr 9-18 Uhr, Sa 10-17.30 Uhr, Bank Holidays und in der Weihnachtswoche geschlossen.

Pubs

● An Teach Beag, Oliver Plunkett Street

● Mutton Lane Inn, in der Nähe von Patrick Street gelegener traditioneller Pub mit gemütlicher Atmosphäre.

● An Spailpín Fánac, 28/29 South Main Street, alter Pub, jeden Abend gibt es traditionelle Musik und gutes Bar Food.

292

Einkaufen

● Cork City Market, auch Olde English Market genannt, liegt zwischen der Grand Parade und St. Patrick's Street in der Innenstadt. Die 1786 errichtete Markthalle ist vor allem wegen ihrer Architektur mit Bögen, Brunnen und Galerien sehenswert. Angeboten werden neben Obst, Gemüse und Fleisch vor allem Meeresfrüchte, beispielsweise Lachs, Hummer und Langusten.

● Coal Quay Market, Cornmarket Street. Angeboten wird so ziemlich alles: Trödel, Kitsch, aber auch Obst und Gemüse.

● Exchange Toffee Works, Mulgrave Road. In der dritten Generation stellt die Familie ihre berühmten Süßigkeiten nach altem Familienrezept und in Handarbeit her.

● Merchants Quay, St. Patrick's Bridge. In einem wohlrestaurierten Lagerhaus am Fluß findet man zahlreiche Boutiquen, Cafes und kleine Läden.

● The Living Tradition, 40 MacCurtain Street, Tel.: 021 502040, Fax: 502025. Das große Musikhaus bietet ein breites Sortiment an CDs, Kassetten, Büchern, Tin Whistles, Bodhrans etc.

Feste/Feiern

● April/Mai: "Cork International Choral and Folk Dance Festival": Musik, Tanz und Folklore, Auskunft unter Tel.: 021 308308

● Juni: Cork May Carnival Weekend: mit Feuerwerk, Straßentheater und viel Musik, Auskunft unter Tel.: 021 507526

● Oktober: Jazz-Festival und Film-Festival. Cork International Film Festival ist ein weit über die Grenzen Irlands bekanntes Filmfestival, Auskunft erteilt Mary Browne, Tel.: 021 291377.

Fahrradverleih

● Cycle Scene, 396 Blarney Street, Tel.: 021 301183

● Kilgrew's Cycles, 6/7 Kyle Street, Tel.: 064 31175/31465, Fax: 064 33265

Autoverleih

● Johnson & Perrott Ltd., Emmet Place Tel.: 021 281100

● Star Garage Car Rental, Bandon, Co. Cork, Tel.: 023 41514, Fax: 023 41746

● EuroDollar Motor World Rent-a-Car, Carrighohane Road, Cork, Tel.: 021 344884, Fax: 021 342696

Hafenrundfahrten

Sie werden mehrfach täglich während der Saison (Ostern-Oktober) veranstaltet. Man kann entweder eine Hafenrundfahrt oder eine Schiffsfahrt nach Cobh machen. Dort hat man zwei Stunden Aufenthalt, bevor es wieder zurückgeht. Auskunft und Tickets im Tourist Office, Tel.: 021 273251. Abfahrt Penrose Quay, gegenüber von Jury's Inn Hotel.

Unterhaltung

● Everyman Playhouse, MacCurtain Street, Tel.: 501673. Moderne und klassische irische Stücke werden hier geboten.

● De Lacy House, Oliver Plunkett Street. Restaurant und Pub auf drei Etagen. Regelmäßig Live-Musik

● Cork Opera House, Emmet Place, Tel.: 270022, 276357. Theater, Oper, klassische und traditionelle Musik, Varieté und Kabarett.

Windhundrennen

Greyhound Stadium, Western Road, Tel.: 543013, 543095. 8-10 Rennen mit jeweils 6 Hunden, Mo, Mi, Sa Beginn 20 Uhr

Golf
Harbour Point Golf Club, Clash Road, Little Island, Co. Cork, Tel.: 021 353094,
7 km östlich von Cork City

4.3.3.3 Geschichtlicher Überblick

Um 650 gründete St. Finbarr am Südufer des Lee-Hauptarmes eine Klosterschule,
die sich schon bald zu einem reichen geistigen Zentrum entwickelte. Allerdings
beginnt die Geschichte Corks, wie aller Hafenstädte Irlands, erst mit den Wikingern. Nachdem sie Cork mehrfach geplündert hatten, wurden sie schließlich seßhaft und trieben bald blühenden Handel. Das einzige aus dieser Zeit erhaltene
Gebäude, die Red Abbey, stand damals noch außerhalb der Stadt. 1172 konnte
Diarmuid Mac Carthy, Lord of Desmond, die Wikinger wieder vertreiben und
Cork damit in anglo-normannische Hände bringen.

In den Jahrhunderten der britischen Besatzung hat die Stadt immer wieder versucht, ihre Eigenständigkeit zu bewahren und wurde dadurch häufig zum Schauplatz von Aufständen gegen die Fremdherrschaft. 1690 wurde die Stadtmauer bei
der Belagerung durch die Engländer völlig zerstört. Im Grand Parade Hotel sowie
im Bishop Lucey-Park sind noch Überreste erhalten.

Erst im späten 18. Jahrhundert erlebte die Stadt eine Phase wirtschaftlicher Blüte
u.a. durch den Aufschwung der Glasmanufaktur und mit der Errichtung des "But-
termarktes" durch Handel mit Spanien, Holland, Deutschland, Nordamerika und
den westindischen Staaten. Die Stadt erlangte einen Reichtum, der sich noch heute
in manchen Häuserfassaden widerspiegelt. Ein Spaziergang von der Grand Parade
in die St. Patrick's Street zeigt viele imposante georgianische und viktorianische
Bürgerhäuser, gibt Einblicke in enge Gäßchen mit malerischen Häusern und Stadtkirchen, die vorwiegend im 19. Jahrhundert entstanden. Sehenswert: St. Finbarr's
Cathedral und Father Mathews Memorial Church im neogotischen Stil oder St.
Mary's Pro-Cathedral im neoklassizistischen Stil. Die Kirchen sind zwar kunsthistorisch nicht bedeutend, werden jedoch zu Gottesdiensten stark frequentiert.

Während des Bürgerkrieges in den 20er Jahren, als Cork Zentrum der IRA war
und den Beinamen "The Rebel City" erhielt, ging fast das gesamte alte Stadtzentrum in Flammen auf.

Hinweis
Cork ist der Geburtsort der beiden irischen Erzähler Sean O'Faolain (geboren 1900)
und Frank O'Connor (1903-66), der in seiner Autobiographie sehr anschaulich
seine arme Kindheit in Cork schildert.

4.3.3.4 Sehenswertes in der Innenstadt

Die Altstadt Corks liegt auf einer Insel zwischen zwei kanalisierten Flußarmen.
Alle Sehenswürdigkeiten liegen in einem Radius von 1,5 km (Nord-Süd) und
2 km (Ost-West), so daß man sie gut zu Fuß erwandern kann.

Die U-förmig ineinander verlaufenden St. Patrick's Street, Grand Parade und South Mall sind die breiten Pracht- und Hauptgeschäftsstraßen. Ihre kleinen Verbindungsstraßen wurden teilweise in Fußgängerzonen umgewandelt und laden zum Bummeln ein.

▧ Grand Parade
Die breite Straße bildet heute das Zentrum der Stadt. Früher befand sich hier ein Kanal. Die Fassaden der Banken und Handelshäuser lohnen ebenso einen Blick sowie die Markthalle, der **Olde English Market** 6 , ein Backsteingebäude mit gußeisernen Dachträgern (Eingang von der Princess Street, Patrick Street und Grand Parade).

Die Grand Parade wird überragt vom National Monument, das für die irischen Patrioten der Jahre 1798-1867 errichtet wurde. An der östlichen Seite wird es vom **Bishop Lucey Park** begrenzt. Dort befinden sich Reste der alten Stadtmauer. Das aus dem Jahre 1850 stammende Eingangsportal stand früher am Cornmarket.

▧ St. Finbarr's Cathedral 1 .
Hier soll der Heilige Finbarr um 650 seine Klosterschule gegründet haben. Die jetzige Kirche wurde nach Plänen von William Burgess, einem Londoner Architekten im gotischen Stil zwischen 1865 und 1880 errichtet. Im Inneren befinden sich bemerkenswerte Marmorarbeiten, an der Westfassade ein schönes Rosettenfenster. Im 80 Meter hohen Hauptturm hängen die acht Glocken eines weitklingenden Glockenspiels.

▧ Fort Elizabeth 2 ,
Barrack Street. Das Fort wurde 1580 errichtet. Ab 1835 diente es als Gefängnis.

▧ Red Abbey 3
liegt südlich der Parliament Bridge (1804). Der quadratische Turm ist der einzige Rest eines ehemaligen Augustinerklosters und das älteste Bauwerk der Stadt.

▧ St. Finbarr's Church 4
stammt aus dem 18. Jahrhundert, nicht zu verwechseln mit St. Finbarr's Cathedral, der protestantischen Bischofskirche weiter westlich.

▧ City Hall 5 ,
Albert Quay/Anglesea Street. Der Kalksteinbau wurde 1936 errichtet. Er paßt sich hervorragend in seine architektonische Umgebung ein.

▧ Court House 7 ,
Washington Street. Das Justizgebäude wurde 1835 von den Brüdern Pain errichtet und hat eine imposante Eingangsfront mit korinthischem Portikus. Die Rückseite ist im Tudorstil gehalten. Das Interieur wurde nach einem Brand 1891 neu gestaltet.

▧ Crawford Art Gallery 8 ,
Emmet Place. 1724 wurde das Gebäude aus Kalkstein und roten Ziegeln errichtet. Es beherbergt heute alte Meister sowie moderne irische Kunst. Zu sehen sind weiterhin Repliken berühmter antiker Skulpturen. Angegliedert ist ein gutes und preisgünstiges Restaurant.
Öffnungszeiten: Mo-Fr 10-17 Uhr, Sa 9-13 Uhr

▓ Gleich daneben steht das 1965 errichtete **Opernhaus** ₉ von Cork.

▓ **St. Patrick's Bridge** führt am nördlichen Ende der St. Patrick's Street über den Lee. Die Brücke wurde 1861 aus Kalkstein errichtet und hat drei wunderschön geschwungene Bögen.

▓ Auf einem Hügel nördlich des Lee im Stadtteil **Shandon** erhebt sich von weitem sichtbar die 1722-26 erbaute **St. Anne's Church** ₁₀ mit ihrer drei Meter langen Wetterfahne in Form eines Lachses auf der Spitze. Sie wurde an der Stelle einer 1690 bei der Belagerung durch die Protestanten zerstörten Kirche errichtet. Ihr origineller Turm, ein zweifarbiger "Pfefferstreuer" aus rotem und hellen Sandstein, der sich nach oben durch drei immer kleiner werdende Aufsätze verjüngt, ist das Wahrzeichen der Stadt. Hier hängt ebenfalls ein berühmtes Glockenspiel (von 1750). Es hat acht Töne, jede Viertelstunde wird mit einer eigenen Glocke angeschlagen.

▓ Im Kirchhof steht **Skiddy's Alms House**, ein im frühen 18. Jahrhundert errichtetes Armenhaus mit italienischen Arkaden.

▓ Neben der Kirche befindet sich der ehemalige **Butter Exchange**, welcher 1770 eröffnet wurde und im 19. Jahrhundert mit seinem Butterexport zum Reichtum der Stadt beitrug.

▓ **City Gaol** ₁₁. In dem ehemaligen Stadtgefängnis ist heute ein Museum untergebracht. Anschaulich wird mit Hilfe von Licht- und Geräuscheffekten das Leben der Gefangenen und der Strafvollzug im vorigen Jahrhundert dargestellt. Weiterhin werden in einer Ausstellung die verschiedenen sozialen Lebensbedingungen im Cork dieser Zeit gezeigt. Tonbänder mit Erklärungen in verschiedenen Sprachen können ausgeliehen werden.
Öffnungszeiten: März-Oktober täglich 9.30-18 Uhr, November-Februar täglich 10.30-14.30 Uhr, Wochenende 10-17 Uhr. Eintritt: Erwachsene 3 Pfund, Kinder 1,50 Pfund, Familien 7,50 Pfund, Studenten/Senioren 2,50 Pfund. Tel.: 021 305022, Fax: 021 307230

▓ Der **Fitzgerald Park**, zwischen Western Road und dem Lee gelegen (Eingang ab Mardyke), ist ein großes Areal mit verschiedenen Unterhaltungsangeboten, interessanten Skulpturen, Wasservögeln, dem Stadtmuseum und einem Café.

▓ **Cork City Museum** ₁₂
Das Museum ist in einem imposanten georgianischen Haus untergebracht und dokumentiert die Geschichte der Stadt Cork von den frühchristlichen Anfängen bis zum Beginn unseres Jahrhunderts. Ausgestellt sind geologische und archäologische Exponate. Bemerkenswert ein Modell der Stadt aus ihrer Gründungszeit, ebenso die Dokumente zum Aufstand gegen die Engländer. In didaktisch gelungener Weise werden die Freiheitsbewegungen ab 1916 dargestellt.
Öffnungszeiten: täglich 11-13 Uhr, 14,15-17 Uhr, So 15-17, Tel.: 021 270679

▓ **University College Park**, Donovan's Road/College Road. Die Universität liegt in einem Park am Fluß und wurde 1849 gegründet. Sie umfaßt eine Reihe

von Gebäuden im gotischen Tudor-Stil. An der Donovan's Road lohnt die Honan Chapel mit ihrer Bleiverglasung einen Blick.
Man kann an einer Führung über den Campus teilnehmen. Täglich Mitte Juni-Ende August vom Haupttor in der Western Road um 14.30 Uhr. Unkostenbeitrag: Erwachsene: 2,50 Pfund, Ermäßigungen: 1,50 Pfund, Kinder: 75 Pence, Familien: 6 Pfund.

4.3.3.5 Sehenswertes in der Umgebung

Tip
Empfehlenswert ist eine Tagestour ins Lee Valley, einem von der Eiszeit geformten Tal, in dem man schön wandern kann. Entlang der N 22 geht es nach Macroom (siehe Kap. 4.3.4) und zurück auf der R 618 via Dripsey und Blarney (Besichtigung von Blarney Castle) nach Cork.

■ **Blarney Castle**, 9 km nordwestlich von Cork, Busverbindungen jede volle Stunde vom Busbahnhof in Cork.

Blarney Castle steht in jedem Reiseführer und gilt als touristisches Muß – dementsprechend ist der Ort etwas überfrequentiert. Die Besucher kommen weniger wegen des stattlichen Castles, sondern wegen eines Steines, des berühmten **Blarney Stone**. Um diesen zu küssen, sind sie gerne bereit, in einer langen Warteschlange zu stehen.

Ewige Beredsamkeit für einen Kuß

Der legendäre Stein befindet sich in 29 Meter Höhe auf der Brustwehr des auf 120 Stufen zu ersteigenden Turms. Wenn man ihn küßt, wird einem ewige Beredsamkeit zuteil – so die Legende. Es bedarf dazu der Hilfe eines Wärters und einiger artistischer Geschicklichkeit, denn man muß sich rücklings auf ein Gitter über dem Abgrund legen, um den Stein auf der Außenwand küssen zu können. Wie dieser zu solchem merkwürdigen Ruhm gelangte, ist nicht bekannt. Dafür sind die Geschichten um den Ursprung des Steines um so vielfältiger. Für 5, 10 oder 20 Pfund kann man ein Foto der "Kußszene" anfertigen lassen. Es wird dann nach 2-4 Wochen nach Hause geschickt.

Das heutige Blarney Castle ist der dritte Bau, der auf der gleichen Stelle errichtet wurde. Das erste Bauwerk aus dem 10. Jahrhundert war aus Holz. Um 1210 wurde es durch einen Steinbau ersetzt. 1446 kam der Burgfried in seiner heutigen Form mit seinem verzweigten Gang- und Treppensystem hinzu. Das Schloß wurde in späteren Jahren von Cormac McCarthy, König von Munster bewohnt, der viertausend Männer aus Munster zur Verstärkung der Streitkräfte von Robert the

Bruce in die Schlacht von Bannockburn 1314 geschickt hat. Der Überlieferung zufolge soll dieser König MacCarthy aus Dankbarkeit den halben Stein von Scone gegeben haben. Dieser Stein, jetzt unter dem Namen **Blarney-Stein** bekannt, wurde in die Brustwehr eingefügt. Eine andere Legende besagt, daß dieser Stein der in der Bibel genannte "Jakobsstein" ist, den der Prophet Jeremia nach Irland gebracht haben soll. Wahrscheinlich wurde er jedoch während der Kreuzzüge zurückgebracht, was die Legende auch vom Stein von Scone besagt, der sich jetzt in der Westminster Abbey befindet. Einer weiteren Version zufolge soll MacCarthy die Geschichte vom Stein von einer alten Frau erfahren haben, die er vor dem Ertrinken rettete. Sie war angeblich eine Hexe. Als Lohn für seine gute Tat erzählte sie ihm das Geheimnis von einem Stein im Schloß, der demjenigen, der ihn küßt, die Gabe der Beredsamkeit verleiht.

Blarney Castle

Der Graf von Leicester hatte von Königin Elizabeth I. Anweisungen bekommen, das Schloß in Besitz zu nehmen. Aber immer, wenn er versuchte, Verhandlungen einzuleiten, schlug MacCarthy Ausflüchte vor. Als die Königin Informationen über den Fortgang der Angelegenheit verlangte, wurde ihr ein langes Sendschreiben übermittelt. Am Ende blieb das Schloß doch uneingenommen. Die Königin war darüber so erbost, daß sie ausrief, die Berichte des Grafen seien alles "Blarney". Im heutigen Sprachgebrauch bedeutet Blarney soviel wie zwar phantasievolles, aber unnötiges Geschwätz, z.B. "he has got the gift of the blarney" oder einfach "he has got the blarney".

Bis zum 17. Jahrhundert blieb die Burg im Besitz der MacCarthys und ging dann durch mehrere Hände. Unter Donogh MacCarthy, dem 4. Grafen von Clancarthy, der James II. in den Kriegen gegen William of Orange unterstützt hatte, ging der Besitz verloren. Das Anwesen fiel 1688 an Sir James St. John Jefferye, Gouverneur von Cork.

Später legte die Familie Jefferyes einen Park an, **Rock Close** genannt, der eine interessante Sammlung von Steinquadern und Felsblöcken enthält, die um Druidensteine aus prähistorischer Zeit angeordnet wurden. Es gibt dort einen Felsen, der aussieht wie eine Hexe mit einem Hut neben sich. Die Wunschtreppe muß man zur Erfüllung eines Wunsches rückwärts mit geschlossenen Augen herauf- und heruntergehen. Sie führt zu zwei Dolmen, von denen einer angeblich noch vor nicht allzulanger Zeit hin- und herschwang, wenn man ihn anstieß.

Von der Burg kann man verschiedene längere und kürzere Spaziergänge in den Park unternehmen. In ihm befindet sich auch das 1874 im schottischen Baronialstil errichtete Blarney House, das im Sommer besichtigt werden kann.

Öffnungszeiten: Blarney Castle und Rock Close: Mai: Mo-Sa 9-18.30 Uhr, Juni-August 9-19 Uhr, September 9-18.30 Uhr, Oktober-April 9-18 Uhr, sonntags: Sommer 9.30-17.30 Uhr, Winter 9.30 Uhr-Sonnenuntergang. Blarney House and Gardens: Juni-Mitte September Mo-Sa 12-18 Uhr. Tel.: 021 385252, Fax: 021 381518.

Blarney ist eines von Irlands größten Touristenzentren. Unzählige Souvenirläden locken unentwegt Kundschaft an.

Tourist Information
Tel.: 021 381624, ganzjährig geöffnet

Im Ort Blarney existiert die **Blarney Woolen Mill**, ein Kunsthandwerkszentrum in einer restaurierten Fabrik. Hier kann man alles kaufen, was auch nur im entferntesten "irisch" ist, seltsamerweise auch Trachtenjacken von Geiger. Direkt neben dem Verkaufsraum liegt das Hotel Christy's mit angeschlossenem Restaurant.

Übernachtung
Christy's Hotel and Restaurant, Blarney, Co. Cork, Tel.: 021 385011, Fax: 021 385350. Auf dem Grundstück der Blarney Woolen Mill gelegen. Ein gutes Restaurant ist angeschlossen, mittlere Preisklasse.

Restaurant
The Weaving Room Restaurant, Christy's Hotel & Restaurant, Blarney, Tel.: 021 385011, Fax: 021 385350. Preisgekröntes Restaurant direkt neben den berühmten Webereien gelegen. 7 Tage geöffnet, 7.30-10 Uhr, 18-21.30 Uhr Dinner 18 Pfund und Sonntag 12.30-14.30 Uhr Lunch 11 Pfund. 24.-31.12. geschlossen.

Fahrradverleih
Tony McGrath Cycles, "Stoneview", Tel.: 021 385658, Fax: 021 385658

■ **Riverstown House**, Glanmire, Co. Cork, 6 km nordöstlich von Cork an der N 8 nach Dublin. Hübsches georgianisches Landhaus des 18. Jahrhunderts. Hier schufen die Brüder Paul und Philip Francini, berühmte italienische Stukkateure, die 1734 nach Irland gekommen waren, die wunderschönen, auf Entwürfe von Nicolas Poussin zurückgehenden Stuckverzierungen an Wänden und Decken des Speisesaales. Besichtigungen der schönen Stuckdecken sind nach Voranmeldung möglich. Tel.: 021 821205

■ **Fota Island**, ostwärts auf der Straße nach Midleton bei Carrigtwohill. Auf der Insel sind ein Tierpark, ein Herrenhaus und ein Arboretum.
Fota House ist ein herrschaftlicher Grundbesitz von 1820. Er wurde von Sir Richard Morrison entworfen und kann besichtigt werden. Im Inneren gibt es eindrucksvolle Möbel und Gemälde, u.a. eine Sammlung von Landschaftsbildern (ca. 1750-1870).
Die berühmte Baumschule auf der Insel Fota im Hafen von Cork wurde zeitgleich mit dem Haus angelegt. Beeindruckend ist der gewaltige Baumbestand mit Bäu-

men und Sträuchern aus aller Welt, die in dem milden und schützenden Klima besonders gut gedeihen. Jede einzelne Pflanze trägt ein Schild mit Hinweisen über ihre Herkunft, ihr Einpflanzungsdatum und den von ihr erreichten Höhen zwischen 1966 und 1984. Attraktionen dieses Arboretums sind die japanische Sicheltanne "Cryptomeria japonica", die größte ihrer Art in Europa, und das nordpersische Eisenholz "Parrotia persica", das 1902 an dieser Stelle gesetzt wurde. Ebenfalls von beachtlicher Größe sind die "Torreya California", die 1852 gepflanzt wurde, und der chinesische Taschentuchbaum "Davidia involvucrata var vilmoriniana", dessen riesige weiße Baumblätter im Mai wie Tücher im Wind flattern. Obwohl der Garten der Öffentlichkeit zugänglich ist, verliert er nicht von seiner friedlichen Atmosphäre. Ein Teil des Grundstücks dient als Wildlife Park, in dem man exotische Tiere bestaunen kann, für viele die Hauptattraktion auf dem Areal. Zu sehen sind Antilopen, Giraffen, Zebras, Pelikane, Gibbons und viele andere Tiere.
Öffnungszeiten: April-Oktober Mo-Sa 10-18 Uhr, So 11-18 Uhr, Eintritt: Erwachsene 3,50 Pfund, Studenten 3 Pfund, Kinder unter 14 Jahren und Senioren 2 Pfund, Kinder unter 3 Jahren frei, Familien 13,50 Pfund. Für die Besichtigung des Wildlife Parks sollte man 1 ½ Stunden einplanen. Tel.: 021 812678/812736, Fax: 021 812744

Golf
Fota Island Golf Club, Carrigtwohill, Co. Cork, Tel.: 021 883700

■ **Cobh**, 23 km südöstlich von Cork (ausgesprochen: Kav)

Der Ort ist über Jahrhunderte hinweg von der Seefahrt geprägt. Bis 1849 war Cobh als Cove bekannt, da die Stadt in der Bucht (Cove) von Cork liegt. Königin Victoria betrat hier 1849 zum ersten Mal irischen Boden. Zur Erinnerung an dieses Ereignis wurde der Name in Queenstown (Königinstadt) abgeändert. 1920 kehrte die Stadt zu ihrem ursprünglichen Namen in seiner irischen Fassung zurück.

Das nette Hafenstädtchen liegt auf der Insel Great Island im Cork Harbour gegenüber von Ringaskiddy. Es war einst größter Hafen an der südirischen Küste. Ein Spaziergang am Hafen lohnt sich, ebenso eine Hafenrundfahrt. Im frühen 18. Jahrhundert während der Kriege mit Frankreich hatte der Ort vor allem als Basis für große Truppentransporte Bedeutung. Im 19. Jahrhundert fuhren von hier viele Atlantikschiffe nach Amerika. Als erstes Dampfschiff die "Sirius", die für die Strecke 18 ½ Tage benötigte. In der Geschichte Irlands spielt der Ort jedoch vor allem als Haupt-Emigrationshafen eine Rolle. Hunderttausende verließen während der Hungerjahre 1844-48 von Cobh aus auf Auswandererbooten, den sogenannten "schwimmenden Särgen", das Land.

Von den über 6 Millionen Menschen, die zwischen 1848 und 1950 von Irland auswanderten, verließen ungefähr 2,5 Millionen Irland via Cobh. Sie ließen sich hauptsächlich in den Vereinigten Staaten, England, Australien, Neuseeland, Kanada und Südamerika nieder. Allein zwischen 1855 und 1920 wanderten über 3 Millionen Menschen von Irland aus.

Das berühmteste Schiff, das je den Hafen verließ, war die Titanic, die in Cobh als letztem Hafen ihrer fatalen Reise anlegte. Auf dem Friedhof etwas außerhalb der Stadt liegen die Opfer des englischen Dampfers Lusitania, welcher 1915 vor dem Old Head of Kinsale von einem deutschen U-Boot versenkt wurde.

Im Hafen von Cobh

Über diese Ereignisse und über die Geschichte der Auswanderung kann man sich in der restaurierten viktorianischen Bahnhofshalle in der Ausstellung **"Queenstown Story"** informieren. Die Ausstellung ist sehr gut dokumentiert und gliedert sich in verschiedene Bereiche. Sie zeigt die Härte des Lebens auf den Auswandererschiffen, aber auch die Vergnügungen, die die bessergestellten Passagiere dort hatten. Weiterhin werden die Tage vor Beginn der langen Reise dargestellt: Auswanderer, die von hier abreisten, kamen normalerweise mit dem Zug in der Stadt an und übernachteten in einer der vielen Pensionen. Die örtlichen Geschäfte versorgten sie mit dem notwendigen Proviant und mit Andenken.

Der Reedereivertreter in Queenstown las jeden Morgen die Liste derjenigen vor, die sich auf dem nächsten Schiff einschiffen konnten. Die Auswanderer begaben sich auf die Zubringerboote und wurden zum Schiff gebracht. Nach dem Krieg fingen die transatlantischen Linienschiffe wieder an, Queensland anzulaufen. Sie nahmen nach wie vor Auswanderer und eine immer größer werdende Zahl an Touristen an Bord. Der Zweite Weltkrieg unterbrach diesen Verkehr. Aber schon in den 50er Jahren wanderten Tausende wieder über Cobh aus. Auch der Touristenverkehr war im Aufschwung. In den 60er Jahren wurde es für die Reedereien immer schwerer, mit dem Flugverkehr zu konkurrieren. Der Hafen verlor viel von seiner Bedeutung.

Die Ausstellung gibt auch Informationen über all jene Männer und Frauen, die von 1791 bis 1853 als Strafgefangene von Irland nach Australien transportiert wurden. Ungefähr 40.000 waren es, die an Bord der Sträflingsschiffe unter unsäglichen Bedingungen überleben mußten. Das Leben an Bord der Sträflingsschiffe war sehr hart, ganz besonders im frühen 19. Jahrhundert, als viele für ihre politischen Tätigkeiten im Zusammenhang mit den Aufständen von 1798 und 1803 in Irland verurteilt wurden.

Ein weiterer Bereich der Ausstellung informiert über die Bedeutung der Stadt in verschiedenen Kriegen: Während des Amerikanischen Unabhängigkeitskrieges 1775-1781 suchten etliche Schiffe Schutz im Hafen von Cobh und nahmen dort Proviant an Bord, bevor sie Kurs auf Amerika nahmen. Während der Kriege gegen Frankreich im letzten Jahrzehnt des 18. Jahrhunderts bis 1815, als die Zahl der Festungsanlagen erhöht wurde und die Schiffe Männer und Proviant an Bord nahmen, wandelte sich Cove von einem ruhigen Dorf in eine Stadt.

In späteren Kriegen, wie zum Beispiel dem Krimkrieg (1854-1855) und dem Burenkrieg (1899-1902), wurden viele Truppen von diesem Hafen aus verschifft. Während des Ersten Weltkriegs war die Stadt sehr geschäftig, besonders als 1917 die U.S. Kriegsmarine im Hafen anlegte.

In einem anderen Teil derr "Queenstown Story" werden berühmte Schiffe dokumentiert, die in Cobh Station gemacht haben. So z.B. die Rekordfahrt der "Sirius". Sie bereitete spätere Entwicklungen bei den Ozeanüberquerungen vor, als die Dampfschiffahrtsgesellschaften immer größere, schnellere und bequemere Schiffe bauten, die Post, Passagiere und Fracht über den Atlantik transportierten.

1912 wurde Queenstown letzte Station vor einer Reise in den Tod. Am 11. April 1912 ging die Titanic außerhalb des Hafens vor Anker und nahm 123 Passagiere und fast 1.400 Postsäcke an Bord. Drei Tage später lief die Titanic ungefähr 840 km südöstlich von Kap Race auf Neufundland auf einen Eisberg und sank. Mehr als 1.500 Menschen kamen dabei ums Leben. Nur 705 von den an Bord befindlichen Menschen überlebten, und 40 der Geretteten waren in Queenstown an Bord gekommen.

Eine weitere Tragödie spielte sich drei Jahre später, 40 km westlich von Queenstown, ab. Am 7. Mai 1915 wurde das Passagierschiff Lusitania der Cunardlinie von Torpedos 16 km vom Old Head of Kinsale versenkt. Von den 1.959 Menschen an Bord starben 1.198. Die Überlebenden wurden von Rettungsbooten nach Queenstown und Kinsale in die örtlichen Krankenhäuser und Hotels gebracht. Viele der Ertrunkenen sind auf dem Old Church Friedhof, 3 km nördlich von Queenstown, begraben.

Die "Celtic" mit 20.904 Bruttoregistertonnen war 1901 das größte Schiff der Welt. Nach vielen Fahrten als Passagierschiff auf der Nordatlantikroute und für Truppentransporte während des Ersten Weltkrieges ging es 1928 an den Felsen in der Nähe von Roche's Point an der Mündung des Corker Hafens unter.

Von den Ausstellungsräumen kann man einen Blick auf den Hafen werfen.

Auf der Haulbowline Island wurde während der Napoleonischen Kriege ein Martello-Turm auf der Insel erbaut und ein großer Marine- und Nachschubstützpunkt errichtet. Heutzutage nimmt eine Stahlfabrik den östlichen Teil der Insel ein, während der Stützpunkt der irischen Marine im Westen liegt. Spike Island hat eine sternenförmige Festung aus dem späten 18. Jahrhundert, die zur Zeit als Gefängnis benutzt wird, eine Funktion, die sie auch schon zwischen 1847 und 1883 und dann wieder von 1919 und 1921 erfüllte.
Öffnungszeiten: täglich 10-18 Uhr, Eintritt: Erwachsene 3,50 Pfund, Kinder 2 Pfund, Familien 10 Pfund, Auskunft erhält man unter Tel.: 021 813595/813591 oder, Fax: 021 813595

Bahnverbindung
Von Cork gibt es mehrfach täglich eine Bahnverbindung nach Cobh. Die 22-minütige Fahrt führt über Fota Island. Die erste Tour startet um 6.25 Uhr, dann jeweils stündlich bis 21.25 Uhr. Sonntags weniger häufig. Von Cobh fahren die Züge werktags jeweils um 5 Minuten vor der vollen Stunde von 6.55 bis 21.55 Uhr, am Sonntag weniger häufig.

▓ In **Midleton**, 20 km östlich von Cork, ist in der stillgelegten 170 Jahre alten Whiskey Destille das **Jameson Irish Whiskey Heritage Centre** eingerichtet worden. In Irland gibt es weniger Whiskey Destillen als in Schottland. Die großen Firmen haben sich schon vor mehr als 20 Jahren zu der Gruppe "Irish Destillers Ltd." zusammengeschlossen und produzieren nur wenige, dafür aber sehr bekannte Marken, wie Tullamore, Bushmills, Jameson und Paddy. Im Besucherzentrum kann man sich über die Geschichte und Herstellungsweise des irischen Whiskeys informieren. Die Tour dauert ca. 1 ¼ Stunde und endet mit einem kleinen Probierschlückchen. Vom schottischen Getränk unterscheidet den irischen Whiskey nicht nur die Schreibweise (schottisch: Whisky), sondern auch der erheblich günstigere Preis.

Hier kann man sich über Whiskey informieren

Öffnungszeiten: März bis November, täglich 9-18 Uhr, letzte Führung 16.30, Eintritt: Erwachsene 3,50, ermäßigt 1,50 Pfund, Tel.: 021 613594/6, Fax: 021 613642. Im Jameson Heritage Centre gibt es auch eine **Tourist Information**, Tel.: 021 613702, April-September geöffnet.

Tip: Unterkunft und Restaurant
Ballymaloe House, Shanagarry, Midleton, Co. Cork, ca. 20 km westlich. Das georgianische Landhaus bietet neben ausgezeichneter Unterkunft (30 Zimmer) eine eigene Kochschule. Hier wurde die Fernsehserie "Simply Delicious" gedreht. Das Haus ist ganzjährig, außer Weihnachten, geöffnet. Zum Anwesen gehören 160 Hektar Land, ein Swimmingpool sowie Tennis- und Golfplatz. Ballymaloe House wird im Blue Book empfohlen. Gehobene Preisklasse.

▓ In **Ballincollig**, 8 km an der Hauptstraße nach Killarney, kann man die **Royal Gunpowder Mills** besichtigen. Die Munitionsfabrik datiert aus der Zeit der britisch-französischen Kriege. Nachdem Napoleon 1815 geschlagen worden war, verlor die Fabrik an Bedeutung, und Ballincollig wurde geschlossen. In den 1830er Jahren wurde sie wieder aufgebaut und gewann zunehmend an Bedeutung. 1837 hatte die Fabrik über 200 Beschäftigte und produzierte ca. 16.000 Barrels Schießpulver. Um 1850 zählte die Fabrik bereits 500 Angestellte. Während des Burenkrieges 1899-1902 noch einmal von Bedeutung, mußte die Fabrik 1903, als andere Methoden und Materialen wichtig wurden, schließen. Während eines Besuches erfährt der Besucher durch Führung und Film viel Interessantes über die

Herstellung von Schießpulver wie auch über die Arbeitsbedingungen in einer solchen Fabrik. Weiterhin gibt es eine Ausstellung mit Fotografien und Schautafeln sowie eine Cafeteria und einen Souvenirladen.
Öffnungszeiten: April-September 10-18 Uhr täglich, Tel.: 021 874430, Fax: 021 874836

4.3.4 ALTERNATIVSTRECKENFÜHRUNG: von Cork durch das Lee-Tal oder über Mallow am River Blackwater entlang nach Killarney

Streckenführung
Diese beiden Streckenmöglichkeiten bieten sich für all jene Reisenden an, die es entweder eilig haben oder die südwestliche Ecke des Landes bereits ausreichend bereist haben. Die Landschaft im Landesinneren der Region Cork/Kerry ist zwar nicht so spektakulär wie an der Küste, jedoch sehr friedlich und weit weniger vom Tourismus frequentiert. Sowohl das Lee Tal als auch das Blackwater Valley sind gerade deshalb so reizvoll. Reisende ohne Zeitdruck könnten beispielsweise über Macroom oder Mallow nach Killarney fahren. Über den Ring of Kerry, die Beara Halbinsel und die Südwest-Ecke kommt man entgegen dem Uhrzeigersinn schließlich wieder nach Cork und kann von dort den Norden in Angriff nehmen. Diese Tour empfiehlt sich, wenn man seine Urlaubstage nicht zählen muß.

Das Lee Valley

umfaßt ein Gebiet von ca. 1.253 qkm. Hier treffen wir auf kleine Ortschaften mit merkwürdigen Namen, wie Iveleary, Kilmichael, Cill na Martra, Ballyvourney, Clondrohid, Aghina, Macroom, Inniscarra, Kilmurry, Blarney, Grenagh und Ballingeary. Gougane Barra, Ballyvourney und Kilmichael sind alte Klostersiedlungen. Daneben gibt es aber auch etliche Burgruinen und Kirchen. Viele Orte mit Burgen haben die Vorsilbe "carrig", Ortschaften mit Kirchen die Vorsilbe "kil".
Das Lee Valley war Schauplatz vieler Schlachten, worauf an die 100 Ruinen von Burgen und befestigten Tower Houses hinweisen. Macroom Castle wurde vermutlich im 14. Jahrhundert erbaut und mehrfach verwüstet und umgebaut. Carrigaphooka Castle liegt 6 km westlich von Macroom auf einem Privatgrundstück. 12 Meilen von Macroom liegt in der Nähe von Inchigeela das sehr pittoreske Carrignacurra Castle.

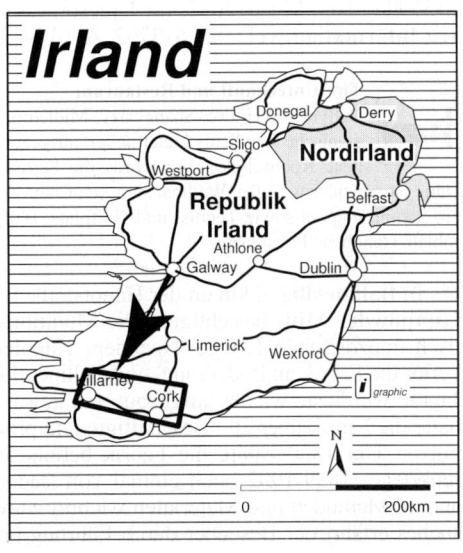

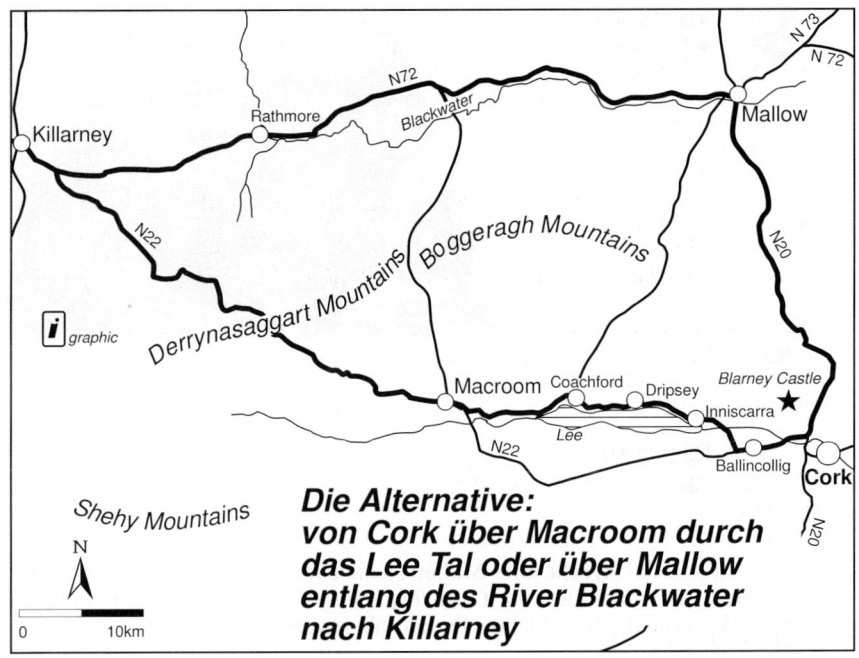

Die Alternative:
von Cork über Macroom durch
das Lee Tal oder über Mallow
entlang des River Blackwater
nach Killarney

Macroom, ein netter unspektakulärer Ort, ist die Heimatstadt des 1873 geborenen Dramatikers, Prosaisten und Journalisten **T.C. Murray**. Sein autobiographischer Roman "Spring Horizon" beschreibt das Leben in Macroom am Ende des vorigen Jahrhunderts während der englischen Herrschaft. Murray gründete später – zusammen mit den "Cork Realists" Daniel Corkery, Terence McSwiney, Con O'Leary die Cork Little Theatre Company.
Insgesamt hat er vierzehn Stücke geschrieben, einen Roman, etliche Gedichte und unzählige Artikel.

Seine bekanntesten Stücke sind: Autumn Fire, Maurice Harte, Spring und The Briary Gap. Murray gewann 1924 in Paris die Bronzemedaille bei den Olympischen Spielen, denn damals gab es während der Olympischen Spiele eine Abteilung für Literatur, die Bezug auf den Sport – in diesem Fall Hurling (siehe Kap. 3.2.3) – nimmt. Murray starb 1959.

i Tourist Information
Lee Valley Enterprise Board, Castle Street, Macroom, Co. Cork, Tel.: 026 41848, Fax: 026 41505

Unterkunft
● Coolcower House, Coolcower, Macroom, Tel.: 026 42695, Fax: 026 42119. Stattliches Landhaus am Fluß Lee gelegen. 10 Zimmern, günstig.
● Tig Barry, Ballingeary, Tel.: 026 47016, Mitte März bis Ende September, ab 5 Pfund, 18 Betten, Familienzimmer, Camping ist auf dem Grundstück möglich.

Aktivitäten
- Es gibt ausgezeichnete Angelmöglichkeiten, Auskunft erteilt das South West Regional Fisheries Board, 1 Neville's Terrace, Masseytown, Tel.: 026 41222/ 41892
- Golf: Auskunft beim Lee Valley Golf Club Tel.: 021 331721, Macroom Golf Club, Tel.: 026 41072
- Wandern, Schwimmen im Sullane River, Reiten und auch Wassersport – die Tourist Information erklärt und berät.

Das Rathaus in Macroom

Fahrradverleih
Castle Hotel Leisure Club, Main Street, Tel.: 026 41074, Fax: 026 41505

■ Wählt man die **Strecke über Mallow**, lohnt ein Abstecher zum **Anne Grove's Gardens**, 1,5 km nördlich von Castletownroche, Co. Cork, ca. 40 km nördlich von Cork von an der N 72 Mallow/Fermoy ab, ausgeschildert.

Anne's Grove ist ein wunderschöner, urwüchsiger Garten, der an einem Hang liegt und ein Haus aus dem 18. Jahrhundert umgibt. Von hier aus hat man einen weiten Blick bis hinunter zum Awbeg, einem romantischen Flüßchen. Im bewaldeten Teil der Anlage sind zahllose verschiedene Rhododendren zu finden, deren Herkunft auf Tafeln erläutert wird, auch Magnolien und andere Pflanzen, Bäume und Sträucher von ungewöhnlicher Größe. Sehr hübsch ist der "Abutilon vinfolium", der hier im Frühsommer in reinstem Weiß und strahlendem Blau erblüht. Geheimnisvoll winden sich die Pfade bis hinunter zum Fluß zu einem kleinen Felsengarten mit Seerosen und kleinen Inseln.

Am Flußufer wachsen exotische Laubbäume und Primeln. Die "Primula florindae", die 1920 hier gepflanzt wurde, hat sich mittlerweile kräftig vermehrt. Mauern umgeben einen Teil des Gartens, in dem sich uralte Hecken aus dem 19. Jahrhundert mit Rosenbeeten, Kräutergärten und vielen kleinen Springbrunnen abwechseln. Eine der vielen mehrjährigen Kräuterarten ist die "Thaichtrum dipterocarpum" mit zierlichen Blättern und malvenähnlichen Blüten. Normalerweise wird der Strauch nur 1 ½ Meter hoch, aber hier sind 2 ½ Meter keine Seltenheit. Viele tausend Pflanzen sind hier zu finden.
Öffnungszeiten: Mitte März-Ende September Mo-Sa 10-17 Uhr, So 13-18 Uhr, Eintritt: Erwachsene 2,50 Pfund, Kinder 1 Pfund, Studenten und Senioren 1,50 Pfund. Gruppenbesuche nach Absprache.

■ **Mallow**, an der Kreuzung von N 20 und N 72 gelegen,
ist eine nette, lebendige Kleinstadt am Ufer des Barrow. Neben der Burg aus dem 16. Jahrhundert (Privatbesitz) befindet sich ein kleines Heimatmuseum.

Unterkunfts- und Restaurantempfehlungen
● Assolas Country House and Restaurant, Kanturk, Co. Cork, Tel.: 029 50015, Fax: 029 50795. Das Landhaus aus dem 17. Jahrhundert liegt inmitten eines prachtvollen Gartens. Es gibt eine ausgezeichnete Küche. Mittlere bis gehobene Preisklasse. Mitte März-Anfang November geöffnet.
● Longueville House and President's Restaurant, Mallow, Co. Cork, Tel.: 022 47156, Fax: 022 47459. Georgianisches Landhaus von 1720 mit großem Park, durch den sich der River Blackwater schlängelt. Ungewöhnlich, aber wahr: Longueville baut Wein an. Es gibt ein hervorragendes Frühstück. Mitte März bis Mitte Dezember geöffnet, gehobene Preisklasse.
● Springfort Hall, Mallow, Co. Cork, Tel.: 022 21278, Fax: 022 21557. Angenehme Unterkunft in einem georgianischen Landhaus aus dem 18. Jahrhundert. Ein gutes Restaurant ist angeschlossen. Mittlere Preisklasse.

4.3.5 VON CORK ZUR BANTRY BAY

Tip: Fahrradfahren
Die spektakuläre Region bietet sich besonders zum Fahrradfahren an. Im Gegensatz zum Ring of Kerry ist hier nicht viel Verkehr. Steile Anfahrten sind kaum zu vermeiden, dafür hat man aber auch schöne Abfahrten. Der höchste Punkt liegt bei 270 Metern. Abgesehen davon bewegt sich die Strecke meist in einem Höhenniveau zwischen 0 und 100 Metern vorbei an weißen Sandstränden, kleinen Buchten und belebten Hafenorten.

Von Cork führt die N 71 in südwestlicher Richtung durch malerische Flußtäler und hügeliges Land entlang bis zur wild-romantischen Südwestküste. Dort strecken fünf Halbinseln ihre zerklüfteten Landzungen wie Finger in den Atlantischen Ozean. Der Golfstrom sorgt für milde Winter und eine subtropische Pflanzenwelt. Das Wetter ist sehr wechselhaft. Die Erfahrung im Juli hat gezeigt, daß es mehrmals täglich heftig regnet. Wenig später kann man die durchweichte Kleidung wieder in der Sonne trocknen.

Die malerischen Fischerdörfer, Buchten, Strände, Klippen und Berge im Hintergrund locken zahlreiche Besucher an. Die Gegend eignet sich ausgezeichnet zum Radfahren, Wandern, Angeln und zum Wassersport. Schon in der keltischen Frühzeit war das Gebiet besiedelt. Man findet immer wieder Monumente dieser frühen Epoche.

Die malerischen Ortschaften entlang der Strecke Richtung Südwesten zeichnen sich alle durch ihre wunderschöne Lage, aber weniger durch besondere Sehenswürdigkeiten aus. Vorwiegend handelt es sich um Straßendörfer

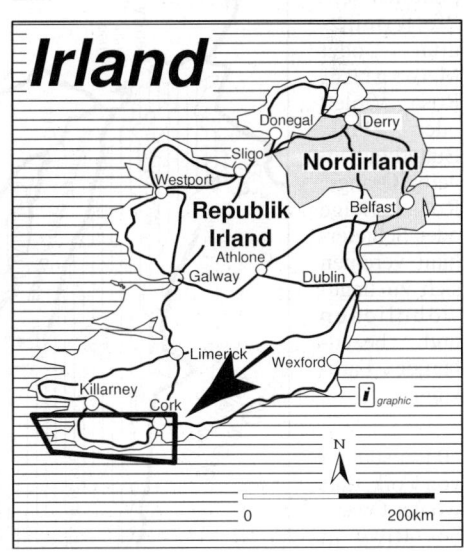

mit einheitlichen Häusern zu beiden Seiten der Straße. Die kleinen Häuschen haben keine Fensterrahmen oder Gesimse, Friese, Architrave oder andere architektonische Verzierungen, jedoch ist fast jedes Haus in einer anderen Farbe angestrichen. Oft hängen Geranien, Fuchsien und Petunien in Körben vor den Fassaden. Die Farben wirken besonders in ihrer Kombination phantastisch: Pfefferminzgrün oder Moosgrün, Rosa, Violett oder Pink, Butterblumengelb, Orange, Rot, Beige oder Schieferblau vereinen sich zu ungewöhnlichen und bezaubernden Farbklängen.

20 km südlich von Cork, dort wo der Owenboy River in

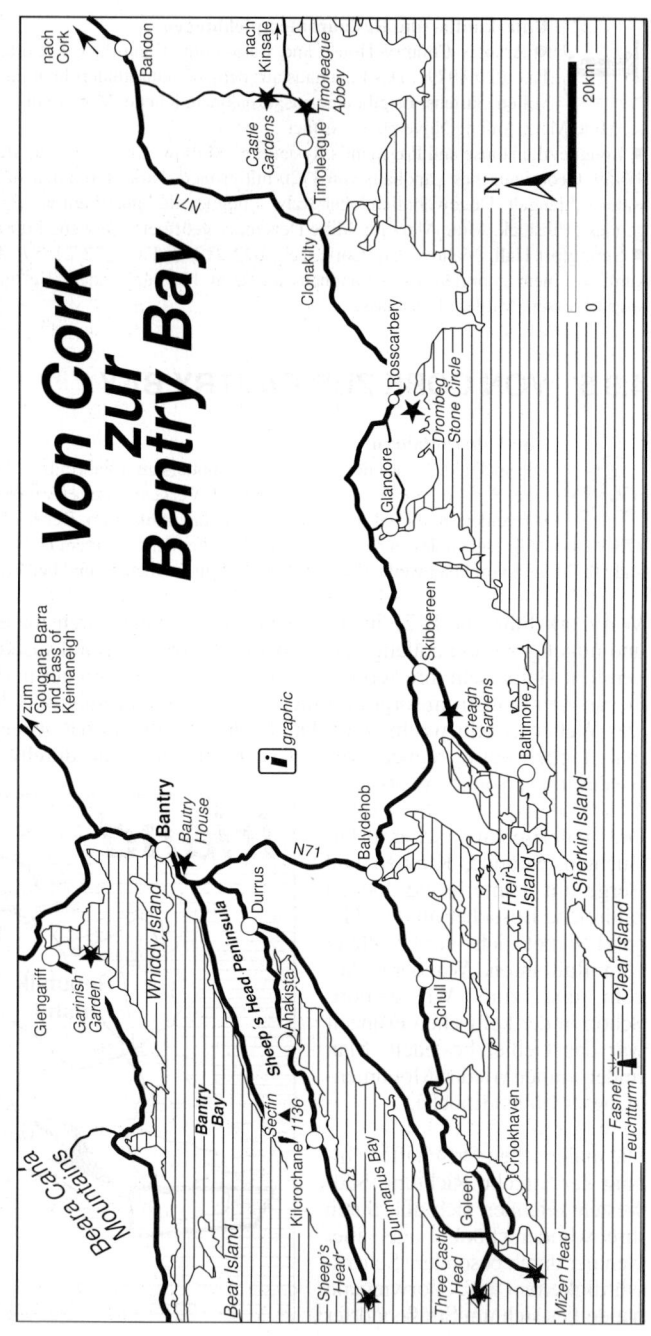

die Bucht von Cork mündet, liegt **Crosshaven**, ein kleiner Ort mit 1.200 Einwohnern mit schönen Ausblicken auf Flußmündung, Hafenbucht und Inseln. Der Royal Cork Yacht Club wurde 1720 hier gegründet. Er ist somit der älteste Yachtclub der Welt.

Kleine bunte Häuser prägen das Bild

▓ Kinsale

Kinsale hat um 2.000 Einwohner und liegt sehr schön an einer sanft gerundeteten Bucht, umgeben von Hügeln. Es ist ein beliebter Ferien- und Ausflugsort. Das freundliche Dorf hat buntbemalte Häuschen, ein Teil aus dem 18. Jahrhundert, und malerisch gewundene Gäßchen, die zum Bummeln einladen. In Kinsale finden sich einige Restaurants mit außerordentlich guter Küche. Daher wird Kinsale auch als "Culinary City" bezeichnet. Heutzutage ist der Ort neben den Gourmets auch für Wassersportler interessant. Im Hafen kann man Boote für Angelexkursionen oder auch Jachten chartern. Außerdem gibt es mehrere Schulen, in denen man Tauchen, Segeln, Surfen oder Kanufahren lernen kann. In Kinsale kann man auch zwei Forts besichtigen. In der Bucht liegt das Wrack des 1915 von einem deutschen U-Boot versenkten Passagierdampfers Lusitania.

Noch im 17. Jh. war Kinsale der wichtigste Hafen im Süden Irlands. 1601 schlugen die Engländer hier die verbündeten Iren und Spanier. Die Spanier waren mit fast 4.000 Fußsoldaten im Norden von Kinsale gelandet. Sie sollten die Ulsterfürsten O'Neill und O'Donnell gegen die Engländer unterstützen. Die spanische Truppe griff aber in dem Kampf nicht ein, so daß sich die ohne fremde Hilfe unterlegenen Iren ergeben mußten. Die Folge war die "Flucht der Grafen" (s. Kap. 2.1.5) und die Anglisierung des strategisch wichtigen Seehafens. Mit der verlorenen Schlacht von Kinsale war auch der große irische Aufstand beendet, und das bedeutete den Anfang der irischen Knechtschaft. Später, im 17. und 18. Jh., wurde Kinsale britischer Militärstützpunkt und englische Hafen- und Regimentsstadt. Bis zum Ende des 18. Jhs. blieb die Stadt für Iren und Katholiken verschlossen.

Kinsale war auch Schauplatz einer der tragischsten Katastrophen der Passagierschiffahrt. 1.200 Menschen ertranken hier am 7. Mai 1915 in Sichtweite des Head of Kinsale. Kein Sturm, sondern die Torpedos eines deutschen U-Boots hatten den britischen Luxusliner "Lusitania" (unter dem Vorwand, er transportiere Waffen) an der Backbordseite getroffen und binnen 18 Minuten versenkt. Von den 1959 Personen an Bord kamen 1198 dabei ums Leben. Im Stadtmuseum im **Old Court House** kann man die Geschichte der Stadt von der megalithischen Siedlung bis zur Schlacht der englischen Besatzer gegen die Spanier nachvollziehen. Öffnungszeiten: täglich 11.30-13 Uhr, 14.30-16 Uhr.

1995 erhielt Irland für Kinsale den ersten "Europäischen Preis für Tourismus und Umwelt". Dieser Preis ist erstmals im März 1995 in den 15 EU-Ländern sowie in

Norwegen und Island ausgeschrieben worden. Mit dem "Europäischen Preis für Tourismus und Umwelt" werden die Bemühungen um einen "grünen" Tourismus anerkannt, der die Landschaft schont.

Reisepraktische Hinweise

Tourist Information
Pier Road, Tel.: 021 772234, Fax: 021 774438, März bis November geöffnet

Wichtige Telefonnummern
Medizinische Versorgung: Tel.: 772253 oder 772717
Polizei: Tel.: 023 41145

Hotel/B&B
● Trident Hotel, Worlds End, Kinsale, Tel.: 021 772301, Fax: 021 774173. Das moderne, große Hotel liegt direkt am Meer. Ein gutes Restaurant ist angegliedert. Vom Speisesaal hat man einen schönen Blick auf den Hafen. Mittlere Preisklasse.
● Blue Haven Hotel & Restaurant, Pearse Street, Tel.: 021 772209, Fax: 021 774268. Angenehmes Hotel der mittleren Preisklasse mit ausgezeichnetem Restaurant.
● Cottage Loft Restaurant & Guesthouse, 6 Main Street, Kinsale, Tel.: 021 772803. Mitten im Ortszentrum gelegenes günstiges Gästehaus mit gutem Restaurant
● The Old Bank House, 11 Pearse Street, Kinsale, Tel.: 021 774075, Fax: 021 774296. Das georgianische Haus war ehemals eine Bank, heute ist es eine charmante Unterkunft. Mittlere Preisklasse
● The Old Presbytery, Cork Street, Kinsale, Tel.: 021 772027. Ein ganz besonders schönes B&B mit einzigartigem viktorianischen Flair und moderaten Preisen.

Jugendherberge
Dempsey's Hostel, Eastern Road, Kinsale, Tel.: 021 772124, ganzjährig geöffnet, ab 5 Pfund, 20 Betten. Von der Jugendherberge aus, 5 Minuten vom Ortszentrum entfernt, hat man einen wunderschönen Blick auf die Bucht von Summercove.

Camping/Caravan
Garretstown Holiday Park: Garretstown, ca. 11 km westlich von Kinsale, Tel.: 021 778156 oder 775286. Mit vier Sternen ausgezeichneter großzügig angelegter Ferienpark mit Zeltplätzen und Stellplätzen für Campingbusse, Wohnwagen können auch ausgeliehen werden.

Autoreparatur
Tel.: 772124

Kunstgewerbe
Irish Arts & Crafts, Main Street, Tel.: 021 774355

Taxi und Minibus
Ken & Koan O'Day, Guardwell, Kinsale, Tel.: 021 774900

Historischer Spaziergang

"Herlihy's Guided Tours" (Dauer ca. 1 Stunde) beginnt vor der Tourist Information Mo-Sa um 11.15 Uhr und 14.30 Uhr, am Wochenende nur um 11.15 Uhr. An Regentagen gibt es ausreichend Regenschirme, an "verzweifelten Tagen" ("desperate days") Tee und Kuchen umsonst. Erwachsene 3 Pfund, Kinder 1 Pfund, es gibt Gruppenermäßigung. Man braucht nicht zu buchen, nur außerhalb der Saison und bei Gruppen oder wenn man die Führung in Französisch, Deutsch, Spanisch und Italienisch hören möchte. Tel.: 021 772310/021 772873

Wassersport

Hier zwei Adressen von Clubs, in denen man verschiedene Wassersportarten, wie Segeln, Windsurfen, Dinghy, Powerboot, Kanufahren oder Hochseeangeln, lernen und betreiben kann.
- Oysterhaven Centre, Oysterhaven, Kinsale, Tel.: 021 770738, Fax: 021 770776
- Kinsale Outdoor Education Centre, St. John's Hill, Kinsale, Tel.: 021 772896

Hochseeangeln

Ireland SW Sea Angling, Trident Marina, Kinsale, Co. Cork, Tel.: 021 772927, Fax: 021 774170. Boote können auch gechartert werden. Preisbeispiele: 30 Pfund pro Tag und pro Person (bei 7 Teilnehmern). Ausrüstungen kann man für 5 Pfund pro Tag leihen.

Restaurants

Kinsale gilt als Irlands Feinschmeckerzentrum, insbesondere für Meeresfrüchte. Dem Ruf als "Culinary Capital of Ireland" entsprechend, gibt es eine Reihe guter Restaurants, und im Oktober findet hier ein Gourmetfestival statt.
- The Vintage, Main Street, Tel.: 021 772502, Fax: 021 774828. Das kleine, feine Restaurant ist in einem 300 Jahre alten Haus untergebracht. Ostern-November Lunch 12-14.30 Uhr (18-25 Pfund), Dinner ab 18.45 Uhr (24-30 Pfund), Mitte Januar-Februar sowie Di geschlossen.
- Chez Jean Marc, Lower O'Connell Street, Tel.: 021 774625/26, Fax: 021 774680. Cottage-Style Restaurant im unteren Stockwerk, Bistro im oberen Stockwerk – die Qualität der Speisen ist überall sehr gut. 7 Tage geöffnet, 19-22.30 Uhr, mittlere bis gehobene Preisklasse. Juli und August Mo geschlossen.
- Blue Haven Hotel & Seafood Restaurant, Kinsale, Co. Cork, Tel.: 021 772209, Fax: 021 774268. Mehrfach preisgekröntes Restaurant und gemütliche Bar, 8 komfortable Zimmer, Weingeschäft – alles unter einem Dach im Ortszentrum von Kinsale gelegen. Ganzjährig, außer Weihnachten, geöffnet.

Feste/Feiern

Im Oktober findet in Kinsale (1996 zum 20. Mal) ein Gourmetfestival statt. Auskunft erteilt Kinsale Tourism, Tel.: 021 774026

Pubs

Es gibt über 32 Pubs, von denen in vielen Live-Musik gespielt wird. Im Grey Hound kann man an warmen Sommertagen schön draußen sitzen.

Hier geht's gemütlich zu

Sehenswertes

Die Ende des 12. Jahrhunderts gegründete **St. Multose Church** besitzt an der Nordwestecke einen massiven Turm, dessen Portal romanische Verzierungen aufweist (um 1200). Zu den ältesten Teilen der Kirche gehören das nördliche Querschiff und das Taufbecken. In den folgenden Jahrhunderten wurde die Kirche mehrfach umgebaut.

◆ **Desmond Castle**. Die Burg wurde etwa im Jahr 1500 vom Grafen von Desmond gebaut. Zwischen 1630 und 1800 wurden hier portugiesische, spanische und holländische und nach den napoleonischen Kriegen auch französische Seeleute gefangengehalten. Dies gab schließlich dem Gebäude den Namen "French Prison". Später diente die Burg unter anderem als Armenhaus.
Öffnungszeiten: Mitte April-Mitte Juni 10-17 Uhr (montags geschlossen außer Bank Holiday und 13-14 Uhr zwischen Mitte April-Mitte Juni). Mitte Juni-Mitte September 9-18 Uhr täglich, Mitte September-Anfang Oktober Mo-Sa 9-17 Uhr, So 10-17 Uhr, auf Wunsch werden Führungen veranstaltet, Tel.: 021 77485 (OPW)

◆ **Fort Charles und Fort James**, 3 km südlich von Kinsale. Die einander gegenüberliegenden Bollwerke sicherten die Hafeneinfahrt von Kinsale und wurden nach 1677 von den englischen Siegern zur Kontrolle der Seewege errichtet. Das gewaltige Charles Fort ist recht gut erhalten. James Fort ist hingegen zerfallen und besteht nur noch aus überwucherten Grundmauern, deren ursprüngliche Bauweise allerdings noch erkennbar ist.

Fort Charles

Von Charles Fort hat man einen faszinierenden Blick auf den Old Head of Kinsale mit Leuchtturm und Burgruinen. Innerhalb der sternenförmigen Wallanlage mit ca. 12 m hohen dicken Mauern, die typisch für jene im 17. Jahrhundert gegen Artilleriebeschuß angelegten Festungen ist, liegen die Ruinen von Militärbaracken des 19. Jahrhunderts. Bis 1922 waren sie von Soldaten belegt und werden jetzt nach und nach wieder aufgebaut.
Öffnungszeiten: Mitte April-Mitte Juni 9-16.30 Uhr, Di-Sa, So 11-17.30 Uhr. Mitte April-Mitte Juni Mo geschlossen. Mitte Juni-Mitte September 9-18 Uhr, Mitte September-Mitte Oktober Mo-Sa 9-17 Uhr, So 10-17 Uhr, Tel.: 021 772263. Auf Wunsch können Führungen organisiert werden. Eintritt: Erwachsene 1,50 Pfund, Senioren 1 Pfund, Kinder und Studenten 60 Pence, Familien 4 Pfund, Gruppen je 1 Pfund. (OPW)

Lohnenswert ist die Weiterfahrt entlang der R 600 Richtung Timoleague und Clonakilty. Die Straße wird begleitet von sanft gerundeten Hügeln, die Wiesen werden umsäumt von mannshohen Hecken. Ab und zu geben sie den Blick auf die weite Küstenlandschaft frei.

▓ **Timoleague**, abseits der N 71
Das kleine, gepflegte Dörfchen wird von steilen Hügeln gerahmt und liegt an einem weit in das Land greifenden Meeresarm, der Courtmacsherry Bay.

◆ Lohnend ist der Besuch der **Timoleague Castle Gardens**. Die Gärten sind ein Kleinod in der irischen Gartenlandschaft.
Öffnungszeiten: Jun-August 11-17.30 Uhr, So 14-17.30 Uhr, Auskunft erteilen Robert and Laura Travers, Tel.: 023 46116

Timoleague House entstand 1926, nachdem sechs Jahre zuvor das ehemalige, georgianische Herrenhaus einem IRA-Anschlag zum Opfer gefallen war. Hinter dem Haus befinden sich die Reste einer normannischen Burg aus dem 13. Jahrhundert.

◆ **Timoleague Abbey** wurde im 7. Jahrhundert vom hl. Molaga gegründet und im 14. Jahrhundert als Franziskanerkloster neu errichtet. Die Ruinen stammen aus verschiedenen Bauepochen des 14. bis 16. Jahrhunderts. Die erste Kirche (14. Jahrhundert) war erheblich kürzer als die jetzige, sie reichte – vom Turm her gesehen – nur bis zum dritten Bogen. Kennzeichen der Abtei ist der grazile Vierungsturm. Von den weitläufigen Klostergebäuden nördlich der Kirche ist besonders das Refektorium an der nordöstlichen Ecke erwähnenswert, durch dessen fünf Fenster sich ein traumhafter Ausblick über das Wasser bietet. Timoleague wird – wie etliche andere Kirchen- oder Abteiruinen Irlands – als Friedhof genutzt.

Tip
Sea Court, Butlerstown, Co. Cork, Tel.: 023 40151 oder 023 40218. Sea Court (7 Kilometer von Timoleague, außerhalb Butlerstown gelegen) ist ein georgianisches Country House von 1760. Haus und Grundstück liegen zwischen Courtmacsherry Bay und Dunworley Bay inmitten von Parkland auf der Seven Heads Peninsula. Während der Sommersaison Mitte Juni-Mitte August können Haus und Gärten besichtigt werden. B&B kostet 20 Pfund pro Person, Dinner 16 Pfund, man muß sich dafür jedoch bis mittags angemeldet haben. Das gesamte Haus kann außerdem für eine Woche oder länger gemietet werden – ideal für (Reise-)schriftsteller, Künstler oder für Familienzusammenkünfte.

Jugendherberge/Hostel
Lettercollum House, Timoleague, Tel.: 023 46251, Fax: 46251. Mitte März-Ende Oktober geöffnet, 34 Betten in Mehrbett-, Doppel- oder Familienzimmern, ab 6 Pfund, Fahrradverleih. Lettercollum House wird von vielen als eines der nettesten Hostels im Südwesten Irlands bezeichnet. Es ist in einem viktorianisches Herrenhaus von 1881 untergebracht, das von einem großen, parkähnlichen Grundstück umgeben ist. Das Gebäude hat eine große Freitreppe und bleiverglaste Fenster in den Erkern. Es gibt einen Gemüsegarten, in dem Bio-Gemüse angebaut wird. Das ganze Jahr hindurch werden verschiedene Kurse, zum Beispiel Koch- oder Malkurse, angeboten. Informationen kann man über obige Adresse anfordern.

▓ **Clonakilty** hat ca. 3.000 Einwohner und ist ein von Hügeln umgebener Küstenort. Der Marktflecken hatte bereits im Jahre 1292 eine Charter von Edward I.

erhalten, regelmäßig Markt abhalten zu dürfen. Durch den Ort verläuft der kleine Feale River, der hier an der Clonakilty Bay ins Meer fließt. Einige interessante alte Gebäude sind die Brauerei, die Mühle, ein Lagerhaus sowie drei Kirchen, die alle noch in Betrieb sind. Eine vierte Kirche dient jetzt als Postamt.

Clonakilty gilt als ein Zentrum der Folkmusik. Im Juni/Juli und August finden Festivals statt.

Pubs
Gemütlich geht es im De Barra's (55 Pearse Street, Clonakilty, Tel.: 023 33381) zu, einem traditionellen Pub mit abendlicher musikalischer Unterhaltung und gutem Bar-Food.

◆ Nicht nur für Kinder lohnt ein Besuch im **The West Cork Model Railway Village**, ein wunderschön am Ufer von Inchydoney Bay gelegenes kleines Museum mit einer einzigartigen Reproduktion von Westcork in den 1940ern Jahren. Jedes Jahr kommen Neuerungen hinzu.
Öffnungszeiten: täglich bis Ende September von 11-18.30 Uhr, Eintritt: Erwachsene 2,50 Pfund, Senioren/Studenten 1,50 Pfund, Familien 6,50 Pfund, Kinder unter 5 Jahren 50 Pence, Kinder über 5 Jahre 1,50 Pfund. Tel./Fax: 023 33224

▨ **Drombeg Stone Circle**, 13 km westlich von Clonakilty, von Rosscarbery ausgeschildert

Vom Steinkreis aus hat man einen herrlichen Blick über die Küstenlandschaft. 13 dicht nebeneinanderstehende Steine bilden einen kleinen Kreis. Im Zentrum des Kreises, der auf die Zeit zwischen 153 v. Chr. und 127 n. Chr. datiert wird, wurden die Überreste eines verbrannten Körpers gefunden. Auch dieser Steinkreis diente vermutlich als Observatorium, um den kürzesten Tag des Jahres zu ermitteln. Westlich des Steinkreises liegen die Reste zweier runder Steinhütten dicht neben-

Dromberg Stone Circle

einander, die östliche hatte einst eine Art Backofen. Die beiden Hütten, die man nicht für eine ständige Unterkunft, sondern eher für Jagdhütten hält, werden auf die Zeit zwischen 109 und 349 n.Chr. datiert.

▨ **Skibbereen**
ist ein recht belebter Ort, aber durch die farbenfrohen bunten Häuschen, wie sie so typisch für diese Gegend sind, sehr hübsch und liebenswert. Es ist ein kleines Marktstädtchen mit ca. 2.200 Einwohnern. Zentrum des Ortes ist der dreieckige Marktplatz, um den sich zahlreiche Geschäfte und Restaurants sowie einige Pubs drängeln.

Tourist Information
Skibbereen, Town Hall, North Street, Tel.: 028 21766, Fax: 028 21353, ganzjährig geöffnet

Von Cork zur Bantry Bay

Unterkunft
Windmill Guesthouse, 46 North Street, Skibbereen, Tel.: 028 21606. Kleines Gästehaus im Familienbetrieb, entspannte Atmosphäre, gutes Restaurant, preisgünstig.

Restaurant
Mary Anns, Castletownsend, Skibbereen, Co. Cork, Tel.: 028 36146, Fax: 028 36377. Gourmet-Restaurant, Spezialität Meeresfrüchte, Dinner 18.30-22 Uhr 21 Pfund, So Lunch 13 Pfund, im Winter Mo geschlossen.

Fahrradverleih
Roycroft Cycles, Ilen Street, Tel.: 028 21235 (Raleigh Rent-a-Bike)

Angeln
kann man im Fluß Ilen. Er ist ungefähr 33 km lang und fließt durch eine wunderschöne Gegend im Westen der Grafschaft Cork. Auskunft erteilt der River Ilen Anglers' Club, Auskunft und Genehmigungen (für Lachs und Seeforelle) von Mr. Tony Kelly of Fallons Sports Shop, North Street, Skibbereen, Co. Cork, Tel.: 028 22246.

Eine Unterkunftsempfehlung für Luxusanbeter
ist die **Liss Ard Lake Lodge**. Das erst kürzlich renovierte Hotel war einst das Sommerhaus eines reichen anglo-irischen Landlords. Die Architektur des Hauses spiegelt die einstige Extravaganz wieder. Die Zimmer sind mit allem modernen Komfort (Fax, PC, Telefon und Musikanlage) ausgestattet. Die Möblierung kann man als minimalisiert bezeichnen, die Badezimmer als luxuriöse Oasen. Das Restaurant ist sehr exklusiv, Frühstück wird bis mittags gereicht. Aktivitäten, wie Golf, Angeln oder Tennis, können problemlos vom Hotel aus betrieben werden. Das Liss Ard Country Haus, welches 16 Personen Platz bietet, kann auch "in toto" gemietet werden.
Der umgebende Liss Ard Garden ist ein einzigartiges Projekt in dieser ohnehin einzigartigen Landschaft. Auf einem Gebiet von 20 Hektar gibt es zehn sogenannte "Garten-Räume", beispielsweise den "Bog Garden", den "Rock and Woodland Garden", den "Watergarden and Arboretum", den "Lakeside Walk" und sechs weitere in sich geschlossene Gartenanlagen. "They reflect paradise" – so die Broschüre.
Liss Ard Lodge, Liss Ard Country House, Skibbereen, Co. Cork, Tel.: 028 22365, Fax: 028 22839

Streckenführung
Hinter Skibereen kann man die N 71 weiterfahren bis Bantry oder bei Ballydehob auf den südlichsten "Finger" abbiegen oder einen Abstecher in südliche Richtung nach Baltimore machen. In Baltimore (aber auch weiter westlich in Schull) bestehen Fährverbindungen auf die vorgelagerten Inseln.

Creagh Gardens, Creagh, Co. Cork, 6 km südwestlich von Skibbereen an der R 595 nach Baltimore
Das milde Klima von West Cork läßt hier viele seltene Pflanzen üppig gedeihen. Außer Rhododendron, Kamelien und Magnolien finden sich hier die "telopea truncata" und zarte Schönmalven, die an ihrem Stengel einen speziellen Schutz gegen die Winterkälte tragen. Auch empfindliche Pflanzen, wie Fuchsien oder der blutrote Stechapfel "Datura sanguineum", die normalerweise nur in Gewächshäusern gedeihen, vertragen die milden Temperaturen von Cork. Inspiriert durch den "Malenden Zöllner" Rousseaus entstand der Wassergarten. Neuseeländischer Flachs,

Seebeeren, Becherfarn und Lilien gedeihen hervorragend in dem flachen Gewässer und erinnern den Betrachter an eine Dschungellandschaft. Man kann verschiedene Wege beschreiten, z.b. den Hoh Chi Min Weg.
Öffnungszeiten: März-Oktober, täglich 10-18 Uhr, Eintritt: Erwachsene 2 Pfund, Kinder 1 Pfund.

▧ Baltimore

Der 800 Einwohner zählende Ort liegt an der Spitze einer landschaftlich reizvollen und kaum besuchten Landzunge, 13 km südlich von Skibbereeen. Trotz seiner Abgeschiedenheit und den wenigen Einwohnern überrascht der Ort durch sein reges Treiben in den wenigen Gassen. Man trifft vor allem Segler hier. Von hier aus verkehren Boote zu den vorgelagerten Inseln Sherkin und Cape Clear. Der Ort bietet verschiedene Unterkunftsmöglichkeiten.

Ferienwohnungen
Komfortabel ausgestattete Ferienwohnungen mit Blick auf Dunmanus Bay oder in der Nähe vom Glengarriff Harbour vermittelt Eleanor O'Reagan, Tel.: 027 61208, Fax: 027 61175

Jugendherberge/Hostel
Rolf's Hostel, Baltimore Hill, Baltimore, Tel.: 028 20289. Die von einem Deutschen geführte Herberge ist in einem ehemaligen Bauernhaus untergebracht und hat eine rustikale Atmosphäre. Es gibt 46 Betten, unter anderem auch in Familienzimmern. Sie ist ganzjährig geöffnet. Übernachtung ab 6 Pfund, üppige Mahlzeiten, Fahrradverleih.

Fahrradverleih
in Rolf's Hostel, siehe oben

Restaurants
● Casey's Cabin, Baltimore, Co. Cork, Tel. und, Fax: 028 20197. Bar und Restaurant mit rustikaler Atmosphäre. Im Sommer mit Biergarten. 12-21.30 Uhr geöffnet. Dinner um 20 Pfund, Lunch um 10 Pfund.
● Chez Youen, The Pier, Baltimore, Tel.: 028 20136, Fax: 028 20495. Spezialität des Restaurants ist Fisch und Gemüse. Lunch 12.30-14.30 um 12 Pfund, Dinner 18.30-23 um 21 Pfund

Die vorgelagerten Inseln: Heir, Sherkin und Clear Island

Clear Island und Sherkin Island
Sowohl Clear Island als auch Sherkin Island verfügen über B&B-Unterkünfte. Von Baltimore nach Sherkin fahren die Boote im Sommer stündlich, die Überfahrt dauert 15 Minuten. Nach Cape Clear gibt es im Sommer mindestens 2-3 Überfahrten, die Fahrzeit beträgt 45 Minuten.
Fahrplanauskunft:
Baltimore, Cape Clear Ferry Booking Office, Tel.: 028 20114, Fax: 028 20442:
Schull, Auskunft bei Mr. Kieran Molloy, Tel.: 028 28138

▓ Clear Island

> *"On the verge of the ocean*
> *Whose waves wash many lands*
> *You'll find a lovely island*
> *With glittering strands".*
>
> Patrick Cotter, 1893-1962

Clear Island hat 140 Gaelisch-sprachige Bewohner. Die Insel ist 5 km lang, 2 km breit und 15 km von der Küste entfernt. Die hügelige bis gebirgige, durch Wildwiesen aufgelockerte Insel bildet am Cape Clear den südlichsten Punkt der Republik. Die vom Atlantik umtoste Küsten- und Klippenlandschaft zählt zu den schönsten und zugleich unberührtesten auf den britischen Inseln. Von der Anlegestelle führt ein steiler Weg zur St. Kieran's Church, einem Bau des 12. Jahrhunderts an der Stelle eines ehemaligen Klosters. Am Brunnen steht der St. Kieran's Stone aus prähistorischer Zeit und der Schrein des St. Kieran, der die Insel bekehrt hat.

Es gibt auf Cape Clear eine gaelische Sprachschule. Sie bemüht sich um den Erhalt und die Pflege der alten Sprache.

Tourist Information
Tel.: 028 39119

Unterkunft
Es gibt verschiedene B&B-Unterkünfte sowie Ferienwohnungen auf Cape Clear.

Hostel
Cape Clear Island Hostel, Tel.: 028 39144. Saubere und gut geführte Herberge unweit des Hafens.

Camping
In der Nähe der Jugendherberge gelegener und von der Kommune verwalteter Campingplatz, recht günstig, Tel.: 028 39119

▓ Sherkin Island

Auf der Insel läßt es sich gemütlich wandern oder radfahren. In Slievemore auf der Westseite findet man frühchristliche Höhlen und prähistorische Steine. In der Marinestation wurden ein kleines naturgeschichtliches Museum und ein Aquarium eingerichtet. Weiterhin gibt es die Reste eines aus dem Jahre 1460 datierenden Franziskanerklosters zu entdecken. Am Nordufer liegen die Ruinen von O'Driscoll's Castle.

Viele Besucher besuchen Sherkin Island als kurzen Tagesausflug. Wegen der häufigen Verbindungen nach Baltimore ist dies auch problemlos möglich.

▓ Heir Island

Auf Heir Island gibt es schöne Strände, die sich als Picknickplatz ideal anbieten. Fahrräder können auf dem Boot mitgenommen werden.

Tip
Zwischen den Inseln besteht auch die Möglichkeit zum sogenannten **Island Hopping**: Von Baltimore via **Heir Island** nach Schull oder umgekehrt, jeden Tag außer Dienstag und Samstag. Auskunft erhält man unter Tel.: 028 39153. Während der Tour kann man Delphine und Seehunde beobachten.

Abfahrt (Stand Herbst 1995):
Cape Clear nach Heir Island 10 Uhr, Heir Island nach Baltimore 10.45 Uhr, Baltimore nach Heir Island & Schull 11.15 Uhr, Schull nach Heir Island & Baltimore 12.15 Uhr, Heir Island nach Baltimore 14 Uhr, Baltimore nach Heir Island & Schull 16 Uhr, Schull nach Heir Island & Baltimore 17 Uhr, Heir Island nach Cape Clear 17.45 Uhr.

■ Der Fasnet-Leuchtturm

5 km von Cape Clear entfernt liegt der Fasnet Rock. Bis 1810 gab es nur drei Leuchttürme an der Südwestküste: Loop Head, Cape Clear und der Old Head of Kinsale. 1847 sank bei Crookhaven der 1.034 Tonnen schwere amerikanische Kreuzer Stephen Whitney mit einem Verlust von fast 100 Menschenleben. Daraufhin entschied das Irish Lights Board, einen Leuchtturm auf dem Fasnet Rock zu bauen, da der bereits existierende Leuchtturm auf Clear Island zu weit im Landesinneren stand. Der Leuchtturm war 1854 fertig und von 1854 bis 1891 in Gebrauch. Er war seinerzeit der wichtigste Leuchtturm an der Küste, aber nicht stark genug, um den Winden des Atlantik standzuhalten. Zwischen 1899 und 1903 wurde ein neuer Leuchtturm errichtet, ein technisches Meisterwerk: Das Licht des 52 Meter über dem Meeresspiegel liegenden Leuchtturms konnte 30 km weit gesehen werden. 1865 brach der Turm zusammen und ebenso Teile des Felsens. 1899 wurde mit dem Wiederaufbau begonnen und 1903 beendet, die Kosten betrugen 84.000 Pfund. Der irische Name lautet Carraig Aonar ("lonely rock"), aber er wird auch "the teardrop of Ireland" genannt, weil es das letzte Stück Land ist, das die Auswanderer auf ihrem Weg nach Amerika noch sehen konnten.

Drei Leuchtturmwärter arbeiteten dort in Schichten von jeweils sechs Wochen, bis der Leuchtturmdienst automatisiert wurde.

■ **Ballydehob** bildet das Tor zu Mizen

Peninsula, der südlichsten der fünf Halbinseln, die sich wie die fünf Finger einer Hand in den Atlantik strecken. Die meisten Besucher Ballydehobs sind auf der Durchreise zum westlichsten Ende der Insel.

■ **Schull** hat sich in den vergangenen Jah-

ren zum inoffiziellen Zentrum der Mizen Peninsula entwickelt und ist vor allem bei Iren und Engländern als Ferienort beliebt. Auch von Schull aus gibt es Fährverbindungen zu den vorgelagerten Inseln. Eine Sehenswürdigkeit ist das Planetarium auf dem Gelände des örtlichen College.

Öffnungszeiten (Stand 1995): März, April, Mai So 14-17 Uhr, Juni Mi, Fr, Sa 14-17

Gemütliche Pubs laden zur Einkehr ein

Uhr, Eintritt: Erwachsene 2,50 Pfund, Kinder 1,50 Pfund, Gruppenermäßigung, Auskunft erteilt Martha Hayes, Tel.: 028 28552, Fax: 028 28467

Jugendherberge/Hostel
Schull Backpackers' Lodge, Colla Road, Schull, Tel.: 028 28681, Fax: 28681, ganzjährig, ab 6 Pfund, 31 Betten, Mahlzeiten, Familienzimmer, Camping ist auf dem Grundstück möglich, Fahrradverleih, rollstuhlfreundlich.

▓ Goleen

Hier lohnt der Besuch des kleines Heimatmuseums, welches nach 1991 in der kleinen, inzwischen geschlossenen Kirche eingerichtet wurde. Es ist täglich von 10-18 Uhr geöffnet.

Unterkunft
Mrs. Violet Connell, Fortview House, Gurtyoween, Toormore, Goleen, West Cork, Tel.: 028 35324. Der Bauernhof bietet eine angenehme, saubere und gepflegte B&B-Unterkunft, wenn man sich anmeldet, gibt es auch Dinner.

Restaurant
Heron's Cove Restaurant, Goleen Harbour, Tel.: 028 35225, Fax: 028 35422, ab mittags geöffnet, täglich, Dinner ab 19 Uhr, letzte Bestellung 21.45 Uhr, sonntags 13-15 Uhr, ausgezeichnete Fischgerichte

▓ Weiter gen Westen erreicht man schließlich **Crookhaven**. Dort hat man das Gefühl, am Ende der Welt zu sein. Es ist sehr ruhig, und nur wenige Touristen verirren sich hierher. Das Dorf liegt am Ende einer Stichstraße, auf einer spitz zulaufenden Halbinsel. Den Besucher erwartet ein offener Marktplatz, gerahmt von zwei Häuserzeilen und einem romantischen Pier, an dem sich allabendlich Massen von Seevögeln zusammenfinden.

Hotel
Barley Cove Hotel, Tel.: 028 35234. Unschön in die Landschaft gebautes Hotel. Daneben gibt es jedoch Ferienwohnungen mit Seeblick für Selbstversorger.

Ferienwohnung
Information & Reservation, Tel.: 028 35344, Fax: 028 35392. Modern und komfortabel eingerichtete Ferienwohnungen direkt am Wasser gelegen. Haustiere nicht erlaubt. In der Hauptsaison kostet eine Ferienwohnung (1-Schlafzimmer) je nach Standard zwischen 150 und 320 Pfund.

Der **Mizen Head** auf der Mizen-Halbinsel bildet den äußersten Rand Europas. Zerklüftete Klippen fallen, klappenden Abgründen gleich, in die brausenden Wogen des mit aller Kraft herantosenden Atlantik. Hier ragen die Klippen bis zu 200 Meter empor. Oben auf dem Felsen steht ein **Leuchtturm**, in dem ein Museum eingerichtet wurde. Ein Besuch lohnt sich.

◆ Das Leuchtturm-Museum

99 Stufen geht es hinab zur Suspension Bridge, die den Felsen mit dem Festland verbindet. Im ehemaligen Leuchtturm wurde 1994 ein Museum eingerichet. Zu sehen sind die Wohnung des Leuchtturmwärters und seine Arbeit. Erklärt wird

ebenso die technische Seite eines Leuchtturms. Ein weiterer Raum ist dem Unterwasserbereich vor Mizen Head gewidmet. Über 80 Schiffwracks und Hunderte kleinerer Boote liegen an dieser Küste. Der dritte Raum vermittelt einen Eindruck von dem Licht des Fasnet Lighthouse, wie man es vom Deck eines Ozean-Kreuzers aus sieht. Von der Plattform vor dem Museum hat man phantastische Ausblicke, es sei denn, es stürmt so sehr, daß man mehr auf seinen Schritt achten muß als auf die Szenerie. Der letzte Leuchtturmwärter, er stammt aus einer ganzen Generation von Leuchtturmwärtern, betätigt sich als Museumsführer und erklärt bereitwillig und ausführlich sämtliche Details.

Von Mai 1994 bis Oktober 1994 zählte das Museum immerhin 32.000 Besucher. Bis Juli 1995 waren bereits 11.500 Menschen über die gußeiserne Brücke gegangen.

Öffnungszeiten: April-Oktober täglich, November-März nur am Wochenende, Tel.: 028 35225/35253, Fax: 028 35422

INFO

Der Leuchtturm auf Mizen Head

1906 entschied sich das Board of Trade zusammen mit dem Irish Lights Board, auf der Cloghane Island die Mizen Head Fog Signal Station zu bauen. 1909 wurde dieses Nebelsignal eingerichtet. Bei schlechten Wetterbedingungen setzte der Leuchtturmwärter in einem Intervall von drei Minuten ein Zeichen. Die Suspension Bridge wurde 1908 bis 1910 gebaut, um die kleine Insel mit dem Festland zu verbinden. Sie ist 522 Meter lang und schwebt in 456 Meter Höhe. 1931 installierte man ein kabelloses Leuchtsignal, ein Blinklicht, das im Laufe der Zeit stetig verbessert wurde. In den 70er Jahren wurden das Nebelsignal eingestellt und Sonar sowie Satellit Navigation eingeführt. Im April 1993 hat der letzte Leuchtturmwärter Mizen Head verlassen. Er betätigt sich heute nur noch als Kustodus des hier eingerichteten Museums. Die Station wurde voll automatisiert.

Wandern
Three Castle Head, wenige Kilometer nördlich vom Mizen Head, ist ein weiterer in den Atlantik vorragender Felskopf. Hier stehen die Reste einer mittelalterlichen Burganlage der O'Mahony's. Ausgangspunkt für den ca. 1-stündigen Spazierweg ist die Farm am Ende des Sträßchens.

Noch einsamer geht es auf der nördlich der Dunmanus Bay gelegenen Landzunge, der **Sheep's Head Peninsula,** zu. Es ist der kleinste, unbekannteste und dementsprechend unberührteste der fünf Finger. Eine Erkundung der felsigen Landschaft ist vor allem für Radfahrer geeignet. Entlang den schmalen Straßen zu radeln, kaum Verkehr, gesäumt von verträumten Meeresbuchten und karstigen, windgeformten Hochflächen, auf denen vereinzelt Kühe weiden, ist ein Genuß. Die meisten Besucher fahren nur bis Kilcrochane, dem einzigen erwähnenswerten Siedlungsflecken mit Dorfcharakter. Hinter dem Dorf beginnt die einspurige 10 km lange Stichstraße zum westlichsten Zipfel, dem **Sheep's Head,** die sich oftmals in abenteuerlichen Verrenkungen über Hügel und durch Hoochmoore zieht. Die letzten Meter zu den steilen Klippen müssen per Fuß zurückgelegt werden. Das Panorama ist gewaltig. Eine einsame Straße führt bis zum westlichsten Zipfel. Die Sheep's Head Peninsula ist ein wunderbarer Ort zum Entspannen.

Unterkunft

Dunmahon Country House, Kilcrochane, Tel.: 67092. Gepflegtes, weiß getünchtes Landhaus, das von einem großen Garten umgeben wird. Zwanglose und persönliche Atmosphäre. Am Haus befindet sich eine komplette Tauchbasis, verschiedene Angebote, wie einzelne Tauchgänge, Wracktauchen, Wochenendkurse etc. Zum Dunmahon House gehört auch ein empfehlenswertes Restaurant.

▒ Bantry

Der 2.800 - 3.000 Einwohner zählende Ort wird von vielen Besuchern als Ausgangsbasis für die Entdeckung der landschaftlichen Schönheiten des Südwestens genutzt. Eine Rundfahrt über die Sheep's Head Pensinula umfaßt 60 km, Mizen Head etwa 100 km und die Beara Halbinsel etwa 220 km. Das schmucke Hafenstädtchen besticht vor allem durch seine freundliche Atmosphäre. Aufgrund der Tiefe des Hafens können hier große Öltanker – bis zu 250.000 Tonnen einfahren.

Tourist Information

The Square, Tel.: 027 50229, Juni-September geöffnet

Hotel/B&B

● Ballylickey Manor House, Country House and Restaurant, Ballylickey, Bantry Bay, Co. Cork, Tel.: 027 50071, Fax: 027 50124. Das wunderschöne Landhaus ist ca. 300 Jahre alt und wird von einem herrlichen Garten umgeben. Es gibt sechs Zimmer und fünf Suiten, der gehobenen Preisklasse. April-November geöffnet.
● Sea View House Hotel, Ballylickey, Bantry, Co. Cork, Tel.: 027 50073/50462, Fax: 027 51555. Sehr angenehmes, von einem großen Garten umgebenes Hotel mit mehrfach preisgekröntem Restaurant. Mittlere bis gehobene Preisklasse
● Dromkeal Lodge Hotel, Ballylickey, Bantry, Tel.: 027 51519, Fax: 027 51519. Kleines Country House Hotel mit wunderschönen Blicken auf die Bantry Bay. Gutes Restaurant, schöner Garten, mittlere Preisklasse
● Mr. & Mrs. Egerton Shelswell White, Bantry House, Bantry, Co. Cork, Tel.: 027 50047, Fax: 027 50795. In einem Seitentrakt des Bantry House stehen den Besuchern neun elegant eingerichtete Zimmer zur Verfügung. Mittlere bis gehobene Preisklasse. Hidden Ireland.

Jugendherberge/Hostel

Bantry Independent Hostel, Bishop Lucy Place, Bantry, Tel.: 027 51050. 30 Betten in Mehrbett-, Doppel- und Familienzimmern, ab 5,50 Pfund, Fahrradverleih, ruhige Lage, 10 Minuten vom Zentrum, Mitte März-Ende Oktober geöffnet.

Camping

Eagle Point Caravan & Camping Park, Ballylickey, Tel.: 50630. Der große, gepflegte Platz liegt direkt an der Bantry Bay. Ca. 6 km von Bantry entfernt. Sehr guter Standard.

Golf

Bantry Park Golf Club, Donemark, Bantry, Co. Cork, an der Bantry/Glengarriff Straße gelegen, Tel.: 027 50579

Angeln
Sehr gut angeln läßt es sich im Coomhola River. Auskunft und Genehmigungen erhält man vom Secretary Coomhola Anglers, O'Brian's Shop, Coomhola Bridge, Bantry, Tel.: 027 50563

Restaurants
● Sea View House Hotel, Ballylickey, Bantry, Co. Cork, Tel.: 027 50073/50462, Fax: 027 51555. Empfehlenswertes, mehrfach preisgekröntes Country House Restaurant. Die Spezialität des Hauses sind Fischgerichte. Auf Vorbestellung gibt es auch vegetarisches Essen. Während der Woche nur Bar-Lunch. Lunch 12.30-14.30 Uhr 12,50 Pfund, Dinner 19-21.30 Uhr 22,50 Pfund, Mitte November-Mitte März geschlossen.
● Blair's Cove Restaurant, Durrus, Co. Cork, Tel.: 027 61127. Vom Restaurant aus hat man schöne Ausblicke über Dunmanus Bay und die umgebende Landschaft. Das Ambiente ist sehr elegant. Die Hors d'Oeuvres wurden als beste Vorspeisen in ganz Irland bezeichnet. Blair's Cove wird im Blue Book empfohlen. Juli und August Mo-Sa 19.30-21.30 Uhr (Dinner 24 Pfund), restliches Jahr So und Mo geschlossen, November-Februar geschlossen. Es wird Deutsch, Holländisch und Französisch gesprochen.

◆ Sehenswert ist **Bantry House**, das von einem italienischen Garten umgeben ist und wunderschön in der Bantry Bay liegt. Das Gebäude wurde 1739 von der White Familie erworben und 1946 der Öffentlichkeit zugänglich gemacht. Der klassische georgianische Bau zeigt eine klare, durch große Fenster gegliederte Fassade, deren Strenge durch eine umlaufende Dachbalustrade aufgelockert wird. Das Gebäude ist voll mit Kunstschätzen verschiedener Art: Möbel, Wandteppiche, Lampen, Bilder, die der 2. Graf von Bantry während seiner Grand-Tour durch Europa erworben hatte. Das Gebäude wird auch heute noch von der Familie bewohnt. Regelmäßig werden Konzerte in der Bibliothek abgehalten. Vom italienischen Park hat man einen herrlichen Blick auf die gegenüberliegenden Caha Mountains. In terrassenförmig angelegten Rasenflächen und von Geländern umgebenen kleineren Gärten sind Kopien antiker Vasen und Plastiken aufgestellt. Öffnungszeiten: täglich außer 25.12. 9-18 Uhr. Eintritt: Erwachsene 4 Pfund, Gruppen 2,50 Pfund pro Person, Kinder frei.

Tip
Im Bantry House kann man auch übernachten. In einem Seitentrakt des Hauses stehen neun elegant eingerichtete Zimmer den Besuchern zur Verfügung. Mr. & Mrs. Egerton Shelswell White, Bantry House, Bantry, Co. Cork, Tel.: 027 50047, Fax: 027 50795. Mittlere bis gehobene Preisklasse. Hidden Ireland.

◆ Wer sich für irische Geschichte interessiert, sollte einen Blick in die ehemaligen Ställe des Herrenhauses werfen. Hier wurde 1991 das **Bantry French Armada Exhibition Centre**, eine sehenswerte Ausstellung über die Landung der französischen Armada eingerichtet. Zweimal in der irischen Geschichte hatten französische Truppen eine Invasion gestartet, um den Iren gegen die Engländer zu Hilfe zu kommen. 1689 steuerte eine französische Flotte die Bucht an, um den katholischen James II. im Kampf gegen seinen Widersacher William of Orange zu unterstützen, lieferte sich jedoch mit dem englischen Admiral Herbert eine unentschiedene Schlacht.
1796 nahm General Hoche, auf Veranlassung von **Theobald Wolf Tone** (1763-98) und den United Irishmen, mit einer französischen Armada mit fast 15.000

Mann Besatzung von Brest in Frankreich aus Kurs auf Bantry Bay. Ihre Absicht war es, Irland anzugreifen und die Briten zu verjagen. Stürme und Nebel setzten der unglücklichen Truppe jedoch so sehr zu, daß lediglich 16 Schiffe am 22.12. 1796 die Bucht erreichten. Ein neuerlicher Sturm verhinderte die Landung. Schließlich mußte die Flotte umdrehen und nach Frankreich zurückkehren, wobei einige Schiffe von den Engländern gekapert wurden. Ein Schiff, die Surveillante, war zu sehr vom Sturm beschädigt, um die Rückreise anzutreten. Sie strandete an der Whiddy Island an, wo sie immer noch liegt. 1982 wurde sie zum Irish National Monument erklärt, und die Arbeit an ihrer Restauration und Konservierung begann.

Mittelpunkt der Ausstellung ist ein 1:6-Modell der Fregatte. Es zeigt ihre Konstruktion sowie die verschiedenen Aktivitäten an Bord. In Schaukästen werden weitere Informationen zu diesem tragischen Ereignis erläutert.

Öffnungszeiten: täglich 10-18 Uhr, Eintritt: Erwachsene 2,50 Pfund, Studenten und Senioren 1,50 Pfund, Kinder unter 14 Jahren 1 Pfund, Familien 5 Pfund, Tel.: 027 51796, Fax: 027 51309.

▓ Auf **Whiddy Island**, wenige Kilometer vor Bantry, liegt der große Erdölhafen Bantry Bay, der im Jahre 1978 geschlossen wurde. Seit einigen Jahren sind die Arbeiten dort wieder aufgenommen worden. Fährverbindungen gibt es jede halbe Stunde vom Bantry Pier. Die Insel hat 30 Einwohner und ist nur 6 km lang und 2 km breit. Man kann wunderschön radfahren und spazierengehen.

▓ Von Bantry aus lohnt eine Fahrt durch die Landschaft ins Landesinnere zum **Gougana Barra**, ca. 16 Meilen östlich von Bantry. Das versteckt am Ende einer steilen Stichstraße in den Shehy Mountains gelegene Dorf blickt auf einen der bezauberndsten Bergseen Irlands. Von einem weiten und schroffen Felskegel begrenzt, bildet er das natürliche Reservoir, das den größten Fluß der Grafschaft Cork, den Lee, speist. Auf der kleinen Insel im See steht eine romantische Kapelle an der Stelle eines ehemaligen Klosters des St. Finbarr. Hinter dem See beginnt der **Gougane Barra Forest Park**, ein etwa 150 ha großes Waldareal mit Wanderwegen, Picknickplätzen und wunderschönen Aussichtspunkten von den Bergkämmen. Reisende von und nach Glengarriff und Bantry passieren den **Pass of Keimaneigh**. Von hier aus bietet sich ein faszinierendes Panorama über die einsam bewaldete Berglandschaft.

4.3.6 DIE REGION KERRY

Die Region Kerry ist wegen der spektakulären Panoramastraßen des Ring of Beara, des Ring of Kerry und auf der Halbinsel Dingle berühmt. Beeindruckend sind die schroffen, hochaufragenden Berge über den Meeresbuchten. In der Region Kerry regnet es extrem viel: An 250 von 365 Tagen. Die Gebirge der Halbinseln, die Caha-Berge auf Beara oder die verzackten Macgillycuddy Reeks, zwingen die Wolken zum Abregnen.

Die Grenze zwischen der Grafschaft Cork und der Grafschaft Kerry verläuft quer über die Beara-Halbinsel, und zwar mitten durch die Caha Mountains. Sie beginnt hinter dem Berg Hungry Hill, wo sie eine gewaltige 90-Grad-Wende erfährt und im Ardgroom Harbour die Bucht des Kemare Rivers erreicht. (Im Grunde müßte die Beara Halbinsel also in zwei Kapiteln behandelt werden. Um übertriebene Pedanterie zu vermeiden, soll darauf aber verzichtet werden. Die Beara-Halbinsel wird insgesamt in dem Kapitel "Die Region Kerry" behandelt).

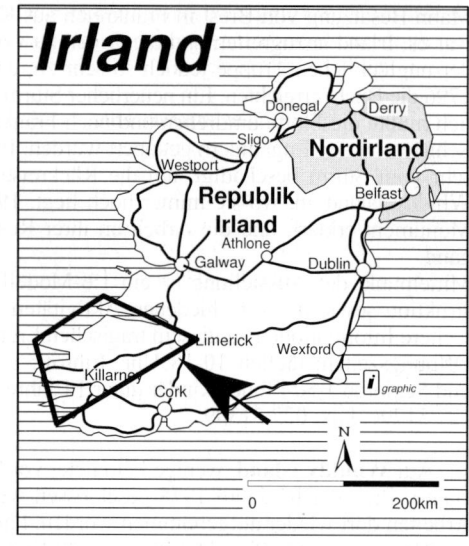

4.3.6.1 Glengarriff und der Ring of Beara

Zwischen Kenmare River und Bantry Bay erstreckt sich die ca. 60 km lange Halbinsel Beara. Der Ring of Beara beginnt in Kenmare oder Glengarriff. Die Tour ist touristisch nicht ganz so ausgebaut wie der Ring of Kerry, obwohl auch diese Küstenstraße nicht mehr als Geheimtip bezeichnet werden kann.

Glengarriff
ist ein netter Ferienort und schon seit viktorianischer Zeit beliebt, wohl auch wegen seiner für Irland ungewöhnlichen fast mediterranen Vegetation. Nicht versäumen sollte man einen Ausflug auf die Garinish Island. Hier befindet sich ein von Harold Peto 1910 im italienischen Stil entworfener Garten mit einer vom

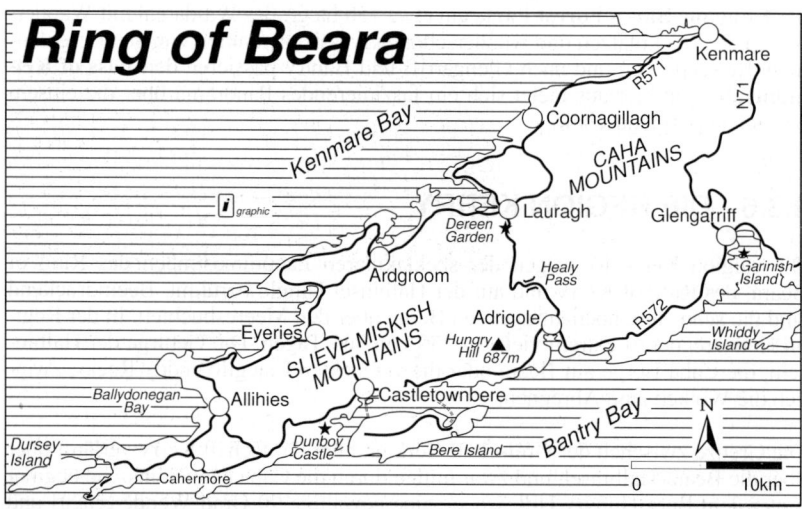

Golfstrom begünstigten Artenvielfalt der subtropisch anmutenden Pflanzenwelt. Während der Bootsfahrt und auf der Insel hat man herrliche Ausblicke auf Bantry Bay und auf die Caha Mountains.

Glengarriff Tourist Information
Tel.: 027 63084, Juli und August geöffnet

Wandern
Rund um Glengarriff gibt es zahlreiche Wandermöglichkeiten. Informationen und Kartenmaterial erhält man in der Tourist Information.

Unterkunft
In Glengarriff gibt es zahlreiche Hotels, B&B-Unterkünfte sowie Hostels. Hier zwei Empfehlungen:
● Bluepool House, Tel.: 63054. Bluepool House ist eine große stilvolle Villa mit geräumigen Zimmern zu moderaten Preisen.
● Eccles Hotel, Tel.: 63003. Stilvolles, großzügig angelegtes Hotel aus dem 19. Jahrhundert – mit ein wenig "verstaubter Pracht".

Fahrradverleih
Glengarriff, Jem Creations, Ladybird House, Tel.: 027 63113

■ **Ilnacullin (Island of Holly), auch Garinish Island**
Die Insel ist 15 Hektar groß und liegt an der Nordseite von Bantry Bay. Noch vor 70 Jahren vollkommen karg, befindet sich heute inmitten einer zauberhaften Natur einer der schönsten Gärten Irlands, umgeben vom warmen Golfstrom. Anfang des 19. Jahrhunderts war die Insel ein militärischer Stützpunkt. Auf der höchsten Erhebung wurde ein Martello Tower errichtet, als eine napoleonische Invasion bevorstand.

Garinish Island

Die Insel war in einem sehr vernachlässigten Zustand, als sie von dem Briten Annan Bryce, einem regelmäßigen Besucher dieser Gegend, 1910 erworben wurde. Mit dem Wissen um das ideale Klima dieser Region beauftragte er den Landschaftsarchitekten Herald Peto, Pläne zur Entwicklung eines Landschaftsgartens zu machen. In der Tat ist das Klima hier ausgezeichnet: Der durchschnittliche Niederschlag und die Feuchtigkeit sind recht hoch, der mindeste jährliche Regenfall liegt immerhin bei 1.850 mm. Peto war der bekannteste Landschaftsarchitekt jener Zeit, aber die Probleme, denen er sich gegenübersah, waren enorm. Die Insel war so karg, daß riesige Mengen an

Erde vom Festland hierher transportiert werden mußten. Annan Bryce starb 1923, und die Arbeit der Weiterentwicklung der Insel übernahm seine Frau, die auf der Insel lebte, und später deren Sohn. Nach dem Tod von Rowland Bryce, 1953, wurde die Insel der Nation übergeben und unter die Verantwortung des OPW gestellt.

Der Garten ist für seine große Vielfalt an Bäumen und Sträuchern und im Sommer für die farbenprächtigen Staudenbeete bekannt. Zarte empfindliche Pflanzen, wie die Kaurifichte "Agathis australis", die Samnetmalve "Ashford Red" und die "Cestrum Newilli", das größte zypressenähnliche Exemplar der britischen Inseln, gedeihen hier genauso prächtig wie der Baumfarn "Dicksonia antartica" und der Becherfarn "Cyathea dealbata".

Das Besondere an Ilnacullin ist jedoch das Zusammenspiel des formalen italienischen Gartens in der Mitte mit dem wilden Landschaftspark ringsherum und die Einbettung in die weitere Umgebung von See und Bergszenerie um Glengarriff. Architekturelemente, wie der Martello Tower oder ein Uhrturm, integrieren sich hervorragend in den Garten.
Öffnungszeiten: März-Oktober, Mo-Sa 10-17.30 Uhr, So 13-18 Uhr. Eintritt (Gärten): Erwachsene 2,50 Pfund, ermäßigt 1-1,75 Pfund, Familien 6 Pfund. OPW

Bootstour
Verschiedene Anbieter setzen die Besucher von Glengarriff per Boot zur Insel über (z.B. Blue Pool Ferry, Tel.: 027 63333). Die Bootstour kostet ca. 5 Pfund für Erwachsene und 4 Pfund ermäßigt und dauert 12-15 Minuten. Die Tour lohnt sich schon wegen der Seehunde, die man während der Fahrt beobachten und fotografieren kann.

Sonnenbaden

■ **Der Ring of Beara**
Die ca. 150 km lange Küstenstraße ist atemberaubend schön und zieht sich eng und gewunden mit herrlichen Aussichten auf das Meer und die zahlreichen vorgelagerten Inseln durch eine ursprüngliche Landschaft und hübsche kleine Orte, wie Castletownbere, Allihies oder Eyeries. Für Reisebusse ist die Straße nicht breit genug. Gelegentlicher Gegenverkehr ist ohne den Rückwärtsgang nicht zu bewältigen. Das Landschaftsbild wird durch karge Felsenrücken bestimmt. Es gibt kaum Bäume, dafür Weiden und Mauern. Man sieht hier zwei große Gebirgszüge: die Caha-Mountains, mit Gipfelgrößen bis zu 687 Metern (Hungry Hill), und die sich südwestlich anschließenden Slieve Miskisch Mountains mit Höhen bis zu 489 Metern.

Im Landesinneren sollte man nicht die einzigartige 12 km lange Straße über den Healy Paß (330 Meter hoch) versäumen. Sie verbindet Lauragh mit Adrigole – eine der schönsten irischen Paßstraßen. Mit dem Bau wurde 1845-49 begonnen, gewissermaßen als Arbeitsbeschaffungsmaßnahme, um die gewaltige Zahl von Arbeitslosen zu verringern. Die Arbeitsbedingungen waren allerdings katastrophal. Als die Unfall- und Todesrate die Grenze des Erträglichen überschritt, stellte die Regierung die Arbeit ein. Erst 1928 nahm man die Fertigstellung der Straße unter Leitung des Baumeisters Tim Healy neu in Angriff, bereits drei Jahre später wurde sie eingeweiht.

Fototip
Von der Paßhöhe hat man spektakuläre Ausblicke auf die kahlen Caha Mountains, auf die mehr als 300 einsam gelegenen kleinen Seen und hinunter zum Meer. Häufig ist das Panorama von dramatischen Wolkenbildern gerahmt.

Wandern
Der Hungry Hill kann sowohl von Allihies als auch von Castletownbere bestiegen werden. Auskunft und Kartenmaterial erhält man in der Tourist Information in Glengarriff.

Unterkunft
Schlichte Unterkünfte gibt es in Adrigole, Allihies, Castletownbere, Eyeries und Lauragh.

Jugendherberge/Hostels
The Village Hostel, Allihies Village, Beara, Tel.: 027 73107. Ende März-Ende September geöffnet, 14 Betten, Camping ist auf dem Grundstück möglich, Fahrradverleih

Streckenführung
Das Befahren des Ring of Beara bietet sich im Uhrzeigersinn an: über Adrigole (vom Hungry Hill fällt mit 214 Metern Irlands höchster Wasserfall in die Tiefe) nach Castletownbere (hier kann man einen Abstecher nach Bere-Island machen), dann über Cahermore zum Garnish Point und zur Dursey Island. An der Nordküste geht es über Allihies (einst gab es hier ausgedehnte Kupferminen) und Eyeries nach Lauragh, von wo aus man den Healy Paß von Norden her ansteuern kann. Nach Glengarriff zurückgekehrt, geht es entlang der N 71, einer Strecke von außerordentlicher Schönheit, weiter nach Kenmare.

Befährt man den Ring of Beara von Kenmare aus, sollte man kurz vor Coornagillagh die kleine Stichstraße nehmen. Am Ende dieser wunderschönen 8 km langen Strecke gibt es einen Wasserfall. Der See ist ein Paradies für Angler, allerdings braucht man eine Genehmigung dafür. Auskunft erteilt das Touristenamt in Kenmare.

◆ Nahe der Ortschaft Lauragh lohnt es, einen Zwischenstop beim **Dereen Garden** einzulegen.

Faszinierende Landschaft

327

Der erste Besitzer des wunderschön gelegenen Anwesens war in den 1660er Jahren Sir William Petty um 1660, ein englischer Arzt aus Cromwells Truppen. Am Ende des vorigen Jahrhunderts wurde das Haus vergrößert. Der wunderschöne Garten wurde 1870 angelegt und 1920 erweitert. In der üppigen Waldlandschaft mit Blick auf das Meer und die urwüchsige Umgebung kann man herrlich spazierengehen oder besser gesagt: "sich ergehen". Moosige Pfade und mit Flechten bewachsene Felsen führen durch hochgewachsene Rhododendron-, Eukalyptus- und Bambushaine, die eine subtropische Atmosphäre vermitteln. Entlang der Wege stehen die beeindruckenden neuseeländischen Baumfarne "Dicksonia antarctica". Diese Farne werden bis zu 5 ½ Metern hoch und können sich in dieser geschützten Lichtung immer weiter vermehren. Andere erwähnenswerte Pflanzen sind die stark duftende Alpenrose "R.Lady Alice Fitzwilliam" sowie die großblättrigen blühenden "R.sinogrande" und "R.falconeri". Den Weg zum Bootshaus säumen Lorbeerrosen und Lumamyrten, die ihre verschwenderische Blütenpracht im Herbst voll entfalten.

Der Garten liegt einen Kilometer entfernt von Lauragh an der Straße von Kenmare nach Castletownbere (ausgeschildert).
Öffnungszeiten: April-Oktober, 11-18 Uhr, Eintritt: 2,40 Pfund für Erwachsene und 1 Pfund für Kinder, die in eine Box am Eingang zu werfen sind, Auskunft erteilt Mr. J.Ward, Tel.: 064 83103

◆ **Castletownbere** ist der Hauptort der Halbinsel. Es gibt einige wenige Geschäfte dort, B&Bs und ein paar Pubs. Der gewaltige Naturhafen ist durch die vorgelagerte Bere-Island geschützt. Im Hafen liegen bunte, auf Weißfischfang spezialisierte Fischerboote und Segelyachten.

◆ Etwa zwei Kilometer südwestlich von Castletownbere liegt **Dunboy Castle**. Die malerisch gelegene Ruine war einst der Wohnsitz der O'Sullivan Bere. Im frühen 17. Jahrhundert brannte die Burg aus. Unweit davon befinden sich die beeindruckenden Ruinen des Schlosses der Puxleys, die hier im vorigen Jahrhundert durch die Ausbeutung der Kupferminen zu beträchtlichem Reichtum kamen. In dem Roman "Hungry Hill" von Daphne du Maurier wird dieses Kapitel der irischen Sozialgeschichte eindringlich geschildert. Das kleine Dorf Allihies war im 19. Jahrhundert das Zentrum der Kupferminen auf der Beara-Halbinsel. Aus Cornwall in England wurden extra Minenarbeiter hierher geholt. Einige Maschinenhäuser und Schornsteine erzählen aus dieser Zeit und bieten sich als Ausflugsziele für Wanderungen an.

■ Bere Island

Die kleine, Castletownbere vorgelagerte Insel war jahrhundertelang ein Militärstützpunkt der britischen Armee. Neben verschiedenen militärischen Relikten gibt es zwei Martello-Towers auf den Hügeln im Landesinneren und an der Südflanke, die aus dem 19. Jahrhundert stammen. Die Insel zählt einige wenige Hundert Einwohner, die hier abgeschieden und ruhig leben.

Fähre
Eine kleine Fähre verbindet Castletownbere mit Bere Island. Sie fährt täglich, ganzjährig, und die Fahrzeit beträgt 20 Minuten.

Das Befahren der etwa 8 km langen Stichstraße zum Ende der Beara-Halbinsel lohnt sich auch für Reisende, die nicht die Dursey Island besichtigen wollen. Allein das Panorama von der schmalen Straße aus entschädigt für die Tour.

▧ Auf **Dursey Island** am westlichsten Zipfel von Beara Island sollen angeblich die westlichsten Behausungen Europas stehen. Die etwa 8 km lange gebirgige Insel besticht vor allem durch ihre grandiosen Klippenlandschaft. Um die kleine Kirche herum stehen verwitterte Grabsteine.

Fähre
Auf die Insel gelangt man mit einer merkwürdigen "Fähre", die eher an eine Seilbahn erinnert. Die Kabine besteht aus Holz, Flachstahl und Blech, hat eine Schiebetür und kann sechs Personen aufnehmen. Die "Fähre" verläuft nach Fahrplan: Mo-Sa von 9 bis 10.45 Uhr, 14.30-16.45 Uhr und von 19-19.45 Uhr, sonntags zusätzlich um 11 Uhr. Erwachsene 2,50 Pfund, Kinder 50 Pence

4.3.6.2 Der Ring of Kerry

Die weltberühmte, knapp 200 km lange Panorama- und Küstenstraße führt um die Iveragh-Halbinsel und zählt zu den schönsten Touren des Landes. Die bezaubernde Seenlandschaft ist von einer üppigen Flora überzogen, umsäumt von schroffen Felsen und dicht bewachsenen Bergen. Bereits in viktorianischer Zeit war der Ring of Kerry ein beliebtes Reiseziel, da die Verbindung von sanfter und wilder Schönheit ganz dem damaligen Zeitgeschmack entsprach. Die Westseite ist der eindruckvollste Teil der Strecke.

Streckenführung
Der Ring of Kerry beginnt in **Kenmare** oder, wenn man ihn gegen den Uhrzeigersinn fahren will, in **Killorglin**. Viele Reisende meinen, daß sich so die schönsten Ausblicke auf die oftmals bizarren Landschaftsszenen der Panoramastraße ergeben. Man könnte beispielsweise von Kenmare entlang der wunderbaren N 71 nach Killarney fahren, den Ring of Kerry umrunden und sich dann ins Landesinnere aufmachen. Entweder bei Sneem an der Südküste zum Molly's Gap oder bereits vorher bei Waterville über einsame Straßen nach Glencar und Beaufort.

Man sollte davon Abstand nehmen, den Ring "mal eben so mitzunehmen". Für den Ausflug sollte man sich mindestens zwei Tage Zeit nehmen, um die Landschaft richtig auf sich wirken lassen zu können. Wer die Ruhe sucht, sollte den Ring allerdings im Sommer meiden. In der Hochsaison fallen Tausende von Urlaubern gleichzeitig über die Halbinsel her, dann gleicht der Rundweg eher einer Autobahn mit Stop-and-Go-Verkehr.

In diesem Reiseführer wird der Ring of Kerry gegen den Uhrzeigersinn bereist. Die Fahrt führt von Kenmare nach Killarney, dann um die Halbinsel herum, bei Sneem durch das Inselinnere zurück gen Killarney. Von dort aus geht es dann weiter nach Norden.

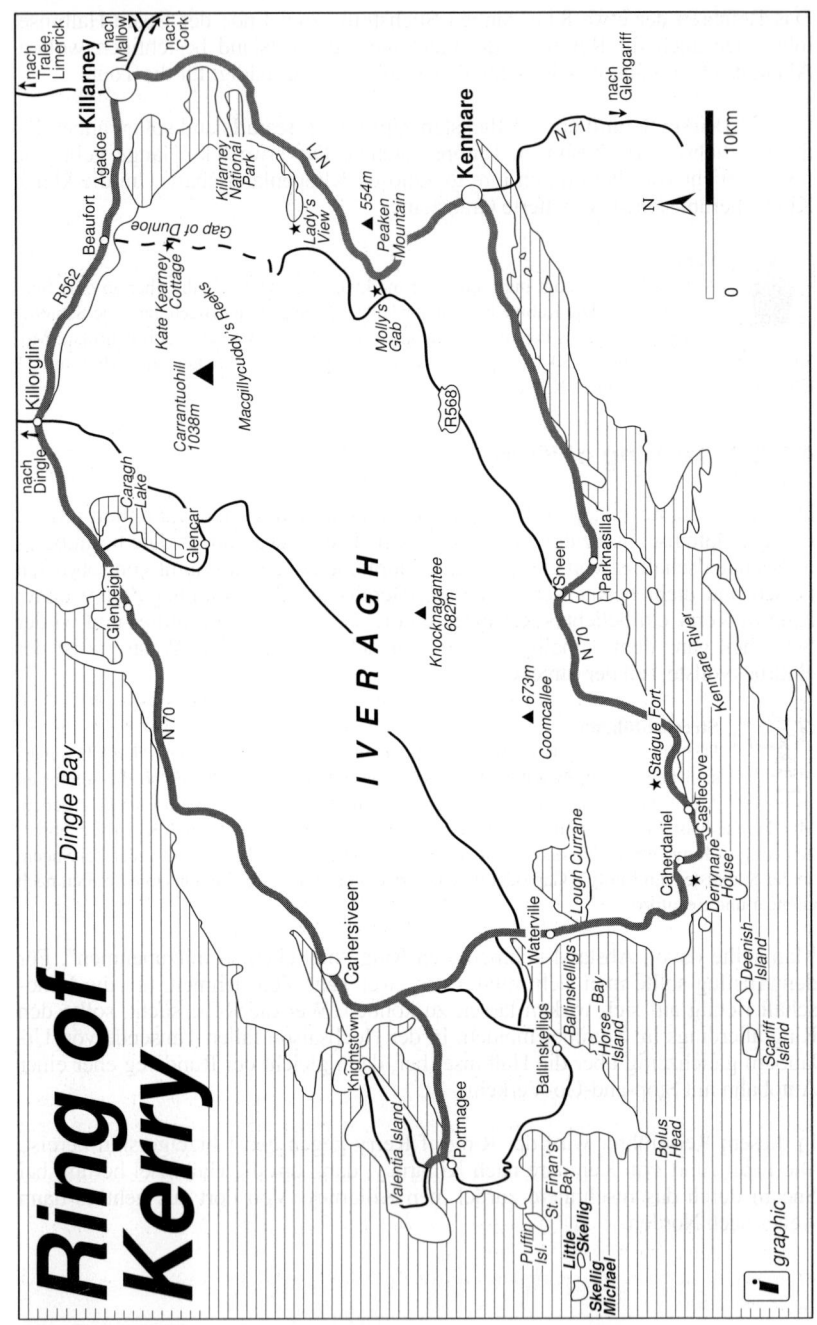

Ring of Kerry

Reisepraktische Hinweise

Hotel/B&B

An der ganzen Ringstraße gibt es zahllose Hotels und B&Bs. Hier eine Auswahl:
● Great Southern Hotel, in Parknasilla bei Sneem, Tel.: 064 45122, Fax: 064 45323. Das viktorianische Prachthotel aus dem vorigen Jahrhundert (1995 feierte es seinen 100. Geburtstag) liegt versteckt in einem riesigen Park. Die 84 Zimmer sind luxuriös und elegant ausgestattet. Es gibt verschiedene Sportmöglichkeiten, u.a. Schwimmen im hoteleigenen Swimmingpool, Golf und Tennis. Im eleganten Speisesaal hat schon George Bernhard Shaw diniert. Angeblich hat er in diesem Hotel seinen "Saint John" geschrieben. Das Hotel ist von einem wunderschönen Anwesen umgeben. Die Sword-Plants (Yucca gloriosa) wachsen hier baumhoch. Beeindruckend ist auch der Elefantenrhabarber, dessen Blätter größer als Menschen werden.
● Glendalough House, Mrs. Josephine Roder-Bradshaw, Caragh Lake, Co. Kerry, Tel.: 066 69156, Fax: 066 69156. Das reizende Country House liegt in der Nähe vom Caragh Lake. Die Küche ist hervorragend. Warme und freundliche Atmosphäre. Hidden Ireland .
● Caragh Lodge Country House & Restaurant, Caragh Lake, Co. Kerry, Tel.: 066 69115, Fax: 066 69316. Inmitten eines wunderschönen Gartens am Ufer des Caragh Lakes gelegenes viktorianisches Haus mit Ausblick auf die MacGillicuddy Reeks. Caragh Lodge ist vor allem bei Golfern beliebt, denn fünf Golfplätze sind in weniger als einer Stunde erreichbar. Außerdem gibt es Angel- und Schwimmöglichkeiten im Lake Caragh. Alle 10 Zimmer haben private Badezimmmer. Mittlere bis gehobene Preisklasse. Mitte April-Mitte Oktober geöffnet.
● Hotel Ard Na Sidhe, Caragh Lake, Killorglin, Tel.: 066 69105, Fax: 064 69282. Das viktorianische Herrenhaus liegt wunderschön am Caragh Lake und wurde in ein Traumhotel umgestaltet. Es bietet höchsten Komfort. 20 sehr luxuriöse Zimmer, gehobene Preisklasse. Schwesterhotel vom Hotel Europe und Dunloe Castle.

Jugendherbergen/Hostels (Auswahl)
● Sive Hostel, 15 East End, Cahersiveen, Tel.: 066 72717, ganzjährig geöffnet, ab 6 Pfund, 23 Betten, Mahlzeiten, Familienzimmer, Camping auf dem Grundstück möglich.
● Village Hostel, Caherdaniel, Tel. und Fax: 066 75277, Februar-Ende Oktober, ab 5,50 Pfund, 12 Betten.
● Waterville Leisure Hostel, Waterville, Tel.: 066 74644, Fax: 74644, Mai-Oktober geöffnet, ab 6 Pfund, 66 Betten, Mahlzeiten, Familienzimmer, Fahrradverleih.
● Laune Valley Farm Hostel, Banshagh, Killorglin, Tel.: 066 61488, ganzjährig, ab 6 Pfund, 30 Betten in Mehrbett-, Doppel- und Familienzimmern, Mahlzeiten auf Wunsch, Camping ist auf dem Grundstück möglich, das Hostel ist für Rollstuhlfahrer geeignet.

Wandern
● Der Kerry Way ist Irlands längster Wanderweg. Er beginnt im Killarney National Park am Muckross House und zieht sich in einer etwa 200 km langen Schleife über die Halbinsel Iveragh. Dank relativ kurzer Abstecher können Cahersiveen, Waterville und Caherdaniel in die Wanderung integriert werden. Für den kompletten Weg sind mindestens 10 Tage zu veranschlagen, aber es ist durchaus möglich, einzelne Etappen herauszusuchen. Die Tourist Information halten ausführliche Informationen und Kartenmaterial bereit.
● Westlich von Killarney an den Killarney National Park anschließend, erheben sich die Macgillycuddy's Reeks, deren höchster Gipfel der Carrantuohill, mit 1.038 Metern auch der höchste Berg Irlands, ist. Nur wenige Individualisten machen sich auf, diese großartige Bergwelt zu erkunden. Ausführliche Wanderkarten und Informationen über Übernachtungsmöglichkeiten erhält man in der Tourist Information.
● Weiterhin führen zahlreiche Wanderwege rund um den Lough Currane sowie in die dahinterliegenden Berge.

■ **Kenmare** wird nicht zu Unrecht als einer der hübschesten Orte in ganz Irland bezeichnet. Meist zweigeschossige Häuser mit den für den Südwesten typisch bunten Häusern prägen das Bild. Der Ort wurde 1775 von William Petty-Fitzmaurice, dem 1. Marquis of Landsdowne, planmäßig angelegt und erhielt sein ungewöhnliches X-förmiges Straßennetz.

Berühmt ist Kenmare für seine Spitzenproduktion. 1862 gründete der Poor Clare Order hier in Kenmare einen Konvent. Die Nonnen dieses Ordens führten die Spitzenproduktion ein, um jungen Mädchen und Frauen nach der großen Hungersnot Arbeit zu verschaffen. Die Spitzen erlangten bald internationale Anerkennung. Durch die Zusammenarbeit mit der School of Design in London und Cork erhielt auch Kenmare eine Design Schule. Heutzutage erlebt das Kenmare Lace dank der eifrigen Bemühungen der Frauen aus Kenmare und Umgebung eine große Wiederbelebung.

◆ Im Kenmare **Lace & Design Centre** (im Heritage Centre, im gleichen Gebäude wie die Tourist Information) kann man schöne Beispiele dieser komplizierten Technik bewundern.

◆ Etwas außerhalb des Ortes liegt **Our Ladys Well**. Der Brunnen ist der hl. Jungfrau gewidmet. Holy Wells waren in Irland sehr beliebt und bildeten einen wichtigen Bestandteil der Volksreligion während der Zeit der "Penal Laws" 1691-1829, als der Katholizismus verboten war. Diesem Brunnen wurden oft heilende Kräfte zugesprochen.

◆ Das **Heritage Centre** (Zugang durch die Tourist Information) wurde 1994 von Präsidentin Mrs. Mary Robinson eingeweiht. Hier kann man sich über die Geschichte der Stadt sowie über die archäologischen Stätten der Umgebung informieren. Ein Schwerpunkt der Ausstellung ist die Spitzenproduktion, für die Kenmare berühmt ist.
Eintritt: Erwachsene 2 Pfund, Kinder unter 12 Jahren, Senioren/Studenten 1,50 Pfund, Familien 5 Pfund, Gruppenermäßigung, Tel.: 064 41233, Fax: 064 31633, Ostern-Ende September geöffnet.

◆ Nach Besichtigung des Besucherzentrums geht die Tour draußen weiter. Mit Hilfe eines Faltblattes ist es möglich, in einem ca. 40-minütigen Weg die historischen Stätten Kenmares aufzusuchen, beispielsweise einen **Steinkreis**, der über dem Ufer des Finnihy auf dem Privatgelände eines Bauern liegt. Dies ist der größte im Südwesten Irlands von ca. 100 anderen.

Bootstouren
Von Kenmare aus werden sogenannte "Seafaris" veranstaltet. Sie dauern etwa 2 Stunden, wobei bis zu 4 Touren pro Tag durchgeführt werden. An Bord gibt es Kleinigkeiten zu essen und Tee gratis. Die Touren führen zur Kenmare Bay, die zwischen der Halbinsel Iveragh und Beara liegt. Die Bucht wird vom Golfstrom beeinflußt, wodurch ganzjährig ein gleichmäßiges, feucht-warmes Klima gegeben ist, das eine überreiche subtropische Vegetation an seinen Ufern hat entstehen lassen. Daneben gibt es eine reiche und vielfältige Tierwelt im Wasser selbst und an den Ufern zu beobachten: Lachse und Seeforellen, Seeottern, Kolonien von Seehunden, Schwärme von Delphinen und Makrelen. Austern, große Muschelkolonien und die Napfschnecken sind gute Beute für die vielen Raub- und Seevögel in

der Bucht: Falken, Austernfischer, Basstölpel, Kormorane oder Fischreiher. Abfahrt: The Pier, Kenmare, Auskunft und Reservierung: Tel.: 064 83171

Hotels/B&B

● Park Hotel Kenmare, Kenmare, Co. Kerry, Tel.: 064 41200, Fax: 064402. Das Hotel wurde 1897 von der Great Southern and Western Railway Group errichtet, um Passagiere zu beherbergen. Bis 1977 gehörte das Hotel der Bahngesellschaft. Es wurde dann verkauft. Seit der Wiedereröffnung 1980 hat das 5-Sterne-Hotel der Luxusklasse eine weltweite Reputation für den besonders hohen Standard erlangt. Das schloßähnliche Gebäude liegt sehr ruhig in einem wunderschönen Park. Die 50 Zimmer (davon 9 Suiten) bieten Luxus schlechthin. Mitte April-Mitte November geöffnet.

● Sheen Falls Lodge, Kenmare, Co. Kerry, Tel.: 064 41600, Fax: 064 41386. Ursprünglich der Besitz des Earl of Landsdowne, liegt das Gebäude vor dem Hintergrund von riesigen Pinien. Vom Speisesaal aus kann man die abends beleuchteten Wasserfälle sehen.

● Dunkerron Lodge, Sneem Road, Kenmare, Tel.: 064 41102, Fax: 064 41102. Das Gästehaus ist von einem schönen Garten umgeben und bietet angenehme Unterkunft zu moderaten Preisen.

● Landsdowne Arms Hotel, William Street, Kenmare, Tel.: 064 41368, Fax: 064 41114. Lang etabliertes Hotel der mittleren Preisklasse im Ortszentrum von Kenmare. In den 1790er Jahren wurde es als Inn gebaut und nach dem ersten Landlord und Gründer Kenmares benannt.

Park Hotel

Restaurants

● Boathouse Restaurant, Dromquinna Manor Hotel, Kenmare, Tel.: 064 41657, Fax: 064 41791. Das viktorianische Bootshaus wurde in ein kleines gemütliches Restaurant umgestaltet. Von hier aus hat man schöne Ausblicke auf die Bucht, täglich 19-21.30 Uhr, moderate Preise.

● D'Arcy's, Main Street, Kenmare, Tel.: 064 41589, Fax: 064 41589. D'Arcy's bietet eine gemütliche Atmosphäre und empfehlenswerte Küche zu moderaten Preisen, Juni-September täglich 12-23 Uhr, in der Vor- und Nachsaison Mo und Di geschlossen sowie Weihnachten, die letzte Woche im Januar und die erste Woche im Februar.

● Lime Treet, Shelbourne Street, Kenmare, Co. Kerry, Tel.: 64 41225. Hier kann man sein Dinner bei Kerzenschein einnehmen. Die Küche ist vortrefflich. Gehobene Preisklasse.

▪ Killarney

Der Ort (8.000-9.000 Einwohner) hat sich zu einem ausgesprochenen Touristennest entwickelt und lebt überwiegend von diesem "business", sicherlich nicht nur zu seinem Vorteil. Neben dem Fremdenverkehr gibt es noch andere Erwerbszweige. So hat die deutsche Firma Liebherr ein Werk für Turm- und Containerkräne errichtet. Bereits um 1750 ließ Lord Kenmare den Ort Killarney "touristisch" entwickeln und vier Verbindungsstraßen bauen. Im vorigen Jahrhundert gehörte Killarney zu einer der unverzichtbaren Stationen der damals vor allem britischen Bildungs-Reisenden.

Seit den frühen Tagen des Tourismus hier am Lough Leane beklagen sich aber auch die Reisenden über den Ort. So schreibt schon A.I. Shand 1884 in seinen "Letters from the West of Ireland": *"Wohin man auch geht, man kann sich der Belästigung durch Bettler, durch Bootsleute und Führer, von auf Fahrgeld lauernden Kutschern ... kaum erwehren, und am Wegesrand warten fliegende Händler mit Whiskey, Ziegenmilch und anderen Getränken, gleichsam giftig und ungenießbar"*.

Besonders im Sommer ist Killarney überfüllt und nicht selten "ausgebucht". Jedes Jahr strömen die Touristen hierher. Schon vor dem Ort beginnen die Verkehrsstaus, denn er dient nicht nur als Ausgangspunkt für Besichtigungen im Killarney National Park, sondern auch für Fahrten um den Ring of Kerry und die Dingle-Halbinsel. Der Ortskern selbst bildet ein Nadelöhr mit in Doppelreihen geparkten Autos, durch die sich der Durchgangsverkehr quält.

Warum nur ist dieses Städtchen trotzdem so beliebt? Es bietet selbst nicht viel, um so mehr jedoch die unbeschreiblich schöne Natur in der Umgebung. Killarney wird, in einem Tal liegend, von drei Seen, dem Lough Leane, dem Muckross Lake und dem Upper Lake gerahmt. Der Lough Leane oder Lower Lake ist mit einer Fläche von 2.000 ha der größte, ihm folgt der Muckross Lake (275 ha) und als kleinster und landschaftlich reizvollster der Upper Lake (175 ha). Lough Leane hat über 30 Inseln. Die Gewässer werden von etlichen Flüssen gespeist. Im Hintergrund ragen zahlreiche Berggipfel hervor, unter anderen die höchsten Berge Irlands, die Macgillycuddy's Reeks. Die Landschaft ist traumhaft und geradezu atemberaubend schön. Seit 1932 ist das östlich an Killarney anschließende Gebiet durch eine Schenkung als **Bourn Vincent Memorial Park** zum ersten und mit 8.000 ha auch größten Nationalpark Irlands ausgewiesen. Das Gebiet um Muckross House bildet den Mittelpunkt des Killarney National Parks.

Reisepraktische Hinweise

Tourist Informtion
Town Hall, Main Street, Tel.: 064 31633, Fax: 064 34506, ganzjährig geöffnet. Die Tourist Information vermittelt auch Bergtouren.

Sightseeing
Einheimische bieten Sightseeing Tours per Pferdekutsche, den sogenannten **Jaunting Cars**, an, um die Besucher nach Muckross House, Ross Abbey oder zum Gap of Dunloe zu bringen. Einige Preisbeispiele (Hauptsaison):

für vier Personen: 24 Pfund zum Muckross House, 32 Pfund zur Muckross Abbey und zum Torc Waterfalls, 12 Pfund zur Muckross Abbey, 16 Pfund zum Ross Castle (Stand Sommer 1995)

Auskunft über Bahn- und Busverbindungen im Travel Centre, East Avenue Road, Bus Station: Tel.: 064 34777

Warten auf Touristen

Flughafen
Vom Regionalflughafen Kerry County in Farranfore gibt es Direktflüge von und nach Dublin und London. Tel.: 066 64644

Autoverleih
Murrays Eurocar, Muckross Road, Killarney, Tel.: 064 31237

Fahrradverleih
O'Callaghan Cycles, College Street, Tel.: 064 31175/31465, Fax: 064 33265. Hier kann man Fahrräder auch One-Way ausleihen.

Hotels/B&B
● Hotel Europe, Killarney, Co. Kerry, Tel.: 064 31900, Fax: 064 32118. Das 5-Sterne-Hotel (Schwesterhotel von Ard Na Sidhe und Dunloe Castle) liegt wunderschön, die 200 Zimmer und Suiten sind mit jeglichem Komfort ausgestattet. Die meisten davon haben Seeblick. Es gibt ein Fitness-Studio sowie einen Swimmingpool. Gehobene Preisklasse.
● Hotel Dunloe Castle, Killarney, Co. Kerry, Tel.: 064 44111, Fax: 064 44583. Das 5-Sterne-Hotel (Schwesterhotel von Hotel Europe und Ard Na Sidhe) liegt unweit des Gap of Dunloe. Vor wenigen Jahren wurde es komplett und sehr luxuriös und komfortabel renoviert. Gehobene Preisklasse. Im Hotelgarten befinden sich seltene Pflanzen, beispielsweise die zierliche Sumpfzypresse "Glyptostrobus lineatus" oder der Kopfschmerzbaum mit seinen scharfen gebogenen Blättern. Der Garten wird von Roy Lancaster in Ordnung gehalten, einem bekannten Rundfunkjournalisten und Gartenfachmann, der auch den Katalog zum Garten geschrieben hat (erhältlich im Hotel). Im Park des Hotels befindet sich die Ruine von Dunloe Castle.
● Agadoe Heights Hotel, Agadoe, Killarney, Co. Kerry, Tel.: 064 31766, Fax: 064 31345. Luxuriöses 5-Sterne-Hotel mit 57 Zimmern. Ausgezeichnetes Restaurant.

Traumhaft schön

● Killarney Great Southern Hotel, Railway Road, Tel.: 064 31262, Fax: 064 31642. Das 4-Sterne-Grandhotel aus dem 19. Jahrhundert ist von einem großen Park umgeben. Ein exquisites Restaurant, Fitnessraum und Swimmingpool gehören zur Ausstattung. Gehobene Preisklasse.

● Randles Court Hotel, Muckross Road, Killarney, Tel.: 064 35333, Fax: 064 35206. Angenehmes und komfortables Hotel der mittleren Preisklasse an der Hauptstraße zum National Park gelegen.

● Foley's Townhouse, 23 High Street, Killarney, Tel.: 064 31217, Fax: 064 34683. Im Ortszentrum gelegenes, lang etabliertes Gästehaus mit empfehlenswertem Restaurant. Mittlere Preisklasse.

● Fuchsia House, Muckross Road, Killarney, Tel.: 064 33743, Fax: 064 33743. An der Hauptstraße zum National Park gelegenes Gästehaus mit komfortabel ausgestatteten Zimmern zu moderaten Preisen.

Jugendherbergen/Hostels
Neben der offiziellen Jugendherberge gibt es in Killarney eine Reihe unabhängiger Hostels:

● Killarney International Youth Hostel, Aghadoe, Tel.: 064 31240. Die Herberge ist in einem stattlichen Herrenhaus, umgeben von einem Park, untergebracht. Sie bietet sehr nette Unterkunft, allerdings ist sie 5 km außerhalb des Ortes gelegen. Im Hostel kann man sich aber Fahrräder ausleihen, und es gibt einen Abholservice vom Bahnhof in Killarney.

● Neptune's Killarney Town Hostel, New Street, Tel.: 064 35255, Fax: 32310, ganzjährig geöffnet, ab 6 Pfund, 78 Betten, Mahlzeiten, Familienzimmer, Fahrradverleih.

● Atlas House, The Park, Park Road, Tel.: 064 36144, Fax: 064 36533 (Preisbeispiel: 7 Pfund für Schlafsaal, 8,50 Pfund für 4-Bett-Zimmer, 12,50 Pfund für Doppelzimmer) hat erst 1994 neu aufgemacht und bietet angenehme Unterkunft.

● The Súgán, Lewis Road, Tel.: 064 33104, Fax: 33914, ganzjährig, ab 6 Pfund, 18 Betten, Fahrradverleih, 2 Minuten zum Bahnhof

● Park Hostel, Park Road, Tel.: 064 32119, ganzjährig, ab 5,50 Pfund, 50 Betten, Familienzimmer, die moderne Herberge liegt ca. 1 km außerhalb, Camping ist auf dem Grundstück möglich.

● Killarney Railway Hostel, Railway Station, Fair Hill, Tel.: 064 35299, Fax: 064 32197, ganzjährig, ab 6 Pfund, 72 Betten, Mahlzeiten, Familienzimmer, Fahrradverleih, für Rollstuhlfahrer geeignet.

● Four Winds, 43 New Street, Tel.: 064 33094, ganzjährig, ab 6 Pfund, 68 Betten, Mahlzeiten, Familienzimmer, Fahrradverleih, in der Stadt gelegen

● Bunrower House, Ross Road, Tel.: 064 33914, Fax: 33914
1.3.-1.10. geöffnet, ab 6 Pfund, 20 Betten, Fahrradverleih

● Fossa Holiday Hostel, Fossa, Killarney, Tel.: 064 31497, Fax: 34459, März-Mitte Dezember, ab 5,50 Pfund, 40 Betten, Mahlzeiten, Familienzimmer, Camping ist auf dem Grundstück möglich, Fahrradverleih. Hinter dem Hotel Europe an der rechten Straßenseite gelegen, gepflegt.

● Donash Lodge, Longfield, Firies, Killarney, Tel.: 066 64554. März-Oktober, ab 5 Pfund, 16 Betten, Mahlzeiten, Familienzimmer, Camping ist auf dem Grundstück möglich

Restaurants
● Dingles Restaurant, 40 New Street, Tel.: 064 31079, gutes Essen und gemütliche Atmosphäre, täglich 12-20 Uhr geöffnet, mittlere Preisklasse

● Foyley's Seafood and Steak Restaurant, 23 High Street, Killarney, Tel.: 064 31217, Fax: 064 34683. Etabliertes Familienrestaurant mit umfangreicher Weinliste, 12.30-15 Uhr und 17-23 Uhr, mittlere bis gehobene Preisklasse, 22.-27.12. geschlossen

● Gaby's Seafood Restaurant, 27 High Street, Killarney, Tel.: 064 32519 oder 33403, Fax: 064 32747. Gaby's bietet rustikale Atmosphäre und gutes Essen zu moderaten Preisen, 12.30-14.30 Uhr und 18-22 Uhr, So und Mo Lunch geschlossen

● Agadoe Heights (siehe Hotels/B&B)

Mittelalterliche Bankette
("A Night of Feasting & Entertainment as only the Irish know how ...") werden im Killarney Manor angeboten, Loreto Road, Tel.: 064 31551. Die kulinarische Veranstaltung beginnt um 20 Uhr mit einem Begrüßungstrunk, um 20.30 Uhr gibt es Dinner und Unterhaltung in der Banquet Hall, und um 22.30 Uhr wird man verabschiedet.

"Singing Pubs" (Auswahl)
- Belverder Hotel, New Street, Tel.: 064 31133
- Buckley's Bar, College Street, Tel.: 064 31037
- Crock O'Gold, High Street, Tel.: 064 31640
- Danny Man, New Street, Tel.: 064 31640
- Dunloc Lodge, Tel.: 064 33503
- Foley Chas, 101 New Street, Tel.: 064 33920
- Jade's, 93 New Street, Tel.: 064 33766
- Jug of Punch, College Street, Tel.: 064 32108
- O'Meara's Bar, High Street, Tel.: 064 35777
- The Laurels, Main Street, Tel.: 064 31149, Fax: 064 34389,

Nachtclubs
- Molly's Loft, Muckross Road
- Revelles, East Avenue Hotel
- Rudy's, College Square
- Scoundrels, Eviston Hotel, New Street

Kino
Lake Triple Screen, Tel.: 064 31919

Bootstouren
Bootsfahrten auf dem Lough Leane mit der MV "Pride of the Lakes", Abfahrt vom Ross Castle Pier jeweils um 11, 12.30, 14.30, 16 und 17.15 Uhr. Vom "Destination Killarney Information Kiosk", Scott's Garden in Killarney Town gibt es einen Shuttle Bus-Service, der jeweils 15 Minuten vor Abfahrt losfährt, Auskunft erhält man unter Tel.: 064 32638
Destination Killarney organisiert auch Angeltouren, Auskunft erhält man unter Tel.: 064 34010

Killarney Riding Stables
Der Reitstall vermietet stundenweise Pferde und bietet auch mehrtägige Trekking-Touren an. Tel.: 064 35364/064 31686

Golf
Mahony's Point, Killarney, 5 km westlich von Killarney, Tel.: 066 31034/31242

Wandern
Die Gegend bietet herrliche Wandermöglichkeiten. Kartenmaterial erhält man in der Tourist Information. Eine schöne Halbtagestour führt zum Gebirgssee "Devil's Punchbowl". Die Strecke umfaßt 9,7 km. Von der Kenmare Road (N 71) hinter dem Muckross Hotel nach links abfahren (ausgeschildert: Mangerton Viewing Park). Dort, wo die Straße das Waldstück verläßt, nach rechts abbiegen und über die Brücke des Finoulagh River fahren. Hier parken. Der Weg ist ausgeschildert.

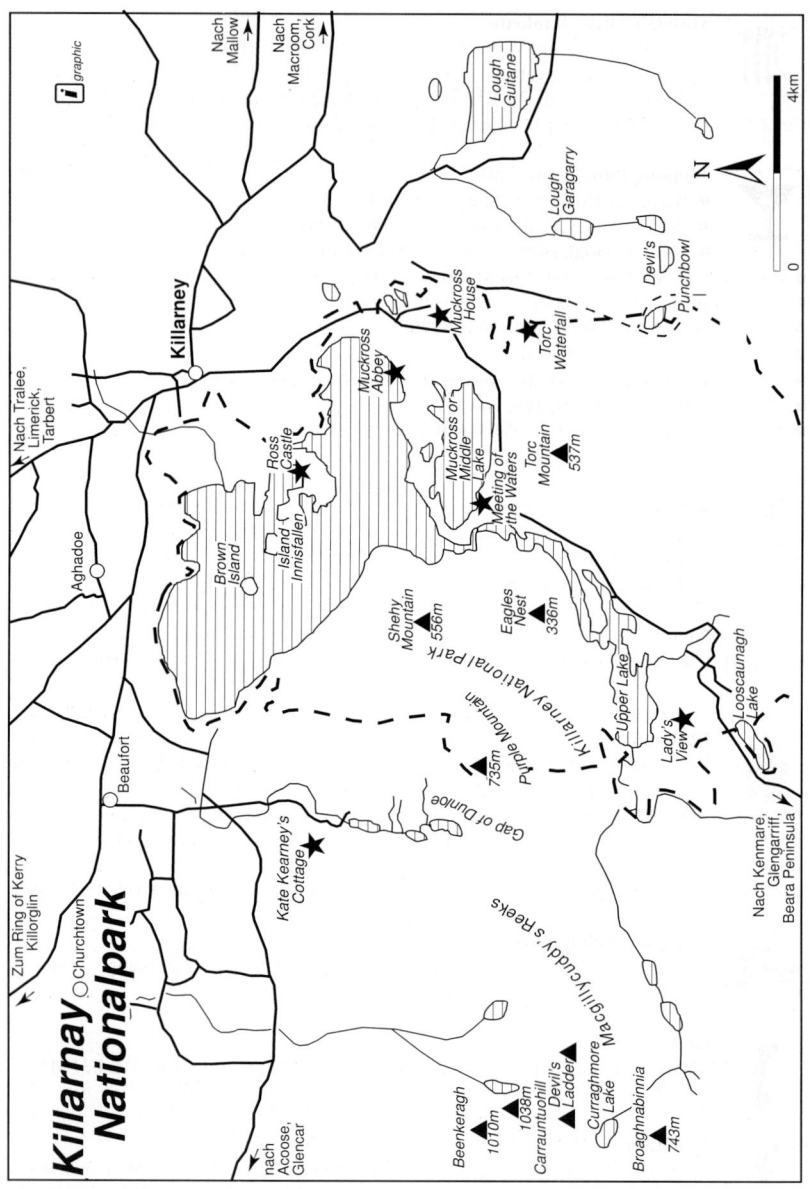

Killarnay Nationalpark

Sehenswertes im Ort selbst

◆ Hat man einen Parkplatz gefunden, sollte man durch die New Street mit ihren weitgehend erhaltenen georgianischen Häusern bummeln. Am Ende der Straße lohnt ein Blick in die **St. Mary's Cathedral**, die Mitte des 19. Jahrhunderts von Augustus Welby Pugin errichtet wurde. Das hohe Kirchenschiff ist sehr eindrucksvoll.

◆ In Scott's Hotel Gardens in der East Avenue mag für Autobegeisterte ein Besuch des **National Museum of Irish Transport** interessant sein. Zu der beeindruckenden Oldtimer-Sammlung gehört ein Benz aus dem Jahre 1898, das erste Auto auf Irlands Straßen. Öffnungszeiten: täglich, Tel.: 064 32638

Vorschlag für Reisende mit nur begrenzter Zeit (Tagestour)
Man verläßt Killarney in Richtung Kenmare und biegt rechts nach Ross Castle ab (ausgeschildert). Nach der Besichtigung geht es zurück auf die Hauptstraße und ca. 4 km weiter zur Muckross Abbey, die man vom Parkplatz in einem 10-minütigen Spaziergang erreicht. Auf der Hauptstraße gelangt man nach 1,5 km zum Muckross House, das schon allein wegen der prachtvollen Gärten besucht werden sollte. Zurück zur Hauptstraße sind es noch 1,5 km bis zu den Torc Wasserfällen. Von hier aus gelangt man nach 11 km zum Ladie's View. Nun geht es wieder zurück nach Killarney und durch den Ort in Richtung Killorglin. Nach ca. 6,5 km biegt man links zum Kate Kearney's Cottage ab, von wo aus man ein Stück in Richtung des Gap of Dunloe wandern kann. Von hier aus geht es wieder zurück auf die Hauptstraße. In Fahrtrichtung Killarney biegt man die 1. Straße links nach Aghadoe ein. Ein wunderschöner Ausblick auf die friedvolle Berg- und Seenlandschaft beendet den Tag.

◆ Auf einer Landzunge im Lough Leane liegt **Ross Castle**, ein Tower House aus dem 16. Jahrhundert. Auch diese Burg hat Cromwell erobert. Der Turm wurde in jüngster Zeit renoviert und originalgetreu eingerichtet. Er ist von einer teilweise erhaltenen Mauer mit zylindrischen Ecktürmen umgeben, an der Südseite des Turms schließt sich ein späterer Anbau an. Eine Kaserne wurde Mitte des 18. Jahrhunderts angebaut. Seit ihrer Restaurierung beherbergt die Burg eine schöne Sammlung von Eichenmöbeln aus dem 16. und 17. Jahrhundert.
Öffnungszeiten: April 11-18 Uhr, Mai 9-18 Uhr, Juni-August 9-18.30 Uhr, September 9-18 Uhr, Oktober 9-17 Uhr. Besichtigungen sind nur mit Führung möglich, Tel.: 064 35851/31947. Eintritt: Erwachsene 2,50 Pfund, Senioren 1,75 Pfund, Kinder und Studenten 1 Pfund, Familien 6 Pfund, Gruppen über 20 Teilnehmer 1,75 Pfund pro Person. (OPW)

◆ Vom Ross Castle Pier kann man sich per Boot zur Insel **Innisfallen** übersetzen lassen. Dies ist mit 8,5 ha die größte der Inseln im **Lough Leane** und seit 1973 gehört sie mit zum National Park. Dort hat man ca. 20 Minuten Aufenthalt. Insgesamt dauert die Tour 1 Stunde. (Bei einer Belegung von vier Personen kostet die Tour 8 Pfund pro Person, jede weitere Person zahlt 2 Pfund). Das Inselkloster soll im 7. Jahrhundert von St. Finian dem Aussätzigen gegründet worden sein. Es entwickelte sich schon bald zu einem blühenden Zentrum der Gelehrsamkeit, obwohl es mehrfach geplündert wurde. Die um 1215 verfaßten "Annalen von Innisfallen" stellen eine der wichtigsten Quellen für die irische Geschichte dar. Neben den Ruinen der Klosteranlage aus dem 13. Jahrhundert steht wenig oberhalb ein Oratorium aus dem 12. Jahrhundert.

Am Pier kann man sich auch **Ruderboote** ausleihen. Pro Person und pro Stunde kostet ein Boot 4 Pfund und 2 Pfund für jede weitere Person.

Ausflugsfahrten auf dem Lough Leane siehe "Touristische Hinweise" zu Beginn des Kapitels 4.3.6.3. unter dem Stichwort "Bootstouren".

◆ **Der Killarney Nationalpark**
Das Naturreservat ist ca. 60 qkm groß, davon sind 22 qkm Wasserfläche. Es zeichnet sich durch eine für Irland ungewöhnlich reiche Flora und Fauna aus. Der Nationalpark erstreckt sich um die Seen Lough Leane, Muckross Lake und Upper Lake. Es gibt hier, bedingt durch das milde ozeanische Klima, eine üppige Vegetation sowie ausgedehnte Eichen- und Eibenbestände, für das im allgemeinen waldarme Irland recht ungewöhnlich. Besonders üppig wachsen Moose, Flechten und Farne, letztere oft als Epiphyten, sogenannte Überpflanzen, die sich auf Baumstrünken ansiedeln, jedoch keine Schmarotzer sind. Weiterhin gibt es die sonst nur im Mittelmeer-Klima gedeihenden immergrünen, strauchartigen Erdbeerbäume (Arbutus unedo), die cremefarben blühen und orangerote, erdbeerähnliche, stachlige Früchte hervorbringen. Im 19. Jahrhundert wurden die Rhododendron-Büsche angesiedelt, die in letzter Zeit so überhand genommen haben, daß ihr Wachstum eingedämmt werden mußte. Im Killarney Nationalpark gibt es ca. 14 Vogelarten, davon sind ungefähr die Hälfte Brutvögel. Viele Zugvögel, beispielsweise die Grönland-Bläßgänse, überwintern an den Seen. An den Berghängen des Torc (535 Meter) und des Mangerton (837 Meter) weiden die einzigen irischen Rotwildherden (Cervus elaphus) und die eingebürgerten japanischen Sika-Herden (Cervus n.nippon).

◆ An der Ostseite des Sees, ca. 6 km von Killarney, liegt Muckross. Hier kann man **Muckross House**, die umliegenden **Gärten** und einen **traditionellen Farmbetrieb** besichtigen:

Hinweis
Muckross liegt 6 km von Killarney an der N 71. Im Sommer gibt es einen regelmäßigen Busservice. Man kann sich aber auch per Pferdekutsche fahren lassen oder ein Fahrrad mieten. Laufen ist an der recht befahrenen Straße weniger schön. Auf dem Gelände stehen dem Besucher ausreichend Informationsmaterial, auch in audiovisueller Form, sowie Souvenirläden und Teestuben zur Verfügung.

Eintritt
Für den Killarney National Park und die Gärten vom Muckross House wird kein Eintrittsgeld erhoben.
Muckross House: Erwachsene 3 Pfund, Studenten/Senioren 2 Pfund, Kinder 1,25 Pfund, Familien 7,50 Pfund
Traditionelle Farm: Erwachsene 3 Pfund, Senioren/Studenten 2 Pfund, Kinder 1,25 Pfund, Familien 7,50 Pfund. Ein kombiniertes Ticket kostet für Erwachsene 4 Pfund, für Studenten/Senioren 3 Pfund, für Kinder 2 Pfund und für Familien 10 Pfund.

Spaziergänge
Von Muckross House aus gibt es verschiedene Spazierwege: zur Ruine der Muckross Abbey (15. Jahrhundert), zum Torc-Wasserfall oder zur Old-Weir-Brücke. Alle sind gut ausgeschildert.

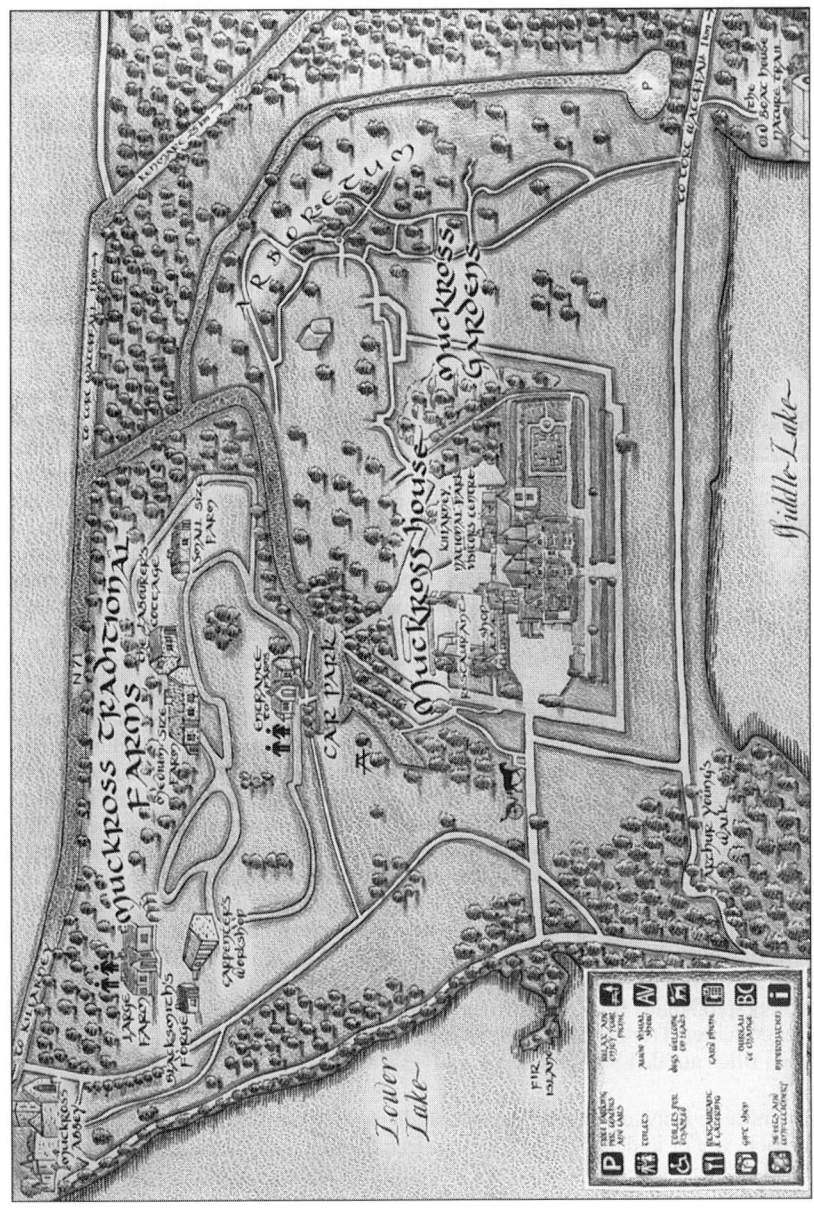

Das Muckross Estate

Muckross House wurde 1843 von dem schottischen Architekten William Burn im elisabethanischen Neo-Tudorstil erbaut und liegt malerisch am Muckross Lake. Seit 1964 ist es der Öffentlichkeit zugänglich. Einige Räume sind als Volkskundemuseum eingerichtet, in anderen ist die "Kerry Country Life Experience" untergebracht, wo

Muckross House

man Buchbindern, Webern und anderen Kunsthandwerkern bei ihrer Arbeit zuschauen kann. Die das Haus umgebenden Gärten sind sehenswert, die Pflanzensammlungen in einzigartiger Weise in die unvergleichlich, wilde Landschaft integriert. Der Blick schweift von einer Graslandschaft über Hügel, die von riesigen Rhododendron-Sträuchern bewachsen sind, hin zu schottischen Pinienbäumen. Zum Steingarten, der auf einem Kalksteinfelsen angelegt ist, führen Stufen und winden sich schmale Pfade, die von Zwergkoniferen und anderen Sträuchern gesäumt sind. Die Reihe exotischer Bäume und Sträucher wird ständig erweitert. Zudem wurde im Süden des Gartens eine Baumschule angelegt. Der in Killarney gezüchtete Erdbeerbaum "Arbutus unedo", eine immergrüne Pflanze mit cremeweißen Blüten, aus denen erdbeerähnliche Früchte wachsen, ist eine irische Züchtung und wächst überall in dieser Gegend.

Muckross Abbey ist eines der schönsten Franziskanerklöster Irlands. Es wurde 1448 von Donald MacCarthy gegründet. Die Bauzeit zog sich in mehreren Abschnitten über 50 Jahre hin. Der Bau wurde mit dem Chor, der von einem großen Ostfenster erhellt wird, begonnen und nach Westen fortgesetzt. Das südliche Querschiff entstand um 1500. An den unterschiedlichen Fenstern der Kirche und an den Kreuzgangarkaden kann man die lange Bauzeit gut ablesen. Auffallendes Merkmal ist der Vierungsturm, der einzige in einem Franziskanerkloster, der die ganze Breite des Schiffs einnimmt. Er entstand erst, als die Kirche bereits fertig war. Berühmt ist auch der Kreuzgang von Muckross an der Nordseite der Kirche. Die Gewölbearkaden auf der Süd- und Westseite zeigen runde Bögen und stammen aus einer frühen Bauperiode, die der beiden anderen Seiten sind dagegen schon spitzbogig. Im Zentrum des Kreuzganges steht eine uralte Eibe. An den Ecken führen Treppen zu den oberen Klostertrakten, von denen man einen herrlichen Blick auf den See genießen kann.

Die neueste Entwicklung auf dem Gelände ist die "**Traditional Farm**", ein Farmbetrieb, wie er in den 1930er Jahren in Irland üblich war. Neben alten Maschinen und Geräten gibt es verschiedene Tiere auf den Höfen.

Der Aussichtspunkt **"Lady's View"** (an der N 71 Richtung Kenmare) ist nach den Hofdamen Königin Victorias benannt. Von hier aus hat man einen wunderbaren Blick über die gesamte Seenlandschaft und auf die MacGillycuddys's Reek und den Carrauntohill, mit 1.038 Metern der höchste Berg Irlands.

▓ Fährt man von hier aus weiter in Richtung Kenmare, kommt man zum **Molly's Gap**, einem auf 275 Metern Höhe gelegenen Paß.

▓ Von Killarney, 4 km nordwestlich in Richtung Killorglin, lohnt es, nach **Aghadoe** zu fahren, wo man Reste einer kleinen Kirche aus dem 12. Jahrhundert aufsuchen kann. In ihrer Südmauer befindet sich ein Oghamstein, neben der Kirche ein Stumpf eines Rundturms. Im Süden der Kirche steht die Ruine einer runden Burg aus dem 13. Jahrhundert. Die Aussicht von hier oben auf den Lough Leane ist bezaubernd.

▓ **Gap of Dunloe** ist eine anfangs breite, gegen Ende sich immer mehr verengende Schlucht von rund 10 km Länge. Die für Autos gesperrte Straße schlängelt sich zwischen den Macgillycuddy's Reeks zur Rechten und den Purple Mountains zur Linken durch herrliche Landschaft. Wasserfälle und mit Seerosen bewachsene Teiche säumen den Weg. Die Natur ist – bis auf die Touristen – nahezu unberührt. In der Hauptsaison kommen rund 150 Besucher pro Tag hierher. Daher die dringende Empfehlung: früh aufbrechen!

Zum eigentlichen Gap oberhalb des höchstgelegenen der drei Seen braucht der Fußgänger ca. 3 ½ Stunden hin und zurück. Oben angelangt, kann man sich in einer Cafeteria stärken. Fußmüde Besucher können sich vom Kate Kearney's Cottage aus aber auch ein Pony oder eine Kutsche mieten. Preisbeispiele: Für ein Pony pro Stunde 10 Pfund, für 2 Stunden 15 Pfund. Für eine Fahrt mit einer Kutsche (Dauer 1 Stunde) bei einer Besetzung von 4 Personen 8 Pfund pro Person.

Man kann sich aber auch einer organisierten Tour von Killarney aus anschließen. (Buchung über die Tourist Information). Mit einem Bus wird man zum Kate Kearney's Cottage gebracht. Von dort geht es in

Gap of Dunloe

Kutschen oder per Pferd zum Gap, per Boot über den See nach Ross Castle und von dort per Bus zurück nach Killarney. Unkostenbeitrag ca. 24 Pfund. Abfahrt Killarney 10.30 Uhr, Rückkunft ca. 16 Uhr.

▓ **Killorglin**
In Killorglin beginnt oder – für umgekehrt Reisende – endet der Ring of Kerry. Hier trifft die N 70 auf die Abzweigung nach Killarney. Bleibt man auf der Hauptstraße, gelangt man nach ca. ½ Stunde Fahrt nach Tralee, der Hauptstadt der Grafschaft Kerry. (Siehe Kap. 4.3.6.4)

Feste/Feiern

Killorglin ist berühmt wegen eines Festes, daß die Besucher selbst aus Übersee in Scharen anlockt: Hier wird alljährlich vom 10.-12. August die "**Puck Fair**" gefeiert. Das Wort "Puck" ist zwar dem englischen "buck" (Bock) entlehnt, der Ursprung des Festes ist jedoch nicht genau geklärt. Wohl in Anlehnung an ein keltisches Fruchtbarkeitsfest am 1. August, wird als Höhepunkt ein Ziegenbock zum König von Irland gekrönt. Andere sehen in dem Brauch eine Satire auf die königstreuen Engländer oder auch ein sich Lustigmachen über den englischen König im letzten Jahrhundert. Beide Versionen können aber durchaus auch in Einklang gebracht werden. Nicht jedoch jene, die besagt, daß einst eine lauthals blökende Ziegenherde durch die Straßen Killorglins rannte, um die Bewohner vor einem drohenden Übergriff der Cromwellschen Truppen zu warnen. Interessanter als das Spektakel um den "King Puck" ist der Pferdemarkt, der unzählige Pferdebesitzer aus dem ganzen Land anzieht. Am Sonntag findet der Rindermarkt statt, ebenfalls ein lohnendes Ereignis, weil er, im Gegensatz zum Pferdemarkt, direkt im Ortszentrum stattfindet. Während des Festes ist der kleine Ort überfüllt. Nach drei Tagen fällt er wieder in den Alltag zurück.

Auf der Strecke von **Glenbeigh** nach **Cahersiveen** kann man immer wieder herrliche Ausblicke auf die Dingle-Halbinsel werfen. Allerdings ist dieser Streckenabschnitt nicht ganz so spektakulär wie die südliche und westliche Etappe. Die Landschaft läuft in sanft ansteigenden, weit von der Straße zurücktretenden Hügeln aus. Wunderschön ist ein Abstecher zum Caragh Lake, einem von üppigster Vegetation und dunklen Bergen gerahmten See. Über dem See liegt eine zeitlose Verträumtheit. Hier gibt es einige ausgezeichnete Hotels (siehe unter "Reisepraktische Hinweise" zu Beginn dieses Kapitels).

■ In Glenbeigh lohnt ein Besuch im **Kerry Bog Village Museum**. Interessante Nachbildungen einstiger Handwerkerhäuser in einem eigens dafür angelegten Dorf. Mit großer Liebe zum Detail wurden Alltagsszenen aus dem 18./19. Jahrhundert nachgestellt: Belebende Utensilien, wie Schuhwerk, Haushalts- und Agrargeräte, wurden in mühevoller Kleinarbeit zusammengetragen. In den Kaminen glimmen Torffeuer. Die aktuellen Öffnungszeiten kann man unter Tel.: 0667 69184 erfragen.

■ **Cahersiveen**, am Fuße des Beenteeberges gelegen, ist die "Hauptstadt" der Iveragh-Halbinsel und überblickt den malerischen Hafen von Valentia. Cahersiveen ist der Geburtsort von Daniel O'Connell (1775). Es ist ein kleiner hübscher Ort, in dem angeblich auf 1.400 Einwohner 50 Kneipen kommen. Früher gab es hier auch drei Fabriken, die mittels Subventionen gebaut, jedoch längst wieder geschlossen sind.

Von hier aus bieten sich gute Möglichkeiten zum Hochseeangeln. Außerdem kann man beispielsweise an den geschützen Stränden bei Cuascrom und Valentia im Meer baden.

Tourist Information
Cahersiveen, Tel.: 0667 2724

Fahrradverleih
Eamon Caseym, New Street, Tel.: 066 72474

Fähre

Für Fahrradfahrer und Tramper, die einen Abstecher auf die Valentia Island planen, gibt es eine kleine Fähre, die den Umweg über Portmagee erspart. Sie verkehrt von Renard Point, ca. 5 km westlich von Cahersiveen nach Knightstown auf Valentia. Achtung: Fährbetrieb bei der Tourist Informationn in Cahersiveen erkunden. Zur Zeit der Drucklegung des Buches ruhte der Fährbetrieb.

▨ Für Autofahrer führt von Portmagee eine Brücke auf die **Valentia Island**. Erst 1971 wurde die Insel durch eine Brücke mit dem Festland verbunden. Im vorigen Jahrhundert hatte die Insel noch über 2.000 Einwohner, heute ist diese Zahl auf ein Drittel davon zusammengeschrumpft. Die Einwohner verteilen sich auf die beiden Orte Knightstown und Chapeltown. Der Ort **Knightstown** ist der größte der Halbinsel. Er bietet einen guten Ausgangspunkt für Tauch- und Angeltouren. 1857 wurde in Knightstown die erste transatlantische Telegraphenverbindung Europas eingerichtet. Das berühmteste "Cable", das damals auch die amerikanischen Iren zutiefst schockierte, lautete: Our mother died last night. Es war die verschlüsselte Nachricht vom fehlgeschlagenen Aufstand der von Amerika massiv unterstützten "Fenian-Bewegung" im Jahre 1867. Finian oder Fenier war der Beiname der 1858 gegründeten Irisch Republikanische Bruderschaft. Der Name leitete sich von den "Fianna" her, den sagenumwobenen Kriegern des keltischen Irland.

◆ Auf Valentia Island lohnt ein Besuch der Ausstellung **Skellig Experience**, die als "Irlands aufregendste Besucherattraktion" gepriesen wird. Das 1991/1992 errichtete Besucherzentrum liegt genau an der Straßenbrücke, die die Halbinsel mit dem Festland verbindet, direkt gegenüber von Portmagee. Das ungewöhnliche, mit einem Naturdach versehene Gebäude paßt sich recht gut in die Landschaft ein. Das Bemühen um eine naturgerechte und integrative, gleichwohl aber auch innovative Bauweise fällt überhaupt in Irland positiv auf. Die Ausstellung berichtet über die Geschichte und Archäologie des frühchristlichen Klosters auf Skellig Michael, über die Seevögel und ihren Lebensraum, weiterhin über die Leuchttürme, die hier seit mehr als 100 Jahren den Seeleuten geleuchtet haben, und über die Unterwasserwelt der Skelligs. Diese verschiedenen Themen werden durch Modelle, Graphiken und multimediale Effekte anschaulich präsentiert. In einem Vorführraum gibt eine 16-minütige Tonbildshow weitere Erläuterungen. Die Musik wurde speziell für diesen Film komponiert. Der Verkaufsraum bietet eine gut sortierte Auswahl an Literatur über die Skellig Inseln sowie die üblichen Souvenirs an. Natürlich gibt es auch eine Cafeteria. Öffnungszeiten: April, Mai, Juni und September: 10-19 Uhr, Juli und August 9.30-19 Uhr, Eintritt: Erwachsene 3 Pfund, Kinder unter 12 Jahren 1,50 Pfund, Senioren und Studenten 2,70 Pfund, Familien (2 Erwachsene und bis zu vier Kinder) 7 Pfund, Tel.: 0667 6306

▨ 12 km vor **Bolus Head** erheben sich die **Skellig-Inseln**, die wie Nadeln aus dem Ozean herausragen. Die Skelligfelsen sind aufgrund ihrer landschaftlichen Schönheit, der vielen Seevogelkolonien, des langandauernden Leuchtturmdienstes, der frühchristlichen Klosterarchitektur und der vielseitigen Meeresfauna und -flora berühmt. Ein Besuch von Skellig Michael ist das Ereignis einer Irland-Reise schlechthin. Skellig Michael, die sich mit 218 Metern über den Meeresspiegel erhebt und damit die höhere der beiden ist, ist auch mit 14 Hektar die größere. Unter dem Wasser fallen die steilen Klippen noch weitere 50 Meter ab. Little

Skellig wird von 20.000 Seevögeln – Möven, Baßtölpen, Eissturmvögeln und Sturmtauchern – bewohnt. Geradezu unwirklich und geisterhaft wirkt diese Insel, um die sich weiße Wolken von Seevögeln bewegen.

Auf **Skellig Michael** stehen die Ruinen einer sehenswerten Mönchssiedlung. Sie wurde angeblich vom hl. Finian im 6. Jahrhundert ge-

Lustige Gesellen – Puffins

gründet und war vom 6. bis zum 13. Jahrhundert bewohnt. Eine etwas zweifelhafte Legende besagt, daß einst Daire Domhain, der König der Welt, hier residiert habe. Bis zur Entdeckung Amerikas waren die Skelligs der westlichste Punkt des

mittelalterlichen Weltbildes, sozusagen an der Abbruchkante der Erdplatte gelegen. Kein Wunder, daß dieser Felsen im Atlantik schon früh zum Refugium einer Mönchsgemeinschaft wurde. Die Gründer des Klosters sind unbekannt. Bereits vorchristlichen Druiden soll dieser Fels im Atlantik als Zuflucht vor der Zivilisation des irischen Festlandes gedient haben. Mitte des 9. Jahrhunderts wurde die Einsiedelei mehrfach von den Wikingern geplündert und im 13. Jahrhundert aufgegeben. Dies lag nicht an den widrigen Lebensbedingungen, sondern geschah im Zuge einer Klosterreform. Die Gemeinschaft der Mönche bestand konstant aus 13 Eremiten.

Besucher der Insel landen am "Blind Man's Cove" an. Dort gibt es zwar schon seit 1826 einen

Unwirtliche Behausungen

Pier, aber bei stürmischer See fällt der Wasserspiegel an der Anlegestelle innerhalb von Sekunden um 1 ½ Meter. Das bedeutet im Klartext, daß die Boote
manchmal gar nicht anlegen, sondern gleich wieder umdrehen müssen.

Der erste Teil des Aufstieges auf den 215 Meter hohen Felsen ist auf einem
asphaltierten Weg noch relativ problemlos. Die "Monks Staircase" hingegen, 670
zum Teil recht ausgetretene und verwitterte Stufen, die von den Mönchen selbst
angelegt wurden, erfordern etwas Kondition. Oben angekommen, erwartet einen
jedoch eine ganz phantastische Architektur vor einer einzigartigen Kulisse. Die
sechs aus Trockenmauerwerk errichteten Bienenkorbhütten und die beiden boots-
förmigen Oratorien des 6./7. Jahrhunderts, einige Kreuze und Grabsteine sowie
die Reste einer Kirche des 12. Jahrhunderts befinden sich auf dem Sattel unterhalb
des Felsgipfels und können besichtigt werden. Der gegenüberliegende zweite Gipfel der Insel, Jesus Saddl, war im Mittelalter Schauplatz einer der härtesten Pilger-
und Bußreisen Europas. Verstärkt im 17. und 18. Jahrhundert wurde Skellig Michael, Bruderinsel von Michael's Mount und Mont St. Michel, zu Ostern zum Ziel
von zahlreichen Bußpilgern. Die Pilger hatten nach der ohnehin beschwerlichen
Bootsfahrt die (mittlerweile abgebrochenen) Nadeln des Südgipfels zu besteigen,
was eine höchst anstrengende und auch lebensgefährliche Prozession war. Der
Büßerdienst sah folgendermaßen aus: Sie mußten über einen 60 Zentimeter breiten und ca. 3 Meter langen Felsen, dessen Seiten im rechten Winkel nach unten
fallen, bis zum höchsten Punkt der Felsnadel kriechen, deren äußerste die "Spind-
le" genannt wurde, um dort ein grob in den Stein markiertes Kreuz zu erreichen.
Dabei saßen die Büßer rittlings und rutschten vorsichtig zum Kreuz und wieder
zurück.

Für ein paar Jahre lebte auch ein Leuchtturmwärter mit seiner Familie ein einsa-
mes Leben auf der Insel. Seit jedoch der Leuchtturm auf der Westseite der Insel
automatisiert wurde, ist sie meist unbewohnt. Nur von Juni bis August beherbergen primitive Baubuden drei Führer, um die wachsende Zahl der Tagestouristen
unter Kontrolle zu halten.

Bernhard Shaw schilderte Skellig Michael als eine "Stätte, deren Zauber weit aus
Zeit und Raum, weit aus dieser Welt hinausführt." Auch im 20. Jahrhundert fühlt
man sich hier der Wirklichkeit entrückt. Im Rücken liegt die unendliche Weite des
Meeres, nach vorne das Festland mit der Beara-Halbinsel, die Halbinsel Iveragh,
Dingle und die Blasket Islands.

Am Fuße des Berges am Meer ist das Gehen durch den starken Wind beschwerlich. Oben ist es sehr viel leichter und fast windstill und auch wärmer. Dieses
Phänomen ist leicht zu erklären: Das Kloster liegt nahe der Spitze des Nordgip-
fels, unterhalb einer Felsschräge, die zum Kloster etwa 45 Grad abfällt, zum Meer
hingegen fast senkrecht. Technisch gesprochen ein Spoiler, der selbst die schwersten Stürme hochwirbelt und ein unsichtbares Dach über das Kloster breitet, unter
dem sich ein mildes Mikroklima bilden kann.

Bootstouren
Für den Ausflug nach Skellig Michael muß man einen ganzen Tag einrechnen. In
Waterville und in Cahersiveen bestehen Übernachtungsmöglichkeiten. Von Killar-
ney fährt man in ca. 1 ½ Stunden nach Portmagee. Private Anbieter gibt es in

Portmagee, in Ballinskelligs und von anderen Stellen an der Küste, die die Besucher auf die Felsnadel im Atlantik übersetzen. Die Dauer der Überfahrt beträgt ca. 1 ½ Stunden, je nach Windaufkommen auch bis zu 2 oder 3 Stunden. Die Boote fahren gegen 10 oder 11 Uhr los. Man kann sich aber auch organisierten Touren in Cahersiveen oder in Killarney anschließen. Überfahrten gibt es nur zwischen April und September, nicht bei stürmischen Wetter. Wenn der Wind nicht kräftiger als Windstärke 6 stürmt. Die kleinen Boote schaukeln gewaltig. Wer zur Seeübelkeit neigt, nehme am besten schon eine Stunde vor der Überfahrt Tabletten ein. Obwohl das Wetter auf dem Festland ruhig und schön sein kann, ist es möglich, daß der Atlantik sehr stürmisch ist. Das kommt daher, daß sich örtliche Strömungen mit riesigen langen Dünungen vermischen, die sich weit draußen auf dem Meer in einem Sturmtief gebildet haben.

Belohnt wird man jedoch während der Fahrt mit spektakulären Ausblicken auf die grünen, von Felsen durchbrochenen Hänge der Valentia Island und auf den Westzipfel der Iveragh Halbinsel. Die Boote fahren am Naturschutzgebiet Little Skellig vorbei, ein Felsennest, auf dem man Abertausende von brütenden Baßtölpeln sehen kann.

Für den Inselbesuch hat man meist zwei Stunden Zeit, bevor die kleinen Boote wieder ablegen. Die Kosten liegen bei 20 Pfund, Kinder zahlen die Hälfte, ganz kleine Kinder fahren umsonst. Hier einige (vom Tourist Board überprüfte) Anbieter:

● von Portmagee aus fahren:
- Brendan Casey, Ohermong, Cahersiveen, Tel.: 066 72437
- Des Lavelle, Valentia Island, Tel.: 066 76124
- Peter Mackey, Valentia Island, Tel.: 066 76362
- Seanie Murphy, Valentia Island, Tel.: 066 76214
- Dan McCrohan, Valentia Island, Tel.: 066 76142
- Michael O'Sullivan, The Lobster Bar, Waterville, Tel.: 066 74255
- Dermot Walsh, Valentia Island, Tel.: 066 76120

● von Ballinskellig aus fährt:
- Sean Feehan, Ballinskellig Watersports, Ballinskellig, Tel.: 066 79182

▓ Zurück auf der "Hauptstraße", der N 70, durchfährt man den kleinen Ort **Waterville**, der als Anglerparadies bekannt ist, denn er liegt zwischen dem Meer und dem Lough Currane, der sich bis auf eine schmale Landbrücke an den Atlantik herandrückt.

▓ In **Caherdaniel** lohnt das **Derrynane House** (1825 errichtet) einen Besuch. Einst war es der Wohnsitz des irischen "Nationalhelden" Daniel O'Connell (1775-1847). 1967 wurde es als Museum eingerichtet und unter die Verwaltung des OPW gestellt. Daniel O'Connell war Anwalt und Politiker. Er setzte sich für menschliche Grundrechte ein und kämpfte für die Emanzipation der Katholiken. 1823 gründete er die **Catholic Association**, womit er eine Massenbewegung auslöste, die die Emanzipation der Katholiken forderte. Er wurde zum Parlamentsabgeordneten für die Grafschaft Clare gewählt. Aber da er selbst Katholik war, konnte er dieses Amt nicht antreten. Trotz oder wegen dieses Vorfalls kam es 1829 zum sogenannten **Emancipation Act**. O'Connell wurde als "Befreier" gefeiert. Im Haus kann man die Inneneinrichtung bewundern sowie persönliche Erinnerungsstücke und Dokumente seiner Arbeit bewundern. 1975 wurde der das Haus umgebende Park ebenfalls der Öffentlichkeit zur Verfügung gestellt. Hier kann man sich ausruhen und spazierengehen. Der Naturpark umfaßt ein Gebiet von 130 ha mit großartiger Küstenlandschaft, ausgedehnten Dünen und exotischer Vegetation.

Öffnungszeiten: April-Oktober Di-So 13-17 Uhr, Mai-September Mo-Sa 9-18 Uhr, So 11-19 Uhr, November-März geschlossen. Eintritt: Erwachsene 2 Pfund,

Kinder/Studenten 1 Pfund, Gruppen und Senioren 1,50 Pfund, Familien 5 Pfund. Tel.: 066 75113

▓ Nordöstlich von Castlecove führt eine 4 km lange schmale Stichstraße zum **Staigue Stone Fort**, einem wohlerhaltenen steinzeitlichen Ringfort aus den letzten Jahrhunderten vor der Ankunft des hl. Patrick. Es gilt als das vollkommenste Beispiel einer irischen Steinfestung und ist außerdem landschaftlich sehr schön gelegen. Das kreisrunde Fort mißt 34,50 Meter im Durchschnitt und war ursprünglich 5,50 Meter hoch. Den einzigen Zugang bildet eine lange mit Steinplatten gedeckte Kammer an der Südseite. Im Inneren der Mauern befinden sich zwei kleine Kammern. Die Mauern sind ca. 6 Meter hoch und über 4 Meter dick und haben zwei Kammern und Laufgänge für die Verteidiger. Sie umschließen ein Gebiet von 30 Metern im Durchmesser. Zeitlich ist das Fort schwer einzuordnen, vermutlich ist es aber vor 400 n. Chr. entstanden. Zum Teil wurde es vor wenigen Jahren restauriert.

Im Ausstellungszentrum wird mit Hilfe von modernen Techniken die Geschichte des Forts erläutert. Ein vollständiges Modell verdeutlicht anschaulich die erstaunliche Konstruktion.

In einer Cafeteria kann man sich nach der Besichtigung stärken.

Öffnungszeiten: Ostern-Ende September 10-21 Uhr täglich. Gruppenführungen können auf Wunsch organisiert werden, Tel.: 066 75127

▓ Die Strecke führt weiter über **Sneem** und **Parknasilla** nach Kenmare. Linkerhand erstrecken sich weite Ebenen, auf denen die Schafe weiden und riesige Rhododendren, Fuchsien und Brombeersträucher wachsen. Dahinter sieht man zerklüftete Felsformationen, von denen die spektakulärsten die MacGillycuddy's Reeks sind. Auf der anderen Seite ergeben sich über die Kenmare Bay hinweg phantastische Ausblicke auf die Caha Mountains im Süden.

◆ In Parknasilla hat man die Möglichkeit, die **Brushwood Studios** zu besuchen, eine Kunstgalerie mit Werken von modernen irischen Künstlern. Die Ölgemälde, Aquarelle, Batikarbeiten oder Skulpturen können auch käuflich erworben werden. Täglich von 9-21 Uhr geöffnet. Tel.: 064 45108
Auch in Sneem hat sich eine Reihe Künstler niedergelassen.

Restaurants
● Blue Bull Bar & Restaurant, South Square, Sneem, Tel.: 064 45382, Fax: 064 45382. Hauptsächlich ein Fischrestaurant, daneben werden aber auch vegetarische Gerichte und eine große Auswahl an Bar-Food gereicht, 18-22.30 Uhr, mittlere Preisklasse.
● Sacre Coeur Restaurant, North Square, Sneem, Tel.: 064 45186. Langetabliertes Restaurant mit gutem Essen zu moderaten Preisen. Juli und August 12.30-21.30 Uhr, außerhalb der Hochsaison 17.30-21.30 Uhr, sonntags ab 12.30 Uhr, November-März geschlossen, mittlere Preisklasse.

Ist man die Strecke Kenmare - Killarney bereits gefahren, bietet sich ab Smeen die Fahrt durch das Landesinnere entweder über Molly's Gap oder bei genügend Zeit über schmale Sträßchen mitten durch die Berge nach Glencar und Beaufort an. So gelangt man wieder nach Killarney und kann von dort aus die Reise gen Norden weiterführen.

4.3.6.3 Die Halbinsel Dingle

Die Dingle Pensinsula streckt sich als Gebirgszunge 48 km in den Atlantik. Sie ist die nördlichste der drei großen Halbinseln von Kerry. Das westliche Ende ist eine der sieben gaelisch-sprachigen Gaeltachts, jenen Teilen Irlands also, in denen vorwiegend Gaelisch gesprochen wird. Es hat den Anschein, als ob die alten Traditionen hier ganz besonders gepflegt werden.

Dingle ist einsam, karg, gewaltig und von den ständig wechselnden Stimmungen des Atlantiks geprägt. Enge geschlungene Straßen werden von Hecken mit blühenden Fuchsienbüschen gesäumt. Im Sommer sind die Straßen leider hoffnungslos überfüllt. Dies ist nicht verwunderlich, denn die atemberaubende Landschaft mit ihren vielfältigen Formgebungen zieht nicht nur Künstler und Fotografen an. Der Himmel kann innerhalb einer halben Stunde von zartem Gelb, Azurblau, Rosa und Weiß in ein dunkles Violett wechseln. Im Sommer wachsen am Straßenrand scharlachrote Fuchsien und lila Fingerhut, die Felder sind mit gelbem Stechginster übersät. Im Juli und August sieht man überall Weiderich, Weidenröschen und Veilchen. Die weitläufigen Torfflächen sind mit einem Teppich aus Heidekraut überzogen. Dingle rühmt sich nicht nur einer grandiosen Landschaft, sondern auch einer unvergleichlich großen Zahl frühchristlicher Denkmäler, wie Bienenkorbzellen, Ogham-Steine oder früher Kirchen, sowie einiger eisenzeitlicher Befestigungsanlagen. Neben den Aran-Inseln finden wir auf der Dingle Halbinsel die größte Ansammlung archäologischer Stätten. Die prähistorischen Denkmäler liegen dicht an dicht und sind mit kleinen Spaziergängen gut von der Straße aus zu erreichen.

Die Halbinsel ist auch die Heimat ungezählter christlicher Heiligtümer, deren Gründungszeit und Zweck meist unbekannt sind. Ohne Zweifel sind sie jedoch dem Gedenken an den heiligen Brendan gewidmet, der im Jahre 484 im nahegelegenen Ardfert geboren wurde, und dessen Entdeckungsreisen ihn unter anderem wahrscheinlich auch nach Amerika geführt haben. Einmal im Jahr finden Wallfahrten auf den circa 900 Meter hohen Gipfel des Berges Brandon statt. Viele der altertümlichen Monumente auf Dingle verdanken ihre Errichtung dem lebhaften Pilgerverkehr der vergangenen Jahrhunderte.

Reisepraktische Hinweise

Jugendherbergen/Hostels
● Bog View Hostel, Lougher, Inch, Annascaul, Tel.: 066 58125, Fax: 23870, Mai-Oktober geöffnet, 24 Betten in Mehrbett-, Doppel- und Familienzimmern, ab 6 Pfund. Das ehemalige Schulhaus wurde erst vor wenigen Jahren in mühseliger Kleinarbeit renoviert. Nette Besitzer, es gibt kleine Mahlzeiten, einen Abbholservice von der nächsten Bushaltestelle, Fahrradverleih. Die Herberge ist auch für Rollstuhlfahrer geeignet.
● Fuchsia Lodge, Annascaul, Tel.: 066 57150, 57402, ganzjährig geöffnet, ab 5,50 Pfund, 48 Betten in Mehrbett-, Doppel- und Familienzimmern, Camping ist auf dem Grundstück möglich, Fahrradverleih, für Rollstuhlfahrer geeignet, auf Wunsch wird man von der Bushaltestelle abgeholt, Mahlzeiten.
● Sea Crest Hostel, Kinard West, Lispole, Tel.: 066 51390, Fax: 51390, Einsam in Küstennähe gelegenes Cottage, März-November geöffnet, ab 5 Pfund, 20 Betten, auch Familienzimmer, Camping ist auf dem Grundstück möglich. Es gibt einen kleinen Shop, im Gemeinschaftszim-

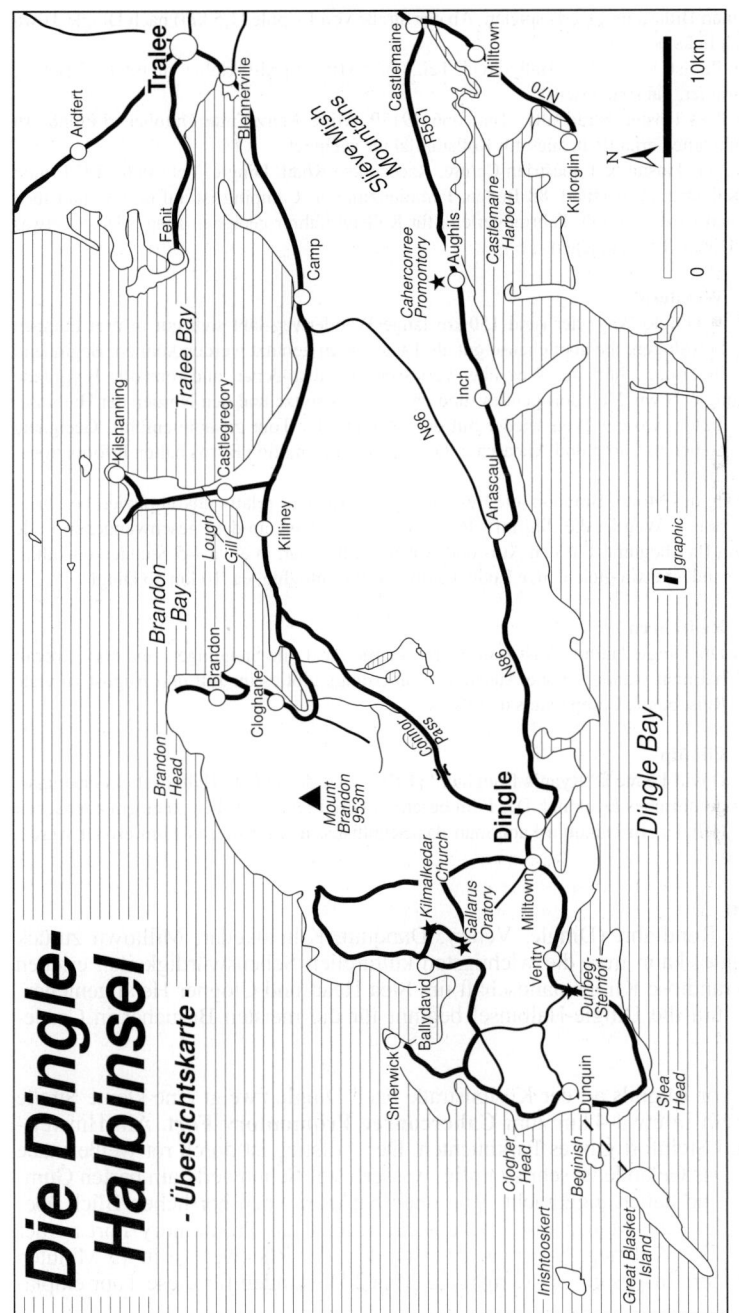

Die Dingle-Halbinsel

- Übersichtskarte -

10km

N

0

Tralee

Ardfert

Blennerville

Fenit

Kilshanning

Camp

Slieve Mish Mountains

Castlemaine

Milltown

R561

N70

Killorglin

Aughils

Caherconree Promontory

Castlemaine Harbour

Inch

Anascaul

N86

Tralee Bay

Castlegregory

Lough Gill

Killiney

Brandon Bay

Brandon

Cloghane

Brandon Head

Mount Brandon 953m

Conor Pass

N86

Dingle

Kilmalkedar Church

Gallarus Oratory

Milltown

Ventry

Dunbeg-Steinfort

Dingle Bay

Smerwick

Ballydavid

Dunquin

Clogher Head

Beginish

Slea Head

Inishtooskert

Great Blasket Island

graphic

mer kann man Billard und Darts spielen. Ab der Straße von Lispole (1,5 km) nach Dingle Town (5 km) nach links beschildert.
● Tígh An Phoíst, Bathar Bui, Ballydavid, Tel.: 066 55109, April-Oktober, ab 6,50, 27 Betten, Familienzimmer, Fahrradverleih
● Connor Pass Hostel, Stradbally, Tel.: 066 39179, Mitte März-Ende Oktober, 5 Pfund, 16 Betten, Mahlzeiten erhältlich, auch für Rollstuhlfahrer geeignet.
● Ballintaggert Hostel & Equestrian Centre, Racecourse Road, Dingle, Tel.: 066 51454, Fax: 51385, ganzjährig, ab 6 Pfund, 88 Betten, Familienzimmer, Camping ist auf dem Grundstück möglich, man wird abgeholt, Fahrradverleih, für Rollstuhlfahrer geeignet. Junges Hostel etwas außerhalb Dingle Town gelegen.

Wandern
● Dingle Way: der rund 150 km lange Wanderweg läßt sich gut in drei Etappen bewältigen, die aber ebenso gut als Tagestouren genutzt werden können. Beginnend in Tralee, führt der Weg über verlassene Landsträßchen und reizvolle Bergpfade bis nach Dingle Town. Von dort geht es rund um die Westspitze und den Norden der Halbinsel bis nach Killeton, wo der Weg wieder mit dem Anfang der Tour zusammenführt. Geeignete Zugänge bestehen in Camp und Annascaul. Die Tourist Information Büros halten Informationsblätter dazu bereit.
● Besteigung des Mount Brandon: die Besteigungen werden als relativ unkompliziert beschrieben. Der schönste Weg ist die Pilgrim's Route, die in Cloghane an dem geschwungenen Ende der Brandon Bay beginnt. Für den Auf- und Abstieg sollte man in etwa 4-5 Stunden einkalkulieren. Eine andere etwa gleichlange Route beginnt in Ballinloghig, ca. 10 km ab Dingle.

Radfahren
Die Dingle Halbinsel ist zum Fahrradfahren ideal: die Steigungen sind kurz, überall hat man wunderschöne Ausblicke – allerdings gibt es im Juli und August zu viele Reisebusse, Campervans und Pkws.

Filmtip
David Leane's "Ryan's Daughter" (1971) setzt der Dingle Halbinsel ein cinematographisches Denkmal. Der Film beschreibt die Liebe einer Irin zu einem englischen Offizier. In Dunquin kann man das Schulhaus, das für diesen Film erbaut wurde, besichtigen.

Rundtour
Auf einer Rundfahrt (Dingle, Ventry, Dunquin, Kilmalkedar, Milltown zurück nach Dingle) kann man die wichtigsten kulturellen Sehenswürdigkeiten erleben und die grandiose Klippenlandschaft um Slea Head und Clogher Head genießen. Die Tour um die Dingle-Halbinsel beginnt für die meisten Besucher in Castlemaine.

▓ Kurz vor Aughils an der Küstenstraße nach Dingle zweigt eine kleine Straße ab und führt in etwa 4 km zum **Caherconree Promontory Fort.** Am Hinweisschild zum Steinfort gibt es Parkbuchten. Der Aufstieg ist durch rot-weiße Stäbe markiert. Das Gelände ist sehr sumpfig, wasserfestes Schuhwerk, am besten Gummistiefel, sind daher angebracht. Von oben hat man einen herrlichen Blick über ganz Dingle. Eine Mauer aus Trockenstein schützt das Promontory Fort an der Landseite. Der Aufstieg dauert ca. 1 ½ Stunden, der Rückweg ist in 45 Minuten zu bewältigen. Insgesamt sollte man ca. 2 bis 2 ½ Stunden für diese Tour einplanen.

▧ Auf halber Strecke zwischen Castlemaine und Dingle liegt die **Inch Peninsula**, eine 5 km lange Sanddüne mit Traumstrand.

▧ **Dingle**,
am Dingle Harbour gelegen, ist die geschäftige "Hauptstadt" und mit 1.400 - 1.500 Einwohnern auch die größte Stadt der gleichnamigen Halbinsel. Dingle, der gaelische Name lautet An Daingean, ist außerdem die westlichste Stadt Europas.

Traumhaft

Die Straßen mit ihren fröhlich bunt bemalten Häusern mit vielen Kunsthandwerksläden, Pubs, Cafés und Fischrestaurants laden zum Bummeln und Verweilen ein. Im Sommer ist der Ort jedoch sehr überlaufen und die Reisebusse stehen in Schlangen.

Tourist Information
Main Street, Tel.: 066 51188, April-Oktober geöffnet

Kino
Phoenix: Tel.: 066 51222

Swimming with the Dolphin
Eine Touristenattraktion der besonderen Art ist "Fungie", ein wilder, freiwillig in der Bucht lebender Delphin, den man per Bootstour besuchen und sogar mit ihm schwimmen kann. Das Tier ist ca. 3,7 Meter lang und 30 kg schwer. Buchung unter Tel. 066 51967 oder man geht einfach zur Mole. Das Vergnügen kostet 5 Pfund, für Kinder unter 12 Jahren 3 Pfund.

Unterkunft
Im Ort gibt es zahlreiche B&Bs. Hier zwei Empfehlungen:
● im Doyles Seafood Bar & Town House stehen Gästen 8 Zimmer der mittleren Preisklasse zur Verfügung. Siehe "Restaurants"
● Milltown House, Dingle, Tel.: 066 51372, Fax: 066 51095. Das günstige Gästehaus wird im Familienbetrieb geführt, hat sieben Zimmer, alle mit (privatem) Badezimmer ausgestattet.

Jugendherberge/Hostel
siehe Reisepraktische Hinweise zu Beginn des Kapitels

Restaurants
Der Ort Dingle ist wegen seiner Fischrestaurants bekannt. Hier eine Auswahl:
● Doyles Seafood Bar & Townhouse, John Street, Dingle, Co. Kerry, Tel.: 066 51174, Fax: 066 51816. Doyle's Seafood Bar hat sich mittlerweile einen internationalen Ruf erworben. Spezialität des Hauses ist frischer Lachs. Das Angebot der Speisen besteht ausschließlich aus fangfrischen Produkten. Gemütliche rustikale Atmosphäre, es wird Franzö-

sisch gesprochen. Mitte März-Mitte November geöffnet jeweils 18-21 Uhr, mittlere bis gehobene Preisklasse.
● Beginish Restaurant, Green Street, Dingle, Tel.: 066 51588, Fax: 066 51591. Gutes Fischrestaurant mit angenehmen Preisen, 12.30-14.15 Uhr und 18-22 Uhr, Mo geschlossen.
● Half Door Restaurant, John Street, Dingle, Tel.: 066 51600, Fax: 066 51206. Fisch-Spezialitäten-Restaurant mit freundlicher und ungezwungener Atmosphäre, 12.30-14.30 Uhr und 18-22 Uhr, Di geschlossen sowie Mitte Januar-März

Pub
Im Ort – wie auch auf der gesamten Halbinsel – finden sich etliche "Singing Pubs", d.h. Pubs, in denen regelmäßig Live-Musik gespielt wird.

Fahrradverleih
Moriarty's, Main Street, Tel.: 066 51316

Feste/Feiern
Anfang Juli gibt es das St. Brendan-Festival. In der ersten oder zweiten Augustwoche locken die Dingle-Races, ein berühmtes Pferderennen mit Festivalcharakter, viele Besucher an. Die Rennstrecke liegt ca, 1,6 km außerhalb Dingles. Eintritt: Erwachsene 3 Pfund, Kinder 2,50 Pfund. Auskunft erteilt Mr. Michael Sayers, Tel.: 066 59950, Fax: 066 51655. Ebenfalls im August, meistens am 3. Sonntag, findet die Dingle-Regatta statt. Auskunft erteilt Richard Williams, Tel.: 066 51708

Hochseeangeln
Hochseeangeltouren kann man direkt an der Hafenmole buchen. Eine Tour kostet 12 Pfund pro Person, inklusive Ausrüstung. Im Sommer zweimal täglich, jeweils von 15-17.30 Uhr und von 18-20.30 Uhr.

Schnorcheln
Ausrüstung erhält man bei Flannery's Cooleen, Tel.: 51163

Golf
Golf Chumann Ceann Sibéal, Ballyferriter, 16 km westlich von Dingle, Tel.: 066 56255, 30 Minuten von Dingle entfernt – einer der besten, sagen Kenner

Von Dingle verläuft die "Hauptstrecke" über Milltown und Ventry weiter in Richtung Westen, wo die Natur ihre wirkliche Wildheit entwickelt. Mit aller Kraft donnert hier die Brandung des Atlantiks an die hoch aufragenden Klippen, zwischen die sich eine weite und hügelige Landschaft spannt. Zahlreiche Buchten mit nahezu unberührten Stränden verführen zum Genießen der atemberaubenden Landschaft. Beliebt war dieser Flecken Erde bereits in vorgeschichtlicher Zeit, als hier die ersten Steinkreise und Gräber errichtet wurden. Entlang der Küste finden sich etliche Zeugnisse der frühen Kultur.

■ Nördlich von Ventry liegt **Rahinnane Castle**, eine zweistöckige Burg mit hübschen Arkaden im 2. Stock. Sie wurde im 15. oder 16. Jahrhundert vom Knight of Kerry erbaut und in den Cromwellschen Kriegen zerstört. Sie steht inmitten eines kreisförmigen, von einem tiefen Graben umgebenen Areals, wahrscheinlich einem früheren Fort.

■ Wenige Kilometer westlich von Ventry gelangt man zum **Dunbeg-Steinfort**, das unter den reichen prähistorischen und frühchristlichen Monumenten der Halbinsel durch seine grandiose Lage direkt an den Klippen besonders heraussticht. Die dem Land zugewandte Seite ist durch einen massiven, in Trockensteinbauweise errichteten Steinwall abgeschirmt. Die 45 Meter lange, 3 Meter hohe und unten 7,50 Meter dicke Mauer ist innen in drei Terrassen angelegt. Von der Eingangspassage führt ein unterirdischer Gang bis zur zweiten der vier parallelen äußeren Verteidigungsanlagen, die aus aufgeschütteten, mit Steinen befestigten Erdwällen und Gräben bestehen. Im Inneren des Forts sind die Reste einer großen Bienenkorbzelle sowie einer kleineren Zelle erhalten.

Zwischen **Dunbeg** und **Slea Head** können mehrere Steinforts mit Bienenkorbzellen besichtigt werden, die allerdings teilweise restauriert sind.

■ Von Slea Head bietet sich ein großartiges Panorama im Süden bis zu den Skellig Islands und im Westen zu den **Blasket Islands**, die westlichsten Punkte Europas. Die Blasket Islands sind eine felsige Inselgruppe, die bis 1953 von einer gaelisch sprechenden Bevölkerung bewohnt wurden. 1954 wurden die Menschen per Regierungsentscheid zwangsweise auf das Festland umgesiedelt, weil der Fischfang die 24 Bewohner angeblich nicht mehr ernähren konnte.

Die Insel ist vor allem wegen der gaelischsprachigen literarischen Produktion ihrer ehemaligen Bewohner berühmt. Sicherlich wäre das Leben der Bewohner in Vergessenheit geraten, wenn es nicht jene Laiendichter gegeben hätte, die heute zu den Klassikern der gaelischen Sprache zählen. In ihren Werken schildern sie das einsame und mühevolle Leben auf diesen kargen Inseln. Zu nennen sind beispielsweise Tomás O'Crohan, dessen "The Islandman" 1929 erschien, oder Maurice O'Sullivans mit seinem Werk "Twenty Years A-growing", 1933. Peig Sayers' "Woman's reflections" muß ebenso erwähnt werden. Mrs. Sayer war zwar auf dem Festland geboren, machte sich später aber als Geschichtenerzählerin einen Namen, was eigentlich eher eine Domäne der Männer war. In Irland besteht seit jeher eine große Tradition am Geschichtenerzählen. In einer Gegend, in der es kein Radio, kein Kino und keinen Fernseher gab, bestand die einzige Unterhaltung in dörflichen Geschichten oder in den Erzählungen eines durchgereisten Fremden. Gewöhnlich sind es alte Männer oder alte Frauen, nicht selten aber auch Junggesellen, die einsam sind und oft auf ihren abgelegenen Katen tage- oder wochenlang mit keinem anderen Menschen zusammenkommen. Das Erzählen von Geschichten ermöglichte es, daß der Alltag des einfachen Insellebens nicht von Intellektuellen, sondern von Analphabeten erzählt wurde. Da aber ihre Memoiren trotzdem von Intellektuellen niedergeschrieben wurden, sind sie auch gefiltert, romantisch verklärt und idealisiert.

In den 30er Jahren strömten Sprachforscher und Ethnologen in Scharen auf die Blaskets, denn schon zu jener Zeit gab es in Europa kaum einen anderen Ort, wo alte Traditionen noch so intakt waren.

Fähre
Während der Saison verkehrt eine Passagierfähre von Dunquin Pier zu der Great Blasket Island, Auskunft erhält man unter Tel.: 066 56455.

■ Auf **Great Blasket Island** kann man die Ruine einer Kirche, deren Alter nicht bekannt ist, besichtigen, auf Inishtooskert die Ruine eines Oratoriums des hl. Brendan und einige Bienenkorbzellen, darunter eine in fast perfektem Erhaltungszustand. Auf Inishvickillane gibt es die Reste eines steinernen Oratoriums, einer Bienenkorbzelle und eines frühen Kreuzes.

Buchtips

● O'Crohan, Tomas: Die Boote fahren nicht mehr aus. Bericht eines Fischers von der Westküste. Übersetzt von Annemarie und Heinrich Böll, Göttingen 1989. "The Islandman", 1929, vom gleichen Autor ist ebenfalls lesenswert.

● Sayers, Peig: An Old Woman's Reflections, Oxford Press, London 1962. Peig Sayers schildert das einsame und mühevolle Leben auf den kargen Blasket-Inseln.

◆ Das **Besucherzentrum** in Dunquin (Gael. Dún Chaoin) ist den einzigartigen literarischen Leistungen der isolierten Gemeinde auf der nunmehr völlig verlassenen Insel gewidmet. Das Zentrum befaßt sich neben der Literatur auch mit der Sprache und Kultur.
Öffnungszeiten: täglich Ostern-Juni 10-18 Uhr, Juli-August 10-19 Uhr, September 10-18 Uhr, Eintritt: Erwachsene 2,50 Pfund, Senioren 1,75 Pfund, Studenten/Kinder 1 Pfund, Gruppen 1,75 Pfund pro Person, Familien 6 Pfund. Tel.: 066 56444, Fax: 066 56446. OPW

◆ Auf einem Felsvorsprung in der Bucht von **Smerwick** liegt **Fort del Oro** oder **Dún an Oir** (Goldenes Fort), eine Festung, die 1579 von den Spaniern als Ausgangsbasis für Operationen gegen die Engländer errichtet wurde. Auf Befehl Sir Walter Raleighs stürmten am 17. November 1579 die Engländer die Festung und töteten die spanische Garnison. Dieses Ereignis wird im Roman des frühviktorianischen Schriftstellers Charley Kingsleys "Westward Ho!" beschrieben.

◆ Beim Dorf Ballynaga liegt das **Gallarus Oratorium**, ein kleines wohlerhaltenes Kirchlein. Es ist ein vollkommenes Zeugnis frühchristlicher irischer Kultur. Bemerkenswert ist das fugenlose Trockenmauerwerk, und noch immer ist das Gebäude "wasserdicht". Die perfekte Konstruktion und seine Größe, die andere Oratorien weit übertrifft, legen die Vermutung nahe, daß es nicht so alt ist, wie allgemein angenommen wurde. Eine genaue Datierung ist allerdings nicht möglich. Als Entstehungszeit wird heute das 8. bis 12. Jh. angesetzt, wobei das 11./12. Jh. wahrscheinlicher ist. Der unscheinbare Bau auf rechteckigem Grundriß erinnert an ein umgekipptes Boot: Er ist von außen 6,66 m lang und 5,74 m breit und fast 5,50 m hoch, im Inneren 4,65 m lang und 3,15 m breit. Im Westen ist eine Türöffnung, die fast 2 m hoch ist, im Osten befindet sich eine Fensteröffnung.

Das Gallarus Oratorium

◆ Nicht weit vom Gallarus Oratorium liegen die Ruinen vom Kloster Kilmalkedar. Diese wohl interessanteste Klosteranlage auf der Dingle-Halbinsel wurde im 6. Jahrhundert von St. Maolcethair (gest. 636) gegründet. **Kilmalkedar Church**, ein pittoreskes Kirchlein, stammt aus dem 12. Jahrhundert und weist im Dekor starke Ähnlichkeit mit Cormac's Chapel auf dem Rock of Cashel auf (Kap. 4.2.6), ist aber insgesamt viel spärlicher verziert. Die Westfassade zeigt ausgeprägte Antenpfeiler, die sich teilweise im Westgiebel fortsetzen und mit Tierköpfen abgeschlossen sind. Das breite, sich leicht nach oben verjüngende Westportal wird von einigen Bögen überspannt, die mit Zickzackmustern verziert sind. Wie in Cormac's Chapel wird auch hier der Eingang durch einen flachen Türsturz begrenzt, dessen Tympanon jedoch leer ist. Ursprünglich bestand die kleine Kirche aus einem einzigen winzigen Raum mit einer kleinen Ostnische, später wurde noch ein Chor angefügt.

▦ Der Connor-Paß
Der Connor-Paß krönt gewissermaßen als Dach die Halbinsel. Es ist eine auf 500 Meter ansteigende Paßstraße, die nur in wenigen, aber steilen Windungen die Verbindung zur Nordseite schafft. Bereits das Panorama vom Parkplatz aus verspricht Grandioses: in der Ferne vergehende Weiten des Atlantiks hinter der Brandan Bay, nach Norden der König der Halbinsel – der 953 Meter hohe Mount Brandon.

Wandern
Von Kilmalkedar kann man dem "Way of the Saints" bis zur Spitze des Brandon Mountain folgen. Die Besteigung des Mount Brandon lohnt sich. Vom Gipfel in 935 Meter Höhe kann man im Westen, Norden und Süden das Meer sehen, im Osten erstreckt sich die ganze Halbinsel.

Im **Norden der Dingle-Halbinsel** ist die Landschaft rauh und bildet den Übergang zwischen der reichen Vegetation des südlichen Kerry zu den kargeren Formationen des Nordens. Mount Brandon ist mit 953 Metern der zweithöchste Berg Irlands und ein Paradies für Wanderfreunde.

▦ Cloghane und Brandon
An der Nordküste der Dingle-Halbinsel am Fuß des Berges Brandon liegt in der Bucht der kleine Fischer- und Badeort Cloghane-Brandon, für Kenner einer der schönsten Flecken Irlands. Sehenswert sind Cloghane, Droom und die Strände von Cappagh und Fermoyle. In **Cloghane** gibt es einige Pubs, Geschäfte, ein Postamt und eine Tankstelle in Brandon.

Die Landschaft mit ihren kahlen Felsen, Bergen und Seen ist sehr romantisch und für Wanderungen ideal.
Auch der Angelfreund kommt hier, entweder in Cappagh am Fermoyle-Strand oder am Ufer des Owenmore-Flusses, der unterhalb des Connor-Passes fließt, auf seine Kosten.

Tourist Information
Cloghane, Tel.: 066 38277

Unterkunft
Es gibt verschiedene Unterkünfte, Privatzimmer, B&Bs und ein Hotel (alle über die Tourist Information zu buchen).
Sehr ruhig geht es hier zu:
Benagh Accomodation und Restaurant, Cluain Searrach, Cloghane, Co. Kerry, Tel.: 066 38142.
10 Minuten von hier zum Dorf oder zum Cappagh Strand. Die Zimmer haben Dusche und WC.

4.3.6.4 Zwischen Tralee und Limerick

■ Tralee

ist die Hauptstadt der Grafschaft Kerry. Die Stadt ist rund 800 Jahre alt und war einst Sitz der mächtigen Desmond Geraldines. Im Mittelalter wurde sie so oft und gründlich von den Engländern zerstört, daß heute kaum mehr historische Bausubstanz vorhanden ist.

Tourist Information
Im gleichen Gebäude wie das Kerry Museum untergebracht. Tel.: 066 21288, ganzjährig

Travel Centre
Railway Station, Tel.: 066 23566

Hotel/B&B
● Ballyseede Castle Hotel, Ballyseede, Tralee, Tel.: 066 25799, Fax: 066 25287. Das Hotel hat 12 Zimmer und bietet angenehme und komfortable Unterkunft in der gehobenen Preisklasse.
● Glenduff House, Kielduff, Tralee, Tel.: 066 37105, Fax: 066 37099. Das Gästehaus hat fünf Zimmer, liegt ruhig, und die Preise sind moderat.
● Grand Hotel, Denny Street, Tralee, Tel.: 066 21499, Fax: 066 22877 Etabliertes Hotel im Ortszentrum mit 40 Betten. Mittlere Preisklasse.

Hostels/Jugendherbergen
● Collis-Sandes House, Oakpark, Tralee, Tel.: 066 28658, Fax: 28658, ganzjährig geöffnet, ab 6,50 Pfund pro Person im 6-8 Bett-Zimmer, Doppelzimmer ab 8 Pfund pro Person, insgesamt 73 Betten, Mahlzeit, Familienzimmer, Camping ist auf dem Grundstück möglich, Fahrradverleih, für Rollstuhlfahrer geeignet.
● Lisnagree Hostel, Ballinorig Road, Clash East, Tralee, Tel.: 066 27133, ganzjährig geöffnet, ab 6 Pfund, 16 Betten, es gibt auch Familienzimmer, Fahrradverleih.
● Finnegan's Holiday Hostel, 17 Denny Street, Tralee, Tel.: 066 27610, Fax: 27610, ganzjährig, ab 6 Pfund, 36 Betten, Mahlzeiten, Familienzimmer, Fahrradverleih.

Restaurant
● Larkins, 14 Princes Street, Tralee, Tel.: 066 21300, Fax: 066 21363. Familienbetriebenes Restaurant in einem georgianischen Stadthaus. Besonders empfehlenswert sind die Fischgerichte, Mo-Sa 12-14 Uhr und 18-21.30 Uhr, So geschlossen, mittlere Preisklasse.
● The Skillet Restaurant, Barrack Lane, Tralee, Tel.: 066 25461 Auch hier sind die Fischgerichte empfehlenswert. Frühstück und Lunch gibt es von 9 bis 17.45 Uhr, Dinner ab 18 Uhr.

Fahrradverleih
- E.Caball, 15 Ashe Street, Tel.: 066 22231
- Jim Caball, Staughton's Row, Tel.: 066 21654
- Tralee Gas & Bicycle Supplies, Stand Street, Tel.: 066 22018, Fax: 066 27960

Urlaub per "Zigeunerwagen"
kann man bei Slattery's Travel Agency buchen (1 Russell Street, Tralee, Co. Kerry, Tel.: 066 24088, Fax: :066 25981 oder: 1800673673) Die Preise rangieren zwischen 50 Pfund (Nebensaison) für einen Tag bis zu 150 Pfund für 4 Tage, also mit drei Übernachtungen. In der Hauptsaison ist der Spaß entsprechend teurer. Enthalten sind Pferd und Kutsche, Pferdefutter, Versicherung und Gas zum Kochen, bei mehrtägigen Fahrten auch Bettzeug und Parkgebühren. Bis zu 5 Personen passen in die Kutsche. Die Veranstalter schlagen Routen vor, an die man sich aber nicht halten muß. Ein Netz von 13 Bauernhöfen, auf denen übernachtet werden kann, zieht sich über die Dingle-Halbinsel bis nach Killarney und ermöglicht so eine relativ freie Zusammenstellung der Route. In Anbetracht des starken Verkehrsaufkommens im Südwesten Irlands kann das Reisen per Kutsche in der Hauptsaison nicht unbedingt empfohlen werden.

Kino
Cinodrome, Tel.: 066 21055

Hunderennen
Greyhound Races finden in Tralee jeden Dienstag und Donnerstag um 20 Uhr im Oakview Stadium statt, Tel.: 066 24033

Schwimmen/Plantschen
kann man im neu errichteten "Aqua Dome". "Wild, wet and wonderful" – so die Werbung für dieses Fun-Bad mit Wasserrutschen, Sauna und Kinderbecken. Öffnungszeiten: April-September täglich 10-22 Uhr, außerhalb der Saison vorher anfragen unter Tel.: 066 28899

Feste/Feiern
Im August findet das "**Rose of Tralee Festival**" statt. Das seit 1959 stattfindende Fest ist ein internationales Ereignis und bringt Besucher aus der ganzen Welt nach Tralee. Es ruft die unvergeßliche Liebesgeschichte von Mary O'Connor in Erinnerung, die in dem Lied "The Rose of Tralee" unsterblich gemacht wurde.

> *"The pale moon was rising above the green mountain,*
> *The sun was declining beneath the blue sea;*
> *when I strayed with my love by the pure crystal fountain,*
> *That stands in the beautiful Vale of Tralee.*
> *She was lovely and fair as the rose of the summer,*
> *Yes 'twas not her beauty alone that won me;*
> *Oh no, 'twas the truth in her eyes ever dawning,*
> *That made me love Mary, the Rose of Tralee.*

Junge Frauen irischer Abstammung kommen aus der ganzen Welt nach Tralee, in der Hoffnung, den Titel der "Rose of Tralee" zu erlangen. Die Wahl der irischen Schönheitskönigin wird mittlerweile vom Fernsehen übertragen. Während der ganzen Woche finden viele Veranstaltungen statt. Straßenmusik und Folkloreprogramm, traditionelle irische Sessions und Kinderprogramme, Paraden sowie allabendliche Unterhaltung. Auskunft erteilt das Festival Office, Tel.: 066 21322/23227, Fax: 066 22654.

Tip
Besuch einer der gaelischen Aufführungen des 1974 gegründeten **Siamsa Tire**, dem National Folk Theatre. Die Theatergruppe bietet Tanz, Theater sowie Musik in einer unterhaltsamen Show dar. Das Theatergebäude ist einem keltischen Ringfort nachgebildet. Auskunft und Buchung: Tel.: 066 23055, Fax: 066 27276. Es gibt drei verschiedene Stücke während der Saison Mai-September, Beginn der Vorführung ist jeweils um 20.30 Uhr, Eintritt: 8 Pfund Erwachsene, 7 Pfund ermäßigt.

◆ Lohnend ist ein Besuch des 1991/92 eröffneten **Kerry County Museums** in der Ashe Memorial Hall, Denny Street. Das Museum verfolgt die Geschichte Kerrys und Irlands über 8.000 Jahre zurück. Es gibt 1. eine Multimediashow "Kerry the Kingdom", die die Geschichte und Landschaft Kerrys erklärt, 2. das Kerry County Museum, eine preisgekrönte Ausstellung, die die Geschichte des Landes von 5000 v.Chr. bis heute darstellt, 3. die Irish Medieval Experience Geraldine, wo man in Fahrzeugen eine Zeitreise durch den mittelalterlich rekonstruierten Ort Tralee machen kann. Spezielle Licht-, Geräusch- und Geruchseffekte machen dieses Erlebnis, das die damalige Zeit wieder aufleben läßt, besonders für Kinder unvergeßlich. Der begleitende Text kann in acht Sprachen abgerufen werden.

Die Ausstellung ist sehr anschaulich und informativ gestaltet und in 11 chronologisch geordnete Abschnitte unterteilt. Hier ein kurzer Einblick:

---

1. Die ersten Siedler: Erstmals um 8000 v.Chr. wurde Irland während des Mesolitikums oder der mittleren Steinzeit besiedelt. Feuersteine wurden zur Herstellung von Werkzeugen und Waffen bearbeitet, die für das Leben als Sammler und Jäger benötigt wurden.
2. Die ersten Bauern: Ab ca. 4000 v. Chr. wurde in Irland Ackerbau betrieben. Dies brachte viele Veränderungen mit sich und kennzeichnete den Beginn des Neolitikums oder der Jungsteinzeit. Während dieser Zeit wurden die ersten Häuser gebaut, die Methoden zur Bearbeitung von Steinen verbessert und gewaltige Grabmonumente errichtet.
3. Minenarbeiter und Händler: Das Wissen um die Bearbeitung von Metall kam um 2500 v. Chr. nach Irland und leitete den Beginn der Bronzezeit ein. Die Werkzeuge und Waffen aus Metall wurden im Laufe der Zeit verbessert und machten so das Leben einfacher.
4. Die Kelten: Die Eisenzeit beginnt in Irland um 500 vor Christi und ist bis heute das Zeitalter der irischen Vorzeit, über das man wenigsten weiß. Es ist die Zeit der Kelten mit ihrer kulturspezifischen Kunst und Sprache und den vielfältigen Legenden, die sich um sie ranken.
5. Heilige und Gelehrte: Um das Jahr 400 n.Chr. kam das Christentum nach Irland. Der Symbolismus des Evangeliums gab den Handwerkern neue Anregungen, und Meisterwerke aus Stein, Metall und auf Pergament entstanden.
6. Normannen und Gaelen: 1169 landeten die Normannen in Irland und eroberten rasch einen großen Teil des Landes. Sie bauten große Steinfestungen zur Verteidigung ihrer Herrschaftsgebiete und traten als großzügige Gönner der Kirche auf.
7. Widerspenstige Untertanen: In der Zeit von 1500-1600 übernahm die englische Krone in Irland die Macht. Dies bedeutete für die großen gaelischen und anglonormannischen Familien den Untergang. Der Zustrom landhungriger englischer Abenteurer führte zu zahlreichen Aufständen und Rebellionen.
8. Neue Macht: Die Zeit von 1660-1800 sah in Irland den Aufstieg einer neuen wohlhabenden Klasse protestantischer Landbesitzer, die gewaltige Ländereien an sich brachten und sie ihrerseits an die einheimischen Iren verpachteten. In dieser Zeit wurden auch die "Penal Laws" eingeführt – Gesetze, durch die Katholiken

---

aufgrund wirtschaftlicher und religiöser Aspekte diskriminiert wurden. Der Wohlstand der neuen Grundbesitzer stand im harten Gegensatz zu dem ärmlichen Leben der einheimischen Iren.

9. Das Land – Opfer und Sieger: Die zentralen Themen des 19. Jahrhunderts waren die Katholikenemanzipation, die Aufhebung der Union von Großbritannien und Irland und die Landfrage. Der Anfang des Jahrhunderts wurde von den Aktivitäten des Freiheitskämpfers Daniel O'Connell geprägt (1775-1847), dem berühmtesten Sohn Kerrys. Die Große Hungersnot suchte das Land in der Mitte des Jahrhunderts heim und löste eine Massenauswanderung aus. Am Ende des Jahrhunderts kam es zu der langersehnten Landreform und einer Wiederbelebung der gaelischen Kultur.

10. Rebellen und Staatsmänner: Die Jahre 1900-1921 waren vom Kampf um die irische Unabhängigkeit gekennzeichnet. Der Aufstand von 1916 in Dublin war, obwohl militärisch ein Fehlschlag, Auslöser für den Unabhängigkeitskrieg (1919-1921). Der Krieg endete mit dem englisch-irischen Vertrag, durch den ein Freistaat mit 26 Grafschaften entstand, sechs Grafschaften im Nordosten verblieben jedoch zusammen mit Großbritannien im Vereinigten Königreich. Alle irischen Regierungen seit 1921 haben die Vertragsbedingungen anerkannt, waren und sind aber weiterhin um die Vereinigung Irlands mit friedlichen Mitteln bemüht. Im Jahre 1949 wurde der Staat mit 26 Grafschaften zur Republik erklärt, und 1972 trat Irland der EU bei.

11. Kerry heute: Das heutige Kerry hat sich viele Aspekte seiner Vergangenheit bewahrt. So wird beispielsweise die irische Sprache als Alltagssprache vor allem in Westkerry noch benutzt. Außerdem gibt es einen irischsprachigen Radiosender, den Raidio na Gaeltachta.

Öffnungszeiten: täglich, Mitte März-Ende Oktober 10-18 Uhr, August 10-19 Uhr, November und Dezember 14-17 Uhr, 24.-26.12. und Januar und Februar geschlossen. Tel.: 066 27777, Fax: 066 27444

■ **Blennerville Windmill**, 3 km südwestlich von Tralle an der Hauptstraße nach Dingle, N86. Die leuchtend weiß gekalkte Windmühle ist schon von weitem sichtbar. Sie ist im Guinness Buch der Rekorde als größte betriebsbereite Windmühle Irlands und Großbritanniens verzeichnet. Ende des 18. Jahrhunderts erbaut, wurde sie ca. 100 Jahre später wieder aufgegeben. Vor dem endgültigen Verfall rettete sie ein umfangreiches Restaurierungsprogramm, das der "Tralee Urban District Council" 1984-92 im Zuge von Arbeitsbeschaffungsmaßnahmen einrichtete. Neben der Windmühle wurde ein Besucherzentrum eingerichtet, dessen Besuch durchaus lohnt. Mittels Multimediashow und Ausstellung wird die Arbeitsweise der Windmühle gezeigt. Es werden auch Führungen durch die 5 Stockwerke der Mühle veranstaltet. Man kann sogar selbst Mehl mahlen. Das kleine Dörfchen Blennerville war im 19. Jahrhundert während der Großen Hungersnot (1845-48) Auswanderungshafen der Iren aus Kerry, die von hier aus die Reise nach Amerika ins Ungewisse antraten. Im Besucherzentrum wird dieses ebenfalls dokumentiert.

Blennerville Windmill

Öffnungszeiten: April-Oktober täglich 10-18

Uhr, Tel.: 066 21064, Fax: 06 27444. Eintritt: Erwachsene 2,75 Pfund, Studenten und Senioren 2,25 Pfund, Kinder 1,50 Pfund, Familien 7 Pfund

Tip
Gegenüber dem Besucherzentrum gibt es kunsthandwerkliche Werkstätten mit Verkaufsräumen, in denen man das eine oder andere schöne Stück erwerben kann.

Eisenbahnliebhaber können die wenigen Kilometer von Tralee her mit der historischen Eisenbahn fahren. Die Lokomotive stammt aus der historischen **Schmalspureisenbahn**, die 1891-1953 Tralee mit Dingle verband und schon damals ein Anziehungspunkt für Touristen war. Der 3 km lange Abschnitt Tralee-Blennerville wurde vor einiger Zeit restauriert und kann wieder befahren werden.

Fahrplan Mai-Oktober (Stand 1995)
Von Tralee, Ballyard Station: um 11, 12, 13, 14, 15, 16, 17 Uhr
Von Blennerville: um 10.30, 11.30, 12.30, 13.30, 14.30, 15,30, 16.30, 17.30 Uhr.
Die Züge verkehren täglich außer jeden 2. Montag des Monats. Während der Wintermonate fahren die Züge nur an bestimmten Tagen. Der Fahrpreis beträgt für Erwachsene 2,50 Pfund, für Studenten und Senioren 2 Pfund, für Kinder 1,50 Pfund und für Familien 6,50 Pfund. Auskunft erhält man unter Tel.: 066 28888, Fax: 066 27444. Bei der Fahrt mit der Dampflok erhält man eine Ermäßigung von 10 % beim Besuch der Blennerville Windmill sowie im Aqua Dome in Tralee.

▪ **Crag Cave**, bei Castleisland, 18 km östlich von Tralee, an der N 23, unweit nördlich des Kerry Airports. Falls man diese Strecke gewählt hat, lohnt sich ein Rundgang durch die als "eindruckvollste Tropfsteinhöhle Irlands" bezeichnete Höhle. Die Kalksteinhöhle wurde 1983 entdeckt. Es wird vermutet, daß sie über 1 Million Jahre alt ist. Im Besucherzentrum kann man sich bei einer Tasse Tee stärken und Souvenirs erstehen.
Öffnungzeiten: Mitte März-Ende Oktober, täglich 10-18 Uhr, im Juli und August 10-19 Uhr, Tel.: 066 41244, Fax: 066 42352. Eintritt: Erwachsene 3 Pfund, Studenten/Senioren 2,50 Pfund, Kinder 1,50 Pfund, Kinder unter 6 Jahren frei, Familien 8 Pfund. Führungen dauern ca. 30 Minuten. Noch längst sind nicht alle Höhlengänge entdeckt.

▪ **Castleisland** selbst ist ein kleiner Ort, der am Rande der Touristenströme friedlich vor sich hinlebt.

▪ **Ardfert**, 8 km nordwestlich von Tralee, wurde im 6. Jahrhundert durch den hl. Brendan (483-578), der unweit von hier in dem kleinen Küstenort Fenit geboren wurde, gegründet und entwickelte sich zu einem berühmten Bischofssitz. Die ältesten Teile der **Kathedrale** stammen aus dem 12. Jahrhundert, um 1250 wurde die Kirche, die bis dahin nur aus Hauptschiff und Chor bestand, vergrößert. Bemerkenswert sind das aus drei Lanzettbögen bestehende große Ostfenster und die schöne, aus neun grazilen Kleeblattbögen gebildete Arkade an der Südwand des Chors. Das südliche Querschiff und die Sakristei stammen aus dem 14. und 15. Jahrhundert. Im 17. Jahrhundert wurde das Querschiff erweitert und beherbergt heute eine umfassende Ausstellung sowie ein Modell der Kathedrale. Nordwestlich der Kirche steht die Ruine des Hauptschiffes von **Temple na Hoe**. Es ist ein

kleines romanisches Gotteshaus aus dem 12. Jahrhundert, an dessen Südfenster noch einige hübsche florale Verzierungen zu entdecken sind. **Temple na Griffin**, die nahegelegene zweite Kirchenruine, benannt nach den Greifenfiguren im Inneren, ist ein spätgotischer Bau aus dem 15. Jahrhundert.
Öffnungszeiten: April-Mitte September 9.30-18.30 Uhr, täglich Tel.: 066 34711. Eintritt: Erwachsene 1,50 Pfund, Senioren 1 Pfund, Kinder und Studenten 60 Pence, Familien 4 Pfund, Gruppen 1 Pfund pro Person.

◆ **Ardfert Abbey** ist eine 1253 gegründete Franziskanerabtei. Die Kirche der Abtei weist starke Ähnlichkeit mit der Kathedrale auf, nach deren Vorbild sie wohl gestaltet wurde. Kopien von der Kathedrale sind die neun Kleeblattfenster in der Südmauer. Besonders schön ist die Ostwand des Chors mit fünf Lanzettbögen. Im 15. Jahrhundert wurde ein südliches Querschiff angebaut, in dem sich mehrere kunstvoll gearbeitete Grabnischen befinden. Ebenfalls aus dem 15. Jahrhundert stammt der Kreuzgang, von dem noch zwei Seiten erhalten sind, sowie Reste eines ausgeklügelten Bewässerungssystem: Der Kreuzgang war mit Schindeln bedeckt, die das Regenwasser mitten in den Innenhof leiteten.

▦ In **Fenit**, einem kleinen Ort an der Küste, mag vor allem Kindern ein Besuch in der **Fenit Seaworld**, einem modernen Aquarium, gefallen. Öffnungszeiten: täglich ab 10 Uhr. Eintritt Erwachsene 3 Pfund, Kinder 1,50 Pfund, Familien 8,50 Pfund, Tel.: 066 36544

Restaurant
The Tankard Restaurant, Kilfenora, Fenit, Tel.: 066 36164/36349, Fax: 066 36516. Familienbetriebenes Restaurant mit schönen Ausblicken auf die See. Im Sommer mit Garten, täglich 18-22 Uhr, Bar-Food gibt es den ganzen Tag.

Nach den landschaftlichen Höhepunkten der fünf atlantischen Halbinseln in Cork und Kerry präsentiert sich der Norden der Grafschaft recht gleichförmig. Hier finden sich die schwarzgescheckten Kühe der europaweit bekannten Kerry Butter, die genüßlich auf den saftigen Wiesen grasen.

Zwischen den vor allem bei irischen Urlaubern beliebten Badeorten Ballyheige und Ballybunion lockt das klippenumsäumte Kerry Head. Die meisten Reisenden halten sich hier jedoch nicht lange auf, sondern fahren gleich weiter nach Limerick oder zum nächsten landschaftlichen Höhepunkt im County Clare.

▦ **Ballybunion**
Im Gegensatz zu **Ballyheige** touristisch stärker ausgebautes Seebad mit der üblichen touristischen Infrastruktur. Hier gibt es zwei Golfplätze, die direkt über dem Atlantik liegen und von Kennern sehr gerühmt werden. Allerdings sind die Gebühren hier teurer. Ballybunion hat ein buntes Nachtprogramm aufzuweisen. Es gibt zahlreiche Pubs, Spielhallen und Restaurants.

Jugendherberge/Hostel
● The Breakers, Cliff Road, Ballyheige, Tel.: 066 33242, ganzjährig geöffnet, ab 5,50 Pfund, 23 Betten, Familienzimmer, Camping ist auf dem Grundstück möglich.
● O'Flaherty's Hostel, East End, Ballybunion, Tel.: 068 27684, ganzjährig geöffnet, ab 6 Pfund, 11 Betten, Mahlzeiten, Fahrradverleih.

▓ Wählt man nicht die Küstenstraße, sondern fährt die N 69 in Richtung Norden, passiert man **Listowel**, eine Kleinstadt mit 4.000 Einwohnern, die nur in wenigen Reiseführern erwähnt wird. Es gibt einige Straßenzüge, eine Burgruine, ein Kino (Classic Cinema, Tel.: 068 22796) und verschiedene Pubs, die vor allem während der Festzeiten gerne und stark frequentiert werden. Regelmäßig wiederkehrend gibt es hier zwei Ereignisse:

◆ die Listowel Writers Week im Juni: Dichter und Schriftsteller aus ganz Irland zusammen kommen, um aus ihren Werken zu lesen. Erfinder des Literaten- und Poetentreffens ist der landesweit bekannte Dramatiker J.B. Keane, der nicht nur in Listowel lebt, sondern hier auch einen Pub in der William Street betreibt. Auskunft unter Tel.: 068 21799

◆ das Listowel Harvest Festival im September: Pferderennen, Erntedankfest, Heiratsmarkt, Auskunft erhält man unter Tel.: 068 21600

Tourist Information
Tel.: 068 22590, Mai bis September geöffnet

▓ **Tarbert**
ist ein relativ verschlafener Ort, an der N69, 1 km von der Shannon Autofähre entfernt. Fährboote verkehren von hier regelmäßig nach Killimer in der Grafschaft Clare. Die Überfahrt dauert nur 20 Minuten, erspart dem Reisenden jedoch eine Straßendistanz von rund 140 Kilometern. Dies ist vor allem für Radler interessant, es sei denn, sie wollen unbedingt die Orte am unteren Shannon besichtigen oder der Stadt Limerick einen Besuch abstatten.

Fähre
Über den Shannon setzt man mit der Killimer-Tarbert Fähre über, wenn man sich den Weg über Limerick ersparen will. Tel.: 065 53124. Stündliche Fähren am Tage.

Über viele Sehenswürdigkeiten verfügt der Ort nicht, interessant mag jedoch ein Besuch im **Tarbert Bridgewell Courthouse and Jail** sein, "a living experience of legal and social history in the 1830's". Das Museum veranschaulicht den Strafvollzug im vorigen Jahrhundert anhand von lebensgroßen Puppen aus Wachs. Öffnungszeiten: täglich April-Oktober 10-18 Uhr, Tel.: 068 36500.

4.4 DER WESTEN

Highlights

- Cliffs of Moher
- Burren
- Connemara
- Aran Islands
- County Mayo

4.4.1 ALLGEMEINER ÜBERBLICK

Irlands Westen ist ein vielbesuchtes Ferienland. Etliche Urlauber landen direkt auf dem Ferienflughafen Shannon. In der Grafschaft Limerick wird überwiegend Landwirtschaft betrieben. Es ist ein fruchtbares Gebiet. Getreidefelder säumen die Straßen, ein für Irland ungewöhnlicher Anblick. Der Shannon weitet sich zu einem Mündungsdelta, nachdem er die riesige Schleuse von Ardnacrusha passiert hat und als breiter Strom an der Hauptstadt Limerick vorbeizog.

Von Tarbert nach Killimer in Clare überquert eine Autofähre den Fluß. Clare ist ein interessantes Land am Meer. Es reicht von der steinigen Einsamkeit des Burren Country über die von Touristen belagerten Cliffs of Moher bis zu den bizarren Felsformationen der Küste zwischen dem freundlichen kleinen Badeort Kilkee und dem Loop Head. Lahinch, nahe den Klippen von Moher, ist unter Golfspielern berühmt. Landeinwärts liegen die Hauptstadt Ennis, der Shannon Airport und die weiten Wasserflächen des Shannon mit seinen Seen. Das felsige karge Hochplateau des Burren südlich von Galway bietet eine faszinierende Landschaft mit unterirdischen Gängen und Höhlen. Am schönsten ist diese Gegend sicherlich im Frühjahr, wenn zwischen den Felsen bunte Blumen blühen und den Anschein erwecken, als sei das Gebiet fruchtbar.

Die Grafschaft Galway wird vom Lough Corrib in zwei sehr unterschiedliche Gebiete geteilt. Ganz im Süden der Grafschaft findet der an irischer Literatur Interessierte den Turm von William Butler Yeats (Thoor Ballylee) und den Park der Lady Gregory (Coole). Die gleichnamige Hauptstadt der Grafschaft ist eine lebhafte Stadt. Von dort aus kann man Connemara erobern, ein Gebiet, welches man am besten erwandern oder per Fahrrad erkunden sollte. Östlich liegen fruchtbare Ebenen, westlich findet der Reisende Bergketten, auch kahle, einzeln stehende Berge. Die Täler umschließen oft dunkle Seen. Dies Zusammentreffen von Gewässern, Höhen, felsenreicher Atlantikküste und Sandstränden macht Connemara zu einer der schönsten Landschaften Irlands. Sehr empfehlenswert ist ein Ausflug auf die Aran Inseln. Mit dem eindrucksvollen Dun Aengus Fort und zahlreichen weiteren Sehenswürdigkeiten sind sie mit Flugzeug oder Boot von Galway, Doolin und Rossaveal aus zu erreichen.

Die sich nördlich anschließende Grafschaft Mayo ist eine großartige, aber weniger bekannte Moor- und Berglandschaft. Auch hier wechseln an den Küsten felsige Ufer mit Klippen und Sandstränden. Hauptort der Grafschaft ist das eher un-

Redaktions-Tips

- die archäologischen Stätten von Dysert o'Dea besichtigen
- die Cliffs of Moher aufsuchen
- die "Mondlandschaft" Burren erleben
- durch die Straßen und Kneipen Galways bummeln
- Wandern oder Fahrradfahren in Connemara
- Wandern im Connemara National Park
- in Louisburgh das Grace O'Malley Museum besichtigen
- am Silver Strand die Seele baumeln lassen
- den Croagh Patrick besteigen
- Achill Island umrunden
- die Céide Fields besichtigen
- ein Algenbad bei Kilcullen's nehmen
- Übernachten im Carnelly House, Clarecastle, Co. Clare, im Moycullen House, Moycullen oder in der Delphi Lodge, Leenane, beide Co. Galway, oder in Enniscoe, Castlehill, Ballina, Co. Mayo.

scheinbare Castlebar. Irlands heiliger Berg, der Croagh Patrick, erhebt sich über der Küste der Clew Bay nahe der kleinen Stadt Westport. Die Achill Island ist durch eine Brücke mit dem Festland verbunden. Berge, Klippen und Sandstrände von großer Mannigfaltigkeit machen das Gebiet zu einem bevorzugten Feriengebiet. Die Céide Cliffs ganz im Norden sind den Cliffs of Moher in Clare ebenbürtig, der Nephin Beg ähnelt den einzeln sich erhebenen Bergen von Connemara. Nicht versäumen sollte man einen Besuch in den Céide Fields, dem größten archäologischen Freilichtmuseum Europas, wenn nicht gar der ganzen Welt. Im Süden hat sich Knock als Stätte einer Marienerscheinung zu einem bedeutenden Wallfahrtsort entwickelt.

Tip
Wer es mag ... Shannon Medieval Castle Banquets and Traditional Irish Nights

Die Burgen Bunratty, Knappoque und Dunguaire – einst die noblen Sitze ihrer Grafen – wurden authentisch restauriert, so daß in ihnen heute mittelalterliche Bankette abgehalten werden. Jedes Bankett hat einen anderen Charakter. In Bunratty trifft man auf den Earl of Thomond, in Knappoque die irischen Frauenheldinnen, in Dunguaire Castle Literaten, wie Shaw, Synge und O'Casey.

Auch bei den Traditional Irish Nights, die im Bunratty Folk Park stattfinden, kann man die traditionelle Musik, das irische Essen und irischen Tanz kennenlernen.

Reservation und Auskunft: bei jeder Tourist Information oder bei: Shannon Medieval Castle Banquet, Shannon, Tel.: 061 360788

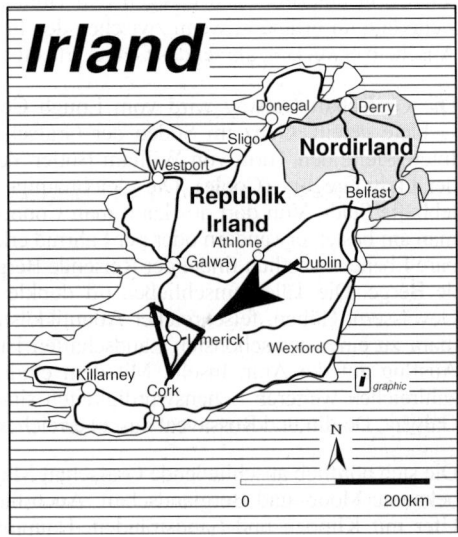

4.4.2 STRECKENFÜHRUNG UND ZEITEINTEILUNG

Für die Besichtigung von Irlands Westen ist mit mindestens einer Woche zu rechnen. Einen Besuch auf den Aran Inseln sollte man nicht auslassen. Ob man nun von Doolin aus dorthin fährt oder aber von Galway aus, bleibt der individuellen Routenplanung überlassen. Die Fahrt durch Connemara ist ebenfalls im Eiltempo nicht möglich. Eine Wanderung im Nationalpark ist sehr lohnend, ebenso die Besteigung des Croagh Patricks. Für die Weiterfahrt nach Sligo durchquert man die Grafschaft Mayo und hat die Wahl zwischen der streckenmäßig längeren Küstenstraße und der kürzeren Route über Castlebar.

4.4.3 LIMERICK UND UMGEBUNG

4.4.3.1 Allgemeiner Überblick

Limerick (gael. Luimneach) gab dem berühmten 5-zeiligen Spottvers seinen Namen. Deshalb ist der Name der Stadt im Ausland zwar bekannt, weniger hingegen die Stadt. Die Stadt hat rund 110.000 Einwohner. Limerick ist nicht besonders schön, jedoch ein wichtiges Industriezentrum des Umlandes, das über große Betriebe im Bereich der Elektronik, Medizintechnik und Optik verfügt. Durch den zollfreien Shannon-Flughafen erlangte die Stadt einen enormen wirtschaftlichen Aufschwung. Er verliehr ihr die touristische Bedeutung als "Tor zum Westen". Arbeitslosigkeit und wirtschaftliche Not haben dennoch ihre Spuren hinterlassen. Häufig sieht man heruntergekommene Häuserfassaden, der Lebensstandard ist relativ niedrig. Enorme Anstrengungen wurden und werden unternommen, um den Tourismus in dieser Gegend zu fördern. Das moderne Tourist Information Centre in Limerick gibt davon Zeugnis. Die Zielgruppe dieser Region sind vor allem amerikanische Pauschalurlauber, die ein detailliertes touristisches Angebot lieben. Aber auch für Individualreisende lohnt es sich durchaus, der Stadt Limerick einen Besuch abzustatten, den nahegelegenen Lough Gur aufzusuchen oder abends an einem mittelalterlichen Bankett teilzunehmen.

4.4.3.2 Reisepraktische Hinweise

Information
- Tourist Information, Arthur's Quay, Tel.: 061 317522, Fax: : 061 317939, ganzjährig geöffnet.
- Eine weitere Tourist Information befindet sich im Shannon Airport, Tel.: 061 471664 oder 061 471565

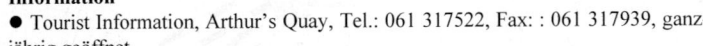

Hotel/B&B
In Limerick gibt es zahlreiche Unterkünfte, vor allem an der Ennis Road, der Ausfallstraße zum Flughafen.
- Limerick Ryan Hotel, Ardhu House, Ennis Road, Tel.: 061 453922, Fax: 061 326333. 2 km vom Stadtzentrum an der Ausfallstraße zum Flughafen. Stattliches 3-Sterne-Hotel mit 180 Zimmern und angenehmem Restaurant. Mittlere Preisklasse.

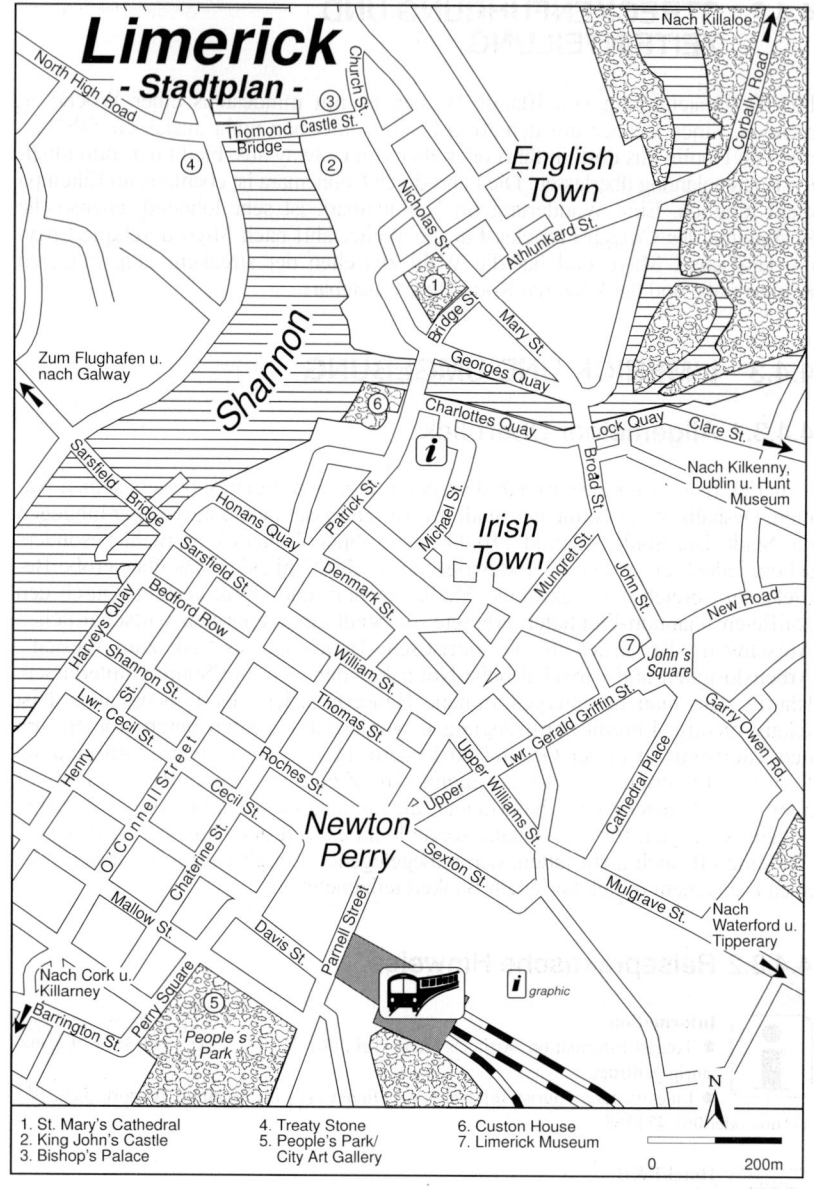

1. St. Mary's Cathedral
2. King John's Castle
3. Bishop's Palace
4. Treaty Stone
5. People's Park/
   City Art Gallery
6. Custon House
7. Limerick Museum

368

● Hanratty's Hotel, 5 Glentworth Street, Limerick, Tel.: 061 410999, Fax: 061 411077. Limericks ältestes Hotel (1796 erbaut) liegt im Stadtzentrum. Alle 22 Zimmer sind en suite ausgestattet, in der Bar gibt es an vielen Abenden Musik. Mittlere Preisklasse.
● Alexandra Guest House, O'Connell Avenue, Limerick, Tel.: 061 318472. Unweit von Stadtzentrum und Bahnhof gelegenes, nettes und preisgünstiges Gästehaus. 10 Zimmer, sechs davon sind mit Bad ausgestattet.

Jugendherberge/Hostels
● Limerick Holiday Hostel, Barringtons Lodge, Georges Quay, Tel.: 061 415222. Bietet Unterkunft ab 6,50 Pfund in Mehrbett-, Doppel- und Familienzimmern. Ganzjährig 24 Stunden geöffnet.
● Clyde House, St. Alphonsus Street, Limerick, Tel.: 061 314727 Fax.061 314234

Unterhaltung
● Belltable Arts Centre, 69 O'Connell Street, Tel.: 061 319866. Hier finden Theateraufführungen verschiedener Truppen sowie Kunstausstellungen statt.
● Theatre Royal, Upper Cecil Stret, Tel.: 061 414224 oder 088 547025. Das Theatre Royal bietet Live Musik und verschiedene Unterhaltung. Hier spielen Bands.
● Savoy Cinema, Bedford Road, Tel.: 061 311900. Im Kinokomplex sind fünf einzelne Kinos untergebracht.
● University Concert Hall, Tel.: 061 331549 Fax.331585. Irlands größte Konzerthalle liegt auf dem Universitätscampus.

Hunderennen
Market's Field, jeweils Mo und Sa ab 20 Uhr, Tel.: 061 417808

Golf
In der Umgebung von Limerick gibt es 11 Golfplätze. Hier die Telefonnummmern der bekanntesten Clubs:
● Limerick County Golf & Country Club, Ballyneety, Co. Limerick, 061 351881
● Newcastle West Golf Club, Ardagh, 069 76500
● Limmerick Golf Club, Ballyclough, 061 414083
● Castleroy Golf Club, Castleroy, 061 335753
● Adare manor Golf Club, Limerick Road, Adare, 396204
● Ballykisteen Golf & Country Club, Limerick Junction, 062 51439

Einkaufen
● The Sweater Shop, Patrick Street, Tel.: 061 418022. The Sweater Shop bietet ein riesiges Sortiment an Strickwaren, beispielsweise Pullover, Jacken und Schals.
● The Celtic Bookshop, 2 Rutland Street, Limerick, Tel.: 061 401155, Fax: 061 340600. Hier kann man vorwiegend Bücher über Irland erwerben.
● O'Mahony's, O'Connell Street, Tel.: 061 418155. Großer Buchladen mit riesiger Auswahl.
● Arthur's Quay Centre: riesiges Einkaufszentrum mit 30 Geschäften, Parkhaus, Supermarkt etc.
● Avoca Handweavers, Bunratty, Tel.: 061 364029. Bekannter Fabrikant wunderschöner Web- und Strickwaren.

Verkehrsverbindungen
In alle Landesteile per Bus oder Bahn. Die Bahnfahrt nach Dublin dauert 3 Stunden. 24-Stunden-Informationsservice, Tel.: 061 319911. Flughafenbusse verkehren mehrmals in der Stunde zwischen 7 und 23 Uhr vom Busbahnhof.

Bahnhof

Parnell Street, Tel.: 061 315555. Die Bahn bietet verschiedene Vergünstigungen an ("Saver Fares"), an bestimmten Tagen und bei bestimmten Zügen kann man recht günstige Angebote wahrnehmen. Preisbeispiel: Limerick - Dublin (14 Pfund hin und zurück), Limerick - Cork (10 Pfund hin und zurück). Siehe auch A-Z.

Busbahnhof

Parnell Street, Tel.: 061 313333

Flughafen

Internationaler Flughafen Shannon Airport, 16 km nordwestlich an der N 18, Tel.: 061 61444

Sightseeing

Gray Line (Limerick Tourism, Arthurs Quay, Tel.: 061 413088 oder 416099) sowie Bus Eireann (Tel.: 061 313333, Colbert Station, Parnell Square) veranstalten Tages- und Halbtagesausflugstouren in die Umgebung. Preisbeispiel: Tagestour nach Galway und Connemara, 25 Pfund, einschließlich Eintrittsgelder für Besichtigungen.

Fahrradverleih

Emerald Cycles, 1 Patrick Street, Tel.: 061 416983, Fax: 061 416983 (One-Way Ausleihen ist möglich, Fahrräder werden auch zum Flughafen, Hotel oder zum B&B gebracht bzw. dort abgeholt)

● McMahons Cycleworld, 25 Roches Street, Tel.: 061 415202, Fax: 061 415202, nach Geschäftsschluß Tel.: 061 341353. Cycleworld hat Depots in ganz Irland, die Fahrräder werden auf Wunsch auch zum Flughafen gebracht oder dort abgeholt. Auch One Way-Ausleihen möglich.

● The Bike Shop, O'Connell Avenue, Tel.: 061 315900, Donnerstag geschlossen

Restaurants

● The Silver Plate, 116 O'Connell Street, Tel.: 061 316311. Angenehmes Restaurant mit moderaten Preisen. Mo bis Sa 18-23 Uhr. So, Mo, Bank Holidays und Weihnachten geschlossen.

● Freddy's Restaurant, Theatre Lane, Lower Glentworth Street, Tel.: 061 418749. Das Restaurant bietet eine gemütliche Atmosphäre und traditionelle irische Küche mit italienischem Einschlag. Di bis So 17.30-21 Uhr geöffnet. Mittlere Preisklasse.

Pubs, in denen Livemusik gespielt wird: (Beginn meist ab 21.30 Uhr)

● Bell Tavern, 11 Broad Street, Tel.: 061 413083, Sa und So, ganzjährig
● Boxwells, 15 Patrick Street, Tel.: 061 314226, So, Juni-Oktober
● The Gate Bar, 9/10 Lock Quay, Tel.: 061 411423, Do während der Saison.

● Dolan's, 4 Dock Road, Tel.: 314483, ganzjährig, jeden Abend
● Hanratty's Pub, 5 Glentworth St, Tel.: 061 410999, ganzjährig, Mi und Sa.
● Kate Daly's Bar, 12 Castle Street, Tel.: 061 314477, Di, Do und Sa während der Saison.
● Paddy Hogan's, 20-24 Old Clare Street, Tel.: 061 411279, Di ganzjährig.
● The Locke Bar, 3 Georges Quay, Tel.: 061 413733, Mo-Mi während der Saison.
● The Sallyport, New Road, Johnsgate, Tel.: 061 417550, Di, Do ganzjährig.

Autoverleih

Thrifty, Ennis Road, Limerick, Tel.: 061 453049, Vertretungen gibt es auch an den Flughäfen in Shannon, Dublin und Cork sowie in der Duke Street, Dublin 2.

4.4.3.3 Geschichtlicher Überblick

An der trichterförmigen, tief ins Land hineinreichenden Mündung des Shannon gelegen, wurde Limerick, wie die meisten irischen Hafenstädte, von den Wikingern gegründet (9. Jh.). 1100 machte sie Brian Boru, als dieser die Oberherrschaft über Munster antrat, zu seiner Hauptstadt, und bis zur Eroberung durch die Normannen blieb sie in der Hand der O'Brians. Normannen errichteten Stadtmauern und Burgen und bauten eine Brücke über den Shannon. Die Anglo-Normannen hielten die Stadt, von einigen Unterbrechungen abgesehen, bis zur Besetzung durch die konföderierten Katholiken 1642 in Besitz. 1651 wurde Limerick von Cromwell erobert. Die berühmteste Belagerung erfolgte 1690/91. Als letztes katholisches Bollwerk gegen William of Orange hielt die Stadt fast zwei Jahre lang der Übermacht von Williams Truppen stand, ehe sie sich am 3. Oktober 1691 ergeben mußte. Den Iren wurde ein Vertrag aufgezwungen, der ihnen zwar minimale Rechte einräumte, aber von den Protestanten letztlich doch nicht eingehalten wurde. Viele irische Familien verließen daraufhin das Land. Heute gelten die Limericker als besonders fromme Katholiken.

Das alte Stadtzentrum besteht aus drei Teilen. In der English Town nördlich zwischen dem Zusammenfluß von Abbey River und Shannon stehen die ältesten Häuser der Stadt mit kleinen und engen Straßen aus dem Mittelalter. Hier errichtete um 1200 King John eine mächtige Burg. Irish Town südlich des Abbey River entwickelte sich im 13. Jh., wurde jedoch erst unter Edward II. im frühen 14. Jh. in die Stadtmauern miteinbezogen. Noch weiter südlich liegt der heutige Stadtteil Newton Pery, der im 18. Jh. planmäßig angelegt wurde.

INFO

Der Limerick

"There was a young Lady from Riga
Who rode with a smile on a tiger.
They returned from the ride
With the lady inside
And the smile on the face of the tiger."

(Rudyard Kipling)

Berühmt wurde diese bereits über 200 Jahre alte Versform nicht durch einen Iren, sondern durch den Engländer Edward Lear (1812-1888), der 1846 sein "Book of Nonsense" mit 112 Kinderversen, eben jenen Limericks, veröffentlichte und ihnen damit zu großer Popularität verhalf.

Das Schema ist bei allen Limericks stets dasselbe: Kindlers Literaturlexikon erklärt folgendermaßen: Die ersten beiden daktylischen Zeilen führen die Person in die Handlung ein, wobei das Reimwort der ersten Zeile meist aus einem Ortsnamen besteht. Die Person wird in einer bestimmten Situation gezeigt. Die beiden folgenden anapästischen Kurzzeilen wenden die Ausgangssituation ins Absurde. Die letzte Langzeile gibt die Pointe des Verses oder eine Variation des Anfangs und verleiht dem Gedicht so seine geschlossene Form.

4.4.3.4 Sehenswertes in der Innenstadt

▓ Die Hauptsehenswürdigkeiten von Limerick liegen in der English Town. Die protestantische **St. Mary's Cathedral** ₁ nahe der Matthew Bridge, wurde im letzten Drittel des 12. Jahrhunderts von Donald Mór O'Brian, dem letzten König von Munster, erbaut und enthält kostbare Antiquitäten. Die über kreuzförmigem Grundriß angelegte spätromanische Kirche erfuhr im Laufe der Jahrhunderte viele Veränderungen. Aus dem 12. Jahrhundert datieren nur noch Teile des Hauptschiffs, der Quer- und Seitenschiffe sowie des Westportals. Der jetzige Chor sowie die Kapellen der Seitenschiffe und des südlichen Querschiffs entstanden im 15. Jahrhundert. Auch die Fenster gehören der Spätgotik an. Während der letzten 150 Jahre wurden die Kirche und der 36,5 Meter hohe, mit Zinnen versehene Westturm mehrmals restauriert. Interessantestes und kostbarstes Detail der Kirche ist das prächtige Chorgestühl aus Eichenholz. Es wurde um 1489 geschnitzt und ist in seiner Art einzigartig in Irland. Die 23 Miserikordien zeigen eine kunstvolle Vielfalt an Tier- und Menschendarstellungen.

Vom Glockenturm hat man eine wunderschöne Aussicht über die Stadt.

Öffnungszeiten: Mo-Sa Juni-September 9-13 Uhr und 14.30-17 Uhr, Oktober-Mai 9-13 Uhr, Gottesdienste am Sonntag. Auskunft über die Kathedrale erhält man unter Tel.: 061 416238

Während der Saison (Mitte Juni bis Mitte September) findet Mo-Fr um 21.15 Uhr in der Kirche eine Lichtbildshow statt, die sogenannte "Sun et Lumiere", die dem Besucher die Geschichte der Stadt und der Kathedrale erläutert. Buchungen sind nicht erforderlich. Auskunft erteilt Mrs Noreen Ellerker, Tel.: 061 310293

▓ **King John's Castle** ₂ , Castle Parade/Nicholas Street

Die Burg wurde von den Normannen erbaut, um den Verkehr auf dem Shannon zu kontrollieren, 1202 wurde sie für König Johann Ohneland vollendet. Ursprünglich hatte sie vier Rundtürme, von denen einer als Bastion umgebildet wurde. Nach langen Zeiten kriegerischer Belagerung diente die Burg im 18. Jahrhundert als Kaserne.

Am schönsten ist der Anblick von der gegenüberliegenden Flußseite aus. Anstelle der früheren Zugbrücke gibt es heute Eingangsstufen. Ende der 80er Jahre unseres Jahrhunderts begann man mit einem umfassenden Restaurierungsprogramm des Castle: 1988-90 wurden die unschönen Häuser, die im Hof der Burg standen, entfernt. Ausgrabungen auf dem Gelände brachten die Fundamente von drei mittelalterlichen Gebäuden hervor. Man betritt die Burg jetzt durch das 1991 eröffnete Interpretive Centre, eine moderne Glas- und Stahlkonstruktion, in der 800 Jahre Stadtgeschichte anschaulich mit Bild und Ton dargestellt werden. Im Museum kann man auch die bei Ausgrabungen freigelegten wikingischen Überreste besichtigen. Zu bestaunen sind weiterhin Nachbildungen von Kriegsmaschinen aus der Zeit vor der Erfindung des Schießpulvers und der Kanonen. Ein Rundgang über die Festungsmauern lohnt sich wegen der schönen Ausblicke auf die Stadt.

Öffnungszeiten: werktags von Mitte April-Oktober 9.30-17.30, Sa und So ganzjährig von 12-17.30, im Sommer erweiterte Einlaßzeiten, Tel.: 061 411201

▓ Auf der anderen Seite der Castle Street steht der **Bishop's Palace** ₃ , der zwischen 1661-1784 als Residenz des Bischofs von Limerick diente. In dem 1990 restaurierten Gebäude befindet sich heute die Verwaltung.

▓ Die Thomond Bridge ersetzte 1840 die erste Steinbrücke, die hier 1210 über den Fluß gebaut wurde. Auf der anderen Flußseite steht auf einem kleinen Podest ein Kalksteinblock, der sogenannte **Treaty Stone** 4, auf dem ein nie erfüllter Vertrag unterzeichnet worden sein soll: 1691 ergab sich Sarsfield, der letzte Kommandeur des Bürgerkrieges, den Oraniern. Der von ihm ausgehandelte Vertrag hätte, wäre er denn eingehalten worden, seinen Glaubensbrüdern freie Religionsausübung und andere Rechte verschafft. Von dieser Episode her stammt Limericks Beiname als "Stadt des gebrochenen Vertrages".

▓ Am Shannon entlang gelangt man zur **Sarsfield Bridge**, einer 1824-35 erbauten Nachbildung der Pont Neuilly in Paris. Über Sarsfield Street gelangt man in den Stadtteil Newton Pery.

▓ In **Newton Pery**, benannt nach Edmond Sexton Pery (1719-1806), dem Gründer dieses georgianischen Stadtteils und Sprecher im irischen Parlament, befinden sich die Hauptgeschäftsstraßen und die großen Hotels. Das Straßennetz ist schachbrettartig angelegt. Von der georgianischen Atmosphäre ist durch Modernisierung viel verloren gegangen. In der Mallow Street kann man allerdings noch einige schöne Häuser aus dem 18. Jahrhundert bewundern. Für einen Einkaufsbummel sind die Roches Street, die O'Connell Street oder die Fußgängerzone der Cruises Street zu empfehlen.

Im People's Park befinden sich die Bibliothek und die Kunstgalerie der Stadt.

▓ Die **City Art Gallery** 5 am Pery Square, untergebracht in einem 1906 nach Plänen von Georg Sheridan errichteten Gebäude, zeigt vor allem zeitgenössische irische Künstler sowie Sonderausstellungen. Öffnungszeiten: Mo-Sa 10-13 Uhr, Mo-Fr 14-18 Uhr, Do 10-13 Uhr, 14-19 Uhr, Tel.: 061 310633

In der **Irish Town** befindet sich das Rathaus, das schön renovierte Custom House und die Tourist Information.

▓ Das **Custom House** 6 wurde sachkundig renoviert. Es steht an der Stelle, wo der Shannon und der Abbey River zusammentreffen. Das Gebäude wurde von dem Italiener Daviso de Arcort (Davis Ducart) im palladianischen Stil entworfen und zwischen 1765-1769 erbaut.

▓ An dem hübschen, an einer Seite offenen St. John's Square im Osten der Irish Town errichtete der reiche Landadel Mitte des 18. Jahrhunderts seine Stadtdomizile. Haus Nr. 1 und 2 beherbergen heute das **Limerick Museum** 7, auch Public Museum genannt. Das Stadtmuseum zeigt Exponate zur Geschichte der Stadt sowie archäologische Funde, u.a. Funde vom Lough Gur, dem 20 km entfernt gelegenen See. Weiterhin gibt es eine beeindruckende Sammlung an Exponaten aus der Wikingerzeit. Historische Landkarten dokumentieren die Stadtentwicklung. Das Museum ist in einem schönen georgianischen Haus von 1751 untergebracht. Öffnungszeiten: dienstags bis samstags 10-13 Uhr und 14-17 Uhr, Tel.: 061 417826

▓ Südlich des Platzes steht eine im neogotischen Stil erbaute katholische Kirche, **St. John's Cathedral**.

■ **Hunt Museum**, Foundation Building, Universität, 1. National Institute for Higher Education, Plassey House, Castletroy, 4 km östlich von Limerick an der N 7.

Für archäologisch Interessierte sei ein Besuch in diesem Museum empfohlen. Der Kunsthistoriker John Hunt, Initiator des Craggaunowen Projekts (siehe Kap. 4.4.4), vermachte seine Sammlung mit über 1.000 Exponaten dem irischen Volk. Die Ausstellung umfaßt bronzezeitliche Funde, frühchristliches Metallhandwerk, mittelalterliche Kruzifixe und irisches Silber des 18. Jahrhunderts. Nach dem Nationalmuseum in Dublin besitzt das Hunt Museum die bedeutendste Sammlung mittelalterlicher Kunst in Irland.

Öffnungszeiten: ganzjährig, Mo-Sa 10-17 Uhr, Tel.: 061 333644

4.4.3.5 Sehenswertes in der Umgebung

Entfernungen von Limerick

Ennis 37 km	Derry 347 km
Shannon Airport 21 km	Dublin 200 km
The Burren 56 km	Galway 104 km
Tralee 101 km	Killarney 108 km
Belfast 334 km	Waterford 126 km
Cork 100 km	

■ **Adare**, 16 km südwestlich von Limerick

Das 700 Einwohner zählende Dorf wird in vielen Reiseführern als schönstes Dorf Irlands gepriesen, lohnt sich aber für einen Zwischenstop kaum. Es wurde vom Earl of Dunraven planmäßig angelegt und wirkt auch heute noch fast künstlich. Der Ort ist hoffnungslos überlaufen, obwohl er im Grunde nichts typisch Irisches aufzuweisen hat: Es gibt eine lange Straße, an deren Seiten schmucke Cottages aufgereiht sind.

In dem pompösen Heritage Centre kann man sich über die Geschichte des Ortes informieren. Die malerischen strohgedeckten Cottages entsprechen dem Traum eines britischen Landlords vom sauberen irischen Landleben. Sie wurden ca. 1828 erbaut. Sehenswert ist Adare Manor, zwei Jahrhunderte lang Sitz der Earls of Dunraven, heute ein Luxushotel. Es wurde 1720-30 von Valentine Quin, dem Großvater des 1. Earl of Dunraven, erbaut. 1832 begann der 2. Earl daneben ein zweites Gebäude, zunächst nach eigenen architektonischen Entwürfen, dann unter der Leitung des irischen Architekten John Pain, einem Schüler John Nashs. 1876 wurde schließlich der Bau von J.W. Pugin vollendet. Es entstand eine eigenartige Mischung aus Tudor-Stil mit neogotischen und viktorianischen Elementen.

Schmuckes Cottage

Adare hat zwei Kirchen vorzuweisen: die Trinitarian Abbey wurde 1230 für die "Trinitarian Canons of the Order of the Redemption of Captives" gebaut, die einzige Kirche dieses Ordens in Irland, und die Augustinian Priory, die 1315 von John Fitzgerald gebaut wurde. Im Zuge des Niedergangs des Klosterwesens verwahrlost, wurde sie 1807 vom Earl of Dunraven wieder aufgebaut. Weiterhin gibt es die Ruinen der Franciscan Friary von 1464, die bereits 1646 von Regierungstruppen niedergebrannt wurde.

Tourist Information
im Heritage Centre: Tel.: 061 396255, März bis Oktober geöffnet.
Im **Heritage Centre** kann man sich über die Geschichte des Ortes mittels Schautafeln und einer hochmodernen Audiovisionshow informieren. Öffnungszeiten: täglich 9-18 Uhr, Eintritt: Erwachsene 2 Pfund, Kinder 1 Pfund, Studenten/Senioren 1 Pfund, Familien 6 Pfund, Tel.: 061 396666, Fax: 061 396932
Das Heritage Centre vermittelt auch Rundgänge durch den Ort jeweils um 11.30 Uhr und 14.30 Uhr (Unkostenbeitrag pro Person: 2,50 Pfund) sowie traditionelle irische Abende (Mittwoch, Donnerstag und Freitag, Eintritt 3 Pfund)

Hotel/B&B
● Adare Manor, Adare, Co Limerick, Tel.: 061 396566, Fax: 061 396069. In diesem Neo-Tudor-Schloß, das von einem riesigen Park umgeben ist, wurde ein 5-Sterne-Luxushotel eingerichtet. Auf dem Grundstück gibt es einen 18-Loch-Golfplatz und andere Freizeiteinrichtungen. Gehobene Preisklasse.
● Dunraven Arms Hotel, Adare, Co. Limerick, Tel.: 061 396633, Fax: 061 396541. Das 4-Sterne-Gästehaus der gehobenen Preisklasse hat 45 gediegen ausgestattete Zimmer und ein preisgekröntes Restaurant. Das Hotel ist vor allem bei Jagdreitern und Golfern beliebt.
● Hollywood Country House, Croagh, Adare, Co. Limerick, Tel.: 061 396237, Fax: 061 396756. Das Farmhaus ist über 300 Jahre alt und liegt in einem großen Park. Die sechs Gästezimmer sind sehr ruhig und nett eingerichtet. Mittlere Preisklasse.

Reiten
Das Clonshire Equestrian Centre verfügt über 48 Hektar privates Land. Berühmt sind die Fuchsjagden, die hier durchgeführt werden. Auskunft erteilt Mrs. Sue Foley, Tel.: 061 396770.

Restaurants
● The Restaurant, Adare Manor, Adare, Tel.: 061 396566, Fax: 061 396124. Vom eleganten Speisesaal hat man einen herrlichen Blick auf den Maigue und die Gärten. Gehobene Preisklasse.
● Mustard Seed, Adare, Co. Limerick, Tel.: 061 396451. Sonntags und montags geschlossen, mittlere bis gehobene Preisklasse, Vorausbuchung empfehlenswert, verschiedene kleine gemütliche Räume mit ganz persönlichem Charme, Buchung empfehlenswert.
● The Inn Between, Adare, Tel.: 061 396633, Fax: 061 396541. Rohrgedecktes Cottage, anheimelnde Atmosphäre, wohlschmeckende Speisen, 12.30-14.30 Uhr (8-13 Pfund) und 18.30-21.30 Uhr (15-20 Pfund), montags und dienstags geschlossen.

▓ **Lough Gur**, 20 km südlich von Limerick
An den landschaftlich wunderschönen Ufern des hufeisenförmigen Lough Gur stand einst ein neolithisches Zentrum. Dieses erklärt die einzigartig dichte Ansammlung steinzeitlicher Überreste, wie Monolithen, Steinkreise, Gräber, Cairns und Crannógs. Tausende von Objekten aus der Steinzeit wurden ausgegraben, von

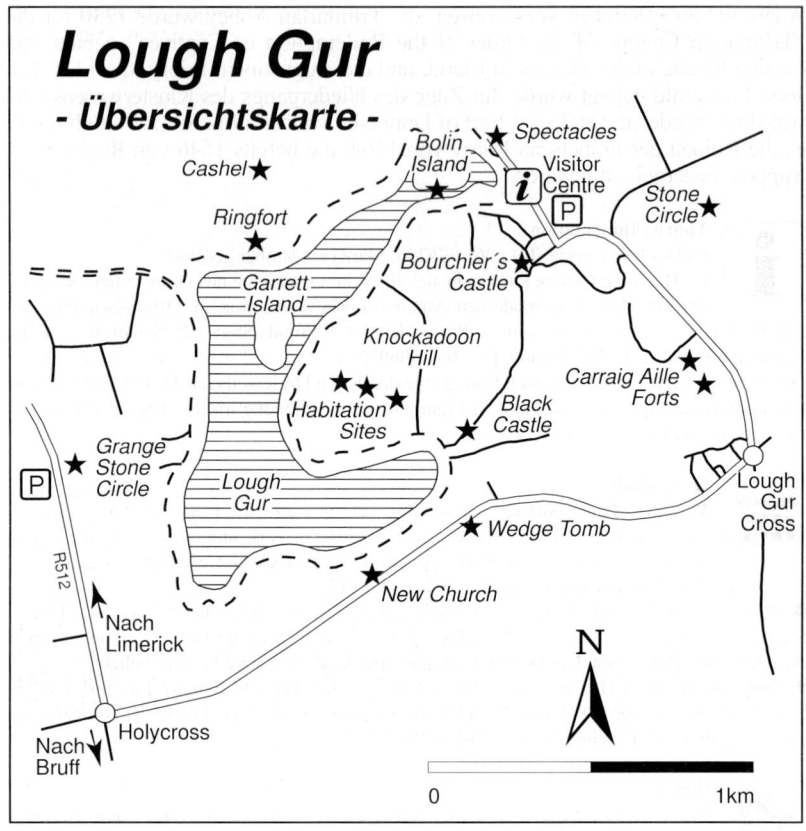

Lough Gur
- *Übersichtskarte* -

denen etliche in dem kleinen Museum ausgestellt sind. Außerdem kann man hier Modelle von Grabkammern und Steinkreisen sehen sowie Waffen, Werkzeuge und prähistorische Töpferarbeiten. Neben Ausstellungsobjekten gibt das vom Limerick County Council errichtete "Lough Gur Interpretive Centre" mit Hilfe audiovisioneller Medien einen guten Überblick über die Geschichte des Lough Gur von der Steinzeit bis heute. Die Lebensumstände der damaligen Besucher werden verdeutlicht. Der Besucher erhält einen lebendigen Einblick in das Alltagsleben der Steinzeitmenschen.

Öffnungszeiten: täglich Mai-September 10-18 Uhr, Auskunft erteilt die Shannon Heritage Ltd., Tel.: 061 361511

Nachfolgend die wichtigsten und am leichtesten zugänglichen Objekte:

1. Am Nordostufer liegen die Fundamente zweier frühchristlicher Behausungen, die vermutlich aus dem 9. Jahrhundert stammen. Hier wurden etliche Tierknochen ausgegraben. Sie liegen so nahe nebeneinander, daß sie "spectacles" (Brille) genannt werden.

2. Bolin Island ist eine von Menschenhand aufgeschüttete Insel, die ca. 500 bis 1000 aus Verteidigungsgründen geschaffen wurde. Solche künstlichen Inseln wurden Crannógs genannt (Crann, gael., Tree). Die Insel ist mittlerweile durch die Verlandung des Sees verschwunden.

3. Wedge Tomb: Das Gemeinschaftsgrab wurde von jenen Menschen errichtet, die unweit des Sees um 2500 v.Chr. lebten. Als das Grab 1938 ausgegraben wurde, fand man die Knochen von 8 Erwachsenen und 4 Kindern. Die großen Steine, die Megalithen, waren ursprünglich von kleineren Steinen bedeckt.
4. New Church: Die Earls of Desmond bauten diese kleine Privatkirche im 15. Jahrhundert auf ihrem Grundstück. Im 17. Jahrhundert zur Ruine verfallen, wurde sie restauriert und erhielt den Namen New Church.
5. Grange Stone Circle: Dieser Steinkreis ist mit 47,5 Metern der größte und schönste in Irland. Er wurde ca. 2000 v.Chr. während der Bronzezeit errichtet. Bis zu 2,8 Meter hohe, aufrecht stehende Steine bilden einen Durchmesser von 45 Metern. Das imposanteste Monument liegt an der R 512 in Richtung Limerick hinter dem Ort Holycross. Bei Ausgrabungen fand man Keramik der späten Stein- und frühen Bronzezeit.

■ In **Monasterenagh**, 5 km westlich von Lough Gur (ein Verfahren auf nur unzureichend ausgeschilderten Straßen ist mehr oder weniger vorprogrammiert), gründete Turlough O'Brian, König von Limerick, für Zisterzienser aus der Mutterabtei, zwischen 1148 und 1151 ein Kloster. Die Kirche ist recht lang, sehr hoch und befindet sich, bis auf die Ost- und Westfenster, in gutem Zustand.

■ **Bunratty Castle**, 16 km nordwestlich von Limerick, an der N 18 in Richtung Ennis, ist eine wohlrestaurierte Bilderbuch-Burg mit kostbarer Innenausstattung. Sie wurde, wie so viele andere Festungen des County Clare, vom MacNamara Clan, der über ein Jahrtausend die Grafschaft beherrschte, erbaut. Bereits vor den Wikingern war das Terrain von Bunratty befestigt. Die erste Steinburg errichtete Thomas de Clare, der das Land als Lehen von Edward II. erhalten hatte, im späten 13. Jahrhundert. Etwa 100 Jahre später war um die Burg eine kleine Stadt gewachsen. Zerstörungen, Plünderungen, Besitzerwechsel und Wiederaufbau kennzeichnen die Geschichte in den folgenden Jahrhunderten. Das jetzige Tower House wurde 1450 an der Stelle der Vorgängerburgen von Maccon MacSioda MacConmara begonnen. 17 Jahre später war der Bau beendet. Im 16. und 17. Jahrhundert diente er als Festung für die Könige der O'Brians und später den Grafen von Thormond bzw. Nord Munster. Im 17. Jahrundert wurde Bunratty Castle vergrößert und der Park angelegt.

1954 ließ Lord Gort die Burg restaurieren und mit authentischen Möbeln aus dem Spätmittelalter, der Frührenaissance und mit wertvollen Tapisserien aus Lord Gorts Privatsammlungen ausstatten. Heute wird sie für die irische Nation treuhänderisch verwaltet. Mit seiner erlesenen Einrichtung gibt das Castle ein authentisches Bild des 15. und 16. Jahrhunderts wieder.

Der Hauptblock hat drei Etagen, die jeweils aus einem einzelnen großen Raum oder einem Saal bestehen. Die vier Türme haben sechs Stockwerke. Man betritt die Burg über eine Zugbrücke an der Hauptwache. Prunkstück ist die große Halle im 2. Stock mit der gewölbten Holzdecke und Deckenstuck aus dem späten 16. und frühen 17. Jahrhundert. Stukkaturen aus dieser Zeit sind eine Seltenheit. Auch die kleine Kapelle weist eine stuckverzierte Decke (1619) auf. Im oberen Geschoß liegen die ehemaligen Wohnräume. Im Erdgeschoß des mächtigen Turms befindet sich ein niedriges Gewölbe, in dem ein Andenkenladen eingerichtet ist. In der großen Halle im 1. Stock finden die mittelalterlichen Bankette statt. Diese werden zweimal täglich (17.30 und 20.45 Uhr) veranstaltet. Unter Musikbegleitung wird das Essen aufgetragen, das mit den Fingern verspeist wird. Die Kosten für das Spektakel betragen ca. 30 Pfund. Buchungen können über die Tourist Information in Limerick, aber auch in jeder anderen Tourist Information der Region sowie unter Tel.: 061 360788 vorgenommen werden. (Siehe dazu auch Kap 4.4.1.)

■ Hinter der Burg erstreckt sich **Bunratty Folk Park**, die Nachbildung eines irischen Dorfes aus dem 19. Jahrhundert – vielleicht eine noch größere Touristenattraktion als Bunratty Castle selbst. Während der Woche kommen rund 1.300 Besucher, an einem Samstag in der Hochsaison 1995 wurden über 2.750 Gäste gezählt. Es gibt eine Schule, Pubs, ein Postamt, Bauernhäuser etc. Die typischen strohgedeckten Cottages, die alle aus der Shannon Region stammen, wurden entweder nachgebaut oder von ihrem ursprünglichen Standort hierher gebracht. Sie sind mit originalen Möbeln ausgestattet. Traditionellen Handwerkern kann bei der Arbeit zugesehen werden. Im Sommer wird auch Musik dargeboten. Es gibt eine Teestube, in der kleine Mahlzeiten serviert werden. Mac's Pub ist ganzjährig jeden Abend geöffnet. Regelmäßig wird hier irische Volksmusik gespielt. Nach Schließung des Folk Park kann man durch einen Nebeneingang zum Pub gelangen. Der Eintritt ist frei.
Öffnungszeiten: ganzjährig 9.30-17 Uhr, von Juni bis August ist der Folk Park bis 19 Uhr geöffnet, Tel.: 061 360788. Eintritt: Erwachsene 4,50 Pfund, Kinder und Studenten 2,20 Pfund, Familien 11 Pfund.

Restaurant
MacCloskeys, Bunratty House Mews, Tel.: 061 364082. Das Restaurant ist in den Kellerräumen des Herrenhauses im Folklorepark untergebracht und bietet excellente Speisen. Mittlere bis gehobene Preisklasse.

■ **Cratloe Woods**, Cratloe, Co. Clare, 8 km nordwestlich von Limerick an der N 18 nach Ennis. Das Herrenhaus stammt aus dem 17. Jahrhundert und ist das einzige Beispiel eines noch bewohnten Langhauses. Das Haus kann besichtigt werden. Es gibt einen kleinen Laden, in dem man Souvenirs und kunstgewerbliche Dinge erstehen kann, sowie eine Caféteria.
Öffnungszeiten: täglich, außer So, Juni-September 14-18 Uhr, Tel.: 061 327028

■ **Shannon**
Der Ort Shannon besteht mehr oder weniger nur aus dem Flughafen. Mit gewaltigen Subventionen wurde der Flughafen Mitte unseres Jahrhunderts künstlich am Leben erhalten, als für Flüge über den Atlantik Zwischenlandungen in Irland überflüssig wurden. Um die zahlreichen Arbeitsplätze zu sichern, wurde eine Freihandelszone geschaffen, auf der sich ausländische Firmen zahlreich ansiedelten. Zusätzlich verlegte man fast den gesamten Charterverkehr an den Shannon, so daß die meisten Urlauber, die mit dem Flugzeug anreisen, hier zum ersten Mal irischen Boden betreten.

Internationaler Flughafen Shannon Airport
Tel.: 061 61444

Tourist Information
Shannon Airport, Tel.: 061 471664, ganzjährig geöffnet

Hotel
Great Southern Hotel, Shannon Airport, Shannon, Tel.: 061 471122, Fax: 061 471982. Komfortables Flughafenhotel (4 Sterne) mit 115 Zimmern und dem üblichen Standard.

Autoverleih
Murrays Europcar, Shannon Airport, 7 Tage 6-18 Uhr geöffnet, Tel.: 061 471618

Restaurant
Mr. Pickwick, Shannon Town Centre, Tel.: 061 364290, Fax: 061 360870. Kleines Restaurant im Familienbetrieb. Gutes Essen zu moderaten Preisen. Sommer Mo-Sa 9-21 Uhr, Winter Mo-Mi 9-15 Uhr, Winter Do-Sa 9-21 Uhr.

Am unteren Shannon

Die Region um **Lough Derg**, den südlichen der Shannon-Seen, ist vor allem Freunden des Wassersports und Bootsurlaubern ein Begriff. Der langgestreckte See wird von sanften grünen Hügeln gerahmt und bietet ein liebliches und ruhiges Landschaftsbild, das für Entspanung und Erholung ideal geeignet ist.

In den letzten Jahren kam es zu einem zunehmenden Interesse an den gemütlichen Kabinenkreuzern, die am unteren Shannon vor allem in Killaloe und Whitegate vermietet werden. Komplett ausgerüstet, bieten die "cabin cruisers" Platz für bis zu 6 Personen. Vorkenntnisse müssen nicht erbracht werden. Am Seeufer verteilt, finden sich Anlegestellen, an denen man anlanden und Proviant an Bord nehmen kann. (Siehe dazu auch Kap. 4.7.4.)

Besteht genügend Zeit, lohnt sich die Umrundung des Lough Derg, der im Norden bei Portumna von einer Brücke überspannt wird. Die Rundfahrt erstreckt sich über etwa 110 Kilometer. Am gesamten Ufer finden sich ausreichend Übernachtungsmöglichkeiten.

Tourist Information
Killalo, Tel.: 061 376866, Mai-September göffnet

Bootsverleih
Derg Line Cruisers, Killaloe, Co. Clare, Tel.: 061 376364, Fax: 061 376205

4.4.4 VON LIMERICK NACH GALWAY: IM COUNTY CLARE

Wir kommen zu Sehenswürdigkeiten, die zu den Höhepunkten einer jeden Irland-reise gehören: die Cliffs of Moher und die karstige Landschaft des Burren. Das Land ist landwirtschaftlich geprägt. Es gibt aber auch ein großes Elektrizitätswerk, das 40% der Energie des Landes gewinnt. Es kann besichtigt werden.

Im County Clare gibt es acht **Strände**, die zum Schwimmen bzw. Surfen geeignet sind: 1. Cappagh Pier, 2. Kilkee 3. White Strand, Doonbeg 4. Spanish Point 5. White Strand, Miltown Malbay, 6. Lahinch 7. Fanore, 8. Bishop's Quarter

Ennis und Umgebung

Ennis (14.000 Einwohner) ist die Hauptstadt der Grafschaft Clare und stellt das Hauptverkehrszentrum für Nord-Süd-Reisende dar. Es ist eine hübsche, freundli-che und belebte Kleinstadt, typisch irisch und nicht so kommerzialisiert wie so manche andere. Im Stadtzentrum sind noch einige georgianische Gebäude erhal-ten geblieben. Viele gemütliche Pubs und Restaurants laden zum Einkehren ein. Der nahegelegene Shannon Airport hat dem Ort einigen wirtschaftlichen Auf-schwung beschert. Das Denkmal Daniel O'Connells, der hier 1828 zum Abgeord-neten erklärt wurde, steht auf einer riesigen Säule.

Die Gründung von Ennis reicht ungefähr bis in das Jahr 1240 zurück. Das Kloster wurde 1240 von der Familie O'Brian, die über Jahrhunderte die Könige dieses Gebietes stellten, für Franziskanermönche gegründet und in den folgenden Jahr-hunderten ständig erweitert. Der Erbauer des Klosters war Donchad Cairbreach O'Brian, König von Thomond.

Ein Besuch der Ruine lohnt sich. König Turloch, der im Jahre 1306 starb, gab dem Kloster sein bis heute charakteristisches Ausse-hen. In der langen, hallenartigen Predigerkirche richten sich die Augen der Gläubigen zunächst auf das große Ostfenster, dessen Scheiben bunt bemalt sind. Der viereckige Turm wurde im 15. Jahrhundert aufgestockt, zur sel-ben Zeit, in der auch das teilwei-se neu aufgebaute Kloster ange-baut wurde. Der größte Schatz der Kirche ist das Mac Mahon-oder Königsgrab von 1457 mit wunderschönen Skulpturen, das die Leidensgeschichte Christi in Reliefszenen trägt.

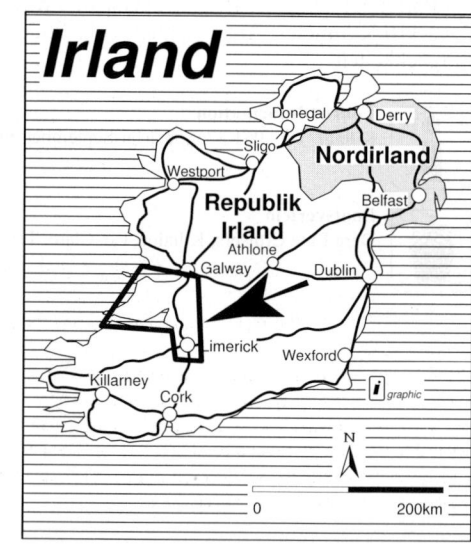

Bis Anfang des 17. Jahrhunderts bewohnten Franziskanermönche das Kloster. Im 14. Jahrhundert lebten 350 Brüder und 600 Schüler hier. Öffnungszeiten: Ende Mai-Ende September 9.30-18.30 Uhr, täglich, Tel.: 065 29100. Eintritt: Erwachsene 1 Pfund, Senioren 70 Pence, Kinder oder Studenten 40 Pence, Familien 3 Pfund, Gruppen 70 Pence pro Teilnehmer. OPW.

Information

Tourist Information, Clare Road, Tel.: 065 28366, ganzjährig geöffnet.

Arzt

Dr. R.A. Feore, Cloughleigh, Tel.: 065 29322

Tip

Falls man der netten Kleinstadt einen Besuch abstatten möchte, sollte man den Wagen auf einem Parkplatz außerhalb der Innenstadt parken und zu Fuß weitergehen. Ein ausgeklügeltes Einbahnstraßensystem im Stadtzentrum verhindert, daß man dahin fahren kann, wohin man gern möchte.

Fahrradverleih

M.F. Tierney Cycles, 17 Abbey Street, Tel.: 065 29433, Fax: 065 29433, nach Geschäftsschluß und sonntags: Tel.: 065 21293

Hotel/B&B

● Carnelly House, Dermot & Rosemarie Gleeson, Clarecastle, Co. Clare, Tel.: 065 28442, Fax: 065 29222. 5 luxuriöse Räume (en suite) stehen den Besuchern in diesem wunderschönen georgianisches Herrenhaus, das zwischen 1730 und 1740 erbaut wurde, zur Verfügung. Die Einrichtung ist sehr elegant. Carnelly House ist nur 9 km vom Shannon Airport entfernt. Hidden Ireland.

● Dromoland Castle Hotel, Newmarket-on-Fergus, Co. Clare, Tel.: 061 368144, Fax: 061 363355. Dromoland war der Stammsitz der O'Brians, Barone von Inchiquin, eine der wenigen irischen Familien von königlicher Abstammung und direkte Nachfahren von Brian Boru, Hochkönig Irlands im 10. Jahrhundert. Das heutige Schloß im Baronialstil stammt aus dem 16. Jahrhundert und beherbergt ein 5-Sterne-Hotel. Das Schwesterhotel von Ashford Castle hat 75 Zimmer und Suiten und ist außerordentlich luxuriös und sehr elegant mit Antiquitäten ausgestattet. Obere Preisklasse. Im mehrfach preisgekrönten Earl of Thomond Restaurant kann man sich kulinarisch verwöhnen lassen (Lunch 20 Pfund, Dinner 34 Pfund). Morgens wird ein hervorragendes Frühstück gereicht. Auf dem großen Gelände gibt es einen hoteleigenen 18-Loch-Golfplatz.

● Thomond House, Lord & Lady Inchiquin, Dromoland Estate, Newmarket-on-Fergus, Co. Clare, Tel.: 061 368304, Fax: 061 368285. Auf dem Grundstück von Dromoland Castle gelegenes Haus mit sehr entspannter und persönlicher Atmosphäre. Acht Zimmer. Die Küche ist hervorragend.

● Old Ground Hotel, O'Connell Street, Ennis, Co. Clare, Tel.: 065 28127, Fax: 065 28112. 3-Sterne-Hotel der mittleren Preisklasse mit 58 Betten. Das Haus ist dicht mit Efeu bewachsen.

● Clare Inn, Newmarket-on-Fergus, Co. Clare, Tel.: 061 368161, Fax: 061 368622. Clare Inn ist 15 km vom Flughafen entfernt, hat 120 komfortabel ausgestattete Zimmer sowie ein Freizeitcenter mit Fitnessraum und Swimmingpool. Auf dem Grundstück befindet sich ein hoteleigener 18-Loch-Golfplatz. Mittlere Preisklasse.

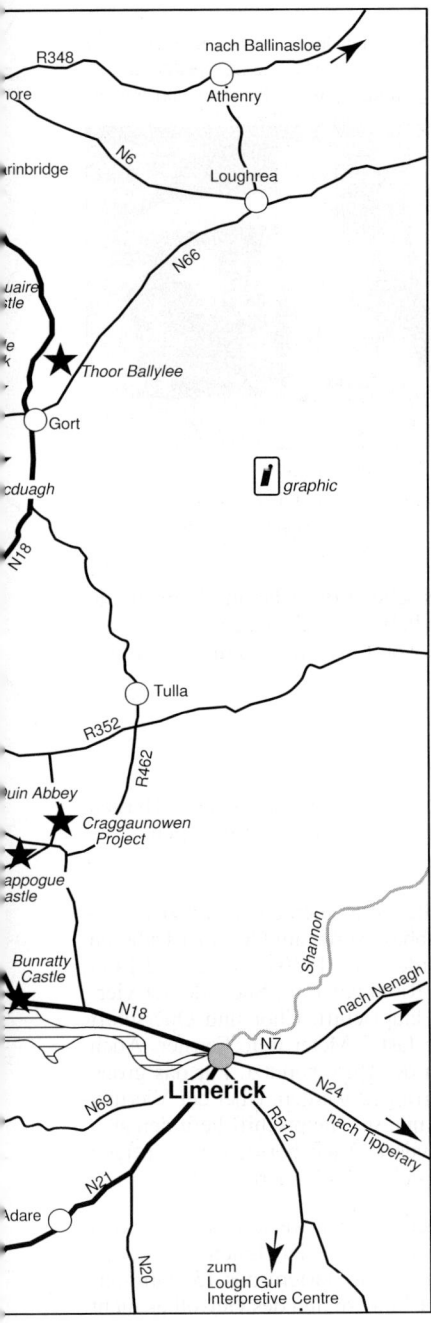

Golf
● Der Golfplatz beim Dromoland Castle zeichnet sich weniger durch seinen Schwierigkeitsgrad denn durch seine besonders schöne Lage aus.
● Ennis Golf Club, Drumbiggle, Ennis, Tel.: 065 24074

Reiten
Drumullan Stables Equestrian Centre, Kilmurry, Ennis, Tel.: 061 367183. Der Reiterhof liegt zwischen Knappoque Castle und Cragganowen. Es werden Reitunterricht für Anfänger und Fortgeschrittene erteilt sowie Ausritte in die Umgebung veranstaltet.

Jugendherberge/Hostel
Abbey Tourist Hostel, Harmony Row, Ennis, Tel.: 065 22620/28974 FAx:065 21423, ganzjährig geöffnet, in der Hochsaison ab 5,50 Pfund, in der Nebensaison ab 5 Pfund, Mahlzeiten sind auf Wunsch erhältlich, 80 Betten in Mehrbett-, Doppel- und Familienzimmern.

Restaurants
● The Cloister Restaurant, Abbey Street, Tel.: 065 29521, Fax: 065 24783. Neben der Abtei gelegene Bar mit Restaurant, wo man Lunch, einen kleinen Barsnack zu sich nehmen kann oder vornehm zu Abend speist.
● Alexander Knox's Bar & Restaurant, Ennis, Tel.: 065 29264. Gemütlicher Pub und gutes Restaurant zu annehmbaren Preisen. Es gibt gutes Bar Food, das Restaurant ist Mo-Sa ab 17 Uhr und sonntags ab 12.30 Uhr geöffnet. Ganzjährig wird am Mi, Do und Fr Live Musik gespielt.

Pubs
● Ciaran's Bar, 1 Francis Street, Tel.: 065 40180. Do-So gibt es während der Saison Live Musik ab 21.30 Uhr.
● The Diamond Bar, 25 O'Connell Street, Tel.: 065 28332. Mi während der Saison (Juni-Oktober) Live Musik ab 21.30 Uhr.

Feste/Feiern
Jeweils am letzten Wochenende im Mai findet in Ennis das größte Folkfestival Irlands statt, das Fleadh Nua: Zu diesem beliebten Volksfest kommen Tänzer und Musiker aus allen Landesteilen in die Stadt. Am Sonntag findet eine Parade statt. Es gibt Konzerte und Straßenmusik sowie Stadtführungen.

Stadtrundgang – Ennis Heritage Walk
Theatre Omnibus veranstaltet historische Stadtrundgänge, die mit Straßentheater unterhaltsam, informativ und lustig dargeboten werden. Man merkt, daß die Darsteller selbst daran Spaß haben. Die Rundgänge finden jeweils dienstags und freitags um 11 und 19 Uhr statt und dauern 1 ¼ Stunde. Der Treffpunkt ist vor dem Courthouse. Ein Unkostenbeitrag von 3 Pfund (incl. leichter Erfrischung) wird erhoben. Tel.: 065 20166/29952

Straßentheater

Streckenführung
Für Reisende mit genügend Zeit und Lust lohnt das Befahren der schmalen Küstenstraße nach Kilrush zum Mouth of Shannon. Alternativ kann man die N 68 wählen. Von Kilrush bzw. Kilkee geht es entlang der N 67 zu dem spektakulären Küstenabschnitt mit den berühmten Cliffs of Moher. Reisende, die ihre Urlaubstage zählen müssen, wählen in Ennis gleich die N 85 in Richtung Lahinch.

Südlich von Ennis gibt es gleich drei besonders schöne Besucherattraktionen, die so nahe aneinanderliegen, daß sie auch von Radfahrern leicht zu einer Tagestour verbunden werden können. Die gesamte Strecke von Ennis aus beläuft sich auf ca. 40 Kilometer.

Südlich von Ennis

Das Land um Quin gehörte über 1.000 Jahre lang den MacNamaras, deren Burgen und Schlösser – insgesamt bauten sie 42 – in der Umgebung verstreut liegen.

■ **Quin Abbey**, ca. 10 km westlich von Ennis
Die Ruinen von Quin Abbey sind die besterhaltenen Ruinen einer Franziskaner-Abtei aus dieser Epoche in ganz Irland. Quin Abbey wurde am Ort einer früheren MacNamara Burg, die 1286 niedergebrannt worden war, 1350 errichtet und 1433 von Sioda MacNamara erneuert. Die mächtige Ringmauer am Südende der viertürmigen Burg wurde zur Südmauer der aus Hauptschiff, Chor und Querschiff bestehenden Kirche: Die Mauerstärke bedingte fast 3 Meter tiefe Fenster. Auch für die Ost- und Westseite wurden die Mauern der Burg benutzt. Für das große Ostfenster mußte allerdings die Mauerstärke verringert werden. Über der Vierung erhebt sich ein eleganter hoher Turm. Im Chor und im Hauptschiff befinden sich zwei schöne Grabnischen aus dem 15. Jahrhundert. Auch bei den weitläufigen Klostergebäuden machte man sich die bereits bestehenden Mauern zunutze.

Der Kreuzgang ist sehr gut erhalten. Die Arkaden sind paarweise von gedrückten Spitzbögen unterteilt, dazwischen ragen Strebepfeiler in den Innenhof. Ein so gestützter Kreuzgang findet sich in manchen irischen Klöstern des 15. Jahrhunderts, da die schlanken Arkaden das Gewicht der Mauern und des Gewölbes nicht alleine tragen konnten. Sehenswert sind auch die in der Kirche stehenden Grabsteine der MacNamaras vom 15. bis zum 19. Jahrhundert. Besichtigung nach Absprache möglich. Kontakt: Mr. Patrick Lynch, Quin (kein Telefon).

▨ Knappogue Castle
Das Tower Hous wurde 1467 von den MacNamaras erbaut und blieb bis zum Ende des 18. Jahrhunderts im Besitz der Familie. Von Knappogue Castle aus unterwarfen Cromwells Truppen die Grafschaft Clare. 1800 wurde die Burg zwangsversteigert und von den Baronen von Dunboyne erworben, die den mittelalterlichen Wehrturm weitgehend um- und den großen Westflügel mit dem großen Torbogen und dem Uhrturm anbauten. Die niedrigen Gebäude der Vorderseite entstanden im 19. Jahrhundert. 1927 fiel Knappoque im Zuge der Landaufteilung an den Bauern Quin und verkam bald zur Ruine. 1966 kaufte ein reicher Amerikaner den Bau und unternahm den großangelegten Wiederaufbau nach historischen Vorlagen aus dem 15. Jahrhundert. Der Umbau wurde mit viel Liebe und Sinn fürs Detail vorgenommen. Der vierstöckige Burgfried kann ohne Führung besichtigt werden. In einem Nebengebäude aus dem 19. Jahrhundert ist ein Besucherzentrum eingerichtet worden. Ein Film zeigt die Geschichte des Castle. Öffnungszeiten: täglich April bis Oktober 9.30-17 Uhr, letzter Einlaß um 16.30 Uhr, Tel.: 061 368102

Je nach Nachfrage bis zu zweimal täglich werden in Knappoque Castle mittelalterliche Bankette veranstaltet. Das Essen ist sehr gut. Es gibt eine unterhaltsame Show mit musikalischer Untermalung, in der vor allem die Frauen der irischen Geschichte eine Rolle spielen. Mai-Oktober, 17.30 und 20.45 Uhr. Auskunft und Reservierung: Tel.: 061 360788. (Siehe dazu auch Kap. 4.4.1).

▨ Craggaunowen Project (Kilmurry, nahe Quin) – "Where Celtic Life is brought to life" – so die Werbung für dieses Freilichtmuseum. Eine der Hauptsehenswürdigkeiten des Museums ist eine keltische Pfahlbausiedlung, ein sog. Crannóg – eine in dem kleinen See künstlich angelegte, mit Palisaden befestigte Insel, auf der die Behausungen aus Flechtwerk, Reet und Lehm gesetzt wurden (siehe Kap. 4.4.3.5, Lough Gur).

Eine weitere Attraktion ist die Nachbildung des Lederbootes, mit dem der hl. Brendan, der "Navigator", angeblich nach Amerika fuhr. 1976 überquerte Tim Severin in einem Nachbau dieses "Naomhogs" den Atlantik, um die Möglichkeit einer solchen Reise zu beweisen. Die Annahme, daß der hl. Brendan im 6. Jahrhundert nach Amerika gelangte, ist historisch natürlich

Crannóg – eine künstliche Insel

umstritten, denn das würde bedeuten, daß er das Land vor Kolumbus oder den Wikingern entdeckt hätte. Weiterhin gibt es ein Ringfort, den originalgetreuen Nachbau eines Bauernhofes aus dem 4. und 5. Jahrhundert, eine eisenzeitliche Straße und eine Gemeinschaftskochstelle. Unweit des Museums liegt die Burg Craggaunowen, die von dem Kunsthistoriker John Hunt restauriert wurde und eine Sammlung seiner Kunstschätze aus dem Mittelalter enthält.

Öffnungszeiten: Mitte März-Mitte April Fr-Sa 10-17 Uhr, Mitte April-Mitte Mai täglich 10-18 Uhr, Mitte Mai-Mitte September täglich 9-18 Uhr, Mitte September-Mitte Oktober täglich 10-18 Uhr, Mitte Oktober-Mitte Dezember Fr-Sa 10-16 Uhr. Tel.: 061 367178

Buchtip
Tim Severin, The Brendan Voyage, London 1978
1976 überquerte Tim Severin in einem Nachbau des Bootes des hl. Brendan den Atlantik, um die Möglichkeit einer solchen Reise zu beweisen. Historisch ist diese Reise natürlich umstritten, aber das Buch liest sich trotzdem gut.

Im Westen von Clare

Im westlichen Teil der Grafschaft Clare gibt es eine große Anzahl an historischen Stätten, wie Ring Forts oder mittelalterliche Tower Houses, beispielsweise in Doonbeg und Ballynacally. Eines der besterhaltenen ist das Carrigaholt Castle. Während der Napoleonischen Kriege wurden sieben Martello Forts gebaut, das beste Beispiel steht am Kilkerrin Point. Von hier aus hat man einen schönen Blick auf den unteren Shannon.

▨ Kilrush

Der kleine reizende Ort hat eine maritime Vergangenheit, ebenso auch als Marktstadt. Für viele Reisende ist Kilrush Ausgangspunkt für eine Weiterreise gen Norden, denn der Fähranleger für die Verbindung nach Nordkerry befindet sich nur etwa 9 km südöstlich des Ortes bei Killimer.

Fähren
Wenn man die Fähre zwischen Killimer und Tarbert benutzt und nicht den "Umweg" über Limerick wählt, kann man 137 km sparen. Vor allem für Radfahrer mag diese Möglichkeit interessant sein. Die Fähren verkehren täglich, außer Weihnachten. Die Überfahrt dauert 20 Minuten. Eine Reservierung ist nicht erforderlich. Auskunft erhält man unter Tel.: 065 53124 oder 51060.

● Von Killimer (Co. Clare) fahren die Fähren jeweils um die volle Stunde: April-September wochentags zwischen 7 und 21 Uhr, sonntags zwischen 9 und 21 Uhr. Oktober-März wochentags zwischen 7 und 19 Uhr, sonntags zwischen 10 und 19 Uhr.

● Von Tarbert (Co. Kerry) fahren die Fähren jeweils um die halbe Stunde: April-September wochentags zwischen 7.30 und 21.30 Uhr, sonntags zwischen 9.30 und 21.30 Uhr, Oktober-März wochentags zwischen 7.30 und 19.30 Uhr, sonntags zwischen 10.30 und 19.30 Uhr.

Fahrradverleih
Gleeson's Cycles, Henry Street, Tel.: 065 51127, Fax: 065 51733

Angeln
In diesem Teil des Shannon bestehen sehr gute Angelmöglichkeiten. Man kann Boote mieten. Auskunft erhält man unter Tel.: 065 51327.

Im **Heritage Centre**
kann man sich über die große Hungerkatastrophe von 1847 und die "Land War Eviction" von 1888 informieren. Ein ausgeschilderter Rundgang führt durch den kleinen Ort. Öffnungszeiten: Juni-August Mo-Sa 10-18 Uhr, Tel.: 065 51577/51047, Fax: 065 51843

Im **Scattery Island Centre**,
Merchants Quay, kann man sich über die Geschichte, Pflanzen- und Tierwelt von Scattery Island informieren. Öffnungszeiten: Mitte Juni-Mitte September täglich 9.30-18.30 Uhr, Tel.: 065 52139/52144. Eintritt frei. OPW

Bootstouren
Im Sommer verkehren täglich Fähren vom Kilrush Creek Marina zur Scattery Island. Die Dauer der Überfahrt beträgt 15 Minuten. Da die Anlegestelle auf Scattery bei Ebbe nicht anlaufbar ist, sollte man sich vorher nach den Abfahrtzeiten erkundigen, Tel.: 065 51327.

Delphin-Beobachtungstouren
Die sogenannten "Bottlenose Delphins" sind die einzigen bekannten standorttreuen Delphine vor Irlands Küste. Ihre Anzahl wird ungefähr auf 60 geschätzt.
Es gibt verschiedene Anbieter, die Beobachtungstouren veranstalten:
● Eine ca. 2-stündige Bootstour (Auskunft erteilt Fiona David, Tel.: 065 58156, Vorausbuchung erforderlich) mit Möglichkeit zur Delphin- und Vogelbeobachtung. Die Touren werden das ganze Jahr über veranstaltet, falls die Wetterlage es zuläßt. Erwachsene zahlen 8 Pfund, Kinder 4 Pfund.
● Ein anderer Veranstalter bietet eine kombinierte Tour mit Delphinbeobachtung und einem Besuch der Scattery Island an. Die Tour dauert ca. 3 ½ Stunden und kostet 6 Pfund pro Person bzw. 4,50 Pfund für die kürzere Tour ohne Besichtigung der Scattery Island (diese Tour dauert dann 1 ½ Stunden). Auskunft erhält man unter Tel.: 065 51327.

Ferienwohnung
Moderne Ferienwohnungen mit Blick auf den Atlantik, drei Schlafzimmern, Wohnzimmer und komplett ausgestatteter Küche vermietet Kilkee Holiday Homes, 14 Rosehill, O'Callaghan's Strand, Limerick, Tel.: 061 326566, Fax: 061 326377

▓ **Scattery Island** liegt 3 km südlich von Kilrush im Mündungstrichter des Shannon. 1987 verließen die letzten Bewohner (andere Angaben 1978) die winzige Insel. Hier kann man die Reste des zu Beginn des 6. Jahrhunderts vom hl. Senan gegründeten Klosters besichtigen. Die Legende besagt, daß der hl. Senan ein Monster von der Insel vertrieben habe, bevor er dort sein Kloster gründete – daher der irische Name "Inis Cathaigh", Insel des Monsters. Weiterhin gab es hier einst sieben Kirchen sowie im Westen einen 36 Meter hohen Rundturm. Ungewöhnlich ist, daß sein Eingang auf Fußbodenniveau liegt.

▓ Sehr schön ist eine Fahrt rund um **Loop Head**, der südwestlichsten Ecke von Clare. Genaugenommen heißt Loop Head "Leap Head". Die Legende besagt, daß die Liebenden Diarmuid und Gráinne vom Festland auf den Felsen sprangen, um vor ihren Verfolgern zu fliehen. Deshalb wird der isoliert stehende Felsen auch "Diarmuid und Grainnes Bett" genannt. Von hier aus hat man an klaren Tagen Ausblicke auf die Berge von Kerry und zu den Aran Inseln. Außerdem bestehen sehr gute Möglichkeiten zur Vogelbeobachtung. Am Loop Head selbst befindet sich ein Leuchtturm. Hier fallen die Klippen knapp 70 Meter steil ab. Für die Tour sollte man per Auto mindestens 2-3 Stunden Zeit einplanen. Aber wer länger verweilen möchte: Es stehen ausreichend B&Bs zur Verfügung.

■ Der Badeort **Kilkee** liegt an der Moore Bay, die durch ein vorgelagertes Riff von den ungestümen Brandungen des Atlantiks geschützt wird. Bereits zu viktorianischen Zeiten begann die Karriere des kleinen Seebades. Besonders reiche Städter suchten hier Erholung. Heute ruht ein gewisser Hauch von Verschlafenheit über dem Ort, in dem die weiten Straßen und Plätze zum Bummeln und Verweilen einladen.
Der phantastische halbmondförmige Sandstrand von Kilkee ist wunderschön. Man kann an beiden Seiten des Strandes entlang der Klippen und zum Loop Head wandern.

■ **Doonbeg**, 10 km nördlich von Kilrush,
Küstenort mit Ferienwohnungen, Geschäften, B&B, einigen Pubs, in denen abends Live Music gespielt wird, und einem schönen Strand, der vor allem von Surfern gern aufgesucht wird.
Er wird rechts und links von niedrigen Klippen flankiert, die zusätzlich Schutz bieten. Entlang der Klippen verlaufen Wanderwege. Der Blick vom White Strand Beach hinüber zum Doughmore Strand ist sehr schön. Dieser Küstenabschnitt ist für Schwimmer nicht ungefährlich. Die Gegend wird von kleinen Sträßchen überzogen, von denen man – da sie etwas erhöht liegen – einen schönen Blick auf das Meer genießen kann.

■ **Spanish Point**
Ein kleines Schild weist auf ein folgenschweres Ereignis der militärischen Seefahrt hin: Im Mai 1588 war die unüberwindliche spanische Armada mit 129 Segelbarkassen, fast 20.000 Soldaten und rund 8.500 Matrosen plus etlichen Galeerensklaven gegen England gesegelt. Dem englischen Admiral Francis Drake gelang es jedoch, sie mit völlig unterlegenen Kräften zu schlagen. Auf der Flucht in den Atlantik verloren die Spanier vor der irischen Küste noch einmal 25 Schiffe. Ihre Karten zeigten den Küstenverlauf gradliniger an, als er war. Die protestantische Welt wertete die Katastrophe als göttliches Omen gegen den Papst und die spanischen Inquisitoren.

Tip
Der herrliche **Strand** von Spanish Point erstreckt sich ein langes Stück zur offenen See hin – er ist einer der reizvollsten Badestellen in ganz Irland – wenn das Wetter mitspielt.

Aktiv
Im Watersports Activity Centre am Spanish Point kann man zwischen April und Oktober surfen, kanufahren, schnorcheln und vieles andere mehr. Preisbeispiel: Erwachsene zahlen für eine Surf-Stunde 4,50 Pfund. Auskunft erteilt Andrew Brislane, Medina House, Tel.: 065 84225, Fax: 065 84225.

Wenige Kilometer von Spanish Point liegt das Mekka der Folkmusic **Milltown Malbay**. Im Sommer werden in der Willie Clancy Summer School Kurse abgehalten. Jeweils in der ersten Woche im Juli findet ein Festival statt, zu dem Musiker aus aller Welt pilgern. Während der Festtage sind die Straßen überfüllt, bis in den frühen Morgen hinein wird musiziert, und die Pubs vergessen ihre Sperrstunden. Auskunft erhält man unter Tel.: 065 84148.

▓ Lahinch

ist ein besonders bei irischen Urlaubern beliebter Ferienort mit herzlicher Atmosphäre und großer Promenade. Der Strand ist vor allem bei Surfern beliebt. Ein wirkliches Unikum ist der Golfplatz des Ortes, der aus zwei ineinander übergehenden Parcours besteht. Der in den Dünen gelegene Championship Course liegt preislich über dem üblichen Niveau. Auskunft erteilen Alan Riordan oder Robert McCaffrey, Tel.: 065 81003

Restaurant
Barrtrá Seafood Restaurant, Lahinch, Tel.: 065 81280

▓ Liscannor

Der kleine Fischerort, 5 km nordwestlich von Lahinch, bietet sich als Ausgangspunkt für einen Besuch der Cliffs of Moher an. Es gibt einige Pubs, Hostels, Einkaufsmöglichkeiten und die Ruinen einer Burg. Die Festung aus dem 12. Jahrhundert spielte unter den O'Brians während der blutigen Übergriffe der spanischen Armada (1588) eine bedeutende Rolle.
Aus Liscannor stammt ein Herr John P. Holland, der Erfinder des Unterseebootes. Die U.S. Navy setzte dem in Amerika lebenden Iren 1977 einen Gedenkstein in sein Heimatdorf.

Restaurant
The Cottage Restaurant, St. Brigid's Well, Liscannor, Tel.: 065 81760, knapp 4 km von den Cliffs of Moher, 3 km von Liscannor, 8 km von Lahinch entfernt. Das Cottage Restaurant, in dem man ausgezeichneten Fisch essen kann (die Gerichte liegen zwischen 8 und 13 Pfund), ist täglich außer Dienstag geöffnet.

Hotel
Liscannor Hotel, Liscannor, Co. Clare, Tel.: 065 81186. Direkt am kleinen Hafen gelegenes Hotel, das besonders bei Anglern beliebt ist. Moderate Preise.

Jugendherberge/Hostel
Liscannor Village Hostel, Liscannor, Tel.: 065 81385, Fax: 81417, ganzjährig geöffnet, 76 Betten in Mehrbett-, Doppel- oder Familienzimmern, zwischen 5 und 7 Pfund, Camping ist auf dem Grundstück möglich, nette Atmosphäre, Fahrradverleih.

▓ Cliffs of Moher

Die bis zu 200 Meter hohen Cliffs of Moher erstrecken sich über 8 km lang von Hags Head im Südwesten nach Aillensharragh, einer steilen Landzunge im Nordosten. Die Dörfer Liscannor und Doolin sind rund vier bis sechs Kilometer entfernt. Die Klippen sind eine der am häufigsten besuchten Sehenswürdigkeiten

Dramatisch: die Cliffs of Moher

Irlands. Sofern es sich mit dem Tagesprogramm vereinbaren läßt, sollte ein Besuch der Klippen am Abend erfolgen. Trotz der gigantischen Touristenzahlen sind diese Stunden auch im Sommer einigermaßen ruhig. Allerdings schließt das Informationszentrum im Sommer gegen 19 Uhr.

Die aus Sandstein und Schieferton zusammengesetzten Felsen bieten für zahlreiche Seevögel bevorzugten Lebensraum und Niststätten. In den Felsspalten leben Massen von Seemöwen und Dreizehenmöwen, aber auch Papageientaucher, Eissturmvögel, Trottellummen und vereinzelt Wanderfalken. Vom zentralen Parkplatz zieht sich ein aus Steinplatten gelegter Weg zum **O'Brian's Tower** hinauf. Gewaltige, bastionsartige Felsabstürze erstrecken sich zu beiden Seiten des 1835 errichteten Aussichtsturms. Von hier aus hat man die besten Aussichten.

Neben dem Parkplatz befindet sich ein Besucherzentrum mit Café und Tourist Information, Tel.: 065 81171. Öffnungszeiten: Besucherzentrum: täglich 10-18 Uhr, Eintritt frei. O'Brian's Tower: täglich Mai-Oktober 10-18 Uhr, letzter Einlaß 17.30, ein geringes Eintrittsgeld wird verlangt.

Wandern

Vom Parkplatz aus führt ein Spaziergang zum Hag's Head. Die Tour dauert etwa 3 Stunden hin und zurück. Das Panorama reicht an klaren Tagen von den Aran Inseln und den Twelve Bens in Connemara bis zu den Bergen von Kerry. Für ausdauernde Wanderer sei eine Wanderung von Liscannor nach Doolin empfohlen, für die man einen ganzen Tag einrechnen sollte.

▓ **Doolin**, 6 km nördlich von Cliffs of Moher, ist ein kleines Fischerdorf an der Küste und seit Jahren das Musikmekka Irlands für Folk-Touristen. Das unauffällige, zweigeteilte Nest – der eine Teil befindet sich am Hafen, der andere Teil knapp 2 km oberhalb – gleicht während der Sommersaison einem musizierenden Ferienlager. Es gibt drei legendäre Pubs, in denen sich die Musikfans gegenseitig auf die Füße treten. Allerdings kommt es zunehmend seltener zu spontanen Sessions. Sie sind meist alle geplant, und so hat sich nach und nach der Kommerz eingestellt. Trotzdem sind Freunde guter irischer Musik hier an der richtigen Adresse. Neben den drei bekannten Pubs gibt es ferner ein Musikgeschäft, einige Restaurants, ein paar Privathäuser sowie ausreichend Hostels bzw. Herbergen und Souvenirläden. Der Turm unweit Doolin heißt Doonagore Castle, stammt aus dem 15. Jahrhundert und ist in Privatbesitz.

Singing Pubs

Die "berühmtesten" sind O'Connor's, McGann's und McDermott's – am Freitag sind sie fast unerträglich voll. Die Musik beginnt meist gegen 21.30 Uhr.

Restaurant
Bruach na Haille, Roadford, Doolin, Tel.: 065 74120. Traditionelles Lokal, im oberen Teil Doolins gelegen, mit guten Fischgerichten. Mittlere Preisklasse, November bis März geschlossen.

Hotel/B&B
● Aran View House Hotel & Restaurant, Coast Road, Doolin, Co. Clare, Tel.: 065 74061, Fax: 065 74540. Wunderschön gelegenes Hotel mit Blicken auf die Aran Inseln, den Burren und die Cliffs of Moher. Die 16 Zimmer sind komfortabel ausgestattet. Mittlere Preisklasse.
● Doonmacfelim House, Doolin, Co. Clare, Tel.: 065 74503, Fax: 065 74421. Preisgünstiges, gepflegtes Gästehaus, alle 56 Zimmer haben privates Bad.
● Ballinalacken Castle Hotel: siehe Lisdoonvarna

Jugendherberge/ Hostel
● Aille River Hostel, Doolin, Tel.: 065 74260. Mitte März-Mitte Januar geöffnet, 19 Betten, 6-7 Pfund, Familienzimmer, Camping ist auf dem Grundstück möglich.
● Paddy Moloney's Doolin Hostel, Fisher Street, Tel.: 065 74006. Lang etablierte professionelle Herberge, nahe dem O'Connor Pub gelegen. Ganzjährig geöffnet, Fahrradverleih, 100 Betten in Mehrbett-, Doppel- und Familienzimmern, ab 6 Pfund, Mahlzeiten, rollstuhlfreundlich.
● Aauld Doolin Hostel, Fisher Street Bridge, Doolin, Tel.: 065 74006. 1.3.-31.10. geöffnet, ab 7,50 Pfund, 28 Betten, Familienzimmer, Mahlzeiten auf Wunsch erhältlich, Fahrradverleih, rollstuhlfreundlich
● Rainbow Hostel, Doolin, Tel.: 065 74415. Gegenüber dem Postamt gelegenes freundliches Hostel mit farbenfroher Fassade. Ganzjährig geöffnet, ab 6 Pfund, 16 Betten, Familienzimmer, Camping ist auf dem Grundstück möglich, Fahrradverleih.

Fährverbindungen auf die Aran-Inseln
In Doolin bestehen seit einigen Jahren Fährverbindungen auf die Aran Inseln. Diese Möglichkeit bietet die kürzeste, wenn auch nicht schnellste, Verbindung zu den Inseln. Die Überfahrt nach Inishmore kostet hin und zurück 20 Pfund (Stand Sommer 1995). Mit etwas Geschick läßt sich für Tramper oder Radfahrer ein Besuch auf den Inseln auf dem Weg nach Galway oder Connemara "einbauen", das heißt, man fährt von Doolin auf die Inseln, kehrt aber nach Galway oder Connemara zurück.
Fahrplanauskunft erhält man bei The Doolin Ferry Co., The Pier, Doolin, Tel.: 065 74455/ 71710/74189, Fax: 065 74417 oder unter Tel.: 091 67676

■ **Lisdoonvarna** ist ein hübscher gepflegter Ort, der sich einigen Charme als ehemaliges viktorianisches Kurbad erhalten hat. Drei Quellen (eisen-, magnesium- und schwefelhaltig) sprudeln seit dem 19. Jahrhundert für wohlhabendere Bürger und sorgten schon in den frühen Tagen des irischen Tourismus für die nötige Infrastruktur. Das Spa Wells Centre (Kurpark) steht Besuchern täglich für Spaziergänge zur Verfügung. (Öffnungszeiten: täglich Juni-Oktober 10-18 Uhr, Eintritt frei). Lisdoonvarna bietet sich als Basis für Erkundigungen des Burren und der Cliffs of Moher an.

Restaurant
Ballinalacken Castle Hotel, Lisdoonvarna, Tel.: 065 74025, Fax: 065 74025. Vom Speiseraum hat man einen schönen Ausblick auf die Cliffs of Moher. Vor allem die Fischspezialitäten sind zu empfehlen. Mittlere Preisklasse. 18.30-21.00 Uhr geöffnet.

Hotel

Ballinalacken Castle Hotel, Lisdoonvarna, Co. Clare, Tel.: 066 74025, Fax: 065 74025. Das Schloß wurde 1840 gebaut und ist schön auf einem von Bäumen gerahmten Hügel gelegen. Unweit befinden sich die Reste einer mittelalterlichen Burg. Von allen zwölf Zimmern hat man Meeresblick. Es gibt ein sehr gutes Restaurant. Mittlere Preisklasse. Das Schloßhotel liegt etwa 5 km nordöstlich von Doolin, 2 km vom Fähranleger in Doolin entfernt. An der Küste in der Nähe von Ballinalacken Castle kann man im Frühjahr bis Frühsommer insbesondere alpine und mediterrane Pflanzen bewundern.

Jugendherberge/Hostel

Kincora House & The Burren Holiday Hostel, Lisdoonvarna, Tel.: 065 74300, Fax: 065 74490. Ganzjährig geöffnet, 60 Zimmer in Mehrbett-, Doppel- und Familienzimmern, ab 6 Pfund, Mahlzeiten sind auf Wunsch erhältlich. Fahrradverleih.

Im **Burren Smokehouse** in Lisdoonvarna kann man geräucherten wilden Atlantik-Lachs kosten und käuflich erwerben. Folienverpackt wird er sogar per Post verschickt.

Laut irischer Mythologie war der "Salmon of Knowledge" die einzige Kreatur, die weiser als der Mensch war. Der erste Mensch, so die Legende, der je davon kosten würde, sollte dessen Weisheit und Klarsicht erben. Die Geschichte: Ein alter Mann hatte sein Leben lang versucht, den begehrten Fisch zu fangen. Als er schließlich sein Ziel erreichte, übergab er einem jungen Lehrling die Aufgabe der Zubereitung und des Kochen, warnte ihn jedoch davor, unter gar keinen Umständen den Fisch zu probieren. Der Junge jedoch verbrannte sich beim Kochen den Finger. Um die Schmerzen zu mildern, steckte er sich den Finger in den Mund. Dadurch wurde er derjenige, der den Fisch zum ersten Mal probierte und profitierte von seiner magischen Kraft. Aus dem kleinen Jungen wurde der legendäre Fionn MacCumhaill, der große Krieger des alten Irland. Sein ganzes Leben verbrachte Fionn damit, seine Weisheit zu verbreiten. Tel.: 065 74432, Fax: 065 74303 geöffnet täglich 10-19 Uhr.

"Abkürzende" Streckenführung von Ennis aus

Muß man seine Urlaubstage zählen und entschließt sich, auf den südwestlichen Zipfel von Clare zu verzichten, allerdings nicht auf die landschaftlichen Höhepunkte der Cliffs of Moher und des Burren, wählt man in Ennis die N 85 Richtung **Ennistymon**.

▨ **Dysert O'Dea** und das Clare Archaeology Centre liegen 10 km westlich von Ennis und 6 km von Corofin entfernt. Der abgeschiedene, inmitten einer Wiesenlandschaft versteckte archäologische Park wurde 1990 mit dem Clare Tourism Award ausgezeichnet und lohnt allemal einen Besuch. Das Tower House datiert von 1480 und wurde von einem reichen Amerikaner, einem Nachfahren des O'Dea Clans, hervorragend restauriert. Es dient heute als kleines Museum. Das Clare Archaeology Centre, so der offizielle Name des Museums, wurde 1988 eingerichtet. In der Saison Mai-Oktober 1995 konnten 12.000 Besucher verbucht werden. Zur Zeit werden Ausgrabungen vorgenommen, wozu selbst aus Amerika Studenten anreisen. Vom Tower House aus kann man sich auf einen History Trail begeben, der 25 Stätten umfaßt, die alle in einem Radius von 3 km vom Tower House liegen. Eine detaillierte Karte und Erklärungen gibt es dazu im Museum. Öffnungszeiten: Mai-September täglich 10-18 Uhr. Eintritt: Erwachsene 1,80 Pfund,

Kinder 80 Pence für das Schloß. Weitere Informationen erhält man unter Tel.: 065 37722.
Den Historical Trail zu beschreiten, kostet
nichts. Der Kurator des Museums ist sehr nett
und gibt bereitwillig Erklärungen.

Wir wollen uns bei der Beschreibung auf die
wichtigsten Stätten, nämlich Kirche, Rundturm und High Cross, beschränken.

Zwischen dem 7. und 8. Jahrhundert diente
Dysert O'Dea dem heiligen Tola als Einsiedelei. Von der lateinischen Bezeichnung "de-
sertum" für Einsiedelei hat der Ort den ersten
Teil seines Namens, O'Dea weist auf den Fa-
miliennamen der späteren Besitzer hin. Der
hl. Tola (734 gestorben), dessen Gebeine in
einem Schrein im National Museum in Dublin
aufbewahrt werden, wurde zu seiner Zeit von
vielen Pilgern verehrt. Die Denkmäler, die

Beeindruckend: ...

wir heute hier sehen können, wurden jedoch
erst einige Jahrhunderte nach dem Tod der Heiligen erbaut. Sie geben Zeugnis
von der hervorragenden Steinmetzkunst des 12. Jahrhunderts. Kirche und Rundturm stehen an der Stelle des
im 8. Jahrhundert von St.
Tola gegründeten Klosters.
Der Rundturm wurde zwi-
schen 900 und 1100 erbaut
und 1651 stark von Crom-
wells Truppen zerstört. Er
präsentiert sich dem heutigen
Besucher als "abgebrochener
Zahn".

Die Kirche ist für ihr reich
geschmücktes romanisches
Westportal berühmt. Es ist
zwei Meter hoch und besteht

... das romanische Portal in Dysert O'Dea

aus vier Bögen, dessen äußerer eine Reihe von 12 menschlichen Köpfen bildet,
zwischen die einzelne Tierköpfe gesetzt sind. Die Gesichtszüge sind ausgesprochen individuell gestaltet, jedoch alle von gesammelter Innerlichkeit geprägt.

Die frei tief eingeschnittenen Bögen darunter sind mit Zickzack- und Blattorna-
menten sowie geometrischen Mustern verziert. Sie kontrastieren stark mit den
flach gearbeiteten Säulen des Portals, die ebenfalls Band- und geometrische Ornamentik aufweisen. Die rechte äußere Säule ist achteckig, die linke rund, ihr Kapitell bildet ein menschlicher Kopf mit verschlungenem Haar. Die übrigen Kapitelle
sind bereits stark verwittert. In der Kirche sind verschiedene Familienmitglieder
der O'Deas begraben.

Östlich der Kirche steht in einem Feld das großartige über 3 Meter hohe Kreuz von Dysert O'Dea aus dem 12. Jahrhundert, das aus grauem Kalkstein gefertigt wurde. Es ist mit reliefartigen Figuren von Christus und dem hl. Tola sowie mit geometrischen und Motiven aus der Tier- und Pflanzenwelt verziert. Das sogenannte St.Tolas Cross zeigt auf seiner Vorderseite zwei Figuren im Hochrelief: oben der Gekreuzigte, darunter ein Bischof mit Krummstab und Mitra, möglicher-

weise St. Tola. In dem quadratischen Loch war ehemals der rechte Arm, wahrscheinlich mit segnender Gebärde, eingepaßt. Über dem Bischof steht der Gekreuzigte mit langem Gewand und kahlköpfg. Auch das Gesicht konnte man einst herausnehmen. Auffällig an der Christusfigur ist der ungewöhnliche Faltenrock, da er sonst nur mit langem Gewand dargestellt wird, auch fehlen Nägel und Wundmale. Der Gesichtsausdruck zeigt ihn nicht als leidenden, sondern als triumphierenden Christus. Beide Figuren sind stark stilisiert und treten plastisch aus ihrem nur mit fein ziselierten Linien geschmückten Hintergrund hervor.

Der Rest des Kreuzes ist mit verschiedenen Ornamenten sowie mit Tier- und Menschendarstellungen versehen. Alles ist in Flachrelief gearbeitet und steht in starkem Kontrast zur beeindruckenden Vorderseite. Auf der

Ein Arm fehlt

Rückseite sind kleine Unregelmäßigkeiten im Muster erkennbar. Diese erklärt der Kurator mit einem absichtlichen "Fehlermachen": Nur Gott kann Perfektes herstellen. Diese Tradition wird beispielsweise auch heute noch von Herstellern von Schottenröcken in den USA fortgesetzt.

■ **Corofin**, an der L53, ist ein netter Ort, der sich ebenfalls als Standquartier für die Besichtigung des Burren anbietet. Er ist auch bei Anglern beliebt, denn es gibt acht Seen in einem Umkreis von 8 km und den Fergus River.

In der St. Cathrine's Church, die im 18. Jahrhundert von einer Cousine von Queen Anne gegründet wurde, befindet sich jetzt das **Corofin Heritage Centre und Museum**. Es befaßt sich mit der Geschichte des irischen Westens im 19. Jahrhundert, genauer gesagt zwischen 1800 und 1860. Themen sind die große Hungersnot, Bauernvertreibung, die Aus-

Der Kurator von Dysert O'Dea erklärt gerne

wanderung und die wiederholten Versuche zur Ausrottung der gaelischen Kultur. Einige dargestellte Fakten erschrecken: Während einige wenige Grundbesitzer über 10.000 Hektar Land besaßen, hatten mehr als 16.000 Familien in der Grafschaft Clare überhaupt kein Land. Zwischen 1851 und 1881 verließen 100.496 Menschen die Grafschaft.

Dem Museum ist ein Genealogical Centre angeschlossen für alle jene, die ihre familiären Spuren in Co. Clare suchen wollen.

Öffnungszeiten: täglich April bis Oktober 10-18 Uhr, November-März Sa, So 9-17 Uhr, Tel.: 065 37955

Fahrradverleih
Jude Neylon, Corofin Village Hostel, Main Street, Tel.: 065 37683, Fax: 065 37239

Hostel
Corofin Village Hostel & Camping Park, Main Street, Corofin, Tel.: 065 37683, Fax: 37239. Es gibt kleine Schlafräume, Doppel- und Familienzimmer, und neben dem Hostel befindet sich ein kleiner, netter Campingplatz.

Pub
Im Angler's Rest in der Main Street gibt es Freitag, Samstag und Sonntag ab 21.30 Uhr Live Musik, Tel.: 065 37203

Tip: Unterkunft
● Die Courtyard Suites liegen auf einem von alten Bäumen umgebenen Grundstück, durch das sich ein kleiner Fluß schlängelt. In dem ehemaligen, liebevoll restaurierten Kutschenhaus von Richmond House gibt es vier Apartments, die mit 1 bzw. 2 Schlafzimmern, Wohnzimmer, Bad und moderner Küche ausgestattet sind. Auskunft erteilt Ms. Mary Healy, Richmond House, Corofin, Co. Clare, Tel. und Fax: 061 411773 (am Wochenende und abends: Tel. und Fax 065 37078).

● Richmond House, ein elegantes (4-Sterne) Country House, kann man ebenfalls mieten. Es gibt vier Doppelzimmer und ein Einzelzimmer, so daß also 9 Personen hier übernachten können.

Sprachschule
Das Clare Language Centre bietet Gruppen- oder Einzelunterricht, und zwar das ganze Jahr hindurch außer zwei Wochen um die Weihnachtszeit. Die Lehrer sind alle als Sprachlehrer ausgebildet (TEFL), teilnehmen kann jeder ab 16 Jahre. Die Klassen haben maximal 12 Schüler, die Kurse umfassen entweder 4 oder 15 Stunden pro Woche. Die Unterbringung erfolgt bei Familien in der Umgebung. Auskunft: Roxton, Corofin, Co. Clare, Tel.: 065 37811, Fax: 065 37153

INFO

Der Burren

Selbst für Reisende, die meinen, schon alles einmal irgendwo gesehen zu haben, hält der nördliche Teil der Grafschaft Clare eine Überraschung bereit. Eine gänzlich unerwartete, urzeitlich scheinende Mondlandschaft erstreckt sich auf einer Fläche von knapp 250 Quadratkilometern zwischen dem Atlantik im Norden und Westen sowie der Grafschaftsgrenze nach Galway: Der sogenannte Burren (gael. = großer Stein).

*Der Burren ist eine Kalksteinlandschaft, in die sich im Laufe der Jahrhunderte seltsam anmutende Wege eingegraben haben und auf der durch Erosion bizarre Hügel und Klippen entstanden sind. So ist diese einzigartige Landschaft mit ihren langgestreckten, verkarsteten Hügelketten geschaffen worden. Die R 480 und verschiedene kleinere von ihr abzweigende Sträßchen führen durch diese bizarre und monotone Steinöde. 1.300 Hektar der schützenswerten Burren-Landschaft werden derzeit zu Irlands fünftem Nationalpark gemacht. Unter der höchsten Erhebung des Burren, dem Slieva Elva, zieht sich ein riesiges Höhlensystem entlang, die **Aillwee Cave**, ca. 3 km südlich von Ballyvaughan. Teile dieses riesigen unterirdischen Höhlensaals können besichtigt werden.*

Die in Europa einzigartige Landschaft besteht aus kahlem Kalkstein und entstand vor 15.000 Jahren, als eiszeitliche Gletscher, die in nord-südlicher Richtung verlaufenden Längsrinnen durch das Kalksteinplateau zogen. Die Eismassen ließen neben zyklopischen Findlingen die Samen arktischer Pflanzen zurück, was zu der heute so einzigartigen Vegetation des Burren beitrug, einer Mischung aus arktischen, alpinen und mediterranen Gewächsen. Obwohl der Burren auf den ersten Blick rauh und trostlos erscheint, finden sich hier die seltensten Pflanzen Irlands. Oft sind es Pflanzen, die es in diesen Breitengraden eigentlich gar nicht geben dürfte. Silberwurz und Fingerkraut, lateinisch "Dryas octopetala" und "Potentilla fruticosa", sind die Vorgänger von vielen Nutzpflanzen, die in Irlands Gärten angebaut werden. Auch die fleischfressende "Pinguicula grandiflora" stammt von ihnen ab. Der blaublühende Enzian aus den Alpen gedeiht auf dem spärlichen Torf ebenso wie der Frauenhaarfarn "Adiantum Capillus Veneris" in den windgeschützen Felsspalten. In diesem größten natürlichen Steingarten Irlands wachsen auch der blutrote Storchschnabel, Akelei, Glockenblumen und Orchideen. Im Mai und Juni entfaltet sich die Flora des Burren am schönsten. Zwischen den grauen Felsen blühen Frühlingsenzian (Gentiana verna), Irischer Steinbrech (Saxifraga hibernica), Silberwurz (Dryas octopetala), Kukkucksknabenkraut (Orchis mascula), Montbretia (Iritonia cocosmiflora) und eine Anzahl verschiedener wilder Orchideen, aber auch einheimische Gewächse, wie Klee und Heidekraut. Gärtner und Botaniker aus aller Welt begeistern sich an dieser eigenartigen Mondlandschaft. Alle Pflanzen des Burren stehen unter Naturschutz.

Einst war der Burren bewaldet, Rodungen der steinzeitlichen Siedler, die das Gebiet vor rund 5.000 Jahren bewohnbar machten, haben die Erosion eingeleitet. Der Burren war während der Frühgeschichte Irlands bewohnt, woran Dolmen und Ringforts erinnern. Der Poulnabrone Dolmen und zahlreiche keilförmige Galeriegräber zeugen von diesem frühen megalithischen Volk. Aus den darauf folgenden Zeiten haben sich mehr als 100 Steinforts erhalten. Das schönste von diesen ist sicherlich das von Cahercommaun.

Wandern

Der Burren Way, ein ausgeschilderter Wanderweg, führt zwischen Ballinalacken bei Losdoonvarna und Ballyvaughan durch das Herz des Burren. Zwischen 4 und 5 Stunden sollten für die Wanderung eingeplant werden. Für individuelle Wanderungen im Burren empfiehlt sich die Mitnahme einer Wanderkarte, die in jeder Tourist Information der Region erhältlich ist. Die karge Landschaft ist allerdings nicht jedermanns Sache.

Crowmwells General Ludlow hatte wohl nur weng Sinn dafür. Er sagte: *"Kein Baum, an dem man einen Mann aufhängen, kein Tümpel, worin man ihn ersäufen, keine Erde, in der man ihn verscharren könnte."*

Der **Poulnabrone Dolmen** und zahlreiche keilförmige Galeriegräber zeugen von dem frühen megalithischen Volk, das einst hier lebte. Der Poulnabrone Dolmen liegt ca. 3 km von Ailwee Cave, zwischen Carran und Ballyvaughan und datiert auf 2500 v.Chr., der Deckel wiegt fast 10 Tonnen. Aus ähnlicher Zeit stammen weitere über den Burren verteilte Grabstätten, z.B. der Ballynahown Dolmen zwischen Doolin und Fanore, sowie zahlreiche unbenannte zwischen Kilfonera und Ballyvaughan.

Der Poulnabrone Dolmen

Aus den darauffolgenden Zeiten haben sich mehr als 100 Steinforts erhalten. Das schönste ist sicherlich das von **Cahercommaun**, welches über einem Flußtal zwischen Kilnabo und Carran liegt. Es besteht aus drei konzentrischen Ringen und entstand vermutlich erst nach der Zeitwende, angeblich soll es bis zum 9. Jahrhundert bewohnt gewesen sein.

▒ In dem kleinen Ort **Kilfenora** (ca. 120 Einwohner) befindet sich das **Burren Display Centre** mit einer Ausstellung sowie einer Audiovisionsshow zum Thema Flora, Fauna und Naturgeschichte des Burren. Das Burren Centre wurde 1975 eröffnet. Eine Führung dauert 25 Minuten und wird in verschiedenen Sprachen angeboten. Öffnungszeiten: täglich März-Oktober 10-17 Uhr und Juni-September 9.30-18 Uhr. Eintritt: Erwachsene 2 Pfund, Studenten/Senioren 1,50 Pfund, Kinder 1 Pfund, Familien 5 Pfund, Tel.: 065 88030

Die kleine Kathedrale von Kilfenora gehörte einst zu dem vom hl. Fachtna gegründeten Kloster und entstand Ende des 12. Jahrhunderts. Ihr Westteil wird heute noch als Kirche benutzt. Über die Geschichte des Klosters ist wenig bekannt. Es muß jedoch zumindest im 12. Jahrhundert recht bekannt gewesen sein, da es auf der Synode von Kells 1152 zum Bischofssitz erhoben wurde. Das Ostfenster der Kathedrale (um 1200) wird aus drei breiten und sehr hohen Lanzettfenstern gebildet, deren Säulen mit interessanten Kapitellen verziert sind, u.a. einer Gruppe von Geistlichen. Im Chor befinden sich zwei etwas steif wirkende Grabmäler eines Prälaten und eines Bischofs aus dem 13. und frühen 14. Jahrhundert. Eine Besonderheit der kleinen Kathedrale ist ihr Bischof: seit 1152 ist es der jeweilige Papst.

Von Bedeutung sind auch die Hochkreuze von Kilfenora: Gegenüber vom Eingang der Kirche steht der Schaft eines Kreuzes mit bereits verwitterten Flechtmustern und an der Nordwestecke des Friedhofs ein kleineres Kreuz ohne Kreuzring. Das bedeutendste ist das sogenannte Doorty Cross aus dem 12. Jahrhundert, dessen Kreuzring nicht durchbrochen ist. Es steht an der Westwand der Kathedrale. Der uneinheitliche Stil macht es zum Problemfall in der Kunstgeschichte. Der obere Teil der Ostseite wird von einer großen Figur mit Mitra und Krummstab, vermutlich einem Bischof, eingenommen. Er zeigt mit segnender Gebärde auf zwei Figuren unter ihm, die Arm in Arm gehen und ihre Krummstäbe in einen großen Vogel stoßen – die Bedeutung dieser Szene ist nicht geklärt. Auf der Westseite oben ist eine sehr schlecht erhaltene Kreuzigungsszene gegeben, ganz unten eine Figur im Damensitz auf einem Pferd reitend, das offenbar einen sehr steilen Weg erklimmt, darüber verschlungene Blattornamente.

Ca. 100 Meter westlich der Kirche steht ein weiteres, großes schlankes Kreuz mit Kreuzring, ebenfalls aus dem 12. Jahrhundert. Im Zentrum ist der Gekreuzigte zu sehen, der plastisch aus dem fein ziselierten Hintergrund hervortritt. Wie auf einem Blütenstengel steht er auf einem doppelten seilartigen Ständer, der den Kreuzschaft halbiert. Über dem Kopf Christi ist das Lamm Gottes dargestellt. Die Ornamente des Kreuzes sind sehr einfach und traditionell.

Ein fünftes Kreuz schließlich wurde 1821 nach Killaloe gebracht.

▪ An der Kreuzung der R 476 und R 480 liegt **Lemaneagh Castle.** An der Ostseite befindet sich ein fünfstöckiges Tower House von 1480. Ein vierstöckiges Herrenhaus im Tudorstil wurde

Lemaneagh Castle

im 17. Jahrhundert im Westen hinzugefügt. Kennzeichnend sind vor allem die vielen unregelmäßigen Fensteröffnungen. Um Lemaneagh Castle ranken sich zahlreiche Legenden über die tapfere Máire Rua, die Frau von Connor O'Brian, dem Erbauer des Herrenhauses. So soll sie, gleich nachdem ihr Mann in einem Gefecht mit Cromwells General Ludlow ums Leben gekommen war, einen von Cromwells Soldaten geheiratet haben, um Land und Burg für ihren kleinen Sohn zu retten.

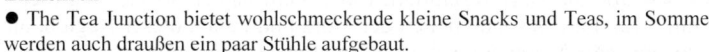 **Ballyvaughan**, unmittelbar an der N 67 gelegen, ist ein hübsches Fischerdorf, das das nördliche Tor zum Burren bildet. Die N 67 teilt ab hier das weitläufige Karst-Gebiet geradezu mittig. Der Ort besteht aus wenigen Häusern, in denen sich ein verhältnismäßig großes Angebot an Restaurants und B&Bs verbirgt. Die größte Attraktion des Ortes sind die nur wenige Kilometer südlich gelegenen Ailwee Caves.

Einkehren

● The Tea Junction bietet wohlschmeckende kleine Snacks und Teas, im Sommer werden auch draußen ein paar Stühle aufgebaut.
● Im Hyland's Pub wird während der Saison (Juni-Oktober) jeden Abend Live Musik geboten, ab 21.30 Uhr, Tel.: 065 77003

Hotel

Gregans Castle Hotel, Ballyvaughan, Co Clare, Tel.: 065 77005, Fax: 065 77111. Am Fuße des Corkscrew Hill gelegen, bietet Gregans Castle Hotel eine sehr gastfreundliche Unterkunft. Das 4-Sterne-Hotel ist von einem ausgedehnten Landschaftsgarten umgeben, es hat 18 Zimmer und 4 Suiten, die Küche ist ausgezeichnet. Das Hotel wird im Blue Book empfohlen. Mitte April-Ende Oktober geöffnet, mittlere bis gehobene Preisklasse.

Eingang zu den Höhlen

Inmitten des Burren, nur wenige Kilometer südlich Ballyvaughan, liegt ein unterirdisches Labyrinth, die **Ailwee Caves**. Unter der höchsten Erhebung der kargen Oberfläche des Burren, dem Slieva Elva (343 Meter), zieht sich 11 km lang ein umfangreiches System von Höhlen, Flüssen und Gängen entlang. Die Stalaktiten (von der Decke herabhängend), Stalagmiten (vom Boden emporwachsend), Orgeln und Säulen (zusammengewachsener Stalaktit und Stalagmit) sind Kalkablagerungen des durch den porösen Kalk versickernden Wassers. Aufgrund der im Inneren konstanten Temperatur von 10 Grad Celsius nutzten vor einem Jahrtausend Braunbären die Nischen für den Winterschlaf. Einige gefundene Knochen liegen heute wieder dort, wo die Tiere einst ihre Schlafstätte wählten. Die Ailwee Caves können mittels einer ½stündigen Führung besichtigt werden. 300 Meter tief führen die Gänge in den Berg hinein. Zugänglich sind Wege von mehr als einem Kilometer Länge, die jedoch nicht mehr als 2 % des bisher ent-

deckten Höhlensystems ausmachen. Ailwee Caves wurden 1944 entdeckt, aber noch längst nicht komplett erschlossen. Der besondere Höhepunkt wartet auf den Besucher am Ende des betretbaren tausend Meter langen Systems, wo sich ein unterirdischer Wasserfall ergießt. Der Führer löscht für wenige Minuten die Lichter, so daß man jäh in der vollkommenen Dunkelheit steht.
Öffnungszeiten: täglich Mitte März-November 10-17.30 Uhr (letzte Tour), im Juli und August bis 18.30 Uhr. Eintritt: Erwachsene 3,95 Pfund, Kinder 2,25 Pfund, Familien 12 Pfund, Gruppen (Erwachsene) 3 Pfund pro Teilnehmer, Gruppen (Kinder) 2 Pfund pro Teilnehmer. Auskunft: Ailwee Cave, Ballyvaughan, Tel.: 065 77036, Fax: 065 77107

▓ Unweit Ballyvaughan liegt auch **Newtown Castle.**
Das Castle wurde im 16. Jahrhundert von den O'Lochens errichtet und verfiel im 19. Jahrhundert. 1933 erfolgten die ersten archäologischen Untersuchungen, und 1994 wurde die Burg restauriert. Ein 1,3 km langer Spazierweg (der "Newtown Trail") führt an Besonderheiten der Flora und Fauna dieser Region, am Fuße der Cappanawalla Mountains sowie an Newtown Castle vorbei.
Öffnungszeiten: Ostern-Oktober täglich 10-18 Uhr oder nach Vereinbarung, Tel.: 065 77216, Fax: 065 77201. Eintritt: Erwachsene Schloß oder Weg je 2 Pfund, beides 3,50 Pfund, Kinder Schloß oder Weg 1,25 Pfund, beides 2 Pfund, Familienticket 12 Pfund. Eine geführte Tour dauert ca. 1 Stunde.

Strand/Schwimmen/Windsurfen
Bishop's Quarter ist ein im Norden von Co. Clare, geschützt in der Galway Bucht gelegener, schöner Strand.

▓ Die Zisterzienserabtei **Corcomroe Abbey** (südlich der Ortschaft Burren an der N 67) liegt in einem grünen und fruchtbaren Tal. Daher rührt auch der Name der 1182 von Donal Mór O'Brien oder 1195 von seinem Sohn gegründeten Abtei: "Sancta Maria de Petra Fertili", d.h. "hl. Maria vom fruchtbaren Felsen".
Von den Wirtschaftsgebäuden ist nur wenig erhalten, die vergleichsweise kleine Kirche dagegen, ein um 1200 entstandener Bau auf kreuzförmigem Grundriß mit je einer Kapelle an den Querschiffen, zeigt deutlich die typisch schlichte Bauweise der Zisterzienser.

▓ **Kinvara**
liegt bereits in der Grafschaft Galway. Der Ort dient vor allem als Durchreisestation für Reisende auf dem Weg nach Galway und Connemara und kann mit einigen Unterkunftsmöglichkeiten aufwarten. Neben dem beschaulichen Hafen, der zu einem abendlichen Spaziergang einlädt, bildet das östlich gelegene Dunguaire Castle den Hauptanziehungspunkt des Ortes.

◆ **Dunguaire Castle** liegt malerisch auf dem nackten Felsen einer Landzunge an der Bucht von Kinvara, 8 km nördlich von Tirneevin, 27 km südlich von Galway. Im 7. Jahrhundert stand hier bereits eine Festung, die Burg von Guaire, des Königs von Connaught. Die jetzige Burg wurde um 1520 von den O'Heynes, Nachfahren der Könige von Connaught, erbaut und ist von einem Mauerkranz umgeben. Der dreistöckige Burgturm und die Befestigungsmauern sind vollständig erhalten. Jahrhundertelang war die Burg Mittelpunkt kriegerischer Auseinandersetzungen, ehe sie zu Beginn dieses Jahrhunderts zu einem Zentrum des literarischen Irland wurde. 1924 erwarb Oliver St. Gogarty, der geistreiche Chirurg, Dichter, Zeitgenosse und Freund von W.B. Yeats und Lady Gregory die Burg als Ort der Ruhe und Besinnung. Heute ist sie vollständig restauriert und wird für mittelalterliche Bankette sowie als geschichtliches und literarisches Museum, vor allem für die Zeit der irischen literarischen Renaissance,

Dunguaire Castle

genutzt. Die Ausstellung vermittelt einen Überblick über das Leben von Generationen, die zwischen 1520 und heute in der Burg wohnten. 1992 wurde im Besucherzentrum der Burg eine Galerie mit Kunsthandwerk und Schmuck eröffnet. Öffnungszeiten: täglich Mitte April-September 9.30-17.30 Uhr, letzter Einlaß 16.30 Uhr, Tel.: 091 37108. Von Mai bis September finden in Dunguaire Castle mittelalterliche Bankette statt, die im Vergleich mit den anderen eher im kleinerem Rahmen stattfinden. Hauptsächlich wird Literatur vorgetragen.

▦ Ebenfalls bereits in der Grafschaft Galway liegt die sympathische Ortschaft **Gort.** Die breite Durchfahrtsstraße wird von Häusern aus dem 18. Jahrhundert gesäumt. Typisch sind die aufragenden Schornsteine und schlichten, grauen Steinfassaden sowie der große Marktplatz – ein typisch irisches Provinzstädtchen.

▦ Etwa 4 km westlich von Gort, unweit der Grafschaftsgrenze zwischen Galway und Clare, trifft man auf die interessanten Kirchenruinen von **Kilmacduagh.** Hier hat St. Colman im frühen 7. Jahrhundert ein Kloster gegründet. Kilmacduagh stand immer im touristischen Schatten der bizarren Kalkstein-Landschaft des Burren. Da es etwas abseits der Touristen-Pfade liegt, wird dieses Zeugnis altirischer Klosterbaukunst leicht übersehen.

Das auffälligste Merkmal dieser Stätte, einen Rundturm, kann der Besucher schon von weitem sehen. Vergleichbar mit dem Turm von Pisa, der allerdings erst einige Jahrhundert später erbaut wurde, neigt sich auch dieser erheblich über die Senkrechte hinaus. Der Turm ist 34 Meter hoch, wohlrestauriert und besitzt einen 8 Meter über dem Erdbodenniveau liegenden Eingang, der nur über eine Treppe erreicht werden konnte. In der Nähe des Turmes steht eine Kathedrale ohne Dach, die in vornormannischer Zeit errichtet und im gotischen Zeitalter wieder aufgebaut wurde. Der älteste Teil der Kathedrale ist die Westmauer mit einem – jetzt verschlossenen – rechteckigen Eingang (11. oder 12. Jahrhundert). Der Rest des

Schiffs datiert aus dem frühen 13. Jahrhundert. Weiterhin gibt es eine Anzahl kleinerer Kirchen, von denen die O'Heyne's Church die schönste ist. Sie stammt aus dem frühen 13. Jahrhundert und liegt malerisch an einem kleinen See. Besonders schön ist der Chorbogen, dessen Säulen mit Tier- und Pflanzenmotiven verziert sind. Aus derselben Zeit (ca. 1266) stammen auch die beiden schön gearbeiteten Ostfenster.

Die Kirche Johannes des Täufers (nördlich der Kathedrale) ist ein kleiner Bau aus dem 12. Jahrhundert mit rund- und spitzbogigen Fenstern. Der kleine Chor wurde später angefügt. Auf der gegenüberliegenden Seite der Straße liegt die St. Mary's Church mit einem rundbogigen Ostfenster, erbaut um 1200, das Südfenster wurde erst im 15. Jahrhundert eingesetzt. In der Nähe der O'Heyne's Church findet man das mittelalterliche Abbots House, auch Glebe House genannt, das erst kürzlich mit einem neuen Dach versehen wurde.

■ **Thoor Ballylee**, Co. Galway, ca. 30 km südwestlich von Galway, nahe der N 66 Gort/Loughrea.

Das Tower House stammt aus dem 16. Jahrhundert. Einst von William Butler Yeats bewohnt, befindet sich heute hier das Yeats Museum. Als Gegenstück zum offenen gastfreundlichen Haus der Lady Gregory präsentiert sich Thoor Ballylee als ein malerisch in einer Flußschleife versteckter Turm mit kleinen Fenstern, der dem Dichter Schutz vor der Außenwelt bot. 1919 hat sich Yeats dieses Turmhaus als Domizil zum Schreiben zugelegt. Einmal konnte er so nahe am Coole Park und bei Lady Gregory sein, zum anderen war es eine Rückzugsmöglichkeit nach den bitteren politischen Erfahrungen des Bürgerkrieges in die Einsamkeit des irischen Westens. Hier entstanden u.a. der Gedichtszyklus "The Tower", in dem er sein Leben in Thoor Ballylee beschreibt.

Nach 1929 verfiel der Turm wieder zur Ruine, bis er 1965 restauriert und als Yeats Museum mit persönlichen Gegenständen des Dichters sowie Erstausgaben seiner Werke ausgestattet wurde.

Öffnungszeiten: täglich April - September 10-18 Uhr

■ Kurz vor dem Städtchen Gort (von der N 18 ab) liegt der Ort, der neben dem Dubliner Abbey Theatre die meisten Verbindungen mit dem "Irish Literary Revival" besitzt: Lady Augusta Gregorys Landsitz **Coole Park**. In diesem heutigen Naturschutzgebiet hatte früher Lady Gregory, eine Mitbegründerin des Abbey Theatre, ihren Wohnsitz. Mit schier unermüdlicher Großzügigkeit lud Lady Gregory Schriftsteller und Dramatiker hierher ein, um sie zu beköstigen und um mit ihnen ihre literarischen Werke zu besprechen. Yeats, Shaw, Synge, O'Casey und viele andere mehr waren hier zu Gast. Nach dem Tod von Lady

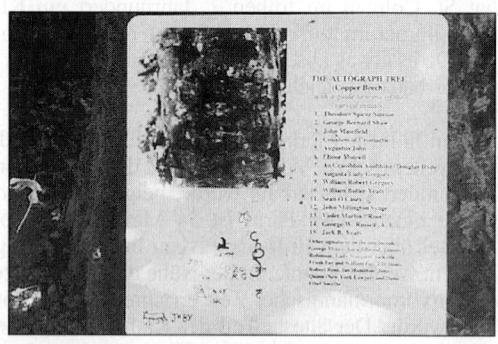

Berühmte Dichter haben ...

... sich hier verewigt

Gregory zerfiel das Haus und wurde Anfang der 40er Jahre von dem damaligen Besitzer, dem Forestry Department, abgerissen. Erhalten sind nur noch einige Erinnerungsstücke, Gemälde, Fotografien sowie die Texte der Schriftsteller. Die Ausstellung im Besucherzentrum informiert über die natürlichen Gegebenheiten des Ortes und würdigt seine literarische Bedeutung. Ausführlich kann man sich hier über die Geschichte des Hauses, seiner Bewohner und Besucher, informieren. Im Park steht der Autograph Tree, jene berühmte Buche, in die berühmte Dichter ihre Initialen ritzten.

Öffnungszeiten: Mitte April-Mitte Juni Di-So (montags geschlossen, außer Bank Holidays) 10-17 Uhr, Mitte Juni-Ende August täglich 9.30-18.30 Uhr, September täglich 10-17 Uhr, Tel.: 091 31804, Fax: 091 31653. Auf Wunsch werden Führungen durchgeführt. Eintritt: Erwachsene 2 Pfund, Senioren 1,50 Pfund, Kinder oder Studenten 1 Pfund, Familien 5 Pfund, Gruppen 1,50 Pfund pro Teilnehmer. OPW

W.B. Yeats kehrte zwanzig Jahre lang Sommer für Sommer als Gast nach Coole Park zurück. 1929 setzte er Lady Gregory mit dem Gedicht "Coole Park" ein literarisches Denkmal.

> *"I meditate upon a swallow's flight,*
> *Upon an aged woman and her house,*
> *A sycamore and lime-tree lost in night*
> *Here, travellor, scholar, poet, take your stand*
> *When all those rooms and passages are gone,*
> *When nettles wave upon a shapeless mound*
> *And saplings root among the broken stone,*
> *And delicate – eyes bent upon the ground,*
> *Back turned upon the brightness of the sun*
> *And all the sensuality of the shade -*
> *A moment's memory to that laurelled head."*

W.B. Yeats

■ **Loughrea**, 20 km nordöstlich von Gort an der N 66
In Loughrea gibt es Ruinen eines Karmeliterklosters aus dem 13. Jahrhundert (mit Erweiterungen aus dem 15. Jahrhundert) und eine im Stil des Historismus erbaute katholische Kirche (1897-1903). Interessant sind die prachtvollen Buntglasfenster.

Nördlich der Ortschaft steht in einer Viehweide der **Turoe Stone**. Es ist ein 90 cm hoher Kultstein aus Granit, der ins 3.-2. Jahrhundert datiert wird. Aufgrund seiner phallischen Form vermutet man, daß er das Zentrum einer bedeutenden Fruchtbarkeitszeremonie gebildet hat. Die obere Hälfte des Steins ist mit abstrakten weich fließenden Linien, vornehmlich Spiral- und Fischblasenornament, verziert – eine Verzierungsart, die in Irland nur sehr selten vorkommt.

403

Für Reisende, die es nicht eilig haben, mag sich ein Umweg über **Athenry**, ca. 20 km westlich von Galway an der R 348, lohnen.

1235 gegründet, stellte Athenry einst eine wichtige mittelalterliche Siedlung dar. Bald nach Gründung des Ortes wurde mit dem Bau einer massiven Burg begonnen. Der rechteckige, dreistöckige Turm wird von einer nur noch teilweise erhaltenen mächtigen Mauer mit runden Ecktürmen umgeben. Ungewöhnlich ist der spitze hohe Giebel des Turms, wie er im 13. Jahrhundert sonst an Burgen nicht zu finden ist.

1597 wurde die Stadt von den O'Donnells geplündert. Erhalten sind Reste der Stadtmauern (13. Jahrhundert), darunter der Turm des nördlichen Stadttors, das mittelalterliche Marktkreuz, eine Kirche aus dem 13. Jahrhundert sowie Teile einer Dominikaner-Abtei. Sie wurde 1241 gegründet und ist somit eine der frühesten Niederlassungen dieses Ordens in Irland. Von den Klostergebäuden steht so gut wie nichts mehr, und auch die Kirche, mit Hauptschiff, Chor und nördlichem Seiten- und Querschiff, stammt hauptsächlich aus dem 14. Jahrhundert.

4.4.5 DIE ARAN ISLANDS

> *"The holy island that sleeps like a great shark*
> *on the grey water of the Atlantic ocean"*
> (James Joyce)

Die Aran-Inseln zählen zu den ursprünglichsten Natur-, aber auch Kulturlandschaften des heutigen Irlands. Insgesamt leben rund 1.500 Einwohner auf den drei bewohnten Inseln. Die Inselgruppe bildet die aktivste Gaeltacht der Republik, in kaum einer anderen Region haben sich die gaelische Sprache und Kultur im Alltag unverfälschter erhalten. Eines der Ziele der Inselbewohner ist die Bewahrung der irischen Sprache. Selbst heute, wo der modernen Welt der Gebrauch der irischen Sprache überflüssig scheint, bringen Einheimische ihren Kindern noch ihre Muttersprache bei.

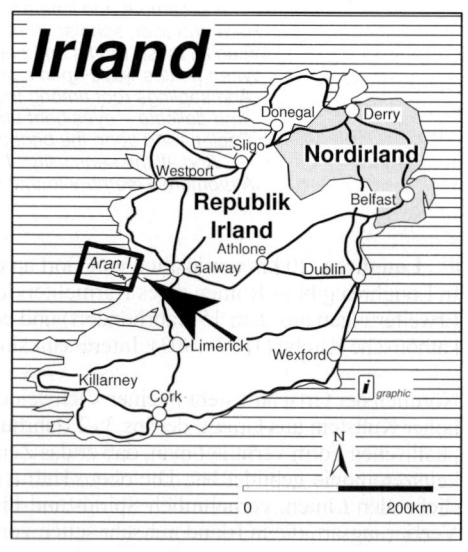

Auf Inishmore gründete der hl. Enda im 5. Jahrhundert Irlands erstes bedeutendes Kloster. Hier studierten u.a. der hl. Ciarán, Gründer von Clonmacnoise, und der hl. Jalath, Gründer von Tuam. Wikinger plünderten das Kloster im 11. Jahrhundert, und der letzte registrierte Abt starb 1400. Der Clan der O'Flaherty's nahm danach die Inseln in Besitz, die seit dem 11. Jahrhundert unter der Herrschaft der O'Brians gestanden hatten. Königin Elizabeth I.

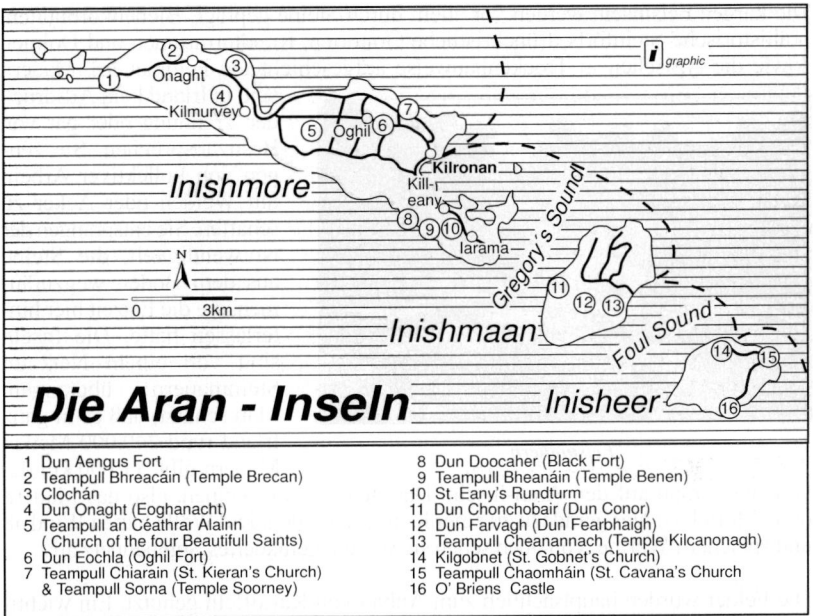

Die Aran - Inseln

1 Dun Aengus Fort
2 Teampull Bhreacáin (Temple Brecan)
3 Clochán
4 Dun Onaght (Eoghanacht)
5 Teampull an Céathrar Alainn
 (Church of the four Beautifull Saints)
6 Dun Eochla (Oghill Fort)
7 Teampull Chiarain (St. Kieran's Church)
 & Teampull Sorna (Temple Soorney)
8 Dun Doocaher (Black Fort)
9 Teampull Bheanáin (Temple Benen)
10 St. Eany's Rundturm
11 Dun Chonchobair (Dun Conor)
12 Dun Farvagh (Dun Fearbhaigh)
13 Dun Cheanannach (Temple Kilcanonagh)
14 Kilgobnet (St. Gobnet's Church)
15 Teampull Chaomháin (St. Cavana's Church
16 O' Briens Castle

schenkte die Aran-Inseln 1587 dem Engländer John Rawson, der auf Inishmore Arkyn's Castle errichtete. 1651 besetzten Cromwells Truppen die Inseln, die im späten 17. Jahrhundert nach nochmaligem Besitzwechsel schließlich Richard Bently übergeben wurden, der 1662 zum Earl of Aran ernannt wurde. 1691 richteten die Engländer in einem von Cromwell erbauten Fort eine Garnison ein.

Die Inseln Inisheer (östliche Insel), Inishmaan (mittlere Insel) und Inishmore (große Insel) sowie vier unbewohnte kleinere Eilande liegen in der Bucht von Galway und sind seit 4.000 Jahren bewohnt. In geologischer und morphologischer Hinsicht stellen die insgesamt sieben Aran-Inseln eine Fortsetzung des aus Karbonkalken bestehenden Clare-Plateaus, also die Verlängerung der Karstlandschaft des Burren, nach Nordwesten dar. Ähnlich dem Burren wurden die heute unbewaldeten, windumtosten Felsinseln kahlgeschlagen. Die folgende Erosion vernichtete den wertvollen Humusboden, so daß in den letzten Jahrhunderten Felder künstlich mit Mutterboden wieder aufgefüllt werden mußten.

Das Leben auf den Inseln war und ist immer noch hart und entbehrungsreich. Es gab dort kaum fruchtbaren Boden, denn unter den Steinen wartete der blanke Fels. Mit Lagen von Seetang, Sand und Erde bildeten die Menschen den ersten Bodensatz, um so einen halbwegs geeigneten Nährboden für spärliche Kartoffel- und Getreideernten zu schaffen. Getrockneter Kuhdung diente als Dünger. Öl, Torf, Kohle oder Holz gab es nicht, ebensowenig natürliche Wasserreservoirs. Mit geschickt angelegten Kanälen auf den Feldern konnte man wenigstens das abfließende Regenwasser nutzbar machen. Erst in jüngster Zeit haben diese kahlen Inseln eine Stromversorgung erhalten.

Die kargen Felsinseln werden vor allem durch Steine geprägt: Bienenkorbhütten, prähistorische Steinforts, frühchristliche Oratorien, Rundturmruinen und Dolmen sowie die typischen in Trockenbauweise aufgeschichteten Feldmauern. Mauern

Felsmauern

sind in Irland kein Ausdruck der Trennung oder gar von Besitzansprüchen. Sie zeugen von kollektiver Arbeit, um Weiden oder Äcker zu schaffen. Sie entsprangen der Notwendigkeit, die Steine aus dem Boden wegzuräumen, die die Eiszeit hier hinterlassen hatte. Die Inseln sind von einem Netz an Steinmauern überzogen. Man schätzt, daß es in ganz Irland rund 240.000 Meilen Mauern gibt. 11.000 km davon findet man auf den Aran-Inseln. Das Stapeln von Steinen, also das Mauern ohne Mörtel, ist hier geradezu zu einer Kunst geworden. Die Wälle halten Wind ab und speichern Wärme, von oben sehen sie wie ein gemauertes Spinnennetz aus.

Die Felder wurden hauptsächlich zum Anbau von Kartoffeln genutzt. Ein wichtiger Erwerbszweig auf den Inseln war das Ernten von Seetang. Im Winter wurde er als Dünger für die kommende Kartoffelernte benötigt. Im Frühling wurde er angehäuft und im Juni verbrannt.

Über Tausende von Jahren benutzten die Inselbewohner sogenannte **"curraghs"**, die traditionellen Aran-Boote. Diese Bootsart ist sehr geeignet für die rauhe,

Curraghs – die traditionellen Boote der Aran-Fischer

stürmische See ringsherum. Es sind offene Kanus, die aus einem Holzrahmen bestehen, welcher mit teergetränktem Leinen oder anderen wasserfesten, strapazierfähigen Stoffen überzogen wird. Früher bestand die Außenhaut aus Tierfellen. Ein curragh ist zwar leicht zu tragen, aber schwer zu manövrieren. Mit ihrer leicht nach oben gedrückten Nase sind die leichten Boote jedoch geeignet, selbst die hohen unberechenbaren Wellen der Westküste zu bezwingen. Curraghs brauchen keinen Hafen oder Landungssteg, sie können an jedem ebenen Strand landen. Die Ruder sind lang, schmal und blattlos.

In heutiger Zeit könnten die alten Methoden des Fischfangs mit den curraghs oder von den Klippen aus das Überleben der Insulaner nicht weiter sicherstellen. Deshalb hat auch hier die moderne Technik Einzug gehalten. In den letzten Jahren erfuhr die Fischfangindustrie auf den Aran-Inseln einen bedeutenden Aufschwung und ist nun der Hauptarbeitgeber der Inseln. Die Fangflotte liegt in Kilronan und bringt ihren Ertrag nach Rossaveal an der Connemara-Küste. Handel mit dem Festland von Connemara war und ist auch heute noch für das Leben der Inselbewohner besonders wichtig, vor allem für die Versorgung mit Torf, der zum Heizen verwendet wird.

Die Inselbewohner tragen ihre traditionelle Bekleidung heute nur noch zu besondern Anlässen. Die roten Röcke und sorgfältig bestickten Schals und Halstücher der Frauen stehen im farblichen Kontrast zu den grauen Steinen. Die Aran-Inseln sind berühmt für ihre dicken Pullover, die man wegen der oft rauhen Witterung auch braucht. Seit dem vorigen Jahrhundert werden die Strickwaren in den traditionellen Aran-Mustern hergestellt.

Die Inseln im Atlantik leben heute ein Doppelleben. In den kurzen touristischen Sommermonaten werden sie von Besuchern schier überrannt. In der Hochsaison kommen täglich bis zu 1.500 Tagesgäste. Im Winter jedoch sind sie vergessen und menschenleer. Es fehlen dringend Arbeitsplätze. Der Tourismus bildet heute neben dem Fischfang die wichtigste Einnahmequelle der Inseln. Inishmore ist die am meisten besuchte Insel. Hier gibt es die höchsten Klippen und das berühmte Ringfort Dun Aengus. Inishmaan ist das am wenigsten von den modernen Zeiten beeinflußte Eiland. Vor allem Künstler und Naturliebhaber kommen gerne hierher. Inisheer ist ein Paradies für Botaniker. Man kann hier 427 verschiedene Wildblumen finden. Auf Inishmaan und Inisheer ist alles in Spaziergängen gut erreichbar. Es lohnt sich daher kaum, Fahrräder mitzubringen.

Reisepraktische Hinweise

Tourist Information
Kilronan, Tel.: 099 61263, Mai bis Mitte September geöffnet. Hier erhält man auch Informationen über Hochseeangeltouren. Fast täglich fahren Boote vom Hafen aus los, die auch Besucher mitnehmen.

Fährverbindungen
● **Von Galway:**
Von Galway existieren zwischen Juni und September mehrfach täglich Direktverbindungen nach Inishmore, wobei es verschiedene Anbieter gibt. Abfahrt von den Galway Docks 5-10 Gehminuten von der Tourist Information. Aran Ferries (Tel.: 091 68903

(abends: 091 65352), Fax: 091 68538) fährt jeweils von Galway um 10 und um 14 Uhr und von Aran 12 und 16.30 Uhr. O'Brian Shipping (Tel.: 091 67283/61854, Fax: 091 67672) fährt um 11 Uhr von Galway und kehrt gegen 16.30 zurück. Die Überfahrt beträgt ca. 90 Minuten.

● **Von Rossaveal (Ros-a-Mhil):**
Die Überfahrt von Rossaveal aus ist die meistgenutzte Verbindung nach Inishmore. Von Mai bis Oktober gibt es mehrfach täglich Verbindungen, von November bis März sind die Überfahrten eingeschränkt. Ab Rossaveal, täglich April-Oktober 10.30, 13.30 und 18 Uhr, ab Aran 12.30, 17 und 19 Uhr. Die Überfahrt dauert 30 bis 60 Minuten. Es gibt auch einen Shuttle Bus vom Tourist Office in Galway nach Rossaveal.

In Rossaveal streiten sich zwei Gesellschaften um die Passagiere: Island Ferries und Aran Ferries. Die letztgenannte Reederei hat mit dem Aran Flyr das schnellere Boot, aber im Grunde ist es egal, ob man eine halbe Stunde oder eine Stunde unterwegs ist – auf jeden Fall ist die Passage nie so kurz, wie auf den Flugblättern angepriesen und überhaupt: "als Gott die Zeit gemacht hat, hat er viel davon gemacht ...". Die Preise beider Gesellschaften sind fast identisch (um 20 Pfund hin und zurück), allerdings können auf dem Schnellboot keine Fahrräder transportiert werden.

In der Nebensaison fallen die Preise rapide, beachten sollte man auch die Kombi-Tickets, die den Bustransfer von und nach Galway, die Fährverbindung und B&B auf Inishmore beinhalten. Beide Gesellschaften haben Schalter in der Tourist Information in Galway. Dort erhält man sämtliche Informationen oder aber direkt unter den Rufnummern: Island Ferries, Tel.: 091 61767, oder Aran Ferries, Tel.: 091 68903.

● **Von Doolin:**
Nach Inishmore bestehen Fährverbindungen zwischen Mai und August, täglich um 10 oder 11 Uhr, die Rückfahrt erfolgt gegen 16.30 Uhr. Die Fahrzeit beträgt ca. 1 ½ Stunden. Das Ticket kostet hin und zurück für Erwachsene 20 Pfund in der Hauptsaison (Stand 1995). Nach Inisheer fahren die Boote häufiger. Die Fahrzeit beträgt mindestens eine halbe Stunde. Fahrplanauskunft erhält man bei The Doolin Ferry Co., The Pier, Doolin, Tel.: 065 74455/71710/74189, Fax: 065 74417 oder unter Tel.: 091 67676

● **Hinweis zu den Fährverbindungen**: Die Angaben sind recht vage, entsprechen jedoch den Tatsachen: Es empfiehlt sich, gegen 10 Uhr am Bootsableger zu sein, nicht ungeduldig zu werden, wenn das Boot erst eine halbe oder gar eine Stunde später abfährt, und zu warten, bis man irgendwann auf der Insel ankommt. Dort allerdings sollte man sich mehrfach vergewissern, wann das letzte Boot wieder zurückfährt, es sei denn, man möchte die Nacht dort verbringen.

Flüge
Air Arann, Connemara Regional Airport, Inveran, Tel.: 091 93034, Fax: 091 93238. Mehrfach täglich (ab Inveran jeweils um 9.30, 10.30, 16 und 17 Uhr, ab Aran um 9.45, 10.45, 16.15, 17.15 Uhr). Der Flugpreis beträgt 35 Pfund pro Person, Kinder zahlen 20 Pfund. Die Flugdauer beträgt 15 Minuten. Beachten sollte man auch die besonderen Angebote. So gibt es ein kombiniertes Ticket mit Hin- und Rückflug sowie einer Übernachtung für 47 Pfund pro Person.

Touren
In der Nebensaison werden verschiedene kombinierte Touren von Galway aus angeboten. Für rund 46 Pfund erhält man den Transfer Galway - Aran - Galway, 2 Nächte B&B, 2 mal Dinner sowie eine Rundfahrt auf der Insel. Reservierung unter Tel.: 099 61104/61131 oder 091 61767, Fax: 091 62069.

Inselhüpfen
Neben dieser kostspieligeren Möglichkeit bieten die interinsularen Boote die einfachste Verbindung. Die Überfahrten erfolgen unregelmäßig, zum Teil nach Bedarf, aber in der Regel mindestens einmal pro Tag, im Winter seltener. Auskunft erhält man unter Tel.: 091 61767 oder Tel.: 091 72273 (abends).

408

Fortbewegung auf der Insel
Auf Inishmore gibt es einen Kleinbus, der mehrmals täglich die Inselrunde macht (5 Pfund pro Person/Tourdauer: 1 Stunde), Pferdedroschken (7-8 Pfund für 2-3 Stunden) oder Fahrräder. Am Pier gibt es verschiedene Anbieter, die Fahrräder verleihen – eine ideale Möglichkeit, die Insel zu erkunden. Mit dem Fahrrad ist das prähistorische Fort gemütlich in einer Stunde zu erreichen.

Fahrradverleih
Neben vielen anderen Anbietern kann folgender genannt werden: Rothar Arainn Teo., Frenchmans Beach, Kilroonan, Tel.: 099 61132/61203, Fax: 099 61313 (Raleigh-Rent-a-Bike)

Buchtip
John Synge: Die Aran Inseln, 1907. John Millington Synge verbrachte um die Jahrhundertwende mehrere Monate auf Inishmaan, um Gaelisch zu lernen und um Anregungen für seine Dramen zu finden. Das Cottage, wo er wohnte, kann besichtigt werden. Seine Aufzeichnungen "Die Aran Inseln", 1907, liefern einen guten Einblick in das Leben der archaisch insularen Bevölkerung. Auch seine Tragödie "Riders to the Sea", 1904, spielt auf einer der Inseln und behandelt mit der Geschichte einer Frau, deren Mann und Söhne im Meer umkamen, den permanenten Konflikt zwischen Mensch und Natur, dem gerade die Bewohner Arans ständig ausgesetzt sind. "Ein Mann, der keine Angst hat vor dem Meer, wird bald ertrinken" – lautet die Warnung, die in seinen Aufzeichnungen immer wieder deutlich wird.

INFO

John Millington Synge (1871-1909)

John Millington Synge

"Oh my grief, I've lost him surely. I've lost the only Playboy of the Western World"
(The Playboy of the Western World)

Auf den Aran-Inseln beobachtete John Millington Synge das Leben der armen Fischer und Bauern und sammelte Material für seine Stücke. Synges "Reiter am Meer" (1904) stilisiert das harte Leben der Fischer auf den Aran Inseln zu mythischer Unerbittlichkeit. Seine letzte und beste Tragikkomödie "The Playboy of the Western World" (1907) ist weitaus bekannter und zählt heute zu den Klassikern des Welttheaters. Es wurde von dem Ehepaar Böll unter dem Titel "Ein wahrer Held" ins Deutsche übersetzt. Beide Stücke wurden im Abbey Theatre uraufgeführt. Yeats, der

> *Synge entdeckt und gefördert hatte, mußte diese Aufführung mit Polizeige-*
> *walt durchdrücken: Irische Patrioten sahen durch die als rückständig ge-*
> *zeichnete Gegend das Bild des irischen Volkes in den Schmutz gezogen.*
> *Außerdem nahm man Anstoß an dem Wort "Shift" (Damenhemd), das der*
> *verhinderte Vatermörder Christie Mahon, der Protagonist des Stückes, auf*
> *der Bühne in den Mund zu nehmen hatte.*

Filmtip

Der 1934 von dem amerikanischen Dokumentarfilmemacher Robert Flaherty gedrehte, expressionistische Schwarz-Weiß-Film "Man of Aran" beschreibt eindringlich das Leben der Inselbewohner um die Jahrhundertwende. Das Thema ist die
Verlassenheit der Menschen inmitten von Meer und Sturm. Gigantische Wellen, die unge-
bremst in Winterstürmen auf das Festland prallen, turmhohe Gischt, Licht und Wasser bestimmen die dramatische Schwarz-Weiß-Inszenierung. Zwischen diesen Elementen wirken die Inselbewohner, die sich selbst darstellen, bei ihrem Überlebenskampf nur noch wie Statisten. Eine
nennenswerte Handlung gibt es nicht, aber der Film ist trotzdem sehr sehenswert. Er wird
mehrfach täglich in der Town Hall von Kilronan, drei Gehminuten vom Pier entfernt, gezeigt.

Einkaufen/Souvenirs

Die berühmten **Aran-Pullover** sind auf den Inseln an jeder Ecke zu erwerben. Sie
haben phantasievolle Muster, und man sagt, daß die Fischer ihre Ertrunkenen jeweils an den familieneigenen Strickmustern erkannt haben. Dies allerdings ist nur
eine schöne Legende. Die "typischen" Pullover wurden erst Ende des vorigen Jahrhunderts aus
Schottland kommend hier eingeführt. Das Gütezeichen "handgestrickt auf Aran" stimmt längst
nicht mehr. Die Pullover sind hier genauso teuer wie auf dem Festland, in der Nachsaison
werden die Preise allerdings oft bis um 50% gesenkt.

Pubs

Abends kann man in einigen Pubs von Inisheer und Inishmore Folksessions erleben.

B&B

B&B-Unterkünfte gibt es auf allen drei Inseln. Die Pensionen sind bescheiden
eingerichtet, haben aber oft wunderschöne Aussichten auf die Landschaft. Meist
gibt es nur wenige Zimmer, und während der kurzen Saisonmonate sollte man im
voraus buchen. Hier einige Adressen:
- **Auf Inishmore:**
- The Man of Aran Cottage, Tel.: 61301. Hier drehte Robert Flaherty seinen berühmten Film.
- The Cliff House, Tel.: 61286. Das Gästehaus ist sauber, gepflegt und hat eine gute Küche.
- Bayview House, Kilronan, Tel.: 099 61260, Fax: 099 61260. Am Fährhafen gelegenes Cafe-
haus und Restaurant mit acht Zimmern.
- **Auf Inishmaan vermieten (Auswahl):**
- Angela Faherty, Tel.: 73012, Fax: 73052
- Máire Mulkerrin, Tel.: 73016
- Vilma Conneely, Tel.: 73085. Ein nettes Restaurant ist angeschlossen.

Jugendherberge/Hostel (Auswahl)

- Aran Islands Hostel, Kilronan Pier, Inishmore, Tel.: 099 61255. Beliebte Herberge am Pier. 40 Betten, große Gemeinschaftsküche und Aufenthaltsraum.

● Mainistir House Hostel, Inishmore, Tel.: 099 61169, Fax: 099 61351. Etwas außerhalb Kilronans gelegene Herberge (etwa 20 Gehminuten zu Hafen, von dort Abholservice), sehr sauber und günstig (ab 6 Pfund). Sympathische Zimmer mit 2-6 Betten, große Lounge mit verglaster Front mit Ausblick auf die Küste. Abends gibt es ein ausgezeichnetes vegetarisches Buffet.

● Auf Inishere: Bru Radharc Na Mara Hostel, Inishere, Tel.: 099 75087 /24, ganzjährig geöffnet, 39 Betten, auch Familienzimmer, ab 6 Pfund, Mahlzeiten werden auf Wunsch gereicht, Fahrradverleih

Camping
Möglichkeiten zum Campen gibt es auf allen drei Inseln, aber auch hier gilt: keine Erwartungen von Luxus mitbringen.

Restaurants
● **Auf Inishmore:**
- Cliff House, Kilronan, Tel.: 099 61286. Bietet einfache und gute Küche.
- Mainistir House, Inishmore, 1 km außerhalb Kilronan auf dem Weg nach Dun Aengus, Tel.: 099 61169. Vegetarisch, einfach und preiswert, auch Hostel-Unterkünfte. Siehe Unterkunft
- Aran Fisherman Restaurant, Kilronan, Aran Islands, Tel.: 099 61104/61363, Fax: 099 61225. Das Restaurant bietet sehr gute Fischgerichte, aber auch Kleinigkeiten, wie Pizzas etc. Ganzjährig geöffnet, April bis Oktober 10-22 Uhr, November - März 11-21 Uhr
- Bayview House, Kilronan, Tel.: 099 61260, Fax: 099 61260. Am Fährhafen gelegenes Cafehaus und Restaurant. Bei schönem Wetter kann man auch draußen sitzen und die Boote und vorbeiziehenden Touristen beobachten. Siehe Unterkunft.
● **Auf Inishere:**
Fisherman's Cottage, Inishere, Aran Islands, Tel.: 099 75073, Fax: 099 75073. Es gibt hauptsächlich Fisch, aber auch Lamm und biologisch-dynamisch angebautes Gemüse, täglich 12-17 Uhr und 19-21.30 Uhr geöffnet, Ende September bis Mitte April geschlossen. Mittlere Preisklasse.
● **Auf Inishmaan:**
A Dún, Inishmaan, Tel.: 73068, nur Juni bis September geöffnet

Heritage Centre
1992 wurde auf Inishmore ein Heritage Centre gegründet. Hier kann man sich über die Landschaft, die Tradition und über die Kultur der Aran Inseln informieren. Man erhält einen allgemeinen Überblick über Zusammensetzung und Struktur der Inseln sowie über die historische und heutige Lebensweise der Bewohner. Öffnungszeiten: täglich von April bis Oktober von 10-17 Uhr, Tel.: 099 61355. Eintritt: Erwachsene 2 Pfund, Studenten/ Gruppen 1,50 Pfund, Kinder/Senioren 1 Pfund, Familien 5 Pfund.

▒ Inishmore

ist die westlichste und mit 3.092 Hektar die größte der drei bewohnten Inseln. Zu ihr kommen die meisten Besucher. Der Hauptort heißt Kilronan. Mit etwa 800 Einwohnern ist sie die bevölkerungsreichste Aran-Insel. Eine verhältnismäßig große Zahl an Unterkünften steht bereit, um wenigsten einen Teil der Gäste aufzunehmen. In manchen Sommermonaten zählt die Statistik mehr als 2.500 Besucher pro Tag.

Einige der Klippen auf Inishmore sind fast 100 Meter hoch. Sie sind besonders gefährlich, da häufig große Teile abbrechen. Schon oft mußten Menschen ihr

Leben lassen. Früher verwendete man zur Bergung von Menschen, die hinunter-gefallen oder gestrandet waren, zweirädrige Rettungskarren. Mit Hilfe von Frei-willigen wurden mit diesem Karren Strickleitern, Fackeln und Erste-Hilfe-Gegen-stände so nahe wie möglich an die Unfallstelle herangefahren. Heute verwendet man dazu Traktoren.

Sehenswertes

◆ 8 km westlich von Kilronan (ca. 6,5 km auf der Straße von Kilronan gen Westen, dann Fußmarsch von ¼ Stunde) liegt die Hauptattraktion der Insel, **Dun Aengus**, das wichtigste und eindrucksvollste Steinfort Irlands, wenn nicht ganz Europas. In schwindelerregender Lage am Rande der Steilküste über einer knapp 100 Meter ho-hen Klippenwand beeindruckt es schon allein durch seine Lage.

Dun Aengus ₁ (andere Schreib-weise: Dún Aonghasa) ist nach dem mythischen Held Aongha-sa benannt. Das Steinfort stammt vermutlich aus der keltischen Ei-senzeit, wohl um die Zeit der Geburt Christi. Ungeklärt ist, ob Dun Aengus eine Festung oder Kultstätte war. Obwohl es wie

In beeindruckender Lage: Dun Aengus

eine militärische Festungsanlage aussieht, meinen einige Sachverständige, daß es sich dabei um ein Theater für zeremonielle Aufführungen handelt.

Drei konzentrische, nur unvollständig erhaltene Wälle aus Trockenmauerwerk schützen den inneren Verteidigungsring, der einen Durchmesser von 45 Metern aufweist. Diese vier halbkreis- bzw. hufeisenförmigen Mauerwälle legen die Ver-mutung nahe, daß ein großer Teil der Anlage durch "Klippenwanderung", also aufgrund von Erosionsprozessen, ins Meer gestürzt sei. Zwischen der zweiten und dritten Mauer stehen dicht an dicht spitzkantige Steine, sogenannte "Spanische Reiter", die Eindringlinge von der Landseite her abweisen sollten.

Der Aufstieg lohnt allein schon wegen des Blicks auf das Meer und die sanft ansteigende, durch die Felsmauern wie ein Flickenteppich aussehende Ebene.

◆ **Arkyn's Castle**, ein langgestreckter Bau von 1587, liegt an der Südseite der Killeany Bay. Das Castle wurde von John Rawson errichtet, der die Inseln von Queen Elizabeth I. geschenkt bekommen hatte.

◆ Auf der anderen Straßenseite liegen die Reste des **St. Eany's (Enda) Rund-turm** ₁₀, der im 19. Jahrhundert bei einem Sturm zusammenbrach.

◆ **Teampull Bheanáin** (Tempel Benen) ₉ ist ein kleines steinernes Oratorium, nicht weit vom Rundturm entfernt. Die Mauern sind in zyklopischer Weise aus großen, unregelmäßig verteilten Steinen errichtet. Die beiden Giebel der wahrscheinlich im 6. Jahrhundert errichteten Kirche sind 4,50 Meter hoch. Das Oratorium zählt zu den wenigen frühchristlichen Bauten, die die Jahrhunderte ohne größere Zerstörungen und Erweiterungen überstanden haben. In der Nähe befindet sich eine steinerne Umfriedungsmauer, innerhalb derer die Reste einiger Bienenkorbzellen zu sehen sind.

◆ Etwas weiter südlich, bei Iararna, stehen die Überreste der **Kirche des hl. Enda** (Tighlagh Eany), einem kleinen frühchristlichen Bau mit vorspringenden Pfeilern und einem rundbogigen Ostfenster.

◆ **Dun Doocaher** (Black Fort) 8 , ein restauriertes Steinfort, liegt gegenüber von Kelleany an der Westküste auf einem Felsvorsprung. Innerhalb des massiven Steinwalls mit umgebendem chevaux-de-frise, d.h. einer Barriere von einzeln aufgestellten Steinblöcken, befinden sich die restaurierten Reste einiger kleiner Steinhütten (clocháns).

◆ **Dún Eochla** (Oghil Fort) 6 ist ein landeinwärts, bei Oghil gelegenes gut restauriertes Steinfort. Es wird von zwei massiven konzentrischen Wällen gebildet. Auf den inneren Wall führen Steintreppen. Auch Reste von zwei Bienenkorbzellen wurden entdeckt. Dún Eochla liegt am höchsten Punkt von Inishmore und bietet die beste Aussicht über die drei Inseln sowie auf Connemara und den Burren.

◆ An der von Kilronan aus nach Nordwesten führenden Straße zweigt nach ca. 2 km ein kleines Sträßchen rechts ab. Hier liegen die Ruinen der beiden frühen Kirchen **St. Kieran's Church** (Teampull Chiarain) und **Tempel Soorney** (Teampull Sorna) 7 .

◆ **Teampull an Ceathrar Alainn** (andere Schreibweise: Teampall an Cheathair = church of the four beautiful saints) 5 ist ein auf halbem Weg zwischen Kilronan und Kilmurvey, links von der Straße gelegener, gut restaurierter Bau aus dem 15. Jahrhundert mit schönem Kleeblatt-Ostfenster und einem spitzbogigen Nordportal. Unweit der Mauern befinden sich die Gräber von vier Heiligen: Fursa, Conall, Bearchan und Brendan.

◆ **Temple MacDuagh** (Teampull Mhic Duach) ist eine bei Kilmurvey gelegene Kirche in zyklopischer Bauweise. Der Chor wurde im 16. Jahrhundert verändert, an der Nordmauer ist die Figur eines Pferdes zu erkennen.

◆ **Dun Onaght** oder **Eoghanacht** (südlich von Onaght) 4 ist ein weiteres kreisrundes Fort, das allerdings nur aus einem Wall besteht und nicht so spektakulär wie Dun Aengus liegt. Innerhalb der terrassenförmig angelegten – restaurierten – Mauer liegen die Überreste dreier Häuser.

◆ 1,5 km nördlich von **Kilmurvey** steht ein sehr gut erhaltenes Beispiel eines Clocháns 3 . Das über 2,50 m hohe ovale Steinhäuschen ist innen rechteckig und hat ein Südfenster sowie zwei nach Osten und Westen gehende, 90 cm hohe Eingänge. Eine Datierung ist ungewiß.

♦ **Temple Brecan** (Teampull Bhreacáin) ₂ ist eine bei Onaght gelegene frühe Kirche mit spätmittelalterlichen Veränderungen. In der Kirche werden einige frühchristliche Steine aufbewahrt. Das Grab des hl. Brecan (westlich der Kirche) wird durch ein reich verziertes Hochkreuzfragment markiert. Im Friedhof befinden sich mehrere frühchristliche Grabsteine. Einer trägt die Inschrift "VII ROMANI", d.h. er wurde für sieben römische Heilige aufgestellt. Auf einem Felsen südöstlich der Kirche liegen die Fragmente eines mit kunstvollem Flechtmuster und verschlungenen Fabelwesen geschmückten Hochkreuzes.

■ Inishmaan (Inis Meáin)

Aufgrund der äußerst geringen Besucherzahlen haben sich hier die gälischen Traditionen ausgeprägter erhalten als auf den zwei Inselnachbarn. Die etwa fünfmal 2,5 km messende Insel ist flächenmäßig etwa halb so groß wie Inishmore und hat rund 300 Einwohner. Wegen ihrer Abgeschiedenheit und der geringen Ausdehnung wird Inishmaan von den meisten Besuchern nur für einen Tagestrip eingeplant, obwohl es im Sommer durchaus Übernachtungsmöglichkeiten gibt.

Für den Tagestrip im Sommer lohnt sich die Begehung des Inis Meáin Way, des Inselrundweges, der in 8 Kilometern die Highlights der Insel streift. Die reine Wanderzeit liegt bei etwa 2-2 ½ Stunden – aber man sollte durchaus etwas mehr Zeit einplanen, um die wunderschöne Natur zu genießen. Ein Faltblatt mit Wegbeschreibung ist am Fährhafen erhältlich.

Sehenswürdigkeiten

♦ Das restaurierte Fort **Dun Conor** (Dun Chonchobair, andere Schreibweise Dún Chonchúir) ₁₁ ist ein mächtiges ovales Steinfort mit Terrassen, Kammern innerhalb der Mauer und zwei Bienenkorbzellen. Dieses mitten auf der Insel gelegene, eiförmige Steinfort ist mit 70x75 Metern das größte der Aran-Inseln. Auf einer Höhe von knapp 80 Metern gelegen, eröffnet es weite Blicke über die Insel.

♦ **Dun Farvagh** (Dun Fearbhaigh) ₁₂ ist das zweite Steinfort auf der Insel und liegt in der Nähe des Oratoriums. Es mißt etwa 30x30 Meter und besitzt einen ungewöhnlichen, nahezu quadratischen Grundriß. Im Inneren der Mauern haben sich Treppen erhalten.

♦ **Teampull Cheanannach** (Temple Kilcanonagh) ₁₃ ist ein kleines, in zyklopischer Bauweise errichtetes frühchristliches Oratorium mit flachem Eingang.

Leaba Dhiarmada ist ein zusammengestürzter Dolmen aus der Stein- oder frühen Bronzezeit (etwa 1400-4000 v.Chr.), der wenige hundert Meter nordöstlich der Ortschaft liegt.

■ Inisheer (Gäl. Inis Oírr)

Auf der kleinsten und östlichsten der Aran Inseln gibt es eine Reihe von Übernachtungsmöglichkeiten: B&Bs, ein Hotel, Herberge, Ferienwohnungen und Campingplatz sowie zwei Pubs, Fahrradverleih und Restaurants bzw. Caféshops. Auskunft erteilt die Tourist Information: Tel.: 099 75008, Fax: 099 75071.

Die mit einem Durchmesser von etwa 3 km nahezu kreisförmige Insel wird von ca. 300 Menschen bewohnt. Es gibt hier einige der schönsten Strände an der Westküste Irlands. Die Insel ist ein Paradies für Ornithologen und Naturkundler. An den Ufern des 6 Hektar großen Sees wachsen seltene Wildblumen.

Auch auf Inisheer sorgt ein Rundweg von etwa 10 km Länge für die konzentrierte Besichtigung der Insel. Ein Faltblatt ist in der Tourist Information erhältlich. Beginnend am Pier, führt der Weg an verschiedenen Sehenswürdigkeiten vorbei und verschafft dem Tagesbesucher in etwa 3 Stunden einen guten Überblick.

Sehenswertes

◆ **St. Gobnet's Church** 14 ist eine kleinen Kirchenruine aus dem 8. oder 9. Jahrhundert. Sie ist dem St. Gobnait of Ballyvourney gewidmet. Das kleine Oratorium hat ein rundbogiges Ostfenster, einen Altar und einen nach innen geneigten, flachen Eingang.

◆ **St. Cavana's Church** (Tempull oder Teampall Chaomháin) 15 am Nordstrand ist eine frühchristliche Kirchenruine aus dem 10.-14. Jahrhundert, bestehend aus Schiff und Chor. Chorbogen und Südportal der Kirche wurden später hinzugefügt (Caomhín ist der Schutzpatron der Insel).

◆ Von **O'Brian's Castle** 16, einer Burgruine aus dem 14. Jahrhundert, hat man eine traumhafte Aussicht über die Insel. 1652 wurde die einst stolze Burg von den Truppen Cromwells zerstört.

4.4.6 GALWAY

4.4.6.1 Allgemeiner Überblick

Galway (gael.: An Ghailimh) ist die viertgrößte Stadt der Republik, Verwaltungs- und Wirtschaftszentrum des Nordwestens, Handelsstadt, Sitz eines katholischen Bischofs und seit den letzten Jahren auch Industriestadt. Gleichzeitig ist Galway auch Sitz einer zweisprachigen Universität, Studenten prägen das Stadtbild und die Atmosphäre. In touristischer Hinsicht bildet Galway das Tor zum Westen. Wie eine Untersuchung ergeben hat, ist die Bevölkerung Galways sehr jung, Menschen zwischen 14 und 44 Jahre stellen über die Hälfte der Einwohner. Dies ist nicht allzu verwunderlich, denn immerhin gibt es über 10.000 Studenten hier. Im Sommer mischen sich die Einwohner mit einer unzählbaren Schar an Touristen.

Die Stadt ist an Sehenswürdigkeiten eher arm, lädt jedoch mit bunten, alten Häusern, kleinen Läden und Pubs zum Bummeln und Verweilen ein, ohne gewollt touristisch zu wirken. Um Cross Street und Quay Street herum ist die alternative Jugendszene zu finden. Am Eyre Square sowie in der High Street und ihren Nebenstraßen kann man gut einkaufen. Im Sommer finden an vielen Plätzen der Stadt Festivals statt: im Juli das Pferderennen, im August das Arts Festival, im September das Oyster Festival.

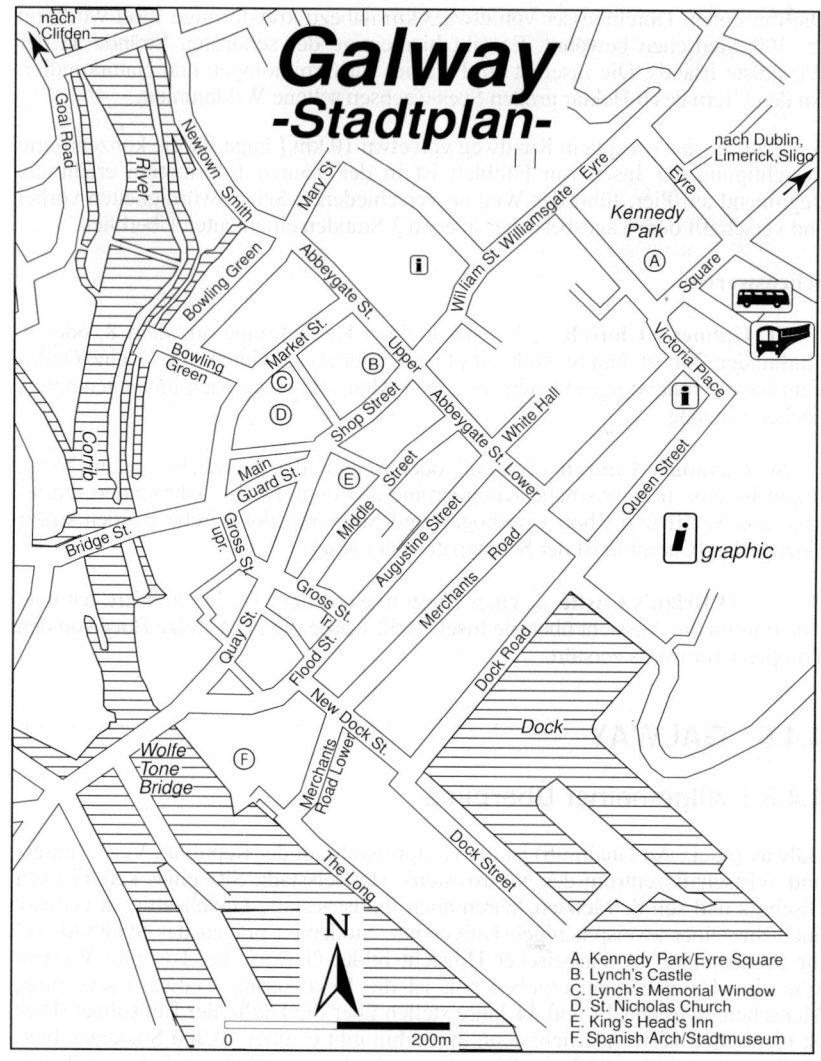

Galway
-Stadtplan-

A. Kennedy Park/Eyre Square
B. Lynch's Castle
C. Lynch's Memorial Window
D. St. Nicholas Church
E. King's Head's Inn
F. Spanish Arch/Stadtmuseum

In den letzten Jahren wurde das Gebiet rund um den Hafen recht wirkungsvoll saniert. Es zeugt von dem wirtschaftlichen Aufschwung der Stadt. Das ursprünglich unabhängige Salthill westlich Galways, mit einem langen, von einer breiten Promenade gesäumten Sandstrand, gehört heute als Vorort fest zur Stadt. Hier hat sich in den letzten Jahren ein eigenständiger Fremdenverkehr entwickelt. Zahlreiche B&Bs und Hotels umwerben die Urlauber.

4.4.6.2 Reisepraktische Hinweise

Information
Tourist Office (Ireland West Tourism), Aras Fáilte, Eyre Square, Tel.: 091 63081, Fax: 091 65201, ganzjährig. Hier können Fährpassagen zu den Aran-Inseln gebucht werden sowie verschiedene Ausflugsfahrten nach Connemara.

Unterhaltung
● Taibhdhearc na Gaillimhe, Middle Street. Im Sommer finden in diesem 1928 gegründeten Theater ausschließlich in gaelischer Sprache Aufführungen statt. Die Kombination von Musik, Tanz, Liedern und folkloristischen Einlagen der 17 Darsteller machen auch dann Spaß, wenn man die Sprache nicht versteht. Auskunft und Reservierung: Tel.: 091 563600, 562023, 755479, 563081, 62024. Juni-September Mo-Fr jeweils 8.45 Uhr.
● Druid Theatre, Chapel Lane. Das kleine, jüngere Theater hat sich mit seinen interessanten Inszenierungen irischer Klassiker über die Landesgrenzen hinweg bereits einen Namen gemacht. Rechtzeitiges Buchen ist empfehlenswert, Tel.: 091 68617, Fax: 091 63109
● Mittelalterliche Bankette finden in "The Bridge Mill", einem über 430 Jahre alten Mühlengebäude an der O'Brian's Bridge, statt. Das 5-Gänge-Menü wird von musikalischer Umrahmung und Unterhaltung begleitet. Das Spektakel wird zweimal wöchentlich, jeweils montags und donnerstags, bei starker Nachfrage auch täglich, jeweils um 18.30 und 21 Uhr, veranstaltet. Eine Reservierung ist möglich über das Tourist Office, Tel.: 091 563081 oder bei The Bridge Mill, Tel.: 091 566231.

Hunderennen
College Road, Dienstag und Freitag, das erste Rennen beginnt jeweils um 8.15 Uhr. Weitere Auskünfte unter Tel.: 091 262273

Restaurants
● The Oyster Room, Great Southern Hotel, Eyre Square, Tel.: 091 64041, Fax: 091 66704. Stadtbekanntes Restaurant mit Blick über den Eyre Square.
● Moran's Oyster Cottage, The Weir, Kilcolgan, Tel.: 091 96113/96083, Fax: 091 96503. 8 km südlich gelegenes Restaurant, das für seine Fisch- und Meeresfrüchtespezialitäten berühmt ist, täglich 10.30-23.30 Uhr und So 12-23 Uhr geöffnet.
● McDonagh's Seafood Bar, 22 Quay Street, Tel.: 091 65001, Fax: 091 62246. Hier gibt es ausgezeichnete Fish & Chips, Mo-Sa 12-22 Uhr, April bis Oktober auch sonntags 12.30-22 Uhr geöffnet. Ein Fischgeschäft ist angeschlossen.
● Galway Bakery Company, 7 Williamsgate Street, Tel.: 091 563087. Die Cafeteria ist von 8-21 Uhr, das Restaurant von 12-22 Uhr geöffnet. Im Restaurant sind vor allem die Fischgerichte zu empfehlen.
● Drimcong House, Moycullen, Tel.: 091 85115. Die Küche des Restaurants gilt als eine der besten Irlands. Man muß lange vorbestellen. Gehobene Preisklasse.

Pubs
Galways Pubs überzeugen durch ihr lebhaftes Flair. Viele Pubs befinden sich rund um den Eyre Square, in der Shop Street, Forster Street, in der Cross Street und in der Eglington Street.

Einkaufen
● Galway Crystal, Merlin Park. Hier kann man bei der Herstellung von Kristallwaren zuschauen und sie anschließend im Laden kaufen.
● Galway Woolen Market, High Street, bietet eine große Auswahl an Aran Strickwaren und Tweedstoffen.

● The Sweater Shop, Lower Abbeygate Street, Tel.: 091 62404. Eine große Auswahl an Strickwaren lädt zum Shopping ein.

Hotel/B&B

Zahlreiche B&Bs befinden sich an der N6, aus Richtung Limerick und Burren kommend, und im Badeort Salthill. Dort gibt es an der Strandpromenade etliche Gästehäuser. In der Hochsaison enpfiehlt es sich, im voraus ein Quartier zu buchen (beispielsweise über die Tourist Information), denn trotz des reichhaltigen Angebotes treten immer wieder Engpässe auf. Hier einige Empfehlungen:

● Ardilaun House Hotel, Taylor's Hill, Tel.: 091 21433, Fax: 091 21546. Das 4-Sterne-Gästehaus mit 95 Zimmern liegt ruhig zwischen Galway und Salthill. Ardilaun House verfügt über Konferenzmöglichkeiten für 50 bis 500 Gäste sowie über ein ausgezeichnetes Restaurant. Mittlere Preisklasse.

● Great Southern Hotel, Eyre Square, Tel.: 091 64041, Fax: 091 66704. Das 4-Sterne-Hotel (von 1845) in der Innenstadt wurde 1993 vollständig und stilvoll restauriert. Im Oyster Restaurant kann man gut speisen. Mittlere bis gehobene Preisklasse.

● Insihmore Guesthouse, 109 Fr. Griffin Road, Lower Salthill, Galway, Tel.: 091 582639. Das preiswerte Gästehaus (Familienbetrieb) liegt zwischen Salthill und Galway.

● Roscom Lodge, Rosshill Road, Aileen Obeirne, Tel.: 091 755792, Preisgünstiges Gästehaus, sehr ruhig. 10 Minuten Fahrt nach Galway City. Fragen Sie nach einem Zimmer mit Blick auf die Galway-Bucht. Die Aussicht ist wunderschön.

● Moycullen House, Philip & Marie Casburn, Moycullen, Co. Galway, Tel.: 091 85566, Fax: 091 85566. Moycullen House liegt 11 km von Galway an der Clifton Road. Das große Haus wurde Anfang unseres Jahrhunderts im Arts & Crafts Stil errichtet. Alle fünf Zimmer sind mit (privatem) Badezimmer ausgestattet. März-Oktober geöffnet. Hidden Ireland.

● Connemara Coast Hotel, Furbo, Co. Galway, Tel.: 091 592108, Fax: 091 592065. 8 km von Galway Stadtzentrum entfernt liegt dieses 4-Sterne-Hotel mit 112 Zimmern direkt an der Galway Bay. Mittlere bis gehobene Preisklasse.

Jugendherbergen/Hostels

● Galway City Hostel, 25/27 Dominick Street, Tel.: 091 66367, Fax: 091 64581, ganzjährig geöffnet, ab 5,50 Pfund, 36 Betten, Fahrradverleih.

● Stella Maris Holiday Hostel, 151 Upper Salthill, Salthill, Tel.: 091 26974/21950, Fax: 091 21950, ganzjährig geöffnet, 66 Betten in Mehrbett-, Doppel- und Familienzimmern, ab 5,50 Pfund, Fahrradverleih, Gemeinschaftsküche

● Quay Street Hostel, 10 Quay Street, Tel.: 091 68644/61092, Fax: 61092, ganzjährig geöffnet, 97 Betten, Doppel- und Familienzimmer oder Mehrbettzimmer, ab 5,90 Pfund. In der Hochsaison zahlt man für ein Doppelzimmer allerdings 11,50 Pfund.

● Kinlay House, Merchant Road, Eyre Square, Tel.: 091 65244, ganzjährig geöffnet, B&B ab 7 Pfund, 150 Betten, Familienzimmer ab 12,50 Pfund, Mahlzeiten, Doppel- und Familienzimmer, Fahrradverleih. Die Herberge ist auch für Rollstuhlfahrer geeignet.

● Grand Holiday Hostel, The Promenade, Salthill, Tel.: 091 21150, Fax: 091 21150, Mitte Januar bis Mitte Dezember, ab 5,50 Pfund, 60 Zimmer, Mahlzeiten, Doppel-, 4-Bett- oder Familienzimmer, Fahrradverleih.

● Corrib Villa, 4 Waterside, Woodquay, Tel.: 091 62892, ganzjährig geöffnet, ab 4,90 Pfund, 24 Betten, große Gemeinschaftsküche, sympathische Atmosphäre.

● Cetic Tourist Hostel, Queen Street, Victoria Place, Galway, Tel.: 091 566606 Nachts: 091 521559. Bei der Tourist Information gelegenes modernes Hostel mit Küche, großem Gemeinschaftsraum und Fahrradverleih (Raleigh-Rent-a-Bike).

● Great Western House, Galway City Centre Budget Accommodation, Frenchville Lane, Eyre Square, Galway, Tel.: 091 61150, Fax: 091 61196. Mehrbett-, Doppel- und Familienzimmer, Fahrradverleih.

● Woodquay Hostel, Woodquay, Galway, Tel.: 091 62618. Neues Hostel mit Küche, großem Gemeinschaftsraum, Mehrbett-, Doppel- und Familienzimmern.

Camping
Campingplätze befinden sich in Salthill und Barna.

Feste/Feiern
● **Galway Arts Festival:**
2 Wochen im Juli/August mit zahlreichen Veranstaltungen: Musik und Theater, Tanz und Folklore, wobei zahlreiche Künstler aus aller Herren Länder zum Gelingen des Festivals beitragen. 1995 fand das Arts Festival zum 18. Mal statt. Tickets sind erhältlich im Box Office, The Cornstore, Middle Street, Galway, Mo-Sa 10-17.30 oder telefonisch unter Tel.: 091 565656 zu bestellen. Das "Official Accommodation Centre for the Festival", Corrib Village, Tel.: 091 27112, organisiert Unterkünfte, ebenso die Tourist Information unter Tel.: 091 63081. Programminformationen erhält man unter Tel.: 091 566577. Während des Festivals finden neben den offiziellen Konzerten und Veranstaltungen auch traditionelle irische Sessions und Konzerte statt, z.B. donnerstags, freitags und samstags in: "Taylor's Bar" und "Monroes" in der Dominick Street, in "The Quays Bar", Quay Street, in "The King's Head", High Street, in "The Cellar Bar", Eglinton Street und im "McSwiggans" am Woodquay.

● **Oyster Festival:**
In einer Woche im September findet in Clarenbridge (zwischen dem Fluß Claren und Galway Bay) das Austern Festival statt. Der Bürgermeister öffnet dann die ersten Austern der Saison. Danach verwandelt sich die Stadt in eine Schlemmeroase. Seit über 40 Jahren (seit 1954) wird das Fest veranstaltet. Austern werden seit dem 18. Jahrhundert in der Bucht gefischt. Tickets und Auskunft erhält man unter Tel.: 091 796766. Festival Office: Tel.: 091 96342, Fax: 091 96001.

● **Galway Races:**
berühmte Renn- und Gesellschaftsveranstaltung, die sechs Tage lang im Juli/August stattfindet. Der Rennplatz, Ballybrit, ist zwei Kilometer außerhalb der Stadt. Angeblich ist die dortige Grand Stand Bar (laut Guinness Book of Records) mit 43 Metern die längste in der Welt.

Reiten
Die Gegend um Galway bietet sich für Reiterausflüge an. Die Kosten variieren von Ort zu Ort, aber normalerweise liegt eine Stunde bei 5 Pfund. Es ist sinnvoll, sich vorher anzumelden. Hier einige Rufnummern:
● Clonbo Riding School, Clonbo Cross, Corrundulla, Tel.: 091 91362
● Cleggan Tregging Centre, Tel.: 094 44746
● Cashel Equestrian Centre, Tel.: 095 31082
● Errislannan Riding Centre, Tel.: 095 21134
● Rockmount Riding Centre, Tel.: 091 98147
● Slieve Aughy Riding Centre, Tel.: 0509 45246

Angeln
Die Grafschaft Galway ist bei Anglern ausgesprochen beliebt.
Für Lough Corrib, Lough Mask und Lough Carra gibt es ausführliche Detailkarten für 2,50 pro Stück. Sie sind entweder beim Fishery's Board Head Office, Weir Lodge, Galway, Tel.: 091 63118/ 63119/63110 erhältlich (hier auch Informationen über sämtliche den Angelsport betreffende Aspekte) oder von jeder Tourist Information in der Gegend. Für Auskünfte über Hochseeangeln (keine Lizenz erforderlich), wende man sich an: Sean Mahony, Kinvara Pier, Tel.:091 37582, an Tom Curran, Spiddal, Tel.: 091 83535, Pat Conneely, Roundstone, Tel.: 095 35854, an John Ryan, Sky Road, Clifden, Tel.: 095 21069, an Jan Smith,

Coolacloy, Clifden, Tel.: 095 21357, an John Brittain, Errislannan, Clifden, Tel.: 095 21073 oder an John Mongan, Derryinver, Letterfrack, Tel.: 095 43473

Bootstouren

Bootstouren auf dem River Corrib werden täglich von Woodquay, Galway um 14.30 und 16.30 Uhr veranstaltet. Die Touren dauern in der Regel 90 Minuten. Auskunft und Reservierung erhält man von Corrib Tours, Furbo Hill, Furbo, Tel.: 091 592447, Fax: 091 564899.

Organisierte Bustouren

Es gibt verschiedene Anbieter, die ganztägige organisierte Bustouren durch Connemara und das Joyce Country veranstalten. Informationen und Tickets erhält man von den Tourist Information Büros in Galway oder Salthill oder direkt beim Fahrer. Die Kosten liegen bei ca. 10 Pfund für Erwachsene. Die meisten Anbieter bieten Ermäßigungen.

Pferderennen

Pferderennen finden unregelmäßig auf dem Galway Racecourse, etwa 5 km außerhalb des Zentrums in Ballybrit, statt. Auskunft über die genauen Termine erhält man über die Tourist Information sowie in den Lokalzeitungen.

Golf

Hier die Rufnummern einiger Golfplätze in der Umgebung Galways:
- Connemara Golf Club, Tel.: 095 23502
- Glenlo Abbey Golf Club, Tel.: 091 526666
- Loughrea Golf Club, Tel.: 091 41049
- Golfclub Salthill, Tel.: 091 22169

Fahrradverleih

- Celtic Rent-a-Bike, Queen Street, Victoria Place, Galway, Tel.: 091 66606, Fax: 091 66606 (nach Geschäftsschluß: Tel.: 091 21559). Hier kann man Fahrräder auch One-Way ausleihen.
- Europa Cycles, Earls Islands, Galway, Tel.: 091 563355

Autoverleih

- Murrays Europcar, Headford Road, Galway, Tel.: 091 62222
- Windsor Car Rentals, Windsor Galway, Monivea Road, Ballybrit, Tel.: 091 770707, 088 513757
- Avis, Headford Road, Galway, Tel.: 091 568901/568886

Verkehrsverbindungen

- Per Bus oder Bahn geht es in alle Landesteile. Reiseauskunft erhält man unter Tel.: 091 5620000
- Bahnhof (Tel.: 091 61444) und Busbahnhof (Tel.: 091 63555) befinden sich beide in der Station Road.

Fähren auf die Aran-Inseln

Von Galway existieren zwischen Juni und September mehrfach täglich Direktverbindungen nach Inishmore verschiedener Anbieter. Abfahrt von den Galway Docks 5-10 Gehminuten von der Tourist Information. Aran Ferries: (Tel.: 091 68903, abends: 091 65352, Fax: 091 68538) fährt jeweils von Galway um 10 und um 14 Uhr und von Aran 12 und 16.30 Uhr. O'Brian Shipping (Tel.: 091 67283/61854, Fax: 091 67672) fährt um 11 Uhr von Galway und kehrt gegen 16.30 zurück. Die Überfahrt beträgt ca. 90 Minuten.

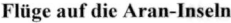

Flüge auf die Aran-Inseln
Aer Aran, Connemara Airport, Inveran, Tel.: 091 93034, Fax: 091 93238. Aer Aran fliegt täglich alle drei Aran Inseln an. Die Flugdauer beträgt ca. 10 - 15 Minuten. Von der Tourist Information in Galway und Salthill sowie (auf Verabredung) von Hotels bzw. B&Bs gibt es einen Busservice zum Flughafen. Die Preise betragen für den Hin- und Rückflug 35 Pfund für Erwachsene und für Kinder 20 Pfund. Es gibt Familien- und Gruppenermäßigungen. Beachten sollte man auch die besonderen Angebote. So gibt es beispielsweise ein kombiniertes Ticket mit Hin- und Rückflug sowie einer Übernachtung für 47 Pfund pro Person.

4.4.6.3 Geschichtlicher Überblick

Als erstes gesichertes Datum ist das Jahr 1124 zu nennen, als die Männer von Connaght hier an der breiten Galway Bay ein Fort errichteten. 1232 wurde es von Richard de Burgh, dem mächtigsten der anglo-normannischen Eroberer, eingenommen, der daraufhin das Land von Henry II. als Lehen erhielt. Die sich entwickelnde Stadt kolonisierte er mit 14 normannischen Familien. Sie bestimmten während der folgenden Jahrhunderte das Geschick der Stadt. Aufgrund der günstigen Lage an der Westküste und am Rande der breiten geschützten Bucht wurde die Stadt bald zum bedeutendsten mittelalterlichen Hafen Irlands, von dem aus mit Frankreich, Spanien und vor allem Portugal schwunghafter Handel betrieben wurde. Die Blütezeit des Ortes begann ab 1396, als Richard II. Galway zur Stadt erhob und sie sich zu einer Art Stadtstaat entwickelte. Im Mittelalter hatte Galway 14 Stadttore, 14 Kirchen, 14 Hauptstraßen und wurde von 14 mächtigen Familien beherrscht.

Die 14 oben erwähnten anglonormannischen Händlerfamilien, die sogenannten "tribes", regierten jahrhundertelang wie unabhängige Renaissancefürsten, allen voran die Lynchs, die von 1484 an die nächsten 83 Bürgermeister der Stadt stellten. Sie beherrschten die Stadt und widerstanden jahrhundertelang den energischen Bemühungen der umgebenden Clans der MacWilliams oder O'Flaherty's. Bis zum 17. Jahrhundert war Galway der wohlhabendste Umschlagplatz Irlands. Die Blütezeit endete 1652, als Cromwells General Ludlow die Stadt einnahm und die Befestigungsanlagen sowie viele der prachtvollen Patrizierhäuser zerstörte – die ältesten mittelalterlichen Bauten waren allerdings bereits 1473 einem Brand zum Opfer gefallen. The Spanish Arch ist eines der wenigen Überbleibsel der alten Stadtmauern. Tore und die Kirche des hl. Nikolaus überlebten als Pferdestall der Invasoren. Bei der Auseinandersetzung zwischen James II. und William of Orange standen Galway wie Limerick auf katholischer Seite und wurden 1691 von Williams Truppen erobert. Danach ging es mit dem Handel bergab. Mit der Festigung der englischen Macht verlagerte sich der Warenverkehr an die irische Ostküste. Galway verkam zu einem unbedeutenden Ort.

Heute ist vom mittelalterlichen Galway fast nichts mehr erhalten. Der wirtschaftliche Niedergang um die Jahrhundertwende hatte die Handelshäuser zerfallen lassen, den Rest besorgten die ignoranten Stadtväter in den letzten Jahrzehnten. Auch James Joyce hatte in einem Brief an Nora, deren Heimathaus in Bowling Green Nr. 8 zu sehen ist, von der "sterbenden Stadt im Westen" gesprochen. Und wenig verwunderlich endet auch seine Erzählung "Die Toten" hier.

4.4.6.4 Sehenswertes in der Innenstadt

▓ **Eyre Square** A ist ein großer belebter Platz im Zentrum Galways. In dessen Mitte befindet sich der John Fitzgerald Kennedy Memorial Park. 1963 erhielt der frühere amerikanische Präsident hier die Ehrenbürgerschaft. Bemerkenswert ist am oberen Ende des Platzes der "Brown's Gateway" aus dem 17. Jahrhundert, der ehemalige Eingang zum Stadthaus eines reichen Galwayer Bürger. Daneben verdient das Denkmal des Dichters Padraig O'Connaire Beachtung, der sich maßgeblich für die Wiederbelebung der gaelischen Literatur Anfang unseres Jahrhunderts eingesetzt hat. Das Eyre Centre ist ein großes modernes Einkaufszentrum mit mehreren Cafés und Geschäften unter einem Dach.

▓ **Lynch's Castle**, Shop Street B
Der Stadtpalast stammt aus dem 15./16. Jahrhundert. An der Fassade des mächtigen und wohlerhaltenen Gebäudes aus grauem Stein kann man Wasserspeier, Wappen und andere spätgotische Dekorationen erkennen. Heute ist hier eine Bank untergebracht. Lynch Castle ist der ehemalige Wohnsitz eines reichen Kaufmanns und Bürgermeisters der Stadt. Die Familie Lynch gehörte zu den maßgebenden Geschlechtern der Stadt.

▓ Das **Lynch's Memorial Window**, Market Street C, unweit der St. Nicholas Church, trägt einen schwarzer Marmorstein über einem gotischen Türbogen, der an folgenden Vorfall erinnert: 1493 erklärte der damalige Bürgermeister der Stadt James Lynch, daß sein Sohn Fitz Stephen schuldig sei, aus Eifersucht um eine Frau einen Spanier umgebracht zu haben. Niemand wollte jedoch den Sohn aus einflußreicher Familie hinrichten, so daß der Vater eigenhändig den Sohn hängte. Ob allerdings das Wort "lynchen" aus dieser Geschichte seinen Ursprung nimmt, ist sprachwissenschaftlich nicht geklärt. Gewohnt haben Vater und Sohn im Lynch's Castle.

Lynch's Memorial Window

▓ **St. Nicholas Church**, Market Street D
Die größte mittelalterliche Kirche Irlands datiert von 1320. In den folgenden Jahrhunderten wurde sie mehrfach umgebaut und erweitert. Das Westportal wurde im 15.Jahrhundert, das Südportal im 16. Jahrhundert eingefügt. Der sehenswerte Altar stammt aus dem 16. Jahrhundert. Kolumbus soll der Legende nach einer Messe in dieser Kirche beigewohnt haben.

▓ Der berühme Pub **King's Head's Inn** E wurde nach dem Kopf König Charles I. von England benannt. Der englische Herrscher wurde auf Beschluß des englischen Parlaments 1649 enthauptet. Als Freiwilliger für den Posten des Henkers meldete sich ein Mann aus Galway. Nach getaner Arbeit wurde er von der Stadt mit jenem Gebäude belohnt.

Galway City Museum F

Das Stadtmuseum zeigt Interessantes zur Stadtgeschichte sowie archäologische Exponate von Lough Corrib. Von der Terrasse des Museums hat man einen schönen Blick auf die Stadt und den Hafen.
Öffnungszeiten: im Sommer täglich von 10-17 Uhr, im Winter Öffnungszeiten bei der Tourist Information erkundigen.

Das einzig erhaltene Tor der alten Stadtmauern, **The Spanish Arch**, erinnert an die alten Handelsbeziehungen Galways mit Spanien.

University College

Das College wurde 1849 im Tudorstil errichtet. Heute beherbergt es ein Institut der UNESCO, in dem unter anderem an einem Archiv für keltische Sprachen gearbeitet wird. Im Sommer werden hier Sprachkurse angeboten.

Streckenführung

Von Galway bieten sich verschiedene Möglichkeiten an. Entweder man sucht sich in der Stadt ein Standquartier und macht verschiedene Touren in die Umgebung oder aber setzt die Reise, wie in vorliegendem Buch beschrieben, gen Norden bzw. Nordwesten weiter fort.

Hier einige Beispiele für Ausflugsmöglichkeiten in die Umgebung

❶ Die große Acht durch Connemara: Diese Tour umfaßt 240 km/150 Meilen und führt von Galway entlang der Küste über Barna, Spiddle, Screeb, Maam Cross, Clifden, Cleggan, Letterfrack, Leenane, Maum zurück zum Maam Cross und von dort nach Galway (siehe Kap. 4.4.7).

❷ Die Mayo-Tour: Die Strecke ist 178 km/112 Meilen lang und führt von Galway über Tuam, Knock, Foxford nach Castlebar und über Headford zurück nach Galway (siehe Kap. 4.4.8 und 4.4.10).

❸ Die historische Tour: Diese Strecke umfaßt 154 km/96 Meilen und führt von Galway über Loughrea (hier Abstecher nach Aughrim) nach Gort und über Kinvara zurück nach Galway (siehe Kap. 4.4.4).

❹ Die Corrib Country Tour: Diese Tour hat 140 km/88 Meilen und führt von Galway über Oughterard und Maam Cross nach Cong und über Headford zurück nach Galway (siehe Kap. 4.4.7).

❺ Die Burren Tour: Diese Route umfaßt 200 km/125 Meilen und führt von Galway über Kinvara nach Ballyvaughan, von dort über Kilfenora, Ennistymon, Lahinch an die Küste und über Liscannor, Doolin und Fanore zurück nach Ballyvaughan. Von dort geht es wieder zurück nach Galway (siehe Kap. 4.4.4).

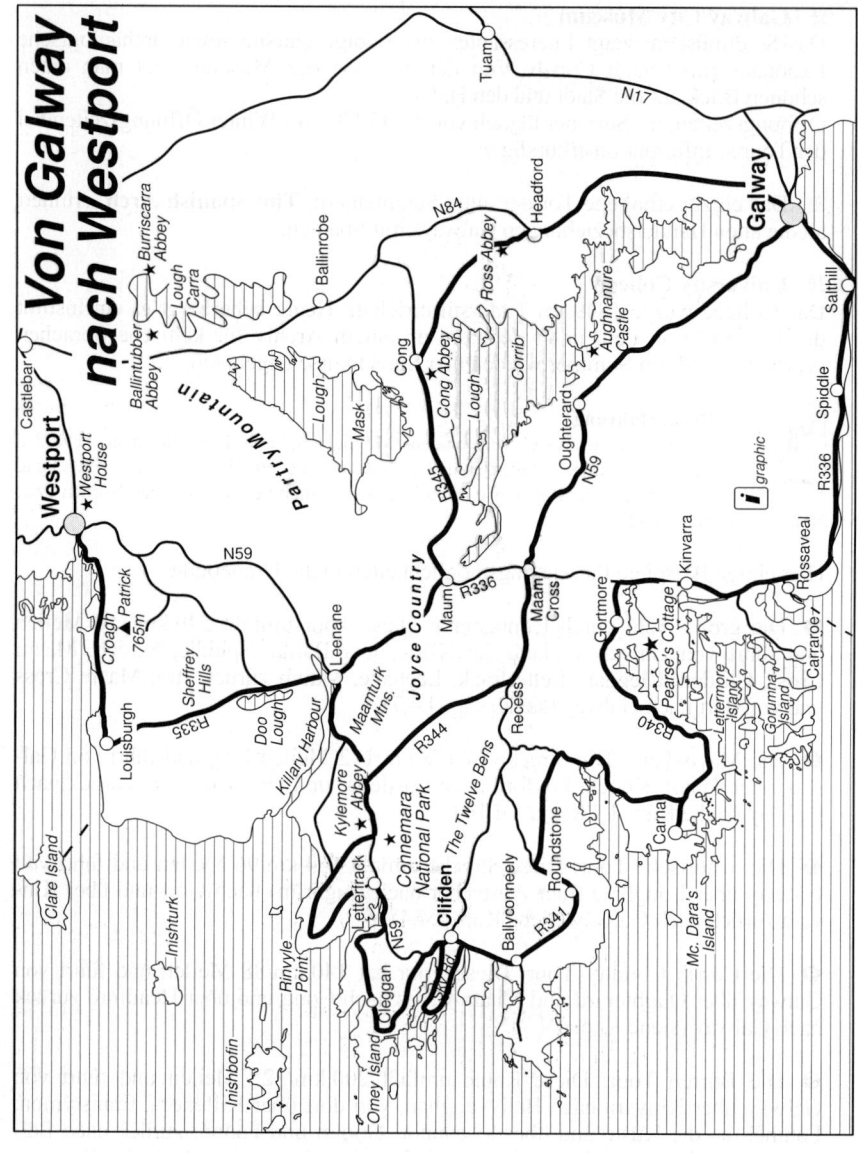

4.4.7 CONNEMARA

"To hell or to Connaught" (Zur Hölle oder nach Connaught) – so lautet ein Spruch von Cromwells Truppen, als sie nach der Niederlage der Ulster-Revolution (1641-53) die katholischen Bauern massakrierten und den irischen Landadel in die unfruchtbare und steinige Einöde westlich des Shannon jagten.

Connemara ist Teil der Provinz Connaught (von gael. Conn Cétchathach = Conn der 1.000 Schlachten), eine der vier alten irischen Provinzen.

Etliche Grundbesitzer, die im Osten ihr Land verloren hatten, mußten mit den sauren und felsigen Böden von Connaught vorlieb nehmen – sozusagen als Entschädigung für die Enteignung ihres fruchtbaren Ackerlands in den mittleren und östlichen Landesteilen. Unter Gewaltanwendung wurden die Einheimischen gezwungen, das Gebiet westlich des Shannon zu besiedeln. So war das nur mäßig fruchtbare, verkarstete Connemara im 18./19. Jahrhundert über seine Tragfähigkeit hinaus belastet.

Connemara: Das hieß Hunger und Armut, denn auf dem kargen Boden wuchs kaum mehr als das Futter für Schafe, Kühe und die wetterfesten Connemara Ponys. Die einschneidenden Auswirkungen der großen Hungersnot trafen die nordwestliche Provinz besonders hart. Hungertote und Auswanderungswellen reduzierten die Bevölkerung auf weniger als ein Drittel. 1841 betrug die Gesamteinwohnerzahl Connaughts noch 1,55 Millionen, 1971 waren es dagegen nur noch 437.000.

In unserer heutigen Zeit, in der Streß und Alltagsdruck tiefe Sehnsüchte nach unverfälschter und unverdorbener Natur wachrufen, ist Connemara mit romantischen und abenteuerlichen Vorstellungen verbunden. Die ursprüngliche Natur und die traditionellen, reetgedeckten kleinen Cottages, die mit ihren dicken Steinwänden, kleinen Fenstern und Moosdächern eine Trutzburg gegen Wind und Sturm darstellen, erscheinen vielen Touristen als romantisch. Ganz anders als der liebliche Süden oder der vom Golfstrom erwärmte Südwesten verfügt Connemaras kahle Landschaft über einen Reiz besonderer Art. Es ist ein herbes, schönes Land. Steinmauern durchziehen die Felder. Die Küstenlinie ist gesäumt von unberührten, feinen Sandstränden, von zerklüfteten Halbinseln, unzähligen vorgelagerten Inseln und Felsklip-

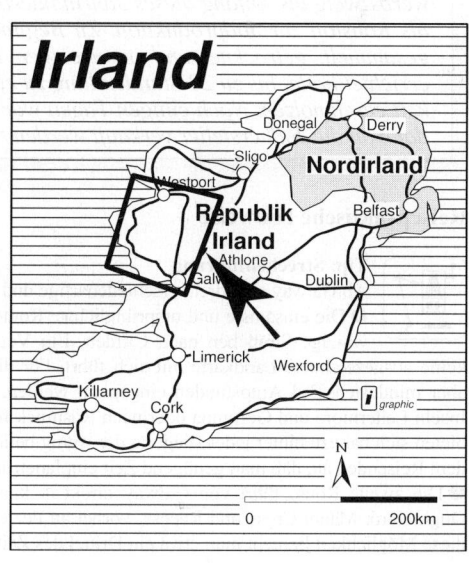

425

pen, schwarzschimmernden Bergseen, Hochmooren und windgepeitschten Bergkegeln. Die Twelve Bens, deren höchster mit 730 Meter der Benbaun ist, sind sanfte, von den Gletschern der Eiszeit geschliffene Bergkegel, die als Wahrzeichen von Connemara gelten.

Für die hier lebenden Menschen war und ist die Gegend jedoch alles andere als romantisch. Die Lebensbedingungen sind immer noch hart. Ruinen von verlassenen Gehöften und Kirchen sind sichtbare Beweise der Armut und Not. In den letzten Jahren haben sich allerdings einige ökologische Veränderungen in der Region bemerkbar gemacht, Intensive Fischzucht in Meer und Seen, Aufforstung der Moore und Einzäunung der Weiden für eine intensivierte Schafzucht zeigen, daß die hier lebenden Menschen nach neuen wirtschaftlichen Wegen suchen und sich nicht mehr mit der "gottgegebenen", nur dem Naturschutz dienenden Einsamkeit zufriedengeben wollen. Trotzdem gibt es immer noch eklatante Bevölkerungsverluste.

Connemara ist ein sogenanntes Gaeltacht-Gebiet, eine jener Regionen, in denen hauptsächlich Gaelisch gesprochen und das kulturelle, soziale und sprachliche Erbe bewahrt wird. Die ungünstige wirtschaftliche Lage hat in diesem Gebiet eine Fortdauer alter bäuerlicher Lebensweisen mit sich gebracht. Aufgrund ihrer Abgeschiedenheit und fehlender Reichtümer war die Region kaum fremden Einflüssen unterworfen, so daß sich hier das größte irische Gaeltacht-Gebiet erhalten konnte.

INFO

Making Kelp

Das sogenannte "Making kelp", das Tangbrennen, war ein wichtiger Erwerbszweig bis Anfang dieses Jahrhunderts. Die Asche des Seetangs diente als Rohstoff zur Jodproduktion. Zu Beginn des Sommers wurde der Tang gesammelt, getrocknet und in niedrigen Brennöfen, die man am Strand errichtet hatte, bis zu 20 Stunden lang zu einer schwarzglänzenden Flüssigkeit geschmolzen. Nach einigen Tagen war sie so hart wie Stein und konnte dann an die Jodhersteller verkauft werden.

Reisepraktische Hinweise

Tip: Streckenführung
Ab Galway sind drei verschiedenartige und unterschiedlich lange Routen möglich:
❶ Die einsamste und ursprünglichste Route führt entlang der Küste über kleine bis winzige Sträßchen nach Clifden. Ein Verfahren ist vorprogrammiert, wenn man keine ausgezeichnete Landkarte mit sich führt. Für die nur circa 120 km lange Route sollten aber mindestens 3-4 Autostunden eingeplant werden, denn (lohnenswerte) Abstecher zu den Inseln Lettermore und Gorumna oder nach Rosmuck fordern zusätzliche Kilometer. Außerdem bieten sich nahezu hinter jeder Biegung der wenig befahrenen Straßen so viel Naturschönheiten dem Reisenden an, daß man genügend Zeit einplanen sollte.
❷ Die zweite Route führt von Galway direkt in knapp 80 km nach Clifden und zwar über Oughterard, Maam Cross und Recess, vorbei an der erhabenen Kulisse der Twelve Bens. Für diese Möglichkeit braucht man etwa ein Drittel des Zeitaufwands der Route 1.

❸ Die dritte Möglichkeit bietet sich für jene Reisenden an, die die anderen Strecken bereits kennen. Sie führt über Headford nach Cong und von dort zwischen den Seen durch das "Joyce Country". Hier entscheidet man sich entweder für den Norden (R 336) nach Leenane (ab Galway etwa 70 km) oder für den Süden, wo man in Maam Cross auf die N 59 stößt. Die Sehenswürdigkeiten des ersten Teils dieser Route sind in Kapitel 4.4.8. beschrieben.

Für Connemara sollte man auf jeden Fall Zeit mitbringen, denn das Fortkommen auf den engen Straßen ist beschwerlich und dauert recht lange. Viele der Straßen sind sogenannte Famine Roads, die Mitte des vorigen Jahrhunderts während der großen Hungersnot im Rahmen von Arbeitsbeschaffungsmaßnahmen angelegt worden waren – allerdings mit einfachen und billigen Mitteln. So hat sich der Asphalt dem nachgiebigen Untergrund und der Bewegung der Hochmoore angepaßt. Senken, kleine Sprungschanzen und Schlaglöcher sind die üblichen Folgen.

Vorschlag für Reisende mit wenig Zeit

Eine Möglichkeit, diese einzigartige Landschaft umfassend und trotzdem schnell kennenzulernen, sind organisierte Bustouren. Es gibt x verschiedene Anbieter in Galway, die in einer organisierten Tour und in gestraffter Form das Maximum aus den befahrenen Gebieten herausholen. Tagestouren führen meist zu den Twelve Bens, Cliften, Kylemore Abbey und nach Cong. Informationen erhält man bei der Tourist Information in Galway. Die Preise liegen bei 10 Pfund für Erwachsene. (Siehe dazu auch "Reisepraktische Hinweise" im Kap. 4.4.6.2)

Unterkunft

In Connemara bestehen trotz der Weite der Landschaft und der schier überwältigenden Einsamkeit vielfältige Übernachtungsmöglichkeiten, seien es Camping- oder Caravanplätze (Spiddle, Roundstone, Carraroe), Herbergen, B&Bs und sogar das eine oder andere Luxushotel. Schwierigkeiten, eine Übernachtungsstelle zu finden, bestehen daher nicht.

Tip: Fahrradfahren

Eine ideale Möglichkeit, Connemara – wie eigentlich auch ganz Irland – zu erkunden, ist die per Fahrrad. Die hier beschriebene sechstägige Tour durch Connemara kann relativ leicht bewältigt werden, aber man muß sie nicht an einem Stück fahren. Es ist durchaus möglich, einzelne Teilstrecken zu fahren. Folgende Routenbeschreibung mag eine Anregung geben. Als Radwanderkarte sind die Ordnance Survey Karten Nr. 10, 11 und 14 der Ordnance Survey im Maßstab 1:126.000 zu empfehlen, die man im Buchhandel und in den Tourist Information Büros erhält.

❶ Von Galway über Rossaveal - Costelloe - entlang der Kilcieran Bay nach Screeb - Carna - Cashel - entlang der Küstenstraße nach Roundstone.

❷ Roundstone - Gorteen Bay und Dog's Bay (weißer Sandstrand) - Ballyconneely Bay - Mannin Bay - Clifden

❸ Cliften - entlang der Sky Road (Himmelstraße) rund um die Halbinsel - Cleggan - um den Ballynakill Lough wieder auf die N 59 - Besichtigung des Connemara National Parks - Letterfrack - Kylemore Abbey - Killary Harbour - Leenane

❹ Leenane - Doo Lough - Silver Strand - Louisburgh - Clew Bay - Croagh Patrick - Westport Bay - Westport

❺ Westport - Erriff River - Leenane - Maam - Clonbur (westlich von Clonbur liegt Mount Gable. Ein leichter Aufstieg führt zum Gipfel, von dort hat man herrliche Aussicht auf Lough Corrib) - Cong (Alternative: von Westport über Ballinrobe nach Headford)

❻ Cong - Cross - Ross Abbey - Headford - Galway

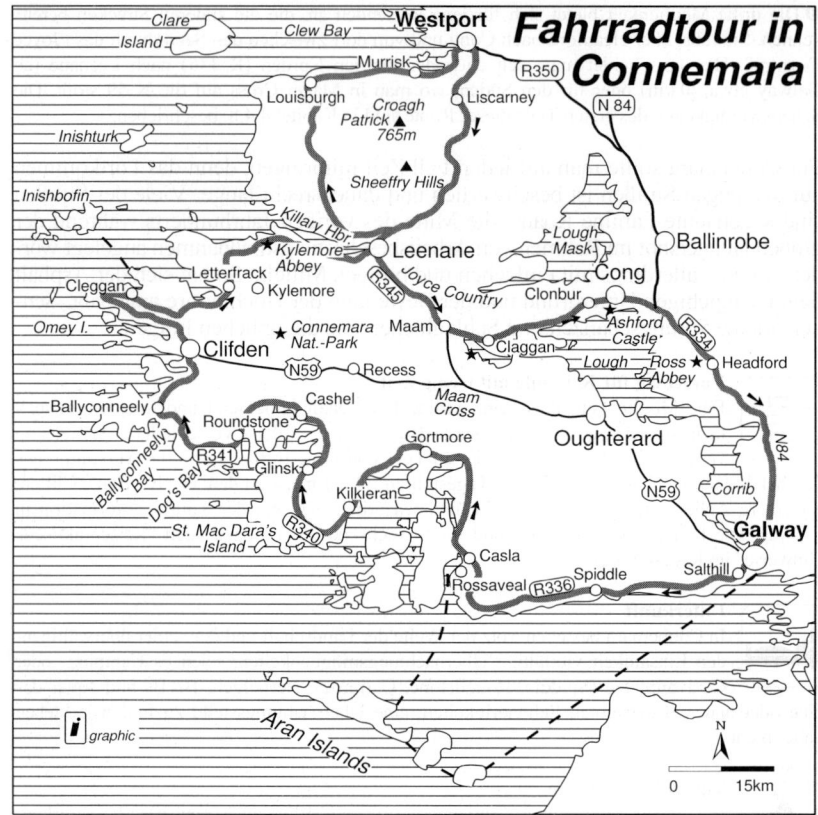

Wandern

Die schroffe einsame Bergwelt Connemaras ist bei Hobby-Alpinisten sehr beliebt. Attraktive Ziele bilden die beiden höchsten Gebirgszüge: die kantigen Maamturk Mountains und die kegelförmigen Twelve Bens. Sie sind durch ein tiefes Tal, durch das eine Straße führt, voneinander getrennt. In den Tourist Information Büros in Clifden, Westport und Galway sind ausführliche Beschreibungen und Wanderrouten erhältlich. Für Wanderungen in die Maamturk Mountains bietet sich Leenane als Standquartier an, für Wanderungen in die Twelve Bens ist die Herberge in Ben Lettery ein geeigneter Startpunkt.

Entlang der Küste nach Clifden

Das erste Drittel der rund 120 km langen Tour entlang der Galway Bay nach Clifden ist landschaftlich noch nicht so spektakulär wie die Strecke ab Kinvarra. Nach Norden erstreckt sich eine auf den ersten Blick trostlos wirkende, moorartige Landschaft. Zahlreiche verlassene und verkommene alte Steincottages erzählen von der wirtschaftlichen Not der Vergangenheit. Ebenso zahlreiche moderne Bungalows bilden einen nachdenklich stimmenden Kontrast.

▓ **Spiddle** ist ein Durchgangsnest etwa 17 km hinter Galway und mit seinen beiden gepflegten Stränden ein beliebtes Seebad der Städter. Im Juni finden hier Rennen mit Curraghs, den traditionellen Aran-Booten (siehe Kap. 4.4.5) statt. Auskunft erteilt Michael O Conghaile unter Tel.: 091 83265

▓ Wenige Kilomter hinter **Inveran** zweigt an einer Kreuzung das Sträßchen nach **Rossaveal**, dem wichtigsten Fährhafen zu den Aran-Inseln, ab. Hinter **Costelloe** lohnt sich ein Abstecher nach **Carraroe**, dem Hauptort der kleinen tropfenförmigen Halbinsel. Entlang der Küstenlinie sorgen geschützte Buchten für ungestörte Badefreuden.

▓ Zurück auf der Hauptstraße, kann man einen Abstecher zu den durch Brücken verbundenen Inseln **Lettermore** und **Gorumna** machen. Die Inseln bestechen durch eine abgelegene, rauhe, von Heidekraut bewachsene Landschaft – nur wenige Touristen verirren sich hierher. Der Umweg auf die Inseln umfaßt circa 40 km und "lohnt" sich nur für Reisende mit viel Zeit. An der Verbindungsbrücke zwischen den Inseln liegt die Ruine einer Burg aus dem frühen 16. Jahrhundert. Wenige Kilometer vor **Gortmore** zweigt rechts die kleine Stichstraße Richtung **Rosmuck** ab, einem kleinen Nest mit Kirche, Pub und Lebensmittelladen. Der Strand lädt zum Verweilen ein. Hinter Gortmore wird die Landschaft immer verlassener und einsamer.

▓ An der Küstenstraße bei Gortmore liegt das **Pearse's Cottage,** das Sommerhaus des Nationalisten und Pädagogen Patrick Pearse (1879-1916). Pearse war einer der führenden Rebellen des Osteraufstandes von 1916. Hierher zog es ihn immer wieder zum Schreiben und Kräftesammeln. Auch nutzte er das Haus als Sommerschule für die Schüler seiner St. Enda's Schule in Dublin. Das romantisch gelegene

Pearse's Cottage

Cottage kann besichtigt werden. Die beiden Räume zeigen Erinnerungsstücke an den Dichter. Öffnungszeiten: Mitte Juni-Mitte September täglich 9.30-18.30 Uhr (13.30-14.30 Uhr geschlossen), Tel.: 091 74292, OPW, Eintritt: Erwachsene 1 Pfund, Senioren 70 Pence, Kinder oder Studenten 40 Pence, Familien 3 Pfund, Gruppen 70 Pence.

▓ Mit kaum noch Platz für Gegenverkehr führt die Straße entlang der Küste weiter nach **Carna**, einem der bedeutendsten Hummerhäfen Galways. Vor Carna liegt verlassen Finish Island mit geisterhaften Ruinen, die man bei Ebbe sogar zu Fuß erreichen kann. In der Umgebung befinden sich einige gute Sandstrände. Fischer setzen auf Wunsch zur mittlerweile unbewohnten **MacDara's Island** über. Hier liegt neben einer Kirchenruine das Grab des hl. MacDara.

■ Die wasserreiche Umgebung von **Cashel** und **Toombeola** wird vor allem von Anglern gerne aufgesucht. Die beiden Hotels ziehen vornehmlich Urlauber aus der zahlungskräftigen Oberschicht an.

Unterkunft

● Zetland House Hotel, Cashel, Connemara, Co. Galway, Tel.: 095 31111, Fax: 095 31117. Die Unterkunft in dieser herrschaftlichen, von einem großen Garten umgebenen Villa bietet ein edles und stilvolles Ambiente. Gehobene Preisklasse.

● Cashel House Hotel, Cashel, Co. Galway, Tel.: 095 31001, Fax: 095 31077. Das Cashel House Hotel liegt inmitten eines großen Parks in der Cashel Bay. Das Hotel überzeugt durch eine sehr behagliche und ruhige Atmosphäre und durch die ausgezeichnete Küche. Für Kinder unter 5 Jahren (so der Prospekt) ist das Haus allerdings ungeeignet. Es wird französisch und deutsch gesprochen. Gehobene Preisklasse.

Reiten

Cashel Equestrian Centre, Connemara 095 31082
Der Reiterhof veranstaltet 1 bis 3-stündige Ausritte am Strand und durch die Berge. Auch Reiterferien werden angeboten.

■ Von Toombeola sind es nur noch wenige Kilometer bis **Roundstone**, einem kleinen Ort an einem Seitenarm der Bertraghboy Bay. Einfache Fischerhäuschen säumen die leicht ansteigende Dorfstraße, hinter der sich der "Hausberg" des Ortes, der Errisberg, auf 300 Meter erhebt. Von oben hat man einen großartigen Blick über die Küste und die Seen im Norden.

Tip: Einkaufen

In Roundstone werden die traditionellen mit Ziegenhaut bespannten Bodhráns hergestellt, ein Folklore Instrument, das Ähnlichkeiten mit dem Tambourin aufweist. Malachy und Anne Kearns sind die einzigen, die sich hauptberuflich mit der Herstellung dieser Instrumente beschäftigen. Dem Workshop ist eine Cafeteria angeschlossen, im kleinen Laden kann man Lektüre, Noten, Musikcassetten und natürlich die schönen Instrumente erwerben. Öffnungszeiten: täglich März bis Oktober 8-19 Uhr, im Winter Mo-Fr. Hier die vollständige Adresse: Roundstone Musical Instruments, Malachy und Anne Kearns, I.D.A. Crafts Centre, Tel. und, Fax: 095 35808

■ Kurz hinter Roundstone liegt an der leicht geschwungenen **Dog's Bay** einer der schönsten Strände Connemaras. Aber auch die benachbarten Strände lohnen einen Besuch, weil sie an heißen Sommertagen weniger frequentiert sind.

Von **Ballyconnelly** sind es nur noch wenige Kilometer bis nach Clifden, dem Hauptort Connemaras.

Via Oughterard und durch das "Joyce Country" nach Clifden

■ Die kilometermäßig kürzeste und hinsichtlich der Straßen am besten befahrbare Route nach Connemara ist ca. 80 km lang und in 1 ½ Stunden "zu schaffen". Kurz vor Oughertard erhebt sich aus der weiten grünen Wiesenlandschaft **Aughnanure Castle**, ein restauriertes Tower House aus dem 16. Jahrhundert, das besichtigt werden kann. Die Festung der O'Flahertys liegt auf einer Felseninsel, die vor allem wegen ihrer ungewöhnlichen doppelten Befestigungswälle imponiert. Von dem Dach des 6geschossigen Turms aus hat man eine wunderbare Aussicht.

Aughnanure Castle

Öffnungszeiten: Mitte Juni bis Mitte September täglich 9.30-18.30 Uhr. Eintritt: Erwachsene 2 Pfund, Senioren 1,50 Pfund, Kinder und Studenten 1 Pfund, Familien 5 Pfund, Gruppen 1,50 Pfund pro Teilnehmer. OPW. Tel.: 091 82214.

Oughterard, 27 km nördlich von Galway, ist ein an der N 59 gelegener nicht unsymphathischer Durchgangsort mit einer schmalen Brücke über den Owenriff River. Eine kurze Zufahrt führt zum Lough Corrib, wo es von Enten, Raben und Sumpfschnepfen wimmelt.

Hotel/B&B
● Sweeney's Oughterard House, Oughterard, Co. Galway, Tel.: 091 82207, Fax: 091 82161. Das efeubewachsene Haus liegt in der Nähe des Owenriff Flusses. Die 20 Zimmer sind sehr behaglich eingerichtet, und das Haus strahlt eine gemütliche Atmosphäre aus. Gehobene Preisklasse
● Currarevagh House, Oughterard, Connemara, Co. Galway, Tel.: 091 82312 oder 091 823313, Fax: 091 82731. Das viktorianische Country House ist von einem 60 Hektar großen Park umgeben und liegt romantisch unweit des Lough Corribs. 1846 wurde es von den Vorfahren des jetzigen Besitzers gebaut. Die Unterkunft im Currarevagh House ist außerordentlich komfortabel und erholsam, ohne dabei übermäßig luxuriös zu sein. Die Zimmer sind sehr geräumig. Mittlere bis gehobene Preisklasse. April bis Oktober geöffnet. Das Haus wird im Blue Book empfohlen.

Jugendherberge/Hostel
Lough Corrib Hostel, Camp Street, Oughterard, Tel.: 091 82866, Fax: 091 82634, ganzjährig geöffnet, ab 5,50 Pfund, 26 Betten, Fahrradverleih, Camping ist auf dem Grundstück möglich.

Der wichtigste Straßenknotenpunkt Connemaras heißt **Maam Cross** und ist heute ein beliebter Zwischenstop für Reisebusse. Doch auch schon früher war der Ort ein bekannter Marktflecken.

In Maam Cross muß man sich – je nach geplanter Route – entscheiden: Entweder man fährt nach Norden und stößt nach wenigen Kilometern auf die R 345 und R 336, die mitten durch das "Joyce Country" nach Leenane führt, oder man bleibt auf der N 59, die über Recess nach Clifden geht. In Recess hat man noch einmal die Chance, Clifden auszulassen und nach Leenane zu fahren. Für "Eilige" lohnt es sich, hinter Recess die Abkürzung zur nördlichen N 59 nach Leenane und Westport zu nehmen. Die schmale ca. 16 km lange Straße führt durch die beeindruckende Einsamkeit beim Lough Inagh, der zwischen den beiden Gebirgszügen Connemaras, den Twelve Bens und Mumturk Mountains, liegt.

Hotel/Gästehaus

Ballynahinch Castle Hotel, Recess, Connemara, Co. Galway, Tel.: 095 31006, Fax: 095 31085. Das Schloß liegt reizvoll am Fluß Owenmore und hat eine bewegte Vergangenheit. Heute beherbergt es ein 4-Sterne-Hotel, das zum Entspannen und Verweilen einlädt. Gehobene Preisklasse

Jugendherberge/Hostel

Youth Hostel The Twelve Bens, Ben Lettery, Tel.: 095 34636. Die Herberge, 12 km östlich von Clifden, liegt wunderschön: im Rücken die erhabenen Berge, nach vorne ein ruhiger See. Es gibt 52 Betten. Die Herberge ist ganzjährig geöffnet. Die Busse halten an der vorbeiführenden Hauptstraße.

Clifden

Der kleine Ort Clifden (1.300 - 1.500 Einwohner) liegt malerisch zwischen den Gipfeln der Twelve Bens und der atlantischen Westküste am Ufer der Arbear Bay. Der Ort wurde 1812 gegründet – gewissermaßen am Reißbrett. Die beiden Stadtkirchen (1820 und 1830) dominieren das Stadtbild, das mit seinen weiten offenen Straßen sehr symphatisch wirkt. Überhaupt ist der Ort zwar ein wenig verschlafen, aber dennoch freundlich und mit seinen bunten Häusern einladend. Durch die einzigartige Landschaft entwickelte sich Clifden schon früh zu einem beliebten Ziel im irischen Westen. Es bietet ein reichhaltiges Angebot an B&Bs und Hotels.

7 km südwestlich von Clifden befindet sich das **Alcock & Brown Memorial**, eine Gedenkstätte für die Pioniere des Trans-Atlantik-Fluges: Bereits im Juni 1910 überquerten John Alcock und Arthur Whitten-Brown von Neufundland aus den Ozean. Charles Lindbergh schaffte es erst acht Jahre später. Durch bessere Publicity wurde sein Flug bekannter.

Tourist Information

Tel.: 095 21163, Mitte April bis Ende September geöffnet

Unterkunft und Restaurant

● Abbeyglen Castle Hotel und Restaurant, Sky Road, Cliften, Tel.: 095 21201, Fax: 095 21797. Das romantisch gelegene 4-Sterne-Hotel bietet ein angenehmes Ambiente und schöne Ausblicke auf die Landschaft. Mittlere Preisklasse

● Cranmer Restaurant, Church Hill, Cliften, Tel.: 095 21174. Das kleine Restaurant wird im Familienbetrieb geführt und hat eine freundliche Atmosphäre, 18-22 Uhr, November bis April geschlossen, mittlere Preisklasse.

● O'Grady's Seafood Restaurant, Lower Market Street, Cliften, Tel.: 095 21450, Fax: 095 21994. Besonders schmackhaft sind die Fischgerichte, Mo-Sa 12.30-14.30 Uhr und 18-22 Uhr, November - 28. Dezember sowie Mitte Januar bis Mitte März geschlossen, mittlere Preisklasse.

● Ardagh Hotel and Restaurant, Ballyconneely Road, Cliften, Co. Galway, Tel.: 095 21384, Fax: 095 21424. Das ruhige Hotel, ein Familienbetrieb, liegt 2 km von Cliften an der Ardbear Bay. Empfehlenswerte Küche. Mittlere Preisklasse.

● Foyles Hotel, Cliften, Co. Galway, Tel.: 095 21801, Fax: 095 21458. Das ehemalige Cliften Bay Hotel liegt direkt im Ortszentrum und ist seit 1917 im Familienbetrieb. Hinter dem Haus erstreckt sich ein kleiner Garten. Mittlere Preisklasse.

● Actons, Leegaun, Claddaghduff, Tel.: 095 44339, Fax: 095 44309. Das Restaurant und Gästehaus liegt direkt an der Küste, circa 15 Minuten Fahrt von Cliften entfernt.

Jugendherberge/Hostel
Leo's Hostel, Sea View, Cliften, Tel.: 095 21429. Am Hauptplatz des Ortes gelegene nette Herberge, ganzjährig geöffnet, ab 5 Pfund, 80 Betten, Mahlzeiten werden auf Wunsch gereicht, Camping ist auf dem Grundstück möglich, Fahrradverleih, für Rollstuhlfahrer geeignet.

Fahrradverleih
John Mannion, Tel.: 095 21160, nach 19.30 Uhr: Tel.: 095 21155

Feste/Feiern
Die Connemara Pony Show, jeweils am dritten Donnerstag im August, bietet Anlaß für einen großen Jahrmarkt, ein fröhliches Volksfest mit viel Tanz, Musik und buntem Treiben. Die Show lockt die Bewohner Connemaras wie auch Touristen an.

Tip
Von Cliften aus die ausgeschilderte **Sky Road** befahren, die in etwa 15 Kilometern eine kleine Halbinsel umrundet und herrliche Ausblicke auf die Küste bietet. Radfahrer müssen einige stattliche Steigungen in Kauf nehmen. Die phantastischen Panoramen machen die Anstrengungen schnell wieder wett.

Reiten/Ponyausritte
Errislannan Manor, Tel.: 095 21134

INFO

Connemara-Ponies

Der Name der Region Connemara verbindet sich für Pferdeliebhaber mit den in aller Welt bekannten Connemara Ponies, die hier im Westen Irlands zu Hause sind. Die 130-140 cm hohe Rasse entwickelte sich aus den Ponies der Kelten, die im 4. Jahrhundert nach Irland gebracht wurden, und den später eingekreuzten andalusischen Pferden, die dank der Handelsbeziehungen Galways mit Spanien importiert wurden. Jedes Jahr im August findet in Cliften die Connemara Pony Show statt, bei der diese kompakten, gutmütigen Pferde die Hauptrolle spielen.

Connemara-Ponies sind gutmütige Tiere

■ **Cleggan**, etwa 12 km nordwestlich von Clifden, ist ein kleines Fischerdorf an der Cleggan Bay. Um die Jahrhundertwende gab es hier eine florierende Makrelenindustrie. Diese konnte sich nur schwer halten. In den letzten Jahren hat sie wieder einen Aufschwung erhalten. Das winzige Dorf besteht im wesentlichen aus einigen Häusern, einem Einkaufsladen und aus dem Hafen. Von hier aus bestehen Fährverbindungen nach Inishbofin und Inishturk. Die Fischer der beiden Inseln vermarkten ihre Erträge über Cleggan. Im Ort können Boote für Angeltouren gemietet werden.

Hostel/Jugendherberge
The Master's House, Cleggan, Tel.: 095 44746, März-Ende Oktober geöffnet, ab 6 Pfund, 32 Betten, auch Doppel- und Familienzimmer, Camping ist auf dem Grundstück möglich, Fahrradverleih.

Reiten/Ponyausritte
Cleggan Trekking Centre, Cleggan, Tel.: 095 44746. Der Reiterhof veranstaltet 1- bis 3-stündige Ausritte zur Omey Island.

■ **Omey Island**
Ein besonderer Tip ist Omey Isand, eine im Süden von Klippen gerahmte Insel, rund 10 km südwestlich von Cleggan. Bei Ebbe kann sie von Claddaghduff zu Fuß watend erreicht werden. Die Ruine einer kleinen mittelalterlichen Kirche (Teampall Féichin), die an die einstige Eremitage des heiligen Féichin erinnert, ist ihre Sehenswürdigkeit.

■ **Inishbofin/Inishturk**
Die beiden Inseln vor der Westküste Connemaras zählen zu den touristisch unberührtesten Flecken Westirlands.

◆ Obwohl die größere, 12 km westlich von Cleggan und 5 km von der Küste entfernt gelegene Insel **Inishbofin** seit 1989 eine regelmäßige Fährverbindung zum Festland hat, kommen nur wenige Besucher hierher. Es gibt zwei Kirchenruinen sowie ein Tower House, in dem Grace O'Malley wohnte. Während der Cromwellschen Kriege bildete Inishbofin eine der letzten irischen Hochburgen. Am Hafen sind die Überreste der sternförmig angelegten Festung von 1656 zu sehen.
Auf der klippengesäumten, etwa 3 km messenden Insel leben etwa 200 Einwohner. Landschaftlich ist die Insel sehr reizvoll: Sie wird von Moorflächen bestimmt, deren hügelige Oberfläche mit Wildblumen übersät ist. Unterhalb der Steilküsten, die die Inseln nach drei Seiten hin abschotten, finden sich vereinzelte einsame Strände: Ideal für Hobbymaler, Angler, Naturliebhaber oder einfach nur für Ruhesuchende. Aufgrund der nur geringen Ausmaße lohnt sich die Mitnahme eines Fahrrades nicht. Zu Fuß kommt man besser zurecht.

◆ **Inisturk** präsentiert sich noch unberührter. Bis auf eine schmale Öffnung im Nordosten wird die gesamte Küstenlinie der etwa 2 km großen Insel von Klippenzügen beherrscht. Ein kleiner Inselladen versorgt die Bewohner und die wenigen Touristen mit dem Nötigsten. Inisturk besitzt nur ein spärliches Angebot an Unterkünften, Informationen erhält man dazu im Einkaufsladen in Cleggan.

Fährverbindungen

● Im Sommer fährt zwei- bis dreimal täglich eine Fähre von Cleggan, Auskunft erhält man unter Tel.: 095 44642. Abfahrt Cleggan: April, Mai, Juni, September um 11.30 und 18.45 Uhr, Juli und August 11.30, 14 und 18.45 Uhr. Abfahrt Inishbofin: April, Mai, Juni, September 9.30 und 17 Uhr, Juli und August 9.30, 13 und 17 Uhr.

● Nach Inisturk bestehen die Fährverbindungen nicht so regelmäßig, obwohl normalerweise jeden Tag ein Boot übersetzt und auch wieder zurückkommt. In Cleggan am Hafen erhält man Auskunft.

Unterkunft

● Day's Hotel, Middle Quarter, Inishbofin, Co. Gaway, Tel.: 095 45809, Fax: 095 45803. Preisgünstige Unterkunft in schöner Lage. Das kleine Hotel hat 14 Zimmer.

● Doonmore Hotel, Inishbofin Island, Co. Galway, Tel.: 095 45804, Fax: 095 45804. Ein weiteres ruhiges und preisgünstiges, kleines Hotel, das im Familienbetrieb geführt wird.

Jugendherberge/Hostel

Inishbofin Island Hostel, Tel.: 095 45855. Das kleine Hostel hat 30 Betten und liegt nahe der Bootsanlegestelle. Ab 5,50 Pfund, April-Ende September geöffnet, Camping ist auf dem Grundstück möglich.

■ **Letterfrack und Leenane**

◆ Das kleine Dörfchen **Letterfrack** wurde im 19. Jahrhundert von Quäkern gegründet, die sich hier einen Stützpunkt an der irischen Westküste aufbauten. Vom Gipfel des 445 Meter hohen Hausbergs Diamond Hill bietet sich ein faszinierender Ausblick über die herbe Schönheit der umgebenden Natur (siehe Connemara National Park weiter unten).

◆ Das Gebiet zwischen Letterfrack und **Leenane** zählt zu den reizvollsten Landstrichen der Connemara-Halbinsel. Nach Norden und Westen erstreckt sich eine hügelige, von braun-grünen Deckenmooren überzogene Landschaft, die von zahllosen kleinen Seen und Wasserläufen aufgelockert wird. Nach Süden dagegen erheben sich die gewaltigen Berge Connemaras.

Abstecher

Von Letterfrack aus ist ein kleiner Abstecher zum Rinvyle Point möglich. Rinvyle selbst ist ein kleines vergessenes Dörfchen. Am Ende der Halbinsel thront die Ruine einer Burg der O'Flahertys. In Tullycross zweigt eine Straße nach Osten ab, die zunächst an der Atlantikküste, später am malerisch gelegenen See Lough Fee zurück zur N 59 führt.

B&B

Rosleague Manor House, Letterfrack, Co. Galway, Tel.: 095 41101, Fax: 095 41168. Das schöne georgianische Landhaus beherbergt ein stilvolles Hotel, das im Familienbetrieb geführt wird. Trotz aller Eleganz ist das Ambiente eher informell. Kinder sind willkommen. Der das Haus umgebende 12 Hektar umfassende Landschaftsgarten reicht bis an das Meer heran. Prominente Gäste machen hier Urlaub. Ostern-November geöffnet. Mittlere bis gehobene Preisklasse. Es wird Deutsch und Französisch gesprochen.

Jugendherberge/Hostel

Old Monastery, Letterfrack, Conemara, Tel.: 095 41132, Fax: 41132. Ganzjährig geöffnetes Hostel mit 51 Betten, ab 6 Pfund, es gibt Familienzimmer, auf dem Grundstück ist Camping möglich, Fahrradverleih, rollstuhlfreundlich.

■ Südlich des Ortes liegt der etwa 20 Quadratkilometer große **Connemara National Park**, der die nördlichen Ausläufer der Twelve Bens unter Naturschutz stellt, so auch die Berge Benbaun, Bencullagh, Benbrack und Muckanaght. Der Naturpark umfaßt eine Landschaft aus intakten Deckenmooren, Heide, Wald- und Gebirgsregionen sowie weitläufige Sümpfe und Grasland.

Der Benbaun

Der Eingang zum Park befindet sich an der Straße von Letterfrack nach Clifden. Das Besucherzentrum wurde 1976 eingerichtet.

Hier gibt es eine Ausstellung über die 10.000-jährige Evolution der Landschaft Connemaras zu sehen. Modelle und großformatige Ausstellungsstücke sowie Vorträge und eine audiovisuelle Vorführung erläutern und erklären die Zusammenhänge. Außerdem gibt es einen Picknickbereich und eine Caféteria. Naturlehrpfade, Wanderwege und verschiedene Aktivitäten während des Sommers, die besonders für die jüngeren Besucher gedacht sind, werden ebenfalls vom Besucherzentrum betreut. Früher diente das Gebäude als landwirtschaftliche Gewerbeschule. Das heutige Verwaltungsbüro war das Krankenzimmer der Schule. Die Gebäude wurden um 1890 errichtet.

Öffnungszeiten: Der Park ist ganzjährig geöffnet, das Besucherzentrum nur von April-Ende September: April-Juni und September 10-17.30 Uhr, Juli und August 9.30-18.30 Uhr. Eintritt: Erwachsene 2 Pfund, Senioren 1,50 Pfund, Kinder und Studenten 1 Pfund, Familien 5 Pfund. Es gibt auch Gruppenermäßigungen. Nach Voranmeldung (Tel.: 095 41054) ist ein Besuch für Gruppen auch zu anderen Zeiten des Jahres möglich.

INFO

Der "National Parks and Wildlife Service"

Der "National Parks and Wildlife Service" ist der "Internationalen Union zur Erhaltung der Natur und der natürlichen Hilfsquellen" (IUCN) angegliedert. Parks, die bestimmten Anforderungen entsprechen, werden von ihr international anerkannt. Durch Landwirtschaft und Industrie werden sich viele Veränderungen in der irischen Landschaft ergeben. Ziel des "National Parks and Wildlife Service" (Vereinigung zum Schutze des Nationalparks und der Natur) ist es, eine weitere Ausbeutung der Tiere und Pflanzen zu verhindern und den Menschen zu helfen, Freude an der Natur zu finden und aus ihr zu lernen.

Weite Teile des Parks gehörten früher zum Gelände der Kylemore Abbey und der Gewerbeschule in Letterfrack. Die restlichen Gebiete befanden sich im Besitz von Privatpersonen. Der südliche Bereich des Parks gehörte einst Richard (Humanity Dick) Martin, der zu Beginn des 19. Jahrhunderts die Tierschutzorganisation "Society of the Prevention of Cruelty to Animals" mitbegründete. Das gesamte Gelände des Parks untersteht heute dem irischen Staat und wird ausschließlich als Nationalpark verwaltet.

Im Park findet man viele Hinweise auf menschliche Siedlungen. Die ältesten, über 4.000 Jahre alten, Megalithgräber liegen im Norden. Außerdem befindet sich dort ein Friedhof aus dem frühen 19. Jahrhundert, über den allerdings nur wenig bekannt ist. In der gleichen Zeit wurde die Quelle zur Wasserversorgung für Schloß Kylemore erschlossen. Sie ist auch heute noch in Gebrauch. Teile der Straße nach Galway, die vor über einem Jahrhundert benutzt wurde, sind ebenfalls im nördlichen Gebiet des Parks zu sehen. Andere Abschnitte sind von der Vegetation überwuchert. Zerfallene Häuser, ein stillgelegter Kalkofen, alte Schafspferche, Abflußsysteme und alte Mauern in verschiedenen Teilen des Parks deuten auf eine größere Bevölkerungsdichte und weitreichende Nutzung des Landes in der Vergangenheit hin.

◆ Flora

Sumpfpflanzen und Heide sind die weitestverbreiteten Pflanzen des Parks. Die feuchten Sumpfbereiche liegen in den tieferen Gebieten. Die dort häufig anzutreffende Pflanze ist Lila Besenried. Sie wächst in Büscheln und prägt über das Jahr hinweg die Farbe der Landschaft. Fleischfressende Pflanzen sind häufig zu finden. Sonnentau und Fettkraut fangen und verdauen Insekten mit ihren Blättern, um die im Sumpf raren Nährstoffe zu gewinnen. Weiter kommen häufig vor: Läusekraut, Eriophorum, Himmelfahrtsblümchen, Orchideen und Heidemyrte sowie eine Vielzahl an Moosen und Flechten. Wenn die Sumpfpflanzen absterben, verrotten sie – bedingt durch die ständig sehr hohen Niederschläge – nur teilweise. Im Park herrscht durch den Einfluß des Atlantiks ein mildes Klima. Die Niederschlagswerte sind hoch, der Durchschnitt liegt bei 1.600 mm an 250 Regentagen. Die Pflanzenüberreste sammeln sich an und werden zu Torf verdichtet. Die tiefste Torfschicht ist circa 5 Meter tief.

Die Geschichte der Vegetation in diesen Gebieten wird durch erhaltene Pollenkörner belegt. Durch die Bestimmung der Pollen kann man feststellen, welche Pflanzen hier in der Vergangenheit wuchsen. Man hat im Torf erhaltene Kiefernstämme gefunden, von denen einige 4.000 Jahre alt sind.

Die häufig vorkommenden Pflanzen des Parks sind typisch für das Klima in Irland. In den höheren Lagen stößt man jedoch auch auf einzelne Exemplare aus kälteren Regionen Europas und der Arktis, beispielsweise wachsen Lila Steinbrech, Sternsteinbrech und Sauerampfer. Auch Pflanzen aus wärmeren Regionen, aus Spanien und Portugal, haben sich hier angesiedelt, vor allem das blasse Fettkraut, ein Heidegewächs, und das Porzellanblümchen.

◆ Fauna

Die Vogelwelt des Parks ist sehr vielfältig. Pieper, Feldlerchen, Schwarzkehlchen, Buchfinken, Rotkehlchen und Zaunkönige sind nur einige der Singvögel. Raubvögel werden gelegentlich gesichtet, vor allem Turmfalken, manchmal auch Sperber,

Zwerg- und Wanderfalken. Im Winter steigt die Zahl an Waldschnepfen, Schnepfen, Staren, Singdrosseln und Misteldrosseln. Häufig zu sehende Zugvögel aus anderen Ländern sind Rotdrosseln, Krammmetsvögel und Bergfinken.

Wegen ihres scheuen Wesens und aufgrund ihrer nächtlichen Aktivitäten sind einige Tiere nur schwer zu sehen. Spuren und Zeichen deuten jedoch auf Dachse, Feldmäuse, Hasen, Kaninchen, Wiesel, Spitzmäuse und Fledermäuse hin. Einst gab es auf den Bergen Connemaras Rothirsche, die jedoch durch menschliche Einflüsse vor ca. 150 Jahren ausstarben. Zur Zeit wird versucht, Rothirsche in Connemara erneut zu beheimaten. Das größte Tier im Park ist das Connemara Pony. Eine Herde wurde im Park ausgewildert, damit diese einzigartige Pferderasse erhalten bleibt.

◆ Geologie

Die Felsen unter dem Nationalpark sind typisch für die Twelve Bens. Die Bergkuppen sind aus hartem Quarzit, während die Flanken aus weniger widerstandsfähigem Schiefer und grauem Marmor bestehen. Diese Felsen stammen aus Sedimenten, die sich vor 550 bis 700 Millionen Jahren auf dem Küstensockel ablagerten. Bodenerhebungen in der Erdkruste formten diese Sedimente zu kristallinem Schiefer und bildeten so die langgestreckte Bergkette. Bodenerhebungen und Erosion haben an bestimmten Stellen Urgesteine wieder an die Oberfläche gebracht. Sie sind jetzt die höchsten Berge.

Die letzte Eiszeit, die vor ca. 10.000 Jahren endete, gab der Landschaft ihre endgültige Form und hinterließ stellenweise Ablagerungen aus Sand, Kies und Lehm. Sie bestimmen zum größten Teil die Vegetation im Park.

Wandern

Der schönste Ausblick über die kahlen, heidebewachsenen Hochebenen, schroffen Felsabhänge, Hochmoore und Bergseen ergibt sich vom 445 Meter hohen Diamond Hill. Der Aufstieg ist in 1 - 1 ½ Stunden zu schaffen. Für Hin- und Rücktour ist mit mindestens 3 Stunden zu rechnen. Der Gipfel ist auch für Ungeübte besteigbar. Je nach Jahreszeit ist die Landschaft bräunlich bis grünlich rot gefärbt. Man wandert zwischen Erika, Ginster und Fuchsienbüschen und sieht freilaufende Connemara Ponys. Das Campen im Park ist verboten. Beachten sollte man, daß es hier sehr häufig zu plötzlichem Wetterumschwung kommen kann. Regenkleidung sollte daher auf jeden Fall mitgenommen werden.

▓ Wenige Kilometer hinter Letterfrack liegt inmitten eines Waldgebietes an einem kleinen See **Kylemore Abbey**, ein im historistischen Stil erbautes Schloß, das um 1860 erbaut wurde. Heute führen Benediktinerinnen in dem zinnenverzierten Prachtbau ein international renommiertes Mädcheninternat. Das Gebäude kann nur von außen besichtigt werden. Im Frühsommer liegt die Abtei eingebettet in ein Blütenmeer aus Rhododendron, Ginster und mannshohen Fuchsienbüschen.

Romantisch: Kylemore Abbey

Öffnungszeiten: März-Oktober, Auskunft unter Tel.: 095 41146.

▓ Etwa 6 km vor Leenane stößt die N 59 auf den gewaltigen, 15 km langen fjordähnlichen **Killary Harbour** – der als einziger irischer Meeresarm mit schottischen oder norwegischen Fjorden vergleichbar ist.

Lachszucht in Killary Harbour

▓ Am Ende des Fjordes, der die Grafschaften Galway und Mayo trennt, liegt **Leenane**. Der Ort ist eher eine große Straßenkreuzung mit Hotel und Tankstelle und hat im Sommer viel Betrieb. Im Hafenwasser dümpeln in endloser Reihe Holzgestelle für die Muschelzucht. Auch wird hier Lachszucht betrieben.

Leenane hat sich in den letzten Jahren vor allem in Bergsteigerkreisen einen Namen gemacht. Der Ort ist als Ausgangspunkt für die Erkundigung der bis zu 819 Meter hohen Maamturk Mountains ideal.

B&B
Delphi Lodge, Peter and Jane Mantle, Leenane, Co. Galway, Tel.: 095 42211, Fax: 095 42296. In herrlicher Umgebung gelegenes Haus, das vor allem von Anglern, Golfspielern und Jägern gern aufgesucht wird. Es gibt elf Zimmer, von denen sieben Seeblick haben.

Jugendherberge/Hostel
Delphi Hostel, Delphi, Tel.: 095 42208, Fax: 42303. Von Juli bis August geöffnetes Hostel, ab 5,50 Pfund, 50 Zimmer (auch Familienzimmer), Camping ist auf dem Grundstück möglich, Fahrradverleih, rollstuhlfreundlich.

Aktiv
Delphi Adventure Holiday Ltd., Leenane, Co. Galway, Ireland, Tel.: 095 42307/ 42223/42246, Fax: 095 42303. Das seit Jahren etablierte Aktivcenter liegt günstig zwischen Leenane und Louisburgh und bietet Surfen, Segeln, Windsurfen, Kanufahren, Klettern, Radfahren oder sogenanntes "Orientiering" an. Übernachtungsmöglichkeiten bestehen in Mehrbett-, Doppel- und Einzelzimmern. Es gibt Ferienwohnungen für Gruppen zu mieten. An den Aktivitäten kann man auch teilnehmen, wenn man nicht dort wohnt. So kostet beispielsweise ein Tag mit verschiedenen Aktivitäten 22 Pfund. Gäste werden vom Bahnhof in Westport abgeholt.

Tip: Ferienwohnung
In und zwischen den Dörfern des westlichen Galway finden sich unzählige Angebote an Ferienwohnungen – von der feudalen Villa bis hin zum einfachen Cottage. Informationen bietet der vom Bord Fáilte herausgegebene "Self Catering Guide" (4 Pfund). In der Nachsaison kann man möglicherweise Glück haben, eine Ferienwohnung zu bekommen, wenn man in den Pubs oder Dorfläden nachfragt.

Streckenführung
Kurz hinter Leenane beginnt die Grafschaft Mayo. Hier stellt sich für die Reisenden nach Westport die Frage, welcher Route sie folgen. Die kürzere N 59 führt in knapp 30 Kilometern zügig ans Ziel. Landschaftlich eindrucksvoller und unbedingt empfehlenswert, wenn auch zeitaufwendiger, ist die gut 50 km lange R 335, die über Delphi, Louisburgh, und am Croagh Patrick vorbeiführt. Atemberaubend schön ist die Landschaft beim **Doo Lough**. Der See wird von felsigen Hügelketten gerahmt und ist ein Paradies für Romantiker, Angler und Wanderer. Die kleine Straße verläuft durch die Sheeffry Hills und trifft später kurz vor Westport wieder auf die N 59.

Von **Louisburgh** (Kap. 4.4.9) sind es nur noch wenige Kilometer bis nach Westport.

4.4.8 LOUGH CORRIB UND LOUGH MASK

Wenn man die oben beschriebenen Streckenführungen bereits kennt, bietet es sich an, die Reise von Galway am Lough Corrib und Lough Mask entlang fortzusetzen. Die beiden Seen bilden die Grenze der verflachten Zentraltiefebene und der in die irische Seenplatte übergehenden Kalksteinebene im Osten zu den rauhen Quarzitgebirgen Connemaras im Westen. Durch ein unterirdisches Höhlensystem sind sie miteinander verbunden. Der obere Lough Mask gibt regelmäßig seinen Überschuß an den südlich gelegenen Nachbarsee ab.

Über Headford führt die Strecke nach Cong und von dort zwischen den Seen hindurch zum Joyce Country. Dort kann man sich entweder für den Norden (R 336) nach Leenane entscheiden oder nach Süden fahren, wo man in Maam Cross auf die N 59 stößt.

Östlich des Lough Corrib, der die Grafschaft Galway in zwei Teile teilt, erstrecken sich Kalksteinböden und saftiges Weideland. Viele Besucher lassen die Region östlich von Lough Corrib gänzlich aus, andere sehen sich höchstens den Ort Cong auf der Rückfahrt von Mayo aus an.

Der **Lough Corrib** ist von zahlreichen Inselchen durchsetzt und gilt als der inselreichste See Irlands. Lough Corrib ist aufgrund seiner reizvollen Umgebung, seiner zahlreichen Sehenswürdigkeiten und wegen seines Fischreichtums zu einem begehrten Ausflugsziel geworden. Neben Cong bildet Oughterard den Hauptferienort am Lough Corrib.

Sowohl Lough Corrib als auch Lough Mask sind vorzügliche Fischgründe (Schlei, Hecht, Forellle). In den anliegenden Orten können Boote für Angeltouren oder zur Besichtigung der Inseln gemietet werden.

Bootstouren auf dem Lough Corrib
Abfahrt Ashford Castle: täglich: 10, 11, 14.45 und um 17 Uhr, Abfahrt Lisloughrey Pier: 11.10, 15, 17.10 Uhr, Ankunft Inchagoill Island: 11.40 und 15.30 Uhr, Abfahrt Inchagoill: 12 und 16 Uhr, Ankunft Ashford Castle: 12.40, 16.40 und 18.40 Uhr. Erwachsene zahlen 7 Pfund, Kinder 3,50 Pfund und Familien 20 Pfund. Auskunft erteilt Corrib Cruises, Tel.: 092 46029, Fax: 092 46512

Inchagoill

Auf der Insel Inchagoill – "Insel der Fremden" – der größten Insel im Lough Corrib, stehen zwei kleine romanische Kirchen, St. Patrick's und Saint's Church. Letztere wurde im Auftrag von Benjamin Guinness im vorigen Jahrhundert renoviert. Bootsfahrten auf die Insel gehen im Sommer von Cong und Oughterard aus.

Nahe **Annaghdown**, ca. 16 km nördlich von Galway, finden sich einige interessante Klosterruinen. Im Mittelalter bildete das Dorf eine eigenständige Diözese. Eines der bemerkenswertesten Beispiele mittelalterlicher Baukunst findet sich etwa 15 km weiter nördlich an der Grenze zu Mayo.

Der nächst größere Ort **Headford** entwickelte sich in den letzten Jahren zu einem Mekka nationaler Anglerfreunde, die mit den Anlegestellen im rund 6 km entfernt liegenden Greenfield Zugang zum Lough Corrib besitzen. Ein schöner Spaziergang entlang der Straße führt von Headford zur Abtei (circa 2 km).

Nicht weit von Headford entfernt liegt die Franziskanerabtei **Ross Abbey**, deren Besuch man nicht versäumen sollte. Sie wurde bereits in der Mitte des 14. Jahrhunderts gegründet und im späten 15. Jahrhundert erheblich erweitert. Die meisten Klostergebäude stammen aus dem 15. Jahrhundert. Auch sie fielen um 1656 den Truppen Cromwells zum Opfer. Ross Abbey, der komplette

Beeindruckend: Ross Abbey

Name lautet **Ross Errilly Friary**, gilt dennoch als das größte und besterhaltene Franziskanerkloster in Irland. Die große Kirche besteht aus Hauptschiff und Chor und einem ungewöhnlichen doppelten Querschiff mit Kapelle an der Südseite des Hauptschiffs. Die Fenster zeigen gut erhaltenes spätgotisches Maßwerk. Bemerkenswert ist vor allem der von prachtvollen Arkaden umgebene Kreuzgang.

Die abgeschiedene Lage des Klosters in einer nur spärlich besiedelten Gegend gibt Hinweis darauf, wie populär der Orden einst gewesen sein muß. Zudem muß dieses Kloster besonders tatkräftige Mönche besessen haben. Obwohl sie nach Auflösung der Klöster mehrfach aus Ross Errilly vertrieben worden waren, kehrten sie immer wieder zurück. Ein Schriftstück von 1732 besagt, daß die verbotenen Mönche in der Nähe des Klosters auf dem Gut eines aus politischen Gründen zum Protestantismus konvertierten Gutsherren lebten und sich von dort aus um ihr Kloster bemühten. Bis 1753 unterhielten diese Franziskaner das Kloster, obwohl sie schon längst nicht mehr die legalen Besitzer waren.

Tuam ist ein unscheinbarer Ort, dem man seine einstige Bedeutung als Sitz der O'Connor-Könige von Connacht nicht mehr ansieht. Turlough O'Connor, einer der bedeutenden Herrscher dieses Königshauses, regierte hier von 1106 bis

1156. Neben seiner weltlichen Macht erwarb er sich auch geistliches Ansehen. Er brachte einige schöne Steinkreuze hierher, deren Überreste heute noch in Tuam stehen. Zwei von ihnen sind zu einem zusammengefügt worden. Es steht auf dem Marktplatz der Stadt.

Die St. Mary's Kathedrale besteht aus 3 Gebäuden: aus dem 12., 14. und 19. Jahrhundert. Der Gebäudeteil aus dem 14. Jahrhundert (Synod Hall) befindet sich am östlichen Ende. Es handelt sich dabei um den Chor einer langen Kirche, die jedoch niemals gebaut wurde. Bei Restaurierungsarbeiten 1991 wurden leider mittelalterliche Wandmalereien (grün) übergemalt. Im Westen schließt sich daran ein beeindruckender romanischer Chorbogen aus warmem roten Sandstein an. In seiner gewaltigen Größe nimmt er die ganze Breite der Kirche ein, was in Irland sicher einzigartig ist. Er stammt aus der rechteckigen romanischen Kirche des 12. Jahrhunderts, deren Hauptschiff 1767 durch Feuer zerstört wurde. Fünf schlicht ornamentierten Bögen werden von einer gezackten Zierleiste gerahmt und von massiven Pfeilern gestützt. Darüber befindet sich eine Blendarkade aus sechs Kleeblattbögen. Der übrige Bauköper stammt weitgehend aus dem 19. Jahrhundert.
Im südlichen Seitenschiff steht der Schaft eines Hochkreuzes aus dem 12. Jahrhundert, der mit Flechtmustern verziert ist. Es wird auf die Jahre 1128 bis 1152 datiert. Die irische Inschrift bittet um ein Gebet für König Turlogh O'Connor.

Information
Tourist Information, Tel.: 093 24463, 1. Juli bis 31. August geöffnet.

Hotel
Hermitage Hotel, Dublin Road, Tuam, Tel.: 093 25152, Fax: 093 25152. Unweit des Ortszentrums von Tuam gelegen. Kleines Hotel mit angenehmen Preisen.

■ Über das pittoreske Dörfchen **Cross** gelangt man nach **Cong**, das wegen seiner "unbeschreiblichen" Schönheit in den meisten Reiseführern besonders gerühmt wird. Der Ort erfreut sich vor allem im Sommer großer Beliebtheit. Gebettet zwischen dem Lough Mask und Lough Corrib liegt er tatsächlich inmitten einer traumhaft schönen Landschaft, in der sich grüne Wiesen und kleine Wäldchen ausweiten.

Cong Abbey wurde um 1120 an der Stelle eines früheren Klosters errichtet. Mit ihrem äußerst interessanten Kreuzgang und den eindrucksvoll verzierten Portalen gilt die Abtei als Höhepunkt der irischen Romanik. Man betritt das Kloster durch ein schlichtes spätromanisches Portal mit einem im Ansatz bereits spitzen Bogen und feingearbeiteten Kapitellen. Von der Kirche selbst ist nur wenig erhalten. Die schönsten Teile sind der Kreuzgang aus dem frühen 13. Jahrhundert, dessen grazile Zwillingssäulen 1860 grundlegend renoviert wurden, und die schön skulptierten Portale. Besonders interessant sind die Portale der dem Kreuzgang zugewandten Gebäudefront, die im frühen 13. Jahrhundert errichtet wurden. Die Feinheit, der Reichtum und die Qualität der Steinmetzarbeiten sind bemerkenswert. Das Prozessionskreuz, das die Mönche bei der Zerstörung des Klosters retten konnten, befindet sich im Nationalmuseum in Dublin. In Cong Abbey starb 1198 der letzte Hochkönig Roderick O'Connor.

Die Rückseite des Klosters wird von der modernen katholischen Kirche, einem wenig gelungenen Bau, überschattet. Beachtenswert sind nur die Buntglasfenster von John Early aus dem späten 19. Jahrhundert. An die offene Seite des Kreuzgangs schließt sich der weitläufige Park von Ashford Castle an.

Cong wurde 1951 zur Filmkulisse, als John Ford hier "The Quiet Man" drehte. Das Haus, in dem John Wayne um die rebellische Maureen O'Hara warb, ist zu besichtigen, der Weg dorthin ist ausgeschildert.

▓ Am Ortsausgang liegt **Ashford Castle**, eines der schönsten und exklusivsten Hotels Irlands, das in einer 140 Hektar großen Parkanlage liegt. 1850 ließ Sir Benjamin Lee Guinness das Schloß zu seinem Wohnsitz in dem damals modernen neo-gotischen Baronialstil ausbauen. Teile einer Normannenburg des 13. Jahrhunderts wurden in den Bau integriert. 1939 wurde Ashford Castle in ein Luxushotel umgewandelt. Zum Vergnügen einer feudalen Elite gebaut, setzt Ashford auch heute die Tradition von Komfort und Genuß fort. Auf das Hotelgelände gelangt man nur durch einen bewachte Einfahrt. Der Weg zum See ist von jahrhundertealten Roßkastanien gesäumt (siehe dazu auch "Hotel").

▓ Von der östlichen Uferstraße am Lough Mask links ab, gelangt man zu der noch malerischer, auf einer hübschen Halbinsel inmitten von Feldern gelegenen **Inishmaine Abbey**. Stifter des ehemaligen Augustinerklosters aus dem frühen 13. Jahrhundert war Mealisa O'Connor, ein Sohn von Turlough O'Connor, König von Connaught.

Stilvolle Unterkunft: Ashford Castle

Die kleine Kirche besitzt den konventionellen Grundriß aus Hauptschiff und Chor und einen von einem waagerechten Türsturz bedeckten Eingang. In der Kirche kann schöner romanischer Bauschmuck entdeckt werden. Die Figur eines kleinen Reiters, die zwar nicht sehr fein ausgeführt ist, dafür jedoch äußerst schwungvoll wirkt, ist zu besichtigen. Innen steht eine kleine Skulptur am Fenster.

In der Nähe der Kirche sieht man einen Vorbau aus dem 15. Jahrhundert, durch den man den Klosterbezirk betritt.

Hotel

Ashford Castle, Cong, Co. Mayo, Tel.: 092 46003, Fax: 092 46260. Das ehemalige Schloß der Guinness Familie beherbergt heute ein Hotel von höchstem Luxus. Nach der Maxime "the total recreation" wird hier das Beste vom Besten geboten. Antiquitäten verschiedenster Art erwarten einen schon in der Eingangshalle und in den luxuriösen Räumen. Das Anwesen ist von einem herrlichen Park umgeben. Golf und Tennisplatz gehören ebenso wie der große Reitstall und ein außerordentlich nobles Fitnesszentrum zur Ausstattung.

Es gibt ein ausgedehntes Winterprogramm. Natürlich verfügt Ashford Castle auch über einen eigenen Fluglandeplatz ... Obere Preisklasse. Während der Hauptsaison rangieren die Preise zwischen 200 und 300 Pfund. Das Restaurant wird von einem französischem Küchenchef betreut.

Restaurant
Echoes, Main Street, Cong, Tel.: 092 46035/46059, Fax: 092 46665. Das kleine Restaurant wird im Familienbetrieb geführt. Spezialität sind die Fleischwaren von der hauseigenen Schlachterei und Fischgerichte. April-Oktober täglich 17-22.30 Uhr geöffnet, November-März Mi-So 18.30-22 Uhr, mittlere Preisklasse.

Jugendherbergen/Hostel
● Quiet Man Hostel, Abbey Street, Cong Village, Tel.: 092 46089, Fax: 46448. Mai-Ende September geöffnet, ab 6 Pfund, 30 Betten, Mahlzeiten, Familienzimmer, Fahrradverleih

● Cong Hostel, Lisloughrey, Quay Road, Cong, Tel.: 092 46089, Fax: 46448, ganzjährig geöffnet, ab 6 Pfund, 56 Betten, Familienzimmer, Camping ist auf dem Grundstück möglich, Fahrradverleih

● The Courtyard Hostel, Cross, Cong, Tel.: 092 46203, ganzjährig geöffnet, ab 5,50 Pfund, 18 Betten, Familienzimmer, Camping möglich, Fahrradverleih.

Fahrradverleih
Cong, O'Connors Garage, Tel.: 092 46008, Fax: 092 46008

■ Über **Ballinrobe**, 15 km nordöstlich von Cong an der N 84 (oder – sehr viel zeitaufwendiger – auf der landschaftlich wunderschönen Strecke am Westufer des Lough Mask entlang), führt der Weg weiter gen Norden. Der See ist von Anglern genauso geschätzt wie der Lough Corrib.

Golf
Ballinrobe verfügt über einen Golfplatz. Auskunft erhält man unter Tel.: 092 41118.

■ Am Ostufer des Lough Mask liegt **Loughmask House**, der Sitz von Captain Charles Boykott (1832-97), dem englischen Verwalter Lord Ernes. Ihm verdankt die Sprache einen Begriff, der heute weltweit Verwendung findet: Boykott.

INFO

Boykott gegen Captain Boykott

1880 hatten die Pächter des Lords um Senkung der Pachtzahlungen gebeten, da die Ernten sehr schlecht ausgefallen waren. Boykott lehnte das Ansinnen ab und kündigte den Bauern den Pachtvertrag. Die Bauern aber wehrten sich. Gestärkt durch die kurz vorher von Michael Davitt in Castlebar gegründete Land-Liga, deren Ziel es war, den ausbeuterischen Metho-

> den der Grundbesitzer mit passivem Widerstand zu begegnen, verweigerten
> sie Boykott die Hilfe bei der Einbringung der Ernte. Handwerker lehnten es
> ab, für ihn zu arbeiten. Händler verkauften ihm nichts mehr, die Bedienste-
> ten verließen ihn. Boykott mußte sich zur Ernte Soldaten herbeiholen. Da
> diese jedoch ebenfalls von den Iren boykottiert wurden, ernährten sie sich
> von des Captains Hühnern, Rindern und Schafen und fällten die Parkbäume
> zum Feuermachen. Als die Kartoffeln schließlich geerntet waren, war ihr
> Verkaufswert nur ein Zehntel dessen wert, was es gekostet hatte, sie aus
> dem Boden zu holen. Boykott mußte ruiniert nach England zurückkehren.
> *(Siehe dazu auch Kap. 2.1.8.)*

4.4.9 WESTPORT UND DIE CLEW BAY

Je weiter man nach Norden kommt, um so dünner besiedelt, einsamer und unzu-
gänglicher wird die Landschaft. Im Süden von Mayo geht sie in sanft hügeliges
reiches Moor- und Weideland über, das sich mit einer Palette sattester Grün- und
Brauntöne bis nach Sligo erstreckt.

Die **Clew Bay** ist eine mit unzähligen Inseln übersäte Bucht, die auch die "Bucht
der 365 Inseln" genannt wird.

Im County Mayo und auch in der Clew Bay gibt es sehr schöne Strände, von
denen einige als sogenannte "Blue Flag Beaches" ausgezeichnet sind. Dies ist ein
europäischer Bewertungsmaßstab für die Reinheit der Strände, sanitäre Anlagen
und Lebensrettungsdienste. Besonders schön ist der 30 km vor Louisburgh gelegene Silver Strand. Die Strände
in der Umgebung von Louisburgh, Carramore, Old Head und
Bertra bei Murrisk können empfohlen werden. Croos Beach ist
vor allem bei Surfern beliebt.

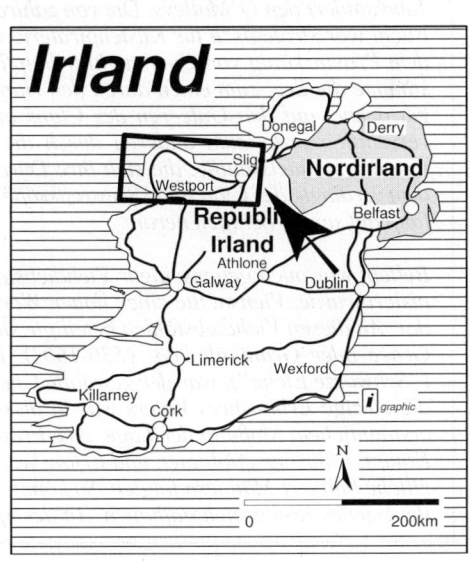

B&B
Seacrest House, Claggan,
Kilmeena, Westport, Coun-
ty Mayo, Tel.: 098 41631.
Seacrest House bietet eine angenehme
B&B Unterkunft und mag insbeson-
ders für Golfspieler interessant sein,
denn unweit liegt der Clew Bay Golf
Course. Von dem 9-Loch-Platz hat
man herrliche Blicke auf die Clew Bay.

▓ **Louisburgh**
Das sympathische Louisburgh
liegt im nördlichen Knickpunkt
der nach Westport führenden

R 335. 1995 hat es seinen 200jährigen Geburtstag gefeiert. Das Dorf wurde 1795 vom 3. Earl of Altamount, John Dennis Browne, gegründet. Im Grunde bietet der Ort, außer dem sehenswerten Grace O'Malley Museum, nicht viel, liegt jedoch wunderschön unweit des Atlantiks mit den herrlichen Stränden Carrowmore und Old Head. Insbesondere der Silver Strand ist phantastisch. Für Bergwanderungen in den Mweelrea Bergen, für Wassersport sowie für Bootstouren zur Clare Island und Inisturk bietet sich Louisburgh als Standquartier an.

Tourist Information
Louisburgh, Tel.: 098 66400, Juni bis Ende August geöffnet.

◆ Das **Granuaile Interpretive Centre**
Das Museum gibt vielfältige Informationen über die berühmte Piratenkönigin Grace O'Malley, die in dieser Gegend beheimatet war. Vielfältige Legenden und Geschichten, die sich um Grace rankten, kamen im 16. Jahrhundert auf – einem Jahrhundert von Entdeckungen und Erfindungen, Kriegen, Intrigen und Invasionen. Das Museum verdeutlicht Aspekte ihres Lebens und ihrer Zeit durch Schautafeln, Kunstgegenstände, alte Landkarten und einen Videofilm.
Öffnungszeiten: täglich 10-20 Uhr. Weitere Auskunft: Tel.: 098 66195, Fax: 098 66195

INFO

Wer war Grace O'Malley?

Die Gegend um Westport, vor allem um die Clew Bay, gehörte bis ins 17. Jahrhundert den O'Malleys. Die von zahlreichen kleinen Inseln durchsetzte Bucht war strategisch für Küstenpiraterie wie geschaffen. Die Familie war dem Provinzkönig von Connaught tributpflichtig. Ihr Haupteinkommen bestimmte die See: zum einen durch den Handel mit Fisch, der gepökelt oder getrocknet auf den Galeeren des Clans bis nach Spanien und Schottland verschifft wurde, zum anderen durch die Piraterie, d.h. das Aufbringen fremder Handelsschiffe, die sich ihre Durchfahrt erkaufen mußten. Außerdem verdingte der Clan seine Seestreitkräfte oder schaffte Söldner aus Schottland auf seinen Schiffen heran.

Beliebt war auch gegenseitiger Viehdiebstahl, der wie ein Kleinkrieg organisiert wurde. Vieh stellte einen hohen Wert, ja geradezu ein Prestigeobjekt dar. An diesen Viehdiebstählen beteiligte sich auch die Tochter der Familie, Grace oder Granuaile (ca. 1530-1603). Deren Vater, Owen Dubhdarra ("Schwarze Eiche"), war der gewählte Chef des O'Malley-Clans. Grace als die einzige Erbin ihres Vaters war in dieser reinen Männergesellschaft in erstaunlichem Maße in der Lage, ihre Frau zu stehen. Persönlicher Mut im Kampf, Führungsqualitäten und Erfolg waren die Voraussetzungen, daß ihr etliche hundert Männern folgten. So konnte sie sich um die Clew Bay herum ihr eigenes Königreich aufbauen. An der Spitze ihrer Männer führte sie die "maintenance by land and sea" (Plündern und Piraterie, anders ausge-drückt) durch. Nicht umsonst lautete der Wahlspruch der Familie "Terra Mariq(ue) Potens" = mächtig zu Wasser und zu Land. In Liedern und Legenden wurde Grace als frühe irische Patriotin dargestellt. Daß dies nicht den historischen Tatsachen entsprach, beweist die Tatsache, daß sie als kluge Realpolitikerin sich 1577 freiwillig dem englischen Befehlshaber in Irland, Sir Henry Sidney, unterwarf. Dies war ein Erfolg von Elizabeth's I. Politik des "surrender and regrant", mit der sie die Clanchefs zwang, ihr zu huldigen. Dann wurden ihnen ihre Herrschaftsgebiete als Lehen zurückge-geben. Grace hatte erkannt, daß die Zeit der unabhängigen gaelischen Clanherrschaft vorbei war und die englische Krone früher oder später sie-gen mußte.

Ihre Audienz bei der Königin Elizabeth im September 1593 bei London wurde berühmt. Viele Legenden ranken sich um diesen Besuch. Durch Charme und Klugheit erreichte sie, daß die englische Monarchin ihr mate-rielle Gunst zuteil werden ließ und die in antienglischen Rebellionen ver-wickelten Söhne der alternden Grace auf freien Fuß setzte. Die Phantasie des unterdrückten irischen Volkes hat dann im Laufe der Zeit aus Grace in romantischer Verklärung eine unbesiegte Piratenkönigin gemacht.

Buchtip
Anne Chambers: Granuaile. The Life and Times of Grace OMalley 1530-1603, Dublin (3)1994. Anne Chambers ist gebürtig in Mayo und Expertin auf diesem Gebiet. Ihr informativer und spannender Roman liest sich sehr gut.

Vom unweit entfernt gelegenen Roonagh Point verkehren Boote zur **Clare Island**. Die Insel ist etwa 5 km groß und nur spärlich bewohnt. Besonders im Norden des Eilandes gibt es spektakuläre Steilküsten. Einen phantastischen Rund-blick bietet der leicht zu besteigende 461 Meter hohe Knockmore Mountain. Zahlreiche einsame Strände verführen zu ausgedehnten Faulenzertagen. Auf der Insel gibt es verschiedene Übernachtungsmöglichkeiten, auch Zelten ist möglich.

Am Hafenpier steht das trutzige Tower House, ein bevorzugter Wohnort der Mayo Queen. Neben der Burg lohnt der Besuch von Clare Abbey, deren Kloster-kirche, die St. Bridget's Church, als Ruine erhalten ist. Die Zisterzienserniederlas-sung wurde um 1220 gegründet. Vom Kloster selbst ist nichts mehr erhalten. Bemerkenswert sind einige Fresken im Chor der Kirche, die zu den sehr raren irischen mittelalterlichen Wandmalereien zählen. Zu erkennen sind Tier- und Men-schendarstellungen, deren Sinn jedoch nicht entschlüsselt ist. An der Nordwand der Kirche befindet sich das Grab der Grace O'Malley. Möglicherweise handelt es sich aber auch um das Grab eines anderen Mitglieds ihrer Familie.

Fähren
Abfahrt von Clare Island 9.45 und 16.45, von Roonagh 10.45 und 17.45 Uhr. Im Juli und August zusätzlich um 13.15 Uhr von Clare Island bzw. 13.45 Uhr von Roonagh. Auskunft erteilt Pauline unter Tel.: 098 25045. Die Überfahrt dauert 15 Minuten.

Clare Island kann aber auch von Achill Island aus angefahren werden. Auskunft erteilt Mr Chris Grady, Tel.: 098 26307.

◼ Auf halbem Weg zwischen Louisburgh und Westport (9 km südwestlich von Westport) erhebt sich der **Croagh Patrick**, die berühmteste aller irischen Wallfahrtsstätten. Vom Gipfel des heiligen Berges mit seinen 765 Metern bietet sich ein berauschender Rundblick auf die von unzähligen Inselchen übersäte Clew Bay bis hinüber zur Achill Island und auf das gebirgige Hinterland. Der Bergkegel ist allerdings oft in Nebel eingehüllt.

Auf dem Gipfelplateau steht eine kleine Kapelle. An dieser Stelle soll der hl. Patrick im Jahre 441 40 Tage gefastet haben. Seitdem ist der Berg Pilgerziel von Tausenden von Bußwilligen. Während seiner Bußübungen wurde der hl. Patrick von Dämonen in Gestalt von schwarzen Vögeln versucht. Tatsächlich sind Krähen in dieser Gegend zahlreich vertreten. Nachdem er diese Glaubensprobe bestanden hatte, verhandelte er so lange mit einem Engel, bis ihm zugesichert wurde, daß die Iren nie ihren christlichen Glauben verlieren würden. Einer anderen Legende nach ließ St. Patrick an der steilen Südseite des Berges eine Glocke ertönen, die alle Schlangen Irlands herbeilockte. Diese stürzten sich über den Abhang. So wurde Irland von Schlangen befreit. Die Druiden konnte der hl. Patrick mit dem Kleeblatt von der Dreifaltigkeit Gottes überzeugen.

Irlands heiliger Berg

Am letzten Sonntag im Juli findet die große nationale Wallfahrt statt. Schon in heidnischen Zeiten war Croagh Patrick der Ort für ein alljährlich stattfindendes

Tausende quälen sich hinauf

Fest zu Ehren des keltischen Lichtgottes Lug. Tausende von Pilgern quälen sich den pyramidenförmigen Berg hinauf: Menschen jeden Alters und jeder Kondition. Es herrscht eine fröhliche Stimmung unter den Pilgern. Die beste Besteigung erfolgt von Murrisk Abbey, einem aus dem Jahre 1457 stammenden Augustinerkloster.

Die leuchtend weiße Patrick-Statue am Fuße des Croagh Patrick markiert den Beginn des Pilgerpfades. 750 Steigungsmeter müssen erklommen werden. Für den Aufstieg ist mit 2 ½ Stunden zu rechnen. Sieben Vaterunser und sieben Ave Maria müssen die Gläubigen beim Umrunden jeder Station beten, um den von Papst Leo VIII. verkündeten "vollkommenen Ablaß" zur Tilgung ihrer Sünden zu erreichen. Die letzte Station ist vor dem Gipfel Roiligh Mhuire, das "Grabmal Marias", dessen drei Steinhaufen ebenfalls siebenmal umrundet werden müssen.

Der Pfad ist steinig und holperig und der Gipfel stets sturmumtost (warme und regenfeste Kleidung

St. Patrick

Anleitung zum Pilgern

sollte daher auf jeden Fall mitgenommen werden). Oben werden in der weißgetünchten Kirche stündlich nach altem Ritual Messen gelesen. Jedes Jahr pilgern rund 80.000 Menschen auf den Gipfel. Während dieser Tage kann man in dieser Gegend häufig Straßenschilder mit der Aufschrift "Pilgrimage in Progress" sehen. Die Seiten des Plattenweges sind schon ganz glattgetreten.

Am Fuße des Berges – beim Parkplatz – kann man sich mit Pilgerstäben aus Haselnuß und mit Erfrischungen versorgen. Außerdem gibt es Verkaufsstände mit Rosenkränzen, Statuen von Jesus und verschiedenen Heiligen sowie Zertifikaten mit "I climbed the reek", die man nach getaner Arbeit erwerben kann.

INFO

Goldrausch am heiligen Berg

Im westlichen Mayo und auch in der Grafschaft Sligo wurde Gold entdeckt. Im Croagh Patrick, dem 450 Millionen Jahre alten Felsmassiv, soll Gold für Werte in Millionenhöhe liegen. Die Bergung des Goldes stößt allerdings auf Schwiergkeiten, da es nicht einfach aus dem Berg befreit werden kann. In jüngster Zeit plante eine finnische Minengesellschaft, nach dem Gold zu graben, was jedoch Umweltschützer und Gläubige verhinderten. Während es die Gläubigen nicht fassen können, daß im Herzen des Berges nach Gold geschürft werden soll, graust den Umweltschützern beim Gedanken an das Zyanid, mit dem das Gold aus dem Berg gewaschen werden soll. Sie befürchten, daß es über das Grundwasser in die Weiden und in die Clew Bay gelangen könnte.

Westport

Westport ist eine Kleinstadt mit rund 3.500 Einwohnern und macht trotz des sommerlichen Trubels einen freundlichen Eindruck. Einige kleine Geschäfte laden zum Bummeln ein.

Das Städtchen wurde im 18. Jahrhundert von der Familie Browne, den späteren Marquis of Sligo, angelegt. Als ausführender Architekt wurde James Wyatt beauftragt. Westport ist eines der sogenannten "Plantation Villages", die für englische und schottische Siedler im 18. Jahrhundert angelegt wurden. Durch Handel mit Stoffen und Garnen und durch den Hafen, über den landwirtschaftliche Produkte ausgeführt und Holz eingeführt wurden, erlangte die Stadt erheblichen Reichtum. Eine Reihe eindrucksvoller Wohnhäuser geben davon Zeugnis. Im 19. Jahrhundert, als die Konkurrenz in England günstigere Leinen- und Baumwollstoffe liefern konnte und die Eisenbahnlinie von Dublin die Bedeutung des Hafens verringerte, ging es mit Westports Wohlstand bergab.

Aufgrund der Abgeschiedenheit sind die wesentlichen Merkmale der ursprünglichen Planung nahezu vollständig erhalten. Im Stadtkern prägen zahlreiche georgianische Fassaden das Bild.

Die Stadt verteilt sich um einen achtseitigen Platz, der "The Octagon" genannt wird. Hier treffen sich rechtwinklig drei Straßen. Zu beiden Seiten des kleinen kanalisierten Flusses Carrowbeg, der die Stadt in zwei Hälften teilt, verläuft die "Hauptstraße" Westports, eine von Linden gesäumte Doppelallee names North und South Mall, die durch kleine Brücken verbunden werden.

Der Hafen liegt knapp 2 km enfernt. Er wurde gleichzeitig mit der Stadt angelegt und bildete bis zum Bau der Eisenbahnlinie das wirtschaftliche Kernstück der Stadt. Heute befinden sich in dem kaum noch genutzten Viertel zwischen alten Lagerhäusern einige stilvolle Pubs und Restaurants.

Reisepraktische Hinweise

Information
Tourist Information Office, The Mall, Tel.: 098 25711, Fax: 0098 26709, ganzjährig 9-18 Uhr geöffnet.

Hotel/B&B
- Olde Railway Hotel, The Mall, Westport, Co. Mayo, Tel.: 098 25166, Fax: 098 25090. Angenehmes und behagliches Hotel der gehobenen Preisklasse. Es gibt vorzügliche Speisen, wie beispielsweise Hummer aus der Clew Bay oder Connemara-Lamm. Das Hotel wurde als Wirtshaus in der Kutscherzeit gebaut (1780) und erhielt seine neue Bestimmung mit der Einrichtung der Bahnlinie.
- Grand Central Hotel, The Octagon, Westport, Co. Mayo, Tel.: 098 27257, Fax: 098 26316. Im Ortszentrum gelegenes Hotel mit angeschlossenem Restaurant. 14 Zimmer. Mittlere Preisklasse.
- Westport Woods Hotel, Louisburgh Road, Westport, Co. Mayo, Tel.: 098 25811, Fax: 098 26212. Der moderne, ruhig gelegene Bau hat 56 komfortabel ausgestattete Zimmer. Mittlere Preisklasse, es gibt Familien- und Wochenendermäßigung.

Jugendherberge
- Old Mill Holiday Hostel, Barrack Yard, James Street, Westport, Tel.: 098 27045, Fax: 094 21745, ganzjährig geöffnet, ab 6 Pfund, 52 Betten in Mehrbett-, Doppel- und Familienzimmern, rollstuhlfreundlich.
- Club Atlantic Holiday Hostel, Altamount Street, Westport, Tel.: 098 26644, Fax: 26241. Das Hostel liegt zentral gegenüber vom Bahnhof, ist sehr sauber und von Mitte März-Ende Oktober geöffnet. Ab 5,50 Pfund, 140 Betten in Mehrbett-, Doppel- und Familienzimmern, Fahrradverleih, rollstuhlfreundlich.

Restaurants
- Quay Cottage Restaurant, The Harbour, Tel.: 098 26412. Am Eingang zum Park vom Westport House gelegenes rohrgedecktes Cottage mit maritimem Ambiente. Vor allem die Fischspezialitäten sind empfehlenswert. Es gibt aber auch Fleisch und vegetarische Gerichte. Mo-Sa 18-22 Uhr, So 13-22 Uhr geöffnet, mittlere Preisklasse.
- The Asgard Tavern, The Quay, Tel.: 098 25319, Fax: 098 26523. Das Restaurant wird im Familienbetrieb geführt und bietet irisch-traditionelle Küche in rustikalem Ambiente. Es gibt frische Schollen, hausgemachte Saucen und Meeresfrüchteteller. The Asgard Tavern bietet schmackhaftes Bar Lunch und Dinner Di-So ab 18.30 Uhr, Mo ist das Restaurant geschlossen.

Verkehrsverbindungen
Per Bus nach Galway, Achill, Sligo, Dublin, Clifden, Ennis und nach Cork. Die Busse fahren vom Octagon ab. Per Bahn geht es mehrmals täglich nach Dublin.
Bahnhof Tel.: 098 25253
Busbahnhof Tel.: 098 25711

Fahrradverleih
- Club Atlantic Hostel, Altamount Street, Tel.: 098 26644
- J.P. Breheny & Sons, Castlebar Street, Tel.: 098 25020

Golf
Westports Championship Golfplatz liegt ca. 4 km außerhalb der Stadt in Richtung Croagh Patrick. Auskunft erteilt das Secretary's Office, Tel.: 098 25113/27070, Fax: 098 27217.

Wandern

Rund um Westport gibt es gute Wander- und Spaziermöglichkeiten, beispielsweise im Tourmakeady Forest, Nephin Beg Forest, Letterkeen Wood, Newport and Old Head Wood oder in den Bergen südlich und westlich von Westport. Das Touristenamt hat ein kleines Faltblatt mit verschiedenen Wandervorschlägen, kurzen Streckenbeschreibungen und Karten herausgebracht. Die Wege sind zwischen 3 und 20 km lang. Empfehlenswert ist auch das Buch von Tony Whilde "Irish Walk Guides/West" in Verbindung mit den Wanderkarten des Ordnance Survey. Buch und Karten können in Buchhandlungen sowie in den Touristenämtern erworben werden.

Feste/Feiern

● Juni: Seit 35 Jahren wird das Sea Angling Festival, ein internationales Anglerfest, veranstaltet.

● Am ersten Wochenende im Juni kommen bei der Westport Horse & Pony Show Pferdenarren auf ihre Kosten. Auskunft erhält man unter Tel.: 098 25616

● In der letzten Juliwoche belebt ein Straßenfestival den Ort: Es gibt Open-air-Konzerte, Akrobaten, Straßentheater und viel Musik.

● Ende September findet das Westport Art Festival statt, ein großes Fest mit viel Kunst, Musik und Literatur.

Reiten

Drummindoo Stud & Equitation Centre, Westport, Tel.: 098 25616, Fax: 098 26709. 2 km von Westport in Richtung Castlebar liegt diese vom "Association of Irish Riding Establishments" geprüfte Reitschule. Es gibt Unterricht für Anfänger und Fortgeschrittene, außerdem werden Ausritte in die Umgebung veranstaltet.

Wochenmarkt

Ein bunter Wochenmarkt findet jeden Donnerstag zwischen 10.30 und 13.30 Uhr statt.

Taxi

Taxis können unter folgenden Rufnummern gerufen werden: Tel.: 25338/2522247/ 27171/25539/25529

Pubs

Gemütlich und ohne erkennbare Touristen geht es in Conmarys Pub zu. Matt Mooloy's ist die "Stammkneipe" der Folkgruppe "The Chieftains", die hier regelmäßig auftritt. Beide Pubs befinden sich in der Bridge Street.

Sehenswertes

■ **The Mall**, die schönste Straße der Stadt, verläuft – gesäumt von Linden – an beiden Seiten des schmalen Carrowbeg Rivers, der von mehreren Brücken aus dem

Lustige Fassadenmalerei

18. Jahrhundert überspannt wird. Die Häuserfassaden aus dem 18. und 19. Jahrhundert sind recht gut erhalten. Das schönste Haus mit fünf Vorwölbungen und einem interessanten Eingangsportal liegt in der Nähe der neoromanischen Kirche St. Mary. In der Mill Street gibt es eine lustige und interessante Fassadenmalerei zum Thema Grace O'Malley und St. Patrick zu bestaunen.

▓ Der Hauptplatz der Stadt wird **The Octagon** genannt. Von den acht Seiten gleicher Länge werden drei durch Straßeneinmündung geteilt. Im Zentrum des Platzes steht eine dorische Säule auf einer achteckigen Basis, die früher möglicherweise von einer Statue bekrönt war.

▓ Die Lagerhäuser und Kaianlagen am **Westquay Quay** stammen weitgehend aus der Gründerzeit der Stadt. Da die meisten Gebäude leer standen und zu verfallen drohten, hat sich die Stadt zu einem Renovierungsprogramm entschlossen. In einige der alten Speichergebäude sind heute Pubs und Restaurants eingezogen.

▓ Die Hauptattraktion Westports ist das 2 km vom Stadtzentrum entfernt an der Straße nach Clew Bay gelegene **Westport House**. Das Herrenhaus ist eines der größten in ganz Irland. Es wurde 1730-34 auf den Fundamenten eines Vorgängerbaus für den Grafen von Sligo errichtet und Ende des 18. Jahrhunderts erheblich erweitert. Der Architekt war der in Deutschland geborene Richard Cassels (= Castle), die Stuckarbeiten im Inneren sind Werke James Wyatts.

Im Inneren sind wertvolle Mahagoniarbeiten und chinesische Tapeten aus dem Jahre 1780 erhalten. Ebenso sehenswert sind die Möbel-, Glas- und Silbersammlungen sowie historische Erinnerungsstücke u.a. an die Rebellion von 1798. Imposant ist der große Treppenaufgang aus dem 19. Jahrhundert.

1960 wurde das Anwesen der Öffentlichkeit zugänglich gemacht und als Freizeitpark umgestaltet. Der Landsitz befindet sich noch immer in den Händen der Gründerfamilie. Jeremy und Jennifer Altamont haben fünf Töchter, die Familie lebt meist auch hier. Allerdings mußte ein gewaltiger Aufwand betrieben werden, um die enormen Kosten des Gebäudes zu decken. So werden an die altehrwürdigen Ländereien zahlreiche touristische Attraktionen angefügt, die heute eher Familien mit Kindern als Kunsthistoriker ansprechen. Auf dem Parkgelände lockt heute ein Streichelzoo. Außerdem kann man rudern oder mit einem kleinen Zug durch das Gelände fahren. Auf dem Grundstück gibt es auch einen Golfplatz.

Das "Westport House Country Estate" versteht sich als eine Attraktion für die ganze Familie. Seit seiner Einrichtung vor gut 35 Jahren hat es sich stets weiterentwickelt. Heute gilt es als eine der wichtigsten touristischen Attraktionen Irlands. Über 1.500.000 Besucher haben das Anwesen besucht. Rund 70 Angestellte sind hier tätig.
Öffnungszeiten: Mai täglich 14-17 Uhr (Haus und Antiquariat), Juni Di-Fr 14-18 Uhr (Haus, Antiquariat, Zoo) Sa-Mo 14-18 Uhr (Haus, Antiquariat, Zoo und "Attraktionen"), Juni-Mitte August täglich 10.30-18 Uhr, So 14-18 Uhr (Haus, Zoo und "Attraktionen"), Mitte-Ende August täglich 14-18 Uhr (Haus, Zoo, "Attraktionen") und September täglich 14-18 Uhr (nur Haus).

Das "Westport House Country Estate" bietet auch Ferienwohnungen (bzw. -apartments) auf dem Gelände an. Wenn man eine Woche oder länger bleibt, stehen einem alle Vergnügungsmöglichkeiten auf dem Grundstück zur Verfügung (Tennis, Streichelzoo, Bootfahren, Kinderzug). (Über 15.000 Besucher haben während der Saison 1994 von der Möglichkeit, Ferienwohnungen zu mieten und vom Camping und Caravanplatz Gebrauch gemacht.) Auskunft erteilt: The Secretary, Holiday Homes for Hire, Westport House Country Estate, Co. Mayo, Tel.: 098 25141/27206, Fax: 098 25206

Entfernungen von Westport

- Dublin: 261 km
- Galway: 80 km
- Belfast: 297 km
- Cork: 288 km
- Shannon: 185 km
- Rosslare: 350 km
- Athlone: 132 km
- Ballina: 48 km
- Knock International Airport: 60 km

Ausflugsmöglichkeiten von Westport aus:

Als Standort für Ausflüge zu den landschaftlichen Sehenswürdigkeiten im Norden und Süden der Grafschaft bietet sich Westport durchaus an.

❶ Eine Tour durch Connemara führt von Westport, Louisburgh, Delphi, Leenane über Maam Cross nach Clifden und von dort über Letterfrack und Leenane wieder zurück nach Westport. Die Strecke umfaßt 174 km/109 Milen.

❷ Eine Tour um die Achill Island führt von Westport über Newport zum Achill Sound. Von dort geht es über Dooega, Keel, Dooagh, Keem Bay nach Doogort und zurück nach Westport. Die Strecke umfaßt 121 km/76 Milen.

❸ Ein Ausflug in südöstliche Richtung führt zum **Lough Carra** (Anglerparadies). Vorbei am Rundturm von Aghagower führt die Route zur noch benutzten **Ballintober Abbey** aus dem späten 13. Jahrhundert und den romantischen spätgotischen Ruinen der **Burriscarra Abbey**. In Ufernähe des Lough Carra gelangt man nach einem 10minütigen Waldspaziergang zu der 1922 im Bürgerkrieg zerstörten Moore Hall, einem georgianischen Anwesen des ersten Präsidenten Irlands.

Abtei von Ballintober (circa 17 km östlich von Westport)
Obwohl sie nicht vor dem 13. Jahrhundert erbaut wurde, ist die Geschichte von Ballintubber Abbey eng mit dem hl. Patrick verbunden. Der ursprüngliche Name der Abtei, Baile Tobair Phadraig, stammt von einem in der Nähe befindlichen Heiligtum, das dem heiligen Patrick gewidmet ist. Ballintubber Abbey war Ausgangspunkt und Zwischenstation für viele Gläubige, die auf der alten Pilgerstraße nach Croagh Patrick wanderten. Im Jahre 1216 errichtete Cathal Crovderg O'Connor, der König von Connacht, hier für die Ordensgeistlichen von St. Augustine eine Abtei, die dem hl. Patrick, der Jungfrau Maria und dem Apostel John geweiht wurde. Die Qualität der Steinmetzarbeiten und besonders die der Kanzel bezeugen das große Interesse, welches das Königshaus an dieser Abtei hatte. Trotz des Kampfes von Henry VIII. gegen die Klöster und der Invasionen Cromwells überstand die Abtei alle Wirren. Auch während der Zeit der "Penal Laws"

war das Anwesen immer von Mönchen bewohnt. Das bedeutet, daß Ballintober Abbey auf eine nunmehr fast 780-jährige lebendige Geschichte zurückblicken kann. Ihr Spitzname lautet daher auch "the abbey that refused to die". Zum Abschluß der recht gelungenen Renovierungsarbeiten 1966 – pünktlich zur 750-Jahr-Feier – wurde sogar eine eigene Briefmarke herausgegeben.

Von den Klostergebäuden ist nicht allzuviel erhalten. Beachtenswert sind das im 13. Jahrhundert erbaute Kapitellhaus mit schönem Portal an der Ostseite und der im 15. Jahrhundert enstandene Kreuzgang. Im Zuge der Restaurierungsarbeiten wurde das umliegende Gelände in einen Park verwandelt.

4.4.10 VON WESTPORT NACH SLIGO

■ Entlang der Clew Bay, eine beliebte Fahrradstrecke, da sie ohne Hügel ist, gelangt man nach 12 km nördlich von Westport nach **Newport**, das in der nordöstlichen Ecke der Clew Bay liegt. Newport ist ein sympathischer Ort. Die breite Dorfstraße zieht sich von der Brown Oak Bridge, die den gleichnamigen Fluß überspannt, bis zum oberen Dorfende. Die Eisenbahnbrücke aus dem 19. Jahrhundert ist Teil der ehemaligen Verbindung von Achill Island über Newport nach Westport.

Am Fußufer liegt Newport House, ein Gebäude des 18. Jahrhunderts, heute ein Hotel.

Hotel

Newport House Hotel, Newport, Co. Mayo, Tel.: 098 41222, Fax: 098 41613. Das georgianische Herrenhaus beherbergt ein Hotel mit achtzehn komfortabel ausgestatteten Zimmern und einem ausgezeichneten Restaurant. Besonders empfehlenswert sind die Fischgerichte. Kinder sind im Newport House willkommen. Gehobene Preisklasse. Mitte März bis Mitte Oktober geöffnet.

Jugendherberge/Hostel

im Skerdagh Outdoor Centre, siehe "Aktiv"

Aktiv

Das Skerdagh Outdoor Centre, 5 km nordöstlich von Newport an der L 137 Richtung Crossmolina, Tel.: 41500, bietet verschiedene Aktivitäten, wie organisierte Fahrradtouren, Bergwanderungen und Kanufahrten an. Das angegliederte Hostel mit 30 Betten ist von Mai-September geöffnet. Die Gäste können an dem umfangreichen Outdoor-Programm teilnehmen.

■ In Furnmyce Richtung Mulranny kann man das **Salmon Research Centre** besichtigen und sich über das Leben der Lachse informieren. Auskunft über Öffnungszeiten und Eintrittspreise erhält man unter Tel.: 098 41107.

■ Wenige Kilometer nordwestlich von Newport liegen die imposanten Ruinen des Dominikanerklosters **Burrishoole Abbey** aus dem 15. Jahrhundert. Gut erhalten sind der Kreuzgang sowie einige Grabplatten in der Kirche.

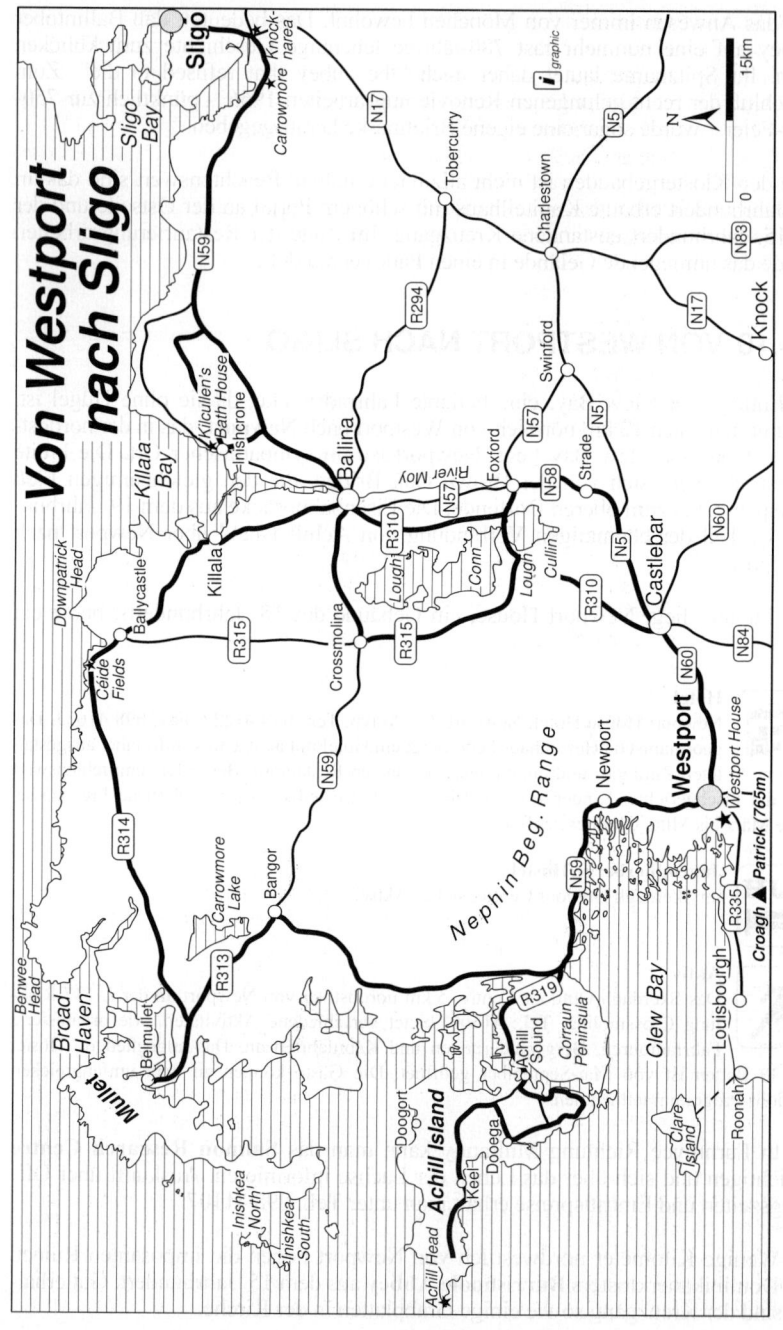

▓ Corraun Peninsula

Die kreisrunde Halbinsel, die im Süden nur eine einzige Verbindung zum Festland besitzt, bildet das unumgängliche Tor zur Achill Island. Den Küstenverlauf begleitet eine 33 km lange Ringstraße, deren nördlicher Teil zugleich als R 319 die Besucher auf die Insel bringt. Zum Fahrradfahren bietet sich das Erkunden des klippengesäumten südlichen Teils der Halbinsel an, der lediglich sechs Kilometer mehr beträgt. Das Landesinnere der Halbinsel ist nahezu unbewohnt und mit seiner Stille, Weite und Ursprünglichkeit ein Paradies für Wanderer. Mit 521 Metern bildet der **Corraun Hill** die höchste Erhebung der felsigen, von Heidekraut bestandenen Wildnis.

▓ Achill Island

Reisepraktische Hinweise

Information
- Tourist Information, Achill Sound, Tel.: 098 45384, nur Juli und August geöffnet
- Achill Island Tourism, Derreeny, Achill Island, Tel.: 098 45245

Hostel/Jugendherberge
- The Wayfarer Hostel, Keel, Achill Island, Tel.098 43266, Fax: 47253. Die sehr saubere Herberge hat 32 Betten (auch Familienzimmer) und einen großen Gemeinschaftsraum. Mitte März-Mitte Oktober geöffnet, ab 5,50 Pfund, Fahrradverleih.
- Wild Haven Hostel, Tel.: 098 45392

Fahrradverleih
O'Malley's Island Sports, Keel P.O., Tel.: 098 43125, Fax: 098 43444

Bootsverleih und Angeltouren
Tony Burke, Cashel, Achill, Co. Mayo, Tel.: 098 47257
(Der Preis für ein komplett ausgestattetes Boot beträgt pro Tag 80 Pfund.)

Fährverbindung
Auch von Achill Island kann man zur Clare Island übersetzen. Die Überfahrt dauert 20 Minuten. Auskunft erteilt Mr. Chris Grady, Tel.: 098 26307

Aktives
Die Insel bietet viele Möglichkeiten für aktive Urlaubstage: Man kann bergsteigen, drachenfliegen, Kanu- und Bootstouren unternehmen, segeln und tiefseetauchen. Die Strände sind zum Surfen für Anfänger und auch für Fortgeschrittene geeignet. Hochseeangeln ist vom Boot oder auch vom Ufer aus möglich. Im Sommer werden viele Wettbewerbe veranstaltet. Man kann Süßwasserangeln in den Seen und Bächen. Außerdem gibt es Tennis- und Golfplätze.

Mit einer Fläche von knapp 130 Quadratkilometern ist Achill Island die größte Insel Irlands. Seit 1888 ist sie mit einer Drehbrücke bei Achill Sound mit der Halbinsel Corraun verbunden. Bis 1936 war Achill sogar per Eisenbahn zu erreichen. Die Landschaft der Insel wird von Bergen, Mooren, Seen, Stränden, Klippen und Buchten geprägt. Nur von einzelnen Buchten mit weiten Sandstränden unterbrochen, zieht sich entlang der Küste eine gewaltige Klippenszenerie, deren **Cathedral Rock Cliffs** im Westen der Insel die **höchsten Klippen Europas** bilden. Die zehn Sandstrände sind durch Straßen leicht erreichbar. Besonders schön sind Trawmore, Dooniver, Dooego, Keem und Dugort. Das Inselinnere beherrschen mehrere bis zu 670 Meter hohe Berge, zwischen denen sich Moore und Heidefläche erstrecken. Verschiedene Bergwanderungen und Klettertouren sind möglich.

Die sehr beeindruckende Panoramastraße des **Atlantic Drive** führt durch eine faszinierende, von Moor und Heide überzogene Einöde auf der einen und die dramatischen Klippenlandschaften auf der anderen Seite. Die teilweise abenteuerlich in den Hang geschlagene, gut ausgeschilderte Panoramastraße verbindet die sehenswertesten Flecken der Insel.

Neben Naturschönheiten bietet Achill Island aber auch kunsthistorisch Interessantes: das Kildavnet Castle bei Cloughmore (von hier aus hat man einen besonders schönen Blick auf die Clew Bay) und megalithische Gräber am Fuße des 672 m hohen Slievemore bei Doogort. Interessant sind weiterhin die Ruinen eines während der Hungersnot verlassenen Dorfes an den Hängen von Slievemore.

Neben den höchsten Klippen Europas und den schönen Sandstränden ist es vor allem ein Buch, das die Insel bei deutschen Reisenden bekannt gemacht hat: **Heinrich Bölls "Irisches Tagebuch"**. Böll verbrachte viele Sommer lang in seinem Cottage in Doogort. Heute kommen etliche Deutsche nach Achill Island, um auf den Spuren des Nobelpreisträgers sein Haus in Doogort zu sehen.

Buchtip
Heinrich Böll: Das Irische Tagebuch, Köln und Berlin 1957. Über 30 Jahre lang hat Heinrich Böll in seinem Cottage in Doogort Urlaub gemacht. Durch sein "Irisches Tagebuch" wurde die Achill Island fast zu einem Pilgerziel. Das Irische Tagebuch ist eine kunstvolle und eindringliche Beschreibung der Iren und ihrer Heimat.

Um zur Achill Island zu gelangen, muß man über die Brücke bei Achill Sound fahren. Der Ort hat nichts Besonderes vorzuweisen. Hier befindet sich das wirt-

Am Achill Sound

schaftliche Zentrum der Insel, es gibt ein reiches touristisches Angebot mit B&Bs, Restaurants und Souvenirshops. Für Motorisierte empfiehlt sich der Abstecher zu den Minaun Heights, die über ein 5 km langes Sträßchen mit zum Teil kräftigen Steigungen zu erreichen sind. Vom runden Gipfel (oben ein Sendemast) bietet sich ein phantastischer Rundblick über die gesamte Insel.

◆ In dem kleinen Ort **Doogort**, nahe der etwas außerhalb gelegenen Kirche, befinden sich die beiden Cottages Heinrich Bölls. Sie gehören noch heute der Familie, die aber nur noch selten hierherkommt.

◆ Knapp 4 km nordwestlich liegen unterhalb des 670 Meter hohen Slievemore die **Seal Caves**, eine Höhlenformation an der Felsküste, in der sich regelmäßig Seehunde versammeln.

◆ Auf halbem Weg in Richtung Keel stößt man auf ein trauriges Relikt aus der Zeit der Great Famine, den Geisterort **Slievemore** oder auch schlicht "deserted village" genannt. Erhalten sind nur die Grundmauern des Ortes. Die Bewohner wanderten entweder aus oder starben an Hunger.

◆ **Keel** ist der sympathische Hauptort der Insel. Der Trawmore Strand ist rund 4 km lang, im Osten schließen sich daran die Minaun Cliffs an. Die etwa 240 Meter hohen Klippen werden von leicht begehbaren Wegen durchzogen.

◆ Über **Dooagh** erreicht man nach etwa 7 km das "Ende der Welt": die von mächtigen Klippen gerahmte Keem Bay. Wenn man am 670 Meter hohen Croaghaun vorbei die nach Westen gerichteten Hänge erklimmt, wird man mit unvergeßlichen Panoramen belohnt. Nach Nordosten fallen die Klippen knapp 600 Meter steil in den Atlantik.

◆ Auf dem Rückweg nach Dooagh lohnt sich ein Abstecher nach **Lough Accorymore**, einem kleinen Bergsee, der friedlich und einsam in sanfte Hänge gebettet ist.

▨ Die Mullet Peninsula

In Mulrany gibt es einen schönen Strand. Ab hier wird die Landschaft zunehmend einsamer und mooriger, bis man schließlich den äußersten Nordwesten erreicht. Fast erinnert die Landschaft mit ihren endlosen Mooren und Grasfeldern an die Tundra. Der äußerste Nordwesten zählt zu den am wenigsten besiedelten Gebieten in Irland.

◆ Das Tor zur **Mullet Peninsula** bildet der Ort **Bangor**, der etwa 20 km vor Belmullet, dem Hauptort der Halbinsel, liegt. **Belmullet** wurde, wie zahlreiche andere Marktflecken in Irland, nach Plan angelegt (1825). Es besitzt nur wenig Sehenswertes, hat aber ähnlich wie Mullaghore einen phantastischen Strand.

◆ Die ständig windgepeitschte, flache Halbinsel, die auf den ersten Blick beängstigend monoton wirkt, zählt zu den unberührtesten Regionen Irlands. An der Küste wechseln Klippen und einsame Sandstrände ab. Mullet vorgelagert liegen einige kleine Inseln, die bereits in grauer Vorzeit besiedelt waren, heute jedoch unbewohnt sind. Auf **Inishglora** und **Inishkea** gibt es frühchristliche Ruinen von Mönchssiedlungen. Nur wenige Besucher kommen in diese Gegend. Das Angebot an Unterkünften ist daher knapp.

Golf

Carn Golf Course, Belmullet. Der 18-Loch-Golfplatz umfaßt ein Gebiet von 105 Hektar und liegt einzigartig in einer Landschaft aus Sanddünen. Der Platz wurde von Eddie Hackett gestaltet, der sich als Golfplatzdesigner einen Namen gemacht hat. Auskunft erhält man unter Tel.: 097 81051, Fax: 097 81123.

Jugendherberge/Hostel

Kilcommon Lodge, Pullathomas, Tel.:097 84621. Das Hostel wird von Kennern als eines der besten in Irland bezeichnet. Es liegt ca. 20 km nördlich von Bangor und wird von Deutschen geleitet.

Ca. 10 km östlich von Bangor bei Bellacorick liegt Irlands erste **Windfarm**. Außerdem gibt es hier ein großes Torfabbaufeld, das man – wie im County Offaly – mit einem kleinen Zug besichtigen kann (siehe Kap. 4.7.6). Auskunft erteilt das Board na Móna Office unter der Rufnummer Tel.: 096 53002, Fax: 53094.

Entlang der Nordküste nach Killala

An der Nordküste Mayos bestimmen Felsen, Wind und Wellen den Charakter der Landschaft. Von **Benwee Head** und den eindrucksvollen Klippen der **Stags of Broad Haven** zieht sich die Klippenlandschaft nur von wenigen Buchten unterbrochen bis in die Killala Bay. Am **Downpatrick Head**, nördlich von Ballycastle, können Eissturmvogelkolonien bewundert werden. Die Landzunge kann nur über eine schmale Straße erreicht werden, die zu einem kleinen Parkplatz führt. Ab hier geht es zu Fuß weiter. Von Ballycastle bieten sich schöne Spaziergänge inmitten der einsamen Klippen- und Moorlandschaft an. Empfehlenswert ist vor allem für Angler das **Moy Valley**. Der Moy soll der europäische Fluß mit dem größten Aufkommen an Atlantiklachs sein.

■ Wenige Kilometer von Ballycastle stößt man auf ein "Highlight", das nicht nur für Archäologen von großem Interesse sein dürfte: die **Céide Fields**, das größte prähistorische Denkmal der Welt. An sich ist in Céide auf den ersten Blick nichts Besonderes zu sehen, abgesehen von den Meeresklippen von Nordmayo, die dreimal so lang und eineinhalb mal so hoch sind wie die Cliffs of Moher. Sie sind bei Céide 300 Millionen Jahre alt. Das Besondere ist, daß sich hier unter einer natürlichen Torfschicht eine regelrechte Steinzeitlandschaft erhalten hat, die mindestens 5.000 Jahre alt ist: Felder mit Steinwällen, Dorfgrundmauern, Behausungen und Hünengräbern. Nach jahrelanger systematischer Freilegung bietet sich hier dem Besucher eines der interessantesten und größten Freilichtmuseen steinzeitlicher Frühkultur.

Der erst kürzlich eingerichtete moderne oktagonale Museumsbau aus Stahl und Beton ist mit seinem Glasdach schon von weitem zu sehen. Zu zwei Dritteln ist das Dach von Torf bedeckt. Zur Zeit muß es noch von einer Art Sackleinen gehalten werden. Mit den Jahren aber verrottet es und wird von den Moorpflan-

zen, die zwischen das Ge-
webe gepflanzt wurden,
überwuchert. Von Ballina
aus fährt man ca. ½ Stunde
entlang der schroffen Felsen-
küste nach hier.
Öffnungszeiten: täglich Mitte März-Mai 10-17 Uhr,
Juni-September 9.30-18.30
Uhr, Oktober 10-17 Uhr,
November 10-16.30 Uhr.
Besucher im Winter sollten
die Öffnungszeiten unter
Tel.: 01 6613111 ext 2386

Das Besucherzentrum der Céide Fields

erfragen. Auf Wunsch werden Führungen veranstaltet. Die Führung (draußen)
dauert 30-40 Minuten. Im Museum selbst wird ein 20-minütiger Film gezeigt.
Auskunft erhält man unter Tel.: 096 43325, Fax: 096 43261. Eintritt: Erwachsene
2,50 Pfund, Senioren 1,75 Pfund, Kinder/Studenten 1 Pfund, Familien 6 Pfund,
Gruppen 1,75 Pfund pro Teilnehmer. OPW

Von Mai 1993 bis Juli 1995 kamen 146.000 Besucher. Die durchschnittliche
Besucherzahl liegt bei 350, der Rekord liegt bei 900 Besuchern an einem Tag im
August.

INFO

Céide Fields – eine Steinzeitlandschaft unter Torf versteckt

*Im Grunde handelt es sich nur um ein paar aus dem Moor ausgegrabene
Haufen von Steinen. Manche davon sind blendendweiß, gebleicht von dem
sauren Boden, dort, wo erst kürzlich gegraben wurde. Andere, schon länger
freigelegt, sind schmutzig graubraun oder bereits wieder grünlich verwittert. Hinter diesen Steinen verbirgt sich eine der faszinierendsten archäologischen Entdeckungen unserer Zeit.*

*Die "Felder" von Céide, von denen die meisten in Anbetracht ihrer Größe
als Viehweiden benutzt worden sein müssen, umfassen einen mehrere Quadratkilometer großen Landstrich. Dieser wurde von den Menschen gemein-
schaftlich vor mehr als 5.000 Jahren urbar gemacht, mit kilometerlangen
Steinmauern unterteilt und über Generationen bewirtschaftet. Besonders der
letzte Aspekt ist sehr interessant. Auch in anderen Gegenden Westeuropas
mag es zu jener Zeit ähnliche Landschaften gegeben haben. Aber während
anderswo nachfolgende Generationen von bäuerlichen Gemeinschaften das
Aussehen ihrer Umgebung immer wieder veränderten, wurden die Céide
Fields unter dem Moor begraben. Nur etwa 200 Jahre, nachdem die ersten
Siedler sich dort niedergelassen hatten, begann es sich zu bilden. Als ob die
Zeit in Céide für 5.000 Jahre angehalten worden wäre, ist das steinerne
Skelett dieser Besiedlung in einer Vollständigkeit erhalten, die einzigartig ist.*

◆ **Zur Geschichte der Ausgrabungen:**

Patrick Caulfield, Lehrer aus Belderrig, versuchte 1934, das Nationalmuseum in Dublin auf die zusammengefallenen Steinmauern aufmerksam zu machen, die bei einem als Céide bekannten Landstrich zwischen seinem Heimatdorf und Ballycastle unter dem gestochenen Torf auftauchten. Er hatte keinerlei archäologische Vorbildung, war sich aber bewußt, daß diese Steinmauern von großer Bedeutung sein mußten, da sie auf dem mineralischen Grund eines Torfmoores aufgeschichtet lagen, das sich über fast 5.000 Jahre gebildet hatte. Bei den Archäologen in Dublin stieß seine Entdeckung aber nur auf mäßiges Interesse, und auch Ruaidhri de Valera (Sohn des damaligen irischen Präsidenten), der Anfang der 60er Jahre zusammen mit anderen Archäologen bei Behy, unmittelbar westlich von Céide, ein Court Tomb ausgrub, maß den direkt danebenliegenden Mauern keine Bedeutung zu. Erst ab 1969 wurde mit der systematischen Untersuchung der Céide Fields begonnen. Die Leitung hatte Dr. Seamus Caulfield, der Sohn des Patrick Caulfild. Er war durch das Interesse seines Vaters an den alten Grabstätten und den Mauern in den Mooren der Umgebung zur Archäologie gekommen.

Um den Verlauf der Mauern in ihrem ganzen Umfang festzustellen, bediente er sich einer alten Methode, die die Einheimischen seit langem zum Auffinden von Baumstämmen unter dem Moor anwandten. Ein etwa zwei Meter langer Stab aus Eisen, am oberen Ende mit einem kurzen Querstück versehen, wurde alle 50 cm in den Boden gedrückt, bis er auf festen Untergrund stieß. Das war entweder die Bodenoberfläche, wie sie vor mehr als 5.000 Jahren freigelegen hatte, oder die darauf errichteten Mauern von Feldern, Weiden oder Gehöften. An die Stelle der Eisenstange wurden dann gleichlange Bambusstöcke gesetzt, die den ganzen Verlauf der Mauern über zwei große Hügel nachzeichneten. Insgesamt ergab sich eine Fläche von mehreren Quadratkilometern.

Mit den einfachen Mitteln, die ihnen damals zur Verfügung standen, vor allem mit polierten Steinäxten, fällten die frühen Bewohner von Céide eine Viertelmillion Bäume, gruben ihre Wurzeln aus, bewegten eine Viertelmillion Tonnen Steine, um Mauern von mehr als 120 Kilometern Länge zu bauen. Das regelmäßige Muster läßt auf das geplante Vorgehen einer größeren Gemeinschaft schließen. In anderen Gegenden der britischen Inseln vorgefundene alte Feldsysteme zeigen unregelmäßige Muster: Ein Feld nach dem anderen wurde nach Bedarf angelegt, vergrößert oder geteilt, meist den natürlichen Gegebenheiten der Landschaft folgend. Die Felder von Céide verlaufen dagegen parallel und sind von gleichmäßiger Größe und ähnlichem Zuschnitt.

Vieles deutet darauf hin, daß die Felder individuell, vielleicht von einzelnen Großfamilien, bewirtschaftet wurden. Die Überreste der Gehöfte – Bodenvertiefungen, in denen die Stützpfosten der Häuser verankert waren, Feuerstellen und die Steinwälle, die die Häuser und Höfe umgaben – liegen verstreut in den Feldern, nicht in geschlossenen Siedlungen.

Es wird vermutet, daß etwa 50 - 60 Familien in Céide lebten, also bis zu 300 Menschen. Die Anlage der Gehöfte, die über das ganze Gebiet verteilt sind und keine größeren Befestigungen aufweisen, deutet darauf hin, daß sie friedlich miteinander auskamen. Woher sie kamen, ist nicht sicher, möglicherweise direkt aus

Frankreich. Nach der Radiokarbondatierung der Holzkohle in einer der Feuerstellen läßt sich das Alter der Céide Fields auf etwas 3200 v.Chr. bestimmen. Ebensowenig ist gesichert, wohin die Menschen gingen, als sie Céide verließen, vermutlich etwas weiter östlich in Richtung des heutigen Killala. Als Tatsache steht fest, daß sich ab etwa 3000 v.Chr. die Torfmoore Irlands bildeten, und zwar vermutlich aufgrund von plötzlichen Veränderungen des Klimas, das kälter und feuchter wurde. Zur Zeit der Besiedlung von Céide war es dort durchschnittlich 2 Grad wärmer als heute. Das Klima förderte so das Wachstum von Moosen und Pflanzen, die die Moore entstehen ließen, die schließlich Céide unter sich begruben. Andere Wissenschaftler geben den Menschen Teilschuld an der Entstehung der Moore. Die ersten verhängnisvollen ökologischen Schäden seien in den ursprünglichen Wäldern angerichtet worden. Nach Schätzungen halten die Kronen der Bäume in dichtem Wald 70 bis 80 % des Regenwassers, das verdunstet und so gar nicht den Boden erreicht. Als die frühen Siedler den Wald in Céide rodeten, sorgten sie somit dafür, daß bis zu 5mal mehr Wasser in den Boden sickerte, und schufen so die Grundbedingungen für eine Verschlechterung ihres Landes. Übermäßiges Abgrasen der Weiden und deren Überdüngung, wenn zu viele Tiere zu lange auf denselben Flecken gehalten werden, mögen die Lage noch verschärft haben.

Céide wurde nicht plötzlich verlassen, sondern seine Bewohner müssen langsam über einen Zeitraum von mehreren Generationen in Gegenden mit fruchtbaren Böden weitergezogen sein. Die Mauern zerfielen nach und nach, die Steine wurden unmerklich von Moos und Heide überwuchert, und versanken schließlich für 5.000 Jahre im Moor.

▨ **Killala** ist ein kleiner gemütlicher Fischerort mit weniger als 500 Einwohnern und einem schönen Strand. Früher gab es hier einen wichtigen Seehafen für den Norden Mayos. In der Bucht von Killcummin Strand soll im August 1798 der französische General Humbert gelandet sein, um die Iren in ihrem Kampf gegen die Briten zu unterstützen. Sehenswert ist neben der 1670 wiedererbauten Kathedrale ein 25,5 m hoher Rundturm, der 1800 vom Blitz getroffen und danach restauriert wurde. Das erste Kloster von Killala wurde wahrscheinlich im 5. Jahrhundert gegründet, als der hl. Patrick Muirdeach zum ersten Bischof von Killala ernannte. Das 1274 gegründete Dominikanerkloster von **Rathfran** (nordwestlich von Killala Richtung Meer) wurde 1590 niedergebrannt und ist daher nur noch teilweise erhalten. In der Nähe des Klosters befinden sich zwei Steinkreise auf dem Hügel und ein Megalithgrab nahe der Straße.

Jugendherberge/Hostel
Killala Hostel, Tel.: 098 32172. Die ganzjährig geöffnete Herberge ist in einem stattlichen Herrenhaus, das von einem großen Park umgeben ist, untergebracht und hat 50 Betten.

Geschichtsbegeisterte sollten die spätgotischen Abteien von **Moyne** und **Rosserk** an der Westseite der Killala Bay (R 314), am Mündungsarm des Moy, besuchen.

▨ Das Franziskanerkloster **Moyne Friary** wurde 1460 gegründet. Die Kirche besteht aus Vierungsturm, rechteckigem Schiff und Chor.

■ Wenige Kilometer südlich trifft man auf **Rosserk Friary**, ebenfalls ein Franziskanerkloster, das 1441 in wunderschöner Lage errichtet wurde. Man betritt die aus Hauptschiff und Chor bestehende Kirche durch ein tiefes Kielbogenportal. Über der Vierung erhebt sich ein schlanker Turm, vom Querschiff gehen zwei Kapellen ab. Im Chor befindet sich in der Südostecke eine kunstvolle doppelte Piscina mit den Skulpturen zweier Engel und einem Rundturm – wahrscheinlich desjenigen von Killala. Beachtung verdient auch das große Ostfenster mit seinem gut erhaltenen Vierblattmaßwerk. Am nördlichen Maßwerksfenster in der Seitenkapelle ist ebenfalls eine hübsche kleine Engelskulptur zu entdecken. Erstaunlicherweise hat der zentrale Innenhof keinen Kreuzgang.

■ **Ballina**

Das etwa 7.000 Einwohner zählende Städtchen ist die größte Stadt in Mayo, die durch die Lage an der Spitze der sich fjordähnlich verjüngenden Killala Bay früh an Bedeutung gewann. Zum wichtigsten Seehafen zwichen Sligo und Galway geworden, bildet die Stadt heute das wirtschaftliche Tor zur Grafschaft. Die Sehenswürdigkeiten Ballinas halten sich in Grenzen. Ein Denkmal unweit des Zentrums würdigt die Verdienste des französischen Generals Humbert, und jenseits des Flusses Moy erheben sich die Ruinen des Augustinerklosters **Ardaree** aus dem späten 14. Jahrhundert. Die Stadt ist lebhaft und hat viele Geschäfte, die nach Tagen der Einsamkeit im Nordwesten Mayos vielleicht eine willkommene Abwechslung bieten.

Tourist Information
Tel.: 096 70848, Mitte April bis Ende September geöffnet.

◆ Das **Mayo North Family History Research Centre** (Enniscoe, Castlehill, Ballina, Tel.: 096 31809, Fax: 096 31885), wurde 1992 von der Präsidentin Mary Robinson eingeweiht, deren Familie, die Bourkes, selbst aus Nordmayo stammt. Das Centre gehört zur "Crossmolina Historical and Archaeological Society", die 1981 von einer Gruppe an Heimatinteressierten gegründet worden war. Hier kann man sich auf die Spuren seiner – irischen – Vorfahren begeben. Öffnungszeiten: ganzjährig Mo-Fr zu den üblichen Zeiten, in der Hochsaison auch Sa und So.

Hotel/B&B
Mount Falcon Castle, Ballina, Co. Mayo, Tel.: 096 70811, Fax: 096 71517. Das kleine Landschlößchen ist sehr ruhig und zum Entspannen ideal. Die Atmosphäre ist freundlich, es gibt eine gute Küche. Mittlere Preisklasse, Mount Falcon Castle wird im Blue Book empfohlen und ist ganzjährig außer Weihnachten und im Februar geöffnet.

Jugendherberge/Hostel
Salmon Weir Hostel, Barrett Street, Ballina, Tel.: 096 71903 ganzjährig geöffnet, ab 6 Pfund, 70 Betten, Familienzimmer, Mahlzeiten, Fahrradverleih, rollstuhlfreundlich.

Fahrradverleih
Gerrys Cycle Centre, Crossmolina Road, gegenüber vom Krankenhaus, Tel.: 096 70455

Verkehrsverbindungen
Busse fahren täglich nach Westport, Castlebar, Dublin und Galway sowie nach Foxford, Pontoon, Killala, Ballycastle und nach Achill.

Busbahnhof
Tel.: 096 71800/096 71825

◆ 12 km östlich von Ballina, bei Cannaghanally, Dromore West, informiert das in einem Neubau untergebrachte **Culkins Emigration Museum** (Tel.: 096 47152) über die Auswanderungswelle im vorigen Jahrhundert.
Öffnungszeiten: Juni-September Mo-Sa 10-17 Uhr, So 13-17 Uhr.

Tip
Nach einem anstrengenden Tag kann man sich bei einem Algenbad im **Kilcullen's Bath House** in Inishcrone bei Enniscrone erholen – "the ultimate bathing experience"! Das "Hot Sea Water Bath and Seaweed Bath" wurde 1912 gegründet und ist seit vier Generationen im Familienbetrieb. Das Badewasser wird direkt aus dem Atlantik genommen, die Algen jeden Morgen frisch vom Felsen geschnitten. Pro Badewanne braucht man einen Eimer Algen. Die therapeutische Kraft bei Rheumatismus und Arthrose liegt in dem hohen Jodgehalt der Algen und des Seewassers. Während des Wachstums ziehen die Pflanzen das Jod aus dem Wasser an, so daß sie schließlich bis zu 20.000 mal höhere Konzentration aufweisen als das Wasser. Ein Seealgenbad ist auch gut für die Haut. Das Badewasser hat

Nur noch der Kopf schaut heraus

ungefähr die Konsistenz von Olivenöl. Wenn man sich besonders verwöhnen möchte, kann man vorher in einem altmodischen Schwitzkasten, wo nur der Kopf rausguckt, ein Dampfbad nehmen. Das hinreißende edwardianische Badehaus ist eine architektonische Rarität und wurde im Laufe der Zeit kaum verändert. Die Kabinen sind noch mit den originalen Porzellanbadewannen, Armaturen und teilweise echten Jugendstilkacheln mit floralem Dekor ausgestattet. Öffnungszeiten: November-Mai: Sa, So und Bank Holiday: 12 bis 20 Uhr, Mai-Oktober: täglich 12-21 Uhr, Juli und August 11-22 Uhr. Tel.: 096 36238. Die Preise für diesen Spaß sind durchaus erträglich: Hot Sea Water Bath: 5 Pfund, Hot Seaweed Bath: 6 Pfund, Steam & Seaweed: 7 Pfund, Massage: 10 Pfund.

Ein Algenbad ist gesund

Alternative Streckenführung von Westport nach Sligo
Die schnellste Strecke führt von Westport über Castlebar und Charlestown nach Sligo. Alternativ fährt man hinter Castlebar auf der R 310 entlang des Lough Cullin und Lough Conn oder auf der N 58 bzw N 57 gen Ballina.

▪ Castlebar

Castlebar ist eine ruhige Kleinstadt, hat 7.000 Einwohner. Sie ist Hauptstadt und Verwaltungssitz Mayos. Über besondere Sehenswürdigkeiten verfügt Castlebar jedoch nicht.

Im Gegensatz zu Westport ist Castlebar natürlich gewachsen und bekam 1611 die Stadtrechte verliehen. 1798 wurde die Stadt Schauplatz einer der wenigen Siege der rebellierenden United Irishmen und der verbündeten Franzosen unter General Joseph Humbert über die Briten. Der Franzose war zur Unterstützung des irischen Aufstandes mit 11.000 Soldaten in der Bucht von Killala nördlich von Ballina gelandet und den Verzweifelten zu Hilfe geeilt. Die Briten wurden erfolgreich in die Flucht geschlagen – als "Races of Castlebar" ging der Sieg in die Geschichte der Insel ein.

In Castlebar wurde anschließend sogar eine kurzlebige "Republic of Connaught" mit dem Präsidenten John Moore ausgerufen.

Wie jedoch zu erwarten, endete auch dieses Bestreben nach Eigenständigkeit bereits nach einer Woche. Ein Denkmal im Zentrum der Stadt an The Mall erinnert an die glorreichen Tage und markiert das Grab des Helden. General Humbert floh kämpfend durchs Land, bis er bei Ballinamuck vernichtend geschlagen wurde. Die Route wird gesäumt von zahlreichen Denkmälern dieser heldenhaften Rebellion.

Tourist Information
Tel.: 094 21207, Mitte April-Mitte September geöffnet.

Hotel
Breaffy House Hotel, Castlebar, Co. Mayo, Tel.: 094 22033, Fax: 094 22276. 4 km außerhalb von Castlebar liegt das von einem großen Park umgebene Hotel (mittlere Preisklasse). Es gibt 38 komfortabel ausgestattete Zimmer und vortreffliche Speisen. Seit mehr als 10 Jahren werden im Breaffy House Hotel während der Sommersaison Kabarett-Abende veranstaltet. Das Dinner wird um 19.30 Uhr serviert, das Kabarett startet um 21 Uhr, und um 23 Uhr kann man bis Mitternacht das Tanzbein schwingen. Dinner und Kabarett kosten 18 Pfund, wenn man nur zum Kabarett und Tanz geht, kostet das Vergnügen 5 Pfund.

Hostel/Jugendherberge
Hughes House Holiday Hostel, Thomas Street, Castlebar, Tel.: 094 23877, Fax: 23877. Juni-September geöffnet, ab 5,90 Pfund, 40 Betten, Familienzimmer, Mahlzeiten, Fahrradverleih, rollstuhlfreundlich.

Fahrradverleih
Raleigh-Rent-a-Bike, Tommy Robinson Ltd., Spencer Street, Tel.: 094 21355/21065, Fax: 094 24533. Hier kann man Fahrräder auch One Way ausleihen.

466

Golf
Castlebar verfügt über einen Golfplatz. Informationen erhält man unter Tel.: 094 21649.

Flughafen
Connaught International Airport (auch Knock oder Horan Airport genannt) liegt ca. 30 km nordöstlich von Castlebar, Tel.: 094 67222
Der Flughafen wurde 1986 auf Initiative von **Pater James Horan** eröffnet. Er wollte mit dieser viel belächelten "Flugzeugpiste im Moor" den Zugang zur Marienpilgerstätte von Knock und die touristisch-wirtschaftliche Erschließung von Mayo vorantreiben.

Tourist Information
am Flughafen: Tel.: 094 67247

▓ In **Turlough**, 6 km nördlich von Castlebar an der N 5, gibt es einen auffallend dicken und kurzen Rundturm mit rundbogigem Eingang zu besichtigen. Daneben befindet sich eine Kirche aus dem 18. Jahrhundert mit Teilen einer älteren Kirche aus dem 16. und 17. Jahrhundert. Sie steht am Ort eines vom hl. Patrick gegründeten Klosters.

▓ **Strade Friary**, 14 km nördlich von Castlebar an der N 58 bei Bellavary, wurde Mitte des 13. Jahrhunderts ursprünglich für Franziskanermönche erbaut, jedoch bereits 1252 dem Dominikanerorden übergeben. Aus dem 13. Jahrhundert stammt noch der Chor der Kirche mit seinen sechs hohen Lanzettfenstern in der Nordmauer. Der Rest der Kirche datiert vom 15. Jahrhundert. Die Hauptsehenswürdigkeit ist ein um 1475 errichtetes außerordentlich ausdrucksvolles Grabmal in der Nordwand des Chors. Der Sarkophag im Perpendicular Stil zeigt acht von stark ornamentierten Kielbögen gekrönte Nischen. Dargestellt sind vier Könige, wahrscheinlich die Drei Könige und Christus, der seine Wunden zeigt. In der fünften Nische sind eine kniende Figur, ein Bischof und vermutlich die Apostel Petrus und Paulus dargestellt. Das besondere ist, daß alle dargestellten Heiligen aus voller Kehle lachen. Ein weiteres Grab aus dem 15. Jahrhundert mit zwei knienden Figuren beidseits der Pietà befindet sich unter dem Ostfenster. In der Sakristei sind einige beachtenswerte mittelalterliche Grabsteine aufgestellt.

In Straide (N 58, 6 km Foxford) gibt es weiterhin ein interessantes Heimatmuseum, das dem Gründer und Vorstand der Land League 1879 **Michael Davitt** gewidmet ist. Die Bewegung der Land League bemühte sich, aus abhängigen Pachtarbeitern Landbesitzer zu machen, und trug schließlich dazu bei, das moderne Irland zu formen (siehe Kap. 2.1.8). Davitt war Parlamentsabgeordneter, Arbeiterführer, Humanist, Autor und Mayos bekanntester Sohn. Im Museum kann man Erinnerungsstücke vielfältiger Art an diesen Mann betrachten.
Öffnungszeiten: Ende März-Ende Oktober Mo-Fr 14-18 Uhr. Weitere Auskunft erhält man unter Tel.: 094 56488 oder von Nancy Smyth, Curator, Davitt Museum, Straide, Co. Mayo, Tel.: 094 31022.

Rund um den Lough Conn

Nach Lough Corrib und Lough Mask ist Lough Conn, rund 14 km lang und 3 bis 6 km breit, der drittgrößte See in Westirland. Der See ist im Süden durch eine Landbrücke vom kleineren Lough Cullin getrennt. Zwar nicht unbedingt ein "Muß" einer Irlandreise, bietet Lough Conn jedoch ein vielleicht willkommenes Kontrastprogramm zu den großartigen Naturschauspielen in Connemara und dem Westen Mayos. Gebettet in sanft ansteigende Wiesen, glitzert die glatte Oberfläche des Sees in der Sonne. Im Hintergrund steigen die bis zum 720 Meter hohen Nephin Beg Range auf.

Vor allem kontinentale Angler haben die Gegend für sich entdeckt. Die Gewässer sind ungewöhnlich fischreich. Die umliegenden Ortschaften Crossmolina, Pontoon und Foxford stehen ganz im Zeichen der Anglerfreuden. Einen Besuch lohnen die kleinen, geruhsamen, von großen Touristenströmen übersehenen Orte allemal.

 Hotel/B&B

Enniscoe, Mrs. Susan Kellett, Castlehill, unweit Crossmolina, Ballina, Co. Mayo, Tel.: 096 31112, Fax: 096 31773. Das schöne georgianische Landhaus hat sechs elegant eingerichtete Gästezimmer (z.T. mit Himmelbetten). Alle haben private Badezimmer. Das Haus hat eine sehr angenehme, warme und anheimelnde Atmosphäre und wird von einem riesigen Park umgeben.
Hinter dem Hauptgebäude gibt es zusätzlich einige Ferienwohnungen. Enniscoe gehört zur Vereinigung des Hidden Ireland und wird außerdem im Blue Book empfohlen. Mittlere Preisklasse.

 Jugendherberge/Hostel

Cooltra Lodge, Pontoon Bridge, Pontoon, Tel.: 56640. Cooltra Lodge ist ein kleines Hostel in abgeschiedener Lage, sehr sauber und nett

Foxford Woolen Mills Visitor Centre, Tel.: 094 56756, Fax: 094 56794 wurde 1892 von einer Nonne gegründet. Alle 20 Minuten finden Führungen in verschiedenen Sprachen statt. Die Ausstellung informiert über das Leben in Foxford im vorigen Jahrhundert. Man kann auch bei der Herstellung von Tweedstoffen zuschauen. Es gibt weiterhin einen Souvenirshop und eine Cafeteria. Öffnungszeiten: Mo-Sa 10-18 Uhr, So 14-18 Uhr.

■ Rund 40 km südöstlich von Castlebar entfernt liegt **Irlands bekanntester Wallfahrtsort**: **Knock**. Das kleine Städtchen in der östlichen Ebene der Grafschaft Mayo besitzt einen der bedeutendsten Marien-Altäre der Welt.

Am 21. August des Jahres 1879 um 8 Uhr hatten 15 Gläubige, die sich an dieser Stelle zum Gebet versammelten, eine Erscheinung. Sie sahen den heiligen Josef, die Jungfrau Maria und Johannes den Täufer, der als Bischof gekleidet war. Bei dieser Vision schwebten das Kreuz Christi, ein Lamm und ein Engel über einen Altar. Bei einer nur 6 Wochen später eingeleiteten kirchlichen Untersuchung stimmten die 15 Augenzeugen gänzlich überein. Eine zweite Untersuchung wurde 1936 angestellt, um die noch lebenden drei Zeugen erneut zu befragen. Wieder blieben sie bei ihren Aussagen und löschten sämtliche Zweifel der Fragenden aus.

Im Laufe des folgenden Jahrhunderts erwies sich die Kirche als zu klein, um die Massen der hierher pilgernden Gläubigen aufnehmen zu können. Zu ihrem 100-jährigen Jubiläum wurde eine gewaltige Basilika an dieser Stelle erbaut, die im Jahre 1979 feierlich eingeweiht wurde und 7.500 Menschen Platz bietet. Auf dem Gelände der ehemaligen Kirche stehen noch zwei kleinere Kapellen, die heute für die Andacht und die Beichte genutzt werden. Am 30. September 1979 zelebrierte Papst Johannes Paul II. eine Messe in der Basilika, an der fast eine halbe Million Menschen teilnahm. Zu Ehren der Jungfrau Maria wird die Stadt heute auch Cnoc Mhuire (Marias Berg) genannt.

Irlands bekanntester Wallfahrtsort: Knock

Das tiefreligiöse Ereignis hat auch Schatten über das Dorf gelegt. Einem großen Kirchenrummel gleich, strömen das ganz Jahr über Pilger aus allen Teilen Irlands und aus Übersee herbei, um dem heiligen Ort nahe zu sein. In der Betonbasilika werden bis zu sieben Messen pro Tag gelesen. Nahezu das gesamte Dorf lebt von den Einkünften aus Zimmervermietung und dem Verkauf von Andenken. Auch für Nicht-Gläubige lohnt für einige Stunden ein Besuch in Knock. Das Beispiel Knock verdeutlicht anschaulich die Ernsthaftigkeit der irischen Bevölkerung in der Wahrung ihrer religiösen Identität. 94 % der Iren sind dem katholischen Glauben verbunden. (siehe dazu Kap. 2.5.4)

In der Nähe von Knock liegt der internationale Flughafen Horan, der es Pilgern von beiden Seiten des Atlantiks ermöglicht, die Stadt Knock schnell zu erreichen und der Jungfrau Maria zu huldigen.

◆ Das **Knock Folk Museum**, südlich der Basilika, wurde 1987 offiziell eingeweiht und sogar gesegnet. Es informiert über das Leben im vorigen Jahrhundert im ländlichen Irland und über die Begleitumstände der Erscheinung von 1879. Eine Abteilung ist dem Wirken und Schaffen von Pater James Horan gewidmet. Öffnungszeiten: täglich Mai, Juni, September und Oktober 10-18 Uhr, im Juli und August 10-19 Uhr. Auf Wunsch werden Führungen veranstaltet, Auskunft erhält man unter Tel.: 094 88100 ext 111.

4.5 DER NORDWESTEN: COUNTY SLIGO UND COUNTY DONEGAL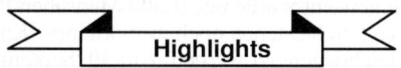

Highlights

- Lough Gill
- der megalithische Friedhof in Carrowmore
- die Landschaft im Nordwesten Irlands
- Slieve League
- Glenveagh National Park
- das Hochkreuz von Carndonagh

4.5.1 ALLGEMEINER ÜBERBLICK

Die in diesem Kapitel beschriebenen Grafschaften Sligo und Donegal beeindrukken mehr durch ihre landschaftlichen Schönheit als wegen ihrer kulturellen Sehenswürdigkeiten. Die Grafschaf Sligo wird von den Ox Mountains und dem Ben Bulben bestimmt. Das Land ist grüner und fruchtbarer als Mayo und auch stärker besiedelt. Bekannt geworden ist Sligo vor allem durch den Nobelpreisträger William Butler Yeats (1865-1939), der die Landschaft in seinen Gedichten verherrlicht. Die Hauptstadt Sligo ist die größte und wichtigste Stadt im Nordwesten Irlands. Viele Spuren der Vergangenheit finden sich in der Grafschaft Sligo, beachtenswert sind die Gräber von Carrowmore. Der unweit gelegene Seeort Rosses Point hat einen schwierigen Meisterschaftsgolfplatz.

Nach Norden hin schließt sich die Grafschaft Donegal an, für Liebhaber stiller Einsamkeit sicherlich eine der schönsten Grafschaften Irlands überhaupt. Die Landschaft ist wild und gebirgig, feine Sandstrände wechseln mit buchtenreichen Küsten ab. Die Slieve League sind phantastische Klippenformationen und wegen des mangelnden Aufgebotes an Touristen sehr viel eindrucksvoller als beispielsweise die Cliffs of Moher. An den einsamen Bergketten des Inneren führen wenig befahrene Straßen entlang. Mitten im Moorgebiet südlich des Mount Errigal liegt, einer Oase gleich, der Glenveagh Nationalpark.

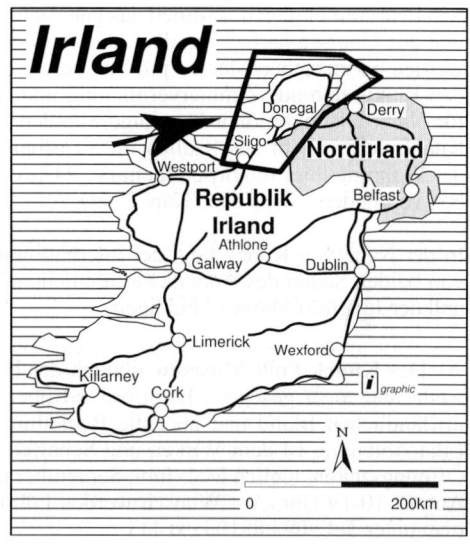

Erwerbsquelle in Donegal ist die Landwirtschaft, der Torfabbau und die Herstellung feiner und unverwüstlicher Tweedstoffe. Daneben bemüht man sich auch

470

um eine Förderung des Tourismus. Allerdings ist der Norden Irlands eher etwas für Individualisten. Pauschaltourismus gibt es hier nicht. Wer an Archäologie interessiert ist, findet auch in Donegal lohnende Ziele, wie das Rundfort Grianán of Aileach bei Letterkenny oder im Westen das Tal von Glencolumbkille. Der Westen von Donegal ist Gaeltacht Gebiet. Die Straßenschilder sind hier fast alle auf Gaelisch, manchmal haben sie englische"Untertitel".

Tip: Golf

Hier ausgewählte Adressen von Golfplätzen in Sligo und Donegal:
- **In Sligo:**
  - County Sligo Golf Club, Rosses Point, Tel.: 071 77186
- Strandhill Golf Club, Tel.: 071 68188
- Enniscrone Golf Club, Tel.: 096 36297
- **In Donegal:**
- Rosapenny, Tel.: 074 55301
- Donegal Golf Club, Tel.: 073 34054
- Greencastle Golf Club, Tel.: 077 81013
- Buncrana Municipal Golf Course, Tel.: 077 661475
- Bundoran, Tel.: 072 41302
- North West Golf Club, Lisfannon, Fahan, Tel.: 077 61207
- Ballybofey and Stranorlar, Tel.: 074 31093
- Letterkenny Golf Club, Barnhill, Tel.: 074 21150
- Narin and Portnoo, Tel.: 075 45107
- Ballyliffin Golf Club, Tel.077 76119
- Dunfanaghy, Tel.: 074 36335
- Portsalon, Tel.: 074 59102
- Buncrana Municipal Golf Course, Tel.: 077 661475

Tip: Schwimmen/Strände/Surfen

Die schönsten Strände Sligos sind Rosses Point und Mullaghmore, in Donegal Bundoran, Rossnowlagh, Narin/Portnoo, Marble Hill, Portsalon und Rathmullan. Zum Surfen sind besonders Strandhill und Easkey geeignet.

Tip: Reiten

Die Grafschaften Donegal und Sligo sind wegen ihrer Einsamkeit und dem geringen Verkehrsaufkommen für den Reitsport ideal. Dementsprechend gibt es etliche Reitschulen.

Hier einige Adressen von Reiterhöfen.
- **In Sligo:**
- Horse Holiday Farm Ltd., Grange, Tel.: 071 66152
- Sligo Equestrian Centre, Carrowmore, Tel.: 071 61353
- Ox Mountain Slope, Cloonkeelane, Enniscrone, Tel.: 096 36451
- **Donegal:**
- Inch Island Riding School, Mullanadee, Inch Island, Lifford, Tel.: 077 60335
- Finn Farm Riding Centre, Cappry, Ballybofey, Tel.: 074 32261
- Stracomer Riding Centre, Bundoran, Tel.: 072 41787
- Carrigart Stables, Carrigart, Tel.: 074 53583
- Gleann Liag Pony Trekking School, Derrylahan Kilcar, Tel.: 073 30035
- Lenamore Stables, Muff, Tel.: 077 84022
- Blas na Gaoithe Teo, Magheracloagher, Derrybeg, Tel.: 075 31667
- The Village Stables, Malin Hotel, Malin Tel.: 077 70606

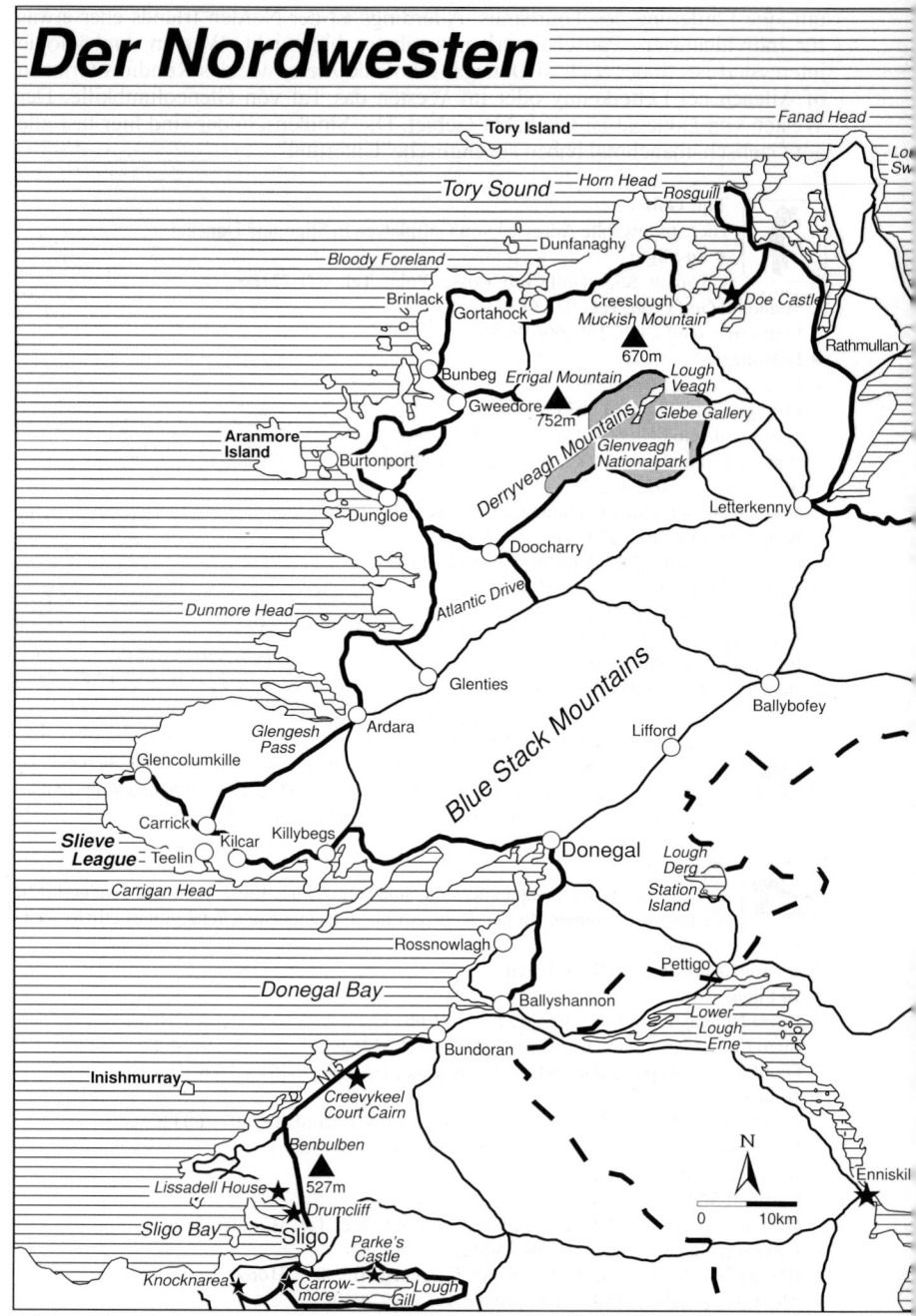

Der Nordwesten

Tory Island
Tory Sound
Fanad Head
Horn Head
Rosguill
Dunfanaghy
Bloody Foreland
Brinlack
Gortahock
Creeslough
Doe Castle
Muckish Mountain
670m
Rathmullan
Bunbeg
Errigal Mountain
Lough Veagh
Gweedore
752m
Glebe Gallery
Aranmore Island
Burtonport
Derryveagh Mountains
Glenveagh Nationalpark
Dungloe
Letterkenny
Doocharry
Dunmore Head
Atlantic Drive
Glenties
Ballybofey
Glengesh Pass
Ardara
Lifford
Blue Stack Mountains
Glencolumkille
Carrick
Kilcar
Killybegs
Slieve League
Teelin
Donegal
Lough Derg
Carrigan Head
Station Island
Rossnowlagh
Pettigo
Donegal Bay
Ballyshannon
Lower Lough Erne
Inishmurray
Bundoran
Creevykeel Court Cairn
Benbulben
N
527m
Lissadell House
Drumcliff
Enniskil
Sligo Bay
Sligo
Parke's Castle
0   10km
Knocknarea
Carrowmore
Lough Gill

Tip: Hunderennen

Greyhound Races finden in folgenden Orten statt:

● Lifford, jeweils Do und Sa

● Derry, jeweils Mo und Fr

● Dungannon, jeweils Mi und Fr

Weitere Auskunft erhält man unter Tel.: 061 316788 oder Tel.: 074 41083. Die Rennen beginnen üblicherweise um 20 Uhr.

Tip: Angeln

Auskunft erteilt The Northern Regional Fisheries Board, Station Road, Ballyshannon, Co. Donegal, Tel.:072 51435 oder das Northwestern Regional Fisheries Board, Ardnaree House, Abbey Street, Ballina, Co. Mayo, Tel.: 096 22623

4.5.2 STRECKENFÜHRUNG UND ZEITEINTEILUNG

Von Sligo aus sollte man es nicht verpassen, den Lough Gill zu umrunden und die prähistorischen Denkmäler von Carrowmore und Creevykeel aufzusuchen. Über Bundoran und Ballyshannon geht es weiter nach Donegal. Hier muß man sich entscheiden. Hat man es eilig, nach Nordirland zu kommen, kann man ab Donegal die N 15 über Ballbofey und Strabane nach Londonderry nehmen. Sehr viel schöner ist es, von Donegal zunächst gen Westen zu fahren und dann entlang der Küste den nordwestlichen Zipfel Irlands zu umrunden. Abstecher ins Landesinnere zum Glenveagh National Park sollte man dabei auf keinen Fall auslassen. Eine Zwischenstation könnte in der Gegend um Dungloe eingelegt werden, um in einer Tagestour den Glenveagh National Park zu besuchen. Auch Bootstouren zu den vorgelagerten Inseln – Aranmore oder Tory Island – sind von hier aus möglich. Für den Nordwesten sollte man mindestens drei Tage einplanen.

Entfernungen von Sligo

● Dublin 219 km
● Galway 140 km
● Limerick 235 km
● Belfast 200 km
● Knock 76 km
● Westport 103 km
● Athlone 117 km
● Castlebar 85 km
● Ballina 60 km
● Donegal 64 km
● Letterkenny 114 km
● Enniskillen 64 km

Fahrzeiten per Pkw

● Nach Dublin (N4): 3 Stunden
● Galway (N17): 2 Stunden
● Donegal (N16): 1,5 Stunde
● Befast (M1): 3,5 Stunden

Redaktions-Tips

- die prähistorischen Stätten rund um Sligo aufsuchen
- den Lough Gill umrunden
- im Temple House in Ballymote, im Coopershill House in Riverstown, (Co. Sligo), im Gortfad in Castlefinn oder im Ardnamona, Lough Eske (Co. Donegal) übernachten.
- bei den Gillespie Brothers in Mountcharles einkaufen
- im County Donegal reiten oder radfahren
- am Slieve League wandern
- Glencolumbkille besuchen
- den Glenveagh National Park aufsuchen
- die Glebe Gallery besichtigen
- das Hochkreuz von Carndonagh betrachten
- zum nördlichsten Punkt Irlands am Malin Head fahren.
- das Grainán of Aileach Steinfort besichtigen.

4.5.3 SLIGO UND UMGEBUNG

Die Hafenstadt Sligo (Gael.Sligeach = Muschelfluß, ausgesprochen: Sleigo) hat 17.000 - 18.000 Einwohner. Der Garavogue River teilt die Stadt auf seinem Weg vom Lough Gill in die Sligo Bay. Einst hieß der Fluß Sligaech (= The Shelly Place) – daher der Name Sligo. Sligo liegt sehr schön zwischen der in die Sligo Bay hineinreichenden Halbinsel, dem durch Eiszeitgletscher geformten Lough Gill und den Bergen im Norden. Der berühmte Tafelberg Ben Bulben (527 Meter) ist vor allem vom Westen oder Süden beeindruckend.

Erstmals wird die Stadt 537 als Schauplatz einer Schlacht zwischen Connaught und Ulster erwähnt. 807 von den Wikingern geplündert und zerstört, erlangte sie erst ab 1245 wieder Bedeutung, als Maurice Fitzgerald, ein normannischer Eroberer, hier eine Burg errichtete und 1252 ein Dominikanerkloster (Sligo Abbey) gründete. Im 17. Jahrhundert wurde Sligo von den Engländern eingenommen und zerstört. Sligo ist die größte Stadt des Nordwestens und der wirtschaftliche Mittelpunkt der agrarisch geprägten Region. In touristischer Hinsicht bildet die Stadt das Tor zum nordwestlichen Teil Irlands. Sie ist eine moderne lebendige Kleinstadt und ohne besondere Sehenswürdigkeiten. Statt dessen gibt es jedoch eine Reihe gemütlicher Pubs und netter Läden – ohne daß die Atmosphäre aufgesetzt touristisch wirkt. Die sie umgebende Landschaft ist schön. Der Dichter und Nobelpreisträger W.B. Yeats, der hier viele Jahre seiner Kindheit verbrachte, nannte sie "The Land of Heart's Desire". In der Stadt erinnern viele Gebäude und Inschriften an den Lyriker. Seit etlichen Jahren pilgern Yeats-Fans aus aller Welt alljährlich im August zur "Yeats International Summer School". Dabei wird in Seminaren und Vorträgen das Werk des Dichters gewürdigt.

INFO

William Butler Yeats (1865-1939)

"Come away, O human child!
To the waters and the wild
With a feary, hand in hand,
For the world's more full of weeping than you
can understand" (The Stolen Child)

Yeats

Es macht Spaß, mit den Gedichten von William Butler Yeats zu den Orten zu reisen, die er beschreibt. Das gleichzeitige Erleben von Literatur und Landschaft prägt sich viel intensiver ein, als es in einer nachbereitenden Lektüre zu Hause möglich wäre.

William Butler Yeats ist vor allem als Lyriker berühmt geworden. Zusammen mit T.S. Eliot und Ezra Pound bildete Yeats das große dichterische Trio der englischsprachigen Literatur des beginnenden 20. Jahrhunderts. Yeats frühe Dichtung enstand in frühviktorianischer Zeit und ist durch reiche, prunkvolle Rethorik gekennzeichnet. Im ausgehenden 19. Jahrhundert beeinflußte ihn der Symbolismus. Weiterhin war Yeats Gründer, Leiter und Autor des irischen Nationaltheaters und somit von größter Bedeutung für die Entwicklung der Irish Renaissance.

Am 13. Juni 1865 wurde Yeats in der Nähe von Dublin als Sohn des Portraitmalers John Butler Yeats geboren. Seine Jugend verbrachte er abwechselnd in Dublin, London und der Gegend um Sligo, der Heimat seiner Großeltern mütterlicherseits. Beide Elternteile des Dichters stammen aus der Grafschaft.

Bereits mit 17 Jahren schrieb Yeats Gedichte, studierte dann jedoch an der Dubliner Kunstakademie, um, wie sein Vater und sein Bruder Jack, Maler zu werden. Bald geriet er in den Bann der irischen Nationalbewegung und widmete sich fortan der Dichtung und Wiederbelebung der irischen Mythologie – obwohl er kein Gaelisch konnte. Seine in erster Linie literarischen

Interessen wandelten sich im Zuge dessen in eine politische Richtung. 30jährig machte Yeats die Bekanntschaft mit der damals 43jährigen verwitweten Lady Gregory, die ihm den Zugang zu den gaelischen Sagen und Märchen eröffnete (siehe Kap. 4.4.4). Fortan verband die beiden eine für die irische Literatur und das irische Theater höchst fruchtbare Seelenfreundschaft. 1899 gründete Yeats zuammen mit Lady Gregory das Irish Literary Theatre, das mit der Aufführung seines Stückes "The Countess Cathleen" eröffnet wurde.

Seine Einakter "Cathleen ni Houlhan" (1902) und "Cuchullainns Tod" (1939) sind stark durch die irische Mythologie beeinflußt. Was Yeats erträumte, war eine Literatur, in der die Grenzen zwischen der Phantasie des einzelnen Künstlers und des Volks als Kollektiv aufgehoben sind. Was ihn an der irischen Folklore reizt und inspirierend auf seine Lyrik und auf seine Theaterstücke einwirkte, die nicht selten auf Märchenstoffe zurückgehen, war einerseits das stilisierte Ornament und zum anderen die Mystik. (Yeats nahm die Märchenwelt und das Feenwesen sehr ernst, so behauptete er beispielsweise, daß er in der Gegend von Sligo von Feen kilometerweit durch die Luft getragen wurde!)

1904 entstand das Abbey Theatre, dessen erste Direktoren Yeats ud Lady Gregory waren. Mit ihm begründete Yeats das irische Nationaltheater, in dem sich die irische Renaissance am nachhaltigsten ausgewirkt hat. Es war sein großangelegter Versuch, mit dem Theater ein Instrument für die geistige Erziehung der Nation zu schaffen. Der Konflikt zwischen ihm und seinen Autoren mit dem vorherschenden provinziellen Katholizismus und dem übersensiblen Nationalismus war vorprogrammiert, und die Geschichte des frühen Abbey Theatre ist so reich an Skandalen wie kaum ein anderes Theater. Das irische Publikum hatte andere Vorstellungen von einem Nationaltheater, es wollte fromme und erbauliche Stücke, die vor allem den irischen Volkscharakter verherrlichen sollten.

Im neu gegründeten irischen Freistaat wurde Yeats zum Senator gewählt. 1923 erhielt er den Nobelpreis für Literatur. 1938 zog er nach Südfrankreich, wo seine letzten Gedichte entstanden. Die späten Gedichte nähern sich in der Einfachheit ihrer Syntax der Umgangssprache, und harte Konturen verdrängen die einst so weiche Musikalität. Immer mehr entwickelt Yeats eine private Symbolik, die das Verständnis seine Gedichte erschwert.

Der tief in der Sagenwelt und Geschichte Irlands verankerte Nationalismus Yeats hat seine Wurzeln ganz aus der Landschaft Sligos. Sie begründet die mystische Melancholie, die Weichheit und Musikalität vor allem seiner frühen Werke. Heute wird Yeats touristisch vermarktet. Scharen von Verehrern strömen nach Drumcliff, zur Insel Innisfree, zum Ben Bulben oder nach Lissadell.

1923 erhielt Yeats den Nobelpreis für Literatur. Am 26. Januar 1939 starb er in Roquebrune und wurde erst 1948 nach Irland überführt und in Drumcliff, County Sligo, beigesetzt.

Reisepraktische Hinweise

Information

Tourist Information (North West Tourism), Temple Street/Charles Street, Tel.: 071 61201, Fax: 071 60360, ganzjährig geöffnet. Von der Tourist Information beginnt ein ausgeschilderter Rundgang. 21 Hinweistafeln führen den Interessierten durch die Stadt. Eine begleitende Broschüre ist in der Tourist Information erhältlich. Der Weg dauert circa 60-90 Minuten. Im Sommer werden auch Führungen durch die Stadt veranstaltet.

Telefonnummern
Krankenhaus Tel.: 071 71111
Polizei (Garda Siochána) Tel.: 999 oder Tel.: 071 42031

Hotel/B&B

● Markee Castle, Collooney, Co. Sligo, Tel.: 071 67800, Fax: 071 67840. Seit 1640 ist das Haus im Besitz der jetzigen Bewohner und beherbergt heute ein 3-Sterne-Hotel. Das Gebäude ist von einem großen Grundstück umgeben und hat elf Zimmer. Im Knockmuldowney Restaurant kann man gut speisen. Mittlere bis gehobene Preisklasse.
● Temple House, Sandy & Deb Perceval, Ballymote, Co. Sligo, Tel.: 071 83329, Fax: 071 83808. Das Herrenhaus – seit 1665 im Familienbesitz – liegt ca. 20 km südlich von Sligo, schön gelegen in einem riesigen Gelände mit Blick auf Knights Templar, einer Burg aus dem 13. Jahrhundert. Das Gebäude hat eine sehr anheimelnde und freundliche Atmosphäre. Alle 5 Zimmer sind mit (privatem) Bad ausgestattet. Hidden Ireland.
● Coopershill House, Riverstown, Co. Sligo, Tel.: 071 65108, Fax: 071 65466. Das stattliche georgianische Landhaus wurde 1774 gebaut und liegt abgeschieden in einem großen Park. Es gibt sechs sehr luxuriös ausgestattete Zimmer. Das Haus hat eine sehr warme und anheimelnde Atmosphäre. Coopershill House wird im Blue Book empfohlen. Es ist Mitte März bis Ende Oktober geöffnet. Mittlere Preisklasse.
● Sligo Park Hotel, Pearse Road, Sligo, Tel.: 071 60291, Fax: 071 69556. 1 ½ km südlich von Sligo an der Dublin Road gelegenes modernes Hotel mit 89 geschmackvoll eingerichteten Zimmern. Ein Restaurant, Fitnessräume und ein Swimmingpool gehören zum Haus. Mittlere Preisklasse.
● Bonne Chere Hotel, 44/45 High Street, Sligo, Tel.: 071 42014, Fax: 071 41777. Im Stadtzentrum gelegenes Hotel der mittleren Preisklasse, sauber und gepflegt, mit Restaurantbetrieb.

Jugendherberge/Hostel

● Eden Hill Holiday Hostel, Pearse Road, Marymount, Tel.: 071 43204, Fax: 43204 (Payphone:44113), ganzjährig geöffnet, 32 Betten (auch Familienzimmer), ab 6 Pfund, Mahlzeiten, Camping ist auf dem Grundstück möglich, Fahrradverleih, rollstuhlfreundlich.
● White House Hostel, Markievicz Road, Tel.: 071 45160/42398, Fax: 44456. Ganzjährig geöffnetes Hostel mit 31 Betten ab 6 Pfund.

Restaurants

● Glen Lodge, Cullenamore, 9 km westlich von Sligo Richtung Strandhill. Nettes Restaurant mit angenehmen Preisen. Tel.: 071 68387
● Bonne Chere Hotel, 44/45 High Street, Sligo, Tel.: 071 42014, Fax: 071 41777. Im Stadtzentrum gelegenes Restaurant der mittleren Preisklasse (siehe Hotel/B&B). Von 8 Uhr bis 22 Uhr geöffnet.
● Glebe House, Coolaney Road, Collooney, Tel.: 071 67787. Das Restaurant der gehobenen Preisklasse bietet ausgezeichnete Küche in gemütlichem Ambiente.

Ferienwohnung

vermietet Emily Quinn, The Stableyard, Mount Shannon House, Bundoran Road, Sligo, Tel.: 071 44109, 2 km nördlich von Sligo an der N15 gelegen. Die ehemaligen Ställe und Kutschenhäuser wurden 1820 errichtet, geschmackvoll renoviert und in Ferienapartments mit 1, 2 oder 3 Zimmern aufgeteilt. Sie sind komplett ausgestattet und behaglich eingerichtet.

Einkaufen

Quirke's Sculptures, Wine Street. Hier kann man Holzschnitzarbeiten nach Vorlage der irischen Sagenwelt und Mythologie erwerben.

Feste/Feiern

Im August findet die "Yeats International Summer School" statt. In zahlreichen Seminaren, Lesungen und Workshops kann man das Werk des großen Dichters intensiv kennenlernen. Information erteilt die Yeats Society, Hyde Bridge, Sligo, Tel.: 071 42693, Fax: 071 42780

Verkehrsverbindungen

Bahnhof und Busbahnhof befinden sich in der Lord Edward Street, unweit der Union Street. In Sligo haben Züge Endstation.
Bus- und Bahnauskunft: Tel.: 071 60066

Flughafen

In der Nähe von Strandhill, 8 km von Sligo entfernt, liegt der Flughafen von Sligo. Neben täglichen Flügen nach Dublin werden auch Erkundungsflüge über die Küste, den Knocknarea Mountain und über Sligo angeboten.
Sligo Airport, Strandhill, Tel.: 071 68280/68318, Fax: 071 68396. Am Flughafen gibt es die Möglichkeit, ein Auto zu mieten. Es besteht regelmäßiger Taxiservice in die Stadt.

Bootstouren auf dem Lough Gill und in der Sligo Bay

● Zwischen Juni und September werden auf dem Lough Gill Bootstouren veranstaltet, bei denen man während der Fahrt mit Yeats Versen unterhalten wird. Die Abfahrt erfolgt von Parke's Castle aus, jeweils um 12.30, 13.30, 15.30, 16.30 und um 18.30 Uhr. Auskunft erhält man unter Tel.: 071 64266 oder 088 598869.
● Für Bootstouren in der Sligo Bay erkundige man sich unter Tel.: 071 77244. Während der Fahrt hat man herrliche Blicke auf Knocknarea, Ben Bulben, The Ox Mountains.

Fahrradverleih

● Conway Brothers, 6 High Street, Tel.: 071 61370, Fax: 071 44171
● Gary Rooney, Gary's Cycles, 5 Quay Street, Tel.: 071 45418, Fax: 071 43149. Hier kann man Fahrräder auch One-Way mieten.

Reiten

● Horse Holiday Farm Ltd., Grange, Tel.: 071 66152
● Sligo Equestrian Centre, Carrowmore, Tel.: 071 61353
● Ox Mountain Slopes, Cloonkeelane, Enniscrone, Tel.: 096 36451

Organisierte Bustouren

Während des Sommers werden organisierte Bustouren zum Lough Gill und ins Joyce Country veranstaltet. Mindestteilnehmerzahl: 6 Erwachsene. Auskunft erhält man in: 57 Mountain Close, Cartron View, Sligo unter der Rufnummer Tel.071 42747.

● Die erste Tour führt rund um den Lough Gill; folgende Stationen werden angelaufen: Isle of Innisfree, Dromahair, Parke's Castle und Colga Lake. Abfahrt Sligo Tourist Information um 9.45 Uhr, Rückkehr 12.45 Uhr. Der Unkostenbeitrag für Erwachsene beträgt 5,50 Pfund, Kinder unter 16 Jahre zahlen 3 Pfund, Kinder unter 6 Jahre dürfen frei mitfahren. Der Preis enthält nicht den Eintritt zur Besichtigung von Parke's Castle.

● Die zweite Tour führt zu Yeats' Grab, zum Lissadell House, Glencar Lake und Wasserfall und dem Creevykeel Megalith Court Cairn. Abfahrt Tourist Information um 14 Uhr, Rückkehr 17.45 Uhr. Der Unkostenbeitrag beträgt für Erwachsene 6,50 Pfund, für Kinder unter 16 Jahren 3 Pfund, Kinder unter 6 Jahren fahren frei. Der Preis enthält nicht den Eintritt zur Besichtigung des Lissadell House.

Unterhaltung

Hawks Well Theatre, Temple Street/Charles Street, Tel.: 071 61518. Das kleine Theater wurde 1982 eröffnet und hat sich auf die Aufführung irischer Stücke spezialisiert. Die Theaterräumlichkeiten bieten auch Platz für Konferenzen.

Pubs

Gemütlich geht es bei McGarrigles in der O'Connell Street und bei McLynn's in der Old Market Street zu. Aber alle anderen Pubs, und davon gibt es hier viele, sind sicherlich ebenso nett.

Autoverleih

Hertz, Wine Street Car Park, Sligo, Tel.: 071 44068/60111

Kino

Gaiety, Wine Street , Sligo, Tel.: 071 62651. Vorführungen täglich 20.30 Uhr. Fr, Sa, So und Mi auch 23 Uhr. Sa und So, im Juli und August täglich 14.30 Uhr. Eintritt: Matinee 1,50 Pfund, abends 3 Pfund.

Golf

● County Sligo Golf Club in Rosses Point, 8 km nördlich von Sligo. Wunderschön gelegen, gilt unter Kennern als einer der schönsten Plätze, Tel.: 77186
● Strandhill Golf Club, Tel.: 071 68188
● Enniscrone Golf Club, Tel.: 096 36297

Strände

Empfehlenswert sind die Strände bei Rosses Point und Mullaghmore.

Sehenswertes

▦ **Sligo Abbey**, Abbey Street

Das Dominikanerkloster wurde 1252 von Maurice Fitzgerald gegründet. 1414 durch einen Brand zerstört, wurde es bereits zwei Jahre später wiederaufgebaut. Aufgrund einer Petition an Königin Elizabeth 1568 entging das Kloster der Auflösung. 1641 wurde es von englischen Truppen unter Frederick Hamilton zerstört. Der überwiegende Teil der heute erhaltenen Bausubstanz stammt aus der Wiederaufbauperiode ab 1416. Lediglich die acht schmalen, hohen Lanzettfenster an der Südseite des Chors datieren noch aus dem 13. Jahrhundert. Vom Hauptschiff sind

nur drei Bögen der Südseite und die Nordmauer erhalten. Sehenswert ist das reich verzierte Grabmal des Cormac O'Creans und seiner Frau Johanna Ennis (1506). Die Figuren erinnern noch sehr an die starren Menschendarstellungen der frühirischen Kunst. Eindrucksvoll ist auch der Kreuzgang des Klosters.
Öffnungszeiten: Mitte Juni-Mitte September 9.30-18.30 Uhr, täglich, Eintritt: Erwachsene 1,50 Pfund, Senioren 1 Pfund, Kinder oder Studenten 60 Pence, Familien 4 Pfund, Gruppen 1 Pfund pro Teilnehmer, OPW

■ **St. John's Cathedral** in der John Street wurde 1730 von dem deutschen Architekten Richard Cassells (Castle) entworfen, im 19. Jahrhundert allerdings stark verändert. Beachtlich ist der imposante Westturm. Yeats' Eltern, Susan Mary Pollexfen und John Butler Yeats, haben 1836 in der St. John's Cathedral geheiratet.

■ Unweit von der St. John's Cathedral steht die **Cathedral of the Immaculate Conception**, ein Kirchenbau von 1874.

■ Die **Town Hall** in der Quay Street wurde 1865 im Stil der italienischen Renaissance errichtet.

■ **Sligo Country Museum and Municipal Art Gallery**, Stephen Street
Das Heimatmuseum zeigt Ausstellungsstücke von vorchristlicher Zeit bis zum Beginn des 2. Weltkrieges. Ein weiterer Raum ist der modernen irischen Kunst gewidmet. Neben einer ständigen Ausstellung gibt es auch zahlreiche Wechselausstellungen von zeitgenössischen Künstlern. Eine eigene Abteilung ist dem Leben und Schaffen von Sligos großem Schriftsteller W.B. Yeats gewidmet. Gezeigt werden Briefe, Dokumente und Fotografien. In der Gemäldegalerie, im ersten Stock der Bücherei, sind Werke seines Bruders Jack Yeats ausgestellt. Beide Brüder liebten die Gegend um Sligo ganz besonders und verewigten sie in ihren Werken. Öffnungszeiten: 10.30-12.30 Uhr und 14.30-16.30 Uhr

■ **The Modell Arts Centre**, The Mall, ist in einem Gebäude von 1850 untergebracht und bietet Raum für Ausstellungen, Lesungen, Workshops, Kunst und Musikklassen.
Öffnungszeiten: Mo-Fr 10-18 Uhr, Sa 10-15 Uhr, Tel.: 071 41405

■ Die **Sligo Art Gallery** ist im Yeats Memorial Building, Hyde Bridge Street, untergebracht. Die Galerie wurde 1977 gegründet und bietet Ausstellungsräumlichkeiten für Künstler aus Sligo und dem Nordwesten. Pro Jahr werden an die fünfzehn Ausstellungen veranstaltet.
Öffnungszeiten: 10-17.30 Uhr, Tel.: 071 45847

Sehenswertes in der Umgebung

Tagestouren
Von Sligo bieten sich verschiedene Tagestouren an. Zwei sollen hier skizziert werden.
❶ Der "Yeats Country Drive" führt zunächst von Sligo über Carrowmore und Knocknarea nach Strandhill und südlich wieder zurück nach Sligo. Von dort geht es auf der R 291 nach Rosses Point, nach Drumcliff und zum Lissadell House. Weiter geht es in

nördlicher Richtung nach Grange. Hier kann man einen kleinen Umweg nach Streedagh machen, wo es einen schönen Strand und Dünen gibt. 1588 sanken hier drei Schiffe der Armada. Von Grange geht es weiter nach Cliffony und nach Mullaghmore, einem kleinen Ort, der vom Classiebawn Castle dominiert wird. Einst gehörte es dem Viscount Palmerston, einem britischen Staatsmann und Premierminister. Das Schloß wurde 1874 errichtet, ist aber nicht für die Öffentlichkeit geöffnet. 3 km von Cliffony liegen die Creevykeel Court Tombs, deren Besuch man nicht versäumen sollte. Von dort geht es Richtung Ballintrillick. Dort umrundet man den unregelmäßigen Kreis des Gleniff Horseshoe. Die Strecke führt durch Truskmore, die Kings Mountains und Benwiskin. Hier sollen die Liebenden Diarmuid und Grainne begraben sein. Auf der Hauptstraße geht es wieder zurück, bis man die Abzweigung in südöstlicher Richtung nach Glencar erreicht. Das Tal hat einen 15 Meter hohen Wasserfall, der von Yeats in einem Gedicht beschrieben wurde. Den kleinen Glencar Lake umrundend, geht es in südwestlicher Richtung an den Lough Gill. Über Parke's Castle, dem Hazelwood Estate und Dromahair führt die Strecke rund um den Lough herum und zurück nach Sligo. Die Tour umfaßt 164 km/103 Meilen.

❷ Für die "Ox Mountains Tour" nimmt man von Sligo die N 17 Richtung Tobercurry und biegt rechts nach Lavagh ab. Hier sind die Ruinen einer Franziskanerabtei aus dem 15. Jahrhundert zu besichtigen. Durch die Ox Mountains 514 Meter hoch über dem Lough Easkey geht es weiter nach Skreen. Über Templeboy fährt man nach Dromore West und folgt den Ausschilderungen nach Lough Easkey. Am Lough Easkey entlang und weiter über Masshill und Mullanys Cross geht es wieder nach Tobercurry und zurück nach Sligo. Diese Tour umfaßt 135 km/85 Meilen.

Im Osten Sligos

▓ **Lough Gill** liegt malerisch von Bergen umrahmt südöstlich von Sligo. Die Umrundung des Sees dauert mit dem Wagen, ohne Pausen und Besichtigungen, ca. 1 Stunde. Ob man den See im Uhrzeigersinn oder anders herum bereist, ist gleich. In der vorliegenden Beschreibung wurde im Uhrzeigersinn gefahren. Die Strecke ist mit braunen Schildern und dem Symbol einer Schreibfeder ausgeschildert. Die zum Verweilen einladende Landschaft rund um den See und die Sehenswürdigkeiten entlang der Strecke (Hazelwood Estate, Parke's Castle, Creevylea) lassen aus dem geplanten kurzen Abstecher leicht eine Halbtagestour werden.

Mitten im See liegt die zauberhafte kleine Insel Innisfree, die Yeats zu dem bekannten Gedicht "The Lake Isle Innisfree" inspirierte, das bei zivilisationsmüden Reisenden sicherlich auch heute noch Wünsche und Träume erweckt.

"I will arise and go now, and go to Innisfree,
And a small cabin build there, of clay and wattles made:
Nine beanrows will I have there, a hive for the honey-bee,
And live alone in the bee-loud glade.

And I shall have some place there, for peace comes dropping slow,
Dropping from the veils of the morning to where the cricket sings;
There midnight's all a glimmer, and noon a purple glow,
And evening full of the linnet's wing.

I will arise and go now, for always night and day
I hear lake water lapping with low sounds by the shore;
While I stand on the roadway, or on the pavements grey,
I hear it in the deep heart's core."

Bootstouren auf dem Lough Gill
mit dem "Wild Rose Water Bus" werden von Juni bis September jeweils um 12.30,
13.30, 15.30, 16.30 und um 18.30 Uhr veranstaltet. Abfahrt: Parke's Castle. Auskunft erhält man in der Tourist Information in Sligo oder unter Tel.: 071 64266 oder
088 598869.

Sligo auf der N 16 verlassend, biegt man rechts in Richtung des Hazelwood Estate
ein. Das Landhaus wurde 1731 im georgianischen Stil von Richard Cassells errichtet und befindet sich im Privatbesitz, d.h. es ist für die Öffentlichkeit nicht
zugänglich. Allerdings kann man im Hazelwood Forest spazierengehen oder picknicken. Hier wurde der Half Moon Bay Sculpture Trail eingerichtet. Der Weg
wird von zwölf riesigen hölzernen Skulpturen gesäumt und dauert circa 1 Stunde.

▓ Weiter geht es auf der
R 286 zum **Parke's Castle**,
einem befestigten Herrenhaus aus dem 17. Jahrhundert, das vor kurzem von traditionell arbeitenden Kunsthandwerkern mit irischer Eiche restauriert wurde. Im Innenhof sind die Fundamente
und Überreste eines früheren Verteidigungsbaus zu sehen.
Die Burg wurde im 17. Jahrhundert von einem schotti-

Parke's Castle

schen Siedler errichtet, dem der englische König im Rahmen der großen Landverteilung, den sogenannten "Ulster Plantations", das Gebiet um Lough Gill zugesprochen hatte. Anlaß für diese Landverteilung war nach dem mißglückten Aufstand gegen die Engländer die sogenannte "Flucht der Grafen" (siehe Kap. 2.1.5).
Der englische König verteilte das Land an protestantische Siedler aus Schottland
und England und legte damit den Grundstock für den Nordirlandkonflikt, der bis
heute die Geschichte der Insel prägt. Die Geschichte von Parke's Castle und
Sligos wird in einem Raum der Burg in einer interessanten Dia-Show erläutert.
Öffnungszeiten: St. Patrick's Weekend (Mitte April) 10-17 Uhr, Mitte April-Ende
Mai Di-So 10-17 Uhr (Mo außer Bank Holidays geschlossen), Juni-September
täglich 9.30-18.30 Uhr, Oktober täglich 10-17 Uhr, Tel.: 071 64149. Eintritt:
Erwachsene 2 Pfund, Senioren 1,50 Pfund, Kinder und Studenten 1 Pfund, Familien 5 Pfund, Gruppen 1,50 Pfund pro Teilnehmer. OPW

▓ Am Eingang zum Dorf Dromahair liegen die beeindruckenden Ruinen von
Creevylea Abbey. 1508 von Owen O'Rourke und seiner Gemahlin Margaret
gestiftet, ist Creevylea Abbey das letzte Franziskanerkloster, das vor deren Auflösung in Irland gegründet wurde. Die Westfront und das große Ostfenster der
Kirche sind gut erhalten. Nördlich der Kirche liegt der Kreuzgang. Inmitten der
Ruinen befinden sich interessante Steinskulpturen. Eine Säule zeigt den hl. Franziskus mit den Wundmalen Christi und einer Inschrift über seinem Kopf, eine
andere zeigt ihn auf einer Kanzel mit Vögeln auf einem Baum. 1536 fiel das
Kloster einem Brand zum Opfer.

Der weitere Weg um den See entfernt sich ein wenig vom Ufer und erreicht erst beim Dooney Rock Forest wieder das Gewässer.

Westlich von Sligo

Das Gebiet westlich von Sligo ist reich an archäologischen Schätzen.

In **Carrowmore**, 4 km südlich von Sligo, befindet sich ein riesiger megalithischer Friedhof. Er ist der größte der Insel und der zweitgrößte Europas. Zu sehen sind die Überreste von Dolmen, Steinkreisen und mehr als 4.000 Jahre alten Grabkammern. Die ältesten der hier gefundenen Gräber sind sogar 700 Jahre älter als die von Newgrange. Bisher wurden über 60 Gräber freigelegt. Experten meinen jedoch, daß es ursprünglich mehr als doppelt so viele gewesen sein müssen. Viele wurden im Laufe der Zeit dadurch zerstört, daß man sie als Steinbruch benutzte. Keines der 60 erhaltenen Gräber ist noch von dem originalen Steinhügel bedeckt. Der Friedhof weist drei Haupttypen von Gräbern auf. Dolmen mit umgebenden Steinen (der größte Dolmen ist über zwei Meter hoch), kleinere Ganggräber sowie Steinkreise mit zentralen Grabkammern. Auch einige einzeln stehende Steine sind zu sehen.
Eine interessante Ausstellung erläutert die historische Bedeutung des Friedhofes. Öffnungszeiten: Mai-September täglich 9.30-18.30 Uhr, Eintritt: Erwachsene 1,50, Senioren 1 Pfund, Kinder oder Studenten 60 Pence, Familien 4 Pfund, Gruppen 1 Pfund pro Teilnehmer, Tel.: 071 61534, OPW

Ca. 7 km westlich liegt der Berg **Knocknarea**. Der Aufstieg auf den circa 333 Meter hohen Gipfel dauert ungefähr ½ - ¾ Stunde und lohnt sich nicht nur wegen der Aussicht. Auf der Höhe liegt ein gewaltiger Steinhügel von 10 Metern Höhe und 60 Metern Durchmesser, unter dem man ein **megalithisches Grab** aus der Zeit um 2500 v.Chr. vermutet. Das Grab ist, wie im Boyne Tal, von Satellitengräbern umgeben. Angeblich ist hier die Begräbnisstätte der Königin Maeve von Connaught, die im 1. Jahrhundert regierte. Während der Saison finden täglich Führungen statt, jeweils um 12, 14.30 und um 16.30 Uhr.

Yeats, inspiriert von der Verbindung von Mythos und Landschaft, ließ sich begeistert zu diesen Zeilen hinreißen:

> *"The wind has bundled up the clouds high over Knockarea,*
> *And thrown the thunder on the stones for all that Maeve can say.*
> *Angers that are like noisy clouds have set our hearts abeat;*
> *But we have all bent low and kissed the quiet feet*
> *Of Cathleen, the daughter of Houlihan"*

(Mit Cathleen meint der Autor Irland)

Der kleine Ort **Strandhill**, 8 km westlich von Sligo R 292, liegt an der Küste und ist ein von den Iren geschätztes Feriendomizil. Es gibt gute Surfmöglichkeiten, schöne Strände sowie einen 18-Loch-Golfplatz (Strandhill Golf Club, Tel.: 071 68188).
In der Nähe von Strandhill liegt der **Flughafen** von Sligo. Neben täglichen Flügen nach Dublin werden auch Erkundungsflüge über die Küste, den Knocknarea Mountain und über Sligo angeboten.
Sligo Airport, Strandhill, Tel.: 071 68280/68318, Fax: 071 68396

Rosses Point, 7 km nordwestlich von Sligo, hat einen langen Sandstrand, wunderschöne Spazierwege und gemütliche Bars. Dort haben W.B. Yeats und sein Bruder Jack Butler Yeats oftmals ihre Ferien verbracht.

Bootstouren in der Sligo Bay
Vom Boot aus hat man herrliche Blicke auf Knocknarea Mountain, Ben Bulben und die Ox Mountains. An Bord gibt es leichte Erfrischungen. Auskunft über Abfahrtszeiten und Preise erhält man unter Tel.: 071 77244.

Nördlich von Sligo erhebt sich der Tafelberg Ben Bulben, das markante landschaftliche Wahrzeichen von Sligo. Der eindrucksvolle Berg ist von vielen Sagen und Legenden umwoben. Angeblich soll es hier manchmal spuken.

An seinem Fuß kann man auf dem Dorffriedhof des kleinen Ortes **Drumcliff**, 10 km nördlich von Sligo, das Grab von William Butler Yeats (unmittelbar links hinter dem Eingang) besichtigen. Auf dem Grabstein ist ein Vers von Yeats zu lesen: "Cast a cold eye on life, on death, Horseman pass by". Diese Zeile bildet den Schluß des längeren Gedichtes "Under Ben Bulben", das Yeats mit dem 4.9.1938 datiert hat.

> *"Under bare Ben Bulbens's head*
> *In Drumcliff churchyard Yeats is laid.*
> *An ancestor was rector there*
> *Long years ago, a church stand near,*
> *By the road an ancient cross.*
> *No marble, no conventional phrase;*
> *On limestone quarried near the spot*
> *By his command these words are cut:*
> *Cast a cold eye*
> *On life, on death.*
> *Horseman, pass by!"*

Auf dem Friedhof sollte man ein Hochkreuz beachten, um 1000 entstanden und bis heute weitgehend intakt. Es stellt einen Übergangstypus zwischen den Kreuzen des 9. und 10. Jahrhunderts und denen des späten 11. und 12. Jahrhunderts dar. Typisch sind die wenigen, dafür aber großformatigen Szenen. Auf den späten Stil weisen die kurzen Kreuzarme und der verkleinerte Kreuzring hin. Das Kreuz hat zwei durch einen Kreuzring verbundene Kreuzarme und besteht aus zwei Sandsteinblöcken mit verschiedenen figürlichen Darstellungen. Neben Flechtornamenten und Tierdarstellungen sind auf der Ostseite im Zentrum der glorifizierte Christus, auf dem Schaft Adam und Eva, Kain und Abel sowie Daniel in der Löwengrube zu sehen, auf der Westseite im Kreuzring die Kreuzigung, auf dem Schaft Jesus im Tempel sowie weitere nicht mehr identifizierbare Figuren und Tiere.

Yeats' Grab

484

Auf der gegenüberliegenden Straßenseite sind die Reste eines 575 vom hl. Columba gegründeten Klosters mit Rundturm sehenswert. Er wurde 1396 vom Blitz getroffen.

■ Im eleganten **Lissadell House**, 7 km westlich von Drumcliff (ausgeschildert), weilte Yeats oftmals als Gast. Das Herrenhaus wurde 1834 von Francis Goodwin errichtet und war das Elternhaus der beiden mit Yeats befreundeten Schwestern Eva Gore-Gooth und Gräfin Constance Markievicz. Beide unterstützten Yeats in seinem Bemühen um die Wiederbelebung der irischen Kultur, Literatur und Tradition. Constance war eine militante Kämpferin für die irische Unabhängigkeit. 1916 nahm sie aktiv am Osteraufstand teil, kam ins Gefängnis und wurde später als erste Frau ins britische Unterhaus gewählt. Im Sommer kann man Lissadell House, das immer noch von einem Mitglied der Familie bewohnt wird, besichtigen. Persönliche Andenken, u.a. die umfangreiche Walfangausrüstung des Großvaters sowie Aquarelle und Porzellan, können bewundert werden. Im Speisesaal hat der Graf Markievicz lebensgroße Portraits der Familienmitglieder und der Bediensteten an die Wand gemalt. Öffnungszeiten: Juni-Mitte September täglich außer So 10.30-12.30 und 14-16.30. Letzter Einlaß 12.15 und 16.15 Uhr. Eintritt: Erwachsene 2,30 Pfund, Gruppen (über 20 Teilnehmer) 2 Pfund, Kinder 1 Pfund.

Auch Lissadell gab Anlaß für Poesie:

*"The light of evening, Lissadell,
Great windows, open to the south,
Two girls in silk kimonoos, both
Beautiful, one a gazelle ..."*

*"... Many a time I think to seek
One or the other out and speak
Of that old Georgian mansion, mix
Pictures of the mind, recall
That table and the talk of youth,
two girls in silk kimonos, both
Beautiful, one a gazelle ..."*

■ **Inishmurray** liegt 6 km nordwestlich von Streedagh Point und ist seit 1950 unbewohnt. Von Streedagh Point (sowie von Rosses Point und Mullaghmore) aus verkehren Boote. Auf der kleinen Insel befindet sich eine der wohl besterhaltenen frühchristlichen Klostersiedlungen, die im 6. Jahrhundert vom hl. Molaise gegründet wurde, drei Kirchen, Bienenkorbhütten sowie zahlreiche interessante Grabsteine. Die Insel ist einen Ausflug wert, wenn man seine Urlaubstage nicht zählen muß.

■ **Creevykeel Court Cairn** (ca. 25 km nördlich von Sligo an der N 15 nach Bundoran, hinter Cliffony rechts ab) ist ein Grab aus dem 3. Jahrtausend v.Chr. und sicherlich eines der eindrucksvollsten Ganggräber Irlands. Als es 1935 freigelegt wurde, fand man Werkzeuge aus der späten Steinzeit (um 2500 v. Chr). Das Grab besteht aus einem keilförmigen Hügel (ursprünglich 60 Meter lang) mit einem offenen Hof (court) in der Mitte. Hinter dem Hof liegt eine zweigeteilte Grabkammer mit bis zu 1,80 Meter hohen Orthostaten in der Nähe des Eingangs. Die beiden anschließenden Grabkammern haben an der Seite des Grabhügels einen Eingang. Vermutlich stammen sie aus späterer Zeit. Im Süden wird der Hügel von einer zweifachen Steinreihe umgeben.

Creevykeel Court und Tomb

Fährt man weiter entlang der N 15 gen Norden, passiert man einige kleine Ortschaften:

■ Der 1.500 Einwohner zählende Seeort **Bundoran** an der N 15 Richtung Donegal bringt es in manchen warmen Sommern schon einmal auf 20.000 Besucher. Das beliebte Seebad ist von Sandstränden umgeben, bietet verschiedene Wassersportmöglichkeiten sowie ein reiches Unterhaltungsprogramm mit Spielhallen, Pubs etc.

Küste bei Bundoran

Tourist Information
Main Street, Tel.: 072 41350, Juni-September geöffnet.

Hotel/B&B
Great Northern Hotel, Bundoran, Co. Donegal, Tel.: 072 41204, Fax: 072 41114. Stattliches Hotel mit 117 komfortabel und großzügig ausgestatteten Räumen. Zum Hotel gehört ein Fitnesscentre sowie ein 18-Loch-Golfplatz. Mittlere Preisklasse. Für Golfer sind möglicherweise die speziellen Angebote des Hotels von Interesse. So kosten beispielsweise 2 Nächte B&B, 1 Dinner und 2 Tage unbegrenztes Golfspielen 95 Pfund/Person.

Jugendherberge/Hostel

Homefield Hostel, Bayview Avenue, Bundoran, Tel.: 072 41288, Fax: 41049. Ganzjährig geöffnetes Hostel mit 30 Betten, Familienzimmer, ab 7 Pfund für B&B, Mahlzeiten, Camping ist auf dem Grundstück möglich, Fahrradverleih.

Restaurant

Le Chateaubrianne in der Sligo Road bietet vorzügliche Speisen. Mittlere bis gehobene Preisklasse, geschlossen Mo, Oktober-März sowie zwei Wochen im November, Tel.: 072 42160, Fax: 072 42160, Dinner Mo-So 18.30-22 Uhr, Lunch So 12.30-15 Uhr.

Golf

siehe Hotel/B&B (Great Northern Hotel)

Fahrradverleih

Rent-a-Bike, Marine Lane, West End, Bundoran, Tel.: 072 41526, Mo-Sa 9-18 Uhr. Voll versichert. Halber Tag: 2,50 Pfund, ganzer Tag 4,50 Pfund, 1 Woche 20 Pfund.

▓ Der freundliche Ort **Ballyshannon**, ca. 18 km südlich von Donegal, liegt an der Flußmündung der Erne und zählt 2.500 Einwohner.

Unterhaltung

Kino, Theater und Bingo (letzteres jeweils freitags um 21 Uhr) finden im Abbey Centre, Main Street, statt. Tel.: 072 51375

Tourist Information

Abbey Centre, Tel.: 072 51453

Feste/Feiern

Am ersten Wochenende im August (Bank Holiday Wochenende) findet alljährlich das "Ballyshannon Folk & Traditional Music Festival", eines der größten und berühmtesten in ganz Irland, statt. Auskunft erteilt Bernard McLaughlin, Tel.: 072 51049. 1995 wurde das Spektakel zum 18. Mal veranstaltet.

Jugendherberge/Hostel

Duffys, Donegal Road, Ballyshannon, Tel.: 072 51535. März-Ende Oktober geöffnet, ab 5 Pfund, 12 Betten, Camping ist auf dem Grundstück möglich, Fahrradverleih, rollstuhlfreundlich.

▓ **Abstecher nach Nordirland**

Von Ballyshannon geht es nach Belleek im County Fermanagh und weiter über Pettigoe nach Kesh. Wenn man genügend Zeit hat, mag sich ein Besuch im Ulster American Folk Park und im Ulster History Park bei Omagh lohnen. Alternativ kann man ohne den Umweg über Irvinestown weiter nach Enniskillen fahren. Entlang des Lower Lough Erne geht es entlang der A 46 über Tully zurück nach Belleek. In Ballyshannon ist ein weiterer kleiner Umweg nach Rossnowlagh möglich. Hier gibt es nicht nur die Ruinen einer Franziskanerabtei, sondern auch einen herrlichen Strand. Von dort ist bald wieder Donegal erreicht.

4.5.4 IM COUNTY DONEGAL

INFO

Ulster

Die Provinz Ulster umfaßt etwa ein Viertel der gesamten Inselfläche. Es ist eine früher dicht bewaldete, von Moränenhügeln und Mooren durchzogene Landschaft. In historischer Hinsicht nahm Ulster schon immer eine eigenständige Entwicklung. Hier im Norden hielt sich die vorkeltische Bevölkerung am längsten. Und hier wurde später, im 17. Jahrhundert, den Engländern durch die Ulster Grafen der erbitterte Widerstand geleistet.

Entgegen der Annahme vieler ist die Provinz Ulster nicht mit dem zu Großbritannien gehörenden Nordirland gleichzusetzen. Die neun Grafschaften der Provinz gehören heute zu zwei Nationen: Cavan und Monaghan sowie das dünnbesiedelte und wirtschaftlich schwache Donegal wurden bei der Teilung der Insel 1921 der Irischen Republik zugeschlagen. Down, Antrim, Londonderry, Tyrone, Fermanagh und Armagh kamen zum protestantischen Nordirland, also zum Vereinigten Königreich. Die Grafschaft Donegal, geographisch und historisch immer Teil der Provinz Ulster, wurde praktisch über Nacht nicht nur von ihrem Handelshafen Derry abgeschnitten, sondern bis auf eine kleine Landbrücke auch wirtschaftlich von der Republik abgeschnürt.

■ **Donegal**, 65 km nördlich von Sligo
Der 1.800-2.000 Einwohner zählende Ort liegt an der Mündung des Eske River in die Donegal Bay. Donegal (gael.: Dún nan Gall = die Festung der Fremden, gemeint sind die Wikinger) ist die Hauptstadt der gleichnamigen Grafschaft. Ein großer dreieckiger Platz, auch "The Diamond" genannt, bildet das Zentrum. Hier treffen Straßen aus Derry, West Donegal und aus Sligo zusammen. Donegal bietet sich als Ausgangspunkt für Touren in den Norden und Westen an.

Historische Bedeutung hatte der Ort als Stammsitz des O'Donnell Clans, der Herrscher im Nordwesten, die im 17. Jahrhundert im Zuge der "Flight of the Earls" Irland verließen und den Engländern damit Raum für die "Ulster Plantation" schufen.

Sehenswertes

◆ Der große Platz in der Mitte des Ortes, **The Diamond**, wurde im 17. Jahrhundert von Sir Basil Brooke angelegt. Auf ihm steht ein 8 Meter hoher Obelisk als Denkmal für vier Franziskanerpater.

◆ Die Ruinen einer **Abtei** liegen südlich der Stadt an der Mündung des Eske in die Donegal Bay. Das Kloster wurde 1474 von Red Hugh O'Donnell und seiner Frau Nuala O'Brian gegründet, die zusammen mit ihrem Sohn Hugh Roe in einer eigens angelegten Krypta unter dem Altar ruhen. In der Abtei schrieben Mönche

1632-36 die berühmten "**Annals of the Four Masters**", eine Geschichte der Welt bis zum Jahre 1616. Diesem Werk verdanken wir heute viel von unserer Kenntnis des alten Irland. Das Ende der Annals stellt auch einen Endpunkt in der irischen Geschichte dar, die fortan weitgehend von Engländern bestimmt wurde. Als die vier Mönche ihr großangelegtes Werk verfaßten, hatten die übrigen Mönche unter dem Druck der Reformation das Kloster bereits verlassen. Auch die Klostergebäude waren teilweise bereits zerstört. Erhalten sind bis heute lediglich zwei Seiten des Kreuzganges sowie Chor und Giebel des südlichen Querschiffs der Kirche.

◆ **Donegal Castle** liegt am felsigen Ufer des kleinen Flusses. Die Burg der O'Donnells wurde um 1474 errichtet. Red Hugh O'Donnell, der letzte Tyr Connell (das ist der Titel des Geschlechts) ließ sie 1595 niederbrennen, damit sie nicht in die Hände der Engländer fiele. Ihre heutige Form stammt weitgehend aus dem 17. Jahrhundert. Nach der Flucht der Grafen 1607 gelangte die Burg in den Besitz von Sir Basil Brooke, der 1623 den mächtigen Nordturm im jakobitischen Stil neu gestaltete und neben ihm ein dreistöckiges Herrenhaus mit hübschen, durch Fensterkreuze geteilten Fenstern errichtete. Lediglich ein kleiner Turm am Westende ist noch Teil der alten Burg.
Öffnungszeiten: Mitte Juni-Mitte September täglich 10-18 Uhr, Eintritt: Erwachsene 80 Pence, Gruppen und Senioren 55 Pence, Kinder/Studenten 30 Pence, Familien 2 Pfund, Tel.: 073 22405, OPW

Reisepraktische Hinweise

Information
Tourist Information, Quay Street, Tel.: 073 21148, Fax: 073 22762, ganzjährig geöffnet

Hotels/B&B
● Hyland Central Hotel, The Diamand, Tel.: 073 21027. Das Hotel liegt mitten im Zentrum von Donegal. Vom Restaurant hat man einen schönen Blick auf den Fluß und die Bucht. Mittlere Preisklasse.
● St. Ernan's House Hotel, Donegal, Co. Donegal, Tel.: 073 21065, Fax: 073 22098. Das kleine, ruhige Hotel liegt auf einer winzigen Halbinsel vor der Stadt. Es hat 12 komfortable Zimmer und eine ausgezeichnete Küche. St. Ernan's ist Mitte April-November geöffnet.
● Sand House Hotel, Rossnowlagh, Co. Donegal, Tel.: 072 51777, Fax: 072 52100. Elegantes Hotel in schöner Lage direkt an der Donegal Bay. Mittlere bis gehobene Preisklasse.
● Ardnamona, Kieran & Amabel Clarke, Lough Eske, Co. Donegal, Tel.: 073 22650, Fax: 073 22819. 10 km westlich von Donegal in Richtung Letterkenny liegt Ardnamona. Das Anwesen ist von einem wunderschönen Garten umgeben, der sich bis zum Lough Erne hinzieht, in dem die Gäste schwimmen oder fischen können. Das Gebäude selbst stammt aus dem späten 18. Jahrhundert/frühen 19. Jahrhundert und wurde im "Topographical Dictionary of Ireland (1837)" als "one of the most picturesque domains in rural Ireland" beschrieben, eine Charakterisierung, die auch heute noch zutrifft.
● Zahlreiche B&Bs befinden sich am Ortsausgang nach Killybegs, der N 56.

Jugendherberge/Hostel
Donegal Town Independent Hostel, Doonan, Donegal Town, Tel.: 073 22805, Fax: 22030. Ganzjährig geöffnet, ab 5,75 Pfund, 27 Betten (auch Familienräume), Camping ist auf dem Grundstück möglich, Fahrradverleih.

Restaurant

Gute Fish & Chips gibt es im Errigal Restaurant in der Main Street, Tel.:073 21428, täglich von 9 bis 22.30 geöffnet. Im Harbour Restaurant, im Donegal Bay gelegen, kann man internationale und irische Küche genießen.

Wichtige Telefonnummer
Polizei: Tel.: 073 21021

Golf
Donegal Golf Club, Tel.: 073 34054

Einkaufen

"Spezialität" in Donegal sowie in den kleineren Orten der Umgebung sind Tweedstoffe und Strickwaren.
● Ein bekannter Hersteller ist Magee of Donegal Ltd., The Diamond, Co. Donegal, Tel.: 073 21100. Seit 1866 wird bei Magee handgewebter Tweed hergestellt und im "World Famous Donegal Department Store" verkauft. Darüber hinaus hat Magee heute 20 % aller Marktanteile der Herrenbekleidung in ganz Irland.
● The Sweater Shop, The Diamond, Tel.: 073 22777, bietet eine große Auswahl an Strickwaren.

Fahrradverleih
● C.J.O'Doherty's, Dohertys Fishing Tackle, Main Street, Tel.: 073 21119
● The Bike Shop. Waterloo Place, Tel.: 073 22515

Flughafen
In Kincasslagh befindet sich der kleine Flughafen von Co. Donegal. Es gibt tägliche Verbindungen nach Glasgow, Birmingham, Edinburgh und Dublin. Der Flughafen ist täglich von 9 Uhr bis 18 Uhr geöffnet. Donegal International Airport, Carrickfinn, Kincasslagh, Tel.: 075 48232/48284/48327, Fax: 075 48483

Busbahnhof
Busse starten am Platz "The Diamond".

Feste/Feiern
Das "Donegal International Arts Festival" findet Ende Juni/Anfang Juli statt. Auskunft erteilt Cioran Gallagher, Tel.: 088 581857

Tip: Fahrradfahren
Der nordwestliche Teil Irlands ist aufgrund des geringen Verkehrsaufkommens und der Vielzahl verschiedener Landschaftsformen zum Fahrradfahren geradezu ideal.
Beeindruckende Felsformationen zeigen die spektakulären Bergspitzen des Errigal und der Tafelberg Muckish. Die zahlreichen endlosen Sandstrände werden manchmal von enormen Klippen unterbrochen. In den kleinen Fischerdörfern und größeren Ortschaften kann man gut übernachten. Landeinwärts werden die Ortschaften rarer, aber die Landschaft ist besonders schön. Einige Gebirgszüge reichen bis an die See heran. So muß man beim Glengesh Paß mit Steigungen bis zu 270 Metern rechnen.

▓ Der Abstecher: von Donegal zum Lough Derg

Südöstlich von Donegal liegen mehrere kleinere Seen, von denen der **Lough Derg** (nicht zu verwechseln mit jenem Lough Derg in den irischen Midlands, siehe Kap. 4.7.4), 20 km östlich von Donegal, der größte ist. Inmitten des Sees liegt die felsige **Station Island** – ein beliebtes Pilgerziel. Hier soll der heilige Patrick 40 Tage lang gefastet haben, zwischen all den bösen Geistern, die er selbst nach hierher verbannt hatte.

Zwischen dem 1. Juni und 15. August, während der Pilgerzeit, darf die Insel nur von Gläubigen betreten werden. Die Wallfahrer (pro Jahr kommen rund 30.000 Gläubige) unterziehen sich einem dreitägigen Programm. Es beginnt mit einer durchwachten Nacht. Die Pilger dürfen sich ausschließlich von Tee und Toast ernähren. Sie müssen barfuß gehen und während der Exerzitien an bestimmten Stellen beten, z.B. auch eine ganze Nacht in der kleinen Inselkirche. Die Härte dieser Übungen soll Körper und Geist reinigen.

Der kleine See Derg im Süd-Osten der Grafschaft ist der einzige Wallfahrtsort in Irland, der bereits im Mittelalter in ganz Europa bekannt war. Die Legende erzählt, daß der hl. Patrick während seines Aufenthaltes in einer unterirdischen, im 17. Jahrhundert zugeschütteten Höhle eine Vision vom Fegefeuer hatte. Seit dem 12./13. Jahrhundert kommen viele Pilger, zum Teil aus dem Osten Europas hierher, um die Erscheinung des hl. Patrick nachzuerleben. Die Fegefeuer-Beschreibungen des hl. Patrick sollen Dante zu seinem "Inferno" inspiriert haben.

▓ In **Pettigo**, 24 km von Donegal, kann man sich in der Ausstellung "**The Lough Derg Journey**" über die Ursprünge des Wallfahrtsortes informieren. Weiterhin bestehen hier Möglichkeiten, per Boot zur Insel überzusetzen.
Öffnungszeiten (Besucherzentrum): März-April Sa 10-17 Uhr, So 14-17 Uhr, Mai-1. Oktober Mo-Sa 10-17 Uhr, So 12-17 Uhr, Bootstouren: Sa 10.05 Uhr/15 Uhr, So 16 Uhr; Mai-1. Oktober: Mo-Sa 12.05 Uhr/15 Uhr, So 15 Uhr/ 17.30 Uhr. Eintritt: Besucherzentrum: Erwachsene 2 Pfund, Studenten/Senioren 1,50 Pfund, Kinder 1 Pfund, Familien 5 Pfund, Gruppen: 1,50 Pfund pro Teilnehmer. Kombiniertes Ticket (Besucherzentrum mit Bootstour): Erwachsene: 4 Pfund, Studenten/Senioren: 3 Pfund, Kinder: 2 Pfund, Familien: 10 Pfund, Gruppen: 3 Pfund, Weitere Auskunft unter Tel. und Fax: 072 61546

Von Donegal entlang der Küste bis nach Dungloe

▓ Westwärts an der Küste entlang der N 56, gelangt man nach **Killybegs**, einem mit EU-Mitteln modernisierten Hochseefischereihafen. Die ca. 1.000 Einwohner des Ortes leben vom Makrelen- und Heringsfang, einigen Werften und vom Tourismus. Überwiegend machen hier ausländische Boote fest. Der überwiegende Teil der Fische wird exportiert. Interessant ist es, an einer Fischauktion im Hafen von Killybegs teilzunehmen.

Typisch für den Ort sind auch die dicken und bunten Killybegs-Teppiche, die sogar die Böden im Weißen Haus und im Buckingham Palace schmücken. Sie stellen eine gute Einnahmequelle dar.

Feste/Feiern
Mitte Juli findet in Killybegs alljährlich ein internationaler Wettstreit, "The Sea Angling Competition", statt, Auskunft errteilt Mary Rouiller, Tel.: :073 31137

Jugendherberge/Hostel
Derrylahan Independent Hostel, Kilcar, Tel.: 073 38079. Ganzjährig geöffnet, ab 5 Pfund, 20 Betten, Camping ist auf dem Grundstück möglich, Fahrradverleih, Gemeinschaftsküche.

Einkaufen
In der Gegend gibt es einige kleine Fabriken, in denen Tweed-Stoff hergestellt und auch weiterverarbeitet wird. Um nur einige zu nennen:
● In Kilcarra Tweed Factory kann man die Webstühle besichtigen und den Herstellungsprozeß kennenlernen. Hier gibt es auch eine Cafeteria sowie einen Verkaufsraum, in dem man die feinen Wollwaren kaufen kann.
● Glebe Mill, Kilcar, Tel.: 073 38194, Fax: 073 38298.
● The Tweed Factory Shop & Tea Room, Kilcar, Tel.: 073 38002
● Doogan Donegal, Factory Shop, Tel.: 073 38256

Einkaufstip "The Tweed Shop" in Mountcharles
In Mountcharles, wenige Kilometer hinter Donegal, gibt es in der Hauptstraße einen reizenden, kleinen Laden, der von den Gillespie Brothers geführt wird. Sie führen ein übersichtliches Sortiment an handgewebten Waren, wie Jacken, Westen, Kostümen, sowie handgestrickte Wollwaren und Schals. Es werden ausschließlich in der eigenen Schneiderei gefertigte, nicht in den umliegenden Fabriken konfektionierte Artikel verkauft.

Hier macht Einkaufen Spaß

INFO

Torfstechen

Torf ist der Bodenschatz der Grafschaft Donegal. Überall sieht man Männer, Frauen und Kinder auf den Feldern, die bunte Plastiksäcke, voll mit Torf, bündeln und auf Wagen laden.

Fast hinter jedem Häuschen im Westen steht eine Torfpyramide. Als Heizmaterial ist Torf zwar nicht ganz so heiß wie Kohle, jedoch angenehm und sauber im Verbrauch. Zum Heizen während des Winters benötigt man in etwa die Menge Torf, die dem Rauminhalt des beheizten Zimmers entspricht. Die Iren nennen ihre Moore "Bog". Statistisch gesehen, benötigt ein Vier-Personen-Haushalt etwa 15.000 Stück Torf im Jahr, wenn aus-

schließlich damit geheizt und gekocht wird. Das dazu nötige Torfstechen dauert etwa einen Monat. Gestochen wird meist in den Monaten Mai und Juni.

Im Gegensatz zu Schottland wird in Irland der Torf nicht nur für den Hausver-

Die ganze Familie hilft mit

brauch verwertet, sondern im großen Stil abgebaut und industriell zur Energieerzeugung genutzt, vor allem in den mittleren Landesteilen. (Siehe Kap. 4.7.6.)

Westlich von Killybegs wird die Klippenlandschaft nach und nach gebirgiger, bis schließlich der halbkreisförmige **Slieve League** (gael.: Sliabh Liag) erreicht ist. 600 Meter fallen hier die Klippen steil ins Meer. Der grandiose Anblick ist zweifellos einer der Höhepunkte einer Irlandtour. Per Pkw erreicht man den Aussichtspunkt über eine winzige Straße von Teelin aus (Hinweisschild "The Cliffs"). Für Wohnmobile sind die extrem engen Kurven recht beschwerlich. Es muß damit gerechnet werden, daß man bei Gegenverkehr auf der ungesicherten Paßstraße ein paar Hundert Meter im Rückwärtsgang zurücklegen muß.

Tip

Im Sommer gibt es einen Minibusservice, der Besucher von Teelin zu den Klippen bringt. Auskunft erteilt Joseph Haughey, Teelin, Tel.: 073 39145. Mr. Haughey veranstaltet auch Tagesfahrten zu den Besonderheiten der Region.

Tip: Wandern

Viel schöner als per Wagen oder Minibus ist es, die wunderbare Landschaft zu Fuß zu erkunden. Vom Parkplatz geht es durch Heidekraut immer aufwärts. Der Pfad verläuft an der dem Meer abgewandten Seite, am oder hinter dem Klippenkamm. Er ist auch für Schwindelanfällige begehbar. Nach ca. 2 Stunden erreicht man den höchsten und felsigsten Punkt der Klippen. Hier beginnt der schwierige "One Man's Path", der beidseitig steil abfällt. Nach weiteren 1 ½ Stunden erreichen Schwindelfreie den Malinbeg. Entsprechende Ausrüstung und vernünftiges Schuhwerk sind für den One Man's Path unbedingte Voraussetzung. Herrlich ist rechts der Ausblick auf die hochschäumen-

Beeindruckende Klippen

493

den Brecher, links auf das weite Bergland und die grünen Wiesen jenseits des Teelin Fjords. Informationen und Wanderkarten erhält man in der Tourist Information in Donegal.

Bootstouren/Angeln

In Teelin bestehen Angelmöglichkeiten auf Booten mit jeweils 8 oder 12 Teilnehmern. Auskunft erteilt Teelin Harbour Charters, Carrick, Tel.: 073 39079/39117.

Während der Sommersaison werden Sightseeing Tours entlang der Klippen veranstaltet, je nach Nachfrage bis zu 3 mal täglich und zwar um 11.30, 14.30 und um 16.30 Uhr. Die Abfahrt erfolgt vom kleinen Pier in Teelin.

Glencolumbkille, 56 km westlich von Donegal

Das kleine Dorf liegt an der Spitze der Halbinsel, am Ende eines Tales. Die Fahrt dorthin führt durch einsame und gebirgige Gegenden. Der Ort verfügt über einige Restaurants und Bars und bietet Übernachtungsmöglichkeiten.

INFO

Der heilige Colum Cille

In Glen, im Westen der Grafschaft Donegal, wird der hl. Colum Cille (Columba) noch heute verehrt. Hier soll er ein Kloster gegründet haben. Davon ist jedoch nichts mehr erhalten, außer einigen, mit seltsamen geometrischen und Kreuzmotiven verzierten Steinen, die sich über das Tal von ca.

Station eines Kreuzweges

5 km Länge verteilen. Früher waren dies wohl Grabsteine, heute dienen sie als Stationen eines Kreuzweges. Alljährlich am 9. Juni, dem Festtag des Heiligen, pilgern die Gläubigen ins Tal. Jede der 15 Stationen muß mehrmals umrundet werden. Der Legende nach soll der hl. Colum Cille Dämonen vertrieben haben, die das Tal immer wieder in Nebel hüllten.

Columba war einer der menschlichsten und tatkräftigsten Heiligen, die in Irland gelebt haben. Ausgestattet mit einem feurigen Temperament, liebte er sowohl das Lesen als auch das Schreiben und widmete sich hauptsächlich der irischen Gesangs- und Dichtkunst. Er wurde im Jahre 521 in der Grafschaft Donegal geboren und gründete die Klöster in Derry, Durrow und wahrscheinlich auch in Moone, bevor er sich freiwillig auf die Insel Iona auf den Hebriden ins Exil begab. Von dort aus christianisierte er den schottischen Volkstamm der Pikten. Im Jahre 597 starb er auf der Insel Iona (Schottland), die zum Wallfahrtsort für unzählige Pilger wurde.

◆ Lohnenswert ist ein Besuch im **Folk Village Museum**. Es wurde 1967 auf Veranlassung von James McDyer eingerichtet, der in den 50er Jahren hierher gekommen war und sich sehr um die Förderung der Gemeinde und die Bewahrung des alten Kulturgutes bemüht hatte. Drei original eingerichtete Cottages aus der Zeit von 1700 bis 1900 demonstrieren die alten Lebensweisen und geben einen interessanten Einblick in das Alltagsleben der Bevölkerung. Weiterhin gibt es ein Geschäft, einen Pub sowie eine Schule in dem historischen Dorf. Ab und zu werden im Museumsdorf Folkloreabende veranstaltet. Öffnungszeiten: Ostern-Ende Mai Mo-Sa 10-18 Uhr, So 12-18 Uhr, Juni-Oktober 10-18.30 Uhr, So 12-18.30 Uhr. Führungen finden stündlich, jeweils zur vollen Stunde, statt. Eintritt: Erwachsene 2 Pfund, Kinder 1 Pfund. Tel.: 073 30017/073 30035

INFO

Das irische Cottage – eng, aber warm

Das Farmhaus steht im Zentrum von Ställen, Vorratsgebäuden, Gemüsegarten, Weiden und Torfstich. Es ist einstöckig und ist aus massiven Steinen gebaut. Die älteren Häuser sind noch in Trockenbauweise, das heißt, ohne Mörtel, gefertigt. Sie sind weiß gekalkt und mit Binsendach gedeckt, welches durch ein Seilnetz an hervorstehenden Steinen befestigt ist. Im Inneren liegen zwei oder mehr Zimmer ohne Flur nebeneinander. Die Küche mit offenem Torffeuer bildet das Zentrum.

Die Einrichtung ist spärlich: Tisch, Stühle und der "Dresser", eine Art Anrichte (unten Schrank, oben Regal). An Vorder- und Rückseite des Hauses liegen jeweils zweigeteilte Flügeltüren, deren untere Hälfte (um das Vieh draußen zu halten) meist geschlossen bleibt, während der obere Teil der Beleuchtung dient. Die Küche ist das soziale Zentrum und zeigt den Zusammenfall von Arbeits- und Familienleben. Es entsteht das Bild einer kollektiv geprägten Gesellschaft, in der es keine Vereinsamung und Anonymität gibt, ebenso aber auch kein Platz für individuelle Entfaltung.

Tourist Information
Tel.: 073 30116
In Glencolumbkille gibt es verschiedene **Unterkunftsmöglichkeiten**, vom Campingplatz, Herberge (Dooey Hostel, Tel.: 073 30130), B&Bs bis hin zum Hotel. Auskunft erteilt die Tourist Information. Das Glenbay Hotel (Tel.: 073 30003) organisiert auch Angeltouren, Abenteuer-Weekends und Besichtigungstouren in die Umgebung.

Wallfahrt
Alljährlich am 9. Juni, dem Festtag des Heiligen, pilgern Gläubige ins Tal. Die 15 Stationen müssen mehrmals umrundet und ein kleiner Kiesel am Fuß der Steine niedergelegt werden. An jeder Station muß gebetet werden. Das religiöse Ritual hat einen Zeitrahmen: Bis zum Sonnenuntergang muß man alle Stationen besucht haben.

Aktiv
In der Gegend sind vielfältige "Outdoor-Aktivitäten", wie Tauchen, Wandern, Windsurfen oder Segelfliegen möglich. Auskunft erteilt das Malinmore Adventure Centre, Tel.: 073 30123. Es bietet beispielsweise einen 5-tägigen Tauchkursus an, der mit

einem weltweit anerkannten Zertifikat (PADI) abschließt. Der Preis beträgt 430 Pfund, incl. Kursgebühren, Ausrüstung, Übernachtung. Daneben gibt es aber auch halbtägige Einführungskurse in den Tauchsport (35 Pfund).

Strände/Schwimmen
Schöne Sandstrände befinden sich in Doonalt gegenüber Glen Head und in Malinbeg.

Sommerschule
Die "Summerschool", die sich der Bewahrung des kulturellen Erbes dieser Region verschrieben hat, bietet verschiedene Kurse in traditionellem Tanz, Malen, Fiedeln oder Harfespielen an. Ebenso kann man an weiteren Aktivitäten, wie gemeinsames Wandern, und an archäologischen Workshops teilnehmen. Auskunft erhält man von Liam O'Cuinneagain, Tel. und, Fax: 073 30248

Wandern
Von Glencolumbkille aus sind schöne Wanderungen möglich. Auskunft erhält man unter folgender Adresse: Hillwalking (Oideas Gael), Glencolumbkille, Liamm O'Cuinneagain, Tel.: 073 30248, Fax: 073 30248

Entfernungen
- Belfast 238 km
- Cork 460 km
- Derry 129 km
- Dublin 279 km
- Galway 263 km
- Rosslare 449 km
- Shannon Airport 340 km
- Tralee 463 km

Von Glencolumbkille gelangt man über den landschaftlich sehr reizvollen **Glengesh Pass** (Achtung Radfahrer! Der Paß hat Steigungen von bis zu 25%) in den lebhaften Ort **Ardara** (gael.: Ard Achaidh = The Hill of the Fort). Ardara ist die Hochburg der Tweedweber. In der Hauptstraße reihen sich die Geschäfte aneinander. Im Gegensatz zu früheren Zeiten stellen die Weber die Stoffe nicht mehr am häuslichen Webstuhl her, auch wird die Wolle nicht mehr mit Flechten oder Moosen gefärbt. In einigen Fabriken kann man bei der Herstellung der Stoffe zuschauen und in den fabrikeigenen Läden erheblich günstiger einkaufen als beispielsweise in den Fachgeschäften der großen Städte.

Im neuen **Heritage Centre** (Tel.: 075 41704/41262, Fax: 075 41381) kann man sich über die Geschichte und den Herstellungsprozeß des Donegal Tweed informieren. Er ist der wichtigste Erwerbszweig der Region.
Öffnungszeiten: Ostern-September Mo-Sa 10-18 Uhr, So 14-18 Uhr.

Narin ist ein schöner Strand unweit von Ardara.

Fahrradverleih
Don Byrne, West End, Tel.: 075 41156/41658

B&B
Woodhill House, Ardara, Co. Donegal, Tel.: 075 41112, Fax: 075 41516. Kleines, gemütliches Gästehaus der mittleren Preisklasse mit schönem Blick auf die Donegal Mountains.

Von Ardara geht die Strecke auf der N56 weiter nach **Glenties**, einem kleinen Ort mit verschiedenen Einkaufs- und Übernachtungsmöglichkeiten.

Jugendherberge/Hostel
Campbell's Holiday Hostel, Glenties, Tel.: 075 51491, Fax: 075 51492 März bis Oktober geöffnet, 24 Betten, auch Familienzimmer ab 5 Pfund, Fahrradverleih.

■ Von dort gelangt man nach **Dungloe**, dem größten Ort der "**Rosses**", wie dieser Küstenabschnitt genannt wird. Dieser ist eine freundliche Ortschaft mit einigen Pubs, Souvenirgeschäften, Supermarkt, Golfplatz und einer Tourist Information. In Dungloe gibt es lange Sandstrände.

Der Ort bietet sich als Ausgangspunkt für Angelpartien oder Wanderungen an.

Tourist Information
von der Main Street ab (ausgeschildert): Tel.: 075 21297

Feste/Feiern
Bekannt ist Dungloe für sein 10-tägiges internationales Fest "Mary from Dungloe" Ende Juli/Anfang August, bei dem die "Mary of Dungloe" gekrönt wird. Zu der Preisverleihung gehören zahlreiche Begleitveranstaltungen mit Musik, Tanz und Kabarett. Auskunft erteilt das Festival Office (Mr. Colm Crophy) unter Tel.: 075 21254

B&B
● Ard Crone House, Tel.: 075 21153. Das Gästehaus liegt an der Dungloe Bay, 5 Minuten vom Ortszentrum entfernt. Von hier aus hat man herrliche Blicke über die Bucht.
● The Viking House Hotel, Belcruit, Kincasslagh, Tel.: 075 43295. Das Hotel wurde 1993 eröffnet. Alle Zimmer sind en suite ausgestattet. Neben guten Speisen erfreut vor allem der Blick vom Hotel über die Bucht. Das Haus gehört dem aus dieser Gegend stammenden Sänger **Daniel O'Donnell**, der mit irischer Folklore internationale Berühmtheit erlangte.

Hostel
Greene's Independent Holiday Hostel, Dungloe, Tel.: 075 21021/21943. Das Hostel bietet Mehrbett-, Doppel- oder Familienzimmer, es gibt eine große Gemeinschaftsküche sowie einen Aufenhaltsraum mit TV.

Camping/Caravan
Sleepy Hollows, Annagary, Tel.: 075 48272. Der kleine, familiär geführte Camping- und Caravanplatz liegt wunderschön.

Restaurant
● Riverside Bistro, Main Street, Dungloe, Tel.: 075 21062. Hier kann man kleinere Snacks und Mahlzeiten in ungezwungener Atmosphäre zu sich nehmen.
● The Lobster Pot, Tel.: 075 42012. Im Nachbarort Burtonport liegt dieses Restaurant, dessen besondere Spezialität Fischgerichte sind.
● Danny Minnie's Restaurant, Teach Killindarragh, Annagry, The Rosses, Co. Donegal, Tel.: 075 48201. Das Restaurant wird im Familienbetrieb geführt und bietet ausgezeichnete Speisen.

Pub

In der Bayview Lounge & Bar (Tel.: 075 21186) kann man im Sommer draußen sitzen. Der etablierte Pub bietet gutes Bar-Food.

Angeln

Im Charlie Bonner's Tackle Shop, Tel.: 075 21163 erhält man Auskunft, Lizenzen und Zubehör.

Flughafen

Donegal International Airport, Carrickfinn, Kincasslagh, Tel.: 075 48232. In Kincasslagh, nur wenige Kilometer nördlich Dungloe, liegt der kleine Flughafen von Co. Donegal. Es gibt tägliche Verbindungen nach Glasgow, Birmingham, Edinburgh und Dublin. Er ist immer von 9 Uhr bis 18 Uhr geöffnet.

Fahrradverleih

McFadden Cycles, Carnmore Road, Tel.: 075 21043

Reiten

Blas na Gaoithe Teo, Magheracloagher, Derrybeg, Tel.: 075 31667

Verkehrsverbindungen

Verschiedene Busunternehmen verbinden Dungloe mit dem "Rest der Welt":
● McGeehans Coaches fährt jeden Tag von Dublin (Abfahrt 18 Uhr vom Royal Dublin Hotel, O'Connell Street) nach Dungloe. Von Dungloe geht es ebenfalls täglich (Abfahrt 7.45 Uhr Main Street) zurück. Auskunft: Tel.: 075 46101
● Feda O'Donnell – Busse verkehren zwischen Galway und Dungloe, Auskunft: Tel.: 075 48114
● Doherty's Coaches fahren von Schottland via Larne nach hierher, Auskunft: Tel.: 075 21105

Tip Streckenführung

In Dungloe oder Umgebung Standquartier nehmen und von hier aus Touren ins Landesinnere oder zu den vorgelagerten Inseln machen. Danach die Strecke weiter in Richtung Norden fortsetzen.

Die vorgelagerten Inseln Aranmore und Tory Island

▨ Aranmore

Die kleine Insel Aranmore ist geeignet für Ruhesuchende. Es gibt hier schöne einsame Strände. Die Insel hat circa 900 Einwohner, im Sommer werden mit Tagesgästen manchmal bis zu 1.500 Menschen gezählt.

Unterkunft

● The Glen Hotel, Tel.: 075 20505. Unweit des Fähranlegers gelegenes schlichtes Hotel. Hier erhält man auch verschiedene Broschüren über Wandermöglichkeiten auf der Insel.
● Bonners Ferryboat B&B and Restaurant, Tel.: 075 21532. Bonners liegt ebenfalls neben dem Fähranleger. Man kann gut essen und übernachten. Hier erhält man auch Auskunft über Hochseeangeltouren.

● Ganz neu ist das Aranmore Holiday Village. Auskunft erhält man von Mr. Gallagher von der Aranmore Co-Operative, Tel.: 075 20533

Pub
Im Süden der Insel in Aphort, circa 3 km südlich vom Fähranleger liegt die O'Donnells Atlantic Bar. Der Pub wurde bereits im vorigen Jahrhundert gegründet und bietet nicht nur Bar-Food, sondern während der Saison auch allabendlich Livemusik.

Fähre
Die Fähre verkehrt ganzjährig zwischen Burtonport und Aranmore Island. Die Überfahrt dauert ca. 25-30 Minuten.
Fahrplan (Stand 1995 für Juli/August, im Winter eingeschränkte Fahrzeiten):
● Von Aranmore Mo-Sa 9, 10,30, 13, 14.30, 15.30, 17.30, 19.30 und um 20.30 Uhr. So (und Kirchenfeiertage): 12.30, 13.30, 14.30, 15.30, 16.30, 18.30 und 20.30 Uhr.
● Von Burtonport: Mo-Sa 8.30, 10, 12, 14, 15, 17, 19 und um 20 Uhr. So (und Kirchenfeiertage): 12, 13, 14, 15, 16, 18 und 20 Uhr. Auskunft: Aranmore Island Ferry Service, Co. Donegal, Tel.: 075 21531 Bürozeiten: 8.30-19.30 Uhr.

Feste/Feiern
Im August findet an zwei Tagen das Aranmore Festival statt: Musik, Unterhaltung und verschiedene Wettbewerbe werden geboten. Auskunft erhält man von Hugh Rodgers unter Tel.: 075 20925

▓ Tory Island

Die kleine Insel liegt circa 11 km vor der Küste. Sie ist ungefähr 5 km lang und hat 130 Einwohner. Im Osten des kleinen baumlosen Eilandes ragen turmartige Klippen auf. Tory war schon in prähistorischer Zeit besiedelt. Einst gab es hier ein Fort. Erhalten sind die Ruinen zweier Kirchen, der Stumpf eines Rundturms und Überreste eines Hochkreuzes.
Es gibt im Ort ein Hotel, einige B&Bs, eine kleine Kunstausstellung und einen Einkaufsladen.

Fähren
Die Tory Island Ferry Company fährt von Bunbeg, Magheroarty, Portnablagh und Downings zur Tory Island.
Zwischen April und Oktober gibt es täglich von Bunbeg und Magheroarty Fährverbindungen. Von Portnablagh und in den Wintermonaten auch von den anderen Häfen fahren die Schiffe weniger häufig. Von Bunbeg dauert die Überfahrt circa 75 Minuten, von Magheroarty circa 40 Minuten.
Die Boote fahren nicht immer nach Fahrplan.
Fahrplanauskunft erteilt: Donegal Coastal Cruises, Strand Road, Middletown, Derrybeg, Tel.: 075 31320/31340, Fax: 075 31665, das Bunbeg Pier Office: Tel.: 075 31991 bzw. das Magheroarty Pier Office: Tel.: 074 35061.

Unterkunft
Es gibt verschiedene Übernachtungsmöglichkeiten auf der Insel:
● Hotel Tory, Tel.: 074 35920/35282, Fax: 074 35613
● B&B bei Grace Ann Duffy (Tel.: 074 65005) und Mary McGity (Tel.: 074 35856)
● Hostel, Tel.: 074 65145

▨ Der Abstecher ins Landesinnere

Wenige Kilometer nördlich von Dungloe biegt die R 251 bei Gweedore rechts ins Landesinnere ab. Die hier beschriebene Route führt im Uhrzeigersinn um den Glenveagh National Park herum.

◆ In der kargen und einsamen Landschaft erhebt sich nach einiger Zeit links der 752 Meter hohe, von Eiszeitgletschern markant geformte kahle Quarzkegel des **Mount Errigal** und der Tafelberg **Mukkish Mountain** (670 m).

In Dunlewey kann man bei Bedarf im Lakeside Centre **(Ionad Cois Locha)** eine Pause einlegen. Das Informationszentrum bietet einen reich bestückten Souvenirshop, eine Cafeteria, einen Webworkshop und Picknickplätze. Ein Film informiert über die Geschichte der Gegend. Außerdem wer-

Mount Errigal und Dunlewey Lake

den von hier aus Bootstouren auf dem Lough Veagh und Ponyausritte veranstaltet. Öffnungszeiten: Im April, am Ostersamstag, in der darauffolgende Woche sowie an den Wochenenden im Mai: Sa, So und am Bank Holiday Mo, von Juni bis September täglich Mo-Sa 11.30-18 Uhr, So 12.30-19 Uhr, Tel.: 075 31699.

Jugendherberge/Hostel
Errigal Hostel, Dunlewey, Gweedore, Tel.: 075 31180

◆ Nach wenigen Kilometern ist der Eingang zum **Glenveagh National Park** erreicht. Er wurde 1986 gegründet und ist der jüngste National Park der Republik. Er umschließt ein Gebiet von 10.000 Hektar mit einer phantastischen Moor-, Seen und Gebirgslandschaft. Der Park wird diagonal von dem Tal Glenveagh durchschnitten, das dem Park seinen Namen gab. Um den Lough Veagh erheben sich in einem langgestreckten Gletschertal die meist von einem rötlichbraunen und grünen Teppich aus Gräsern und Heidekraut bedeckten Hänge der Derryveagh Mountains. Hier lebt eine große Rotwildherde. Nach einer Untersuchung von 1991 soll man im Park die sauberste Luft Europas einatmen.

Das **Besucherzentrum** paßt sich hervorragend in die Landschaft ein. Es gleicht drei Erdhügeln, die mit Gras bewachsen sind. Man kann sich über die Geschichte des Parks, über Flora, Fauna und geologische Aspekte der Region informieren.

Glenveagh National Park

Ca. 3 km vom Besucherzentrum entfernt liegt **Glenveagh Castle**, das in einem ½stündigen Spazierweg erreicht werden kann. Für fußmüde Besucher gibt es einen Shuttlebus.

1857-59 kaufte John Adair mehrere kleine Besitztümer auf und vereinigte sie zum Besitz von Glenveagh. Um 1870 baute er Glenveagh Castle im Stil des Historismus aus grauem Granit und stattete es mit viktorianischem Mobiliar aus. Mit der Anlage des prachtvollen Gartens begann Adairs Witwe Ende des 19. Jahrhunderts. Der spätere, aus Philadelphia stammende Besitzer Henry McIlhenny erweiterte den Park. Haus und Gärten sind Teil des Glenveagh Nationalparks. Die Anlage steht in einem erstaunlich reizvollen Kontrast zu der rauhen und wilden Bergwelt ringsum. In der Anlage kann man seltene und zarte Pflanzen bestaunen, wie den "Pseudopanax crassifolium" aus Neuseeland und den purpurrot blühenden "Metrosideros lucida". Von einem Wintergarten blickt man auf den "jardin potager", in dem Gemüse, Blumen und veredelte Früchte angebaut werden. Eine Augenweide ist der italienische Garten im August, wenn die unzähligen Lilien ihre größte Pracht entfalten und die japanische Goldregenlilie blüht.

Ein Spaziergang durch die Anlagen lohnt sich, ist jedoch bei näherer Betrachtung auch von zweifelhafter Romantik. Die Einsamkeit der den Schloßpark umgebende Landschaft ist ein Ergebnis der Vertreibung der hier ansässigen Bauern. Schloßerbauer Adair schuf mit dieser Methode Platz für seine Schafhaltung. Und der im Mai und Juni so farbenprächtig blühende Rhododendron ist eine importierte Pflanze, die den einheimischen Eichenwald förmlich erstickt.

Öffnungszeiten: National Park: Mitte April-Anfang November täglich 10-18.30 Uhr. Am Besucherzentrum gibt es einen freien Busservice zum Schloß. Die letzte Tour fährt 90 Minuten, bevor der Park schließt. Glenveagh Castle: täglich April-November 10-18.30 Uhr. Die letzte Führung durch das Schloß beginnt um 17.20 Uhr, von Juni-September 10-19.30 Uhr (letzte Führung um 18.20 Uhr). Im Oktober Fr geschlosssen. An Ostern und von Mitte Mai-Anfang Oktober gibt es im Schloßhof eine Teestube. Eintritt: Erwachsene 2 Pfund, Senioren und Gruppen (pro Teilnehmer) 1,50 Pfund, Kinder/Studenten 1 Pfund, Familien 5 Pfund, Auskunft erhält man unter Tel.: 074 37088, das Büro hat die Rufnummer 074 37090, das Restaurant 074 37186. OPW

Wandern

Durch den Schloßpark von Glenveagh Castle (ausgeschildert) geht es nach links in ca. 30 Minuten recht steil zu einem lohnenswerten Aussichtspunkt. Anschließend führt der Weg ca. 4 km am Lough Veagh entlang bis zu einem Wasserfall und weiter durch das sumpfige Tal zu einem verlassenen Cottage. Kehrt man hier um und geht zum Ausgangspunkt zurück, dauert die gesamte Tour ca. 2 Stunden.

◆ Lohnenswert ist der Besuch der von einem weiten Park umgebenen **Glebe Gallery**. Das um 1820 im Regency Stil erbaute **Red House** war das Wohnhaus des englischen Malers Derek Hill (geboren 1912), der in den 40er Jahren erstmals nach Irland kam. 1980 vermachte er sein Haus mitsamt seiner Kunstsammlung dem Staat. Etliche Kunst-, aber auch Kitschgegenstände und die eigenwillige Innenausstattung machen das Haus zu einem Gesamtkunstwerk. Zum Teil sind originale Dekorationen des englischen Künstlers William Morris (1834-1896) erhalten, teilweise stammen die Wanddekorationen (alle in kräftigen Farben) von Derek Hill selbst. Die ehemaligen Stallgebäude beherbergen die Kunstsammlung des Malers, u.a. sind Gemälde von Braque, Degas, Corot, von Jack B. Yeats sowie Keramiken von Picasso und islamische Kunst zu sehen. Öffnungszeiten: Mitte-Ende April 11-18.30 Uhr, Mitte Mai-Anfang Oktober 11-18.30 Uhr, Fr geschlossen. Letzte Führung 17.30 Uhr. Eintritt: Erwachsene 2 Pfund, Senioren und Gruppen (pro Teilnehmer) 1 Pfund, Kinder/Studenten 1 Pfund, Familien 5 Pfund, Tel.: 074 37071

Von der Glebe Gallery führt die Strecke südlich am Glenveagh entlang über Fintown und Doocharry zurück nach Dungloe: 20 Kilometer einsame Landschaft; kein Baum, kein Strauch, kaum Autos, aber viele Schafe machen die kleine Straße zu einer der schönsten und beeindruckendsten im Nordwesten von Irland.

Von Dungloe entlang der Nordküste

▓ Von Dungloe führt die R 259 und später die 257 über Burtonport, Gweedore, Brinlack und Dunfanaghy nach Creeslough. Die Küstenstraße bietet grandiose Ausblicke auf die zerklüftete Küste Donegals mit verstreut liegenden, oft bunt gestrichenen Cottages. Im Norden gelangt man zu einem weiteren landschaftlichen Höhepunkt dieser Tour: das aus roten Granit (daher der Name) bestehende **Bloody Foreland** und das dunkel granitene **Horn Head Kap**. Die Klippen fallen hier 200 Meter tief ins Meer. Vom Bloody Foreland Kap kann man an klaren Tagen die Felsen der Tory Island im Atlantik sehen. Von Dunfanaghy bis zur Rosguill Peninsula zieht sich die **Sheephaven Bay**.

▓ In Dunfanaghy kann man das **Dunfanaghy Workhouse** besichtigen. Das Arbeitshaus dokumentiert die Zeit des großen Hungers in den 40er Jahren des vorigen Jahrhunderts. Es wurde 1845 eröffnet und bot den verarmten Menschen der Region eine Zuflucht. Eine Ausstellung erläutert die sozialen und wirtschaftlichen Zustände jener Zeit. Informiert wird auch über Flora und Fauna der Region. Öffnungszeiten: täglich 9-18 Uhr, letzter Einlaß 17 Uhr, Auskunft unter Tel.: 074 36540

Auffällig sind an diesem Küstenabschnitt die zahlreichen Ferienhäuser und moderne Häuser. Für die Bewohner von Donegal – das trifft auch für andere Gegenden zu – gibt es nichts Erstrebenswerteres, als in einen Neubau zu ziehen und die alten Cottages zu verlassen. Diese werden von den zivilisationsmüden Zugereisten aufgekauft und renoviert. Obwohl die Neubauten meist von sehr geringer Qualität sind, stellen die kleinen – in unseren kontinentalen Augen romantischen – Cottages für die Einheimischen einen Schandfleck dar. Sie haben so etwas wie ein Stigma der armen Vergangenheit.

Hotel/B&B
- Arnold's Hotel, Dunfanaghy, Co. Donegal, Tel.: 074 36208, Fax: 074 363522. Arnold's Hotel ist seit drei Generationen im Familienbesitz. Es gibt gutes Essen, und die Atmosphäre ist freundlich und ungezwungen, mittlere Preisklasse.
- The Beach Hotel, Downing, Tel.: 074 55303. Unmittelbar am Strand gelegenes freundliches Hotel. Kinder sind sehr willkommen.

Jugendherberge/Hostel
Corcreggan Mill Hostel, Dunfanaghy, Tel.: 074 36409/36507, ganzjährig geöffnet, ab 6 Pfund, 24 Betten, Camping ist auf dem Grundstück möglich. Das Hostel ist für Rollstuhlfahrer geeignet.

Strand/Schwimmen
Ein wunderschöner Strand ist der Marble Hill Strand in der Nähe von Portnablagh.

Golf
Am Sheephaven Bay gibt es zwei Golfplätze, beide mit 18-Loch:
- Dunfanaghy Golf Club. Besucher sind täglich außer sonntags willkommen, Tel.: 074 36335
- Rosapenna Championship Golf Links, Tel.: 074 55301

Reiten
Carrigart Stables, Carrigart, Tel.: 074 53583

■ In **Creeslough** schuf der bekannteste zeitgenössische Kirchenarchitekt Irlands **Liam McCormick** 1971 eine seiner schönsten und interessantesten modernen Kirchen. In unnachahmlich harmonischer Weise fügt sich die St. Michael's Church in die umgebende Landschaft ein. Die sanft geschwungene Oberkante der Kirche folgt genau der Linie der dahinterliegenden Berge. Die verwendeten Materialien, wie beispielsweise die einfachen schweren Eichentüren, beziehen sich auf die traditionelle Schlichtheit des bäuerlichen Lebens dieser Region. Der Innenraum wird durch große, glatte und geschwungene Flächen bestimmt. Fast fühlt man sich hier an die Kirche von Le Corbusier in Ronchamps erinnert.

■ 3 km von Cresslough liegt auf drei Seiten vom Meer umgeben und auf der Landseite von einem Wassergraben geschützt **Doe Castle**. Die Burg wurde von dem einflußreichen Clan der Mac Sweeneys im 16. Jahrhundert errichtet und bis zur Mitte

Doe Castle

des 19. Jahrhunderts bewohnt. Die Mac Sweeneys gehörten zu den sogenannten "Gallowglasses" (gael. Gallóglagh = fremde Freiwillige). Das waren von den irischen Clanchefs für ihre Fehden aus Schottland importierte Söldner, die in der Folgezeit in Irland heimisch wurden und eigene Clans gründeten.

Von Milford führt die Strecke in Richtung Norden nach Kerrykeel und von hier aus eine noch kleinere Straße zu dem mit einem Leuchtturm bekrönten **Fanad Head**.

In **Rathmullan** lohnt ein Besuch im Heritage Centre **"Flight of the Earls"**. Die Ausstellung befaßt sich mit dem Leben und der Zeit der Earls O'Donnell und O'Neill. Nach ihrem verlorenen Aufstand gegen die Engländer am 14. September 1607 gelang es den beiden Clanchefs, nach Spanien zu fliehen. Historische Dokumente, Modelle, Literatur und selbst alte Kleidungsstücke dokumentieren die Geschichte dieser Zeit. Sie beginnt 1509, während der Regierungszeit Henry VIII., und führt zum "Flight of the Earls" und zeigt die nachfolgende Entwicklung, nämlich die "Plantation of Ulster". Diese hatte zur Folge, daß die alte gaelische Ordnung sich auflöste und Irland in einen neuen Abschnitt seiner Geschichte eintrat. Das Heritage Centre ist in einem alten Battery Fort untergebracht, eines von sechs Forts am Lough Swilly, das von den Briten um 1810 als Verteidigungsmaßnahme gegen Napoleons Invasion errichtet wurde.
Öffnungszeiten: Mo-Sa 10-18 Uhr, So 12 - 18.30 Uhr. Öffnungszeiten im Winter unter unten angegebenen Telefonnummern erfragen.
Eintritt: Erwachsene 1 Pfund, Familien 3 Pfund, Kinder/Studenten 50 Pence.
Weitere Auskunft erteilt: The Secretary Flight of the Earls Heritage Centre, Rathmullan, Co. Donegal, Tel.: 074 58178/074 58131 oder das regionale Touristenamt Tel.: 074 21160

Hotel/B&B
● Pier Hotel Rathmullan, Tel.: 074 58178/58115. Das kleine freundliche Hotel, eine ursprüngliche Kutschenstation, wird im Familienbetrieb geführt und liegt am Westufer des Lough Swilly. Die meisten Zimmer sind mit Badezimmer ausgestattet. Günstig.
● Rathmullan House & Restaurant, Rathmullen, Co. Donegal, Tel.: 074 58188/58117, Fax: 074 58200. Das großzügig gestaltete Country House liegt herrlich direkt am Lough Swilly und ist von einem preisgekrönten Landschaftsgarten umgeben. Es gibt 23 komfortabel ausgestattete Zimmer, einen Swimmingpool und eine Sauna. März-November geöffnet, mittlere bis gehobene Preisklasse, je nach Zimmerwahl.
● Fort Royal, Rathmullen, Co. Donegal, Tel.: 074 58100, Fax: 074 58103. Am Lough Swilly liegt dieses ruhige Hotel, das über fünfzehn wohlausgestattete Zimmer verfügt. Mittlere Preisklasse.

Jugendherberge/Hostel
Bunnaton Hostel, Glenvar, Fanad, Tel.: 074 50122. Schön gelegenes Hostel.

Bereits wieder in südlicher Richtung nach Letterkenny fahrend, kommt man nach **Rathmelton**, Co. Donegal (gael.: Rath Mealtáin = Melton's Fort). Der Ort liegt am River Lennon, der in den Lough Swilly fließt. Einst ein wichtiger Hafenort, gibt es hier noch einiges an georgianischer Architektur zu sehen. Schön ist das ehemalige restaurierte Versammlungshaus der Presbyter.

Von Rathmelton ist es nicht mehr weit bis Letterkenny. Von hier kann man seine Tour entweder nach Nordirland oder zur Inishowen Peninsula fortsetzen.

Von Donegal entlang der N 15 über Ballybofey nach Letterkenny

Sehenswertes entlang der Strecke

▓ In **Lifford** wurde in dem ehemaligen Gerichtshaus, dem **Lifford Old Courthouse**, eine Ausstellung eingerichtet, welche die Geschichte der kleinen Stadt mit lebensecht wirkenden Wachsmodellen, Schautafeln sowie audiovisuellen Techniken dokumentiert. Das Courthouse wurde 1746 von dem Dubliner Architekt Michael Priestly errichtet und war bis 1938 in Benutzung. Öffnungszeiten: Ostern-Ende Oktober täglich 10-18 Uhr, So und Bank Holidays 14-18 Uhr. Eintritt: Erwachsene 2,50 Pfund, Kinder und OAPs 1 Pfund, andere Ermäßigungen 1,75 Pfund. Weitere Auskunft erhält man unter Tel.: 074 41228/41733 oder Fax: 074 41754.

▓ Unweit Lifford, in Ballindrait, liegt eines der ältesten bewohnten Häuser in Donegal, das **Cavanacor Historic House**, in dem König James II. 1689 gespeist und den Besitzern aus Dankbarkeit Schutz versprochen hat. Es werden Führungen veranstaltet. Cavanacor ist außerdem das Haus der Vorfahren des amerikanischen Präsidenten James Knox Polk (1845-1849). Es gibt ein kleines Museum sowie ein **Craft Centre**. In der lang etablierten Töpferwerkstatt kann man schöne Keramik kaufen. Öffnungszeiten: Ostern und Sommersaison Di-Sa 12-18 Uhr, Sonntag 14-18 Uhr, montags (außer Bank Holidays) geschlossen. Eintritt: Erwachsene 2 Pfund, Kinder und Senioren 1 Pfund, Tel. und Fax: 074 41143.

▓ Kurz hinter Raphoe, ca. 20 km südöstlich von Letterkenny, liegt der **Beltany Stone Circle**, ein großer Steinkreis mit 60 Megalithen. Nach einem kurzen Fußmarsch kommt man zu einem Plateau, von dem aus man einen herrlichen Rundblick hat.

Unterkunft

Gortfad, Mrs. J. Taylor, Castlefinn, Co. Donegal, Tel.: 074 46135. Seit 7 Generationen ist das Haus im Familienbesitz und zeigt eine Mixtur verschiedener Stile. Alle sechs Gästeräume sind mit alten Möbeln eingerichtet. Gortfad liegt sehr ruhig und abgeschieden, ist für Erholungsbedürftige geradezu ideal und erstaunlich preisgünstig dazu. Hidden Ireland.

▓ **Letterkenny**

Der kleine Ort, mit ca. 5.000 Einwohnern die größte Stadt Donegals, liegt recht hübsch. Falls man von Donegal seine Route nicht entlang der Küste gewählt hat, könnte man auch Letterkenny als Ausgangspunkt für Besichtigungen des Landesinneren nehmen. Das in bescheidenem Ausmaße prosperierende Wirtschaftszentrum des Nordwestens bietet sich wegen seiner guten Infrastruktur und der zentralen Lage als Standquartier für Exkursionen in Donegal an.

◆ Das **Donegal County Museum** in der High Road bietet heimatgeschichtliche und Wanderausstellungen.
Öffnungszeiten: Di-Fr 11-16.30 Uhr, Sa 13-16.30 Uhr, Tel.: 074 24613

Reisepraktische Hinweise

Tourist Information
Derry Road, Tel.: 074 21160 Fax, Tel.: 074 25180, ganzjährig geöffnet.

Fahrradverleih
Church Street, Cycles Ltd., Church Street, Tel.: 074 26204, Fax: 074 26204

Unterkunft
● Castlegrove Guest House, Ramelton Road, Letterkenny, Tel.: 074 51118, Fax: 074 51384. Das georgianische Herrenhaus ist von einem großen Park umgeben und hat ein ausgezeichnetes Restaurant (18-21.30 Uhr geöffnet).
● Gleneany House, Port Road, Letterkenny, Tel.: 074 26088, Fax: 074 26090. Zentral gelegenes Gästehaus mit angegliedertem Restaurant. Alle Zimmer sind mit Telefon und Bad ausgestattet.

Verkehrsverbindungen
Auskunft über Busverbindungen erhält man vom Bus Office, Tel.: 074 21309

Restaurant
Im Castlegrove und im Gleneany House (siehe Unterkunft) sowie im Box Tree Restaurant, Pearse Road, Tel.: 074 27131. Es gibt vegetarisches Essen, aber auch andere Gerichte, eine Bar und am Wochenende Live Music.

Jugendherbergen/Hostel
● Letterkenny Tourist Hostel, High Road, Tel.: 074 25238
● The Manse Hostel, High Road, Letterkenny, Tel.: 074 25238 ganzjährig geöffnet, ab 5 Pfund, 24 Betten (auch Familienzimmer).

Pubs
● The Pub, Main Street, Lower Main Street, Tel.: 074 26032
● The Cottage, Main Street, Tel.: 074 21338. Der Pub "The Cottage" hat einen "Partnerpub" in Italien und zwar den Pub "Donegal" in Castleluchio.
● Mc Ginley's Bar, Tel.: 074 21106. Während der Saison gibt es fast jeden Abend Live Music.
● The Swilly Inn, Bar & Lounge, Ballyraine, Letterkenny, Tel.: 074 25944

Golf
Letterkenny Golf Club, Barnhill, Letterkenny, Tel.: 074 21150

Kino
Letterkenny Cinema, Port Road, Letterkenny, Tel.: 074 21976. Vorstellungen täglich um 20 Uhr, Fr, Sa, So auch 22.45 Uhr. Im Juli und August um 14.30 Uhr Matineen.

◆ Etwas außerhalb Letterkennys, an der Kreuzung der R 250 mit der R 251 liegt die **Newmills Corn and Flax Mills**. Die Mühle beherbergt sowohl eine Getreidemühle als auch eine Flachsschwingerei. Beide Werke werden vom Fluß Swilly angetrieben. Öffnungszeiten: Mitte Juni-Mitte September täglich 10-18.30 Uhr, Tel.: 074 25115. Eintritt: Erwachsene 2 Pfund, Senioren 1,50 Pfund, Kinder oder Studenten 1 Pfund, Familien 5 Pfund, Gruppen mit über 20 Personen 1,50 Pfund pro Teilnehmer. OPW

Streckenführung

Für Reisende, die auf direktem Wege von Donegal nach Letterkenny gefahren sind, bieten sich folgende Touren an.

❶ Von Letterkenny über Burnfoot zur Halbinsel Inishowen.

❷ Von Letterkenny über Newmills, Fintown und Doocharry nach Dungloe und im Bogen über Burtonport (hier sind Abstecher auf die Aranmore Island möglich) und Annagary weiter nach Crolly. Von dort geht es gen Norden über Bunbeg und Derrybeg nach Gortahork. Wieder in südlicher Richtung gelangt man nach Dunlewey und entlang des Glenveagh National Park über Kilmacrenan zurück nach Letterkenny.

❸ Von Letterkenny über Rathmelton und Milford nach Carrigart, von wo man einen Abstecher nach Downings machen kann. Von Carrigart geht es weiter nach Creeslough und über Dunfanaghy zum Horn Head. Wieder in Dunfanaghy kann man die Tour über Falcarragh und Gweedore fortsetzen. Am Glenveagh National Park entlang geht es über Kilmacrenan wieder zurück nach Letterkenny.

▦ Die Halbinsel Inishowen

Reisepraktische Hinweise

Information

Inishowen Tourism Society Limited, Carndonagh, Inishowen, Co. Donegal, Tel.: 077 74933/74944, Fax: 077 74935

Entfernungen

- Dublin: 260 km
- Belfast: 150 km
- Larne: 160 km
- Derry: 20 km
- Letterkenny: 40 km
- Donegal: 84 km
- Sligo: 145 km
- Galway: 300 km

Hochseeangeln

Hochseeangeltouren werden veranstaltet von der Inishowen Boating Co., Culdaff, Bunagee Pier, Tel.: 077 70606, Fax: 077 70764.

Reiten

- The Village Stables, Malin Hotel, Malin. Tel.: 077 70645. Hier kann man Reitunterricht erhalten und an Ausritten in die Umgebung teilnehmen.
- Lenamore Stables, Lenamore, Muff, Tel.: 077 84022. Der Reiterhof liegt auf halber Strecke zwischen Muff und Bridgend. Angeboten werden Reitunterricht, Ausritte, Showspringen.

Golf

- North West Golf Club, Lisfannon, Fahan. Der North West Golf Club (ein 18-Loch-Platz) wurde 1890 gegründet, an Wochentagen sind Besucher willkommen, Tel.: 077 61207

● Greencastle Golf Club, 18 Loch , Tel.: 077 81013
● Buncrana Municipal Golf Course, Tel.: 077 661475
● Ballyliffin Golf Club, Ballyliffin. Der Golfclub von Ballyliffin ist der nördlichste Golfclub in Irland. Der 18-Loch-Platz bietet schöne Blicke über den Atlantik und die Halbinsel. Am Wochenende sollte man vorher reservieren. Tel.: 077 76119

Unterkunft

Es gibt sämtliche Unterkunftsmöglichkeiten auf der Halbinsel: vom Campingplatz über Ferienwohnungen, B&Bs, Gästehäuser bis hin zum Hotel. Einige Empfehlungen:
● Roneragh House Hotel, Fahan, Inishowen, Co. Donegal, Tel.: 077 60265. Das Hotel liegt am Ufer des Lough Swilly. Von hier aus bieten sich gute Ausblicke auf die Fanad Halbinsel und die Inch Insel. Günstig.
● Redcastle Hotel, Redcastle, Moville, Co. Donegal, Tel.: 077 82073, Fax: 077 82214. Herrlich am Lough Foyle gelegenes Hotel mit komplett ausgestattetem Freizeitzentrum, mit Swimmingpool, 9-Loch-Golfplatz, Fitnessgeräten u.a. Mittlere Preisklasse.
● The Ballyliffin Hotel, Ballyliffin, Inishowen, Tel.: 077 76106, Fax: 077 76658. Das freundliche Hotel wird im Familienbetrieb geführt und wurde vor kurzem komplett renoviert. Moderate Preise.
● Tar Drum Country House, Greencastle. Das Country House ist im viktorianischen Stil eingerichtet und bietet einen herrlichen Blick auf den Atlantik und den Golfclub von Greencastle. Das angegliederte Restaurant hat bereits mehrere Preise gewonnen. Herausragend das Frühstück, es umfaßt 5 Gänge. Recht moderate Preise.
● Swilly Villa, Mrs. Eileen Fullerton, Shore Front, Buncrana, Inishowen, Co. Donegal, Tel.: 077 61307. Das Gästehaus liegt nahe zum Ortszentrum, ist sauber, gepflegt und günstig.

Jugendherbergen/Hostels

● Muff Independent Hostel, Whitehall Road, Muff, Tel.: 077 84188. Januar-Mitte Oktober geöffnet, ab 5 Pfund, 21 Betten (auch Familienzimmer), Camping ist auf dem Grundstück möglich, das Hostel ist für Rollstuhlfahrer geeignet.
● Moville Holiday Hostel, Malin Road, Moville, Inishowen, Tel.: 077 82378, Fax: 080504 372187. Ganzjährig geöffnet, 23 Betten (auch Familienzimmer). Das Hostel ist bei Forellenanglern sehr beliebt.

Camping/Caravan

● Rockhill Caravan Park, Tel.: 074 50012. Mit Blick auf die Mulroy Bay gelegener Camping- und Caravanplatz.
● Tullagh Bay Camping and Caravan Park, Clonmany. Der Park wird im Familienbetrieb geführt und liegt circa 3 km von Clonmany und 4 km vom Strand entfernt, Tel.: 077 76289/76138

Restaurant

● The Ubiquitous Restaurant, Buncrana, Main Street, Tel.: 077 62530. Das Restaurant hat eine freundliche Atmosphäre und bietet gutes Essen zu günstigen Preisen.
● St. Johns, Fahan, Tel.: 077 60289. Das preisgekrönte Restaurant liegt am Ufer des Lough Swilly und ist Di-Sa 18-22 Uhr geöffnet, So und Mo, 25. und 26. 12. und Karfreitag geschlossen. Gehobene Preisklasse (Dinner kostet 20 Pfund plus 10 % Bedienung).

Rundtour

Die ausgeschilderte Rundfahrt **"Inish Eoghain 100"** führt an allen landschaftlichen und kunsthistorischen Höhepunkten Inishowens vorbei. Wenn man nicht die ganze Strecke fahren möchte, kann man sie abkürzen und streckenweise durch das Landesinnere fahren.

◆ Die bekannteste Sehenswürdigkeit der Halbinsel ist das auf einer Hügelkappe malerisch und strategisch günstig gelegene Steinfort **Grianán of Aileach**, von der N 13 ab. Vermutlich entstand die runde Steinmauer in den ersten beiden Jahrhunderten unserer Zeitrechnung. Vom 5. bis zum 12. Jahrhundert diente das Fort den O'Neills, Königen von Ul-

Grianán of Aileach

ster, als Königssitz. 1101 wurde es von Murtogh O'Brian aus Rache für die Zerstörung seiner Königsburg in Clare geschleift. Das Fort stellt neben dem Steigue Fort und dem Dun Aengus das eindrucksvollste Steinfort Irlands dar. Man hat es 1874-78 vielleicht etwas überrestauriert. Die in Trockensteinbauweise errichtete Mauer umschließt ein Areal von über 25 Metern Durchmesser. Sie ist unten 4 Meter dick und über 5 Meter hoch. Vor der Restaurierung waren die Mauern lediglich 1,80 Meter hoch, auch gab es nur zwei Treppen, jetzt sind es vier.

Fototip

Von dem Hügel bietet sich ein großartiger Panoramablick über die mit saftigem Grün bedeckte Ebene der Inishowen Peninsula und die beiden Buchten Lough Foyle und Lough Swilly.

◆ Die kleine Gemeinde **Burt** (24 km nördlich von Letterkenny, 16 km südlich von Buncrana, 6 km westlich von Derry) hat eine interessante, 1967 geweihte Kirche, einen weiteren Bau von Liam McCormick. **St. Aengus** ist die bekannteste Kirche des Baumeisters. In seiner runden Bauweise deutlich an Grianan of Aileach angelehnt, zeigt auch diese Kirche, wie wichtig dem Architekten der Zusammenklang von Architektur und umgebender Landschaft ist. Prägendes Gestaltungselement ist innen wie außen der Kreis. Der runde Altar steht auf drei konzentrischen erhabenen Podesten, die Bänke sind rundherum als Segmente eines Kreises angeordnet.

◆ Etwa 12 km weiter sollte man es nicht versäumen, den **Fahan Cross Slab** zu bewundern. Dieser verzierte Stein ist der einzige Rest eines vom hl. Mura im frühen 7. Jahrhundert gegründeten Klosters, das bis 1098 bestand. Die kleinen Ausbuchtungen an beiden Seiten sind als Vorläufer der Kreuzarme von späteren Hochkreuzen zu deuten. Ost- und Westseite zeigen ein aus verschlungenen Bändern kompliziert gebildetes Kreuz. Auf der Westseite stehen sich zu beiden Seiten des Schafts die Figuren zweier Bischöfe gegenüber. Auf der Ostseite kann man über dem Kreuz zwei Vögel erkennen.

◆ **Buncrana**, am Ostufer des Lough Swilly gelegen, ist ein beliebtes Seebad mit einem 5 km langen Strand und einem breiten Unterhaltungsprogramm für Sommergäste. Die Gegend rund um Buncrana ist bei Anglern beliebt. Es gibt zwei kleine Museen.

◆ Die **Tullyarvan Mill** liegt am Ufer des Flusses Crana. Die Kornmühle stammt aus dem 19. Jahrhundert und wurde vorbildlich restauriert. Ebenfalls im 19. Jahrhundert wurde in Buncrana eine Webereifabrik eingerichtet. Um 1805 war der Ort das größte Zentrum von ganz Irland mit 600 Beschäftigten. Heute befindet sich hier ein Besucherzentrum, das **Inishowen's Cultural & Exhibition Centre**, mit einem Textilmuseum, das die alte Tradition dieses Handwerkszweigs darstellt. Ein weiterer Ausstellungsbereich beschäftigt sich mit der Flora und Fauna des Ortes. Außerdem werden hier Kunstausstellungen und kulturelle Veranstaltungen abgehalten. Ein kleiner kunsthandwerklicher Souvenirshop sowie eine Cafeteria ergänzen das Angebot.
Öffnungszeiten: Ostern-September täglich Mo-Sa 10-18 Uhr, So 14-18 Uhr, Tel.: 077 61613.

◆ Das **Vintage Car & Carriage Museum** ist ein Transportmuseum, in dem man Fahrzeuge, die zwischen 1860 bis 1960 hergestellt wurden, bewundern kann, u.a. alte Kutschen, Fahrräder, Oldtimer und viele Ausstellungsstücke, die im weitesten Sinn mit historischem Transport zu tun haben.
Öffnungszeiten: im Sommer täglich von 10-20 Uhr, in der Nebensaison nur So und wochentags nach vorheriger Anmeldung unter Tel.: 077 61130

Fahrradverleih
Buncrana Community Leisure Centre, Shore Front, Tel.: 077 61000, Fax: 077 61452

Tourist Information
Shore Front, Tel.: 077 62600, Juni-August geöffnet

◆ Über Clonmany und Ballyliffin geht es weiter nach Carndonagh, wo wieder eine Sehenswürdigkeit wartet. Am westlichen Ortseingang steht an der Straße mit dem **Carndonagh Cross** das wohl älteste Hochkreuz Irlands. Wie der Stein von Fahan stammt es aus dem 7. Jahrhundert. Die Kreuzarme sind bereits deutlich ausgeprägt, allerdings gibt es noch keinen Kreuzring.

Zu sehen ist eine Gestalt, die die Arme weit ausbreitet und von anderen Figuren umgeben wird. Darüber ist ornamentales Flechtwerk erkennbar. Das Kreuz wird von zwei kleinen, ebenso archaisch wirkenden Steinen flankiert. Der eine zeigt einen Mann mit Schwert, einen Vogel, David mit der Harfe und ein verschlungenes Ornament, der andere mehrere Figuren und einen Mann, der zwei Glocken trägt. Andere Steine stehen im unweit gelegenen Friedhof.

◆ Ab **Ballygorman** verläuft die Straße in einem Kreis rund um die Nordspitze. Ganz oben gelangt man zum **Malin Head**, dem nördlichsten Punkt Irlands, der etwa auf Höhe der dänischen Insel Bornholm liegt. Hier stehen die Reste eines Wachturms. Der British Admiralty Tower wurde 1805 errichtet und war bis 1909 in Benutzung. Während des 2. Weltkrieges wurde er von den Irish Defence Forces als Aussichtssturm verwendet. Die riesigen Lettern EIRE zeigten während des Krieges den gegnerischen Flugzeugen, daß hier neutrales Gebiet überflogen wurde.

Tip
The Cottage, Malin Head (ausgeschildert). In dem kleinen Caféhaus, ca. 500 Meter von Irlands nördlichem Punkt entfernt, kann man sich bei einer schönen Tasse Tee aufwärmen, eine Kleinigkeit essen und kunstgewerbliche Souvenirs erstehen. Es ist von Mai bis September geöffnet.

◈ In **Culdaff** soll sich auf dem Friedhof ein Grabstein befinden, der mit einem Hurling-Schläger verziert ist.

◈ **Melville** und **Muff** sind die nächsten Orte auf der Küstenstraße. Schöne Ausblicke und Panoramen beschließen die Fahrt über die Inishowen Peninsula.

4.6   NORDIRLAND

Highlights

- der Giant's Causeway
- die Antrim Glens
- die Marble Arch Caves
- Stadtbesuch in Belfast, Londonderry und Armagh
- das Fermanagh Lakeland
- Boa Island, White Island und Devenish Island

4.6.1   ALLGEMEINER ÜBERBLICK

Nordirland ist mit einer Landfläche von 14.300 qkm nur etwas größer als Schleswig-Holstein. Der Norden hat eine abwechslungsreiche Landschaft und ein reiches Kulturerbe aufzuweisen. Gräbern aus der Steinzeit und keltische Kreuze findet man ebenso wie frühchristliche Klöster, normannische Burgen, Festungen aus dem 17. Jahrhundert und zahlreiche Zeugnisse eines beginnenden Industriezeitalters. Die Einwohnerzahl beträgt heute ungefähr 1,6 Millionen. Die Bevölkerungsdichte ist nur halb so groß wie die von Großbritannien. Während der vergangenen 150 Jahre hat sich die Bevölkerung allmählich vom landwirtschaftlichen Westen in den industriellen Osten verschoben. Belfast ist die einzige Großstadt – 500.000 Menschen wohnen in einem Umkreis, der 16 km vom Rathaus entfernt ist. Abgesehen von Londonderry (Bevölkerung 63.000) haben nur vier Städte mehr als 10.000 Einwohner.

Nordirland gehört politisch zum Vereinigten Königreich. Als Reiseland ist es jedoch mit der Insel Irland verbunden, denn historisch, kulturell und landschaftlich stellt der Norden eine Einheit mit dem südlichen Teil dar. Noch im vorigen Jahr ließen sowohl der überwiegende Teil der Reisenden als auch die Herausgeber von Reisebüchern Nordirland aus. Aber seit dem Waffenstillstand im Herbst 1994 ist eine Auslassung nicht mehr zu begründen. Das Reisen im Nordosten der Insel ist heute nicht gefährlicher als in anderen Teilen der Welt. Allerdings sieht man noch recht wenige kontinentale Fahrzeuge in Nordirland – im Gegensatz zur Republik.

Für die Bevölkerung ist die Religionszugehörigkeit kein Problem,

512

wie bei Gesprächen immer wieder deutlich wird. Und es scheint, als ob heutzutage eher politische, kulturelle und wirtschaftliche Fragen diskutiert werden. Auch scheint die Tatsache einer Landesgrenze für viele Iren keine allzu große Bedeutung zu haben. Seit dem Waffenstillstand gibt es keine Kontrollen mehr. So kann es vorkommen, daß man dem Werkstattangestellten der Republik Irland am Wochenende als Schloßführer in Nordirland wiederbegegnet.

Als sehr merkwürdig mag der Reisende durch Nordirland möglicherweise aber die rot, blau, weiß gestreiften Bushaltestellen empfinden und die "God save the Queen"-Plakate, die in manchen Orten in fast provokanter Weise und keinesfalls unauffällig angebracht sind. Als "Ausgleich" sieht man allerdings hin und wieder orange, grün und weiß gestrichene Gefallenendenkmäler.

Rot-weiß-blau-gestreifte Telefonzellen

Daß man ein anderes Land betreten hat, ist nicht zu übersehen: Die Straßen sind weißgerahmt, breiter und ebener, das Benzin billiger und die Briefkästen rot statt grün.

Als **Urlaubsland** ist Nordirland interessant, entweder zum Aktivurlaub oder einfach zum Entspannen an der frischen Luft. Man kann auf über 80 Golfplätzen spielen, Bootstouren auf dem Lough Erne unternehmen, angeln, wandern, reiten oder Sehenswürdigkeiten besichtigen, wie die großen Schlösser, Gärten oder Waldparks, die einmal zu den bedeutenden Landgütern des 18. Jahrhunderts gehörten.

Das Mittelland ist landschaftlich nicht so interessant und mit weniger Sehenswürdigkeiten bestückt. Äußerst schön hingegen ist die Gegend um den Lough Erne und die Küste, besonders der Giant's Causeway, die Antrim Coast und die Antrim Glens.

Von Donegal kommend, macht man seine erste Begegnung mit Nordirland in der Grafschaft Derry bzw. Londonderry, je nach Konfession oder politischer Richtung. Im Süden schließt sich an Londonderry/Derry die Grafschaft Tyrone an. Zu dieser Grafschaft gehören größere Uferpartien des riesigen Lough Neagh. Die Grafschaft Antrim hat im Osten und Norden die schönsten Küsten des Landes. An der Nordküste liegen Portrush und Portstewart, einst elegante Seebäder. Ebenfalls an der Nordküste liegt der berühmte Giant's Causeway, ein natürlicher "Riesendamm" aus Basaltsäulen vulkanischen Ursprungs. Wunderschön ist die Küstenstraße an der Antrim Coast, die zur Belfast Bay hinunterführt. Nach Westen zweigen malerische schmale Täler, die sogenannten Glens, ab. In diese abgelegenen Gebiete haben sich die Katholiken zurückgezogen, als protestantische Schotten auf Geheiß der englischen Krone das übrige Land besiedelten. Weiter südlich am Belfast Lough beeindruckt Carrickfergus mit einer gewaltigen Burg. Ganz im

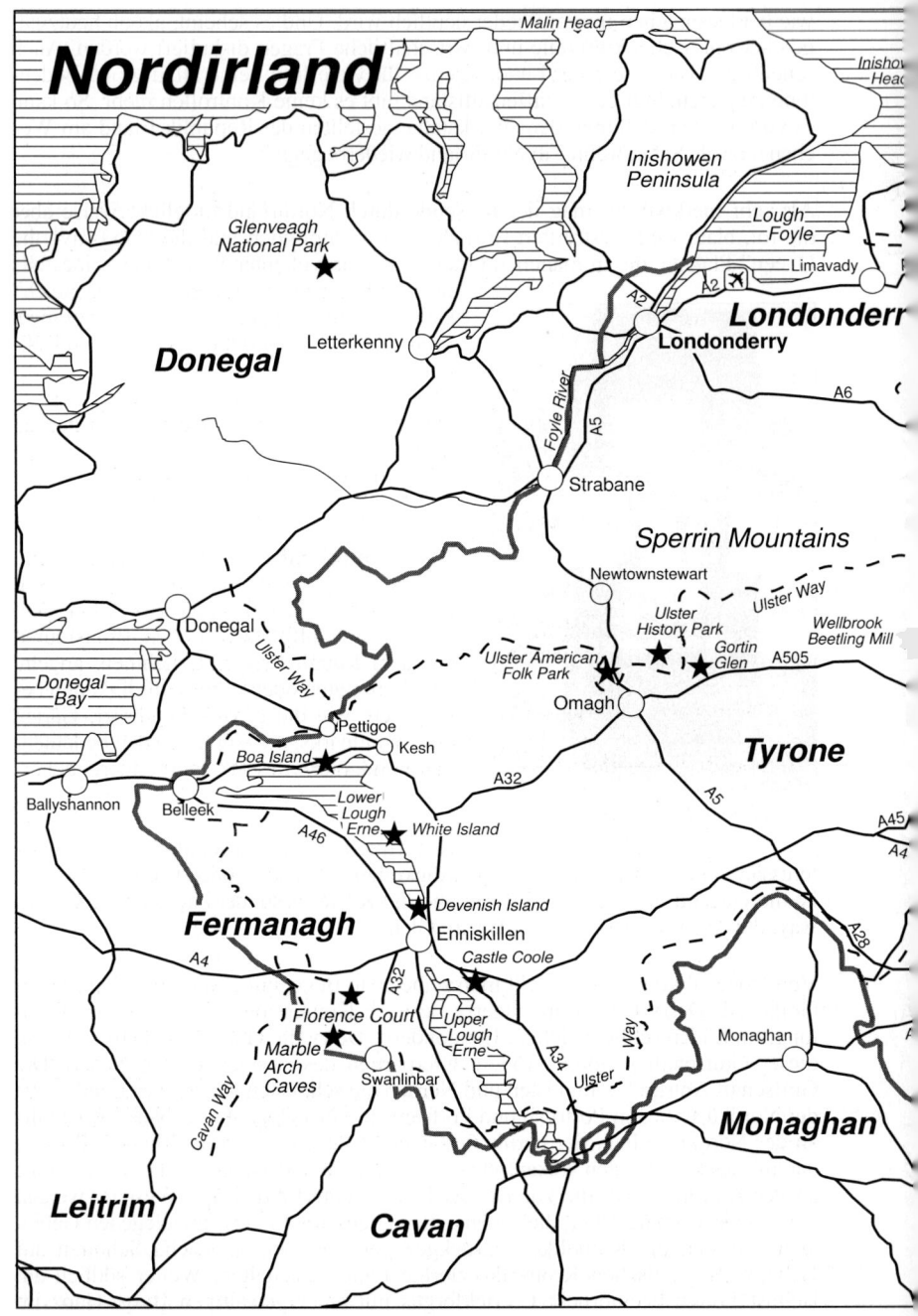

Nordirland

Malin Head

Inishov
Head

Inishowen
Peninsula

Lough
Foyle

Limavady

Glenveagh
National Park

Londonderr
Londonderry

Letterkenny

Donegal

A6

Foyle River

A5

Strabane

Sperrin Mountains

Newtownstewart

Ulster Way

Donegal

Ulster
History Park

Wellbrook
Beetling Mill

Ulster Way

Ulster American
Folk Park

Gortin
Glen

A505

Donegal
Bay

Omagh

Tyrone

Pettigoe

Kesh

Boa Island

A32

A5

A45

A4

Lower
Lough
Erne

White Island

Ballyshannon

Belleek

A46

Devenish Island

A28

Fermanagh

Enniskillen

Castle Coole

A4

A32

Florence Court

Upper
Lough
Erne

Monaghan

Marble
Arch
Caves

Swanlinbar

A34

Ulster Way

Cavan Way

Monaghan

Leitrim

Cavan

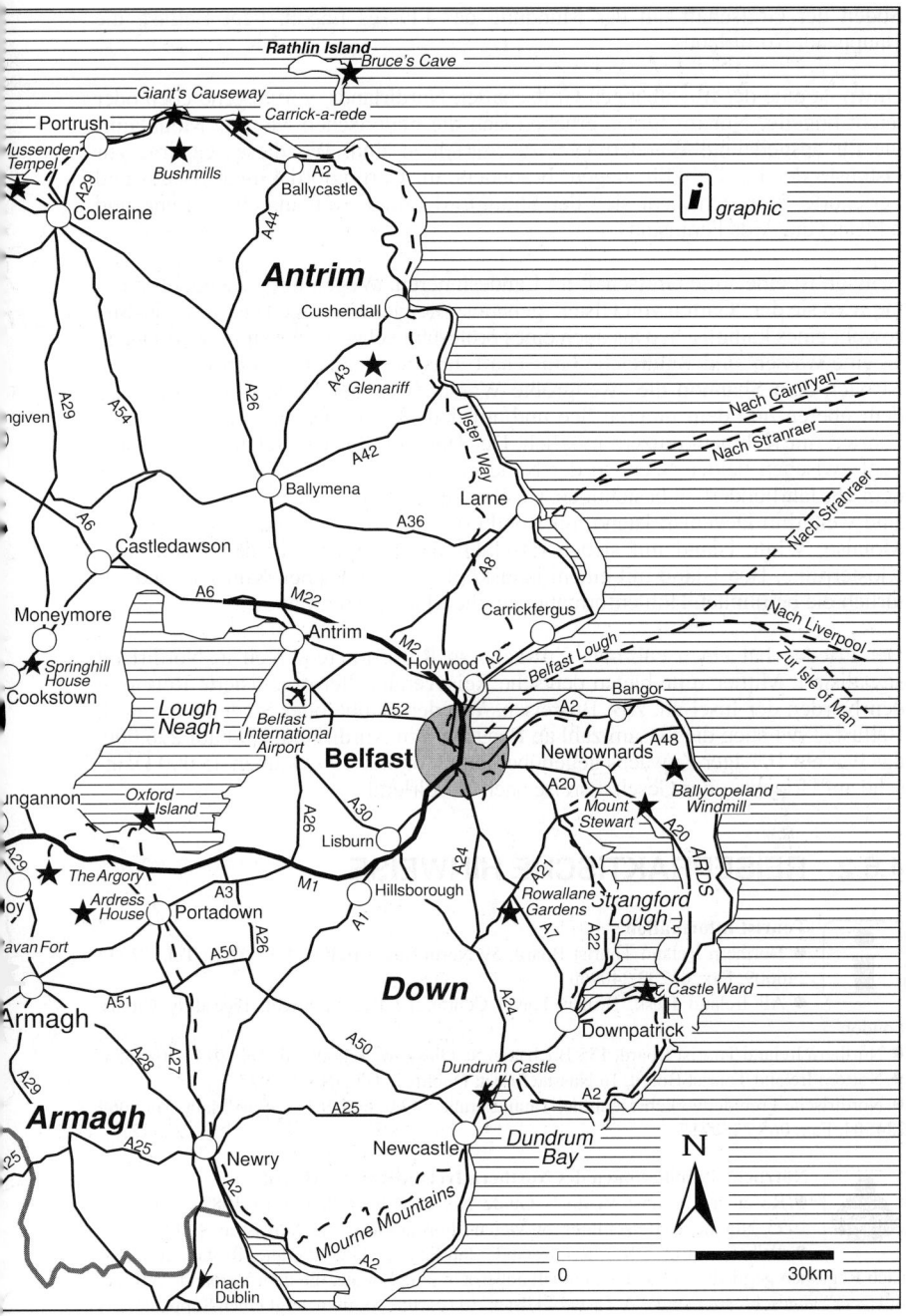

Rathlin Island
Bruce's Cave
Giant's Causeway
Carrick-a-rede
Portrush
Mussenden Tempel
Bushmills
A2
Ballycastle
Coleraine
A29
A44

Antrim

A26
Cushendall
A43
Glenariff
A42
ngiven
A29
A54
A36
Ballymena
Larne
Ulster Way

Nach Cairnryan
Nach Stranraer
Nach Stranraer
Nach Liverpool
Zur Isle of Man

A6
Castledawson
A6
M22
A8
Moneymore
Antrim
M2
Carrickfergus
Springhill House
Cookstown
Holywood
A2
Belfast Lough
Bangor
Lough Neagh
Belfast International Airport
A52
Belfast
A2
Newtownards
A48
ungannon
Oxford Island
A26
A30
Lisburn
A20
Ballycopeland Windmill
Mount Stewart
A20
A29
The Argory
A24
A21
ARDS
loy
Ardress House
A3
Portadown
A1
Rowallane Gardens
Strangford Lough
avan Fort
A50
A26
A7
A22
A51
Armagh
A50
A24
Castle Ward
Down
Downpatrick
Armagh
A28
A27
A25
A50
Dundrum Castle
A2
29
A25
A25
Newry
Newcastle
Dundrum Bay
A2
Mourne Mountains
nach Dublin
A2

N

0   30km

i graphic

515

Süden der Grafschaft, an der Mündung des Flusses Lagan, liegt Belfast, die Hauptstadt Nordirlands.

Down ist eine der fruchtbarsten Grafschaften Nordirlands, vorwiegend eben oder leicht hügelig. Nur im Süden erheben sich die malerischen Mourne Mountains, die für ausgedehnte Wanderungen zu empfehlen sind. Wo dieses Gebirge zur Ostküste der Insel abfällt, liegen, besonders am Carlingford Lough, Bade- und Ferienorte. Nördlich zieht sich der Strangford Lough weit ins ebene Land und bildet so die Ards Peninsula.

Armagh ist eine stille Grafschaft im Landesinneren. Wegen ihrer vielen Obstbäume wird sie der "Garten von Ulster" genannt. Die gleichnamige Hauptstadt ist Sitz sowohl eines katholischen als auch eines protestantischen Erzbischofs. Fermanagh ist eine wasser- und waldreiche Grafschaft. Das Seengebiet um den Lough Erne ist nach dem Shannon die zweitgrößte Wasserstraße der Insel. Auch hier – auf dem oberen und dem unteren See und auf dem Kanal, der sie verbindet – sind Fahrten mit Kabinenkreuzern möglich. Der Hauptort der Grafschaft, Enniskillen, liegt zwischen beiden Seen. In der Nähe gibt es zwei schöne Herrenhäuser aus dem 18. Jahrhundert zu besichtigen, Castle Coole und Florence Court. Sehenswert sind weiterhin Devenish Island mit Rundturm und Klostergründung des heiligen Molaise, White Island mit sieben rätselhaften Steinfiguren in der Wand einer Klosterruine, Boa Island mit einem janusköpfigen heidnischen Kultstein und natürlich die berühmten Höhlenformationen, die Marble Arch Caves.

Der Frieden hat einen enormen Zuwachs an Reise-Interessenten in Nordirland signalisiert. Mittlerweile bieten deutsche Reiseveranstalter organisierte Reisen in den Norden der Insel an, z.B. Busreisen, Wanderurlaube oder Städtetouren nach Belfast. 1994 stieg die Gesamtzahl an Besuchern in Nordirland 1994 auf 276.000, das war ein 10%iger Zuwachs gegenüber dem Vorjahr. 1995 kamen 35.000 Deutsche auf Urlaubs- oder Geschäftsreise nach Nordirland.

4.6.2 REISEPRAKTISCHE HINWEISE

Tourist Information
● Northern Ireland Tourist Board, 59 North Street Belfast BT1 1NB, Tel.: 01232 246609, Fax: 01232 240960
● All Ireland Desk, British Travel Centre, 12 Regent Street, Piccadilly Circus, London
● Northern Ireland Tourist Board, 135 Buchanan St, Glasgow, Schottland, Tel.: 0141 2044454
● Nortern Ireland Tourist Board, 16 Nassau Street, Dublin 2, Tel.: 01 6791977
● Nordirische Fremdenverkehrszentrale, Taunusstraße 52/60, 60329 Frankfurt/Main, Tel.: 069 234504, Fax: 069 2380717

Nützliche Publikationen des Northern Ireland Tourist Board
● Rosemarie Evans: Visitor's Guide Northern Ireland, Belfast 1987, 2. Auflage 1995. Nützlicher Reiseführer mit vielen Informationen und Adresssen. 9 Pfund.
● "Where to Eat in Northern Ireland". Jährlich neu überarbeiteter Restaurantführer, nach Regionen gegliedert. Das Buch enthält außerdem jene Lokale, die dem Verband "A Taste of Ulster" angeschlossen sind. "A Taste of Ulster" (das grüne Symbol zeigt einen Suppenlöffel)

garantiert, daß die Speisen nur gute und frische Ulster-Produkte enthalten. Die Restaurants sind mit großer Sorgfalt ausgesucht und bieten traditionelle Ulster-Gerichte auf ihren Speisekarten.
- "Where to Stay in Northern Ireland" listet über 1.000 Hotels, Gästehauser, B&Bs, Unterkünfte für Selbstversorger, Hostels und Camping- und Caravanplätze auf. Die in diesem Buch aufgeführten Unterkünfte (außer Camping- und Caravanplätze) werden regelmäßig kontrolliert und kategorisiert. Es gibt einen illustrierten Farbteil, Informationen über Autofähren, Flugverbindungen, Aktivferien, Tips für Reisen mit dem Auto und eine Faltkarte. Das Büchlein ist auch über die Nordirische Fremdenverkehrszentrale in Frankfurt für den Preis von 18 DM zu beziehen.

Nützliche Telefonnummern und Adressen
- Deutsches Konsulat (Ehrenamtlich), Mr. M.D. Getty, 1 Bellymena Road, Larne, Co. Antrim, Tel.: 01574 260777
- "The Taste of Ulster Limited", 59 Nort Street, Belfast BT1 1NB, Tel.: 01232 231221
- Youth Hostel Association of Northern Irland, -Youth Hostel Association (YHANI), 22 Donegal Rd., Belfast BT12 5JN, Tel.: 01232 324733.
- National Trust in Northern Ireland, The Public Affairs Manager, Rowallane, Saintfield, Co. Down BT24 7LH, Tel.: 01238 510721

Unterkunft
Für B&B sollte man in Belfast pro Person mit ca. 15 Pfund rechnen (Angaben für 1995). Auf dem Land beginnen die Preise bei 11 oder 12 Pfund. Für ein Gästehaus der besseren Kategorie ist mit 25 Pfund zu rechnen. Hotels sind bedeutend teurer. Siehe dazu "Where to Stay in Northern Ireland" mit genauer Preisangabe für Hunderte von Hotels, Gästehäuser, B&Bs, Unterkünfte für Selbstversorger, Hostels und Camping- und Caravanplätze. Es gibt jahreszeitliche Preisnachlässe sowie oft Wochenendtarife oder Familienermäßigungen.

Jugendherbergen/Hostels
Es gibt eine stattliche Anzahl an unabhängigen Hostels in Irland sowie die des Internationalen Jugendherbergsverbandes, die hier YHANI genannt werden. Für YHANI ist ein Mitgliedsausweis erforderlich, den man aber auch direkt vor Ort, in der Jugendherberge, erwerben kann. "Hosteling" ist für alle Altersstufen möglich.
Youth Hostel Association of Northern Irland Tel.: 01232 324733. YHANI bietet auch sogenannte Holiday Packages an, die mit oder ohne Busfahrten kombiniert werden können. So kosten beispielsweise bei dem "All Ireland Rambler-Ticket" 7 Übernachtungen und 8 Tage Bus für die unter 16 Jahre alten Reisenden 89 Pfund, wenn man über 16 Jahre alt ist 148 Pfund. 14 Übernachtungen, 8 Tage Bus kosten 124 Pfund bzw. 190 Pfund. Der "All Ireland Rover" bietet 7 Übernachtungen für 36 Pfund (unter 16 Jahre) bzw. 43 Pfund, 14 Übernachtungen für 71 Pfund bzw. 85 Pfund, 21 Nächte 106 Pfund bzw. 127 Pfund, 28 Übernachtungen 141 Pfund bzw. 169 Pfund.

Anreise per Flugzeug
Seit 1995 gibt es Direktflug nach Belfast (z.B. fliegt Kreuzer als erster Charter-Direktflug jeden Samstag von München). Erkundigen sollte man sich nach Spezialtarifen oder nach Sonderpreisen für Jugendliche.

Anreise per Fähre
Mit einer Fähre von Frankreich nach der Republik übersetzen und dann per Schiene oder Straße weiter nach Nordirland reisen oder aber vom Kontinent mit Fähre oder durch den Tunnel nach England übersetzen und bis Schottland fahren. Von dort mit

der Fähre nach Nordirland reisen. (Siehe dazu auch Kap. 3.1 unter Stichwort "An- und Weiterreise").

Fährverbindungen

● P&O European Ferries verkehrt 6 x täglich auf der Strecke von Cairnyan (Schottland) nach Larne. Der Durchgangstarif (Landbridge) umfaßt die Passage vom Festland nach England und die Überfahrt von Schottland nach Nordirland. Auskunft: Düsseldorf, Tel.: 0211 387060; Wien, Tel.: 0222 711990; Zürich, Tel.: 01 8220388; Larne Harbour, Tel.: 01574 274321

● Stena Sealink verkehren bis zu 8 mal täglich von Stranraer (Schottland) nach Larne und bieten ebenfalls günstige Landbridge-Tarife. Stena Sealink, Düsseldorf, Tel.: 0211 90550; Larne Harbour, Tel.: 01574 273616

● North Sea Ferries bieten Landbridge Tarife an vom Festland nach Hull (England) und weiter nach Nordirland, North Sea Ferries, Rotterdam, Tel.: 0031 181 255555

● Hoverspeed hat günstige Kombinationstarife. Die Kanalstrecke wahlweise mit dem Luftkissenboot oder dem Katamaran vom Festland nach Großbritannien und dann weiter mit dem Katamaran von Stranraer nach Belfast. Auskunft Hoverspeed, Düsseldorf, Tel.: 0211 3613021. Dies ist die kürzeste Überfahrt nach Nordirland, sie dauert nur 90 Minuten.

● Norse Irish Ferries fährt täglich direkt von Liverpool nach Belfast (11 Stunden), Norse Irish Ferries, Tel.: 01232 779090. Buchbar auch über die Generalvertretung von Gaeltacht Irland Reisen, Schwarzer Weg 25, 47447 Moers, Tel.: 02841 930111, Fax: 02841 30665

● Isle of Man Steam Packet Company Limited: Dublin-Douglas (4 ¾ Stunden) oder Belfast - Douglas (4 ½ Stunden). P.O.Box 5, Douglas, Isle of Man IM99 1AF, Tel.: 0044 1624 661661, Fax: 0044 1624 661065; in Deutschland vertreten durch Hoverspeed, Oststraße 122, 40210 Düsseldorf, Tel.: 0211 3613021, Fax: 0211 351398, oder in Belfast Tel.: 01232 351009

Bus und Bahn in Nordirland

● **Bus**

Der Dublin-Belfast Schnellbus-Service verkehrt viermal täglich (sonntags dreimal). Abfahrt vom Busbahnhof Dublin Central (gegenüber Bahnhof Connolly Street), hält für Fahrgäste am Flughafen Dublin. Die Reisedauer beträgt 3 Stunden. Auskunft in Dublin, Tel.: 01 366111, oder in Belfast, Tel.: 01232 333000.

Sondertickets

- Die Netzfahrkarten **"Freedom of Northern Ireland"** ermöglichen Ihnen unbegrenztes Reisen auf allen fahrplanmäßigen Ulsterbus- und Citybusstrecken innerhalb Nordirlands. Eine Fahrkarte, die das Reisen während sieben aufeinanderfolgenden Tagen ermöglicht, kostet 28 Pfund. Eine Tageskarte ist bereits ab 9 Pfund erhältlich. Von Kindern unter 16 Jahren wird der halbe Preis verlangt.

- Die **"Emerald Card"** ermöglicht unbegrenztes Reisen durch ganz Irland auf allen fahrplanmäßigen Strecken von Ulsterbus, Citybus, Northern Ireland Railways, Bus Eireann, Dublinbus und Irish Rail. Eine 8 Tage gültige Emerald Card ermöglicht das Reisen für acht Tage innerhalb einer genannten Zeitspanne von 15 aufeinanderfolgenden Tagen und kostet 105 Pfund. Eine Karte mit einer Gültigkeitsdauer von 15 Tagen erlaubt das Reisen innerhalb einer Zeitspanne von 30 aufeinanderfolgenden Tagen und kostet 180 Pfund. Die Netzfahrkarten "Freedom of Ireland" und "Emerald Card" müssen im voraus in der Ulsterbus Station oder im Ulsterbus Travel Centre, Europa Buscentre, Glengall Street, Belfast BT12 5AH, gekauft werden. Die Fahrkarten "Freedom of Northern Ireland" und "Emerald Card" können nicht im Bus erstanden werden.

Fahrplanauskunft Ulsterbus: Tel.: 01232 333000, Mo-Fr 7.30-19.30 Uhr, Sa 9-17 Uhr, So 9-16 Uhr.

● **Bahn** (Northern Ireland Railways = N.I.R.)

Zugverbindungen bestehen von Dublin über Portadown und Lisburn nach Belfast. Von Belfast geht es nach Bangor, Antrim, Carrickfergus und Larne. Von Dublin kommend, steigt man in Lisburn, in Richtung Antrim, Ballymena und Coleraine um. Von Coleraine fahren Züge nach

Portrush und nach Londonderry.

Jeden Tag fahren sechs Züge (sonntags drei) vom Connolly Street Bahnhof in Dublin nach Belfast. Die Reisezeit beträgt 2 Stunden (Expreßzüge), 3 Stunden für Züge, die in Newry, Portadown und Lisburn halten. Auskunft in Dublin, Tel.: 01 366222, oder in Belfast, Tel.: 01232 899411

Es gibt verschiedene Ermäßigungen, beispielweise ein 7-Tage-Ticket oder ein Monatsticket. Beide erlauben unbegrenztes Fahren auf sämtlichen Strecken. Siehe auch "Emerald Card" oben. Auskunft über Ermäßigungen und Sondertickets erhält man bei:

- N.I.R. Travel Ltd., 28-30 Wellington Place, Belfast BT1 6GE, Tel.: 01232 230671
- N.I.R. Travel Ltd., Larne Harbour, Co. Antrim BT40 1 AW, Tel.: 01574 270517
- N.I.R. Travel Ltd., 7 Great Northern Mall, Great Victoria Street, Belfast BT1 7GN, Tel.: 01232 315110

Fahrplanauskunft:
- Belfast Central: Tel.: 01232 899411
- British Rail Passenger Enquiries: Tel.: 01232 230671

Veranstaltungen und Festivals

Die öffentlichen Feiertage variieren nicht von denen in der Republic of Ireland. Allerdings wird in Nordirland der Orangeman's Day, der 12. Juli, vielerorts intensiv begangen und gewürdigt (siehe Kap. 4.6.3). Deshalb sind Sehenswürdigkeiten oft an diesem Tag geschlossen.

Die illustrierte Broschüre "Events 95", zu beziehen über die Fremdenverkehrszentrale in Frankfurt oder vom NITB in Belfast, erläutert die wichtigsten Veranstaltungen und Feste während des Jahres. Weiterhin informieren auch die einzelnen Touristenbüros über Veranstaltungen der einzelnen Regionen.

Behinderte

Auskunft erhält man von der Organisation Disability Action, 2 Annadale Avenue, Belfast BT7 3JH, Tel.: 01232 491011

Souvenirs

Irisches Leinen, geschliffenes Glas, Porzellan aus Beeleck, handgewebter Tweed, Häkelspitze, Strickwaren, Bushmills-Whiskey. Folgende Fabriken mit Verkaufsläden kann man besichtigen: Tyrone Crystal, Dungannon, Tel.: 01868 725335, Beelek Pottery, Fermanagh, Tel.: 013656 58501, Old Bushmills Distillery, Causeway Coast, Tel.: 012657 31521

Mietwagen

Verschiedene internationale Autovermietungen sind mit Büros auf Flughäfen in Nordirland vertreten. Zentralreservierungen (Deutschland):
- ● Avis: Tel.: 06171 681800
- ● Sixt Budget: Tel.: 089 666950
- ● Europcar: Tel.: 040 52018211
- ● Hertz: Tel.: 06196 933900

Pannen

Falls das Auto gemietet sein sollte, die Vermieterfirma informieren. Für Mitglieder eines Automobilclubs, der ein gegenseitiges Abkommen mit den Hauptorganisationen im UK hat, der AA und der RAC: den 24-stündigen Pannendienst anrufen:
- ● AA: 0800 887766
- ● RAC: 0800 828282

Telefonieren
- Von Deutschland nach Nordirland: Vorwahl: 0044
- Von Nordirland nach Deutschland: Vorwahl: 0049
- Von Nordirland nach der Republik Irland: 00353
- Von der Republik Irland nach Nordirland: 0044

Währung
Die Währung von Nordirland ist das Pfund Sterling, das in 100 Pence unterteilt wird. Banknoten werden im Wert von 5, 10, 20, 50 und 100 Pfund herausgegeben, Münzen gibt es im Werte von 1, 2, 5, 10, 20, 50 und 1 Pfund. Eurocard und Visa werden für Mietwagen, in Geschäften, Restaurants, Hotels usw. weitgehend akzeptiert. In den kleineren Gasthäusern und B&B auf dem Lande werden meist keine Kreditkarten angenommen, ein wenig Bargeld sollte man daher dabei haben.

Besucher, die von der Republik Irland aus in den Norden fahren, sollten daran denken, daß das **irische Pfund (das Punt) und das Pfund Sterling nicht auswechselbar sind.** In den Ortschaften nahe der Grenze kann man meistens mit beiden Währungen bezahlen, verlassen sollte man sich darauf aber nicht. Die besten Umwechselkurse werden in den Hauptpostämtern der Grenzstädte Enniskillen, Newry, Londonderry und Strabane ausbezahlt sowie bei allen Banken.

Wandern: Der Ulster Way
Der Ulster Way führt einmal rund um Ulster. Insgesamt ist er gut 900 km lang und komplett ausgeschildert. Man braucht gut einen Monat, um den ganzen Weg "zu schaffen". Andere Trails führen zum Ulster Way, beispielsweise von Cavan oder von Donegal kommend. Die meisten wandern nicht den ganzen Weg, sondern suchen sich Teilabschnitte heraus und wandern nur ein paar Tage. Unterkunft gibt es an allen Abschnitten des Weges genug. Hilfreich ist die vom NITB herausgegebene Broschüre "An Information to the Ulster Way. Accommodation for Walkers". Der gesamte Weg wird grob in fünf Abschnitte eingeteilt: Nordost, Nordwest, Südwest, Süd und Südost. Pro Abschnitt kann man in etwa mit knapp einer Woche rechnen. Alle Abschnitte können auch in sich geteilt und konzipiert werden. Wenn nicht, wandert man einen Teilabschnitt und kehrt mit öffentlichen Verkehrsmitteln wieder zum Ausgangspunkt zurück.

Publikationen zum Ulster Way
- Walking the Ulster Way, Alan Warner, Belfast, Appletree Press, 1989
- Ulster Rambles, Peter Wright, Antrim, Greystone Press 1993 5,99 Pfund
- Ulster Walk Guide, Richard Rogers, Dublin 1991
- Trail Walker Guide to the National Trails of Britain & Ireland, Paddy Dillon, Newton Abbot, 1994
- Vom Northern Ireland Tourist Board wurden die ausführlichen Broschüren "An Information Guide to Walking. Including 14 Great Walks on the Ulster Way" und "An Information Guide to The Ulster Way. Accommodation for Walkers" herausgegeben. Erhältlich sind diese bei allen größeren Touristenämtern, beim NITB in Belfast und bei der Nordirischen Fremdenverkehrszentrale in Frankfurt, Taunusstraße 52-60, 60329 Frankfurt/M., Tel.: 069 234504, Fax: 069 233480

Weitere Auskunft erhält man bei folgenden Adressen:
- Sports Council for Northern Ireland, Upper Malone Rd., Belfast BT9 5LA, Tel.: 01232 381222.
- Ulster Federation of Rambling Clubs, Mary Doyle, 27 Slievegallion Drive, Belfast BT11 8JN, Tel.: 01232 624289 (abends)
- Youth Hostel Association (YHANI), 22 Donegal Rd., Belfast BT12 5JN, Tel.: 01232 324733.

Kartenmaterial
Die 1:250.000 Ireland Holiday Map vom Ordinance Survey (OSNI) gibt einen kompletten Überblick über den Ulster Way und ist für allgemeine Planung hilfreich. Für das tatsächliche Wandern benötigt man je nach Strecke die ebenfalls vom Ordinance Survey herausgegebenen 1:50.000 Discovery Series im Maßstab 1:50.000. (Pro Karte 3,95 Pfund)

 Wanderferien
Für organisierte Wanderferien erkundige man sich bei:
● Enjoy Ireland, Ainsworth St, Blackburn BB1 6AZ, Tel.: 0254 692899.
● Celtic Journeys Walking Holidays, 111 Whitepark Rd, Ballycastle BT54 6LR, Tel.: 02657 69651. Geführte Wanderungen und Unterkunft im Bereich des Strangford Lough, Mourne Mountains und Lough Erne
● Walk Ulster, Wright Lines, Old Mill, Banbridge BT32 4JB, Tel.: 08206 62126. Geführte Wanderungen und Unterkunft an der North Antrim Coast, in den Mourne Mountains und rund um den Lough Erne.
● Mourne Farm & Country Holidays, Kilkeel, Tel.: 06937 62426. Unterkunft und Wandern in den Mourne Mountains.
● Lakeland Country Breaks, Enniskillen, Tel.: 0365 323110. Geführte Wanderungen und Unterkunft.
● Ardclinis Activity Centre, Cushendall, Tel.: 02667 71340. Wandern in den Antrim Glens.
● Corralea Activity Centre, Belcoo, Tel.: 01365 386668. Geführte Wanderungen, moderne Ferienwohnungen, Fahrradverleih. Unterricht im Kanu-Fahren, Surfen

 Angeln
Nordirland ist ein Anglerland. Ideale Möglichkeiten bieten der Lough Erne in der Grafschaft Fermanagh und der Upper Bann Fluß, der in den Inland-See Lough Neagh fließt.
Informationen über Lizenzen und über die besten Zugänge erhält man in Anglergeschäften sowie bei folgenden Adressen:
● Fisheries Conservancy Board, 1 Mahon Rd., Portadown BT26 3EE, Tel.: 01762 334666
● Department of Agriculture (Fisheries), Stormont, Belfast BT4 3PW, Tel.: 01232 523434/ 523431.
● Falls man an einem der zahlreichen Anglerwettbewerbe teilnehmen möchte, wende man sich an: Ulster Coarse Fishing Federation, 29 Georgian Villas, Omagh BT79 0AT, Tel.: 01662 245363 (abends) oder 245433 (tagsüber)
● Darüber hinaus hat das Northern Ireland Tourist Board eine Broschüre entwickelt, "An Information Guide to Coarse Fishing", mit nützlichen Informationen und Adressen, die nach den einzelnen Grafschaften geordnet sind. Es ist in jeder Tourist Information des Landes erhältlich.

Nordirland – ein Anglerparadies

521

4.6.3 GESCHICHTLICHER ÜBERBLICK

Um den Bürgerkrieg im Norden Irlands zu verstehen, muß man die Geschichte Nordirlands ab dem 17. Jahrhundert kennen. Nur so kann man die paradoxe Situation des immer noch zweigeteilten Landes verstehen.

Die Geschichte Nordirlands verlief von Beginn an relativ eigenständig. Ein entscheidenes Datum in der Entwicklung war 1607, als zwei Grafen nach einem mißglückten Aufstand gegen die englische Krone das Land verließen.

Die ehemaligen Gebiete der Grafen bildeten nun ein dem englischen König willkommenes Machtvakuum, in das James I. (1603-25) auch sofort vorstieß. Dies waren die Gebiete Armagh, Cavan und Colerain = Londonderry, Donegal und Fermanagh sowie Tyrone. Nach der "Flucht der Grafen" wuchs durch die großangelegten Umsiedlungsprogramme der Engländer, den sogenannten "Ulster Plantations", rasch der protestantische Bevölkerungsanteil in Ulster. James I. konfiszierte 3,5 Millionen Hektar Land und trieb die katholische Bevölkerung – Pächter und Grundbesitzer gleichermaßen – nach Westen, wo sie mit kargen Böden vorlieb nehmen mußten. Die so "gewonnenen" Ländereien besiedelte er unter anderem mit 150.000 presbyterianischen Schotten, die dem König Loyalität versprochen hatten. Die "Plantation"-Städte wurden befestigt, die Beschäftigung von Katholiken in ihren Mauern verboten. Eine unglückselige Situation: die Engländer pflanzten Gemeinschaften mit fremder Sprache und anderer Religion mitten in die katholische Landbevölkerung. Letzten Endes führte dies schließlich zur Teilung Irlands in einen presbyterianischen, industriell geprägten Norden und einen katholischen, agrarorientierten Süden. Die nordirischen Protestanten zeigten sich als vehemente Verfechter der Union mit England (sogenannte Unionisten). Hinzu kam, daß die neuen Siedler sich nicht mit der einheimischen Bevölkerung, also mit den Katholiken, mischten, sondern unter sich blieben und versuchten, ihre religiösen und gesellschaftlichen Unterschiede zu wahren. Vor den Katholiken und ihren Unabhängigkeitsbestrebungen hatten sie Angst. Da sie ja von England abhingen, hätte dessen Schwächung ja auch ihre Macht und ihren Besitz gefährdet. Der protestantische Slogan "United we stand – devided we fall" macht deutlich, wie sehr die Siedler auf England zum Überleben angewiesen waren.

Kurze Zeit nach den enormen Umsiedlungsaktionen befanden sich 90% des Landes in der Hand der protestantischen Kolonisten. Die verbleibenden Katholiken mußten sich als Landarbeiter verdingen oder besaßen unfruchtbaren, kargen Boden. Der Bauernaufstand von 1614 war die Folge dieser plötzlichen Umverteilung. Die Katholiken richteten unter den protestantischen Siedlern ein Blutbad an, weitere Massaker folgten. Ab 1649 nahm Cromwell in einem äußerst grausam geführten Feldzug Rache.

Mit der Schlacht am Boyne am 1. Juli 1690, bei der William of Orange seine Thronansprüche gegen James II. durchsetzte, wurde die Oberherrschaft der Protestanten besiegelt, die Irland im 18. Jahrhundert bestimmen sollte. Die paradoxe Situation ist sicherlich nur zu verstehen, wenn man sich intensiv mit der Geschichte Englands, Schottlands und Irlands auseinandersetzt: Ein protestantischer Holländer mit Rückendeckung einer französischen Armee siegte über einen katholischen in Frankreich erzogenen Schotten in Irland. 1695 folgten die "Penal Laws", ein Gesetzeskatalog, der den Iren Landbesitz, Lehrtätigkeit, das Richteramt, die Bekleidung öffentlicher Ämter und selbst den Besitz von Pferden mit mehr als 5 Pfund Wert verbot. Die irischen Adligen flohen in Scharen ins Ausland.

Diese Ereignisse liegen über 300 Jahre zurück, scheinen aber immer noch unauslöschlich in die Gemüter der Iren gebrannt zu sein. Der Jahrestag dieser Schlacht wird in Nordirland noch immer als Nationalfeiertag begangen, und zwar mit gewaltigem Pomp und Aufwand. Für die Katholiken ist dies eine jährlich wiederkehrende Provokation, die oft zu blutigen Ausschreitungen führte.

INFO

Was ist der Orangeman's Day?

Der Orangeman's Day (der Name nimmt Bezug auf William of Orange) ist eine ernste Sache. Hier wird marschiert, als ginge es noch immer um den Sieg, auch wenn das Ereignis 300 Jahre zurückliegt. Die Männer in den Marschkolonnen, angefeuert durch Trommelwirbel, sind in schwarze Anzüge gekleidet, Krawatten, weißen Hemden, orangefarbene Schärpen, mit Bowler-Hüten und Regenschirmen, die wie Schwerter getragen werden. Marschiert wird in geschlossenen Marschblöcken und dabei gerufen: "No surrender" und "Lest we forget 1689".

Die Mitglieder der Orange Lodges treffen sich meist einmal monatlich in einer Orange Hall, wozu ist nicht so genau bekannt. Lodges sind die Ortstruppen der Orange Order, Gesellschaften mit geheimen Abmachungen, geheimen Handzeichen und Schwüren. In Armagh beispielsweise begann der Orange Order 1780 als Geheimgesellschaft, ursprünglich als Schutztrupppe gegen die Großgrundbesitzer, um die Pacht gering zu halten. Später erst wandelte sich der Schutzbund zu einer populistischen, der protestantischen Vorherrshaft verpflichteten Bewegung, aus der 1885 die Unionist Party entstand. Am Orangeman's Day nehmen rund 100.000 Männer teil, rund ein Viertel davon in Belfast.
(Siehe dazu auch Kap. 2.1.5 und 2.1.6)

Ein weiterer wichtiger Faktor in der Entwicklung des Landes war im 19. Jahrhundert, neben den religiösen Differenzen und unterschiedlichen Besitzverhältnissen, die Wirtschaft: Ulster wurde von England aus industrialisiert, während der Süden landwirtschaftlich orientiert blieb. Den neuen Farmern im Norden stand mehr Kapital zur Verfügung, sie arbeiteten effektiver und vergrößerten zwangsläufig das Gefälle der ohnehin reicheren Nordprovinz zum armen Süden. Zusätzlich entwickelte sich eine blühende Leineindustrie, und in Belfast entstand die Schiffswerft Harland and Wolff, die größte auf den Britischen Inseln. Belfast wurde ein industrielles Zentrum und der größte Hafen des Vereinigten Königreiches. In wirtschaftlicher Hinsicht ging es der Bevölkerung in Ulster wesentlich besser als dem katholischen Süden, und auch heute noch sichert die Verbindung mit England den Nordiren einen höheren Lebensstandard.

Die Union von 1801 und damit die Integration in das Vereinigte Königreich bedeutete für die nordirischen Protestanten Schutz vor der feindlichen katholischen Mehrheit. Jede der im Verlauf des 19. Jahrhunderts von seiten der Katholiken hervorgebrachte Forderung nach "Home-Rule" wurde deshalb als Bedrohung empfunden. Ein unabhängiges Irland hätte die Protestanten zur Minderheit gemacht. Als Folge dieser Forderung einerseits und der Angst davor andererseits entstand eine zunehmende Polarisierung der beiden Gruppen. In Ulster war das politische Organ der Protestanten die Unionist Party unter Führung von Edward Carson und James Craig. Mit aller Deutlichkeit sprachen sie sich für die Fortführung der Union aus. Unter Edward Carson formierten sich im Januar 1913 die Ulster Volunteers, über 200.000 Freiwillige, die die Union mit militärischen Mitteln zu verteidigen bereit waren. Im Gegenzug wurde einige Monate später die Irish Volunteers aufgestellt. 1920 gab schließlich die englische Regierung dem Druck der **Sinn Féin** ("Wir selbst")-Bewegung (deren Ziel ein geeintes Irland war und ist) nach und willigte in einen Kompromiß ein: Gemäß den Mehrheitsverhältnissen wurde Irland in einen überwiegend katholischen und in einen überwiegend protestantischen Teil geteilt, von denen jeder ein eigenes Parlament erhielt, das für die innenpolitischen Belange zuständig war.

Arthur Griffith, Gründer der Sinn Féin

Als sich dann 1921 der Freistaat Irland bildete, stimmte der Norden für den Verbleib bei Großbritannien. Er erhielt ein eigenes Parlament in Belfast und innenpolitisch weitgehende Selbstverwaltung. Bei der Festlegung des nordirischen Gebietes wurde auf Cavan, Monaghan und Donegal verzichtet, da diese Grafschaften eine katholische Mehrheit aufwiesen. Auf keinen Fall aber wollten die Unionisten Londonderry aus der Hand geben, das zwar historisch und wirtschaftlich eng mit Donegal verbunden und ebenfalls überwiegend katholisch war, jedoch als "Stadt der Orangemen" zu Nordirland gehören sollte. Die schließlich sechs abgetrennten nordirischen Grafschaften entsprachen nicht den alten Grenzen, sondern waren ein künstliches Gebilde. Die Grenze wurde über Berge, Flüsse, durch Dörfer, Straßen und Farmen gezogen. Bei der Festlegung der Grenze gab allein die protestantische Mehrheit den Ausschlag.

Das Verhältnis Protestanten zu Katholiken von 2:1 bedeutete eine permanente Mehrheit der Protestanten und deren Regierung durch die Ulster Unionist Party in dem im Juni 1921 von George V. eröffneten nordirischen Parlament, dem Stormont. Die katholische Minderheit mußte sich mit einer feindlich gesinnten Regierung auseinandersetzen, deren Anhänger der festen Überzeugung waren, daß ein vereintes Irland für die nordirischen Protestanten nicht nur einen niedrigeren Lebensstandard bedeuten würde, sondern auch den Verlust der Identität innerhalb einer fremden Gesellschaft mit anderen Traditionen und Lebensweisen. Die herrschende Unionist Party vertrat daher nicht die Interessen der Katholiken. Sie suchte, deren Aufstieg in offizielle Ämter zu verhindern und wollte ihnen nicht einmal materielle Verbesserungen zugestehen. Auch in der Privatwirtschaft, die sich vorwiegend in den Händen der Protestanten befand, wurden Arbeitskräfte nach Konfessionszugehörigkeit eingestellt.

Von Anfang an wurde die katholische Minderheit in Nordirland von den Briten und den Protestanten in wirtschaftlicher Hinsicht stark benachteiligt – die Arbeitslosigkeit in katholischen Arbeiterghettos beträgt heute noch an die 80 %.

INFO

Die IRA

Die IRA, die Irisch-Republikanische Armee, gegründet 1919, kämpfte 1919-21 für die Unabhängigkeit Irlands von Großbritannien. Nach Gründung des Irischen Freistaates (1921/22) ging ein Teil der IRA in der regulären irischen Armee auf. Ein anderer Teil kämpfte als IRA im Untergrund weiter, besonders gegen den Verbleib Nordirlands bei Großbritannien, sank jedoch nach 1923 zu einer kleinen, 1936 offiziell verbotenen Gruppe herab (Sabotageakte, besonders zu Beginn des 2. Weltkrieges).

Seit dem Ausbruch der religiös-sozialen Unruhen in Nordirland (1969) konnte sich die IRA wieder entfalten. Sie spaltete sich in einen "offiziellen" (sozialistischen) und einen zahlenmäßig viel stärkeren "provisorischen" (nationalistischen) Flügel. Während die "offizielle" IRA unter Ablehnung des Terrorismus ein vereinigtes sozialistisches Irland fordert, versucht die "provisorische" IRA durch Terrorakte, die Angliederung von Nordirland an die Republik Irland zu erzwingen und einen friedlichen Ausgleich zu verhindern. Am 31. 8. 1994 erklärte die IRA einen bedingungslosen Waffenstillstand.

1967 wurde durch Bernadette Devlin die Civil Rights Movement gegründet. Diese Bürgerrechtsbewegung versuchte, sich mit friedlichen Mitteln gegen die Diskriminierung der Katholiken zur Wehr zu setzen und bestand auf Gleichberechtigung. Eine der wichtigsten Forderungen war eine Wahlrechtsreform, denn bis dahin war die Wahlberechtigung mit Grundbesitz verknüpft. "One man, one vote" war die Forderung. Nach dem Zensuswahlrecht hatten Geschäftsleute mit eigenem Unternehmen und einem bestimmten Steueraufkommen, also Protestanten, bei Wahlen für das Londoner Unterhaus zusätzliche Zweit- oder Drittstimmen. 1968 wurde dieses Wahlrecht abgeschafft.

Doch noch bis 1972 hatten bei Kommunalwahlen nur Haus- oder Wohnungseigentümer eine Stimme. Hinzu kam, daß die städtischen Hochburgen der Katholiken so geschickt aufgeteilt worden waren, daß sich z.B. in Belfast über ein Viertel der Katholiken in zwei von 15 Wahlbezirken konzentrierten. In den übrigen Wahlbezirken waren die Katholiken in der Minderheit und protestantische Abgeordnete zogen ungefährdet ins Stadtparlament.

Eifrigster Gegner der katholischen Bürgerrechtsbewegung war der protestantische Demagoge **Ian Paisley**, der vor allem in der protestantischen Arbeiterklasse Zulauf fand und mit seinen Hetzreden das Volk auf die Straßen trieb. Paisley, der letzte in einer unheilvollen Reihe belfernder evangelischer Ulster-Kleriker, war nie respektabel – selbst unter seinen Anhänger betrachten ihn viele mit Grausen, wie kein anderer artikulierte er den Trotz der Protestanten.

Fast zeitgleich mit der Einrichtung der Bürgerrechtsbewegung eskalierten die Spannungen. Anläßlich eines Umzuges im August 1969 zum 280. Jahrestag der Befreiung von Londonderry brachen Straßenkämpfe zwischen Katholiken und Protestanten aus. Die Polizei wurde nicht Herr der Lage, so daß die Unruhen andauerten und auf andere Städte übergriffen. Für die IRA bedeutete dies einen neuen Aufschwung. Eine neue Irish Republic Army wurde gegründet, eine schlagkräftige Kampftruppe, die mithelfen sollte, die Forderungen der Sinn Féin Partei durchzusetzen. Auf protestantischer Seite formierten sich gleicherweise militante Gegenbewegungen. Die britische Regierung sah sich genötigt, zum Schutz der Katholiken Armee-Einheiten nach Ulster zu schicken.

Als am 14. August 1969 die ersten 400 britischen Soldaten in Derry einmarschierten, weitere 600 in Belfast, wurden sie von den Katholiken noch als Lebensretter gefeiert. Spätestens seit dem "Blutsonntag von Derry" vermochte die britische Armee sich jedoch kaum mehr als Schutzmacht gegen die Übergriffe protestantischer Paramilizen darzustellen: Die katholische IRA und die loyalistische UDF (Ulster Defence Force) hatten die Stimmung hochgeputscht. Die britische Armee handelte wie nach Agitationsanweisungen einer Kolonialarmee. Am 30.1.1972 wurden 13 Zivilisten von Soldaten der britischen Armee erschossen. Als Reaktion darauf wurde die Britische Botschaft in Dublin in Brand gesetzt. Durch weitere Terroranschläge vor allem auf britische Militärbasen in Nordirland, Großbritannien und auf dem Kontinent, versuchte die IRA fortan, ihr politisches Ziel, den Anschluß Nordirlands an die Republik Irland, zu erreichen. Die Bombenkampagnen der IRA und die Armeeeinsätze verwandelten den Norden in ein Schlachtfeld.

Mit politischen Reformversprechen und -maßnahmen versuchte man in London, die IRA-Kampagnen zu beenden, allerdings ohne Erfolg. Man kam daher zu der Ansicht, daß eine direkte Regierung am ehesten die terroristischen Aktivitäten verhindern könnte. Der Stormont wurde daraufhin im März 1972 aufgelöst und die Verwaltung Nordirlands einem Nordirland-Minister im Londoner Kabinett übertragen. Nach dem Rücktritt des letzten nordirischen Premierministers Brian Faulkner unterstellte London im März 1972 Nordirland direkt der britischen Regierung.

Es gab zwei Versuche, dem Töten und der Gewalt ein Ende zu machen: Zum einen die Märsche der Friedensfrauen gegen den Krieg von August 1976 bis 77, initiiert von Betty Williams und Mairéad Corrigan. Für ihr Engagement, das vielen Hoffnung, aber keine Beruhigung der Situation brachte, erhielten sie den Friedensnobelpreis. Zum anderen das im Juni 1985 zwischen London und Dublin vereinbarte Nordirland-Abkommen, das der Irischen Republik erstmals das Recht einräumte, in Nordirlandfragen von London gehört zu werden. Die Vereinbarung konnte trotz des Protestes der nordirischen protestantischen Unionisten gebilligt werden. Ihr militanter Führer Ian Paisley legte sein Unterhausmandat gleich nach der Abstimmung nieder. In dem Abkommen erklären sich Dublin und London bereit, je nach den nordirischen Mehrheitsverhältnissen die britische Herrschaft beizubehalten oder gegebenenfalls die Wiedervereinigung herbeizuführen. Eine Annäherung der Standpunkte wurde dadurch jedoch nicht erreicht. So gab es seither immer wieder Tote auf beiden Seiten.

Ein Hoffnungsschimmer tauchte am Horizont auf, als Gerry Adams, gemäßigter Vorsitzender der Sinn Féin, und der Sozialdemokrat John Hume eine Friedensinitiative für Nordirland starteten. Bei seinem Amerikabesuch 1994 hatte Gerry Adams erstmals Gelegenheit, sein Image zu korrigieren. Von der englischen Presse wurde er gerne als blutgieriger Anführer einer Verbrecherbande dargestellt. Nun erschien er in den USA als gemäßigter Politiker, der mit sachlichen Argumenten zu überzeugen suchte.

Aussicht auf dauerhaften Frieden bedeutete der sensationell am 31.8.1994 erklärte Waffenstillstand der IRA. Verhandlungen zwischen der Sinn Féin, Dublin, London und den nordirischen Protestanten begannen. Seither blieb es für 1 1/2 Jahre mehr oder weniger ruhig auf der Grünen Insel. Im Februar 1996 kam es erneut zu Bombenanschlägen seitens der IRA in London. Erhebliche Zweifel an der Ernsthaftigkeit der Friedensentwicklung kamen auf. Über die Entwicklung im nordirischen Konflikt besteht zum Zeitpunkt der Drucklegung dieses Buches keine Klarheit. Es bleibt zu hoffen, daß auch die Extremisten beider Seiten zum Frieden bereit sind und daß ein dauerhaftes Ende dieses über Jahrzehnte andauernden Krieges erreicht werden kann.

INFO

Ein geeintes Irland?

Obwohl auch Dublin 1925 die Existenz eines eigenständigen Nordirland anerkannte, schrieben Artikel 2 und 3 der Verfassung von 1937 doch den Anspruch auf das gesamte Territorium der Insel und auf die Wiedervereinigung fest. Großbritannien verpflichtete sich im Ireland Act von 1949, den Verbleib Nordirlands bei Großbritannien so lange zu garantieren, wie eine Mehrheit dies wolle. Trotzdem kam es 1973 zu einem Volksentscheid, bei dem über die Frage entschieden wurde, ob Nordirland Teil Großbritanniens bleiben oder der Irischen Republik angehören solle. Mehr als 600.000 von 1 Million Wahlberechtigten gingen zur Urne, 591.820 stimmten für die Beibehaltung der Union mit England.

Die Versuche der englischen Regierung, Nordirland wieder eine Selbstverwaltung mit größerer Beteilung der Minderheiten zuzuführen, scheiterten bislang am Widerstand der Protestanten, denen Gewaltenteilung und Eingliederung in eine katholische Republik gleichbedeutend mit Macht- und Vorteilsverlusten ist. Da die Protestanten etwa zwei Drittel der Bevölkerung Nordirlands ausmachen, dürfte ein Zusamenschluß beider Territorien in nächster Zeit wohl nicht stattfinden. Englands Interesse an Nordirland kann als ungelöst bezeichnet werden.

4.6.4 STRECKENFÜHRUNG UND ZEITEINTEILUNG

Nordirland verfügt über ein ausgedehntes Autobahn- und Straßennetz mit einer geringen Verkehrsdichte. Da das Land keine große Ausdehnung hat, kann man die meisten Sehenswürdigkeiten mit dem Auto oder Bus besichtigen, ohne mehr als 800 km fahren zu müssen.

Die Nebenstraßen sind – im Gegensatz zur Republik – gut asphaltiert und hinreichend ausgeschildert. Fragt man Besucher, die die Insel Irland mit dem Wagen oder Bus bereisen, welche Hauptunterschiede sie zwischen dem Norden und dem Süden des Landes finden, so lautet die Antwort fast immer gleich: die Straßen. Was als 2-stündiger Besuch im Süden geplant wird, kann leicht vier Stunden in Anspruch nehmen. Dagegen wird eine Reise im Norden, die man auf zwei Stunden eingeschätzt hat, häufig nur eine Stunde dauern.

Die hier vorgestellte Streckenbeschreibung beginnt, von Donegal kommend, in Londonderry und führt mit Abstechern ins Landesinnere im Uhrzeigersinn um Nordirland herum. Vom Lough Erne geht es dann in südliche Richtung wieder zurück in die Republik.

Redaktions-Tips

▪ im Ardowen House in Londonderry, im Streeve House, Co. Londonderry, im Camera House in Belfast, im Killyreagh, Tormlaght, Co. Fermanagh, oder im Blessingbourne, Fivemiletown, Co. Tyrone, übernachten.

▪ Belfast, Londonderry, Armagh besichtigen

▪ zum Medussenden Temple wandern

▪ Giant's Causeway bewundern

▪ die Antrim Glens erforschen

▪ die Strände östlich von Portrush genießen

▪ die Gegend um den Lough Erne erkunden

▪ die großen Landschlösser Coole Castle und Florence Castle besichtigen

▪ die Marble Arch Caves erleben

▪ das American Folk Museum in der Nähe von Omagh besuchen

▪ auf Teilstrecken des Ulster Way wandern

Entfernungen

`0463`

● Belfast - Dublin: 165 km
● Belfast - Armagh: 65 km
● Belfast - Cork: 405 km
● Belfast - Enniskillen: 133 km
● Belfast - Londonderry: 117 km
● Belfast - Portrush: 98 km
● Belfast - Rosslare: 323 km
● Belfast - Shannon: 338 km
● Belfast - Sligo: 200 km

4.6.5 LONDONDERRY

72 km nordöstlich von Donegal an der A 5, 131 km westlich von Belfast

4.6.5.1 Allgemeiner Überblick

Derry/Londonderry ist mit ca. 68.000 Einwohnern die zweitgrößte Stadt Nordirlands und war lange Zeit hindurch alles andere als ein touristischer Ort. Noch vor einiger Zeit gab es kaum B&Bs. Die ständigen Polizeistreifen, die Durchsuchung beim Betreten der Kaufhäuser, die Polizeireviere, die mit Betonmauern, riesigen Stahltoren und hohem Stacheldraht festungsähnlich abgeschirmt waren, und vor allem die ständige Angst vor Bombenanschlägen machten die Stadt wenig attraktiv. Noch mehr als in Belfast waren die "troubles" hier spürbar, selbst für die Reisenden. Allerdings sind nie Touristen bei den Unruhen ums Leben gekommen. Fast ein Jahr nach dem Waffenstillstand sieht man zwar immer noch Stacheldraht und heruntergelassene Fensterläden in den Straßen, jedoch hat sich das äußere Erscheinungsbild der Stadt erheblich gewandelt. Man spürt heute die Bemühungen der Stadtväter, ihre Stadt wieder attraktiver zu gestalten.

4.6.5.2 Reisepraktische Hinweise

Tourist Information
- Londonderry, 8 Bishop Street, Tel.: 01504 267284, ganzjährig geöffnet
- Limavady, 7 Connell Street, Tel.: 015047 22226, ganzjährig geöffnet

Stadtrundgänge
Während der Saison Juli bis September werden bis zu zweimal täglich Stadtrundgänge veranstaltet. Auskunft und Ausgangspunkt beim Tourist Office in der Bishop Street.

Hotel/B&B
- Ardowen House, 13 Northland Road, Londonderry, Northern Ireland BT48 7HY, Tel.: 0504 264950. Sehr angenehmes Gästehaus unweit des Stadtzentrums. Die Zimmer – alle en suite – sind komfortabel eingerichtet, es gibt ein reichhaltiges Frühstück. Lockere ungezwungene Atmosphäre. Akzeptable Preise.
- Streeve House, Peter & June Welsh, Limavady, Co. Londonderry, BT49 OHP, Tel./Fax:

Nette Unterkunft: Ardowen House

015047 66563. Streeve House wurde 1730 errichtet und bietet eine sehr gute Übernachtungsmöglichkeit in gemütlich eingerichteten Zimmern. Bei schönem Wetter wird das Frühstück draußen serviert.
- Beech Hill Country House Hotel, 32 Ardmore Road, Derry City, Co. Derry BT47 3QP, Tel.: 01504 49279, Fax: 01504 45366. Das Country House Hotel (3 km von Londonderry) hat 17 Zimmer und ein stilvolles Ambiente. Mittlere bis gehobene Preiskategorie.
- Drenagh, Limavady BT49 0HP, Tel.: 015047 22649, Fax: 015047 22061. Das Gebäude wurde 1835 errichtet und ist von schönem Parkland umgeben. Die Zimmer sind komfortabel ausgestattet. Mittlere Preisklasse.

Jugendherbergen/Hostels
- Derry City Hostel (YHANI), Oakgrove Manor, 4-6 Magazine Street, Londonderry BT48 6HJ, Tel.: 01504 372273, Fax: 372409. Das neue Hostel in der Innenstadt hat 132 Betten in Mehrbett-, Doppel- und Familienräumen, ab 7,20 Pfund, ganzjährig geöffnet.
- Independent Hostel, 29 Aberfoyle Terrace, Strand Road, Londonderry BT48 7NA, Tel.: 01504 370011. Unweit vom Magee College und ca. 2 km vom City Centre gelegenes kleines Hostel, Übernachtung ab 7 Pfund, ganzjährig geöffnet.

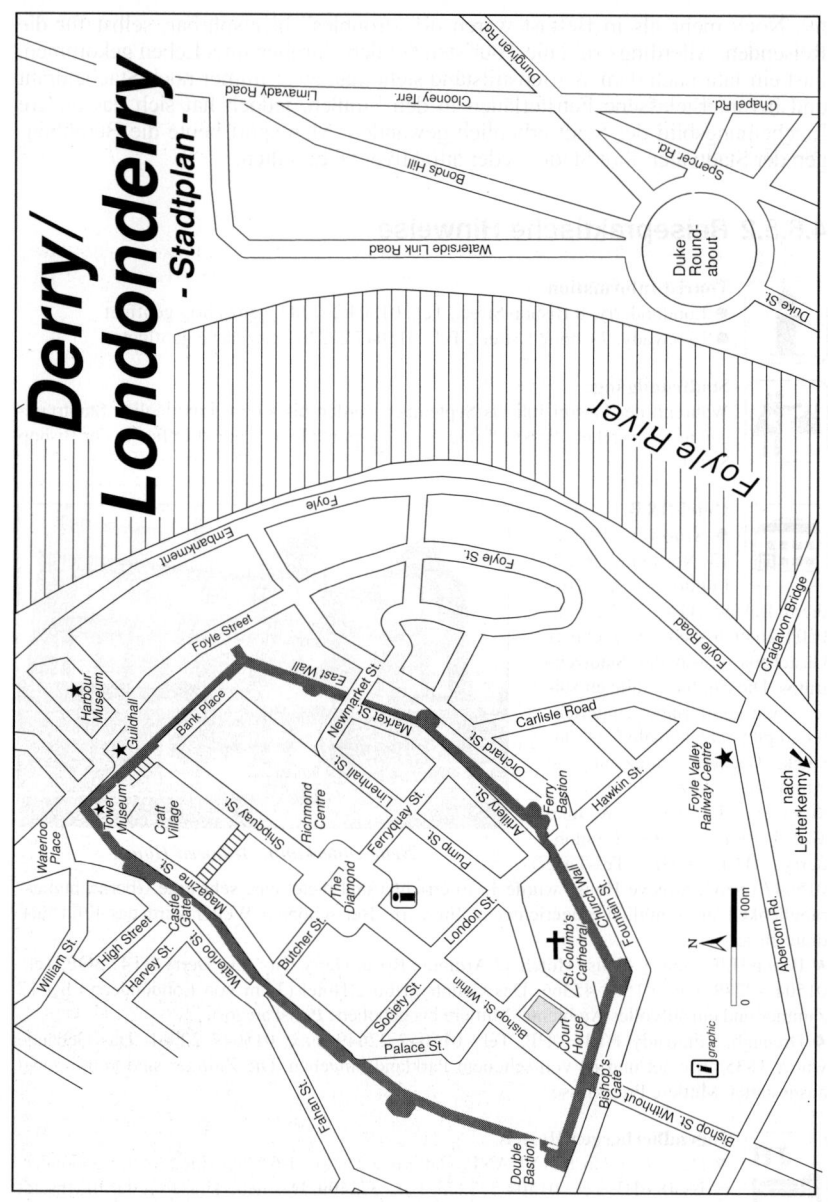

Derry/Londonderry - Stadtplan -

● The Flax Mill, Mill Lane, Gortnahey Road, Dungiven, Tel.: 015047 42655. 6 km von Dungiven. 12 Betten, ab 4,50 Pfund, ganzjährig geöffnet.

Universitätsunterkünfte
University of Ulster at Londonderry, Magee College, 26 Northland Road, Londonderry BT48 7JL, Tel.: 01504 265621. In Gehentfernung zur Innenstadt gelegen. 275 Betten. Juli bis September geöffnet. Günstig.

Restaurants
● Brown's Restaurant, 1 Victoria Road, Tel.: 01504 45180. Im ehemaligen Bahnhof eingerichtetes Restaurant mit moderner europäischer und irischer Küche. Mittlere Preisklasse

● Waterfoot Hotel, Caw Roundabout, 14 Clooney Road, Tel.: 01504 45500 Mittlere Preisklasse. Vom Hotel aus hat man schöne Blicke über den Fluß Foyle und die Donegal Mountains. Gute Küche, insbesondere empfehlenswert sind die Fischgerichte.

● Metro Bar, 3 Bank Place, Tel.: 01504 267401. Charmantes kleines Lokal in der City. Hier gibt es Suppen, Stews und Sandwiches als Lunchtimes Snacks zu günstigen Preisen.

● Beech Hill Country House, 32 Ardmore Road, Tel.: 49279. Das Hotel hat ein ausgezeichnetes und innovatives Restaurant, das bereits mehrfach preisgekrönt wurde. Mittlere bis gehobene Preisklasse. Siehe Hotel/B&B.

Angeln
● The Complete Angler, 135 Spencer Road, Waterside, bietet ein breites Angebot an Angelgeräten und Straßenbekleidung. Hier kann man sich auch über Angelmöglichkeiten in "The Oaks" informieren. The Oaks ist ein kleiner See, 3 km außerhalb Londonderrys. Einst Teil eines Landgutes, bietet er heute ausgezeichnete Angelmöglichkeiten auf Lachs und Forelle. Auskunft auch bei: The Oaks Fishery, 12 Judges Road, Enagh Lough, Campsie, Londonderry, Tel.: 01504 312231

● Rod and Line, 1 Clarendon St., Tel.: 01504 262877

Einkaufen
● Derry Craft Village, Shipquay Street, Derry BT48 6AR, Tel.: 01504 260329, Fax: 01504 360921.

Derry Craft Village

531

Zwischen Shipquay und Magazine Street gelegenes "Dorf", das das Lebens in Derry vom 16. bis zum 19. Jahrhundert verlebendigen soll. Alle Schaufenster sind jeweils in einer anderen Epoche gestaltet. Im "Village" gibt es kleine Workshops, Kunsthandwerkläden und Cafés. In der "Dorfmitte" befindet sich ein riesiges Schachbrett. Ganzjährig geöffnet

● The Craft Centre, 25 The Village, Shipquay Street, Tel.: 01504 261876. Hier kann man schönes Kunstgewerbe mit keltischem Design erstehen: Batikarbeiten, Kerzenleuchter und Keramik. Mo-Sa 10-17.30 Uhr geöffnet.

● Michelle O'Doherty Studio, 23 William Streett, Tel.: 01504 372132. Es gibt Designer-Kleidung, wie Jacken, Hosen und Kleider. Mo-Fr 9-17.30 Uhr geöffnet, Sa nach Anmeldung.

● Hendersons Pianos, 11 Bishop Street. Angeboten werden Musikinstrumente aller Art, so auch Bodhráns und Blechpfeifen.

Golf

● Foyle Golf Centre, 12 Alder Road, Londonderry BT48 8DB, Tel.: 01504 352222, Fax: 01504 353967. Der Golfplatz mit 18 Loch liegt ein wenig außerhalb Derrys.

● The City of Derry Golf Club, Victoria Road, Waterside, Tel.: 01504 311610/ 46369.

Pubs

Gemütlich und oft mit Live Music geht es zu in der Dungloe Bar (Tel.: 267716), in der Gweedore Bar (Tel.: 263513), in der Castle Bar (Tel.: 263118) und in Paedar O'Donnell's (Tel.: 372318). Sie alle liegen in der Waterloo Street.

Flughafen

Von Derry/Londonderry aus gibt es Flüge nach London/Stanstead, nach Birmingham und nach Edinburgh. Die gleiche Gesellschaft (MacAir) fliegt auch von Donegal nach Birmingham und nach Edinburgh. Zwischen Derry und Donegal gibt es nur die Business Preisklasse. Flugzeiten: Derry/Londonderry - London 95 Minuten. Derry/ Londonderry - Birmingham 85 Minuten, Derry/Londonderry - Edinburgh 45 Minuten, Donegal - Birmingham 90 Minuten. Reservierung unter Tel.: 01920 486323.

Bus

Ulsterbus, Foyle Street Depot, Tel.: 01504 262261

Bahnhof

Tel.: 01504 42228

Hunderennen

Der Greyhound Racetrack liegt beim Brandywell Football Ground, Auskunft erhält man beim Brandywell Greyhound Racing Co. Ltd., Tel.: 01504 265461

Autoverleih

● Vehicle Service, Campsie, Tel.: 01504 810832

● Desmond Motors, 173 Strand Road, Tel.: 01504 360420

4.6.5.3 Geschichtlicher Überblick

Die Stadt hat eine lange und bewegte Geschichte. Im Jahre 546 gründete hier der hl. Colum Cille in einem Eichenhain (gael. doire), in dessen Lichtungen er die Engel Gottes singen hörte, ein Kloster. Ab 812 wurde das Kloster mehrfach von den Wikingern zerstört. Vermutlich an dieser Stelle befindet sich heute die protestantische Kirche. Die katholische Church of St. Columba steht an der Stelle der um 1164 errichteten Kirche von Templemore. 1566 wurde bei der Schlacht zwischen den Männern von O'Neill, dem Earl of Tyrone, und den Engländern ein Großteil der Stadt zerstört. Als nach der legendären "Flucht der Grafen" König James I. die Stadt Londoner Gilden zusprach (1613), war die englische Herrschaft über Derry endgültig gefestigt. Derry wurde in Londonderry umbenannt und mit Protestanten besiedelt. Sie errichteten die mächtigen Stadtmauern. Es sind die längsten Stadtbefestigungen der Britischen Inseln.

Vom 7. Dezember 1688 bis 12. August 1689 belagerte die Armee des katholischen James II. die Stadt. Die Verteidigung der Stadt schien ein aussichtsloses Unternehmen. Die Jakobiten hatten Ulster erfolgreich besetzt – jetzt sollte eine kleine Stadt, voll mit Zivilisten und Truppen einer siegreichen Armee standhalten. Trotz schlimmster Lebensbedingungen hinter der Stadtmauer überstand die Bevölkerung 105 Tage kompletter Belagerung. Der Gouverneur von Londonderry, Robert Lundy, war, entmutigt durch die ausweglose Lage, schon zur Übergabe der Stadt bereit. Da zogen 13 Lehrlinge ("apprentice boys") die Schlüssel der Stadttore ab und gaben somit symbolisch das Zeichen zum "No surrender", also zum Widerstand. Schließlich traf ein Heer von William of Orange ein, das dem Bombardement der Jakobiten ein Ende bereitete und die ausgehungerte Stadt mit Nachschub versorgte.

Das Ereignis wurde die "erinnerungsreichste Belagerung in den Annalen der Britischen Inseln" (Macauley) genannt und brachte Londonderry den Ruf der "Maiden City", der jungfräulichen Stadt, ein. Für die Protestanten wurde sie zum Symbol der erfolgreichen Auseinandersetzung mit den Katholiken. Auch heute noch wird der 12. August als Jahrestag der Befreiung gefeiert, was von den Katholiken jedes Mal als Provokation empfunden wird. Unter Trommelgedröhne ziehen die Mitglieder des protestantischen Orange-Ordens durch die Straßen.

Im 19. Jahrhundert florierte in Derry/Londonderry die Baumwoll- und Leineninindustrie. Hauptsächlich wurden katholische Frauen und Kinder dort beschäftigt, die in dem ungesunden feuchten Bogside (Bog = Moor), außerhalb der Stadtmauern, wohnten. Immer noch befindet sich dort ein katholisches "Ghetto". Obwohl Derry/Londonderry zur Zeit der Teilung 1921 zu drei Fünfteln von Katholiken bewohnt war und enge Handelsbeziehungen zum benachbarten Donegal bestanden, wurde die Grafschaft Nordirland zugeschlagen.

Durch unsaubere Wahlkreismanipulationen gelang es der protestantischen Minderheit 1966, eine stabile Machtposition zu schaffen. Bis zum Waffenstillstand 1994 war Londonderry von Auseinandersetzungen gebeutelt: Bombenanschläge und Gewalt waren an der Tagesordnung, Haß und Angst erfüllten beide Seiten. Bislang ist es relativ ruhig geblieben.

4.6.5.4 Sehenswertes

▓ Der zentrale Platz der Stadt wird "The Diamond" genannt. Von dort gelangt man über die Shipquay Street zur **Guildhall**, dem 1890 im neogotischen Stil gestalteten Rathaus der Stadt. Es steht außerhalb der Stadtmauern und besitzt imposante Fenster aus Buntglas, die Epochen der Stadt in Bildern darstellen. Durch die Fenster strömt farbenprächtiges Licht ins Innere des Gebäudes.

▓ Das Wahrzeichen der Stadt sind die 1,6 km langen und 5,5 Meter starken **Stadtmauern**, die 1617-19 errichtet wurden. Einige der Bastionen sind erhalten, wie beispielsweise in der Südwestecke die sogenannte "Doppelte Bastion" mit einer Kanone von 1642 und das **Bishop's Gate** von 1789, das vor nicht allzu langer Zeit noch mit Stacheldraht und Stahlplatten "verziert" war.

Die Fenster beschreiben Stadtgeschichte

▓ Unweit davon steht die protestantische **St. Columb's Cathedral**. Das Hauptschiff stammt aus dem frühen 17. Jahrhundert und wurde von den Londoner Zünften errichtet. Der Chor wurde erst 1885-87 hinzugefügt. Im Kapitelhaus kann man sich über die Belagerung von 1688-89 informieren. Öffnungszeiten: Mo-Sa und So während der Gottesdienste, Tel.: 01504 262746

▓ Derry/Londonderry verfügt über drei Museen, die alle vom "Derry Museum Service" verwaltet werden. Auskunft erhält man beim: Derry Museum Service, Derry, Co. Londonderry BT 48 6LU, Tel.: 01504 372411

◆ **Tower Museum**
Die Ausstellung im Tower Museum erzählt mit modernsten Techniken "The Story of Derry". Beginnend bei den ersten Anfängen bis hin zur modernen Stadt wird die Entwicklung anschaulich erklärt. Ein Teil der Ausstellung beschäftigt sich mit den 1588 vor der Küste Done-

Guildhall

gals gesunkenen Schiffen der Armada, die vom Tauchclub Derry ausgegraben worden sind. Das Tower Museum wurde mehrfach ausgezeichnet. Es war das "Irish Museum of the Year 1993", das "United Kingdom Museum of the Year 1994", und im gleichen Jahr hat es den 2. Platz im "European Museum of the Year" erlangt. Öffnungszeiten: Di-Sa 10-17 Uhr, letzter Einlaß 16.30 Uhr. The Tower Museum, Union Hall Place, Derry BT 48 6LU, Tel.: 01504 372411

◆   Die anderen beiden Museen sind das **Foyle Valley Railway Centre** , das über die Eisenbahngeschichte Derrys informiert (Craigavon Bridge, Tel.: 01504 265234, Öffnungszeiten: Di-Sa und So nachmittag von Mai-September), und das **Harbour Museum** (unweit Guildhall, Tel.: 01504 365151, Öffnungszeiten: Mo-Fr 10-17 Uhr), wo es u.a. eine Replica des Bootes zu sehen gibt, welches St. Columba im 6. Jahrhundert nach Iona brachte.

4.6.6   IM COUNTY TYRONE

Die Grafschaft Tyrone schließt sich im Süden an Londonderry an. Sie ist relativ dicht bewaldet, dünn besiedelt und von Mooren und Bergen durchzogen. Zu dieser Grafschaft gehören größere Uferpartien des riesigen Lough Neagh. Tyrone war Teil der Besitzungen des Clan O'Neill, ehe – nach der "Flight of the Earls" – Engländer, Schotten und Walliser sich hier als Siedler festsetzten. Abgesehen von Omagh, der Grafschaftshauptstadt, Cookstown und Dungannon ist das Gebiet fast menschenleer, dafür aber reich an vorgeschichtlichen und keltischen Spuren. Ungefähr 1.000 aufrecht stehende Steine können hier entdeckt werden. Am eindrucksvollsten sind die Beaghmore Steinkreise in der Nähe von Cookstown.

Omagh ist mit 12.000 Einwohnern die Hauptstadt von Tyrone. Sie liegt 43 km östlich von Enniskillen und 53 km südlich von Londonderry am Zusammenfluß von Camowen und Drumragh.

▨ Die Sperrin Mountains
Von einem feinen Netz von Bächen und kleinen Straßen durchzogen, werden die Sperrin Berge von den Städten Strabane, Dungiven, Magherafelt und Newtownstewart begrenzt. Ein Teil dieser Gebirgskette erstreckt sich südwärts in Richtung der Stadt Omagh über den "Owenkillew" River. Die Sperrin-Berge sind ein ausgezeichnetes Wandergebiet.

Wandern
Eine ca. 4-stündige Wanderung kann empfohlen werden:
Von Draperstown fährt man ca. 16 km westwärts zum Dorf Sperrin. Dort am Pub parken und zu Fuß der Straße nach Norden in Richtung Sawel folgen. Nach 3 km verläßt man die Straße, um den Gipfel zu ersteigen (683 m) – eine Wanderung von ca. 1 Stunde. Von dort hat man einen schönen Blick über Lough Neagh, die Foyle Mündung und auf die Mourne Berge.
Am Bergkamm entlang geht es westwärts zum Dart Mountain (622 m). Das nimmt ca. eine halbe Stunde in Anspruch. Hier kann man weiter nach Westen wandern oder aber nach Süden zum Dörfchen Cranagh abbiegen (45 Minuten) und entlang der B 47 nach Sperrin zurückkehren.

Reisepraktische Hinweise

Tourist Information
- Cookstown, 48 Molesworth Street, Tel.: 016487 66727, Ostern bis Oktober geöffnet.
- Dungannon, Tel.: 01868 767259/725311, ganzjährig geöffnet.
- Omagh, 1 Market Street, Tel.: 01662 247831, ganzjährig geöffnet.

Hotel/B&B
- Royal Arms Hotel, 51 High Street, Omagh BT78 1BA, Tel.: 01662 243262/3, Fax: 01662 245011. Traditionelles Stadthotel im Familienbetrieb. Alle 21 Zimmer sind mit eigenem Badezimmer ausgestattet. Mittlere Preisklasse. Das Royal Arms Hotel bietet auch Golfer-Tarife an. Beispielsweise kostet zweimal B&B plus 2 Tage Golfen bei einer Buchung für 2 Personen 43,50 Pfund pro Person.
- Mullaghslin House, Frank Nugent, 218 Drumnakilly Road, Omagh, Tel.: 016627 61219. Ca. 10 km außerhalb von Omagh liegt dieses nette B&B, das im Familienbetrieb geführt wird. Es ist ganzjährig geöffnet und preisgünstig.
- Glenavon House Hotel, Drum Road, Cookstown, Co. Tyrone BT 80 8JQ, Tel.: 016487 64949, Fax: 06487 64396. Das Hotel liegt etwas außerhalb von Cookstown, hat 53 Zimmer, 4 Suiten, Konferenzräume, großes Fitness-Studio, 2 Restaurants, alles im modernen Ambiente.

Restaurants
- Im Royal Arms Hotel, siehe Hotel /B&B
- Mellon Country Inn, 134 Beltany Road, Omagh, Tel.: 016626 61224
- Greenmount Lodge, 58 Greenmount Rd., Omagh, Tel.: 01662 841325

Jugendherberge/Hostel
Glenhordial Hostel (YHANI), Mr & Mrs Fyffe, 9a Waterworks Road, Omagh BT79 7JS, Tel.: 01662 241973, Fax: 241973. Neue Herberge, 4 km nordöstlich von Omagh Ortszentrum. Rucksacktouristen können von der Bushaltestelle abgeholt werden. Die Jugendherberge liegt 5 km vom Ulster Way entfernt. 20 Betten, ab 5 Pfund, ganzjährig geöffnet, aber im Januar und Februar nur nach vorheriger Anmeldung.

Camping/Caravan
- Gortin Glen Caravan Park, 1 Lisharney Road, Lislap, Omagh, Tel. und Fax: 016626 48108. Sehr schön gelegener Park. Man kann hier auch Ferienwohnungen mieten.
- Millbrook Caravan Park, 7 Millbrook, Newtownstewart, Co. Tyrone, Tel.: 016626 62048

Busverbindungen (Ulsterbus)
- Dungannon, Tel.: 018687 22251
- Omagh, Tel.: 01662 242711

Golf
- Omagh, Dublin Road, Omagh, Tel.: 01662 243160
- Fintona, 136 Main Street, Fintona, Tel.: 841480
- Newtownstewart, 38 Golf Course Road, Newtownstewart, Tel.: 016626 61466

Fahrradverleih
Conway Cycles, 1 Old Market Place, Omagh, Tel.: 01662 246195

Angeln
In Omagh erhält man bei folgenden Geschäften alles, was das Anglerherz begehrt:
● C. A. Anderson & Co, 64 Market Street, Tel.: 01662 242311
● Chism Fishing Tackle, 2 Bridge St., Tel.: 01662 244932

Sehenswertes

◆ Nördlich Omagh an der A5 bei Camphill lohnt ein Besuch im **Ulster American Folk Park**, der um das Geburtshaus des amerikanischen Millionärs Thomas Mellon angelegt wurde. Im Museumsgebäude, dem Matthew T.Mellon Information Centre, gibt es eine interessante Darstellung der Auswanderungsbewegung. Das Freilichtmuseum stellt Bauernhäuser aus Ulster amerikanischen Blockhütten gegenüber, macht Berührungspunkte zwischen der Alten und der Neuen Welt deutlich und vergleicht das Leben auf beiden Seiten des Atlantiks. So ist eine typische Straße eines Dorfes in Ulster wiedergegeben im Vergleich zu einer typischen Straße einer amerikanischen Hafenstadt. Das ganze Jahr über werden Aktivitäten, wie Osterfeiern, Musiktage und Sonderausstellungen, veranstaltet. Für den Besuch des Museums sollte man sich mindestens 3 Stunden Zeit nehmen. Öffnungszeiten: Ostern-September Mo-Sa 11-18.30 Uhr, Ferien und So 11.30-19 Uhr, Oktober-Ostern Mo-Fr 10.30-17 Uhr. Letzter Einlaß 1 ½ Stunden vor Schließung. Eintritt: Erwachsene 3,50 Pfund, Kinder/Senioren/Studenten 1,70 Pfund, Familien 10 Pfund, Gruppen 3 Pfund pro Teilnehmer. Auskunft unter: Ulster American Folk Park, Castletown, Omagh BT78 5QY, Tel.: 01662 243292, Fax: 01662 242741
Der Ulsterbus Nr. 97 (Omagh und Newtownstewart) hält am Park.

INFO

Die Auswanderungsbewegung in Ulster

Mehr als 2 Millionen Menschen verließen Ulster im 18. und 19. Jahrhundert, um sich in Nordamerika ein neues Leben aufzubauen. Sie kamen aus allen Gesellschaftsschichten und religiösen Gruppen. Nicht alle Auswanderer fanden wirklich ein besseres Leben in Amerika. Etliche verließen ihr Land auch unfreiwillig. Zwischen 1713 und 1775 wurden immerhin 15.000 Sträflinge nach Amerika "verfrachtet".

Während des 18. Jahrhunderts war die Bevölkerung stark angestiegen. Dies zeigte sich in einem zunehmenden Druck auf die Mittel des Landes und rief soziale, ökonomische und religiöse Spannungen hervor. Auswanderung schien oft die einzige Chance zum Überleben. Um das Jahr 1720 waren viele Pachtverträge neu fällig. Viele Großgrundbesitzer nutzten diese Gelegenheit, erhöhten die Pachten und stellten nur kurze Pachtverträge aus. Für die Pächter, die es sich leisten konnten, bot sich Amerika als einzigartige Möglichkeit, eigenes Land zu besitzen.

Die Mehrheit der im 18. Jahrhundert Ausgewanderten waren Ulster-Presbyterianer. Sie versuchten, den Einschränkungen, die die Kirche ihnen auf-

zuerlegen suchte, zu entkommen. Die Presbyterianer saßen schon immer zwischen zwei Stühlen. Von den Anglikanern als Dissidenten befeindet, standen sie andererseits auch den Katholiken feindlich gegenüber.

Im frühen 19. Jahrhundert hatte die Auswanderungswelle bereits alle Teile Irlands erfaßt. Schlechte Ernten und eine ökonomische Depression zwangen viele dazu, ihre Zukunft in Amerika zu suchen. Hauptanlaß zur Auswanderung war die große Hungersnot von 1845-1849, die durch die Kartoffelkrankheit (Phytophthora Infestans) hervorgerufen wurde. Zu jener Zeit verließ mehr als 1 Million Menschen das Land.

Während sich die Reise von Ulster nach Amerika heute in wenigen Stunden bewältigen läßt, benötigte man im 18. und 19. Jahrhundert für die Überquerung der 3.000 Meilen des Atlantiks ca. 8 bis 12 Wochen. Die Reise zum Hafen traten die meisten Menschen zu Fuß an. Nach 1840 wurde das Transportnetz in Ulster durch die Erfindung der Eisenbahn entscheidend verändert. Anfangs konnten sich Bahnfahrten aber nur die Reichen leisten.

Viele Menschen hatten zu jener Zeit oft noch nicht einmal ihre nähere Umgebung kennengelernt. Man kann sich daher kaum die Ängste und Nöte der Auswanderer vorstellen, als sie in Belfast, Londonderry oder Newry an Bord gingen. Hinzu kam das Wissen, daß sie wahrscheinlich ihr Heimatland nie wiedersehen würden.

▨ Ulster History Park

Modelle von Häusern aus allen Epochen und Jahrhunderten dokumentieren die Geschichte der Besiedlung Irland von der Steinzeit bis hin zu der Zeit der Plantations im 17. Jahrhundert. Führungen dauern 1 ½ Stunden. Es gibt einen Picknickbereich, einen Souvenirshop sowie eine audiovisuelle Vorführung von 20 Minuten.
Öffnungszeiten: April-September 10.30-18.30 Uhr, Ferien 10.30-19 Uhr, So 11.30-19 Uhr, Oktober-März Mo-Fr 10.30-17 Uhr. Letzter Einlaß 1 ½ Stunden vor Schließung. Erwachsene 3 Pfund, Kinder/Studenten/Senioren 1,50 Pfund, Familien 8 Pfund. Cullion, Omagh, Co. Tyrone, Tel.: 016626 48188

▨ Gortin Glen Forest Park

Man kann einen 9 km langen Rundweg per Auto durch den Wald machen

Der Gortin Lake

oder ausgiebig wandern. Es gibt eine Teestube und einen Veranstaltungsraum für Waldlehrgänge. Eintritt: Autos 2 Pfund, Motorräder 1,5 Pfund, Busse 12 Pfund, Kleinbusse 4 Pfund.

Camping/Caravan
Gortin Glen Caravan Park, Lisnaharney Rd., Lislap, Omagh, Tel.: 016626 48108. Gegenüber vom Gortin Glen Forest Park schön gelegener Platz, ganzjährig geöffnet.

Restaurant
Direkt gegenüber kann man sich im Mellon Country Inn (134 Beltany Road, Tel.: 01662 661224) stärken. Gehobene Preisklasse. Sonntags geschlossen.

■ **Steinkreise von Beaghmore**, 30 km östlich von Omagh bei Dunnamore
Die sieben Steinkreise, neun Steinreihen und ca. 12 weitere kleinere steinzeitliche Gräber wurden beim Torfstich entdeckt. Man vermutet, daß sich unter dem Torf noch weitere Steinmonumente befinden.

■ In Cookstown befindet sich das **Sperrin Heritage Centre**
Die multimediale Ausstellung "The Treasure of the Sperrins" wurde 1993 eröffnet und erklärt anschaulich die naturkundlichen Besonderheiten des Gebirgszuges. Es gibt eine Cafeteria und einen Souvenirladen. Öffnungszeiten: Mo-Fr 11-18 Uhr, Sa 11.30-18 Uhr, So 14-19 Uhr, letzter Einlaß 45 Minuten vor Schließung. Präsentation in Englisch, Deutsch, Französisch. Auskunft: Sperrin Heritage Centre, 274 Glenelly Road, Plumbridge, Tel.: 016626 48142

■ 6 km westlich von **Cookstown**, von der A 505 ab (von Cookstown rechts an der Kildress Kirche), liegt am Fluß Ballinderry die **Wellbrook Beetling Mill**, eine Stampfkalanderei, die vom National Trust vollständig instandgesetzt wurde. Hier kann man sich über die Geschichte der Leinenfabrikation in Ulster informieren. Die Herstellung von Leinen war das wichtigste Gewerbe im 18. bis 20. Jahrhundert. Das sogenannte "Beetling", zu Deutsch kalandern, ist der letzte Arbeitsschritt bei der Leinenherstellung. Der harte Stoff wird gehämmert und durch Walzen gezogen, damit er gleichmäßig glänzt. Öffnungszeiten: April, Mai, Juni und September: Sa, So und Bank Holidays 14-18 Uhr, Juli und August täglich außer Di 14-18 Uhr, Eintritt: Erwachsene 1,40 Pfund, Kinder 70 Pence, Familien 3,50 Pfund, Gruppen 1 Pfund. National Trust, Tel.: 016487 51735

■ **Moneymore** ist eine Plantationstadt und besitzt einige schöne Häuser in der breiten Hauptstraße.

■ **Springhill House** (8 km nordöstlich von Cookstown, ca. 1,6 km östlich Moneymore an der B18 nach Coagh). Das schlichte befestigte Herrenhaus ist ein ty-

Springhill House

pisches Plantation House aus dem 17. Jahrhundert. Seit seiner Erbauung befand es sich einschließlich der anschließenden Wirtschaftsgebäude im Besitz einer einzigen Familie. 1957 übernahm der National Trust das Anwesen. Zu sehen ist die originale Inneneinrichtung mit schönen Möbeln, Gemälden und Kuriositäten. In einem Anbau ist eine reichhaltige Kostümsammlung untergebracht, die Stücke vom 18. Jahrhundert bis heute umfaßt. Auch ein Spaziergang durch die weitläufigen Parkanlagen ist möglich. Rund um das Springhill House erinnert ein Dickicht alter Eichen an die einst üppige und grüne Landschaft.

Öffnungszeiten: April, Mai, Juni und September: Sa, So und Bank Holidays 14-18 Uhr, Ostern täglich 14-18 Uhr, Juli und August täglich, außer Do 14-18 Uhr. Eintritt: Erwachsene 2,20 Pfund, Kinder 1,10 Pfund, Familien 5,50 Pfund, Gruppen 1,60 Pfund. Weitere Auskunft unter Tel.: 016487 48210

■ Lough Neagh

Lough Neagh ist mit 396 qkm der größte Binnensee der Britischen Inseln. Er ist rund 32 km lang und 16 km breit. Sechs Flüsse fließen in den See. Lough Neagh ist vor allem für seine Aale bekannt. Bis zu 10 Tonnen werden hier gefischt und zur Weiterverarbeitung nach Holland und Deutschland exportiert. Die umliegenden Restaurants servieren Aal entweder als Vorspeise mit braunem Brot oder als Hauptgericht in einer Soße.

Der Legende nach ist der Lough Neagh das Werk des legendären Riesen Finn MacCool, der auch Giant's Causeway schuf. Angeblich soll er bei einem Streit mit einem schottischen Riesen einen großen Erdblock ergriffen und nach dem fliehenden Gegner geschleudert haben. Der Klumpen fiel ins Meer und wurde zur Isle of Man. Das zurückgebliebene Loch mitten in Ulster füllte sich mit Wasser und so entstand der Lough Neagh, der von der Form her an die Isle of Man erinnert.

Im **Lough Neagh Discovery Centre** auf der Oxford Island, bereits in der Grafschaft Armagh, erläutern eine Videovorführung und Ausstellungen die Geschichte des Lough Neagh und der hier beheimateten Flora und Fauna. Ein netter Caféshop (Nicht-Raucher) ist angegliedert .

Öffnungszeiten: April-September täglich 10-17 Uhr, Oktober-März Mi-So 10-17 Uhr, Mo und Di geschlossen. Für weitere Informationen wende man sich an: The Lough Neagh Discovery Centre, Oxford Island National Nature Reserve, Craigavon, Co. Armagh BT 66 6NJ, Tel.: 01762 322205

Auf der Halbinsel Oxford Island gibt es einige schöne Wanderwege. Bootstouren zu den Inseln im Lough Neagh sind möglich.

 Jugendherberge/Hostel

Waterside House, Oxford Island, Lower Lough Neagh, Lurgan BT64 1AL, Tel.: 01762 327573. Am Ufer des Lough Neagh gelegene Herberge mit 34 Betten. Ganzjährig geöffnet, B&B und Halbpension möglich. Günstig.

4.6.7 DIE ANTRIM-KÜSTE

Die Grafschaft Antrim hat im Osten und Norden die schönsten Küsten des Landes. An der Nordküste liegen Portrush und Portstewart, einst in viktorianischer Zeit elegante Seebäder. Dunluce Castle, eine Normannenburg in dramatischer Lage auf einer Klippe, ist seit 1639 eine Ruine. Damals stürzte ein Teil des Baus samt Küche und Bediensteten ins Meer. An der Nordküste liegt der berühmte Giant's Causeway, ein natürlicher "Riesendamm" aus Basaltsäulen vulkanischen Ursprungs. Während auf der Insel Staffa vor Schottland solche Säulen nur in geringer Zahl stehen, dehnt sich der Causeway mit seinen bis zu zwölf Meter hohen Gebilden mehrere Kilometer weit aus.

Beeindruckend: die Antrim-Küste

Nach Westen zweigen schmale Täler, Glens, ab. In diese abgelegenen Gebiete haben sich die Katholiken zurückgezogen, als protestantische Schotten auf Geheiß der englischen Krone das übrige Land besiedelten. Weiter südlich am Belfast Lough beeindruckt Carrickfergus mit einer gewaltigen Burg. Von Larne aus verkehrt eine Autofähre nach Stranraer in Schottland. Ganz im Süden der Grafschaft, an der Mündung des Flusses Lagan, liegt Belfast, die Hauptstadt Nordirlands.

In Irlands nördlichster Grafschaft ist schottischer Dialekt unüberhörbar. Die rrrrrs werden stark betont. Schottlands Halbinsel Kintyre ist ja auch fast in Sichtweite.

■ Coleraine
Coleraine gehört noch mit zur Grafschaft Londonderry, wird aber aufgrund der Streckenplanung, die von Londonderry zunächst nach der südlich gelegenen Grafschaft Tyrone führt, um dann wieder nach Norden zur Küste zu führen, in diesem Kapitel besprochen.

541

Die Stadt hat circa 20.700 Einwohner und etwas außerhalb einen großen Universitätskomplex. Über Sehenswertes verfügt Coleraine nicht. Im wesentlichen wird das Stadtbild von modernen Bürogebäuden geprägt.

Tourist Information
Coleraine, Railway Road, Tel.: 01265 44723, ganzjährig geöffnet.

Hotels/B&B
● Blackheath Country House & Restaurant, 112 Killeague Road, Blackhill, Coleraine, Co. Londonderry, BT51 4HH, Tel.: 01265 868433, Fax: 01265 868433. Das kleine georgianische Country House wurde 1791 von Frederick Harvey, dem Earl of Bristol, erbaut und steht heute unter Denkmalschutz. Fünf komfortable Zimmer stehen den Gästen zur Verfügung. In den Kellerräumen ist ein gemütliches preisgekröntes Restaurant eingerichtet. Das Blackheath ist ganzjährig, außer Weihnachten, geöffnet, So und Mo geschlossen. Mittlere Preisklasse, für Kinder unter 12 Jahren ungeeignet. Blue Book.
● Greenhill House, James and Elizabeth Hegarty, 24 Greenhill Road, Aghadowey, Coleraine BT51 4 EU, Co. Londonderry, Tel.: 0265 868241. Das georgianische Country Haus wurde 1821 erichtet und liegt im Bann Valley mit Blick auf die Antrim Hills (an der B66, 12 km südlich von Coleraine). Die Küche ist ausgezeichnet. Geöffnet März bis Oktober, mittlere Preisklasse.
● University of Ulster at Coleraine, Cromore Road, Coleraine BT52 1SA, Tel.: 01265 44141, Fax: 01265 40947. Zwischen Juli und September findet man in der University of Ulster günstige Übernachtungsmöglichkeiten. Es gibt 410 Betten. Die Sporteinrichtungen können genutzt werden.

Ferienwohnung
Kings Country Cottages, William Pat King, Ballyvennox, 66 Ringrash Road, Macosquin, Coleraine BT51 4LJ, Tel.: 01265 51367. Die Ferienwohnungen sind ganzjährig zu mieten. Sie haben 2-3 Zimmer und kosten in der Hochsaison 165 Pfund pro Woche, in der Nebensaison 145 Pfund.

Restaurant
● The Little Tea Shop, Diamond Arcade, Coleraine. Nicht-Raucher, warme Atmosphäre, Do und So geschlossen. ● MacDuff's Restaurant, 112 Killeague Road, Blackhill, Coleraine, Tel.: 01265 868433. Das Restaurant bietet gute Küche und verfügt auch über Übernachtungsmöglichkeiten. So und Mo geschlossen. Gehobene Preisklasse.

Fahrradverleih
Car & Home Supplis Ltd., 8-10 Queen Street, Coleraine, Tel.: 01265 42354, Fax: 01265 55002

Verkehrsverbindungen
● Ulsterbus, Tel.: 01265 43334
● Bahnhof, Tel.: 01265 42263

Reiten
Timber Top Riding Centre, 160 Curragh Road, Aghadowey, Tel.: 01265 868788. Der Reiterhof bietet Reiterferien, Trekking sowie Unterricht für Anfänger und Fortgeschrittene.

▨ Ca. 15 km nordwestlich von Coleraine an der A2 liegt **Downhill**.
Hier kann man ein interessantes Beispiel der Verbindung von Baukunst und Natur
bestaunen. Durch die Ruinen des 1775 von Frederick Hervey, dem Bischof von
Derry, erbauten Palastes hindurch führt ein kleiner Weg an die Steilküste zum
Mussenden-Tempel. Er wurde 1783-85 zum Gedenken an die Cousine der Besit-
zerin, Mrs. Mussenden, errichtet. Im vorigen Jahrhundert wurde der Palast durch
Brände zweimal schwer beschädigt. Aber der kleine Tempel, eine klassizistische
Rotunde, blieb vollständig erhalten.

Bischof Hervey, gleichzeitig der 4. Earl of Bristol, war ein gebildeter, weitgerei-
ster Mann. Als anglikanischer Bischof gestattete er dem katholischen Priester von
Downhill, einmal wöchentlich in seinem nahe am Palast gelegenen, als Bibliothek
konzipierten Mussenden-
Tempel eine Messe zu lesen.
Es gab damals keine örtliche katholische Kirche.

Die Lage des kleinen Tem-
pels an der Steilküste ist äußerst romantisch. Ende des
18. Jahrhunderts prägte die
Ästhetik des Edmund Burke
vom "Erhabenen und Schö-
nen" die ganze Epoche. Der
kleine Tempel ist in voll-
kommener Weise beispiel-
haft für diese neue Ästhetik.

Der Mussenden-Tempel

Das Schöne in Gestalt eines perfekten Tempels steht dem Erhabenen, d.h. der
Natur in Form der Steilküste und des Meeres, gegenüber. In dieser nach-aufkläre-
rischen Auffassung ist der Mensch nicht mehr Norm und Maß aller Dinge, sondern setzt sich ehrfürchtig dem Erleben der Naturgewalten aus.

Tip
In der Umgebung von Downhill läßt es sich schön spazierengehen.

▨ In Castlerock, unweit Downhill, steht direkt an der Straße **Hezlett House**, ein
strohgedecktes Bauernhaus aus dem 17. Jahrhundert mit einem Anbau von 1823.
Der National Trust hat es als sozial- und volkskundliches Dokument wieder hergerichtet, und es kann nun besichtigt werden.
Öffnungszeiten: April-September Sa und So 13-18 Uhr, Juli und August täglich,
außer Di, Tel.: 01265 848567

Jugendherberge/Hostel
Guysmere Centre, Sea Road, Castlerock BT51 4RA, Tel.: 01265 848672
Unweit vom Strand und in Gehentfernung zur Bahnlinie nach Belfast gelegen.
Geeignet für Wanderer des Ulster Way, 34 Betten, ganzjährig geöffnet.

■ **Portrush und Portstewart** (8 bzw 12 km nordöstlich von Coleraine) sind belebte Badeorte, die nur noch wenig von dem einstigen viktorianischen Flair aufzuweisen haben. Spiel-Hallen und Schnellrestaurants prägen das Bild.

Portstewart hat einen 5 km langen goldenen Sandstrand. Er befindet sich im Besitz des National Trust, der sich neben der Erhaltung historischer Baudenkmäler auch um den Landschaftsschutz kümmert. Der National Trust ist Großbritanniens größter Landbesitzer (siehe Info-Kasten Kap. 4.6.9).
Der Strand ist jederzeit zugänglich, das Parken kostet 2 Pfund.

Tourist Information
Dunluce Centre, Sandhill Drive, Portrush, Tel.: 01265 823333, April bis Oktober geöffnet.

Tip für Reisende ohne Pkw
Von Portrush nach Giant's Causeway (ca. 14 km) gibt es einen Bus (Nr. 172). Abfahrt: von der Dunluce Avenue (gegenüber dem Bahnhof nach rechts gehen). Der letzte Bus vom Causeway nach Portrush fährt um 17.30 Uhr.

Bahnhof
● Portrush, Tel.: 01265 822395
● Portadown, Tel.: 01762 351422

Restaurants
Magherabuoy House Hotel, 41 Magherabuoy Road, Tel.: 01265 823507. Hier gibt es leckere Fischspezialitäten, z.B. gebackenen Lachs. Mittlere Preisklasse.

Unterkunft
● Clarmont, 10 Landsdowne Crescent, Portrush, Co. Antrim, Tel.: 01265 822397, Fax: 01265 822397. Schlichtes Gästehaus im Familienbetrieb, preisgünstig und freundlich.
● Magherabuoy House Hotel, 41 Magherabuoy Road, Tel.: 01265 823507, Fax: 01265 824687. Modernes Hotel mit eigenem Nachtclub. Das Magherabuoy ist auch für Konferenzen und Gruppen geeignet. 33 Zimmer. Mittlere Preisklasse.

Jugendherberge/Hostel
● McCool's Independent Youth Hostel, 5 Causeway View Terrace, Portrush BT56 8AT, Tel.: 01265 824845. Ganzjährig geöffnetes Hostel mit 14 Betten, nahe der Buslinie Belfast - Londonderry gelegen. Geeignet für Wanderer auf dem Ulster Way.
● Causeway Coast Independent Hostel, 4 Victoria Terrace, Portstewart BT55 7BA, Tel.: 01265 833789. Nahe dem Meer, der Cloraine - Portstewart-Buslinie und unweit des Ulster Way gelegen, Fahrradverleih, 27 Betten, Familienzimmer, ab 5 Pfund, ganzjährig geöffnet.

Reiten und B&B
Maddybenny Riding Centre, Portrush, Tel.: 01265 823603 (abends) oder 01265 823394 (tagsüber). Hier gibt es Unterricht für Anfänger und Fortgeschrittene, Showspringen und Ausritte.
Das Maddybenny Farm House, Mrs. Rosemary White, Atlantic Road, Portrush, Coleraine BT52 2PT, Tel.: 01265 823394 bietet nette Unterkunft. Es gibt drei geräumige Zimmer, morgens wird ein reichhaltiges Frühstück serviert.

Einkaufen/Souvenirs
19 Sandhill Drive, Portrush, Tel.: 01265 824444. Hier kann man Töpferwaren, Schmuck und Glaswaren erstehen. Täglich im Sommer, im Winter nur am Wochenende geöffnet.

Anglerbedarf
J.S. Mullan, 74 Main Street, Portrush, Tel.: 01265 822209

◆ 5 km östlich von Portrush steht, auf einem steilen, durch eine Brücke mit dem Festland verbundenen Felsvorsprung, die romantische Ruine von **Dunluce Castle** (dun = firmus, lus = Burg). Eine erste Burg wurde hier um 1300 von Normannen erbaut. Durch eine List gelang es später Sorley Boy MacDonnel, sie zu erobern. 1584 bestach er einen der Bediensteten, seine Männer per Korb die steile Klippe hinaufzuziehen. 1590 wurde das Castle durch die MacDonnels renoviert. Es besteht aus einem Außenwerk, zwei Haupttürmen und den Ruinen einer großen Halle. Sie finanzierten den Bau durch den großen Goldschatz der 1588 vor der Küste gestrandeten spanischen Galeone "Girona". Leider stürzte 1639 bei einem Sturm ein Teil der Küche mitsamt den Köchen ins Meer. Anschließend wurden auf dem Festland ein paar Anbauten errichtet. Allerdings gab man Dunluce wenig später bereits ganz auf. Täglich geöffnet, Auskunft erhält man unter Tel.: 012657 31938.

▨ Bushmills

Die gleichnamige Whiskey-Destillerie ist die älteste der Welt und kann besichtigt werden. Historischen Angaben zufolge führt man das Brennen von Whiskey in Old Bushmills auf das Jahr 1494 und sogar noch früher auf das Jahr 1276 zurück. Ob diese Quellen jedoch zuverlässig sind, dürfte bezweifelt werden. Die offizielle Verleihung der Rechte zum Whiskeybrennen reicht zurück in das Jahr 1608, als James I. von England Sir Thomas Philip 1608 die entsprechende Lizenz gab. Bushmills kann sich rühmen, die erste offizielle und lizenzierte Brennerei der Welt zu sein.

Drei verschiedene Whiskeysorten werden hier produziert: Der normale Bushmills mit einer Lagerzeit von 6 Jahren hat einen weichen, leicht würzigen Geschmack. Der Black Bush, der 9 Jahre in Sherryfässern lagert, ist im Geschmack stärker ausgeprägt als der normale Bushmills. Der Pure Malt, ein reiner Malzwhiskey, wird, wie der normale Whiskey, in Bourbonfässern gelagert. Pro Jahr werden 190.000 Fässer eingelagert. Die beiden ersten Sorten, Bushmills und Black Bush, sind Malzwhiskeys, die mit Getreidewhiskey gemischt wurden, also eine Mischung aus "Single Malt" und "Single Grain". Der Malzwhiskey stammt aus der Bushmills-Brennerei, während der Grainwhiskey aus einer anderen Brennerei kommt. Das Wasser, für den Geschmack sehr wichtig, wird einem Nebenarm des Flusses Bush, dem St. Columb's Rill, entnommen. Er entspringt einem Torfboden und fließt anschließend über Basaltgestein.
Öffnungszeiten: Führungen finden im September bis Mai Mo-Do 9-12 Uhr und 13.30-15.30 Uhr sowie Fr 9-12 Uhr statt, im Juni, Juli und August Mo-Do 9-12 Uhr und 13.30-16 Uhr, Fr von 9-16 Uhr, Sa 10-16 Uhr. Nach der Führung gibt es ein kleines Probeschlückchen. Eintritt: Erwachsene 2 Pfund, Gruppen (im voraus

buchen) 1,50 Pfund pro Teilnehmer, Senioren 1,50 Pfund, Kinder: frei. Auskunft: The Old Bushmills Distillery, Bushmills, County Antrim, NI BT57 8XH, Tel.: 012657 31521, Fax: 012657 31339

Ca. 100 Personen sind in Old Bushmills beschäftigt. Drei Wochen im Juli, Ostern sowie eine Woche im September haben sie Betriebsferien, so daß man zwar die Destillerie besichtigen, jedoch nicht die Arbeitsvorgänge sehen kann.

Tip
Für 4.700 Pfund kann man ein Faß Whiskey (200 Liter) kaufen. Vielleicht wäre das eine gute Anlage, falls man beim Pferderennen gewinnen sollte.

INFO

Der Old Bushmills

Der Whiskey, der in Old Bushmills gebrannt wird, ist Malzwhiskey. Die drei Rohstoffe, die dazu benötigt werden, sind gemalzene Gerste, Hefe und Wasser.

Die Herstellung verläuft in sieben Schritten:
❶ *Maischen: Das gemahlene Malz wird mit heißem Wasser "gemaischt" und setzt sich nach einer gewissen Zeit im Maischbottich ab. Die Stärke im Mahlgut wird durch biologische Vorgänge in Zucker verwandelt und die entstandene Zuckerwasserlösung, bekannt als Würze, abgefangen.*
❷ *Gärung: Die abgekühlte Würze wird hinüber zum Gährungskessel geleitet, wo Hefe hinzugefügt wird. Die Hefe setzt den Zucker in Alkohol um. Es entsteht eine gegorene Maische.*
❸ *Brennen: Das eigentliche Brennen ist ein dreigeteilter Vorgang. Es werden drei verschiedene Brennkolben benötigt. Ihre Form und Gestalt gehen auf eine jahrhundertealte Tradition zurück. Sie sind entscheidend für den Geschmack und Charakter des Whiskeys. Dieses dritte und letzte Destillat fließt in den "Spirit Safe", den letzten Kolben.*
❹ *Einlagerung: Das reine Destillat wird in den "Spirit Receiver", einen Auffangbehälter, geleitet und seine Stärke durch Hinzufügung von Wasser abgeschwächt. Anschließend wird es in Eichenfässer umgeleitet.*
❺ *Reifen: Um dem Whiskey die Milde zu schenken, läßt man das Destillat mehrere Jahre in diesen Eichenfässern reifen, die alle sorgfältig durch die Brennereiküfer kontrolliert und unterhalten werden.*
❻ *Mischen: Ein erfahrener Whiskeymischer bewertet regelmäßig das Aroma des reifenden Malzwhiskeys. Erst wenn in mehreren Fässern der Whiskey zur vollsten Zufriedenheit gereift ist, wird er aus dem Lager zum Mischen geschickt. Durch das Mischen des vollgereiften Malzwhiskeys mit dem Getreidewhiskey entsteht der Bushmills und Bushmills Black.*
❼ *Abfüllen: Nach dem Mischen läßt man den Whiskey für eine Zeit ruhen. Das ist entscheidend, damit sich die Komponenten beider Mischungen verbinden können und der Geschmack und das charakteristische Aroma entstehen können. Erst dann wird der Whiskey in Flaschen abgefüllt.*

Unterkunft & Restaurant
● Bushmills Inn, 25 Main Street, Bushmills, Co. Antrim BT57 8QA, Tel.: 012657 32339, Fax: 012657 32048. Das Hotel ist in einer ehemaligen Kutschenstation untergebracht. Besondere Spezialität des Restaurants ist der Lachs aus dem Bush River. Mittlere Preisklasse. Alle 11 Zimmer sind en suite und individuell gestaltet.
● Hillcrest Country House, 306 Whitepark Road, Tel.: 012657 31577. Vom Restaurant hat man herrliche Ausblicke auf die Küste. Im Sommer täglich, im Winter nur am Wochenende geöffnet. Mittlere Preisklasse. Auch das Frühstück ist sehr gut.
● Sweeney's Wine Bar, Seaport Avenue, Portballintrae, Tel.: 012657 32405. Sweeney's Wine Bar ist in einem ehemaligen Reitstall aus dem 17. Jahrhundert untergebracht. Von hier aus hat man schöne Ausblicke auf die Küste. Die Küche ist sehr empfehlenswert.

Anglerbedarf
● Bushmills Angling Suplies, 39 Main Street, Bushmills, Tel.: 012657 32422
● Kane & Son, 82 Main Street, Tel.: 012657 31147

Der **Giant's Causeway**, 3 km nördlich von Bushmill, zieht jährlich rund 500.000 Besucher an. Er ist die größte Sehenswürdigkeit und die bekannteste Naturschönheit Nordirlands. Seit 1961 steht er unter der Obhut des National Trust und seit 1986 auf der UNESCO Liste der "Heritage Sites of the World". 1987 wurden 71 Hektar des umgebenden Landes als "National Nature Reserve" ausgewiesen. Der Giant's Causeway fasziniert vor allem durch die Fülle seiner Details. Rund 40.000 sechseckige, aus vielen kleinen Stücken zusammengesetzte Basaltsäulen ragen aus dem Meer. Die Steine liegen eng aneinander und haben eine

Giant's Causeway

547

abgeplattete Oberfläche. Die meisten sind sechseckig, einige haben auch 7 oder 8, 4 oder 5 Seiten und die größten erreichen eine Höhe von 15 Metern. Wissenschaftliche Untersuchungen haben ergeben, daß die Formationen vor über 60 Millionen Jahren entstanden sind. Bei einem unterirdischen Vulkanausbruch, dessen Spur sich von der Antrim Küste bis zu den vor Schottland vorgelagerten Inneren Hebriden nachweisen läßt, wurden große Mengen flüssiger Lava an die Oberfläche geschleudert, die sich beim Erkalten zu gleich weit entfernten Blöcken formten. Man nennt diesen Vorgang auch **prismatische Abspaltung**, womit eine säulenförmige Ausbildung senkrecht zur Abkühlungsfläche gemeint ist. Zahlreiche Mythen ranken sich um die Entstehung der Basaltsäulen. Eine davon lautet: Der Riese Finn MacCool, Ulster-Krieger und Kommandant der Armee des Hochkönigs von Tara, verliebte sich in ein schönes junges Mädchen, das auf einer einsamen Insel auf den Hebriden lebte. Um trockenen Fußes zu seiner Geliebten zu gelangen, schuf der Riese den steinernen Pfad. Camel Rock, der Felsbrocken links vom Causeway, ist der Sage nach ein versteinertes Kamel, das dem Riesen Finn als Lastträger diente.

Seit dem letzten Jahrzehnt des 17. Jahrhunderts ist der Giant's Causeway ein beliebtes Reiseziel. Manche Reisende allerdings wurde von dem hochgepriesenen, sogar als 8. Weltwunder bezeichneten Giant's Causeway enttäuscht. Als Thackerey mit einem Ruderboot in stürmischer See die berühmten Felsformationen 1842 erreichte, um Material für sein "Irish Sketch Book" (1843) zu sammeln, war er alles andere als imponiert. Als der Führer ihm sagte: *"That's the Causeway before you"*, sagte Thackerey *"Mon Dieu! And I have travelled a hundred and fifty miles to see that!"* Für ihn war der Causeway nur ein Überrest von dem Chaos, aus dem die Welt geschaffen wurde. Er sagte: *"When the world was moulded and fashioned out of formless chaos, this must have been a bit over – a remnant of chaos!"*

Auch Dr. Johnson kommentierte 1862, als James Boswell ihn zum Besuch des Basaltwunders überredete: *"Worth seeing, but not worth going to see"*. Gewiß tat er diesem Naturwunder unrecht.

Ausgangspunkt für eine Wanderung zum Giant's Causeway ist das Besucherzentrum in Portballintrae. Auf einem geteerten Weg geht es entlang der Küste in 15 Minuten zum Causeway. Fußmüde Besucher können auf einen kleinen Shuttlebus zurückgreifen, der zwischen dem Besucherzentrum und dem Causeway hin und herpendelt (80 Pence pro Fahrt). Links liegt der aus dem Wasser ragende Camel Rock, und rechts sieht man den Giant's Causeway. Er ist in den Little, Middle und Grand Causeway unterteilt. Die unterschiedlichen Felsgebilde tragen Namen. Der Wishing Chair läßt die Form eines Stuhles erkennen. Bei der Orgel des Riesen ragen die Basaltsäulen fast 15 Meter senkrecht in die Höhe. Von dort führen die Stufen des Sheperd's Path auf die Spitze des Berges Aird Snout. Von oben hat man beeindruckende Aussichten über die Küste.

Noch vor 50 Jahren gab es eine kleine Eisenbahn, die von Portrush entlang der malerischen Küste bis zum Causeway führte. Sie wurde 1883 eröffnet und war bis 1949 im Betrieb. Leider wurden sämtliche Schienen entfernt. Im Ulster Folk and Transport Museum (siehe Kap. 4.6.8.5) kann man einen erhaltenen Waggon bestaunen. Im Causeway Centre steht die Replik eines Wagens.

Besucherzentrum und Tourist Information

Im 1986 eröffneten Besucherzentrum erläutern Ausstellungstafeln und ein 25-minütiger Videofilm die Entstehung des Giant's Causeway. In der Cafeteria kann man sich bei Suppe, Gebäck und anderen Kleinigkeiten erholen.
Öffnungszeiten: Besucherzentrum: März bis Juni und September 10.45-17.15 Uhr, Juli und August bis 18.45 Uhr. Der Giant's Causeway ist das ganze Jahr über zugänglich. Eintritt: Erwachsene 1 Pfund, Kinder 50 Pence, Familien 2,50 Pfund. Parkplatz für Autos 2 Pfund. Busse 10 Pfund. Im National Trust Tea Room, Giant's Causeway Centre, 44 Causeway Road, Bushmills, Co. Antrim, BT57 8SU, Northern Ireland, Tel.: 012657 31855, Fax: 012657 32537

Buchtip

Wer sich näher mit dem Giant's Causeway beschäftigen möchte, dem sei die sehr interessante Darstellung von Philip S Watson empfohlen. In seinem 50 Seiten starken Büchlein "The Giant's Causeway. A Remnant of Chaos", Belfast HMSO, 1992, erläutert er anschaulich die geologischen und geomorphologischen Aspekte, die zahlreichen Mythen, die sich um diesen Ort ranken, die Flora und Fauna des Küstenabschnitts und berichtet über die Lebensumstände der hiesigen Bevölkerung. Das Buch ist ansprechend aufgemacht und mit schönen Photographien versehen. Es kostet 4,95 Pfund und ist im Besucherzentrum erhältlich. Im Anhang ist eine ausführliche Literaturliste.

Wandern

Verschiedene Wander- und Spaziermöglichkeiten von 2 bis 15 km Länge rund um den Giant's Causeway sind möglich. Das Besucherzentrum hält Wegbeschreibungen und Kartenmaterial bereit.

◆   Am Ende des Parkplatzes vom Causeway Centre hat das **Causeway School Museum** seine Tür für Besucher geöffnet. Das geschützte Gebäude wurde von Clough William Ellis entworfen und diente zwischen 1915 und 1962 als Schule. Zu bestaunen sind verschiedene Arbeiten der Bildhauerin Rosamund Praeger. Außerdem kann man einen kleinen Einblick in das Schulwesen zu Beginn unseres Jahrhunderts erhalten.
Öffnungszeiten: Juli und August täglich 11-17 Uhr. Eintritt: Erwachsene 75 Pence, Kinder/Senioren 50 Pence. Familien 2 Pfund.

■   **Whitepark Bay**
Schwimmern wird geraten, das östliche Ende der Bucht zu meiden, denn dort kann es zu starken Strömungen kommen. Am westlichen Ende liegt die Jugendherberge, unweit des Dörfchens Portbradden und St. Gobhan's Church – der kleinsten Kirche Irlands, die nur 3,65 x 1,83 Meter mißt.

Jugendherberge/Hostel

Whitepark Bay Youth Hostel, 157 Whitepark Road, Ballintoy BT54 6NH, Tel.: 012657 31745. Die Jugendherberge (YHANI) liegt zwischen dem Giant's Causeway und Carrick-a-Rede Bridge, ca. 9 km westlich von Ballycastle, und ist auch für Wanderer des Ulster Way geeignet. Die Herberge liegt 150 Meter von der Hauptstraße entfernt (ausgeschildert), zur nächsten Bushaltestelle sind es 200 Meter. 44 Betten, ganzjährig außer Weihnachten geöffnet.

■   **Carrick-a-Rede**, 4 km östlich von Whitepark Bay, an der A 2, 8 km westlich von Ballycastle. Nur für Schwindelfreie geeignet ist ein Gang über die Hängebrücke, die eine 18 Meter breite Schlucht in 25 Meter Höhe über dem Meeresspie-

Nur für Schwindelfreie geeignet

gel zwischen dem Festland und einer kleinen Insel überspannt. Die Brücke ist nur während der Angelsaison (Mai-September) in Position, denn sie ermöglicht Lachsfischern Zugang zu den Fischgründen. Aber auch für Nicht-Angler lohnt sich der Weg wegen des einzigartigen Panoramas. Der Zugang zur Brücke liegt am wunderschönen Klippenpfad, 20 Minuten vom Parkplatz des vom National Trust eingerichteten Besucherzentrum entfernt. Auskunft erhält man unter Tel.: 012657 31159/32143.

■ Entlang der berühmten **Antrim Coast** zwischen **Ballycastle nach Carrickfergus** verläuft eine der schönsten Straßen in ganz Irland. Sie wurde als Arbeitsbeschaffungsmaßnahme während der großen Hungersnot 1840 angelegt. Durch ihre Eröffnung hatte man Zugang zu den Antrim Glens. Vorher waren sie gänzlich unzugänglich und isoliert.

■ **Die Glens of Antrim**
Von der Küste abgehend, teilen schmale Täler von Ost nach West das bergige Hinterland. Diese neun Täler werden die Glens of Antrim genannt. Vor 200 Jahren war hier der abgelegene Zufluchtsort für irische Katholiken, die sich vor den protestantisch-schottischen Siedlern zurückzogen. Durch die räumliche Isolation blieb ein reicher Mythen- und Sagenschatz erhalten. Es wird gesagt, daß die Menschen aus den Glens gute Geschichtenerzähler seien. Jedes der Täler hat einen eigenen Charakter. Zusammen bilden sie ein romantisches Gebiet mit Flüssen, Wasserfällen, bewaldeten Berghängen, wildwachsenden Blumen, einer reichen Fauna und kleinen Dörfern. Von der Red Bay bei Cushendall, ein besonders eindrucksvoller Küstenstreifen mit einzigartigen Sand-

Entlang der Antrim Coast

steinklippen, zweigt das landschaftlich überaus schöne Tal von Glenariff ab, dem interessantesten der Antrim Glens: Hier gibt es Laubwälder und kleine Wasserfälle. Im Frühjahr bedeckt ein bunter Teppich seltener Waldblumen das Tal. In Glenariff selbst findet alljährlich im Sommer das "Feis na NGleann" statt, ein buntes Volksfest mit viel Tanz, Musik und gaelischen Wettbewerbsspielen, wie z.B. Hurling (siehe Kap. 3.2.3). Das "Feis na NGleann" ist eines der lebhaftesten der "feiseanna", Wettkampfveranstaltungen, die im Sommer überall in Nordirland abgehalten werden.

Die Glens of Antrim erstrecken sich zwischen Ballycastle im Norden nach Larne im Süden. Jedes Glen hat sein Küstendorf. Von Nord nach Süd sind dies Ballyvoy, Cushendun, Cushendall, Carnlough, Glenarm und Ballygalley. In Glenarm gibt es das Schloß des Grafen von Antrim, Carnlough besitzt eine sehr schöne Brücke aus Kalkstein, Cushendall einen Glockenturm, der im Jahre 1809 erbaut und als Arresthaus benutzt wurde. Cushendun rühmt sich seiner Häuser rund um den Platz, die von Clough Williams Ellis (1883-1977) entworfen wurden und mittlerweile unter der Obhut des National Trust stehen. Ca. 5 km südlich von Cushendun (von der A 2 ab) kommt man an den Abhängen des Tievebulliagh Berges zum megalithischen **Ossian's Grab**. Der Kriegerbarde Ossian war der Sohn von Finn MacCool. Angeblich ist er hier begraben.

Jugendherberge/Hostel

Cushendall Youth Hostel, 42 Layde Road, Cushendall BT44 0NQ, Tel.: 012667 71244. 1 ½ km nördlich von Cushendall gibt es eine Jugendherberge (YHANI), die ganzjährig geöffnet und vor allem für Wanderer des Ulster Way geeignet ist.

Busverbindung

Der Antrim Coaster (Ulsterbus Nr. 252) verkehrt im Sommer als Sightseeing Tour zwischen Coleraine, Portstewart, Portrush, Portballintrae, Bushmills und dem Giant's Causeway; entlang der Antrim Coast nach Belfast. Abfahrt Coleraine 9.20, 11.30, 14.10, 16 und 18 Uhr, Mo-Sa. Busse mit offenem Verdeck fahren ab Giant's Causeway 10.15, 12.30, 15.05, 16.55 und 18.55 Uhr. Auskunft: Belfast, Tel.: 01232 333000, Larne, Tel.: 01574 272345, Coleraine, Tel.: 01265 43334

▓ Ballycastle

ist ein kleines Marktzentrum im nordöstlichsten Zipfel Irlands. Verschiedene Hauptstraßen treffen auf einem kleinen Platz, "The Diamond", zusammen. Ballycastle ist vor allem wegen seiner "Ould Lammas Fair" bekannt, einem Pferdemarkt mit starkem Volksfestcharakter. Früher dauerte das Fest eine Woche, heute nur noch zwei Tage und zwar Ende August.

Tourist Information

Ballycastle, Sheskburn House, 7 Mary Street, Ballycastle BT54 6QH, Tel.: 012657 62024, ganzjährig geöffnet.

Hotel/B&B

● Colliers Hall, Mrs. Maureen McCarry, 50 Cushendall Road, Ballycastle, Tel.: 012657 62531. Das B&B liegt ca. 2 km östlich von Ballycastle. Das Haus wurde 1790 erbaut und hat eine behagliche Atmosphäre. Vier Zimmer stehen den Gästen zur Verfügung. Man kann auch Dinner bekommen. (12,50 Pfund pro Person).

- Silversprings House, Quay Road, Ballycastle, Tel.: 012657 62080, Molly Mulholland. Ruhig gelegenes Haus mit einem Doppel- und einem Familienzimmer, günstig und freundlich.
- Glenluce Guesthouse, 42 Quay Road, Ballycastle BT54 6BH, Tel.: 012657 62914. Das Gästehaus liegt unweit vom Seeufer, ist günstig und freundlich.

Jugendherberge/Hostel
Castle Hostel, 62 Quay Road, Ballycastle BT54 6BH, Tel.: 012657 62337. Das Hostel hat 22 Betten, ist ganzjährig geöffnet und für Wanderer des Ulster Way geeignet.

Restaurants
- Marine Hotel, 1 North Street, Ballycastle, Tel.: 012657 62222
- Wysners, 16 An St., Ballycastle, Tel.: 012657 62372
In beiden Restaurants läßt es sich angenehm speisen.

Souvenirs
Seafront Exhibition Centre, Mary Street, Ballycastle, Tel.: 012657 62225. Hier kann man schöne Westen, Spitzen und Patchwork-Arbeiten sowie Seidenmalerei erwerben. Juni-August täglich 12-21 Uhr geöffnet.

Anglerbedarf
Ballycastle, R. Bell, 40 Ann St., Tel.: 012657 62520

Camping/Caravan
Cushendall Caravan Park, 62 Coast Rd., Tel.: 012667 71699 Gepflegter Platz.

Feste/Feiern
Im Juni findet in Ballycastle ein großes nationales Musikfestival statt, Ende August der wohl bekannteste Markt in Nordirland: die "Oul'Lammas Fair", ein Pferdemarkt mit starkem Volksfestcharakter. Kulinarische Spezialitäten, die hier angeboten werden, sind "Yellow Man", ein harter Karamel, der mit dem Hammer in kleine Stücke geschlagen wird, und "Dulse", an der Sonne getrockneter Seetang. Wegen des Jodgehaltes soll Seetang gut für das Gehirn sein.
Die genauen Termine des Festes erfährt man über die Tourist Information.

Streckenführung
Von Ballycastle entweder auf der Küstenstraße weiterfahren, was auf jeden Fall zu empfehlen ist, oder über die Schnellstraßen (A 44 und A 26) via Ballymena und kurz vor Antrim über die Autobahn die Reise nach Belfast fortsetzen.

▓ Falls man sich für letzte Möglichkeit entscheidet, passiert man an der A 26 **Ballymena**, mit 29.000 Einwohnern die größte Stadt der Grafschaft Antrim. Die Siedler, die im 17. Jahrhundert hierher zogen, kamen vor allem aus dem Südwesten Schottlands. Noch immer kann man den typischen schottischen Lowland Akzent mit dem starken "rrr"-Laut heraushören.

Durch die Leinenindustrie hat die Stadt einen gewissen Wohlstand erreicht. Heute ist das Gebiet vorwiegend landwirtschaftlich geprägt. Über besondere Sehenswürdigkeiten verfügt Ballymena nicht.

Tourist Information
Ballymena Tourist Information Centre, Bridge Street, Tel.: 01266 653663

Hotel/B&B
● Galgorm Manor, 136 Fenaghy Road, Ballymena BT42 1EA, Tel.: 01266 881001, Fax: 01266 880080. Das denkmalgeschützte Herrenhaus beherbergt ein 4-Sterne-Hotel mit 23 Zimmern. Es liegt direkt am Fluß Maine und hat ein ausgezeichnetes Restaurant. Besonders empfehlenswert sind die Fischgerichte. Gehobene Preisklasse. Zum Hotel gehört eine eigene Reitschule. Auch Ferienwohnungen kann man hier mieten. Galgorm Monor bietet sich auch für kleinere Konferenzen und Seminare an.
● Adair Arms Hotel, Ballymoney Road, Ballymena, Co. Antrim BT43 5BF, Tel.: 01266 653674, Fax: 0266 40436. Das Hotel hat 40 komfortabel ausgestattete Zimmer und ein nettes Restaurant.
● The Beeches, 10 Dunadry Road, Muckammore, Antrim BT41 2RR, Tel. und, Fax: 01849 433161. Nahe am International Airport, unweit der A 6 gelegenes, ruhiges Gästehaus, freundlich, Nicht-Raucher. Mittlere Preisklasse. Sehr gute Küche, vor allem die hausgemachten Suppen sind empfehlenswert.

Restaurant
Galgorm Manor, 136 Fenaghy Rd., Ballymena, Tel.: 01266 881001; siehe Hotel/B&B

Fahrradverleih
R.F. Linton, 31 Springwell Street, Tel.: 01266 652516, Fax: 01266 652516

Anglerbedarf
Ballymena, P. McGroggan, 34 Broughshane St., Tel.: 01266 46370

Verkehrsverbindung
● Ulsterbus Office, Tel.: 01266 652214
● Bahnhof, Tel.: 01266 652277

■ **Rathlin Island**
Rathlin Island liegt 9 km nördlich von Ballycastle und 23 km vom Mull of Kintyre in Schottland entfernt. Die Insel hat L-Form, eine Seite ist 6 km lang, die andere 4 km, nirgends ist sie mehr als 1,5 km breit. Rund 100 Einwohner leben hier. Von Ballycastle aus bestehen Bootsverbindungen über den Rathlin Sound nach Church Bay. Die Überfahrt dauert ca. 40 Minuten. Beim Hafen gibt es ein Gästehaus, einen Pub, ein Hostel und eine Tauchschule. Übernachtung ist auch im Rathlin Manor House möglich.

Dort wachsen kaum Bäume, der überwiegende Teil der Küste besteht aus Klippen, von denen manche über 200 Meter hoch sind. Rathlin ist vor allem bei Ornithologen, Geologen, Botanikern, Seeanglern und Tauchern beliebt. Und bei allen, die die Natur lieben. Im Sommer gibt es einen Minibus vom Hafen zum Leuchtturm im Westen. Pkw können auf die Insel nicht mitgenommen werden, so daß Rathlin Island auch für Wanderungen sehr ruhig und angenehm ist. Im alten

Bootshaus am Hafen wurde ein Informationszentrum eingerichtet, in dem man sich über die Geschichte und Kultur der Insel informieren kann.

Die Klippen sind die Heimat von Tausenden von Seevögeln. Die beste Stelle zur Vogelbeobachtung ist vom Kebble Nature Reserve im Westen der Insel. Nur Fulmars bleiben das ganze Jahr hier, alle anderen Vögel verlassen die Insel im Winter. In den Klippen gibt es eine stattliche Anzahl an Höhlen. Am bekanntesten ist **Bruce's Cave** beim Leuchtturm im Osten. Hier hat sich Robert the Bruce 1306 nach seiner Niederlage durch die Engländer bei Perth in Schottland versteckt. Hier in dieser Höhle soll er neuen Mut und neue Kräfte gesammelt haben, bevor er zum großen Gegenschlag ausholte: die für ihn siegreiche Schlacht bei Bannockburn.

Rathlin war durch seine Lage zwischen Irland und Schottland immer ein Ort für kriegerische Auseinandersetzungen. Ein Hügel in der Mitte der Insel wird "Hill of Screaming" genannt. 1642 kam eine Gruppe von Mitgliedern des Campbell Clan auf die Insel, um die Männer des ihnen verfeindeten MacDonald Clan zu töten. Die Frauen beobachteten hilflos das grausame Treiben vom Hügel aus. Schmuggler und Piraten kamen oft nach Rathlin Island. In der Nähe des südlichen Leuchtturms gibt es das sogenannte "Smuggler's House".

In der Nähe von Knockans kann man die spärlichen Überreste einer Klostersiedlung sehen. 1992 wurde ein windbetriebenes Elektrizitätswerk auf Rathlin Island installiert.

Bootsverleih
Bei Interesse an Angelpartien kann man sich unter der Rufnummer Tel.: 012657 63933 oder 63935 informieren.

Tauchen
Um die ganze Insel herum bestehen gute Tauchmöglichkeiten. Auskunft und Organisation: Tommy Cecil, Tel.: 012657 63915.

Feste/Feiern
Im Sommer gibt es zwei Festivals auf der Insel.
● Die Rathlin Festival Week in der 2. Juliwoche bietet Sportveranstaltungen, Theater und viel Musik.
● Die Rathlin Regatta – von Coleraine nach Rathlin – findet am letzten Augustwochenende statt und wird von zahlreichen Veranstaltungen auf der Insel begleitet.

Hotel/B&B
● Rathlin Guest House, D. & K. McCurdy, The Quay, Rathlin Island, Tel.: 012657 63917. Schlichtes Gästehaus, aber freundlich und günstig.
● Auch sind Übernachtungen im Manor House, einem wunderschönen Herrenhaus, möglich, Auskunft unter Tel.: 012657 63920.

Fährverbindungen
bestehen täglich von Ballycastle um 10.30 Uhr aus, von Rathlin geht es um 16 Uhr zurück. Vom 1. Juli bis 31. August fahren zusätzliche Boote. Die Überfahrt dauert 40 Minuten. Die Hin- und Rückfahrt kostet 6 Pfund. Es gibt Ermäßigungen für Studenten und Kinder.

Camping
an der Ostseite von Church Bay ist Campen kostenlos erlaubt.

■ **Ballygally** ist ein beliebter Ferienort mit langem Sandstrand. Ballygally Castle wurde 1625 errichtet und beherbergt heute ein Hotel.

Hotel/B&B
● Ballygally Castle Hotel, 274 Coast Road, Ballygally, Co. Antrim, Tel.: 01574 583212, Fax: 01574 583681. Das Ballygally Castle Hotel liegt direkt an der Ballygally Bay und bietet gute Unterkunft. Mittlere Preisklasse.
● Londonderry Arms Hotel, 20 Harbour Road, Carnlough BT44 OEU, Tel.: 01574 885255, Fax: 01574 885263. Ehemalige Kutschenstation in dem kleinen Fischerort Carnlough, ca. 20 km nördlich von Larne, beherbergt heute ein Hotel mit behaglich eingerichteten Zimmern und einer guten Küche. Empfehlenswert sind die Hummergerichte. Mittlere Preisklasse. Das Londonderry Arms Hotel bietet spezielle Angebote an, z.B. dreimal B&B und zweimal Dinner für 99 Pfund pro Person.

Das Londonderry Arms Hotel

Jugendherberge/ Hostel
Ballygally Youth Hostel, 210 Coast Road Ballygally, Larne BT40 2QQ, Tel.: 01574 583377. Die Jugendherberge (YHANI) liegt rund 7 km nördlich von Larne an der A 2, eine Bushaltestelle ist 50 Meter entfernt. März bis 23. Dezember geöffnet, Januar und Februar nur nach Voranmeldung.

Restaurant
Londonderry Arms Hotel, 20 Harbour Road, Carnlough, Tel.: 01574 885255; siehe Hotel/B&B

■ **Larne** ist vor allem als Fährhafen für die Fährpassagen nach Schottland (Stranraer) bedeutungsvoll. Die Gegend um Larne herum war der Ankunftsort der ersten Siedler, die um 6000 v. Chr. von Schottland kommend hier einwanderten. Darauf weisen zahlreiche Funde aus dem Mesolithikum in dieser Region hin.

Im Stadtzentrum stehen dem Besucher viele Geschäfte, Cafés, Restaurants und ein Kino (Curran Road) zur Verfügung.

◆ Das **Larne Historical Centre** ist im Carnegie Arts Centre, Victoria Road, untergebracht. Alte Photographien, heimat- und lokalgeschichtliche Exponate und beispielsweise das Innere eines alten Cottage erlauben Einblicke in Larnes Vergangenheit.

■ **Islandmagee** ist die Halbinsel südlich von Larne. Einen schönen Sandstrand bietet die Browne's Bay. Im Nordosten der Halbinsel liegt Portmuck, ein kleiner malerischer Hafen. Eine Besonderheit auf der Halbinsel ist der **Ballylumford Dolmen**, der auch als Druid's Altar bekannt ist. Seit 4.000 Jahren schaut er auf den Larne Lough und steht heute in einem Vorgarten in der Ballylumford Road Nr.29.

Tourist Information
Narrow Gauge Road, Tel.: 01574 260088, ganzjährig geöffnet

Anglerbedarf
Foster Sports, 60 Main Street, Tel.: 01574 260883

Fahrradverleih
John M. Hanna Cycles, 11-13 Chapel Hill, Tel.: 01846 679575, Fax: 01846 673786

Verkehrsverbindungen
● Bahnhof Larne Stadt, Tel.: 01574 260604
● Ulsterbus, Tel.: 01574 272345

Der Ballylumford Dolmen

4.6.8 BELFAST
147 km nördlich von Dublin, 118 km östlich von Londonderry

4.6.8.1 Allgemeiner Überblick

Belfast hat ca. 400.000 Einwohner, das sind fast ein Drittel der Gesamtbevölkerung Nordirlands. Im Norden der Stadt erhebt sich die Hügelkette der Cave Hills. Das Stadtbild wurde von der beginnenden Industrialisierung im 19. Jahrhundert geprägt. In rasanter Schnelligkeit expandierte die Industrie, insbesondere der Schiffsbau, die Tabak- und Leinenindustrie. Damit verbunden war ein gewaltiger wirtschaftlicher Aufschwung. Alle zehn Jahre verdoppelte sich die Einwohnerzahl der Stadt.

Trotz der Zerstörungen durch den 2. Weltkrieg und den Bürgerkrieg der vergangenen Jahrzehnte kann man den einstigen Wohlstand noch immer erkennen. Der phänomenale Prunk einiger öffentlicher Gebäude, Banken und Warenhäuser steht im interessanten Kontrast zu den architektonischen Errungenschaften der letzten Jahre. Seit dem Waffenstillstand durchlebt Belfast einen großen Wandel. Einige moderne Gebäude sind schon entstanden, weitere werden folgen. Vergangenheit ist das Bild einer zerbombten Metropole mit ausgebrannten Straßenzügen. Keine hohen Zäune oder Verbotsschilder – wie noch in Reiseführern der letzten Jahre beschrieben, bestimmen den Eindruck der Stadt. Derzeit gleicht Belfast einer großen Baustelle: Überall wird investiert und gebaut.

1996 macht Belfast den Eindruck einer sauberen, lebendigen, gepflegten und freundlichen Stadt.

4.6.8.2 Reisepraktische Hinweise

Tourist Information
Northern Ireland Tourist Board, St. Anne's Court, 59 North Street, Tel.: 01232 246609, Fax: 01 232 240960, ganzjährig geöffnet, Mo-Sa 9-17.15 Uhr, im Juli und August auch So 12-16.30 Uhr.

Krankenhäuser
- City Hospital, Tel.: 01232 329241
- Royal Victoria Hospital, Tel.: 01232 240503
- Ulster Hospital, Tel.: 01232 484511
- Mater Hospital, Tel.: 01232 741211

Flughäfen
- Belfast City Airport (5 km O) , Sydenham Bypass, Tel.: 01232 457745
- Belfast International Airport (30 km W), Tel.: 01849 422888

Fähren
- North Irish Ferries (Liverpool - Belfast), Tel.: 01232 779090
- Stena Sealink (Stranraer - Larne), Larne Harbour, Tel.: 01574 273616
- P&O European Ferries (Cairnryan - Larne) Larne Harbour Tel.: 01574 274321
- Isle of Man Steam Packet Company Limited: Dublin-Douglas (4 ¾ Stunden) oder Belfast -

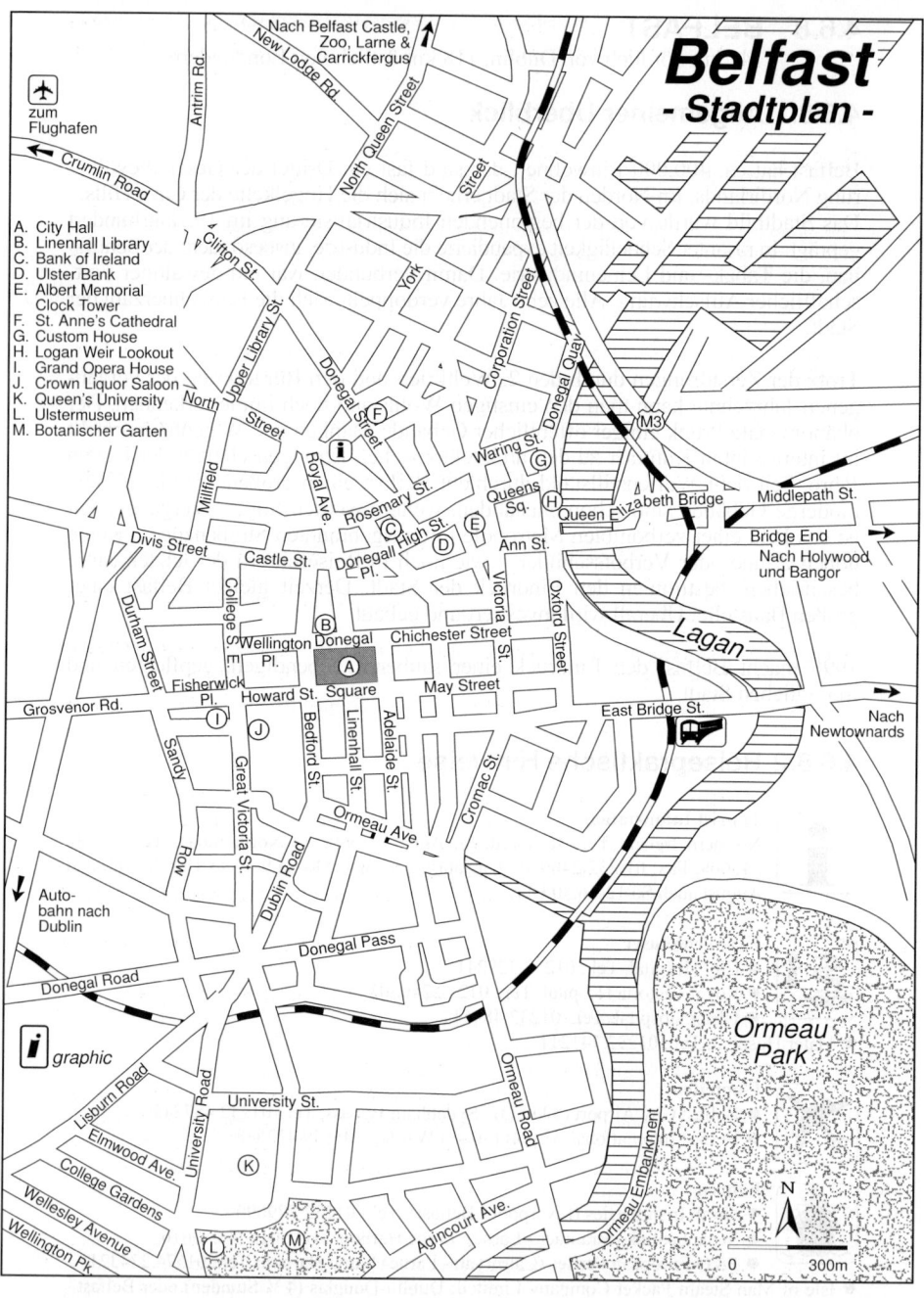

Belfast
- Stadtplan -

A. City Hall
B. Linenhall Library
C. Bank of Ireland
D. Ulster Bank
E. Albert Memorial
   Clock Tower
F. St. Anne's Cathedral
G. Custom House
H. Logan Weir Lookout
I. Grand Opera House
J. Crown Liquor Saloon
K. Queen's University
L. Ulstermuseum
M. Botanischer Garten

Nach Belfast Castle, Zoo, Larne & Carrickfergus

zum Flughafen

Crumlin Road

Antrim Rd.

New Lodge Rd.

North Queen Street

Street

York

Clifton St.

Upper Library St.

Donegal Street

North Street

Millfield

Divis Street

Durham Street

Grosvenor Rd.

Sandy Row

Great Victoria St.

Dublin Road

College St.

Royal Ave.

Rosemary St.

Castle St.

Donegall Pl.

High St.

Fisherwick Pl.

Howard St.

Bedford St.

Linenhall St.

Adelaide St.

Wellington Pl.

Donegal Square

Chichester Street

May Street

Ormeau Ave.

Cromac St.

Victoria St.

Oxford Street

Ann St.

Queens Sq.

Waring St.

Corporation Street

Donegal Quay

M3

Queen Elizabeth Bridge

Queen Elizabeth Bridge

Middlepath St.

Bridge End
Nach Holywood und Bangor

East Bridge St.

Nach Newtownards

Lagan

Donegal Pass

Auto-bahn nach Dublin

Donegal Road

graphic

Lisburn Road

University Road

University St.

Elmwood Ave.

College Gardens

Wellesley Avenue

Wellington Pk.

Agincourt Ave.

Ormeau Road

Ormeau Embankment

Ormeau Park

N

0   300m

Douglas (4 ½ Stunden). P.O.Box 5, Douglas, Isle of Man IM99 1AF, Tel.: 0044 1624 661661, Fax: 0044 1624 661065, in Deutschland vertreten durch Hoverspeed, Oststraße 122, 40210 Düsseldorf, Tel.: 0211 3613021, Fax: 0211 351398, Belfast Tel.: 01232 351009

Busse
- Ulsterbus, Tel.: 01232 320011 (Europa Bus Centre, Glengall Street)
- City Bus, Tel.: 01232 246485 (fährt nur im Gebiet von Belfast)

Der Dublin-Belfast Schnellbus-Service verkehrt viermal täglich, sonntags dreimal. Abfahrt vom Busbahnhof Dublin Central gegenüber Bahnhof Connolly Street, hält für Fahrgäste am Flughafen Dublin. Die Reisedauer beträgt 3 Stunden. Auskunft: Dublin, 01 366111, oder Belfast, 01232 333000.

Bahn
- Central Station, East Bridge St. Tel.: 01232 899411 (Fahrten nach Bangor, Larne Harbour, Portadown, Londonderry, Portrush und Dublin)
- Belfast Yorkgate Bahnhof, Tel.: 01232 741700

Jeden Tag fahren sechs Züge (sonntags drei) vom Connolly Street Bahnhof von Belfast nach Dublin. Die Reisezeit beträgt 2 Stunden (Expreßzüge), 3 Stunden für Züge, die in Newry, Portadown und Lisburn halten. Auskunft: Dublin, Tel.: 01 366222, oder Belfast, Tel.: 01232 899411.

Bustouren
- Belfast City Tour fahren jeden Mi vom Castle Place um 13.30 Uhr. Dauer 3 ½ Stunden, Erwachsene zahlen 6,50 Pfund, ermäßigt 4,50 Pfund.
- North Down History & Scenic Tour, jeden Mo vom Castle Place um 13.30 Uhr, Erwachsene 6,50 Pfund, ermäßigt 4,50 Pfund.
- Belfast: A Living History. Abfahrt vom Castle Place jeden Di, Do und So um 9.30 Uhr und 14 Uhr. Erwachsene 6,50 Pfund, ermäßigt 4,50 Pfund. Vorausbuchungen erforderlich.

Buchung und weitere Information über diese und verschiedene andere Touren bei: Citybus Tours Belfast, Tel.: 01232 458484

Unterhaltung
- Grand Opera House, Great Victoria Street, Belfasts große Bühne präsentiert Klassiker, aber auch moderne Produktionen. Programmansage und Reservierung per Telefon, Tel.: 01232 241919, Fax: 01232 329606, oder per Post: Grand Opera House Ticket Shop, 17 Wellington Place, Belfast BT1 6GB.
- Arts Theatre, Botanic Avenue. Hier werden beliebte Produktionen, wie Shows, Kabarett und Musicals, geboten, Tel.: 01232 324936
- Lyric Theatre, Ridgeway Street, Tel.: 01232 381081, bietet Stücke von und über Irland sowie neue Produktionen.
- Old Museum, College Square, Tel.: 01232 235053, zeigt neue und experimentelle Stücke.

Die großen Veranstaltungshallen sind:
- Ulster Hall, Bedford St, Tel.: 01232 323900
- King's Hall, Lisburn Rd, 5.000 Plätze Tel.: 01232 665225
- Belfast Waterfront Hall: Neu (1996 Eröffnung) ist die Waterfront Hall, eine der luxuriösesten und schönsten Konzert- und Veranstaltungshallen Großbritanniens. Sie hat ein Auditorium für 2.200 Personen und eine kleinere Halle mit 500 Sitzen. Die Waterfront Hall ist der Eckstein des "Laganbank Development Projektes" und liegt direkt gegenüber dem neuen Hilton Hotel.

Restaurants
- Bewleys Oriental Café, Donegall Arcade, BT1, Tel.: 01232 234955. Zweigstelle der vor über 150 Jahren gegründeten berühmten irischen Kaffeefirma. Große Auswahl verschiedener Kaffeesorten sowie selbstgemachte Backwaren. So geschlossen.

- Bocoose, 85 Dublin Road, BT2, Tel.: 01232 238787. Das freundliche Restaurant in der Dublin Road bietet sowohl traditionelle als auch moderne Küche. Mittlere Preisklasse.
- The Clarence, 18 Donegall Square East, BT1, Tel.: 01232 238862. The Clarence, Bar und Restaurant, liegt neben dem City Hall und ist vor allem bei Geschäftsleuten beliebt. Es gibt ausgefallene Desserts, z.B. Champagner Sorbet. Mittlere Preisklasse.
- Roscoff's, Lesley House, Shaftesbury Square, BT2, Tel.: 01232 331532. Zwischen City Hall und Queen's University gelegenes Restaurant mit Schwerpunkt auf gesunder Küche. So geschlossen. Bei Roscoff's kann man gut lunchen.
- Saints & Scholars, 3 University Street, Belfast BT7 IFY Tel.: 01232 325137, Fax: 01232 323240. Populäres Bistro-Restaurant der mittleren Preisklasse.
- Skandia, 50 Howard Street, Tel.: 01232 240239, Fax: 01232 600744. Das Restaurant wird im Familienbetrieb geführt und liegt im Herzen von Belfast.

Pubs

- The Crown Liquor Salon, Great Victoria Street. 1849 als Railway Tavern begonnen, wurde der Pub 1885 zum Crown Liquor Salon. Heute steht er unter der Obhut des National Trust. Die Inneneinrichtung prunkt mit holzgeschnitzten Vertäfelungen, Bleiverglasungen, bemalten Fliesen, palmenförmigen Holzsäulen, Messingzapfhähnen mit Porzellangriffen, Spiegeln mit eingravierten Jagdszenen und Ranken. Das Bier schmeckt trotzdem oder gerade deshalb besonders gut.
- Duke of York, 3 Commercial Road, BT1, Tel.: 01232 241062. Der unweit der St. Anne's Cathedral und dem Zeitungsviertel gelegene Pub ist einer der ältesten in Belfast. Er wurde kürzlich neu eingerichtet. Es gibt gutes Barfood und abends manchmal Live-Musik.
- The Kitchen Bar, Victoria Square, Tel.: 01232 324901. Der Pub wurde 1859 gegründet. Besonders lebhaft geht es hier um die Mittagszeit zu.
- Morning Star, 17 Pottinger' Entry, BT1, Tel.: 01232 323976. Historischer Pub mit ausgezeichneten Speisen, die im Restaurant im ersten Stock serviert werden. Am letzten Sa des Monats finden "Gourmet Nights" statt.
- Kelly's Cellars, Bank Street, Tel.: 01232 324835. Alter gemütlicher Pub.
- Lavery's Gin Palace, Bradbury Place. Im Universitätsviertel gelegener Pub mit studentischem Publikum, am Wochenende ist es manchmal recht voll.
- Maddens, Smithfield, Tel.: 01232 244114. An den meisten Abenden wird in der Bar im 1. Stock Live-Musik geboten.

Pub Walking Tours
Jeden So um 14 Uhr werden drei verschiedene Touren angeboten, die jeweils 2 Stunden dauern und zu ausgewählten Pubs in Belfast führen. Unkostenbeitrag: 5 Pfund, die Getränke muß man natürlich selbst zahlen. Auskunft erteilt die Tourist Information in 59 North Street, Tel.: 01232 246609.

Hotel/B&B

- Malone Lodge Hotel, 60 Eglantine Avenue, BT9 6DY, Tel.: 01232 382409, Fax: 01232 382706. Unweit Queen's University mit guten Busverbindungen in die Innenstadt gelegen. Schmackhaftes Bar-Food, das auch "non-residentals" zu sich nehmen können. Mittlere bis gehobene Preisklasse.
- Aldergrove Airport Hotel, Belfast International Airport, Belfast BT29 4AB, Tel.: 01849 422033, Fax: 01849 423500. Das Flughafen-Hotel liegt ca. 30 km außerhalb Belfast und hat 100 Zimmer mit dem üblichen Standard. Mittlere Preisklasse.
- Camera House, 44 Wellington Park, Belfast BT9 6DP, Tel.: 01232 660026 oder 667856. Sehr angenehmes Gästehaus in ruhiger Lage und mit guten Busverbindungen in die Stadt. Moderate Preise: Ein Doppelzimer mit Dusche kostet 38 Pfund.

● Duke's Hotel, 65 University Street, Belfast BT17 1HL, Tel.: 01232 236666, Fax: 01232 237177. Duke's Hotel liegt unweit vom Ulster Museum und dem Botanischem Garten. Es ist modern und hell eingerichtet, hat 21 Zimmer, Fitnessraum und Sauna. Gutes Restaurant. Mittlere Preisklasse.

● Helga Lodge, 7 Cromwell Road, Belfast BT7 1JW, Tel.: 01232 324820. Unweit vom Botanischen Garten und der Queen's Universität gelegenes Gästehaus mit 12 Zimmern, günstig.

● Holestone House, 23 Deer Park, Doagh, Ballyclare BT39 ORH, Tel.: 01960 352306. Das efeubewachsene georgianische Haus liegt sehr ruhig, ca. 20 km von Belfast und unweit Belfast International Airport. Moderate Preise.

Universitätsunterkünfte

● Queen's Elms, Queen's University, 78 Malone Road BT9 5BW, Tel.: 01232 381608, Fax: 666680. Zwischen Juli und September stehen hier 300 Zimmer zur Verfügung. Die Übernachtung ist recht günstig. Ein Einzelzimmer kostet 13.50 Pfund, das Doppelzimmer 19 Pfund.

● Queen's University Common Room, 1 College Gardens, University Road BT9 6BQ, Tel.: 01232 665938, Fax: 01232 681209. Hier gibt es 25 Zimmer, die das ganze Jahr über zu mieten sind. Etwas teurer als oben.

● University of Ulster at Jordanstown, Shore Road, Newtownabbey BT37 0QB, Tel.: 01232 36531, Fax: 01232 747493. Zwischen Juli und September stehen hier 750 Betten zur Verfügung. Man kann auch den Swimming Pool und andere Sporteinrichtungen nutzen. Die University of Jordanstown liegt nördlich von Belfast am Fuße des Antrim Hills beim Belfast Lough.

Jugendherbergen/Hostels

● YWCA Hostel, Queen Mary's Hall, 70 Fitzwilliam Street, Lisburn Road BT9 6AX, Tel.: 01232 240439. Ganzjährig außer Ostern und Weihnachten geöffnet.

● Arnie's Backpackers, 63 Fitzwilliam Street, Belfast BT9 6AY, Tel.: 01232 242867. Unweit der Queen's Universität gelegen. 18 Betten, ganzjährig geöffnet.

● Belfast International Youth Hostel (YHANI), 22-32 Donegal Road, Belfast BT12 5JN, Tel.: 01232 324733, Fax: 439699. Die neue Jugendherberge liegt nahe zur Universität und zum Ulster Museum. Es gibt 126 Betten in Mehrbett-, Doppel- und Familienzimmern. Ganzjährig und ganztägig geöffnet, außer Weihnachten und Neujahr.

Fahrradverleih

Bikeit Cycles, 4 Belmont Road, Tel.: 01232 471141, Fax: 01232 652685

Parken

Parkmöglichkeiten in der Stadt befinden sich in der Donegall Street, St. Stephens, in der Chichester Street und in der Montgomery Street.

Feste/Feiern

● April: City of Belfast Spring Flower & Garden Festival

● Mai: Belfast Marathon, Belfast Civic Festival

● Juni: Belfast Folk Festival

● Juli-September: City of Belfast International Rose Trials, Sir Thomas and Lady Dixon Park, Upper Malone Road. Auskunft unter Tel.: 01232 611506.

● Juli: Am 12. Juli wird der Orangeman's Day begangen (siehe Infokasten im Kap. 4.6.3). Bis zu 120 Kapellen spielen zu diesem Anlaß auf.

● August: Ulster Grand Prix

● September: Opera Northern Ireland

● November: Im November finden die Festspiele der Queen's University statt. Dies ist eines der größten Kunstfestivals in der UK mit Hunderten von Begleitveranstaltungen in der ganzen Stadt.

Angeln
Hier zwei Adressen für Anglerbedarf:
● Bloomfield Guns & Tackle, 149 Bloomfield Avenue, Tel.: 01232 459730
● Joseph Braddel, 11 Lower North Street, Tel.: 01232 320525/322657

Einkaufen
● Craftworks, Bedford House, Bedford Street, Tel.: 01232 244465. Hier hat man eine große Auswahl an schönen kunstgewerblichen Dingen, die alle in Nordirland hergestellt wurden, beispielsweise Keramik, Schmuck, Seidenmalerei und Glasprodukte. Mo-Sa 9.30-17.30 Uhr geöffnet.
● Einkaufszentren: Das Castlecourt Centre entlang der Royal Avenue bietet unter einem großen Glasdach eine große Anzahl an Geschäften, kleinen Cafés und Restaurants. Weitere Einkaufspassagen sind die Queen's Arcade, Ross's Court und das Victoria Centre, alle in der Innenstadt gelegen.

Wochenmarkt
Der St. George's Market, am Ende der May Street, findet jeden Freitag statt.

4.6.8.3 Geschichtlicher Überblick

Obwohl das Gebiet rund um Belfast schon während der Stein-, Bronze- und Eisenzeit besiedelt war und trotz seiner strategisch günstigen Lage, gewann Belfast erst ab dem 17. Jahrhundert an Bedeutung. In nächster Nähe zum Stadtzentrum wurden mehr als 2 Dutzend Steinforts gefunden. John de Courcy errichtete im 12. Jahrhundert eine normannische Burg, die "Bealfeirste" (= Furt an der Sandbank) genannt wurde. Sie erlangte jedoch nie die gleiche Bedeutung wie das ebenfalls von de Courcy errichtete Carrickfergus Castle erlangte. Um Bealfeirste herum entwickelte sich eine kleine Stadt, die allerdings im 14. Jahrhundert von Edward Bruce zerstört wurde. Anschließend kam das Gebiet in den Besitz der Earls of Tyrone und fiel, als diese das Land 1607 verließen, an Sir Arthur Chichester. Dieser kolonisierte das Land mit Schotten und Engländern. Belfast bildete schon bald mit den angrenzenden Grafschaften Antrim und Down das Kernstück der protestantischen Besiedlung.

Im 17. Jahrhundert nahm Belfasts Aufstieg zu einer wichtigen Handelsstadt seinen Anfang. Güter aus Frankreich, Spanien und Übersee wurden importiert, irisches Getreide, Wolle und Fleisch exportiert. Mit der einsetzenden Industriellen Revolution um 1800 begann der eigentliche Aufschwung mit dem Aufbau der Baumwoll- und wenig später der Leinenindustrie. In der Textilindustrie waren hauptsächlich Frauen und Kinder beschäftigt.

Dieser Industriezweig machte Belfast zwischen 1870 und 1920 zum größten Zentrum der Leinenherstellung auf den Britischen Inseln. Zu jener Zeit war Belfast sehr wohlhabend. 1888 hatte die Stadt ca. 300.000 Einwohner und erhielt von

Queen Victoria, die Belfast 1849 besucht hatte, den Status einer Stadt. Der Reichtum Belfasts manifestierte sich in der Architektur mit Prunkbauten, die in historischer Manier eine Überfülle an Verzierungen, Schnörkeln und mythologischen Figuren aufweisen.

1859 öffnete die Schiffswerft Harland and Wolff ihre Tore, die später die stabilste Wirtschaftsmacht in Belfast und zur größten Werft der Welt wurde. Die Werft ist mit ihren beiden riesigen Kränen auch heute noch ein unübersehbarer Teil der Stadt. 1912 wurde auf der Harland and Wolff Werft die als unsinkbar geltende Titanic gebaut. Fast ausschließlich beschäftigte die Werft Protestanten. Die wegen der großen Hungersnot nach Belfast strömenden katholischen Landarbeiter wurden Hilfsarbeiter in anderen Industriezweigen.

Die schnelle Industrialisierung und das enorme Anwachsen einer Arbeiterklasse brachte Probleme mit sich. Schlimme Wohnverhältnisse, Slums, in denen Verschmutzung und Enge herrschten, führten zu entsetzlichen Epidemien. Die Tuberkuloserate in Belfast war am Ende des vorigen Jahrhunderts doppelt so hoch wie die in England. Außerdem bildeten die mangelhaften Lebensbedingungen den Nährboden für Gewalt, Prostitution und Alkoholismus. 1880 hatte Belfast 125.000 Einwohner, gut 100.000 mehr als am Anfang des Jahrhunderts.

1920 wurde Belfast Regierungssitz von Nordirland. In den folgenden Jahren und Jahrzehnten war die Stadt erheblich von der Wirtschaftskrise betroffen, da sie hauptsächlich von importierten Rohstoffen abhing. Im Frühjahr 1941 wurde die Stadt heftig von deutschen Lufttruppen bombardiert. Als Teil von Großbritannien hatte Nordirland nicht den neutralen Status wie die Irische Republik. Ca. 1.000 Menschen starben, ein großer Teil der viktorianischen Architektur wurde zerstört. Während des Bürgerkrieges stand Belfast im Zentrum der Auseinandersetzungen. Seit dem Waffenstillstand im Herbst 1994

Redaktions-Tips

- ▦ Im Crown Liquor Salon einen Drink zu sich nehmen
- ▦ im Camera House übernachten
- ▦ eine Opernaufführung im Grand Opera House besuchen
- ▦ durch die Innenstadt bummeln
- ▦ das Ulster Museum und den Botanischen Garten besichtigen

ist es ruhig hier – für Besucher, die das erste Mal hierherkommen, erscheint es fast so, als sei nichts geschehen.

4.6.8.4 Sehenswertes in der Innenstadt

▦ Die **City Hall** A das Rathaus, am Donegal Square, wurde zwischen 1896 und 1909 im neoklassizistischen Stil errichtet. Sie ist sicherlich der beeindruckendste spätviktorianische Bau der Stadt. Hier wird der wirtschaftliche Reichtum der Stadt zu jener Zeit deutlich. Die 100 Meter lange Front ist von ionischen Säulen, einem Tympanon, Fenstergiebeln und einer Dachbalustrade geziert, darüber erhebt sich ein riesiger 53 Meter hoher Tympanon mit Kupferkuppel. Führungen: Im Juli, August und September jeweils um 10.30 Uhr und 14.30 Uhr. Eintritt frei. Dauer ca. 1 Stunde. Anmeldung erwünscht unter Tel.: 01232 320202 ext. 2618.

City Hall

Unweit der City Hall liegt in der Linenhall Street Nr. 17 die Craftworks Gallery. Sie zeigt in Wechselausstellungen Kunstgewerbe, das in Nordirland hergestellt wurde: Keramik, Holz, Möbel, Textilien, Porzellan und Glas. Öffnungszeiten: Mo-Fr 9-17 Uhr, Tel.: 01232 236334.

▉ In der **Linenhall Library** B , der 1788 eröffneten Bibliothek, werden über 20.000 Bände zur irischen Geschichte verwahrt, die stetig um neues Material über die jüngste Geschichte ergänzt werden.
Öffnungszeiten: wochentags bis 17.30 Uhr, Sa bis 16 Uhr. Führungen durch die Bibliothek nach Vereinbarung. Auskunft unter Tel.: 01232 321707

▉ Einige der eindrucksvollsten Gebäude Belfasts sind die Banken. Die **Bank of Ireland** C in der High Street wurde 1897 von William Batt aus rotem und gelbem Sandstein errichtet und wird von einer Kupferkuppel bekrönt. Die **Ulster Bank** D in der Waring Street datiert von 1860. Ihr Inneres ist einem venezianischen Palast nachempfunden.

▉ Der **Albert Memorial Clock Tower** E , der Big Ben von Belfast (Ecke High/Victoria Street), wurde 1865 zum Gedenken an den Prinzgemahl Königin Victorias errichtet. Der

Albert Memorial Clock Tower

Architekt war W.J. Barre. Wegen Bodensenkungen neigt sich der Turm bereits um 1,50 Meter.

▓ Das **Lagan Projekt** und der **Lagan Weir Lookout** H ist eine unweit vom Albert Clock Tower, am Donegal Quay gelegene Aussichtsplattform mit einem ständigen Ausstellungszentrum. Die vor wenigen Jahren gegründete Laganside Corporation hat sich zum Ziel gesetzt, den Fluß durch verschiedene technische Maßnahmen sauberer zu halten und die Gegend für die Öffentlichkeit attraktiver zu gestalten. Derzeit noch eine große Baustelle, werden ein 2,5 km langer Uferweg sowie Wohnungen und Bürogebäude, Hotels und eine neue Konzerthalle gebaut. Letztere wird 1996 eingeweiht.
Die Ausstellung erklärt die Industrie- und Lokalgeschichte der Docks von Belfast und gibt Hintergrundinformationen zu dem 1994 eröffneten Wehr. Eine öffentliche Brücke führt über das Wehr auf die andere Seite des Flusses. Von hier aus kann man das Treiben auf dem Lagan beobachten. Etwas weiter stromabwärts befindet sich ein Art "Belüftungssystem", das dem Fluß Sauerstoff zuführt.
Öffnungszeiten des Ausstellungszentrums: März-September Mo-Fr 11-17 Uhr, Sa 12-17 Uhr, So 14-17 Uhr, Oktober-Februar Mo-Fr 11.30-15.30 Uhr, Sa 13-16.30 Uhr, So 14-16.30 Uhr. Eintritt: Erwachsene 1,50 Pfund, Kinder 75 Pence, Familien 4 Pfund, Tel.: 01232 315444/311944. Auskunft über das Laganside Projekt erhält man bei der Laganside Corporation, Clarendon Building, 15 Road, Belfast BT1 3BG, Tel.: 01232 328507, Fax: 01232 332141

▓ An der Nordseite des Queen's Square lohnt das **Custom House** G einen Blick. Es wurde 1854-57 von Sir Charles Lanyon, dem Architekten vieler öffentlicher Gebäude der Stadt, gebaut. Geschmückt mit den Skulpturen von S.F. Lynn, ist es eines der schönsten Häuser Belfasts.

▓ Die **St. Anne's Cathedral** F Donegal Street, ist von allen Belfaster Kirchen wohl die interessanteste. Sie wurde 1899 im Stil der Neoromanik errichtet und 1904 geweiht. Ein schönes Mosaik zeigt die Landung von St. Patrick in Saul im Jahre 432. Die Kathedrale ist ständig geöffnet, Tel.: 01232 328332

▓ Südlich des Zentrums, in der Great Victoria Street, stehen gleich zwei interessante viktorianische Gebäude: das Opernhaus und ein berühmter alter Pub. Das **Grand Opera House** I wurde 1854 von Frank Matcham, einem Theaterarchitekten, begonnen, aber erst 1909 fertiggestellt und 1980 restauriert. Die Fassade weist Anklänge an den Jugendstil auf.

Der Crown Liquor Salon

Gegenüber beeindruckt der mit üppigem Dekor und vielen Holzschnitzarbeiten geschmückte Pub **"Crown Liquor Salon"** J , der unter die Obhut des National Trust unter Denkmalschutz gestellt wurde.
Öffnungszeiten: Mo-Sa 11.30-23 Uhr, So 12.30-14.30 und 19-22 Uhr.

■ **Sir Thomas and Lady Dixon Park** (Upper Malone Road)
Der imposante Garten am südlichen Stadtrand wurde 1990 eröffnet und ist ständig geöffnet. Hier gibt es einen schönen Rosengarten. Wenn man das spiralförmige Wegesystem von außen nach innen durchschreitet, kann man die Entwicklung der Rosen verfolgen. Es gibt 3.000 verschiedene Arten, von denen aber nur 150-200 wilde Rosen sind, alle anderen sind Züchtungen. Auskunft erhält man unter Tel.: 01232 611506.

■ Südlich des Stadtzentrums liegt das Universitätsviertel. Die **Queen's University** κ, University Road, wurde 1849 von Sir Charles Lanyon nach dem Vorbild des Magdalen College in Oxford im Neo-Tudorstil errichtet. Das Hauptgebäude liegt in der Mitte des Campus und ist von modernen Gebäuden, einer 11-geschossigen Bibliothek und Studentenwohnheimen umgeben.
Das Viertel rund um die Universität gehört mit seinen gepflegten viktorianischen Häuserzeilen zu den repräsentativen Stadtteilen Belfasts. Hier gibt es viele preiswerte Restaurants, Pubs und kleine Geschäfte.

Südlich der Universität liegen der Botanische Garten und das Ulster Museum.

■ Das **Ulster Museum** L (Starnmillis Road) wurde 1924 eröffnet und 1971 erheblich erweitert. Im oberen Stockwerk kann man irische, aber auch europäische und amerikanische Gemälde und Skulpturen besichtigen. In anderen Abteilungen finden sich Exponate zur Geschichte, Geologie, Botanik und zur wirtschaftlichen Entwicklung des Landes. Vor allem die Darstellung der Leinenindustrie, dem für Nordirland so wichtigen Industriezweig, ist interessant. In einem weiteren Raum sind die Schätze der Girona ausgestellt. Die Galeone der Armada war 1588 an der Küste von Antrim gestrandet, 280 Seeleute verloren ihr Leben. An Bord befand sich ein wertvoller Goldschatz, der 1967-68 von belgischen Tauchern gehoben und 1972 vom Ulster Museum angekauft wurde.
Öffnungszeiten: Mo-Fr 10-17 Uhr, Sa 13-17 Uhr, So 14-17 Uhr, Busse Nr. 69,70,71 vom Donegall Square East.

■ Der **Botanische Garten** M wurde 1827/1829 eingerichtet. Das berühmte Palmenhaus, eine gewagte Glas- und Eisenkonstruktion des Dubliner Eisengießers Richard Turner, entstand zwischen 1839 und 1852 und ist sehenswert. Turner ist auch der Architekt des berühmten Great Palm House in Kew Gardens in London (1844-1848). Bereits im vorigen Jahrhundert war der Botanische Garten ein beliebtes Ziel: Im Jahre 1841 besuchten 50.000 Besucher den Park. Nachdem ab 1865 für Arbeiter der freie Samstag eingeführt worden war, wurden an manchen Samstagnachmittagen bis zu 10.000 Besucher gezählt. 1975, im "European Architectural Heritage Year", begannen umfassende Restaurierungsarbeiten, die 1983 abgeschlossen waren.
Weitere Auskunft bei: Botanic Gardens Belfast, Co. Antrim Road, BT9 5AB, Tel.: 01232 381251, Fax: 01232 665510. Für Führungen wende man sich an den Botanischen Garten unter Tel.: 01232 324902

■ **Belfast Castle** liegt außerhalb der Stadt im Norden an der A 6. Es wurde im verspielten Stil des schottischen Baronial 1862-70 von W.H. Lann für den 3. Marquis von Donegal errichtet und beherbergt heute unter anderem ein Restaurant. Im oberen Stockwerk ist das Cave Hill Heritage Centre eingerichtet. Täglich geöffnet. Auskunft unter Tel.: 01232 776925

Der umliegende **Cave Hill Country Park** ist jederzeit zugänglich.
Vom Hügel oberhalb Belfast Castle hat man einen schönen Blick über die Stadt. Der Park umfaßt über 300 Hektar und ist das größte öffentliche Gelände im näheren Umkreis Belfasts. Cave Hill selbst ist rund 550 Meter hoch. Es gibt fünf Eingänge, unter anderem vom Belfast Castle und vom Zoo. Auskunft erteilt: Belfast City Council, Parks and Amenities Service, The Cecil Ward Building, 4-10 Linenhall Street, Belfast.

■ **Belfast Zoo**
Der Zoo beherbergt an die 120 verschiedene Tierarten, von denen einige vom Aussterben bedroht sind. Er nimmt an weltweiten Zuchtprogrammen teil und führt zusammen mit anderen Zoos Forschungs- und Naturschutzprogramme durch. Im Zoo gibt es ein Restaurant, eine Cafeteria, Picknickmöglichkeiten und einen Souvenirladen.
Öffnungszeiten: April bis September 10-17 Uhr, Oktober bis März 10-15.30 Uhr, freitags nur bis 14.30 Uhr. Auskunft erhält man von: Belfast Zoo, Antrim Road, Belfast BT36 7PN, Tel.: 01 232 776277. Vom Stadtzentrum fahren die Busse Nr. 2, 3, 4, 5, 6, 8, 9, 10 und 45 zum Zoo.

4.6.8.5 Sehenswertes in der Umgebung

■ **Carrickfergus, 24 km südlich von Larne**
Bevor Belfast im Zuge der Industrialisierung die vorrangige Stadt im Norden des Landes wurde, war Carrickfergus über Jahrhunderte hinweg ein bedeutender Stützpunkt der Normannen und später der Engländer. Während der Regierungszeit von König Henry II. gelang es dem Normannen John de Courcy, die Könige des nördlichen Teils von Irland zu besiegen und seine Herrschaft vom Carlingford Lough entlang der Ostküste bis nach Fair Head auszudehnen.

Carrickfergus Castle wurde 1180 von John de Courcy errichtet und liegt malerisch am Hafen. Es ist Nordirlands größte und besterhaltene Festung aus dem Mittelalter. Durch den Torbau, der mit zwei halbrunden Türmen befestigt ist, geht man in den äußeren Bezirk mit einigen Bauten, die aus dem 16. Jahrhundert stammen. Im inneren Bezirk befindet sich der mächtige, mehrstöckige Hauptturm. Er ist 27 Meter hoch mit einer Mauerstärke von 2,50 Metern und diente zur Bewachung der Zufahrt zum Belfast Lough.

Heute ist hier ein Museum eingerichtet, das Exponate der irischen Kavallerieregimenter zeigt, Waffen, Uniformen und Kupferstiche. Im 2. Stock befindet sich die von einem mächtigen Gewölbe überspannte Große Festhalle. Über eine Wendeltreppe geht es weiter in die oberen Stockwerke, von wo aus man einen schönen Blick über die Stadt und den Hafen hat. Hier landete William of Orange am 14. Juni 1690 und begann seinen Feldzug um die englische Krone.
Öffnungszeiten: Mo-Sa 10-18 Uhr, So 14-18 Uhr, Tel.: 01960 351273. Der Ulsterbus Nr. 163 fährt hierher.

Tourist Information

Carrickfergus, Heritage Plaza/Knight Ride, Antrim Street, Tel.: 01960 366455, Fax: 0960 350350, ganzjährig geöffnet.

Im gleichen Gebäude ist eine Multimediashow eingerichtet. Man wird auf kleinen Wägelchen sitzend (hängend!) durch den Raum gegondelt und lernt gleichzeitig etwas über die Geschichte des Ortes.

Bahnhof

Tel.: 01960 351286

Restaurant

Fergus Inn, 75 Belfast Rd., Carrickfergus, Tel.: 01960 364556. Hier kann man angenehm speisen.

Anglerbedarf

Hill's Sports Centre, 4 West St., Tel.: 01960 351630

In **Holywood** (A2 nordöstlich von Belfast, Cultra Manor, am Belfast Lough) lohnt sich ein Besuch im **Ulster Folk und Transport Museum**.

Auf einer Fläche von über 7 Hektar wurde die Vergangenheit Ulsters in einem kleinen Dorf mit Bauernhäusern, Schulhaus und Schmiede rekonstruiert. Ein besonderer Schwerpunkt liegt auf der Darstellung der Leinenproduktion: Neben einer Flachsspinnerei und einem Weberhaus ist auch eine Bleichwiese zu sehen. Daneben steht ein Wachturm, von dem aus ein Mann das zum Bleichen an der Sonne ausgebreitete Leinen bewachte. Im Transportmuseum sind verschiedene Transportmittel – vom Eselskarren bis zu alten Flugzeugen, Lokomotiven und einem Handelsschiff – ausgestellt. Alte Photographien und Modelle erläutern die Entwicklung des irische Transportwesens.

Öffnungszeiten: Oktober bis März Mo-Fr 9.30-16 Uhr, Sa, So 12.30-16.30 Uhr, April bis Juni, September, Mo-Fr 9.30-17 Uhr, Sa 10.30-18 Uhr, So 12-18 Uhr. Juli und August Mo-Sa 10.30-18 Uhr, So 12-18 Uhr. Auskunft unter Tel.: 01232 428428, Fax: 01232 428728.

Das Museum liegt ca. 11 km außerhalb von Belfast an der A 2 Belfast - Bangor. Einige Züge der NIR Belfast-Bangor Linie halten an der Museum Station in Cultra. Auch der Ulsterbus Nr. 1 und 2 nach Bangor hält hier.

Restaurants

● Bay Tree Coffee House, Audley Court, 118 High Street, Tel.: 01232 426414. Das kleine Café bietet Suppen, Salate, Scones und andere Kleinigkeiten in warmer und freundlicher Atmosphäre. Im Sommer kann man auf der Terrasse sitzen. So geschlossen. Mittlere Preisklasse.

● Carmichael's, Hibernia Street, Tel.: 01232 424759. Beliebtes Lokal nahe der Eisenbahnlinie. So geschlossen.

Hotel/B&B

● Rayanne House, Demesne Road, Holywood BT18 9EX, Tel.: 01232 425859/ 423364, Fax: 01232 425859. Gästehaus der mittleren Preisklasse mit sehr guter Küche.

● Ardshane Country House, 5 Bangor Road, Holywood BT18 ONU, Tel.: 01232 422044, Fax: 01232 427506. Das elegante georgianische Country House hat behaglich ausgestattete Zimmer und bietet ein sehr gutes Frühstück. Mittlere bis gehobene Preisklasse.
● Culloden Hotel, 142 Bangor Road, Craigavad, Holywood, Co. Down, Tel.: 01232 425223, Fax: 01232 426777. Das charaktervolle viktorianische Country House liegt inmitten eines großen Parkgeländes und beherbergt ein 4-Sterne-Hotel. Zur Ausstattung gehören Fitnessräume und ein Swimmingpool. Das Hotel liegt 11 km von Belfast an der A2. Gehobene Preisklasse.

■ **Lisburn** war im 19. Jahrhundert das Zentrum der Leinenindustrie, dem wichtigsten Industriezweig Ulsters. Französische Hugenotten, die nach dem Edikt von Nantes 1685 von Frankreich nach Irland geflohen waren, führten die Leinenproduktion hier ein. Die Stoffe wurden im Lagan gewaschen und auf den Uferwiesen in der Sonne gebleicht.
Im **Irish Linen Centre & Lisburn Museum** am Market Square wird die Geschichte der Leinenherstellung in Ulster vom 17. Jahrhundert bis heute anschaulich mittels historischer Geräte und lebensecht wirkender Figuren demonstriert. Höhepunkt ist der handbetriebene Webstuhl. Im angeschlossenen Kunstgewerbeladen kann man schönen Schmuck und natürlich auch Leinen erwerben.
Öffnungszeiten: Mo-Sa 9.30-17.30 Uhr, So 14-17.30 Uhr, Oktober bis März nur bis 17 Uhr. Do jeweils bis 21 Uhr. Letzter Einlaß 1 Stunde vor Schluß. Weitere Informationen direkt von: Irish Linen Centre, Market Square, Lisburn Co. Antrim, N.Ireland BT 28 1AG, Tel.: 01846 663377, Fax: 01846 672624.

Verkehrsverbindungen
● Ulsterbus, Tel.: 01846 662091
● Bahnhof, Tel.: 01846 662294

Jugendherberge/Hostel
Friends School, 6 Magheralave Road, Lisburn, BT28 3BH, Tel.: 01846 662156, Fax: 01846 672134. Unweit vom Bahnhof gelegene Unterkunft mit 95 Betten. Friends School ist nur während der Ferien im Juli, August, Ostern sowie Weihnachten geöffnet.

■ Einige Kilometer südlich an der A 1 liegt **Hillsborough**, ein hübsches Städtchen mit einer Befestigungsanlage von 1650. Sie wurde gebaut, um die Straße von Dublin nach Carrickfergus zu kontrollieren. Kleine georgianische Häuser liegen an der steilen Hauptstraße. Am Fuße des Hügels lohnt die neugotische Kirche St.Malachy's mit zwei Orgeln aus dem 18. Jahrhundert einen Besuch.

4.6.9 IM COUNTY DOWN

Die Grafschaft Down erstreckt sich südlich von Belfast. Es ist eine der fruchtbarsten Grafschaften Nordirlands. Das Land ist vorwiegend eben oder leicht hügelig. In der nördlichen Hälfte handelt es sich um ein Moränengebiet. Es wird wegen der vielen kleinen Hügel auch "Eierkorb" genannt. Im Süden erheben sich die malerischen Mourne Mountains, die für ausgedehnte Wanderungen zu empfehlen sind. Wo dieses Gebirge zur Ostküste der Insel abfällt, liegen, besonders am Carlingford Lough, Bade- und Ferienorte. Im Nordosten zieht sich der **Strangford Lough** weit ins ebene Land und bildet so die sichelförmige **Ards Peninsula**.

Mit der Region eng verbunden ist die Geschichte des hl. Patrick. Er landete im Jahre 432 in Irland an der Mündung des Flüßchen Slaney in den Strangford Lough. Er bekehrte Dichu, den örtlichen Stammesfürsten, und erhielt von ihm eine Scheune (Sabhal = saul), um darin Gottesdienste abzuhalten. In den folgenden 30 Jahren zog der hl. Patrick kreuz und quer durch das Land und bekehrte die Iren zum Christentum. (siehe Kap. 2.1.3 und 4.4.9)

Bangor und Umgebung

■ In **Bangor** kann man dem **North Down Heritage Centre** einen Besuch abstatten. Neben den Werken lokaler Künstler beherbergt das Centre die "Jordan Collection", eine feine Sammlung chinesischer und koreanischer Kunstgegenstände, die von dem Diplomat Sir John Jordan zu Beginn unseres Jahrhunderts von seinen Reisen aus dem Fernen Osten mitgebracht wurden.
Öffnungszeiten: Juli und August Di-Sa 10.30-17.30 Uhr, So 14-17.30 Uhr. September bis Dezember Di-Sa 10.30-16.30 Uhr, So 14-16.30 Uhr, Mo geschlossen, weitere Auskunft unter Tel.: 01247 271200.

Tourist Information
34 Quay Street, Tel.: 01247 270069, ganzjährig geöffnet.

Unterkunft und Restaurants
● Adelboden Lodge, Groomsport, 38 Donaghadee Road, Tel.: 01247 464288. Das Restaurant bietet nicht nur schöne Ausblicke auf die Küste, sondern auch "gesunde" Küche. So geschlossen. Günstig.
● O'Hara's Royal Hotel, 26 Quay Street, Tel.: 01247 271866. Das Hotel ist für seine freundliche Atmosphäre und ausgezeichnete Speisen bekannt. Mittlere Preisklasse.
● Grace Neill's, 33 High Street, Donaghadee, Tel.: 01247 882553. Laut dem "Guinness Book of Records" ist Grace Neill's Irlands ältester Pub. Von Mo-Sa gibt es gutes Pub-Essen.
● Deane's on the Square, Station Square, Helen's Bay, Tel.: 01247 852841. Bietet moderne irische und britische Küche in feinem Ambiente, So nur Lunch. Gehobene Preisklasse.
● Old Inn, 15 Main Street, Crawfordsburn, Co. Down BT19 1JH, Tel.: 01247 853255, Fax: 01232 852775. Dieser Old Inn ist eines der ältesten Hotels in Irland. Es gibt 33 freundlich ausgestattete Zimmer und eine sehr gute Küche. Mittlere Preisklasse.

Ferienwohnung
Innisfree Self-Catering, Mrs. Joan Martin, 82 Dufferin Avenue, Bangor BT20 3AD, Tel.: 01247 472128. Nahe am Seeufer gelegene Ferienwohnungen (2) mit einem bzw. zwei Schlafzimmern, Wohnzimmer und Küche. Günstig und nett.

Verkehrsverbindungen
Ulsterbus, Tel.: 01247 271143

Bahnhof
Bangor 01247 270141

Anglerbedarf
Trap & Tackle, 6 Seacliff Road, Tel.: 0247 458515

Newtownards und Umgebung

Newtownards ist eine lebendige Marktstadt mit 24.500 Einwohnern.

 Hotel/B&B
Edenvale House, 130 Portaferry Road, Newtownards BT22 2Ah, Tel.: 01247 814881. Das georgianische Country House liegt sehr ruhig 3 km außerhalb Newtownards und bietet freundliche Unterkunft zu günstigen Preisen.

 Ferienwohnung
Granary Apartments, 12 a Cunningburn Road, Newtownards, Co. Down, Nordirland, BT22 2AN, Tel.: 01247 815133 oder Tel./Fax 01247 812828 oder Tel. 0860 901395. Die ehemaligen Farmgebäude aus dem 18. Jahrhundert wurden sehr gut restauriert und bieten sowohl 1-Zimmer- als auch 2-Zimmer-Apartments.

 Kleine Snacks
Knott's Cake & Coffee Shop, 45 High Street, Tel.: 01247 819098. Das beliebte Lunchtime-Restaurant bietet eine große Auswahl an Pies, Stews, Gebäck und anderen Kleinigkeiten. Do und So geschlossen. Günstig.

 Busverbindungen
Ulsterbus, Tel.: 01247 812391

Sehenswertes

Ballycopeland Windmill, ca. 10 km von Newtownards und 2 km westlich von Millisle, ist eine der beiden noch funktionsfähigen Windmühlen Irlands. Sie wurde 1790 errichtet. Einst gab es über 100 dieser Art in der Grafschaft Down. Die Mühle ist vor allem als Photomotiv beliebt.
Öffnungszeiten: April-September Di-So bis 13 Uhr, Oktober-März Sa und So bis 16 Uhr, Tel.: 01247 861413

Mount Stewart, A 20, 8 km südlich von Newtownards, ist ein klassizistischer Bau, der von einem schönen Garten umgeben ist. Hier ist der Geburtsort des Viscount Castlerea. Als Außenminister König Georgs IV. konnte er auf dem Wiener Kongreß in hartem Kampf Englands Forderungen nach einem europäischen Gleichgewicht durchsetzen. Der Park mit einer stattlichen Anzahl seltener Pflanzen ist einer der berühmtesten auf den Britischen Inseln. Er wurde 1921 von der Frau des 7. Marquis of Londonderry entworfen. Eingeteilt in siebzehn verschiedene Bereiche, findet sich hier die ganze Bandbreite der Gartenarchitektur vom streng formalen italienischen Garten bis zum englischen Landschaftspark. Der achteckige "Temple of the Winds" wurde 1780 errichtet. Das Anwesen steht unter der Obhut des National Trust.

Öffnungszeiten: Haus: April und Oktober Sa, So 14-13 Uhr, Mai bis September täglich außer Di. Gärten: 10.30-18 Uhr im April bis September täglich, im Oktober nur Sa und So, Eintritt: Erwachsene 3,30 Pfund, Kinder 1,65 Pfund. Tel.: 012477 88387/88487

▩ Die Halbinsel Ards

Die zwei Straßen, die auf den gegenüberliegenden Ufern der ganzen Länge dieser Halbinsel folgen, können kaum unterschiedlicher sein. Die am "Lough" gelegene A 20 ist windgeschützt, die dem Meer zugewandte Strecke (A 2) windzerzaust.

▩ Der Strangford Lough

Der tiefe Meereseinschnitt Strangford Lough, in den die Strömung Tag für Tag riesige Mengen fruchtbaren Planktons hineinträgt, ist eines der artenreichsten maritimen Gebiete in ganz Europa. Seltene Wasservögel, eine mit über 800 Tieren ausnehmend große Seehundkolonie, 100 verschiedene Fischarten wie auch gelegentlich Wale und sogar Haie machen den Strangford Lough für Naturliebhaber zu einem interessanten Flecken. Das "Strangford Lough Wildlife Scheme" (unter Obhut des National Trust) organisiert Vogelbeobachtungen, Bootstouren und Führungen. Hier ist ein riesiges Vogel- und Wildschutzgebiet. Eine große Schar Wildgänse überwintert regelmäßig. Grau- und Bläßgänse aus dem Marschland um Downpatrick fallen zu Stippvisiten ein. Wattvögel, Austernfischer, Rotschenkel und Brachvögel lieben die Schlammzonen. Viele Gattungen von Meerschwalben und Seemöwen machen dieses Gebiet zu ihrer Sommerresidenz.

Bereits viele hundert Jahre, bevor die Anglo-Iren hier ihre großen Häuser bauten, befanden sich an den Ufern vom Strangford Lough drei von den vier Zisterzienserklöstern der Grafschaft Down – Inch Abbey, Grey Abbey und Comber. Das vierte und älteste Kloster stand in Newry, der Stadt mit der Aufgabe, eine der strategisch wichtigen Lücken zum Norden zu bewachen. Nur von Inch Abbey und von Grey Abbey gibt es Überreste. Beide wurden im späten 12. Jahrhundert gegründet.

Grey Abbey

▩ Grey Abbey, A 20, südlich von Newtownards

Die Grey Abbey ist eine der beiden Zisterziensergründungen von John de Courcy, 1193. Als Tochterhaus von Holm Cultram in Cumbria wurde sie von Affreca, der Frau von John de Courcy, gegründet. Affreca folgte der damals üblichen Praxis, indem sie Mönche aus England mitbrachte. Denn die Normannen mißtrauten den irischen Kirchen und ihrer Verbindung zu den Clanchefs. Die Abtei wurde 1572 zerstört, aber die Kirche wurde wiederhergerichtet und bis zum Bau einer neuen, 1778, benutzt. Die Ruinen der Abtei haben mit ihren dreigeteilten Spitzbogenfenstern starke Ähnlichkeit mit den englischen Kathedralen des späten 12. Jahrhunderts. Öffnungszeiten: Di-Sa 10-19 Uhr, So 14-19 Uhr. Besucherzentrum im Winter geschlossen.

Im Dorf Greyabbey selbst (700 Einwohner) gibt es in der Hauptstraße etliche Antiquitäten- und Kunst- bzw. Kunstgewerbegeschäfte.

▓ Portaferry

Portaferry hat 2.300 Einwohner und entlang der Wasserseite hübsche Häuschen, kleine Geschäfte und Pubs. In der ersten Hälfte des vorigen Jahrhunderts eine lebendige Küstenstadt, ist Portaferry heute vor allem für Yachtbesitzer und Hochseeangler interessant. Zwischen Portaferry und Strangford führt eine kleine Autofähre über die Meeresenge.

Hübsch gelegen: Strangford

Strangford Lough Car Ferry
Die Autofähre überquert die Meeresenge halbstündlich das ganze Jahr hindurch, außer Weihnachten, von 7.30-22.45 Uhr. Abfahrt Strangford alle halbe Stunde, Mo-Fr 7.30-22.30 Uhr, Sa 8-23 Uhr, So 9.30-22.30 Uhr. Abfahrt Portaferry Mo-Fr 7.45-22.45 Uhr, Sa 8.15-23.15 Uhr, So 9.45-10.45 Uhr.

Hotel/B&B
Portaferry Hotel und Restaurant, 10 The Strand, Portaferry, Co. Down, BT22 1PE, Tel.: 012477 28231, Fax: 012477 28999. Das 3-Sterne-Hotel bietet schöne Ausblikke über den Strangford Lough. Gemütlich gestaltete Zimmer und gute Küche, vor allem die Fischgerichte sind empfehlenswert. Portaferry Hotel und Restaurant ist ganzjährig, außer Weihnachten, geöffnet. Mittlere Preisklasse.

Jugendherberge/Hostel
Barholm, 11 The Strand, Portaferry BT22 1PF, Tel.: 012477 29598. Die Herberge liegt beim Strangford Lough und ist auch für Wanderer des Ulster Way leicht erreichbar. Es gibt 37 Betten. Barholm ist ganzjährig geöffnet.

▓ Castle Ward (2 km westlich von Strangford Village an der A 25, am Süd-Ufer des Strangford Lough)

Castle Ward hat eine recht ungewöhnliche Geschichte aufzuweisen, denn das Besitzerehepaar konnte sich in Geschmack und Stil nicht einigen. Ein unbekannter Architekt hatte das Schloß 1762-68 für den 1. Lord Bangor und dessen Frau

Lady Anne errichtet. Lord Bangor gefiel der konventionelle klassizistische Stil, wie er an der Südfront zu sehen ist. Lady Anne dagegen war von der gerade modern gewordenen Neugotik begeistert und ließ die Nordseite des Gebäudes dementsprechend gestalten. Lord und Lady Bangor trennten sich später. Von dem ursprünglichen Mobiliar ist leider nicht mehr viel übrig geblieben. Das Gebäude wird vom National Trust betreut, der sich um eine authentische Wiedereinrichtung im Stil des späten 18. und frühen 19. Jahrhunderts bemüht. Das 280 Hektar umfassende Parkgelände entstand im 18. Jahrhundert. Dort befinden sich u.a. ein palladianischer Tempel aus dem 18. Jahrhundert und die Ruinen einer Burg aus dem 16. Jahrhundert.

Öffnungszeiten: Haus: April, September und Mitte Oktober Sa und So, Mai-August täglich, außer Do 13-18 Uhr. Eintritt: Erwachsene 2,60 Pfund, Kinder 1,30 Pfund. Auskunft: Castle Ward Strangford, Co. Down BT30 7LS, Tel.: 01396 881204, Fax: 01396 881729

Camping/Caravan
● Castle Ward Caravan Park, Castle Ward Estate, Tel.: 01396 881680/881204. Auf dem Grundstück vom Castle Ward kann man auch Ferienhäuschen mieten.
● Strangford Caravan Park, 87 Shore Rd., Tel.: 01396 830695, ganzjährig geöffnet.

▓ **Downpatrick** (an der A 25, der Südweststrecke des Strangford Lough)

Die historische Stadt Downpatrick trug ursprünglich den Namen "Dun" oder auch "Fort". Ihren heutigen Namen erhielt sie nach den Ausgrabungen der sterblichen Überreste der drei großen irischen Schutzheiligen Patrick, Brigid und Columba. Daß es sich dabei tatsächlich um die heiligen Gebeine handelte, sind allerdings nur Vermutungen. Der Fund war aber Anlaß für den normannischen Eroberer dieser Grafschaft, John de Courcy, den Sitz seiner Diözese von Bangor nach Downpatrick zu verlegen, wo er mit dem Bau einer neuen Kathedrale begann. Die ältesten erhaltenen Teile im Osten stammen aus dem letzten Drittel des 12. Jahrhunderts. Nach ihrer Zerstörung durch englische Truppen im Jahre 1538 stand sie 2 ½ Jahrhunderte lang leer und wurde erst 1790-1827 neu aufgebaut. Im Innenraum des Gotteshauses, das heute im Besitz der Kirche von Irland ist, kann man Reste von Vorgängerbauten erkennen. Sehenswert ist ein Taufbekken aus dem 11. Jahrhundert.

Auf dem Friedhof steht ein großer Monolith, in den der Name Patrick eingraviert ist. Er wurde hier 1900 hingestellt,

Liegt hier der hl. Patrick begraben?

ohne jedoch die genaue Grabstelle des Heiligen zu markieren. Sicher ist nur, daß er etwa im Jahre 461 in Saul, 3 km von Downpatrick, gestorben ist. Außerhalb am östlichen Endes der Kirche steht ein zusammengesetztes Hochkreuz aus dem 10. Jahrhundert. Man hat es 1897 aus Fragmenten, die in der ganzen Stadt gefunden wurden, wieder rekonstruiert. Die Kathedrale schließt um 18 Uhr. Zwecks Führungen kann man sich an die Verwaltung unter Tel.: 01396 614922 wenden.

◈ Down County Museum

Das Museum erläutert die Geschichte des County Down. Es ist in dem alten Gefängnis, einem Gebäudekomplex von 1789/1796, untergebracht. Dieses war bis 1803 in Betrieb. Nach verschiedenen Verwendungszwecken standen die Gebäude lange Zeit leer und verfielen zunehmend. Im ehemaligen Torhaus befindet sich heute das St. Patrick's Heritage Centre, wo man sich anschaulich über die Lebens- und Wirkungsgeschichte des Heiligen informieren kann. Im Haus des Gouverneurs sind Ausstellungen zur Geschichte des County Down. Im Zellentrakt am Ende des Gebäudekomplexes kann man Zellen aus dem 18. Jahrhundert sehen. Lebensecht wirkende Puppen verdeutlichen das Leben im Gefängnis zur damaligen Zeit. Das County Down Museum veranstaltet verschiedene Sonderausstellungen, beispielsweise anläßlich des St. Patrick's Day.
Öffnungszeiten: Mitte September bis Juni: Di-Fr 11-17 Uhr, Sa 14-17 Uhr, Mo geschlossen, außer St. Patrick's Day, Ostermontag und den Ferien im Mai. Juli bis Mitte September: Mo-Fr 11-17 Uhr, Sa und So 14-17 Uhr. Auskunft: The Mall, Downpatrick, Co. Down BT30 6AH, Tel.: 01396 615218 Eintritt frei. Auskunft: Down County Museum, The Mall, Downpatrick, County Down, Tel.: 01396 615218

Tourist Information
74 Market Street, Tel.: 01396 612233, ganzjährig geöffnet

Hotel/B&B
Tyrella House, David & Sally Corbett, Downpatrick BT30 8SU, Co. Down, Tel./ Fax: 01396 851422. Das Grundstück des zauberhaften, von Efeu umwachsenen Landhauses zieht sich bis an den privaten Strand herunter. Verschiedene sportliche Aktivitäten sind von hier aus möglich. Mittlere Preisklasse.

Busverbindungen
Ulsterbus, Tel.: 01396 612384
Die Busse (Nr. 18 und 20) von Belfast nach Newcastle fahren über Downpatrick.

Anglerbedarf
H.W. Kelly, 54 Market Street, Tel.: 01396 612193

Wandern
Das Gebiet zwischen Strangford Lough und den Mourne Mountains ist für leichte Wanderungen hervorragend geeignet. Das Down District Council (24 Strangford Road, Downpatrick, Co. Down BT30 6SR, Tel.: 01396 610800) hat eine Broschüre mit verschiedenen Wanderwegen im County Down herausgegeben, "Walk Our Way. Public Footpath & Associated Walks in Down District, Local Series Nr. 1". Empfehlenswert ist ergänzend die Karte des Ordnance Survey "Strongford Lough" Blatt 2 im Maßstab 1:50.000. Ausrei-

chend Unterkunftsmöglichkeiten stehen entlang der Wege zur Verfügung. Auskunft erhält man bei den Touristenämtern der Region in Downpatrick, 74 Market Street, Tel.: 01396 612233 und in Newcastle, Central Promenade, Tel.: 013967 22222. Ulsterbus bietet Transport von Downpatrick aus zu den Dörfern der Umgebung, Auskunft bei Ulsterbus, Downpatrick, Tel.: 01396 612384.

■ In **Saul**, 3 km nordöstlich von Downpatrick, soll der hl. Patrick der Überlieferung zufolge das erste irische Kloster gegründet und die letzten Jahre seines Lebens verbracht haben. Diese Kirche mit Rundturm wurde 1932 zur Erinnerung an den 1.500. Jahrestag erbaut, an dem St. Patrick in Irland landete. Sie ist täglich bis 18 Uhr geöffnet.

■ Das kleine Örtchen Saintfield (2.150 Einwohner), 20 km nördlich von Downpatrick an der A 7, hat eine hübsche gepflegte Hauptstraße mit Häusern aus dem 18. und 19. Jahrhundert, ganz typisch für den irischen Norden.
Bekannt ist der Ort wegen der etwas südlich gelegenen **Rowallane Gardens** (2 km südwestlich von Saintfield). Der über 20 Hektar umfassende Park wurde im vorigen Jahrhundert von Reverend John Moore angelegt. Er ist ein besonders schönes Beispiel britischer Gartenkunst und vor allem wegen der Azaleen- und Rhododendronhaine, Kirschen und Magnolien berühmt. Die geradezu explodierende Farbpracht und Fülle im Frühjahr ist ein Erlebnis und in jedem Fall einen Abstecher wert. Hier befindet sich der Hauptsitz des National Trust.
Öffnungszeiten: Garten: April bis Ende Oktober Mo-Fr 10.30-18 Uhr, Sa und So 14-18 Uhr, November bis Ende März Mo-Fr 10.30-17 Uhr. Teestube: April bis September: Sa und So 14-18 Uhr, Ostern täglich 14-18 Uhr, Mai-August täglich 14-18 Uhr. Eintritt: April-Oktober Erwachsene 2,50 Pfund, Kinder 1,25 Pfund, Gruppen 1,60 Pfund pro Teinehmer, Familien 6,25 Pfund. November bis März Erwachsene 1,40 Pfund, Gruppen 80 Pence pro Teilnehmer. Weitere Auskunft bei: Rowallane, Saintfield, Ballynahinch, Co. Down BT24 7LH, Tel.: 01238 510131.

INFO

Der National Trust

Dem NT gehören mehr als 880 km Küstenlinie und über 232.000 Hektar Land. Damit ist der Trust der größte Landbesitzer in Großbritannien. Weiterhin gehören ihm Hunderte von bedeutenden Gebäuden, Gärten, Schlössern und Cottages sowie Denkmäler, Leuchttürme und archäologische Stätten. Der NT wurde am Ende des vorigen Jahrhunderts gegründet und konnte kürzlich sein 100-jähriges Bestehen feiern.

Man kann Mitglied des National Trust werden und hat dann freien Eintritt zu allen vom NT verwalteten Gebäuden oder anderen Sehenswürdigkeiten. Der Jahresbeitrag beträgt 25 Pfund, für eine Familie (oder eheähnliche Gemeinschaft mit der gleichen Adresse) 46 Pfund. Man kann auch lebenslanges Mitglied werden. Mitglieder erhalten ein Handbuch mit allen Öffnungszeiten sowie jährliche Berichte über die Aktivitäten des Trusts. Derzeit beläuft sich die Mitgliedszahl auf 2,2 Millionen. Weiterhin ist es möglich, dem NT als freiwilliges Mitglied zu helfen, beispielsweise bei Restaurierungsarbeiten.

In Nordirland besitzt der NT 8 Häuser, 8 Gärten, 14 größere Land- und Küstengebiete, knapp 100.00 Hektar Land, 92 km Küste, 2 Dörfer und 2 Pubs.

Auskunft
National Trust of Northern Ireland, The Public Affairs Manager, Rowallane, Saintfield, Co. Down BT24 7LH, Tel.: 01238 510721. Hauptadresse: The National Trust, Freepost MB 1438, Bromley, Kent, England.

▤ 4 km südlich von Downpatrick gibt es den Steinkreis von **Ballynoe** zu besichtigen. Er setzt sich aus 50 bis zu 1,80 Meter hohen Menhiren zusammen. Sechs paarweise angeordnete Steine stehen außerhalb in unregelmäßigen Abständen. In der östlichen Hälfte des Kreises befindet sich ein langer niedriger Hügel, unter dem ein steinzeitliches Grab liegt.

▤ **Dundrum Castle** (A 2, 11 km südlich von Downpatrick)
Dundrum Castle liegt an der Dundrum Bay und ist eine der von John de Courcy an der irischen Ostküste gebauten Burgen. Sie entstand um 1177 und besitzt noch einen gut erhaltenen zylindrischen Wehrturm und Teile des in den Fels gehauenen Burggrabens.
Öffnungszeiten: April-September Di-Sa 10-19 Uhr, So 14-19 Uhr

▤ 2,5 km südwestlich davon, nahe der Straße nach Newcastle, steht der imposante **Slidderyford-Dolmen**. Auf drei Orthostaten, deren größter 1,80 Meter mißt, ruht ein gewaltiger, 3 Meter langer und 1 Meter hoher granitener Deckstein. Ein vierter Tragstein liegt am Boden.

▤ **Die Mourne Mountains**
Die Mourne Mountains bedecken eine Fläche von 24 km Länge und 13 km Breite und haben 12 abgerundete Gipfel, die auf der östlichen Seite bis über 610 Meter ansteigen. Die kahle Spitze des Slieve Donard erhebt sich steil auf eine Höhe von 852 Metern. Er ist der höchste Berg Nordirlands. Der Aufstieg dauert normalerweise einen Nachmittag. Ausgangspunkt ist der Parkplatz in Bloody Bridge in der Nähe von Newcastle. Vom Gipfel aus sind die Isle of Man, die ganze Grafschaft Down und der Strangford Lough in voller Länge zu sehen, ebenso der **Scraba Tower**, der im Andenken an die 3. Marquis of Londonderry errichtet wurde. Im Norden liegen die Hügel von Belfast, und im Nordwesten läßt sich der Lough Neagh ausmachen, der sich über eine Fläche von über 400 Quadratkilometern erstreckt. Informationen über Wandermöglichkeiten in den Mourne Mountains erhält man vom Mourne Countryside Centre, 91 Central Promenade, Newcastle, Tel.: 013967 24059 sowie von der dortigen Tourist Information.

Leider täuscht hier der schöne Schein einer unberührten Natur. Die Berge sind stark von Erosion betroffen. Überweidung, unvorsichtige Forstwirtschaft und ein ungelenkter Tourismus haben dem Gebiet erheblich geschadet. Seit einiger Zeit bemüht sich der National Trust um seine Erhaltung. Als erste Maßnahme hat er den Slieve Donard gekauft. Gut ausgebaute Fußwege, geführte Wanderungen, biologische und archäologische Untersuchungen sowie ausreichende Information der Öffentlichkeit sind weitere Aktivitäten des National Trust. Auskunft erhält man vom National Trust, Mourne Mountains Appeal, Freepost BE 154, Saintfield, Ballynahinch, Co. Down BT 24 7 BR, Northern Ireland.

■ Newcastle

Newcastle ist mit 7.200 Einwohnern ein lebhafter Hafenort mit langem Strand. In der Nähe befindet sich der Royal County Down Golfplatz, auf dem Meisterschaftsspiele ausgetragen werden.

Tourist Information
● Newcastle, Newcastle Centre, Central Promenade, Tel.: 013967 22222, ganzjährig geöffnet.
● Kilkeel, 6 Newcastle Street, Tel.: 016937 62525, ganzjährig geöffnet.

Hotel/B&B
Glassdrumman Lodge, Mill Road, Annalong, Co. Down, BT34 4RH, Tel.: 013967 68451, Fax: 01396767041. Sehr komfortables Gästehaus mit 10 geräumigen Zimmern und ausgezeichneter Küche. Ganzjährig geöffnet, mittlere bis gehobene Preisklasse.

Jugendherbergen/Hostels
● Glen River YMCA, Donard Park, Newcastle BT33 0GR, Tel.: 013967 23172, Fax: 26230. Die Herberge hat 48 Betten und ist für Wanderer des Ulster Way geeignet. Ab 5,30 Pfund, ganzjährig geöffnet.
● Newcastle Youth Hostel (YHANI), 30 Downs Road, Newcastle BT33 0AG, Tel.: 013967 22133. Am Fuße der Mourne Mountains, unweit des Ulster Way gelegene Herberge. Ab 5,30 Pfund, ganzjährig geöffnet, 50 Betten.

Ferienwohnung
Glenmore Holidays, Mrs. June Patterson, 52 Trassey Road, Bryansford, Newcastle BT33 0QB, Tel.: 013967 26657. Das Country Cottage bietet Platz für maximal sechs Personen. Das Häuschen liegt unweit zu den Mourne Mountains.

Golf
Royal County Down Golf Course, 36 Golf Links Road, Newcastle BT33 0AN, Tel.: 013967 23314, Fax: 013967 26281

Reiten
Die südöstliche Ecke Nordirlands bietet vielfältige Möglichkeiten, die Gegend reitend zu erkunden. Hier eine Auswahl (geprüfter) Reiterhöfe:
● Annett's Equestrian Centre, 29 Rath Road, Clonallon, Warrenpoint, Co. Down BT34 3RX, Tel.: 016937 72976, Di-So 9.30-17.30 geöffnet.
● Tullymurry Equestrian Centre, Marion and Brendan Turley, 145 Ballydugan Road, Downpatrick, Co Down BT30 8HH, Tel.: 0396 87880
● Kilkeel Equestrian Centre, Miss Ann Cochrane, 6 Dougans Road, Kilkeel, Co. Down BT34 4HN, Tel.: 016937 65111, Di-So 10-21 Uhr geöffnet.
Weitere Auskunft bei den Tourist Information in Newcastle oder vom Newry & Mourne District Council in Newry, Town Hall, Tel.: 01693 68877.

Busverbindungen
Ulsterbus, Tel.: 013967 22296

■ **Das Silent Valley**
(von Kilkeel, Annalong
und vom Spelga Dam
ausgeschildert)
Zwei Wasserreservoirs
versorgen Belfast und die
Grafschaft Down täglich
mit 130 Millionen Liter
Wasser. 1933 begann die
Eindämmung des Kilkeel
River Valley, der soge-
nannte Mourne Wall. Das
imposante Reservoir
wurde später in "Silent
Valley" umbenannt und
in den 50er Jahren erwei-
tert. Das umliegende
Parkland ist ganzjährig
geöffnet und bietet schö-
ne Wandermöglichkeiten.

Das Silent Valley

Ein Informationszentrum, Souvenirshop und Cafeteria stehen den Besuchern zur
Verfügung. Zwischen Juli und September verkehrt an den Wochenenden und in
den Ferien ein Bus zwischen dem Silent Valley Parkplatz und dem Ben Crom.
Auskunft über das Silent Valley erhält man von Eastern Supply Sub-Division,
Westland House, Old Westland Road, Belfast BT14 6TE, Tel.: Tel.: 01232 746581/
741166.

Nördlich der Mourne Mountains kommen Reisende, die an viktorianischer Literatur interessiert sind, auf ihre Kosten.

■ Bei **Rathfriland**, ca. 16 km südlich von Banbridge, wurde in der ehemaligen
Kirche und im Schulhaus von Drumballyroney das **Northern Ireland's Brontë
Homeland Interpretative Centre** mit einer Ausstellung über die Schriftstellerfa-
milie Brontes eingerichtet.

Die Grafschaft Down ist die Heimat von Patrick Brunty, dem Vater der berühmten Brontë-Schwestern Charlotte, Emily und Anne. Patrick Brunty kam hier am
17. März 1777, dem St. Patrick's Tag, als Sohn einer Bauernfamilie zur Welt. Er
hatte noch neun weitere Geschwister.
1802 begann Patrick, am St. John's College in Cambridge zu studieren. Damals
änderte er seinen Namen von Brunty in Brontë, weil sein richtiger Name bei der
Ankunft wohl falsch verstanden worden war. 1806 wurde er zum Priester geweiht
und kehrte nach Hause zurück, um in Drumballyroney seine erste Predigt zu
halten. 1811 wurde er zum Vikar in Hartshead in Yorkshire ernannt. Dort traf er

seine spätere Gattin Maria Branwell, mit der er sechs Kinder haben sollte. 1820 zog die Familie nach Haworth. Ein Jahr später starb Maria, und Patrick mußte seine sechs Kinder alleine aufziehen. Die schlechten Zustände in der Schule führten zu Fieberanfällen. Zwei Töchter, Maria und Elizabeth, starben. Charlotte Bronte verarbeitete das tragische Ereignis im ersten Kapitel ihres Roman Jane Eyre (1847), einem von mehreren bekannten Romanen, die die überlebenden Schwestern 20 Jahre später verfaßten. Von Charlotte stammt außerdem "Shirley", "Villette" und "The Professor". Emily erlangte durch "Wuthering Heights" aus dem Jahre 1848 Weltberühmtheit. Anne schrieb unter anderem "The Tenant of Wildfell Heart". Keines von Patricks Kindern war ein langes Leben vergönnt. Er selbst überlebte alle seine Nachkommen und starb 1861.

Öffnungszeiten (Northern Ireland's Bronte Homeland Interpretative Centre): März bis Ende Oktober: Di-Fr 11-17 Uhr, Sa, So 14-18 Uhr, November bis Februar und Mo geschlossen. Eintritt: Erwachsene 1 Pfund, Kinder 50 Pence, ermäßigt 50 Pence. Weitere Informationen über die Herkunft der Bronte-Familie können vom Sekreteriat der Bronte Society bezogen werden: Muriel Greene, Drumarkin House, Rathfriland, Co. Down, BT34 5LZ.

Eine ca. 16 km lange Rundtour durch die Heimat der Brontes beginnt beim Interpretative Centre in der Kirche und Schule von Drumballyroney.

4.6.10 COUNTY ARMAGH: ARMAGH UND UMGEBUNG

Die Grafschaft Armagh ist die lieblichste der nordirischen Grafschaften. Wegen ihrer vielen Obstbäume wird sie "Garten von Ulster" oder "The Orchard Country" genannt. Besonders schön ist es hier in der Zeit der Apfelblüte. Von der Stadt Armagh aus führt eine eigene "Apfelblütenstraße" im Mai durch riesige Apfelplantagen. Eine Broschüre dazu erhält man im dortigen Tourist Office. Bei den Äpfeln handelt es sich um die Sorte Bramley, die für Saft, Cider und zum Backen verwendet wird.

Im 17. Jahrhundert brachten Siedler aus Worcestershire die Tradition der Apfelplantagen ins Land, die hier, wie in ihrer früheren Heimat, riesige Obstgärten anlegten. Angeblich sollen in der Grafschaft Armagh aber schon im Jahre 1150 Äpfel gewachsen sein. Auch wird noch immer Flachs zur Herstellung des berühmten irischen Leinens angebaut.

Die Grafschaft Armagh ist eine der Hochburgen der Katholiken und galt in den letzten Jahrzehnten als schwierig zu kontrollierendes Hinterland der IRA. Auch im Sommer 1995 störten panzerverglaste Fahrzeuge und unheimlich wirkenden Gestalten, die sich am Straßenrand plaziert hatten, den beschaulichen Abendspaziergang. Auffällig sind die vielen, offensichtlich stark rechtsradikal geprägten Jugendlichen, die "Irish Pigs", wie sie auch genannt werden.

Zwischen Moy und Portadown liegen, unterhalb des Lough Neagh, zwei Herrenhäuser: Ardress House und The Argory, die beide unter der Obhut des National Trust stehen.

▓ **Ardress House** (8 km von Moy,
5 km von Loughgall, 14,5 km von Armagh via Loughgall, 11 km von Portadown an der Moy Straße)
Ardress House war einst ein bescheidenes Gutshaus, das im 18. Jahrhundert, nach der Vermählung des Architekten George Ensors mit Sarah Clarke of Ardress 1760, zu einem ansehn-
lichen Herrenhaus umgestaltet wurde.
Beachtenswert sind die wunderschönen
Stukkaturen aus der Hand des Dubliner Meisterstukkateurs Michael Stapleton sowie die kostbaren Möbel aus dem
18. Jahrhundert und die Portraits von
König Charles I. und Königin Henrietta. Interessante agrargeschichtliche

Ardress House

Zeugnisse sind die das Haus umgebenden Farmgebäude. Ein schöner Garten mit
seltenen Rosen kann besichtigt werden.
Öffnungszeiten: Anfang bis Mitte April nur für vorgebuchte Gruppen. Ostern
geöffnet, Öffnungszeiten unter unten angegebener Telefonnummer erfragen. Mai,
Juni und September: Wochenende und Bank Holidays, Juli und August täglich,
außer Di 14-18 Uhr. Eintritt: Haus: Erwachsene 1,25 Pfund, Kinder 60 Pence. Es
gibt Gruppenermäßigungen. Grundstück: Erwachsene 50 Pence, Kinder 25 Pence,
auch hier Gruppenermäßigung. Auskunft: Ardress House, Annaghmore, Co. Armagh BT62 1SQ, Tel.: 01762 851236.

▓ **The Argory** (Derrycaw Road, 6,5 km von Moy, 5 km von der Ausfahrt 14 auf
der M 1)
The Argory wurde 1824 auf einem Hügel über dem Blackwater an der Grenze
zwischen Armagh und Tyrone erbaut. Die Inneneinrichtung und originalen Wand-
verkleidungen sind hervorragend erhalten. Ein Prachtstück des Hauses ist die
Orgel, eine "cabinet
barrel organ", die 1824
von James Bishop of
London erbaut wurde
und immer noch ge-
spielt werden kann.
Das Haus wird umge-
ben von einem 140
Hektar umfassenden
Park. Besonders schön
ist der Rosengarten.
Während des Sommers
finden im Argory Haus
kulturelle Veranstal-
tungen statt
Öffnungszeiten: April,
Mai, Juni und Septem-

The Argory

ber: Sa und So, Bank Holidays 14-18 Uhr, Ostern täglich 14-18 Uhr, Juli und August täglich, außer Di 14-18 Uhr (an Bank Holidays schon ab 13 Uhr). Der Souvenirladen und die Cafeteria sind an Wochentagen im Juli und August von 15 bis 18 Uhr geöffnet. Eintritt: Haus und Grundstück: Erwachsene 2,20 Pfund, Kinder 1,10 Pfund, Familien 5,50 Pfund, Gruppen 1,60 Pfund pro Teilnehmer. Auskunft: The Argory, Derrycaw Road, Moy Dungannon, Co. Armagh BT71 6NA, Tel.: 018687 84753

Unterkunft

Ralph and Norah Brown, Grange Lodge, Grange Road, Dungannon, Tel.: 018687 84212, Fax: 018687 23891. Komfortables und freundliches Haus mit ausgezeichneter Küche. Als Standquartier für Besichtigungen in der Umgebung geeignet. Ganzjährig, außer Weihnachten und Neujahr, geöffnet. Mittlere Preisklasse. Die Grange Lodge liegt knapp 2 km von der M 1 Ausfahrt 15 und an der A 29 von Armagh.

Armagh 18 km südwestlich von Portadown

Armagh ist die gleichnamige Hauptstadt der Grafschaft. Hier lag 1.500 Jahre lang das religiöse Zentrum Irlands. Der hl. Patrick gründete hier in den Jahren 444 und 445 sein erstes Bistum. Die Stadt ist heute gleichzeitig Sitz des katholischen und des protestantischen Erzbischofs.

Die Kathedralen der beiden Konfessionen sind dem hl. Patrick geweiht und liegen sich gegenüber auf zwei Hügeln. Die älteste der beiden, die protestantische Kathedrale, steht heute an der Stelle, wo der hl. Patrick vor Jahrhunderten sein Kloster gründete, das schon bald als Stätte mönchischer Gelehrsamkeit zu einem bedeutenden Zentrum wurde.

Ausgrabungen deuten darauf hin, daß das Gebiet um Armagh schon lange vor der Zeit des hl. Patrick besiedelt war. Wahrscheinlich hat er diesen Ort gewählt, weil er nur drei Kilometer von Navan Fort, der heidnischen Hauptstadt und dem jahrhundertelangen Sitz der Könige von Ulster, entfernt lag. Wie Rom wurde auch Armagh auf Hügeln gebaut. Oft plünderten Dänen und Normannen die Stadt. Nach der Schlacht von Clontarf 1014 fanden Brian Boru und sein Sohn hier ihre letzte Ruhestätte.

Der hl. Patrick blickt auf die Stadt

Viele der öffentlichen Gebäude entlang der Mall sind das Werk des Architekten Francis Johnston (1764-1829), der in Armagh geboren wurde und auch einige Gebäude im georgianischen Dublin schuf. Anders als in Dublin baute man in Armagh die Häuser aus hellem Kalkstein, der die Stadt auch bei trübem Wetter freundlich erscheinen läßt. Gute Beispiele hierfür sind der Palast des Erzbischofs, die Bank of Ireland. Auch bei der katholischen Kathedrale wurde das Material verwendet.

Trotz seiner wichtigen Vergangenheit ist Armagh heute eher ein bescheidener Ort. Am Abend scheinen die Bürgersteige hochgeklappt.

Reisepraktische Hinweise

Hotel/B&B

● Charlemont Arms Hotel, 63-65 Lower English Street, Armagh, Tel.: 01861 522028, Fax: 01861 526979. Schlichtes, aber nettes und freundliches Hotel der mittleren Preisklasse. Es gibt ein gutes Bar-Food. Mi abends findet in der Hotelbar Unterhaltung mit Live-Musik statt. Falls man daran kein Interesse hat, sollte man darauf drängen, ein nach hinten gelegenes Zimmer zu bekommen.

● The Drumsill Hotel, 35 Moy Road, Armagh BT61 8DL, Tel.: 01881 522009, Fax: 01861 525624. Das große und moderne Hotel liegt etwas außerhalb von Armagh an der A 29. Mittlere bis gehobene Preisklasse.

● Clonhugh Guest House, Mrs. McKenna, College Hill, Armagh, Tel.: 01861 522693. Clonhugh House liegt in der Nähe des Planetariums und hat fünf Zimmer zu günstigen Preisen.

● Desart Guest House, Mrs. Sylvia McRoberts, The Desart, Cathedral Road, Armagh Tel.: 01861 522387. Das Gästehaus liegt nahe der Innenstadt und hat drei Zimmer zu günstigen Preisen.

Camping/Caravanplatz

Gosford Forest Park, Markethill, Tel.: 01861 551277. Südlich von Armagh gelegener günstiger Campingplatz.

Tourist Information

Old Bank Building, 40 English Street, Tel.: 01861 527808, ganzjährig geöffnet.

Busauskunft

Ulsterbus, Tel.: 01861 522266

Anglerbedarf

● Armagh Garden & Sports Centre, 48 Dobbin Street, Tel.: 01861 526548
● Stinson The Saddler, 20 Thomas Street, Tel.: 01861 523339

Restaurant

Archway, 5 Hartford Place, The Mall, Tel.: 01861 522532. Das kleine Café bietet köstliche Kuchen und Gebäck, So und Mo geschlossen.

Sehenswertes

Beide Kathedralen der Stadt tragen den Namen des hl. Patrick.

◆ Die **Church of Ireland**, Vicars Hill, wurde im 18. Jahrhundert auf den Mauern einer Ruine aus dem 13. Jahrhundert im Stil der englischen Spätgotik errichtet und 1834-37 von Lewis Nockalls Cottingham auf Veranlassung von Erzbischof Lord John George Beresford umfassend restauriert. Bemerkenswert sind im Inneren einige monumentale Grabdenkmäler des 18. Jahrhunderts. Am Ende des Kirchenschiffs stehen die Reste von zwei Hochkreuzen, die ursprünglich auf dem Marktplatz in der Stadt standen. Führungen durch die Kathedrale finden im Juni, Juli und August jeweils um 11.30 Uhr und 14.30 Uhr statt. In der Bibliothek der Kathedrale befindet sich ein Exemplar von Swifts "Gullivers Reisen" mit Anmerkungen und Notizen in Swifts eigener Handschrift. Besichtigungen sind nach Anmeldungen möglich. Auskunft erteilt die Tourist Information. Auf dem Friedhof hinter der Kirche liegen Brian Boru und sein Sohn begraben.
Gottesdienste: sonntags 10, 11 und 15.15 Uhr, Mo-Fr 9.30 Uhr, Sa 10 Uhr. Am 1. Sa im Monat auch 18 Uhr.

◆ Die **Robinson Library**, die 1771 als erste öffentliche Bibliothek außerhalb Dublins gegründet wurde, umfaßt eine wertvolle Sammlung von Büchern, hauptsächlich aus den Bereichen der Theologie, Wissenschaft, Archäologie und Reisen sowie Manuskripte von Jonathan Swift und alte Kirchenregister. Auskunft über Öffnungszeiten erhält man unter Tel.: 01861 523142.

◆ Die mit zwei Türmen versehene **katholische Kirche** liegt östlich des Stadtzentrums in der Cathedral Road. Die Bauarbeiten begannen 1838 unter Thomas Duff. Während der großen Hungersnot in den 1840er Jahren ruhten die Arbeiten und wurden erst im Jahr 1873 nach den geänderten Plänen des Architekten J.J. MacCarthy beendet.

Auf dem Gelände des klassizistischen Erzbischofpalastes in der Friary Road, westlich vom Stadtzentrum – heute ist hier die Stadtverwaltung untergebracht – befinden sich die Ruinen eines 1266 gegründeten Franziskanerklosters. Die Kirche ist mit einer Länge von fast 40 Metern die längste irische Franziskanerkirche.

◆ Das **Armagh County Museum** befindet sich auf der Ostseite der Mall in einem mit ionischen Säulen verzierten alten Schulhaus von 1833. Es ist eines der besten kleinen Museen Nordirlands. Als Teil des Ulster Museum in Belfast dokumentiert es die Geschichte des County Armagh. Gezeigt werden archäologische, lokal- und naturgeschichtliche Exponate, eine Sammlung viktorianischer Puppen, Textilien, Dokumente der Eisenbahn- und Militärgeschichte sowie Gemälde. Zu sehen sind Werke von George Russell (1867-1935) und James Sleator, einem Portraitmaler aus Armagh, sowie von dem in Belfast geborenen Künstler John Luke (1906-1975), dessen bekanntestes Bild "The Old Callan Bridge" ist.
Öffnungszeiten: Mo-Fr 10-17 Uhr, Sa 10-13 Uhr und 14-17 Uhr, So geschlossen, Eintritt frei, Auskunft: Tel.: 01861 523070, Fax: 01861 522631

Zum Museum gehört außerdem eine Referenzbibliothek.

◆ **St. Patrick's Trian** ist ein neues Besucherzentrum, das im gleichen Haus wie die Tourist Information untergebracht ist. Der Name Trian (ausgesprochen Treean) stammt von der alten Unterteilung Armaghs in verschiedene Quartiere. St. Patrick's Trian umfaßt verschiedene Ausstellungsräumlichkeiten und -themen. Das "Land of Liliput" zeigt die Verbindung von Jonathan Swift mit Armagh und ist sicherlich für junge Besucher anregend. Im Innenhof gibt es ein Café und Kunstgewerbeläden.
Öffnungszeiten: April bis September Mo-Sa 10-19 Uhr, So 13-19 Uhr, Oktober bis März Mo-Sa 10-17 Uhr, So 14-17 Uhr, Tel.: 01861 527808, Fax: 01861 528329

◆ Im **Sovereign's House**, Ecke College Hill/The Mall, befindet sich das Regimentsmuseum der irischen Füsiliere. Gezeigt werden Uniformen, Medaillen, Silber und eine Fahne der Französischen Revolution. Die aktuellen Öffnungszeiten kann man unter Tel.: 01861 522911 erfragen.

◆ Interessant ist auch ein Besuch im **Planetarium**, College Hill, auf dem Gelände des von Francis Johnston 1791 erbauten Observatoriums. Regelmäßig finden im Auditorium "Sternentheater" statt. Weiterhin gibt es eine originalgetreue Nachbildung der Gemini-Rakete, Raumanzüge von amerikanischen Astronauten, Modelle vom Space Shuttle und Voyager, eine Wettersatelliten-Station, einen Radio-Sender sowie verschiedene Teleskope, so auch das größte Teleskop Irlands, das an jeweils zwei Tagen in den Monaten Juni bis September der Öffentlichkeit zur Verfügung steht.
Öffnungszeiten: Januar-März, September-Dezember: Mo-Fr 10-17 Uhr (tägliche Show 15 Uhr) Sa 13.30 -17 Uhr (Shows um 14 und 15 Uhr). April-Juni: Mo-Fr 10-17 Uhr (tägliche Show um 15 Uhr), Sa, So 13.30-17 Uhr (Shows um 14 und um 15 Uhr). Juli und August Mo-Fr 10-17 Uhr (Shows jede Stunde von 11-16 Uhr), Sa, So 13.30-17 Uhr (Shows um 14 und um 15 Uhr) Eintritt: Erwachsene 3,50 Pfund, Kinder/Senioren/Studenten 2,50 Pfund. Auskunft unter Tel.: 01861 523689, Fax: 0861 52618

◆ **Palace Stables**
In dem schönen Gebäudekomplex sind eine permanente Ausstellung, die das Leben im Palast dokumentiert, eine Galerie und ein Restaurant untergebracht.
Öffnungszeiten: April bis September Mo-Sa 10-19 Uhr, So 13-19 Uhr, Oktober bis März Mo bis Sa 10-17 Uhr, So 14-17 Uhr, Auskunft unter Tel.: 01861 529629, Fax: 01861 524246

◆ An der A 28, 2,5 km westlich von Armagh, liegt **Navan Fort** (ir. = Eamhain Macha), das über 600 Jahre lang der legendäre Palast der Könige von Ulster war. Der Erdhügel, den der Besucher heute vorfindet, erfordert schon einige Phantasie, um sich die einstige Bedeutung vorzustellen. Auf dem großen elliptischen Hügel ließ Königin Macha um 300 v.Chr. einen Palast aus Holz errichten, der in irischen Legenden den "Rittern vom roten Zweig" und ihrem Anführer Conor MacNessa als Hauptquartier diente. Um 450 n.Chr. wurden Palast und umgebende Stadt von Eindringlingen aus Connacht geplündert und zerstört.
Das extra für diesen Zweck entworfene Besucherzentrum paßt sich sehr gut in die Landschaft ein, denn es sieht ebenfalls wie ein grüner Hügel aus. Hier kann man

sich mittels audiovisueller Show und Ausstellungstafeln über die Geschichte des Ortes informieren. Öffnungszeiten: täglich, außer Weihnachten. Juli und August Mo-Sa 10-19 Uhr So 11-19 Uhr, April bis Juni und September Mo-Sa 10-18 Uhr So 11-18 Uhr, Oktober bis März Mo-Fr 10-18 Uhr, Sa 11-18 Uhr, So 12-18 Uhr. Weitere Auskunft: Navan Fort, Killylea Road, Armagh, Co. Armagh BT60 4LD, Tel.: 01861 525550, Fax: 01861 522323,

4.6.11 RUND UM DEN LOUGH ERNE: ENNISKILLEN UND UMGEBUNG

Lough Erne in der wald- und wasserreichen Grafschaft Fermanagh ist nach dem Shannon die zweitgrößte Wasserstraße der Insel und landschaftlich sehr reizvoll. Auch hier – auf dem oberen und dem unteren See sowie auf dem Kanal, der sie verbindet – sind Fahrten mit Kabinenkreuzern möglich. Der Hauptort der Grafschaft, Enniskillen, liegt zwischen dem Lower und dem Upper Lough Erne. Sehenswert sind Devenish Island mit der Klostergründung des heiligen Molaise, White Island mit sieben rätselhaften Steinfiguren in der Wand einer Klosterruine und Boa Island mit einem janusköpfigen heidnischen Kultstein. Auch die beiden Herrenhäuser, Castle Coole und Florence Court, lohnen einen Besuch. Lange stellte der Erne die natürliche Grenze zu den englischen Kolonisten in Tyrone dar. Deshalb konnte sich die gaelische Sprache in Fermanagh am längsten von allen nordirischen Grafschaften halten.

■ Lough Erne

Der 80 km lange Fluß Erne schlängelt sich von einem Ende der wasserreichen und bewaldeten Grafschaft Fermanagh zur anderen und stellt mit seiner reichen Flora und Fauna eine der unverfälschten und schönsten Naturlandschaften Irlands dar. An manchen Stellen ist der Erne ein schmaler, seichter Kanal, an anderen aber bis zu 8 km breit und sehr tief. Auf seinem Weg zum Atlantik verbreitert er sich zweimal zu einem See: dem Lower und dem Upper Lough Erne. Hier gibt es 154 Inselchen sowie zahlreiche Buchten zu erforschen. Der Upper Lough Erne im Süden ist mit 19 km der kleinere der beiden Seen. Er hat ein fast labyrinthisches Ufer, das durch Aushöhlung des weichen Kalksteinbodens entstand. Einige der Inseln sind nicht natürlich, sondern sogenannte Crannógs, auf denen frühere Siedler ihre mit Palisaden befestigten Hütten errichteten. Der nördliche Lower Lough Erne ist vor allem in seinem nördlichen und breiteren Teil manchmal recht stürmisch. Hier liegen Boa Island, White Island und Devenish Island, auf denen einzigartige Kunstdenkmäler aus vor- und frühchristlicher Zeit erhalten sind.
Lough Erne hat einen großen Fischbestand und ist daher bei Anglern sehr beliebt. Sogar Anglerweltmeisterschaften werden hier ausgetragen. Die Gegend rund um den Lough Erne bietet sich für ein paar ruhige und erholsame Tage an. Hier können Hausboote gemietet werden. Im Vergleich mit dem Shannon ist der Lough Erne touristish weitaus weniger frequentiert.

Angeln
In den fischreichen Flüssen und Seen der Grafschaft sind für den Besucher die Aussichten auf einen Fang besonders gut. Die am zahlreichsten vertretenen Arten sind Plötze, Rotaugen, Flußbarsche, Brassen, Rotfedern und Aale. Eine Besonder-

heit im Lough Macnean sind große Bestände schwerer Hechte. Die Einheimischen angeln vor allem nach Lachs und Forelle. Lough Malvin hat einen guten Schwarm Frühjahrslachse, junge Lachse und mehrere Forellenarten aufzuweisen. Darunter befinden sich auch die "gillaroo" – eine irische Forelle mit verdicktem Bauch, die "sonaghan", die wie eine kämpferische Meeresforelle aussieht, und die Rotforelle, ein eiszeitlicher Vorfahre der heutigen Forelle.

Anglerbedarf

● Home, Field & Stream, 33 Scotch St., Tel.: 01365 322114

● John E. Richardson, 9 East Bridge St., Tel.: 01365 322608

Bootstouren auf dem Lough Erne

● Der Kestral Wasserbus mit überdachtem Deck und Bar fährt vom "Round O" Kai, Brook Park, Enniskillen, Mai-Juni: So und Bank Holidays 14.30 Uhr, Juli-August täglich 10.30, 14.15 und 16.15 Uhr, im September Di, Sa und So 14.30 Uhr. Unkostenbeitrag: 4 Pfund, ermäßigt 2 Pfund. Tel.: 01365 322882

● Von Belleek fährt der "Harp of Erne Waterbus", Cloghane, Belleek Island, Belleek, Tel.: 013656 58027, Fax: 013656 58793. Von Juni bis September gibt es drei Fahrten pro Tag, jeweils um 11.30, 14 und 16.30 Uhr.

Kabinenkreuzer für Bootstouren auf dem Lough Erne verleihen folgende Anbieter:

- Aghinver Boat Company, Tel.: 013656 31400
- Belleek Charter Cruising, Tel.: 013656 58027
- Carrybridge Boat Company, Tel.: 01365 87651
- Erincurrach Cruising, Tel.: 013656 41507
- Erne Marina, Tel.: 013656 348267/348366
- Lakeland Marina Ltd Tel.: 013656 31414
- Lochside Cruisers Ltd., Tel.: 01365 324368
- Manor House Marine, Tel.: 013656 28100
- Erne-Shannon Canal Boats, Tel.: 013657 48712/48805

▓ Enniskillen

ist eine nette Kleinstadt mit einer Kirche, kleinen Geschäften, Pubs und einer Burg. Lange Zeit war Enniskillen fest in den Händen der Protestanten, obgleich immerhin die Hälfte der in Fermanagh lebenden Bevölkerung katholisch ist. Aufgrund ihrer gut ausgebauten touristischen Infrastruktur bietet sich die Stadt als Ausgangspunkt für Touren in die Umgebung an.

Reisepraktische Hinweise (Enniskillen und Umgebung)

Tourist Information

Wellington Road, Enniskillen, Tel.: 01365 323110, ganzjährig geöffnet.

Unterkunft

● Blessingbourne, Capt. & Mrs. R.H. Lowry, Fivemiletown, Co. Tyrone, Tel.: 013655 21221. Das viktorianische Herrenhaus wurde 1874 errichtet und ist von zeitloser Eleganz. Es liegt wunderschön und ist stilvoll eingerichtet. Vier Zimmer stehen den Gästen zur Verfügung. Die Mahlzeiten werden mit den Gastgebern gemeinsam eingenommen. Auf dem Grundstück gibt es außerdem Cottages für Selbstversorger. Ca. 20 km nordöstlich von Enniskillen.

● Killyreagh, Lord & Lady Anthony Hamilton, Tormlaght, Enniskillen, Co. Fermanagh, Tel.: 01365 387221, Fax: 01365 387122. 3 km von Enniskillen liegt dieses elegante Country House aus dem vorigen Jahrhundert. Die Atmosphäre ist sehr entspannt. Es gibt sechs Zimmer.

● Tempo Manor, John & Sarah Langham, Tempo, Co. Fermanagh, Tel.: 013655 41450, Fax: 013655 41202. Das charmante viktorianische Herrenhaus ist von einem schönen Garten umgeben und zum Ausruhen und Entspannen, aber auch als Ausgangspunkt für Touren in die Umgebung geeignet. Es gibt fünf Zimmer, drei davon sind mit Himmelbett ausgestattet.

● Ardress House, Kesh BT51 3RY, Co. Fermanagh, Tel.: 013656 31267. Gemütliches georgianisches Gebäude, einst ein Pfarrhaus, mit sehr empfehlenswerter "gesunder" Küche. Günstig.

● Drumshane Hotel, Lisnarick, Tel.: 013656 21146. Modernes Hotel mit zehn Zimmern und guter Küche. Mittlere Preisklasse.

● Mrs. Isobel Moody and Peter Moody, Rosskitt, Garrison, Co. Fermanagh, Tel.: 01365 658231. Das Haus liegt idyllisch und bietet sich für Angelpartien im Lough Melvin oder Bundrouse River an. Ganzjährig geöffnet. Mittlere Preisklasse.

● Jamestown House, Arthur und Helen Stuart, Jamestown, Magheracross, Ballinamallard, Co. Fermanagh, Tel.: 01365 81209, Fax: 01365 81445. Sehr freundlich und persönlich geführtes Gästehaus in der mittleren Preisklasse.

Jugendherbergen/Hostels

● Castle Archdale Youth Hostel, Lisnarick BT94 1PP, Tel.: 013656 28118. Im Park vom Archdale Castle gelegene YHANI Herberge mit 54 Betten, u.a. gibt es auch Familienräume. Ab 5,30 Pfund, ganzjährig geöffnet.

● Lakeland Canoe Centre, Castle Island, Enniskillen BT74 7BA, Tel.: 01365 324250, Fax: 323319. Gut 1 km westlich von Enniskillens Stadtzentrum entfernt, 36 Betten, Fahrradverleih, ganzjährig geöffnet, ab 9 Pfund, B&B 10,50.

● Lough Melvin Holiday Centre, Garrison BT93 3FG, Tel.: 013656 58142/58143. Am Ufer des Lough Melvin, 6 km nördlich von Belleek gelegenes Holiday Centre. 48 Betten, u.a. Familienzimmer, ab 7 Pfund, B&B 9 Pfund, angrenzend befindet sich ein Caravan- und Campingplatz, Fahrradverleih.

● The Share Centre, Smith's Strand, Lisnaskea BT92 0EQ, Tel.: 013657 22122, Fax: 013657 21893. Dieser Freizeitkomplex bietet Hostelübernachtung, Chalets für Selbstversorger, Swimmingpool, verschiedene Outdoor-Aktivitäten und ist besonders auch für Behinderte und Gruppen geeignet. 6 km südlich von Lisnaskea, unweit zum Ulster Way gelegen. Es gibt 116 Betten, und das Share Centre ist ganzjährig geöffnet.

● Willow Pattern Complex, 89 Crevenish Road, Kesh BT93 1RQ, Tel.: 013656 31012. 42 Betten stehen hier in Schlafsälen zur Verfügung. Mahlzeiten sind nach Vereinbarung erhältlich, ganzjährig geöffnet, ab 3,50 Pfund. Auf dem Grundstück gibt es einen kleinen Lebensmittelladen und ein Restaurant. 19 km nordwestlich von Enniskillen, Bushaltestelle 4 km.

Ferienwohnung

● The Cottage, Killyreagh, Anthony and Katie Hamilton, Tel.: 01365 87221. Das kleine Cottage (ca. 5 km östlich von Enniskillen) ist von einem hübschen Garten umgeben und beherbergt maximal sechs Personen.

● Blessingbourne, Capt. & Mrs. R.H. Lowry, Fivemiletown, Co. Tyrone, Tel.: 013655 21221. Auf dem Grundstück eines Herrenhauses gelegen. Siehe Hotel/B&B

Camping/Caravan (eine Auswahl empfehlenswerter Plätze)

● Blaney Caravan Park, 13 km nördlich von Enniskillen an der A 46, Tel.: 013656 41634

● Castle Archdale Caravan Park (im Castle Archdale Country Park), von der Enniskillen/Kesh Road ab, 3 km westlich von Irvingstone, Tel.: 013656 21333 oder 32159

● Lakeland Caravan Park, Boa Island Rd., Drumrush, Tel.: 013656 31025/31578. Der gepflegte Platz ist ganzjährig geöffnet.

● Loan Eden Caravan Park, Highgrove, Muckross Bay, Tel.: 013656 31603. Ganzjährig geöffnet, gepflegt und 5 Minuten zum Strand.

Fahrradverleih
● P.McNulty & Sons, 24-26 Belmore Street, Tel.: 01365 322423, Fax: 01365 325767
● Mervyn und Adele Walker, Mantlin Road, Kesh, Tel.: 013656 31850, Fahrräder pro Tag 7,50 Pfund. Auch Tandem- und Mountain Bikes können ausgeliehen werden.

Reiten
The Ulster Lakeland Equestrian Park, Necarne Castle, Irvinestone, Co. Fermanagh, Tel.: 013656 21919. Das neu eingerichtete moderne Reitzentrum liegt ca. 16 km nördlich von Enniskillen und bietet Unterricht sowohl für Anfänger als auch für Fortgeschrittene. Es bestehen auch Unterkunftsmöglichkeiten.

Verkehrsverbindungen
Ulsterbus, Tel.: 01365 322633

Autovermietung
● Cyril Treacy, 115 Sligo Road, Enniskillen, Tel.: 01365 323610
● County Cars, Irvinestown Road, Enniskillen, Tel.: 01365 322727
● Lochside Garages, Tempo Road, Enniskillen, Tel.: 01365 324366

Golf
Enniskillen Golf Club, Castlecoole, Enniskillen, Co. Fermanagh BT74 6HZ, Tel.: 01365 325250. Der Golfplatz liegt auf dem Grundstück von Castle Cool. Gegründet 1896, feiert der Club 1996 sein 100-jähriges Bestehen.

Einkaufen
Fermanagh Cottage Industries, 14 East Bridge Street, Tel.: 01365 322260. Hier kann man traditionelles handgemachtes irisches Kunstgewerbe, wie Schmuck, Leder- und Glaswaren, erstehen.

Sehenswertes

◆ **Enniskillen Castle**
In der **Burg** sind zwei Museen untergebracht. Im Country Museum kann man sich über die Geschichte Fermanaghs von prähistorischen Zeiten bis heute informieren. Das Regimental Museum erläutert die Geschichte der Enniskillen-Regimenter, die bei Waterloo kämpften. Enniskillen Castle war lange Zeit ihre Kaserne. Ausgestellt sind Waffen, Uniformen und Fahnen.
Öffnungszeiten: Mai, Juni und September: Mo 14-17 Uhr, Di-Fr 10-17 Uhr, Sa 14-17 Uhr, Juli und August: Mo 14-17 Uhr, Di-Fr 10-17 Uhr, Sa 14-17 Uhr, So 14-17 Uhr, Oktober-April Mo 14-17 Uhr, Di-Fr 10-17 Uhr, Sa und So geschlossen. Bank Holidays: 10-17 Uhr. Eintritt: Erwachsene 1,50 Pfund, Kinder 75 Pence, Senioren/Studenten 1 Pfund. Es gibt Gruppenermäßigungen. Auskunft: Enniskillen Castle, Castle Barracks, Enniskillen BT74 7HL, Tel.: 01365 325000

◆ **Devenish Island**, ca. 3,5 km nördlich von Enniskillen (nach ca. 1,5 km Ausschilderung zur Fähre).
Auf der sogenannten "Insel des Ochsen", wie Devenish Island auch genannt wird, befindet sich in bewaldetem Gebiet eine sehenswerte und gut erhaltene Klosteran-

lage, die auf eine frühchristliche Gründung des hl. Molaise im 6. Jahrhundert zurückgehen soll. Hier stehen drei Kirchen, von denen die kleinste und älteste, St. Molaise, aus dem 12. Jahrhundert stammt. Sie wurde an der Stelle, an der sich angeblich das Grab des Heiligen befindet, errichtet. Allerdings sind lediglich die Außenmauern sowie ein Rundbogenportal erhalten. Aus derselben Zeit stammt ein gut erhaltener, schlanker Rundturm, in dessen kegelförmigen Giebel Verzierungen geschnitzt sind. Man kann den 25 Meter hohen Turm mit Hilfe einer rekonstruierten Holztreppe besteigen. Nicht weit entfernt wurde 1970 ein zweiter Rundturm ausgegraben. Die beiden anderen Kirchen sind der Teampull Mor, eine Kirchenruine aus dem 13. Jahrhundert, und etwas weiter entfernt die Abteikirche (15. Jahrhundert). Südlich davon befindet sich ein Hochkreuz. In dem kleinen Museum kann man sich über die Klosteranlage informieren.

 Fährverbindung
vom Trory Point April bis September
Di-Sa 10-19 Uhr und So 14-19 Uhr
im April bis September. Die Überfahrt
dauert 10 Minuten.

◆ **Monea Castle** (12 km nordwestlich von Enniskillen, von der A46 ab) wurde

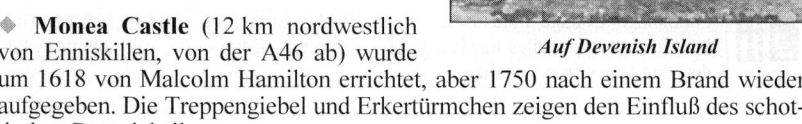
Auf Devenish Island

um 1618 von Malcolm Hamilton errichtet, aber 1750 nach einem Brand wieder aufgegeben. Die Treppengiebel und Erkertürmchen zeigen den Einfluß des schottischen Baronialstils.

◆ **Castle Coole** (A 4, ca 2,5 km südöstlich von Enniskillen)
Castle Coole wurde 1788-1798 für den Earl of Belmore errichtet. Der Architekt war James Wyatt (1746-1813). Es ist ein stattliches, elegantes spätgeorgianisches Anwesen. Belmore wollte damit das Schloß seines Schwagers, Florence Court, unweit auf der anderen Seite des Erne gelegen, übertreffen. Die Steine für den weißen Bau wurden extra aus Dorset hierhergeschafft. Von den insgesamt 116 prachtvoll ausgestatteten Räumen ist der eindrucksvollste der Oval Salon mit zartem georgianischen Stuckdekor und geschwungenen Mahagonitüren. Das Schlafzimmer, mit schweren Seidenvorhängen prunkvoll dekoriert, wurde extra für den Besuch von George IV. hergerichtet. Von den Stallungen führt ein Tunnel unterirdisch zum Schloß. Hier wurde Brennmaterial gelagert. Der Gang stellte den einzigen Zugang der Dienerschaft zum Haus dar. Die Bediensteten konnten so ungesehen von der Familie und den Besuchern ins Haus gelangen. Das Castle ist von einer prachtvollen Parkanlage umgeben.
Das Schloß wurde für 4 Millionen Pfund vollständig renoviert und konnte nach 7-jähriger Renovierungsarbeit 1988 von HM, the Queen Mother, erneut eröffnet werden. Castle Coole gehört heute dem National Trust.

Öffnungszeiten: April, Mai und September: Sa, So, Bank Holidays 13-18 Uhr, Juni-August täglich außer Do 13-18 Uhr, letzter Einlaß 17.15 Uhr. Der Souvenirladen und der Teeraum haben die gleichen Öffnungszeiten wie das Haus. Eintritt: Erwachsene 2,50 Pfund, Kinder 1,25 Pfund, Familien 6,25 Pfund, Gruppen 2 Pfund pro Teilnehmer. Park: 1,50 Pfund pro Fahrzeug. Auskunft: Castle Coole, Enniskillen, Co. Fermanagh BT74 6JY, Tel.: 01365 322690

◆ **Florence Court** (12 km südwestlich von Enniskillen via A 4 Richtung Sligo und der A 32 Richtung Swanlinbar, 7 km von den Marble Arch entfernt)

Florence Court ist ein grauer Bau im palladianischen Stil, der inmitten einer schönen Parklandschaft mit altem Baumbestand steht. Als Pendant zum Castle Coole auf der anderen Fluß-seite wurde 1751-64 der zentrale Mittelblock errichtet, einige Jahre später wurden die Seitenflügel angebaut. Der Architekt war David Ducart. 1775 war der Bau vollendet. Die feinen Roko-ko-Stukkaturen, vor allem über der Treppe und im Speisezimmer, stammen von dem Dubliner Robert West, einige wurden nach dem Brand von 1955 restauriert. Die Bibliothek verwahrt eine

Florence Court

Sammlung von Meißner Porzellan und Kupferstichen. Einer der schönsten Räume ist im 1. Stock der "Venezianische Salon", benannt nach dem großen venezianischen Fenster. Im Park ist die Original-Florence-Court-Eiche (taxus baccata fastigiata) zu bewundern, eine Baumart, die es mittlerweile überall auf der Welt gibt.
Öffnungszeiten: April, Mai und Sepember: Sa, So und Bank Holidays 13-18 Uhr, Juni-August täglich außer Di 13-18 Uhr. Der Park ist ganzjährig geöffnet von 10 Uhr bis Sonnenuntergang. Der Souvenirladen und die Teestube, in der man köstlichen Kuchen essen kann, haben die gleichen Öffnungszeiten wie das Haus, im Juli und August bereits ab 12 Uhr. Eintritt: Erwachsene 2,50 Pfund, Kinder 1,25 Pfund, Familien 6,25 Pfund, Gruppen 2 Pfund pro Teilnehmer. Park 1,50 Pfund pro Auto. Auskunft: Florence Court, Co. Fermanagh BT 92 1DB, Tel.: 01365 34249 oder 348788 (Teeraum)

◆ Im **Florence Court Forest Park** kann man sehr gut spazierengehen. Es gibt vier ausgeschilderte Routen von 1 ½ bis 4 Stunden. Der Forest Park ist täglich von 10 Uhr bis Sonnenuntergang geöffnet. Es gibt hier auch einen kleinen Camping- und Caravanplatz: Auskunft unter Tel.: 01365 348497

◆ **Marble Arch Caves** (20 km westlich von Enniskillen, an der A 4 nach Sligo für ca. 5 km, dann auf der A 32 Richtung Swanlinbar, ab dort ausgeschildert)
Die Marble Arch Caves unter den Cuilcagh Mountains werden als eines der interessantesten Höhlensysteme Europas eingeschätzt und sind auf jeden Fall ei-

nen Besuch wert. Die Höhlen waren nie von Menschen bewohnt, obgleich sie seit Jahrhunderten, wenn nicht sogar seit Jahrtausenden bekannt sind. Die wissenschaftliche Erforschung begann in der Mitte des vorigen Jahrhunderts. Die breite Kaskade cremefarbenen Kalksteins – auch "The Porridge Pot" genannt – muß bereits vor mehr als 50.000 Jahren entstanden sein. Seit 1985 sind Teile der Marble Arch Caves für Besucher geöffnet. Während einer 1 ½stündigen Tour wird der Besucher auf Wasserfälle, gewundene Gänge und die unterschiedlichsten geologischen Formationen hingewiesen.

Die Marble Arch-Höhlen

Ein besonderes Erlebnis ist die Fahrt mit einem Elektroboot auf einem der zahlreichen unterirdischen Flüsse.

Während der Führung sollte man einen warmen Pullover und bequeme Schuhe tragen und über ausreichend Kondition verfügen, denn ca. 1,5 km werden gelaufen. Am Ende der Tour muß man 160 Stufen steigen.
Öffnungszeiten: März - Juni und September, Mo-So ab 11 Uhr (letzte Tour 16.30 Uhr), Juli und August, Mo-So ab 11 Uhr, letzte Tour 17 Uhr, bei sehr starkem Andrang auch länger. Eintritt: Erwachsene 5 Pfund, Kinder 2 Pfund, Studenten/ Senioren 3 Pfund, Familien 12 Pfund. Gruppenermäßigung. Auskunft: Marble Arch Caves, Marlbank Scenic Loop, Florence Court, Co. Fermanagh BT92 1EW, Tel.: 01365 348855, Fax: 01365 348928.

▪ Belleek

In der kleinen Grenzstadt Belleek, am Westufer des Lower Lough Erne, wird seit 1857 sehr zartes cremefarbenes Porzellan hergestellt. Man kann an einer Führung durch das Belleek Pottery Visitor Centre teilnehmen und in dem kleinen Museum auch ältere Stücke dieser Porzellanmanufaktur bewundern. Ein besonders schöner Tafelaufsatz der Belleeker Manufaktur hat sogar eine Goldmedaille auf der Weltausstellung 1890 in Paris gewonnen. Vor Beginn der Führung erläutert ein Videofilm den Herstellungsvorgang des Porzellans. Anschließend sieht man die Gießerei, die Formungswerkstätten und die Räume, in denen die fertigen Stücke mit Blumen verziert werden.
Die Qualitätsansprüche für echtes Belleek sind sehr streng. Nur makelloses Porzellan erster Wahl wird zugelassen. Darauf hat der Gründer der Porzellanmanufaktur, John Caldwell Bloomfield, bestanden. Im Besucherzentrum kann man Porzellan kaufen und sich die Ware auch nach Hause schicken lassen. Es gibt eine Cafeteria, in der auf Belleek serviert wird.
Öffnungszeiten: März-September: Mo-Fr 9-18 Uhr, Sa 10-18 Uhr, So 14-18, Juli und August: Mo-Fr 9-20 Uhr, Oktober-Februar: Mo-Fr 9-17 Uhr. Führungen finden an Wochentagen alle 20 Minuten statt, und zwar von 9.30-12.15 Uhr und von 14.15-16.15 Uhr. Letzte Tour Fr 15.30 Uhr. Weitere Auskunft unter Tel.: 013656 5501, Fax: 013656 5625.

Für Bootsfahrten auf dem Lough Erne
wende man sich an: Harp of Erne Waterbus, Cloghore, Belleek Island, Belleek, Tel.: 013656 58027, Fax: 013656 58793. Von Juni bis September gibt es drei Fahrten pro Tag, jeweils um 11.30, 14 und 16.30 Uhr.

Die **Tourist Information**
ist im **Erne Gateway Centre** untergebracht. Außerdem gibt es hier einen Souvenirladen und die Ausstellung "Explore Erne". Hier kann man sich über die Geschichte des Sees von den mythologischen Anfängen bis in die Gegenwart mit Hilfe von Schautafeln und Videofilm informieren. Öffnungszeiten: Mitte März-Ende September Mo-Fr 9-17 Uhr, zusätzlich Ostern-September Sa 10-18 Uhr, So 11-17 Uhr, Bank Holidays 10-17 Uhr, Juni-September Mo-Fr bis 17.30 Uhr, Juli und August Mo-Fr bis 18.30 Uhr. Eintritt für "Explore Erne": Erwachsene 1 Pfund, Kinder/Senioren 50 Pence, Kinder unter 5 Jahre frei, Familien 2,50 Pfund. Es gibt Gruppenermäßigung. Auskunft bei: Erne Gateway, Corry, Belleek, Co. Fermanagh BT93 3FU, Tel.: 0136565 8866, Fax: 0136565 8833

Anglerbedarf
Belleek, Mickey McGrath, Carlton Fishing Centre, Tel.: 013656 58181

Boa Island

Von Belleek aus führt die A 47 in östliche Richtung am Nordufer des Lough Erne entlang auf die schmale Boa Island. Auf dem langen Landstreifen stehen auf einem kleinen unscheinbaren Friedhof (Caldragh Cemetry), der allerdings nur dürftig ausgeschildert ist, zwei schöne janusköpfige Steine. Um dorthin zu gelangen, muß man eine Bullenweide überqueren und über zwei Gitter steigen. Es lohnt sich, weil der Touristenrummel fehlt. Diese beiden einzigartigen Kultsteine stammen vermutlich aus dem 5.-6. Jahrhundert v.Chr.

Lusty Man

Aus einem groben Steinblock wurden jeweils zwei Gesichter herausgearbeitet. Sie sind leicht spitz zulaufend und haben große Augen und Münder im Flachrelief. Von den Gliedmaßen sind lediglich die Arme angedeutet. Die kleinere der beiden Statuen wird Lusty Man genannt, da sie sich ursprünglich auf Lusty Island, südlich von Boa Island, befand. Bei der größeren, etwa 75 cm hohen Figur sind die Arme überkreuz dargestellt. Auf der Seite sind am Kopf Zickzackmuster zu erkennen – möglicherweise als Andeutung von Haaren? Am unteren Ende verläuft eine Art Gürtel.

White Island, 4 km südlich von Kesh

Hier befindet sich eine Kirchenruine aus dem 12. Jahrhundert mit einem rekonstruierten, schlichten, romanischen Portal. An einer Wand sind acht Steinskulptu-

ren eingelassen, die aus einer früheren Kirche stam-
men. Es handelt sich um sieben Figuren und einen Kopf
mit Haube. Obwohl diese
vermutlich aus dem 7. und
9. Jahrhundert stammen, also
eindeutig christlichen Ursprungs sind, sehen sie alle
recht heidnisch aus und erinnern an die Figuren von
Boa Island. Eine stellt eine
sogenante "Sheela-na-gig"
dar, eine groteske weibliche

Steinskulpturen auf White Island

Figur mit ausgeprägten Geschlechtsmerkmalen. Eine solche Darstellung stammt
sicher aus heidnischen Fruchtbarkeitsriten und findet sich – wohl als Symbol der
Sünde – häufig an mittelalterlichen Kirchen. Die übrigen Figuren sind nicht eindeutig zu interpretieren.

 Fährverbindung
Boote fahren vom Castle Archdale Campingplatz Juni - September Di-Sa 10-19
Uhr, So 14-19 Uhr ab. Die Überfahrt dauert 20 Minuten. Auskunft erhält man unter
Tel.: 013656 21731

■ Im Friedhof von **Killadeas**, südlich White Island an der B 82, stehen ähnliche
Steine. Am interessantesten ist der 1 Meter hohe Bishop's Stone, der auf der
Südseite einen Bischof im Flachrelief zeigt.

4.7   IRLANDS MITTE

Highlights

- Clonmacnoise
- der Shannon
- Clonfert

4.7.1   ALLGEMEINER ÜBERBLICK

Die Landschaft ist weniger spektakulär als der Westen oder Norden Irlands, jedoch für erholsame Tage gut geeignet.

In Monaghan wird vorwiegend Ackerbau betrieben, Cavan ist reich an Hügeln und Seen. Die freundliche Grafschaft Leitrim zieht sich als schmaler Streifen von Longford bis zur Donegal Bay. Auch Leitrim ist sehr seenreich und bietet gute Möglichkeiten für Angler. Im Hauptort Carrick-on-Shannon gibt es mehrere Vermieter von Kabinenkreuzern für Fahrten auf dem Shannon oder dem Shannon-Erne-Kanal. In Roscommon wechseln Moore, niedrige Hügel und Seen miteinander ab. In Boyle liegt die sehenswerte Ruine einer Zisterzienserabtei aus dem 13. Jahrhundert. Auch die Grafschaft Longford ist durch Farm- und Moorland bestimmt. In der Nähe von Ballymmahon wurde 1728 der Schriftsteller Oliver Goldsmith geboren, der das Land in seinen Werken beschrieben hat. Westmeath ist sehr flach und macht mit seinen Seen und bewaldeten Ufern einen lieblichen Eindruck. Athlone, schön am Shannon gelegen, ist eine lebhafte Marktstadt und Knotenpunkt für Eisenbahn und Straße. Wenige Kilometer nördlich Athlone erweitert sich der Shannon in den Lough Ree, den größten See des Flusses.

Immer beliebter wurden in den letzten Jahren Kabinenkreuzfahrten auf dem Shannon und den umliegenden Seen, nicht nur als eine gute Möglichkeit, die zentrale Tiefebene Irlands kennenzulernen, sondern auch eine erholsame Art des Reisens (siehe dazu das Kap. 4.7.4). Kunstgeschichtliche "Highlights" in der Mitte Irlands sind die Klostersiedlung Clonmacnoise und das Kopfportal von Clonfert (siehe dazu Kap. 4.7.5).

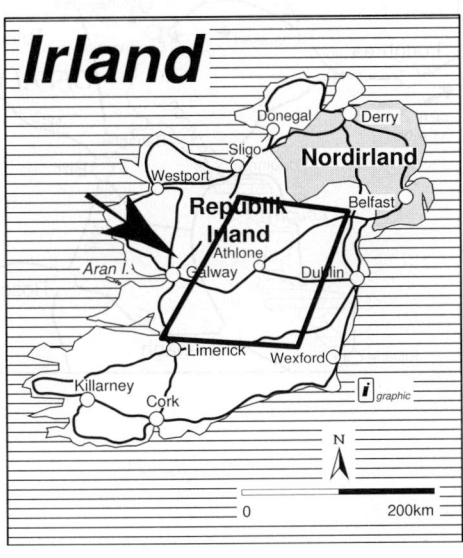

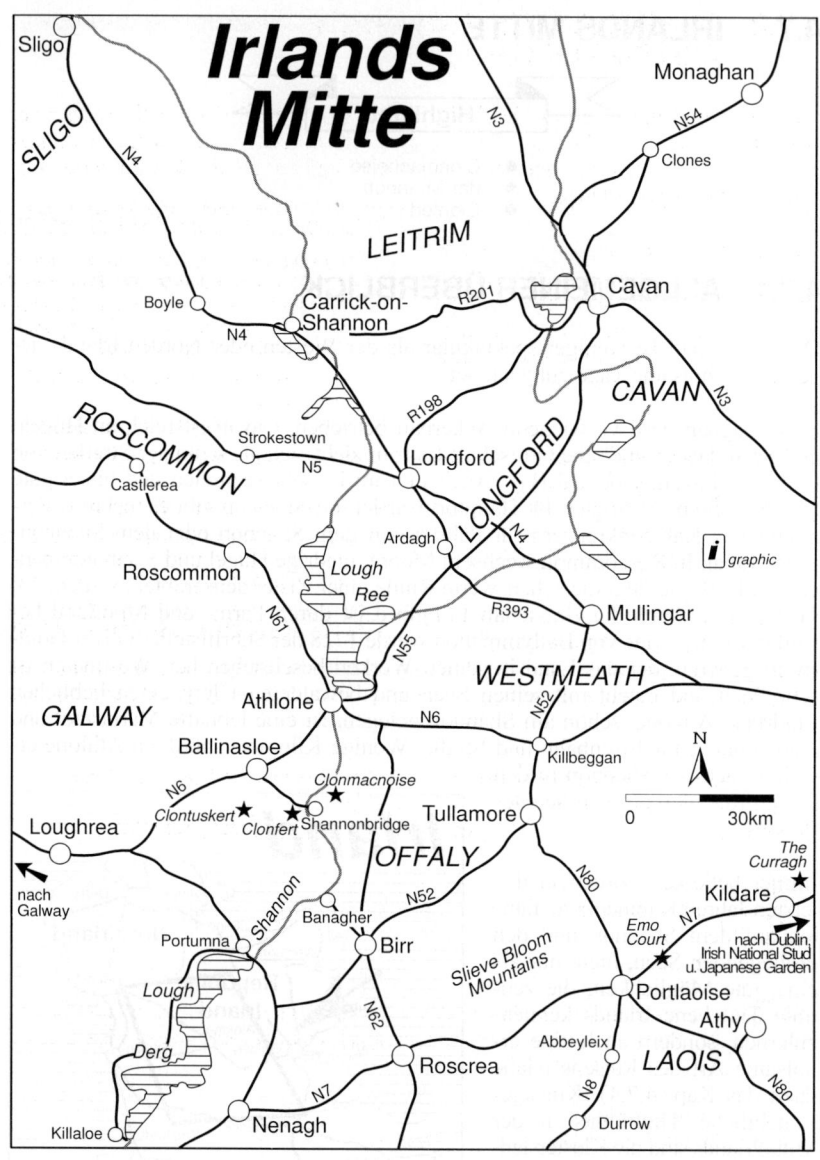

4.7.2 STRECKENFÜHRUNG UND ZEITEINTEILUNG

Vorliegendes Kapitel ist im Gegensatz zum übrigen Reisebuch nicht nach einer bestimmten Route gegliedert. Wie sich gezeigt hat, fahren nur wenige Urlauber gezielt in die mittleren Landesteile. Meist durchqueren sie das Land bei der An- oder Abreise ihres Urlaubes.

Um die mittleren Landesteile Irlands zu bereisen, sollte man mindestens zwei Tage ansetzen. Möchte man allerdings eine Bootstour auf dem Shannon oder den Seen machen, sind entsprechend mehr Tage einzuplanen.

Redaktions-Tips

- im Hilton Park, Clones, Co. Monaghan, oder im Carrigglas Manor, Longford, Co. Longford, im Clonalis House, Castlerea, Co. Roscommon, oder in Tullanisk, Nahe Birr, Co. Offaly, übernachten
- das romanische Portal von Clonfert anschauen
- am Pferderennen in Kildare teilnehmen
- die Klosteranlage Clonmacnoise besichtigen
- den Pferdemarkt in Ballinasloe erleben
- eine Bootstour auf dem Shannon, dem Shannon-Erne-Kanal, dem Grand Canal oder auf dem Barrow machen

4.7.3 ZWISCHEN MONAGHAN, BOYLE UND ATHLONE

Von Armagh kommend, gelangt man zunächst nach **Monaghan**, dem gleichnamigen Hauptort der Grafschaft. Monaghan ist ein kleiner Ort mit Heimatmuseum und Golfplatz (Rossmore Golf Club, Monaghan, Tel.: 047 81316, 18-Loch).

◆ Das **Monaghan County Museum**, 1-2 Hill Street, zeigt Lokalgeschichtliches sowie Kunst- und Kunstgewerbe und Wechselausstellungen. Öffnungszeiten: Di-Sa 11-13 Uhr, 14-17 Uhr, Eintritt frei, Tel.: 047 82928

Tourist Information
Market House, Tel.: 047 81122, ganzjährig geöffnet.

Reiten
Greystones Equestrian Centre, Castle Leslie, Glaslough, Tel.: 047 88100, Fax: 047 88330. Der Reiterhof bietet Unterricht für Anfänger und Fortgeschrittene sowie Ausflüge in die Umgebung.

Fahrradverleih
M&M Cycles, Monaghan, Tel.: 047 83015

Busverbindungen
Von und nach Monaghan bestehen gute Busverbindungen, beispielsweise nach Belfast 5mal täglich, nach Dublin 9mal täglich und nach Derry 4mal täglich. Auskunft erhält man bei Bus Eireann, Tel.: 047 82377

▨ In **Clones**, ca. 15 km südwestlich von Monaghan, erinnern die Überreste einer frühen Kirche, ein teilweise erhaltener Rundturm und das steinerne, wie ein Haus gestaltete Grabmal des St. Tighearnach an ein Kloster des 6. Jahrhunderts. Auf dem Hauptplatz des Ortes steht ein aus zwei Teilen zusammengefügtes Hochkreuz mit biblischen Szenen aus dem 9./10. Jahrhundert.

Unterkunft

Hilton Park, Johnny & Luca Madden, Hilton Park, Clones, Co. Monaghan, Tel.: 047 56007, Fax: 047 56033. Das herrlich gelegene Country House ist seit Mitte des 18. Jahrhunderts in Familienbesitz. Die fünf Zimmer sind schön, einige davon sogar mit Himmelbetten ausgestattet. Zu dem Haus gehört ein Küchengarten, in dem biodynamisch angebaut wird. Hidden Ireland.

Entlang der N 54 geht es weiter nach **Cavan**, dem Hauptstädtchen der gleichlautenden Grafschaft. Über besondere Sehenswürdigkeiten verfügt der Ort nicht.

Westlich Cavans liegt einer der zahlreichen Forest Parks, die in Irland in neuerer Zeit entstanden sind, mit Wanderwegen und Picknickplätzen.

Tourist Information

Farnham Street, Tel.: 049 31942, ganzjährig geöffnet

Unterkunft

● Slieve Russell Hotel Golf & Country Club, Ballyconnell, Co. Cavan, Tel.: 049 26444, Fax: 049 26474. Zu dem großen 4-Sterne-Hotel gehören ein umfangreiches Fitnesscentre sowie ein 18-Loch- und ein 9-Loch-Golfplatz. Gehobene Preisklasse.
● Old Post Inn, Cloverhill, Co. Cavan, Tel.: 047 55266, Fax: 047 55229. Kleines behagliches Hotel der mittleren Preisklasse. Das Restaurant ist täglich geöffnet, die Küche ist gut.

Fahrradverleih

On Yer Bike Tours, Abbeyset Buildings, Farnham Street, Tel.: 049 31932, Fax: 049 61260. Nach 18 Uhr Tel.: 049 61560.

Travel Information

Tel.: 049 31353

▨ Weiter geht es entlang der R 201 über Carrick-on-Shannon nach **Boyle**, gebettet in die schöne Landschaft zwischen Lough Gara, Lough Key und Lough Arrow.

◆ Hier lohnt sich der Besuch der Zisterzienserabtei **Boyle Abbey**, die in der zweiten Hälfte des 12. Jahrhunderts von Mellifont aus besiedelt wurde. Erhalten sind nur noch die Ruinen der prachtvollen Abteikirche, die im Vergleich mit der zeitgleich entstandenen Jerpoint Abbey einen ganz anderen Stil aufweist. Der kreuzförmige Grundriß zeigt ein extrem langes Hauptschiff, ein südliches Seitenschiff, ein nördliches und ein südliches Querschiff mit je zwei Kapellen und einem quadratischen kurzen Chor. Die Kirche wurde von Osten nach Westen gebaut, d.h. vom Ende des 12. Jahrhunderts stammen der Chor, die Querschiffe und die Kapellen. Die drei schmalen hohen Lanzettfenster in der Ostmauer werden allerdings erst auf das 13. Jahrhundert datiert. Bemerkenswert an dem langen Kirchenschiff sind die frühgotischen Bögen der Nordseite (hier bereits Bündelpfeiler) und die romanischen Bögen über schweren zylindrischen Säulen der Südseite. Dadurch erscheint das Hauptschiff ein wenig unharmonisch. Dies ist ein häufiges Phänomen mittelalterlicher Bauwerke. Oft waren die Bauzeiten sehr lang, so daß stets die Entscheidung gefällt werden mußte, entweder der Gesamtharmonie zuliebe in einem veralteten Stil weiterzubauen oder einen neuen Stil einzuführen und damit eine gewisse Disharmonie in Kauf zu nehmen. Der jüngste Teil der Kirche, das Westende mit einem großen Lanzettfenster, wurde möglicherweise erst nach ihrer Weihe im Jahre 1218 fertiggestellt. Berühmt ist Boyle Abbey vor allem wegen der Steinmetzarbeiten. Meisterhaft sind am Westende des Hauptschiffs die Säulenkapitelle mit grotesken Tieren und menschlichen Figuren geschmückt, das Vierungsgewölbe weist wunderschöne Kragsteine auf. Von dem einstigen Klostergebäude sind nur noch spärliche Reste erhalten.

◆ Profaner geht es in dem vor einigen Jahren als Museum eingerichteten **King House** zu. Das Gebäude wurde 1730 erbaut und seit 1788 von den Connaught Rangers, anschließend von der Irish Army genutzt. 1989 wurde Kings House restauriert und als Museum eingerichtet. Die audiovisuelle Ausstellung behandelt die Bedeutung der Könige von Connaught, die Geschichte der Familie King, die hier seit 1603 ansässig war und die spätere militärische Nutzung des Gebäudes. Öffnungszeiten: April Sa, So 10-18 Uhr, Mai-September Di-So 10-18 Uhr, Oktober Sa, So 10-18 Uhr, Tel.: 079 63242, Fax: 079 63243

Fahrradverleih
Brendan Sheerin, Main Street, Tel.: 079 62010

In der Umgebung von Boyle sind einige interessante Zeugnisse der Megalithkultur erhalten:
◆ Westlich des Lough Gara bei Clogher liegt das teilweise restaurierte Steinfort von **Cashelmore**. Innen sind drei Treppen und drei Nischen sowie zwei tiefer gelegene Kammern zu sehen.
◆ **Ballinafad Castle** an der Südspitze des Lough Arrow wurde um 1590 errichtet, um den Paß über die Curlew Hills zu kontrollieren. Die **Ganggräber von Carrowkeel** schließlich (westlich der N 4 in Höhe des Lough Arrow) hoch in den Bricklieve Mountains, datieren von ca. 2000 bis 2500 v.Chr.

Camping/Caravan
Lough Key Caravan Park, Rockingham, Boyle, Tel.: 079 62212
Der Platz liegt am Rande des Lough Key Forest Park.

▓ Der **Lough Key Forest Park** ist aus dem Rockingham Estate hervorgegangen, der 1617 angelegt wurde. Der Park umfaßt heute ein 350 Hektar großes Gelände mit schönem alten Waldbestand. Von hier aus gibt es Möglichkeiten, Bootstouren auf dem Lough Key zu unternehmen. Auskunft erhält man unter Tel.: 079 62363.

Roscommon (1.600 Einwohner) ist der Hauptort der gleichnamigen Grafschaft und liegt westlich des Lough Rees. Der hübsche, kleine Ort ist ein altes Zentrum der Wollverarbeitung. In der Ortsmitte haben sich einige schöne Häuser aus georgianischer Zeit erhalten.

> **Tourist Information**
> Tel.: 0903 26342, Juni-September geöffnet.

◆ Auf einem Hügel im Norden liegt eine gewaltige normannische Burg, **Roscommon Castle**, das Wahrzeichen der Stadt. Die quadratisch angelegte Burg hat gerundete vorspringende Eckbastionen und einen mächtigen befestigten Torbau. Sie wurde 1269 von dem englischen Befehlshaber bzw. Lord Justice (Justizminister) Robert de Ufford errichtet. Im Inneren der Burganlage ist die Ruine eines Gebäudes mit ehemaligen repräsentativen Gemächern zu sehen.

◆ Die **Dominikaner-Abtei** wurde 1253 von Felim O'Connor, dem Lord of Roscommon, gegründet. Die Kirche, im 15. Jahrhundert umgebaut und restauriert, besteht aus einem schmalen langen Schiff mit sehr schönem Westfenster (15. Jahrhundert) und einigen hohen Lanzettfenstern in der Südmauer, die auf den Kreuzgang blicken. Im Chor, in einer Nische in der Nordwand, ist das Grabmal des Gründers der Abtei, Felim O'Connor, zu sehen. Die mittlerweile etwas verwitterte Grabfigur wurde Ende des 13. Jahrhunderts gefertigt. Der Stein wurde in späterer Zeit auf eine Tumba des 15. Jahrhunderts gelegt. In acht Nischen sind Ritter in voller Rüstung mit Schwertern und einer Streitaxt dargestellt, darüber sieht man Engel.

◆ Ein Abstecher lohnt sich nach **Castlerea**, ca. 30 km nordwestlich von Roscommon an der N 60. Hier kann man das **Clonalis House** besichtigen, dem Familiensitz der O'Connors of Connacht. Das Gelände gehört der Familie seit über 1.500 Jahren. Sie sind die direkten Nachfolger von Irlands letztem Hochkönig und den Königen von Connacht. Clonalis wird daher als eines der großen historischen Häuser Irlands bezeichnet: Portraits, Antiquitäten, Möbel (insbesondere spätklassizistisches Sheraton- und Louis XV.-Mobiliar), Silber, eine wohlsortierte Bibliothek und eine Handschriftenkollektion können besichtigt werden. Ferner vielfältige Kunstgegenstände, darunter die Harfe von Turlough O'Carolan (1674-1738), dem letzten und bekanntesten irischen Barden, und der berühmte Krönungsstein. Auf diesem wurden die Könige der Familie mehr als 1.000 Jahre lang gekrönt. Das stattliche Gebäude ist von einer gepflegten Parklandschaft umgeben. Öffnungszeiten: Juni-September 12-17 Uhr

 Tip
Im Clonalis House kann man auch übernachten. Siehe unten.

 Hotel/B&B
● Abbey Hotel, Roscommon Town, Co. Roscommon, Tel.: 0903 26240, Fax: 0903 26021. Das Herrenhaus stammt aus dem 18. Jahrhundert und ist von einem schönen Park umgeben. Heute ist hier das Abbey Hotel untergebracht, das komfortable Unterkunft sowie ein gutes Restaurant bietet. Mittlere Preisklasse.

● Clonalis House, Pyers & Marguerite O'Connor Nash, Castlerea, Co. Roscommon, Tel.: 0907 20014. Das Familienhaus der O'Connors of Connacht, bietet außerordentlich stilvolle Unterkunft. Den Gästen stehen 4 Zimmer zur Verfügung, die mit altem Mobiliar ausgestattet sind. Hidden Ireland.

▨ **Strokestown und das Strokestown Park House**, 34 km westlich von Longford an der N 5, ca. 20 km nördlich von Roscommon

Der 2. Lord Hartland war während einer Österreichreise vom Wiener Ring so begeistert, daß er beschloß, seinem Heimatdorf eine ähnliche Prachtstraße und die breiteste Straße Europas zu bauen. So kann sich Strokestown heute zumindest der breitesten Hauptstraße aller irischen Dörfer rühmen.

◆ Am Ende des "Boulevards" gelangt man durch einen gotischen Torbogen aus dem 18. Jahrhundert auf die Allee zum **Strokestown Park House**, einem großen schlichten palladianischen Bau, den Richard Castle 1730 für Thomas Mahon erbaute und der sich bis 1979 im Besitz der Familie Mahon befand. Diese hatte in den 1650er Jahren für ihre Unterstützung der englischen Kolonialisierungskampagne Land in Strokestown erhalten. Ein Tower House aus dem 17. Jahrhundert wurde vom Castle in den Bau miteinbezogen. Das Gebäude stellt ein gutes Beispiel für den Landsitz eines sogenannten "Gentleman Farmers" im frühen 18. Jahrhundert dar und wurde in seiner ländlichen Schlichtheit und Funktionalität maßgebend für viele andere irische Herrenhäuser des Landadels.

Im zentralen Mittelblock befinden sich die Repräsentations- und Wohnräume für die Familie. In den vorgelagerten Seitenflügeln sind die Räume für die Dienerschaft, die Ställe und die Lagerräume. Während sich die Repräsentationsräume nur kaum von denen anderer Herrenhäuser unterscheiden, lohnt sich ein Blick in die Kinderzimmer unter dem Dach, die mit altem Spielzeug und Unterrichtsmaterialien bestückt sind.

◆ Das Haus ist von einem ansprechenden **Park** umgeben. In den 1960er Jahren stark vernachlässigt, wurde er kürzlich wieder hergerichtet und kann (gegen Eintrittsgeld) besichtigt werden. "The Walled gardens" umfassen einen Lustgarten von 1,5 Hektar und einen 0,5 Hektar großen Küchengarten. Im Park steht ein Turm aus dem 17. Jahrhundert und ein seltenes Beispiel eines georgianischen Gewächshauses.

◆ In dem ehemaligen Pferdestall wurde das sogenannte **Famine Museum** eingerichtet, in dem man sich intensv über die große Hungersnot informieren kann. Ein Viertel der 2 Millionen Iren kam zwischen 1845 und 1850 ums Leben oder wanderte in die Emigration aus. Strokestown zog während der Hungerjahre internationale Aufmerksamkeit auf sich. Major Denis Mahon, Herr of Strokestown, wurde von seinen aufgebrachten Pächtern erschossen. Sie hatten erfahren, daß er eigens sogenannnte "Coffin Ships" charterte, um seine Leute nach Amerika abzuschieben.

Öffnungszeiten: Mai-September, Di-So 11-17 Uhr, Mo (außer Bank Holiday) geschlossen. Haus, Garten und Museum haben individuelle Eintrittspreise, allerdings gibt es Ermäßigungen, wenn man alles besichtigen möchte. Die Eintrittspreise kann man unter folgender Rufnummer erfragen. Tel.: 078 33013, Fax: 078 33712

◆ In der heute nicht mehr genutzten Kirche befindet sich das **County Roscommon Heritage and Genealogical Centre**. Hier kann man sich auf die Spuren seiner (irischen) Vorfahren begeben.

▇ **Longford**, im Knotenpunkt der N 4 und N 5 gelegen, ist die Hauptstadt der gleichnamigen Grafschaft Longford und verfügt, wie die bereits erwähnten Städtchen, nur über wenig Sehenswertes. Allerdings gibt es einiges Interessantes in der näheren Umgebung.

Tourist Information
Main Street, Tel.: 043 46566, Juni-August geöffnet.

Verkehrsverbindungen
Reiseauskunft erhält man unter Tel.: 043 45208.

Wenige Kilometer nordöstlich lädt **Carrigglas Manor**, ein 1837 im Stil der Tudor-Gotik erbautes viktorianisches Landhaus der Hugenottenfamilie Lefroy, zu einem Besuch ein. Der Erbauer des Schlosses, Thomas Lefroy, soll ein Jugendfreund Jane Austens gewesen sein. Angeblich hat er das Vorbild für den unvergeßlichen Helden Darcy in Austens Roman "Pride and Prejudice" (1813) abgegeben. Das Haus ist mit Mobiliar und Gemälden aus dem 18. Jahrhundert ausgestattet. Öffnungszeiten: Juni-September täglich außer Di und Mi 13.30-17.30 Uhr (August bis 18 Uhr), So 14-18 Uhr. Führungen jeweils um 14, 15 und 16 Uhr, im Juli und August auch 17 Uhr. Eintritt: Grundstück, Gärten und Kostümmuseum (in den ehemaligen Ställen): Erwachsene 2,50 Pfund, Kinder/Senioren 1,50 Pfund, Kinder unter 7 Jahren frei. Haus: 1,50 Pfund.

Im Carrigglas Manor kann man übernachten. Siehe unten.

Unterkunft
Carrigglas Manor, Jeffrey & Tessa Lefroy, Longford, Co. Longford, Tel.: 043 45165, Fax: 043 41026 Fax (Büro): 043 45875. Das prachtvolle Gebäude wurde von Thomas Lefroy errichtet und hat schön eingerichtete Zimmer. Hidden Ireland. Die ehemaligen Stallgebäude wurden zu Ferienwohnungen umgestaltet.

▇ Zehn Kilometer abseits der Hauptstraße von Longford nach Carrick-on-Shannon liegt nördlich von Mohill, Co. Leitrim, der **Lough Rhynn**. Für Liebhaber schöner Gartenanlagen lohnt sich die Fahrt hierher.

Lough Rhynn House, ein Herrenhaus im Tudor Stil von 1832, ist von einem 5.000 Quadratmeter großen, von einer Mauer umgrenzten Garten umgeben. Er wurde 1859 ursprünglich als Anbaufläche für den Obst- und Gemüsebedarf des Grafen von Leitrim, der hier seinen Stammsitz hatte, angelegt. Später wurde er dann zum größten Teil im Stil eines viktorianischen Lustgartens umgestaltet. Heute ist die Parkanlage in drei verschiedene Bereiche eingeteilt: Den oberen Teil schmücken liebevoll angelegte Beete mit Frühlings- und Sommerblumen. Im unteren Teil des Gartens dominieren Heckensträucher, mehrjährige Pflanzen und

Lough Rhynn Gardens

Blumen. Hier findet auch die in Australien beheimatete Flaschenbürste "Calliste-mon citrinus" ideale Lebensbedingungen. Von einem kleinen romantischen Turm-häuschen aus, das in einer lauschigen Ecke des Gartens steht, hat man einen faszinierenden Blick über den Lough Rhynn, dessen Ufer an dieser Stelle von einer wahren Blütenpracht übersät ist. Auf einer Halbinsel im See steht ein Steingarten mit Farnen, die bereits 1860 hier gesetzt wurden. In der Baumschule kann eine der ältesten Anden-Tannen Irlands bewundert werden. Ein wunderschö-ner Tulpenbaum und eine geflammte Eiche mit creme- und grünfarben marmo-rierten Blättern imponieren ebenfalls dem Besucher.
Öffnungszeiten: 1. Mai - 1. September täglich 10-18 Uhr. Eintritt: 1,25 Pfund. Führungen: 1 Pfund, Senioren/Studenten 70 Pence. Gruppenermäßigung.

▨ **Ardagh** (gael.: Ard Achaidh = High Field), wenige Kilometer südlich von Longford, ist ein Ort, der sich einiges seiner alten, aus dem 18. und frühen 19. Jahrhundert stammenden Bausubstanz erhalten hat. Im Heritage Centre (Tel.: 043 75277/9, Fax: 043 75278) kann man sich über seine Geschich-te informieren.

▨ **Corlea Trackway**, Keenagh, südlich von Longford
Ein Ausstellungszentrum informiert hier über den Bohlenweg, der aus dem Jahre 148 v.Chr. stammt und während Torfstecharbeiten unter dem Moor gefunden wurde.
Öffnungszeiten: Mai-September täglich 9.30-18.30 Uhr, Tel.: 043 22386. Für Öffnungszeiten im Winter erkundige man sich unter Tel.: 01 6613111 ext 2386. Eintritt: Erwachsene 2,50 Pfund, Senioren 1,75 Pfund, Kinder oder Stu-denten 1 Pfund, Familien 6 Pfund, Gruppen 1,75 Pfund pro Teilnehmer. OPW

Corlea Trackway

603

■ **Mullingar** ist die Hauptstadt der Grafschaft Westmeath und hat, außer einer weithin sichtbaren Kathedrale, keine weiteren Sehenswürdigkeiten.

Information
- Tourist Information, Dublin Road, Tel.: 044 48650, Fax: 044 40413, ganzjährig geöffnet
- Midlands-East Regional Tourism Organisation, Dublin Road, Mullingar, Co. Westmeath, Tel.: 044 48761/48650, Fax: 044 40413

Restaurant
Crockedwood House, Crockedwood, Mullingar, Co. Westmeath, Tel.: 044 72165, Fax: 044 72166. Das schön gelegene Restaurant hat eine sehr gute Küche. Di-Sa nur Dinner, So nur Lunch. Mo geschlossen, ebenso zwei Wochen im November.

Pubs
- Canton Casey's, 41 Pearse Street, Tel.: 044 42758/40913. Lang etablierter Pub mit gemütlicher Atmosphäre.
- Con's, 22 Dominick Street, Tel.: 044 40925/40265. Gemütlicher Pub mit ausgezeichnetem Pub-Lunch.

Hotel/B&B
- Mornington, Warwick & Anne O'Hara, Multyfarnham, Co. Westmeath, Tel.: 044 72191, Fax: 044 72338. Das Gebäude stammt von 1710 und ist seit der Mitte des vorigen Jahrhunderts im Familienbesitz. Es ist ruhig und schön gelegen und hat vier Doppel- und ein Einzelzimmer. Die Küche ist für ihre Tradition der feinen irischen Landhausküche berühmt. Mitte März-Ende Oktober geöffnet. Hidden Ireland.
- Bloomfield House Hotel, Kilbeggan Road, Mullingar, Co. Westmeath, Tel.: 044 40894, Fax: 044 43767. Unweit Lough Ennell liegt dieses 3-Sterne-Hotel mit 29 Zimmern und 4 Suiten. Mittlere Preisklasse.
- The Greville Arms Hotel, Mullingar, Co. Westmeath, Tel.: 044 48563, Fax: 044 48052. Das alte Hotel (3 Sterne) hat 40 behaglich eingerichtete Zimmer, ein Restaurant, Bar und einen Konferenzraum.

■ **Athlone** (12.000 Einwohner) liegt fast direkt im geographischen Zentrum der Insel und außerdem an Irlands längstem Fluß, dem Shannon. Als Eisenbahn- und Verkehrsknotenpunkt, Umschlagplatz für das umliegende Land und wichtigstem Ausgangspunkt für die Shannon-Schiffahrt hat Athlone eine gewisse Bedeutung erlangt. Als Kreuzungspunkt von N 6 und N 61/62 leidet die Stadt aber auch stark unter dem Durchgangsverkehr und ist für Touristen nur wenig attraktiv. Athlone stellt das Zentrum des Boots- und Angeltourismus auf dem Shannon-River und seiner Seen dar.
Schon im Mittelalter besaß das bis dahin unbekannte "Ath Luain" strategische Bedeutung. Der Anglonormanne John de Grey (Justitiar und Bischof von Norwich) hatte die strategische Lage dieser Kreuzung des Shannon mit den Ost-West-Handelswegen erkannt und baute 1210-13 eine mächtige **Burg**, die bis 1922 in den Händen der Briten blieb. Die trutzige Anlage ist in der Zwischenzeit stark verändert worden, der älteste Teil ist der Bergfried im Zentrum.
Öffnungszeiten: Ostern und Mai-September täglich 10-18 Uhr
Am Ostufer des Shannon liegen die Reste einer 1241 errichteten **Franziskanerabtei**.

Information
Tourist Information, Athlone Castle, Tel.: 0902 94630, Ostern-Oktober geöffnet.

Stadtrundgang
Der 1-stündige Stadtrundgang beginnt vor der Tourist Information beim Castle, und zwar jeweils Di-Fr 11 Uhr, Sa und So 15.30 Uhr. Der Unkostenbeitrag beträgt 2,50 Pfund pro Person. Es gibt Ermäßigungen für Senioren, Studenten und Gruppen, Auskunft erhält man unter Tel.: 0902 75184/74239.

Fahrradverleih
Hardiman's, 48 Connaught Street

Taxi
24-Stunden-Service, Tel.: 0902 74400

Golf
● Mount Temple Championship Golf Course Mount Temple Village Moate, Co. Westmeath. Der Platz liegt ca. 7 km außerhalb Athlones. Tel.: 0902 81841/81545, Fax: 0902 81957
● Glasson Golf and Counry Club, Glasson, Athlone, Co. Westmeath, Tel.: 0902 85120, Fax: 0902 85444. Glasson Golf und Country Club liegt am See und ist auch per Boot zu erreichen.

Verkehrsverbindungen
Bahnhof und Busbahnhof befinden sich in der Southern Station Road, Tel.: 0902 73322

Unterkunft
● Prince of Wales Hotel, Church Street, Athlone, Co. Westmeath, Tel.: 0902 72626, Fax: 0902 75658. Das Hotel der mittleren Preisklasse hat 73 Zimmer, ein Restaurant, zwei Bars, eine Selbstbedienungs-Cafeteria (geöffnet von 8-22 Uhr) sowie einen kleinen Souvenirladen, mittlere Preisklasse. Das Prince of Wales wurde bereits in den 1780er Jahren gegründet und kann somit auf eine über 200jährige Tradition zurückblicken.
● Shelmalier House, Jim & Nancy Denby, Cartrontroy, Athlone, Tel.: 0902 72245. Alle Zimmer sind mit privatem Bad, Fernseher und Telefon ausgestattet. Ein sehr gutes Frühstück wird gereicht. Günstig.

Restaurants
● Le Chateau, Abbey Lane, Athlone, Tel.: 0902 94517. Das Gebäude stammt aus dem 17. Jahrhundert, liegt in der Nähe des Castle und beherbergt ein ansprechendes Restaurant. Mittlere bis gehobene Preisklasse.
● Glasson Village Restaurant, Glasson, Athlone, Tel.: 0902 85001. Bekanntes Restaurant mit sehr guter Küche. Di-Sa 19-22.30 Uhr und So 12.30-14.30 Uhr, Mo und Ende Oktober-Anfang November geschlossen. Mittlere bis gehobene Preisklasse.
● L'Escale Restaurant, Athlone, Tel.: 0902 92444, Fax: 0902 92688. Das Restaurant bietet eine ausgezeichnete Küche in gemütlichem Ambiente. Täglich von 7-10 Uhr, 12.30-14.30 Uhr und 18.30-21.30 Uhr göffnet. Mittlere bis gehobene Preisklasse.
● Wineport Restaurant, Glasson, Athlone, Tel.: 0902 85466/088 586937. Das kleine Restaurant im Hausbootstil liegt am Ufer des Shannon. Es ist täglich ab 18 Uhr und sonntags von 12.30-15 Uhr geöffnet. Mittlere bis gehobene Preisklasse.

● The Leftbank Bistro, Bastion Street. Hier kann man sowohl kleine Snacks als auch Lunch und Dinner zu sich nehmen, Tel.: 0902 94446

Pub

Jean's Bar, Main Street, Tel.: 0902 92358. Zwar nicht der älteste Pub in Irland, jedoch angeblich derjenige, der am längsten kontinuierlich im Betrieb war. Gemütliche Atmosphäre. Im Sommer gibt es regelmäßig traditionelle irische Musik-Sessions. Biergarten.

Bootsverleih und Bootstouren

Verschiedene Anbieter, die Ausflüge auf dem Lough Ree oder nach Clonmacnoise veranstalten oder Boote vermieten, gibt es am "The Strand", am Ufer gegenüber der Burg. Hier die Adressen zweier Veranstalter (Auswahl):

● Tagestouren auf dem Shannon mit der M.V.Ross, Jolly Mariner Marina, Coosan, Athlone, Tel.: 0902 72892

● Rosanna Cruises, Galway Road, Athlone, Tel.: 0902 92513

Auf dem Boot "The Viking 1" werden zwischen Juli und September verschiedene Touren auf dem Shannon angeboten. Abfahrt "The Strand". 1.) Lough Ree: Dauer ca. 1 ½ Stunde, Täglich um 14.30 und 16.30 Uhr. Unkostenbeitrag: Erwachsene 4,50 Pfund, Kinder 3,50 Pfund, Familien 16 Pfund. 2.) Clonmacnoise: Dauer 4 Stunden (einschließlich 1 Stunde Besichtigung). Jeweils Mi um 10 Uhr, Unkostenbeitrag: Erwachsene 7 Pfund, Kinder 4 Pfund. Familien 18 Pfund.

▨ Wer seine Reise von Athlone in östlicher Richtung fortsetzen möchte, hat vielleicht Spaß daran, die ehemalige Whiskey-Brennerei in **Kilbeggan** (24 km östlich von Athlone) zu besichtigen, in der heute das **Locke's Distillery Museum** untergebracht ist. Die Brennerei wurde 1757 gegründet. Fast 200 Jahre lang wurde hier irischer Malt-Whiskey im Brennkolbenverfahren hergestellt. Die Gebäude und die Gerätschaften wurden von der örtlichen Gemeinde liebevoll restauriert und als Museum für Industriegeschichte wiedereröffnet. Das Museum informiert nicht nur über den Produktionsvorgang, sondern erläutert auch die Lebensumstände der Menschen, die hier gearbeitet haben.

Öffnungszeiten: April-Oktober täglich 19-18 Uhr, November 10-16 Uhr. Tel. und Fax: 0506 32134

Locke's Distillery Museum

▨ 22 km westlich an der N 6 von Athlone lockt ein Vergnügen ganz anderer Art: der Pferdemarkt in **Ballinasloe**. Falls man gerade zu dieser Zeit in der Gegend ist, sollte man sich einen Besuch nicht entgehen lassen. Der Pferdemarkt wird begleitet von buntem Treiben.

▨ 7 km südlich von Ballinasloe liegt die Augustinerabtei **Clontuskert Abbey** aus dem 12. Jahrhundert. Sie geht auf eine Gründung des späten 9. Jahrhunderts zurück, von der allerdings nichts mehr erhalten ist. Im 15. Jahrhundert wurde das Kloster völlig niedergebrannt. Kurz danach begann der Wiederaufbau, von dem der größte Teil der Abtei stammt. Das schönste Detail ist das spätgotische Westportal, das laut einer Inschrift 1471 errichtet wurde und einen sehr verfeinerten und ausgereiften Stil zeigt. Das Portal wird von Heiligenfiguren, einem Bischof sowie von weiteren Skulpturen (ein Pelikan, eine Meeresjungfrau mit Spiegel, zwei Hirsche mit verschlungenen Geweihen und ein Hund, der sich in den Schwanz beißt) verziert.

Hostel
Hynes Hostel, Aughrim, Ballinasloe, Tel.: 0905 73734. Ganzjährig geöffnet, ab 5,50 Pfund, es gibt 10 Betten, Camping ist auf dem Grundstück möglich, Fahrradverleih, rollstuhlfreundlich.

4.7.4 IRLAND, LAND DER SEEN UND FLÜSSE: River Shannon, Shannon-Erne Waterway, Grand Canal und River Barrow

Informationsmaterial
● Listen von Vermietern von Kabinenkreuzern und Anbietern für organisierte Reisen verschickt die Irische Fremdenverkehrszentrale, Untermainanlage 7, 60329 Frankfurt, Tel.: 069 236492, Fax: 234626
● Auch das vom Bord Fáilte zusammengestellte "Cruising Ireland. Only the Best" gibt zahlreiche nützliche Informationen. Es ist in jeder größeren Tourist Information des Landes erhältlich.

Anbieter von Kabinenkreuzern
Unter den zahlreichen Anbietern sollte man darauf achten, daß man ein Boot von einem Mitglied der **IBRA** mietet. IBRA steht für **Irish Boat Rental Association** und ist eine 1992 gegründete Vereinigung von Bootsvermietern, die Richtlinien in Hinsicht Qualität und Sicherheit festlegten.
Alle Boote sind komfortabel eingerichtet und erfüllen die erforderlichen Sicherheitsvorschriften. Sie werden einer regelmäßigen Kontrolle unterzogen, in Notfällen unterstützen sich alle IBRA-Mitglieder gegenseitig.
● **Auf dem Shannon:**
- Athlone Cruisers (Basis in Athlone und Carrick-on-Shannon), Jolly Mariner, Athlone, Co. Westmeath, Tel.: 0902 72892, Fax: 0902 74386
- Carrick Craft (Basis in Carrick-on-Shannon und in Banagher), P.O.Box 14, Reading RG3 6TA England, Tel.: Reading 0734 422975, Fax: 0734 451473
- Derg Line (Basis Killaloe) Co. Clare, Tel.: 061 376205
- Emerald Star Line (Basis in Carrick-on-Shannon, Portumna und Belturbet) 47 Dawson Street, Dublin 2, Tel.: 01 6798166/6798165, Fax: 01 6798165
- Shannon Castle Line (Basis in Williamstown) Dolphin Works, Ringsend, Dublin 4, Tel.: 01 600964/660588, Fax: 01 689091
- Silver Line (Basis in Banagher) Banagher, Co. Offaly, Tel.: 0509 51112, Fax: 0509 51632
- Tara Cruisers LTD (Basis in Carrick-on-Shannon), Carrick-on-Shannon, Co. Leitrim Tel.: 078 20736, Fax: 078 21284
- Ballykeeran Cruisers (Basis Ballykeeran), Ballykeeran, Athlone, Co. Westmeath, Tel.: 0902 85163, Fax: 0902 85431
● **Grand Canal:**
- Celtic Canal Cruisers (Basis in Tullamore) Tullamore, Co. Offaly, Tel.: 0506 21861, Fax: 0506 51266
- Lowtown Cruisers Limited (Basis in Robertstown) Adresse The Boat Yard, Robertstown, Co. Kildare, Tel.: 045 60427, Fax: 045 60372

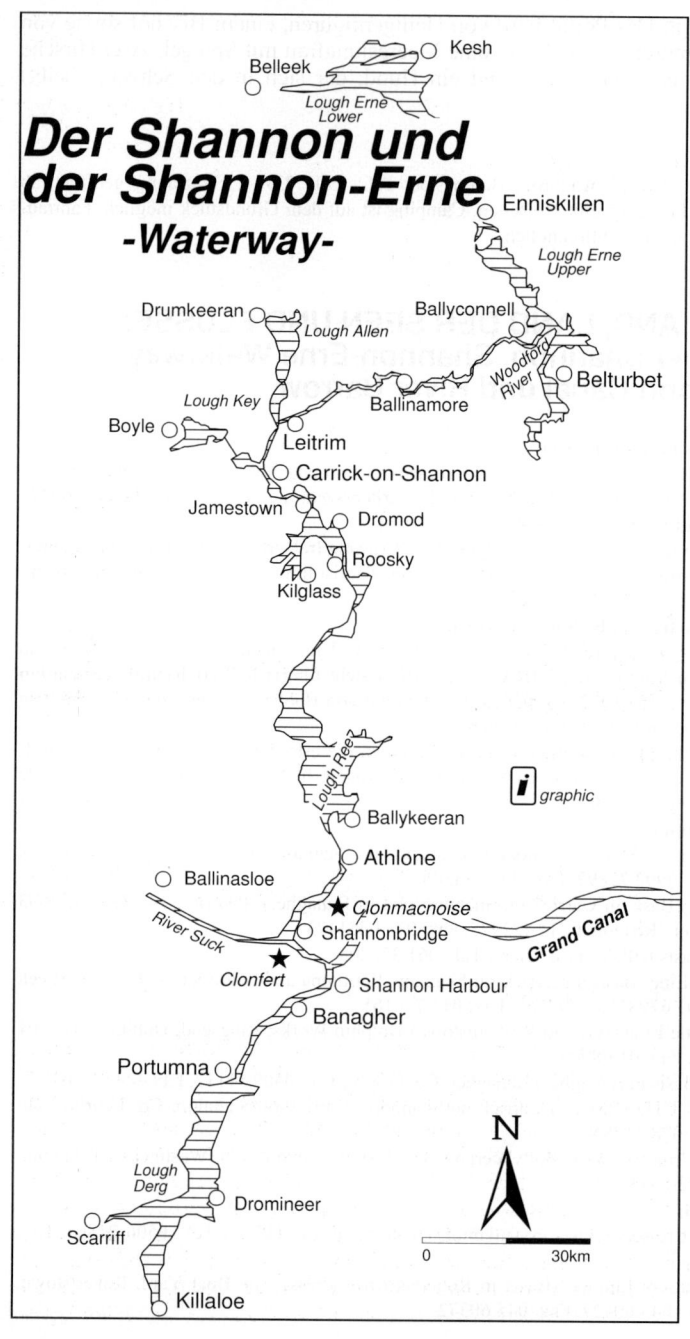

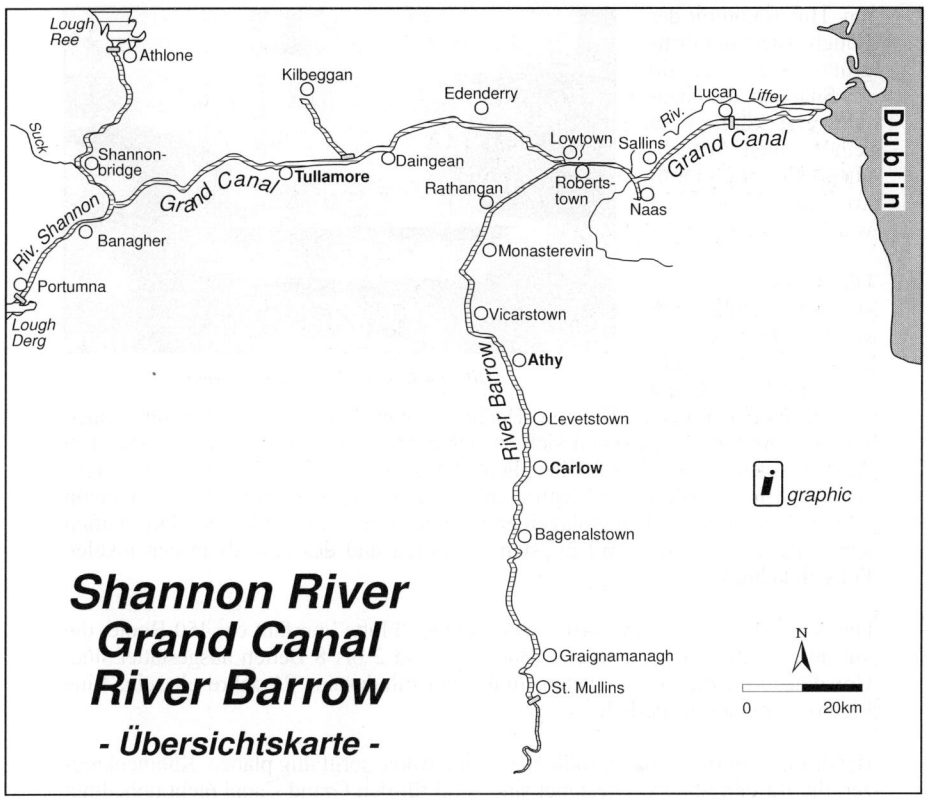

Lough Ree
Athlone
Kilbeggan
Edenderry
Lucan Liffey
Riv.
Suck
Shannon-bridge
Grand Canal
Tullamore
Daingean
Lowtown Sallins
Grand Canal
Rathangan
Roberts-town
Naas
Riv. Shannon
Banagher
Monasterevin
Portumna
Vicarstown
Lough Derg
Athy
River Barrow
Levetstown
Carlow
Bagenalstown
Graignamanagh
St. Mullins

Dublin

i graphic

N

0   20km

Shannon River
Grand Canal
River Barrow
- Übersichtskarte -

● **Shannon-Erne-Canal:**
Riversdale Barge Holidays, Ballinamore, Co. Leitrim, Tel.: 078 44122, Fax: 078 44813. Vermietet gut 3 Meter lange, komfortabel ausgestattete Barkassen mit maximal 7 Betten für Bootstouren auf dem Ballinamore-Ballyconnell Kanal.

Mit dem Kabinenkreuzer unterwegs

In den letzten Jahren sind Touren mit Hausbooten auf dem Shannon, den umliegenden Seen und dem nach Dublin führenden Grand Canal sowie dem River Barrow immer beliebter geworden. Die besondere Attraktivität liegt in der Gemächlichkeit des Reisens durch die liebliche, wenngleich undramatische und unspektakuläre Landschaft, in der kein Verkehrslärm die Ruhe stört. Nicht länger als Handelswege genutzt, stellen Irlands Flüsse und Kanäle einen riesigen Freizeitpark dar, in dem alle nur erdenklichen Aktivitäten ausgeübt werden können, die etwas mit Wasser zu tun haben. Seit 1994 ist dieses Areal sogar noch größer geworden. Nach einer langen und aufwendigen Restaurierung wurde der alte Kanal wieder eröffnet, der den Shannon mit dem Erne verbindet. Damit besteht die Möglichkeit, die ganze Insel in ihrer gesamten Länge und Breite zu durchque-

609

ren. Hinzu kommt der Lough Allen, der drittgrößte See innerhalb des Shannon, der ebenfalls erst kürzlich in seiner vollen Ausdehnung für die Flußkreuzfahrer geöffnet wurde.

Die Flüsse und Seen sind oft so sauber, daß sie fast Trinkwasserqualität besitzen. Für den Angelfreund gibt

Mit dem Kabinenkreuzer unterwegs

es jede Menge Barsche, Brassen, Hechte, braune Forellen und manchmal auch Lachse. Ornithologen können sich an der bunten Vogelwelt erfreuen, über 120 Arten wurden gezählt. Für Pflanzenliebhaber gibt es rund 80 Wasser- und Ufergewächse. Mit Ausnahme der Elektrizitätswerke im südlichen Bereich des Shannon gibt es keine industriellen Anlagen entlang des Ufers. In den kleinen Ortschaften kann man sich mit dem Wichtigsten versorgen und des Abends in den lokalen Pubs einkehren.

Die auf den irischen Gewässern verkehrende "Flotte" umfaßt ca. 450 Boote, die gut und komfortabel mit Küche, Bad, WC und 2 bis 8 Betten ausgestattet sind. Um eines von diesen zu mieten, muß man mindestens 21 Jahre alt sein. Eine Lizenz ist nicht erforderlich.

Bevor man ein Boot mietet, sollte man seine Route sorgfältig planen. Kabinenkreuzer, die für den Shannon geeignet sind, sind für den Grand Canal nicht unbedingt empfehlenswert und umgekehrt. Die Boote fahren etwa 10 km pro Stunde.

Hier einige allgemeine Informationen:

◆ Was muß man mitbringen? Da die Boote komplett ausgestattet sind, braucht man nur sein persönliches Reisegepäck. Regenbekleidung und rutschfeste Schuhe sollten dabei sein.

◆ Kosten: Der durchschnittliche Preis bei vier Teilnehmern liegt bei 80 Pfund in der Nachsaison und 130 Pfund in der Hauptsaison pro Person pro Woche.

◆ Versicherung: Die Boote sind versichert, aber man muß eine Kaution (ca. 300 Pfund) hinterlegen, die man nach Abgabe des Bootes wieder zurückerhält.

◆ Extrakosten: ca. 50 Pfund an Diesel (so viel benötgt man in etwa in einer Woche) sowie Verpflegung. Andocken kostet in der Regel zwischen 50 Pence und 1 Pfund.

◆ Lizenz: Lizenzen sind nicht erforderlich. Es gibt keinen gewerblichen Schiffsverkehr auf den Flüssen und Seen.

◆ Angeln: Auf dem Shannon angelt man nach Barsch und Hecht, Forelle und Lachs sind hier dagegen seltener anzutreffen. Ausführliche Auskunft über Angelmöglichkeiten und -lizenzen erhält man vom Bord Fáilte in Dublin, den einzelnen Tourist Informations in der Region oder vom Central Fisheries Board, Balnagowan House, Mobhi Boreen, Glasnevin, Dublin 9, Tel.: 01 379206, Fax: 01 360060.

Buchung
Komplette Anglerferien kann man buchen bei: John Dunne, Shannon Barge Line, Main Street, Carrick-on-Shannon, Co. Leitrim, Tel.: 078 20520, Fax: 078 20112

Kurze **Dampferfahrten**
auf dem Shannon sind von folgenden Stationen aus möglich: Lough Key Forest Park, Athlone, Banagher und Killaloe.

Der Shannon River

Der Shannon ist mit 370 km der größte Fluß Irlands und auch Großbritanniens. Seit ungefähr 300 Jahren vor Christus wurde er gewerblich genutzt und war Teil einer Handelsstraße, die über Gallien bis zum mittleren Rhein reichte. Der Astronom und Geograph Ptolemäus, der von 100 bis 160 nach Christus lebte, zeichnete den Shannon bereits in seine Landkarte ein. Um 545 nach Christus befuhr auch der heilige Cierán den Fluß. Er gründete direkt am Ufer des Shannon das berühmte Kloster von Clonmacnoise.

Die Region war strategisch äußerst wichtig, so daß rivalisierende Stämme und später Iren und Anglo-Normannen um ihre Beherrschung kämpften. Auch die Wikinger ruderten mit ihren Schiffen über diese Wasserwege.

Zu Cromwells Zeiten war der Shannon eine wichtige Verteidigungslinie. Im 18.

Der Shannon

Jahrhundert wurde Dublin durch den Grand Canal mit dem Shannon verbunden. Frachtkähne schleppten die Produkte der weltberühmten Guinness-Brauerei von Dublin zum Shannon, um sie von den Häfen im Westen in alle Welt hin zu verschiffen.

Der Shannon entspringt im Cuilcagh-Gebirge, fließt nach Westen zum Lough Allen und schlängelt sich mitten durch die zentrale Kalksteinebene und durch die Stadt Limerick. Hier formt er eine große Flußmündung und fließt in den Atlantik. In seinem Verlauf verbreitert er sich zu zahlreichen Seitenarmen und Seen. Von Norden nach Süden sind dies die Loughs Allen, Key, Boderg, Bofin, Forbes, Ree und Lough Derg. Seine Niederungen, Buchten und Binnenseen gelten als Naturparadiese für die verschiedensten Wildvögel und andere Tiere. Sie beherbergen eine farbenfrohe und vielfältige Flora.

220 km des Shannon sind befahrbar, vom Lough Key über den Allan-Kanal und dem Lough Ree bis zum Lough Derg. Nur sechs Schleusen unterbrechen den Strom. 205 km sind nicht von den Gezeiten beeinfußt.

Die von Mooren, Wiesen und Wäldern durchsetzte nördliche Shannon-Landschaft ist touristisch weit weniger erschlossen als der Süden.

▨ **Lough Ree** (von Loch Ribh = Lake of Kings), der sich nördlich von Athlone bis nach Lanesboro erstreckt, ist als Nistparadies für seltene Wasservögel bekannt. Carrick-on-Shannon ist im nördlichen Teil des Flußverlaufs das Zentrum der Kreuzschiffahrt. Die Stadt verfügt über ein reiches Unterhaltungsangebot und eine gute Gastronomie. Außerdem gibt es hier einen Golfplatz.

Weitere Basen für die Shannon-Kreuzschiffahrt sind Athlone, Banagher, Portumna, Williamstown und Killaloe. Die kleinen Städtchen und Städte sind vor allem im Sommer fest in den Händen von Hausboot-Touristen, die abends in die Lokale einfallen.

Der Shannon-Erne-Kanal

Obwohl man bereits Ende des 18. Jahrhunderts daran arbeitete, den Woodford Fluß schiffbar zu machen, dauerte es noch bis 1846, ehe man mit der Ausgrabung des Ballinamore-Ballyconnelly Kanals begann. Er sollte die Verbindung zwischen Shannon und Erne herstellen. Als das Projekt 14 Jahre später endlich seiner Vollendung nahte, mußten die Schiffahrtsangebote den Entwässerungsanforderungen weichen. Kosteneinsparungen führten zu undichten und zusammenbrechenden Uferbänken. In seiner kurzen neunjährigen Geschichte wurde der Kanal lediglich von 8 Schiffen befahren. Mit dem Siegeszug der Dampfeisenbahn verlagerte sich der Transport auf die Schiene. Der Kanal wurde unrentabel. Man gab ihn auf.

Als man Anfang der 90er Jahre mit dem Restaurierungsprojekt begann, hatten 120 Jahre Vernachlässigung die Wasserstraße auf eine traurige, von Unkraut überwucherte Rinne mit zusammengefallenen Brücken und fehlenden Schleusen reduziert. Heute stehen die Brücken unter Verwendung der originalen Steinquader wieder an ihren ursprünglichen Stellen, die Fahrstraße ist mit modernen Booten schiffbar und die neuen Schleusen werden per Knopfdruck mit einem elektrohydraulischen System betrieben.

Finanziert wurde die Rekonstruktion und Wiedereröffnung des Ballinamore-Ballyconnell Kanal von den Regierungen Irlands, Großbritanniens, dem Europäischen Regionalentwicklungsfond, dem Internationalen Fund for Ireland (IFI) und dem Stromversorgungsunternehmen der Republik Irland (ESB). 1994 konnte der komplett restaurierte Kanal, der den Shannon mit dem Upper Lough Erne verbindet, wieder eröffnet werden.

Die Shannon-Erne-Wasserstraße führt zwischen dem Dorf Leitrim am Shannon einerseits und der Mündung des Flusses Woodford in den Erne andererseits durch eine unglaublich reizvolle Landschaft und ist ein Paradies für Erholungssuchende. Die Wasserstraße wird von 34 Steinbrücken überspannt und von 16 Schleusen reguliert, jeweils acht auf den beiden Seiten des Scur-Sees. Früher mußten die alten Schleusen per Hand betrieben werden, heute geht alles vollautomatisch. Man braucht nur noch eine Karte in den Schlitz zu stecken, und schon öffnen sich die Tore. Jede Schleusendurchfahrt dauert ca. 15 Minuten, und die Fahrzeit für die gut 60 km lange Strecke beträgt etwa 13 Stunden. Man kann sich aber durchaus auch eine Woche dafür Zeit nehmen. Die Landschaft, die die pittoreske Kanalroute begleitet, wird nicht durch größere Städte oder Industrieanlagen unterbrochen. An den Ufern stehen Schilfbänke, Hecken begrenzen die Felder. Die Ufer werden von Wildblumen gesäumt.

Die besten Ausgangspunkte für Fahrten auf dem Shannon-Erne-Kanal sind entweder Carrick-on-Shannon oder Belturbet. In Leitrim kann man in den Lough Allen "abbiegen"oder über den Boyle River zum Lough Key schippern.

Kapazität
Die Mindesttiefe von 1,55 Metern erlaubt einen Tiefgang von 1,2 Metern mit einer Höchstgeschwindigkeit von 3,4 Knoten (5 km/h) bei einer Fahrrinnenbreite von 13 Metern.

▓ Der Lough Erne

Der Lough Erne ist zweigeteilt – in den oberen Teil, den ca. 18 km langen, mit zahlreichen Inseln versehenen Upper Lough Erne, und in den unteren Teil, den Lower Lough Erne, der sehr in die Breite geht und von Belleek bis Enniskillen reicht. 64 km sind von der Anlegestelle in Belturbet bis zum Upper Lough Erne bei Belleek befahrbar. Anlegeorte sind Belturbet, Enniskillen, Blaney Bay, Bellanaleck, Carrybridge, Lisnarick, Killadeas, Kesh und Belleek.

Enniskillen, die Hauptstadt der Grafschaft Fermanagh, ist die größte Kreuzschiffbasis auf dem Erne und ein Urlaubszentrum. Die Stadt liegt auf einer Insel zwischen dem oberen und dem unteren See und war einst die Festung der Maquires. Bereits vor dem Bau der Stadt im 17. Jahrhundert unterhielten sie eine Flotte von 1.500 Booten auf den Seen.

i   **Auskunft**
● über die Shannon-Erne-Wasserstraße erteilt: Shannon Erne Waterway Ltd., Ballinamore, Co. Leitrim, Tel.: 078 44855, Fax: 078 44856
● über die Grafschaften Leitrim und Cavan erhält man von: North West Tourism, Temple Street, Sligo, Tel.: 071 61201, Fax: 071 60360. Für Informationen über die Grafschaft Fermanagh wende man sich an: Fermanagh Tourism, Fermanagh Visitor Centre, Enniskillen, Co. Fermanagh, Northern Ireland, Tel.: 0365 323110, Fax: 0365 325511

▓ Der Lough Derg

Der Lough Derg ist der größte Shannon See und hat 67 kleine Inseln. Südlich von Killaloe bei Ardnacrusha wird der See als Reservoir für Elektrizitätswerke genutzt.

▓ Am Westufer des Sees (etwa 40 km von Ennis entfernt) steht die Kirche von **Tuamgraney**. Angeblich ist sie die älteste noch in Gebrauch befindliche irische Kirche. 969 wurde der Westteil wiederaufgebaut, Hochkönig Brian Boru soll die gesamte Kirche um 1000 erneuert haben. Ihr Ostteil stammt aus dem 12. Jahrhundert, das Ostfenster allerdings aus späterer Zeit. Der kleine Kopf am Ostgiebel stellt den hl. Cronan dar, der hier um 550 das erste Kloster gründete.

▓ **Portumna** liegt am Nordende des Lough Derg und ist ein wichtiges Zentrum des Schiffstourismus auf dem Lough Derg. Auskunft über Unterkunftsmöglichkeiten in Portumna erhält man unter der Rufnummer Tel.: 0509 41269. In der Nähe des Seeufers sind die Reste einer Dominikaner-Abtei aus dem 15. Jahrhundert zu sehen. Von dort aus führt ein Pfad zu dem Herrenhaus, von dem aus man einen schönen Blick auf den See hat.

◆ **Portumna Castle und Gärten**: Das große, zum Teil befestigte Herrenhaus wurde vor 1618 vom vierten Grafen von Clanrickrad erbaut. Auf seiner Nordseite erstreckt sich ein klassischer, geometrisch exakt angelegter Garten, wie man ihn oft bei großen Herrenhäusern aus der Zeit James I. (1603-1625) findet. Öffnungszeiten: Mitte Juni-Mitte September täglich 9.30-18.30, Tel.: 0509 41658. OPW

Ferienwohnung
Lake View House, Paddy & Nuala Dermody, Portland, Lorrha, bei Portumna, Tel./Fax: 0509 47134
Das alte, efeubewachsene Farmhaus mit Blick auf Lough Derg bietet zwei Ferienwohnungen mit jeweils zwei Schlafzimmern und Wohnküche zu günstigen Preisen an. Haustiere sind nicht erlaubt.

▓ An der Südspitze des Lough Derg liegt die Ortschaft **Killaloe**, einst die Heimat von Brian Boru, dem Hochkönig von Irland (1002-1014). Heute ist Killaloe ein lebhafter Ort mit verschiedenen touristischen Einrichtungen, wie Restaurants, Pubs, Läden und Bootsverleihern.

1182 wurde hier eine Kirche errichtet, jedoch 1185 bereits wieder zerstört. Der jetzige Bau, der aus der Zeit 1200-25 stammt, ist kreuzförmig und hat keine Seitenschiffe. Das romanische Portal der früheren Kirche, das u.a. mit grotesken Köpfen verziert ist, wurde mit in den Bau einbezogen. Neben dem Portal steht der sogenannte **Thorgrim's Stone**, der Granitschaft eines Hochkreuzes (ca. 1000), der mit einer zweisprachigen Inschrift in Runen und Ogham versehen ist. Es ist der einzig bekannte Stein dieser Art in ganz Irland. Die Inschrift bittet um ein "Gebet für Thorgrim", der diesen Stein gemacht hat. Im Friedhof von Killaloe steht St. Flannan's Oratorium, eine kleine romanische Kirche (um 1200) mit dem typisch steilen Steindach, ähnlich dem in Glendalough und Kells.

Aktivitäten
Shanonside Activity and Sailing Centre, Killaloe , Co. Clare, Tel.: 061 376622, Fax: 061 376765. Hier kann man Ausrüstungen leihen, z.B. Fahrräder, Kanus, Ruderboote, Surfbretter etc. auf stündlicher, täglicher oder wöchentlicher Basis. Es gibt Unterricht im Segeln, Surfen und Motorbootfahren für Anfänger und Fortgeschrittene.

Bootstouren und Bootsverleih auf dem Lough Derg
● Lakeside Tours, Summerhill House, Nenagh, Co. Tipperary, Tel.: 067 31293 (Tag)/067 33653 (abends), Fax: 067 31293. Hier kann man sich Boote für Angelpartien oder zur Erkundung der Inseln ausleihen. Pro Boot werden 100 Pfund Pfand verlangt. Lakeside Tours vermietet auch Fahrräder.
● Shannon Sailing veranstaltet tägliche Bootstouren auf dem Lough Derg, Abfahrt 15 Uhr von The New Harbour. Auskunft bei Shannon Sailing, Dromineer, Nenagh, Tel.: 067 24499 oder 24295

● Von Killaloe fährt die "Derg Princess" täglich von Mai-September. Die Fahrten dauern ca. 1 ¾ Stunde. Auskunft erhält man unter Tel.: 061 76364.

Wandern

Der **Lough Derg Way** ist ein ausgeschilderter Wanderweg, der sich zukünftig von Limerick über Killaloe einmal um den ganzen Lough Derg herumziehen soll. Die bislang fertiggestellte Strecke (Stand 1995) führt von Limerick bis nach Killaloe (26 km) und von Killaloe nach Dromineer am Ostufer (32 km). Der höchste Berg in den östlich flankierenden Arra Mountains ist der Tountinna mit 462 Metern. Auf dessen Spitze befindet sich eine Radarstation.

Auskunft und Informationsmaterial über den Lough Derg Way erhält man von: Shannon Development, Shannon Town Centre, Co. Clare, Tel.: 061 361555, Fax: 061 361903

Der Grand Canal

Der Grand Canal, der Dublin mit dem Shannon verbindet, wurde im 18. Jahrhundert gebaut. Auf seinen 130 Kilometern gibt es 36 Schleusen. Man darf als Mieter eines Kabinenkreuzers nicht bis in die direkte Umgebung von Dublin fahren. Unterwegs gibt es auf der Strecke genügend Möglichkeiten, sich mit Frischwasser und Proviant einzudecken, beispielsweise in Robertstown, Edenderry, Daingean und Tullamore. Der Reiz dieses Wasserweges liegt in den vielen Steinbrücken, in den ausgezeichneten Angelgründen und in der Fülle an Flora und Fauna. Insgesamt bieten sich auf dem Grand Canal und dem Barrow 240 km Wasserweg an.

Der Fluß Barrow

Der Barrow ist ein stiller, relativ unbekannter Fluß, der aber gerade deshalb zum Schippern ideal ist. Zusammen mit dem Grand Canal stehen den Freizeitkapitänen 240 km Wasserweg zur Verfügung. Der Barrow wird als eines der schönsten Reviere für Flußkreuzfahrten in ganz Europa bezeichnet. Auf einer Länge von 110 Kilometern schlängelt er sich durch eine malerische Landschaft mit großem Baumbestand und bietet jede Menge reizvolle Anlegestellen, die zum Angeln oder als Ausgangspunkt für Erkundigungen in die Umgebung geeignet sind. In den drei größeren Orten, die am Barrow liegen, Monasterevan, Athy und Bagenaltstown, gibt es eine Vielzahl an Restaurants, Pubs, Golfplätzen und historischen Sehenswürdigkeiten.

4.7.5 KUNSTGESCHICHTLICHE HIGHLIGHTS: CLONMACNOISE UND CLONFERT

Clonmacnoise,

wunderschön in die malerische Shannon-Landschaft eingebettet, ist ein typisches Beispiel einer frühen irischen Klosteranlage und zweifellos einer der kunsthistorischen Höhepunkte einer Irlandreise. Die im Jahre 548 vom hl. Ciarán gegründete Klosteranlage schließt eine Kathedrale, neun Kirchen (10.-13. Jahrhundert) und zwei Rundtürme ein, die über den sanft zum Shannon abfallenden Uferhang verstreut liegen.

Der hl. Ciarán war ein Zimmermann und der einzige nichtadlige irische Klostergründer. König Dermot hatte ihm das Land geschenkt. Er unterstützte das junge Kloster nachhaltig. Legenden berichten, wie der Heilige die Natur für Bildung und Gottesdienst in Anspruch genommen habe. So soll ihm beispielsweise ein Hirsch das Geweih als Lesepult zur Verfügung gestellt haben. Obwohl der Heilige bereits kurz nach der Gründung starb, wuchs das Kloster schnell zu einem Zentrum der frühirischen Gelehrsamkeit heran. An Bedeutung war es im frühen Mittelalter nur mit dem Kloster in Armagh zu vergleichen. Aufgund seines Reichtums und der äußerst günstigen Lage (hier treffen sich die Hauptverkehrswege der Insel, die Ost-West-Straße und der Shannon als wichtigster Nord-Süd-Transportweg) wurde Clomnacnoise zwischen 841 und 1204 viele Male geplündert oder niedergebrannt: von den Wikingern, den Normannen und Invasoren aus Munster. Als Sitz eines verarmten Bischofs überdauerte Clonmacnoise noch das späte Mittelalter, bis es 1552 von einer englischen Garnison aus Athlone überfallen, ausgeraubt und anschließend dem Verfall preisgegeben wurde.

Als großes und führendes Zentrum der Gelehrsamkeit erlangte Clonmacnoise vor allem auch deshalb Bedeutung, weil sich zwischen dem 9. und 11. Jahrhundert das Zentrum des Geisteslebens vom Osten an die irische Westküste verlagerte. Im Skriptorium wurden hier viele der altirischen Handschriften verfaßt, darunter das "Book of the Dun Cow" von Maelmuire (1106) und die Annalen des Abt Tigernach (1088). Das "Book of the Dun Cow" (Buch der Dun-Kuh) enthält die ältesten überlieferten literarischen Texte in irischer Sprache: die "Táin", eine Elegie auf Colum Cille und einige andere Texte geistlichen oder weltlichen Inhalts. Der Name des Manuskripts geht auf die Kuh des hl. Ciarán zurück, die den Heiligen auf seinem Weg zum Studium in Clonard begleitete. Die Haut der Kuh wurde später in Clonmacnoise aufbewahrt und in hohen Ehren gehalten. Dieser Legende zufolge sicherten sich Sterbende, wenn sie auf der Kuhhaut lagen, eine gute Reise ins Jenseits. Heute befindet sich das Buch in der Royal Irish Academy in Dublin.

Der Besucher findet in Clonmacnoise keine einzelne große Kirche, wie etwa in Boyle oder Jerpoint, sondern das Kloster bestand in seiner Blütezeit, etwa vom 6. bis 12. Jahrhundert, aus einigen kleinen schlicht gebauten Kirchen aus Holz. Dazwischen verteilt war eine große Anzahl von Holzhütten, die als Mönchsunterkünfte dienten. Es ist anzunehmen, daß die gesamte Anlage von einem Erd- oder Steinwall umgeben war, was aber nicht mehr erkenntlich ist.

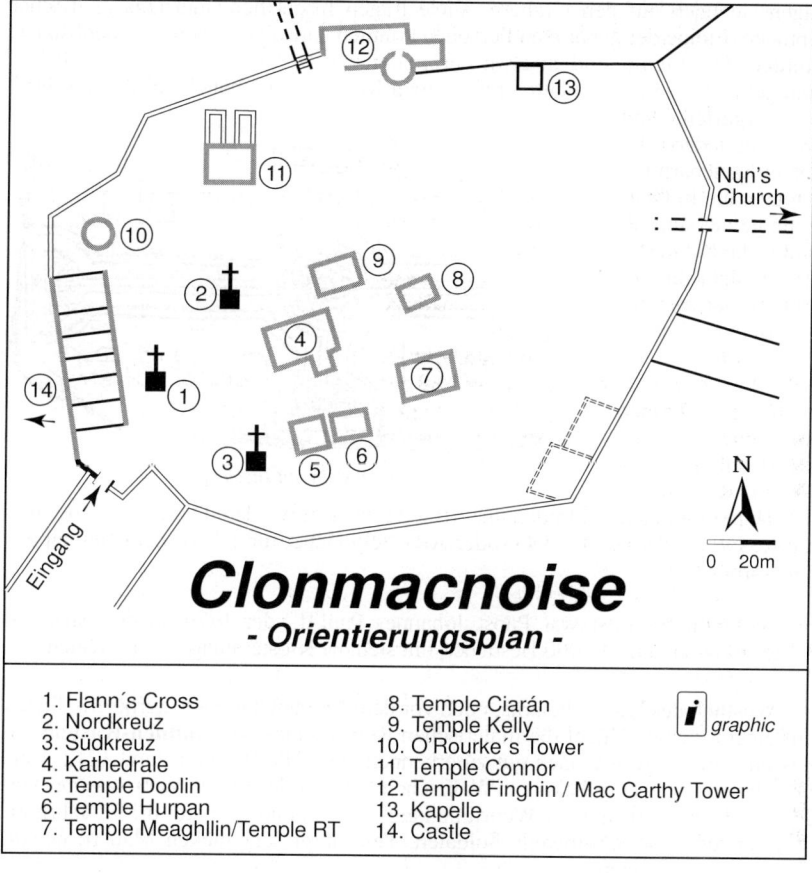

Clonmacnoise
- Orientierungsplan -

1. Flann´s Cross
2. Nordkreuz
3. Südkreuz
4. Kathedrale
5. Temple Doolin
6. Temple Hurpan
7. Temple Meaghllin/Temple RT
8. Temple Ciarán
9. Temple Kelly
10. O'Rourke´s Tower
11. Temple Connor
12. Temple Finghin / Mac Carthy Tower
13. Kapelle
14. Castle

i graphic

Heute sieht man eine Gruppe zerfallener Steinkirchen relativ späten Ursprungs, die zusammen mit einem Rundturm bzw. freistehendem Kirchturm in einem Friedhof steht.

Besichtigung

Man betritt das Gelände durch das 1993 eröffneten **Besucherzentrum**. Hier werden alle halbe Stunde audiovisuelle Vorführungen (in Deutsch, Französisch, Englisch und Italienisch) angeboten, die über die Geschichte des Klosters ausführlich informieren. In den Ausstellungsräumen befinden sich drei Hochkreuze sowie frühchristliche Grabplatten. Früher standen die kostbaren Hochkreuze auf freiem Gelände. Da jedoch der empfindliche Sandstein stark unter Umwelteinflüssen zu leiden begann, wurden sie gereinigt und im Museum aufgestellt. Schautafeln an den Wänden erklären die Darstellungen. An den originalen Schauplätzen stehen statt dessen Kopien. Außerdem kann man hier eine umfangreiche Sammlung frühchristlicher Grabsteine vom 8. bis zum 12. Jahrhundert bewundern. Einst lagen sie flach auf den Gräbern. Viele tragen Inschriften, meistens in irischer Sprache. Einige der genannten Personen konnten anhand der Annalen identifiziert werden. Die Steine sind in etwa chronologisch geordnet. Die frühesten haben unregelmäßig geformte Platten mit kleinen Kreuzen, die manchmal den Inschriften vorgestellt sind (8. Jahrhundert). Es folgen gleicharmige Kreuze, die in Quadrate gefaßt sind (8. und 9. Jahrhundert). Im 9. Jahrhundert wurden Kreuze mit Kreuzring bevorzugt, während im 10., 11. und 12. Jahrhundert Kreuze mit einer kleinen kreisförmigen Fläche im Kreuzpunkt

Grabstein mit Inschrift

und Halbkreisen an den Enden der Arme verwendet wurden. Die übliche Inschrift lautete OR oder ORROIT DO (oder AR), "ein Gebet für ..." vor dem Namen des Verstorbenen.

Der berühmteste Gast war Papst Johannes Paul II., der 1979 an den Shannon reiste. 1994 kamen 117.000 Besucher, um sich die Klosteranlage anzuschauen.

◆ Westlich des Klosterbezirks, noch vor dem Eingang zum Klosterbezirk, liegen auf einem kleinen Hügel die malerischen Ruinen eines **Normannen-Kastells** 14, dessen steile Erdwälle noch gut zu erkennen sind. Die Burg entstand 1212. Darüber hinaus ist wenig bekannt. Wahrscheinlich wurde sie auf Veranlassung von John de Grey als Teil einer Wehrlinie längs des Shannon gebaut. Im 17. Jahrhundert zerstörten sie Cromwells Soldaten. Teile ihrer sehr dicken Mauern neigen sich heute nach außen.

◆ Das bedeutendste Denkmal von Clonmacnoise ist das Inschriftenkreuz, **Cross of the Scriptures** 1, auch Flann's Cross genannt. In heute beinahe unleserlicher Schrift weihte ein gewisser Colman dieses Kreuz dem Hochkönig Flann Sinna (877-915). Das Kunstwerk wurde zu Beginn des 10. Jahrhunderts aus einem Stück weichen Sandstein geschnitten und ist über 4 Meter hoch.

Es ist den Hochkreuzen von Monasterboice (siehe Kap. 4.1.4) sehr ähnlich, obwohl es aus weniger massivem Stein gehauen wurde. Es markiert, wie das Südkreuz von Monasterboice, einen bedeutenden Höhepunkt in der Entwicklung der irischen Hochkreuze. Auffallend sind die leicht angehobenen kurzen Kreuzarme und der mit ausgeprägten Verengungen und Rollen differenziert behandelte Kreuzschnittpunkt. Auch die Art des Reliefs ist reifer und von einzigartiger künstlerischer Qualität. Die im runden Hochrelief plastisch hervortretenden Figuren zeigen deutlich individuelle Züge. Mit der naturnahen Darstellung unter manchen Gewändern meint man förmlich, den Körper zu sehen.

Kopf, Schaft und Sockel sind in Felder unterteilt, auf denen bildliche Darstellungen gemeißelt sind. Einige sind schwer zu identifizieren. Es besteht jedoch kein Zweifel über das Jüngste Gericht auf der Ostseite im Kreuzring und über die Kreuzigung auf der Westseite.

Westseite: Im Zentrum die Kreuzigung, auf dem Schaft Soldaten, die das Grab Christi bewachen, die Gefangennahme Christi und der Verrat an Christus.

Ostseite: Im Kreuzring Christus als Weltenrichter mit Kreuz und Blätterzweig, über seinem Haupt die Taube des hl. Geistes, unter ihm die Schlange, rechts ein Engel mit Trompete, links Satan und auf den Kreuzarmen die

Die Gründung von Clonmacnoise?

Scharen der guten Seelen rechts und der verdammten Seelen links. Von den drei Feldern des Schafts ist nur das unterste eindeutig zu identifizieren. Es zeigt links einen Geistlichen, rechts einen Krieger, die einen langen Stab in die Erde stecken. Dies könnte eine Darstellung des Heiligen Ciarán sein. Ebenso denkbar wäre aber auch die Darstellung von Abt Colman und König Flann, die die Kathedrale oder dieses Hochkreuz errichten.

Die Bedeutung der weitgehend unlesbaren Inschriften auf den Ost- und Westtafeln am Sockelende des Schafts ist umstritten. Sie scheinen König Flann und Abt Colman von Clonmacnoise darzustellen. König Flann starb 916, Colman, der möglicherweise auch der verantwortliche Bildhauer war, 921.

◆ Das ins frühe 9. Jahrhundert datierte **Südkreuz** 3 mißt etwa 4 Meter. Es zeigt sowohl die traditionellen abstrakten geometrischen Motive, Spiral- und Flechtmuster als auch bereits vereinzelte figurale Dastellungen. So zeigt die Westseite des Schafts eine Kreuzigungsszene.

◆ Hinter dem Südkreuz liegt der Eingang zu zwei aneinandergebauten Kirchen. Der westlich liegende **Temple Doolin** 5 wurde nach Edward Dowling benannt, der ihn 1689 als Familiengruft in Verwendung nahm. An die Ostwand des Tempels Doolin wurde im 17. Jahrhundert der **Temple Hurpan** 6 gesetzt.

◆ Östlich davon liegt **Temple Rí** oder Teampull Meaghllin 7 , ein schlichter rechteckiger Bau aus der Zeit um 1200 mit zwei hohen zweigeteilten Fenstern in der Ostwand. Sie sind wahrscheinlich im frühen 13. Jahrhundert entstanden. Das Südportal stammt vermutlich aus dem 16. Jahrhundert.

◆ **Temple Ciarán** 8 ist die kleinste Kirche in Clonmacnoise. Im Inneren mißt sie nur 4 x 2,5 Meter. Sie ist nach dem Gründer des Klosters, dem hl. Ciarán, benannt, der in ihrer Nordostecke begraben sein soll. Das heutige Gebäude ist in verschiedenen Epochen entstanden, jedoch werden Teile vermutlich aus der Zeit vor dem 12. Jahrhundert stammen. Anten stehen an drei der vier Ecken, aber die Westwand wurde unter Aufgabe der Südwestanten erneuert. Die Kirche war 1684 noch überdacht.
Bei Ausgrabungen fand man hier zwei Krummstäbe.

Westlich von Temple Ciarán, also zwischen dieser Kirche und der Kathedrale, liegen die spärlichen Reste von **Temple Kelly** 9 , einer Kirche des 12. Jahrhunderts. An seiner Südwestecke steht ein Bullaun-Stein. Er hat eine Vertiefung, die von seiner Verwendung als Mahlstein herrührt. Diese Art von Gegenständen ist oft in frühchristlichen Klosteranlagen zu finden.

◆ Das stattlichste Gebäude Clonmacnoise ist die **Kathedrale** 4 . Vermutlich enthält sie Teile der Steinkirche, die im frühen 10. Jahrhundert von König Flann und Abt Colman errichtet wurde.

Die Kirche ist schlicht, rechteckig und hat Anten an beiden Enden. Die ältesten Teile sind die Sandsteinkapitelle eines romanischen Westportals, das im 12. Jahrhundert verändert wurde. Der zweigeschossige Anbau an seiner Südseite ist dem 15. Jahrhundert zuzuordnen.

Zahlreiche An- und Umbauten haben ihr ursprüngliches Aussehen stark verändert. Das schöne Nordportal mit den Figuren der Heiligen Dominikus, Patrick und Franziskus wurde laut Inschrift von Dekan Odo errichtet. Odo starb 1461. Bis zum 15. Jahrhundert war die Kathedrale ein rechteckiger Bau ohne Unterschied zwischen Kirchenschiff und Chor.

Angeblich ist die Kathedrale Grabstätte des Hochkönigs Turlough O'Connor und seines Sohnes Ruari. 1189 soll der letzte irische Hochkönig, Roderick O'Connor, in der Sakristei bestattet worden sein.

◆ Vom **Nordkreuz** 2 ist lediglich ein sehr verwitterter Schaft mit Spiralen, geometrischen Motiven und Bandornamenten erhal-

Detail am Nordportal

ten. Es wird auf das frühe 9. Jahrhundert datiert. Außer den sich in den Schwanz beißenden Löwen ist auf der Südseite eine kuriose Gestalt mit übereinandergeschlagenen Beinen zu sehen. Sie soll wohl den keltischen Gott Cernunnos darstellen.

◆ **Temple Finghin** 12 ist eine kleine Kirche aus dem 12. Jahrhundert, die am äußeren Rand des Friedhofs liegt. Die Kirche wird auch St. Carthy's Church genannt. Sie ist eine der beiden Kirchen in Clonmacnoise, deren Schiff und Chor getrennt sind. Sie entstanden wahrscheinlich zwischen 1160 und 1170. Der schöne romanische Chorbogen wurde im 17. Jahrhundert durch Einfügen eines schlichten inneren Bogens verändert. Dieser diente vermutlich als Stütze. Reste eines schönen Westfensters und das Südportal sind erhalten. Das außergewöhnliche Merkmal dieser Kirche ist der kleine Rundturm, der etwa halb so groß ist wie üblich und im Gegensatz zu den freistehenden Türmen Irlands an den Chor der Kirche angebaut ist. Er ist vom Chor aus zu betreten und scheint zur gleichen Zeit entstanden zu sein. Bemerkenswert ist das Fischgrätmuster des konischen Daches. Der Eingang des Rundturms befindet sich auf Erdbodenniveau, oben sind zwei Glockenfenster.

◆ **Tempel Connor** ₁₁ ist eine kleine Kirche nördlich des O'Rourke's Tower, die 1010 erbaut wurde. Seit ca. 1780 wird sie von der Church of Ireland benützt. Das kleine Fenster der Südfassade ist noch Teil der ursprünglichen Kirche.

◆ Der fast 19 Meter hohe **O'Rourke-Rundturm** ₁₀ wurde im 10. Jahrhundert errichtet. Er ist ein schönes Beispiel für einen Rund- oder freistehenden Glockenturm, wie er für frühchristliche irische Klöster typisch ist. Er war groß genug, die ganze Mönchsgemeinde in Gefahrenzeiten aufnehmen zu können. Bis auf das konische Dach ist der Turm erhalten. Die oberen vier Steinschichten sind von schlechterer Qualität als die übrige Bausubstanz. 1134 wurde er angeblich vom Blitz getroffen, danach jedoch wieder sorgfältig ausgebessert. Dies würde das spätere Mauerwerk erklären. Der rundbogige Eingang liegt wie üblich einige Meter über dem Erdbodenniveau und ist mit keilförmigen Verzierungen versehen.

Am nördlichen Rand des Friedhofs liegt eine moderne Kapelle ₁₃, vor der Freiluftgottesdienste abgehalten werden.

◆ Etwa 500 m außerhalb des Friedhofs erhebt sich die **Nun's Church**. Bereits vor 1026 stand hier eine Kirche, der jetzige Bau wurde im letzten Drittel des 12. Jahrhunderts errichtet. Die Nonnenkirche ist klein mit getrenntem Schiff und Chor. Sie ähnelt im Baustil stark dem Tempel Finghin, der zweiten Kirche dieser Art in Clonmacnoise. Die Nun's Church ist mit ihren reichen romanischen Verzierungen eine der schönsten und eindruckvollsten Kirchen von Clonmacnoise. Die prachtvollen Bögen von Chor und Westportal mit tief eingeschnittenen plastischen Zickzackbändern sind hervorragende Beispiele des ausgereiften iro-romanischen Stils. Im vorigen Jahrhundert brachen sie zusammen, wurden aber 1865 durch die Archäologische Society von Kilkenny restauriert. Dabei ersetzte man fehlende Steine durch glatte Quader, um den Unterschied zu verdeutlichen. Das Westportal besteht aus vier Rundbögen über flach skulptierten Säulen, der weite Bogen trägt dasselbe Motiv wie das Portal von Clonfert, eine Reihe von Tierköpfen, die in ihren Mäulern ein Seil festhalten.

Ein Päuschen in Ehren ...

Öffnungszeiten: täglich November-Mitte März 10-17.30 Uhr, Mitte März-Mitte Mai 10-18 Uhr, Mitte Mai-Anfang September 9-19 Uhr, September-Oktober 10-18 Uhr, Auf Wunsch kann man an Führungen (in Englisch, Französisch, Deutsch, Italienisch) teilnehmen, Tel.: 0905 74195, Fax: 0905 74273. Eintritt: Erwachsene 2,50 Pfund, Senioren 1,75 Pfund, Kinder/Studenten 1 Pfund, Familien 6 Pfund, Gruppen (mit 20 Teilnehmern oder mehr) 1,75 Pfund pro Person. Letzter Einlaß: 45 Minuten vor Schließung. OPW
Vor dem Besucherzentrum befindet sich eine **Tourist Information**, Tel.: 0905 74134, Ostern bis Ende September geöffnet.

621

Clonfert

Keinesfalls verpassen sollte man einen Abstecher nach **Clonfert**. Man fährt von Clonmacnoise über Shannonbridge und Shannon Harbour nach Banagher, dort über den Shannon und weitere 7 km bis Clonfert. Im Ort muß man dann rechts abbiegen. Der Weg ist nicht ausgeschildert.

Das Kloster zu Clonfert wurde um 560 vom hl. Brendan gegründet. Von dieser Anlage ist allerdings nichts mehr erhalten. Mit dem Bau der Kathedrale wurde 1164 begonnen.

Erst wenn man vor der Kirche steht, erkennt man das romanische Portal aus dem Jahre 1200, das wohl das berühmteste seiner Art in ganz Irland ist. Vergleichbar mit dem "Book of Kells", sieht man auch hier kaum eine Stelle, die nicht verziert ist. In ganz Irland kommt ihm an Vielfalt, Reichtum und Schönheit nichts gleich.

In diesem faszinierenden Portal vereinigen sich die importierten romanischen Motive des Kontinents mit den einheimischen Zierelementen keltischer Herkunft und Tierornamenten skandinavischen Ursprungs zu einem vollendeten spät-iroromanischen Stil.

Der innere Torbogen, der sich auch farblich von dem übrigen braunen Sandstein abhebt, wurde erst im 15. Jahrhundert

Das Portal von Clonfert

eingesetzt, als die Kathedrale erweitert wurde. Er ist mit Blüten und Blättern verziert. Die darüberliegenden fünf Bögen werden abwechselnd von runden und oktagonalen Pfeilern gestützt, die außen von flachen Pilastern flankiert werden. Typisch für die irische Kunst ist das archaische Moment, welches sich hier in der leichten Innenneigung des ganzen Portals zeigt: Die schiefe Einwärtsstellung des Gewändes nimmt die altirische Türform, wie sie in frühen Oratorien vorkommt, auf. Die Pfeiler sind mit verschiedenen Ornamenten verziert: Rauten, Zickzackleisten, Blätter und Kreise. Unter den quadratischen Abaki sind Tierköpfe zu sehen.

Die Verzierung der halbkreisförmigen Portalbögen ist ebenso vielfältig. Der erste Bogen zeigt auf jedem Stein ein sechsblättriges Palmblatt, der nächste Hundeköpfe, die ein Seil in ihren Mäulern halten (das gleiche Motiv findet man auch in der Kirche von Dysert O'Dea, siehe Kap. 4.4.4), die drei äußeren Bögen sind mit plastisch stark hervortretenden pflanzlichen und geometrischen Motiven veziert. Um die Bögen laufen zwei Zierleisten herum. Die innere besteht aus markanten Bossen, die äußere schmücken Gittermuster.

Detail

Die breiten Bögen werden durch ein spitzwinkliges Ziergiebelfeld, das durch zwei wulstige Zierleisten abgeschlossen wird, optisch in die Höhe gezogen. In seinem unteren Teil steht auf einem Steinband eine kleine rundbogige Blendarkade aus sechs Säulen, von denen jede ein anderes Muster trägt. Unter jeden der fünf Bögen ist ein menschlicher Kopf gesetzt.

Über der Arkade befindet sich ein spitzwinkliges Dreieck mit abwechselnd erhabenen und versenkten Dreiecksfeldern. Die erhabenen Dreiecke sind flach mit Blattwerk und Blüten verziert, während in den tiefen Feldern ebenfalls menschli-

Detail

623

che Köpfe eingesetzt sind. Alle fünfzehn Köpfe des Giebels sehen den Betrachter mit ausgeprägt individuellen Gesichtszügen an, obwohl sie sicherlich nicht als portraithafte Darstellungen geschaffen wurden.

Die Kathedrale selbst ist im Vergleich zu englischen und kontinentalen Kathedralen geradezu winzig, denn ihre Länge beträgt nur 25 Meter. Aus romanischer Zeit stammen die Ostfenster des Chors und die Ruine des südlichen Querschiffs.

Im 15. Jahrhundert wurde die Kathedrale um die Sakristei erweitert und der Chorbogen eingesetzt. Unter seinen Verzierungen ist auch eine kleine Meerjungfrau, die sich einen Spiegel vorhält. Eine ähnliche Darstellung finden wir in einem Relief in Kilcooly Abbey, Co. Kildare (siehe Kap. 4.2.4) sowie in Clontuskert bei Ballinasloe (siehe Kap. 4.7.3).

4.7.6 DER STREIT UM DIE LETZTEN MOORE: DER TORFABBAU

INFO

Pro und Contra Torfabbau

In der Nacheiszeit (ab ca. 7000 v. Chr.) entstanden Moore, die ein Siebtel des Landes (12.000 bis 13.000 qkm) bedecken, das sind nahezu 16 % der Inseloberfläche – es sind die letzten noch überwiegend intakten Moorgebiete in Europa.

Moore gedeihen am besten in Gebieten mit hohen Niederschlägen, niedrigen Temperaturen und wenig Verdunstung. Die schwammige braune Masse besteht zu 90% aus Wasser, dann aus Flechten, Farnen und besonderen Moosen. Ihre Aufgabe ist es, bei Trockenheit Wasser aus dem Untergrund nach oben zu transportieren, um das Biotop lebensfähig zu halten. Absterbende, verrottende Pflanzen lassen den "Bog" (wie die Iren ihre Moore nennen) langsam wachsen, durchschnittlich bis zu einem Zentimeter im Jahr.

Moore haben die Eigenschaft, organische Stoffe über Jahrtausende zu konservieren, ein gutes Beispiel dafür sind Moorleichen.

Man unterscheidet zwischen Hochmooren (raised bogs), Nieder- oder Dekkenmooren (blanket bogs), daneben gibt es aber auch große Flächen von Berg- und Küstenheide, Sumpf- und Marschland. Die Niedermoorflächen nehmen allerdings nur etwa ein Gebiet von 1.000 qkm ein. Die flächenmäßig zweitgrößte Moorart ist das Hochmoor, das jedoch nicht – wie der Name zunächst vermuten läßt – in Hang- oder Berglagen zu finden ist. Mit "Hoch" ist vielmehr die Art des Wachstums charakterisiert – die Mächtigkeit der Moore beträgt hier bis zu 7 Meter.

Hochmoore finden sich vor allem im Landesinneren. Sie werden aus Torfmoosen gebildet, die übereinander und über das umliegende Land hinauswachsen und so hohe Torfschichten bilden. Sie entstehen auf den zentralen Kalksteinebenen, wo es viel regnet und das Wasser nicht schnell genug abfließen kann. Flachmoore hingegen werden von Grund- oder Hangwasser gespeist – dies ist vor allem im Westen und in Berglagen der Fall. Sie sind meist nicht mehr als 2 Meter dick und werden auch Deckenmoore genannt.

Torf wird seit alters her in Irland per Hand gestochen, getrocknet und als Brennstoff benutzt. Man nimmt dafür einen Spaten mit einem langen schmalen Blatt, den sogenannte "Sléan". An-

Torfabbau traditionell

schließend werden die Soden zum Trocknen gestapelt, mehrfach gewendet und im Spätsommer eingefahren. Im offenen Feuer oder im Küchenherd werden sie dann verbrannt und entfalten dabei ihren charakteristischen Torfgeruch (siehe Info-Kasten Kap. 4.5.5).

Der industrielle Torfabbau begann Mitte der 40er Jahre unseres Jahrhunderts mit der Gründung des halbstaatlichen Torfamtes Bord na Móna 1946 und dem Bau des ersten Torfkraftwerkes in Portarlington (1950). Bord Na Mona gehört heute 9 % der gesamten Moorfläche Irlands. Da sich der industrielle Abbau nur in den Hochmooren lohnt, hat er bislang nur die Zentralebene betroffen.

Das Kraftwerk in Shannonbridge

Die großen Moore der Midlands werden seit 1946 industriell abgebaut. Die Moore werden trockengelegt und maschinell abgeräumt. Riesige Maschinen schälen Schicht um Schicht ab und spucken sie als Würfel oder Würste wieder aus. Die Soden werden getrocknet, zermahlen, zu Briketts gepreßt oder in kleinen Kraftwerken in

Elekrizität verwandelt. Riesige Schneisen entstehen in der bislang intakten Naturlandschaft. Zurück bleibt Ödland mit zerstörter ökologischer Struktur. Das Torfamt argumentiert, daß die abgetorfte Landschaft für Wiederauffor-stung genutzt werden kann oder Seen für den Wassersport enstehen könn-ten. Außerdem fänden durch den Torfabbau im Frühjahr und Sommer über 6.000 Menschen Arbeit.

Negativ hingegen ist, daß es in mancher Grafschaft schon heute keine intak-ten Moorgebiete mehr gibt: Pro Jahr werden acht Moore zerstört – so die Statistiken. Nur noch 5 % von Irlands drei Millionen Hektar Moorflächen befinden sich im natürlichen Zustand. Im Jahre 2000, schätzen die Exper-ten, sind die Vorräte erschöpft. Die Umweltschützer mahnen zum Rückzug. Es entsteht ein harter Interessenskonflikt: Torf entlastet Irlands Energieim-portüberhang, 12 % der Elektrizität der Republik Irland werden mittels Torf gewonnen. Gleichzeitig aber bedeutet der industrielle Torfabbau die Zerstö-rung einer einzigartigen Naturlandschaft.

Info

Wer sich näher mit dem Thema beschäftigen möchte, wende sich an die Schutzvereinigung Irish Peatland Conservation Council, 3 Lower Mount Street, Dublin 2, Tel.: 01 6616645

Der Blackwater Bog

Der Blackwater Bog erstreckt sich durch vier Grafschaften: Offaly, Westmeath, Roscommon und Galway. Er bedeckt eine Fläche von rund 8.000 Hektar.

Die Moore von Blackwater werden ausschließlich für die Produktion von gemahlenem Torf verwendet. Er wird an das "Electricity Supply Board" für die Herstellung von Elektrizität in Shannonbridge Co. Offaly verkauft. Das Kraftwerk in **Shannonbridge** ist das größte seiner Art in Irland. 200 Personen arbeiten hier. Der Ort hat 250 Einwohner. Nach Voranmeldung kann man das Werk auch besichtigen. Die dortige Tourismus-Kooperative gibt Auskunft: Shannonvale Tourism Centre, Bury Quay, Tullamore, Tel.: 0506 52566

"Eine Fahrt durchs Moor"

Von Shannonbridge ist der Weg zu den Bord na Móna Blackwater Works ausge-schildert. Auf dem Gelände gibt es ein Informationscentre, eine Cafeteria, einen kleinen Laden, in dem man kunstgewerbliche Dinge erwerben kann, ein Maschinen-museum sowie Picknickplätze. Hauptattraktion ist jedoch die Clonmacnoise und West Offaly Eisenbahn, die durch das Blackwater Bog fährt. Die Tour (mit Führung) ist 9 km lang und führt an den Resten eines bronzezeitlichen Dorfes vorbei. Öffnungszeiten: täglich April bis Oktober. Die Züge fahren stündlich zwischen 10 und 17 Uhr. Gruppen sind ganzjährig nach Voranmeldung willkommen. Die Touren dauern 45 Minuten und kosten für Erwachsene 3 Pfund, Kinder 2,20 Pfund und Familien (2 Erwachsene mit bis zu 6 Kindern): 8,50 Pfund. Auskunft erhält man bei Clonmacnoise & West Offaly Railway, Bord na Móna, Blackwater, Shannonbridge, Athlone, Co. Westmeath, Tel.: 0905 74114 oder 74172 oder 74121, Fax: 0905 74210.

4.7.7 DIE COUNTIES OFFALY, TIPPERARY, LAOIS UND KILDARE

Die Grafschaft Offaly wird vor allem durch ihre ausgedehnten Moorgründe bestimmt. Der Ort Tullamore ist durch seinen Whiskey bekannt. Quer durch Offaly verläuft der mit Kabinenkreuzern befahrbare Grand Canal.

Hinweis
Am Ufer des Shannon liegt die einzigartige Klostersiedlung Clonmacnoise (siehe Kap. 4.7.5).

Der Hauptort der Grafschaft ist Birr mit dem berühmten Park des Earl of Rosse.

Die Grafschaft Tipperary, deren nördlicher Teil hier beschrieben wird (zum südlichen Teil siehe Kapitel 4.2.6.) ist die größte irische Grafschaft ohne Zugang zum Meer. Flaches Land wechselt mit Gebirgszügen, wie den Galtee Mountains oder den Knockmaeldowns, ab.

Östlich schließt sich die Grafschaft Laois an. Den Namen spricht man in etwa "Liesch" aus, den der Hauptstadt Portlaoise "Purtliescha". Die Grafschaft Kildare, fast an die Grenzen Dublins stoßend, wird durch flaches, sanftes Land bestimmt. Kildare ist vor allem Pferdenarren ein Begriff. In Tully, unweit der Grafschaftshauptstadt Kildare, hat das Irish National Stud seinen Sitz. Im berühmten Terrain des Curragh finden sich die Rennbahnen des Irish Derby und zahlreiche Gestüte.

▓ Das kleine Städtchen **Nenagh** (N7/N52) liegt zu Füßen der massiven normannischen Burgruine.

◆ **Nenagh Castle**, eine im 13. Jahrhundert erbaute normannische Festung, macht auch als Ruine noch einen imposanten Eindruck. Ursprünglich bestand die Burg aus einer Ringmauer mit drei zylindrischen Türmen, deren mittlerer und größter noch steht. Südlich von ihm sind Reste des Torhauses zu erkennen. Die Burg gehörte bis zum Ende des 14. Jahrhunderts der Familie Butler und wechselte dann mehrmals den Besitzer. Im 17. Jahrhundert wurde sie geschleift.

◆ Das **Nenagh District Heritage Centre** ist im Govenor's House und im Gatehouse (beide stammen aus den 1840er Jahren) eines ehemaligen Gefängnisses untergebracht. 1886 wurde dieses Gefängnis geschlossen, die Gebäude kirchlich genutzt. Später wurde in dem oktagonalen Govenor's House eine Schule eingerichtet. 1981 fielen die Gebäude – als Leihgabe – an die Nenagh District Heritage Society. Diese Gesellschaft richtete das Museum ein. Ein Teil des Hauses beherbergt das Tipperary North Family History Research Centre. Das Museum stellt volkskundliche, agrarhistorische und sozialgeschichtliche Exponate aus. Interessant ist ein viktorianisches Klassenzimmer und ein alter Dorfladen.
Öffnungszeiten: Mo-Fr 10-17 Uhr, So 14.30-17 Uhr, Sa geschlossen. Eintritt: Erwachsene 1,50 Pfund, Kinder/Studenten 75 Pence, Senioren 75 Pence, Familien 3,50 Pfund, Tel.: 067 32633. Falls man sich auf die Suche nach eventuellen irischen Vorfahren begeben möchte, wende man sich an das Tipperary North Family History Research Centre, The Gatehouse, Kickham Street, Nenagh, Co. Tipperary, Tel.: 067 33850, Fax: 067 33586.

Tourist Information

Connolly Street, Tel.: 067 31610, Mitte Mai bis Mitte September geöffnet. (Hier befindet sich auch ein Büro des Shannon Development, Tel.: 067 32100, Fax: 067 33418)

Hotel/B&B

● Dromineer Bay Hotel, Dromineer, Nenagh, Co. Tipperary, Tel.: 067 24114, Fax: 067 24288. Das kürzlich renovierte, kleine Hotel liegt am Ufer des Lough Derg. Angegliedert sind ein Restaurant, eine Bar sowie ein Café. Mittlere Preisklasse.

● Gurthalougha House, Michael & Bessie Wilkinson, Ballinderry, Co. Tipperary, Tel.: 067 22080, Fax: 067 22154. Das Gebäude stammt aus dem frühen 19.

Gurthalougha House

Jahrhundert und liegt in einem privaten Wald, der direkt an den Shannon grenzt. 8 Zimmer, alle en suite, stehen den Gästen zur Verfügung. Man kann schöne Waldspaziergänge machen, schwimmen, Tennis spielen oder sich einfach nur im Garten erholen.

Schlichtere, dennoch gute Unterkunft, bieten

● Mrs. M. Fallon, Cregganbell, Birr Road, Roscrea, Tel.: 0505 21421

● Mrs. M. Stanley, Streamstown House, Shinrone Road, Tel.: 0505 21519

Fahrradverleih

J. Moynan & Co. Ltd., Premier Raleigh Rent a Bike, 61 Pearse Street, Tel.: 067 31293, Fax: 067 31293. "One-Way" Ausleihen ist möglich.

■ Die kleine Marktstadt **Roscrea** (19 km südlich von Birr an der N 62 und N 7) macht einen sympathischen Eindruck. Die Hauptstraße führt mitten durch die Ruinen einer einstigen Augustinerabtei, die um 1100 am Ort einer frühen Klostergründung des hl. Cronan (6./7. Jahrhundert) entstanden ist.

Von der romanischen Kirche (12. Jahrhundert) ist lediglich die Westfassade erhalten, die außergewöhnlich harmonisch und einheitlich wirkt. Der Rest der Kirche wurde 1812 abgerissen. Interessant ist das etwas hervortretende Rundbogenportal. Das spitze Giebelfeld zeigt die Figur eines Heiligen, vermutlich des hl. Cronan. Das Portal besteht aus drei Bögen, die beiden inneren haben tief eingeschnittene Zickzackmuster. Auf beiden Seiten des Portals befinden sich je zwei Blendbögen, die niedriger und schmaler als das Portal selbst und ebenfalls von spitzen Giebelfeldern überdacht sind. Im Norden der Kirche steht ein verwittertes Hochkreuz aus dem 12. Jahrhundert, auf der anderen Seite der Straße ein Rundturm ohne Kegeldach.

◆ **Roscrea Castle** wurde im 13. Jahrhundert von den Butlers of Ormond als mächtiger quadratischer Wehrturm erbaut. Das originale Steindach ist noch erhal-

ten, im 2. Stock gibt es ein schönes Gewölbe. Der Turm wird von einer Ringmauer umgeben, die über eine Treppe begehbar ist. Einer der runden Türme der Mauer ist noch erhalten. Innerhalb der Ringmauer steht auch Damer House, ein 1726 von Joseph Damer errichtetes frühgeorgianisches Herrenhaus. Heute ist darin eine Sammlung der "Irish Country Furniture Society" untergebracht, die vor allem irische Bauernmöbel des 19. Jahrhunderts umfaßt. Eine weitere ständige Sammlung enthält politische Cartoons aus dem 19. Jahrhundert und alte Landkarten.
Öffnungszeiten: täglich Mo-Fr 10-17 Uhr, Juni-September zusätzlich Sa 11-17 Uhr, So 14-17 Uhr, Tel.: 0505 21850

Unterkunft
Racket Hall Hotel, Dublin Road, Roscrea, Co. Tipperary, Tel.: 0505 21748, Fax: 0505 21748. Das kleine, nette Hotel wird im Familienbetrieb geführt und hat ein angenehmes Restaurant. Mittlere Preisklasse.

Heritage Centre
Tel.: 0505 21855/22189, Fax: 0505 21015

Camping/Caravan
Streamstown Caravan & Camping Park and Farm Guesthouse, Shinron Road, Roscrea, Co. Tipperary, Tel.: 0505 21519. Besucher mit Zelten, Wohnwagen und Wohnmobilen sind willkommen. Der Platz liegt ruhig, ca. 2 km von Roscrea entfernt und ist von Mai bis September geöffnet. Hier kann man auch Ferien-Fertighäuser pro Nacht oder pro Woche mieten.

Birr und Umgebung

▓ Die Stadt **Birr**, 48 km südlich von Athlone an der N 57, (gael.: Biorra = Spring Wells), wurde im 17. Jahrhundert planvoll von Sir Lawrence Parson am Caincor River gegründet. Nach dem Willen des Besitzers sollte sie ein "sauberer" Ort werden, Straßenverschmutzer mußten Bußgeld zahlen.
Der attraktive Ort hat heute rund 3.500 Einwohner und kann mit schönen georgianischen, baumgesäumten Straßenzügen, vornehmen Häusern und eleganten öffentlichen Gebäuden aufwarten.

Die Hauptattraktion sind das neogotische Schloß und dessen wirklich sehenswerter Landschaftsgarten. Birr Castle wurde 1620-27 von dem Engländer Sir Laurence Parson auf den Grundmauern einer mittelalterlichen Wehrburg der O'Carrolls errichtet.
Der 50 Hektar umfassende Park zählt zu den schönsten Gärten Irlands. Die Anlage ist besonders für ihre vielen neuen Pflanzen, die aus den entferntesten Gegenden der Welt eingeführt wurden, bekannt. Der Pfingstrosenbaum "Anne Ross" wurde in Birr gezüchtet. Der Name erinnert an die Mutter von Lord Ross. Es gibt über 1.000 verschiedene Pflanzenarten im Park: eine große Auswahl an Magnolien, einschließlich der wunderschönen "Magnolia dawsoniana", seltene Koniferen und Ahornbäume und riesige Narzissenbeete. Laut Guinness-Buch befinden sich hier die höchsten Buchsbaumhecken der Welt.

629

Im Garten steht, geschützt von neogotischen Seitenwänden, das Mitte des vorigen Jahrhunderts vom 3. Earl of Rosse gebaute Riesenteleskop, mit dem der Graf wissenschaftliche Berühmtheit erlangte. Mit diesem Gerät war es möglich, Spiralnebel zu erkennen. Mit stattlichen 16,5 Metern war es über 75 Jahre lang das größte Teleskop der Welt. Das Spekulum hat einen Durchmesser von 183 cm.

Derzeit werden große Pläne verwirklicht. Das **Ireland's Historic Science Centre** hat ein vier Jahre umfassendes Projekt entworfen. Bis August 1996 soll das Teleskop restauriert sein. In der 2. Phase 1996/98 erfolgen die Restaurierungsarbeiten der Kutschenhäuser im Schloßhof. Hier befinden sich Ausstellungsräume, in denen die Pionierarbeit der Parsons Familie sowie anderer irischer Wissenschaftler gezeigt werden. Der Schwerpunkt liegt dabei auf Astronomie, Ingenieurwesen, Botanik, Gartenbau und Fotografie.
Öffnungszeiten: Der Park ist, wie die Dame, die seit über 20 Jahren die Eintrittskarten verkauft, stolz und langatmig erklärt, an jedem Tag des Jahres geöffnet. Januar bis März, No-

Einst das größte Teleskop der Welt

vember und Dezember 9-13 Uhr, 14-17 Uhr und von April bis Oktober bis 18 Uhr. Auskunft erteilt The Estate Office, Birr, Co. Offaly, Tel.: 0509 20056, Fax: 0509 21583

Information
● Tourist Information, Rosse Row, Tel.: 0509 20110, Mai bis September geöffnet.
● Shannon Development, Brendan Street, Birr, Tel.: 0509 20440, Fax: 0509 20660

Heritage Centre
Tel.: 0509 20187, Fax: 0509 20187

◆ Das **Slieve Bloom Display Centre** ist in einer alten Schule in der Railway Road untergebracht. Mit graphischen Illustrationen, Karten und Photographien erklärt es die Geschichte, Archäologie und Naturkunde der Slieve Bloom Mountains. Sie umfassen ein Gebiet von 960 Kilometern und sind für Fahrradtouren und zum Wandern ideal.
Öffnungszeiten: täglich Juli bis September Mo-Fr 10-18 Uhr, Sa und So 14.30-18 Uhr, Tel.: 0509 20029

Hotel/B&B
● Tullanisk, George & Susan Gossip, Birr, Co. Offaly, Tel.: 0509 20572, Fax: 0509 21783 an der Straße nach Banagher gelegen. Das Haus stammt aus dem 18. Jahrhundert, wurde sorgfältig restauriert, liebevoll und stilvoll eingerichtet. Den Gästen stehen fünf Zimmer zur Verfügung, die alle mit Bad ausgestattet sind. Das abendliche Dinner,

das unter Leitung des Hausherrn George zubereitet und von allen Gästen gemeinsam an der langen Tafel sitzend eingenommen wird, ist ausgezeichnet. Tullanisk bietet einen idealen Ausgangspunkt für Besichtigungen in der Umgebung sowie für verschiedene Aktivitäten oder für genüßliches Nichts-Tun. Hidden Ireland.

Stilvolle Unterkunft: Tullanisk

● Dooleys Hotel, Emmet Square, Birr, Tel.: 0509 20032 Fax: 0509 21332. Angenehmes und ruhiges Hotel am Emmet Square im Zentrum Birrs. Das Gebäude stammt aus dem Jahr 1747 und ist eine der ältesten Postkutschenstationen des Landes. Heute genießt es den Status eines 3-Sterne-Hotels der mittleren Preisklasse.

● County Arms Hotel, Station Road, Birr, Tel.: 0509 20791, Fax: 0509 21234. Das georgianische Haus stammt aus dem Jahre 1810 und bietet behagliche Unterkunft und eine empfehlenswerte Küche. Alle Zimmer sind mit Bad, Dusche, WC, Telefon und Farb-TV ausgestattet. Mittlere Preisklasse.

● Kinnitty Castle Hotel, Tel.: 0509 37318, Fax: 0509 37284. Das Schloß wurde im 17. Jahrhundert auf dem Gelände eines alten Augustinerklosters aus dem 12. Jahrhundert gebaut. Die originalen Mauern und der Glockenturm können heute noch besichtigt werden. Das Restaurant wurde geschmackvoll restauriert. Für Gäste, die über Nacht bleiben möchten, stehen 10 Suiten zur Verfügung. Ca. 15 km östlich von Birr. Das Hotel liegt in einem 260.000 Quadratmeter großen Park. Ganzjährig geöffnet.

● Roundwood House, Frank & Rosemarie Kennan, Roundwood House, Mountrath, Co. Laois, Tel.: 0502 32120, Fax: 0502 32711. Das schöne palladianische Gebäude stammt aus dem 18. Jahrhundert und liegt nahe den Slieve Mountains sehr abgeschieden und ruhig. Den Gästen stehen sechs Zimmer, alle mit Bad, zur Verfügung. Nach Dublin fährt man von hier aus in 1 ½ Stunden. Hidden Ireland.

● Schlichtere, dennoch gute B&Bs findet man bei:
- Mrs. Ann O'Meara, Roselawn, Roscrea Road, Birr, Tel.: 0509 20468
- Minnock's Farmhouse, Roscrea Road, Birr, Tel.: 0509 20591

Hostel
Crank House Hostel, Main Street, Banagher, Co. Offaly, Tel.: 0509 51458 oder 0509 51003, Fax: 51676. Ganzjährig geöffnet, ab 7 Pfund, 28 Betten, Familienräume.

Restaurant
The Stables Restaurant, 6 Oxmantown Mall, Birr, Tel.: 0509 20263, Fax: 0509 21677. Das Restaurant wurde in ehemaligen Pferdeställen eingerichtet und bietet ausgezeichnete Speisen. Di-Sa 18.30 bis 21.30 Uhr, So Lunch 12.30-15.30 Uhr, So und Mo und im Winter abends geschlossen.

Pub
Gemütlich geht es in der Haverty's Bar, Moorpark Street zu.

Fahrradverleih
Dolan & Sons, Main Street & Wilmer Road

Golf
Die Gegend bietet einige ruhige, nicht überfüllte Golfplätze. Hier eine Auswahl:
- Mountrath Golf Club, Knockanina, Mountrath, Co. Laois, Tel./Fax: 0502 32558
- Tullamore Golf Club, Brookfield, Tullamore, Co. Offaly, Tel.: 0506 21439
- The Heath Golf Club, The Heath, Portlaoise, Co. Laois, Tel.: 0502 46533, Fax: 0502 46533

Bootsfahrten/Kabinenkreuzer
Silver Line Cruisers Ltd. in Banagher vermietet moderne Kabinenboote mit 2, 4, 6 und 8 Kojen. Wöchentliche Miete, Kurzferien und Wochenendfahrten sind möglich. Informationen erhält man bei Silver Line Cruisers, The Marina, Banagher, Co. Offaly, Tel.: 0509 51112, Fax: 0509 51632. Der gleiche Veranstalter bietet auch Bootstouren auf dem Shannon mit der "River Queen". Abfahrt von der Marina in Banagher, jeden Do und So, Dauer 2 Stunden. Mai-September, So 14.30 und 16.30 und im Juni-September auch Do 15 Uhr.

■ **Cloghan Castle** (ab Banagher ausgeschildert) liegt südlich von Banagher zwischen den Flüssen Shannon und Little Brosna und kontrollierte einst die Strecke über den Shannon bei Meelick, die fast 1.000 Jahre lang die Hauptroute zwischen den Klöstern der Midlands und Dublin war. Das Schloß ist von einem großen Parkgrundstück umgeben. Ursprünglich war die Burg eine mittelalterliche Festung der O'Madden Familie, die im Laufe der Jahrhunderte mehrfach an- und umgebaut wurde. Die Führungen durch das Haus werden sehr unterhaltsam dargeboten.
Öffnungszeiten: Juni-September Mi-So und Bank Holidays 14-18 Uhr, Eintritt: Erwachsene 3,50 Pfund, Senioren 3 Pfund, Familien 7,50 Pfund, Tel.: 0509 51650

■ Wenige Kilometer östlich von Birr beginnen die **Slieve Bloom Mountains**. Die sanften Hügelzüge ziehen sich an der Landesgrenze von Offaly und Laois entlang und bieten eine ideale Gegend zum Radfahren, Reiten und für leichte Wanderungen in unberührter Natur. Der **Slieve-Bloom-Weg** ist eine 80 Kilometer lange, ausgeschilderter Strecke durch Täler, Wälder, Moore und auf die bis zu 700 m hohen bewaldeten Berge. Entlang der Tour gibt es verschiedene Unterkünfte, so daß man den Weg gut begehen kann. Südwestlich von **Rosenallis** bietet Glen Barrow einen guten Aussichtspunkt. Im 17. Jahrhundert gründeten Quäker hier eine Kolonie. Die Tourist Information in Birr hält Wanderkarten und weitere Informationen bereit.

Folgende **Übernachtungsmöglichkeiten** bieten sich an (siehe auch die genannten Unterkünfte in Birr)
- Bertha Shaw, Clonkelly House, Rosenallis, Tel.: 0502 28517
- Joan Bennett, Beech Hill Lodge, Moher West, Lacca Mountrath, Co. Laois, Tel.: 0502 35097
- Mary Lalor, High Pine Farm, Annaghmore, Kinnitty, Tel.: 0509 37029

■ **Tullamore**, an der N 80, 34 km nördlich von Portlaoise, ist die Hauptstadt Offalys. Vor allem Whiskeykennern müßte der Ort ein Begriff sein. Der berühmte

Tullamore Dew und der Irish Mist Whiskey Liqueur werden hier hergestellt. Im frühen 19. Jahrhundert erlebte die Stadt durch die Anbindung an den Grand Canal eine wirtschaftliche Blüte, hauptsächlich als Zentrum von Brennereien und Brauereien. Alte Bausubstanz ist allerdings kaum mehr vorhanden. Zwar wurde der Ort nicht im Zuge kriegerischer Auseinandersetzungen zerstört, aber durch die Explosion eines Heißluftballons, der 1785 mitten im Zentrum zu Boden fiel, entstand großer Gebäudeschaden.

Von Tullamore sind Bootstouren auf dem Grand Canal möglich. Informationen erhält man dazu im Tourist Office.

Tourist Information
Tel.: 0506 52617, Juli bis August geöffnet.

In Tullamore hat auch der **Offaly Tourist Council** seinen Sitz
Cultural Tourism Centre, Bury Quay, Tullamore, Co. Offaly, Tel.: 0506 52566, Fax: 0506 41371

Unterkunft und Restaurant
Moorhill Country House and Restaurant, Clara Road, Tullamore, Tel.: 0506 21395, Fax: 0506 52424. In den ehemaligen Pferdeställen des Herrenhauses befindet sich heute ein preisgekröntes Restaurant. Geschmackvoll eingerichtete Zimmer stehen den Gästen zur Verfügung. Das Country House bietet auch die Möglichkeit für private Konferenzen mit bis zu 90 Personen.

Bootstouren auf dem Grand Canal und Barrow River von Tullamore aus
Celtic Canal Cruisers vermieten Kabinenkreuzer, die mit 2-9 Kojen sowie kompletter Kücheneinrichtung ausgestattet sind. Celtic Canal Cruisers Ltd., Mike and Heather Thomas, Tullamore, Co. Offaly, Tel.: 0506 21861, Fax: 0506 51266. Der Veranstalter bietet auch einen Pick-up-Service vom Flughafen (Shannon oder Dublin) oder vom Bahnhof in Tullamore an. Man kann hier Fahrräder und Angelausrüstung leihen. (Siehe "Reisepraktische Hinweise" Kap. 4.7.4.)

■ Südwestlich von Tullamore liegt **Charleville Castle**, ein interessantes Beispiel für die um 1800 ausgeprägte Lust am Irrationalen und Unsymmetrischen. In der Literatur fand diese Bewegung Ausdruck in den Schauerromanen, in der Architektur im Stil des Gothic Revival. Das Schloß wurde zwischen 1798 und 1812 für William Bury, den späteren Lord Tullamore, entworfen. Der Architekt war Francis Johnston. Kennzeichnend sind die verschiedenen Zitate berühmter gotischer Bauelemente: Der Kamin im Eßzimmer ist z.B. einem Portal der Magdalenenkapelle in Oxford nachempfunden. Über die ganze Breite des Gebäudes erstreckt sich eine schöne Galerie. Die Stuckarbeiten der Räume sind bemerkenswert. Die jetzige Eigentümerin von Charleville Castle, eine Amerikanerin, bemüht sich um eine originalgetreue stilechte Wiederherstellung des Schlosses.

■ Ca. 5 km nördlich von Tullamore liegt links von der N 52 das Kloster von **Durrow** in Fahrtrichtung Kilbeggan. Der Weg ist schlecht ausgeschildert. Man hält am Parkgitter. Hier entstand im 7. Jahrhundert die berümte Handschrift, das "Book of Durrow" (siehe Kap. 2.2.2 und 4.1.3.5). Die Klosterruinen, die auf eine Abtei zurückgehen, die der hl. Colum Cille um 533 gründete, liegen malerisch in

einem alten Park. Mitte des 12. Jahrhunderts übernahmen die Augustiner das bis dahin mehrmals geplünderte und niedergebrannte Kloster. Nach Auflösung der Klöster wurde die Kirche als örtliche Pfarrkirche benutzt und im 18. und frühen 19. Jahrhundert grundlegend restauriert.
Westlich der Kirche steht ein Kreuz, das aus der Zeit zwischen 900 und 950 stammt.

■ **Portlaoise**, 32 km südwestlich von Kildare an der N7
Die Hauptstadt der Grafschaft Laois bietet keine besonderen Sehenswürdigkeiten. Am Ortsausgang Richtung Dublin liegt unmittelbar neben der Straße eine stacheldrahtbewehrte Festung: das Hochsicherheitsgefängnis für IRA-Häftlinge – ein beklemmender Anblick.

Tourist Information
James Flint Lawlor Avenue, Tel.: 0502 21178, ganzjährig geöffnet

Hotel
The Killeshin Hotel, Dublin Road, Portlaoise, Tel.: 0502 21663, Fax: 0502 21976. Modernes Hotel der mittleren Preisklasse. Im Ballyfin Restaurant kann man angenehm speisen.

Hostel
Traditional Farm Hostel, Farren House, Ballacolla, Portlais, Tel.: 0502 34032, Fax: 34008. Ganzjährig geöffnetes Hostel, ab 5,50 Pfund in der Nebensaison, 6,50 Pfund in der Hochsaison. Es gibt 32 Betten (einige Familienräume), Camping ist auf dem Grundstück möglich, Fahrradverleih, rollstuhlfreundlich.

Fahrradverleih
M. Kavanagh, Railway Street, Tel.: 0502 21357

◆ Wenige Kilometer außerhalb Portlaoise, an der N 7 Richtung Dublin, liegt **Emo Court** und **Emo Park**. Im Mittelpunkt steht ein hübsches neoklassizistisches Herrenhaus, das 1790 von dem berühmten Architekten James Gandon für die Earls von Portarlington begonnen wurde. Vollendet wurde es 1810 von Sir Richard Morrison. Die Kuppel wurde nach dem Vorbild von Palladios Rotonda in Vicenza gestaltet.

Im vorigen Jahrhundert im Besitz von Jesuiten, wurde Emo Court 1970 von privater Hand erworben und liebevoll restauriert. 1994 übernahm das OPW das Anwesen. Der ausgedehnte Park, der um einen See herum angelegt wurde, hat weitläufige Rasenflächen, Eibenalleen, schöne Statuen sowie eine Vielfalt einzigartiger Pflanzen aufzuweisen, die in perfektem Einklang mit der Erhabenheit des Hauses stehen.

Emo Court

Es gibt verschiedene Spazierwege, die eigenartige Namen, wie "Via Davida" oder "Mad Margret's Walk", tragen. Steinplastiken beschreiben die vier Jahreszeiten. Öffnungszeiten: Emo Court: Mitte Juni-Mitte September Fr-Mo 13-18 Uhr, Di,Mi,Do geschlossen. Besichtigungen sind nur mit Führungen möglich. Eintritt: Erwachsene 2 Pfund, Gruppen/Senioren 1,50 Pfund, Kinder/Studenten 1 Pfund, Familien 5 Pfund. Emo Park ist täglich, von morgens bis zur Dämmerung, geöffnet. Tel. und Fax: 0502 26573 oder 056 21450

▨ Zwei hübsche historische Städtchen, südlich von Portlaoise, sind Abbeyleix und Athy.
Abbeyleix, ca. 10 km südlich von Portlaoise an der N 8, ist eine "Planstadt" aus dem frühen 18. Jahrhundert. Das Städtchen liegt nett am River Nore und bietet als Sehenswürdigkeit die Überreste einer Zisterzienserabtei aus dem 12. Jahrhundert.
Athy, ca. 15 km südöstlich von Portlaoise, liegt am Fluß Barrow. Der hübsche Ort hat

Hübsch am Barrow gelegen: Athy

sich einiges seiner historischen Bausubstanz erhalten können. Ein Turm aus dem 15. Jahrhundert überschaut die lebhafte Marktstadt.

Hotel/B&B

Tonlegee House and Restaurant, Athy, Co. Kildare, Tel.: 0507 31473, Fax: 0507 31473. Das Gästehaus (4 Sterne) ist sehr behaglich und hat eine empfehlenswerte Küche. Mittlere Preisklasse.

▨ **Kildare**, 50 km südwestlich von Dublin an der N 7
Der Hauptort der gleichnamigen Grafschaft hat 3.500 Einwohner und wenig Sehenswertes zu bieten. Bekannt ist Kildare vor allem bei Pferdezüchtern. Etwas außerhalb, in Tully, ist das Irische Nationalgestüt beheimatet.

Einst war Kildare ein **Zentrum der frühchristlichen Kirche** Irlands. Seinen Ursprung verdankt der Ort der hl. Brigid, die hier im frühen 6. Jahrhundert die erste Kirche und ein Doppelkloster für Mönche und Nonnen gründete. Sie soll deren erste Äbtissin gewesen sein.

Über das Leben der Heiligen berichtet die Vita des Cogitosus, die Mitte des 7. Jahrhunderts geschrieben wurde und zu den ältesten irischen Heiligenviten zählt. Manche Historiker zweifeln jedoch an der Existenz der Heiligen. Tatsache allerdings scheint zu sein, daß in vorchristlicher Zeit in Kildare eine bedeutende keltische Kultstätte existierte, die später verchristlicht wurde. Auch die Informationen über das Kildare des 7. Jahrhunderts und seiner Kirche werden als zuverlässig angesehen.

◆ Die **Kathedrale** stammt weitgehend von 1875 und steht auf den Resten eines Klosters, das um 490 von der Heiligen Brigid gegründet worden sein soll. Die frühesten Teile des heutigen Gebäudes stammen jedoch erst aus dem 13. Jahrhundert. Der Baubeginn war um 1223. Aus dem 13. Jahrhundert datieren das südliche Querschiff und Teile des Turms. Im 15. Jahrhundert wurde die Kathedrale teilweise restauriert. Im 19. Jahrhundert wurde der Chor fast vollständig erneuert. Im Kircheninneren sind einige schöne mittelalterliche Grabplatten und Fußbodenziegel zu sehen.

◆ Auf dem Friedhof neben der Kirche befindet sich ein **Rundturm** aus dem 12. Jahrhundert. Er ist 31 Meter hoch und kann problemlos über eine Eisenleiter bestiegen werden. Bemerkenswert ist der ungewöhnlich verzierte Eingang, der 4 Meter über dem Boden liegt. Das originale Kegeldach wurde im 18. Jahrhundert durch unpassende Zinnen ersetzt.

◆ Nördlich der Kathedrale liegen die Grundmauern eines Gebäudes, in dem der Legende nach das "Ewige Feuer" der hl. Brigid Tag und Nacht in Gang gehalten wurde. Bei der Figur der hl. Brigid (Symbol: Kreuz aus Binsen) scheint es sich um einen christlichen Rückgriff auf die gleichnamige heidnische Fruchtbarkeits- und Muttergottheit zu handeln, deren Wahrzeichen ebenfalls das ewige Feuer und ein Kreuz (Sonnensymbol) waren.

Hotel/B&B
● Martinstown House, Thomas & Meryl Long, The Curragh, Co. Kildare, Tel.: 045 41269. Das Jagdhaus wurde vor 200 Jahren für den 2. Duke of Leinster im neugotischen Stil errichtet. Die vier Gästezimmer sind elegant eingerichtet. Thomas und Meryl kommen beide aus Amerika, haben aber angloirische Vorfahren. Martinstown House ist weniger als 10 Autominuten von dem berühmten Rennplatz entfernt.
● Moyglare Manor, Country House & Restaurant, Moyglare, Maynooth, Co. Kildare, Tel.: 01 6286351, Fax: 01 6285405. Das stattliche georgianische Herrenhaus liegt inmitten eines großen Parks und hat sechzehn luxuriös gestaltete Zimmer, eine Gartensuite sowie eine ausgezeichnete Küche. Ganzjährig geöffnet außer Weihnachten, gehobene Preisklasse, für Kinder unter 12 Jahren ist das Haus ungeeignet.
● Barberstown Castle & Country House, Straffan, Co. Kildare, Tel.: 01 6288157, Fax: 01 6277027. Barberstown Castle stammt in seinen Ursprüngen aus dem 13. Jahrhundert. Es gibt zehn individuell gestaltete Zimmer sowie ein mehrfach preisgekröntes Restaurant. Barberstown Castle liegt 30 Minuten vom Dubliner Flughafen entfernt. Ganzjährig, außer Weihnachten, geöffnet, gehobene Preisklasse.

Restaurant
Silken Thomas, The Square, Tel.: 045 22232. In dem ehemaligen Kino befindet sich heute ein besonders bei Jockeys und Pferdenarren beliebtes Restaurant.

Tourist Information
Tel.: 045 22696, Juni-Ende August geöffnet

Angeln
Gute Angelmöglichkeiten hat man im Grand Canal, im Barrow und der Liffey. Auskunft erteilt die Tourist Information.

▨ **Tully**, 2 km östlich von Kildare, ist das Zentrum der irischen Pferdezucht und das Mekka aller Pferdeliebhaber. In den weiten Grünflächen reiht sich ein Gestüt an das nächste. Der kalkhaltige Boden der Grafschaft scheint für Pferdebeine bestens geeignet zu sein. Verkehrsschilder warnen vor kreuzenden Pferden. Hier befindet sich auch die bekannteste Rennbahn Irlands, der **Curragh**, auf dem alljährlich

Im Curragh finden berühmte Rennen statt

die berühmten klassischen Rennen stattfinden. Hauptattraktion ist dabei zweifellos das seit 1865 stattfindende irische Derby, jeweils Ende Juni oder Anfang August.

INFO

Pferdezucht oder Pferdesucht?

An über 270 Renntagen im Jahr setzen manche Iren auf den 28 Rennbahnen des Landes ihr Vermögen aufs Spiel. Iren sind Pferdenarren, aber nicht nur aus Wettleidenschaft. Auf jeden dritten Iren kommt ein Pferd, und die Ballinasloe Horse Fair im Oktober gilt seit dem Mittelalter als größter Pferdemarkt Europas. Heute ist die Pferdezucht in Irland "big business", in dem auch Amerikaner, Scheichs und Japaner mitmischen. Es geht dabei um keine geringen, eher um astronomische Summen. Einige der Hengste bringen es in der Decksaison auf über 3 Millionen DM Deckgebühren. Mehr als 11.000 Pfund sind für die Zeugung eines Nachkommens berühmter Pferde zu zahlen. Natürlich werden die Verträge schon lange im voraus verhandelt, aber gelten erst dann als erfüllt, wenn das Fohlen die ersten 24 Stunden stehend überlebt.

Das Irische Nationalgestüt, das Pferdemuseum und die Japanischen Gärten

Man betritt das Gelände durch ein Besucherzentrum mit Cafeteria und gut sortiertem Souvenir-Shop.

▨ Das Nationalgestüt

Das Nationalgestüt wurde von dem Schotten Colonel William Hall-Walker um 1900 gegründet. Im Jahre 1915 schenkte er das Gestüt der Britischen Krone, die ihm dafür den Titel eines Lords verlieh. Tully wurde bis 1943 unter dem Namen

"Britisches Nationalgestüt" (British National Stud Company) geführt und dann der Irischen Regierung übergeben. 1945 wurde die Irish National Stud Company gegründet, um die Interessen der irischen Vollblutzucht zu vertreten.

Eigenartig sind die 10 Hengstboxen, die mit Laternendächern versehen sind. Diese Fenster sind als Fortsetzung der Tradition von Hall-Walker zu sehen. Der glaubte, daß die Sterne nicht nur das Schicksal von Menschen bestimmen, sondern auch das der Pferde. Der Mond und die Sterne sollten den größtmöglichen Einfluß auf die Tiere haben. Seine Art zu züchten wurde als exzentrisch und außergewöhnlich bezeichnet, war aber offensichtlich recht erfolgreich.

Hinter den Hengstboxen kann man einen sechseckigen Unterstand sehen, in den während der Begattungszeit die Stuten hingebracht werden, um die Hengste zu treffen.

▨ Im **Pferdemuseum** kann man sich über die Entwicklungsgeschichte des Pferdes von den Anfängen bis heute informieren. Das Museum wurde 1977 in den ehemaligen Unterkünften der Pferdeknechte eingerichtet.

Neben dem Besucherzentrum liegt auf dem gleichen Gelände der **Japanische Garten**, der als die älteste und schönste Anlagen dieser Art in Europa bezeichnet wird. Der Garten wurden von Lord Wavertree gegründet und 1906-1910 von dem japanischen Gärtner Tassa Eida angelegt. Mittels Zeichen aus Sand und Stein und durch geschickte Pflanzenanordnung werden die Ideen von Schlichtheit, Zeitlosigkeit, Beständigkeit und das menschliche Leben dargestellt. Der Besucher kann auf dem Weg durch die Parklandschaft so das menschliche Leben von der Geburt bis zum Tod nachvollziehen.

▨ **Der Japanische Garten**
Der Besucher betritt den Garten durch das "Tor der Unwissenheit und des Vergessens". Die "Höhle der Geburt", eine Steinhöhle, wird durch die erste Steinlaterne überwacht, die den Beginn des Lebens symbolisiert. Von hier aus führen die ersten Schritte der Kindheit zu einem dunklen Tunnel, dem "Tunnel der Unwissenheit". Die Dunkelheit stellt die Unwissenheit und die Naivität des Kindes dar. Innerhalb des Tunnels findet das Kind das "Licht des Wissens", wodurch es zur Spitze des "Hügels der Erkenntnis" geführt wird. Durch eine große Kiefer kommt der junge Mensch in die Versuchung, zu hoch hinaus zu wollen, aber die ungeschützte Bucht bringt ihm die Gefahren, die ihn umgeben, zu Bewußtsein, so daß er sich der Realität des Lebens entsinnt. Es lehrt ihn Wachsamkeit und Umsicht, bevor er sich beim Herabsteigen vom Berg wieder zu seinen Mitmenschen gesellt. Er widersteht dem bequemeren Weg und schlägt den abenteuerlichen Weg ein, der die Jugendzeit darstellen soll.

Die Wegaufteilung: Hier hat er drei Möglichkeiten: Rechts den einfachen bequemen Weg durchs Leben, links den schmalen, engen Weg des Junggesellen oder aber den Weg auf den mit Wasser umgebenen Steinplatten, der eventuell zur Hochzeit und zur Ehe führt. Nach einigem Zögern entscheidet er sich für letzte Möglichkeit und gelangt zur "Insel des Glücks und Wunders". Hier trifft er seine zukünftige Frau und betritt die "Brücke der Verlobung". Diese Brücke symbolisiert den Wendepunkt seines Lebens.

Zusammen gelangen sie zum symbolischen Tisch, bevor sie die "Brücke der Heirat" überqueren. Die Brücke hinter sich gelassen, wandern sie entlang des Weges ihrer "Flitterwochen" und kehren so ihrem Junggesellendasein den Rücken zu. Der Weg ihrer Flitterwochen ist breiter angelegt, so daß das Paar nebeneinander hergehen kann, bis es auf ein "Hindernis" stößt. Es kommt zu einer Auseinandersetzung in der Ehe. Der Weg spaltet sich, aber nach kurzer Zeit vereinigen sie sich wieder und erklimmen gemeinsam den "Berg der Ziele". Von hier aus erkennen sie in der Ferne den "Brunnen der Weisheit", aus dem sie gerne etwas trinken möchten. Die Stufen sind jedoch sehr steil und schwer begehbar. Fast angekommen, erleben sie eine bittere Enttäuschung, denn sie sind von der Quelle durch ein unpassierbares Gewässer getrennt. In ihrer Enttäuschung gehen sie den Weg zurück, um den Berg der Ambitionen von einer anderen Richtung zu erklimmen. Weitere Streitigkeiten und Auseinandersetzungen werden durch auseinanderlaufende Wege symbolisiert.

Gemeinsam und vereint ersteigen sie dann doch den Hügel. Von hier aus können sie auf ihr bisheriges Leben zurückschauen: Erfolg, Glück und Enttäuschungen. Jetzt, wo sie älter sind, steigen sie gemeinsam den Berg hinab. Am Wasserfall legen sie eine Pause ein, um gemeinsam zu ihren Göttern zu beten.

Der Weg wird einfacher. Sie gehen über eine Brücke zum Teehaus und erreichen die Miniatur-

Im Japanischen Garten

ausführung eines japanischen Dorfes. Schließlich gelangen sie zum "Brunnen der Weisheit". Dort legen sie eine Pause ein und hoffen auf die Erleuchtung, bevor sie die "Rote Brücke des Lebens" überqueren, um zum "Garten des Friedens und der Zufriedenheit" zu gelangen. Im Alter wird der Weg einfacher und bequemer. Die Turbulenz und das Abenteuer haben sie bereits hinter sich gelassen. Auf diese Weise kommen sie mit zitternden Schritten zum "Berg der Trauer". Mit seiner Frau – gesetzt und in Frieden – im Altersruhesitz ("Stuhl des Hohen Alters") lebend, begibt sich der Wanderer auf den Hügel des Trauerns, wo er sich – von Trauerweiden umgeben – zur Ruhe legt. Seine Seele wandert hinüber durch das "Tor zur Ewigkeit".

(Auszug aus dem im Besucherzentrum erhältlichen Programm. Dort kann man auch ein Faltblatt mit Wegbeschreibung erwerben)

Öffnungszeiten: Mitte Februar bis Mitte November täglich 9.30-18 Uhr. Führungen durch die Ställe (auf Wunsch in Deutsch, Französisch, Spanisch, Italienisch, Holländisch und Englisch) beginnen jeweils um 11.30, 12.30, 14, 15, 16 und 17 Uhr und dauern 45 Minuten. Eintritt für den Japanischen Garten, den Irish National Stud und das Horse Museum: Erwachsene 4 Pfund, Studenten und OAP's 3 Pfund, Kinder unter 12 Jahren 2 Pfund, Familien (2+4) 10 Pfund. Es gibt Gruppenermäßigung für Gruppen mit mehr als 20 Teilnehmern. Gruppen sollten sich vorher anmelden unter Tel.: 045 521617 (Stand von 1995). Weitere Auskunft unter folgender Adresse: Irish National Stud and Japanese Gardens, Tully, Kildare, Ireland, Tel.: 045 21617, Fax: 045 22129

▦ **Naas**, 27 km westlich von Dublin, ist das administrative Zentrum der Grafschaft Kildare. Mit der St. David's Church und einem Castle verfügt der Ort über historische Bausubstanz. Pferdefreunde kennen Naas als Zentrum für Fuchsjagden und Pferderennen. Auch im nahegelegenen **Punchestown** finden alljährlich große Pferderennen statt, zu denen jeweils Tausende von Zuschauern anreisen.

Westlich von Naas an der Straße nach Kildare steht **Jigginstown House**. Der rote Ziegelbau hat eine Länge von 115 Metern und wurde 1636 von Thomas Wentworth, Earl of Stafford, begonnen. Das Herrenhaus sollte als Sommerresidenz für King Charles I. dienen, falls dieser Irland besuchen sollte. Die Geschichte nahm jedoch einen anderen Verlauf. Stafford wurde auf Veranlassung des Parlaments in London 1641 hingerichtet, Jigginstown House wurde nie fertiggestellt und hatte nie königlichen Besuch.

Coolcarrigan Gardens, 18 km nordwestlich von Naas,
Man erreicht den Garten über eine lange Allee, die durch einen Wald führt, in dem zahlreiche Rhododendron- und Azaleenarten gedeihen. Der Garten wurde im 19. Jahrhundert angelegt und ist von Hecken umsäumt. Die gesamte Anlage, die von Fußwegen durchzogen ist, erstreckt sich über drei Hektar und enthält einen kleinen See, einen Steingarten und ein elegantes viktorianisches Gewächshaus. Der Besucher findet eine interessante Sammlung von seltenen ungewöhnlichen Büschen und Bäumen, die zum großen Teil ab 1972 von Sir Harold Hillier angepflanzt wurden. April bis August nach Anmeldung, Mrs. Wilson-Right, Tel.: 045 863512/863524. Eintritt: 3 Pfund für Erwachsene. Fax: 0458341400

GLOSSAR

Abakus: In der Regel eine quadratische Deckplatte als Abschluß des Kapitells, dem Kopfstück einer Säule oder Pfeilers.

Antenpfeiler: Steinerne Mauervorsprünge an den Nord- und Südmauern über die Ost- und Westgiebel hinaus, z.B. bei den frühen irischen Steinkirchen.

Architrav: Der in der römisch-griechischen Baukunst (und nachfolgenden Baustilen) einen Oberbau tragenden Hauptbalken, oft auf Säulen oder Pfeilern ruhend.

Archivolte: Bogenlauf im romanischen und gotischen Gewändeportal, der die Gliederung der Gewände fortsetzt.

Arkade: fortlaufende, auf Pfeilern oder Säulen ruhende Bogenreihe, auch bogenförmige Stellung oder Bogengang.

Baronialstil: im späten 16. und 17. Jahrhundert im Nordosten Schottlands unter dem Einfluß der Renaissance entstandener Burgenbaustil. Die ursprünglich defensiven architektonischen Details der Tower Houses, wie Schießscharten oder Erkertürmchen, wurden unter ästhetischen Gesichtspunkten nun als Fassadenschmuck aufgefaßt.

Bienenkorbzelle (Gael.: clochán): runde, kleine Steinbauten in frühchristlichen Klostergemeinden.

Biforium: mittelalterliche Fensterform, zweiflügeliges Fenster mit Mittelsäule.

Blendarkade: Gliederung einer Wandfläche durch nicht begehbare Arkaden.

Bullaun: Stein mit einer oder mehreren halbkugelförmigen Vertiefungen, oft in frühchristlichen Klosteranlagen zu finden und wahrscheinlich als Mörser verwendet.

Cabochons: Schliff, bei dem die Oberseite eines Schmucksteins kuppelförmig erscheint.

Cairn: Steinhügel, oft über einem Grab oder als Wegmarke aufgeschichtet.

Crannóg: Künstliche, mit Palisaden befestigte Inseln in Ufernähe eines Sees, die in der Eisenzeit zu Verteidigungszwecken angelegt wurden.

Dolmen (= Steintisch): Dolmen wurden in der Jungsteinzeit errichtet und bestehen aus mehreren Orthostaten, d.h. senkrecht stehenden Steinen, auf denen ein großer Deckstein liegt.

Early English: Englische Frühgotik, Ende des 12. Jahrhunderts bis 2. Hälfte des 13. Jahrhunderts.

Fischblasenmaßwerk: Eine beliebte Grundform des gotischen Maßwerks, die an eine Fischblase erinnert oder an eine Flamme (Flamboyant)

Georgianische Architektur: bezeichnet die durch den Klassizismus geprägte Baukunst zur Regierungszeit der drei Georges auf dem englischen Königsthron (1714-1820). Die architektonischen Ideale waren Eleganz, Harmonie, Regelmäßigkeit und Symmetrie, ihre Lebensweise war von Vernunft und einem verfeinerten Lebensstil geprägt.

Gewände: Schräg in die Mauerfläche eingeschnittene seitliche Begrenzung eines Fensters oder Portals

Gothic Revival: Wiederaufleben des gotischen Stils im 18. Jahrhundert, der im 19. Jahrhundert in der Neugotik seinen Höhepunkt findet.

Hochkreuz: 3-4 m hohes steinernes Gedenkkreuz mit Kreuzring, figürlichen Darstellungen und abstrakten Ornamenten.

Kapitell: Oberer Abschuß einer Säule

Krypta: Gruft unter dem Chor einer Kirche

Lady Chapel: Marienkapelle

La Tène-Stil: Die Kunst der La Tène Zeit (die jüngere Stufe der vorchristlichen Eisenzeit, 500/450 bis Christi Geburt, die sich wiederum in drei Stufen gliedert), deren Träger die Kelten waren, zeigt Palmetten- und Rankmotive griechisch-etruskischer Herkunft, die in typischer Weise abgewandelt wurden. Der Aufbau der Ornamente und der in sie eingebundenen Tier- und Menschendarstellungen, ist bizarr bewegt, doch streng geordnet. Die Ornamentmotive sind vorwiegend im kultisch-mythischen Raum zu suchen. Die Kunst der La Tène Zeit beeinflußte die provinzialrömische Kunst Galliens und lebte in der iro-schottischen Kunst des frühen Mittelalters wieder auf.

Lavabo: Von Priestern bei der Handwaschung verwendetes Waschbecken.

Lettner: Scheidewand zwischen Chor und Mittelschiff einer Kirche oder Kathedrale zur Trennung von Kloster und Laien

Lunula: halbmondförmiger (Hals-)schmuck aus der Bronzezeit.

Martello-Turm: Runde Wachtürme, die an vielen Stellen der irischen Küste zum Schutz einer napoleonischen Invasion errichtet wurden.

Motte-and-Bailey: Die sogenannte "Motte-and Bailey" Burg war der normannische Burgenbautyp. Auf der "motte", einem künstlichen Erdhügel, stand ein meist hölzerner Turm, der von eine Palisade umgeben war. In dem "bailey", dem Innenhof, der von einem Wall umgeben war, befanden sich weitere Gebäude. Ab dem 13. Jahrhundert wurde im Burgenbau anstelle von Holz nur noch Stein verwendet.

Ogham: Rund 270 Ogham-Steine wurden in Irland gefunden. Die Ogham-Schrift, benannt nach Ogmios, dem keltischen Gott der Schrift, ist die älteste irische Schrift. Sie entstand etwa um 300 n.Chr. nach dem Vorbild des lateinischen Alphabetes. Somit ist Gaelisch nach Griechisch und Latein die dritte schriftlich überlieferte europäische Sprache, die allerdings fast ausschließlich für Inschriften für Grab- und Gedenksteine verwendet wurde. Die Schrift war bis zum 7./8. Jahrhundert in Gebrauch.

Das Alphabet besteht aus 20 aus Linien bestehenden Zeichen, die aus vier Gruppen von je einem bis fünf parallelen Strichen gebildet werden. Sie verlaufen rechts und links, quer oder schräg über eine horizontale Grundlinie – meist die Kante eines aufrecht stehenden Steinen. Bis zu fünf Striche bildeten einen Buchstaben, gelesen wurde von oben nach unten.

Oratorium: Kleine, frühchristliche Kirche

Orthostaten: Die großen, meist aufrecht stehenden Steinblöcke der untersten Lage eines Mauerwerks.

Palladianismus: Eine Stilrichtung, die auf die Bauwerke und Publikationen von Andrea Palladio (1508-80) zurückgeht. Wichtigstes Kennzeichen dieser Architektur ist die "Harmonie der Proportionen".

Perpendicular: Sonderfrom der Spätgotik in England mit besonderer Betonung der vertikalen Dekorationselemente und Vergitterung der Flächen. Der Perpendicular-Stil setzt im 1. Drittel des 14. Jahrhunderts ein.

Pfeiler: Senkrechte Stütze, entweder frei stehend (Freipfeiler) oder aus der Wand heraustretend (Wandpfeiler).

Pilaster: Flach aus der Wand heraustretender Wandpfeiler

Plantation: Die Besiedlung Ulsters mit schottischen und englischen protestantischen Siedlern im 17. Jahrhundert.

Rath: Von den Kelten aus Erde oder Lehm errichtete Wälle, innerhalb derer sich einfache Behausungen befanden.

Rundturm (gael. cloichteach): bis zu 7-stöckige schmale runde Türme mit Kegeldach und erhöhtem Eingang, die als Glocken- und Zufluchtstürme in einigem Abstand von einer Kirche errichtet wurden.

Sedilia: Die an der Südwand des Chores eingemauerten Steinsitze der Geistlichen.

Teppichseite: ganzseitige abstrakte Illustration einer Handschrift

Torques: aus frühgeschichtlicher Zeit stammender offener Hals- oder Armring aus Gold, Bronze oder Eisen.

Tower House: schottischer Burgentyp des niederen Adels (14.-17. Jahrhundert), die zunächst rein defensiv, später auch nach den individuellen Wünschen der einzelnen Besitzer gebaut wurden.

Tympanon: Bogenfeld mittelalterlicher Portale

Venezianisches Fenster: Auch Palladiomotiv genannt. Ein häufig von Palladio verwendetes Fenster – Motiv, bei dem ein mittlerer breiter Bogen von zwei schmalen Öffnungen flankiert wird, die von einem Gebälk in Höhe des Bogenkämpfers abgeschlossen werden.

Viktorianische Architektur: benannt nach Königin Victoria, 1837-1901, ist durch üppigen Reichtum und Überschwenglichkeit und Regellosigkeit gekennzeichnet.

LITERATURVERZEICHNIS

Böll, Heinrich: Irisches Tagebuch, Köln und Berlin 1957
Das Buch zog Tausende von Besuchern nach Irland, vor allem nach Achill Island, einer der Westküste vorgelagerten Insel. Hier hatte sich Böll ein Ferienhaus gekauft. Das Tagebuch beeinflußte nachhaltig das Irland-Bild der Touristen. Das 1957 erschienene Buch ist nach wie vor Standardlektüre eines jeden Irland-Reisenden. "Es gibt dieses Irland", so Böll, "wer aber hinfährt und es nicht findet, hat keine Ersatzansprüche an den Autor".

Banville, John: The Book of Evidence, Düsseldorf 1991. Deutsche Ausgabe des preisgekrönten Romans des zeitgenössischen irischen Schriftstellers.

Mike Bunn: Irland – eine kulinarische Liebeserklärung, München 1992

Allen, Darina: Simply Delicious, Dublin 1989.
Das 2-bändige Kochbuch eignet sich zum Schmökern und regt zum Ausprobieren der Rezepte an.

Botheroyd, Sylvia und Paul: Lexikon der irischen Mythologie, München 1992

Brandt-Förster, Bettina: Das irische Hochkreuz, Ursprung, Entwicklung, Gestalt, Stuttgart 1978. Ausführliche Darstellung der Entwicklungsgeschichte der irischen Hochkreuze.

Anne Chambers: Granuaile. The Life and Times of Grace O'Malley 1530-1603, Dublin (3)1994. Anne Chambers stammt aus der Grafschaft Mayo und ist Grace O'Malley-Expertin. Ihr Roman liest sich gut und informativ, spannend.

Craig, Maurice: The Architecture of Ireland from the earliest times to 1880, London 1982, 2. Auflage 1983
Craig, Maurice and the Knight of Glin, Ireland Observed, Cork 1970
Wichtige und umfassende Darstellungen irischer Architektur.

Cropp, J. Albrecht: Irland per Boot. Shannon, Barrow, Grand Canal, Erne, Würzburg 1984.

Doyle, Roddy: Dublin Beat, Frankfurt/M. 1990. Dublin Beat ist das Buch zum erfolgreichen Film "The Commitments".
Doyle, Roddy: Paddy Clarke, Ha Ha Ha, London 1993. Mit dem Roman "Paddy Clarke HaHaHa", einer ironisch-melancholischen Beschreibung einer Kindheit in Irland, gewann Doyle 1993 den begehrten Booker Prize.

Elvert, Jürgen: Geschichte Irlands, München 1993
Jürgen Elvert ist Universitätsdozent in Kiel und Irland-Experte.

Flanagan, Mel: Golf – Spiel mit dem Kopf, Aachen 1987. Interessant für alle Golf-Fans.

Frauen in Irland. Erzählungen, hrsg. von Viola Eigenberz und Gabriele Haefs, München 1990. Anthologie mit Kurzgeschichten irischer Schriftstellerinnen.

Griffin, David J., The Knight of the Glin und Nicholas K. Robinson: Vanishing Country Houses of Ireland, 2. Auflage 1989. Sehr beeindruckender Bild- und Textband der im Zerfall begriffenen Herrenhäuser und Landschlösser in Irland. Das Durchblättern fasziniert, macht gleichsam aber auch sentimental.

Guinness, Desmond und Ryan, Willims, Irish Houses and Castles, London 1971. Gute Darstellung irischer Herrenhäuser und Schlösser.

Haefs, Gabriele: Das Irenbild der Deutschen. Dargestellt anhand einiger Untersuchungen über die Geschichte der irischen Volksmusik mit ihrer Verbreitung in der Bundesrepublik Deutschland, Frankfurt 1983

Hannig, Christian E.: Irisches Reisetagebuch, Rad-Abenteuer auf der grünen Insel, München 1994. Seit einigen Jahren unternimmt der Autor, von Hause aus Fluglotse, ausgedehnte Abenteuerreisen per Rad, zum Beispiel durch Alaska und Island. Einfühlsam und in poetischer Form beschreibt Hannig seine Tour, die ihn von Dublin aus einmal rund um Irland, einschließlich Nordirland, führt.

Harbison, Peter: Guide to the National Monuments in the Republic of Ireland, Dublin 1992. Behandelt alle Monumente im Staatsbesitz bis zum Ende des Mittelalters.

Henry, Francois: Irish Art in the Early Christian Period, London 1965.
Henry, Francois, Irish Art in the Romanesque Period, New York 1970
Henry, Francois, Irish High Crosses, New York, o.J.

Hetmann, Frederik (Hrsg.): Die Reise in die Anderswelt, Feengeschichten und Feenglaube in Irland, Düsseldorf-Köln 1981
Hetmann, Frederik (Hrsg.): Irische Märchen, Frankfurt/M. 1971 (7) 1976
Hetmann, Frederik (Hrsg.): Irischer Zaubergarten, Köln 1981
Wer sich näher mit der irischen Feenwelt beschäftigen möchte, dem seien diese Darstellungen empfohlen.

Howley, James: The Follies and Garden Buildings of Ireland, 1993. Großformatiges Buch mit wunderschönen Abbildungen von Gartengebäuden.

Hyde, Douglas: A Literary History of Ireland, London 1967. Douglas Hyde, Gründer der Gaelischen Liga (1892), von 1938-1945 Präsident der Republik Irland, hat sich intensiv um irische Literatur bemüht, u.a. mit dem Sammeln und Bewahren der irischen Märchen und Mythen.

Hyams, C.: Irland im 19. Jahrhundert, o.O. 1977

Igoe, Vivian: A Literary Guide to Dublin, London 1994

Jäger, Helmut: Irland, Darmstadt 1990. Die wissenschaftliche Länderkunde gibt mit Statistiken und Karten eine textliche, kartographische und bildliche Darstellung des Landes aus geographischer Sicht.

Joyce, James: Ulysses, London 1936
Joyce, James: "Dubliners", in: The Essential James Joyce, London 1977

Kettler, Wolfgang: Irland per Rad, Berlin 1989 Interessant für alle Radler.

Killeen, Richard: Kurze Geschichte Irlands, Dublin 1994.
Klarer, knapper Abriß der Geschichte Irlands. Reich bebildert, behandelt das Heft die Geschichte von der Steinzeit bis heute. Für 4 Pfund in jeder Buchhandlung und in den meisten Tourist Offices in Irland erhältlich. Gut für die Handtasche ...

Kingsley, Charley: Westward Ho!, Band 6 der "Werke" in 28 Bänden, London 1883. Reprint der Ausgabe 1884: Hildesheim 1968

Köhl, Stefan und **Arnim Woods**: Irische Lieder, Köln 1986

Llywelynm, Morgan: Grania, She-King of the Irish Sea, London 1987. Spannender Roman über Grace O'Malley.

Malius, Edward und **Patrick Bowe**, Irish Gardens and Demesnes from 1830, London 1980.
Malius, Edward und The Knight of the Glin, Lost Demesnes. Irish Landscape Gardening 1660-1845, London 1976.
Wichtige Standardwerke für alle, die sich mit der Geschichte und Entwicklung des irischen Landschaftsgartens beschäftigen möchten.

Mason, Thomas H.: The Islands of Ireland, 1936

Oeser, Hans-Christian (Hrsg.): Irland – ein politisches Reisebuch, Hamburg 1987

Oehlke, Andreas: Irland und die Iren in deutschen Reisebeschreibungen des 18. und 19. Jahrhunderts, Frankfurt/M. 1992

O'Curry, Eugene: On the manners and customs of the ancient Irish. A series of lectures, 3 Bde. London 1873

Pükler-Muskau, Hermann von: Briefe eines Verstorbenen, Stuttgart 1983

Reden, Sibylle von: Die Megalithkulturen. Zeugnisse einer vergangenen Urreligion, Köln 1982.
Sehr gute Darstellung des vorchristlichen Irlands.

Richter, Michael: Irland im Mittelalter. Kultur und Geschichte, Stuttgart 1983

Sayers, Peig: An Old Woman's Reflections, Oxford Press, London 1962. Peig Sayers schildert das einsame und mühevolle Leben auf den kargen Blasket-Inseln.

Severin, Tim: The Brendan Voyage, London 1978
1976 überquerte Tim Severin in einem Nachbau des Bootes des hl. Brendan den Atlantik, um die Möglichkeit einer solchen Reise zu beweisen. Historisch ist diese Reise natürlich umstritten, aber das Buch liest sich trotzdem gut.

Shand, A.I.: Letters from West of Ireland, 1885

Sotschek, Ralf u.a.: Dublin preiswert, Freiburg 1991. Das Buch gibt nützliche Tips für Reisende mit schmalem Geldbeutel.

Skinner, Bill: Irish Golf Almanac, 9.99 Pfund.
Über 200 Golfplätze in Irland werden beschrieben mit allen wichtigen Informationen, wie Telefonnummern, Eintrittspreisen etc. Erhältlich in irischen Buchhandlungen.

Stalley, Roger: The Cistercian Monasteries of Ireland, An account of the history, art and architecture of the white monks in Ireland from 1142-1540, London 1987 (2. Auflage)

The Táin, übersetzt von Thomas Kinsella, mit Illustrationen von Louis Le Brocquy, Oxford 1989. Die Übersetzung des größten irischen Epos ist durchaus lesbar.

Tieger, Gerhild: Irland. Landschaften, Pflanzen- und Tierwelt, Hannover 1987.

Thackerey, William M.: The Irish Sketch Book of 1842, Chapman Hall, London 1843 (1902).

Trevor, William: Two Lives, London 1991

Uris, Jill und **Leon**: Ireland: A Terrible Beauty, New York o.J. Deutschsprachige Ausgabe bei Kindler, München o.J. Das Buch enstand in den 70er Jahren und gibt eine interessante, streckenweise zweifelhafte Darstellung Irlands aus amerikanischer Sicht. Ein großes Kapitel ist den Vorgängen in Nordirland gewidmet. 388 Fotos, davon 108 in Farbe.

Watson, Philip S.: The Giant's Causeway. A Remnant of Chaos, Belfast HMSO, 1992. In dem 50 Seiten starken Büchlein erläutert der Autor anschaulich die geologischen und geomorphologischen Aspekte, die zahlreichen Mythen, die sich um diesen Ort ranken, die Flora und Fauna des Küstenabschnitts und berichtet über die Lebensumstände der hiesigen Bevölkerung. Das Buch ist ansprechend aufgemacht und mit schönen Fotografien versehen.

Yeats, William Butler: Selected Poetry, London 1990

Irische und anglo-irische Literatur in deutscher Übersetzung (Auswahl)

Beckett, Samuel: Werkausgabe in zehn Bänden, Frankfurt/M. Suhrkamp 1975

Behan, Brendan: Bekenntnisse eines irischen Rebellen, Frankfurt/M. Fisher 1981

Goldsmith, Oliver: Der Vikar von Wakesfield, Zürich Manesse 1985

Heaney, Seamus: Ausgewählte Gedichte. Stuttgart. Klett-Cotta 1984

Joyce, James: Werke, 7 Bde., Frankfurt/M. Suhrkamp 1986

O'Casey, Sean: Autobiographie, 6 Bde., Zürich, Diogenes 1989

O'Connor, Frank: Einziges Kind (Bd.1) Meines Vaters Sohn (Bd.2), Zürich, Diogenes 1983

O'Crohan, Tomas: Die Boote fahren nicht mehr aus. Bericht eines Fischers von der Westküste. Übersetzt von Annemarie und Heinrich Böll, Göttingen 1989

O'Faolain, Sean: Ausgewählte Erzählungen in drei Bänden. Zürich Diogenes 1989

O'Flaherty, Liam: Ausgewählte Erzählungen. Zürich Diogenes 1989

Shaw, Georg Bernhard: Einzelausgaben bei verschiedenen Verlagen

Sterne, Laurence: Tristram Shandy in 9 Bänden. Zürich, 1989

Swift, Jonathan: Ausgewählte Werke, Frankfurt/M. Insel 1982

Synge, John Millington: Die Aran-Inseln, Zürich 1981. Aus dem Englischen übersetzt und mit einem Nachwort versehen von Elisabeth Schnack. Mit 12 Illustrationen von Jack B. Yeats
Synge, John Millington: Ein wahrer Held. Übersetzt von Annemarie und Heinrich Böll, Frankfurt/M. 1960

Wilde, Oskar (1854-1900): Sämtliche Werke in 10 Bänden, Frankfurt/M., Insel 1982

Yeats, William Butler (1865-1935): Gesammelte Werke in 5 Bänden, Darmstadt/Neuwied, Luchterhand 1970

ABBILDUNGSVERZEICHNIS

OPW:

- Kilkenny Castle, S. 255
- Bauschmuck, Rock of Cashel, S. 279
- Connemara National Park, Benbaun, S. 436
- Highcross Moone, S. 234
- Creevykeel Court Tomb, S. 486

Northern Ireland Tourist Board:

- Londonderry, Guildhall, S. 534
- Fiedler im Pub, Farbteil
- Carrick-a-rede, S. 550
- White Island, S. 594

ORTS- UND SACHREGISTER

PERSONENREGISTER

Liebe Leser,

*als Verfasserin dieses
Reisehandbuches hoffe ich, daß
es Ihnen bei Ihrer Reiseplanung
und -durchführung mit seinen
reisepraktischen Hinweisen,
landeskundlichen Informationen,
Routenvorschlägen und
Beschreibungen der Sehenswürdigkeiten behilflich sein
kann.*

*Wer viel reist, weiß, wie schnell Veränderungen eintreten
können. Vielleicht stellen Sie fest, daß Angaben und
Hinweise ergänzt oder berichtigt werden müssen, vielleicht
entdecken Sie etwas besonders Sehens- und Erlebens-
wertes – dann helfen Sie bitte mit, dieses Buch in den
weiteren Auflagen durch Ihre persönlichen Erfahrungen
zu bereichern.*

*Ich wünsche Ihnen viel Freude und einen erlebnisreichen
Aufenthalt in Irland.*

Annette Kossow

Ihr Schreiben richten Sie bitte an:
Reisebuchverlag Iwanowski GmbH
Büchnerstr. 11 · D 41540 Dormagen